Großkommentare der Praxis

STAUB
Handelsgesetzbuch

Großkommentar

6., neu bearbeitete Auflage

begründet von
Hermann Staub

herausgegeben von
Stefan Grundmann, Mathias Habersack, Carsten Schäfer

Achtzehnter Band
Synopse

Bearbeiter:
Johannes W. Flume
Matthias Lüdeking

DE GRUYTER

Bearbeitungsstand: Dezember 2024
Zitiervorschlag: Großkomm/Flume/Lüdeking Rn. 13
Bandherausgeber: Professor Dr. Dr. Stefan Grundmann, Humboldt-Universität zu Berlin und European University Institute Florenz
Professor Dr. Mathias Habersack, Ludwig-Maximilians-Universität München
Professor Dr. Carsten Schäfer, Universität Mannheim

ISBN 978-3-11-153429-9
e-ISBN (PDF) 978-3-11-153539-5
e-ISBN (E-PUB) 978-3-11-153580-7

Library of Congress Control Number: 2025931379

Bibliografische Information der Deutschen Nationalbibliothek
Die Deutsche Nationalbibliothek verzeichnet diese Publikation in der Deutschen Nationalbibliografie; detaillierte bibliografische Daten sind im Internet über http://dnb.dnb.de abrufbar.

Satz: Meta Systems Publishing & Printservices GmbH, Wustermark
Druck und Bindung: CPI books GmbH, Leck

www.degruyterbrill.com
Fragen zur allgemeinen Produktsicherheit:
productsafety@degruyterbrill.com

Vorwort zur 6. Auflage

Die sechste Auflage des von *Hermann Staub* begründeten Großkommentars zum HGB hat noch einmal stärker als schon die fünfte Auflage ein breites, dynamisches, herausforderndes Gebiet zu erfassen. Zunehmend handelt es sich um Handelsrecht und Wirtschaftsrecht, die handelsrechtlichen Normen und die wichtigsten handelsrechtlichen Akteure (einschließlich Banken und Transportwesen), das nationale Recht ebenso wie die internationalen Bezüge und die immer stärker dominierenden unionsrechtlichen Grundlagen und Vorgaben, und schließlich ein Handelsrecht der Liberalität und eines der Regulierung. Tempo und Intensität der Reformen haben – gerade auf der stärker regulierenden Seite – beständig und während der vergangenen zwei Dekaden nochmals verstärkt zugenommen. All diese Einflüsse bewirken tiefgreifende und stets fortschreitende Änderungen des Textes und der Systematik des HGB, die es in der Neuauflage aufzubereiten und in ihren praktischen Folgen zu würdigen gilt. Auch nach Ausgliederung des Aktienrechts 1937 blieb das Handelsgesetzbuch das Grundgesetz von Handel und Wirtschaft. Dem damit aufgerufenen Reichtum der Phänomene, Regelungskomplexe und Methoden stellt sich dieser Kommentar auch in der Neuauflage in besonderem Maße.

Der Kommentar hat heute eine nahezu 130-jährige Tradition, die ersten sieben Auflagen besorgte *Hermann Staub* selbst in einer Dekade (bis zu seinem Tod). Aus diesem Erbe erwuchs der erste Großkommentar überhaupt, langsamer im Takt, vertieft. Anspruch und inhaltliche Konzeption blieben jedoch stets gleich: Der Kommentar soll in einer sowohl wissenschaftlichen Ansprüchen genügenden als auch die Belange und Gepflogenheiten der Praxis berücksichtigenden Art und Weise über den Stand der Diskussion informieren und Entwicklungslinien aufzeigen.

Die Neuauflage wird durch den Tod von *Claus-Wilhelm Canaris* überschattet, der am 5. März 2021 im Alter von 83 Jahren verstorben ist. Er war dem Kommentar seit der 3. Auflage verbunden, zunächst als Autor nicht nur, aber insbesondere des gerade durch seine Kommentierung nachhaltig geprägten „Bankvertragsrechts", sodann – zusammen mit *Wolfgang Schilling* und *Peter Ulmer* – auch als Herausgeber der 4. Auflage und – zusammen mit *Mathias Habersack* und *Carsten Schäfer* – als Herausgeber der 5. Auflage. Auch in die Konzeption der 6. Auflage hatte sich *Claus-Wilhelm Canaris* noch eingebracht. Verlag und Herausgeber der 6. Auflage – neben *Mathias Habersack* und *Carsten Schäfer* nun auch *Stefan Grundmann* – danken Herrn *Canaris* an dieser Stelle sehr für sein Jahrzehnte währendes erfolgreiches Wirken für den „Staub".

Im Unterschied zur Vorauflage bleibt es zwar bei einer – erweiterten – Bandfolge, werden jedoch Neuauflagen auch einzelner Bände innerhalb der 6. Auflage – als Neubearbeitungen – möglich sein, um den Ansprüchen einer nochmals gestiegenen Dynamik im Handels- und Wirtschaftsrecht gerecht zu werden. Mit der Neuauflage des Staub soll also eingeführt werden, was für die dreizehnte Auflage des Staudinger längst bewährte Realität ist. Achzehn Bände sind vorgesehen, und damit liegt die Gesamtzahl über derjenigen der Vorauflage, dem Anwachsen des Rechtsstoffes geschuldet.

Juni 2025 | Herausgeber und Verlag

https://doi.org/10.1515/9783111535395-202

Vorwort

Mit dem achtzehnten Band des Staub-Kommentars, der HGB-Synopse, werden die Entwicklungsstufen des kodifizierten deutsch-österreichischen Handels- bzw. Unternehmensrechts chronologisch nachvollziehbar dargestellt. Historischer Ausgangspunkt ist das allgemeine Handelsgesetzbuch, mit dem im Zeitraum von 1861 bis 1869 – lange vor der Europäischen Union – ein einheitliches Privat- und Wirtschaftsrecht für Mitteleuropa geschaffen und die Blütezeit einer historisch-kritischen Handelsrechtswissenschaft im 19. und frühen 20. Jahrhundert eingeläutet wurde. Die nebeneinander gestellten vier Textstufen der Synopse, bestehend aus A(D)HGB, HGB 1897, geltendem deutschen Handelsrecht und österreichischem Unternehmensgesetzbuch, offenbaren überraschende Kontinuitäten, aber auch einschneidende Veränderungen und sollen gerade auch einem breiteren Kreis den Einstieg in eine historische Aufarbeitung unternehmensrechtlicher Fragestellungen erleichtern. Wie gewinnbringend die Analyse der einzelnen Textstufen sein kann, zeigt bereits eindrucksvoll das – auch in diesem Band wiedergegebene (Anhang H.) – „Supplement" von *Hermann Staub*, in dem dieser 1897, ausgehend vom Text des A(D)HGB, die durch die neue duale Ordnung von BGB und HGB bewirkten Veränderungen und Neuerungen analysiert.

Mit der konzeptionellen Arbeit an diesem Werk hatte der heutige Salzburger Co-Autor bereits während seiner Dissertationszeit begonnen. Geplant war, die Synopse „demnächst" gemeinsam mit Prof. Dr. *Jan Thiessen* (jetzt HU Berlin) fertigzustellen. Es kam anders, und vorrangige Arbeiten und eine völlige Fehleinschätzung des bevorstehenden ungeheuren Arbeitsaufwandes verzögerten die Dinge. Insbesondere die Konzeption und Umsetzung eines eigenen graphischen Systems zur Kenntlichmachung der Veränderungen zwischen den Textstufen (dazu ausführlich unter B.) erwies sich als besonders zeitintensiv. In jeden Fall sind die Autoren *Jan Thiessen* für die Unterstützung, die er dem Werk zukommen hat lassen, zu großem Dank verpflichtet. Unser Dank gilt auch den Herausgebern des Staub-Kommentars für die wohlwollende Aufnahme dieses zugegebenermaßen unkonventionellen Bandes in das Gesamtwerk.

Dank gebührt schließlich dem Salzburger Lehrstuhl für die kritische Durchsicht großer Teile unseres Manuskripts: Mag.a DDr.in *Astrid Graf-Wintersberger*, Mag.a Dr.in *Gundula Maria Likar-Peer*, Mag. *Peter Poneder*, *Cosima Schmolke* und *Julia Sperr*.

In dem nachfolgenden Band liegt die Autorenschaft der Einleitung („Entwicklungsstufen des kodifizierten deutsch-österreichischen Handels- und Unternehmensrechts") allein bei *Johannes W. Flume*, für den Rest zeichnen beide Autoren paritätisch verantwortlich. Die Ausarbeitung der Synopse und Zuweisung der historischen nachgelagerten Normschichten ist bereits selbst eine Textinterpretation, die auf Zustimmung und möglicherweise an manchen Stellen auf Kritik stoßen wird. In jedem Fall sind wir dankbar für Hinweise, Korrekturen und Ergänzungen. Bearbeitungsstand der Synopse und der begleitenden Texte ist Dezember 2024.

Johannes W. Flume widmet den Band *Johanna*. *Matthias Lüdeking* widmet den Band seiner Tochter *Margarete*.

Salzburg und München im Februar 2025

Johannes W. Flume | Matthias Lüdeking

https://doi.org/10.1515/9783111535395-203

Verzeichnis der Bearbeiter der 6. Auflage

Professor Dr. **Jochen Axer**, Rechtsanwalt, Wirtschaftsprüfer, Steuerberater, axis Rechtsanwälte, Köln
Professor Dr. **Jens-Hinrich Binder**, LL.M. (London), Universität Tübingen
Professor Dr. **Benjamin B. von Bodungen**, LL.M. (Auckland), Rechtsanwalt, Bird & Bird LLP, Frankfurt/Main
Professor Dr. **Jens Bülte**, Universität Mannheim
Professor Dr. **Ulrich Burgard**, Otto-von-Guericke-Universität Magdeburg
Professor em. Dr. Dr. h.c. mult. **Claus-Wilhelm Canaris**, Ludwig-Maximilians-Universität München †
Professor Dr. **Matthias Casper**, Universität Münster
Professor Dr. **Klaus-Dieter Drüen**, Ludwig-Maximilians-Universität München
Dr. **Max Ehrl**, Notar a.D., Hauptgeschäftsführer der Bundesnotarkammer K.d.ö.R., Berlin
Dr. **Klaas Hendrik Eller**, Unversität Amsterdam
Dr. **Raimond Emde**, Rechtsanwalt, GvW Graf von Westphalen, Hamburg
Professor Dr. **Florian Faust**, LL.M. (Univ. Michigan), Bucerius Law School, Hamburg
Professor Dr. **Johannes W. Flume**, Paris Lodron Universität Salzburg
Professor Dr. **Philipp S. Fischinger**, Universität Mannheim
Jun.-Prof. Dr. **Stephan Gräf**, Universität Konstanz
Professor Dr. **Hans Christoph Grigoleit**, Ludwig-Maximilians-Universität München
Professor Dr. Dr. Dr. h.c. **Stefan Grundmann**, LL.M. (Berkeley), Humboldt-Universität zu Berlin und European University Institute in Florenz
Professor Dr. **Mathias Habersack**, Ludwig-Maximilians-Universität München
Professor Dr. **Stephan Harbarth**, LL.M. (Yale), Präsident des Bundesverfassungsgerichts
Professor Dr. **Rafael Harnos**, Universität Passau
Professor Dr. Dr. h.c. mult. **Peter Hommelhoff**, Ruprecht-Karls-Universität Heidelberg
Professor Dr. **Christian Kersting**, LL.M. (Yale), Heinrich-Heine-Universität Düsseldorf
Professor Dr. **Peter Kindler**, Ludwig-Maximilians-Universität München
Professor Dr. **Detlef Kleindiek**, Universität Bielefeld
Professor Dr. **Jens Koch**, Universität zu Köln
Dr. **Matthias Lüdeking**, M.A., Ludwig-Maximilians-Universität München
Dr. **Ernst-Thomas Kraft**, Rechtsanwalt, Frankfurt am Main
Professor Dr. **Andreas Maurer**, LL.M. (Osgoode), Universität Mannheim
Professor Dr. **André Meyer**, LL.M. Taxation, Universität Bayreuth
Professor Dr. **Florian Möslein**, LL.M. (London), Phillips-Universität Marburg
Professor Dr. **Hartmut Oetker**, Christian-Albrechts-Universität Kiel
Professor Dr. **Moritz Pöschke**, LL.M. (Harvard), Universität zu Köln, Rechtsanwalt, Dipl.-Kfm.
Professor Dr. **Moritz Renner**, Universität Mannheim
Professorin Dr. **Bettina Rentsch** LL.M. (Univ. of Michigan, Ann Arbor), Freie Universität Berlin
Dr. **Fabian Reuschle**, Richter am Landgericht Stuttgart
Professor Dr. **Carsten Schäfer**, Universität Mannheim
Professor Dr. **Patrick Schmidt**, Rechtsanwalt, NJP Grotstollen, Duisburg
Harald Schoen, LL.M., Referatsleiter, Bundesministerium der Justiz, Berlin
Professor Dr. **Martin Schwab**, Universität Bielefeld
Professor Dr. **Jan Thiessen**, Humboldt-Universität zu Berlin
Professor Dr. **Chris Thomale**, LL.M. (Yale), Universität Wien
PD Dr. **Christoph Andreas Weber**, Ludwig-Maximilians-Universität München
Professor Dr. **Christoph Weber**, Julius-Maximilians-Universität Würzburg

https://doi.org/10.1515/9783111535395-204

Inhaltsverzeichnis

A. Einleitung: Entwicklungsstufen des kodifizierten deutsch-österreichischen Handels- und Unternehmensrechts

„Dem entgegen finde ich, daß die Rechtsgeschichte und die vergleichende Rechtswissenschaft [...] in den Dienst des geltenden Rechts gestellt werden können und daß sie es *müssen*, falls das letztere *voll* erkannt werden soll. Denn ich gehe von der Ueberzeugung aus, daß die Rechtsinstitute und die einzelnen Rechtssätze nicht lediglich in der starren Ruhe des immer nur unvollkommen gesetzlich fixierten Dogma's betrachtet werden dürfen, und daß, wenn dies gleichwohl geschieht, eben das „geltende" Recht nicht sicher [...] verstanden werden wird, weil es eben nur als Glied einer Entwickelungskette [...] richtig verstanden werden kann."

Levin Goldschmidt, Buchbesprechung: Handelsrechtliche Erörterungen. Von Dr. Heinrich Thöl, Göttingen 1882, ZHR 28 (1882), 441, 451 (Hervorh. wie im Original)

Schrifttum

(Sämtliche in den Fußnoten abgekürzt zitierten Werke sind im nachfolgenden Verzeichnis zu finden):

Baums, Entwurf eines allgemeinen Handelsgesetzbuches für Deutschland (1848/49), Text und Materialien (54. Beiheft der ZHR), Heidelberg 1982 (zitiert: *Baums*, Entwurf eines Handelsgesetzbuchs); *ders.*, Gesetz über die Aktiengesellschaften für die königlich preussischen Staaten vom 9. November 1843, Text und Materialien, Aalen 1981 (zitiert: *Baums*, Gesetz über die Aktiengesellschaften); *J. F. Behrend*, Lehrbuch des Handelsrechts, Erster Band, Berlin 1886 (zitiert: *Behrend*, HR I.); *ders.*, Handelsgerichte, in: Holtzendorff (Hrsg.), Rechtslexikon, Zweiter Band, 3. Aufl., Leipzig 1881 (zitiert: *Behrend*, Handelsgerichte, in: Holtzendorff, Rechtslexikon II^3); *Bergfeld*, Deutschland, Handelsrecht, in: Coing (Hrsg.), Handbuch der Quellen und Literatur der neuen europäischen Privatrechtsgeschichte, Dritter Band, Das 19. Jahrhundert, Dritter Teilband, Gesetzgebung zu den privatrechtlichen Sondergebieten, München 1986, S. 2880 ff. (zitiert: *Bergfeld*, Deutschland, HR, in: Coing III/3); *ders.*, Österreich, Handelsrecht, in: Coing (Hrsg.), Handbuch der Quellen und Literatur der neuen europäischen Privatrechtsgeschichte, Dritter Band, Das 19. Jahrhundert, Dritter Teilband, Gesetzgebung zu den privatrechtlichen Sondergebieten, München 1986, S. 3043 ff. (zitiert: *Bergfeld*, Österreich, HR, in: Coing III/3); *Blodig*, Fischer-Ellinger's Lehrbuch des österreichischen Handelsrechtes, 4. Aufl., Wien 1860 (zitiert: *Blodig*, Fischer-Ellinger's HR^4); *ders.*, Die Einführung des deutschen Handelsgesetzbuches in Oesterreich, ZHR 8 (1865) 68 (zitiert: *Blodig*, ZHR 8 (1865) 68; *Bluntschli/F. Dahn*, Deutsches Privatrecht, Dritte Auflage, München 1864 (zitiert: *Bluntschli/F. Dahn*, DPr^3); *O. Borchardt*, Die geltenden Handelsgesetze des Erdballs, Bd. III., Berlin 1885 (zitiert: *O. Borchardt*, Die geltenden Handelsgesetze III.); *K.H.L. Brinkmann/W. Endemann*, Lehrbuch des Handelsrechts mit Ausschluß der Lehren des Wechsel,- See-, und Assekuranzrechtes, Heidelberg 1853–1860 (zitiert: *Brinkmann/Endemann*, HR); *C.H.L. Brinkmann*, Würdigung des Entwurfes eines allgemeinen Handelsgesetzbuches für Deutschland, welches die durch das Reichsministerium der Justiz niedergesetzte Kommission veröffentlicht hat, AcP 32 (1849) 356 (zitiert: *C.H.L. Brinkmann*, AcP 32 (1849) 356); *Broicher/Grimm*, Das Handelsgesetzbuch der Königlich Preußischen Rheinprovinzen, Köln 1835 (zitiert: *Broicher/Grimm*, Handelsgesetzbuch der Rheinprovinzen); *A. Bürge*, 200 Jahre Französische Revolution: 200 Jahre Wirtschaftsfreiheit?, ZHR 153 (1989) 367 (zitiert: *A. Bürge*, ZHR 153 (1989) 367); *ders.*, Der Code de commerce in Frankreich, traditionaler Geist im liberalen Umbruch in: Scherner (Hrsg.), Modernisierung des Handelsrechts im 19. Jahrhundert (Beiheft zur ZHR 66), Heidelberg 1993, S. 119 ff. (zitiert: *A. Bürge*, Code de commerce, in: Scherner, Modernisierung); *Canaris*, Handelsrecht, 24. Aufl., München 2006 (zitiert: *Canaris*, HR^{24}); *G. Cohn*, Handelsrecht, in: *Rotteck/Welcker* (Hrsg.), Das Staats-Lexikon, Encyklopädie der sämmtlichen Staatswissenschaften für alle Stände, 3. Aufl., Siebenter Band, Leipzig 1862, S. 405 ff. (zitiert: *G. Cohn*, Handelsrecht, Staats-Lexikon^3); *G. Cohn*, Warum hat und braucht der Handel ein besonderes Recht?, in: Drei rechtswissenschaftliche Vorträge in gemeinverständlicher Darstellung, Heidelberg 1888, S. 44 ff.tiert: *G. Cohn*, Besonderes Recht, in: Drei Vorträge); *Dernburg*, Das Bürgerliche Recht des Deutschen Reichs und Preußens, Erster Band, Die allgemeinen Lehren des bürgerlichen Rechts des Deutschen Reichs und Preußens, Halle a.S. 1902 (zitiert: *Dernburg*, BR des Deutschen Reichs und Preuß I.); Ehrenberg (Hrsg.), Handbuch des gesamten Handelsrechts, Bd. I., Leipzig 1913, Bd V./1., Leipzig 1928 (zitiert: *Bearbeiter*, Titel, in: Ehrenberg, Handbuch Handelsrecht); *W. Endemann*, Der Entwurf eines deutschen Handelsgesetzbuchs in seinen drei ersten Büchern, 1858 (zitiert: *Endemann*, Entwurf eines deutschen HGB); *ders.*, Einleitung, in: W. Endemann (Hrsg.), Handbuch des deutschen Handels,- See- und Wechselrechts, Erster Band, Leipzig 1881 (zitiert: *W. Endemann*, Einführung, in: W. Endemann, Hdb. I.); *J.W. Flume*, Vermögenstransfer und Haftung. Eine Studie zur Nutzbarmachung der Universalsukzession für die Unternehmenspraxis, Berlin 2008 (zitiert: *J.W. Flume*, Vermögenstransfer und Haftung); *ders.*, Law and Commerce: The Evolution of Codified Business Law in Europe, 2 CLH (2014) 45 (zitiert: *J.W. Flume*, 2 CLH (2014) 45); *ders.*, Marktaustausch. Grundlegung einer juristisch-ökonomischen Theorie des Austauschverkehrs, Tübingen 2018 (zitiert: *J.W. Flume*, Marktaustausch); *ders.*, Austauschverträge in volatilen Märkten, JBl 2020, 502 (zitiert: *J.W. Flume*, JBl 2020, 502); *ders.*, Zur gesetzlichen Ordnung des Leistungsstörungsrechts des

https://doi.org/10.1515/9783111535395-001

ABGB, ÖJZ 2023, 324 (zitiert: *J.W. Flume*, ÖJZ 2023, 324); *ders.*, Kommentator zweier Welten: Das Leistungsstörungsrecht des Handels- und Zivilrechts, in: Thomale (Hrsg.), Oskar Pisko – Richter, Reformer, Rechtsgelehrter, Wien 2024, S. 173 ff. (zitiert: *J.W. Flume*, Kommentator zweier Welten, in: Thomale, Oskar Pisko); *ders.*, Die Rechtsnatur der Gesamthand, in: Fleischer/Koch/Schmolke (Hrsg.), Gesellschaftsrecht im Spiegel großer Debatten, ZGR Sonderheft 27, Berlin 2024, S. 115 ff. (zitiert: *J.W. Flume*, Rechtsnatur der Gesamthand, ZGR Sonderheft 27); *O. v. Gierke*, Der Entwurf des neuen Handelsgesetzbuchs, ZHR 45 (1896) 441 (zitiert: *O. v. Gierke*, ZHR 45 (1896) 441); *ders.*, Grundzüge des Handelsrechts, in: Holzendorff (Hrsg.), Encyklopädie der Rechtswissenschaften in systematischer Bearbeitung, 6. Auflage, Erster Band, Leipzig 1904, S. 892 ff. (zitiert: *O. v. Gierke*, Grundzüge des Handelsrechts, in: Holzendorff I⁶); *L. Goldschmidt*, Kritik des Entwurfs eines Handelsgesetzbuches für die Preußischen Staaten, Kritische Zeitschrift für die gesammte Rechtswissenschaft 4 (1857) 105 (1. Teil), 289 (2. Teil) (zitiert: *L. Goldschmidt*, Kritische Zeitschrift für die gesammte Rechtswissenschaft 4 (1857) 105, 289); *ders.*, Ueber die wissenschaftliche Behandlung des deutschen Handelsrechts und den Zweck dieser Zeitschrift, ZHR 1 (1858) 1 ff. (zitiert: *L. Goldschmidt*, ZHR 1 (1858) 1); *ders.*, Handbuch des Handelsrechts, Erster Band, zweite Abtheilung, enthaltend die Lehre von der Waare, Erlangen 1868 (zitiert: *L. Goldschmidt*, HR I.²); *ders.*, Die Einführung des deutschen Handelsgesetzbuches in Hamburg, ZHR 8 (1865) 217 f. (zitiert: *L. Goldschmidt*, ZHR 8 (1865) 217); *ders.*, Du droit commercial et des tribunaux de commerce, principalement dans leurs rapports avec le développement du droit anllemand, Revue de droit international et de législation comparée 20 (1870) 557 ff. (zitiert: *L. Goldschmidt*, Revue de droit international et de législation comparée 20 (1870) 557); *ders.*, Die Codification des Deutschen bürgerlichen Handels-Rechts, ZHR 20 (1875) 134 = Vermischte Schriften II. (zitiert: *L. Goldschmidt*, ZHR 20 (1875) 134; *ders.*, Handbuch des Handelsrechts, Zweiter Band, 2. Aufl., Stuttgart 1883 (zitiert: *L. Goldschmidt*, HR II.²); *ders.*, Universalgeschichte des Handelsrechts, Erste Lieferung, Stuttgart 1891 (zitiert: *L. Goldschmidt*, Universalgeschichte des HR); *ders.*, Handelsrecht (Geschichtliche Entwicklung), in: Conrad/Elster/Lexis/Loening (Hrsg.), Handwörterbuch der Staatswissenschaften, Vierter Band, Jena 1892, S. 329 ff. = H.V. Simon (Hrsg.), Vermischte Schriften von L. Goldschmidt, Zweiter Band, Berlin 1901, S. 29 ff. (zitiert: *L. Goldschmidt*, Handelsrecht (Geschichtliche Entwicklung), HwbStW. Bd. IV. = Vermischte Schriften II.); *Gönczi*, Österreich-Ungarn (1867–1918): Transleithanien (mit Ausblick auf die Zeit nach 1918), in: Löhnig/S. Wagner (Hrsg.), Das ADHGB von 1861 als gemeinsames Obligationenrecht in Mitteleuropa, Tübingen 2018, S. 113 ff. (zitiert: *Gönczi*, Österreich-Ungarn (1867–1918), in: Löhnig/S. Wagner); *H.-P. Haferkamp*, Das BGB, 2. Aufl., Köln 2023 (zitiert: *Haferkamp*, Das BGB²); *Henne/Schröder/Thiessen* (Hrsg.), Anwalt – Kommentator – ‚Entdecker', Festschrift für Hermann Staub zum 150. Geburtstag am 21. März 2006, Berlin 2006 (zitiert: *Bearbeiter*, Titel, in: FS Staub zum 150. Geburtstag); *Henssler*, Gewerbe, Kaufmann und Unternehmen, ZHR 161 (1997) 13 (zitiert: *Henssler*, ZHR 161 (1997) 13); *E. Heymann*, Das friderizianische Handelsrecht, Ansprache am Friedrichstage der Akademie 1929, Berlin 1929 (zitiert: *Heymann*, Das friderizianische Handelsrecht); *E.E. Hirsch*, Eintrag „Handelsrecht", in: Schlegelberger (Hrsg.), Rechtsvergleichendes Handwörterbuch für das Zivil– und Handelsrecht des In– und Auslandes, Band 4, Berlin 1933, S. 161 ff. (zitiert: *E.E. Hirsch*, Eintrag „Handelsrecht", in: RvHwb IV.); *Holthöfer*, Niederlande, in: Coing (Hrsg.), Handbuch der Quellen und Literatur der neuen europäischen Privatrechtsgeschichte, Dritter Band, Das 19. Jahrhundert, Dritter Teilband, Gesetzgebung zu den privatrechtlichen Sondergebieten, München 1986, S. 3402 ff. (zitiert: *Holthöfer*, Niederlande, in: Coing III/3); Holzendorff (Hrsg.), Encyklopädie der Rechtswissenschaften in systematischer Bearbeitung, 5. Auflage, Leipzig 1890 (zitiert: *Autor*, Titel, in: Holzendorff, Encyklopädie I.⁵); *G. Horn/M. R. Emañuel* (Übersetzer), The Commercial Law (including Bills of Exchange), the Law of Bankruptcy and the Maritime Law of France and of her Colonies, in: Scrutton/Bowstead (Hrsg.), The Commercial Laws of the World, British Edition, Volume XXI France and Monaco, London 1911 (zitiert: *G. Horn/M. R. Emañuel*, The Commercial Law of France, in: Scrutton/Bowstead, Commercial Laws of the World); *N. Horn*, Frankreich, Gesellschaftsrecht, in: Coing (Hrsg.), Handbuch der Quellen und Literatur der neuen europäischen Privatrechtsgeschichte, Dritter Band, Das 19. Jahrhundert, Dritter Teilband, Gesetzgebung zu den privatrechtlichen Sondergebieten, München 1986, S. 3152 ff. (zitiert: *N. Horn*, Frankreich, Gesellschaftsrecht, in: Coing III/3); *P. Huvelin*, L'Historie du droit commercial, Paris 1904 (zitiert: *Huvelin*, L'Historie du droit commercial); *W. Kompe*, Zur Kritik des preußischen Gesetzesentwurfs über die Handelsgerichte, ZHR 9 (1866) 75 (zitiert: *W. Kompe*, ZHR 9 (1866) 75); *M. Kort*, Zum Begriff des Kaufmanns im deutschen und französischen Handelsrecht, AcP 193 (1993) 453 (zitiert: M. Kort, AcP 193 (1993) 453); *Krešić/Pastović*, Königreich Jugoslawien (1918–1941), in: Löhnig/S. Wagner (Hrsg.), Das ADHGB von 1861 als gemeinsames Obligationenrecht in Mitteleuropa, Tübingen 2018, S. 219 ff. (zitiert: Krešić/Pastović, Königreich Jugoslawien (1918–1941), in: Löhnig/S. Wagner); Kalb/Olechowski/Ziegerhofer (Hrsg.), Der Vertrag von St. Germain, Kommentar, Wien 2021 (zitiert: *Bearbeiter*, in: Kalb/Olechowski/Ziegerhofer, Vertrag von St. Germain); *Kalss/Kubasta*, Der Einfluss der ABGB-Teilnovellen auf das Wirtschafts- und Handelsrecht, in: Thomale (Hrsg.), Oskar Pisko – Richter, Reformer, Rechtsgelehrter, Wien 2024 (zitiert: *Kalss/Kubasta*, Einfluss der ABGB-Teilnovellen, in: Thomale, Oskar Pisko); *Laband*, Die Handels-Usancen, ZHR 37 (1872) 466 (zitiert: *Laband*, ZHR 37 (1872) 466); *ders.*, Die Revision des Handelsgesetzbuches, Deutsches Wochenblatt 1889, v. 15. Juni 1889, Nr. 24, 278, v. 20. Juni 1889, Nr. 25, 290 (zitiert: *Laband*, Deutsches Wochenblatt 1889, v. 5. Juni 1889, Nr. 24, 278, v. 20. Juni 1889, Nr. 25, 290); *Lammel*, Die Gesetzgebung des Handelsrechts, in: Coing (Hrsg.), Handbuch der Quellen und Literatur der neuen europäischen Privatrechtsgeschichte, Zweiter Band, Neuere Zeit (1500–1800), Das Zeitalter des gemeinen Rechts, Zweiter Teilband, Gesetzgebung und Rechtsprechung, München 1976, S. 571 ff. (zitiert: *Lammel*, in: Coing II/2); *Krejci/K. Schmidt*, Vom HGB zum Unternehmensgesetzbuch, Wien 2002 (Zitiert: *Krejci/ K.Schmidt*, Vom HGB zum Unternehmensgesetzbuch); *Krejci*, Unternehmensgesetzbuch statt HGB. Skizzen zur österreichischen Handelsrechtsreform, ZHR 170 (2006) 113 (zitiert: *Krejci*, ZHR 170 (2006) 113); *K. Lehmann*, Handelsgesetzbuch, in: Buchka/Oetker/K. Lehmann (Hrsg.), Civilprozeßordnung, Konkursordnung, Handelsrecht in alter und neuer Gestalt, Berlin 1899 (zitiert: *K. Lehmann*, Handelsgesetzbuch, in: Buchka/Oetker/*K. Lehmann*, Civilprozeßordnung); *ders.*, Lehrbuch des Handelsrechts, 2. Aufl., 1912 (K. Lehmann, HR²); *Löhnig*, Bosnien-Herzegowina (1878–1918): Kondominium, in: Löhnig/S. Wagner (Hrsg.), Das ADHGB von 1861 als gemeinsames Obligationenrecht in Mitteleuropa, Tübingen 2018, S. 139 ff. (zitiert: *Löhnig*, Bosnien-Herzegowina (1878–1918): Kondominium, in: Löhnig/S. Wagner); *Lutz, von*, Protokolle der Kommission zur Berathung eines allgemeinen deutschen Handelsgesetzbuches, Bände 1 bis 6, Registerband, Würzburg 1858–60 (zitiert: *Lutz*, Protokolle); *Mazzarella*, Kingdom of Italy (1861–1946), in: Löhnig/S. Wagner (Hrsg.), Das ADHGB von 1861 als gemeinsames Obligationenrecht in Mitteleuropa, Tübingen 2018, S. 305 ff. (zitiert: *Mazzarella*, Kingdom of Italy (1861–1946), in: Löhnig/S. Wagner); *Merzbacher*, Der Kaufmann im Codex Maximilianeus Bavaricus Civilis und im Allgemeinen Landrecht für die Preußischen Staaten, in: FS F. Laufke, Würzburg 1971, S. 87 (zitiert: *Merzbacher*, in: FS F. Laufke, S. 87); *K.J.A. Mittermaier*, Das spanische Handelsgesetzbuch, Kritische Zeitschrift für Rechtswissenschaft und Gesetzgebung des Auslandes 2 (1830) 482 ff.; 3 (1831) 74 ff. (zitiert: *K. J. A. Mittermaier*, Kritische Zeitschrift für Rechtswissenschaft und Gesetzgebung des Auslandes 2 (1830)); *Nußbaum*, Die Auflösung des Handelsrechtsbegriffs, ZHR 76 (1915) 325 (zitiert: *Nußbaum*, ZHR 76 (1915) 325); *Pisko*, Der Einfluß der dritten Teilnovelle zum österreichischen allgemeinen bürgerlichen Gesetzbuch auf das Handelsrecht, ZHR 80 (1917) 70 (1. Teil), 161 (2. Teil) (zitiert: *Pisko*, ZHR 80(1917) 70, 161); *ders.*, Entwurf eines Handelsgesetzbuches (für Österreich) im Auftrag des Staatsamtes für Justiz ausgearbeitet, Wien 1920 (zitiert: *Pisko*, Entwurf eines Handelsgesetzbuches); *ders.*, Richtlinien für eine Revision des Handelsgesetzbuches, Wien 1918; *ders.*, Lehrbuch des österreichischen Handelsrechtes, Wien 1923 (zitiert: *Pisko*, HR); Planitz (Hrsg.), Die Rechtswissenschaft der Gegenwart in Selbstdarstellung, Leipzig 1924 (zitiert: Planitz, Rechtswissenschaft der Gegenwart); *Raisch*, Die Abgrenzung des Handelsrechts vom Bürgerlichen Recht als Kodifikationsproblem im 19. Jahrhundert (27. Beiheft der ZHR), Stuttgart 1962 (zitiert: *Raisch*, Abgrenzung des Handelsrechts); *Regensburger*, Die Einführung des deutschen Handelsgesetzbuches im Großherzogthum Baden, ZHR 6 (1863) 452 (zitiert: *Regensburger*, ZHR 6 (1863) 452); *P. Rehme*, Geschichte des Handelsrechtes, Leipzig 1914 (Sonderausgabe aus Ehrenberg (Hrsg.), Handbuch des gesamten Handelsrechts, Erster Band, Leipzig 1914) (zitiert: *Rehme*, Geschichte des HR); *Riesser*, L. Goldschmidt, Gedächtnisrede, gehalten in der Juristischen Gesellschaft zu Berlin, am 13. November 1897, Berlin 1897 (zitiert: Riesser, L. Goldschmidt); *Scherner*, Spanien, in: Coing (Hrsg.), Handbuch der Quellen und Literatur der neuen europäischen Privatrechtsgeschichte, Dritter Band, Das 19. Jahrhundert, Dritter Teilband, Gesetzgebung zu den privatrechtlichen Sondergebieten, München 1986, S. 3473 ff. (zitiert: *Scherner*, Spanien, in: Coing III/3); Scherner (Hrsg.), Modernisierung des Handelsrechts im 19. Jahrhundert (Beiheft zur ZHR 66), Heidelberg 1993 (zitiert: *Bearbeiter*, Titel, in Scherner, Modernisierung); Schlegelberger *Schioppa*, Frankreich, Handelsrecht, in: Coing (Hrsg.), Handbuch der Quellen und Literatur der neuen europäischen Privatrechtsgeschichte, Dritter Band, Das 19. Jahrhundert, Dritter Teilband, Gesetzgebung zu den privatrechtlichen Sondergebieten, München 1986, S. 3152 ff. (zitiert: *Schioppa*, Frankreich, HR, in: Coing III/3); Schlegelberger (Hrsg.), Rechtsvergleichendes Handwörterbuch für das Zivil- und Handelsrecht des In- und Auslandes, Band 1, Berlin 1929, und Band 4, Berlin 1933 (zitiert: RvHwb I. bzw. RvHwb IV.); *Schirrmeister*, Der Kaufmannsbegriff nach geltendem und künftigen deutschen Recht, ZHR 48 (1899) 418 (zitiert: *Schirrmeister*, ZHR 48 (1899) 418); *K. Schmidt*, Das HGB und die Gegenwartsaufgaben des Handelsrechts: Die Handelsrechtskodifikation im Lichte der Praxis. Vortrag gehalten vor der Berliner Juristischen Gesellschaft am 9. Juni 1982 – Erweiterte Fassung, Berlin 1983 (zitiert: *K. Schmidt*, HGB und Gegenwartsaufgaben); *ders.*, Woher-wohin? ADHGB, HGB und die Besinnung auf den Kodifikationsgedanken, ZHR 161 (1997) 2 (zitiert: *K. Schmidt*, ZHR 161 (1997) 2); *ders.*, Zerfällt das Handelsgesetzbuch? Eine Gedankenskizze zur Zukunft des Vierten Buchs, in: FS N. Horn, Berlin 2006, S. 557 ff. (*zitiert: K. Schmidt*, in: FS N. Horn); *ders.*, Handelsrecht, Unternehmensrecht I., 6. Aufl., Köln 2024 (zitiert: *K. Schmidt*, UR I.⁶); *O. Schreiber*, Grundgedanken zum System eines künftigen Handelsrechts, in: E. Heymann (Hrsg.), Bericht über die erste Tagung der Vereinigung (der Handelsrechtslehrer deutscher Hochschulen) in Berlin am 7. und 8. März 1927, Berlin 1928, S. 41 ff. (zitiert: *O. Schreiber*, Grundgedanken zum System eines künftigen Handelsrechts); *W. Schubert*, Materialien zur Entstehungsgeschichte des BGB. Einführung, Biographie, Materialien, Berlin 1978 (zitiert: *W. Schubert*, Materialien); *ders.*, Die Entstehungsgeschichte des Handelsgesetzbuches vom 10. Mai 1897, in: W. Schubert/Schmiedel/Krampe (Hrsg.), Quellen zum Handelsgesetzbuch von 1897, Bd. I., Frankfurt a.M. 1986, S. 11 (zitiert: *W. Schubert*, Entstehungsgeschichte des Handelsgesetzbuches, in: W. Schubert/Schmiedel/Krampe, Quellen I., S. 11); *H.V. Simon* (Hrsg.), Vermischte Schriften von L. Goldschmidt, Erster und Zweiter Band, Berlin 1901 (zitiert: Vermischte Schriften I. und II.); *F. W. Schuncken*, Das preußische Handels- und Wechselrecht, Elberfeld 1821 (zitiert: *F. W. Schuncken*, Das preußische Handels- und Wechselrecht); *Siegmann*, Die Einführung des Deutschen

Handelsgesetzbuchs im Königreich Sachsen, ZHR 6 (1863) 76 (zitiert: *Siegmann*,, ZHR 6 (1863) 76); *Sinzheimer*, Jüdische Klassiker der Deutschen Rechtswissenschaft, Frankfurt am Main 1953 (zitiert: *Sinzheimer*, Jüdische Klassiker); *Sommaruga*, Ueber die Einrichtung von Handelsgerichten in Oesterreich, Wien 1849 (zitiert: *Sommaruga*, Einrichtung von Handelsgerichten); *Staub, Hermann*, Kommentar zum Allgemeinen Deutschen Handelsgesetzbuch, 2. Aufl., Berlin 1894 (zitiert: Staub, ADHGB[2]); *Staudigl-Ciechowicz*, Republik Polen (1918–1939), in: Löhnig/S. Wagner (Hrsg.), Das ADHGB von 1861 als gemeinsames Obligationenrecht in Mitteleuropa, Tübingen 2018, S. 199 ff. (zitiert: *Staudigl-Ciechowicz*, Republik Polen (1918–1939) in: Löhnig/S. Wagner); *von Stubenrauch*, Handbuch des österreichischen Handels-Rechtes, Wien 1863 (zitiert: *v. Stubenrauch*, Hdb. d. HR); Stier-Somlo/Elster (Hrsg.), Hwb. der Rechtswissenschafen IV., Berlin 1927 (zitiert: *Bearbeiter*, Titel, in: Stier-Somlo/Elster, Hwb. der Rechtswissenschaften IV.); *H. Thöl*, Das Handelsrecht, Erster Band, 6. Aufl., Leipzig 1875 (zitiert: *Thöl*, HR I.[6]); *U. Torggler*, Abschied vom Handelsrecht? Zum Entwurf eines Unternehmensgesetzbuchs, Wien 2005 (zitiert: *U. Torggler*, Abschied vom Handelsrecht?); *S. Wagner*, Entstehungsgeschichte der Art. 4–5, 10–11 und 271–277 ADHGB, in: Löhnig/S. Wagner (Hrsg.), Das ADHGB von 1861 als gemeinsames Obligationenrecht in Mitteleuropa, Tübingen 2018, S. 7 ff. (zitiert: *S. Wagner*, Entstehungsgeschichte, in: Löhnig/S. Wagner); *W. Wagner*, 1. Kapitel, Deutschland, Gesellschaftsrecht, in: Coing (Hrsg.), Handbuch der Quellen und Literatur der neuen europäischen Privatrechtsgeschichte, Bd. III/3, Gesetzgebung zu den privatrechtlichen Nebengebieten, München 1986, S. 2979 ff. (zitiert: *W. Wagner*, Deutschland, Gesellschaftsrecht, in Coing III/3); *M. Weber*, Zur Geschichte der Handelsgesellschaften im Mittelalter, Schriften 1889–1894, in: Dilcher/S. Lepsius (Hrsg.), Max Weber, Gesamtausgabe, Bd. I/1, Tübingen 2008 (zitiert: *M. Weber*, Geschichte der Handelsgesellschaften, in: Dilcher/S. Lepsius, Max Weber I./1); *Wahle*, Ist ein einheitliches Donauländisches Handelsgesetzbuch möglich?, ÖJZ 1947, 201 (zitiert: *Wahle*, ÖJZ 1947, 201); *Wedrac*, Republik Österreich (1918–1938), in: Löhnig/S. Wagner (Hrsg.), Das ADHGB von 1861 als gemeinsames Obligationenrecht in Mitteleuropa, Tübingen 2018, S. 147 ff. (zitiert: *Wedrac*, Republik Österreich (1918–1938) in: Löhnig/S. Wagner); *C. Wieland*, Handelsrecht, Erster Band, Das kaufmännische Unternehmen und die Handelsgesellschaften, München 1921 (zitiert: *Wieland*, HR I.); *M. Wolff*, Über einige Grundbegriffe des Handelsrechts, in: Festgabe O. Gierke, Zweiter Band, Breslau 1910, S. 116 ff. (zitiert: *M. Wolff*, Grundbegriffe des Handelsrechts, in: Festgabe O. Gierke II.); *Zlinszky*, Ungarn, in: Coing (Hrsg.), Handbuch der Quellen und Literatur der neuen europäischen Privatrechtsgeschichte, Dritter Band: Das 19. Jahrhundert, Dritter Teilband, Gesetzgebung zu den privatrechtlichen Sondergebieten, München 1986, S. 3512 ff. (zitiert: *Zlinszky*, Ungarn, in: Coing III/3); *W. Zöllner/K. Schmidt*, Wovon handelt das Handelsrecht? Gegenstand und Zukunft des Handelsgesetzbuches, Bucerius Law Journal 2008, 36 ff (zitiert: *W. Zöllner/K. Schmidt*, Bucerius Law Journal 2008, 36).

Übersicht

I. Einführung

Mit der in diesem Band wiedergegebenen Synopse und den sie ergänzenden Anhängen werden die **Entwicklungsstufen** des kodifizierten deutsch-österreichischen Handels- bzw. Unternehmensrechts chronologisch nachvollziehbar dargestellt. Erfasst wird der Zeitraum von der Einführung des ADHGB von 1861 bis zum gegenwärtigen deutschen Handelsgesetzbuch (HGB) bzw. österreichischen Unternehmensgesetzbuch (UGB). Die historische Bedeutung des ADHGB kann dabei nicht zu sehr betont werden. Das gilt umso mehr, als das Handelsrecht in der Privatrechtshistoriographie sehr stiefmütterlich behandelt wird. Man könnte der Illusion erliegen, dass gegenüber der Pandektenwissenschaft und ihrer kodifikatorischen Frucht, dem BGB, die Handelsrechtswissenschaft des 19. Jahrhunderts und das ADHGB von eher untergeordneter wissenschaftlicher Bedeutung sind.[1] Bestimmend für diese Entwicklung war, dass in Deutschland und Österreich nie das System eines *code unique* existierte, d.h. keine Kodifikation des Zivil- und Handelsrechts in einem Gesetzbuch, wie es etwa im schweizerischen Obligationenrecht[2] umgesetzt wurde. Vielmehr wurde die österreichische Privatrechtsordnung Mitte des 19. Jahrhunderts und die deutsche Privatrechtsordnung des 20. Jahrhunderts durch die Dualität von Zivilrechts- und Handelsrechtskodifikation strukturiert. Hinzu kam, dass die Schaffung des BGB von 1896 die Sinnhaftigkeit eines daneben bestehenden Handelsgesetzbuches zumindest teilweise in (1)

1 So wird die Handelsrechtswissenschaft als wesentlicher Treiber für die Modernisierung des Privatrechts etwa bei *Franz Wieacker* (s. etwa Pandektenwissenschaft und Industrielle Revolution [1966], in: Industriegesellschaft und Privatrechtsordnung, Frankfurt am Main 1974, S. 55 ff.; *ders.*, Privatrechtsgeschichte der Neuzeit², Göttingen 1967) im Wesentlichen ausgeblendet. Im 19. Jahrhundert hat zuvor *Georg Beseler* (System des gemeinen Privatrechts III, Berlin 1855, S. 255; II⁴, Berlin 1885, S. 1000 f. m. Fn. 2) der historischen Handelsrechtsforschung reichlich pauschal ihre Berechtigung abgesprochen (dagegen *L. Goldschmidt*, ZHR 1 (1858) 1, 23 f.). Siehe aber auch auf der anderen Seite *Rückert*, Handelsrechtsbildung und Modernisierung des Handelsrechts durch Wissenschaft zwischen ca. 1800 und 1900, in: Scherner, Modernisierung, S. 21 ff.; ferner *Schmoeckel/Maetschke*, Rechtsgeschichte der Wirtschaft: Seit dem 19. Jahrhundert², Tübingen 2016.

2 Dazu *Oftinger*, Handelsrecht und Zivilrecht. Monismus oder Dualismus des Privatrechts und seiner Gesetzbücher?, in: Oftinger (Hrsg.), Ausgewählte Schriften, Zürich 1978, S. 101 ff.; *Caroni*, Der „demokratische“ code unique 1881 – Eine Studie zur ideologischen Beziehung von Sonderrecht und Demokratie, in: Caroni (Hrsg.), Das Obligationenrecht 1883–1983, Berner Ringvorlesung zum Jubiläum des schweizerischen Obligationenrechts, Bern 1984, S. 19 ff. Zu den bestehenden kantonalen Rechten *Thöl*, HR I.⁶, S. 21 Fn. 10 u. 14; *Fick*, Kritische Uebersicht der schweizerischen Handels- und Wechselgesetzgebung, Beilagenheft zur ZHR VI., Erlangen 1862; s. auch *Behrend*, Obligationen- und Handelsrecht im Schweizerischen Zivilgesetzbuch, Blätter für vergleichende Rechtswissenschaften und Volkswirtschaftslehre 1 (1906) 438 ff.

Frage stellte, insbesondere wenn man das vierte Buch des HGB von 1897 zu den Handelsgeschäften betrachtet.[3]

1. Das ADHGB als private law cosmos

(2) Ganz anders sah die Welt um die Mitte des 19. Jahrhunderts aus: Durch das ADHGB wurde – lange vor der Europäischen Union – ein einheitliches Privat- und Wirtschaftsrecht für Mitteleuropa[4] geschaffen, ein „private law cosmos".[5] Geregelt wurden nicht nur die früher und später bekannten, an den Handelsstand anknüpfenden Publizitätsinstitute des Handelsregisters[6] bzw. Firmenbuchs und der Firma,[7] das Maklerrecht,[8] das Transportrecht, das Seehandelsrecht, sondern auch das gesamte (damalige) Gesellschaftsrecht (einschließlich des Aktienrechts). Ferner waren als privatrechtliche Grundmaterien insbesondere Regelungen vorgesehen zur Auslegung[9] (Art. 278 ADHGB), Gesamtschuld bzw. Solidarität (Artt. 280 f. ADHGB), zur Schadensberechnung ohne Schadensstufung (Art. 283 ADHGB), Konventionalstrafe (Art. 284 ADHGB), Draufgabe (*Arrha*) (Art. 285 ADHGB), Nichtgeltung der Grundsätze der *leasio enormis* (Art. 286 ADHGB), Zinsen[10] (Artt. 287–289, 291 f. ADHGB), Anweisung (*Assignation*) (Artt. 300 f. ADHGB), abstrakte Schuldversprechen[11] (Art. 301 Abs. 2 ADHGB), zum gutgläubigen Eigentumserwerb[12] (Artt. 306–308 ADHGB), Faustpfandrecht[13] (Artt. 309–312), Zurückbehaltungsrecht[14] (Artt. 313–316 ADHGB), Formfreiheit (Art. 317 ADHGB), Vertragsschluss[15] (Artt. 318–322 ADHGB), Stellvertretung[16] (Artt. 52 ff, 297 f. ADHGB; dabei insbesondere auch die Haftung des *falsus*

---

3 Dazu *K. Schmidt*, in: FS N. Horn, S. 557 ff.; *ders.*, Das HGB und die Gegenwartsaufgabe des Handelsrechts, Berlin 1983.

4 S. zum historischen Wandel des Begriffs Mitteleuropa im Ringen mit dem Nationalismus *R. Menasse*, Die Welt von morgen. Ein souveränes demokratisches Europa – und seine Feinde, Berlin 2024, S. 42 ff.; s. ferner zuletzt *Löhnig/ S. Wagner* (Hrsg.), Das ADHGB von 1861 als gemeinsames Obligationenrecht in Mitteleuropa, Tübingen 2018.

5 *J.W. Flume*, 2 CLH (2014) 45, 57.

6 *M. Rintelen*, Untersuchungen über die Entwicklung des Handelsregisters (Beilagenheft zur ZHR, 75. Band), Stuttgart 194 (dazu *Rehme*, SZ Germ. Abt. 36 (1915) 579 ff.); *R. Heimann*, Die Entwicklung der handelsrechtlichen Veröffentlichung vom ALR bis zum ADHGB, Berlin 2008.

7 *J.W. Flume*, Die Firma als „tradeable Asset", DB 2008, 2011 f.

8 *L. Goldschmidt*, Ursprünge des Mäklerrechts. Insbesondere: Sensal, ZHR 28 (1882) 115 ff.; *Axmann*, Maklerrecht und Maklerwesen bis 1900. Eine rechtshistorische Untersuchung insbesondere der bürgerlich-rechtlichen Quellen, Stuttgart 2004.

9 Dazu *Vogenauer*, in: HKK-BGB, Tübingen 2003, §§ 133, 157 Rn. 18 f.

10 *Kindler*, Gesetzliche Zinsansprüche im Zivil- und Handelsrecht, Tübingen 1996, S. 1 ff.

11 *R. Koch*, Ueber Verpflichtungsgrund und Valutenbekenntniß nach Handelsrecht, ZHR 10 (1866) 28 ff.; dann zum BGB: *Stampe*, Causa und abstrakte Geschäfte. Eine Grundlegung für das Verständnis der §§ 780–782 des B.G.B., ZHR 55 (1904) 387 ff.; *Klingmüller*, Causa und Schuldversprechen, ZHR 58 (1906) 152 ff.

12 *L. Goldschmidt*, Ueber den Erwerb dinglicher Rechte von dem Nichteigenthümer und die Beschränkung der dinglichen Rechtsverfolgung, insbesondere nach handelsrechtlichen Grundsätzen, ZHR 8 (1865) 225 ff., ZHR 9 (1866) 1 ff.; *ders.*, HR II.[2], S. 795 ff.

13 *Laband*, Das kaufmännische Pfand- und Retentionsrecht, ZHR 9 (1866) 225 ff., 425 ff.; *L. Goldschmidt*, HR II.[2], S. 872 ff.

14 *Göppert*, Vom kaufmännischen Zurückbehaltungsrecht an eigenen Sachen, ZHR 95 (1930) 52 ff.

15 *Hauser*, Vertrags-Antrag, Annahme und Vertragschluß. Nach den Grundsätzen des allgemeinen deutschen Handelsgesetzbuchs entwickelt, ZHR 12 (1868) 34 ff.; *F. Dahn*, Ueber den Zeitpunkt der Perfection eines unter Abwesenden verhandelten Vertrags, ZHR 9 (1866) 503 ff.; *Sohm*, Ueber Vertragsschluß unter Abwesenden und Vertragsschluß mit einer persona incerta, ZHR 17 (1873) 16 ff.; *Pernice*, Kritische Beiträge zur Lehre von den Rechtsgeschäften, ZHR 25 (1880) 77 ff.; *F. Schulz*, Der Vertragsabschluss im Entwurf der Novelle zum allgemeinen bürgerlichen Gesetzbuch, Allgemeine österreichische Gerichts-Zeitung 1910, 241 ff.; *Bühler*, Die Entstehung der allgemeinen Vertragsschluss-Vorschriften im Allgemeinen Deutschen Handelsgesetzbuch (ADHGB) von 1861, Frankfurt 1991.

16 *Laband*, Die Stellvertretung bei dem Abschluß von Rechtsgeschäften nach dem allgem. Deutsch. Handelsgesetzbuch, ZHR 10 (1866) 183 ff.; dazu *Müller-Freienfels*, Die Abstraktion der Vollmachtserteilung im 19. Jahrhundert, in: Coing/ W. Wilhelm (Hrsg.), Wissenschaft und Kodifikation des Privatrechts im 19. Jh. II., Frankfurt a.M. 1977, S. 144 ff.; *K. Schmidt*, Zur „Abstraktheit" im Stellvertretungsrecht, in: FS Canaris zum 80. Geburtstag, Berlin 2017, S. 117 ff.

procurator auf Erfüllung [Artt. 55, 298 Abs. 2 ADHGB]), Erfüllung (Artt. 324 ff. ADHGB), zum Vertragstypus des Lieferungsvertrags[17] (Art. 271 Ziff. 2, Art. 338 ADHGB), zur Rügeobliegenheit[18] (Art. 347 ADHGB), Gewährleistung[19] (Artt. 346, 348 ff. ADHGB), zum Leistungsverzug[20] und zur Berechnung des Nichterfüllungsschadens auf der Grundlage einer Marktpreisdifferenz[21] (Artt. 354–358 ADHGB), Gefahrtragung[22] (Art. 345 ADHGB) und Kauf[23] (Artt. 337 ff. ADHGB) (vgl. dazu Anhang H. mit erläuternden Anmerkungen von *Hermann Staub*).[24]

2. Handelsrechtswissenschaft und -praxis im 19. und beginnenden 20. Jahrhundert

Das ADHGB war auch der Ausgangspunkt der Blütezeit einer historisch-kritischen Handelsrechts- (3)
wissenschaft im 19. und frühen 20. Jahrhundert. In diese Zeit fällt nicht nur die Gründung zahlreicher handelsrechtlicher (Archiv-)Zeitschriften, allen voran die Zeitschrift für das gesamte Handelsrecht[25] (ZHR), sondern es wurden auch viele einflussreiche Lehrbücher verfasst, und nicht zuletzt für die Rechtspraxis wegweisend wurde im Kontext des ADHGB die besondere Literaturgattung des Kommentars[26] fest etabliert (vgl. dazu die Zusammenstellung Anhang C. „Handelsrechtliche bzw. unternehmensrechtliche Literatur des 19., 20. und 21. Jahrhunderts“). Insbesondere die Werke

17 Dazu *W. Ernst*, Das Lieferungsgeschäft als Vertragstyp; seit dem Preußischen Allgemeinen Landrecht, in: FS Zöllner II., Köln 1999, S. 1097 ff.

18 *Schlodtmann*, Ueber die Anwendbarkeit der Art. 347 ff. des Handelsgesetzbuchs, wenn statt der vertragsmäßigen eine Waare anderer Gattung geliefert und empfangen wurde, ZHR 37 (1890) 1 ff.; *Holdschik*, Die Rügeobliegenheit des ADHGB, Regensburg 2024.

19 *L. Goldschmidt*, Ueber die Statthaftigkeit der aedilitischen Rechtsmittel beim Gattungskauf, ZHR 19 (1874) 98 ff.; *v. Kräwel*, Gewährleistung im Handelsrecht, in: Holtzendorff (Hrsg.), Rechtslexikon II³, Leipzig 1881, S. 154–156; *K. Adler*, Beiträge zum Recht der Gewährleistung, ZHR 75 (1914) 453 ff.

20 Dazu *K. Adler*, Zur Lehre vom Leistungsverzug beim Kauf, ZHR 86 (1923) 1 ff.; *J.W. Flume*, Kommentator zweier Welten, in: Thomale, Oskar Pisko,, S. 173 ff.; *Löhnig/S. Wagner* (Hrsg.), Leistungsstörungsrecht in Mitteleuropa, Art. 354–359 ADHGB, Tübingen 2024.

21 *J.W. Flume*, Marktaustausch, S. 134 ff., 160 ff.; *ders.*, JBl 2020, 502 ff. u. *ders.*, ÖJZ 2023, 324 ff. (zum österreichischen AHGB, ABGB 1811 und zur III. Teilnovelle).

22 *Stahl*, Ueber den Erfüllungsort und die Gefahrtragung beim Kaufe nach handelsrechtlichen Grundsätzen, ZHR 18 (1873) 365 ff.; zum HGB 1897 und BGB: *K. Adler*, Der Übergang der Gefahr beim Handelskauf, ZHR 72 (1912) 388 ff.

23 *L. Goldschmidt*, Der Kauf auf Probe oder auf Besicht, ZHR 1 (1858) 66 ff., 262 ff., 386 ff.; *Fitting*, Zur Lehre vom Kauf auf Probe oder auf Besicht, ZHR 2 (1859) 203 ff.; *Unger*, Der Kauf auf Probe oder auf Besicht, ZHR 3 (1860) 386 ff.; *Gruchot*, Beiträge zur Lehre vom Kauf in Pausch und Bogen, ZHR 3 (1860) 471 ff.; *Fitting*, Zur Lehre vom Kauf auf Probe oder auf Besicht, ZHR 5 (1862) 79 ff.; *Gareis*, Das Kaufgeschäft, in: W. Endemann (Hrsg.), Handbuch des deutschen Handels,- See- und Wechselrechts, Bd. II., Leipzig 1882, §§ 258 ff., S. 540 ff.; *Sluzalek*, Die handelsrechtlichen Sondervorschriften über den Kauf im Vergleich mit dem bürgerlichen Recht, Diss. Greifswald 1904; *Muskat*, Die Bedingung des reinen Wollens des Verpflichteten bei dem Kaufe auf Probe und bei anderen Verträgen, Beiträge zur Erläuterung des deutschen Rechts 49 (1905) 472 ff.; *K. Adler*, Kaufbegriff und Werklieferungsvertrag im Handelsrecht, AcP 109 (1912) 321 ff.; *ders.*, Der Annahmeverzug des Käufers beim Handelskauf, ZHR 71 (1912) 451 ff.; *U. Huber*, Wandel im Recht des Handelskaufs, ZHR 161 (1997) 160 ff.

24 Dazu auch ausführlich *F. Dahn*, Handelsrechtliche Vorträge, S. 15 ff.; und vor dem ADHGB *K.H.L. Brinkmann/W. Endemann*, HR, S. 64 ff. (Dritter Abschnitt: Von den Handelsverträgen im Allgemeinen).

25 Dazu unter anderen *Landwehr*, Die ZHR als Organ der Handelsrechtswissenschaft, Die wissenschaftlichen Abhandlungen Bd. 1–123 (1858–1960), ZHR 150 (1986) 39 ff.

26 Vgl. zur Begründung der handelsrechtlichen Kommentarliteratur und der damit einhergehenden Methode der Gesetzesanalyse seit dem 19. Jahrhundert: *Henne/Schröder/Thiessen* (Hrsg.), Anwalt – Kommentator – ‚Entdecker', Festschrift für Hermann Staub zum 150. Geburtstag am 21. März 2006, Berlin 2006; allgemein *Kästle-Lamparter/Jansen/R. Zimmermann* (Hrsg.), Juristische Kommentare: Ein internationaler Vergleich, Tübingen 2020; *Kästle-Lamparter*, Welt der Kommentare: Struktur, Funktion und Stellenwert juristischer Kommentare in Geschichte und Gegenwart, Tübingen 2016.

von *Levin Goldschmidt*[27] (1829–1897), *Heinrich Thöl*[28] (1807–1884), *Wilhelm Endemann*[29] (1825–1899), *Jakob Friedrich Behrend*[30] (1833–1907), *Paul Laband*[31] (1838–1918) – bekannt als Staatsrechtler, aber zugleich auch Mitherausgeber der ZHR und Verfasser zahlreicher grundlegender Beiträge zum Handelsrecht – und *Karl Samuel Grünhut*[32] (1844–1929) beeindrucken durch die Geschlossenheit der Darstellung, die Einbindung rechtsvergleichender Seitenblicke und – wie insbesondere bei *Endemann*, aber auch *Goldschmidt* – die Berücksichtigung volkswirtschaftlicher bzw. (national)ökonomischer Erwägungen (die bibliographischen Details der Einzelwerke sind in Anhang C. II. a) zu finden). Wichtige Arbeiten zur Handelsrechtsgeschichte verdanken wir weiterhin *Gustav Lastig*[33] (1844–1930) und *Paul Rehme*[34] (1867–1941). Aber auch um die Jahrhundertwende zum „neuen" HGB 1897 nehmen die Werke von *Karl Lehmann*[35] (1858–1918), *Rudolf Müller-Erzbach*[36] (1874–1959), *Victor Ehrenberg*[37] (1851–1929), *Karl Gareis*[38] (1844–1923), *Konrad Cosack*[39] (1855–1933), *Carl Wieland*[40] (1864–1936) und – zum österreichischen AHGB – *Anton Ritter von Randa*[41] (auch

---

27 *H.V. Simon* (Hrsg.), Vermischte Schriften von L. Goldschmidt, Erster und Zweiter Band, Berlin 1901 (mit Schriftenverzeichnis); *L. Goldschmidt*, Ein Lebensbild in Briefen, Berlin 1898; *Grünhut*, Der Economist, Professor L. Goldschmidt, Neue Freie Presse, 20. Juli 1897, Nr. 11820. S. 8 f.; *Laband*, Levin Goldschmidt †, DJZ 2 (1897) 296 ff.; *Riesser*, L. Goldschmidt, Gedächtnisrede, gehalten in der Juristischen Gesellschaft zu Berlin, am 13. November 1897, Berlin 1897; *Lyon-Caen*, Notices nécrologiques sur M. Goldschmidt, décédé en 1897 et sur les six membres ou associés décédés depuis la dernière session, Annuaire de l'institut de droit international 17 (1898) 325 ff.; *K. Adler*, in: Bettelheim (Hrsg.), Biographisches Jahrbuch und Deutscher Nekrolog II., Berlin 1898, S. 119 ff.; *A. Sacerdoti*, L'Opera Scientifica di Lewin Goldschmidt, Torino 1898; *M. Pappenheim*, Levin Goldschmidt, ZHR 74 (1898) 1 ff.; *A.-É. Sayous*, L'Histoire universelle du droit commercial de Levin Goldschmidt et les méthodes commerciales des pays chrétiens de la Méditerranée aux XIIe et XIIIe siècles, Paris 1931; *W. Silberschmidt*, Le droit commercial avant et après L. Goldschmidt, Revue historique de droit français et étranger 13 (1934) 643 ff.; *H. Sinzheimer*, Jüdische Klassiker, S. 51 ff.; *Weyhe*, Levin Goldschmidt. Ein Gelehrtenleben in Deutschland, Berlin 1996; *B. Großfeld/Papagiannis*, Levin Goldschmidt. Zur Geschichte des modernen Handelsrechts, ZHR 159 (1995) 529 ff.; *Scherner*, Goldschmidts Universum, in: FS K. W. Nörr, Köln 2003, S. 859–892; *W. Schön*, Recht und Ökonomie bei Levin Goldschmidt, in: FS K. Schmidt, Köln 2009, S. 1427–1446; *K. Schmidt*, Levin Goldschmidt (1829–1897). Levin Goldschmidt in Berlin – Eine Skizze über die Berliner Universitätsjahre, 1875–1897, in: FS 200 Jahre Juristische Fakultät der Humboldt-Universität zu Berlin, Berlin 2010, S. 327 ff.; *K.-P. Schroeder*, „Sie haben kaum Chancen, auf einen Lehrstuhl berufen zu werden". Die Heidelberger Juristische Fakultät und ihre Mitglieder jüdischer Herkunft, Tübingen 2017, S. 82 ff.; *S. Gialdroni*, Roman Law, Commercial Law and Levin Goldschmidt's Legacy, in: Verboven/Erdkamp (Hrsg.), Law and Economic Performance in the Roman World, Leiden 2022, S. 248 ff.

28 *V. Ehrenberg*, Heinrich Thöl. Seine Bedeutung für die Rechtswissenschaft, ZHR 31 (1885) 564 ff.; *Frensdorff*, Zur Erinnerung an Dr. Heinrich Thöl, Freiburg 1885; *F. Gercke*, Heinrich Thöl. Ein Göttinger Rechtsgelehrter, Göttingen 1931.

29 *E. Landsberg*, Wilhelm Endemann, ZZP 26 (1899) V–XVIII; *Laband*, † Professor Wilhelm Endemann, DJZ 4 (1899) 272.

30 *U. Stutz*, Jakob Friedrich Behrend †, ZRG Germ. Abt. 28 (1907) 628.

31 *H. Sinzheimer*, Jüdische Klassiker, S. 145 ff.

32 *Pisko*, Karl S. Grünhut †, JBl 1929, 401; *Hupka*, Carl Samuel Grünhut. Worte des Gedenkens, Zentralblatt für die juristische Praxis 47 (1929) 817 ff.; *Staudigl-Ciechowicz*, Das Dienst-, Habilitations- und Disziplinarrecht der Universität Wien 1848–1938, Göttingen 2017, 521 f.

33 *G. Kisch*, Gustav Lastig zum Gedächtnis, ZHR 96 (1931) 235 ff.

34 *H. Thieme*, In memoriam, Paul Rehme †, SZ Germ. Abt. 62 (1942) 559 ff.

35 *J. v. Gierke*, Karl Lehmann, ZHR 82 (1920) 1 ff.

36 *Nunn*, Rudolf Müller-Erzbach 1874–1959: von der realen Methode über die Interessenjurisprudenz zum kausalen Rechtsdenken, Frankfurt am Main 1998.

37 Vgl. *V. Ehrenberg*, Selbstdarstellung, in: Planitz, Rechtswissenschaft der Gegenwart, S. 59 ff.; *J. v. Gierke*, Victor Ehrenberg, Seine Bedeutung für die Rechtswissenschaft, JheringsJb 82 (1932), S. I–XXIV.

38 *J. v. Gierke*, Karl von Gareis †, ZHR 87 (1924) 239 f.

39 Vgl. *Cosack*, Selbstdarstellung, in: Planitz, Rechtswissenschaft der Gegenwart, S. 1 ff.

40 *K Schmidt*, Morgenröte des Unternehmensrechts? Ein Streifzug durch Wielands „Handelsrecht" von 1921 und 1931, in: Basler Juristische Mitteilungen 2008, 61 ff.

41 *Cvetler*, Randa, Antonín von, in: Österreichisches Biographisches Lexikon, 1815–1950, VIII., Wien 1983, S. 410 f.

Antonín von Randa; 1834–1914), *Josef Hupka*[42] (1875–1944), *Karl Friedrich Adler*[43] (1865–1924), *Oskar Pisko*[44] (1876–1939) einen festen Platz ein. Bis heute bekannt und zitiert sind die Kommentare von *Friedrich von Hahn*[45] (1823–1897), *Ernst Sigismund Puchelt*[46] (1820–1885) und *Richard Förtsch*[47] (1837–1916), *Karl Gareis* (1844–1923) und *Otto Fuchsberger, August Anschütz*[48] (1826–1874) sowie *Otto Freiherr von Völderndorff und Waradein*[49] (1825–1899), *Hugo Keyßner*[50] (1827–1905) und *Hermann Makower*[51] (1830–1897). Bis heute berühmt, oft zitiert und leider nicht fortgesetzt ist ferner der von *Adelbert Düringer*[52] (1855–1924) und *Max Hachenburg*[53] (1860–1951) herausgegebene HGB-Kommentar. Schließlich darf in diesem Band *Hermann Staub*[54] (1856–1904) nicht unerwähnt bleiben, der seinen Maßstäbe setzenden Kommentar erstmals 1891 noch zum ADHGB verfasst hatte, das Werk in der 6. und 7. Auflage 1900, zusammen mit einem Supplement (partiell abgedruckt in Anhang H.), in die neue Rechtsordnung des HGB überführte, bevor das Werk nach seinem Tode auf mehrere Schultern verteilt wurde. Staubs Kommentar fand auch in Österreich weite Verbreitung, da *Oskar Pisko* den „Staub" von der ersten Auflage 1903 bis zur dritten Auflage 1935–1938 (dann gemeinsam mit anderen Autoren) in einer austrifizierten Fassung bearbeitet hatte, also kurz bevor Österreich 1938 im Zuge des sog. „Anschlusses" das deutsche HGB aufgezwungen wurde (dazu noch unter Rn. (84)).[55] Das A(D)HGB wurde außerdem nicht ausschließlich in deutscher Sprache wissenschaftlich bearbeitet. Beachtenswert ist dabei insbesondere der von den beiden Professoren der Krakauer Jagiellonen-Universität *Józef Michał Rosenblatt* (1853–1917) und *Stanisław Wróblewski* (1868–1938) verfasste Kommentar zum AHGB, denn das AHGB war in Galizien von 1863 bis zum Erlass des polnischen Handelsgesetzbuches (*Kodek Handlowy*) 1934 in Kraft

---

42 *Grasl*, Josef Hupka (1875–1944): Leben und Werk eines zu Unrecht vergessenen Rechtswissenschaftlers, Frankfurt a.M. 2022; *Meissel*, Josef Hupka (1875–1944) – Rechtswissenschafter, Dekan und Citoyen, in: Liber amicorum Jenez Kranjc, Ljubljana 2019, S. 299 ff.

43 *Pisko*, Karl Adler, Ein Nachruf, ZHR 87 (1924) 495 ff.; *Schmetterer*, Am Weg von Czernowitz nach Wien gescheitert – Karl Friedrich Adler, BRG 2014, 241 ff.; *Olechowski*, Zwischen Wien und Czernowitz – das Schicksal von Karl Friedrich Adler, in: Olechowski/Ehs/Staudigl-Chiechowicz (Hrsg.), Die Wiener Rechts- und Staatswissenschaftliche Fakultät 1918–1938, Wien 2014, S. 382 ff.

44 *Thomale* (Hrsg.), Oskar Pisko – Richter, Reformer, Rechtsgelehrter, Wien 2025; *Welser*, Oskar Pisko, in: Österreichisches Biographisches Lexikon, 1815–1950, Bd. 8, Lfg. 37, Wien 1980, S. 100.

45 *Laband*, Friedrich von Hahn, ZHR 46 (1897) 365 ff.

46 *E. Landsberg*, „Puchelt, Ernst Sigismund", in: ADB 53 (1907) 137 ff.

47 *Meyn*, † Richard Förtsch, DJZ (1916) 1144; *H. Koenige*, Reichsgerichtssenatspräsident a.D. Dr. h. c. Förtsch, Exz., Das Recht 11 (1917) Sp. 34.

48 *o.V.*, Dr. August Anschütz, Professor der Rechte in Halle, Kritische Vierteljahresschrift für Gesetzgebung und Rechtswissenschaft 17 (1875) 158–160; *K. v. Savigny*, Anschütz, August, ADB 46 (1902) 16.

49 *v. Böhm*, Völderndorff und Waradein, Otto Freiherr von, ADB 54 (1908) 758 ff.

50 *M. Wolff*, Hugo Keyßner. Ein Nachruf, ZHR 57 (1906) 321 ff.

51 *Meyer*, Vermischtes – Nachruf Makower, DJZ 1897, 162; *Breslauer*, Hermann Makower, Allgemeine Zeitung des Judenthums 62 (1898) Nr. 14, 162 ff.; Nr. 15, 173 ff.; Nr. 16, 185 ff.; Nr. 17, 200 ff.

52 *Wirth*, Adelbert Düringer, Jurist zwischen Kaiserreich und Republik, Mannheim 1989; *Steitz*, Adelbert Düringer am Reichsgericht (1902–1915): seine aktienrechtlichen Entscheidungen und sein Einfluß auf das Aktienrecht in Deutschland, Berlin 1995; *Wörner*, Adelbert Düringers Einfluß als Richter am Reichsgericht in Leipzig auf dem Gebiet des Personengesellschaftsrechts, Frankfurt am Main 2007.

53 *M. Hachenburg*, Lebenserinnerungen eines Rechtsanwalts und Briefe aus der Emigration, Stuttgart 1978; *Krüger/Lahusen*, Max Hachenburg, Kolumnen in der deutschen Juristen-Zeitung, 1918–1933, Berlin 1922; *K. Duden*, Hachenburg, Max, NDB 7 (1966) 405 f.; *Kleindiek*, Max Hachenburg – jüdischer Rechtsanwalt und Publizist, NJW 1993, 1295 ff.

54 Vgl. zu ihm: *Henne/Schröder/Thiessen* (Hrsg.), Anwalt – Kommentator – ‚Entdecker', Festschrift für Hermann Staub zum 150. Geburtstag am 21. März 2006, Berlin 2006.

55 Zur Werkgeschichte *J.W. Flume*, Kommentator zweier Welten, in: Thomale, Oskar Pisko, S. 173, 181 f.; s. ferner zur internationalen Verbreitung von Piskos Werk *Monti*, Oskar Pisko and the European circulation of his contribution, in: Thomale (Hrsg.), Oskar Pisko – Richter, Reformer, Rechtsgelehrter, Wien 2024, S. 51 ff.

(dazu noch Rn. (8)).[56] Letzteres hat *Wróblewski* wiederum in den Jahren 1935 und 1936 kommentiert.[57]

3. Die drei wesentlichen Entwicklungsstufen

(4) In der kodifikatorischen Dogmengeschichte des deutsch-österreichischen Handels- und Unternehmensrechts lassen sich *drei* ganz wesentliche Entwicklungsstufen unterscheiden, die auch in der nachfolgenden Abbildung 1 nachvollzogen werden können.[58]

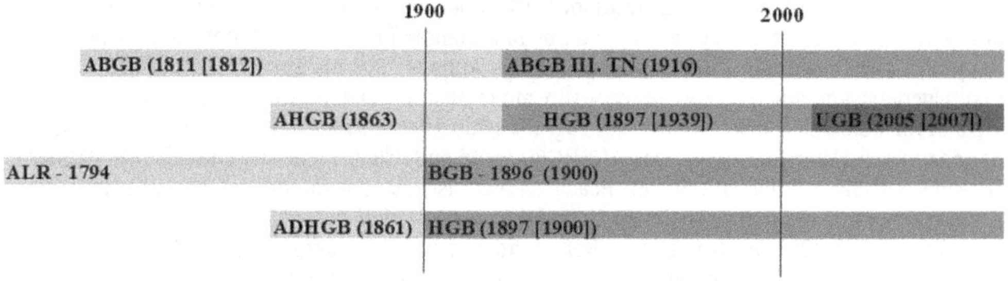

Abb. 1: Die kodifikatorischen Entwicklungsstufen des österreichischen und deutschen Privatrechts und Handels- bzw. Unternehmensrechts.

(5) Es lässt sich **erstens** die Zeit der Naturrechtskodifikationen des auslaufenden 18. Jahrhunderts bzw. beginnenden 19. Jahrhunderts identifizieren. Wie noch zu zeigen sein wird, wurde im **Preußischen Landrecht von 1794** (ALR) erstmals Handelsrecht als Standesrecht der dem Bürgerstand angehörigen Kaufleute geregelt (dazu unter Rn. (18) ff.).

(6) Im **Code de commerce** von 1807 – aufbauend auf dem Erfahrungsschatz der Ordonanzen des 17. Jahrhunderts und der Etablierung besonderer Handelsgerichte (dazu Rn. (17)) – wurde sodann als Resultat der *révolution* das Konzept eines standesrechtlichen Handelsrechts verworfen und die Idee einer die Zivilrechtskodifikation, den Code civil von 1804, begleitende, separate Handelsrechtskodifikation geboren (dazu unter Rn. (27)). Dieses gesetzgeberische Konzept wird in der heutigen Literatur auch als **dualistisches** System bezeichnet und jenen Rechtsordnungen gegenübergestellt, die, wie das bereits erwähnte Schweizerische Obligationenrecht von 1881, ein sogenanntes **monistisches** System bzw. ein System eines *code unique* verfolgen, d.h. einer Privatrechtskodifikation, in die das Handelsrecht integriert ist.

(7) In **Österreich** schließlich wurden zwar Reformbestrebungen unternommen, einen „Commerzkodex" oder „Handels-Codex" zu erschaffen, sie wurden jedoch nie endgültig umgesetzt, und das ABGB von 1811 blieb damit bis zum AHGB von 1863 die einzige zentrale Quelle des Privatrechts.[59] Vor dem AHGB – aber in Bezug auf Transleithanien auch danach – war das Handelsrecht

---

56 *Rosenblatt*, Powszechny kodeks handlowy wraz z ustawą wprowadczą, ustawą o stręczycielach i ustawą o organizacyi giełd, Krákow 1877; *Rosenblatt*/ *Wróblewski*, Powszechny kodeks handlowy^{2}, Krákow 1898; *Wróblewski*, Ustawa handlowa wraz z ustawami dodatkowemi, Tom I Ustawa Handlowa^{3}, Krákow 1906; Tom II, Ustawy Dodatkowe^{3}, Krákow 1917.

57 *Wróblewski*, Komentarz do kodeksu handlowego, części I, Krákow 1935/1936.

58 Zu den Privatrechtskodifikationen vgl. *Behrend*, Die neuen Privatrechts-Kodifikationen, in: Holzendorff, Encyklopädie^{5}, S. 389 ff.

59 Vgl. zur Gesetzgebung auf dem Gebiet des Handelsrechts in Österreich seit dem 18. Jh., aus der zeitgenössischen Literatur: *Blodig*, Die Handelsgesetzgebung in Oesterreich, Allgemeine österreichische Gerichts-Zeitung 1857, 433 f., 437 f., 441 ff., 445 f., 449 f.; im Wesentlichen übernommen in: *ders.*, Fischer-Ellinger's HR^{4}, S. 22 ff.; *v. Stubenrauch*,

der Kronländer durch einen Rechtspartikularismus geprägt, wobei in der zeitgenössischen Literatur drei „Haupt-Ländergruppen"[60] unterschieden wurden: In der **ersten Gruppe** (Nieder- und Oberösterreich, Böhmen, Mähren, Schlesien, Galizien, Lodomerien, die Herzogtümer Auschwitz und Zator, und die Bukowina, Salzburg, Nordtirol, Vorarlberg, Steiermark, Kärnten, Krain, Triest, Görz, Gradiska und Istrien, Siebenbürgen) galten das ABGB und besondere Handelsgesetze (insb. Wechsel- und Fallitenordnungen).[61] In der **zweiten Gruppe** (Königreich Lombardo-Venetien, Südtirol, Dalmatien) galt der Code de Commerce in einer italienischen Fassung „Codice di commercio di terra e di mare per regno d'Italia"[62] bzw. in Krakau[63] in einer polnischen Übersetzung. In der **dritten Gruppe** (Ungarn, Kroatien, Slawonien, Serbien und die Temeser Banaten) galten Partikularordnungen und eine Reihe im Jahr 1840[64] verabschiedeter Handelsgesetze, dem schließlich das Ungarische Handelsgesetz 1875[65] – das auch im Kondominium Bosnien-Herzegowina[66] und Kroatien[67] galt – folgte.[68]

Zweitens lässt sich der Zeitraum ab 1861 ausmachen, in dem mit dem ADHGB ein einheitliches Privat- und Wirtschaftsrecht für Mitteleuropa geschaffen wurde (dazu unter Rn. (35) ff.). Im Gebiet des **Deutschen Reiches** galt das ADHGB bis 1900. In **Österreich,** genauer in Cisleithanien unter Ausschluss Transleithaniens (dazu Rn. (38)), galt das AHGB von 1863 bis zum sog. „Anschluss" Österreichs 1938.[69] Ausdruck der polnischen Staatsgeschichte und des das polnische Recht lange Zeit bestimmenden Rechtspartikularismus ist schließlich, dass in Galizien, dem Lodomerien, den Herzogtümern Auschwitz und Zator und dem Großherzogtum Krakau von 1863 bis zum Erlass des **polnischen Handelsgesetzbuches** (*Kodek Handlowy*) im Jahre 1934 das AHGB (*Powszechny* (8)

Hdb. d. HR, S. 22 ff.; *Pisko*, HR, S. 5 ff.; *ders.*, Österreichisches Recht; B. Österreichisches Handelsrecht, in: Stier-Somlo/Elster, Hwb. der Rechtswissenschaften IV., S. 298 ff.; ferner *Bergfeld*, Österreich, HR, in: Coing III/3, S. 3043 ff.; *Wedrac*, Republik Österreich (1918–1938), in: Löhnig/S. Wagner, S. 147 ff.; *W. Ogris*, Die Rechtsentwicklung in Cisleithanien 1848–1918. Das Handelsrecht und seine Nebengebiete, in: Wandruszka/Urbanitsch (Hrsg.), Die Habsburgermonarchie 1848–1918, II., Verwaltung und Rechtswesen, Wien 1975, S. 603 ff.; *A. Weigand*, Die österreichische Handelsrechtsgesetzgebung vor den großen Kodifikationen, unveröffentlichte Diss. Wien 1997; siehe auch die eindrucksvollen rückblickenden Schilderungen von *Wahle*, ÖJZ 1947, 201 ff.

60 So *v. Stubenrauch*, Hdb. d. HR, S. 22; s. auch davor *Blodig*, Fischer-Ellinger's HR^4, S. 19.

61 Vgl. *v. Stubenrauch*, Hdb. d. HR, S. 22 f.; *Blodig*, Fischer-Ellinger's HR^4, S. 19.

62 Dazu *Mazzarella*, Kingdom of Italy (1861–1946), in: Löhnig/S. Wagner, S. 305 ff.

63 Weitere Details bei *Blodig*, Fischer-Ellinger's HR^4, S. 18; *v. Stubenrauch*, Hdb. d. HR, S. 24.

64 *Blodig*, Das wiedereingeführte Ungarische Handels- und Wechselrecht mit dem allgemeinen Handelsgesetzbuche und der allgemeinen deutschen Wechselordnung verglichen, ZHR 5 (1862) 446 ff.

65 *Schnierer*, Commentar zum ungarischen Handelsgesetzbuch, Budapest 1877; *Bausenwein*, Das österreichische und ungarische Handelsrecht in vergleichender Darstellung, Leipzig 1894; *L. Goldschmidt*, Das neue ungarische Handelsgesetzbuch, ZHR 21 (1876) 166 ff.

66 *J. Schön*, Ein vergleichender Kommentar zum Handelsgesetze für Bosnien und die Herzegowina, Wien 1913; *Löhnig*, Bosnien-Herzegowina (1878–1918): Kondominium, in: Löhnig/S. Wagner, S. 139 ff.; für eine deutsche Übersetzung s. *O. Borchardt*, Die geltenden Handelsgesetze III., Berlin 1885, S. 1047 ff.

67 Dazu *F. Vrbranić* (Übersetzer *W. Butler Lloyd*), Commercial and Bills of Exchange, in: Scrutton/Bowstead (Hrsg.), The Commercial Laws of the World, British Edition, Volume XXVII Hungary and Croatia-Slovonia, London 1911, S. 3 ff. (im zweiten Teil des Buches).

68 Dazu *L. Goldschmidt*, HR I.^{2}, S. 193 ff.; *v. Szladits*, Ungarn, in: RvHwb I., S. 276 ff.; *Zlinszky*, Ungarn, in: Coing III/3, S. 3512; *Gönczi*, Österreich-Ungarn (1867–1918), in: Löhnig/S. Wagner, S. 113 ff.; *Krešić/Pastović*, Königreich Jugoslawien (1918–1941), in: Löhnig/S. Wagner, S. 219 ff.; für eine deutsche Übersetzung des ungarischen Handelsgesetzbuches 1875, s. *O. Borchardt*, Die geltenden Handelsgesetze des Erdballs III., Berlin 1885, S. 929 ff.; für eine englische Übersetzung mit einer erläuternden Einführung vgl. *A. Lévy* (Übersetzer *E. Picker*), The Commercial, Bills of Exchange and Bankruptcy Law of Hungary, in: Scrutton/Bowstead (Hrsg.), The Commercial Laws of the World, British Edition, Volume XXVII Hungary and Croatia-Slovonia, London 1911, S. 3 ff. (im ersten Teil des Buches).

69 Die letzte große Kommentierung zum AHGB ist in *Pisko* (Hrsg.), Staub's Kommentar zum Allgemeinen Deutschen Handelsgesetzbuch, Ausgabe für Österreich^3 I/1, Wien 1935, I/2, Wien 1938, I/3, Wien 1938 wiederzufinden.

kodeks handlowy) in Kraft war.[70] In **Liechtenstein** schließlich gelten Teile des ADHGB seit dem 1. Januar 1866 bis heute (!).[71]

(9) Die derzeit letzte und **dritte** Entwicklungsstufe lässt sich ab der Zeit nach 1900 festmachen, indem im Zuge der Einführung des BGB eine „Kommerzialisierung des Zivilrechts"[72] zu beobachten ist (dazu Rn. (81)). D.h., dass die im 19. Jahrhundert im Handelsrecht entwickelten Rechtsinstitute und Rechtsgrundsätze in das allgemeine Zivilrecht des BGB überführt wurden und das HGB 1897 bis heute als eine im Vergleich zum ADHGB ganz wesentlich entkernte Kodifikation bestehen geblieben ist (dazu Rn. (64) ff.). Diese Entkernung wurde weiter vorangetrieben, als 1937 zusätzlich das Aktienrecht aus dem HGB in ein eigenständiges Gesetz ausgegliedert wurde. Erst 2007 kam es in Österreich mit dem Inkrafttreten des Unternehmensgesetzbuches zu einer kleinen Renaissance des Kodifikationsgedankens im Wirtschaftsprivatrecht (dazu unter Rn. (90)).[73]

4. Zur inhaltlichen Zielsetzung dieses Textes

(10) Das Ziel des vorliegenden Textes ist es, eine kurze, im Wesentlichen chronologische Kodifikationsgeschichte der wirkungsmächtigsten kontinentaleuropäischen Handelsrechtskodifikationen **seit dem ausgehenden 18. Jahrhundert** wiederzugeben.[74] Dabei liegt der Fokus auf denjenigen Kodifikationswerken, die die Rechtsentwicklung in Mitteleuropa maßgeblich geprägt haben. In der zeitlichen Reihenfolge sind dies das „Handelsrecht" im Preußischen Landrecht (ALR) von 1794, der Code de Commerce von 1807 (C com 1807), das allgemeine (deutsche) Handelsgesetzbuch (A[D]HGB) (eingeführt in zweiunddreißig Staaten in der Zeit von 1862 bis 1866), das deutsche Handelsgesetzbuch 1897 (HGB 1897) und – in der Gegenwart ankommend – das österreichische Unternehmensgesetzbuch (UGB) 2005. Nicht näher behandelt wird dabei die Entwicklung des deutschen HGB in der Zeit der Bundesrepublik Deutschland und dabei insbesondere die Auswirkungen des Unionsrechts, des internationalen Privatrechts und des Einheitsrechts auf das Handelsrecht. Hierfür kann auf die umfangreiche **Einleitung** von *Stefan Grundmann* in **Band 1** dieses Kommentars verwiesen werden.

(11) Mit Hilfe der Wiedergabe originaler Textpassagen und des teilweise ausführlich gestalteten Fußnotenapparates soll auch der Einstieg in eine **historisch-kritische Auseinandersetzung** mit Grundfragen des Handels- und Unternehmensrechts erleichtert werden. Ein Grundverständnis der Entwicklungsstufen des Handelsrechts ermöglicht es, die Dogmengeschichte vieler zentraler allgemein zivilrechtlicher Rechtsinstitute (vgl. dazu oben Rn. (2)) und natürlich gerade auch des Handels- und Gesellschaftsrechts zu rekonstruieren. Dabei ist es oft wichtig zu wissen, „wo" und „wann" man mit

---

70 Art. 18 Abs. 1 Einführungen zum Handelsgesetzbuch v. 30.6.1934 (für eine deutsche Übersetzung, s. Das polnische Handelsgesetzbuch nebst Einführungsbestimmungen, I. Teil in deutscher Übersetzung, Lex (Hrsg.), Poznań 1934; Geschäftsstelle Posen der deutschen Sejm- und Senatsabgeordneten (Hrsg.), Das polnische Recht der Schuldverhältnisse und das polnische Handelsgesetzbuch nebst den zugehörigen Einführungsbestimmungen in deutscher Sprache, Poznań 1934; *J. A. Chodzidlo*, Sammlungen polnischer Gesetze in deutscher Übersetzung III.: Das polnische Handelsgesetzbuch mit den Einführungsvorschriften, Berlin 1943). Zur Entwicklung des Handelsrechts in der zweiten polnischen Republik: *Staudigl-Ciechowicz*, Republik Polen (1918–1939), in: Löhnig/S. Wagner, S. 199 ff.; zu den maßgeblichen Rechtsakten: *Scherzer*, Polen, in: RvHwb I., S. 161 ff.; *H. Freund*, Die Vereinheitlichung des Rechts in Polen, Osteuropa 9 (1934) 451 ff.; *Korkisch*, Das Privatrecht im ehemals polnischen Staatsgebiet, RabelsZ 12 (1938/39) 850 ff.; *Z. Nagorski*, Codification of Civil Law in Poland 1918–1939, in: Studies in Polish and comparative law: a symposium of twelve articles, London 1945, S. 44 ff.

71 Nachweise bei *L. Goldschmidt*, HR I.^{2}, S. 196. Neuverkündung: LGBl-Nr. 1997 217.0. Das ADHGB wird aber durch die Regelungen zum Personen- und Gesellschaftsrecht im PRG vom 20. Januar 1926 (LGBl. 1926 Nr. 4) überlagert; dazu *E. Berger*, Rezeption im liechtensteinischen Privatrecht unter besonderer Berücksichtigung des ABGB^2, Wien 2011, S. 53 ff.; *Schopper/Walch*, Trust, Treuunternehmen und besondere Vermögenswidmungen in Liechtenstein, Wien 2023, Rn. 2.

72 So die bekannte und vielfach aufgegriffene Formulierung des *Levin Goldschmidt*-Schülers *Rießer*, Der Einfluss handelsrechtlicher Ideen auf den Entwurf eines Bürgerlichen Gesetzbuchs für das Deutsche Reich, Stuttgart 1894.

73 Dazu *Krejci*, ZHR 170 (2006) 113 ff.

74 Aufbauend auf *J.W. Flume*, 2 CLH (2014) 45 ff.

dem Suchen oder der historisch-juristischen Rekonstruktion eines Instituts oder eines Rechtsgedankens zu beginnen hat. Fündig wird man aber regelmäßig gerade nicht in den Materialien des jeweils geltenden Gesetzes, sondern man muss sich oft die Entwicklungsstufen hindurch „zurückarbeiten", und selbst der Urnormtext und die dazu protokollierten Beratungen werden nur einen bestimmten Aspekt einer Regelung betreffen. So ist es etwa ein „offenes Geheimnis", dass entscheidende Grundgedanken und Weichenstellungen des heutigen Handels- und Gesellschaftsrechts nicht etwa in den Nürnberger Protokollen zum ADHGB, sondern im Preußischen Entwurf von 1857 und seinen Motiven zu finden sind (Rn. (25)f.). Schließlich kann es hilfreich sein, in dem ebenfalls chronologisch geordneten Anhang C. („Handelsrechtliche bzw. unternehmensrechtliche Literatur des 19., 20. und 21. Jahrhunderts") nachzuschlagen, in welchen Werken sich möglicherweise erste Anhaltspunkte für die Entwicklung eines Rechtsinstituts oder auch nur eines Rechtsgedankens finden.

5. Wege und Werke zur global-komparativen Handelsrechtsvergleichung

Dieser Text und auch die Synopse behandeln das deutsch-österreichische Handels- und Unternehmensrecht. Für eine im wahrsten Sinne des Wortes historisch-globale Betrachtung sind nach wie vor der erste Band des „Handbuchs des Handelsrechts" (2. Aufl. 1875) sowie die (Fragment gebliebene) Universalgeschichte des Handelsrechts (1891) von *Levin Goldschmidt* die erste Adresse.[75] Wichtige, aber weniger bekannte Werke der historisch-vergleichenden Handelsrechtswissenschaft sind die „Concordance entre les codes de commerce étrangers et le code de commerce"[76] (1840, 1. Aufl.; 1851, 2. Aufl.) von *Fortuné Anthoine de Saint-Joseph* (1794–1853), in dem nicht weniger als 47 Gesetzbücher ins Französische übersetzt und gegenübergestellt werden, sowie das daran anknüpfende englischsprachige Werk „Commercial Law, Its Principles and Administration; or, the Mercantile Law of Great Britain Compared with the Codes and Laws of Commerce of the Mercantile Countries" von *Leone Levi* (1821–1888).[77] 1876 erschien zudem der Beitrag von *Charles Lyon-Caen* (1843–1935) „Tableau des lois commerciales en vigueur dans les principaux états de l'europe et de l'amérique"[78] auf Französisch und in einer englischen Übersetzung;[79] gefolgt von einer erweiterten französischen Fassung 1881.[80] (12)

Für die Rezeption der europäischen Handelsgesetzbücher in Asien ergeben sich wichtige Anknüpfungspunkte aus dem „Entwurf eines Handels-Gesetzbuches für Japan mit Commentar" von *Hermann Roesler*[81] (1834–1894), der in das Handelsgesetzbuch Japans (*Shôhô*) v. 7. August 1890 mündete, welches jedoch aufgrund eines innerjapanischen Kodifikationsstreits erst am 30. Juni 1898 bzw. in einer revidierten Fassung am 1. Juni 1899 in Kraft trat.[82] (13)

75 Siehe auch in komprimierter Form: *L. Goldschmidt*, Handelsrecht (Geschichtliche Entwicklung), HwbStW. Bd. IV., S. 329 ff. = Vermischte Schriften II., S. 29 ff.; ferner die Zusammenstellung bei *Thöl*, HR I.[6], S. 20 ff.

76 Dazu auch *Thöl*, HR I.[6], S. 31 ff.

77 Dazu *A. Monti*, Leone Levi (1821–1888) and the History of Comparative Commercial Law, in: Eves/Hudson/Ivarsen/White (Hrsg.), Common Law, Civil Law, and Colonial Law: Essays in Comparative Legal History from the Twelfth to the Twentieth Centuries, Cambridge 2021, S. 236 ff.; für eine ausführliche Rezension *K.H.L. Brinkmann*, Kritische Zeitschrift für die gesammte Rechtswissenschaft 1 (1853) 281 ff.; *Thöl*, HR I.[6], S. 34 ff.

78 Journal du Droit International Privé et de la Jurisprudence Comparée 3 (1876) 85 ff.

79 *Lyon-Caen* (translated by *N. Argles*), Table of the Foreign Mercantile Laws & Codes in Force in the Principal States of Europe and America, London 1876.

80 *Lyon-Caen*, Tableau des lois commerciales en vigueur dans les principaux états de l'europe & de l'amérique, Paris 1881.

81 Zu ihm *Bartels-Ishikawa*, Hermann Roesler, Dokumente zu seinem Leben und Werk, Berlin 2007.

82 Für eine englische Übersetzung: *Yang Yin Hang*, The Commercial Code of Japan, Boston 1911; *Löhnholm*, Japanisches Handelsgesetzbuch nebst Einführungsgesetz, Bremen, Tokio und Yokohama oJ (auch in einer englischen und französischen Fassung); *Rehme*, Das japanische Handelsrecht, ZHR 51 (1902) 1 ff.; ZHR 52 (1903) 444 ff.; *Bünger*, Zur Reform des japanischen Handelsgesetzbuches, RabelsZ 13 (1940/41) 144 ff. (vgl. S. 146 zu dem im Haupttext angegebenen Daten);

(14) Monumental sind sodann die von *Oscar Borchardt* (1845–1917) bestrittenen Übersetzungswerke: „Die geltenden Handelsgesetze des Erdballs", Band 1–5, Berlin 1883–1887,[83] und das von ihm in den Jahren 1910 bis 1914 herausgegebene vierzehnbändige Werk „Die Handelsgesetze des Erdballs".[84] An das Werk *Borchardts* anknüpfend versuchte *Jakob Riesser* 1892 „Grundgedanken in den codifizierten Handelsrechten aller Länder" herauszuarbeiten. In Verbindung mit dem Werk *Borchards* stehend wurde schließlich von *Sir Thomas Edward Scrutton* (1856–1934) und *William Bowstead* in den Jahren 1911 bis 1914 das auf fünfunddreißig Bände angelegte Werk „The Commercial Laws of the World" herausgegeben. Im 24. und 25. Band der „Commercial Laws of the World" werden das deutsche HGB, die KO, das Anfechtungsgesetz, das Wechsel- und Scheckrecht, das Bank- und Depotgesetz sowie das Börsengesetz von der Crème de la Crème des deutschen Handelsrechts zweisprachig erörtert, nämlich von *Karl Lehmann, Heinrich Sievers, Carl Ritter, Erich Brodmann, Georg Cohn, Ernst Jaeger, Hans Crüger, James Breit, H. König* und *B. v. König*.

II. Handelsrechtspraxis und Regulierung des Handelsrechts im Mittelalter und der frühen Neuzeit

(15) Auch wenn der Fokus in diesem Text und insgesamt im vorliegenden Kommentarband auf den Entwicklungsstufen des kodifizierten deutsch-österreichischen Handels- und Unternehmensrechts liegt, ist es wichtig zu betonen, dass eine „Geschichte des Handelsrechts"[85] nicht nur eine Geschichte der handelsrechtlichen Gesetzgebung ist, sondern vor allem auch eine Geschichte der Innovationskraft der Handelsrechts*praxis* seit dem Mittelalter – insbesondere in Norditalien,[86] Frankreich[87] und den (heutigen) Benelux-Ländern[88] – sein muss.[89] *Max Weber* hat in seiner Wirtschaftsgeschichte hervorgehoben, dass „sämtliche charakteristische Institute des modernen Kapitalismus"[90] nicht dem römischen Recht entspringen, sondern erst im Mittelalter bzw. in der frühen Neuzeit – vielfach in Ausei-

---

H. Baum, Ausstrahlung des europäischen Privatrechts auf das japanische Recht, in: Handwörterbuch des Europäischen Privatrechts, Bd. I., Tübingen 2009, S. 155 ff.

83 S. dazu die Rezensionen von *F. Mittermaier*, ZHR 29 (1884) 586 ff.; ZHR 31 (1885) 513 f.; ZHR 32 (1886) 351 ff.; ZHR 33 (1887) 469 ff.

84 Eine Inhaltsangabe der einzelnen Bände ist in Anhang C. unter III. zu finden.

85 So der Titel des 1914 erschienen Buches von *Paul Rehme* (Sonderausgabe aus Ehrenberg, Handbuch Handelsrecht I.).

86 Unter anderen *Lasting*, Entwicklungswege und Quellen des Handelsrechts, Stuttgart 1877 (dazu *L. Goldschmidt*, ZHR 23 (1878) 309 ff.); *M. Weber*, Zur Geschichte der Handelsgesellschaften im Mittelalter, Schriften 1889–1894, in: Dilcher/S. Lepsius (Hrsg.), Max Weber, Gesamtausgabe, Bd. I/1, Tübingen 2008 (das Original ist im Jahr 1889 veröffentlicht worden); *Kohler*, Die Domus Mercatorum Veronae unter den Scaligern und unter der Venezianischen Herrschaft, ZHR 79 (1916) 1 ff., 377 ff.

87 *L. Goldschmidt*, Universalgeschichte des HR, S. 211 ff.; *ders.*, Die Geschäftsoperationen auf den Messen der Champagne (Les devisions des foires de Champagne), ZHR 40 (1892) 1 ff.; *Huvelin*, Essai historique sur le droit des marchés & des foires, Paris 1897; *Anschütz*, Das Institut der Zahlwoche auf den französischen Messen im Anfang des XIII. Jahrhunderts, ZHR 37 (1872) 108 f.

88 *Gelderblom*, Cities of Commerce: The Institutional Foundations of International Trade in the Low Countries, 1250–1650, Princeton 2014.

89 Vgl. dazu knapp und informativ heranführend *L. Goldschmidt*, Handelsrecht (Geschichtliche Entwicklung), HwbStW. Bd. IV., S. 331 ff. = Vermischte Schriften II., S. 29, 35 ff.; *Cohn*, Besonderes Recht?, in: Drei Vorträge, S. 44, 46 ff.; *W. Endemann*, Einführung, in: W. Endemann, Hdb. I., § 4, S. 10 ff.; *Huvelin*, L'Historie du droit commercial, S. 53 ff.

90 *M. Weber*, Wirtschaftsgeschichte von Max Weber, Abriss der universalen Sozial- und Wirtschaftsgeschichte, München 1924, S. 292; daran anknüpfend *F. Schulz*, Prinzipien des Römischen Rechts, Berlin 1934, S. 107; davor insbesondere *L. Goldschmidt*, Universalgeschichte des HR, S. 96 ff.; *L. Goldschmidt*, HR I.^{2}, S. 368 m. Fn. 5; s. ferner *Rehme*, Geschichte des Handelsrechts, S. 98 ff.; *Wieland*, HR I., S. 13 f. Vgl. zur Bedeutung *Webers* für das Privatrecht: *J.W. Flume*, Max Weber, der Kapitalismus und das Privatrecht, JZ 2020, 594 ff.

nandersetzung mit dem kanonischen Recht[91] – entwickelt wurden. Zentrale Rechtsinstitute wie der Wechsel,[92] der Rentenbrief, die auf der mittelalterlichen Verrechnungstechnik der Skontration aufbauenden Terminbörsen,[93] der Kommissionshandel,[94] das Kontokorrent,[95] die Firma,[96] die Gesellschafterhaftung, die Separierung des Gesellschaftsvermögens, kurz das Recht der Handelsgesellschaften[97] und die Aktiengesellschaft[98] sind erst seit dem Mittelalter bzw. der frühen Neuzeit erdacht und fortentwickelt worden.

Von den soeben skizzierten, durch die Rechtspraxis hervorgebrachten Rechtsinnovationen ist der Prozess zu trennen, wie seit dem 16. Jahrhundert das Handelsrecht allmählich in immer stärkerem Umfang staatlich reguliert wurde und Ende des 18. Jahrhunderts „die Gesetzgebung" begann, wie *Levin Goldschmidt* anschaulich formulierte, „sich des gesamten Rechtsstoffes zu bemächtigen".[99, 100] Denn im Laufe des 19. Jahrhunderts wird die normative Ordnung des Handelsrechts einschneidend verändert, da es in Kontinentaleuropa – und teilweise selbst in England[101] – in staatlich kodifiziertem Recht eingefangen wird. *Ernst Eduard Hirsch* hat – kurz bevor er 1933 gezwungen war, Deutschland in Richtung Istanbul zu verlassen[102] – die Zusammenhänge in bewundernswerter Klarheit in seinem Eintrag für das Rechtsvergleichende Handwörterbuch für das Zivil- und Handelsrecht beschrieben: (16)

> „Das Handelsrecht (handelret, handelsrätt, droit commercial, diritto commerciale, derecho mercantil, direito commercial, drept Comercial, mercantile (commercial) law (aber nicht Law Merchant), kereskedelmi jog, prawa handlowego, torgowago prawa, 'Εμποριχον) ist in der Gegenwart staatliches Recht. Nicht Bräuche und Sitten innerhalb eines bestimmten Standes, Gewerbes oder Berufes (stylus mercatorum) bilden seinen Inhalt, sondern Sätze des objektiven Rechts, die der Richter ex officio anwenden muß. Sie bedürfen des Beweises nur, wenn sie

91 *W. Endemann*, Studien in der romanisch-kanonistischen Wirthschafts- und Rechtslehre bis gegen Ende des siebzehnten Jahrhunderts I., Berlin 1874 (dazu *Rießer*, ZHR 30 (1885) 268 ff.; ausführliche Kritik *Lastig*, Beiträge zur Geschichte des Handelsrechts, ZHR 23 (1878) 139 ff.; ZHR 24 (1879) 387 ff.); *ders.*, Beiträge zur Kenntnis des Handelsrechts im Mittelalter, ZHR 5 (1862) 333 ff.; knapp auch *ders.*, Einführung, in: W. Endemann, Hdb. I., § 4, S. 12 ff.; s. ferner auch zum Einfluss der durch den Islam hervorgebrachten Wirtschaftsethik auf die heutige Vertragspraxis *J.W. Flume/Reischauer*, Islamic Finance, Religionskonforme Transaktionsformen in der internationalen Vertragspraxis, ÖBA 2021, 168 ff.

92 Dazu *C.L. Grünhut*, Wechselrecht I., Leipzig 1897, S. 20–27.

93 Dazu *J.W. Flume*, Marktaustausch, *passim*; *ders.*, Constructing the Stock Exchange, On the Rise and Fall of an Iconic Place of Capitalism, Rechtsgeschichte – Legal History RG 29 (2021) 412–430; *ders.*, Innovating Market Exchange: The Amsterdam Exchange as a Blueprint for Modern Derivative Markets, in: Law and Governance of a global city: 17th century Amsterdam (*erscheint 2025*).

94 *Lepa*, Ueber den Ursprung des Kommissionshandels, ZHR 26 (1881) 438 ff.; *Schmidt-Rimpler*, in: Das Kommissionsgeschäft, in: Ehrenberg, Handbuch Handelsrechtss V./1., S. 543 m. Fn. 1.

95 *W. Jud*, Der Stand der Handelsrechtswissenschaft zur Zeit Keplers und die Entstehung des Kontokorrents, in: Johannes Kepler 1571–1971, Gedenkschrift der Universität Graz, Graz 1975, S. 615 ff.

96 *L. Goldschmidt*, Universalgeschichte des HR, S. 243 f.

97 *M. Weber*, Zur Geschichte der Handelsgesellschaften im Mittelalter, Schriften 1889–1894, in: Dilcher/S. Lepsius (Hrsg.), Max Weber, Gesamtausgabe, Bd. I/1, Tübingen 2008; s. jetzt auch *J.W. Flume*, Die Rechtsnatur der Gesamthand, ZGR Sonderheft 27, S. 115 ff. Zu ersten Ansätzen im römischen Recht s. aber etwa *A. M. Fleckner*, Roman Business Associations, in: Dari-Mattiacci/Kehoe (Hrsg.), Roman Law and Economics, Bd. 1, Oxford 2020, S. 233–272.

98 *Fleckner*, Antike Kapitalvereinigungen: Ein Beitrag zu den konzeptionellen und historischen Grundlagen der Aktiengesellschaft, Köln 2010.

99 *L. Goldschmidt*, HR I.^{2}, S. 55; dazu auch *Huvelin*, L'Historie du droit commercial, S. 60.

100 Ausführlich hierzu *Lammel*, in: Coing II/2, S. 571 ff.

101 Darauf kann hier nicht weiter eingegangen werden; vgl aber *Gutteridge*, Contract and Commercial Law, LQR 51 (1935) 91 ff.; *R. Goode*, The Codification of Commercial Law, Monash University Law Review 14 (1988) 135 ff.; *J.W. Flume*, 2 CLH (2014) 45, 47–48, 79–83; siehe auch davor *S. Goldschmidt/V. Schneider*, Das Handels-, Wechsel-, Konkurs- und Seerecht Grossbritanniens und Irlands, in: Borchardt (Hrsg.), Die Handelsgesetze des Erdballs, Bd. XI. II/2., Berlin 1906, S. 1 ff.

102 *E.E. Hirsch*, Als Rechtsgelehrter im Lande Atatürks, Berlin 2008; *ders.*, Die Einflüsse und Wirkungen ausländischen Rechts auf das heutige türkische Recht, ZHR 160 (1954) 201 ff.

wie ausländisches Recht oder Statuten autonomer Verbände dem zur Entscheidung berufenen Richter fremd sind. Im Gegensatz zu früher ist das moderne Handelsrecht nicht Land fremd („international"), wie das ius gentium der Römer oder die sog. lex mercatoria – Law Mercant – ausländisches, international geübtes Gewohnheitsrecht in der Frühzeit des englischen Rechts [...]. Auch stellt es keinen selbstständigen, vom gemeinen Recht gesonderten und unabhängigen autonomen Rechtskreis dar, wie z.B. die Statuten der mittelalterlichen Stadt in Italien. Es ist vielmehr ein Teil des gemeinen staatlichen Rechts und als solches vom Gesetzgeber entweder selbst gestaltet oder als Gewohnheitsrecht geduldet."[103]

(17) Hier ist nicht der Ort, sich über das herausfordernde Thema zu verbreitern, auf welcher Rechtsquellenbasis[104] das Handelsrecht des Mittelalters praktiziert wurde, insbesondere welche Bedeutung dabei den Gilden[105] und den Stadtrechten zukam und ob es – was in der neueren Forschung mit guten Argumenten[106] zunehmend bezweifelt wird – eine *lex mercatoria* als international geltendes Recht überhaupt gab oder dies nicht vielmehr eine romantisch verklärte Sicht auf wesentlich komplexere historische Verhältnisse ist, womöglich beflügelt durch den heutigen Gedanken der Globalisierung. Für die Frühphase der staatlichen Regulierung von Handelsrecht war jedenfalls Frankreich der Vorreiter.[107] 1563 wurde, gestützt auf das Edikt von *Karl* IX., in Paris ein Handelsgericht (*juridiction consulaire*) eingerichtet.[108] Gut hundert Jahre später wird als „erste umfassende Regelung des Privathandelsrechts"[109] unter *Ludwig* XIV. die *Ordonnance sur le commerce* (1673) und *die Ordonnance de la marine* (1681) eingeführt. Die zwölf Titel und 122 Abschnitte der Ordonnance, des *„Code Marchand"* oder des *„Code Savary"*, wie er – nach einem Mitglied der Gesetzeskommission und einflussreichen Kaufmann *Jacques Savary* (1622–1690) – auch genannt wurde, waren freilich noch relativ rudimentär und bezweckten keineswegs eine vollständige Regulierung kaufmännischer Geschäfte.[110] Sie wurden ergänzt durch den „Handelsbrauch" und die Partikularrechte.[111]

---

103 *E.E. Hirsch*, Eintrag „Handelsrecht", in: RvHwb IV., S. 161.

104 Auf die besonderen Probleme der Erfassung einer historisch fundierten Rechtsquellenlehre des Handelsrechts – was etwa unter Handelsgewohnheitsrecht und Handelsbräuchen verstanden wurde (vgl. zur Normhierarchie Art. 1 ADHGB) und heute zu verstehen ist – kann hier nicht näher eingegangen werden. Zu Art. 1 ADHGB: *Laband*, ZHR 37 (1872) 466 ff.; *C.F. v. Gerber*, Bemerkungen zum ersten Artikel des deutschen Handelsgesetzbuchs, Leipzig 1871 (dazu *Laband*, Rezension, ZHR 17 (1872) 339 ff.); *L. Goldschmidt*, HR I.², §§ 35 f., S. 316 ff. S. 55; aus der heutigen Lit.: *B. Mertens*, Das Verhältnis von Handelsgewohnheitsrecht zu Gesetz und Verkehrssitte (Usance) im 19./20. Jahrhundert, ZNR 37 (2015) S. 68 ff.; *Hellwege*, Handelsbrauch und Verkehrssitte, AcP 214 (2014) 853 ff.

105 *Ogilvie*, The European Guilds: An Economic Analysis, Princeton 2019.

106 *Cordes*, Art. Lex mercatoria, in: HRG², 20. Lieferung, Berlin 2014, Sp. 890–902; *E. Kadens*, The Medieval Law Merchant: The Tyranny of a Construct, Journal of Legal Analysis 7 (2015) 251 ff.; *J. Baker*, The Law Merchant as a Source of English Law, in: Swadling/Jones (Hrsg.), The Search For Principle, Essays in Honour of Lord Goff of Chieveley, S. 79 ff.

107 *Wieland*, HR. I., S. 16 f. (mit ausführlichem Nachweis der einschlägigen Literatur).

108 Ausführlich *Creizenach*, Das Wesen und Wirken der Handelsgerichte und ihre Competenzen. Nach den Ergebnissen der französischen und rheinischen Praxis, Beilagenheft zur ZHR IV., Erlangen 1861; *Behrend*, Handelsgerichte, in: Holtzendorff (Hrsg.), Rechtslexikon II³, Leipzig 1881, S. 240 f.; *Rehme*, Geschichte des Handelsrechts, S. 98; aus der aktuellen Literatur: *Ciancio*, Mercanti in toga, i tribunali di commercio nel regno d'Italia (1861–1888), Bologna 2012; *A.D. Kessler*, A Revolution in Commerce: The Parisian Merchant Court and the Rise of Commercial Society in Eighteenth-Century France, New Haven 2007.

109 *Wieland*, HR I., S. 17.

110 Dazu: *G.F. Martens*, Gesetze und Verordnungen der einzelnen europäischen Mächte über Handel, Schiffarth und Assecuranzen seit der Mitte des 17ten Jahrhunderts; Erster Theil: Frankreich, Göttingen 1802; *H. Brunner*, Überblick über die Geschichte der Französischen, Normannischen und Englischen Rechtsquellen, in: Holzendorff, Encyklopädie⁵, S. 321 f.; *Behrend*, HR I., § 9 Fn. 7; *Huvelin*, L'Historie du droit commercial, S. 66; *Lammel*, in: Coing II/2, S. 801 f.

111 *L. Goldschmidt*, HR I.², S. 55; *K.H.L. Brinkmann*/*W. Endemann*, HR, S. 14 ff.

III. Handelsrechtsgesetzgebung im Zeitalter der Kodifikation

1. Allgemeines Preußisches Landrecht (ALR, 1794)

Konzentriert man sich auf die wesentlichen Eckpfeiler, die den Boden für die Ausbildung und das Emporschnellen der Handelsrechtswissenschaft im 19. Jahrhundert bereitet haben, so fällt der Blick zunächst auf das preußische Landrecht von 1794. In einem Vortrag vor der Preußischen Akademie der Wissenschaften im Jahr 1929 hat *Ernst Heymann* das „friderizianische Handelsrecht" als das „erste europäische Handelsgesetzbuch"[112] überhaupt bezeichnet, das das Handelsrecht als „Sonderprivilegien des Handelsstandes"[113] regelt.[114] Das ist, gelinde gesagt, eine Übertreibung. Denn wenn auch die im ALR kodifizierten Handelsrechtsregeln von Bedeutung waren für die weitere Entwicklung, so existierte in Preußen kein „Handelsgesetzbuch", wie es später in Form des ADHGB bzw. HGB in Kraft treten sollte und gerade auch 1807 durch den Code de Commerce eingeführt wurde. Vielmehr wurden im ALR – notabene interessanterweise unter Beteiligung[115] der Hamburger Kaufleute *Johann Georg Büsch* (1728–1800), *Georg Heinrich Sieveking* (1751–1799) und *Ulrich Moller* (1733–1807) sowie dem Lübecker Kaufmann *Jürgen Heinrich Gaedertz* (1781–1855) – erstmals Regelungskomplexe im deutschen Rechtskreis kodifiziert, denen wir heute einen spezifisch handelsrechtlichen Inhalt zuschreiben. Historisch knüpft das ALR dabei auch an die Handelsrechtspraxis der frühen Neuzeit an, da bei der Genese der handelsrechtlichen Teile u.a. das einflussreiche Werk *Tractatus politico-iuridicus de iure mercatorum et commersiorum singulari* des Lübecker Bürgermeisters *Johann Marquard* (1610–1668) besondere Strahlkraft gehabt haben soll.[116] (18)

a) Kaufmann und Handelsfrau. Ein Kaufmann, und diesem gleichgestellt die (unverheiratete) Handelsfrau oder Kauffrau (*femina mercatrix*, ALR II 8 § 488 ff.[117]), war nach dem ALR eine Person, deren hauptsächliches Geschäft im Handel mit Waren oder Wechseln bestand (ALR II 8 § 475). Damit (19)

---

112 *E. Heymann*, Das friderizianische Handelsrecht, S. 8; siehe auch die positive Einschätzung bei *G.A. Heise*, Heise's Handelsrecht, Frankfurt aM 1858, S. 7.

113 *E. Heymann*, Das friderizianische Handelsrecht, S. 9. Zum ständischen Recht knapp vgl. *Bluntschli*, Deutsches Privatrecht I München, 1853, S. 50 f.; *W. Endemann*, Einführung, in: W. Endemann, HdB I., § 4, S. 13.

114 Zeitgenössische Darstellung des preußischen Handelsrechts finden sich u.A. bei *F. W. Schuncken*, Das preußische Handels- und Wechselrecht, *passim*; *A. Mirus*, Die Grundsätze der preußischen Handelsgesetzgebung², Berlin 1838; *Mallinkrodt*, Handelsrecht für die preußischen Staaten⁵, Hamm 1853; *C. J. A. Mittermaier*, Grundsätze des gemeinen deutschen Privatrechts mit Einschluß des Handels- Wechsel- und Seerechts II⁷, Regensburg 1847 (zu letzterem *L. Goldschmidt*, Carl Joseph Anton Mittermaier, AcP 50 (1867) 416 ff.); *C.C.E. Hiersemenzel*, Handels-Recht, Berlin 1856; *F. Fischer*, Preußens kaufmännisches Recht, Gesetzbuch, Lehrbuch und Kommentar [...] für Kaufleute und Juristen, Breslau 1856; *R. Fischer*, Corpus juris für Kaufleute. Die Kaufmännische Rechtskunde, Leipzig 1861. Vgl. ferner *Droysen*, Beiträge zur Beurteilung des Handelsrechtes im Allgemeinen Preußischen Landrecht, Diss. Friedrichs-Universität Halle-Wittenberg, Halle 1896; *Raisch*, Abgrenzung des Handelsrechts, S. 34 ff.; ferner knapp *Merzbacher*, in: FS F. Laufke, S. 87, 95 ff.

115 Dazu *E. Heymann*, Das friderizianische Handelsrecht, S. 12 ff.

116 So *E. Heymann*, Das friderizianische Handelsrecht, S. 10; *Raisch*, Abgrenzung des Handelsrechts, S. 36, 39 f.; zu Marquart: *Mohnhaupt*, „Jura mercatorum" durch Privilegien. Zur Entwicklung des Handelsrechts bei Johann Marquard (1610–1668), in: Historische Vergleichung im Bereich von Staat und Recht, Gesammelte Aufsätze, Frankfurt. a.M. 2000, S. 349 ff.

117 Vgl. dazu ausführlich aus der zeitgenössischen Literatur *Behrend*, HR I., § 34 S. 170 ff. (mit ausführlicher rechtsvergleichender Darstellung auf S. 184 ff.); *Anna Mackenroth*, Zur Geschichte der Handels- und Gewerbefrau, Diss. Zürich 1894; *Eddy Endell*, Über die Rechtsstellung der Handels- und Gewerbefrau im 19. Jahrhundert, jur. Diss., Jena 1916; und jetzt ausführlich *Löhnig*, „Handelsfrauen": On the Legal Conditions of Women's Commercial Activity in the Long 19th Century in Central Europe, in: Le Chapelain (Hrsg.), Nineteenth Century Businesswomen, New York 2024, S. 101 ff.

stellt das ALR auf eine Definition ab, mit der seit *Benvenuto Straccha*[118] (1509–1578), *Sigismondo Scaccia*[119] (1564–1634) und *Marquard*[120] der Kaufmann durch die Bestimmung „des eigentlichen Handels“[121] definiert wurde. Man findet diese Regelung systematisch im Zweiten Teil und achten Titel des ALR „Vom Bürgerstande“.[122] Der Kaufmann musste, um „unter Schutze des Staats kaufmännische Geschäfte“ zu treiben, die „Erlaubniß der Obrigkeit nach [...] sehen“ und – wo diese bestanden – Mitglied in einer Kaufmannsgilde oder Innung sein (ALR II 8 §§ 476, 479 ff). Mit der Einführung des preußischen Ediktes über die Gewerbefreiheit im Jahr 1810 war die Mitgliedschaft in einer Zunft jedoch nicht mehr Voraussetzung für den Kaufmannsstatus, allerdings wurde in acht großen preußischen Städten die Mitgliedschaft in einer Kaufmannsgenossenschaft obligatorisch.[123] Nicht als Kaufleute galten hingegen unter anderem – in den nachfolgenden Tatbeständen kann man sehr gut die oft gescholtene und wenig präzise Gesetzestechnik des ALR nachvollziehen – „Bewohner des platten Landes, die nur mit selbst erzeugten, oder durch landwirtschaftliche Mittel veredelten Produkten" Handel trieben, Handwerker, „Fabrikanten, welche mit den von ihnen selbst vertriebenen Arbeiten Verkehr treiben“ (ALR II 8 § 486), „Krämer in Dörfern und Flecken“, Hausierer, Trödler, „gemeine Viktualienhändler“ und Lieferanten (ALR II 8 § 486 f.).[124]

(20) **b) Regelungskomplexe.** Der Inhalt des friderizianischen Handelsrechts kann in drei Komplexe[125] gegliedert werden, wenngleich auch das ALR selbst eine solche systematische Unterteilung nicht vorgibt und man die Regelungskomplexe des achten Abschnitts der Titel neun bis fünfzehn zu Wechsel, Anweisung, Seerecht und Versicherungsrecht ausklammert.[126]

(21) Der **erste Regelkomplex** umfasst denjenigen Stoff, der in den späteren Handelsgesetzbüchern unter der Überschrift des „Handelsstands“ aufscheinen wird. Hier finden sich Regelungen zum kaufmännischen Stellvertretungsrecht, zu Handlungsdienern und Lehrlingen, zur Annahme von Waren durch Dienstboten sowie zur Beweiskraft von Geschäftsbüchern.[127]

(22) Der **zweite Komplex** ist den „Handlungsgesellschaften“ gewidmet.[128] Die Grundtypen der Handlungsgesellschaften sind ganz anders als später im ADHGB nur mit Mühe zu identifizieren.

---

118 *B. Straccha*, Tractatus de mercatura seu mercatore, Venedig 1553, S. 5 Nr. 4: „Mercator est, qui negotationis seu negotiationum exercendarum quaestusque liciti faciendi causa, frequenter merces permutat seu emit, ut easdem – distrahat.“; zu *Straccha* s. *L. Franchi*, Benvenuto Straccha, Rom 1888; *L. Goldschmidt*, Benvenuto Straccha Anconitanus und Petrus Santerna Lusitanus, ZHR 38 (1891) 1 ff.; *S. Gialdroni*, Tractatus de mercatura seu mercatore, in: Dauchy et.al. (Hrsg.), The Formation and Transmission of Western Legal Culture, Cham 2016, S. 96 ff.

119 De commerciis et cambio, Roma 1619, S. 43 Nr. 12: „Negotiatio, seu mercatura, id est, negotiator, seu mercator, quando rem, quam causa lucrandi emit, postea immutatam revendit, dictur proprie negotiatio, seu mercatura, id est negotiator, sei mercator.“

120 Tractatus politico-juridicus de iure mercatorum et commerciorum singulari, Frankfurt 1662, „De Definitione Mercatoris“, Lib. I Cap. VII, Nr. 8, S. 53: „Decribitur autem illâ, quòd Mercator sit, qui negotiationum exercendarum, quaestusque liciti faciendi causâ frequenter merces permutat & emit, ut easdem non minutatim, nec mutatâ per se formâ distrahat.“

121 *L. Goldschmidt*, HR I.², S. 445, Fn. 1.

122 Dazu *Raisch*, Abgrenzung des Handelsrechts, S. 38 ff.

123 Vgl. *Hiersemenzel*, Preußisches Handels-Recht, 1856, S. 2 f. Die acht erwähnten Städte waren: Berlin, Stettin, Danzig, Memel, Tilsit, Königsberg, Elbing und Magdeburg.

124 Zu weiteren Unterscheidungen vgl. etwa *F. W. Schuncken*, Das preußische Handels- und Wechselrecht, S. 1 ff.

125 Dazu auch *Raisch*, Abgrenzung des Handelsrechts, S. 34 f.

126 Im Einzelnen: ALR II 8, Achter Abschnitt: Von Wechseln (§§ 713–1249); ALR II 8, Neunter Abschnitt: Von Handelsbillets und Assignationen (§§ 1250–1304); ALR II 8, Zehnter Abschnitt: Von Mäklern (§§ 1305–84); ALR II 8, Elfter Abschnitt: Von Rhedern, Schiffern, und Befrachtern (§§ 1385–1765); ALR II 8, Zwölfter Abschnitt: Von Haverey und Seeschäden (§§ 1766–1933); ALR II 8, Dreizehnter Abschnitt: Von Versicherungen (§§ 1934–2358); ALR II 8, Vierzehnter Abschnitt: Von der Bodmerey (§§ 2359–2451); ALR II 8, Fünfzehnter Abschnitt: Von Fuhrleuten (§§ 2452–2564).

127 ALR II 8 §§ 497–613: III. Von Faktoren und Disponenten; IV. Handlungsdiener und Lehrlinge; V. Vom Ausnehmen der Waren durch Dienstboten; VI. Von Handelsbüchern (zum letzteren vgl. *Merzbacher*, in: FS F. Laufke, S. 87, 98 f.).

128 Dazu *W. Wagner*, Deutschland, Gesellschaftsrecht, in: Coing III/3, S. 2979 ff.; *Baums*, Gesetz über die Aktiengesellschaften, S. 15 ff.

Im sechsten Titel des zweiten Teils des ALR finden sich unter der Überschrift „Von Gesellschaften überhaupt, und von Corporationen und Gemeinden insonderheit" Normen, die man als erste allgemeine Regelungen des Gesellschaftsrechts bezeichnen kann. Es werden erlaubte von unzulässigen Gesellschaften unterschieden, wobei als entscheidendes Kriterium für die Unterscheidung das Gemeinwohl genannt wird (ALR II 6 §§ 2, 3 ff., 11 ff.). Unter den „erlaubten Privatgesellschaften" sind die Corporationen[129] von den Handlungsgesellschaften (ALR II 6 § 16, II 8 §§ 614 ff.) zu unterscheiden, die wiederum auf den Regelungen zu den „allgemeinen" und „besonderen" Gesellschaften (ALR I 17 §§ 169 ff.) aufbauen. Unter den Handlungsgesellschaften lassen sich drei Grundtypen ausmachen: Handlungsgesellschaften mit gemeinschaftlicher Firma zum Handel mit Waren oder Wechsel (ALR II 8 § 617 ff., 475), die Gelegenheitsgesellschaft zur Durchführung bestimmter Geschäfte und Unternehmungen (ALR II 8 § 615) sowie die stille Gesellschaft (*associé en commandite*, ALR II 8 § 651).

Durch den **dritten** Regelkomplex werden die allgemeinen zivilrechtlichen Vorschriften des ALR modifiziert und ergänzt, im Einzelnen werden dort modifiziert die generellen Regeln zu Zinsen, zur Provisionsfähigkeit von Geschäften, zur Berechtigung für Handelsgeschäfte und zur Sachverständigenhaftung.[130] Eine Reihe weiterer Spezialvorschriften finden sich verstreut über das ALR.[131] Alle diese Regeln bilden die Grundlage für das, was später als Sonderprivatrecht der Kaufleute bekannt werden sollte. Preußen hatte – mit Ausnahme des Rheinlands, in dem französisches Recht galt, Naumburg und den Seegerichten in Danzig (heute Gdansk) und Königsberg (heute Kaliningrad) – keine Handelsgerichte, obwohl einige erfolglose Versuche unternommen wurden, eine über die allgemeine Zivilgerichtsbarkeit hinausgehende Jurisdiktion einzurichten.[132] (23)

c) Wirkungsgeschichte. Das Handelsrecht des ALR galt in Preußen von 1794 bis zur Einführung des ADHGB im Jahre 1861.[133] Im Vergleich zum 1807 dann neu eingeführten und als eigenständiges Gesetzeswerk konzipierten Code de Commerce (dazu sogleich unter Rn. (27)), das auch in zahlreichen Ländern als *legal transplant*[134] fungierte, ist das preußische Handelsrecht im Lauf der ersten Hälfte des 19. Jahrhunderts aus ganz unterschiedlichen Gründen ins Hintertreffen geraten. In Folge des Friedens von Tilsit (1807) reduzierte sich im Osten der territoriale Geltungsbereich des preußischen Handelsrechts ganz drastisch. Im Westen wiederum blieb auch nach den Befreiungskriegen in den Rheinprovinzen und Teilen von Westphalen der Code de commerce in Kraft,[135] auch wenn Versuche unternommen wurden, das ALR wiedereinzuführen, die jedoch am politischen Widerstand in diesen Regionen scheiterten.[136] Aber auch eine bereits 1817 durch Kabinettsorder eingelei- (24)

129 Spezielle Regelungen zum Aktienrecht fanden sich im ALR noch nicht, da die für die jeweiligen Aktienkompanien maßgebliche Rechtsgrundlage durch die jeweiligen Statuten und Octroi bestimmt war. Dazu *Baums*, Gesetz über die Aktiengesellschaften, S. 12 ff.; *Kießling*, 7. Kapitel: Das preußische Aktiengesetz von 1843, in: Bayer/Habersack (Hrsg.), Aktienrecht im Wandel, Bd. I., Tübingen 2007, S. 195 ff.

130 Vgl. einerseits ALR I 11 §§ 803 ff. (Von Zinsen), ALR I 13 §§ 217 ff. (Vom Rathe und von der Empfehlung) und andererseits ALR II 8 §§ 684–697.

131 Vgl. etwa ALR I 5 § 149 (Formfreiheit von „Kaufmannshandlungen über Meß- und Marktwaaren"), ALR I 11 § 583 („Kaufpreise die [die] Summe von Hundert Thalern übersteigen", müssen unter Kaufleuten nicht gerichtlich abgeschlossen werden); ALR I 15 §§ 33, 36, 43 zum gutgläubigen Erwerber.

132 Vgl. Allgemeine Gerichtsordnung für die Preußischen Staaten 1793 Teil I, 30. Titel § 1; *W. Silberschmidt*, Die Deutsche Sondergerichtsbarkeit in Handels- und Gewerbesachen insbesondere seit der französischen Revolution (Beilagenheft zur ZHR 55), Stuttgart 1904, S. 82 ff.

133 Dazu ausführlich *Baums*, Entwurf eines Handelsgesetzbuchs, S. 10 f., 19 ff.; *Bergfeld*, Deutschland, HR, in: Coing III/3, S. 2880 ff.; *ders.*, Preußen und das allgemeine Deutsche Handelsgesetzbuch, Ius Commune 9 (1987) 101 ff.; *E. Heymann*, Das friderizianische Handelsrecht, S. 17 ff.

134 Vgl. dazu die Auflistung bei *L. Goldschmidt*, HR I.^{2}, S. 213; *Wieland*, HR I., S. 47.

135 Vgl. dazu die Übersicht bei *L. Goldschmidt*, HR I.^{2}, S. 212 f.

136 *Bergfeld*, Deutschland, HR, in: Coing III/3, S. 2880 ff.; *Baums*, Entwurf eines Handelsgesetzbuches, S. 19.

tete Revision des ALR und insbesondere der handelsrechtlichen Teile blieb erfolglos,[137] wenngleich mit dem Gesetz über die Eisenbahn-Unternehmen (1838)[138] und mit dem Aktiengesetz 1843[139] wichtige Schritte zur Kodifizierung des Aktienrechts genommen wurden. Und es ist gerade auch auf den Einfluss *Savignys* als Staatsminister für Gesetzesrevision in den Jahren 1842 bis 1848 zurückzuführen, dass umfassende Reformvorhaben im Sande verliefen.[140]

2. Der sog. preußische Entwurf von 1857

(25) Damit ist aber noch nicht das Ende der Geschichte erzählt. Denn es war der seit 1835 im Gesetzgebungsministerium arbeitende *Friedrich Wilhelm August Bischoff* (1804–1857), der als Referent für das Wechsel- und Handelsrecht unter anderem nicht nur das preußische Strafgesetzbuch von 1851, die preußische Konkursordnung von 1855,[141] sondern auch den 1857 veröffentlichten „Entwurf eines Handelsgesetzbuches für die Preußischen Staaten"[142] erdacht hatte und an den Nürnberger Beratungen im selben Jahr teilnahm.[143] Seine epochale Bedeutung wird in den Lebenserinnerungen *Georg Besslers* (nicht zu verwechseln mit dem im gleichen Jahr geborenen Genossenschaftstheoretiker Georg Beseler) greifbar:

> „Seit Suarez hat Preußen keinen für die Gesetzgebung so begabten und so einflußreichen Juristen gehabt wie Bischoff. Er beherrschte vollständig den Stoff und faßte die Gesetzgebungskunst im höheren Sinne auf, indem er an Stelle der kasuistischen Behandlung der früheren die knappe Methode, welche die Rechtsprinzipien bestimmt hervortreten lässt, zu Geltung brachte."[144]

(26) Der preußische Entwurf wurde unter akribischer Heranziehung rechtsvergleichenden Materials in den Motiven ausgearbeitet. Berücksichtigt wurden neben der zeitgenössischen deutschsprachigen und französischen Literatur und Judikatur und (selbstverständlich) dem ALR noch der Code civil und der Code de commerce, das holländische Handelsgesetzbuch von 1838[145] (*Wetboek van Koophandel*), das spanische Handelsgesetzbuch von 1829[146] (*Código de Comercio*), die erste

137 *Baums*, Entwurf eines Handelsgesetzbuches, S. 20; *Bergfeld*, Deutschland, HR, in: Coing III/3, S. 2882 f.

138 *W. Schubert*, Das preußische Eisenbahngesetz von 1838, ZRG Germ. Abt. 116 (1999) 152 ff.; *Kießling*, 5. Kapitel: Das preußische Eisenbahngesetz von 1838, in: Bayer/Habersack (Hrsg.), Aktienrecht im Wandel, Bd. I., Tübingen 2007, S. 126 ff.

139 Vgl. dazu oben Fn. 129.

140 *Baums*, Entwurf eines Handelsgesetzbuchs, S. 20 ff.; *E. Heymann*, Das friderizianische Handelsrecht, S. 24 f.; siehe auch die Würdigung Savignys unter besonderer Berücksichtigung der Kodifikationsfrage: *L. Goldschmidt*, Friedrich Carl von Savigny (Vortrag) 1864, in: Vermischte Schriften I., S. 619 ff.

141 Dazu *C. Hahn*, Die Preußische Konkurs-Ordnung. Ergänzt und erläutert durch die neuere Gesetzgebung, insbesondere das Allgemeine Deutsche Handels-Gesetzbuch und durch Reskripte, Breslau 1862; *C.F. Koch*, Die preußische Konkursordnung herausgegeben mit Kommentar, Berlin 1867.

142 Entwurf eines Handelsgesetzbuchs für die Preussischen Staaten, nebst Motiven, Berlin 1857 [leicht auffindbar in der digitalen Bibliothek des „Münchener Digitalisierungszentrums"]; auch veröffentlicht in einem von *W. Schubert*, Frankfurt 1987, herausgegebenen Nachdruck.

143 Vgl. *Lutz*, Protokolle, S. 3 f., 5 f. Ausführlich zur Person *Bischoffs*: Justizministerialblatt für die Preußische Gesetzgebung und Rechtspflege 19 (1857, Nr. 29 v. 17. Juli 1857) 261 ff.; zu seiner Bedeutung vgl. *E. Heymann*, Das friderizianische Handelsrecht, S. 25; *W. Strauss*, Zum Andenken an den Preußischen Geheimen Ober-Justizrat Friedrich Wilhelm August Bischof, JZ 1957, 517 f.

144 *G. Bessler*, Erlebtes und Erstrebtes, 1809–1859, Berlin 1884, S. 104 f.

145 *L. Goldschmidt*, HR I.², S. 234 ff.; zur Handelsrechtsgeschichte der Niederlande: *Holthöfer*, Niederlande, in: Coing III/3, S. 3402 ff.

146 *L. Goldschmidt*, HR I.², S. 237 ff; zur Handelsrechtsgeschichte Spaniens: *Scherner*, Spanien, in: Coing III/3, S. 3473 ff.; zeitgenössische Analyse: *K.J.A. Mittermaier*, Kritische Zeitschrift für Rechtswissenschaft und Gesetzgebung des Auslandes 2 (1830) 482 ff.; 3 (1831) 74 ff.; Übersetzung: *F.C. Schumacher*, Spanisches Handels-Gesetzbuch, nach der Madrider Ausgabe übersetzt, Hamburg 1832.

Abteilung des Entwurfs eines allgemeinen Handelsgesetzbuchs für Deutschland[147] (1848/1849), der Entwurf eines Handelsgesetzbuchs für Württemberg von 1840[148] sowie der Entwurf eines österreichischen Handelsrechts[149] von 1849. Die Bedeutung des preußischen Entwurfs[150] für das ADHGB darf nicht gering geschätzt werden, denn auf seiner Grundlage und nicht derjenigen des parallel eingebrachten sog. österreichischen Entwurfs[151] wurde das ADHGB ausgearbeitet.[152] Der Entwurf ist ein epochales, legistisches Glanzstück.[153] Auf der Grundlage des preußischen Entwurfs mit seinen wie erwähnt ausführlich begründeten und auch rechtsvergleichend ausgearbeiteten Motiven lassen sich viele der entscheidenden Gedanken und Weichenstellungen des heutigen Handels- und Gesellschaftsrechts nachvollziehen und verstehen. Er ist für die **historische Auslegung** vieler Vorschriften von **HGB** und **UGB** nach wie vor eine, nicht selten sogar **die maßgebliche Quelle**.

3. Code de commerce (1807)

Mit dem Code de commerce von 1807 wurde erstmals das gesetzgeberische Konzept eines neben der (27)
privatrechtlichen französischen Kodifikation, dem Code civil von 1804, stehenden, von standesrechtlichen Regelungen befreiten Handelsgesetzbuches umgesetzt.[154] Nach den Äußerungen des Staatsrats *Corvetto* während der Beratungen des Entwurfs war das ambitionierte Ziel nicht geringer, als durch den Code ein „droit commun de l'Europe" zu schaffen.[155] Und auch im ersten Satz des Handelsrechtslehrbuchs *Karl Wielands* wird einleitend auf die Bedeutung des Code für die Handelsrechtsgeschichte hingewiesen:

> „Die Gesetzgebung des Revolutionszeitalters, im Zeichen der Rechtsgleichheit und Gewerbefreiheit stehend, hat die letzten Spuren ständischer Vorrechte und ständischer Abgeschlossenheit beseitigt. Nur das Sonderrecht eines Berufsstandes hat sie nicht anzutasten gewagt, das Recht der Kaufleute. Eine ihrer bahnbrechendsten und hervorragendsten Schöpfungen, der französische Code de commerce, stellt das Handelsrecht den übrigen Bestandtei-

---

147 *Baums*, Entwurf eines Handelsgesetzbuchs, *passim*; zeitgenössische Analyse bei *C.H.L. Brinckmann*, AcP 32 (1849) 356 ff.

148 Dazu *Bergfeld*, Der Entwurf eines Handelsgesetzbuchs für das Königreich Württemberg von 1839, Ius Commune 7 (1978) 226 ff.

149 Entwurf eines österreichischen Handelsrechts nach den Beschlüssen der im Jahre 1842 niedergesetzten Hofkommission, Wien 1849; dazu auch *v. Stubenrauch*, Hdb. d. HR, S. 25.

150 Dazu *L. Goldschmidt*, HR I.^{2}, S. 94 ff.

151 Dazu *L. Goldschmidt*, HR I.^{2}, S. 93 f.

152 Vgl. dazu die Beratungen in der Nürnberger Kommission: *Lutz*, Protokolle, S. 6; dazu auch *Kraehe*, Practical Politics in the German Confederation: Bismarck and the Commercial Code, The Journal of Modern History 25 (1953) 13, 19. Eine Synopse zwischen Preußischem Entwurf und (revidiertem und ministeriellem) österreichischem Entwurf ist abgedruckt in *Lutz*, Protokolle, Beilagenband, S. 1 ff. Dort ist ferner eine Synopse zwischen Preußischem Entwurf, Entwurf der Redaktionskommission und dem Entwurf aus II. Lesung zu finden (*Lutz*, Protokolle, Beilagenband, S. 8 ff.).

153 Zu zeitgenössischen Kritiken vgl. *L. Goldschmidt*, Kritische Zeitschrift für die gesammte Rechtswissenschaft 4 (1857) 105 ff., 289 ff.; *Puchelt*, Mittheilungen über den Preußischen Entwurf eines allgemeinen Deutschen Handelsgesetzbuchs, Annalen der Großherzoglich Badischen Gerichte Jahrgang 24 (1857), 65 ff., 81 ff., 89 ff., 105 ff., 121, 161 ff., 178 ff.; *Tegazzini*, Zur Kritik des Entwurfs eines Handelsgesetzbuches für die preuß. Staaten, Allgemeine Österreichische Gerichts-Zeitung 1857, 125 f., 149 f., 257 f.; vgl. ferner *Raisch*, Abgrenzung des Handelsrechts, S. 99 ff.; *S. Wagner*, Entstehungsgeschichte, in: Löhnig/S. Wagner, S. 16 ff.

154 Ausführlich zur Entstehungsgeschichte *Schioppa*, Frankreich, HR, in: Coing III/3, S. 3152 ff.; *Descamps*, On the Origins of the French Commercial Code: Vicissitudes of the Gorneau Draft, in: Pihlajamäki/Cordes/Dauchy/De ruysscher (Hrsg.), Understanding the Sources of Early Modern and Modern Commercial law, Leiden 2018, S. 350 ff.

155 Vgl. *E. De Parieu*, D'un projet de code de commerce international, Response de M. De Parieu, Journal des Économistes, Revue de la science économique et de la statistique 11 (1868) 216.

len des Privat- und öffentlichen Rechts ebenbürtig zur Seite und ist hierin vielen europäischen und außereuropäischen Ländern zum Vorbild geworden."[156]

(28) Eine inhaltliche Bewertung der mit dem Code erzielten Fortschritte muss zurückhaltender ausfallen. Insbesondere hat *Alfons Bürge* dargelegt, dass „trotz der Abschaffung des Zunftwesens die merkantilistische Tradition des Ancien Régime weit über die Zeit Napoleons hinaus bestimmend geblieben war".[157] Hierzu passt der Befund, dass der Code – und später auch die Kommentarliteratur – in weiten Strecken eine Fortschreibung des Code Savary von 1673 darstellt.[158] Angesichts des weiten Regelungsbereichs des Codes erscheinen die Regelungen noch vergleichsweise rudimentär, und insbesondere in der deutschsprachigen,[159] aber auch in der französischen Literatur[160] wurde zum Teil heftige Kritik an der Qualität der Regelungen geübt.

(29) **a) commerçan.** Wann kam der Code de commerce aber zur Anwendung? Die Kommission, die 1801 mit der Ausarbeitung eines Handelsgesetzbuches beauftragt wurde, erklärte in ihrem Entwurf als obersten Grundsatz: „Toute personne a le droit de faire le commerce en France."[161] Ein solcher Ansatz war aber aus verschiedenen Gründen zu dieser Zeit nicht wirklich praktikabel. Zum einen musste man rechtlich den Kreis jener Personen erfassen, die beispielsweise verpflichtet waren, Buch zu führen oder auch Konkurs anzumelden. Zum anderen wollte die Handelspraxis die Handelsgerichte (*tribunaux de commerce*) beibehalten. Für die Anwendbarkeit des ersten und des zweiten Buches – *Du commerce en général* und *Du commerce maritime* (zur systematischen Ordnung auch noch sogleich Rn. (32)) – wurde ein System gewählt, nach dem das Handelsrecht durch Bezugnahme auf seinen Gegenstand und nicht durch den Status einer Person, also die des Kaufmanns, eröffnet wurde. Artikel 1 C com 1807 schreibt vor: „Sont commerçans ceux qui exercent des actes de commerce, et en font leur profession habituelle." (Handelsleute sind diejenigen, welche Handelsgeschäfte [*actes de commerce*] treiben und daraus ihr gewöhnliches Gewerbe machen.[162]) Im ersten Buch werden jedoch keinerlei Vorgaben gemacht, was unter den Handelsgeschäften oder *actes de commerce* zu verstehen ist.[163]

(30) Anders verhält es sich bei der Zuständigkeit der Handelsgerichte, für die ein gemischtes System der Zuständigkeitseröffnung zur Anwendung kam, wie Art. 631 C com 1807 zeigt.

156 *Wieland*, HR I., S. 3.

157 *A. Bürge*, ZHR 153 (1989) 367 ff.; s. auch *dens.*, Code de commerce, in: Scherner, Modernisierung, S. 119 ff.

158 *Bürge*, ZHR 153 (1989) 367, 379; *ders.*, Code de commerce, in: Scherner, Modernisierung, S. 123 f.

159 *Wieland* (HR I., S. 19) stellt sogar in Frage, ob es sich beim Code de commerce überhaupt um eine Kodifikation handelt, was nach ihm erst beim ADHGB (vgl. S. 3) zutrifft: „Das französische Handelsgesetzbuch ist noch keine Kodifikation im engeren Sinne des Wortes, d.h. ein Gesetz, das sich die möglichst erschöpfende Regelung eines systematisch geschlossenen Rechtsgebiets zum Ziele setzt."; vgl. auch davor *C.H.L. Brinkmann*, AcP 32 (1849) 356, 358: „Die Mängel des Code de commerce sind bekannt genug."; wesentlich positiver hingegen *G. Cohn*, Handelsrecht, Staats-Lexikon^3, S. 405 f.; s. auch *K. Lehmann*, HR^2, S. 23.

160 Dazu *A. Bürge*, Code de commerce, in: Scherner, Modernisierung, S. 120 (unter Verweis auf *Pardessus* und *Leveillé*).

161 *Locré*, Législation civile, commerciale et criminelle, ou commentaire et complément des codes français, XIV., Paris 1837, S. 67.

162 Die nachfolgenden Artikel des C com 1807 sind wiedergegeben in Anlehnung an die deutsche Übersetzung von *Broicher/Grimm*, Handelsgesetzbuch der Königlich Preußischen Rheinprovinzen, Köln 1835 (weitere deutsche Übersetzungen sind aufgelistet bei *L. Goldschmidt*, HR I.^{2}, S. 211 Fn. 5). Für englische Übersetzungen s. *J. Rodmann*, The Commercial Code of France with the Motives, New York 1814 (teilweise recht ungenau); *N. Argles*, A Treatise upon French Mercantile Law and the Practice of the Courts, London 1882; *G. Horn/M. R. Emañuel* (Übersetzer), The Commercial Law (including Bills of Exchange), the Law of Bankruptcy and the Maritime Law of France and of her Colonies, in: Scrutton/Bowstead (Hrsg.), The Commercial Laws of the World, British Edition, Volume XXI France and Monaco, London 1911.

163 Vgl. dazu auch die kritischen Anmerkungen von *K. J. A. Mittermaier*, Kritische Zeitschrift für Rechtswissenschaft und Gesetzgebung des Auslandes 2 (1830) 482, 484.

Les tribunaux de commerce connaîtront,

1. de toutes contestations relatives aux engagemens et transactions entre négocians, marchands et banquiers;
2. entre toutes personnes, des contestations relatives aux actes de commerce.

Die Handelsgerichte erkennen:

1. über alle Streitigkeiten, welche sich auf Verpflichtungen und Vereinbarungen (*engagemens et transactions*) unter Handeltreibenden und Wechslern beziehen;
2. zwischen allen Personen über Streitigkeiten, welche sich auf Handelsgeschäfte beziehen.

Die Zuständigkeit war positiv gegeben bei Streitigkeiten in Verbindung mit Transaktionen zwischen Händlern (*négotiants*), Kaufleuten (*marchands*) und Bankiers (*banquiers*), aber auch über solche, die aus Handelsgeschäften zwischen jedweden Personen resultierten. Was als Handelsgeschäfte „entre toutes personnes" zu verstehen war, wird in den nachfolgenden Artikeln ausgeführt (Artt. 632–637 C com 1807).[164] (31)

b) Struktur und Inhalt des Code de commerce. Inhaltlich unterscheidet sich der Code de commerce vom ALR und vom späteren ADHGB darin, dass durch ihn vorwiegend verfahrensrechtliche Fragestellungen im Fokus stehen.[165] Besonders sticht dabei hervor, dass im Code eine der ältesten Institutionen des französischen Staates geregelt wurde, die die Französische Revolution überlebt hatte: die Handelsgerichte (*tribunaux de commerce*), denen Laienrichter vorsaßen.[166] Zudem wurden, wie sie auch im deutschen Rechtskreis unter der Überschrift des Handelsstands bekannt werden sollten, besondere Verpflichtungen für Kaufleute aufgestellt, beispielsweise Aufzeichnungen über ihre Handelstätigkeit zu führen und unter bestimmten Umständen den Bankrott zu erklären.[167] Der verfahrensrechtliche Fokus des Code wird gut sichtbar, wenn man nur die Struktur und die quantitative Verteilung der Normen auf die einzelnen Titel betrachtet: (32)

Erstes Buch: Von dem Handel im Allgemeinen (*Du commerce en général* [Artt. 1–189])
Tit I. Von den Handelsleuten (*Des commercants* [Artt. 1–7])
Tit II. Von den Handelsbüchern (*Des livres de commerce* [Artt. 8–17])
Tit III. Von den Gesellschaften (*Des sociétés* [Artt. 18–64])
Tit IV. Von den Gütertrennungen (*Des séparations des biens* [Artt. 65–70])
Tit V. Von den Handelsbörsen, Wechsel-Agenten und Mäklern (*Des bourses de commerce, agents de chance et des courtiers* [Artt. 71–90])
Tit VI. Von den Kommissionären (*Des commissionaires* [Artt. 91–108])
Tit VII. Von Käufen und Verkäufen (*Des achats et ventes* [Art. 109])
Tit VIII. Von dem Wechsel, dem Billet auf Ordre und von der Verjährung (*De la lettre de change, du billet à ordre et de la prescription* [Artt. 110–189])
Zweites Buch: Von dem See-Handel (*Du commerce maritime* [Artt. 190–436])
Drittes Buch: Von Fallimenten und Bankrotten (*Des faillites et des banqueroutes* [Artt. 437–614])
Viertes Buch: Von der Handelsgerichtsbarkeit (*De la jurisdiction commerciale* [Artt. 615–648])
Tit I. Von der Organisation der Handelsgerichte (*De l'organisation des tribunaux de commerce* [Artt. 615–630])
Tit II. Von der Kompetenz der Handelsgerichte [Artt. 631–641])
Tit III. Von dem Verfahren vor den Handelsgerichten (Artt. 642–644)
Tit IV. Von dem Verfahren vor den Appellationshöfen (Artt. 645–648).

164 Für eine detaillierte Untersuchung vgl. *Lyon-Caen/Renault*, Traité de droit commercial I^4, Paris 1906, S. 97 ff.; siehe auch *Broicher/Grimm*, Das Handelsgesetzbuch der Königlich Preußischen Rheinprovinzen, S. 230 ff. (mit ausführlicher Wiedergabe der handelsrechtlichen Judikatur); *M. Kort*, AcP 193 (1993) 453, 464 ff.

165 *Wieland*, HR I., S. 20: „Aus der Entstehungsgeschichte erhellt, daß von Anfang an prozessuale Gesichtspunkte in den Vordergrund traten: die Erziehung einer einheitlichen Rechtsprechung und die Beseitigung von Mißständen durch Neuordnung der Handelsgerichtsbarkeit sowie durch die Anwendung größerer Strenge in Prozeß und Konkurs."

166 Artt. 615 ff. C com 1807, Buch IV. Vgl. dazu bereits oben Fn. 108.

167 Artt. 8 ff und 440 C com 1807.

(33) Gerade aus vergleichender Sicht ist darauf hinzuweisen, dass der Code de commerce im Vergleich zum ALR und später zum ADHGB mit zwei Ausnahmen kein „Sonderprivatrecht“ der Kaufleute regelte. Nach Art 109 C Com 1807 konnte das Bestehen eines Kaufvertrags durch öffentliche Urkunde, Urkunde unter Privatunterschrift, Schlusszettel eines Wechselagenten oder Maklers, angenommene Faktura, Korrespondenz, Bücher der Parteien oder durch Zeugenbeweis bewiesen werden. Dies stellt eine Ausnahme zu Art. 1341 C civ 1804 dar, welcher vorschreibt, dass alle Transaktionen von mehr als 150 Francs in Form eines Notariatsaktes oder eines privaten schriftlichen Dokuments festzuhalten sind.[168] Die zweite Ausnahme betrifft das Gesellschaftsrecht: Art. 18 C com sieht vor, dass ein Gesellschaftsvertrag nach den Regeln des Code civil, den speziellen Handelsgesetzen und der Parteienvereinbarung zu beurteilen sei. Entsprechend bestimmt Art. 1873 C civ 1804, dass die Vorschriften des Code civil über die Société nur insofern auf Handelsgesellschaften anwendbar sind, als sie nicht mit den Handelsgesetzen und Gewohnheiten (*lois et usage de commerce*) im Widerspruch stehen. Der Code du commerce benennt dabei drei Arten von Handelsverbindungen (*sociétés commerciales*): die offene Handelsgesellschaft (*société en nom collectif*), die Kommanditgesellschaft (*société commandite*) und – erstmals in einem Gesetzbuch[169] – die Aktiengesellschaft (*société anonyme*).[170]

(34) **c) Ausstrahlungswirkung und Dekodifikation.** Rückblickend war der Code de Commerce zwar das „erste“ Handelsgesetzbuch, der auch – wie bereits angedeutet wurde[171] – erhebliche Ausstrahlungswirkung auf die europäischen Rechtsordnungen des 19. Jahrhunderts hatte und von einer sehr umfassenden französischen rechtswissenschaftlichen Literatur[172] begleitet wurde. Angesichts der teils noch sehr knappen, teils rudimentären Vorschriften muss es aber nicht verwundern, dass das französische Handelsrecht laufend novelliert[173] wurde und gerade auch der Code de commerce durch eine massive „Dekodifikation“ Schritt für Schritt ausgehöhlt wurde, ein Zustand, der erst durch die große Reform von 2004 wieder aufgefangen werden konnte.[174]

4. Allgemeines (Deutsches) Handelsgesetzbuch – A(D)HGB (1861 ff.)

(35) **a) Vom Rechtspartikularismus zum handelsrechtlichen Modellgesetz.** Mit dem ALR und dem wesentlich weiter verbreiteten Code de commerce sind für Mitteleuropa die beiden wesentlichen Handelsrechtskodifikationen in der 1. Hälfte des 19. Jahrhunderts benannt. Gleichzeitig herrscht ein buntscheckiger Rechtspartikularismus. Dazu hielt *Heinrich Dernburg* 1902 rückblickend fest:

168 Vgl *G.A. Heise*, Heise's Handelsrecht. Nach dem Original-Manuskript, Frankfurt a.M. 1858, S. 25.

169 Vgl. Artt. 19, 29–37, 40, 45 C com 1807; *Lévy-Bruhl*, Histoire juridique des sociétés de commerce en France aux XVIIe et XVIIIe siècles, Paris 1938; *K. Lehmann*, Die geschichtliche Entwicklung des Aktienrechts bis zum Code de Commerce, Berlin 1895; *W. Endemann*, Die Entwicklung der Handelsgesellschaften, Berlin 1867; *Fick*, Ueber Begriff und Geschichte der Aktiengesellschaft, ZHR 5 (1862) 1 ff.

170 Zu Aufbau und Geschichte des französischen Gesellschaftsrechts im 19. Jh., vgl. *N. Horn*, Frankreich, Gesellschaftsrecht, in: Coing III/3, S. 3188 ff.

171 Vgl. oben Fn. 134.

172 Umfassende Übersicht bei *L. Goldschmidt*, HR I.², S. 216 ff.; *G. Horn/M. R. Emañuel*, The Commercial Law of France, in: Scrutton/Bowstead, Commercial Laws of the world, S. 10 ff.

173 Dazu nur die Auflistung bei *L. Goldschmidt*, HR I.², S. 213 ff.; *G. Horn/M. R. Emañuel*, The Commercial Law of France, in: Scrutton/Bowstead, Commercial Laws of the world, S. 6 f.; *Schioppa*, Frankreich, HR, in: Coing III/3, S. 3170 ff.

174 Vgl. zunächst *Oppetit*, La Décodification du droit commercial français, in: Etudes offertes à René Rodière, Paris 1982, S. 197 ff; vgl. ferner die Beiträge in Association du bicentenaire du Code de commerce (Hrsg.), Bicentenaire du Code de commerce 1807–2007, Paris 2008.

> „Kein Stand mußte die deutsche Rechtszersplitterung schwerer empfinden, als der des Kaufmannes. Mit Neid blickte der deutsche Kaufmann der ersten Hälfte des neunzehnten Jahrhunderts auf das westliche Nachbarland, wo der code de commerce ein auf geschichtlicher Grundlage ruhendes und den Bedürfnissen des Lebens entsprechendes gemeinverständliches Handelsrecht herstellte, das weit über die Grenzen Frankreichs hinaus Geltung hatte."[175]

So galten in Teilen Preußens das ALR, in den linksrheinischen Gebieten (oben Rn. (24)) und den südlichen Teilen der Habsburgermonarchie der Code de commerce, teils galt das ABGB und ergänzende ältere Handelsgesetze[176] (vgl. auch bereits oben Rn. (7)) oder Partikularrecht. Nach *Levin Goldschmidt* waren im Deutschen Bund außerdem sechsundfünfzig verschiedene Wechselordnungen in Kraft, davon neun aus dem 17. und einunddreißig aus dem 18. Jahrhundert.[177]

Dies alles sollte sich um die Mitte des 19. Jahrhunderts ändern. Als erster Schritt wurde mit Ausnahme von Österreich die Allgemeine Deutsche Wechselordnung (ADWO) als Reichsgesetz am 1. Mai 1849 durch die Frankfurter Nationalversammlung in Kraft gesetzt.[178] Am 21. Februar 1856 brachte die Bayerische Regierung in der Deutschen Bundesversammlung den Antrag ein, „eine Commission zur Entwerfung und Vorlage eines allgemeinen Handelsgesetzbuches für die Deutschen Bundesstaaten einzusetzen".[179] Fünf Jahre später hat mit Beschluss vom 31. Mai 1861 die Bundesversammlung durch ein Majoritätsvotum[180] den Entschluss gefasst, den „Entwurf eines Allgemeinen Deutschen Handelsgesetzbuchs baldmöglich und unverändert in geeignetem Wege Gesetzeskraft in ihren Ländern zu verschaffen".[181] Mit dem **Allgemeinen Handelsgesetzbuch (AHGB)** war für den Handel in Mitteleuropa ein im wesentlichen abgeschlossenes **Handelsprivatrecht als Modellgesetz**, oder wie man modern formulieren mag, ein *model law*, zum Abschluss gelangt. Der Zusatz des „Deutschen", des „D" im AHGB, wird an dieser Stelle mit Prämeditation weggelassen, da durch diesen Zusatz eine heute verbreitete Fehlvorstellung über die Ursprünge des Handelsgesetzbuchs immer weiter perpetuiert wird – die Fehlvorstellung nämlich, dass es sich bei dem AHGB bzw. ADHGB um ein „deutsches" Handelsgesetzbuch handelt. Denn das Handelsgesetzbuch war nicht das Rechtsprodukt eines hegemonialen Preußen, das die deutsche Frage für sich entscheiden wollte, sondern einer der größten Erfolge des Deutschen Bundes.[182] Trotz der bestehenden Rivalitäten zwischen Preußen und Österreich und trotz der Agitation Bismarcks wurde das AHGB in Nürnberg und Hamburg in den Jahren von 1857 bis 1861 erarbeitet.[183] Das Arbeitspensum der aus Juristen und Kaufleuten bestehenden Expertenkommission[184] – darunter insbe- (36)

175 *Dernburg*, BR des Deutschen Reichs und Preuß I., S. 29.

176 Vgl. die unter § 2 angeführten Gesetze und Vorschriften, die im Zuge der Einführung des AHGB außer Kraft gesetzt wurden, Gesetz zur Einführung eines Handelsgesetzbuches v. 3.1.1863, RGBl. 1/1863; ferner *Blodig*, ZHR 8 (1865) 68 f.; *Randa*, Das Österreichische Handelsrecht mit Einschluß des Genossenschaftsrechts und der Gesellschaft mit beschränkter Haftung I², Wien 1911, S. 6 f.; *L. Goldschmidt*, HR I.², S. 187 ff.

177 *L. Goldschmidt*, HR I.², S. 59. Siehe dazu auch *C. J. A. Mittermaier*, Ueber den Zustand der Gesetzgebung in Bezug auf Wechselrecht, über die an den Gesetzgeber in dieser Beziehung zu stellenden Forderungen und über das Bedürfniß einer gleichförmigen Wechselgesetzgebung für Deutschland, wenigstens für die Staaten des deutschen Zollvereins, AcP 25 (1842) 114 ff., 284 ff., AcP 26 (1843) 114 ff., AcP 27 (1844) 120 ff.

178 Dazu *U. Huber*, Das Reichsgesetz über die Einführung einer allgemeinen Wechselordnung für Deutschland vom 26. November 1848, JZ 1978, 785 ff. In Österreich wird die Wechselordnung am 1. Mai 1850 in Kraft gesetzt (RGBl. XXIII, Nr. 51). Zu den davor in den Kronländern der Habsburgermonarchie bestehenden Wechselordnungen, vgl. *Blodig*, Fischer-Ellinger's HR⁴, S. 11 ff.

179 Nach *L. Goldschmidt*, HR I.², S. 88.

180 *L. Goldschmidt*, HR I.², S. 127.

181 Protokolle der Deutschen Bundesversammlung vom Jahre 1861, Frankfurt aM oJ [1862], S. 406 (§ 151).

182 Ausführlich *Laufke*, Der deutsche Bund und die Zivilgesetzgebung, in: FS H. Nottarp, Karlsruhe 1961, S. 1 ff.

183 Dazu *Kraehe*, The Journal of Modern History 25 (1953) 13 ff.; *Fleckner*, Allgemeines Deutsches Handelsgesetzbuch, in: Handwörterbuch des Europäischen Privatrechts, Bd. I., Tübingen 2009, S. 45, 48 bezeichnet dies als „Wunder"; *S. Wagner*, Einführung, in: Löhnig/S. Wagner, S. 2.

184 Zu den Kommissionsmitgliedern *W. Schubert*, Quellen und Entstehung eines Allgemeinen Deutschen Handelsgesetzbuches, in: W. Schubert (Hrsg.), Protokolle der Commission zur Berathung eines allgemeinen deutschen Handelsgesetz-Buches, eingeleitet und neu herausgegeben I., Frankfurt a.M. 1984, X f.

sondere auch *Heinrich Thöl* und *Friedrich v. Hahn* – war beträchtlich: Die Beratungen dauerten 589 Sitzungen und sind in den 5152 Seiten umfassenden Protokollen des Kommissionssekretärs *Johannes Lutz*[185] nachzulesen.[186] Da der Bund über keine eigene Gesetzgebungskompetenz verfügte, mussten die Partikularstaaten das AHGB erst durch Einführungsgesetze in Kraft setzen, und sie konnten dabei freilich den Text modifizieren oder auch – wie beispielsweise Österreich das gesamte fünfte Buch zum Seehandel – ganze Teile nicht einführen.[187] Nüchtern und passend fasst wiederum *Heinrich Dernburg* den gesetzgeberisch besonderen Werdegang zusammen: „Das Handelsgesetzbuch bildete gemeinsames Recht dieser Staaten, so daß man es als allgemeines bezeichnete; gemeines deutsches Recht, welches auf einer einheitlichen deutschen Rechtsquelle beruhte, war es nicht."[188]

(37) **b) Territoriale Verbreitung.** Die territoriale Verbreitung des AHGB ist beeindruckend, weil es zwischen 1862 und 1869 in den 32 Ländern des **Deutschen Bundes** in Kraft trat (siehe sogleich Rn. (38)). Darüber hinaus wurde das ADHGB von **Preußen** in den nicht zum Deutschen Bund gehörenden Provinzen Posen und Preußen (West- und Ostpreußen) eingeführt. Schließlich wurde das AHGB in den **cisleithanischen Kronländern der Habsburgermonarchie** (einschließlich Venetien, Dalmatien, Galizien, Lodomerien, die Herzogtümer Auschwitz und Zator, das Großherzogthume Krakau und die Bukowina) unter Ausschluss Transleithaniens (Kronländer Ungarn, Kroatien-Slawonien und Siebenbürgen) in Kraft gesetzt (zur Zeit vor dem AHGB vgl. bereits oben Rn. (7)).[189]

(38) Nachfolgend werden die genannten 32 Länder, die während der Zeit des Deutschen Bundes das A(D)HGB in Kraft setzten, beruhend auf den Darstellungen *Goldschmidts*[190] und *Thöls*[191] detailliert aufgelistet. Über die in Fußnoten jeweils angegebenen Fundstellen im Handbuch des Handelsrechts *Goldschmidts* ist es zudem einfach, einen ersten Zugang zu den mannigfaltig bestehenden partikularen Handelsgesetzen, Stadtordnungen etc. und teils auch nachgewiesener Spezialliteratur vor dem AHGB zu finden. Die Auflistung ist chronologisch nach dem jeweils angegebenen Datum des Inkrafttretens geordnet: (i.) **Preußen**[192] (1. März 1862), (ii.) **Herzogtum**

---

185 Protokolle der Kommission zur Berathung eines allgemeinen deutschen Handelsgesetzbuches I. – VI., Registerband, Würzburg 1858–1860; zur Bedeutung der Protokolle für die Auslegung des ADHGB vgl. *L. Goldschmidt*, Ueber die Benutzung und Bedeutung der Berathungsprotokolle für die Interpretation des Deutschen Handelsgesetzbuchs, ZHR 10 (1866) 325 ff.

186 Vgl. zu den Beratungen statt vieler *L. Goldschmidt*, Der Abschluß und die Einführung des allgemeinen Deutschen Handelsgesetzbuchs, ZHR 5 (1862) 204 ff.; *dens.*, HR I.², S. 91 ff.; *Cohn*, Handelsrecht, Staats-Lexikon³, S. 409 ff. Eine Zusammenstellung der kritischen Stellungnahmen zu den unterschiedlichen Entwürfen findet sich bei *L. Goldschmidt*, HR I.², S. 104 Fn. 3; s. insb. *L. Goldschmidt*, Gutachten über den Entwurf eines Deutschen Handelsgesetzbuchs nach den Beschlüssen zweiter Lesung, Beilagenheft zu ZHR III., Erlangen 1860.

187 Dazu *L. Goldschmidt*, HR I.², S. 128 f. Vgl. dazu auch exemplarisch die Abänderungen des österreichischen AHGB durch das Einführungsgesetz, vgl. Gesetz zur Einführung eines Handelsgesetzbuches v. 3.1.1863, RGBl. 1/1863, II. Besondere Bestimmungen, §§ 6 ff.

188 *Dernburg*, BR des Deutschen Reichs und Preuß I., S. 30.

189 Überaus informativ ist hier die Auflistung im österreichischen Einführungsgesetz vom 17. Dezember 1862 (RGBl. 1/1863): „Gesetz vom 17. December 1862, giltig für die Königreiche Böhmen, Galizien und Lodomerien mit den Herzogthümern Auschwitz und Zator und dem Großherzogthume Krakau, das lombardisch-venetianische Königreich und das Königreich Dalmatien, die Erzherzogthümer Österreich unter und ob der Enns, die Herzogthümer Ober- und Nieder-Schlesien, Steiermark, Kärnthen, Krain, Salzburg und Bukowina, die Marktgrafschaft Mähren, die gefürstete Grafschaft Tirol und das Land Vorarlberg, dann die gefürstete Grafschaft Görz und Gradiksa mit der Markgrafschaft Istrien und die reichsunmittelbare Stadt Triest nebst ihrem Gebiete, zur Einführung eines Handelsgesetzbuches."

190 HR I.², S. 155 ff.

191 HR I.⁶, S. 75 ff.

192 *L. Goldschmidt*, Der Abschluß und die Einführung des allgemeinen Deutschen Handelsgesetzbuchs. Zweiter Artikel, ZHR 5 (1862) 515 ff.; *ders.*, HR I.², S. 155 ff.

Nassau[193] (1. März 1862) (einverleibt durch Preußen 1866), (iii.) **Königreich Sachsen**[194] (1. März 1862), (iv.) **Königreich Bayern**[195] (1. Juli 1862), (v.) **Herzogtum Sachsen-Coburg**[196] (1. Juli 1862), (vi.) **Fürstentum Schwarzburg-Sonderhausen**[197] (1. Sep. 1862), (vii.) **Großherzogtum Sachsen-Meiningen-Hildburghausen**[198] (1. Sep. 1862), (viii.) **Fürstentum Waldeck und Pyrmont**[199] (1. Okt. 1862), (ix.) **Herzogtum Anhalt-Bernburg**[200] (1. Okt. 1862), (x.) **Herzogtum Sachsen-Gotha**[201] (1. Dez. 1862), (xi.) **Großherzogtum Hessen**[202] (1. Jan. 1863), (xii.) **Großherzogtum Baden**[203] (1. Jan. 1863), (xiii.) **Frei Stadt Frankfurt**[204] (1. Jan. 1863) (einverleibt durch Preußen 1866), (xiv.) **Großherzogtum Sachsen-Weimar-Eisenach**[205] (1. April 1863), (xv.) **Österreich-Ungarische Monarchie**[206] (Cisleithanien unter Ausschluss Transleithaniens) (1. Juli 1863), (xvi.) **Fürstentum Reuß jüngere Linie (Reuß-Schleiz)**[207] (1. Juli 1863), (xvii.) **Herzogtum Braunschweig**[208] (1. Nov. 1863), (xviii.) **Landgrafschaft Hessen-Homburg**[209] (1. Jan. 1864) (einverleibt durch Preußen 1866), (xix.) **Lübeck**[210] (1. März 1864), (xx.) **Anhalt-Dessau-Köthen**[211] (1. April 1864), (xxi.) **Herzogtum Sachsen-Altenburg**[212] (1. Mai 1864), (xxii.) **Großherzogtum Mecklenburg-Schwerin und Mecklenburg-Strelitz**[213] (1. Juli 1864), (xxiii.) **Großherzogtum Oldenburg**[214] (1. Okt. 1864), (xxiv.) **Fürstentum Lippe**[215] (1. Okt. 1864), (xxv.) **Fürstentum Schwarzburg-Rudolfstadt**[216] (1. Okt. 1864), (xxvi.) **Bremen**[217] (1. Jan. 1865), (xxvii.) **Königreich Hannover**[218] (1. Jan. 1865) (einverleibt durch Preußen 1866), (xxviii.) **Fürstentum Reuß ältere Linie (Reuß-Greiz)**[219] (1. Jan. 1865), (xxix.) **Königreich Württemberg**[220] (15. Dez. 1865), (xxx.) **Kurfürstentum Hessen**[221] (1. Jan. 1866) (einver-

---

193 *L. Goldschmidt*, Der Abschluß und die Einführung des allgemeinen Deutschen Handelsgesetzbuchs. Dritter Artikel, ZHR 6 (1863) 41 ff.; *ders.*, HR I.², S. 164.

194 *Siegmann*, ZHR 6 (1863) 76 ff.; *L. Goldschmidt*, HR I.², S. 169 f.

195 *L. Goldschmidt*, Die Einführung des deutschen Handelsgesetzbuches im Königreich Bayern, ZHR 6 (1863) 388 ff.; *L. Goldschmidt*, HR I.², S. 166 ff.

196 *L. Goldschmidt*, HR I.², S. 178.

197 *L. Goldschmidt*, HR I.², S. 179.

198 *L. Goldschmidt*, HR I.², S. 177.

199 *L. Goldschmidt*, HR I.², S. 181.

200 *L. Goldschmidt*, HR I.², S. 180.

201 *L. Goldschmidt*, HR I.², S. 178.

202 *L. Goldschmidt*, HR I.², S. 173.

203 *Regensburger*, ZHR 6 (1863) 452 ff.; *L. Goldschmidt*, HR I.², S. 171 ff.

204 *L. Goldschmidt*, HR I.², S. 164 f.

205 *L. Goldschmidt*, HR I.², S. 176 f.

206 *Blodig*, ZHR 8 (1865) 68 ff.; *L. Goldschmidt*, HR I.², S. 187 ff.

207 *L. Goldschmidt*, HR I.², S. 180.

208 *L. Goldschmidt*, HR I.², S. 175 f.

209 *L. Goldschmidt*, HR I.², S. 165.

210 *L. Goldschmidt*, HR I.², S. 185 f.

211 *L. Goldschmidt*, HR I.², S. 180 f.

212 *L. Goldschmidt*, HR I.², S. 177 f.

213 *L. Goldschmidt*, HR I.², S. 174.

214 *L. Goldschmidt*, HR I.², S. 174 f.

215 *L. Goldschmidt*, HR I.², S. 182.

216 *L. Goldschmidt*, HR I.², S. 178 f.

217 *L. Goldschmidt*, HR I.², S. 184 f.

218 *L. Goldschmidt*, HR I.², S. 161 f.

219 *L. Goldschmidt*, HR I.², S. 179.

220 *L. Goldschmidt*, HR I.², S. 170 f.

221 *L. Goldschmidt*, HR I.², S. 184 f.

leibt durch Preußen 1866), (xxxi.) **Fürstentum Liechtenstein**[222] (1. Jan. 1866), (xxxii.) **Hamburg**[223] (1. Mai 1866).

(39) Mit der Auflösung des Deutschen Bundes und der Gründung des **norddeutschen Bundes** – unter Ausschluss von Österreich, des Großherzogtums Luxemburg, des Herzogtums Limburg und des Fürstentums Lichtenstein – wurde das ADHGB im Jahr 1869 mit Wirkung des 1. Jan. 1870 zu einem **Bundesgesetz**[224] und mit der Gründung des **Deutschen Reiches** 1871 zu einem **Reichsgesetz.**[225, 226]

(40) Im Zuge der Annexion durch Preußen wurde das ADHGB durch preußisches Recht im **Herzogtum Holstein und Schleswig**[227] (30. Sept. 1867) und durch Personalunion im **Herzogtum Lauenburg**[228] (1. Jan. 1869) eingeführt. Durch Reichsgesetz ist sodann das ADHGB im **Herzogtum Schaumburg Lippe**[229] (1. Jan. 1870), im **preußischen Jadegebiet**[230] (1. Jan. 1870) und in **Elsaß-Lothringen**[231] (1. Okt. 1872) in Kraft getreten.

(41) Es gehört schließlich zur Völkerrechts- und Kolonialgeschichte des Deutschen Reiches am Ende des 19. Jahrhunderts, dass das ADHGB auch in den **Konsulargerichtsbezirken**[232] und in den sog. **Schutzgebieten**[233] – in diesem Zusammenhang wurden auch sog. **Kolonialgesellschaften**[234] Körperschaftsrechte – eingeführt wurde. Im Zuge des sog. Helgoland-Sansibar-Vertrags galt das ADHGB ab 1. April 1891 in **Helgoland.**[235] Mit kaiserlicher Verordnung v. 17. April 1898 trat das ADHGB schließlich auch in **Kiautschou** (heutiges China) in Kraft.[236]

(42) **c) Struktur und Inhalt.** Mit dem Allgemeinen Handelsgesetzbuch wurde nicht weniger erreicht als ein in sich geschlossenes „Privathandelsrecht",[237] einen „private law cosmos" für den Handel (oben Rn. (2)), zu erschaffen, dessen einheitliche Auslegung und Fortbildung über die Staatsgrenzen hinweg

---

222 *L. Goldschmidt*, HR I.^{2}, S. 196; dazu auch schon oben Rn. 8.

223 *T. Martin*, Ueber die Einführung des Handelsgesetzbuchs in der freien und Hansestadt Hamburg, Archiv für Theorie und Praxis des allgemeinen deutschen Handelsrechts 7 (1866) V. ff; *L. Goldschmidt*, ZHR 8 (1865) 217 f.; *L. Goldschmidt*, HR I.^{2}, S. 182 ff.

224 Gesetz, betreffend die Einführung der Allgemeinen Deutschen Wechsel-Ordnung, der Nürnberger Wechsel-Novellen und des Allgemeinen Deutschen Handelsgesetzbuches als Bundesgesetze, v. 5. Juni 1969, BGBl. 1869, Nr. 32, S. 379 ff.; dazu *Lesse*, ZHR 14 (1870) 32 ff.; *W. Schubert*, Die Einführung der Allgemeinen Deutschen Wechselordnung und des Allgemeinen Deutschen Handelsgesetzbuchs als Bundesgesetz (1869), ZHR 144 (1980) 484 ff.

225 § 2, Gesetz, betreffend die Verfassung des Deutschen Reichs vom 16. April 1871, BGBl. 1871, Nr. 16, abgedruckt in: ZHR 16 (1872) 126 f.; *L. Goldschmidt*, HR I.^{2}, S. 146 f.

226 Eine konzise Fassung der deutschen Verfassungsgeschichte in der zweiten Hälfte des 19. Jh. findet sich bei *L. Goldschmidt*, HR I.^{2}, S. 130 ff.

227 *L. Goldschmidt*, HR I.^{2}, S. 163.

228 *L. Goldschmidt*, HR I.^{2}, S. 163, 131.

229 *L. Goldschmidt*, HR I.^{2}, S. 181.

230 *L. Goldschmidt*, HR I.^{2}, S. 161.

231 *L. Goldschmidt*, HR I.^{2}, S. 186. Gesetzblatt für Elsaß-Lothringen 1872 Nr. 14, abgedruckt in: ZHR 18 (1882) 128 ff.

232 Gesetz über die Konsulargerichtsbarkeit, v. 10. Juli 1879, RGBl. 1879 Nr. 26, S. 197 ff., abgedruckt in: ZHR 26 (1881) 147 ff.; Gesetz über die Konsulargerichtsbarkeit, v. 7. April 1900, RGBl. 1900 Nr. 15, S. 213 ff., abgedruckt in: ZHR 50 (1901) 197 ff. Konsulargerichtsbezirke bestanden danach in China, Korea, Marokko, Persien, Rumänien, Schiffer- (Samoa-) und Tonga- (Freundschafts-)Inseln, Rumänien, Serbien, Türkei, Alexandrien, Kairo, Beirut, Konstantinopel, Jerusalem, Saloniki, Sarajewo, Smyrna, Sofia, Rustschuk, Varna (so die Auflistung des Auswärtigen Amtes im Mai 1900, wiedergegeben in: ZHR 50 (1901) 197 Fn. 1).

233 Gesetz, betreffend die Rechtsverhältnisse der deutschen Schutzgebiete, RGBl. 1886, Nr. 10, S. 75 f.; Gesetz wegen Abänderung des Gesetzes, betreffend die Rechtsverhältnisse der deutschen Schutzgebiete, RGBl. 1888, Nr. 11, S. 71 ff.

234 Dazu *H.V. Simon*, Deutsche Kolonialgesellschaften, ZHR 34 (1888) 85 ff.; *K. Lehmann*, Die Statuten der deutschen Kolonialgesellschaften, ZHR 53 (1903) 1 ff.; *ders.*, Kolonialgesellschaften in Vergangenheit und Gegenwart, Berlin 1896.

235 Kaiserliche Verordnung, betreffend die Einführung von Reichsgesetzen in Helgoland v. 22. März 1891, Art. I Abs. X Nr. 1 (RGBl. 1891, S. 21).

236 Verordnung, betreffend die Rechtsverhältnisse in Kiautschou, v. 27. April 1898, RGBl. 1898, Nr. 18, S. 173 f.

237 So bereits *K.H.L. Brinkmann/W. Endemann*, HR, S. 13; *L. Goldschmidt*, Universalgeschichte des HR, S. 1.

ab 1869 zunächst durch das Bundesoberhandelsgericht (BOHG) bzw. in Cisleithanien durch den Obersten Gerichtshof (OGH) sichergestellt wurde (dazu Rn. (50)). Das ADHGB besteht aus fünf Büchern. Die ersten drei beschäftigen sich mit den „Personen des Handelsrechts".[238] Das **erste Buch** handelt „Von den Kaufleuten" und regelt für den Handelsstand spezifische Institute[239] (mit Titeln zum Handelsregister, Handelsfirmen, Handelsbüchern [die bescheidenen Anfänge des Bilanzrechts], Prokura und Handlungsbevollmächtigung, Handlungsgehilfen, Handelsmakler bzw. Sensalen). Kodifikatorisch wurde damit insofern Neuland betreten, als dass all diese Institute, die ihre Wurzeln in mittelalterlichen Handelspraktiken hatten, im ADHGB verallgemeinert und verfeinert wurden. Ein gutes Beispiel für diesen Vorgang ist die *Firma.* Eine vom bürgerlichen Namen abweichende Firma findet sich dabei erstmals bei den mittelalterlichen Handelsgesellschaften. Das ADHGB erweitert den Begriff der Firma, um damit den Handelsnamen des Kaufmanns (Artt. 15 f. ADHGB), der Personenhandelsgesellschaften (OHG und KG, Art. 17 ADHGB) und der Kapitalgesellschaften (AG, Art. 18 ADHGB) zu bezeichnen. Im **zweiten** und **dritten Buch** ist – mit Ausnahme des Genossenschaftsrechts und des späteren GmbHG von 1892 – das gesamte Gesellschaftsrecht in seiner Totalität geregelt. Das **vierte Buch** „Von den Handelsgeschäften" enthält allgemeine Privatrechtsnormen, die speziell an die Bedürfnisse des Handels angepasst sind.[240] Das **fünfte Buch** schließlich regelt das hier nicht weiter interessierende Seehandelsrecht.

Auch hier ist es hilfreich, einen Blick auf die Struktur des Gesetzbuches zu werfen: **(43)**

Allgemeine Bestimmungen (Artt. 1–3)
Erstes Buch: Vom Handelsstande (Artt. 4–84)
1. Titel: Von Kaufleuten (Artt. 4–11)
2. Titel. Von dem Handelsregister (Artt. 12–14)
3. Titel: Von Handelsfirmen (Artt. 15–27)
4. Titel: Von den Handelsbüchern (Artt. 28–40)
5. Titel: Von den Prokuristen und Handlungsbevollmächtigten (Artt. 41–56)
6. Titel: Von den Handlungsgehülfen (Artt. 57–65)
7. Titel: Von den Handelsmäklern oder Sensalen (Artt. 66–84)
Zweites Buch: Von den Handelsgesellschaften (Artt. 85–249)
1. Titel: Von der offenen Handelsgesellschaft (Artt. 85–149)
2. Titel: Von der Kommanditgesellschaft (Artt. 150–206)
    1. Abschnitt: Von der Kommanditgesellschaft im Allgemeinen (Artt. 150–172)
    2. Abschnitt: Von der Kommanditgesellschaft auf Aktien insbesondere (Artt. 173–206)
3. Titel: Von der Aktiengesellschaft (Artt. 207–249)
Drittes Buch: Von der stillen Gesellschaft und von der Vereinigung zu einzelnen Handelsgeschäften für gemeinschaftliche Rechnung (Artt. 250–270)
Viertes Buch: Von den Handelsgeschäften (Artt. 271–432)
1. Titel: Von den Handelsgeschäften im Allgemeinen (Artt. 271–336)
    1. Abschnitt: Begriff der Handelsgeschäfte (Artt. 271–277)
    2. Abschnitt: Allgemeine Bestimmungen über Handelsgeschäfte (Artt. 278–316)
    3. Abschnitt: Abschließung der Handelsgeschäfte (Artt. 317–233)
    4. Abschnitt: Erfüllung der Handelsgeschäfte (Artt. 324–336)
2. Titel: Vom Kauf (Artt. 337–359)
3. Titel: Von den Kommissionsgeschäften (Artt. 360–378)
4. Titel: Von dem Speditionsgeschäfte (Artt. 379–389)
5. Titel: Vom Frachtgeschäft (Artt. 390–431)
Fünftes Buch: Vom Seehandel (Artt. 432–911)

238 Dazu *W. Endemann* (Hrsg.), Handbuch des Deutschen Handels-, See- und Wechselrechts I./1.: Die Personen des Handelsrechts, Leipzig 1881 (darin enthalten: *v. Volderndorff,* „Von den Kaufleuten", S. 131 ff.; *Wendt,* „Die Hülfspersonen", S. 247 ff.; *Lasting,* „Die Handelsgesellschaften", S. 310 ff.; *Wolff,* „Die eingetragene Genossenschaft", S. 774 ff.).
239 Zum Spezifikum dieser besonderen handelsrechtlichen Institute im Verhältnis zum allgemeinen bürgerlichen Recht vgl. knapp *L. Goldschmidt,* HR I.^{2}, S. 371 f.
240 Zu ihren Spezifika im Verhältnis zum allgemeinen bürgerlichen Recht vgl. knapp *L. Goldschmidt,* HR I.^{2}, S. 372.

(44) **d) Der Anwendungsbereich des ADHGB: subjektives vs. objektives System.** Wer Kaufmann war, ließ sich in einer ständischen Ordnung leicht feststellen, da man als „äußerlich erkennbares Unterscheidungszeichen" auf die Zugehörigkeit zu einer Gilde oder Zunft abstellen konnte, wenn diese „Bedingung für den Handelsbetrieb"[241] und insbesondere auch Anknüpfungspunkt für die Gewährung etwaiger Privilegien war. Seit der Einführung des von standesrechtlichen Regelungen befreiten Code civil (Rn. (27)) sowie des preußischen Ediktes über die Gewerbefreiheit von 1810 (Rn. (19)) stellte sich erstmals das bis in die Gegenwart einwirkende dornige Problem, wie der Anwendungsbereich des Handelsgesetzbuchs – oder im Falle Preußens, wie der Anwendungsbereich von Sondernormen innerhalb desselben Gesetzbuchs – von denen eines Zivilgesetzbuchs abzugrenzen sei. Im Ausgangspunkt wurde seit Mitte des 19. Jahrhunderts darum gestritten, „ob man den Kaufmann aus dem Handelsgeschäft, oder den Begriff des Handelsgeschäfts aus dem des Kaufmanns abstrahieren solle",[242] welcher der beiden Begriffe also als fundamental anzusehen sei. Die Vertreter des sog. subjektiven Systems, so die gebräuchliche Bezeichnung,[243] prominent vertreten durch *Heinrich Thöl*, plädierten dafür, das Handelsrecht als Sonderrecht des Handelsgewerbes zu verstehen und auch den Kaufmann „subjektiv" nach dessen gewerblicher Tätigkeit zu qualifizieren.[244] Demgegenüber sollte nach dem sog. objektiven System – vertreten durch *Brinkmann*, *Goldschmidt* und *Endemann* – nicht auf die Person des Kaufmanns, sondern auf das jeweils abgeschlossene Rechtsgeschäft abgestellt werden.[245] Dieser Kontroverse sollte jedoch keine allzu große Bedeutung beigemessen werden. Denn wie gerade die bei den §§ 1 ff. HGB wiedergegebene synoptische Aufbereitung des Normenmaterials zeigt, hat vom ADHGB bis zum Handelsrechtsänderungsgesetz 1998 bzw. zum UGB 2005 keines der Systeme in Reinform bestanden. Sie hilft aber in jedem Fall, die Schwierigkeit der Abgrenzung eines dualen Systems von Zivil- und Handelsrecht historisch und praktisch zu analysieren.[246]

(45) Der preußische Entwurf verfolgte einen subjektiv-objektiven Ansatz: Als „Kaufmann" war anzusehen, wer (subjektiv) „gewerbsmäßig" den (objektiv) enumerativ in Art. 2 Ziff. 1–8 Preuß-E 1857 aufgezählten Vertragstypen und Tätigkeiten nachging. Damit war zugleich gesagt, dass, mit Ausnahme der wenigen in Art. 212 Preuß-E 1857 genannten Geschäften mit Nichtkaufleuten, Handelsgeschäfte nur Kaufleute eingehen konnten und damit insgesamt den Sondervorschriften des Handelsgesetzbuchs unterfallen sollten (vgl. Artt. 212, 214 ff. Preuß-E 1857). Die Objektivisten kritisierten hieran unter anderem, dass nicht die „Personenklasse", „sondern ein für bestimmte Rechtsgeschäfte und Verhältnisse geltendes Recht" eingeführt werden sollte.[247] Bei den Nürnberger Beratungen wurde der entscheidende Schritt zu einer Überwindung der subjektiven, an den Kaufmannsbegriff anknüpfenden Gesetzessystematik vom Bremer Senator *Frederick Gerhard Heinecken* initiiert, welcher der Kommission vorschlug, dass, in Abstimmung mit allen anderen jüngeren Handelsgesetzbüchern, aber auch insbesondere dem revidierten österreichischen Entwurf,[248] das Handelsrecht nicht ein Recht der Kaufleute, sondern ein Recht der Handelsgeschäfte sein sollte.[249] Dieser Vorstoß hatte Erfolg, und es wurde in Art. 4 ADHGB ganz offensichtlich der Code de commerce adaptiert, wobei das ADHGB nicht Regeln über Handelspersonen mit solchen über die Handelsgerichtsbarkeit, wie dies Buch I und IV des Code de commerce von 1807 taten

---

241 Entwurf eines Handelsgesetzbuchs für die Preussischen Staaten, nebst Motiven, Berlin 1857, S. 4.

242 *L. Goldschmidt*, Kritische Zeitschrift für die gesammte Rechtswissenschaft 4 (1857) 105, 115.

243 *K. Schmidt*, HGB und Gegenwartsaufgaben, S. 13 ff.

244 *Thöl*, HR I.[6], S. 87.

245 Vgl. *C.H.L. Brinkmann*, AcP 32 (1849) 356, 362 ff.; *L. Goldschmidt*, Kritische Zeitschrift für die gesammte Rechtswissenschaft 4 (1857) 105, 115 f.; *W. Endemann*, Entwurf eines deutschen HGB, S. 12 f.

246 Vgl. auch die Darstellung von *O. Schreiber*, Grundgedanken zum System eines künftigen Handelsrechts, S. 41, 44 ff.

247 *C.H.L. Brinkmann*, AcP 32 (1849) 356, 363.

248 § 2 Entwurf eines österreichischen Handelsrechts: „Unter Handelsgeschäften versteht das Gesetz im Allgemeinen den Ankauf von Gegenständen des Verkehres, um durch den Absatz derselben einen Gewinn zu ziehen."; § 3 „Insbesondere werden als Handelsgeschäfte angesehen [...]".

249 Vgl. *Lutz*, Protokolle, S. 406 f, 500 ff.

(dazu Rn. (32)), sondern Regeln über Personen des Handelsrechts mit solchen über das Handelsprivatrecht kombiniert:

> **Art. 1 C com 1807**: Handelsleute sind diejenigen, welche Handelsgeschäfte (*actes de commerce*) treiben und daraus ihr gewöhnliches Gewerbe machen.
>
> **Art. 4 ADHGB 1861**: Als Kaufmann im Sinne dieses Gesetzbuchs ist anzusehen, wer gewerbemäßig Handelsgeschäfte betreibt.[250]

Mit der Festlegung des Art. 4 ADHGB ist jedoch noch nicht klar abgesteckt, wann das ADHGB zur Anwendung kam. Hierfür muss man klar trennen, wann einerseits die Bestimmungen des vierten Buchs zur Anwendung kamen (dazu Artt. 273 ff.), und andererseits für welchen Personenkreis die besonderen Regeln „Vom Handelsstand" des ersten Buches galten (dazu Artt. 4–6 ADHGB).[251] Die Regelungsstruktur der Artt. 273 ff. ADHGB ist undurchsichtig und kompliziert, wirkt aber bis heute fort (vgl. dazu die Synopse bei den §§ 343 ff., G.).[252] (46)

aa) Eröffnung des Anwendungsbereichs des vierten Buches des ADHGB. Als (beiderseitige) Handelsgeschäfte galten in jedem Fall die in Art. 271 ADHGB aufgelisteten sog. **absoluten Handelsgeschäfte** (Spekulationseinkauf [Ziff. 1.], Lieferungsvertrag [Ziff. 2 iVm Art. 338 ADHGB], Versicherung gegen Prämie [Ziff. 3], in Deutschland Seetransport und Darlehen gegen Verbodmung [Ziff. 4] und in Österreich Börsegeschäfte[253] [§ 12 BörseG 1875]). Ergänzt wurden sie durch die sog. **relativen Handelsgeschäfte** des Art. 272 ADHGB, die jedoch nur dem ADHGB unterfielen, wenn sie gewerbsmäßig betrieben wurden, ferner die sog. **akzessorischen Handelsgeschäfte** (Art. 273 ADHGB) wie auch schließlich die sog. **präsumtiven Handelsgeschäfte** (Art. 274 ADHGB).[254] Dagegen waren Verträge über unbewegliche Sachen bzw. Liegenschaften, also der Grundstücksverkehr, vom Anwendungsbereich des ADHGB ausgenommen (Art. 275 ADHGB).[255] Erweitert wurde schließlich der Anwendungsbereich durch Art. 277 ADHGB, indem auch bei einem einseitigen Handelsgeschäft die Regelungen des vierten Buchs auf beide Kontrahenten, also auch auf den nichtkaufmännischen Teil anzuwenden waren, wenn nicht etwas anders bestimmt war.[256] Relevant war diese „Erstreckung" des ADHGB insbesondere im Kontext der Formfreiheit nach Art. 317 ADHGB sowie der Konventionalstrafe nach Art. 284 ADHGB.[257] (47)

bb) Eröffnung des Anwendungsbereichs des ersten Buches des ADHGB. Für die Anwendung des ersten Buchs des ADHGB war der Begriff des Handelsgeschäfts nur ein Tatbestandsmerkmal der nach den Artt. 4–6 ADHGB zu prüfenden Rechtsfrage, ob jemand als Kaufmann, Handelsfrau[258] oder Formkaufmann anzusehen ist. Nach Art. 4 ADHGB wurde die Kaufmannsqualität durch die drei Erfordernisse des (i) gewerbemäßigen (ii) Betriebs – durch einen Mann, eine Frau (48)

---

250 Das heute noch in Geltung befindliche japanische Handelsgesetzbuch von 1899 (dazu oben Rn. 13) hat dieses System in Artt. 4, 263 f. übernommen.

251 Dazu statt vieler *L. Goldschmidt*, HR I.², S. 480 f.; ferner die Anmerkungen in *Staubs* Supplement zu Art. 4–6, sowie Art. 273 ff. im Anhang H.

252 Vgl. dazu nur die Kommentierung bei *Staub*, ADHGB², Artt. 271 ff. und *Pisko*, in: Staub/Pisko³, Artt. 271 ff.

253 Dazu *Pisko*, in: Staub/Pisko³, Art. 271 § 39.

254 In Hamburg und Bremen kamen durch die jeweiligen Einführungsgesetze viele Vorschriften des ADHGB als allgemeines bürgerliches Recht zur Anwendung, dazu kurz *L. Goldschmidt*, ZHR 8 (1865) 217, 218; *Riesser*, Der Einfluss handelsrechtlicher Ideen auf das Bürgerliche Gesetzbuch für das Deutsche Reich, Stuttgart 1894, S. 74 ff.

255 Ausführlich *Pisko*, in: Staub/Pisko³, Art. 275 § 1 ff.

256 Ausführlich zur Unterscheidung zwischen „einseitigen und zweiseitigen Handelsgeschäften" *L. Goldschmidt*, HR I.², S. 496 ff.

257 Dazu ausführlich *Staub*, ADHGB², Art. 277 §§ 1 ff.

258 Vgl. dazu bereits die Nachw. oben Fn. 117.

(eine Ehefrau mit Zustimmung ihres Mannes [Art. 7 Abs 1]) oder eine Handelsgesellschaft[259] – von (iii) Handelsgeschäften bedingt.[260] Waren diese Erfordernisse erfüllt, galt diese Person als Kaufmann, Handelsfrau oder Handelsgesellschaft und unterlag damit den Rechten und Pflichten des ersten Buches, wie auch zusätzlich etwa im vierten Buch dem exklusiv unter Kaufleuten geltenden Art. 292 ADHGB zum Kontokorrent und zahlreichen weiteren Normen,[261] die zumindest einseitig auf Seiten des Kaufmanns zur Anwendung kamen (zB. Artt. 290, 292 Abs. 2 ADHGB [Zinspflicht]). Übersichtlich war das freilich alles nicht.

(49) **e) Handelsgerichte für das ADHGB?** Die Idee spezieller Handelsgerichte geht auf das Mittelalter und die frühe Neuzeit zurück (insbesondere Norditalien, Frankreich und Spanien) und führte allein im deutschsprachigen Rechtsraum zu einer nur schwer zu überblickenden Vielzahl von Kommerz-, Merkantil-, Wechsel-, Maß-, Markt-, Schrannen- und Börsengerichten.[262] Im Zeitalter der Handelsrechtskodifikationen des 19. Jahrhunderts hat die Institution besonderer Handelsgerichte durch den Code de Commerce – in der ersten Instanz nur mit Kaufleuten, also Laienrichtern besetzt (Artt. 617 ff. C com 1807) – in den meisten romanischen Ländern Verbreitung gefunden. In Mitteleuropa hat man sich mit der Einrichtung von speziellen Handelsgerichten jedoch schwer getan.[263] Zu Beginn der Nürnberger Beratungen war geplant, auch Vorschriften über die Handelsgerichtsbarkeit und das Konkursrecht aufzunehmen, die im preußischen Entwurf enthalten waren.[264] Diese Pläne wurden jedoch fallengelassen, sobald die Kommission zu der Auffassung gelangte, dass die Unterschiede zwischen den Prozessrechten der einzelnen Länder zu groß seien und eine Vereinheitlichung nicht in den Aufgabenkreis der Beratungen falle.[265] Anders als das französische Recht kombinierte das ADHGB daher nicht Regeln über den Handel im Allgemeinen (*Du commerce en général*) mit solchen zur Handelsgerichtsbarkeit (*De la jurisdiction commerciale*), wie dies die Bücher I und IV des Code de commerce von 1807 tun, sondern kombinierte Regeln „Vom Handelsstand“ (Erstes Buch) mit solchen „Von den Handelsgesellschaften“ (Drittes Buch) und „Von den Handelsgeschäften“ (Viertes Buch).

(50) Trotz des Scheiterns der Bemühungen in Nürnberg bestanden spezielle partikularrechtliche Handelsgerichte mit teils sehr unterschiedlichem Charakter unter anderem in Bayern,[266] Sachsen,[267]

---

259 Durch die Aktienrechtsnovelle 1870 wurde die noch in der Urfassung von 1861 enthaltene Beschränkung („bei welchen der Gegenstand des Unternehmens in Handelsgeschäften besteht“) gestrichen (vgl. Art. 5 ADHGB), neu gefasst durch § 1 Gesetz v. 11.6.1870 [Gesetz, betreffend die Kommanditgesellschaften auf Aktien und die Aktiengesellschaften], BGBl. S. 375; dazu *Auerbach*, Das Actienwesen, Frankfurt a.M. 1873, S. 1 ff.).

260 Dazu *Staub*, ADHGB^2, Art. 4 § 1 ff.

261 Dazu *L. Goldschmidt*, HR I.^{2}, S. 501 m. Fn. 7.

262 Die Details sind außerhalb des Untersuchungsrahmens des vorliegenden Textes, aus der reichhaltigen Literatur (vgl. auch schon oben Fn. 108) s. *L. Goldschmidt*, Revue de droit international et de législation comparée, 20 (1870) 557 ff.; *Rehme*, Geschichte des Handelsrechts, S. 195 f.; *L. Rosenberg*, Handelsgerichtsbarkeit, in: Ehrenberg, Handbuch Handelsrecht I., S. 449 ff.; *Huvelin*, L'Historie du droit commercial, S. 110 ff.; *L. Goldschmidt*, Universalgeschichte des HR, S. 169 ff.; *W. Silberschmidt*, Die Entstehung des deutschen Handelsgerichts, Leipzig 1894 (dazu *Koehne*, ZHR 43 (1895) 399 ff.; *Lauk*, Handelsgerichte, Gewerbs- und Fabrikgerichte, in: Bluntschli/Brater (Hrsg.), Deutsches Staats- und Wörterbuch IV., Stuttgart 1859, S. 674 ff.; *Behrend*, Handelsgerichte, in: Holtzendorff (Hrsg.), Rechtslexikon II.^{3}, Leipzig 1881, S. 240 ff.; *E.E. Hirsch*, Eintrag „Handelsrecht“, in: RvHwb IV., S. 187 ff.; aus der aktuellen Literatur: *G. Wagner*, Rechtsstandort Deutschland im Wettbewerb, München 2017, S. 216 ff.; *Fleischer/Bong/Cools*, Spezialisierte Spruchkörper im Gesellschaftsrecht, RabelsZ 81 (2017) 608 ff.; *S. Jacob*, Handelsgerichtsbarkeit, Baden-Baden 2021.

263 In England wurde erst im Jahr 1895 der *Commercial Court of England and Wales* als Teil der *Queen's Bench* eingesetzt. Vgl. zu England Mitte des 19. Jahrhunderts: *W. Kompe*, ZHR 9 (1866) 75, 76.

264 Vgl. Artt. 693 ff, 871 ff des Preussischen Entwurfs 1857; *W. Kompe*, ZHR 9 (1866) 75 ff.

265 Vgl. *Lutz*, Protokolle, S. 5135 ff, 5146 f.; *L. Goldschmidt*, HR I.^{2}, S. 114 ff.

266 Dazu ZHR 6 (1863) 411 f.

267 Dazu *Siegmann*, ZHR 6 (1863) 76, 91 ff.

Baden,[268] Bremen[269] und Hamburg[270] – daneben teilweise auch in Österreich[271] –, die im Zuge der Einführungsgesetze zum ADHGB neu gegründet wurden, oder es wurden bestehende Regelungen modifiziert.[272] In großen Teilen Preußens – anders als in den linksrheinischen Gebieten[273] – waren hingegen keine Handelsgerichte eingerichtet worden.[274] Mit der Einführung des Gerichtsverfassungsgerichts (GVG) von 1877 wurden sämtliche Handelsgerichte jedoch abgeschafft und das heute noch dominierende System der **Handelskammern** eingeführt.[275] Nach 148 Jahren hat man diese Grundentscheidung durch das „Justizstandort-Stärkungsgesetz" aus dem Jahr 2024 wieder rückgängig gemacht, indem die Bundesländer **Commercial Courts** einführen können.[276]

Unabhängig von den zum Teil sehr kontrovers geführten Debatten über die Sinnhaftigkeit (51)
von Handelsgerichten wurde für die Staaten des norddeutschen Bundes 1869 als gemeinsamer oberster Gerichtshof das **„Bundes-Oberhandelsgericht"** (BOHG) mit Sitz in Leipzig errichtet, das mit der Gründung des Deutschen Reichs durch einen Plenarbeschluss vom 2. September 1871[277] sodann in **„Reichsoberhandelsgericht"** (ROHG)[278] unbenannt wurde.[279] Dieses Gericht war kein Handelsgericht,[280] sondern seine primäre Aufgabe lag darin, wie sein einziger Präsi-

---

268 *Regensburger*, ZHR 6 (1863) 452, 483 f.

269 Dazu *L. Goldschmidt*, HR I.², S. 184.

270 Dazu *L. Goldschmidt*, HR I.², S. 183; Hamburgisches Ges., betr. einige Abänderungen der auf das Handelsgericht bezüglichen Gesetze, v. 17. März 1869, ZHR 15 (1870) 178 ff.

271 Dazu ausführlich *Pollitzer*, Das österreichische Handelsrecht, Wien 1895, S. 30 ff.; *L. Rosenberg*, Handelsgerichtsbarkeit, in: Ehrenberg, Handbuch Handelsrecht I., S. 456 f. Die von *Sommaruga* (Einrichtung von Handelsgerichten in Oesterreich, Wien 1849) vorlegte Denkschrift, Handelsgerichte in Anlehnung an die in den linksrheinischen Gebieten und in den Hansestädten Hamburg und Bremen vorgefunden Handelsgerichte auch in Österreich umzusetzen, fand keinen Anklang (*Pollitzer*, a.a.O, S. 31).

272 Vgl. Art. 3 ADHGB. Ausführlich: *W. Kompe*, ZHR 9 (1866) 75, 78 f.; *Behrend*, Handelsgerichte, in: Holtzendorff, Rechtslexikon II³, S. 242; *L. Rosenberg*, Handelsgerichtsbarkeit, in: Ehrenberg, Handbuch Handelsrecht I., S. 454 f.

273 Dazu ausführlich mit Auflistung der Gerichte im Jahr 1850 und statistischem Zahlenmaterial: *Gelpcke*, Die Wirksamkeit der Handels-Gerichte in der Rhein-Provinz Preußens, Zeitschrift für Handelsrecht, Drittes Heft, Berlin 1853, 1 ff.; instruktiv ferner *Sommaruga*, Einrichtung von Handelsgerichten, S. 3 ff.

274 Dazu auch *L. Goldschmidt*, Der Entwurf eines Gesetzes, betreffend die Bearbeitung der Handelssachen durch besondere Abtheilungen der Stadt- und Kreisgerichte, ZHR 5 (1862) 573 ff.

275 Dazu ausführlich *Keyßner*, Das Gerichtsverfassungsgesetz für das Deutsche Reich und das Verfahren in Handelssachen, ZHR 25 (1880) 449 ff.; *Laband*, Deutsches Wochenblatt 1889, v. 20. Juni 1889, Nr. 25, 290, 291.

276 Gesetz zur Stärkung des Justizstandortes Deutschland durch Einführung von Commercial Courts und der Gerichtssprache Englisch in der Zivilgerichtsbarkeit (Justizstandort-Stärkungsgesetz, BGBl. 2024 I Nr. 302). Es tritt am 1.4.2025 in Kraft; dazu *Rühl*, Das Justizstandort-Stärkungsgesetz: (International) Commercial Courts für Deutschland, ZfPW 2024, 397 ff.

277 BOHG 2 (1871) 448.

278 Die „Entscheidungen des Reichsoberhandelsgerichts" sind in der Entscheidungssammlung des Bundes- (Bände 1 [1871] und 2 [1872]) und des Reichsoberhandelsgerichts (Bände 1 [1871] bis 25 [1880], 2. Aufl.) veröffentlicht, die von den Räten des Gerichtshofs herausgegeben wurden.

279 Gesetz betreffend die Einrichtung eines obersten Handelsgerichts für Handelssachen, v. 12. Juni 1869, BGBl. 1869, Nr. 22, S. 201 ff.; *L. Goldschmidt*, Das Bundesoberhandelsgericht, ZHR 16 (1871) 155 ff.; ROHG 1 (1873) 3 ff.; zur Zuständigkeit auch für Baden, Südhessen, Bayern, Württemberg und Elsaß-Lothringen vgl. *Thöl*, HR I.⁶, S. 87, 89; *L. Goldschmidt*, HR I.², S. 155. S. ferner *S. Winkler*, Das Bundes- und spätere Reichsoberhandelsgericht. Eine Untersuchung seiner äusseren und inneren Organisation sowie seiner Rechtsprechungstätigkeit unter besonderer Berücksichtigung der kaufmännischen Mängelrüge, Paderborn 2001; *Fleckner*, Reichsoberhandelsgericht (mit Reichsgericht), in: Handwörterbuch des Europäischen Privatrechts, Bd. II., Tübingen 2009, S. 1282 ff.; *D. Fischer*, Zur Geschichte der höchstrichterlichen Rechtsprechung in Deutschland, JZ 2010, 1077 ff.; *Kronke*, Rechtsvergleichung und Rechtsvereinheitlichung in der Rechtsprechung des Reichsoberhandelsgerichts, ZEuP 5 (1997) 735 ff.; *Ogorek*, Privatautonomie und Justizkontrolle, ZHR 150 (1986) 87 ff.; *Haferkamp*, Das BGB², S. 69 ff. (zur Rechtsvereinheitlichung durch Rechtsprechung).

280 Vgl. dazu die kurze Anmerkung des Rechtsprofessors und (späteren) Reichsgerichtsrats *Behrend*, Handelsgerichte, in: Holtzendorff, Rechtslexikon II³, S. 243.

dent *Heinrich Eduard von Pape*[281] (1816–1888) in seiner Eröffnungsrede vom 5. August 1870 festhielt, eine einheitliche höchstrichterliche Rechtsprechung für das „neue" Handelsrecht sicherzustellen:

> „Es gilt nicht allein, in einer großen Zahl der wichtigsten Rechtssachen für das gesamte Bundesgebiet das Richteramt der höchsten und letzten Instanz zu verwalten, es gilt zugleich für die einheitliche Anwendung und Entwicklung der kraft bundesgesetzlicher Autorität innerhalb des Bundesgebietes geltenden Rechtsnormen zu sorgen, zu sorgen dafür, daß die Gemeinsamkeit dieser Rechtsform nicht verkümmert, daß sie zur vollen Wahrheit werde und der deutschen Nation den von ihr erwarteten Segen bringe."[282]

Nach Inkrafttreten der Reichsjustizgesetze von 1878 wurden mit Wirkung vom 1. Oktober 1879[283] die anhängigen Verfahren des ROHG auf das **Reichsgericht** überführt und das ROHG stellte nach zehn Jahren einer beeindruckenden Produktivität, festgehalten in 25 Bänden, seine Tätigkeit ein.[284] In Österreich wird die Funktion des zivilrechtlichen Höchstgerichts seit 1848 vom **Obersten Gerichtshof** (OGH) wahrgenommen, der wiederum auf der 1749 durch Maria Theresia gegründeten **Obersten Justizstelle** aufbaut.[285]

(52) **f) Wendejahr 1874: Der Beginn der Ausarbeitung des BGB.** Das Jahr 1874 markiert für die deutsche Handelsrechtswissenschaft einen Wendepunkt. Denn spätestens seit die Vorkommission zum BGB, die Anfang des Jahres eingesetzt worden war, an einer Zivilrechtskodifikation für das gesamte Reich arbeitete, verlagerte sich auch der Schwerpunkt der handelsrechtswissenschaftlichen Bemühungen. Denn nunmehr stellte sich die Grundsatzfrage, wie man neben dem zukünftigen Bürgerlichen Gesetzbuch mit dem Handelsgesetzbuch verfahren und ob es überhaupt eine Zukunft haben solle. Als einer der ersten meldete sich *Karl Gareis* zu Wort und führte 1874 aus, warum die „Zukunft des Handelsrechts" als „gefährdet" erscheinen müsse:

> „Die Zukunft des Handelsrechts scheint gefährdet: es stellt sich als zweifelhaft dar, ob das Handelsrecht fürderhin noch als ein besonderer Ast am Baume des Rechtssystems betrachtet werden könne, ob es noch in Specialgesetzen oder besondern Handelsgesetzbüchern niedergelegt werde, ob die Wissenschaft des Handelsrechts auch in Zukunft eine eigene Disciplin der Jurisprudenz in den Hand- und Lehrbüchern, in Zeitschriften und auf den Kathedern bilden werde. Manchem mag es befremdend vorkommen, wie gerade jetzt die Frage aufgeworfen werden könne, jetzt, während der Handel intensiv und extensiv an Bedeutung gewinnt, die Handelsspeculation so allgemein wird, der Börse eine so wichtige Rolle zukommt und die Circulation von Geld- und Werthpapieren einen früher nie geahnten Rang unter den Begebenheiten der Volkswirtschaft einnimmt; jetzt, während der erste und zur Zeit noch einzige gemeinsame Gerichtshof des neuen deutschen Reichs, das Reichsoberhandelsgericht zu Leipzig, in seinen Erkenntnissen so manchen früher controversen Satz des Rechts im commerciellen Verkehre zur Klarheit erhebt und in der Gesammtheit seiner Jurisdiction die Existenz des Handelsrechts als eines gemeinschaftlichen Rechtes eigentlich erst schafft, [...] und die handelsrechtliche Literatur überhaupt nicht nur so

---

281 *Heinrich Eduard von Pape* war neben seinem Präsidentenamt sowohl bereits Mitglied der Beratung des AHGB wie auch danach der Vorsitzende der Ersten BGB-Kommission gewesen. Zu ihm *L. Goldschmidt*, Georg Beseler und Eduard Pape. Ein Nachruf, ZHR 36 (1889) 1 ff.; *H.-G. Mertens*, Pape, Heinrich Eduard, in: NDB 20 (2001), S. 45 f.

282 ROHG 1 (1873) 8.

283 § 14 EGGVG, v. 27.1.1877 (RGBl. 1877, Nr. 4, S. 77).

284 S. auch die eindrucksvollen Worte *Papes* in der letzten Plenarsitzung am 27. September 1879, ROHG 25 (1880) 373 ff.

285 Zur Geschichte des OGH: *O. Leonhard*, Aus der Geschichte des österreichischen Obersten Gerichtshofs, in: Festschrift zur Hundertjahrfeier des österreichischen Obersten Gerichtshofs, 1850–1950, Wien 1950, S. 161 ff.; *H. Steiniger*, Der österreichische Oberste Gerichtshof, in: Pál/János/Tibor (Hrsg.), Die Geschichte der Obersten Gerichte Europas und die Entwicklung der Menschenrechte, Debrecen 1999, S. 9 ff.; *Danzl/Hopf*, Oberster Gerichtshof. Bundesgesetz über den Obersten Gerichtshof und Geschäftsordnung des Obersten Gerichtshofes 2005 mit Kommentar und historischem Abriss[3], Graz 2017, S. 25 ff.

massenhafte, sondern auch so herrliche Blüthen und Früchte trägt, wie kaum die einer anderen Rechtsdisciplin. Aber es hat den Anschein, als bereiten all diese günstigen Ergebnisse der jüngsten Vergangenheit und der Gegenwart den Untergang des Handelsrechts als eines Specialrechts vor."[286]

Während *Carl Gareis* und nach ihm *Felix Dahn*,[287] *Georg Cohn*,[288] *Jakob Friedrich Behrend*[289] ein durchaus differenziertes Bild zeichneten und sich *Otto von Gierke* genau in dieser Frage gegen eine „doktrinäre Gleichmacherei"[290] aussprach, oder später *Fritz Berolzheimer*[291] trotz der Einführung des BGB „das Erfordernis eines besonderen Handelsrechts zwar [als] gemindert, aber nicht beseitigt" ansah oder schließlich *Gustav Schirrmeister*[292] den Standpunkt der Überflüssigkeit eines Handelsgesetzbuches zurückwies, waren andere Autoren radikaler in ihren Äußerungen. *Wilhelm Endemann* hatte schon 1865 den „ketzerischen" Ausblick gewagt, „das Handelsrecht wieder in dem allgemeinen Verkehrsrecht aufgehen zu lassen".[293] Wesentlich drastischer äußerst sich *Heinrich Dernburg* zunächst 1878[294] und dann rückblickend 1902 wie folgt: (53)

„Allerdings war die Abgrenzung der Handelssachen, und insbesondere ihrer wichtigsten Art, der Handelsgeschäfte, von denjenigen Thatbeständen, welche dem bürgerlichen Recht überlassen blieben, eine willkürliche. Denn das Handelsgesetzbuch ging weit über die Regelung von Angelegenheiten hinaus, welche dem Handel wirtschaftlich zugehörten, oder wenigstens nahe verwandt sind. Schwere Mißstände waren die Folge. Es war nicht zum Heile der Rechtspflege, daß sich in Deutschland, insbesondere auch in Preußen zwei parallellaufende Rechtssysteme fanden, einesteils das bürgerliche, anderenteils das handelsrechtliche."[295]

Dieser teils schroff formulierten Grundsatzkritik – ähnliche Ansätze waren auch im Ausland von *Molengraaff*[296] und dem jungen, aber nicht von dem alten *Vivante*[297] vertreten worden – an der Existenzberechtigung eines „umfassenden Sonderrechts des Handels"[298] stellte sich *Levin Goldschmidt* entgegen. Auch für ihn war grundsätzlich klar, dass idealiter mit dem Bürgerlichen Gesetzbuch hätte angefangen werden müssen.[299] Aber Mitte des 19. Jahrhunderts war das noch ganz unrealistisch, ja undenkbar gewesen. Als Mitglied der Vorkommission zum BGB und Verfasser des Kommissionsgutachtens[300] – er war zu dieser Zeit ausschließlich Richter am ROHG,[301] bevor er 1875 auf den eigens für ihn geschaffenen ersten Lehrstuhl für Handelsrecht in Berlin berufen (54)

286 *Gareis*, Aphorismen über die Zukunft des Handelsrechts, Buschs Archiv 29 (1874) 1 f.
287 Ueber die Bedeutung und Aufgabe des Handelsrechts mit besonderer Rücksicht auf das künftige deutsche Civilgesetzbuch, in: Handelsrechtliche Vorträge, Leipzig 1875, S. 1 ff.
288 Besonderes Recht?, in: Drei Vorträge, S. 44, 64 ff.
289 HR I., S. 16.
290 *O. v. Gierke*, Grundzüge des Handelsrechts, in: Holzendorff I^6, S. 892.
291 System der Rechts- und Wirtschaftsphilosophie IV., Philosophie des Vermögens einschliesslich des Handelsverkehrs, München 1907, S. 306.
292 ZHR 48 (1899) 418, 419.
293 *W. Endemann*, Das Deutsche Handelsrecht, Heidelberg 1865, S. 19 m. Fn. 30; vgl. danach in der 4. Aufl., 1887, S. 11 f.: „Bei rechter Gestaltung des allgemeinen bürgerlichen Rechts kann füglich das Handelsrecht in demselben aufgehen."; s. auch davor ausführlich *W. Endemann*, Entwurf eines deutschen HGB, S. 1 ff.
294 *Dernburg*, Lehrbuch des Preußischen Privatrechts II., Halle 1878, S. 8; vgl. dazu die lesenswerte Rezension von *L. Goldschmidt*, ZHR 23 (1878) 301 ff.
295 *Dernburg*, BR des Deutschen Reichs und Preuß I., S. 30 f.
296 Het verkeersrecht in wetgeving en wetenschap: rede, Harlem 1885; dazu *M. Pappenheim*, ZHR 33 (1887) 148 ff.
297 S. einerseits Per un Codice unico delle obbligazioni, Prolusione als corso di diritto commerciale, Bologna 1888 und anderseits L'autonomia del diritto commerciale e i progetti di riforma, Rivista del diritto commerciale 1925, 572 ff.
298 *L. Goldschmidt*, HR I.^{2}, S. 7.
299 Dazu *L. Goldschmidt*, ZHR 5 (1862) 204, 211 ff.; s. auch davor *W. Endemann*, Entwurf eines deutschen HGB, S. 5 und danach *Laband*, Deutsches Wochenblatt 1889, v. 15. Juni 1889, Nr. 24, 278 f.
300 Dazu *W. Schubert*, Materialien zur Entstehungsgeschichte des BGB. Einführung, Biographie, Materialien, Berlin 1978, S. 35; *Benöhr*, Die Grundlagen des BGB – Das Gutachten der Vorkommission von 1874, JuS 1977, 79 ff., insb. 82.
301 Dazu *Riesser*, L. Goldschmidt, S. 39 m. Fn. 1.

wurde – erläuterte er im Gutachten der Kommission vom 15.4.1874, warum das Handelsgesetzbuch als Kodifikationswerk bestehen bleiben müsse und welche „inneren Gründe" es dafür gebe.[302] Zudem wurden inhaltliche und verfahrensmäßige Vorgaben gemacht, wie die Überarbeitung des ADHGB parallel zur Ausarbeitung des BGB erfolgen könne.[303] Zuletzt äußert sich *Goldschmidt* 1892 ausführlich und nach wie vor sehr lesenswert zur Sache:

> „Weniger als je erscheint endlich die von einigen Juristen (in Deutschland namentlich von Endemann [früher] und von Dernburg, in Italien von Vivante und Bolaffio, in Holland von Molengraaff) verfochtene Ansicht sachentsprechend, es müsse die schmerzlich vermisste Einheit des gesammten bürgerlichen Rechts dadurch hergestellt werden, dass das Handelsrecht als besonderer Rechtszweig in dem allgemeinen bürgerlichen Recht aufgehe. Eine solche Unifikation entspricht weder der geschichtlich begründeten relativen Selbstständigkeit des Handelsrechts, noch dem besonderen Bedürfniss des grossen, zumal internationalen Verkehrs, welcher gebieterisch ein seinen eigenthümlichen Zwecken geeignetes Recht erheischt. Auch die immerhin nur in zweiter Linie wichtige Sonderung des Handelsrechts in einem eigenen Gesetzbuch empfiehlt sich aus praktischen Gründen und ist von den legislativen Faktoren Deutschlands einmüthig als unumgänglich anerkannt (s. den Bericht der Vorkommission für das bürgerliche Gesetzbuch und den Beschluss des Bundesrathes 1874 in der Zeitschrift für Handelsrecht XX, S. 134 ff. und meine Universalgeschichte S. 10 ff.). Nur versteht sich, dass mit der Kodifikation des bürgerlichen Rechts manche, nur wegen des Mangels eines gemeinsamen bürgerlichen Rechts in das Handelsgesetzbuch aufgenommenen Rechtssätze, als nunmehr entbehrlich, aus diesem ausgemerzt werden müssen (s. auch Riesser, Zur Revision des Handelsgesetzbuchs Abt. 1, 2, 1887/89, insbesondere Abt. 2, S. 387 ff.). Im Uebrigen ist es nicht Aufgabe der Gesetzgebung, auf Kosten des obersten Rechtszweckes, welcher eine angemessene Ordnung der Lebensverhältnisse erheischt, eine nur formale Rechtsgleichheit zu schaffen, welche sich als völlig unzureichend erweist,

---

302 Die maßgebliche Passage im Gutachten ist: „Plan und Methode der Ausarbeitung [des BGB] sind bedingt durch den Umfang des Gesetzbuchs. In dieser Beziehung dürfte zunächst davon auszugehen sein, daß derjenige Theil des Privatrechts, welcher unter der Bezeichnung Handelsrecht eine abgesonderte Darstellung zu erfahren pflegt und auch reichsgesetzlich erhalten hat, neben dem bürgerlichen Gesetzbuch in seiner bisherigen Selbstständigkeit verbleibt. Nicht nur entspricht dies dem Vorgange nahezu aller auswärtiger Gesetzgebungen, sondern es streiten dafür auch gewichtige innere Gründe. Denn es kommen einerseits gewisse, dem Handel durchaus eigenthümliche Institute und Rechtssätze in Betracht, welche mit einander in innerem und geschichtlichem Zusammenhange stehen, daher nicht einfach nach systematischen Anforderungen in das bürgerliche Gesetzbuch eingereiht werden können. Es pflegen andererseits im Handelsrecht gewisse Principien des Verkehrsrechts zuerst in eigenthümlicher Ausbildung und Schärfe hervorzutreten, deren einfache Uebertragung auf den gesammten Verkehr erheblichen Bedenken unterliegt; es ist dem Handelsrecht ein größeres Maß der Beweglichkeit und der Uebereinstimmung mit dem Recht auswärtiger Nationen nothwendig, als dem sonstigen Privatrecht. Endlich würde auch die Continuität der an das deutsche Handelsgesetzbuch sich anlehnenden Rechtsübung und Wissenschaft erhebliche Störungen erleiden, wollte man deren Inhalt in seine einzelnen Bestandtheile auflösend, dem bürgerlichen Gesetzbuch einverleiben. Dagegen werden aus dem Handelsgesetzbuche diejenigen Sätze auszuscheiden haben, welche der allgemeinen Anwendung auf den gesammten Verkehr fähig und daher zur Aufnahme in das bürgerliche Gesetzbuch geeignet erscheinen; es wird ferner erst nach Feststellung des bürgerlichen Gesetzbuchs sich bestimmen lassen, welche eigentliche Ausnahmen von dessen Rechtssätzen, z.B. hinsichtlich der Zinsen, der Conventionalstrafe, der Form der Rechtsgeschäfte, des Interesse und dergleichen für den Handelsverkehr beizubehalten oder aufzustellen sind. Im Zusammenhange hiermit wird die seit geraumer Zeit in Aussicht genommene Revision des geltenden Handelsgesetzbuchs durchzuführen sein." *L. Goldschmidt*, Die Codification des Deutschen bürgerlichen Handels-Rechts, ZHR 20 (1875) 134, 139 f. (Gutachten und Vorschläge der Commission, ab S. 137) = Vermischte Schriften I., S. 516 f. = *W. Schubert*, Materialien, 172 f. (mit Kenntlichmachung der in diesem Abschnitt marginalen Änderungen zwischen der Entwurfsfassung *Goldschmidts* und der finalen Gutachten der Kommission). Die im Gutachten formulierten Gedanken bauen ganz offensichtlich auf seinem bereits 1870 erschienenen, in Deutschland fast kaum bekannten, französischen Beitrag *L. Goldschmidt*, Revue de droit international et de législation comparée 20 (1870) 557 ff. auf. Vgl. ferner auch noch davor *dens.*, ZHR 5 (1862) 204, 211 ff.; und danach: *dens.*, Handelsrecht (Geschichtliche Entwicklung), HwbStW. Bd. IV., S. 339 = Vermischte Schriften II., S. 29, 52.

303 *L. Goldschmidt*, ZHR 20 (1875) 134, 151 ff. = Vermischte Schriften I., S. 532 f. = *W. Schubert*, Materialien, 182 f.; an die Kommissionsarbeit anknüpfend hat *Jakob Riesser* eine sehr umfangreiche Abhandlung „Zur Revision des Handelsgesetzbuchs" (Beiheft zur ZHR 33, Stuttgart 1887) erarbeitet.

die vielfach auseinandergehenden oder gar widerstreitenden Interessen der menschlichen Gesellschaft gleichmässig zu befriedigen."[304]

Das Gutachten der Vorkommission wurde vom Bundesrat gebilligt, die Arbeiten zur Revision des ADHGB, die schlussendlich im HGB 1897 mündeten, begannen jedoch erst Ende 1893.[305] Dementsprechend war für die gedankliche Arbeit am HGB viel weniger Zeit, als für die Gesetzgebung des BGB zur Verfügung stand. (55)

g) „Innere" und „geschichtliche Ursachen" für die Bildung eines „Sonderrechts des Handels". Das Handelsrecht hat sich als „umfassendes Sonderrecht des Handels gebildet, aus innerlichen und geschichtlichen Ursachen".[306] Diese Aussage, die erstmals in der zweiten Auflage des Handbuchs des Handelsrechts von 1875[307] und dann in der Universalgeschichte von 1891[308] zu lesen ist, kann als **Goldschmidtscher Fundamentalsatz** des Geltungsanspruchs des Handelsrechts und Aufgabenbeschreibung einer historisch fundierten Handelsrechtswissenschaft verstanden werden. Durch die Zusammenführung der „innerlichen" und der „geschichtlichen" Ursachen können einerseits die Bedeutung und Funktionsweise des Handelsrechts funktional bezogen auf die Bedürfnisse des Handels – was wir heute als die Bedürfnisse der Wirtschaft oder technischer als die „Charakteristika handelsrechtlicher Normen"[309] bezeichnen – und andererseits dogmengeschichtlich der Zustand einer Privatrechtsordnung und der von ihr hervorgebrachten Institute analysiert werden. (56)

aa) „Geschichtliche" Ursachen. Für *Goldschmidt* ist das Handelsrecht ein Gradmesser für den Entwicklungsstand des allgemeinen Zivilrechts. Als Maßstab für den Entwicklungsstand dient ihm das Verhältnis von Handelsrecht und bürgerlichem Recht in seiner historischen Entwicklung. Das Verhältnis kann dabei „bald enger, bald weiter" sein. Es ist über die Zeit gesehen ein ständig wechselndes Verhältnis von „Emancipation" und „Unterordnung".[310] Je nachdem, in welchem Zustand sich das allgemeine bürgerliche Recht befindet, besteht eine größere oder geringere Veranlassung für die Ausbildung eines Spezialrechts, eines Handelsrechts. So bestand nach *Goldschmidt* zumindest im **klassischen römischen Recht** aufgrund der „Elasticität und Universalität des allgemeinen bürgerlichen Rechts" kein besonderes Bedürfnis für die Ausbildung eines eigenständigen (57)

---

304 *L. Goldschmidt*, Handelsrecht (Geschichtliche Entwicklung), HwbStW. Bd. IV., S. 339 = Vermischte Schriften II., S. 29, 52.

305 Dazu *W. Schubert*, Die Entstehungsgeschichte des Handelsgesetzbuches vom 10. Mai 1897, in: W. Schubert/Schmiedel/Krampe (Hrsg.), Quellen zum Handelsgesetzbuch von 1897, Bd. I., Frankfurt a.M. 1986, S. 11 ff.

306 *L. Goldschmidt*, HR I.², S. 7.

307 Das Vorwort der 2. Auflage datiert auf den 15. Januar 1874.

308 *L. Goldschmidt*, Universalgeschichte des HR, S. 10.

309 *K. Schmidt*, UR I.⁶, § 1 Rn. 69 ff.; *Canaris*, HR²⁴, § 1 Rn. 16 ff.; davor ausführlich *O. v. Gierke*, Grundzüge des Handelsrechts, in: Holzendorff I⁶, S. 892: „Die meisten charakteristischen Züge des Handelsrechts erklären sich aus der dem Handelsverkehr innewohnenden Tendenz, sich möglichst frei und doch in möglichst sicheren Bahnen zu bewegen, sich mit möglichst geringem Aufwandte an Zeit und Kosten abzuwickeln und sich in Massenwirkungen zu entfalten. So die Abneigung gegen Beschränkungen der Vertragsfreiheit; die Abschweifung von Formerfordernissen unter gleichzeitiger Begünstigung besonderer Formalinstitute; die Strenge der Verpflichtung und der Haftung; die Forderung erhöhter Sorgfalt; die Vermutung für Entgeltlichkeit jeder Leistung; die Beförderung der schleunigen und glatten Erledigung von Anständen; die Steigerung des Publizitätsprinzips und der Wirkungen des guten Glaubens; die Ausbildung fester und gleichförmiger Geschäftstypen und deren Bindung durch die Verkehrssitte."; s. ferner *Behrend*, HR I., S. 11 ff.; *V. Ehrenberg*, Begriff und Charakter des Handelsrechts, in: Ehrenberg, Handbuch Handelsrecht I, S. 3 ff.

310 *L. Goldschmidt*, HR I.², S. 364 Fn. 1 u. 365.

Handelsrechts.[311] In seinem Beitrag zu „Handelsrecht. Geschichtliche Entwicklung" zum Handwörterbuch der Staatswissenschaften heißt es dazu:

> „Sein ursprüngliches Stadtrecht (ius civile), welches bei aller Schneidigkeit und Schärfe dem grossen Verkehr äusserst förderlich war, hat durch Aufnahme aller brauchbaren Elemente aus dem Recht der verbündeten und unterworfenen Völker sich zum Weltrecht (ius gentium) ausgebildet und damit auch für den damaligen Welthandel eine universale Rechtsordnung von unvergleichlichem Werthe geschaffen. Weniger durch besondere Satzungen für den Handel, obwohl es auch an solchen und sehr wichtigen keineswegs fehlt (Sonderrecht der Bankiers, der Sklavenhändler, der publicani, actio tributoria, exercitoria, Seedarlehn und grosse Haverei), vielmehr dadurch, dass das gemeine bürgerliche Recht in einer auch den Anforderungen des grossen Handelsverkehrs entsprechenden Weise aus- und durchgebildet wurde, dazu der wechselnden Verkehrssitte und dem erkennbar erklärten Willen der Interessenten freiester Spielraum gelassen wurde, Treue und Glauben (bona fides) in der Rechtsprechung die sorgsamste Berücksichtigung fanden.
>
> Freilich begegnen bereits in klassischer Zeit Vergröberungen und werden bedenkliche Abwege (z.B. Ausartung der Hypothek, Erweiterung der Konkursprivilegien) eingeschlagen; aber doch erst in der späteren Kaiserzeit und unter dem Einfluss christlicher Weltanschauung findet sich ein gegen die Auswüchse des Kapitalismus (Ausbeutung, Wucher, Härte) gerichteter systematischer Schutz, welcher vielfach auch den redlichen Handel unangemessen einengte, und begegnen mancherlei Irrungen, insbesondere mechanische Abgrenzungen des Erlaubten und Unerlaubten, welche dem stetig sinkenden Niveau des Verkehrs wie der juristischen Kraft entsprechen. Lebensfähige Genossenschaften hat das alternde Reich nicht mehr erzeugt, wohl aber privilegirte, aber auch besonders besteuerte Zwangskorporationen (insbesondere der navicularii) mit ausgedehnter Specialjurisdiktion und damit ein eigenthümliches, in der Hauptsache freilich fiskalisches, kaufmännisches bezw. gewerbliches Handelsrecht. Daher auch die charakteristischen Versuche einer gesetzlichen Tarifirung der Waarenpreise und der Arbeitslöhne (Diocletian) oder die Herabsetzung der gesetzlichen Zinstaxe, während der thatsächliche Zinsfuss in stetem Steigen begriffen war (Justinian).
>
> Als das römische Weltreich zerfiel, stand der Handel der ganzen damaligen Kulturwelt, von dem fernen Osten abgesehen, unter dem vorhin charakterisirten römischen Weltrecht. Aber ein nicht unbeträchtlicher Theil dieses Rechts ist in die Justinianische Kodifikation nicht übergegangen, ein anderer durch abstrakte Behandlung verdeckt und schwer erkennbar (z.B. hinsichtlich der commenda, des Wechsels, der Orderklausel etc.). Für dieses versteckte, insbesondere aber für das in der örtlichen und provinziellen Praxis fortlebende römische bezw. hellenische Recht mag man den Namen »Vulgarrecht« brauchen."[312]

(58) Demgegenüber musste sich im **Mittelalter** wegen der zahlreichen Schwächen der territorial engmaschig gefassten Partikularrechte, kanonischen Doktrinen, Standesrechte und Lehnsrechten notwendigerweise ein Handelsrecht ausbilden.[313] Modern ausgedrückt ist das Handelsrecht nach *Goldschmidt* der Motor der Rechtsinnovation und Rechtsfortbildung. So lautet eine der wohl berühmtesten Passagen aus seinem Werk:

> „Das Handelsrecht nimmt dem allgemeinen bürgerlichen Recht gegenüber eine bahnbrechende Reformstellung[314] ein. Entwickelt unter dem vorherrschenden Einfluß wie überwiegend nach den Interessen der wirthschaftlich am meisten geschulten und weitsichtigen Bevölkerungsklassen – der Großindustriellen, Rheder, Großhändler,

---

311 Vgl. *L. Goldschmidt*, ZHR 1 (1858) 1, 5 f.; *dens.*, HR I.^{2}, S. 8 u. 366 Fn. 3 (dort auch zum *ius civile* und *ius gentium*); *dens.*, Universalgeschichte des HR, S. 58 ff.; *Bluntschli/F. Dahn*, DPr^3, S. 359 f.; *W. Endemann*, Einführung, in: W. Endemann, Hdb. I., S. 10–12; *G. Cohn*, Besonderes Recht?, in: Drei Vorträge, S. 44, 46 ff.; *E.E. Hirsch*, Eintrag „Handelsrecht", in: RvHwb IV., S. 1179 f.; s. ferner aus der gegenwärtigen Literatur *Földi*, Eine alternative Annäherungsweise: Gedanken zum Problem des Handelsrechts in der römischen Welt, Revue Internationale des droits de l'Antiquité 48 (2001) 65 ff.; ferner allgemein *F. De Martino*, Wirtschaftsgeschichte des alten Rom, München 1985.

312 *L. Goldschmidt*, Handelsrecht (Geschichtliche Entwicklung), HwbStW. Bd. IV., S. 330 f. = Vermischte Schriften II., S. 29, 33–35.

313 *L. Goldschmidt*, HR I.^{2}, S. 366 ff.; *ders.*, Revue de droit international et de législation comparée 20 (1870) 557, 561; *ders.*, Handelsrecht (Geschichtliche Entwicklung), HwbStW. Bd. IV., S. 331 ff. = Vermischte Schriften II., S. 29, 35 ff.; dazu dann auch *G. Cohn*, Besonderes Recht?, in: Drei Vorträge, S. 44, 65 f.

314 Die Anspielung auf die „bahnbrechende Reformstellung", auf die „position d'initiative réformatrice", findet sich erstmals in *L. Goldschmidt*, Revue de droit international et de législation comparée 20 (1870) 557, 563.

> Finanzmächte – neigt es dahin, das gesammte bürgerliche Recht mit seinen Tendenzen zu durchdringen und indem es dann in diesem aufgeht, seinen eigenen Kreis erheblich zu verengern, während doch gleichzeitig sein Umfang durch neu hinzutretende, den besonderen Handelsbedürfnissen entsprechenden Rechtssätze wiederrum wächst. Man mag es einem Gletscher vergleichen: in den unteren Regionen vereint sich sein schmelzender Firn mit den allgemeinen Niederschlägen, in den oberen findet stete neue Firnbildung statt."[315]

Der Gedanke der „bahnbrechenden Reformstellung" des Handelsrechts hat über das Werk des Goldschmidt-Schülers *Jakob Riesser* (1853–1932) und seiner Redewendung von der „Kommerzialisierung des Bürgerlichen Rechts" weite Verbreitung gefunden.[316] Ob es sich dabei um eine glückliche Beschreibung handelt, muss hier nicht beantwortet werden. Für die historisch-kritische Analyse der Entwicklung einer Privatrechtsordnung ist es jedenfalls von großem Erkenntniswert und Interesse zu verfolgen, wie und aufgrund welcher Erwägungen ein Rechtsinstitut im Handelsrecht entwickelt wurde und wie, wann und warum seine Verbreitung im bürgerlichen Verkehr erfolgte und ob nicht das Rechtstransplantat möglicherweise weiterhin als zu scharf, als zu kommerziell empfunden wird. Eine Reihe von Beispielsfällen ist schnell genannt, und Beispiele finden sich insbesondere in großer Zahl im Vierten Buch des ADHGB (s. dazu auch oben Rn. (2)): Zinsabreden, Formfreiheit, Gleichstellung von Frau und Mann, nicht nur bei der Handelsfrau,[317] Verzug durch Nachfristsetzung und Berechnung des Nichterfüllungsschadens auf der Grundlage einer Marktpreisdifferenz,[318] Abstraktheit im Recht der Stellvertretung etc.[319] Zu denken ist aber auch weiterhin beispielsweise an die allmähliche Verfügbarmachung von bankrechtlichen Instituten, wie den Wechsel, oder aber auch des Konkurses für den allgemeinen Zivilrechtsverkehr. (59)

bb) „Innere" Ursachen. Für *Goldschmidt* war es von Anfang an klar, dass das ADHGB eine Vielzahl „rein civilrechtlicher Sätze" enthielt, da trotz des bestehenden starken Rechtspartikularismus auf dem Gebiet des Zivilrechts ganz pragmatisch zumindest für den Handel zentrale Fragen vereinheitlicht wurden und womöglich das ganze Vorhaben gescheitert wäre, wenn man gewusst hätte, wie selbst dieses begrenzte Ziel sich als beschwerlich erweisen sollte.[320] Er nennt sie „formelle Handelsrechtsätze", da sie nicht ihrem „Wesen nach, sondern nur durch ihre Aufnahme in das Gesetzbuch dem Handelsrecht angehören".[321] Neben der „bahnbrechenden Reformstellung" des Handelsrechts als Treiber der Rechtsinnovation fußt *Goldschmidt* zufolge die Existenzberechtigung eines eigenständigen Handelsrechts aber auch auf einer funktionalen, ahistorischen Ursache, da besondere Bedürfnisse des Handels bestehen, wie eine Rechtsordnung (60)

---

315 *L. Goldschmidt*, Universalgeschichte des HR, S. 11 f.

316 *Riesser*, Der Einfluss handelsrechtlicher Ideen auf das Bürgerliche Gesetzbuch für das Deutsche Reich, Stuttgart 1894; *K. Adler*, Die Umgestaltung des deutschen Handelsrechts, Monatsschrift für Aktienrecht und Bankwesen, Steuer- und Stempelfragen 5 (1896) 277; *Schirrmeister*, ZHR 48 (1899) 418; *K. Lehmann*, Die Entwicklung des deutschen Handelsrechts, ZHR 52 (1902) 1, 22; *E.E. Hirsch*, Eintrag „Handelsrecht", in: RvHwb IV., S. 175; *M. Wolff*, Studien zum italienischen Vorentwurf eines Handelsgesetzbuchs von 1925, RabelsZ 1 (1927) 509, 511 f.; *E. Heymann*, Die Beziehung des Handelsrechts zum Zivilrecht: Referat zum Haager Internationalen Kongress für Rechtsvergleichung, Berlin 1932, S. 37 f.; *Pisko*, Handelsgesetze als Quelle des bürgerlichen Rechtes. Ein Beitrag zur Lehre von der Analogie, Wien 1935, S. 1; siehe auch *Kozolchyk*, The Commercialization of Civil Law and the Civilization of Commercial Law, Louisiana Law Review 40 (1979) 401; *Lord Irvine of Lairg*, The Law: An Engine for Trade, in: Proceedings of the British Academy 111 (2000) 275; kritisch und differenzierend: *Heck*, AcP 92 (1902) 438, 447 f.; *K. Schmidt*, HGB und Gegenwartsaufgaben, S. 28 f.

317 Dazu *G. Cohn*, Besonderes Recht?, in: Drei Vorträge, S. 44, 66 m. Fn. 61.

318 *J.W. Flume*, Marktaustausch, S. 134 ff., 160 ff.; *ders.*, JBl 2020, 502 ff. u. *ders.*, ÖJZ 2023, 324 ff. (zum österreichischen ABGB).

319 Ausführlich *F. Dahn*, Handelsrechtliche Vorträge, S. 15 ff.

320 *L. Goldschmidt*, ZHR 5 (1862) 204, 211 ff.; *ders.*, HR I.^{2}, S. 374 m. Fn. 13; s. auch *W. Endemann*, Entwurf eines deutschen HGB, S. 5.

321 *L. Goldschmidt*, HR I.^{2}, S. 374.

ausgestaltet sein sollte und welchen besonderen Anforderungen sie für die Wirtschaft gerecht werden sollte: „Il y a en effet cette différence entre les relations commerciales et les relations civiles que les premières réclament de la loi, pour se développer, un degré spécialement élevé de liberté, de rigueur et d'égalité."[322] Es besteht also ein Unterschied zwischen Handels- und Zivilbeziehungen, da erstere vom Gesetz einen besonders hohen Grad an Freiheit, Strenge und Gleichheit verlangten, um sich zu entwickeln. Es bedarf der Freiheit (*liberté*), da dem Kaufmann alle Formalitäten lästig sind.[323] Es bedarf der Strenge (*rigueur*), da der Händler möchte, dass die einmal eingegangene Verpflichtung strikt und zum vereinbarten Termin erfüllt wird.[324] Dies setzt zugleich die Schnelligkeit, Einfachheit und Sicherheit des gerichtlichen Verfahrens, die Möglichkeit einer raschen Vollstreckung und den Ausschluss verzögernder Einreden voraus. Darüber hinaus dürfen im Wettbewerb der Gläubiger untereinander – von Ausnahmen abgesehen – grundsätzlich keine Vorrechte eingeräumt werden. Zuletzt ist der Handel durch Gleichheit (*égalité*) gekennzeichnet, denn er kennt keine Grenzen, ist kosmopolitisch, er umfasst das Wirtschaftsleben der ganzen Welt und vereint alle Völker in einer großen Wirtschaftsgemeinschaft („il est cosmopolite; il embrasse la vie économique du monde entier et réunit tous les peuples en une vaste communauté économique."[325]). Der Handel ist dabei bestrebt, ein möglichst universelles, weltweit einheitliches Recht im Bereich des Wechsel,- Versicherungs-, Gesellschafts-, Kauf-, Konkursrechts etc. zu verwirklichen.[326]

(61) **h) Das Kodifikationsproblem.** Wie kann eine Rechtsordnung den vorhin beschriebenen besonderen Anforderungen gerecht werden? Sollte man das Handelsrecht überhaupt in Gesetzesform gießen? Mitte des 19. Jahrhunderts hatte sich die Rechtsquellenlage grundlegend verändert, da große Teile des Handelsrechts nun im ADHGB kodifiziert waren, ferner nach Art. 1 ADHGB (s. auch Art. 1 Preuß-E 1857[327]) nachrangig auf „Handelsbräuche" zurückzugreifen war – darunter ist aber nach der h.M.[328] korrigierend das Handelsgewohnheitsrecht zu verstehen – und schließlich in ihrer Ermangelung das allgemeine bürgerliche Recht herangezogen werden sollte.[329] Das so kodifizierte Handelsrecht wie auch die neue hierarchische Koordinierung der Rechtsquellen bilden eine entscheidende Zäsur.[330] Denn nach *Goldschmidt* war das eigentliche (historische) Handelsrecht im Allgemeinen nicht das Produkt eines Aktes der Legislative („Le droit commercial proprement dit n'est pas en général le produit d'un acte du pouvoir législatif"), sondern unter dem Einfluss der Notwendigkeit aus der Praxis sowie Sitten und Gebräuchen des Handels („dans la pratique, ainsi que dans les usages et coutumes du commerce") entstanden.[331] Die in den Handelsgesetzbüchern enthaltenen Regeln, die ursprünglich Teil eines besonderen Gewohnheitsrechts der Kaufleute waren („droit coutumier particulier aux commerçants"), wurden in die Handelsrechtsgesetzbücher eingepasst und präzisiert.[332] Gleichzeitig bestanden Handelsbräuche fort, und

---

322 *L. Goldschmidt*, Revue de droit international et de législation comparée 20 (1870) 557, 560; vgl. danach auch *dens.*, Universalgeschichte des HR, S. 11: „Sodann vermag das allgemeine bürgerliche Recht sich niemals zu derjenigen Freiheit, Beweglichkeit und universalen Geltung zu erheben, welche eine den Handelsbedürfnissen angemessenes Recht nothwendig erfordert."

323 *L. Goldschmidt*, Revue de droit international et de législation comparée 20 (1870) 557, 560.

324 *L. Goldschmidt*, Revue de droit international et de législation comparée 20 (1870) 557, 560.

325 *L. Goldschmidt*, Revue de droit international et de législation comparée 20 (1870) 557, 560.

326 *L. Goldschmidt*, Revue de droit international et de législation comparée 20 (1870) 557, 560.

327 Dazu *L. Goldschmidt*, Kritische Zeitschrift für die gesammte Rechtswissenschaft 4 (1857) 105, 111 ff.

328 Vgl. ROHG 3 (1872) 368, 370 ff.; *Laband*, ZHR 37 (1872) 466 ff.; *L. Goldschmidt*, HR I.², S. 355 ff.; *Staub*, ADHGB², Art. 1 § 4.

329 Instruktiv zur Rangordnung der Rechtsquellen: *Staub*, ADHGB², Art. 1 §§ 2 ff.

330 Vgl. zu hier nicht zu behandelnden Fragen des internationalen Privatrechts in der Handelsrechtswissenschaft des 19. Jh. *Thöl*, HR I.⁶, S. 53 ff. („Competenzen coordinierter Rechtssätze"); *L. Goldschmidt*, HR I.², S. 269 ff.

331 So *L. Goldschmidt*, Revue de droit international et de législation comparée 20 (1870) 557, 563.

332 So *L. Goldschmidt*, Revue de droit international et de législation comparée 20 (1870) 557, 564 f.

es gab wichtige Rechtszweige, die nur in Form von Gewohnheitsrecht existierten und die auch nie gesetzlich fixiert wurden. Es handelt sich nach *Goldschmidt* um ein universelles Recht der zivilisierten Welt („un droit universel du monde civilisé"), das der Handel aufgrund seiner engen Verflechtung in den verschiedenen Staaten überall erfolgreich in die Praxis umgesetzt und rechtlich anerkannt hat.[333] Als Beispiel kann man etwa auf die Börsengeschäftsbedingungen verweisen, deren Rechtsnatur zwar bis heute umstritten ist, die aber hartnäckig über die Jahrhunderte und die unterschiedlichen staatlichen Ordnungen hinweg den Börsenalltag bestimmt haben und weiterhin bestimmen.[334]

Für *Goldschmidt* waren es vor allem zwei Gründe, die es „unmöglich" machten, das Handelsrecht in einem einheitlichen Zivil- und Prozessrecht aufgehen zu lassen, das den Bedürfnissen des Handels gerecht werden konnte.[335] Der **erste** bestand für ihn in der – wie wir heute sagen würden – Pluralität der Interessen, die jeder Gesetzgebung innewohnt und zu einer Deviation eines Reformvorhabens führen kann. Denn weder die Bedürfnisse, die sich aus dem mobilen und kosmopolitischen Charakter des Handelsgeschäfts ergeben, noch die Fortschritte der wirtschaftlichen Ideen der Handelsklassen diktieren ausschließlich die Bestimmungen des geltenden positiven Rechts („Car ce ne sont ni les besoins naissant du caractère mobile et cosmopolite des affaires commerciales, ni les progrès des idées économiques chez les classes commerçantes, qui dictent exclusivement les dispositions du droit positif en vigueur.").[336] Oft sind es ganz entgegengesetzte Ideen, wie im Mittelalter die Interessen des Grundeigentums und der Naturalwirtschaft sowie theologisch-moralische Standpunkte.[337] Der **zweite** Grund liegt in der Inflexibilität des positiven Rechts. Grundsätzlich liegen in den „Elementen der Stabilität und Fixierung", so *Goldschmidt*, „wohltuende Eigenschaften".[338] Sie werden jedoch zu einem Hindernis für das gesellschaftliche Leben, wenn sich die sozialen Verhältnisse stark verändern und das Recht mit dieser Veränderung nicht Schritt hält. Daher verlangt der Handel ein sicheres, aber gleichzeitig elastisches Recht („Le commerce demande un droit certain, mais en même temps élastique [...]").[339] Wie detailliert ein (gesetzliches) Sonderrecht für den Handel neben dem Zivilrecht ausgestaltet sein muss oder sich auch zurücknehmen kann, bestimmt sich – dazu bereits oben Rn. (56) – nach dem Zustand, in dem sich das Zivilrecht befindet.[340] **(62)**

Für die Entwicklung des Gesellschaftsrechts überaus aufschlussreich zeigt *Goldschmidt* als Beispiel für die Fortentwicklung des bürgerlichen Rechts und der Elastizität des Handelsrechts, dass zwar der Grundsatz der persönlichen Haftung mit dem gesamten Vermögen im bürgerlichen Recht zutreffend sei, er aber für viele große Unternehmen mit entsprechendem Kapitalbedarf kaum durchführbar sei, weil es unter diesen Vorzeichen schwierig sein werde, jemanden dazu zu bewegen, so gefährliche und unbegrenzte Verbindlichkeiten zu übernehmen („[...] si l'on veut s'y tenir d'une façon trop absolue, maintes grandes entreprises réclamant des capitaux très importants deviendront difficilement réalisables, car il sera malaisé de déterminer quelqu'un à assumer **(63)**

333 So *L. Goldschmidt*, Revue de droit international et de législation comparée 20 (1870) 557, 564.

334 Vgl. *Fleckner*, Die Börsengeschäftsbedingungen, ZHR 180 (2016) 458 ff.

335 *L. Goldschmidt*, Revue de droit international et de législation comparée 20 (1870) 557, 561.

336 *L. Goldschmidt*, Revue de droit international et de législation comparée 20 (1870) 557, 561.

337 *L. Goldschmidt*, Revue de droit international et de législation comparée 20 (1870) 557, 561; siehe auch *ders.*, HR I.[2], S. 367; zum Einfluss religiöser Vorstellungen auf das Recht vgl. die Nachw. oben Fn. 91.

338 *L. Goldschmidt*, Revue de droit international et de législation comparée 20 (1870) 557, 561.

339 *L. Goldschmidt*, Revue de droit international et de législation comparée 20 (1870) 557, 562; s. auch *Bluntschli/F. Dahn*, DPr[3], S. 359: „Eine ganze Reihe von merkwürdigen Rechtsinstituten hat seit dem spätern Mittelalter das Handelsleben der europäischen Culturvölker erzeugt; aus dem einheitlichen Bedürfnisz einer sichern und doch elastischen Ordnung des Verkehrs hervorgegangen, tragen all' diese Institute ein einheitliches Gepräge, und kehren bei den verschiedenen Nationen mit gröszerer Aenlichkeit als Verschiedenheit wieder: wie der Handel selbst ist das Handelsrecht kosmopolitischer Natur: die nationale Färbung des Rechts verschwindet nicht, aber sie tritt zurück hinter den Gemeinsamkeiten der Handelsbedürfnisse und Handelsinteressen unter den Völkern."

340 *L. Goldschmidt*, Revue de droit international et de législation comparée 20 (1870) 557, 562.

des obligations aussi dangereuses et illimitées.").[341] Damit solche Unternehmen, wie Eisenbahnen, Kanäle und große Versicherungsgesellschaften, durchgeführt werden können, müsse die Gründung von Gesellschaften mit beschränkter Haftung erlaubt werden.[342]

(64) Nach *Goldschmidt* besteht also zwischen Handelsrecht und bürgerlichem Recht ein „unvermeidlicher Dualismus",[343] der bekanntlich bis heute in Form von BGB und HGB bzw. ABGB und UGB fortbesteht. Neben dem naheliegenden und vielbesprochenen Drang zur Vereinheitlichung des Handelsrechts in Mitteleuropa wird auch eine gesetzeshistorisch-systematische Erwägung diese Idee des Dualismus und die Beibehaltung des Grundkonzepts befördert haben, dass nämlich viele der besonderen handelsrechtlichen Institute keinen Platz in der gaianischen Ordnung des ABGB bzw. der pandektistischen Ordnung des BGB fanden und finden.[344]

5. HGB 1897[345]

(65) **a) Vom kurzen Reformprozess und einer „großen Müdigkeit".** Zu Beginn des 20. Jahrhunderts wurde das ADHGB durch das HGB 1897, einer Parallelkodifikation zum BGB, abgelöst. Damit hatten sich die Gegner eines eigenständigen Handelsgesetzbuches nicht durchgesetzt, und von der Grundentscheidung der Vorkommission zum BGB aus dem Jahr 1874 (oben Rn. (51) ff.) war nicht abgewichen worden. Zugleich ist es bezeichnend, dass erst 19 Jahre nach dem Arbeitsplan der Vorkommission zum BGB, also im Jahr 1893, mit der Ausarbeitung eines Entwurfs für ein Handelsgesetzbuch begonnen und schon 1896 der „Entwurf eines Handelsgesetzbuchs mit Ausschluss des Seehandelsrechts"[346] veröffentlicht wurde.[347] An die weiterreichenden Pläne der Vorkommission über die Verbreiterung des ADHGB – es war angeregt worden das Binnenschifffahrtrecht, das Urheberrecht und das Versicherungsrecht zu integrieren – war nicht zu denken. Dazu liest man eindrücklich bei *Karl Lehmann*:

> „Die ungeheuren Schwierigkeiten, welche die Fertigstellung des Bürgerlichen Gesetzbuchs verursachte, hatten eine große Müdigkeit erzeugt. Es erschien in hohem Grade bedenklich, das so schwer dem Ziele nahe gebrachte Kodifikationswerk des Bürgerlichen Gesetzbuchs durch eine dem Umfange nach gleich große, viele Arbeiten und Berathungen erfordernde Kodifikation des gesammten Handelsrechtsstoffes zu verzögern, wenn nicht gar zu vereiteln […]."[348]

(66) Nach einer weiteren Überarbeitung durch das Reichsjustizministerium im Jahre 1896 wurde der Entwurf Anfang 1897 dem Bundesrat und dem Reichsrat vorgelegt und nach einem zügigen Gesetz-

---

341 So *L. Goldschmidt*, Revue de droit international et de législation comparée 20 (1870) 557, 561.

342 So *L. Goldschmidt*, Revue de droit international et de législation comparée 20 (1870) 557, 561.

343 *L. Goldschmidt*, HR I.^{2}, S. 370 Fn. 7 aE.

344 Dazu bereits kurz *Behrend*, HR I., S. 16 Fn. 18; *Schauer*, in: Integration des Handels– und Unternehmensrechts in das ABGB?, in: Fischer-Czermak/Hopf/Schauer (Hrsg.), Das ABGB auf dem Weg in das 3. Jahrtausend, Wien 2003, S. 137, 151.

345 Siehe umfassend zum „HGB und seine Gegenstände und Ziele" Staub/*Grundmann*^{6} Einleitung Rn. 32 ff.

346 Veröffentlicht Berlin 1896; dazu insb. *O. v. Gierke*, Folgezitat ZHR 45 (1896) 441 ff.; *G. Cohn*, Die Revision des Handelsgesetzbuchs, Archiv f. bürg. Recht 12 (1897) 185 ff.; *H. Staub*, Kritische Betrachtungen zum Entwurf eines Handelsgesetzbuchs und eines Einführungsgesetzes, Vortrag, Berlin 1896; *Ehrenberg*, Bemerkungen zu dem Entwurfe eines neuen Handelsgesetzbuchs, JheringsJb 37 (1897) 77 ff.; *K. Lehmann*, Der Entwurf des revidierten Handelsgesetzbuches, AcP 86 (1896) 289 ff.; *H. Makower/H. V. Simon*, Beiträge zur Beurtheilung des Entwurfs eines Handelsgesetzbuchs, Berlin 1896; *Riesser*, Die Kommissionsberatung über den Entwurf eines Handelsgesetzbuches für das Deutsche Reich, DJZ 1896, 131 ff., 152 ff.

347 Für eine kurze Übersicht *K. Lehmann*, HR^2, S. 34 f.; ausführlich *W. Schubert*, Entstehungsgeschichte des Handelsgesetzbuches, in: W. Schubert/Schmiedel/Krampe, Quellen I., S. 11 ff.

348 *K. Lehmann*, in: K. Lehmann/V. Ring, Das Handelsgesetzbuch für das Deutsche Reich I., Berlin 1902, S. XVII; s. ferner *O. Schreiber*, Grundgedanken zum System eines künftigen Handelsrechts, S. 41, 47 f.

gebungsverfahren bereits am 21. Mai 1897 im Reichsgesetzblatt verkündet. Mit einigen Ausnahmen trat es gleichzeitig mit dem BGB am 1.1.1900 im Deutschen Reich in Kraft.[349]

b) Revision des ADHGB. Man darf sich nicht dem Trugschluss aussetzen, die Bestimmungen des neuen Handelsgesetzbuchs von 1897 seien deshalb von minderer Qualität, weil frühere Pläne für eine weitergehende Reform aufgegeben wurden. Den Schöpfern des Entwurfs ist es gelungen, die Institutionen des Handelsrechts zu verbessern und zu verfeinern, die auch heute noch einen wesentlichen Bestandteil des Handels- und Gesellschaftsrechts in Deutschland bilden. Die zahlreichen in der HGB-Synopse wiedergegebenen Änderungen sowie die im Anhang H. wiedergegebenen Anmerkungen Staubs aus dem Supplement zu seinem Kommentar belegen eindrucksvoll die Arbeit am Gesetzestext und das Bemühen, den Text des ADHGB nach über dreißig Jahren zu modernisieren, bekannte Zweifelsfragen zu adressieren und auch Detailprobleme zu lösen. Insofern war die HGB- Reform am Ende des 19. Jahrhunderts, wenngleich sie unter hohem Zeitdruck erfolgte, nicht nur eine Novelle, sondern eine Revision.[350] Die Besonderheit der Reform bestand freilich darin, dass im vierten Buch all jene Vorschriften weitgehend gestrichen werden mussten, mit denen das Zivilrecht in der Mitte des 19. Jahrhunderts erfolgreich modernisiert, ja teilweise revolutioniert worden war (vgl. oben Rn. (2)) und die nun im BGB einen neuen Platz gefunden hatten. (67)

Auffallend ist im Negativen zunächst die Zurückdrängung des Handelsgewohnheitsrechts als eigenständige Rechtsquelle, wie sie noch in Art. 1 ADHGB vorgesehen war, da eine entsprechende Regelung nicht in das HGB übernommen wurde.[351] (68)

Für wichtige punktuelle Neuerungen kann exemplarisch auf § 15 HGB verwiesen werden, mit dem die zentrale materiell-rechtliche Vorschrift des Vertrauensschutzes und der Registerpublizität geschaffen wurde.[352] Erstmals im HGB von 1897 wurden ferner die §§ 25 ff. HGB eingeführt, die nicht – wie die h.M. beharrlich annimmt – eine bloße Haftungsüberleitung, sondern eine Vertragsüberleitung kraft Rechtsgeschäfts bezwecken,[353] was gerade auch anhand der handelsrechtlichen (69)

---

349 Handelsgesetzbuch, v. 10. Mai 1897, RGBl. 1897, Nr. 23, S. 219 ff.; Einführungsgesetz zum Handelsgesetzbuche, v. 10. Mai 1897, RGBl. 1897, Nr. 23, S. 437 ff. Zur intertemporalen Anwendbarkeit des HGB 1897 *K. Lehmann*, Die zeitliche Anwendung der Bestimmungen des neuen Handelsgesetzbuches, ZHR 48 (1899) 1 ff.; allgemein zur Einführung *M. Pappenheim*, Das Seerecht in den Entwürfen eines Handelsgesetzbuches und eines Einführungsgesetzes zum Handelsgesetzbuche, ZHR 46 (1897) 255 ff.; *Kendrick*, The New Commercial Code of Germany, Journal of the Society of Comparative Legislation, 2 (1900) 342 ff.; *K. Adler*, Die Umgestaltung des deutschen Handelsgesetzbuches und deren Bedeutung für Österreich, Allgemeine österreichische Gerichts-Zeitung 1898, 257 ff., 267 ff., 275 f.; *ders.*, Die Umgestaltung des deutschen Handelsrechts, Holdheim 6 (1897) 106 ff.

350 Dazu (am Anfang der Reform) Entwurf eines Handelsgesetzbuchs mit Ausschluss des Seehandelsrechts, Motive, S. 3 f.; *O. v. Gierke*, ZHR 45 (1896) 441, 443.

351 Dazu ausführlich *Staub*, Supplement zu Staub's Kommentar, S. 30 f. (abgedruckt in Anhang H bei Art. 1); Düringer/Hachenburg/*Geiler*[3] I. Allg. Einleitung Anm. 5 ff.

352 Zur Entstehungsgeschichte Staub/*Koch*/*Harnos*[6], § 15 Rn. 4 ff.; s. auch *Hamann*/*Halbach*, Schutz des Vertrauens auf Bekanntmachungen nach der Digitalisierung des Handelsregisters, ZfPW 2024, 77 ff.

353 S. dazu (freilich mit erheblichen Unterschieden im Detail) MünchKommHGB/*Thiessen*[5], München 2021, § 25 Rn. 21 ff, 25 ff, 116; *K. Schmidt*, UR I.[6], § 7 Rn. 1 ff.; *J.W. Flume*, Vermögenstransfer und Haftung, *passim*; *ders.*, Partielle Universalsukzession außerhalb des Spaltungsrechts? – Die österreichische Handelsrechtsreform als Denkanstoß für die §§ 25 ff. HGB, ZHR 170 (2006) 737 ff.; *H.P. Westermann*, Die Behandlung von Bankgeschäften im Rahmen eines Unternehmensübergangs nach §§ 25, 26, in: FS Nobbe, Köln 2009, 939; davor *K. Schmidt*, Haftungskontinuität als unternehmensrechtliches Prinzip. Plädoyer für ein neues Verständnis der §§ 25 und 28 HGB, ZHR 145 (1981) 2 ff.; *ders.*, Übergang von Vertragsverhältnissen nach §§ 25, 28 HGB?, in: FS Medicus, Köln 1999, S. 555 ff.; *M. Lieb*, Die Haftung für Verbindlichkeiten aus Dauerschuldverhältnissen bei Unternehmensübergang, Heidelberg 1992, S. 13 ff.; *ders.*, Zu den Grundgedanken der §§ 25 ff. HGB, In: FS Börner, Köln 1992, S. 747 ff.; *ders.*, „Zufallsgeschenke, Haftungsfallen, Unternehmensvernichtung und Sanierungshindernisse“. Einige Gedanken zur Reichweite der Haftung gemäß § 25 HGB, in: FS Vieregge, Berlin 1995, S. 557 ff.; MünchKommHGB/*M. Lieb*[2], § 25 Rn. 80 ff.; *Krejci*, Betriebsübergang und Arbeitsvertrag, Wien 1972, S. 212 ff.; *ders.*, Ist zur Vertragsübernahme bei Unternehmensveräußerungen Dreiparteieneinigung erforderlich?, ÖJZ 1975, 449, 458 f.

Entstehungsgeschichte[354] gezeigt werden kann. Die §§ 25 ff. HGB lassen sich zudem als – freilich unvollständige – Parallelvorschriften zum Spaltungsrecht des Umwandungsrechts verstehen.[355] Wie der Synopse bei § 25 HGB entnommen werden kann, hat der österreichische Gesetzgeber dem ursprünglichen Standpunkt des HGB 1897, dem Übergang von Rechtsverhältnissen durch die UGB-Reform in § 38 UGB (wieder) zum Durchbruch verholfen.[356] Neu sind zudem die Regelungskomplexe zum Handlungsagenten (§§ 84–92 HGB) wie auch – teils aufbauend auf dem ADHGB – die zum privaten Handelsmaklerrecht[357] (§§ 93–104 HGB).

(70) Blickt man auf die Entwicklung des Handelsgesetzbuchs im 20. Jahrhundert, so kann man darin den Trend zu einer enormen **Spezialisierung** und inhaltlichen Verbreiterung des Rechts erkennen, die – ganz wie dies schon beim Code de commerce zu beobachten war (Rn. (34)) – durch **De-Kodifkations-** und **Re-Kodifikationsbewegungen** gekennzeichnet war.[358] Die sichtbarsten Beispiele für diesen Trend sind innerhalb des Handelsgesetzbuchs das Aktienrecht, Bilanzrecht und das Transportrecht. 1900 umfassten die beiden ersten Bücher des HGB noch das gesamte Gesellschaftsrecht mit Ausnahme der GmbH[359] sowie die Regeln des Handelsstandes (Handelsregister, Firmenname, Handelsbücher etc.). Das deutsche **Aktienrecht** hatte sich nun, ausgehend von seinem Nukleus im preußischen Aktienrecht von 1843, den Regelungen im ADHGB (Artt. 207–49 ADHGB) und dem HGB 1897 (§§ 178–319 HGB 1897) enorm weiterentwickelt, bis es schließlich 1937[360] in ein eigenes Aktiengesetz überführt wurde, das bekanntlich dann wiederum 1965 erheblich reformiert wurde.[361] Im HGB verblieb damit ab 1937 im zweiten Buch das Recht der **Personenhandelsgesellschaften** bestehen.[362] Mit dem Gesetz zur Modernisierung des Personengesellschaftsrechts (MoPeG) wurde im Jahr 2021, wie wiederum in der Synopse nachvollzogen werden kann, nach gut einhundertzwanzig Jahren der wichtigste Reformschritt für das Personengesellschaftsrecht in der Gegenwart vollzogen. Die Reform ist für das Personengesellschaftsrecht grundlegend, weil vor dem Hintergrund der Mitte des 19. Jahrhunderts erstmals etablierten tertiären Ordnung der Unternehmensträgerschaft von natürlichen Personen, juristischen Personen und Personen(handels)gesellschaften das Konzept der Rechtsfähigkeit der Gruppe in den historisch bedingt widersprüchlichen Normen des BGB und des HGB nachgezeichnet wurde.[363] Aus der Perspektive der Entwicklungsstufen des Handelsrechts ist in diesem Zusammenhang auch die Neuregelung des Beschlussmängelrechts in den §§ 109 ff. HGB hervorzuheben, da hier funktional an das Beschlussmängelrecht der Aktiengesellschaft in Art. 190a ADHGB angeknüpft wird.

(71) Das Phänomen der Spezialisierung, der De-Kodifkation und Re-Kodifizierung lässt sich weiterhin gerade auch für das **Bilanzrecht** beschreiben.[364] Im Gegensatz zur Entwicklung im Aktienrecht wurden die Vorschriften jedoch im HGB belassen und sogar einige Vorschriften aus dem Aktiengesetz und anderen Gesetzen in das Handelsgesetzbuch übernommen. Die wenigen Vorschriften über die kaufmännische Buchführung (§§ 38–47 HGB 1897) wurden 1985 in ein neu geschaffenes drittes Buch überführt und durch allgemeine Vorschriften für alle Kaufleute (§§ 238–342a HGB) massiv erweitert. Das

---

354 Dazu MünchKommHGB⁶/*Thiessen*, § 25 Rn. 4 ff.; *J.W. Flume*, Vermögenstransfer und Haftung, S. 90 ff., 119 ff.; unergiebig und selektiv dagegen *Burgard*, in: Staub⁶, § 25 Rn. 3 ff.

355 *J.W. Flume*, Vermögenstransfer und Haftung, S. 87 ff., 116 ff.; KölnerKomm-UmwG²/*ders.*, Einl. B Rn. 82; *ders.*, JBl 2021, 67 f.

356 Dazu *J.W. Flume*, ZHR 170 (2006) 737 ff.

357 Vgl. Staub/*Thiessen*⁶, Vor §§ 93 ff., Rn. 1 ff.

358 Dazu *K. Schmidt*, ZHR 161 (1997) 2, 8 ff.

359 Man hatte bei der Abfassung des Entwurfes davon abgesehen, das Recht der Gesellschaft mit beschränkter Haftung und der eingetragenen Genossenschaft in das neue HGB zu integrieren (vgl. Entwurf eines Handelsgesetzbuchs mit Ausschluss des Seehandelsrechts, Motive, S. 4).

360 Dazu *F.A. Mann*, The New German Company Law and its Background, Journal of Comparative Legislation and International Law, 19 (1937) 220 ff.

361 Dazu umfassend *W. Bayer*/*Habersack* (Hrsg.), Aktienrecht im Wandel I. und II., Tübingen 2007.

362 *Ulmer*, Hundert Jahre Personengesellschaftsrecht: Rechtsfortbildung bei OHG und KG, ZHR 161 (1997) 102 ff.

363 Dazu ausführlich nun *J.W. Flume*, Die Rechtsnatur der Gesamthand, ZGR Sonderheft 27, S. 115 ff.

364 Dazu *W. Schön*, Entwicklung und Perspektiven des Handelsbilanzrechts: vom ADHGB zum IASC, ZHR 161 (1997) 133 ff.; Staub/*Grundmann*⁶, Einleitung Rn. 27; für die Entwicklungen seit 1985 Staub/*Pöschke*⁶, Vor § 238 Rn. 12 ff.

bisherige dritte Buch (Handelsgeschäfte) und vierte Buch (Seehandelsrecht) wurden in das neue vierte und fünfte Buch eingegliedert. Im **Transportrecht** schließlich haben die „Vielgestaltigkeit der Betriebsarten“[365] sowie die durch die Internationalisierung bedingte Rechtszersplitterung die Umsetzung des Kodifikationsgedankens seit jeher erschwert.[366] Während das ADHGB noch das Land-, Eisenbahn- und Seefrachtrecht regelte (Artt. 390 ff., 422 ff., 665 ff. ADHGB), nicht aber das Binnenfrachtrecht, schwand die Bedeutung der §§ 425 ff. HGB 1897; ein Trend, dem erst durch die Transportrechtsreform 1998 entgegengewirkt werden konnte. Die systematische Gliederung des heutigen HGB sieht wie folgt aus:

Erstes Buch: Handelsstand (§§ 1–104a)
1. Abschnitt: Kaufleute (§§ 1–7)
2. Abschnitt: Handelsregister (§§ 8–16)
3. Abschnitt: Handelsfirma (§§ 17–37a)
4. Abschnitt (aufgehoben)
5. Abschnitt: Prokura und Handlungsvollmacht (§§ 48–58)
6. Abschnitt: Handlungsgehilfen und Handlungslehrlinge (§§ 58–83)
7. Abschnitt: Handelsvertreter (§§ 84–92c)
8. Abschnitt: Handelsmakler (§§ 93–104)
9. Abschnitt: Bußgeldvorschriften (§ 104a)
Zweites Buch: Handelsgesellschaften und stille Gesellschaften (§§ 105–236)
1. Abschnitt: Offene Handelsgesellschaft (§§ 105–152)
    1. Titel: Errichtung der Gesellschaft (§§ 105–107)
    2. Titel: Rechtsverhältnis der Gesellschafter untereinander und der Gesellschafter zur Gesellschaft (§§ 108–122)
    3. Titel: Rechtsverhältnis der Gesellschaft zu Dritten (§§ 123–129)
    4. Titel: Ausscheiden eines Gesellschafters (§§ 130–137)
    5. Titel: Auflösung der Gesellschaft (§§ 138–142)
    6. Titel: Liquidation der Gesellschaft (§§ 143–152)
2. Abschnitt Kommanditgesellschaft (§§ 161–179)
3. Abschnitt Stille Gesellschaft (§§ 230–236)
Drittes Buch: Handelsbücher (§§ 238–342r)
(nicht ausgeführt)
Viertes Buch: Handelsgeschäfte (§§ 343–475h)
1. Abschnitt: Allgemeine Bestimmungen (§§ 343–372)
2. Abschnitt: Handelskauf (§§ 373–381)
3. Abschnitt: Kommissionsgeschäft (§§ 383–406)
4. Abschnitt: Frachtgeschäft (§§ 407–452d)
5. Abschnitt: Speditionsgeschäft (§§ 453–466)
6. Abschnitt: Lagergeschäft (§§ 467–475h)
Fünftes Buch: Seehandel (§§ 476–905)
(nicht ausgeführt)

c) Der neue Anwendungsbereich des Gesetzbuchs

aa) §§ 1 ff. HGB 1897. Die Existenz des neuen BGB hatte auch einen direkten Effekt auf die Bestimmung des Anwendungsbereichs des HGB 1897. Da das neue HGB keinen „private law cosmos“ mehr umfasste und nur noch wenige das allgemeine bürgerliche Recht ergänzende Vorschriften im vierten (72)

365 *K. Lehmann*, HR², S. 874.
366 *Basedow*, Hundert Jahre Transportrecht: Vom Scheitern der Kodifikationsidee und ihrer Renaissance, ZHR 161 (1997) 186 ff.; *Koller*, Probleme der gemischten Verträge im Transportrecht, in: FS C.-W. Canaris zum 80. Geburtstag, Berlin 2017, S. 949 ff.

Buch verblieben, musste das System neu ausgestaltet werden. Wie *Schirrmeister*[367] 1899 schrieb, konnte der „langersehnte Wunsch Thöls [...] in Erfüllung gehen: statt eines kodifizierten Rechts der Handelsgeschäfte [...] nur noch ein Sonderrecht des Handelsgewerbes" zu regeln. Das Pendel schwang damit wieder in Richtung eines subjektiven Systems (vgl. oben Rn. (44)).

(73) Nach dem komplexen System der §§ 1–5 HGB 1897 gab es **vier** verschiedene Möglichkeiten, wie man rechtlich als Kaufmann eingestuft werden konnte. **Erstens** enthielt § 1 Abs. 2 HGB 1897 in Anlehnung an die früheren Tatbestände der absoluten und relativen Handelsgeschäfte in den Artt. 271 f. ADHGB eine Liste von neun verschiedenen Arten von Gewerbebetrieben, die die ausführende Person zu einem Kaufmann oder einer Handelsfrau – die eigenständigen Regelungen in den Artt. 6 ff. ADHGB hatte man als überflüssig gestrichen[368] – qualifizierte. Damit waren nach der h.M. die freien Berufe vom Anwendungsbereich ausgeschlossen.[369] Minderkaufleute im Sinne des § 4 HGB 1897 (früher Art. 10 ADHGB) waren auch Kaufleute, die den Vorschriften des HGB mit Ausnahme derjenigen über die Firma, die Handelsbücher und die Prokura unterworfen waren. **Zweitens** galt eine Person, die ein gewerbliches Unternehmen, das nach Art und Umfang einen in kaufmännischer Weise eingerichteten Geschäftsbetrieb erfordert, mit der Eintragung im Handelsregister als Kaufmann (§ 2 S. 1 HGB 1897). **Drittens** waren Land- und Forstwirte generell vom Anwendungsbereich des HGB ausgenommen (§ 3 Abs. 1 HGB 1897). War jedoch mit dem land- oder forstwirtschaftlichen Betrieb ein Nebenbetrieb verbunden, z.B. eine Käserei, eine Mühle oder eine Brennerei, so konnte der Land- oder Forstwirt für diesen Nebenbetrieb durch Eintragung in das Handelsregister Kaufmann werden (§ 3 Abs. 2 HGB 1897). Schließlich waren **viertens** auch Aktiengesellschaften (§ 210 Abs. 2 HGB 1897), Kommanditgesellschaften auf Aktien (§ 320 Abs. 3 HGB 1897), Gesellschaften mit beschränkter Haftung (§ 13 Abs. 3 GmbHG 1892) und Genossenschaften (§ 17 Abs. 2 GenossenG 1889) unabhängig von ihrer Gewerbetätigkeit nach § 6 Abs. 2 HGB 1897 als „Vereine" Formkaufleute.[370] Die letztgenannte Norm fand keine Anwendung auf die Personenhandelsgesellschaften (OHG und KG), da bei ihnen der Betrieb eines Handelsgewerbes definitionsgemäß eine Gründungsvoraussetzung war (§ 105 Abs. 1 HGB 1897) und ohne eine kaufmännische Zwecksetzung nur eine Gesellschaft bürgerlichen Rechts gegründet werden konnte (§§ 705 ff. BGB 1897).[371]

(74) **bb) Problemanalyse.** Das soeben skizzierte System blieb mit geringfügigen Änderungen 98 Jahre lang in Kraft. Dabei traten insbesondere zwei ineinandergreifende Probleme[372] zutage: Der Katalog der gewerblichen Tätigkeiten in § 1 Abs. 2 HGB 1897 war zu eng gefasst und konnte mit der Entwicklung des Wirtschaftslebens nicht Schritt halten.[373] Dieses Defizit konnte auch nicht durch § 2 HGB 1897 kompensiert werden, da die Regelung keinen praktischen Biss hatte; ein Grundproblem, das bereits im preußischen Entwurf[374] thematisiert worden war. Denn aufgrund der gemäß § 2 Abs. 2 HGB 1897

367 ZHR 48 (1899) 418, 425.

368 Vgl. dazu die Anmerkungen von *Staub* in seinem Supplement zu den Artt. 6–9 in Anhang H.

369 Vgl. z.B. RGZ 66, 144 f; Düringer-Hachenburg/*Geiler*³, § 1 Rn. 7; in der Zeit des ADHGB hatte *L. Goldschmidt*, HR I.², S. 411, 457, Fn. 14, keinen Zweifel daran, dass selbst der „Notar, Advokat, Geistliche, Beamte, Rentier" als Kaufmann qualifiziert werden könnte, wenn diese Person „einen größeren oder geringeren Theil ihres Kapitalvermögens oder Einkommens zu Speculationsgeschäften in Werthpapieren, Getreide u. dgl. bestimmt oder verwendet".

370 Dazu Düringer-Hachenburg/*Geiler*³ § 6 Anm. 3 u. § 1 Anm. 2a.

371 Dazu Düringer-Hachenburg/*Flechtheim*³ § 105 Anm. 4.

372 Vgl. *K. Schmidt*, UR I.⁶, § 2 Rn. 10 ff. u. § 10 Rn. 1 ff; *M. Dreher*, Der neue Handelsstand, in: *M. Lieb* (Hrsg.), Die Reform des Handelsstandes und der Personengesellschaften, München 1999, S. 4 ff.; *Henssler*, ZHR 161 (1997) 13.

373 *K. Schmidt*, ZHR 161 (1997) 2, 7: „nicht nur ein rechtspolitischer, sondern auch ein rechtssystematischer Mißgriff".

374 Entwurf eines Handelsgesetzbuches für die Preußischen Staaten, Motive, S. 4 f.: „Das spanische Handelsgesetzbuch, das österreichische Handelsrecht und der Entwurf eines Handelsgesetzbuches für Württemberg haben durch die Vorschrift, daß jeder Kaufmann, um als solcher zu gelten, in eine Handelsmatrikel eingetragen werden müsse, ein formelles Unterscheidungszeichen wieder herzustellen versucht. [...] Denn die Eintragung in die Handelsmatrikel lässt sich nicht durchgreifend erzwingen, und für den Fall, daß ein Uneingetragener gleichwohl Handel treibt, müßten sich die erheblichsten Inkonvenienzen herausstellen."

bestehenden Eintragungspflicht konnte zwar nach § 14 S. 1 HGB 1897 eine Ordnungsstrafe von dreihundert Markt (ab 1965 zehntausend Mark) verhängt werden, die Möglichkeit einer Zwangseintragung zur Begründung der Kaufmannseigenschaft bestand hingegen nicht.[375] Die Kombination der beiden Vorschriften führte zu teils beliebig wirkenden Ergebnissen, endlosen Streitigkeiten und fast nicht enden wollenden katalogartigen Auflistungen in den Kommentaren.[376]

cc) Handelsrechtsreformgesetz und MoPeG. Um die Mängel zu beseitigen, wurde das HGB im Jahr 1998 durch das Handelsrechtsreformgesetz geändert.[377] Der alte Katalog in § 1 Abs. 2 HGB 1897 wurde eliminiert und das Konzept des § 2 HGB 1897 erweitert und zum Leitprinzip in § 1 Abs. 2 HGB ausgeweitet. Heute ist die Eintragung in ein Handelsregister nicht mehr Voraussetzung für den Kaufmannsstatus. Jede Person, die einen nach Art oder Umfang in kaufmännischer Weise eingerichteten Geschäftsbetrieb betreibt, ist automatisch Kaufmann. Und auch der sog. Kannkaufmann wird als Option durch die Eintragung seiner Firma zum Kaufmann (§ 2 HGB).[378] Darüber hinaus wurden die Gründungsmöglichkeiten der OHG und KG liberalisiert, da seit 1998 auch Gesellschaften mit einem kleingewerblichen Gewerbebetrieb sowie solche, die nur eigenes Vermögen verwalten (vgl. § 105 Abs. 2 HGB 1998, § 107 Abs. 1 S. 1 HGB) und seit dem MoPeG auch Gesellschaften mit freiberuflicher Zwecksetzung (§ 107 Abs. 1 S. 2 HGB) eintragungsfähig sind.[379] Unverändert geblieben ist die privilegierte Stellung der Land- und Forstwirte (vgl. § 3 HGB).[380] (75)

d) Hat das Handelsrecht eine Zukunft? Mit der Einführung des HGB im Jahre 1900, der Entkernung des vierten Buches (Rn. (67)) und der Dekodifizierung (Rn. (34)) in den Folgejahren wurde ein Thema, mit dem sich die Handelsrechtswissenschaft bereits um das Wendejahr 1874 beschäftigt hatte (Rn. (51) ff.), im 20. Jahrhundert zu einem Dauerthema: Hat das Handelsrecht eine Zukunft? Die Debatte begann unmittelbar mit dem HGB von 1900.[381] *Philip Heck* wie auch *Arthur Nussbaum* haben ihre (76)

375 Anders Art. 57 Handelsregisterverordnung (HRegV) 1937 (und davor Art. 865 Abs. 2 OR 1888) im Schweizer Recht.
376 Dazu etwa Düringer-Hachenburg/*Geiler*³ § 1 Anm. 3 ff. u. § 2 Anm. 14.
377 S. nur *K. Schmidt*, UR I.⁶, § 10 Rn. 1 ff.
378 Dazu Staub/*Oetker*⁶ § 2 Rn. 1 ff.
379 Dazu Staub/*C. Schäfer*⁶ § 107 Rn. 1 ff.; zum identitätswahrenden Formwechsel bzw. Statuswechsel, vgl. Rn. 16 f.
380 Dazu Staub/*Oetker*⁶ § 3 Rn. 1 ff.
381 Vgl. die kaum noch überschaubaren Beiträge – ohne Anspruch auf Vollständigkeit – in chronologischer Reihenfolge seit Inkrafttreten des HGB: *Laband*, Das Verhältnis des Handelsrechts zum bürgerlichen Recht nach dem Entwurf eines revidierten Handelsgesetzbuchs, DJZ 18 (1896) 345 ff.; *Schirrmeister*, ZHR 48 (1899) 418 ff.; *ders.*, Titel, ZHR 49 (1900) 29 ff.; *Heck*, Weshalb besteht ein von dem bürgerlichen Rechte gesondertes Handelsprivatrecht?, AcP 92 (1902) 438 ff.; *M. Wolff*, Grundbegriffe des Handelsrechts, in: Festgabe O. Gierke II., S. 116 ff.; *Nußbaum*, Kurzzitat, ZHR 76 (1915) 325 ff.; *O. Schreiber*, Grundgedanken zum System eines künftigen Handelsrechts, S. 41 ff. (Vortrag 1927); *E. Heymann*, Die Beziehung des Handelsrechts zum Zivilrecht: Referat zum Haager Internationalen Kongress für Rechtsvergleichung, Berlin 1932, *passim*; *Raisch*, Abgrenzung des Handelsrechts, *passim*; *ders.*, Geschichtliche Voraussetzungen, dogmatische Grundlagen und Sinnwandlung des Handelsrechts, Karlsruhe 1965, *passim ders.*, Die rechtsdogmatische Bedeutung der Abgrenzung von Handelsrecht und bürgerlichem Recht. Zugleich ein Beitrag zur analogen Anwendung handelsrechtlicher Normen auf Nichtkaufleute, JuS 1967, 533 ff.; *Müller-Freienfels*, Zur „Selbstständigkeit" des Handelsrechts, in: FS v. Caemmerer, Tübingen 1978, S. 583 ff.; *Herber*, Probleme der gesetzlichen Fortentwicklung des Handels- und Gesellschaftsrechts, ZHR 144 (1980) 47 ff.; *K. Schmidt*, HGB und Gegenwartsaufgaben, *passim*; *F. Bydlinski*, Handels- oder Unternehmensrecht als Sonderprivatrecht. Ein Modellbeispiel für die systematische und methodologische Grundlagendiskussion, Berlin 1990, *passim Raisch*, Handels- oder Unternehmensrecht als Sonderprivatrecht?, ZHR 154 (1990) 567 ff.; *E. A. Kramer*, Handelsgeschäfte – eine rechtsvergleichende Skizze zur rechtsgeschäftlichen Sonderbehandlung unternehmerischer Kontrahenten, in: FS Ostheim, Wien 1990, S. 299 ff.; *M. Kort*, AcP 193 (1993) 453 ff.; *Neuner*, Handelsrecht, Handelsgesetzt, Grundgesetz, ZHR 157 (1993) 243 ff.; *Preis*, Der persönliche Anwendungsbereich der Sonderprivatrechte, ZHR 158 (1994) 567 ff.; *Henssler*, ZHR 161 (1997) 13 ff.; *A. Heinemann*, Handelsrecht im System des Privatrechts. Zur Reform des deutschen Handelsgesetzbuchs, in: FS Fikentscher, Tübingen 1998, S. 349 ff.; *Lessmann*, Vom Kaufmannsrecht zum Unternehmensrecht?, in: FG Zivilrechtslehrer 1934/1935, Berlin 1999, S. 361 ff.; *Treber*, Der

Antrittsvorlesungen in Tübingen und Berlin dem Thema gewidmet, welche Zukunft das Handels(privat)recht überhaupt hat.[382] Prominente Protagonisten in der Jetztzeit sind unter anderem *Claus-Wilhelm Canaris*[383], *Wolfgang Zöllner* und *Karsten Schmidt*.[384]

(77) Selbstkritisch sollte die Handelsrechtswissenschaft der Gegenwart eingestehen, dass man im 20. Jahrhundert viel zu viel Zeit und Energie auf die leidige Abgrenzungsfrage, also die Frage nach der Abgrenzung des Kaufmannsbegriffs verwendet hat.[385] Denn, wie bereits für die Zeit vor den Handelsrechtskodifikationen angemerkt (Rn. (15)), dürfen die vom Handelsrecht und von der Handelsrechtswissenschaft zu bewältigenden Sachprobleme keineswegs allzu positivistisch-definitorisch mit dem Inhalt des Handelsgesetzbuchs gleichgesetzt werden.[386] Aus der hier im Fokus stehenden Perspektive der Entwicklungsstufen des kodifizierten Handels- und Unternehmensrechts besteht dabei zusätzlich das grundsätzliche Problem, dass jede Zeit mit sehr unterschiedlichen Ausgangsbedingungen konfrontiert war und ist. Bestand Mitte des 19. Jahrhunderts in Mitteleuropa eine große Bestrebung darin, von den einzelnen Nationalstaaten Mitteleuropas ausgehend, aber auch global in vielen anderen Ländern, den Rechtspartikularismus zu überkommen oder zumindest erstmals eine Kodifikation zu wagen, sind die Ausgangsbedingungen in Kontinentaleuropa und seiner europäischen Binnenverfassung heute wesentlich verschieden.[387] Die Idee eines großangelegten Kodifikationswerks, womöglich die Idee eines europäischen Handelsgesetzbuchs, scheint gegenwärtig wenig realistisch, da der Fokus auf andere, meist sektorale Themen, wie beispielsweise den „Regulierungs-Tsunami" im Zuge der *European data strategy*, gerichtet ist und ein solches Vorhaben gut überlegt sein soll.[388]

(78) Betrachten wir den Entwicklungsstand des Zivilrechts insgesamt und erinnern uns daran, dass nach *Levin Goldschmidt* der Zustand des Handelsrechts insgesamt ein Gradmesser für den Entwicklungsstand des allgemeinen Zivilrechts ist (oben Rn. (56)), so muss es nachdenklich stimmen, dass die Separierung der verschiedenen Ebenen der Privatrechtsordnung nach Statusklassen heute wieder zugenommen hat. Bereits für das HGB von 1900 hatte *Karl Lehmann* konstatiert, dass die „Entwicklung des Handelsrechts [...] gewissermaßen eine rückläufige"[389] sei. „Das Handelsrecht ist wieder zu dem geworden was es in früheren Jahrhunderten war, zum jus mercatorum."[390] Und an eine weitere Separierung der Privatrechtssphären innerhalb des Privatrechts war

---

Kaufmann als Rechtsbegriff im Handels- und Verbraucherrecht, AcP 199 (1999) 526 ff.; *M. Siems*, Der personelle Anwendungsbereich des Handelsrechts nach dem Handelsrechtsreformgesetz, Frankfurt a.M. 1999, *passim Krejci*, Methodisches, Dogmatisches und Politisches zur Grundtatbestandsbildung im „Handelsrecht", in: FS F. Bydlinski, Wien 2002, S. 219 ff.; *Drexl*, Verbraucherrecht – Allgemeines Privatrecht – Handelsrecht, in: Schlechtriem (Hrsg.), Wandlungen des Schuldrechts, Baden-Baden 2002, S. 97 ff.; *W. Zöllner*, Grundsatzfragen zu Konzept und System des österreichischen Ministerialentwurfs eines Unternehmensgesetzbuches, in: Harrer/Mader (Hrsg.), Die HGB-Reform in Österreich, Wien 2005, S. 1 ff.; *W. Zöllner/K. Schmidt*, Bucerius Law Journal 2008, 36 ff.; *Reymann*, Das Sonderprivatrecht der Handels- und Verbraucherverträge, Tübingen 2009; *P. Jung*, Wer verkehrt wann im kaufmännischen Verkehr?, in: GS Huguenin, Zürich 2018, S. 221 ff.

382 *Heck*, AcP 92 (1902) 438 ff.; *Nußbaum*, ZHR 76 (1915) 325 ff.

383 *Canaris*, Handelsrecht[24], München 2006, § 1 Rn. 30 ff.

384 *K. Schmidt*, in: FS N. Horn, S. 557 ff.; *ders.*, UR I.[6], § 2 Rn. 1 ff. u. § 3 Rn. 1 ff.; *W. Zöllner/K. Schmidt*, Bucerius Law Journal 2008, 36 ff.

385 Symptomatisch auch *Otto Schreiber* in seinem 1927 gehaltenen Vortrag „Grundgedanken zum System eines künftigen Handelsrechts", der sich schwerpunktmäßig mit der historischen Wandlung des Kaufmannsbegriffs befasst.

386 Dazu auch ausführlich Staub/*Grundmann*[6] Einleitung Rn. 75 ff. „Handelsrecht und Institutionen sowie Methoden". Anregend ist zudem ein Blick in *McKendrick*, Goode and McKendrick on Commercial Law[6], London 2020.

387 Dazu auch Staub/*Grundmann*[6] Einleitung Rn. 60 ff.

388 Vgl. dazu *M. Lehmann*, Braucht Europa ein Handelsgesetzbuch?, ZHR 181 (2017) 9 ff.; *Grundmann*, Europäisches Handelsrecht – vom Handelsrecht des laissez faire im Kodex des 19. Jahrhunderts zum Handelsrecht der sozialen Verantwortung, ZHR 163 (1999) 635 ff.; *U. Magnus*, Die Gestalt eines Europäischen Handelsgesetzbuches, in: FS Drobnig, Tübingen 1998, S. 57 ff.

389 *K. Lehmann*, Handelsgesetzbuch, in: Buchka/Oetker/K. Lehmann, Civilprozeßordnung, S. 205.

390 *K. Lehmann*, Handelsgesetzbuch, in: Buchka/Oetker/K. Lehmann, Civilprozeßordnung, S. 205.

noch nicht zu denken: das Verbraucherrecht.[391] So sind wir heute gezwungen, zwischen bürgerlichem Recht, Verbraucherrecht und Handelsrecht oder Unternehmensrecht zu unterscheiden, und der Unternehmensverkehr hat seine Mühe und Not, selbst im unternehmerischen Bereich frei zu gestalten.[392] Auf die Innovationskraft des Handelsrechts ist aber auch in der Zukunft zu hoffen, ganz so wie es *Otto von Gierke* zu Beginn des 20. Jahrhunderts beschrieben hat:

> „Der Wunsch nach Beseitigung des Zwiespalts zwischen Handelsrecht und bürgerlichem Recht ist oft laut geworden. Allein entweder müsste der Handel auf eine ihm kongeniale Rechtsordnung verzichten oder das bürgerliche Leben sich einer für die Gesamtheit unpassenden und sozial bedenklichen Rechtsordnung unterwerfen. Eines schickt sich nicht für alle. Der Grundsatz der Rechtsgleichheit fordert nicht doktrinäre Gleichmacherei. Vielfach hat freilich das Handelsrecht, wie oft gesagt ist, als Pionier dem allgemeinen Fortschritt der Rechtsentwicklung vorgearbeitet. Gerade in neuester Zeit ist das deutsche Bürgerliche Gesetzbuch in der Verpflanzung ehemals handelsrechtlicher Sätze in das bürgerliche Recht ziemlich weit gegangen. Allein, auch das Handelsrecht steht nicht still und bringt immer wieder Neubildungen hervor, zu deren Verallgemeinerung die Zeit nicht reif ist."[393]

Ein gesamthaftes Verständnis einer Disziplin des Handelsrechts, oder österreichischer (und in diesem (79)
Fall moderner): des Unternehmensrechts, nach dem alle für die Wirtschaft relevanten Fragestellungen zu untersuchen sind, wird heutzutage nur noch sehr vereinzelt gewagt oder ist zumindest in den Spezialmaterien des Wirtschaftsrechts aufgegangen, wie es *Nußbaum* 1915 gefordert hatte.[394] Nicht unerwähnt bleiben darf freilich in diesem Zusammenhang die von *Karsten Schmidt* vertretene Auffassung, das deutsche Handelsrecht zu einem Unternehmensrecht weiterzuentwickeln.[395] Dies beruht wiederum auf den Ansätzen der Handelsrechtswissenschaft, die sich zu Beginn des 19. Jahrhunderts mit dem Unternehmen als Gegenstand des Rechtsverkehrs auseinandergesetzt haben.[396] Und tatsächlich hat der österreichische Gesetzgeber 2005 dieser Strömung in der handelsrechtlichen Literatur in Gestalt eines Unternehmensgesetzbuchs Rechnung getragen (dazu Rn. (90)).

---

391 Zum BGB: *W. Flume*, Vom Beruf unserer Zeit für die Gesetzgebung, ZIP 2000, 1427 ff.; und ausführlich: *R. Zimmermann*, Consumer Contract Law and General Contract Law: The German Experience, Current Legal Problems 58 (2005) 415 ff.

392 Zum neuen europäischen Gewährleistungsrecht *J.W. Flume/Poneder*, Das neue digitale Gewährleistungsrecht für die digital economy, in: Laimer/Perathoner (Hrsg.), Digitale Geschäftsmodelle, Berlin 2025, S. 21, 29 f. (Pkt. 4.1.); *Micklitz*, Part IV Persons and Organizations: Person, Civil Status and Private Law (Ch. 18), in: Grundmann/Micklitz/Renner (Hrsg), New Private Law Theory: A Pluralist Approach, Cambridge 2021, S. 339 ff.

393 *O. v. Gierke*, Grundzüge des Handelsrechts, in: Holzendorff I[6], S. 892.

394 Bei *Nußbaum* heißt es noch 1915 (ZHR 76 (1915) 325, 331) kurz und bündig: „Das Handelsrecht ist, so paradox es klingt, nicht mehr ein Recht des Handels, sondern nur eine Häufung ziemlich disparater Materien." *Nußbaum* fragt daraufhin, ob nicht das Handelsrecht als „systematischer und dogmatischer Teil des ‚Gewerbeprivatrechts'", also das, was wir heute „Wirtschaftsrecht" nennen würden, aufgefasst werden sollte (ZHR 76 (1915) 325, 333). Und diesem Thema hat sich *Nußbaum* sodann auch zugewendet (vgl. *Nußbaum*, Das neue deutsche Wirtschaftsrecht. Eine systematische Übersicht über die Entwicklung des Privatrechts und die benachbarten Rechtsgebiete seit Ausbruch des Weltkrieges, 1. Aufl., Berlin 1920; 2. Aufl., Berlin 1922. Zu ihm: *Hopt*, Arthur Nußbaum (1877–1964), in: FS 200 Jahre Juristische Fakultät der Humboldt-Universität zu Berlin, Berlin 2010, S. 545 ff.).

395 *K. Schmidt*, UR I.[6], § 2 Rn. 1 ff. u. § 3 Rn. 1 ff.; *Krejci/K. Schmidt*, Vom HGB zum Unternehmergesetz, *passim*.

396 S. *Pisko*, Das Unternehmen als Gegenstand des Rechtsverkehrs, Wien 1907 (dazu schon: *L. Mitteis*, LZ 1908, Sp. 202 ff.; *M. Wolff*, Grundbegriffe des Handelsrechts, in: Festgabe O. Gierke II., S. 120 f.; danach: *K. Schmidt*, Handelsrecht, in: Thomale (Hrsg.), Oskar Pisko – Richter, Reformer, Rechtsgelehrter, Wien 2024, S. 245 ff.; *Torggler*, Piskos „Unternehmen als Gegenstand des Rechtsverkehrs" – eine Würdigung, in: FS Fischer-Czermak, Wien 2024, 831 ff.); s. auch davor *L. Geller*, Nachfolge und Zwangsvollstreckung in gewerbliche Unternehmen, Österreichisches Zentralblatt für die juristische Praxis 24 (1906) 977 ff.; *K.E. v. Ohmeyer*, Das Unternehmen als Rechtsobjekt, Wien 1906; *Oppikofer*, Das Unternehmensrecht. In geschichtlicher, vergleichender und rechtspolitischer Betrachtung, Tübingen 1927; *ders.*, Das kaufmännische Unternehmen, in: RvHwb VII., S. 24 ff. (zu ihm: *Beyerle*, Hans Oppikofer, in: SZ Germ. Abt. 71 (1954) 548 ff.); *Nussbaum*, Zur neueren Entwicklung der Lehre vom Unternehmen, in: Klausing/Nipperdey/Nußbaum (Hrsg.), Beiträge zum Wirtschaftsrecht II., Marburg 1931, S. 492 ff.; *Wieland*, HR I., S. 249 ff.; s. aus dem heutigen Schrifttum *J.W. Flume*, Vermögenstransfer und Haftung, S. 39 ff.

6. UGB 2005[397]

(80) **a) Von einer legistischen Kuriosität.** Wer in eine aktuelle österreichische Gesetzesausgabe blickt, wird vergeblich nach einem Handelsgesetzbuch suchen. Denn seit 1. Jänner 2007 hat Österreich ein Unternehmensgesetzbuch (UGB). Damit war jedoch kein „Abschied vom Handelsrecht"[398] verbunden, sondern eine umfassende Revision, die zwar keine grundsätzliche Neuausrichtung darstellt, jedoch eine Reform mit Augenmaß, die behutsam das alte verbessert hat.[399] Die Tatsache, dass das UGB durch ein Änderungsgesetz[400] geschaffen und nicht als Ganzes neu verkündet wurde, erklärt zum Teil die ungewöhnliche Präambel des UGB: „Wir Wilhelm, von Gottes Gnaden Deutscher Kaiser, König von Preußen ec. verordnen im Namen des Reichs, nach erfolgter Zustimmung des Bundesrats und des Reichstags, was folgt." Eine vollständige Erklärung dieser legistischen Kuriosität erfordert einen historischen Rückblick.

(81) **b) Die „Kommerzialisierung" des ABGB durch die III. Teilnovelle.** Wie bereits detailliert darlegt wurde, galt das AHGB seit 1863 nur im Cisleithanien-Teil der Monarchie (Rn. (8) und (37)). Die Ausgangslage für die Weiterentwicklung des AHGB war insofern in Österreich eine andere als im Deutschen Reich, da parallel zum ADHGB „schon immer" das ABGB von 1811 bestand. In Österreich gab es daher in der zweiten Hälfte des 19. Jahrhunderts keine mit der deutschen Diskussion vergleichbare Debatte (oben Rn. (51) ff.) zur Erreichung einer einheitlichen Zivilrechtskodifikation und damit auch keine Stimme, die wohlmöglich die Abschaffung des AHGB forderte. Die Dinge nahmen zeitversetzt etwas später ihre Entwicklung: Anfang des 20. Jahrhunderts begann man, ausgehend von der literarischen Initialzündung *Joseph Ungers*[401] im Jahr 1904 an einer Revision des ABGB, und wohlgemerkt nicht des AHGB, zu arbeiten.[402] Tatsächlich wurden Teilbereiche des ABGB jedoch erst während des ersten Weltkriegs – aufbauend uA auf der „Regierungsvorlage 1907"[403] wie auch dem „Novellenentwurf auf Grund des Herrenhausbeschlusses"[404] (1912) – durch eine Notverordnung des Kaisers, die unter der Bezeichnung der sog. III. Teilnovelle (vom 19. März 1916) bekannt ist, reformiert.[405] Die III. Teilnovelle betraf dabei formell nur das ABGB. Sie enthielt aber zahlreiche Vorschriften, die man unter dem bekannten und bereits angeführten Schlagwort der „Kommerzialisierung des bürgerlichen Rechts" fassen kann (oben Rn. (59)), da sie Normenkomplexe betrafen, die bereits im AHGB anzutreffen waren und nun in das ABGB eingefügt wurden.[406] Zu nennen sind hier etwa

---

397 Zur Gesetzgebungsgeschichte des österreichischen Handelsrechts, vgl. bereits die Nachw. Fn. 59.

398 In Anspielung an *U. Torggler*, Abschied vom Handelsrecht?, *passim*.

399 Dazu nur *Krejci*, ZHR 170 (2006) 113 ff.

400 Handelsrechts-Änderungsgesetz v. 27.10.2005, BGBl. I Nr. 120/2005.

401 Zur Revision des allgemeinen bürgerlichen Gesetzbuches. Eine legislativpolitische Studie, GrünhutsZ 31 (1904) 389 ff. = *Scherl* (Hrsg.), Joseph Unger, Aufsätze und kleinere Monographien II., Hildesheim 2005, S. 330 ff.

402 Allg. zum ABGB *Pisko*, Österreichisches Recht, A. Österreichisches Zivilrecht, in: Stier-Somlo/Elster, Hwb. der Rechtswissenschaften IV., S. 284 ff.; *W. Doralt*, Allgemeines Bürgerliches Gesetzbuch (ABGB), in: Handwörterbuch des Europäischen Privatrechts, Bd. I., Tübingen 2009, S. 41 ff.

403 Dazu aus der Perspektive des Handelsrechts: *A. Ehrenzweig*, Der Entwurf einer Novelle zum österreichischen allgemeinen bürgerlichen Gesetzbuche und das Handelsrecht, ZHR 62 (1908) 212 ff.

404 78 BlgHH, XXI. Session, 1912; diese für die historische Auslegung des österreichischen Privatrechts wichtigen Gesetzesmaterialien werden im österreichischen Schrifttum mit „HHB" abgekürzt zitiert.

405 Dazu allg. *Dölemeyer*, Die Teilnovellen zum ABGB, in: Hofmeister (Hrsg.), Kodifikation als Mittel der Politik, Wien 1986, S. 49 ff.; *J.M. Rainer*, Die 3. Teilnovelle: Zum Problem der Teilrevision oder Neukodifikation: die dritte Teilnovelle zum ABGB 1916, in: FS G. Gandolfi, Milano 2004, S. 843 ff; *Staudigl-Ciechowicz*, Die Teilnovellen als letzter Akt der österreichischen Zivilgesetzgebung in Mitteleuropa, BRGÖ 2020, 286 ff.

406 Dazu ausführlich *Pisko*, ZHR 80 (1917) 70 ff., 161 ff. (dazu auch: *Kalss/Kubasta*, Einfluss der ABGB-Teilnovellen, in: Thomale, Oskar Pisko, S. 131); ferner *M. Schauer*, Handels- und unternehmensrechtliche Elemente im ABGB. Eine Spurensuche, in: FS 200 Jahre ABGB, Wien 2011, S. 617 ff.; *ders.*, Integration des Handels- und Unternehmensrechts in die Regeln zum Vertragsschluss[407] (vgl. §§ 862–864 ABGB und Artt. 318–322 ADHGB), zum Kauf auf Probe (§§ 1080 f. ABGB; Artt. 339 f. AHGB) und zum Schuldnerverzug,[408] die erstmals im ABGB niedergelegt wurden (§§ 918–921 ABGB, Artt. 354–358 ADHGB), oder als handelsrechtlich besonders spannender Anwendungsfall die Einführung des § 1409 ABGB über die Erwerberhaftung,[409] noch bevor man über eine den §§ 25 ff. HGB entsprechende Norm verfügte. Erstaunlich bleibt, dass weder das Rechtsquellenverhältnis[410] zwischen ABGB und AHGB näher bedacht noch zumindest die neben dem ABGB überflüssigen Normen des AHGB im vierten Buch gestrichen wurden.[411] Völlig untätig blieb man auf dem Gebiet des Handelsrechts freilich nicht. In den Zeitschriften konnte man ab den 1910er Jahren Beiträge lesen, die für eine stärkere Vereinheitlichung und Verknüpfung des Deutschen Reichs und Österreich-Ungarns eintraten und gerade das Handelsrecht als das Gebiet ansahen, in dem es erreichbar schien, wieder eine „Rechtsgemeinschaft"[412] zu bilden, oder sogar die Möglichkeit eines „Welthandelsrechts"[413] ausgelotet wurde.[414] Praktisch bedeutender war hingegen der Vorstoß des österreichischen Justizministers *Hugo von Schauer* (1862–1920), der *Oskar Pisko* 1918 mit der Ausarbeitung eines „Ersten Entwurfs eines neuen Handelsgesetzbuches, einschließlich des See- und Binnenschiffahrtrechtes" beauftragte.[415] Im letzten Kriegsjahr des Ersten Weltkriegs begonnen, wurden die Vorarbeiten, wie *Pisko* knapp bemerkt, aufgrund der „politischen Ereignisse" bald jedoch wieder eingestellt.[416]

c) Reformbemühungen in der Ersten Republik. In der ersten Republik wurde die Fortgeltung des AHGB durch die sog. Rezeptionsklausel des Verfassungsbeschlusses v. 30. Oktober 1918 angeordnet[417] und sodann zum Bundesgesetz im Sinne des Bundes-Verfassungsgesetzes (B-VG) 1920[418] erklärt. Erneut wurde *Oskar Pisko* im Mai 1918 vom Kurzzeitminister *Richard Bratusch* (82)

das ABGB?, in: Fischer-Czermak/Hopf/Schauer (Hrsg.), Das ABGB auf dem Weg in das 3. Jahrtausend: Reformbedarf und Reform, Wien 2003, S. 137 ff.

407 Vgl. dazu den historisch-komparativ interessanten Beitrag von *Fritz Schulz*, der 1910 Ordinarius in Innsbruck war: Der Vertragsschluß im Entwurf der Novelle zum allgemeinen bürgerlichen Gesetzbuch, Allgemeine österreichische Gerichts-Zeitung 1910, 241 ff.; *Beißer*, Antrag und Annahmeerklärung beim Vertragsabschlusse nach dem ABGB und nach dem HGB, Allgemeine österreichische Gerichts-Zeitung 1918, 36 ff.

408 *Pisko*, ZHR 80 (1917) 161 ff.; *ders.*, in: Klang (Hrsg.), Kommentar zum ABGB II/2, Wien 1934, S. 451 ff. (enthält die Kommentierung zu den §§ 918–933 ABGB); ders., in: Staub/*Pisko*[3] (1938) Vor Artt. 354–359 Einleitung; *J.W. Flume*, Kommentator zweier Welten, in: Thomale, Oskar Pisko, S. 173 ff.: *ders.*, ÖJZ 2023, 324 ff.

409 Dazu: *J.W. Flume*, Vermögenstransfer und Haftung, S. 102 ff.; *Kalss/Kubasta*, Einfluss der ABGB-Teilnovellen, in: Thomale, Oskar Pisko, S. 131, 143 ff.

410 Dazu ausführlich *Pisko*, ZHR 80 (1917) 70, 71 ff.

411 Dazu *Pisko*, Richtlinien, S. 12 ff.

412 So *v. Mayr*, Rechtgemeinschaft, JBl 1915, 327 f.

413 *K. Lehmann*, Der Krieg und die Bestrebung auf Vereinheitlichung des Privatrechts, Rede zur Feier des Geburtstages Seiner Majestät des Kaisers und Königs am 27. Januar 1915, Göttingen 1915.

414 *F. Oetker*, Gedanken über die künftige Gestaltung der deutsch-österreichischen Beziehungen, AöR 34 (1915) 16 ff.; *O. Frankl*, Der Zusammenschluss des Deutschen Reiches und Österreich-Ungarns auf dem Gebiete des Privatrechts, ZHR 78 (1916) 335 ff.

415 Dazu *Pisko*, HR, S. 12; *Wedrac*, Republik Österreich (1918–1938), in: Löhnig/S. Wagner, S. 147, 150.

416 *Pisko*, HR, S. 12.

417 § 16, Beschluß der Provisorischen Nationalversammlung für Deutschösterreich vom 30. Oktober 1918 über die grundlegenden Einrichtungen der Staatsgewalt, StGBl. 1918, 1. Stück, S. 1 ff.

418 Vgl. §§ 1 f., Verfassungsgesetz vom 1. Oktober 1920, betreffend den Übergang zur bundesstaatlichen Verfassung, BGBl. 12/1920, S. 20 ff. (dazu *Kelsen*, Österreichisches Recht, D. Verfassung, in: Stier-Somlo/Elster, Hwb. der Rechtswissenschaften IV., S. 315 ff.). Im Burgenland trat das AHGB in Folge des Friedenvertrags von Trianon 1920 (dazu *H. König*, in: Kalb/Olechowski/Ziegerhofer, Vertrag von St. Germain, Rn. 257 ff.) erstmals – davor galt ungarisches Recht, das das AHGB nicht rezipiert hatte (Rn. 7) – ab dem 15. Juni 1922 in Kraft, §§ 1, 9, VO. v. 29. Mai 1922, BGBl. 315/1922, S. 619 ff.

(1861–1949) mit einem sehr klar gefassten Auftrag versehen, den jener in einem Schreiben an das Ministerium folgendermaßen zusammenfasst:

> „Die eingeleitete Handelsrechtsreform soll zu einer Vereinheitlichung des deutschen und des deutsch-österreichischen Handelsrechtes führen. Die Neugestaltung unseres Handelsgesetzbuches soll in Übernahme des deutschen HGB bestehen. An diesem sollen lediglich die zur Einführung dieses Gesetzes in das System unserer Rechtsordnung nötigen Änderungen vorgenommen werden. Dagegen sind alle nicht durch den Inhalt unserer Rechtsordnung gebotenen Abweichungen vom deutschen HGB im Interesse der Rechtsgleichheit zu vermeiden. Eine rechtspolitische Überprüfung der einzelnen Bestimmungen des zu recipierenden deutschen Handelsgesetzbuches liegt daher nicht im Rahmen der mir [sc. Oscar Pisko] übertragenen gesetzgeberischen Vorarbeit."[419]

(83) Mit der eng vorgegebenen Marschrute legte *Pisko* am 6. Oktober 1919 seinen ausführlich begründeten und 321 Paragrafen umfassenden Entwurf vor, in dem viele dem ADHGB entlehnte Vorschriften eingefügt waren, jedoch auch extensive Vorschriften des HGB 1897, des BGB, des FGG, der KO und der ZPO rezipiert wurden.[420] Neben wirtschaftlichen Interessen waren aber auch der „nahe bevorstehende vermeinte Anschluß Österreichs an das Deutsche Reich bestimmend".[421, 422] Der Entwurf kam jedoch zur Unzeit, da mit dem Vertrag von St. Germain am 10. Mai 1919 Anschlussgedanken Deutschösterreichs an das Deutsche Reich durch den berühmten und umstrittenen Art. 88 völkerrechtlich praktisch ausgeschlossen waren[423] und sich auch vielfache Kritik am Entwurf entlud.[424] Mit Erscheinen des Lehrbuchs *Oskar Piskos* zum österreichischen Handelsrecht 1923 hatte sich der Reformprozess totgelaufen.[425] Die einzige Änderung des AHGB, die eine Angleichung an deutsches Recht während der Ersten Republik bewirken sollte, war die sog. Handelsrechtsnovelle 1928, die den österreichischen Kaufmannsbegriff an das System des HGB 1897 (dazu Rn. (73); wie auch die Synopse bei den §§ 1 ff. HGB) stark annäherte.[426]

(84) **d) Zur Einführung des HGB 1897 in der „Ostmark" im Zuge des sog. „Anschlusses" Österreichs 1938.** Es muss *Oskar Pisko* wie ein unerträglicher Hohn der Geschichte vorgekommen sein, dass seine zu Beginn der Ersten Republik wohlüberlegte und argumentativ auf dem Gedankengut der Handelsrechtswissenschaft des 19. Jahrhunderts aufbauende Forderung[427] (oben Rn. (82) f.) nach einer Annäherung des österreichischen Handelsrechts an das deutsche Recht im Zuge des sog. „Anschlusses" an das nationalsozialistische Deutsche Reich Realität wurde. Durch die sog. „Vierte Verordnung zur Einführung handelsrechtlicher Vorschriften im Lande Österreich" v. 30.12.1938 (4. EVHGB) wurden Teile des HGB 1897, teils in abgewandelter Form sowie flankierend

---

419 Zitiert nach *Wedrac*, Republik Österreich (1918–1938), in: Löhnig/S. Wagner, S. 147, 152 f.

420 *Pisko*, Entwurf eines Handelsgesetzbuches (in der Anlage S. 177 ff. sind synoptisch die Normen aufgeführt, die aus dem deutschen Recht rezipiert wurden); s. dazu auch *O. Frankl*, Die Revision unseres Handelsrechts, Prager Juristische Zeitschrift 1921, 68 ff.; *J. v. Gierke*, Der österreichische Entwurf eines Handelsgesetzbuches, ZHR 85 (1921) 233 ff. (im Wesentlichen jedoch nur den Entwurf zusammenfassend).

421 *Pisko*, HR, S. 12.

422 Vgl. dazu *Pisko*, Richtlinien, S. 8 ff.; *dens.*, Entwurf eines Handelsgesetzbuchs, S. 91 f.

423 Dazu *Olechowski*, in: Kalb/Olechowski/Ziegerhofer, Vertrag von St. Germain, Rn. 486 ff.; *Wedrac*, Rechtsangleichung und Handelsrecht in Österreich 1918–1938, BRGÖ 2022, 350 ff.

424 S. etwa rückblickend *K. Wahle*, ÖJZ 1947, 201; ausführlich unter Auswertung von Archivmaterial *Wedrac*, Republik Österreich (1918–1938), in: Löhnig/S. Wagner, S. 147, 153 ff.

425 S. dazu auch *Pisko*, HR, S. 12.

426 Dazu *Pisko*, Die Novelle zum Handelsgesetzbuch, JBl 1928, 81 ff.; *ders.*, Die Novelle zum Handelsgesetzbuche, Wien 1928; zu den Hintergründen: *Wedrac*, Die Republik Österreich (1918–1938), in: Löhnig/S. Wagner, S. 147, 159 ff.

427 *Pisko*, Richtlinien, S. 8 ff.; *ders.*, Entwurf eines Handelsgesetzbuchs, S. 91 f.

Bestimmungen des BGB eingeführt.[428] Man begnügte sich mit punktuellen Ergänzungen, da man nicht gleichzeitig das ABGB durch das BGB ersetzen wollte, denn in „Großdeutschland" sollte das Zivilrecht durch ein Volksgesetzbuch ersetzt werden, ein Plan, der bekanntlich nie verwirklicht wurde.[429] *Pisko*, der bereits 1893 vom mosaischen zum römisch-katholischen Glauben konvertiert war, bekam die Entrechtung durch den Nazistaat sofort zu spüren.[430] Sein fast gleichaltriger Freund *Heinrich Klang* schildert dies, nachdem er das KZ Theresienstadt überlebt hatte, in einem Nachruf 1946 mit den folgenden Worten:

> „Im März 1938 ist Pisko vom Lehramte enthoben, kurz darauf in den Ruhestand versetzt worden. Er hat unter den Beschränkungen und Demütigungen, die er in der folgenden Zeit erfuhr, seelisch schwer gelitten. Wenige Monate nach seiner Versetzung in den Ruhestand ist er erkrankt und nach langem schweren Leiden im Dezember 1939 gestorben."[431]

Auf den „gesäuberten" Lehrstuhl *Piskos* wurde *Hans Würdinger* (1903–1989) berufen, der seine **(85)**
Gesinnung bereits 1936 mit einem Vortrag über „Das Judentum im Handelsrecht" auf der von *Carl Schmitt* 1936 veranstalteten, infamen Tagung „Das Judentum in der Rechtswissenschaft" unter Beweis gestellt hatte.[432]

Die als Provisorium erdachte 4. EVHGB sowie das HGB 1897 sollten in Österreich lange Be- **(86)**
stand haben. Sie wurden erst 68 Jahre später durch das UGB ersetzt.

e) Vom HGB zum UGB in der Zweiten Republik. Im April 1945 erklärte Österreich seine **(87)**
Unabhängigkeit und gab sich in der Folge eine neue Verfassung. Entsprechend den §§ 1 und 2 des Rechts-Überleitungsgesetzes[433] wurde das öHGB, weil es kein typisches Gedankengut des Nationalsozialismus enthielt, nicht zugunsten des alten AHGB aufgehoben.

---

428 RGBl. I. 1938 Nr. 231, S. 1999 ff. Vgl. dazu aus der zeitgenössischen Stellungnahme vom „Mitläufer und Profiteur" und NSDAP-Mitglied (so *Oberhammer*, „Was hier ...?" – Pisko und die Rechtslehre der Nachkriegszeit, in: Thomale (Hrsg.), Oskar Pisko – Richter, Reformer, Rechtsgelehrter, Wien 2024, S. 29; s. auch *Staudigl-Chiechowicz*, Heinrich Demelius, in: Olechowski/Ehs/Staudigl-Chiechowicz, Wiener Rechts- und Staatswissenschaftliche Fakultät 1918–1938, S. 356 ff.) *H. Demelius*, Die Verweisung des Handelsgesetzbuchs auf das Bürgerliche Gesetzbuch in der Ostmark und im Sudetenland, ZHR 109 (1943) 34 ff.; *Tschadesch*, Die Einführung des deutschen Handelsgesetzbuches im Lande Österreich, ZHR 107 (1940) 211 ff.; *Hefermehl*, Einheit im Handelsrecht zwischen Österreich und Altreich, Soziale Praxis und Archiv für Volkswohlfahrt 1939, Sp. 107 (zu ihm: *Thiessen*, Schande, wem Ehre gebührt? Das Beispiel Wolfgang Hefermehl, in: Koll/Pinwinkler (Hrsg.), Zuviel der Ehre? Interdisziplinäre Perspektiven auf akademische Ehrungen in Deutschland und Österreich, Wien 2019, S. 231 ff.).
Es sind insgesamt vier Verordnungen ergangen. Durch die „Erste Verordnung zur Einführung handelsrechtlicher Vorschriften im Lande Österreich" v. 11.4.1938, RGBl. I S. 385 kam das AktG v. 30.1.1937, EGAktG v. 30.1.1937 und die Erste DurchführungsVO zum AktG v. 29.9.1937 auf neu zu gründende Aktiengesellschaften zur Anwendung. Durch die „Zweite Verordnung zur Einführung handelsrechtlicher Vorschriften im Lande Österreich" v. 2.8.1938, RGBl. I S. 988 wurden das AktG und die Erste DurchführungsVO zum AktG sodann auch auf bereits in Österreich bestehende Aktiengesellschaften angewendet (dazu *Kalss/Burger/Eckert*, Die Entwicklung des österreichischen Aktienrechts, Geschichte und Materialien, Wien 2003, S. 328 ff.). Zudem galt auch das Umwandlungsgesetz 1934 (dazu KölnKommUmwG/*J.W. Flume*[2] Einl. B Rn. 69 ff.) in Österreich. Durch die „Verordnung zur Einführung handelsrechtlicher Vorschriften im Lande Österreich" v. 14.10.1938, RGBl. I S. 1428 wurden die §§ 416–424 HGB 1897 in Österreich eingeführt.

429 Dazu *Meissel/Bukor*, Das ABGB in der Zeit des Nationalsozialismus, in: Fischer-Czermak/Hopf/ Kathrein/Schauer (Hrsg.), Festschrift 200 Jahre ABGB, Wien 2011, S. 17, 22 ff.; *Haferkamp*, Das BGB[2], S. 260 ff.

430 *A.L. Staudacher*, Jüdische Konvertiten in Wien – die Schottenpfarre, Berlin 2024, S. 338.

431 *Klang*, Oskar Pisko, JBl 1946, 210. Zu Klang: *Meissel*, Heinrich Klang (1875–1954), JBl 2016, 151 ff.

432 *H. Heiber*, Universitäten unter dem Hakenkreuz, Teil II. Die Kapitulation der Hohen Schulen. Das Jahr 1933 und seine Themen II., München 1994, S. 348; *Thiessen*, „Ein ungeahnter Erfolg" – zur (Rezeptions-)Geschichte von Hermann Staubs Kommentaren, in: FS Staub zum 150. Geburtstag, S. 107 Fn. 282; siehe auch *N. Leser*, Jüdische Juristen, in: Österreichisches – Jüdisches – Geistes- und Kulturleben II., Wien 1988, S. 1 ff.

433 Verfassungsgesetz über die Wiederherstellung des Rechtslebens in Österreich (Rechts-Überleitungsgesetz) v. 1.5.1945, StGBl. Nr. 6/1945: „Alle nach dem 13. März 1938 erlassenen Gesetze und Verordnungen sowie alle einzelnen

(88) Zu Beginn der Zweiten Republik lassen sich Bestrebungen nachweisen, an einer Reform des österreichischen Handelsrechts zu arbeiten. Es sticht dabei ein Vortrag von *Karl Wahle*[434] (1887–1970) heraus, den dieser auf einer „Arbeitstagung der Donauländischen Juristen in Budapest" 1947 gehalten hatte, in dem er vor dem Hintergrund der historischen Entwicklung des Handelsrechts und der noch frisch bestehenden Nachkriegsordnung für die Ausarbeitung eines „gemeinsamen donauländischen HGB" eintritt.[435] *Wahle* berichtete, dass er einen Gesetzesentwurf in Anlehnung an das A(D)HGB ausgearbeitet hatte, der nach Beratungen in der Handelskammer durch eine Enquete als sog. Handelskammerentwurf angenommen wurde.[436] Die weiteren Beratungen verliefen aber im Sande, da man der Regierung anheimstellte, den Rechtszustand durch Annahme des Entwurfs wiederherzustellen oder an einem neuen HGB zu arbeiten, was *Wahle* rückblickend als (strategischen) „Fehler"[437] bezeichnet. Da eine „Vereinheitlichung des kontinentaleuropäischen Handelsrechtes [...] einer ferneren Zukunft überlassen bleiben" muss, plädiert er dafür, ein „einheitliches Handelsrecht für ganz Osteuropa zwischen Deutschland und Rußland zu schaffen". Als Grundlage für ein solches Einheitsrecht will er auf das polnische Handelsgesetzbuch von 1934 (dazu oben Rn. (8) a.E.) aufbauen, da es auf komparativer Basis erarbeitet wurde und „den modernen Wirtschaftserfordernissen viel besser entspricht, als der des ADHGB, oder gar der auf weltfremden Konstruktionen beruhende uneinheitliche Kaufmannsbegriff des neuen deutschen Rechts".[438]

(89) Die Entwicklung des österreichischen HGB in der zweiten Hälfte des 20. Jahrhunderts ist durch vereinzelte marginalere Änderungen gekennzeichnet, die in unserem Anhang F. nachverfolgt werden können. Relevante „Emanzipationstendenzen"[439] weg vom Text des HGB 1897 ergaben sich insbesondere durch die Einführung des Firmenbuchgesetzes[440] (FBG) 1991, des Maklergesetzes[441] (MaklerG) 1996, durch welche die §§ 96–104 öHGB aufgehoben wurden, sowie im Rechnungslegungsrecht .[442, 443]

(90) Die eigentlichen Reformüberlegungen, die schlussendlich im UGB[444] mündeten, begannen erst am Anfang des 21. Jahrhunderts. Angestoßen durch die deutsche Handelsrechtsreform von 1998[445] bildeten eine Vortragsveranstaltung der Wirtschaftskammer Österreich im Jahr 2001 und die in

Bestimmungen in solchen Rechtsvorschriften, die mit dem Bestand eines freien und unabhängigen Staates Österreich unvereinbar sind [...] oder typisches Gedankengut des Nationalsozialismus enthalten, werden aufgehoben." (§ 1 Abs. 1). „Alle übrigen Gesetze und Verordnungen, die nach dem 13. März 1938 für die Republik Österreich oder ihre Teilbereiche erlassen wurden, werden bis zur Neugestaltung der einzelnen Rechtsgebiete als österreichische Rechtsvorschriften vorläufig in Geltung gesetzt." (§ 2).

434 Zu ihm: *Meissel*, Karl Wahle und die Arbeit der Rückstellungskommissionen, in: FS Aicher, Wien 2012, S. 441 ff.

435 *K. Wahle*, ÖJZ 1947, 201 ff. Für eine Reform des Handelsrechts spricht sich auch *Heinrich Demelius* aus (Zur Vergangenheit und Zukunft des österreichischen Handelsrechts, JBl 1946, 222 ff.). Seine in diesem Beitrag scharf formulierte Ablehnung der 4. EVHGB steht freilich im Kontrast zu der noch 1943 erfolgten technischen Behandlung des Themas (ZHR 109 (1943) 34 ff.; dieser Beitrag ist in JBl 1946, 222 nicht zitiert); s. danach auch *Wünsch*, Sollen die in Deutschland zum HGB seit 1945 erlassenen Novellen Vorbild für eine Neufassung des in Österreich geltenden HGB sein?, in: FS zur 200-Jahr-Feier der Rechtswissenschaftlichen Fakultät der Universität Graz, Graz 1979, S. 341 ff.

436 *K. Wahle*, ÖJZ 1947, 201, 202.

437 *K. Wahle*, ÖJZ 1947, 201, 202.

438 *K. Wahle*, ÖJZ 1947, 201, 202 f.

439 *Krejci*, ZHR 170 (2006) 113, 115.

440 BGBl. 10/1991.

441 BGBl. 262/1996.

442 Rechnungslegungsgesetz (RLG), BGBl. 475/1990.

443 S. auch die Auflistung bei *Straube/Ratka*, in: Straube/Ratka/Rauter (Hrsg.), UGB (Stand 1.9.2019, rdb.at), Einführung Rn. 28; zum AHGB: *Pisko*, in: Staub/Pisko^3, I/1, Einleitung, S. 1 f.

444 Handelsrechts-Änderungsgesetz v. 27.10.2005, BGBl. I Nr. 120/2005.

445 Dazu aus österreichischer Perspektive unter anderem *P. Bydlinski*, Die Reform des deutschen Handelsgesetzbuches: Vorbild für Österreich?, JBl. 1998, 405 ff.; *Schauer*, Die Reform des deutschen Handelsrechts und ihr möglicher Einfluß auf das österreichische Recht, in: FS 100 Jahre Wirtschaftsuniversität Wien, Wien 1998, S. 39 ff.; *Krejci*, Reformbedarf im Handels- und Gesellschaftsrecht, in: FS Handlung, Wien 2001, 263 ff.

der Folge veröffentlichten fundierten Studien[446] von *Heinz Krejci* und *Karsten Schmidt* den Grundstein und Startschuss für den Reformprozess. Hier ist nicht der Ort, über den Ablauf des Reformprozesses zu berichten, da er an anderer Stelle[447] ausführlich beleuchtet wurde und gerade auch in den Erläuterungen zur Regierungsvorlage[448] minutiös nachgelesen werden kann. Aus der Perspektive der Entwicklungsstufen des Handels- und Unternehmensrechts ist aber allemal die Grundentscheidung der Reformverfasser erwähnenswert, weder eine Neukodifikation des Unternehmensrechts zu wagen noch das Handelsgesetzbuch abzuschaffen, sondern überfällige wesentliche Reformschritte vorzunehmen.[449]

446 *Krejci/K. Schmidt*, Vom HGB zum Unternehmensgesetzbuch, *passim*.

447 *W. Dehn/Krejci* (Hrsg.), Das neue UGB, Wien 2005; *Krejci*, in: Krejci (Hrsg.), Reform-Kommentar UGB – ABGB, Wien 2007, Einführung Rn. 15 ff.; *Harrer/Mader* (Hrsg.), Die HGB-Reform in Österreich, Wien 2005; *U. Torggler*, Abschied vom Handelsrecht?, *passim*; *Milla/Vcelouch-Kimeswenger/Martina Weber*, Unternehmensrechts-Änderungsgesetz 2008, Praxiskommentar, Wien 2008.

448 ErläutRV 1058 BlgNR XXII. GP (Regierungsvorlage samt Erläuterungen – Materialien, 224 Seiten).

449 ErläutRV 1058 BlgNR XXII. GP, S. 4 f.

B. Hinweise für die Benutzung der HGB-Synopse

I. Systematische Ordnung und Umfang der Synopse

Die HGB-Synopse besteht aus vier Spalten. Die **erste Spalte** (ganz links) ist mit „HGB^{2024}" überschrieben und führt die weiteren Spalten bei der synoptischen Gegenüberstellung – die Synopse ist also systematisch nach der Ordnung des geltenden deutschen Handelsgesetzbuchs ausgerichtet. Sie enthält den aktuellen Gesetzestext des Handelsgesetzbuches, zuletzt geändert durch Art. 1 des Gesetzes vom 23.10.2024, BGBl. 2024 I Nr. 323. Die **zweite Spalte** mit der Überschrift „HGB^{1897}" gibt den Text des HGB von 1897, zwischenzeitliche Änderungen dieses Textes und später eingefügte HGB-Normen wieder, die **dritte Spalte** mit der Überschrift „ADHGB" den Text des ADHGB von 1861 und die **vierte Spalte** mit der Überschrift „UGB^{2024}" (ganz rechts) den Gesetzestext des österreichischen Unternehmensgesetzbuches, zuletzt geändert durch das öGenossenschaftsrechts-Änderungsgesetz 2024, BGBl. I Nr. 133/2024.

Umfangsmäßig werden von der Synopse nur das **erste Buch** („Handelsstand", §§ 1–104a HGB bzw. „Allgemeine Bestimmungen", §§ 1–58 UGB), das **zweite Buch** („Handelsgesellschaften und stille Gesellschaft", §§ 105–237 HGB bzw. „Offene Gesellschaft, Kommanditgesellschaft und stille Gesellschaft", §§ 105–188 UGB) und – unter Ausklammerung des Fracht-, Speditions- und Lagergeschäfts[1] – das **vierte Buch** („Handelsgeschäfte", §§ 343–475h HGB bzw. „Unternehmensbezogene Geschäfte", §§ 343–460 UGB) erfasst. Nicht behandelt sind hingegen das Bilanzrecht[2] („Handelsbücher", §§ 238–324r HGB bzw. „Rechnungslegung", §§ 189–342 UGB) und das Seehandelsrecht („Seehandel", §§ 476–619 HGB[3]). Auch nicht wiedergegeben wird (bis auf wenige Ausnahmen) das Aktienrecht, das noch bis zum AktG von 1937 im ADHGB bzw. HGB^{1897} in Deutschland bzw. bis 1938 in Österreich im AHGB verankert war.[4] Aus der umfangsmäßigen Beschränkung auf das erste, zweite und vierte Buch des HGB ergibt sich zudem, dass (mit marginalen Ausnahmen) Änderungen des ADHGB in der dritten Spalte nicht nachzuweisen waren. Denn das deutsche ADHGB wurde zwar neben der Überführung in ein Bundes- bzw. Reichsgesetz inhaltlich mehrfach geändert,[5] diese Änderungen betreffen aber das in dieser Synopse nicht wiedergegebene Aktienrecht, das Seehandelsrecht sowie Fragen der Beweisführung durch die Einführung der Civilprozessord-

1 Zur Entwicklung des Transportrechts *Basedow*, Hundert Jahre Transportrecht: Vom Scheitern der Kodifikationsidee und ihrer Renaissance, ZHR 161 (1997) 186 ff.

2 Zur Entwicklung des Bilanzrechts *W. Schön*, Entwicklung und Perspektiven des Handelsbilanzrechts: vom ADHGB zum IASC, ZHR 161 (1997) 133 ff.

3 Zur Entwicklung des Seehandelsrechts im Überblick: *Rabe*, Seehandelsrecht, 4. Aufl., München 2000, Einleitung Rn. 1 ff.; *Herber*, Seehandelsrecht, 2. Aufl., 2016, § 1. Das fünfte Buch des AHGB wurde in Österreich nie in Kraft gesetzt. Vgl. dazu auch *Schreckenthal*, Das österreichische Öffentliche und Privat-Seerecht, Wien 1906; ferner *Gertschner/Schreckenthal*, Das Handelsrecht, Wechselrecht, Konkursrecht und Seerecht von Oesterreich und im Okkupationsgebiet Bosnien und Hercegovina, in: Borchardt (Hrsg.), Die Handelsgesetze des Erdballs, Band XIII, Berlin 1906, S. 413–619; zur weiteren Entwicklung: *B. Koch*, Das in Österreich geltende Seehandelsrecht, RdW 1985, 202.

4 Vgl. zu den Aktienrechtsnovellen 1870 und 1884: *Lieder*, Die 1. Aktienrechtsnovelle vom 11. Juni 1870, in: Bayer/Habersack (Hrsg.), Aktienrecht im Wandel, Tübingen 2007, Bd. I., 10. Kapitel, S. 318 ff.; *Hofer*, Das Aktienrecht von 1884 – ein Lehrstück für prinzipielle Schutzkonzeptionen, in: Bayer/Habersack (Hrsg.), Aktienrecht im Wandel, Tübingen 2007, Bd. I., 11. Kapitel, S. 338 ff.; ferner *W. Schubert/Hommelhoff*, Hundert Jahre modernes Aktienrecht, Eine Sammlung von Texten und Quellen zur Aktienrechtsreform 1884 mit zwei Einführungen, Berlin 1985. Zum Reformvorhaben des Aktienrechts in der Weimarer Zeit: *W. Schubert* (Hrsg.), Quellen zur Aktienrechtsreform der Weimarer Republik (1926–1931), Band 1 u. 2, Frankfurt am Main 1999; *W. Schubert/Hommelhoff* (Hrsg.), Die Aktienrechtsreform am Ende der Weimarer Republik, Berlin 1897. Zum AktG 1937: *Bayer/Engelke*, Die Revision des Aktienrechts durch das Aktiengesetz von 1937, in: Bayer/Habersack (Hrsg.), Aktienrecht im Wandel, Tübingen 2007, Bd. I., 15. Kapitel, S. 619 ff. Zur Entwicklung des österreichischen Aktienrechts: *Kalss/Burger/Eckert*, Die Entwicklung des österreichischen Aktienrechts. Geschichte und Materialien, Wien 2003.

5 Dazu ausführlich *L. Goldschmidt*, Handbuch des Handelsrechts, Erster Band, 2. Aufl., 1875, §§ 18–20, S. 130 ff.

https://doi.org/10.1515/9783111535395-002

nung von 1877.[6] Wiedergegeben wird aber etwa die Änderung von Art. 5 Abs. 1 ADHGB zum Formkaufmann durch die Aktienrechtsnovelle.[7] Zu beachten ist außerdem, dass durch die 32 verschiedenen Einführungsgesetze (dazu Teil A Rn. 37 ff.) teils wesentliche Unterschiede in der letztendlichen Geltung des ADHGB-Textes zu verzeichnen waren. Wiedergegeben werden ferner in der dritten Spalte die partiellen Änderungen, die das ADHGB in Cisleithanien (dazu Teil A Rn. 38) erfahren hat.[8] So wurden der 7. Titel des ersten Buches „Von den Handelsmaklern und Sensalen" (Artt. 66 ff. ADHGB) durch das Gesetz betreffend die Börsen vom 4. April 1875 (RGBl. Nr. 68/1875) geändert. Ferner wurden die Bestimmungen des 6. Titels des ersten Buches „Von den Handlungsgehilfen" (Artt. 57–65) und Art. 56 ADHGB (Konkurrenzverbot des Prokuristen und Generalhandlungsbevollmächtigten) durch das Handlungsgehilfengesetz[9] (HgG, RGBl 20/1910) aufgehoben. Schließlich wurde der Kaufmannsbegriff im ADHGB durch die Handelsrechtsreformnovelle 1928 dem HGB 1897 angenähert (dazu Teil A Rn. 82). Anzumerken ist schließlich, dass in wenigen Fällen die zweite und dritte Spalte abweichend vom üblichen System genutzt werden, um sonst in der zweiten Spalte ausufernde Änderungsnachweise zu begrenzen, etwa bei § 13c.

II. Das in der Synopse angewendete System der Hervorhebungen

Die historischen Änderungen des kodifizierten Handelsrechts werden in der Synopse durch ein System von (i) *Kursivsetzungen*, (ii) grauen Unterlegungen und (iii) „→"-Verweisen kenntlich gemacht.

- *Kursiv gesetzte Wörter, Satzzeichen bzw. Textpassagen* markieren diejenigen Wörter, Satzzeichen bzw. Textpassagen, die auf nachfolgenden Textstufen weggefallen bzw. geändert wurden. Kursivsetzungen blicken also in die Zukunft auf die chronologisch nächste handelsrechtliche Textstufe, beispielsweise ausgehend von einem Artikel des ADHGB auf die korrespondierende Vorschrift des HGB^{1897} oder ausgehend von einer Vorschrift des HGB^{1897} auf die nächste durch ein Änderungsgesetz geänderte Textfassung der Vorschrift. Die kursivgesetzten Änderungen werden zusätzlich in den Fußnoten mit den entsprechenden Fundstellen im Reichsgesetzblatt bzw. Bundesgesetzblatt ausgewiesen. Die Änderungen können chronologisch außerdem in den Änderungstabellen Teil D bis F nachvollzogen werden.
- Grau unterlegte Wörter, Satzzeichen bzw. Textpassagen markieren Textstücke bzw. Textpassagen, die neu eingeführt wurden, sei es, indem der Gesetzgeber einen vollständig neuen Normtext geschaffen hat oder aber der vorherige Text abgeändert wurde. Sie blicken in die Vergangenheit auf die letzte zurückliegende Textstufe der Vorschrift.
- Da die Synopse nach der systematischen Ordnung des gegenwärtigen HGB aufgebaut ist und sich über die Textstufen hinweg systematische Verschiebungen der Normkomplexe ergeben haben, hat diese Ordnung auch Auswirkungen auf die textliche Anordnung der vorangegangenen (historischen) Textstufen. So kann beispielsweise der Text eines Paragrafen des HGB^{1897} im geltenden HGB^{2024} auf zwei oder mehrere Paragrafen verteilt worden sein. Der Ort oder die Orte, an dem oder an denen der (alte) Absatz oder die gesamte Norm wiederzufinden ist wird durch einen „→"-Verweis gekennzeichnet. Die Paragrafennennung ist dabei stets auf die

6 Dazu *K. Gareis*, Das Deutsche Handelsrecht, 8. Aufl., 1909, S. 13 f.

7 Art. 5 neu gefasst durch § 1 Gesetz v. 11.6.1870 (Gesetz, betreffend die Kommanditgesellschaften auf Aktien und die Aktiengesellschaften), BGBl. S. 375.

8 Zu den Änderungen vgl. *Gertscher*, Das Handelsrecht, Wechselrecht, Konkursrecht und Seerecht von Oesterreich und im Okkupationsgebiet Bosnien und Hercegovina, in: Borchardt (Hrsg.), Die Handelsgesetze des Erdballs, Band XIII, Berlin 1906, S. 6 ff.; *Pisko*, in: Staub/Pisko, AHGB, Band I/1, 3. Aufl., Wien 1935, AHGB, Einleitung, S. 1 f.; *ders.*, Österreichisches Recht, B. Österreichisches Handelsrecht, in: Stier-Somlo/Elster (Hrsg.), Hwb. der Rechtswissenschafen, Bd. IV., Berlin 1927, S. 298 ff.; *Straube/Ratka*, in: Straube/Ratka/Rauter, UGB (Stand 1.9.2019, rdb.at), Einführung Rn. 28.

9 Dazu *F. Mayer/S. Grünberg*, Dienstvertrag der Handlungsgehilfen, 3. Aufl., Wien 1915; *Pisko*, Entwurf zu einem Handlungsgehilfengesetz, JBl 1907, 433 ff., 445 ff., 457 ff., 484 f.; *ders.*, Das Handlungsgehilfengesetz, ZHR 63 (1919) 453 ff.; *Baryli*, Die Geschichte des Dienstrechts der Angestellten, in Steindl (Hrsg), Wege zur Arbeitsrechtsgeschichte, Frankfurt a.M. 1984, S. 295 ff.

Nummerierung des HGB^{2024} bezogen, weil nur das HGB^{2024} in der Synopse eine durchgehend aufsteigende Paragrafenzählung aufweist.

Bei dem in der Synopse angewandten System der Hervorhebungen ist zu berücksichtigen, dass dieses an manchen Stellen notwendigerweise ein Moment der **Textinterpretation** enthält, so dass teilweise nicht jede Änderung „mechanisch" in unserem Markierungssystem nachvollzogen wurde, sondern die Entscheidung, ob eine Kursivsetzung oder eine graue Markierung vorgenommen wurde, von uns teilweise aufgrund einer inhaltlichen Bewertung getroffen wurde. Wir sind uns auch darüber im Klaren, dass unser Markierungssystem in der Umsetzung fehleranfällig ist, aber seine Vorteile sollten die Nachteile aufwiegen.

III. Zur grafischen Kenntlichmachung der Reformschritte über die Textstufen hinweg

Die durch den Gesetzgeber vollzogenen Reformschritte lassen sich grafisch dadurch erfassen, dass jeweils die vorangegangene Textstufe kursiv gesetzt und die nachfolgende Textstufe grau unterlegt ist. Eine Norm, die seit dem ADHGB in jeder Textstufe abgeändert wurde, lässt sich nach dem in der Synopse angewandten Markierungssystem daran erkennen,

- dass der Normtext in der ADHGB-Spalte kursiv gesetzt ist (d.h. der Ur-Text des ADHGB^{1861} wurde also durch das HGB^{1897} abgeändert, neu gefasst oder teilweise auch schlicht aufgehoben),
- der Normtext in der HGB^{1897}-Spalte kursiv und grau unterlegt ist (d.h. durch das HGB^{1897} wurde ein neuer Normtext eingeführt und durch die Kursivsetzung zeigen wir zugleich an, dass der Text in einer nachfolgenden Textstufe wieder abgeändert oder aufgehoben wurde)
- und schließlich sind in der HGB^{2024}-Spalte die letzten Änderungen bzw. Reformschritte durch graue Markierungen (marginale Änderungen sind auch in dieser Spalte durch Kursivsetzungen hervorgehoben) kenntlich gemacht.

Zur Erleichterung der Orientierung der Leserinnen und Leser sind zudem historische Kontinuitäten im Normtext über die Textstufen hinweg mit Gleichheitszeichen unter dem jeweiligen Paragrafen angegeben. Bei § 7 HGB ist somit beispielsweise angegeben „[= § 7 HGB v. 1897]". Damit ist gesagt, dass § 7 HGB^{2024} wortlautidentisch mit § 7 HGB^{1897} ist, die geltende Bestimmung des § 7 HGB also auf diese historische Textstufe zurückgeführt werden kann. An manchen Stellen findet sich auch bei der Setzung des Gleichheitszeichens eine Textinterpretation. Das ist der Fall, wenn ein Gleichheitszeichen gesetzt ist, obwohl der Text nicht vollkommen wortlautidentisch ist. In solchen Fällen wurde ein Gleichheitszeichen nur gesetzt, wenn die Änderung des Textes marginal und sicher ohne inhaltliche Bedeutung ist – etwa eine bloße Änderung der Rechtschreibung („Gesammtprokura" in § 48 Abs. 2 HGB^{1897}/„Gesamtprokura" in § 48 Abs. 2 HGB^{2024}) oder nur eine marginale grammatikalische Änderung betrifft („Schlusse eines jeden Geschäftsjahres" in Art. 255 Abs. 1 ADHGB/„Am Schlusse jedes Geschäftsjahrs" in § 232 HGB^{2024}).

IV. Nichtamtliche und amtliche Überschriften

Die HGB-Synopse gibt die amtlichen Gliederungsüberschriften (Buch, Abschnitt, Titel) des HGB^{2024}, UGB^{2024} sowie des HGB^{1897} und des ADHGB wieder. Darüber hinaus werden auch die amtlichen Überschriften der Einzelnormen abgedruckt, soweit sie nachträglich dem Gesetzestext hinzugefügt wurden. Das HGB^{1897}, das ADHGB sowie das AHGB hatten noch keine amtlichen Überschriften für die Einzelvorschriften, sondern die nunmehr bestehenden amtlichen Überschriften wurden erst nachträglich durch Änderungsgesetze eingeführt. Dabei ist der Gesetzgeber im Laufe der Zeit nicht so vorgegangen, dass nunmehr alle Vorschriften des HGB eine amtliche Überschrift tragen, sondern dies ist nach wie vor nur teilweise der Fall, obwohl sich der Gesetzgeber der Vorteile (insbesondere erleichterte Orientierung) solcher Überschriften bewusst ist und sie auch anstrebt.[10] Für die amtlichen Überschriften wird das oben dargelegte Schema „kursiv"/"grau unterlegt" verwendet.

Der Verlag C.H.Beck vergibt für seine Textausgaben bekanntlich nichtamtliche Überschriften, an denen sich selbst der Gesetzgeber bei der späteren Vergabe amtlicher Überschriften gelegentlich zu orientieren scheint.[11] Diese redaktionellen Überschriften werden hier wegen ihrer Bekanntheit für das HGB und auch für andere Normen, die in der HGB-Synopse eine Rolle spielen (z.B. des AktG), in eckigen Klammern wiedergegeben; sie entsprechen denjenigen, die in *Habersack*, Deutsche Gesetze, wiedergegeben sind. Historisch lassen sich solche nichtamtliche Überschriften schon in der Textausgabe des HGB von *Karl Gareis*[12] (1909) und *Julius von Gierke*[13] oder auch zum BGB in der von *Fritz Schulz*[14] (1931) bearbeiteten Textsammlung nachweisen. Nichtamtliche Überschriften sind bisher in ihrer Genese und Wirkung so gut wie nicht erforscht.[15]

V. Die Identifizierung der gewünschten Normgenese

1. Die Rückschau: Woher stammt eine Norm?

Regelmäßig wird das Interesse darin bestehen, die Normgenese vom geltenden Recht aus rückblickend zu erschließen. Dafür bietet es sich an, zunächst über die Spalte ganz links oder ganz rechts die Zeile der aktuellen Vorschrift des deutschen oder österreichischen Rechts aufzusuchen, für die man sich interessiert. Mit Hilfe des Anhanges J. kann zudem die systematische Ordnung des UGB^{2024} und des HGB^{2024} abgeglichen werden.

Um die Synopse chronologisch lesen zu können, sollte man sodann in der entsprechenden Zeile in der dritten Spalte „ADHGB" beginnen. In dieser Spalte ist der Teil des ADHGB-Textes kursiv gesetzt, der sich in der nächsten Textstufe, dem HGB von 1897 (zweite Spalte), ändert. Schaut man von dort in die zweite Spalte „HGB^{1897}", so ist dort der Teil des Textes grau unterlegt, der auf dieser Textstufe neu oder geändert ist. Kursiv gedruckt ist in der zweiten Spalte „HGB^{1897}" der Teil des Textes, der sich in der ersten Spalte „HGB^{2024}" ändert. Grau unterlegt ist in der ersten Spalte „HGB^{2024}" der Gesetzestext, der sich auf der Ebene der aktuellen Textstufe des HGB geändert hat. In der vierten Spalte „UGB^{2024}" wird aus Platzgründen nur der aktuelle Text des UGB wiedergegeben; dieser Text ist weder kursiv gesetzt noch grau unterlegt. Eine Besonderheit ergibt sich, wenn das HGB von 1897 nach seinem Inkrafttreten geändert wurde. Diese Änderungen sind innerhalb der zweiten Spalte „HGB^{1897}" ebenfalls entsprechend dem „kursiv"/"grau unterlegt"-Schema nachvollzogen.

---

10 Vgl. dazu Bundesministerium der Justiz, Handbuch der Rechtsförmlichkeit, 4. Aufl. 2024 („Empfehlungen des Bundesministeriums der Justiz für die rechtsförmliche Gestaltung von Gesetzen und Rechtsverordnungen nach § 42 Absatz 4 und § 62 Absatz 2 der Gemeinsamen Geschäftsordnung der Bundesministerien"), Teil C, Rn. 378, 380.

11 Vgl. dazu *Rüfner*, Amtliche Überschriften für das BGB, ZRP 2001, 12 (mit Blick auf das Schuldrecbtsmodernisierungsgesetz).

12 Handelsgesetzbuch vom 10. Mai 1897 nebst dem Einführungsgesetze vom 10. Mai 1897, Handausgabe mit Einleitung, erläuternden Anmerkungen und Sachregister, 2. Aufl., München 1900.

13 Handelsgesetzbuch nebst Wechselordnung und Scheckgesetz mit systematischen Paragraphenüberschriften und ausführlichem Sachregister, Band 4, der Reihe Lehrausgaben deutscher Gesetze, O. Bühler (Hrsg.), Berlin 1931.

14 Bürgerliches Gesetzbuch mit Einführungsgesetz, Textausgabe, Band 1, der Reihe Lehrausgaben deutscher Gesetze, O. Bühler (Hrsg.), 2. Aufl., Berlin 1931.

15 Eine Ausnahme bildet *Rüfner*, Amtliche Überschriften für das BGB, ZRP 2001, 12.

2. Vom Ur-Text des ADHGB^{1861} zum HGB^{2024}

Die Normgenese einer handelsrechtlichen Vorschrift kann schließlich auch mit Hilfe des Anhangs H. auch aus der Perspektive des ADHGB^{1861} nachvollzogen werden. Dieser Anhang enthält auch die instruktiven Ausführungen aus *Hermann Staubs* Supplement aus dem Jahr 1897, in denen *Staub* aus der Perspektive des ADHGB die kommenden Änderungen durch die Einführung des HGB und BGB beschreibt.

VI. Ein Beispiel: die Normgenese von § 15 HGB

Erläutert sei der Umgang mit der Synopse anhand der Normgenese des aktuellen § 15 HGB:

HGB^{2024}	HGB^{1897}	ADHGB	UGB^{2024}
§ 15[16] [Publizität des Handelsregisters] (1) Solange eine in das Handelsregister einzutragende Tatsache nicht eingetragen und bekanntgemacht ist, kann sie von demjenigen, in dessen Angelegenheiten sie einzutragen war, einem Dritten nicht entgegengesetzt werden, es sei denn, daß sie diesem bekannt war. (2) [1]Ist die Tatsache eingetragen und bekanntgemacht worden, so muß ein Dritter sie gegen sich gelten lassen. [2]Dies gilt nicht bei Rechtshandlungen, die innerhalb von fünfzehn Tagen nach der Bekanntmachung vorgenommen werden, sofern der Dritte beweist, daß er die Tatsache weder kannte noch kennen mußte. (3) Ist eine einzutragende und bekannt ge-	**§ 15** (1) Solange eine in das Handelsregister einzutragende Thatsache nicht eingetragen und bekannt gemacht ist, kann sie von demjenigen, in dessen Angelegenheiten sie einzutragen war, einem Dritten nicht entgegengesetzt werden, es sei denn, daß sie diesem bekannt war. (2) Ist die Thatsache eingetragen und bekanntgemacht worden, so muß ein Dritter sie gegen sich gelten lassen, *es sei denn,* daß er sie weder kannte noch kennen mußte. (3) Für den Geschäftsverkehr mit einer in das Handelsregister *eingetragenen Zweigniederlassung* ist im Sinne dieser Vorschriften die Eintragung und Bekanntmachung durch das Gericht der Zweigniederlassung entscheidend.	**Art. 25** (1) [→ § 31] (2) Ist *die Aenderung oder das Erlöschen* nicht in das Handelsregister eingetragen *und öffentlich* bekannt gemacht, *so* kann derjenige, *bei welchem jene* Thatsachen *eingetreten sind, dieselben* einem Dritten *nur insofern* entgegensetzen, *als er beweist,* daß sie *dem letzteren* bekannt waren. (3) Ist die *Eintragung und Bekanntmachung geschehen,* so muß ein Dritter *die Aenderung oder das Erlöschen* gegen sich gelten lassen, *sofern nicht die Umstände die Annahme begründen,* daß er *diese* Thatsachen weder gekannt *habe,* noch *habe* kennen müssen.	**§ 15 Publizität des Firmenbuchs** (1) Solange eine in das Firmenbuch einzutragende Tatsache nicht eingetragen ist, kann sie von demjenigen, in dessen Angelegenheiten sie einzutragen war, einem Dritten nicht entgegengesetzt werden, es sei denn, daß sie diesem bekannt war. (2) [1]Ist die Tatsache eingetragen worden, so muß ein Dritter sie gegen sich gelten lassen. [2]Dies gilt nicht bei Rechtshandlungen, die innerhalb von 15 Tagen nach der Eintragung vorgenommen werden, sofern der Dritte beweist, daß er die Tatsache weder kannte noch kennen mußte. (3) Wer eine unrichtige Eintragung veranlasst oder eine, wenn auch nicht von ihm veranlasste, wohl aber von ihm als unrichtig

16 § 15 Abs. 4 S. 2 aufgehoben, bisheriger S. 1 geändert durch Art. 1 Nr. 9 Gesetz v. 10.11.2006 (EHUG), BGBl. I S. 2553, m.W.v. 1.1.2007; § 15 Abs. 3 neu gefasst, Abs. 5 eingefügt durch Gesetz v. 5.7.2021, BGBl. I S. 3338 (DiRUG), m.W.v. 1.8.2022.

HGB^{2024}	HGB^{1897}	ADHGB	UGB^{2024}
machte Tatsache unrichtig eingetragen, so kann sich ein Dritter demjenigen gegenüber, in dessen Angelegenheit die Tatsache einzutragen war, auf die eingetragene Tatsache berufen, es sei denn, dass er die Unrichtigkeit kannte. (4) Für den Geschäftsverkehr mit einer in das Handelsregister eingetragenen Zweigniederlassung eines Unternehmens mit Sitz oder Hauptniederlassung im Ausland ist im Sinne dieser Vorschriften die Eintragung und Bekanntmachung durch das Gericht der Zweigniederlassung entscheidend. (5) Die Absätze 1 bis 3 sind nicht anzuwenden im Hinblick auf die im Registerblatt einer Kapitalgesellschaft eingetragenen Informationen über eine Zweigniederlassung der Gesellschaft im Ausland. [Abs. 1 = § 15 Abs. 1 idF. 1897]	**§ 15 idF. 1969**[17] (1) [= § 15 Abs. 1 idF. 1897] (2) [1]Ist die Tatsache eingetragen und bekanntgemacht worden, so muß ein Dritter sie gegen sich gelten lassen. [2]Dies gilt nicht bei Rechtshandlungen, die innerhalb von fünfzehn Tagen nach der Bekanntmachung vorgenommen werden, sofern der Dritte beweist, daß er die Tatsache weder kannte noch kennen mußte. (3) Ist eine *einzutragende Tatsache unrichtig bekanntgemacht*, so kann sich ein Dritter demjenigen gegenüber, in dessen Angelegenheit*en* die Tatsache einzutragen war, auf die *bekanntgemachte* Tatsache berufen, es sei denn, *daß* er die Unrichtigkeit kannte. (4) [= § 15 Abs. 3 idF. 1897] **§ 15 Abs. 4 S. 2 idF. 2001**[18] (4) [2]*Für Zweigniederlassungen von Unternehmen mit Sitz im Inland gilt dies nur für die in § 13 Abs. 6 angeführten Tatsachen.*		erkannte oder für ihn als unrichtig erkennbare Eintragung aus Verschulden nicht löschen lässt, muss die unrichtige Eintragung dem Dritten gegenüber im Geschäftsverkehr gegen sich gelten lassen, sofern er nicht beweist, dass der Dritte nicht im Vertrauen auf die Eintragung gehandelt hat oder deren Unrichtigkeit kannte oder grob fahrlässig nicht kannte. (4) § 3 bleibt unberührt.

17 § 15 Abs. 2 neu gefasst, Abs. 3 eingefügt, der bisherige Abs. 3 wird Abs. 4 durch Art. 1 Nr. 2 Gesetz v. 15.8.1969, BGBl. I S. 1146, m.W.v. 1.9.1969.

18 § 15 Abs. 4 S. 2 eingefügt durch Art. 4 Nr. 6 Gesetz v. 18.1.2001 (NaStraG), BGBl. I S. 123, m.W.v. 25.1.2001.

Die dritte Spalte „ADHGB“ zeigt, dass § 15 HGB^{2024} zumindest teilweise mit Art. 25 Abs. 2 und 3 ADHGB korrespondiert. Der dort unter Abs. 1 vermerkte Verweis „[→ § 31 HGB]“ bezieht sich auf die Zeile zu § 31 HGB^{2024}, wo auch Art. 25 Abs. 1 ADHGB – der die Änderung oder das Erlöschen der Firma betrifft – abgedruckt ist. Die zweite Spalte enthält den Text des § 15 HGB^{1897}, und dort ist oben grau unterlegt, was sich gegenüber Art. 25 Abs. 2 und 3 ADHGB geändert hat. Folgt man der zweiten Spalte nach unten, so sieht man, dass § 15 durch ein Gesetz von 1969 teilweise neu gefasst und § 15 Abs. 4 S. 2 durch ein Gesetz von 2001 geändert wurde. Innerhalb der zweiten Spalte wurde das Schema „kursiv“/“grau unterlegt“ verwendet, um die entsprechenden Änderungen des HGB von 1897 kenntlich zu machen. In der zweiten Spalte bedeutet der Zusatz „(4) = § 15 Abs. 3 idF. 1897“ bei § 15 idF. 1969, dass der Abs. 4 den gleichen Wortlaut hat wie § 15 Abs. 3 idF. 1897. Blickt man nun in die erste Spalte „HGB^{2024}“, so sieht man den Gesetzestext von 2024, in dem die Änderungen gegenüber dem letzten Stand der zweiten Spalte durch graue Unterlegung kenntlich gemacht wurden. Die Fußnoten zu den Spalten verweisen auf die Änderungsgesetze. Hingewiesen wird durch „[Abs. 1 = § 15 Abs. 1 idF. 1897]“ außerdem darauf, dass § 15 Abs. 1 HGB^{2024} gleich § 15 Abs. 1 HGB^{1897} ist. Die vierte Spalte zeigt § 15 UGB^{2024}, der mit § 15 HGB^{2024} korrespondiert (aber zum Teil einen anderen Wortlaut hat).

C. Handelsrechtliche bzw. unternehmensrechtliche Literatur des 19., 20. und 21. Jahrhunderts

Übersicht

I. Vor dem ADHGB (erste Hälfte des 19. Jahrhunderts[1])

1. *Bender, Johann H.,*
   Grundsätze des deutschen Handlungs-Rechts, 2 Bände, Darmstadt 1824–1828
2. *Brinckmann, Carl H. L.,*
   Lehrbuch des Handelsrechts, fortgesetzt von *W. Endemann,* Heidelberg 1853–1860
3. *Fischer, Ferdinand,*
   Preußisches kaufmännisches Recht: Gesetzbuch, Lehrbuch und Kommentar, Breslau 1856
4. *Heise, Georg A.,*
   Heise's Handelsrecht, Nach dem Original Manuscript, Vorlesungen 1814–1818, Frankfurt am Main 1858
5. *Heise, Georg A./Cropp, Friedrich,*
   Juristische Abhandlungen mit Entscheidungen des Oberappellationsgerichts der vier freien Städte, Erster Band, Hamburg 1827, Zweiter Band, Hamburg 1830
6. *Hiersemenzel, Carl C. E.,*
   Preußisches Handelsrecht, Berlin 1856
7. *Jacob, Ludwig H. von,*
   Grundriss der Handelswissenschaft f. Staatsgelehrte, Halle 1828

1 Für die Zeit vor 1800 siehe *L. Goldschmidt,* Handbuch des Handelsrechts, Erster Band, 2. Aufl., 1875, §§ 3 ff., S. 7 ff.; *ders.,* ZHR 1 (1858), 1 ff.; ferner *Scherner,* Anfänge einer deutschen Handelsrechtswissenschaft im 18. Jahrhundert, ZHR 136 (1972) 465 ff.; *Pohlmann* in: Coing (Hrsg.), Handbuch der Quellen und Literatur der neuen europäischen Privatrechtsgeschichte, Bd. I., Mittelalter (1110–1500), Die gelehrten Rechte und die Gesetzgebung, München 1973, S. 802 ff., 815 ff.; *Lammel,* in: Coing (Hrsg.), Handbuch der Quellen und Literatur der neuen europäischen Privatrechtsgeschichte, Bd. II./2, Neuere Zeit (1500–1800), Das Zeitalter des gemeinen Rechts, Gesetzgebung und Rechtsprechung, München 1976, S. 571 ff.

https://doi.org/10.1515/9783111535395-003

8. *Leuchs, Johann M.,*
   a. Vollständiges Handelsrecht, Mit Beziehung auf die neusten Gesetze der vorzüglichsten Länder und Städte, Nürnberg 1822
   b. Vollständige Handelswissenschaft oder System des Handels, 1. Theil Bürgerliche Handelswissenschaft, 2. Theil Staatshandelswissenschaft, 3. Theil Die Forderungen an die Handelsleute, die Erziehung, das kaufmännische Leben und die Bücherkenntniss enthalten, Nürnberg 1804, 2. Aufl., 1817, 3. Aufl., 1822, 4. Aufl., 1839
9. *Mallinkrodt, Christian von,*
   Allgemeines Handlungsrecht für die Preußischen Staaten: Ein geordneter Auszug aus dem allgemeinen Landrecht und der allgemeinen Gerichtsordnung für die Preußischen Staaten, Dortmund 1796, 2. Aufl., 1800, 3. Aufl., 1825, 4. Aufl., 1839, 5. Aufl., 1853
10. *Martens, Georg F. von,*
   a. Grundriß des Handelsrechts, insbesondere des Wechsel- und Seerechts, Göttingen 1798, 2. Aufl., 1805, 3. Aufl., 1820
   b. Gesetze und Verordnungen der einzelnen europäischen Mächte über Handel Schifffahrt und Assekuranzen seit der Mitte des 17. Jhr., 1. Teil: Frankreich, Göttingen 1802
11. *Mirus, Alexander,*
   Die Grundsätze der preußischen Handelsgesetzgebung, mit Rücksicht auf die neusten Verordnungen systematisch dargestellt, Berlin 1834
12. *Morstadt, Karl E.,*
   Commentar über das Handelsrecht Deutschlands und Frankreichs, kritisch-pragmatisch; auf der Basis des (mitabgedruckten) Grundrisses von Martens, Erster Theil: das Ganze befassend, außer dem Wechselbrief- und Seefrachtwesen, Heidelberg 1849
13. *Musaeus, Johann D. H.,*
   Grundsätze des Handlung- und Wechselrechts, zum Gebrauch akademischer Vorlesungen, Hamburg 1785, 3. Aufl., Giessen 1827
14. *Noback, Carl A.,*
   Der Handel in Companie, in merkantilistischer und rechtlicher Hinsicht, Theoretisch und praktisch erläutert, Ilmenau 1829, 2. Aufl., 1842
15. *Noback, Friedrich E.,*
   Systematisches Lehrbuch der Handelswissenschaft, Zum Selbststudium und als Grundlage bei Vorträgen, Nebst einem Anhang: Die Formulare der wichtigsten Handels-Papiere, Berlin 1849, 2. Aufl., 1851
16. *Noback, Johann Ch.,*
   Handbuch der Münz-, Bank- und Wechselverhältnisse aller Länder und Handelsplätze, Rudolstadt 1833
17. *Noback, Johann Ch./Noback, Friedrich E.,*
   Vollständiges Taschenbuch der Münz-, Maass- und Gewichts-Verhältnisse, der Staatspapiere, des Wechsel- und Bankwesens und der Usanzen aller Länder und Handelsplätze, Leipzig, 2 Bände, 1850–1851 (2. Aufl. des 1833 erschienenen Handbuchs von *J. C. Noback*)
18. *Pardessus, Jean M.,*
   Lehrbuch d. Handelsrechts, mit Ausschluss des Seerechts, Frei bearbeitet nach dem Cours du droit commercial von Pardessus mit Noten begleitet vom August Schiebe und einer Vorrede von Mittermaier, Leipzig 1838
19. *Pöhls, Meno,*
   Darstellung des gemeinen deutschen und des Hamburgischen Handelsrechts für Juristen und Kaufleute, Band I.: Allgemeiner Teil, enthält das eigentliche Handelsrecht, Band II. (zwei Teile): Wechselrecht, Band III. (vier Teile): Seerecht, Band IV. (zwei Teile: Assecuranzrecht), Band II.–IV. auch mit besonderem Titel, Hamburg 1828–1834
20. *Schedel, Johann Ch.,*
   a. Der allgemeine und besonders deutsche Kaufmann, oder gemeinnützige Beyträge zur Kenntniß des Handels überhaupt, 1786

b. Handbuch der kaufmännischen Jurisprudenz, oder Beyträge zur Kentniß einheimischer und auswärtiger Handelsrechte, Gesetze und Gebräuche, die den Kaufmann interessieren, Leipzig 1793

21. *Schuncken, Friedrich W.,*
Das preußische Handels- und Wechselrecht oder vollständiger Handelscodex des preußischen Staats, 2 Bände, Elberfeld 1821

22. *Thöl, Heinrich,*
a. Das Handelsrecht als gemeines in Deutschland geltendes Privatrecht, Erster Band: Das engere Handelsrecht, Göttingen 1841, 2. Aufl., 1847, 3. Aufl., 1854, 4. Aufl., 1862;
Zweiter Band: Das Wechselrecht, Göttingen 1847, 2. Aufl., 1865, 3. Aufl., 1873, 4. Aufl., 1878
b. Ausgewählte Entscheidungsgründe des Oberapellationsgerichts der freien Städte Deutschlands, Göttingen 1857

23. *Wunderlich, Gottlieb F. W. A. von,*
Handelsrecht: nach dem Original-Manuscript, Frankfurt a.M. 1858

II. ADHGB 1861[2]

a) Lehrbücher und Gesamtdarstellungen

1. *Auerbach, Werner,*
Das neue Handelsgesetz, systematisch dargestellt, Erste Abtheilung, Frankfurt a.M. 1863, Zweite Abtheilung 1865

2. *Behrend, Jakob F.,*
Lehrbuch des Handelsrechts, Band I., Abt. 1, Berlin 1886; Abt. 2 1896 (unvollendet)

3. *Canstein, Raban von,*
Das Handelsrecht: für das Universitätsstudium, Sachenrecht und Obligationenrecht, 2 Bände, Berlin 1896

4. *Cosack, Konrad,*
Lehrbuch des Handelsrechts, Stuttgart 1888, 2. Aufl., 1893, 3. Aufl., 1895, 4. Aufl., 1898, 5. Aufl., 1900, 6. Aufl., 1903, 7. Aufl., 1909, 7. neubearb. Aufl., 1910, 8. Aufl., 1920, 9. Aufl., 1922, 10. und 11. fortgef. Aufl., 1923, 12. Aufl., 1930
(6. Aufl. ins Französische übersetzt)

5. *Dockhorn, August,*
System des preußischen Handelsrechts, Kempen 1863

6. *Endemann, Wilhelm,*
a. Das deutsche Handelsrecht, systematisch dargestellt, Leipzig 1865, 2. Aufl., 1868, 3. Aufl., 1876, 4. Aufl., 1887
b. (Hrsg.), Handbuch des Deutschen Handels-, See- und Wechselrechts, 4 Bände, 1881–1885

7. *Hahn, Friedrich von,*
Handelsrechtliche Vorträge, Leipzig 1875

8. *Hergenhahn, Theodor/Tuchatsch,*
Die offene Handelsgesellschaft (Artikel 85–149 des Allgem. Deutschen Handelsgesetzbuches), Eine systematische, für den Gebrauch im Geschäftsleben bestimmte Darstellung der gesamten

2 Eine sehr umfangreiche nach Artikeln des ADHGB gegliederte Aufbereitung der einschlägigen Literatur findet sich in *Voigtel*, Uebersicht der Literatur des Deutschen Handelsrechts seit der Einführung des Allgemeinen Deutschen Handelsgesetzbuches 1862–1875 nebst Anhang, ein Verzeichnis der deutschen juristischen Zeitschriften und periodischen Urtheils-Sammlungen, Berlin 1876; hilfreich ferner *H. Gabriel*, Systematisches General-Register zur Zeitschrift für das gesamte Handelsrecht, Band 1-XXV, Berlin 1881; *J.A. Elvers*, Systematisches General-Register zur Zeitschrift für das gesamte Handelsrecht, Band XXVI–L, Stuttgart 1906.

auf die offene Handelsgesellschaft und deren Teilhaber sich beziehenden Rechtsverhältnisse, Leipzig 1894

9. *Gad, Christian M. A.,*
   Handbuch des allgemeinen deutschen Handelsrechts, Teil 1: Engeres Handelsrecht, Berlin 1863 (unvollendet)
10. *Gareis, Karl von,*
    Das deutsche Handelsrecht, Berlin 1880, 2. Aufl., 1884, 3. Aufl., 1888, 4. Aufl., 1892, 5. Aufl., 1896, 6. Aufl., 1899, 7. Aufl., 1903, 8. Aufl., 1909
11. *Goldschmidt, Levin,*
    a. Handbuch des Handelsrechts, Erster Band, erste Abtheilung, enthaltend die geschichtlich-literarische Einleitung und die Grundlehre, 1864 Erlangen, 2. Aufl., Stuttgart 1874, 3. Aufl., Stuttgart 1891
    b. Handbuch des Handelsrechts, Erster Band, zweite Abtheilung, enthaltend die Lehre von der Waare, Erlangen 1868
    c. Handbuch des Handelsrechts, Zweiter Band, Zweite völlig umgearbeitete Auflage, Erste Lieferung (Bogen 1–8, 128 S.), Stuttgart 1883
    d. Handbuch des Handelsrechts, Band I, Abt. 1, 2: die Lehre von der Waare, Stuttgart 1864, 1868; – Abt. 1, 2. Aufl. Stuttgart 1875; Band II, 2. Aufl., 1. Lfg., 1883
    e. System des Handelsrechts: mit Einschluss des Wechsel-, See- und Versicherungsrechts im Grundriss, Stuttgart 1887 (62 S.), 2. Aufl., 1889 (248 S.), 3. Aufl., 1891 (277 S.), 4. Aufl., 1892 (293 S.)
    f. Handbuch des Handelsrechts, Dritte völlig umgearbeitete Auflage, Erster Band, Geschichtlich-literarische Einleitung und die Grundlehren, Erste Abteilung: Universalgeschichte des Handelsrechts, Erste Lieferung (468 S.), Stuttgart 1891
    g. Vermischte Schriften, 2 Bände, Berlin 1901
12. *Grünewald, Eduard,*
    Repertorium zum allgemeinen deutschen Handelsgesetzbuch, 2. Bd., Bamberg 1871/74
13. *Lastig, Gustav,*
    Entwicklungswege und Quellen des Handelsrechts, Stuttgart 1877
14. *Marschner, Gustav,*
    Die Einheit des Handelsrechts durch das Bundesoberhandelsgericht, Leipzig 1870
15. *Mensching, Adolf,*
    Das deutsche Handelsrecht zum praktischen Gebrauch gemeinfaßlich dargestellt, 2. Aufl., Celle 1864
16. *Miller, Bernhard,*
    Das allgemeine deutsche Handels-Gesetzbuch, Ein Wegweiser für Kaufleute und Gewerbetreibende, München 1862
17. *Riesser, Jakob,*
    a. Grundgedanken in den kodifizierten Handelsrechten aller Länder, Stuttgart 1892
    b. Handelsrechts-Practicum: zum Selbststudium, sowie zum akademischen Gebrauche, Freiburg 1885
18. *Scheffer, F./Groß, Carl,*
    Repertorium zum allgemeinen deutschen Handelsgesetzbuch, Kassel 1867
19. *Thöl, Heinrich,*
    Das Handelsrecht in Verbindung mit dem allgemeinen deutschen H.G.B. dargestellt, Band I, 1. Aufl. 1841, 4. Aufl., Göttingen 1862; 5. Aufl., (neuer Titel: „Das Handelsrecht"), Leipzig 1875, 1879, Band II (Wechselrecht), 1878, Band III (Das Transportgewerbe), 1880
20. *Wächter, Oscar,*
    Das Handelsrecht nach dem allgemeinen deutschen Handelsgesetzbuch und den Einführungsgesetzen, für den Gebrauch des Handelsstandes dargestellt, 2 Teile, Leipzig 1865–1866

b) Kommentare zum ADHGB 1861

1. *Anschütz, August/Völderndorff und Waradein, Otto von,*
Kommentar zum allgemeinen deutschen Handelsgesetzbuche mit Ausschluß des Seerechts, 3 Bände, Erlangen 1867–1873 (von einer 2. Aufl. nur 2 Hefte, besorgt von Ph. Allfeld, 1894)
2. *Gareis, Karl von/Fuchsberger, Otto,*
Das allgemeine deutsche Handelsgesetzbuch, Berlin 1891
3. *Hahn, Friedrich von,*
Kommentar zum allgemeinen deutschen Handelsgesetzbuch (mit Ausschluß des Seerechts), 2 Bände, Braunschweig 1862–1867, 2. Aufl., 1871–1876, Band I., in 3. Aufl., 1877, Band I., 4. Aufl., 1894, Band II, 2. Aufl., 1883
4. *Keyßner, Hugo,*
Allgemeines deutsches Handelsgesetzbuch (Buch 1–4) nebst ergänzenden Gesetzen des Reichsoberhandelsgerichts, Berlin 1872, 2. Aufl., 1878
5. *Koch, Christian F.,*
Allgemeines deutsches Handelsgesetzbuch, herausgegeben mit Kommentar und Anmerkung (Separatabdruck aus der 3. Ausg. des Kommentars zum Allgemeinen Landrecht), Berlin 1863
6. *Kowalzig, F.,*
Allgemeines deutsches Handelsgesetzbuch erläutert vornehmlich aus den Entscheidungen des Reichsoberhandelsgerichts, Berlin 1876, 2. Aufl., 1879
7. *Kräwel, Rudolf von,*
Das allgemeine deutsche Handelsgesetzbuch außer dem fünften Buche vom Seehandel und das preußische Einführungsgesetz nebst den wesentlichsten Stellen der Vorarbeiten zu beiden Gesetzen und erläuternden Anmerkungen, Halle 1862
8. *Löhr, Georg,*
Das allgemeine deutsche Handelsgesetzbuch, Erläutert aus den Materialien, der Rechtslehre und den Entscheidungen der deutschen Gerichte, Unter genauer Berücksichtigung der Einführungsgesetze sämtlicher deutschen Staaten, Elberfeld 1868
9. *Maaßen, Julius,*
Allgemeines deutsches Handelsgesetzbuch nebst den Einführungsgesetzen für Preußen und Bayern erläutert, Köln 1862
10. *Makower, Hermann/Meyer, Sally,*
    a. Das allgemeine deutsche Handelsgesetzbuch nebst dem preußischen Einführungsgesetze vom 24. Juni 1861 und der Instruktion vom 12. Dezember 1861: für den praktischen Gebrauch aus den Quellen, Halle 1862, 2. Aufl., 1864, 3. Aufl., 1868, 4. Aufl., 1871, 5. Aufl., 1873, 6. Aufl., 1875, 7. Aufl., 1877, 8. verm. und verb. Aufl., Berlin 1880, 9. Aufl., 1884, 10. Aufl., 1890, 11. Aufl., 1893, 12. Aufl., 1900
    b. Das allgemeine deutsche Handelsgesetzbuch nebst dem preußischen Einführungsgesetze vom 24. Juni 1861 und der Instruktion vom 12. Dezember 1861; mit einem Nachtrage, enthält das Gesetz betreffend die Kommanditgesellschaft auf Aktien und die Aktiengesellschaften vom 18. Juli, Berlin 1862, 2. Aufl., 1865, 3. Aufl., 1868, 4. Aufl., 1871, 5. Aufl., 1873, 6. Aufl., 1875, 7. Aufl., 1877, 8. Aufl., 1880, 9. Aufl., 1884, 10. Aufl., 1890, 11. Aufl., 1893, 1906–1907 (ab 12. Aufl. betr. HGB, 13. Aufl., bearb. von Felix Makower)
11. *Puchelt, Ernst S.,*
Kommentar zum allgemeinen deutschen Handelsgesetzbuch mit besonderer Berücksichtigung der Praxis des Reichsoberhandelsgerichts, Leipzig 1872–1874, 1876, 4. Aufl. in 2 Bänden, bearbeitet von R. Förtsch, 1893–1894
12. *Staub, Hermann,*
Kommentar zum Handelsgesetzbuch, Berlin 1891–1893, 2. Aufl., 1894, 3. Aufl., 1896 (Doppelauflage), 4. Aufl., 1897, 5. Aufl., 1899/1900 (fortgeführt nach dem Tod des Autors bis zur 14. Aufl., (1931–1933), vgl. unten III. b) 26.)

13. *Wengler, Friedrich A.*,
    Das allgemeine deutsche Handelsgesetzbuch mit Ausschluss des fünften Buches, unter Berücksichtigung der von den deutschen Gerichtshöfen ausgesprochenen Präjudizien sowie der neueren handelsrechtlichen Literatur, Leipzig 1867

c) Übersetzungen

1. *Foucher, Victor/Tolhausen, Alexandre,*
   Code de Commerce Allemand et Réglement Général sur le Contrat de Change avec les lois spéciales rendues dans chaque état pour leur mise à exécution, Paris 1864
2. *Gilde, Paul/Lyon-Caen, Ch./Flach, J./Dietz, J.*,
   Code de commerce allemand et loi allem. sur le change traduit et annoté par, Paris 1881
3. *Hegedüs Lajos, Candid,*
   Az általános német kereskedelmi törvény [Ungarisch: Das allgemeine deutsche Handelsgesetzbuch]. Ford. sa közönséges német váltó rendszabály sa magyar kereskedelmi törvényekkel kapcsolatban legfelsőbb engedéllyel közrebocsátotta. Pest, 1863. (Uj Törvénytár XII.)

III. Seit dem HGB 1897[3]

a) Lehrbücher und Gesamtdarstellungen

1. *Borchardt, Oscar* (Hrsg.),
   Die Handelsgesetze des Erdballs, umfassend das Handels-, Wechsel-, Konkurs- und Seerecht aller Kulturvölker mit Ergänzungen und Erläuterungen aus dem Zivilrecht, Prozessrecht und der Gerichtsverfassung und einer Zusammenstellung der handelsrechtlichen Nebengesetze in der Landessprache mit gegenüberstehender deutscher Übersetzung, Berlin 1910
   Bd. 1. Nordamerika, Abt. 1, enthaltend das Handels-, Wechsel-, Konkurs- und Seerecht von den Vereinigten Staaten von Amerika (Teil I–XII) und Mexiko, Berlin 1910,
   Bd. 1. Nord-Amerika, Abt. 2, enthaltend das Handels-, Wechsel-, Konkurs- und Seerecht von den Vereinigten Staaten von Amerika (Teil XIII–XV) und Mexiko, Berlin 1910,
   Bd. 2. Mittel-Amerika: enthaltend das Handels-, Wechsel-, Konkurs- und Seerecht von Guatemala, Honduras, San Salvador, Nicaragua, Costa Rica, Panama, Haiti, Dominikanische Republik, Cuba, Berlin 1910,
   Bd. 3. Süd-Amerika 1: enthaltend das Handels-, Wechsel-, Konkurs- und Seerecht von Columbia, Venezuela, Ecuador, Berlin 1910,
   Bd. 4. Süd-Amerika 2: enthaltend das Handels-, Wechsel-, Konkurs- und Seerecht von Argentinien, Uruguay, Paraguay, Chile, Berlin 1910,
   Bd. 5. Süd-Amerika 3: enthaltend das Handels-, Wechsel-, Konkurs- und Seerecht von Brasilien, Peru, Bolivien, Berlin 1908,
   Bd. 6. Afrika und Asien: enthaltend das Handels-, Wechsel-, Konkurs- und Seerecht von Ägypten, Marokko, Liberia, Persien, Siam, China, Japan, Berlin 1909,
   Bd. 7. Süd-Europa 1: enthaltend das Handels-, Wechsel-, Konkurs- und Seerecht von Spanien, Portugal, Italien, San Marino, Rumänien, Berlin 1908,
   Bd. 8. Süd-Europa 2: Enthaltend das Handels-, Wechsel-, Konkurs- und Seerecht von Bulgarien, Griechenland, Montenegro, Serbien, der Türkei, Berlin 1918,
   Bd. 9. Ost-Europa: enthaltend das Handels-, Wechsel-, Konkurs- und Seerecht von Russland, mit Polen und Finnland, Berlin 1906,

3 Siehe auch zur internationalen handelsrechtsrechtlichen Literatur *E.E. Hirsch*, Eintrag „Handelsrecht“, in: Schlegelberger (Hrsg.), Rechtsvergleichendes Handwörterbuch für das Zivil- und Handelsrecht des In- und Auslandes, Band 4, Berlin 1933, S. 191 ff.; ferner *Rehme*, Übersicht über die Quellen und Literatur des ausländischen Handelsrechts, in: Ehrenberg (Hrsg.), Handbuch des gesamten Handelsrechts, Bd. I., Leipzig 1913, § 25, S. 286 ff.

Bd. 10. Nord- und Nordwest-Europa 1: enthaltend das Handels- Wechsel-, Konkurs- und Seerecht von Skandinavien, Schweden, Norwegen, Dänemark, Berlin 1906,
Bd. 11. Nord- und Nordwest-Europa 2, Abt. 1, 1, enthaltend das Handels-, Wechsel-, Konkurs- und Seerecht von Großbritannien und Irland (England, Schottland, Irland), Berlin 1909,
Bd. 11. Nord- und Nordwest-Europa 2, Abt. 1, 2, enthaltend das Handels-, Wechsel-, Konkurs- und Seerecht von Großbritannien und Irland (England, Schottland, Irland), Berlin 1909,
Bd. 11. Nord- und Nordwest-Europa 2, Abt. 2, Britische Besitzungen und Schutzgebiete Teil 1. enthaltend das Handelsrecht der Staaten: Teil 1, Amerika: Kanada und Neu-Fundland, Berlin 1912,
Bd. 11. Nord- und Nordwest-Europa 2, Abt. 2, Britische Besitzungen und Schutzgebiete Teil 2. enthaltend das Handelsrecht der Staaten: Teil 2, Asien: Indien, Ceylon, Hongkong, Weihaiwei, Straits Settlements, Malayische Staaten, Cypern. Teil 3, Südafrika, Ost- und Zentralafrika, Berlin 1912,
Bd. 11. Nord- und Nordwest-Europa 2, Abt. 2, Britische Besitzungen und Schutzgebiete Teil 3. enthaltend das Handelsrecht der Staaten: Teil 4, Australien: Australien und Neu-Seeland, Fidschi-Inseln, Berlin 1912,
Bd. 12. Mittel-Europa 1, Abt. 1, enthaltend das Handels-, Wechsel-, Konkurs- und Seerecht von Belgien nebst Kongostaat, Frankreich, Monaco, Berlin 1906,
Bd. 12. Mittel-Europa 1, Abt. 2, enthaltend das Handels-, Wechsel-, Konkurs- und Seerecht der Niederlande und Niederländisch-Indiens, der Schweiz, Luxemburgs, Berlin 1906;
Bd. 13. Mittel-Europa 2, Abt. 1, enthaltend das Handels-, Wechsel-, Konkurs- und Seerecht von Österreich-Ungarn (Bosnien, Herzegowina, Kroatien, Slavonien), Berlin 1906;
Bd. 13. Mittel-Europa 2, Abt. 2, enthaltend das Handels-, Wechsel-, Konkurs- und Seerecht des Deutschen Reiches, Berlin 1911;
Bd. 14,1. Schlussband, enthaltend alphabetisches Register zu den Bänden 1–13, Berlin 1914

2. *Cosack, Konrad,*
   Lehrbuch des Handelsrechts, Stuttgart 1888, 2. Aufl., 1893, 3. Aufl., 1895, 4. Aufl., 1898, 5. Aufl., 1900, 6. Aufl., 1903, 7. Aufl., 1909, 7. neubearb. Aufl., 1910, 8. Aufl., 1920, 9. Aufl., 1922, 10. und 11. fortgef. Aufl., 1923, 12. Aufl., 1930
3. *Ehrenberg, Victor* (Hrsg.),
   Handbuch des gesamten Handelsrechts: mit Einschluß des Wechsel-, Scheck-, See- und Binnenschiffahrtsrechts, des Versicherungsrechts sowie des Post- u. Telegraphenrechts, Leipzig 1913–1929
   a. Bd. 1. Leipzig 1913, Allgemeine Einleitung, I. Zur Einführung. *(Victor Ehrenberg)*; II. Geschichte des Handelsrechts. *(Paul Rehme)*; Das heutige deutsche Handelsrecht. *(Paul Rehme)*; III. Übersicht über die Quellen und Literatur des ausländischen Handelsrechts. *(Paul Rehme)*; IV. Internationales Handelsrecht. *(Ludwig von Bar)*; V. Handelsgerichtsbarkeit. *(Leo Rosenberg),*
   b. Bd. 2., Abt. 1, Leipzig 1914; Abt. 2, Leipzig 1918, Erstes Kapitel, Der Kaufmann und das kaufmännische Unternehmen, Erster Abschnitt, Der Kaufmann, I. Begriff des Kaufmanns. Bedeutung und Ungewißheit der Kaufmannseigenschaft *(Victor Ehrenberg)*; II. Voraussetzungen der Kaufmannseigenschaft. *(Victor Ehrenberg)*; IV. Die Minderkaufleute. *(Victor Ehrenberg)*; V. Der Scheinkaufmann und der Scheinvollkaufmann. *(Victor Ehrenberg)*; VI. Dauer der Kaufmannseigenschaft. *(Victor Ehrenberg)*; VII. Fähigkeit und Befugnis Kaufmann zu sein. *(Heinrich Glitsch),* Zweiter Abschnitt, Das kaufmännische Unternehmen, I. Das kaufmännische Unternehmen als Rechtsobjekt *(Oskar Pisko)*; II. Die Handelsniederlassung *(Oskar Pisko)*; III. Die Unternehmerkennzeichen; IV. Der Schutz gegen unlauteren Wettbewerb *(Oskar Pisko)*; V. Die kaufmännischen Bücher und Papiere. *(Rudolf Fischer),* Dritter Abschnitt, Hilfseinrichtungen für den Handelsverkehr (Märkte, Messen und Börsen) *(Oskar Pisko),* Zweites Kapitel, Das kaufmännische Hilfspersonal *(Heinrich Titze),* I. Begriff und Arten des kaufmännischen Hilfspersonals; II. Die Handlungsgehilfen;

III. Die Handlungslehrlinge und Handlungsvolontäre; IV. Die äußere Rechtsstellung des Personals,

c. Bd. 3., Abt. 1, Leipzig 1916, Drittes Kapitel, Die Personenvereinigungen, Übersicht, *(Rudolf Fischer)*, Erster Abschnitt, Die Aktiengesellschaft *(Rudolf Fischer)*, I. Geschichte; II. Literatur des Aktienrechts; III. Quellen des Aktienrechts; IV. Grundbegriffe und innere Entwicklungsgeschichte; V. Die Entstehung der Aktiengesellschaft; VI. Die Mitgliedschaft; VII. Die Organe der Gesellschaft; VIII. Die Bilanz; IX. Jahresversammlung; X. Statutenänderung; XI. Stellung des Aktionärs; XII. Die Auflösung, Zweiter Abschnitt, Die Kommanditgesellschaft auf Aktien *(Rudolf Fischer)*, Abt. 2, Leipzig 1922, Zweiter Abschnitt, Die Erwerbs- und Wirtschaftsgenossenschaft *(Alfons Rieß)*, I. Das Anwendungsgebiet des Sonderrechts; II. Die Entstehung der Genossenschaft; III. Saatsaufsicht und Registerrecht; IV: Erwerb und Verlust der Mitgliedschaft; V. Mitgliedsrechts und Pflichten; VI. Funktionen und Organisation; VII. Auflösung; VIII. Konkurs und Haftpflicht, Abt. 3, Leipzig 1929, Dritter Abschnitt, Die Gesellschaft mit beschränkter Haftung *(Hans Erich Feine)*, I. Begriff und Wesen; II. Gründung; III. Kapital und Mitgliedschaft; IV. Organisation und Funktion; V. Satzungsänderungen; VI. Beendigung,

d. Bd. 4., Abt. 1, Leipzig 1917, Zweites Buch, Die Gegenstände des Handelsrechts, Grundzüge *(Martin Wolff)*, Erster Abschnitt, Die Ware *(Martin Wolff)*, I. Allgemeine Lehren; II. Der Besitz; III. Das Eigentum; IV. Die Belastungen; V. Das kaufmännische Zurückbehaltungsrecht, Zweiter Abschnitt, Die Wertpapiere *(Ernst Jacobi)*, I. Vorläufige Begriffsbestimmung auf Grund eines gemeinsamen Merkmals; II. Recht und Legitimation; III. Das Wertpapier als Sache; IV. Verbindung von Recht und Papier; V. Rechtsverhältnisse zwischen Gläubiger und Schuldner, abgesehen von der Legitimationsfrage, Dritter Abschnitt, Das Geld *(Martin Wolff)*, Abt. 2, Leipzig 1918, Drittes Buch, Die Handelsgeschäfte, Erstes Kapitel, Allgemeine Grundsätze *(Erich Brodmann)*, I. Das Rechtsgeschäft; II. Der Vertragsschluß; III. Mängel des Willens; IV. Die Auslegung der Willenserklärung; V. Stellvertretung, Vollmacht; VI. Inhalt des Rechtsgeschäfts; VII. Grenzen der Vertragsfreiheit; VIII. Gegenstand des Schuldverhältnisses; IX. Die Vertragserfüllung; X. Die Vertragsverletzung; Zweites Kapitel, Das Kaufgeschäft, Erster Abschnitt, Der gewöhnliche Handelskauf *(Paul Oertmann)*, Zweiter Abschnitt, Die Börsengeschäfte *(Arthur Nussbaum)*, Erster Hauptteil, Arten und Inhalt der Börsengeschäfte; Zweiter Hauptteil, Rechtswirksamkeit der Börsengeschäfte und ihre Grenzen,

e. Bd. 5., Abt. 1, Leipzig 1926/1928, Viertes Kapitel, Geschäfte der kaufmännischen Mittelspersonen, Erster Abschnitt, Der Handlungsagent *(Walter Schmidt-Rimpler)*, A. Begriff des Handlungsagenten; B. Die verschiedenen Rechtstypen von Handlungsagenten; C. Die wirtschaftliche Bedeutung; D. Geschichtliches; E. Rechtspolitische Grundfragen; F. Ausländische Rechte; G. Der Handlungsagent als Kaufmann; H. Abschluß des Agenturvertrages; I. Die Verpflichtungen der Vertragsparteien; J. Nichterfüllung; K. Verhältnis des Handlungsagenten und des Geschäftsherrn zu Dritten; L. Verpflichtungs- und Berechtigungsverhältnis zwischen dem Handlungsagenten und dem Dritten; M. Der Bezirksagent; N. Beendigung des Handlungsagentenverhältnisses; O. Zwischenstaatliches Recht; Zweiter Abschnitt, Der Handelsmakler *(Ernst Heymann)*, Dritter Abschnitt, Das Kommissionsgeschäft *(Walter Schmidt-Rimpler)*, A. Begriff des Kommissionärs und des Kommissionsgeschäftes; B. Geschichtliches; C. Die wirtschaftliche Bedeutung des Kommissionsgeschäftes; D. Ausländisches Recht; E. Rechtspolitische Grundfragen; F. Der Kommissionär als Kaufmann; G. Der Abschluß des Kommissionsvertrages; H. Die Verpflichtungen der Vertragsparteien; I. Nichterfüllung; J. Die Bestimmung des Geschäfts für Rechnung des Kommittenten. Beweislast; K. Verhältnis des Kommittenten und des Kommissionärs zum Dritten; L. Die dinglichen Verhältnisse des Kommissionsgutes bei der Ein- und Verkaufkommission; M. Die Selbsthaftung nach § 384 Abs. 3; N. Der Selbsteintritt; O. Die Beendigung des Kommissionsverhältnisses; P. Das unregelmäßige Kommissionsgeschäft; Q. Sonderstrafbestimmungen; R. Zwischenstaatliches Recht. Abt. 2,

Leipzig 1915, Sechstes Kapitel, Die Geschäfte des Buch- und Kunsthandels *(Erwin Riezler)*, I. Geschäfte der Verleger mit Urhebern von Schriftwerken; II. Geschäfte der Kunstverleger mit Künstlern; III. Organisation und Geschäftsbetrieb des Buchhandels; Siebentes Kapitel, Beförderungsgeschäfte *(Ernst Rundnagel)*, Erster Abschnitt, Der Landfrachtvertrag, A. Begriff, rechtliche Natur und Abschluß des Landfrachtvertrags; B. Absender und Frachtführer; C. Absender, Empfänger und Frachtführer; D. Mehrheit der Frachtführer; E. Das Frachtführerpfandrecht; F. Die Rechtsstellung des letzten Frachtführers; G. Die Haftung des Frachtführers, Zweiter Abschnitt, Die Beförderungsgeschäfte der Eisenbahn, A. Die Beförderungsgeschäfte der Eisenbahn im Allgemeinen; B. Die Güterbeförderung der Eisenbahn; C. Die Personen-, Gepäck- und Expressgutbeförderung der Eisenbahn, Zweiter Teil. Das Post-, Telegraphen- und Fernsprechrecht *(Franz Scholz)*, Erstes Kapitel, Das Postrecht, Erster Abschnitt, Allgemeines; Zweiter Abschnitt, Der gewöhnliche Postbeförderungsvertrag; Dritter Abschnitt, Modifizierter Postbeförderungsvertrag; Vierter Abschnitt, Der Geld- und Bankverkehr der Post; Fünfter Abschnitt, Der Postzeitungsvertrieb; Sechster Abschnitt, Die Personenbeförderung durch die Post, Zweites Kapitel, Das Telegraphen- und Fernsprechrecht, Erster Abschnitt, Allgemeines; Zweiter Abschnitt, Der Telegrammbeförderungsvertrag; Dritter Abschnitt, Das Fernsprechprivatrecht,

f. (Band 6 nicht erschienen)

g. Bd. 7., Abt. 1, Leipzig 1918, Vierter Teil, Das Schiffahrtsrecht, Erstes Buch, Das Binnenschiffahrtsrecht *(Max Mittelstein)*, Erstes Hauptstück, Allgemeine Lehren des Binnenschiffahrtsrechts, Abschnitt 1. Schiff und Schiffseigner; Abschnitt 2, Die Besatzung des Schiffes, Zweites Hauptstück, Frachtrecht, Abschnitt 1, Beförderung von Gütern; Abschnitt 2. Beförderung von Personen; Abschnitt 3. Schleppschiffahrt, Drittes Hauptstück, Schiffahrtsunfälle, Abschnitt 1, Haverei; Abschnitt 2, Zusammenstoß von Schiffen; Abschnitt 3. Bergung und Hilfeleistung, Viertes Hauptstück, Schiffsgläubigerrecht, I. Schiffsgläubigerrecht und beschränkte Haftung; II. Die Schiffsgläubigerforderungen; III. Gegenstand und Umfang des Schiffsgläubigerrechts; IV. Die Beendigung des Schiffsgläubigerrechts; VI. Inhalt und Geltendmachung des Schiffsgläubigerrechts, Fünftes Hauptstück, Verjährung, Sechstes Hauptstück, Flößereirecht, Abt. 2, Leipzig 1923, Vierter Teil, Das Schiffahrtsrecht (Fortsetzung), Zweites Buch, Das Schiffahrtsrecht *(Hans Wüstendörfer)*. Einleitung, Erstes Hauptstück, Die Rechtsgrundlagen der Reedereiunternehmung. Abschnitt 1. Das Seeschiff, A. Die Abgrenzung des privaten Seerechts in bezug auf Schiffe; B. Das Seeschiff als Gegenstand des Staats- und Verwaltungsrechts sowie der freiwilligen Gerichtsbarkeit; C. Das Seeschiff als Gegenstand des Privatrechts; D. Das Seeschiff als Gegenstand des Zwangsvollstreckungsrechts, Abschnitt 2, Der Einzelreeder, A. Reeder und Ausrüster; B. Beschränkte Reederhaftung und Schiffsgläubigerrecht, Abschnitt 3, Gesellschaftlicher Reedereibetrieb, insbesondere die Privatreederei, A. Wesen und Entstehung der Privatreederei; B. Die Schiffspart und das Gesellschaftsverhältnis; C. Das Rechtsverhältnis nach außen, insbesondere: Vermögensfähigkeit und Parteifähigkeit; D. Der Korrespondentreeder; E. Die Auflösung der Partenreederei; F. Die Baureederei; G. Die Rechtsnatur der Partenreederei; H. Die Partenreederei in der Rechtswirklichkeit, Abschnitt 4, Die Arbeitsteilung im Reedereibetrieb, A. Die Schiffbesatzung im allgemeinen; B. Der Kapitän; C. Die Schiffsmannschaft und die Schiffsoffiziere.

h. Bd. 8., Abt. 1, Leipzig 1922, Fünfter Teil, Das Versicherungsrecht *(Otto Hagen)*, Erstes Buch, Allgemeines Rechtsformen der Versicherungsunternehmungen, Zulassung und Aufsicht, I. Geschichtliches; II. Begriff der Versicherung; III. Die geltenden Rechtsgrundlagen; IV. Versicherungsbedingungen; V. Rückwirkung des Versicherngsvertragsgesetzes; VI. Internationales Privatrecht; VI. Ausländische Gesetzgebung; VII. Zulassung zum Geschäftsbetriebe; VIII. Der Versicherer, Rechtsformen der Unternehmung; IX. Versicherungsaktiengesellschaft; X. Versicherungsvereine auf Gegenseitigkeit; XI. Öffentliche Versicherungsanstalten; XII. Bestehende

Vereine; XIII. Ausländische Unternehmungen; XIV. Verschmelzung; XV. Geschäftsführung der Versicherungsunternehmungen; XVI. Versicherungsangestellte; XVII. Versicherungsaufsicht; XVIII. Untersagung des Geschäftsbetriebes; XIX Konkurs; XX. Strafbestimmungen; XXI. Steuerfragen; Zweites Buch, Versicherungsvertragsrecht, I. Arten des Versicherungsvertrages; II. Abschluß des Versicherungsvertrages; III. Zeitungsversicherung; IV. Laufende Versicherung; V. Versicherungsschein; VI. Interesse; VII. Gefahr. Versicherte Sachen; VIII. Gefahranzeige; IX. Gefahrerhöhung; X. Einfluß des Konkurses auf das Versicherungsverhältnis; XI. Mitteilungen des Versicherers; XII. Fristen und Zeitbestimmungen; XIII. Versicherungssumme; XIV. Versicherungswert; XV. Taxe; XVI. Entgehender Gewinn; XVII. Doppelversicherung; XVIII. Prämie; XIX. Obliegenheiten; XX. Agenten; XXI. Versicherungsfall; XXII. Schade; XXIII. Schadenfeststellung; XXIV. Entschädigungsanspruch; XXV. Ersatzansprüche nicht versicherter Dritter; XXVI. Vorsätzliche und fahrlässige Herbeiführung des Versicherungsfalls; XXVII. Rettungspflicht; XXVIII. Übergang der Ersatzansprüche; XXIX. Unmittelbare Ersatzansprüche des Versicherers; XXX. Veräußerung der versicherten Sache; XXXI. Ristorno; XXXII. Versicherung für fremde Rechnung; XXXIII. Versicherung und Nießbrauch; Abt. 2, Leipzig 1922, Drittes Buch, Die einzelnen Versicherungszweige (Otto Hagen), I. Feuerversicherung; II. Feuerversicherung und Hypothek; III. Einbruchdiebstahlversicherung; IV. Glasversicherung; V. Sturmschädenversicherung; VI. Wasserleitungsschädenversicherung; VII. Waldversicherung; VIII. Hagelversicherung; IX. Viehversicherung; X. Transportversicherung; XI. Haftpflichtversicherung; XII. Kreditversicherung; XIII. Streik- und Boykott-Versicherung; XIV. Aufruhrversicherung; XV. Kleinere Versicherungszweige; XVI. Lebensversicherung; XVII. Kleine Lebensversicherung; XVIII. Krankenversicherung; XIX. Invalidenversicherung; XX. Unfallversicherung; XXI. Rückversicherung, Viertes Buch, Seeversicherung.

4. *Eltzbacher, Paul,*
   Deutsches Handelsrecht, Berlin 1924, 2. Aufl., 1925
5. *Engelmann, Artur,*
   a. Das alte und das neue bürgerliche Recht Deutschlands: mit Einschluss des Handelsrechts, historisch und dogmatisch dargestellt, Berlin 1899
   b. Das deutsche Handels-, Wechsel- und Seerecht, 2. Aufl., Berlin 1908
6. *Friedberg, Emil,*
   Formelbuch für Handels-, Wechsel- und Seerecht, Leipzig 1890, 2. Aufl., 1901
7. *Gierke, Otto von,*
   Grundzüge des Handelsrechts in: Holtzendorff, Franz von/Kohler, Josef (Hrsg.), Encyklopädie der Rechtswissenschaften in systematischer Bearbeitung, 6., der Neubearbeitung 1. Aufl., Band I, Leipzig 1902–1904, 2. Aufl., 1913–1915
8. *Gierke, Julius K.,*
   Handelsrecht und Schifffahrtsrecht, Berlin 1921, 2. Aufl., 1926, 3. Aufl., 1929, 4. Aufl., 1933, 5. Aufl., 1938, 6. Aufl., 1949, 7. Aufl., 1955, 8. Aufl., 1958
9. *Gutsche, Georg,*
   Rechtsverhältnisse des Handels,' fünf gemeinverständliche Vorträge, gehalten auf Veranlassung der Handelskammer zu Magdeburg, Magdeburg 1905
10. *Heilfron, Eduard,*
    Lehrbuch des Handelsrechts, Band I 1907, 2. Aufl., 1912, Band II 1909, 2. Aufl., 1913, Ergänzungsband (Geld-, Bank- und Börsenwesen) 1909, 2. Aufl., 1912
11. *Kaufmann, Emil,*
    Die wesentlichen Unterschiede des alten und des neuen HGB, 2. Aufl., Berlin 1901
12. *Katz, Edwin,*
    Die strafrechtlichen Bestimmungen des Handelsgesetzbuchs und des Seehandelsstrafrechts, 2. Aufl., Berlin 1902
13. *Korn, Alfred,*
    Handbuch des Zivilrechts mit Einschluss des Handels- und Wechselrechts, Berlin 1908

14. *Lehmann, Heinrich,*
Handelsrecht, Band I: Handels und Gewerbe: nebst dem Recht der Handelsgeschäfte, Berlin 1938, 3. Aufl., 1943 Band II: Gesellschaftsrecht, Berlin 1949, 2. Aufl., 1959, 3. Aufl., 1979 (bearbeitet von Dietz)
15. *Lehmann, Heinrich O.,*
Handels-, See- und Wechselrecht in: Enzyklopädie der Rechtswissenschaft, herausgegeben von K. Birkmeyer 1901, 2. Aufl., Berlin 1912
16. *Lehmann, Karl,*
a. Civilprozeßordnung, Konkursordnung, Handelsgesetzbuch in alter und neuer Gestalt, herausgegeben von v. Buchka, Oetker, K. Lehmann, Berlin 1899,
b. Lehrbuch des Handelsrechts, 1908, 2. Aufl., 1912
17. *Lehmann, Karl/Hoeninger, Heinrich,*
Deutsches Handelsrecht, 2 Bände, Berlin, Leipzig, 1921, Berlin 1924
18. *Mehner, Carl H. A.,*
Das neue und das alte Handelsgesetzbuch in ihren Abweichungen dargestellt, Breslau 1899
19. *Müller-Erzbach, Rudolf,*
Deutsches Handelsrecht, Tübingen 1919–24, 2. Aufl., 1927, 2. und 3. Aufl., 1928
20. *Schlegelberger, Franz* (Hrsg.),
Rechtsvergleichendes Handwörterbuch für das Zivil- und Handelsrecht des In-und Auslandes, Frankfurt am Main 1929–1939
21. *Siméon, Pierre,*
Recht und Rechtsgang im deutschen Reiche I, 1. Allgemeiner Teil und Schuldrecht (nebst Handels- und Wechselrecht), Berlin 1908
22. *Wieland, Karl,*
Handelsrecht, Band I: Das kaufmännische Unternehmen und die Handelsgesellschaften, München 1921, Band II: Die Kapitalgesellschaften, München 1931

b) Kommentare und Handbücher zum HGB 1897

1. *Basch, Julius,*
Handelsgesetzbuch vom 10. Mai 1897 und Wechselordnung in der vom 1. Oktober 1908 ab geltenden Fassung nebst Einführungs- und Ergänzungsgesetzen (Ausgabe ohne Seerecht), erläutert durch die Rechtsprechung des Reichsgerichts und des vormaligen Oberhandelsgerichts, 6. verb. Aufl., Berlin 1908
2. *Brand, Arthur,*
Das Handelsgesetzbuch mit Ausschluss des Seerechts, Berlin 1911
3. *Dove, Heinrich,*
Das Handelsgesetzbuch für das Deutsche Reich, erläutert, Berlin 1900
4. *Düringer, Adelbert/Hachenburg, Max* (Hrsg.),
Das Handelsgesetzbuch vom 10. Mai 1897 (unter Ausschluß des Seerechts) auf der Grundlage des Bürgerlichen Gesetzbuchs, Mannheim 1899–1905 (nur Buch 1 und 3 umfassend), 1908, 1929 (unter Mitwirkung von *James Breit, Karl Geiler* und *Victor Hoeniger*)
5. *Frankenburger, Heinrich,*
Handelsgesetzbuch für das Deutsche Reich nebst dem Einführungsgesetze, 2. Aufl., München 1902, 3. Aufl., 1912, 4. Aufl., 1914, 5. Aufl., 1921, Reprint 2021
6. *Gareis, Karl von,*
Handelsgesetzbuch vom 10. Mai 1897 nebst dem Einführungsgesetze vom 10. Mai 1897 unter Ausschluss des Seerechts, Handausgabe mit Einleitung, erläuternden Anmerkungen und Sachregister, 4. Aufl., München 1909
7. *Goldmann, Samuel,*
Das Handelsgesetzbuch vom 10. Mai 1897 (mit Ausschluss des Seerechts), erläutert, 3 Bände, 1901–1906

8. *Gutmann, Fritz,*
   Das Handelsgesetzbuch (ohne Seerecht) nebst dem Einführungsgesetz, erläutert durch die Rechtsprechung, Leipzig 1907
9. *Könige, Heinrich,*
   Handelsgesetzbuch vom 10. Mai 1897 nebst Abdruck des Gesetzes über die Angelegenheiten der freiwilligen Gerichtsbarkeit und Gerichtsverfassungsgesetz (Titel 7, Kammer für Handelssachen), verglichen mit dem Allgemeinen Deutschen Handelsgesetzbuch, dem BGB und der Rechtsprechung des Reichsgerichts und Reichsoberhandelsgerichts, Berlin 1899,
10. *Lehmann, Karl/Ring, Viktor,*
   Das Handelsgesetzbuch für das Deutsche Reich, 2 Bände 1901–1902, 2. Aufl., 1913
11. *Litthauer, Felix,*
   Handelsgesetzbuch, mit den ergänzenden Vorschriften des BGB und Erläuterungen, 13. Aufl., in Verbindung mit M. Thiele und A. Cohn, herausgegeben von A. Mosse, Berlin 1905
12. *Makower, Hermann/Meyer, Sally,*
   Das allgemeine deutsche Handelsgesetzbuch nebst dem preußischen Einführungsgesetze vom 24. Juni 1861 und der Instruktion vom 12. Dezember 1861; mit einem Nachtrage, enthält das Gesetz betreffend die Kommanditgesellschaft auf Aktien und die Aktiengesellschaften vom 18. Juli, Berlin 1862, 2. Aufl., 1865, 3. Aufl., 1868, 4. Aufl., 1871, 5. Aufl., 1873, 6. Aufl., 1875, 7. Aufl., 1877, 8. Aufl., 1880, 9. Aufl., 1884, 10. Aufl., 1890, 11. Aufl., 1893, 1906–1907 (ab 12. Aufl. betr. HGB, 13. Aufl., bearb. Von Felix Makower)
13. *Meyerhoff, Georg,*
   Corpus juris civilis für das Deutsche Reich und Preußen, mit Erläuterungen, Band II: Handelsrecht, Berlin 1900
14. *Riesebieter, Otto,*
   Das Handelsgesetzbuch vom 10. Mai 1897, nebst Einführungsgesetz unter Ausschluss des Seerechts mit der Rechtsprechung des Reichsgerichts in Kommentarform, Oldenburg 1906
15. *Ritter, Carl,*
   Das Handelsgesetzbuch, München 1910
16. Staub's Kommentar zum Handelsgesetzbuch,
   bearbeitet von Heinrich Könige (Koenige), Albert Pinner, Felix Bondi, Wilhelm Gadow, Eduard Heinichen, Heinz Albert Pinner und Walter Schmidt, 8. Aufl., 1906, 9. Aufl., 1912–1913, 10. Aufl. 1920, 10. und 11. Aufl., 1921, 12. und 13. Aufl., 1926–1932, 14. Aufl., 1932–1933, (Fortführung und Erweiterung des von Hermann Staub bis zur 6./.7. Aufl. 1899/1900 verfassten Kommentars, vgl. oben unter II. 10 a))

c) Synoptische Darstellungen

1. *Hermann Staub,*
   Supplement zu Staub‘s Kommentar zum Allgemeinen Deutschen Handelsgesetzbuch, Berlin 1897
2. *Buchka, Gerhard von/Oetker, Friedrich/Lehmann, Karl,*
   Civilprozeßordnung, Konkursordnung, Handelsgesetzbuch in alter und neuer Gestalt, Berlin 1899
3. *Methner, Carl H. A.,*
   Das neue und das alte Handelsrecht in ihren Abweichungen, Breslau 1899

d) Übersetzungen in das Englische[4]

1. *Peltzer, Martin/Doyle, Jonathan J./Voight, Elizabeth A.*
   German Commercial Code, Handelsgesetzbuch, 5. Aufl., Köln 2002

4 Eine englische Übersetzung des HGB^{2024} ist auch auf der Seite des Bundesministeriums der Justiz unter www.gesetze-im-internet.de zu finden.

2. *Platt, Bernhard A.*,
   The commercial code for the German Empire, London 1900
3. *Schuster, Alfred F.*,
   The German commercial code, tr. and briefly annotated, London 1911
4. *Scrutton, Thomas E./Bowstead, William* (Hrsg.),
   The Commercial Laws of the World, British Edition, Volume XXIV German Empire I., London 1911 (enthält eine zweisprachige deutsch-englische Ausgabe des HGB 1897, der Konkursordnung und des Anfechtungsgesetzes)

e) Übersetzungen in das Französische

1. Legislation commerciale de l'Allemagne, Code de commerce mis en vigueur en 1900, Loi sur le change, Loi sur la faillite (législation refondue), Text, annotations, jurisprudence, droit comparé par *Paul Carpentier*, Paris 1901
2. Code de Commerce pour l'empire d'Allemagne, y comprimis le Code maritime, Loi d'induction, Text allemand avec la traduction francaise par *Alfred Ritling*, Straßburg 1899
3. Code de Commerce allemand promulgué le 10 mai 1897 traduit et annoté par *Paul Vaitte* (Collection de codes étrangers 21.), Paris 1901

f) Übersetzungen in das Italienische

1. Il nuovo codice di commercio germanico 10 maggio 1897, La innovazione principale, Il codice di commercio e la legge professionale dei commercianti, Tradotto per *L. Bolaffio*, Padova/ Verona 1897
2. Codice di commercio dell'imperio germanico promulgato il 10 maggio 1897, Traduzione italiana per *L. Eusebio*, Torino 1897
3. Leggi complementari al codice di commercio germanico, Traduzione italiana con note per *L. Eusebio*, Torino 1899

g) Übersetzungen in das Spanische

1. Código de Comercio del Imperio Aleman, promulgado en 10 de Mayo de 1897, y vigente desde 1° de Enero de 1900, Versión castellana, Madrid 1899
2. Código de Comercio alemán que ha de regir desde 1° de Enero de 1900 y ley de adaptación de sus preceptos á los vigentes de actualidad traducidos y anatados par Mony Caléron, Madrid 1898

IV. Entscheidungssammlungen

1. Bayerische Entscheidungen in drei Sammlungen:
   a. *Hölderndorff, Otto von* (Hrsg.),
      Sammlung handelsgerichtlicher Entscheidungen seit Einführung des allgemeinen deutschen Handelsgesetzbuches, 2 Bände, Erlangen 1865, 1867
   b. *Bayerisches Justizministerium* (Hrsg.),
      Sammlung von Entscheidungen des obersten Gerichtshofes für Bayern in Gegenständen des Handels- und Wechselrechts, sowie von wichtigen Entscheidungen der k. bayerischen Handelsappellationsgerichte, Erlangen 1873
   c. *Bayerisches Justizministerium* (Hrsg.),
      Sammlung wichtiger Entscheidungen des k. bayerischen Handelsappellationsgerichts, 3 Bände, Erlangen 1868–1870

2. Die Entscheidungen des Reichsgerichts für Industrie, Handel und Gewerbe: Sammlung aller wichtigeren Reichsgerichts – Entscheidungen über Handelsrecht, bearbeitet von Leopold Auerbach, herausgegeben von der Redaktion des Reichs-Gesetzbuches für Industrie, Handel und Gewerbe, Berlin 1884, 1888, 1891, 1892, 1894, 1895
3. *Abraham, Paul* (Hrsg.),
   Die hanseatische Rechtsprechung auf dem Gebiete des Handels-, Versicherungs-, Wechsel- und Seerechts, Band I: Binnenhandels-, Versicherungs- und Wechselrecht, Band II: Seerecht, Hamburg 1900–1901
4. *Geller, Leo/Jolles, Hermann* (Hrsg.),
   Die Praxis des obersten Gerichtshofes: Sammlung der oberstgerichtlichen Entscheidungen aus den Gebieten des bürgerlichen Rechts einschließlich des Wechsel- und Handelsrechts, Wien 1900
5. *Mugdan, Benno/Falkmann Rudolf* (Hrsg.),
   Die Rechtsprechung der Oberlandesgerichte, Band I ff., Leipzig 1900–1927
6. Entscheidungen des Bundes- Oberhandelsgerichts, herausgegeben von den Räthen des Gerichtshofes, 25 Bände, Stuttgart 1871–1879; Generalregister zu Band 1–10, 11–15, 16–20, 21–25
7. Entscheidungen des Reichsgerichts in Civilsachen, Band I ff., Leipzig 1880–2008
8. Entscheidungen in Angelegenheiten der freiwilligen Gerichtsbarkeit und des Grundbuchrechts, zusammengestellt im Reichs-Justizamt, Band I ff., Berlin 1900–1922
9. Entscheidungen des Reichs-Oberhandelsgerichts herausgegeben von den Räten des Gerichtshofes, 1872–1880
10. *Fuchsberger, Otto* (Hrsg.),
    a. Das Handelsrecht, sämtliche Entscheidungen des Reichs- Oberhandelsgerichts und des Reichsgerichts, 3. Aufl. 1899, 1. Ergänzungsband 1912
    b. Die Entscheidungen des Reichsoberhandelsgerichts und Reichsgerichts, sowie sämtlicher Oberlandesgerichte auf dem Gebiete des Handelsrechts sowie des einschlägigen gemeinen Civilrechts und der einschlägigen in- und ausländischen Landesgesetze, Gießen 1881, 3. Aufl. 1900, Teil 2, Wechselrecht, 1909
11. Gutachten der Ältesten der Kaufmannschaft in Berlin über Gebräuche im Handelsverkehr, herausgegeben von H. Dove und M. Apt, später von M. Apt, Heft 1–2, Folge 1 ff., Berlin 1899–1914
12. Hamburgische Gerichtszeitung seit 1861, an deren Stelle seit 1863: Hamburgische Handelsgerichtszeitung
13. *Kaufmann, Emil* (Hrsg.),
    Handelsrechtliche Rechtsprechung, nach dem System der Gesetze bearbeitet und zusammengestellt (enthaltend die Rechtsprechung der Jahre 1900 ff.), Band I ff., Hannover 1901–1924
14. Hanseatische Gerichtszeitung seit 1880 (Hamburg)
15. Jahrbuch der Entscheidungen des Kammergerichts in Sachen der nichtstreitigen Gerichtsbarkeit, Band I ff., Berlin 1881–1900
16. Jahrbuch des Deutschen Rechts, herausgegeben von H. Neumann, ab Jahrgang 2, Berlin 1904–1942
17. *Grünewald, Eduard* (Hrsg.),
    Rechtsgrundsätze der Entscheidungen der Gerichtshöfe mit Ausnahme des Reichsoberhandelsgerichts auf dem Gebiete des Handelsrechts, nach dem System des Handelsgesetzbuches geordnet, 2 Hefte, Berlin 1877
18. Rechtsgrundsätze der Entscheidungen des Reichsoberhandelsgerichts: nach dem System der Gesetzesbücher, Calm, D.C., Berlin 1874–1880
19. Sammlung von Entscheidungen des obersten Gerichtshofes für Bayern in Gegenständen des Handels- und Wechselrechts sowie von wichtigen Entscheidungen der K. Bayerischen Handelsappellationsgerichte, 3 Bände, 1873–1879
20. *Adler, Leopold/ Clemens, Robert* (Hrsg.),
    Sammlung von Entscheidungen zum Handelsgesetzbuch, Adler, Leopold/ Clemens, Robert, Wien 1868, 1870, 1875

21. Sammlung von Präjudizen der obersten Gerichtshöfe Deutschlands in Handels-, See-, und Wechselrechtsstreitsachen, Kletke, G.M., 1857; Fortsetzungen 1857, 1858
22. Sammlung handelsgerichtlicher Entscheidungen seit Einführung des Allgemeinen Deutschen Handelsgesetzbuchs in Bayern, Völderndorff, Otto von, 2 Bände, 1865–1867
23. Sammlung wichtiger Entscheidungen des K. Bayerischen Handelsappellationsgerichts, 3 Bände, 1868–1870
24. Seufferts Archiv für Entscheidungen der obersten Gerichte in den deutschen Staaten, Band I ff., München 1847–1857
25. Spruchrecht zur Handelsgesetzgebung, Frommhold, Georg/Krückmann, Paul, Münster 1908
26. Warneyers Jahrbuch der Entscheidungen zum Bürgerlichen Gesetzbuch und den Nebengesetzen, Band I ff., Leipzig 1903–1906

V. Zeitschriften[5]

1. Archiv für bürgerliches Recht, Berlin 1889–1919
2. Archiv für das Handelsrecht, herausgegeben von einigen Hamburgischen Gelehrten, 2 Bände, Hamburg 1818–1820
3. Archiv für die Theorie und Praxis des allgemeinen deutschen Handelsrechts,
   1863–1872, 25 Bände, von Band 26 an: des allgemeinen Deutschen Handels- und Wechselrechts, 48 Bände, Leipzig, Berlin (ab Band 29) 1862–1888
4. Archiv für Wechselrecht,
   Leipzig 1851–1869, 18 Bände; Neue Folge, Leipzig 1870–1874, 6 Bände, herausgegeben von v. Bernewitz, Friedrich A.
5. Bank-Archiv,
   Zeitschrift für Bank- und Börsenwesen. Organ des Zentralverbands des deutschen Bank- und Bankiergewerbes, Frankfurt a.M. 1905–1943
6. Centralorgan für den Deutschen Handelsstand,
   1862–1864, 3 Bände; Neue Folge: Centralorgan für das deutsche Handels- und Wechselrecht, Köln 1865–1873, 9 Bände
7. Der Gesellschafter; Zeitschrift für Gesellschafts- u. Unternehmensrecht (GesRZ, Österreich), seit 1972
8. Deutsche Zeitschrift für Wirtschaftsrecht (DZWiR), seit 1991
9. Europäische Zeitschrift für Wirtschaftsrecht (EuZW), seit 1990
10. European Company and Financial Law Review (ECFR), seit 2004
11. Juristische Blätter (JBl., Österreich), seit 1872
12. Leipziger Zeitschrift für Handels-, Konkurs- und Versicherungsrecht, 1907–1913 (München)
13. Der Betrieb (DB), seit 1948
14. Der Betriebs-Berater (BB), seit 1946
15. Neues (Hamburger) Archiv für Handelsrecht,
    1858–1866, 4 Bände
16. Neue Zeitschrift für Handelsrecht,
    Hamburg 1858–1866, 4 Bände
17. Neue Zeitschrift für Gesellschaftsrecht (NZG), seit 1998
18. Österreichisches Bankarchiv (ÖBA), seit 1953
19. Österreichisches Recht der Wirtschaft (RdW), seit 1983
20. Praxis des Handels- und Wechselrechts,
    Thöl, Heinrich (Hrsg.), Heft 1, 1874 (nicht mehr erschienen)
21. Wertpapier-Mitteilungen (WM), seit 1949
22. Wirtschaftsrechtliche Blätter (wbl, Österreich), seit 1987

5 Die fortlaufend erscheinenden Zeitschriften sind markiert.

23. Wochenschrift (von Band 4 an: Monatsschrift) für Aktienrecht und Bankwesen, Steuer- und Stempelfragen,
    Berlin 1892–1896, seit 1897 fortgesetzt als Monatsschrift für Handelsrecht und Bankwesen, Steuer- und Stempelfragen bis 1916,
24. Zeitschrift für das gesamte Aktienwesen, Juristische und volkswirtschaftliche Monatsschrift, 1890–1923
25. Zeitschrift für das gesamte Handelsrecht (ZHR),
    1858 gegründet von Levin Goldschmidt, von Band 60 (1907) an: Zeitschrift für das gesamte Handelsrecht und Konkursrecht, von Band 124 (1961) an: Zeitschrift für das gesamte Handelsrecht und Wirtschaftsrecht
26. Zeitschrift für Unternehmens- und Gesellschaftsrecht (ZGR), seit 1972
27. Zeitschrift für Wirtschaftsrecht (ZIP), seit 1980
28. Zeitschrift für Handelsrecht mit Hinblick auf die Handelsrechtspraxis in Preußen, Gelpcke, W. (Hrsg.), drei Hefte, Berlin 1852, 1853
29. Zentral Blatt für das Handelsrecht (ZBH), Berlin 1926–1933

VI. Aktuelle deutsche handelsrechtliche Literatur

a) Lehrbücher und Kurzlehrbücher

1. *Brox, Hans/Henssler, Martin,*
   Handelsrecht mit Grundzügen des Wertpapierrechts, 23. Aufl., München 2020
2. *Bülow, Peter/Arzt, Markus,*
   Handelsrecht, 7. Aufl., Heidelberg 2015
3. *Canaris, Claus-Wilhelm,*
   Handelsrecht, München 24. Aufl., München 2006 (begründet von Karl-Hermann Capelle)
4. *Gierke, Julius Karl/Sandrock, Otto,*
   Handels- und Wirtschaftsrecht, Allgemeine Grundlagen, Der Kaufmann und sein Unternehmen, 9. Aufl., Berlin 1975
5. *Hübner, Ulrich,*
   Handelsrecht, 5. Aufl., Heidelberg 2004
6. *Jung, Peter,*
   Handelsrecht, 13. Aufl., München 2023
7. *Oetker, Hartmut,*
   Handelsrecht, 8. Aufl., Berlin 2019
8. *Raisch, Peter,*
   Unternehmensrecht, 1. Unternehmensprivatrecht: Handels- und Gesellschaftsrecht, Reinbek 1973/1974,
9. *Prütting, Jens/Guntermann, Lisa M./ Weller, Marc-Philippe*
   Handels- und Gesellschaftsrecht, 11. Aufl., München 2024 (begründet von *Roth, Gunther H.*)
10. *Schmidt, Karsten,*
    Handelsrecht. Unternehmensrecht I., 6. Aufl., Köln 2014

b) Kommentare und Handbücher

1. *Baumbach, Adolf/Hopt, Klaus J.* (Hrsg.),
   Handelsgesetzbuch: mit GmbH & Co., Handelsklauseln, Bank- und Börsenrecht, Transportrecht (ohne Seerecht), 38. Aufl., München 2018
2. *Hopt, Klaus J.* (Hrsg.),
   Handelsgesetzbuch: mit GmbH & Co., Handelsklauseln, Bank- und Kapitalmarktrecht, Transportrecht (ohne Seerecht), 44. Aufl., München 2025

3. *Joost, Detlef/Strohn, Lutz/Poelzig, Dörte/Sander, Volker* (Hrsg.),
Ebenroth/Boujong, Handelsgesetzbuch, 5. Aufl., München 2024
4. *Ensthaler* (Hrsg.),
Gemeinschaftskommentar zum HGB mit UN-Kaufrecht, 8. Aufl., Neuwied 2015
5. *Glanegger, Peter* (Hrsg.),
Heidelberger Kommentar zum Handelsgesetzbuch: Handelsrecht, Bilanzrecht, Steuerrecht, 7. Aufl., Heidelberg 2007
6. *Glanegger, Peter/Stuhlfelner, Ulrich/Cordes, Martin* (Hrsg.),
Handelsgesetzbuch: Handelsrecht, Bilanzrecht, Steuerrecht, 8. Aufl., Heidelberg 2023
7. *Horn, Norbert/Balzer, Peter/Bordes, Georg* (Hrsg.),
Heymann, Handelsgesetzbuch, 3. Aufl., Berlin 2019 ff.
8. *Koller, Ingo/Kindler, Peter/Drüen, Klaus-Dieter* (Hrsg.),
Handelsgesetzbuch: Kommentar, 10. Aufl., München 2023
9. *Drescher, Ingo/Ebke, Werner F./Fleischer, Holger/Schmidt, Karsten* (Hrsg.),
Münchener Kommentar zum Handelsgesetzbuch, 5. Aufl., München 2022 ff.
10. *Oetker, Hartmut* (Hrsg.),
Kommentar zum Handelsgesetzbuch, 8. Aufl., München 2024
11. *Pfeiffer, Thomas* (Hrsg.),
Handbuch der Handelsgeschäfte, Köln 1999
12. *Graf von Westphalen, Friedrich Graf von/Haas, Ulrich* (Hrsg.),
Röhricht/Graf von Westphalen/Haas/Mock/Wöstmann, Handelsgesetzbuch, 6. Aufl., Köln 2023
13. *Schlegelberger, Franz* (Hrsg.),
Handelsgesetzbuch, 5. Aufl., München 1973 ff. (aufgegangen im Münchener Kommentar zum Handelsgesetzbuch)
14. *Grundmann, Stefan/Habersack, Mathias/Schäfer, Carsten* (Hrsg.),
Staub, Handelsgesetzbuch, Großkommentar, 6. Aufl., Berlin 2021 ff.

VII. Literatur zum österreichischen Handelsrecht

a) Erste Hälfte des 19. Jahrhunderts und AHGB (1863–1937)

1. *Barth-Barthenheim, Johann L.*,
   a. Österreichische Gewerbs- und Handelsgesetzkunde, Wien 1819
   b. Vollständige Sammlung aller Verordnungen und Generalien für sämtliche Zünfte und Innungen des österreichischen Kaiserstaates, Band IV, enthält: die Handelsrechte vom Grosshandel bis zum Haustierhandel, 4. Aufl., Brünn, 1830
2. *Brix, Alexander*,
Das allgemeine Handelsgesetzbuch vom Standpunkt der österreichischen Gesetzgebung, Wien 1864
3. *Canstein, Raban Freiherr von*,
Lehrbuch des österreichischen Handelsrechtes: unter steter Berücksichtigung der Rechtsprechung des obersten Gerichtshofes, 2 Bände, Berlin 1895–1896
4. *Fischer, Franz/Ellinger, Joseph* (1814–1877),
Lehrbuch des österreichischen Handelsrechts, mit vorzüglicher Rücksicht auf die neuesten Kommerz- und Kameralgesetze, Wien 1827, 2. Aufl., 1842, 3. Aufl., 1847, 4. Aufl., 1860
5. *Herzog, A.*,
Das österreichische Handelsrecht nach dem Handelsgesetzbuch vom 17. Dezember 1862, Wien 1863
6. *Paurnfeindt, Christian Johann*,
Handbuch der Handelsgesetze und des bei Anwendung derselben bei den Mercantil-Gerichten eintretenden Verfahrens, Wien 1836, Suppl. – Bd. 1842

7. *Pisko, Oskar,*
   a. Lehrbuch des österreichischen Handelsrechtes, Wien 1923
   b. Staub's Kommentar zum Allgemeinen Deutschen Handelsgesetzbuch, Ausgabe für Österreich, 3. Aufl., Band I/1, Wien 1935, Band I/2, 1938, Band I/3, 1938
8. *Pollitzer, Franz,*
   Das österreichische Handelsrecht: systematisch dargestellt, ein Leitfaden für Studierende, Wien 1895
9. *Sonnleithner, Ignaz,*
   a. Leitfaden über das Oesterreichische Handels- und Wechselrecht, Wien 1801, 2. Aufl., 1808, 3. Aufl., 1815
   b. Lehrbuch des österr. Handels- und Wechselrechtes, Wien 1820, 2. Aufl., 1832
10. *Strauss, Ludwig,*
   Die Reform des deutschen Handelsrechts und ihre Bedeutung für Österreich, Wien 1899
11. *Stubenrauch, Moritz von,*
   a. Lehrbuch des österreichischen Privat-Handelsrechts, Wien 1859
   b. Handbuch des österreichischen Handels-Rechtes, Wien 1863

b) Zum öHGB seit 1938/1939 bzw. 1945 [Zweite Republik])

1. *Hämmerle, Hermann/Wünsch, Horst,*
   Handelsrecht, 3 Bände, 3. Aufl., Wien 1976–1979, 4. Aufl., 1990–1993
2. *Jabornegg, Peter,*
   HGB-Kommentar, Wien 1997, Ergänzungsheft Wien 1999
3. *Kalss, Susanne/Schauer, Martin/Winner, Martin,*
   Allgemeines Handelsrecht, Wien 2022
4. *Krejci, Heinz,*
   Unternehmensrecht, 5. Aufl., Wien 2013
5. *Roth, Gunther H./Fitz, Hanns,*
   Handels- und Gesellschaftsrecht, Wien 2000, 2. Aufl., 2006
6. *Prütting, Jens /Guntermann, Lisa Marleen/Weller, Marc-Philippe,*
   Handels- und Gesellschaftsrecht, 11. Aufl., München 2024 (Weiterführung des Werks von Gunther H. Roth)
7. *Straube Manfred* (Hrsg.),
   Kommentar zum HGB, Bd. I., 3. Aufl., Wien 2003, Bd. II., 2. Aufl., Wien 2000 (aufgegangen im Wiener Kommentar zum Unternehmensgesetzbuch – UGB)

c) Zur österreichischen Handelsrechtsreform

1. *Harrer, Friedrich/Mader, Peter,*
   Die HGB-Reform in Österreich, Wien 2005
2. *Krejci, Heinz/Schmidt, Karsten,*
   Vom HGB zum Unternehmergesetz, Wien 2002
3. *Ulrich Torggler,*
   Abschied vom Handelsrecht?, Zum Entwurf eines UGB, Wien 2005

d) Zum UGB (seit 2005)

1. *Artmann, Eveline* (Hrsg.),
   UGB, Unternehmensgesetzbuch, 3. Aufl., Wien 2019 ff.
2. *Dellinger, Markus/Zib, Markus* (Hrsg.),
   Unternehmensgesetzbuch Großkommentar, 1. Aufl., Wien 2010 ff.

3. *Keiner, Heinz,*
Das neue Unternehmensrecht: Übersicht für Studium und Praxis sowie systematische Darstellung und erste Kommentierungen, 1. Aufl., Wien 2006
4. *Krejci, Heinz,*
Das neue UGB: Die Handelsrechtsreform im Überblick nach dem HaRÄG, PuG und ÜbRÄG 2006, 2. Aufl., Wien 2007
   a. Unternehmensrecht, 5. Aufl., Wien 2013
   b. Reform-Kommentar, UGB, ABGB, 1. Aufl., Wien 2007
5. *Roth, Günther H./Fitz, Hanns,*
Unternehmensrecht, 2. Aufl., Wien 2006
6. *Straube, Manfred/Ratka, Thomas/Rauter, Roman A.* (Hrsg.),
Wiener Kommentar zum Unternehmensgesetzbuch – UGB, 4. Aufl., Wien 2022 f.
7. *Torggler, Ulrich* (Hrsg.),
UGB Unternehmensgesetzbuch Kommentar, 3. Aufl., Wien 2019

VIII. Englischsprachige Einführungen in das deutsche Handelsrecht

1. *Dannemann, Gerhard,*
An Introduction to German Civil and Commercial Law, London 1993
2. *Horn, Norbert/Kötz, Hein/Leser, Hans G.,*
German Private and Commercial Law, An Introduction, Oxford 1982
3. *Köndgen, Johannes/Borges, Georg,*
Commercial Law, in: Zekoll, Joachim/Reimann, Matthias (Hrsg.), Introduction to German Law, 3. Aufl., München 2018
4. *Lehmann, Karl,*
Historical introduction and treaties concerning the influence of the german commercial code etc. [Historische Einleitung und Abhandlung über den Einfluss des deutschen Handelsrechts usw.] (Übersetzer *H. B. Samuel*), in: Scrutton/Bowstead (Hrsg.), The Commercial Laws of the World, British Edition, Volume XXIV German Empire I., London 1911, S. 2 ff. (zweisprachige deutsch-englische Ausgabe)
5. *Wallach, Frederick,*
Introduction to European Commercial Law, New York 1953
6. *Wolff, Martin,*
Commercial Law in: Foreign Office (Hrsg.), Volume I., General Introduction, Civil and Commercial Law, London 1950

D. Änderungstabelle: HGB^{1897} bis HGB^{1945}

In der linken Spalte finden sich Gesetze, die das HGB inhaltlich oder in seinem Geltungsbereich zwischen 1897 und 1945 geändert oder sonst zum Gegenstand haben. Die rechte Spalte weist auf solche Vorschriften hin, deren Änderung in der HGB-Synopse nachvollzogen wurde. Ist die rechte Spalte frei, bedeutet das, dass die betreffende HGB-Änderung außerhalb des Gegenstandsbereichs der HGB-Synopse liegt.

1.	Handelsgesetzbuch v. 10. Mai 1897, RGBl. 1897 S. 219	
2.	Art. 1 Abs. 1 Einführungsgesetz zum Handelsgesetzbuche v. 10.5.1897, RGBl. S. 437	Das Handelsgesetzbuch tritt gleichzeitig mit dem Bürgerlichen Gesetzbuch in Kraft (1.1.1900)
3.	Gesetz, betreffend Abänderung seerechtlicher Vorschriften des Handelsgesetzbuchs v. 2.6.1902, RGBl. S. 218	
4.	Gesetz, betreffend Abänderung der Seemannsordnung und des Handelsgesetzbuchs v. 12.5.1904, RGBl. S. 167	
5.	Gesetz, betreffend Änderung der Vorschriften des Handelsgesetzbuchs über die Seeversicherung v. 30.5.1908, RGBl. S. 307	
6.	Gesetz über den Zusammenstoß von Schiffen sowie über die Bergung und Hilfeleistung in Seenot v. 7.1.1913, RGBl. S. 90	
7.	Gesetz zur Änderung der §§ 74, 75 und des § 76 Abs. 1 des Handelsgesetzbuchs v. 10.6.1914, RGBl. S. 209	**Neu gefasst/eingefügt**: §§ 74, 74a, 74b, 74c, 75, 75a, 75b, 75c, 75d, 75e, 75f, 76, 82a
8.	Bekanntmachung, betreffend die Veröffentlichung der Handelsregistereintragungen usw. v. 11.2.1915, RGBl. S. 71	
9.	Bekanntmachung, betreffend die Veröffentlichung der Handelsregistereintragungen usw. v. 30.8.1917, RGBl. S. 746	
10.	Art. 178 Abs. 2 Verfassung des Deutschen Reichs v. 11.8.1919 (Weimarer Reichsverfassung), RGBl. S. 1383	Fortgeltung des HGB in der **Weimarer Republik**
11.	Gesetz, betreffend die Neuregelung der im § 68 Abs. 1, im § 74a Abs. 2 Satz 1 und im § 75b Satz 2 des Handelsgesetzbuchs sowie im § 133a, b Abs. 1 der Gewerbeordnung vorgesehenen Gehaltsgrenzen v. 12.7.1921, RGBl. S. 927	**Geändert**: §§ 68 Abs. 1, 74a Abs. 2 S. 1, 75b S. 2

https://doi.org/10.1515/9783111535395-004

12.	Gesetz zur Neuregelung der im § 68 Abs. 1, im § 74a Abs. 2 Satz 1 und im § 75b Satz 2 des Handelsgesetzbuchs sowie im § 133a b Abs. 1 der Gewerbeordnung vorgesehenen Gehaltsgrenzen v. 21.7.1922, RGBl. I S. 652	**Geändert**: §§ 68 Abs. 1, 74a Abs. 2 S. 1, 75b S. 2
13.	Gesetz zur Neuregelung der im § 68 Abs. 1, im § 74a Abs. 2 Satz 1 und im § 75b Satz 2 des Handelsgesetzbuchs sowie im § 133a, b Abs. 1 der Gewerbeordnung vorgesehenen Gehaltsgrenzen v. 22.12.1922, RGBl. I S. 967	**Geändert**: §§ 68 Abs. 1, 74a Abs. 2 S. 1, 75b S. 2
14.	Verordnung zur Neuregelung der im § 68 Abs. 1, im § 74a Abs. 2 Satz 1 und und 75b Satz 2 des Handelsgesetzbuchs sowie im § 133a, b Abs. 1 der Gewerbeordnung vorgesehenen Gehaltsgrenzen v. 6.7.1923, RGBl. I S. 618	**Geändert**: §§ 68 Abs. 1, 74a Abs. 2 S. 1, 75b S. 2
15.	Zweite Verordnung zur Neuregelung der im Handelsgesetzbuche sowie in der Gewerbeordnung vorgesehenen Gehaltsgrenzen v. 23.10.1923, RGBl. I S. 990	**Geändert**: §§ 68 Abs. 1, 74a Abs. 2 S. 1, 75b S. 2
16.	Verordnung über Vermögensstrafen und Bußen v. 6.2.1924, RGBl. I S. 44	
17.	Gesetz zur Abänderung des Handelsgesetzbuchs und des Genossenschaftsgesetzes v. 4.2.1925, RGBl. I S. 9	**Eingefügt:** § 11 Abs. 2
18.	Gesetz über die Krankenversicherung der Seeleute v. 16.12.1927, RGBl. I. S. 337	
19.	Gesetz, betreffend das Internationale Übereinkommen über die Gewährung einer Entschädigung für Arbeitslosigkeit infolge von Schiffbruch v. 24.12.1929, RGBl. I S. 759	
20.	Gesetz über die Pflicht zum Antrag auf Eröffnung des Konkurses oder des gerichtlichen Vergleichsverfahrens v. 25.3.1930, RGBl. I S. 93	
21.	Verordnung des Reichspräsidenten zur Sicherung von Wirtschaft und Finanzen v. 1.12.1930, RGBl. I S. 517	**Eingefügt:** § 63 Abs. 1 S. 2
22.	Verordnung des Reichspräsidenten zur Änderung des § 240 Abs. 2 des Handelsgesetzbuchs, v. 1.8.1931, RGBl. I S. 419	
23.	Verordnung des Reichspräsidenten über Aktienrecht, Bankenaufsicht und über eine Steueramnestie v. 19.9.1931, RGBl. I S. 493	

24.	Einführungsgesetz zum Wechselgesetz v. 21.6.1933, RGBl. I S. 409	**Geändert**: § 365 Abs. 1
25.	Gesetz zur Abänderung strafrechtlicher Vorschriften v. 26.5.1933, RGBl. I S. 295	
26.	Regierungsgesetz zur Ergänzung des Handelsgesetzbuchs v. 20.7.1933, RGBl. I S. 520	**Eingefügt:** § 9 Abs. 3; § 9 Abs. 2 wird Abs. 4
27.	Regierungsgesetz zur Ordnung der nationalen Arbeit v. 20.1.1934, RGBl. I S. 45	**Neu gefasst:** § 75f
28.	Vergleichsordnung v. 16.2.1935, RGBl. I S. 321	
29.	Regierungsgesetz zur Änderung des Handelsgesetzbuchs v. 7.3.1935, RGBl. I S. 352	
30.	Einführungsgesetzes zum Aktiengesetz v. 30.1.1937, RGBl. I S. 166	**Aufgehoben:** § 20 und §§ 178 bis 334
31.	Regierungsgesetz zur Abänderung von Vorschriften des Handelsgesetzbuches über das Seefrachtrecht v. 10.8.1937, RGBl. I S. 891	**Geändert**: § 363 Abs. 2
32.	Regierungsgesetz über die Eintragung von Handelsniederlassungen und das Verfahren in Handelsregistersachen v. 10.8.1937, RGBl. I S. 897	**Neu gefasst:** § 13 **Eingefügt:** §§ 13a, 13b, 13c
33.	Erste Durchführungsverordnung zum Aktiengesetz v. 29.9.1937, RGBl. I S. 1026	**Aufgehoben**: § 22 Abs. 1 S. 2
34.	Regierungsgesetz zur Änderung des Handelsgesetzbuchs v. 4.9.1938, RGBl. I S. 1149	
35.	Vierte Verordnung zur Einführung handelsrechtlicher Vorschriften im Lande Österreich v. 30.12.1938, RGBl. I S. 1999	Art. 1 Abs. 1 Nr. 1: das HGB tritt in **Österreich** in Kraft, soweit es nicht schon in Österreich gilt und mit Ausnahme des sechsten und siebten Abschnitts des ersten Buchs; es finden sich aber im zweiten Abschnitt der VO eine Reihe von „Angleichungs- und Ergänzungsbestimmungen zum HGB“
36.	Verordnung zur Durchführung des Gesetzes zur Änderung von Vorschriften des Handelsgesetzbuchs über das Seefrachtrecht v. 5.12.1939, RGBl. I S. 2501	
37.	Verordnung zur Änderung und Ergänzung von Vorschriften auf dem Gebiet des Handelsrechts v. 24.1.1940, RGBl. I S. 225	Kriegsbedingte Anpassungen des Rechts der Handlungsagenten
38.	Verordnung über die Befreiung von der Einhaltung firmenrechtlicher Vorschriften bei der Heimkehr Volksdeutscher ins Reich v. 18.4.1940, RGBl. 1940 I S. 668	Möglichkeit von Ausnahmen zu den Regeln über die Bildung der Firmen im Rahmen der Umsiedlung

39. Verordnung über weitere Maßnahmen auf dem Gebiet des Handelsrechts während des Krieges v. 4.10.1940, RGBl. I S. 1337	
40. Verordnung zur Durchführung des Gesetzes über Rechte an eingetragenen Schiffen und Schiffsbauwerken v. 21.12.1940, RGBl. I S. 1609	
41. Verordnung über die Abkürzung handelsrechtlicher und steuerrechtlicher Aufbewahrungsfristen v. 28.12.1942, RGBl. I S. 4	
42. Verordnung über die Einschränkung handelsrechtlicher Bekanntmachungen während des Krieges v. 20.10.1943, RGBl. I S. 573	
43. Sechste Verordnung über weitere Maßnahmen auf dem Gebiet des Handelsrechts während des Krieges v. 9.12.1943, RGBl. I S. 672	„Kaufleute dürfen ausnahmsweise, wenn es aus Gründen der öffentlichen Ordnung geboten ist, von folgenden Vorschriften abweichen: § 18 Abs. 1 und § 19 des Handelsgesetzbuchs. [...] Die hierzu erforderliche Genehmigung erteilt auf Antrag der Registerrichter."
44. Verordnung zur Vereinfachung der Bekanntmachungen über Wertpapiere v. 22.1.1944, RGBl. I S. 42	**Neu gefasst**: § 367
45. Verordnung zur Vereinfachung des Verfahrens über Verklarungen v. 16.8.1944, RGBl. I S. 183	

E. Änderungstabelle: HGB[1949] bis HGB[2024]

In der linken Spalte finden sich Gesetze, die das HGB inhaltlich oder in seinem Geltungsbereich zwischen 1949 und 2024 geändert oder sonst zum Gegenstand haben. Die rechte Spalte weist auf solche Vorschriften hin, deren Änderung in der HGB-Synopse nachvollzogen wurde. Ist die rechte Spalte frei, bedeutet das, dass die betreffende HGB-Änderung außerhalb des Gegenstandsbereichs der HGB-Synopse liegt.

1.	Art. 123 Abs. 1 Grundgesetz für die Bundesrepublik Deutschland v. 23. Mai 1949, BGBl. S. 1	Fortgeltung des HGB in der **Bundesrepublik Deutschland**
2.	Gesetz über die Aufhebung von Vorschriften auf dem Gebiet des Handelsrechts, des Genossenschaftsrechts und des Wechsel- und Scheckrechts (Handelsrechtliches Bereinigungsgesetz), v. 18.4.1950, BGBl. I S. 90	**Aufgehoben (§ 1)**: Verordnung zur Änderung und Ergänzung von Vorschriften auf dem Gebiet des Handelsrechts v. 24.1.1940, RGBl. I S. 225 (Kriegsbedingte Anpassungen im Recht der Handlungsagenten); Verordnung über die Befreiung von der Einhaltung firmenrechtlicher Vorschriften bei der Heimkehr Volksdeutscher ins Reich v. 18.4.1940, RGBl. 1940 I S. 668 (Möglichkeit von Ausnahmen zu den Regeln über die Bildung der Firmen im Rahmen der Umsiedlung); Verordnung über weitere Maßnahmen auf dem Gebiet des Handelsrechts während des Krieges v. 4.10.1940, RGBl. I S. 1337 (Möglichkeit von Ausnahmen zu den Regeln über die Aufstellung des Jahresabschlusses); Verordnung über die Einschränkung handelsrechtlicher Bekanntmachungen während des Krieges v. 20.10.1943, RGBl. I S. 573; Sechste Verordnung über weitere Maßnahmen auf dem Gebiet des Handelsrechts während des Krieges v. 9.12.1943, RGBl. I S. 672 (Kaufleute dürfen ausnahmsweise von § 18 Abs. 1 und § 19 HGB abweichen); Verordnung zur Vereinfachung der Bekanntmachungen über Wertpapiere v. 22.1.1944, RGBl. I S. 42 (Neufassung § 367) **§ 3:** Möglichkeit, Ausnahmen von den Regeln über die Bildung der Firma zuzulassen
3.	Gesetz über Bekanntmachungen v. 17.5.1950, BGBl. I S. 183	**Geändert:** § 367
4.	Gesetz über die Kaufmannseigenschaft von Handwerkern v. 31.3.1953, BGBl. I S. 106	**Geändert:** § 1 Abs. 2 Nr. 2, Nr. 9; § 4 **Aufgehoben:** § 4 Abs. 3
5.	Gesetz zur Änderung des Handelsgesetzbuchs (Recht der Handelsvertreter) v. 6.8.1953, BGBl. I S. 771	**Geändert:** § 1 Abs. 2 Nr. 7, Erstes Buch, Siebenter Abschnitt Überschrift, § 65 **Eingefügt:** §§ 75g, 75h, 86a, 86b, 87a, 87b, 87c, 87d, 88a, 89a, 89b, 90a, 91a, 92a, 92b, 92c

https://doi.org/10.1515/9783111535395-005

		Neu gefasst: §§ 55; 84, 85, 86, 86a, 86b, 87, 88, 89, 90, 91, 92
6.	Gesetz zur Abkürzung handelsrechtlicher und steuerrechtlicher Aufbewahrungsfristen v. 2.3.1959, BGBl. I S. 77	
7.	Gesetz zur Änderung des Handelsgesetzbuches und der Reichsabgabenordnung v. 2.8.1965, BGBl. I S. 665	
8.	Gesetz über die Aufgaben des Bundes auf dem Gebiet der Seeschiffahrt v. 24.5.1965, BGBl. II S. 833	
9.	Einführungsgesetz zum Aktiengesetz v. 6.9.1965, BGBl. I S. 1185	**Neu gefasst**: §§ 13c, 14
10.	Umsatzsteuergesetz (Mehrwertsteuer) v. 29.5.1967, BGBl. I S. 545	**Eingefügt:** § 87b Abs. 2 S. 3
11.	Gesetz zu Änderungen des Kündigungsrechtes und anderer arbeitsrechtlicher Vorschriften (Erstes Arbeitsrechtsbereinigungsgesetz) v. 14.8.1969, BGBl. I S. 1106	**Aufgehoben:** §§ 66 bis 72
12.	§ 106 Abs. 1 Nr. 1 Berufsbildungsgesetz v. 14.8.1969, BGBl. I S. 1112	**Eingefügt:** § 63 Abs. 1 S. 2 und 3 eingefügt, der bisherige S. 2 wird S. 4 **Aufgehoben:** §§ 76 bis 82
13.	Gesetz zur Durchführung der Ersten Richtlinie des Rates der Europäischen Gemeinschaften zur Koordinierung des Gesellschaftsrechts v. 15.8.1969, BGBl. I S. 1146	**Eingefügt:** § 15 Abs. 3, der bisherige Abs. 3 wird Abs. 4 **Neu gefasst:** §§ 9 Abs. 2, 15 Abs. 2
14.	Beurkundungsgesetz v. 28.8.1969, BGBl. I S. 1513, m.W.v. 1.1.1970	**Geändert**: § 12 Abs. 1 **Aufgehoben:** §§ 73 Abs. 2, 80 Abs. 2
15.	Gesetz zur Änderung des Handelsgesetzbuchs und anderer Gesetze (Seerechtsänderungsgesetz) v. 21.6.1972, BGBl. I S. 966	**Geändert:** §§ 93 Abs. 1, 363 Abs. 2
16.	Gesetz zur Änderung des Gesetzes betreffend die Erwerbs- und Wirtschaftsgenossenschaften v. 9.10.1973, BGBl. I S. 1451	**Geändert:** § 30 Abs. 1
17.	Einführungsgesetz zum Strafgesetzbuch (EGStGB) v. 2.3.1974, BGBl. I S. 469	**Geändert:** § 14 S. 1 und 2, § 37 Abs. 1 **Neu gefasst**: § 103
18.	Gesetz über Konkursausfallgeld (Drittes Gesetz zur Änderung des Arbeitsförderungsgesetzes) v. 17.7.1974, BGBl. I S. 1481	**Aufgehoben:** § 75e

19.	Gesetz über ergänzende Maßnahmen zum Fünften Strafrechtsreformgesetz (Strafrechtsreform-Ergänzungsgesetz – StREG) v. 28.8.1975, BGBl. I S. 2289	**Eingefügt:** § 63 Abs. 1 S. 2 eingefügt, die bisherigen S. 2 bis 4 werden die S. 3 bis 5
20.	Gesetz über die Kaufmannseigenschaft von Land- und Forstwirten und den Ausgleichsanspruch des Handelsvertreters, v. 13.5.1976, BGBl. I S. 1197	**Geändert:** § 89b Abs. 3 **Neu gefasst:** § 3
21.	Erstes Gesetz zur Bekämpfung der Wirtschaftskriminalität (1. WiKG) v. 29.7.1976, BGBl. I S. 2034	**Eingefügt:** §§ 130a, 130b, 177a
22.	Gesetz zur Vereinfachung und Beschleunigung gerichtlicher Verfahren (Vereinfachungsnovelle) v. 3.12.1976, BGBl. I S. 3281	
23.	Einführungsgesetz zur Abgabenordnung (EGAO 1977) v. 14.12.1976, BGBl. I S. 3341	
24.	Gesetz zu den Protokollen vom 19. November 1976 und vom 5. Juli 1978 über die Ersetzung des Goldfrankens durch das Sonderziehungsrechts des Internationalen Währungsfonds sowie zur Regelung der Umrechnung des Goldfrankens in haftungsrechtlichen Bestimmungen (Goldfrankenumrechnungsgesetz) v. 9.6.1980, BGBl. 1980 II S. 721	
25.	Gesetz zur Änderung des Gesetzes betreffend die Gesellschaften mit beschränkter Haftung und anderer handelsrechtlicher Vorschriften v. 4.7.1980, BGBl. I S. 836	**Geändert:** §§ 130 Abs. 1 S. 1, 177a **Eingefügt:** §§ 19 Abs. 5, 125a, 129a, 172 Abs. 6, 172a
26.	Gesetz zur Durchführung der Vierten, Siebenten und Achten Richtlinie des Rates der Europäischen Gemeinschaften zur Koordinierung des Gesellschaftsrechts (Bilanzrichtlinien-Gesetz – BiRiLiG) v. 19.12.1985, BGBl. I S. 2355	**Geändert:** §§ 9 Abs. 2, 100 Abs. 2, 118 Abs. 1, 166 Abs. 1 und 3 **Eingefügt:** §§ 8a, 238 bis 334. Die bisherigen §§ 335 bis 342 werden §§ 230 bis 237 (§ 342 wird 237). Drittes Buch wird viertes Buch
27.	Gesetz zur Änderung des Handelsgesetzbuchs und anderer Gesetze (Zweites Seerechtsänderungsgesetz) v. 25.7.1986, BGBl. I S. 1120	
28.	Gesetz zur Einführung eines neuen Marktabschnitts an den Wertpapierbörsen und zur Durchführung der Richtlinien des Rates der Europäischen Gemeinschaften vom 5. März 1979, vom 17. März 1980 und vom 15. Februar 1982 zur Koordinierung börsenrechtlicher Vorschriften (Börsenzulassungs-Gesetz) v. 16.12.1986, BGBl. I S. 2478	

29.	Gesetz zur Durchführung der EG-Richtlinie zur Koordinierung des Rechts der Handelsvertreter v. 23.10.1989, BGBl. I S. 1910	**Geändert:** § 87 Abs. 1 S. 2 und Abs. 2 S. 2, 87a Abs. 3 S. 2, Abs. 5 **Eingefügt:** §§ 86 Abs. 4, 86a Abs. 3, 104 S. 2 **Neu gefasst:** § 86a Abs. 2 S. 2 und 3, 87 Abs. 3, 89, 89b Abs. 3, Abs. 4 S. 2 und Abs. 5, 90a Abs. 1 S. 2, 92c Abs. 1 **Aufgehoben:** § 87a Abs. 1 S. 4
30.	BVerfG Beschl. v. 7.2.1990, 1 BvR 26/84, BGBl. I S. 575	§ 90a Abs. 2 S. 2 **verfassungswidrig**
31.	Drittes Rechtsbereinigungsgesetz v. 28.6.1990, BGBl. I S. 1221	
32.	Vertrag zwischen der Bundesrepublik Deutschland und der Deutschen Demokratischen Republik über die Herstellung der Einheit Deutschlands (Einigungsvertrag) v. 31.8.1990, BGBl. II S. 889	**Einführung des HGB in Brandenburg, Mecklenburg-Vorpommern, Sachsen, Sachsen-Anhalt und Thüringen** **Art. 8**: „Mit dem Wirksamwerden des Beitritts tritt in dem in Artikel 3 genannten Gebiet Bundesrecht in Kraft, soweit es nicht in seinem Geltungsbereich auf bestimmte Länder oder Landesteile der Bundesrepublik Deutschland beschränkt ist und soweit durch diesen Vertrag, insbesondere dessen Anlage I, nichts anderes bestimmt wird." **Anlage I, Sachgebiet H, Abschnitt I Nr. 43**: „Von dem Inkrafttreten des Bundesrechts gemäß Artikel 8 des Vertrages sind ausgenommen: Gesetz über die Kaufmannseigenschaft von Land- und Forstwirten und den Ausgleichsanspruch des Handelsvertreters vom 13. Mai 1976 (BGBl. I S. 1197)."
33.	Gesetz zur Durchführung der Richtlinie des Rates der Europäischen Gemeinschaften über den Jahresabschluß und den konsolidierten Abschluß von Banken und anderen Finanzinstituten (Bankbilanzrichtlinie-Gesetz) v. 30.11.1990, BGBl. I S. 2570	
34.	Rechtspflege-Vereinfachungsgesetz v. 17.12.1990, BGBl. I S. 2847	
35.	Gesetz zur Änderung des Gesetzes über das Kreditwesen und anderer Vorschriften über Kreditinstitute v. 21.12.1992, BGBl. I S. 2211	
36.	Gesetz zur Ausführung des Abkommens vom 2. Mai 1992 über den Europäischen Wirtschaftsraum (EWR-Ausführungsgesetz), v. 27.4.1993, BGBl. I S. 512	**Geändert:** § 92c Abs. 1

37.	Gesetz zur Durchführung der Elften gesellschaftsrechtlichen Richtlinie des Rates der Europäischen Gemeinschaften und über Gebäudeversicherungsverhältnisse v. 22.7.1993, BGBl. I S. 1282	**Geändert:** § 13 Abs. 5 und 6 **Eingefügt:** §§ 13c, 13e, 13f, 13g, bisheriger § 13c idF. 1965 wird § 13h **Neu gefasst**: §§ 13, 13a, 13c
38.	Gesetz zur Anpassung des EWR-Ausführungsgesetzes v. 27.9.1993, BGBl. I S. 1666	**Geändert:** § 13e Abs. 2 S. 2 Nr. 4
39.	Gesetz zur Vereinfachung und Beschleunigung registerrechtlicher und anderer Verfahren (Registerverfahrenbeschleunigungsgesetz – RegVBG) v. 20.12.1993, BGBl. I S. 2182	**Geändert:** § 9 Abs. 2 S. 2 **Eingefügt**: § 9 Abs. 2 S. 4, 9a **Neu gefasst**: § 8a
40.	Gesetz zur Neuordnung des Eisenbahnwesens (Eisenbahnneuordnungsgesetz – ENeuOG) v. 27.12.1993, BGBl. I S. 2378	
41.	Gesetz zur zeitlichen Begrenzung der Nachhaftung von Gesellschaftern (Nachhaftungsbegrenzungsgesetz – NachhBG) v. 18.3.1994, BGBl. I S. 560	**Geändert**: Überschrift Zweites Buch, Abschnitt 1, Titel 6; § 159 Abs. 1 und 2 **Eingefügt**: § 28 Abs. 3, § 159 Abs. 4 **Neu gefasst**: §§ 26, 160
42.	Gesetz zur sozialen Absicherung des Risikos der Pflegebedürftigkeit (Pflege-Versicherungsgesetz – PflegeVG) v. 26.5.1994, BGBl. I S. 1014	**Aufgehoben:** § 63
43.	Gesetz zur Durchführung der Richtlinie des Rates der Europäischen Gemeinschaften über den Jahresabschluß und den konsolidierten Abschluß von Versicherungsunternehmen (Versicherungsbilanzrichtlinie-Gesetz – VersRiLiG) v. 24.6.1994, BGBl. I S. 1377	
44.	Gesetz zur Änderung des D-Markbilanzgesetzes und anderer handelsrechtlicher Bestimmungen v. 25.7.1994, BGBl. I S. 1682	**Eingefügt:** § 354a
45.	Einführungsgesetz zur Insolvenzordnung (EGInsO) v. 5.10.1994, BGBl. I S. 2911	**Geändert:** §§ 13e Abs. 4, 34 Abs. 1, 2 und 5, der bisherige § 131 wird § 131 Abs. 1, Nr. 3 und 5 geändert, 130b Abs. 1, 137 Abs. 2, 138, 141 Abs. 2, 142 Abs. 2, 145 Abs. 1, 236 Abs. 1 und 2 **Eingefügt**: § 130 Abs. 2, 145 Abs. 3, 146 Abs. 2 S. 3 **Neu gefasst**: § 32, 130a Abs. 1 S. 1, 143 Abs. 1 und 2, 144 Abs. 1, 145 Abs. 2, 146 Abs. 3, 171 Abs. 2 **Aufgehoben**: §§ 237, 370

46.	Gesetz zur Bereinigung des Umwandlungsrechts (UmwBerG) v. 28.10.1994, BGBl. I S. 3210	
47.	Begleitgesetz zum Gesetz zur Umsetzung von EG-Richtlinien zur Harmonisierung bank- und wertpapieraufsichtsrechtlicher Vorschriften v. 22.10.1997, BGBl. I S. 2567	
48.	Begleitgesetz zum Telekommunikationsgesetz (BegleitG) v. 17.12.1997, BGBl. I S. 3108	
49.	Gesetz zur weiteren Fortentwicklung des Finanzplatzes Deutschland (Drittes Finanzmarktförderungsgesetz) v. 24.3.1998, BGBl. I S. 529	
50.	Gesetz über die Zulassung von Stückaktien (Stückaktiengesetz – StückAG) v. 25.3.1998, BGBl. I S. 590	
51.	Gesetz zur Verbesserung der Wettbewerbsfähigkeit deutscher Konzerne an Kapitalmärkten und zur Erleichterung der Aufnahme von Gesellschafterdarlehen (Kapitalaufnahmeerleichterungsgesetz – KapAEG) v. 20.4.1998, BGBl. I S. 707	
52.	Gesetz zur Kontrolle und Transparenz im Unternehmensbereich (KonTraG) v. 27.4.1998, BGBl. I S. 786	
53.	Gesetz zur Einführung des Euro (Euro-Einführungsgesetz – EuroEG) v. 9.6.1998, BGBl. I S. 1242	
54.	Gesetz zur Neuregelung des Kaufmanns- und Firmenrechts und zur Änderung anderer handels- und gesellschaftsrechtlicher Vorschriften (Handelsrechtsreformgesetz – HRefG) v. 22.6.1998, BGBl. I S. 1474	**Geändert:** §§ 5, 6 Abs. 2, 13 Abs. 3 S. 1, 3 und Abs. 4, 13f Abs. 2 S. 3 und Abs. 4, 17, 21, 22 Abs. 1, 24 Abs. 1, 29, 106 Abs. 2 Nr. 1, 108 Abs. 2, 123 Abs. 2, 125 Abs. 1 S. 3, 162 Abs. 2, 177a S. 2 **Eingefügt:** §§ 13c Abs. 2 S. 5, 37a, 84 Abs. 4, 93 Abs. 3, § 105 Abs. 2 eingefügt, der bisherige Abs. 2 wird 3, 131 Abs. 3, 140 Abs. 1 S. 2, bisheriger § 383 wird Abs. 1, Abs. 2 eingefügt **Neu gefasst:** §§ 1 Abs. 2, 2 S. 1, 18, 19, 53 Abs. 2, 90a Abs. 3, 125a Abs. 1 S. 1 und 2, Abs. 2, 148 Abs. 3, 175 S. 2, 177 **Aufgehoben:** §§ 4, 13c Abs. 2, bisherige § 13c Abs. 3–5 werden Abs. 2–4, 36, 90a Abs. 2 S. 2, § 131 Abs. 1 Nr. 4 und 5 aufgehoben, bisherige Nr. 6 wird Nr. 4 und geändert, 136, 137, 138, 141, 142, 343 Abs. 2, 351

55. Gesetz zur Neuregelung des Fracht-, Speditions- und Lagerrechts (Transportrechtsreformgesetz – TRG) v. 25.6.1998, BGBl. I S. 1588	**Geändert:** §§ 363 Abs. 2 **Neu gefasst:** § 366 Abs. 3
56. Gesetz zur Änderung der Haftungsbeschränkung in der Binnenschiffahrt v. 25.8.1998, BGBl. I S. 2489	
57. Steueränderungsgesetz 1998 v. 19.12.1998, BGBl. I S. 3816	
58. Gesetz zur Änderung des Einführungsgesetzes zur Insolvenzordnung und anderer Gesetze (EGInsOÄndG) v. 19.12.1998, BGBl. I S. 3836	**Eingefügt:** § 32 Abs. 1 S. 2 Nr. 3 eingefügt, bisherige Nr. 3 und 4 werden Nr. 4 und 5
59. Gesetz zur Durchführung der Richtlinie des Rates der Europäischen Union zur Änderung der Bilanz- und der Bilanzrichtlinie hinsichtlich ihres Anwendungsbereichs (90/605/EWG), zur Verbesserung der Offenlegung von Jahresabschlüssen und zur Änderung anderer handelsrechtlicher Bestimmungen (Kapitalgesellschaften- und Co-Richtlinie-Gesetz – KapCoRiLiG) v. 24.2.2000, BGBl. I S. 154	**Geändert:** § 8a Abs. 5 **Eingefügt:** § 8a Abs. 1 S. 3 eingefügt, bisheriger S. 3 wird S. 4, neuer S. 4 wird geändert
60. Gesetz zur Beschleunigung fälliger Zahlungen v. 30.3.2000, BGBl. I S. 330	**Geändert:** § 352 Abs. 1 S. 1
61. Gesetz über Fernabsatzverträge und andere Fragen des Verbraucherrechts sowie zur Umstellung von Vorschriften auf Euro v. 27.6.2000, BGBl. I S. 897	
62. Ausführungsgesetz zu dem Protokoll von 1996 zur Änderung des Übereinkommens von 1976 über die Beschränkung der Haftung für Seeforderungen v. 27.6.2000, BGBl. I S. 938	
63. Gesetz zur Änderung von Vorschriften über die Tätigkeit der Wirtschaftsprüfer (Wirtschaftsprüferordnungs-Änderungsgesetz – WPOÄG) v. 19.12.2000, BGBl. I S. 1769	
64. Gesetz zur Einführung des Euro im Sozial- und Arbeitsrecht sowie zur Änderung anderer Vorschriften (4. Euro-Einführungsgesetz) v. 21.12.2000, BGBl. I S. 1983	**Aufgehoben:** § 74a Abs. 2 S. 1 aufgehoben, bisheriger S. 2 wird S. 1 und geändert, bisheriger S. 3 wird S. 2; § 75b

65.	Gesetz zur Namensaktie und zur Erleichterung der Stimmrechtsausübung (Namensaktiengesetz – NaStraG) v. 18.1.2001, BGBl. I S. 123	**Geändert:** §§ 14 S. 2, § 103 Abs. 2 **Eingefügt:** § 13 Abs. 6, § 15 Abs. 4 S. 2 **Neu gefasst:** §§ 13c Abs. 2 S. 3, 162 Abs. 2, 175 S. 2 **Aufgehoben:** § 13a Abs. 4, § 13b Abs. 4
66.	Gesetz zur Neuregelung des Bergungsrechts in der See- und Binnenschifffahrt (Drittes Seerechtsänderungsgesetz) v. 16.5.2001, BGBl. I S. 898	
67.	Gesetz zur Reform der gesetzlichen Rentenversicherung und zur Förderung eines kapitalgedeckten Altersvorsorgevermögens (Altersvermögensgesetz – AVmG) v. 26.6.2001, BGBl. I S. 1310	
68.	Gesetz zur Anpassung der Formvorschriften des Privatrechts und anderer Vorschriften an den modernen Rechtsgeschäftsverkehr v. 13.7.2001, BGBl. I S. 1542	**Eingefügt:** § 73 S. 2 **Neu gefasst:** § 100 Abs. 1 S. 3
69.	Siebente Zuständigkeitsanpassungs-Verordnung v. 29.10.2001, BGBl. I S. 2785	**Geändert:** § 92a Abs. 1 S. 1
70.	Gesetz zur Modernisierung des Schuldrechts (SchuldrechtsmodernisierungsG) v. 26.11.2001, BGBl. I S. 3138	**Geändert:** §§ 26 Abs. 1 S. 1 und 3, Abs. 2, 27 Abs. 2 S. 2, 139 Abs. 3 S. 2, § 160 Abs. 1 S. 1 und 3 sowie Abs. 2 **Neu gefasst:** § 159 Abs. 4, 375 Abs. 2 S. 1, 381 Abs. 2 **Aufgehoben:** §§ 378, 382
71.	Gesetz zur Anpassung bilanzrechtlicher Bestimmungen an die Eifführung des Euro, zur Erleichterung der Publizität für Zweigniederlassungen ausländischer Unternehmen sowie zur Einführung einer Qualitätskontrolle für genossenschaftliche Prüfverbände (Euro-Bilanzgesetz – EuroBilG) v. 10.12.2001, BGBl. I S. 3414	
72.	Gesetz über elektronische Register und Justizkosten für Telekommunikation (ERJuKoG) v. 10.12.2001, BGBl. I S. 3422	**Geändert:** §§ 9 Abs. 1, 9a Abs. 1, 33 Abs. 2 S. 1, 2 und 3, 34 Abs. 1, 148 Abs. 1 S. 1, 150 Abs. 1 **Eingefügt:** §§ 33 Abs. 4, 106 Abs. 2 Nr. 2, 162 Abs. 1 S. 2 **Aufgehoben:** §§ 125 Abs. 4
73.	Gesetz zur Änderung von Vorschriften über die Bewertung der Kapitalanlagen von Versicherungsunternehmen und zur Aufhebung des Diskontsatz-Überleitungs-Gesetzes (Versicherungskapitalanlagen-Bewertungsgesetz – VersKapAG) v. 26.3.2002, BGBl. I S. 1219	

74. Gesetz zur weiteren Fortentwicklung des Finanzplatzes Deutschland (Viertes Finanzmarktförderungsgesetz) v. 21.6.2002, BGBl. I S. 2010	
75. Zweites Gesetz zur Änderung schadensersatzrechtlicher Vorschriften v. 19.7.2002, BGBl. I S. 2674	
76. Gesetz zur weiteren Reform des Aktien- und Bilanzrechts, zu Transparenz und Publizität (Transparenz- und Publizitätsgesetz) v. 19.7.2002, BGBl. I S. 2681	
77. Drittes Gesetz zur Änderung der Gewerbeordnung und sonstiger gewerberechtlicher Vorschriften v. 24.8.2002, BGBl. I S. 3412	**Eingefügt:** § 109 **Aufgehoben:** § 73
78. Achte Zuständigkeitsanpassungsverordnung v. 25.11.2003, BGBl. I S. 2304	**Geändert:** § 92a Abs. 1 S. 1
79. Gesetz zur Reform des Zulassungs- und Prüfungsverfahrens des Wirtschaftsprüfungsexamens (Wirtschaftsprüfungsexamens-Reformgesetz – WPRefG) v. 1.12.2003, BGBl. I S. 2446	
80. Gesetz zur Harmonisierung des Haftungsrechts im Luftverkehr v. 6.4.2004, BGBl. I S. 550	
81. Erstes Gesetz zur Modernisierung der Justiz (1. Justizmodernisierungsgesetz) v. 24.8.2004, BGBl. I S. 2198	**Geändert:** § 9a Abs. 1 **Aufgehoben:** § 106 Abs. 2 Nr. 3
82. Gesetz zur Einführung internationaler Rechnungslegungsstandards und zur Sicherung der Qualität der Abschlussprüfung (Bilanzrechtsreformgesetz – BilReG) v. 4.12.2004, BGBl. I S. 3166	
83. Gesetz zur Anpassung von Verjährungsvorschriften an das Gesetz zur Modernisierung des Schuldrechts v. 9.12.2004, BGBl. I S. 3214	**Neu gefasst:** § 61 Abs. 2, 113 Abs. 3 **Aufgehoben:** § 88
84. Gesetz zur Kontrolle von Unternehmensabschlüssen (Bilanzkontrollgesetz – BilKoG) v. 15.12.2004, BGBl. I, S. 3408	
85. Gesetz über die Offenlegung der Vorstandsvergütungen (Vorstandsvergütungs-Offenlegungsgesetz – VorstOG) v. 3.8.2005, BGBl. I S. 2267	

86. Erstes Gesetz über die Bereinigung von Bundesrecht im Zuständigkeitsbereich des Bundesministeriums der Justiz v. 19.4.2006, BGBl. I S. 866	
87. Gesetz zur Umsetzung der Richtlinie 2004/25/EG des Europäischen Parlaments und des Rates vom 21. April 2004 betreffend Übernahmeangebote (Übernahmerichtlinie-Umsetzungsgesetz) v. 8.7.2006, BGBl. I S. 1426	
88. Gesetz zur Änderung des Ölschadengesetzes und anderer schifffahrtsrechtlicher Vorschriften v. 12.7.2006, BGBl. I S. 1461	
89. Gesetz zur Einführung der Europäischen Genossenschaft und zur Änderung des Genossenschaftsrechts v. 14.8.2006, BGBl. I S. 1911	
90. Neunte Zuständigkeitsanpassungsverordnung v. 31.10.2006, BGBl. I S. 2407	**Geändert:** § 92a Abs. 1 S. 1
91. Gesetz über elektronische Handelsregister und Genossenschaftsregister sowie das Unternehmensregister (EHUG) v. 10.11.2006, BGBl. I S. 2553	**Geändert:** Buch 1, 2. Abschnitt amtliche Überschrift; §§ 8 Abs. 1, 13 Abs. 1 und 3, § 13f Abs. 2 S. 2, 13g Abs. 2 S. 2 und Abs. 3, 15 S. 1, 29, 33 Abs. 3, 37a Abs. 1, 125a Abs. 1 S. 1, 367 Abs. 1 S. 1 **Eingefügt**: §§ 8 Abs. 2, 8b, 14 S. 1, § 367 Abs. 1 S. 2 eingefügt, bisheriger S. 2 wird S. 3 **Neu gefasst**: §§ 8a, 9, 9a, 11, 12, 13, 13f S. 3 **Aufgehoben**: §§ 13a, 13b, 13c, 13f Abs. 4, die bisherigen Abs. 5–8 werden Abs. 4–7, neuer Abs. 5, 13g Abs. 4, bisherige Abs. 5–7 werden Abs. 4–6, neuer Abs. 5 geändert; 15 Abs. 4 S. 2, 35, § 53 Abs. 2 aufgehoben, bisheriger Abs. 3 wird Abs. 2; 148 Abs. 3
92. Gesetz zur Umsetzung der neu gefassten Bankenrichtlinie und der neu gefassten Kapitaladäquanzrichtlinie v. 17.11.2006, BGBl. I S. 2606	
93. Gesetz zur Umsetzung der Richtlinie 2004/109/EG des Europäischen Parlaments und des Rates vom 15. Dezember 2004 zur Harmonisierung der Transparenzanforderungen in Bezug auf Informationen über Emittenten, deren Wertpapiere zum Handel auf einem geregelten Markt zugelassen sind, und zur Änderung der Richtlinie 2001/34/EG (Transparenzrichtlinie-Umsetzungsgesetz – TUG) v. 5.1.2007, BGBl. I S. 10	**Eingefügt**: § 8b Abs. 3 S. 3–5, Buch 1, Neunter Abschnitt mit Überschrift; 104a **Neu gefasst**: § 8b Abs. 2 Nr. 9

94. Gesetz zur Umsetzung der Richtlinie über Märkte für Finanzinstrumente und der Durchführungsrichtlinie der Kommission (Finanzmarktrichtlinie-Umsetzungsgesetz) v. 16.7.2007, BGBl. I S. 1330	
95. Zweites Gesetz über die Bereinigung von Bundesrecht im Zuständigkeitsbereich des Bundesministeriums der Justiz v. 23.11.2007, BGBl. I S. 2614	**Geändert:** § 367 Abs. 1 S. 3
96. Zweites Gesetz über die Bereinigung von Bundesrecht im Zuständigkeitsbereich des Bundesministeriums der Justiz v. 23.11.2007, BGBl. I S. 2614	
97. Zweites Gesetz zur Änderung des Pflichtversicherungsgesetzes und anderer versicherungsrechtlicher Vorschriften v. 10.12.2007, BGBl. I S. 2833	
98. Gesetz zur Änderung des Investmentgesetzes und zur Anpassung anderer Vorschriften (Investmentänderungsgesetz) v. 21.12.2007, BGBl. I S. 3089	
99. Gesetz zur Begrenzung der mit Finanzinvestitionen verbundenen Risiken (Risikobegrenzungsgesetz) v. 12.8.2008, BGBl. I S. 1666	**Geändert:** § 354a Abs. 2
100. Gesetz zur Modernisierung des GmbH-Rechts und zur Bekämpfung von Missbräuchen (MoMiG) v. 23.10.2008, BGBl. I S. 2026	**Geändert:** §§ 13, § 13f Abs. 2 S. 2, Abs. 3 und 5; 29, 31 Abs. 1, 107, 130b, 177a S. 1 **Eingefügt:** §§ 15a, 39 Abs. 4 und 5 **Neu gefasst:** §§ 39 Abs. 1 Nr. 5, 106 Abs. 2 Nr. 2 **Aufgehoben:** §§ 32a, 32b, § 130a Abs. 1 aufgehoben, bisheriger Abs. 2 wird Abs. 1, S. 1 geändert, S. 3 und 4 eingefügt, bisheriger Abs. 3 wird Abs. 2, S. 1 geändert, bisheriger Abs. 4 wird Abs. 3 und geändert; 172a
101. Gesetz zur Reform des Verfahrens in Familiensachen und in den Angelegenheiten der freiwilligen Gerichtsbarkeit (FGG-Reformgesetz – FGG-RG) v. 17.12.2008, BGBl. I S. 2586	**Geändert:** §§ 8a Abs. 2 S. 1, 131 Abs. 2 S. 1 Nr. 2
102. Gesetz zur Modernisierung des Bilanzrechts (Bilanzrechtsmodernisierungsgesetz – BilMoG) v. 25.5.2009, BGBl. I S. 1102	**Eingefügt**: § 172 Abs. 4 S. 3
103. Gesetz zur Umsetzung der aufsichtsrechtlichen Vorschriften der Zahlungsdiensterichtlinie (Zahlungsdiensteumsetzungsgesetz) v. 25.6.2009, BGBl I S. 1506	

104. Gesetz zur Umsetzung der Aktionärsrechterichtlinie (ARUG) v. 30.7.2009, BGBl I S. 2479	
105. Gesetz zur Angemessenheit der Vorstandsvergütung (VorstAG) v. 31.7.2009, BGBl. I S. 2509	
106. Gesetz zur Neuregelung der Rechtsverhältnisse bei Schuldverschreibungen aus Gesamtemissionen und zur verbesserten Durchsetzbarkeit von Ansprüchen von Anlegern aus Falschberatung v. 31.7.2009, BGBl. I S. 2512	**Geändert:** § 89b Abs. 1
107. Gesetz zur Umsetzung der geänderten Bankenrichtlinie und der geänderten Kapitaladäquanzrichtlinie v. 19.11.2010, BGBl. I S. 1592	
108. Jahressteuergesetz 2010 (JStG 2010) v. 8.12.2010, BGBl. I S. 1768	
109. Gesetz zur Umsetzung der Zweiten E-Geld-Richtlinie v. 1.3.2011, BGBl. I S. 288	
110. Gesetz zur Novellierung des Finanzanlagenvermittler- und Vermögensanlagenrechts v. 6.12.2011, BGBl. I S. 2481	**Geändert:** § 8b Abs. 2 Nr. 7
111. Gesetz zur Optimierung der Geldwäscheprävention v. 22.12.2011, BGBl I S. 2959	
112. Gesetz zur Änderung von Vorschriften über Verkündung und Bekanntmachungen sowie der Zivilprozessordnung, des Gesetzes betreffend die Einführung der Zivilprozessordnung und der Abgabenordnung v. 22.12.2011, BGBl. I S. 3044	**Geändert:** § 8b Abs. 2 Nr. 5, 7 und 8, Abs. 3 S. 1 Nr. 1
113. Gesetz zur Umsetzung der Richtlinie 2012/6/EU des Europäischen Parlaments und des Rates vom 14. März 2012 zur Änderung der Richtlinie 78/660/EWG des Rates über den Jahresabschluss von Gesellschaften bestimmter Rechtsformen hinsichtlich Kleinstbetrieben (Kleinstkapitalgesellschaften-Bilanzrechtsänderungsgesetz – MicroBilG) v. 20.12.2012, BGBl. I S. 2751	**Geändert:** § 8b Abs. 2 Nr. 4 und Abs. 3 S. 1 Nr. 1
114. Gesetz zur Reform des Seehandelsrechts v. 20.4.2013, BGBl. I S. 831	**Geändert:** §§ 366 Abs. 3, 367 Abs. 1 S. 3 **Neu gefasst:** §§ 368 Abs. 2, 397

115. Gesetz zur Übertragung von Aufgaben im Bereich der freiwilligen Gerichtsbarkeit auf Notare v. 26.6.2013, BGBl. I S. 1800	**Eingefügt:** § 12 Abs. 1 S. 3
116. Gesetz zur Umsetzung der Richtlinie 2011/61/EU über die Verwalter alternativer Investmentfonds (AIFM-Umsetzungsgesetz – AIFM-UmsG) v. 4.7.2013, BGBl. I S. 1981	**Geändert:** § 8b Abs. 2 Nr. 8
117. Gesetz zur Umsetzung der Richtlinie 2013/36/EU über den Zugang zur Tätigkeit von Kreditinstituten und die Beaufsichtigung von Kreditinstituten und Wertpapierfirmen und zur Anpassung des Aufsichtsrechts an die Verordnung (EU) Nr. 575/2013 über Aufsichtsanforderungen an Kreditinstitute und Wertpapierfirmen (CRD IV-Umsetzungsgesetz) v. 28.8.2013, BGBl. I S. 3395	
118. Gesetz zur Änderung des Handelsgesetzbuchs v. 4.10.2013, BGBl. I S. 3746	
119. Gesetz zur Anpassung von Gesetzen auf dem Gebiet des Finanzmarktes v. 15.7.2014, BGBl. I S. 934	
120. Gesetz zur Umsetzung der Richtlinie 2012/17/EU in Bezug auf die Verknüpfung von Zentral-, Handels- und Gesellschaftsregistern in der Europäischen Union v. 22.12.2014, BGBl. I S. 2409	**Eingefügt:** §§ 9b, 13e Abs. 6
121. Gesetz zur Modernisierung der Finanzaufsicht über Versicherungen v. 1.4.2015, BGBl. I S. 434	
122. Gesetz für die gleichberechtigte Teilhabe von Frauen und Männern an Führungspositionen in der Privatwirtschaft und im öffentlichen Dienst v. 24.4.2015, BGBl. I S. 642	
123. Kleinanlegerschutzgesetz v. 3.7.2015, BGBl. I S. 1114	
124. Gesetz zur Umsetzung der Richtlinie 2013/34/EU des Europäischen Parlaments und des Rates vom 26. Juni 2013 über den Jahresabschluss, den konsolidierten Abschluss und damit verbundene Berichte von Unternehmen bestimmter Rechtsformen und zur Änderung der Richtlinie 78/660/EWG und 83/349/EWG des Rates (Bilanzrichtlinie-Umsetzungsgesetz – BilRUG) v. 17.7.2015, BGBl. I S. 1245	**Geändert:** § 8b Abs. 2 Nr. 4

125. Gesetz zur Entlastung insbesondere der mittelständischen Wirtschaft von Bürokratie (Bürokratieentlastungsgesetz) v. 28.7.2015, BGBl. I S. 1400	
126. Zehnte Zuständigkeitsanpassungsverordnung v. 31.8.2015, BGBl. I S. 1474	**Geändert:** §§ 8a Abs. 2 S. 1, 8b Abs. 19a Abs. 1 S. 1, Abs. 2 S. 1 und Abs. 3 S. 1, 92a Abs. 1 S. 1
127. Gesetz zur Umsetzung der Transparenzrichtlinie-Änderungsrichtlinie v. 20.11.2015, BGBl. I S. 2029	**Geändert:** § 8b Abs. 2 Nr. 9 und Abs. 3 S. 3
128. Gesetz zur Änderung des Aktiengesetzes (Aktienrechtsnovelle 2016) v. 22.12.2015, BGBl. I S. 2565	**Geändert:** §§ 13f Abs. 2 S. 3, § 130a Abs. 2 S. 1 **Eingefügt:** § 108 S. 2
129. Gesetz zur Umsetzung der Wohnimmobilienkreditrichtlinie und zur Änderung handelsrechtlicher Vorschriften v. 11.3.2016, BGBl. I S. 396	
130. Gesetz zur Umsetzung der aufsichts- und berufsrechtlichen Regelungen der Richtlinie 2014/56/EU sowie zur Ausführung der entsprechenden Vorgaben der Verordnung (EU) Nr. 537/2014 im Hinblick auf die Abschlussprüfung bei Unternehmen von öffentlichem Interesse (Abschlussprüferaufsichtsreformgesetz – APAReG) v. 31.3.2016, BGBl. I S. 518	
131. Gesetz zur Umsetzung der prüfungsbezogenen Regelungen der Richtlinie 2014/56/EU sowie zur Ausführung der entsprechenden Vorgaben der Verordnung (EU) Nr. 537/2014 im Hinblick auf die Abschlussprüfung bei Unternehmen von öffentlichem Interesse (Abschlussprüfungsreformgesetz – AReG) v. 10.5.2016, BGBl. I S. 1142	
132. Erstes Gesetz zur Novellierung von Finanzmarktvorschriften auf Grund europäischer Rechtsakte (Erstes Finanzmarktnovellierungsgesetz – 1. FiMaNoG) v. 30.6.2016, BGBl. I S. 1514	**Geändert:** § 8b Abs. 2 Nr. 9 und Abs. 3 S. 3
133. Zweites Gesetz zur Änderung der Haftungsbeschränkung in der Binnenschifffahrt v. 5.7.2016, BGBl. I S. 1578	
134. Gesetz zur Stärkung der nichtfinanziellen Berichterstattung der Unternehmen in ihren Lage- und Konzernlageberichten (CSR-Richtlinie-Umsetzungsgesetz) v. 11.4.2017, BGBl. I S. 802	

135. Gesetz zur Erleichterung der Bewältigung von Konzerninsolvenzen v. 13.4.2017, BGBl. I S. 866	**Geändert:** § 8b Abs. 2 Nr. 11
136. Zweites Gesetz zur Novellierung von Finanzmarktvorschriften auf Grund europäischer Rechtsakte (Zweites Finanzmarktnovellierungsgesetz – 2. FiMaNoG) v. 23.6.2017, BGBl. I S. 1693	**Geändert:** § 8b Abs. 2 Nr. 9, Abs. 3 S. 3 und 5
137. Gesetz zur Einführung der elektronischen Akte in der Justiz und zur weiteren Förderung des elektronischen Rechtsverkehrs v. 5.7.2017, BGBl. I S. 2208	
138. Gesetz zum Bürokratieabbau und zur Förderung der Transparenz bei Genossenschaften v. 17.7.2017, BGBl. I S. 2434	
139. Gesetz zur Umsetzung der Zweiten Zahlungsdiensterichtlinie v. 17.7.2017, BGBl. I S. 2446	
140. Gesetz zur Änderung des Bundesversorgungsgesetzes und anderer Vorschriften v. 17.7.2017, BGBl. I S. 2541	**Eingefügt:** § 10a
141. Gesetz zur Durchführung der Verordnung (EU) Nr. 910/2014 des Europäischen Parlaments und des Rates vom 23. Juli 2014 über elektronische Identifizierung und Vertrauensdienste für elektronische Transaktionen im Binnenmarkt und zur Aufhebung der Richtlinie 99/93/EG (eIDAS-Durchführungsgesetz) v. 18.7.2017, BGBl. I S. 2745	**Geändert:** § 9 Abs. 3 S. 2
142. Gesetz zur Ausübung von Optionen der EU-Prospektverordnung und zur Anpassung weiterer Finanzmarktgesetze v. 10.7.2018, BGBl. I S. 1102	
143. Gesetz zur Einführung einer Karte für Unionsbürger und Angehörige des Europäischen Wirtschaftsraums mit Funktion zum elektronischen Identitätsnachweis sowie zur Änderung des Personalausweisgesetzes und weiterer Vorschriften v. 21.6.2019, BGBl. I S. 846	
144. Gesetz zur weiteren Ausführung der EU-Prospektverordnung und zur Änderung von Finanzmarktgesetzen v. 8.7.2019, BGBl. I S. 1002	

145. Gesetz zur Umsetzung der zweiten Aktionärsrechterichtlinie (ARUG II) v. 12.12.2019, BGBl. I S. 2637	
146. Elfte Zuständigkeitsanpassungsverordnung v. 26.6.2020, BGBl. I S. 1328	
147. Gesetz zur weiteren Umsetzung der Transparenzrichtlinie-Änderungsrichtlinie im Hinblick auf ein einheitliches elektronisches Format für Jahresfinanzberichte v. 12.8.2020, BGBl. I S. 1874	
148. Gesetz zur Fortentwicklung des Sanierungs- und Insolvenzrechts (Sanierungs- und Insolvenzrechtsfortentwicklungsgesetz – SanInsFoG) v. 22.12.2020, BGBl. I S. 3256	**Neu gefasst:** § 177a **Aufgehoben**: § 130a
149. Gesetz zur Umsetzung der Richtlinie (EU) 2019/2034 über die Beaufsichtigung von Wertpapierinstituten v. 12.5.2021, BGBl. I S. 990	
150. Gesetz zur Stärkung des Fondsstandorts Deutschland und zur Umsetzung der Richtlinie (EU) 2019/1160 zur Änderung der Richtlinien 2009/65/EG und 2011/61/EU im Hinblick auf den grenzüberschreitenden Vertrieb von Organismen für gemeinsame Anlagen (Fondsstandortgesetz – FoStoG) v. 3.6.2021, BGBl. I S. 1498	
151. Gesetz zur Stärkung der Finanzmarktintegrität (Finanzmarktintegritätsstärkungsgesetz – FISG) v. 3.6.2021, BGBl. I S. 1534	
152. Gesetz zur Ausführung des HNS-Übereinkommens 2010 und zur Änderung des Ölschadengesetzes, der Schifffahrtsrechtlichen Verteilungsordnung, des Seeaufgabengesetzes und des Handelsgesetzbuchs v. 16.7.2021, BGBl. I S. 3079	
153. Gesetz zur Ergänzung und Änderung der Regelungen für die gleichberechtigte Teilhabe von Frauen an Führungspositionen in der Privatwirtschaft und im öffentlichen Dienst v. 7.8.2021, BGBl. I S. 3311	
154. Gesetz zur Umsetzung der Digitalisierungsrichtlinie (DiRUG) v. 5.7.2021, BGBl. I S. 3338	**Geändert:** §§ 8b Abs. 2 Nr. 9, 9 Abs. 1 S. 1 und Abs. 3 S. 1, 9a Abs. 3 S. 1, 9b Abs. 1 S. 2, Abs. 2 S. 3 Nr. 3 und 4, Abs. 3 S. 1, § 10a Abs. 1 S. 1 und 2, Abs. 2 und 3; 12 Abs. 2 S. 1; **Eingefügt:** §§ 8b Abs. 5, 9 Abs. 2 Nr. 4, 6 und Satz 4, 9c,

	§ 12 Abs. 1 S. 2; bisherige S. 2–4 werden S. 3–5; § 13e Abs. 7, § 13g Abs. 2 S. 3, bisheriger S. 3 wird S. 4, Abs. 5 S. 2; § 15 Abs. 5 **Neu gefasst**: §§ 9 Abs. 3 S. 2 und Abs. 6 S. 3, 9 Abs. 4, 10, 13a, § 13e Abs. 3 S. 2, 15 Abs. 3 **Aufgehoben**: §§ 32 Abs. 2 S. 1, 162 Abs. 2 aufgehoben, bisheriger Abs. 3 wird Abs. 2, 175 S. 2
155. Gesetz zur Modernisierung des Personengesellschaftsrechts (Personengesellschaftsrechtsmodernisierungsgesetz – MoPeG) v. 10.8.2021, BGBl. I S. 3436	**Geändert:** §§ 30 Abs. 1, 161, 162 Abs. 1, 165, 171, 172, 174, 177a, 234 Abs. 1 **Eingefügt**: §§ 8b Abs. 2 Nr. 2a **Neu gefasst**: §§ 105, 106, 107, 108, 109, 110, 111, 112, 113, 114, 115, 116, 117, 118, 119, 120, 121, 122, 123, 124, 125, 126, 127, 128, 129, 130, 131, 132, 133, 134, 135, 136, 137, 138, 139, 140, 141, 142, 143, 144, 145, 146, 147, 148, 149, 150, 151, 152, 164, 166, 167, 169 Abs. 1, 170, 175, 176, 178, 179, 233 **Aufgehoben**: §§ 125a, 129a, 130a, 130b, 153, 154, 155, 156, 157, 158, 159, 160, 162 Abs. 2, 168
156. Gesetz zur Ergänzung der Regelungen zur Umsetzung der Digitalisierungsrichtlinie und zur Änderung weiterer Vorschriften v. 15.7.2022, BGBl. S. 1146	**Neu gefasst:** § 12 Abs. 1 S. 2
157. Gesetz zur Umsetzung der Umwandlungsrichtlinie und zur Änderung weiterer Gesetze v. 22.2.2023, BGBl. 2023 I Nr. 51	**Geändert**: § 9 Abs. 2 S. 3 und Abs. 4 S. 1, 365 Abs. 1 **Eingefügt**: § 9 S. 3, 365a **Neu gefasst**: § 9 Abs. 2 S. 4
158. Gesetz zur Stärkung der Aufsicht bei Rechtsdienstleistungen und zur Änderung weiterer Vorschriften v. 10.3.2023, BGBl. 2023 I Nr. 64	
159. Gesetz zur Umsetzung der Richtlinie (EU) 2021/2101 im Hinblick auf die Offenlegung von Ertragsteuerinformationen durch bestimmte Unternehmen und Zweigniederlassungen sowie zur Änderung des Verbraucherstreitbeilegungsgesetzes und des Pflichtversicherungsgesetzes v. 19.6.2023, BGBl. 2023 I Nr. 154	**Geändert:** §§ 8b Abs. 1, 9a Abs. 1 S. 1, Abs. 2 S. 1, Abs. 3 S. 1; 92a Abs. 1 S. 1
160. Gesetz zur Umsetzung der Richtlinie (EU) 2022/2523 des Rates zur Gewährleistung einer globalen Mindestbesteuerung und weiterer Begleitmaßnahmen v. 21.12.2023, BGBl. 2023 I Nr. 397	

161. Gesetz zur Förderung geordneter Kreditzweitmärkte und zur Umsetzung der Richtlinie (EU) 2021/2167 über Kreditdienstleister und Kreditkäufer sowie zur Änderung weiterer finanzrechtlicher Bestimmungen (Kreditzweitmarktförderungsgesetz) v. 22.12.2023, BGBl. 2023 I Nr. 411	**Geändert:** § 8b Abs. 2 Nr. 12
162. Gesetz zur Stärkung von Wachstumschancen, Investitionen und Innovation sowie Steuervereinfachung und Steuerfairness (Wachstumschancengesetz) v. 27.3.2024, BGBl. 2024 I Nr. 108	
163. Zweites Gesetz zur Änderung des DWD-Gesetzes sowie zur Änderung handelsrechtlicher Vorschriften v. 11.4.2024, BGBl. 2024 I Nr. 120	
164. Viertes Gesetz zur Entlastung der Bürgerinnen und Bürger, der Wirtschaft sowie der Verwaltung von Bürokratie (Viertes BürokratieentlastungsG) v. 23.10.2024, BGBl. 2024 I Nr. 32	**Geändert:** §§ 75 Abs. 1, 363 Abs. 2, 373 Abs. 5 S. 1 **Neu gefasst:** § 75 Abs. 3

F. Änderungstabelle: öHGB^{1945} bis UGB^{2024}

In der linken Spalte finden sich Gesetze, die das öHGB^{1945} bis 2005 und das UGB seit 2005 inhaltlich oder in seinem Geltungsbereich zwischen 1945 und 2024 geändert oder sonst zum Gegenstand haben. Die rechte Spalte weist auf solche Vorschriften hin, deren Änderung in der HGB-Synopse nachvollzogen wurde. Ist die rechte Spalte frei, bedeutet das, dass die betreffende Änderung außerhalb des Gegenstandsbereichs der HGB-Synopse liegt.

1.	Art. II der österreichischen Unabhängigkeitserklärung v. 27.4.1945, StGBl. 1945/1	„Der im Jahre 1938 dem österreichischen Volke aufgezwungene Anschluß ist null und nichtig."
2.	§§ 1, 2 Verfassungsgesetz über die Wiederherstellung des Rechtslebens in Österreich (Rechts-Überleitungsgesetz) v. 1.5.1945, StGBl. 1945/6	Fortgeltung des HGB in **Österreich (öHGB)**
3.	Gesetz über Verlautbarungen in der „Wiener Zeitung" (Verlautbarungsgesetz) v. 3.10.1945, StGBl. Nr. 184/1945	
4.	Gesetz vom 3. Oktober 1945 über die Wiederherstellung der österreichischen Vorschriften, betreffend die Kraftloserklärung von Urkunden (Kraftloserklärungsnovelle 1945), StGBl. 1945/187	**Geändert**: § 367 Abs. 1 öHGB
5.	Gesetz vom 30. November 1945 über Maßnahmen auf dem Gebiete der Währung (Schillinggesetz) StGBl. 1945/231	
6.	Bundesgesetz vom 13. Juli 1960, mit dem das Handelsagentengesetz geändert und ergänzt wird, BGBl. 1960/153	
7.	Bundesgesetz vom 15. Juli 1964, mit dem handels- und genossenschaftsrechtliche Aufbewahrungsfristen verkürzt werden, BGBl. 1964/196	**Geändert**: § 44 öHGB
8.	Bundesgesetz vom 8. November 1973, mit dem das Handelsgesetzbuch und die Bundesabgabenordnung bezüglich der Verwendung von Datenträgern geändert werden, BGBl. 1973/577	**Eingefügt**: §§ 38 Abs. 3, 47 Abs. 2 öHGB
9.	Bundesgesetz vom 8. März 1979, mit dem Bestimmungen zum Schutz der Verbraucher getroffen werden (Konsumentenschutzgesetz – KSchG), BGBl. 1979/140	**Eingefügt**: § 351a öHGB
10.	Bundesgesetz vom 19. März 1981 über die Seeschiffahrt und über eine Änderung des Handelsgesetzbuches, des Verkehrs-Arbeitsinspektionsgesetzes und des Bundesgesetzes zur Erfüllung des	

https://doi.org/10.1515/9783111535395-006

	Internationalen Übereinkommens von 1960 zum Schutz des menschlichen Lebens auf See, der Regeln zur Verhütung von Zusammenstößen auf See sowie des Internationalen Freibord-Übereinkommens von 1966 (Seeschiffahrtsgesetz), BGBl. 1981/174	
11.	Bundesgesetz vom 1. Juli 1982 über Änderungen des Insolvenzrechts (Insolvenzrechtsänderungsgesetz 1982), BGBl. 1982/370	**Eingefügt**: § 25 Abs. 4 und 5 öHGB
12.	Bundesgesetz vom 10. März 1988 über die Beförderung von Personen, Reisegepäck und Gütern mit der Eisenbahn (Eisenbahnbeförderungsgesetz – EBG), BGBl. 1988/180	
13.	Bundesgesetz vom 28. Juni 1990, mit dem das Handelsgesetzbuch sowie das Binnenschifffahrtsgesetz hinsichtlich der innerstaatlichen Anwendung des Beförderungsvertrages im internationalen Straßengüterverkehr – CMR – geändert werden (Binnen-Güterbeförderungsgesetz), BGBl. 1990/459	
14.	Bundesgesetz vom 28. Juni 1990, mit dem das Handelsgesetzbuch, das Aktiengesetz 1965, das Gesetz über Gesellschaften mit beschränkter Haftung, das Kapitalberichtigungsgesetz, die Ausgleichsordnung, das Kreditwesengesetz, das Versicherungsaufsichtsgesetz und das Arbeitsverfassungsgesetz geändert werden (Rechnungslegungsgesetz – RLG), BGBl. 1990/475	**Eingefügt**: Buch 2, dritter Abschnitt über die Stille Gesellschaft (§§ 178–188) öHGB **Neu gefasst**: §§ 4, 10, 100 Abs. 2, 118 Abs. 1, 120 Abs. 1, 166 Abs. 1, 172 Abs. 5 öHGB **Aufgehoben**: § 11 und der vierte Abschnitt des ersten Buches (§§ 38 bis 47) öHGB
15.	Bundesgesetz über das Firmenbuch und Änderungen des Handelsgesetzbuchs, des Aktiengesetzes 1965, des Gesetzes über Gesellschaften mit beschränkter Haftung [...], BGBl. 1991/10	**Eingeführt:** Firmenbuchgesetz (FBG) **Geändert**: §§ 33 Abs. 2 öHGB **Eingefügt**: § 32a öHGB **Neu gefasst**: § 9 Abs. 1 und 2; § 13b wird § 13 und neu gefasst, § 13c wird § 13a und neu gefasst; §§ 14, 15 Abs. 2, 31 Abs. 2 S. 2, 32, 53 Abs. 2, 106 Abs. 2 Nr. 1, 108 Abs. 2, 148 Abs. 3, 150 Abs. 1, 162 Abs. 2 öHGB **Aufgehoben**: §§ 13, 13a, 15 Abs. 3, 36, 37 Abs. 1 öHGB
16.	Bundesgesetz über die Spaltung von Kapitalgesellschaften und Änderungen des Handelsgesetzbuches, des Aktiengesetzes 1965, des Umwandlungsgesetzes, des Firmenbuchgesetzes [...] (Gesellschaftsrechtsänderungsgesetz 1993 – GesRÄG 1993), BGBl. 1993/458	

17.	Bundesgesetz, mit dem die Konkurs-Ordnung, die Ausgleichsordnung, das Handelsgesetzbuch, das Aktiengesetz, das Gesetz über Gesellschaften mit beschränkter Haftung [...] geändert werden (Insolvenzrechtsänderungsgesetz 1994 – IRAG 1994), BGBl. 1994/153	**Geändert**: §§ 277 Abs. 2 S. 1, 283 Abs. 1 öHGB **Eingefügt**: §§ 273 Abs. 1 S. 2, 277 Abs. 2 S. 2 öHGB **Neu gefasst**: §§ 282 öHGB
18.	Bundesgesetz über die Rechtsverhältnisse der Makler und über Änderungen des Konsumentenschutzgesetzes (Maklergesetz – MaklerG), BGBl. 1996/262	**Eingeführt:** Maklergesetz **Aufgehoben:** §§ 93 bis 104 öHGB
19.	Bundesgesetz über Änderungen des Handelsgesetzbuchs, des Aktiengesetzes, des Gesetzes über Gesellschaften mit beschränkter Haftung, des EWIV-Ausführungsgesetzes, des Firmenbuchgesetzes [...] (EU-Gesellschaftsrechtsänderungsgesetz – EU-GesRÄG), BGBl. 1996/304	**Neu gefasst**: § 13 öHGB
20.	Bundesgesetz, mit dem [...] das Handelsgesetzbuch, das Aktiengesetz, das Gesetz über Gesellschaften mit beschränkter Haftung, das Gerichtsgebührengesetz, [...] geändert werden sowie ein Bundesgesetz über die Reorganisation von Unternehmen (Unternehmensreorganisationsgesetz – URG) geschaffen wird (Insolvenzrechtsänderungsgesetz 1997 – IRÄG 1997), BGBl. I 1997/106	
21.	Bundesgesetz, mit dem im Zivilrecht begleitende Maßnahmen für die Einführung des Euro getroffen, das Handelsgesetzbuch, die 4. handelsrechtliche Einführungsverordnung, das Aktiengesetz, das Gesetz über Gesellschaften mit beschränkter Haftung [...] geändert [...] werden (1. Euro-Justiz-Begleitgesetz – 1. Euro-JuBeG), BGBl. I 1998/125	**Geändert:** § 14 Abs. 1 öHGB
22.	Bundesgesetz, mit [...] das Handelsgesetzbuch [...] geändert werden, BGBl. I 1998/158	**Neu gefasst:** § 17 Abs. 2 öHGB
23.	Bundesgesetz über Änderungen des Handelsgesetzbuchs, des Bankwesengesetzes, des Wertpapieraufsichtsgesetzes und des Versicherungsaufsichtsgesetzes betreffend die Anwendung international anerkannter Rechnungslegungsgrundsätze bei Konzernabschlüssen – Konzernabschlußgesetz (KonzaG), BGBl. I 1999/49	

24. Bundesgesetz über Änderungen des Aktiengesetzes, des Handelsgesetzbuchs und des Börsegesetzes zur Erleichterung des Rückerwerbs eigener Aktien – Aktienrückerwerbsgesetz (AReG), BGBl. I 1999/187	
25. Bundesgesetz, mit dem das Handelsgesetzbuch geändert wird, BGBl. I 2000/61	
26. Bundesgesetz, mit dem das Rundfunkgesetz, das Handelsgesetzbuch, das Firmenbuchgesetz, das Gesetz über Gesellschaften mit beschränkter Haftung, [...] geändert [...] werden (Budgetbegleitgesetz 2001), BGBl. I 2000/142	**Geändert:** § 15 Abs. 2 S. 2 öHGB **Neu gefasst**: §§ 10, 32 Abs. 1 S. 2 öHGB **Aufgehoben**: § 162 Abs. 2 öHGB
27. Bundesgesetz, mit dem zur Regelung der elektronischen Übermittlung von Jahresabschlüssen das Handelsgesetzbuch, das 1. Euro-Justiz-Begleitgesetz und das Gerichtsgebührengesetz geändert werden, BGBl. I 2001/41	
28. Bundesgesetz, mit dem im Aktiengesetz, im Handelsgesetzbuch und im Börsegesetz Regelungen über Optionen auf Aktien getroffen werden (Aktienoptionengesetz – AOG), BGBl. I 2001/42	
29. Bundesgesetz über die Errichtung und Organisation der Finanzmarktaufsichtsbehörde und über die Änderung des Bankwesengesetzes [...], des Handelsgesetzbuches, des Aktiengesetzes, des GmbH-Gesetzes und des Nationalbankgesetzes 1984 (Finanzmarktaufsichtsgesetz – FMAG), BGBl. I 2001/97	
30. Bundesgesetz, mit dem [...] das Handelsgesetzbuch [...] geändert werden (1. Euro-Umstellungsgesetz – Bund), BGBl. I 2001/98	
31. Bundesgesetz, mit dem das Postsparkassengesetz 1969, das Alkoholsteuergesetz und das Genossenschaftsrevisionsgesetz geändert wird und zur Ergänzung von Übergangsbestimmungen im HGB, BGBl. I 2002/108	
32. Bundesgesetz, mit dem das Zinsenrecht im Allgemeinen bürgerlichen Gesetzbuch, im Handelsgesetzbuch, im Aktiengesetz 1965 und im Arbeits- und Sozialgerichtsgesetz geändert wird (Zinsenrechts-Änderungsgesetz – ZinsRÄG), BGBl. I 2002/118	**Neu gefasst:** § 352 öHGB **Aufgehoben**: § 353 öHGB

33. Bundesgesetz, mit dem das [...] Handelsgesetzbuch [...] geändert wird (Budgetbegleitgesetz 2003), BGBl. I 2003/71	
34. Bundesgesetz, mit dem das Handelsgesetzbuch zur Umsetzung der Fair Value-Richtlinie geändert wird (Fair Value-Bewertungsgesetz – FVBG)	
35. Bundesgesetz, mit dem das Handelsgesetzbuch geändert wird, BGBl. I 2004/14	
36. Rechnungslegungsänderungsgesetz 2004 – ReLÄG 2004, BGBl. I 2004/161	**Neu gefasst:** § 27 Abs. 2 öHGB
37. Bundesgesetz, mit dem das Aktiengesetz, das Gesetz über Gesellschaften mit beschränkter Haftung, das SE-Gesetz, das Handelsgesetzbuch [...] geändert werden (Gesellschaftsrechtsänderungsgesetz 2005 – GesRÄG 2005), BGBl. I 2005/59	
38. Bundesgesetz, mit dem das Handelsgesetzbuch in Unternehmensgesetzbuch umbenannt und gemeinsam mit dem allgemeinen bürgerlichen Gesetzbuch, dem Aktiengesetz 1965, dem Gesetz über Gesellschaften mit beschränkter Haftung, dem Genossenschaftsgesetz, dem Genossenschaftsrevisionsgesetz, dem Firmenbuchgesetz, dem Umwandlungsgesetz, dem Spaltungsgesetz, dem EWIV-Ausführungsgesetz, dem SE-Gesetz, dem Handelsvertretergesetz, der Jurisdiktionsnorm, dem Einführungsgesetz zur Zivilprozessordnung, der Zivilprozessordnung, dem Rechtspflegergesetz, der Konkursordnung, der Ausgleichsordnung, dem Privatstiftungsgesetz, dem Unternehmensreorganisationsgesetz, dem Gerichtsgebührengesetz, dem Gerichtskommissionstarifgesetz, dem Wohnungseigentumsgesetz 2002, dem Mietrechtsgesetz, dem Versicherungsaufsichtsgesetz, dem Wirtschaftstreuhandberufsgesetz und dem Ziviltechnikergesetz 1993 geändert wird sowie das Erwerbsgesellschaftengesetz und die Vierte Einführungsverordnung außer Kraft gesetzt werden (**Handelsrechts-Änderungsgesetz – HaRÄG**), BGBl. I 2005/120	**Unbenennung des Gesetzes**: „Bundesgesetz über besondere zivilrechtliche Vorschriften für Unternehmen (Unternehmensgesetzbuch – UGB)“ **Geändert:** §§ 13a Abs. 2, 22 Abs. 2, 23, 24 Abs. 2, 48 Abs. 1, 49 Abs. 1 S. 1, 50 Abs. 3, 52 Abs. 3, 53 Abs. 1, 112 Abs. 2, 116 Abs. 1, 120 Abs. 1, 128, 130 Abs. 1, 131, 144 Abs. 1, 145 Abs. 2, 146 Abs. 2 und 3, 157 Abs. 2, 159 Abs. 1 und 2, 162 Abs. 3, 164 Abs. 1 und 3, 173 Abs. 1, 180 Abs. 2, 183 Abs. 1, 185 Abs. 2, 186 Abs. 1 und 2, 187 Abs. 1, 188 Abs. 1, 356 Abs. 1, 363 Abs. 1 und 2, 364 Abs. 2, 371 Abs. 3, 372 Abs. 1, 374, 381 Abs. 2, 384 Abs. 1, 390 Abs. 1, 391 S. 1, 394 Abs. 1, 407 Abs. 1, 408 Abs. 1 UGB **Eingefügt**: §§ 15 Abs. 3 und 4, 33 Abs. 4, 49 Abs. 1 S. 2, 114 Abs. 3 und 4, 115 Abs. 3, 132 Abs. 2, 155 Abs. 4, 159 Abs. 4 UGB **Neu gefasst**: §§ 1, 2, 3, 4, 5, 6, 7, 8, 9 Abs. 3; § 13 wird zu § 12 und neu gefasst; §§ 14, 17, 18, 19, 20, 21, 22 Abs. 1, 24 Abs. 1, 28; § 30 wird zu § 29 und geändert; § 31 wird zu § 30 und geändert; § 32 wird zu § 31; §§ 32, 33 Abs. 1, 36, 38, 39, 40, 58, 105, 106; § 108 wird zu § 107; §§ 109, 110, 112 Abs. 1, 117, 118 Abs. 1, 119 Abs. 2, 121, 122, 123, 124, 125, 139 Abs. 1 und 3, 140, 141, 142, 143 Abs. 3, 148 Abs. 1 S. 3, 149, 152, 154 Abs. 2, 155 Abs. 1, 160, 161, 162 Abs. 1 und 2, 167, 168, 169, 170, 171, 172, 174, 175, 176; § 178 wird zu § 179 und geändert; §§ 343, 344, 345, 346, 347, 348, 349,

		351, 352, 353, 354, 355, 365, 367, 368, 369 Abs. 1, 371 Abs. 2, 373 Abs. 2, 377, 383, 393 Abs. 2 UGB **Aufgehoben**: §§ 9 Abs. 4, 25, 26, 27, 32a, 54, 55, 120 Abs. 2, 136, 137, 138, 180 Abs. 2, 350, 358, 359, 360, 361, 362, 366, 371 Abs. 4, 375, 376 Abs. 1 (die Abs. 2, 3 und 4 werden zu den Abs. 1, 2 und 3; Abs. 1 und 3 werden geändert); §§ 380, 406 öHGB
39.	Bundesgesetz, mit dem das Übernahmegesetz, das Handelsgesetzbuch [...] geändert werden und ein Bundesgesetz über den Ausschluss von Minderheitsgesellschaften erlassen wird (Übernahmerechts-Änderungsgesetz 2006 – ÜbRÄG 2006), BGBl. I 2006/75	
40.	Bundesgesetz, mit dem im Rahmen der Umsetzung der Richtlinie 2003/58/EG das Firmenbuchgesetz, das Unternehmensgesetzbuch, die Jurisdiktionsnorm, das Gesetz über Gesellschaften mit beschränkter Haftung, das Aktiengesetz 1965 und das Handelsvertretergesetz geändert werden (Publizitätsrichtlinie-Gesetz – PuG), BGBl. I 2006/103	**Geändert:** § 32 Abs. 1 UGB
41.	Bundesgesetz, mit dem ein Bundesgesetz über die grenzüberschreitende Verschmelzung von Kapitalgesellschaften in der Europäischen Union erlassen wird sowie das Firmenbuchgesetz, das Gerichtsgebührengesetz, das Rechtspflegergesetz, das GmbH-Gesetz, das Aktiengesetz 1965, das Umwandlungsgesetz, das Unternehmensgesetzbuch und das Übernahmegesetz geändert werden (Gesellschaftsrechts-Änderungsgesetz 2007 – GesRÄG 2007), BGBl. I 2007/72	
42.	Bundesgesetz, mit dem das Unternehmensgesetzbuch, das Aktiengesetz 1965, das GmbH-Gesetz, das SE-Gesetz, das Genossenschaftsgesetz, das Genossenschaftsrevisionsgesetz, das Spaltungsgesetz, das Luftfahrtgesetz, das Bankwesengesetz und das Versicherungsaufsichtsgesetz geändert werden (Unternehmensrechts-Änderungsgesetz 2008 – URÄG 2008), BGBl. I 2008/70	**Geändert:** § 38 Abs. 3 UGB **Eingefügt:** § 38 Abs. 5a UGB

43. Bundesgesetz, mit dem das Aktiengesetz 1965, das SE-Gesetz, das Unternehmensgesetzbuch, das Umwandlungsgesetz, das Spaltungsgesetz, das Kapitalberichtigungsgesetz, das Gesellschafter-Ausschlussgesetz, das Übernahmegesetz, das Genossenschaftsrevisionsgesetz und das Grundbuchsgesetz geändert werden (Aktienrechts-Änderungsgesetz 2009 – AktRÄG 2009), BGBl. I 2009/71	
44. Bundesgesetz, mit dem das Unternehmensgesetzbuch geändert wird (Rechnungslegungsrechts-Änderungsgesetz 2010 – RÄG 2010), BGBl. I 2009/140	
45. Bundesgesetz, mit dem das [...] das Unternehmensgesetzbuch [...] geändert werden (Insolvenzrechtsänderungs-Begleitgesetz – IRÄ-BG), BGBl. I 2010/58	**Geändert**: §§ 34 Abs. 1, 141 Abs. 1 und 3, 143 Abs. 1, 145 Abs. 1 und 2, 187 Abs. 1, 188 Abs. 1 und 2 UGB **Neu gefasst**: §§ 34 Abs. 5, 131 Nr. 3 und 5, 136 Abs. 2, 144 Abs. 1, 146 Abs. 3, 171 Abs. 2 UGB
46. Bundesgesetz, mit dem [...] das Unternehmensgesetzbuch [...] geändert [...] wird (Budgetbegleitgesetz 2011), BGBl. I 2010/111	
47. Bundesgesetz, mit dem [...] das Unternehmensgesetzbuch [...] geändert werden [...], BGBl. I 2012/35	
48. Bundesgesetz, mit dem das allgemeine bürgerliche Gesetzbuch, das Unternehmensgesetzbuch, das Arbeits- und Sozialgerichtsgesetz, das Mietrechtsgesetz, das Verbraucherkreditgesetz und das Konsumentenschutzgesetz geändert werden (Zahlungsverzugsgesetz – ZVG), BGBl. I 2013/50	**Neu gefasst**: § 5 S. 2 UGB **Aufgehoben**: § 352 UGB
49. Bundesgesetz, mit dem das allgemeine bürgerliche Gesetzbuch und das Unternehmensgesetzbuch zur Reform der Gesellschaft bürgerlichen Rechts geändert werden (GesbR-Reformgesetz – GesbR-RG), BGBl. I 2014/83	**Geändert**: §§ 38 Abs. 1, 39, 113 Abs. 1, 116 Abs. 1 und 2, 117 Abs. 1, 127, 129 Abs. 2, 131 Nr. 3 und 6, 133 Abs. 1, 135, 141 Abs. 1 und 2, 160 Abs. 1 UGB **Eingefügt**: §§ 112 Abs. 1 (die bisherigen Abs. 1 und 2 werden zu Abs. 2 und 3) UGB **Neu gefasst**: §§ 108, 109, 118 Abs. 2, 119, 121, 140 Abs. 1 S. 1, 178, 179 UGB **Aufgehoben**: §§ 129 Abs. 3, 136 UGB
50. Bundesgesetz, mit dem das Unternehmensgesetzbuch, das Aktiengesetz, das GmbH-Gesetz, das Genossenschaftsgesetz, das Genossenschaftsrevisionsgesetz 1997, das SE-Gesetz, das Vereinsgesetz und das Einkommensteuergesetz 1988 geändert werden (Rechnungslegungs-Änderungsgesetz 2014 – RÄG 2014), BGBl. I 2015/22	**Neu gefasst**: §§ 131 Nr. 3 und 5 UGB

51.	Bundesgesetz, mit dem [...] das Unternehmensgesetzbuch [...] geändert werden (Abgabenänderungsgesetz 2015 – AbgÄG 2015), BGBl. I 2015/163	
52.	Bundesgesetz, mit dem das Unternehmensgesetzbuch, [...] geändert werden (Abschlussprüfungsrechts-Änderungsgesetz 2016 – APRÄG 2016), BGBl. I 2016/43	**Geändert:** §§ 186 Abs. 1 und 2, 187 Abs. 1, 188 Abs. 1 UGB **Neu gefasst**: § 185 Abs. 2 S. 1 UGB
53.	Bundesgesetz, mit dem zur Verbesserung der Nachhaltigkeits- und Diversitätsberichterstattung das Unternehmensgesetzbuch, das Aktiengesetz und das GmbH-Gesetz geändert werden (Nachhaltigkeits- und Diversitätsverbesserungsgesetz – NaDiVeG), BGBl. I 2017/20	
54.	Bundesgesetz, mit dem [...] das Unternehmensgesetzbuch, [...] geändert werden, BGBl. I 2017/107	
55.	Bundesgesetz, mit dem [...] das Unternehmensgesetzbuch [...] geändert werden, BGBl. I 2018/17	
56.	Bundesgesetz, mit dem [...] das Unternehmensgesetzbuch, [...] geändert werden (Erwachsenenschutz-Anpassungsgesetz für den Bereich des Bundesministeriums für Verfassung, Reformen, Deregulierung und Justiz – ErwSchAG-Justiz), BGBl. I 2018/58	**Neu gefasst:** § 32 Abs. 1 UGB
57.	Bundesgesetz, mit dem das Unternehmensgesetzbuch [...] geändert werden (Anti-Gold-Plating-Gesetz 2019), BGBl. I 2019/46	
58.	Bundesgesetz, mit dem das Aktiengesetz, das SE-Gesetz, das Übernahmegesetz und das Unternehmensgesetzbuch geändert werden (Aktienrechts-Änderungsgesetz 2019 – AktRÄG 2019)	
59.	Bundesgesetz, mit dem [...] das Unternehmensgesetzbuch [...] geändert werden sowie die Anfechtungsordnung und das Vollzugsgebührengesetz in die Exekutionsordnung übernommen werden (Gesamtreform des Exekutionsrechts – GREx), BGBl. I 2021/86	**Geändert:** §§ 141 Abs. 2, 146 Abs. 2, 165 UGB **Eingefügt**: § 31 Abs. 3 S. 2 UGB **Neu gefasst**: §§ 145 Abs. 2, 184 Abs. 1 UGB **Aufgehoben**: § 135 UGB

60.	Bundesgesetz, mit dem das Unternehmensgesetzbuch, das Firmenbuchgesetz, das GmbH-Gesetz, das Aktiengesetz, das Spaltungsgesetz, das Genossenschaftsgesetz und das Gerichtsgebührengesetz geändert werden (Gesellschaftsrechtliches Digitalisierungsgesetz 2022 – GesDigG 2022), BGBl. I 2022/186	**Geändert:** §§ 15 Abs. 1 und Abs. 2 UGB **Neu gefasst**: § 10 Abs. 1, 1a und 1b, 11 Abs. 3 UGB
61.	Bundesgesetz, mit dem das Bundesgesetz zur Gewährleistung einer globalen Mindestbesteuerung für Unternehmensgruppen erlassen wird und die Bundesabgabenordnung sowie das Unternehmensgesetzbuch geändert werden (Mindestbesteuerungsreformgesetz – MinBestRefG), BGBl. I 2023/187	
62.	Bundesgesetz, mit dem [...] das Unternehmensgesetzbuch geändert werden (Genossenschaftsrechts-Änderungsgesetz 2024 – GenRÄG 2024), BGBl. I 2024/133	**Geändert:** § 32 Abs. 1 UGB **Aufgehoben:** § 14 Abs. 1 S. 4 UGB

G. HGB-Synopse

HGB

Erstes Buch
Handelsstand [§§ 1–104a]

Erster Abschnitt
Kaufleute [§§ 1–7]

§ 1[1] [Istkaufmann]
(1) Kaufmann im Sinne dieses Gesetzbuchs ist, wer ein Handelsgewerbe betreibt.
(2) Handelsgewerbe ist jeder Gewerbebetrieb, es sei denn, daß das Unternehmen nach Art oder Umfang einen in kaufmännischer Weise eingerichteten Geschäftsbetrieb nicht erfordert.

HGB 1897

Erstes Buch
Handelsstand [§§ 1–104]

Erster Abschnitt
Kaufleute [§§ 1–7]

§ 1
(1) Kaufmann im Sinne dieses Gesetzbuchs ist, wer ein Handelsgewerbe betreibt.
(2) *Als* Handelsgewerbe *gilt* jeder Gewerbebetrieb, *der eine der nachstehend bezeichneten Arten von Geschäften zum Gegenstande hat:*
1. *die Anschaffung und Weiterveräußerung von beweglichen Sachen (Waaren) oder Werthpapieren, ohne Unterschied, ob die Waaren unverändert oder nach einer Bearbeitung oder Verarbeitung weiter veräußert werden;*
2. die Uebernahme der Bearbeitung oder Verarbeitung von Waaren für Andere, *sofern der Betrieb über den Umfang des* Handwerks *hinausgeht;*
3. *die Uebernahme von* Versicherungen *gegen Prämie;*
4. *die Bankier- und Geldwechslergeschäfte;*
5. *die Uebernahme der Beförderung von Gütern oder Reisenden zur See, die Geschäfte der Frachtführer oder der zur Beförderung von Personen zu Lande oder auf Binnengewässern bestimmten Anstalten sowie die Geschäfte der Schleppschiffahrtsunternehmer;*
6. *die Geschäfte der Kommissionäre, der Spediteure oder der Lagerhalter;*
7. *die Geschäfte der Handelsagenten oder der Handelsmäkler;*
8. *die Verlagsgeschäfte sowie die sonstigen Geschäfte des Buch- oder Kunsthandels;*
9. *die Geschäfte der Druckereien, sofern ihr Betrieb über den Umfang des Handwerks hinausgeht.*

§ 1 Abs. 2 Nr. 2 idF. 1953[2]
2. *die Übernahme der Bearbeitung oder Verarbeitung von Waren für andere, sofern das Gewerbe nicht handwerksmäßig betrieben wird.*

1 § 1 Abs. 2 neu gefasst durch Art. 3 Nr. 1 Gesetz v. 22.6.1998 (HRefG), BGBl. I S. 1474, m.W.v. 1.7.1998.
2 § 1 Abs. 2 Nr. 2 geändert durch Art. 1 Nr. 1 Gesetz v. 31.3.1953, BGBl. I S. 106, m.W.v. 14.4.1953.

https://doi.org/10.1515/9783111535395-007

ADHGB 1861	UGB

Erstes Buch
Vom Handelsstande [Artt. 4–84]

Erster Titel
Von Kaufleuten [Artt. 4–11]

Art. 4
Als Kaufmann im Sinne dieses Gesetzbuchs ist *anzusehen*, wer gewerbe*mäßig* Handels*geschäfte* betreibt.

Art. 271
Handelsgeschäfte sind:
1) *der Kauf oder* die *anderweite* Anschaffung von Waaren *oder anderen* beweglichen Sachen, *von Staatspapieren, Aktien* oder *anderen für den Handelsverkehr bestimmten* Werthpapieren, *um dieselben weiter zu veräußern; es macht keinen* Unterschied, ob die Waaren *oder anderen beweglichen Sachen in Natur* oder nach einer Bearbeitung oder Verarbeitung weiter veräußert werden *sollen*;
2) die Uebernahme einer *Lieferung von Gegenständen der unter Ziff. 1. bezeichneten Art, welche der Uebernehmer zu diesem Zweck anschafft*;
3) die Uebernahme *einer* Versicherung gegen Prämie;
4) die Uebernahme der Beförderung von Gütern oder Reisenden zur See *und das Darleihen gegen Verbodmung.*

Art. 272
(1) *Handelsgeschäfte sind ferner die folgenden Geschäfte, wenn sie* gewerbe*mäßig* betrieben *werden*:
1) die Uebernahme der Bearbeitung oder Verarbeitung *beweglicher Sachen* für Andere, *wenn* der *Gewerbe*betrieb *des Uebernehmers* über den Umfang des Handwerks hinausgeht;
2) die Bankier- *oder* Geldwechslergeschäfte;
3) die Geschäfte des Kommissionairs (Art. 360.), des Spediteurs und des Frachtführers, sowie

Erstes Buch
Allgemeine Bestimmungen [§§ 1–58]

Erster Abschnitt
Begriffe und Anwendungsbereich [§§ 1–6]

§ 1 Unternehmer und Unternehmen
(1) Unternehmer ist, wer ein Unternehmen betreibt.
(2) Ein Unternehmen ist jede auf Dauer angelegte Organisation selbständiger wirtschaftlicher Tätigkeit, mag sie auch nicht auf Gewinn gerichtet sein.
(3) Soweit in der Folge der Begriff des Unternehmers verwendet wird, erfasst er Unternehmerinnen und Unternehmer gleichermaßen.

HGB	HGB 1897
	§ 1 Abs. 2 Nr. 9 idF. 1953[3] 9. *die Geschäfte der Druckereien, sofern das Gewerbe nicht handwerksmäßig betrieben wird.*
	§ 1 Abs. 2 Nr. 7 idF. 1953[4] 7. *die Geschäfte der Handelsvertreter oder der Handelsmäkler;*
§ 2[6] **[Kannkaufmann]** [1]Ein gewerbliches Unternehmen, dessen Gewerbebetrieb nicht schon nach § 1 Abs. 2 Handelsgewerbe ist, gilt als Handelsgewerbe im Sinne dieses Gesetzbuchs, wenn die Firma des Unternehmens in das Handelsregister eingetragen ist. [2]Der Unternehmer ist berechtigt, aber nicht verpflichtet, die Eintragung nach den für die Eintragung kaufmännischer Firmen geltenden Vorschriften herbeizuführen. [3]Ist die Eintragung erfolgt, so findet eine Löschung der Firma auch auf Antrag des Unternehmers statt, sofern nicht die Voraussetzung des § 1 Abs. 2 eingetreten ist.	**§ 2** [1]Ein gewerbliches Unternehmen, das nach Art und Umfang einen in kaufmännischer Weise eingerichteten Geschäftsbetrieb erfordert, gilt, *auch wenn die Voraussetzungen des* § 1 Abs. 2 *nicht vorliegen*, als Handelsgewerbe im Sinne dieses Gesetzbuchs, sofern die Firma des Unternehmens in das Handelsregister eingetragen worden ist. [2]Der Unternehmer ist verpflichtet, die Eintragung nach den für die Eintragung kaufmännischer Firmen geltenden Vorschriften herbeizuführen. **§ 2 S. 1 idF. 1953**[7] Ein *handwerkliches oder ein sonstiges* gewerbliches Unternehmen, dessen Gewerbebetrieb nicht schon nach § 1 Abs. 2 als Handelsgewerbe gilt, *das jedoch nach Art und Umfang einen in kaufmännischer Weise eingerichteten*

3 § 1 Abs. 2 Nr. 9 geändert durch Art. 1 Nr. 2 Gesetz v. 31.3.1953 (HRefG), BGBl. I S. 106, m.W.v. 14.4.1953.
4 § 1 Abs. 2 Nr. 7 geändert durch Art. 2 Abs. 1 Nr. 1 Gesetz v. 6.8.1953, BGBl. I S. 771, m.W.v. 1.12.1953.
5 Art. 4 neu gefasst durch § 1 Gesetz v. 16.2.1928 (Handelsgesetznovelle), BGBl. 1928, Stück 18, Nr. 63.
6 § 2 S. 1 neu gefasst durch Art. 3 Nr. 2 Gesetz v. 22.6.1998 (HRefG), BGBl. I S. 1474, m.W.v. 1.7.1998.
7 § 2 S. 1 geändert durch Art. 1 Nr. 3 Gesetz v. 31.3.1953, BGBl. I S. 106, m.W.v. 14.4.1953.
8 Art. 4 neu gefasst durch § 1 Gesetz v. 16.2.1928 (Handelsgesetznovelle), BGBl. 1928, Stück 18, Nr. 63.

ADHGB 1861

die Geschäfte der *für den Transport* von Personen bestimmten Anstalten;
4) *die Vermittelung oder Abschließung von Handelsgeschäften für andere Personen*; die *amtlichen* Geschäfte der Handelsmäkler *sind jedoch hierin nicht einbegriffen*;
5) die Verlagsgeschäfte, sowie die sonstigen Geschäfte des Buch- oder Kunsthandels; *ferner* die Geschäfte der Druckereien, sofern *nicht* ihr Betrieb *nur ein* handwerks*mäßiger ist.*
(2) *Die bezeichneten Geschäfte sind auch alsdann Handelsgeschäfte, wenn sie zwar einzeln, jedoch von einem Kaufmann im Betriebe seines gewöhnlich auf andere Geschäfte gerichteten Handelsgewerbes gemacht werden.*

Art. 4 AHGB idF. 1928[5]
(1) Kaufmann im Sinne dieses Gesetzbuches ist, wer ein Handelsgewerbe betreibt.
(2) Als Handelsgewerbe gilt jeder Gewerbebetrieb, der Handelsgeschäfte zum Gegenstande hat.
(3) [→ § 2]

Art. 4 Abs. 3 AHGB idF. 1928[8]
(3) [1]Ein gewerbliches Unternehmen, das nach Art und Umfang einen in kaufmännischer Weise eingerichteten Geschäftsbetrieb erfordert, gilt, auch wenn die Voraussetzungen des Absatzes 2 nicht vorliegen, als Handelsgewerbe im Sinne dieses Gesetzbuches, sofern die Firma des Unternehmers in das Handelsregister eingetragen worden ist. [2]Der Unternehmer ist verpflichtet, die Eintragung nach den für die Eintragung kaufmännischer Firmen geltenden Vorschriften herbeizuführen.

UGB

§ 4 Anwendungsbereich des Ersten Buches, Wahlmöglichkeit
(1) Das erste Buch ist auf Unternehmer im Sinne der §§ 1 bis 3 anzuwenden.
(2) [1]Angehörige der freien Berufe sind von der Anwendung der folgenden Abschnitte des Ersten Buches ausgenommen. [2]Sie können sich jedoch durch Eintragung in das Firmenbuch freiwillig dem Ersten Buch unterstellen, sofern dem keine berufsrechtlichen Sonderbestimmungen entgegenstehen.
(3) [→ § 3 HGB]

HGB

§ 3[9] [Land- und Forstwirte; Kannkaufmann]

(1) Auf den Betrieb der Land- und Forstwirtschaft finden die Vorschriften des § 1 keine Anwendung.

(2) Für ein land- oder forstwirtschaftliches Unternehmen, das nach Art und Umfang einen in kaufmännischer Weise eingerichteten Geschäftsbetrieb erfordert, gilt § 2 mit der Maßgabe, daß nach Eintragung in das Handelsregister eine Löschung der Firma nur nach den allgemeinen Vorschriften stattfindet, welche für die Löschung kaufmännischer Firmen gelten.

(3) Ist mit dem Betrieb der Land- oder Forstwirtschaft ein Unternehmen verbunden, das nur ein Nebengewerbe des land- oder forstwirtschaftlichen Unternehmens darstellt, so finden auf das im Nebengewerbe betriebene Unternehmen die Vorschriften der Absätze 1 und 2 entsprechende Anwendung.

[§ 3 Abs. 1 = § 3 Abs. 1 idF. 1976]

HGB 1897

Geschäftsbetrieb erfordert, gilt als Handelsgewerbe im Sinne dieses Gesetzbuchs, *sofern* die Firma des Unternehmens in das Handelsregister eingetragen *worden* ist.

§ 3

(1) Auf den Betrieb der Land- und Forstwirthschaft finden die Vorschriften der *§§* 1, *2* keine Anwendung.

(2) [1]Ist mit dem Betriebe der Land- oder Forstwirthschaft ein Unternehmen verbunden, das nur ein Nebengewerbe des land- oder forstwirthschaftlichen Betriebs darstellt, so findet auf *dieses der § 2* mit der Maßgabe *Anwendung*, daß der Unternehmer berechtigt, aber nicht verpflichtet ist, die Eintragung in das Handelsregister herbeizuführen; *werden in dem Nebengewerbe Geschäfte der in § 1 bezeichneten Art geschlossen, so gilt der Betrieb dessenungeachtet nur dann als Handelsgewerbe, wenn der Unternehmer von der Befugniß, seine Firma gemäß § 2 in das Handelsregister eintragen zu lassen, Gebrauch gemacht hat.* [2]Ist die Eintragung erfolgt, so findet eine Löschung der Firma nur nach den allgemeinen Vorschriften statt, welche für die Löschung kaufmännischer Firmen gelten.

§ 3 idF. 1976[10]

(1) Auf den Betrieb der Land- und Forstwirtschaft finden die Vorschriften des § 1 keine Anwendung.

(2) [1]Für ein land- oder forstwirtschaftliches Unternehmen gilt § 2 mit der Maßgabe, *daß der Unternehmer berechtigt, aber nicht verpflichtet ist, die Eintragung in das Handelsregister herbeizuführen.* [2]Ist die Eintragung *erfolgt, so findet eine* Löschung der Firma nur nach den allgemeinen Vorschriften statt, welche für die Löschung kaufmännischer Firmen gelten.

(3) Ist mit dem Betrieb der Land- oder Forstwirtschaft ein Unternehmen verbunden, das nur ein Nebengewerbe des land- oder forstwirtschaftlichen Unternehmens darstellt, so

---

9 § 3 Abs. 2 neu gefasst durch Gesetz v. 22.6.1998 (HRefG), BGBl. I S. 1474, m.W.v. 1.7.1998.

10 § 3 neu gefasst durch Art. 1 Nr. 1 Gesetz v. 13.5.1976, BGBl. I S. 1197, m.W.v. 1.7.1976.

11 Art. 4a eingefügt durch § 2 Gesetz v. 16.2.1928 (Handelsgesetznovelle), BGBl. 1928, Stück 18, Nr. 63.

ADHGB 1861	UGB

Art. 4a AHGB idF. 1928[11]

(1) Auf den Betrieb der Land- und Forstwirtschaft finden die Vorschriften des Artikels 4 keine Anwendung.

(2) [1]Ist mit dem Betriebe der Land- oder Forstwirtschaft ein Unternehmen verbunden, das nur ein Nebengewerbe des land- oder forstwirtschaftlichen Betriebes darstellt, so findet auf diesen Artikel 4, Absatz 3, mit der Maßgabe Anwendung, daß der Unternehmer berechtigt aber nicht verpflichtet ist, die Eintragung in das Handelsregister herbeizuführen; werden in dem Nebengewerbe Handelsgeschäfte geschlossen, so gilt der Betrieb dessenungeachtet nur dann als Handelsgewerbe, wenn der Unternehmer von der Befugnis, seine Firma gemäß Artikel 4, Absatz 3, in das Handelsregister eintragen zu lassen, Gebrauch gemacht hat. [2]Ist die Firma eingetragen worden, so kann sie nur nach den allgemeinen Vorschriften über die Löschung kaufmännischer Firmen gelöscht werden.

§ 4 Abs. 3

(3)[1]Auch Land- und Forstwirte sind von der Anwendung der folgenden Abschnitte des Ersten Buches ausgenommen. [2]Sie können sich mit ihrem Unternehmen oder mit einem zu ihrer Land- oder Forstwirtschaft zählenden Nebengewerbe in das Firmenbuch eintragen lassen und damit ebenfalls freiwillig dem Ersten Buch unterstellen.

HGB	HGB 1897
	finden auf das im Nebengewerbe betriebene Unternehmen die Vorschriften der Absätze 1 und 2 entsprechende Anwendung.
§ 4[12] [Anwendungsbereich bestimmter Vorschriften] (*weggefallen*)	**§ 4** (1) Die Vorschriften über die Firmen, die Handelsbücher und die Prokura *finden auf Handwerker sowie* auf Personen, deren Gewerbebetrieb nicht über den Umfang des Kleingewerbes hinausgeht, keine Anwendung. (2) Durch eine Vereinigung zum Betrieb eines Gewerbes, auf welches die bezeichneten Vorschriften keine Anwendung finden, kann eine offene Handelsgesellschaft oder eine Kommanditgesellschaft nicht begründet werden. (3) *Die Landesregierungen sind befugt, Bestimmungen zu erlassen, durch welche die Grenze des Kleingewerbes auf der Grundlage der nach dem Geschäftsumfange bemessenen Steuerpflicht oder in Ermangelung einer solchen Besteuerung nach anderen Merkmalen näher festgesetzt wird.*
	§ 4 idF. 1953[13] (1) *Die Vorschriften über die Firmen, die Handelsbücher und die Prokura finden keine Anwendung auf Personen, deren Gewerbebetrieb nach Art oder Umfang einen in kaufmännischer Weise eingerichteten Geschäftsbetrieb nicht erfordert.* (2) [= § 4 Abs. 2 idF. 1897] (3) (weggefallen)

12 § 4 aufgehoben durch Art. 3 Nr. 4 Gesetz v. 22.6.1998 (HRefG), BGBl. I S. 1474, m.W.v. 1.7.1998.
13 § 4 Abs. 1 geändert durch Art. 1 Nr. 4, § 4 Abs. 3 aufgehoben durch Art. 1 Nr. 5 Gesetz v. 31.3.1953, BGBl. I S. 106, m.W.v. 14.4.1953.
14 Art. 10 neu gefasst durch § 3 Gesetz v. 16.2.1928 (Handelsgesetznovelle), BGBl. 1928, Stück 18, Nr. 63.

ADHGB 1861	UGB

Art. 10

(1) [1]Die *Bestimmungen, welche dieses Gesetzbuch* über die Firmen, die Handelsbücher und die Prokura *enthält,* finden auf *Höker, Trödler, Hausirer und dergleichen Handelsleute von geringem Gewerbebetriebe, ferner auf Wirthe, gewöhnliche Fuhrleute, gewöhnliche Schiffer, und* Personen, deren Gewerbe nicht über den Umfang des *Handwerksbetriebes* hinausgeht, keine Anwendung. [2]Den Landesgesetzen *bleibt vorbehalten, im Falle es erforderlich erscheint, diese Klassen genauer festzustellen.*

(2) Vereinigungen zum Betriebe eines Handelsgewerbes, auf welches die bezeichneten Bestimmungen keine Anwendung finden, *gelten nicht als Handelsgesellschaften.*

(3) *[1]Den Landesgesetzen bleibt vorbehalten, zu verordnen, daß die bezeichneten Bestimmungen auch noch für andere Klassen von Kaufleuten ihres Staatsgebiets keine Anwendung finden sollen. [2]Ebenso können sie aber auch verordnen, daß diese Bestimmungen auf einzelne der genannten Klassen, oder daß sie auf alle Kaufleute ihres Staatsgebiets Anwendung finden sollen.*

Art. 10 Abs. 1 und 4 AHGB idF. 1928[14]

(1) Die Vorschriften über die Firmen, die Handelsbücher und die Prokura finden auf Personen keine Anwendung, deren Geschäftsbetrieb nicht über den Umfang des Kleingewerbes hinausgeht.

(4) Durch Verordnung kann die Grenze des Kleingewerbes allgemein oder für einzelne Gruppen von Gewerbetreibenden auf der Grundlage einer bestimmten Erwerbsteuerleistung oder anderer Merkmale näher festgesetzt werden.

HGB	HGB 1897
§ 5[15] [Kaufmann kraft Eintragung] Ist eine Firma im Handelsregister eingetragen, so kann gegenüber demjenigen, welcher sich auf die Eintragung beruft, nicht geltend gemacht werden, daß das unter der Firma betriebene Gewerbe kein Handelsgewerbe sei.	**§ 5** Ist eine Firma im Handelsregister eingetragen, so kann gegenüber demjenigen, welcher sich auf die Eintragung beruft, nicht geltend gemacht werden, daß das unter der Firma betriebene Gewerbe kein Handelsgewerbe sei, *oder daß es zu den in § 4 Abs. 1 bezeichneten Betrieben gehöre.*
§ 6[17] [Handelsgesellschaften; Formkaufleute] (1) Die in betreff der Kaufleute gegebenen Vorschriften finden auch auf die Handelsgesellschaften Anwendung. (2) Die Rechte und Pflichten eines Vereins, dem das Gesetz ohne Rücksicht auf den Gegenstand des Unternehmens die Eigenschaft eines Kaufmanns beilegt, bleiben unberührt, auch wenn die Voraussetzungen des § 1 Abs. 2 nicht vorliegen.	**§ 6** (1) Die in Betreff der Kaufleute gegebenen Vorschriften finden auch auf die Handelsgesellschaften Anwendung. (2) Die Rechte und Pflichten eines Vereins, dem das Gesetz ohne Rücksicht auf den Gegenstand des Unternehmens die Eigenschaft eines Kaufmanns beilegt, *werden durch die Vorschrift des § 4 Abs. 1 nicht berührt.*
[→ § 107]	[→ § 105 Abs. 2 idF. 1897]

15 § 5 geändert durch Art. 3 Nr. 5 Gesetz v. 22.6.1998 (HRefG), BGBl. I S. 1474, m.W.v. 1.7.1998.

16 Art. 10a eingefügt durch § 4 Gesetz v. 16.2.1928 (Handelsgesetznovelle), BGBl. 1928, Stück 18, Nr. 63.

17 § 6 Abs. 2 geändert durch Art. 3 Nr. 6 Gesetz v. 22.6.1998 (HRefG), BGBl. I S. 1474, m.W.v. 1.7.1998.

18 Art. 5 neu gefasst durch § 1 Gesetz v. 11.6.1870 (Gesetz, betreffend die Kommanditgesellschaften auf Aktien und die Aktiengesellschaften), BGBl. S. 375.

ADHGB 1861	UGB
Art. 10a AHGB idF. 1928[16] Ist eine Firma im Handelsregister eingetragen, so kann gegenüber demjenigen, welcher sich auf die Eintragung beruft, nicht geltend gemacht werden, daß das unter der Firma betriebene Gewerbe kein Handelsgewerbe sei oder daß es zu den im Artikel 10, Absatz 1, bezeichneten Betrieben gehöre.	**§ 3 Unternehmer kraft Eintragung** Personen, die zu Unrecht ins Firmenbuch eingetragen sind und unter ihrer Firma handeln, gelten als Unternehmer kraft Eintragung.
Art. 5 ADHGB idF. 1861 (1) Die in Betreff der Kaufleute gegebenen Bestimmungen gelten in gleicher Weise in Betreff der Handelsgesellschaften, insbesondere auch der Aktiengesellschaften, *bei welchen der Gegenstand des Unternehmens in Handelsgeschäften besteht.* (2) *Dieselben gelten auch in Betreff der öffentlichen Banken in den Grenzen ihres Handelsbetriebs, unbeschadet der für sie bestehenden Verordnungen.*	**§ 2 Unternehmer kraft Rechtsform** Aktiengesellschaften, Gesellschaften mit beschränkter Haftung, Erwerbs- und Wirtschaftsgenossenschaften, Versicherungsvereine auf Gegenseitigkeit, Sparkassen, Europäische wirtschaftliche Interessenvereinigungen (EWIV), Europäische Gesellschaften (SE) und Europäische Genossenschaften (SCE) sind Unternehmer kraft Rechtsform.
Art. 5 ADHGB idF. 1870[18] (1) Die in Betreff der Kaufleute gegebenen Bestimmungen gelten in gleicher Weise in Betreff der Handelsgesellschaften, insbesondere auch der Kommanditgesellschaften auf Aktien und der Aktiengesellschaften. (2) = Art. 5 Abs. 2 idF. 1861 **Art. 10 Abs. 2 und 3 AHGB idF. 1928** (2) Durch eine Vereinigung zum Betriebe eines Gewerbes, auf welches die bezeichneten Vorschriften keine Anwendung finden, kann eine offene Handelsgesellschaft, eine Kommanditgesellschaft oder eine Aktiengesellschaft nicht begründet werden. (3) Die Rechte und Pflichten der juristischen Personen, denen das Gesetz ohne Rücksicht auf den Gegenstand des Unternehmens die Eigenschaft eines Kaufmannes vollen Rechts beilegt, werden durch die Bestimmungen des Absatzes 1 nicht berührt.	**§ 4 Anwendungsbereich des Ersten Buches, Wahlmöglichkeit** (1) Das Erste Buch ist auf Unternehmer im Sinn der §§ 1 bis 3 anzuwenden. (2) [→ § 2 HGB] (3) [→ § 3 HGB] **§ 5 Anwendungsbereich der weiteren Bücher** [1]Der Anwendungsbereich des Zweiten Buches ergibt sich für offene Gesellschaften aus § 105, für Kommanditgesellschaften aus § 161 und für stille Gesellschaften aus § 179. [2]Der Anwendungsbereich des Dritten Buches ergibt sich aus § 189, der des Vierten Buches aus § 343, für dessen Achten Abschnitt aber aus § 455, und der des Fünften Buches aus den §§ 1 bis 3.

HGB	HGB 1897
§ 7 [Kaufmannseigenschaft und öffentliches Recht] Durch die Vorschriften des öffentlichen Rechtes, nach welchen die Befugnis zum Gewerbebetrieb ausgeschlossen oder von gewissen Voraussetzungen abhängig gemacht ist, wird die Anwendung der die Kaufleute betreffenden Vorschriften dieses Gesetzbuchs nicht berührt. [= § 7 HGB v. 1897]	**§ 7** Durch die Vorschriften des öffentlichen Rechtes, nach welchen die Befugniß zum Gewerbebetrieb ausgeschlossen oder von gewissen Voraussetzungen abhängig gemacht ist, wird die Anwendung der die Kaufleute betreffenden Vorschriften dieses Gesetzbuchs nicht berührt.
Zweiter Abschnitt **Handelsregister; Unternehmensregister**[19] [§§ 8–16]	**Zweiter Abschnitt** **Handelsregister** [§§ 8–16]
§ 8[20] **Handelsregister** (1) Das Handelsregister wird von den Gerichten elektronisch geführt. (2) Andere Datensammlungen dürfen nicht unter Verwendung oder Beifügung der Bezeichnung „Handelsregister" in den Verkehr gebracht werden.	**§ 8** Das Handelsregister wird von den Gerichten *geführt*.

19 Amtliche Überschrift nach Art. 1 Nr. 1 Gesetz v. 10.11.2006 (EHUG), BGBl. I S. 2553, m.W.v. 1.1.2007.

20 § 8 Abs. 1 geändert, Abs. 2 eingefügt durch Art. 1 Nr. 2 Gesetz v. 10.11.2006 (EHUG), BGBl. I S. 2553, m.W.v. 1.1.2007.

ADHGB 1861	UGB

Art. 11
Durch die Landesgesetze, welche in gewerbepolizeilicher oder gewerbesteuerlicher Beziehung Erfordernisse zur Begründung der Eigenschaft eines Kaufmanns oder besonderer Klassen von Kaufleuten aufstellen, wird die Anwendung *der Bestimmungen* dieses Gesetzbuchs nicht *ausgeschlossen; ebenso werden jene Gesetze durch dieses Gesetzbuch nicht berührt.*

§ 6 Öffentlichrechtliche Bestimmungen
Durch Vorschriften des öffentlichen Rechtes, nach denen die Befugnis zur unternehmerischen Tätigkeit ausgeschlossen oder von gewissen Voraussetzungen abhängig gemacht ist, wird die Anwendung dieses Gesetzbuchs nicht berührt.

Zweiter Titel
Von dem Handelsregister [Artt. 12–14]

Zweiter Abschnitt
Firmenbuch [§§ 7–16]

Art. 12
(1) *Bei jedem Handelsgerichte ist ein* Handelsregister *zu führen, in welches die in diesem Gesetzbuche angeordneten Eintragungen aufzunehmen sind.*
(2) [→ § 9 HGB]

§ 7 Führung des Firmenbuchs
Das Firmenbuch wird von den Gerichten geführt.

§ 8 Eintragung
(1) [1]Unternehmerisch tätige natürliche Personen, die nach § 189 der Pflicht zur Rechnungslegung unterliegen, sind verpflichtet, sich in das Firmenbuch eintragen zu lassen. Andere Einzelunternehmer sind dazu berechtigt. [2]Eine freiwillige Eintragung ist auf Antrag wieder zu löschen.
(2) Die Eintragung von Unternehmern kraft Rechtsform, offenen Gesellschaften, Kommanditgesellschaften und anderen Rechtsträgern wird in den für sie geltenden Sonderbestimmungen geregelt.
(3) Betreiben mehrere Personen ein Unternehmen in der Rechtsform einer Gesellschaft bürgerlichen Rechts (§§ 1175 ff. ABGB) und überschreitet die Gesellschaft den Schwellenwert des § 189, so sind sie zur Eintragung der Gesellschaft als offene Gesellschaft oder als Kommanditgesellschaft verpflichtet.

HGB	HGB 1897

§ 8a[21] Eintragungen in das Handelsregister; Verordnungsermächtigung

(1) Eine Eintragung in das Handelsregister wird wirksam, sobald sie in den für die Handelsregistereintragungen bestimmten Datenspeicher aufgenommen ist und auf Dauer inhaltlich unverändert in lesbarer Form wiedergegeben werden kann.

(2) [1]Die Landesregierungen werden ermächtigt, durch Rechtsverordnung nähere Bestimmungen über die elektronische Führung des Handelsregisters, die elektronische Anmeldung, die elektronische Einreichung von Dokumenten sowie deren Aufbewahrung zu treffen, soweit nicht durch das Bundesministerium der Justiz nach § 387 Abs. 2 des Gesetzes über das Verfahren in Familiensachen und in den Angelegenheiten der freiwilligen Gerichtsbarkeit entsprechende Vorschriften erlassen werden. [2]Dabei können sie auch Einzelheiten der Datenübermittlung regeln sowie die Form zu übermittelnder elektronischer Dokumente festlegen, um die Eignung für die Bearbeitung durch das Gericht sicherzustellen. [3]Die Landesregierungen können die Ermächtigung durch Rechtsverordnung auf die Landesjustizverwaltungen übertragen.

[Abs. 1 = § 8a Abs. 2 idF. 1993]
[Abs. 2 S. 2 und 3 = § 8a Abs. 2 S. 2, 3 idF. 2006]

§ 8a idF. 1985[22] [Bild- oder Datenträger]

(1) [1]Die zum Handelsregister eingereichten Schriftstücke können nach näherer Anordnung der Landesjustizverwaltung zur Ersetzung der Urschrift auch als Wiedergabe auf einem Bildträger oder auf anderen Datenträgern aufbewahrt werden, wenn sichergestellt ist, daß die Wiedergabe oder die Daten innerhalb angemessener Zeit lesbar gemacht werden können. [2]Bei der Herstellung der Bild- oder Datenträger ist ein schriftlicher Nachweis über ihre inhaltliche Übereinstimmung mit der Urschrift anzufertigen.

(2) Das Gericht kann nach näherer Anordnung der Landesjustizverwaltung gestatten, daß die zum Handelsregister einzureichenden Jahresabschlüsse und Konzernabschlüsse und die dazugehörigen Unterlagen in der in Absatz 1 Satz 1 bezeichneten Form eingereicht werden.

§ 8a idF. 1993[23] [Ermächtigung der Landesregierungen; automatisierte Dateien]

(1) [1]Die Landesregierungen können durch Rechtsverordnung bestimmen, daß und in welchem Umfang das Handelsregister einschließlich der zu seiner Führung erforderlichen Verzeichnisse in maschineller Form als automatisierte Datei geführt wird. [2]Hierbei muß gewährleistet sein, daß

1. die Grundsätze einer ordnungsgemäßen Datenverarbeitung eingehalten, insbesondere Vorkehrungen gegen einen Datenverlust getroffen sowie die erforderlichen Kopien der Datenbestände mindestens tagesaktuell gehalten und die originären Datenbestände sowie deren Kopien sicher aufbewahrt werden,
2. die vorzunehmenden Eintragungen alsbald in einen Datenspeicher aufgenommen und auf Dauer inhaltlich unverändert in lesbarer Form wiedergegeben werden können,
3. die nach der Anlage zu § 126 Abs. 1 Satz 2 Nr. 3 der Grundbuchordung erforderlichen Maßnahmen getroffen werden.

21 § 8a Abs. 2 S. 1 geändert durch Art. 1 Nr. 25 Gesetz v. 19.6.2023, BGBl. 2023 I Nr. 154, m.W.v. 22.6.2023.

22 § 8a eingefügt durch Art. 1 Nr. 1 Gesetz v. 19.12.1985 (BiRiLiG), BGBl. I S. 2355, m.W.v. 1.1.1986; neu gefasst durch Art. 5 Nr. 1 Gesetz v. 20.12.1993, BGBl. I S. 2182, m.W.v. 25.12.1993.

23 § 8a neu gefasst durch Art. 5 Nr. 1 Gesetz v. 20.12.1993, BGBl. I S. 2182, m.W.v. 25.12.1993.

29 Firmenbuchgesetz, BGBl. 1991/10, zuletzt geändert durch das Genossenschaftsrechts-Änderungsgesetz 2024, BGBl. I 2024/133.

ADHGB 1861	UGB
	§ 28 Firmenbuchgesetz (FBG)[29] Umstellung des Firmenbuchs auf ADV Der Bundesminister für Justiz wird ermächtigt, die Umstellung des Firmenbuchs auf automationsunterstützte Datenverarbeitung (ADV) nach Maßgabe der technischen und personellen Möglichkeiten sowie unter Bedachtnahme auf die wirtschaftliche Vertretbarkeit anzuordnen; dies auch nur für bestimmte Gerichte, bestimmte Rechtsträger nach § 2 oder bestimmte Teile des Firmenbuchs.

HGB	HGB 1897
	[3]Die Landesregierungen können durch Rechtsverordnung die Ermächtigung nach *Satz 1* auf die Landesjustizverwaltungen übertragen. (2) Eine Eintragung wird wirksam, sobald sie in den für die Handelsregistereintragungen bestimmten Datenspeicher aufgenommen ist und auf Dauer inhaltlich unverändert in lesbarer Form wiedergegeben werden kann. (3) [1]Die zum Handelsregister eingereichten Schriftstücke können zur Ersetzung der Urschrift auch als Wiedergabe auf einem Bildträger oder auf anderen Datenträgern aufbewahrt werden, wenn sichergestellt ist, daß die Wiedergaben oder die Daten innerhalb angemessener Zeit lesbar gemacht werden können. [2]Bei der Herstellung der Bild- oder Datenträger ist ein schriftlicher Nachweis über ihre inhaltliche Übereinstimmung mit der Urschrift anzufertigen. (4) Das Gericht kann gestatten, daß die zum Handelsregister einzureichenden Jahresabschlüsse und Konzernabschlüsse und die dazugehörigen Unterlagen sowie sonstige einzureichende Schriftstücke in der in Absatz 3 Satz 1 bezeichneten Form eingereicht werden. (5) Die näheren Anordnungen über die maschinelle Führung des Handelsregisters, die Aufbewahrung von Schriftstücken nach Absatz 3 und die Einreichung von Abschlüssen und Schriftstücken nach Absatz 4 trifft die Landesjustizverwaltung, soweit nicht durch Rechtsverordnung nach § 125 Abs. 3 des Gesetzes über die Angelegenheiten der freiwilligen Gerichtsbarkeit Vorschriften erlassen werden. **§ 8a Abs. 1 und 5 idF. 2000[24]** *(1) [1]Die Landesregierungen können durch Rechtsverordnung bestimmen, daß und in welchem Umfang das Handelsregister einschließlich der zu seiner Führung erforderlichen Verzeichnisse in maschineller Form als automatisierte Datei geführt wird. [2]Hierbei muß gewährleistet sein, daß* *1. die Grundsätze einer ordnungsgemäßen Datenverarbeitung eingehalten, insbesondere Vorkehrungen gegen einen Datenverlust getrof-*

24 § 8a Abs. 1 S. 3 eingefügt, bisheriger S. 3 wird S. 4, neuer S. 4 und Abs. 5 geändert durch Art. 1 Nr. 1 Gesetz v. 24.2.2000, BGBl. I S. 154, m.W.v. 9.3.2000.

ADHGB 1861	UGB

HGB	HGB 1897
	fen sowie die erforderlichen Kopien der Datenbestände mindestens tagesaktuell gehalten und die originären Datenbestände sowie deren Kopien sicher aufbewahrt werden,
	2. die vorzunehmenden Eintragungen alsbald in einen Datenspeicher aufgenommen und auf Dauer inhaltlich unverändert in lesbarer Form wiedergegeben werden können,
	3. die nach der Anlage zu § 126 Abs. 1 Satz 2 Nr. 3 der Grundbuchordung erforderlichen Maßnahmen getroffen werden.
	[3]Die Landesregierungen können ferner durch Rechtsverordnung bestimmen, dass die Einreichung von Jahres- und Konzernabschlüssen, von Lageberichten sowie sonstiger einzureichender Schriftstücke in einer maschinell lesbaren und zugleich für die maschinelle Bearbeitung durch das Registergericht geeigneten Form zu erfolgen hat; die Bestimmung kann auch für einzelne Handelsregister getroffen werden. [4]Die Landesregierungen können durch Rechtsverordnung die Ermächtigung nach den Sätzen 1 oder 3 auf die Landesjustizverwaltungen übertragen.
	(5) Die näheren Anordnungen über die maschinelle Führung des Handelsregisters, die Aufbewahrung von Schriftstücken nach Absatz 3 und die Einreichung von Abschlüssen und Schriftstücken nach Absatz 1 Satz 3 und Absatz 4 sowie deren Aufbewahrung trifft die Landesjustizverwaltung, soweit nicht durch Rechtsverordnung nach § 125 Abs. 3 des Gesetzes über die Angelegenheiten der freiwilligen Gerichtsbarkeit Vorschriften erlassen werden.
	§ 8a idF. 2006[25] Eintragungen in das Handelsregister; Verordnungsermächtigung[26]
	(1) [= § 8a Abs. 2 idF. 1993]
	(2) [1]Die Landesregierungen werden ermächtigt, durch Rechtsverordnung nähere Bestimmungen über die elektronische Führung des Handelsregisters, die elektronische Anmeldung, die elektronische Einreichung von Dokumenten sowie deren Aufbewahrung zu treffen, soweit nicht durch das Bundesministerium der Justiz nach *§ 125 Abs. 3* des Gesetzes über *die*

25 § 8a neu gefasst durch Art. 1 Nr. 2 Gesetz v. 10.11.2006 (EHUG), BGBl. I S. 2553, m.W.v. 1.1.2007, Abs. 2 m.W.v. 16.11.2006.
26 Amtliche Überschrift nach Art. 1 Nr. 2 Gesetz v. 10.11.2006 (EHUG), BGBl. I S. 2553, m.W.v. 1.1.2007.

ADHGB 1861	UGB

HGB	HGB 1897
	Angelegenheiten der freiwilligen Gerichtsbarkeit entsprechende Vorschriften erlassen werden. [2]Dabei können sie auch Einzelheiten der Datenübermittlung regeln sowie die Form zu übermittelnder elektronischer Dokumente festlegen, um die Eignung für die Bearbeitung durch das Gericht sicherzustellen. [3]Die Landesregierungen können die Ermächtigung durch Rechtsverordnung auf die Landesjustizverwaltungen übertragen.
	§ 8a Abs. 2 S. 1 idF. 2008[27] (2) [1]Die Landesregierungen werden ermächtigt, durch Rechtsverordnung nähere Bestimmungen über die elektronische Führung des Handelsregisters, die elektronische Anmeldung, die elektronische Einreichung von Dokumenten sowie deren Aufbewahrung zu treffen, soweit nicht durch das Bundesministerium der Justiz nach § 387 Abs. 2 des Gesetzes über das Verfahren in Familiensachen und in den Angelegenheiten der freiwilligen Gerichtsbarkeit entsprechende Vorschriften erlassen werden.
	§ 8a Abs. 2 S. 1 idF. 2015[28] (2) [1]Die Landesregierungen werden ermächtigt, durch Rechtsverordnung nähere Bestimmungen über die elektronische Führung des Handelsregisters, die elektronische Anmeldung, die elektronische Einreichung von Dokumenten sowie deren Aufbewahrung zu treffen, soweit nicht durch das Bundesministerium der Justiz *und für Verbraucherschutz* nach § 387 Abs. 2 des Gesetzes über das Verfahren in Familiensachen und in den Angelegenheiten der freiwilligen Gerichtsbarkeit entsprechende Vorschriften erlassen werden.

27 § 8a Abs. 2 S. 1 geändert durch Gesetz v. 17.12.2008, BGBl. I S. 2586, m.W.v. 1.9.2009.

28 § 8a Abs. 2 S. 1 geändert durch Art. 190 Nr. 1 VO v. 31.8.2015, BGBl. I S. 1474, m.W.v. 8.9.2015.

ADHGB 1861	UGB

HGB	HGB 1897
§ 8b[30] Unternehmensregister	**§ 8b[31] idF. 2006[32] Unternehmensregister**
(1) Das Unternehmensregister wird vorbehaltlich einer Regelung nach § 9a Abs. 1 vom Bundesministerium der Justiz elektronisch geführt.	(1) Das Unternehmensregister wird vorbehaltlich einer Regelung nach § 9a Abs. 1 vom Bundesministerium der Justiz elektronisch geführt.
(2) Über die Internetseite des Unternehmensregisters sind zugänglich:	(2) Über die Internetseite des Unternehmensregisters sind zugänglich:
1. Eintragungen im Handelsregister und zum Handelsregister eingereichte Dokumente;	1. Eintragungen im Handelsregister *und deren Bekanntmachung* und zum Handelsregister eingereichte Dokumente
2. Eintragungen im Genossenschaftsregister und zum Genossenschaftsregister eingereichte Dokumente;	2. Eintragungen im Genossenschaftsregister *und deren Bekanntmachung* und zum Genossenschaftsregister eingereichte Dokumente;
2a. Eintragungen im Gesellschaftsregister und zum Gesellschaftsregister eingereichte Dokumente;	
3. Eintragungen im Partnerschaftsregister und zum Partnerschaftsregister eingereichte Dokumente;	3. Eintragungen im Partnerschaftsregister *und deren Bekanntmachung* und zum Partnerschaftsregister eingereichte Dokumente;
4. Unterlagen der Rechnungslegung und Unternehmensberichte, die nach diesem Gesetz, dem Publizitätsgesetz, dem Eisenbahnregulierungsgesetz, dem Energiewirtschaftsgesetz, dem Entgelttransparenzgesetz, dem Kapitalanlagegesetzbuch, dem Telekommunikationsgesetz, dem Vermögensanlagengesetz oder dem Wertpapierhandelsgesetz offengelegt wurden, mit Ausnahme der zur dauerhaften Hinterlegung eingestellten Unterlagen;	4. Unterlagen der Rechnungslegung nach *den §§ 325 und 339 und deren Bekanntmachung*;
5. gesellschaftsrechtliche Bekanntmachungen im Bundesanzeiger;	5. gesellschaftsrechtliche Bekanntmachungen im elektronischen Bundesanzeiger;
	6. im Aktionärsforum veröffentlichte Eintragungen nach § 127a des Aktiengesetzes;
	7. Veröffentlichungen von Unternehmen nach dem *Wertpapierhandelsgesetz* im *elektronischen* Bundesanzeiger, von Bietern, Gesellschaften, Vorständen und Aufsichtsräten nach dem Wertpapiererwerbs- und Übernahmegesetz im *elektronischen* Bundesanzeiger sowie Veröffentlichungen nach der Börsenzulassungs-Verordnung im *elektronischen* Bundesanzeiger;

30 § 8b Abs. 2 Nr. 9 neu gefasst, Abs. 3 S. 3–5 eingefügt durch Art. 5 Nr. 1 Gesetz v. 5.1.2007 (TUG), BGBl. I S. 10, m.W.v. 20.1.2007; § 8b Abs. 2 Nr. 7 geändert durch Art. 23 Gesetz v. 6.12.2011, BGBl. I S. 2481, m.W.v. 1.6.2012; § 8b Abs. 2 Nr. 5, 7 und 8, Abs. 3 S. 1 Nr. 1 geändert durch Art. 2 Abs. 39 Gesetz v. 22.12.2011, BGBl. I S. 3044, m.W.v. 1.4.2012; § 8b Abs. 2 Nr. 4 und Abs. 3 S. 1 Nr. 1 geändert durch Art. 1 Nr. 1 Gesetz v. 20.12.2012 (Kleinstkapitalgesellschaften-Bilanzrechtsänderungsgesetz), BGBl. I S. 2751, m.W.v. 28.12.2012; § 8b Abs. 2 Nr. 8 geändert durch Art. 6 Nr. 1 Gesetz v. 4.7.2013 (AIFM-Umsetzungsgesetz), BGBl. I S. 1981, m.W.v. 22.7.2013; § 8b Abs. 2 Nr. 4 geändert durch Art. 1 Nr. 1 Gesetz v. 17.7.2015 (BilRUG), BGBl. I S. 1245, m.W.v. 23.7.2015; § 8b Abs. 1 geändert durch Art. 190 Nr. 1 VO v. 31.8.2015, BGBl. I S. 1474, m.W.v. 8.9.2015; § 8b Abs. 2 Nr. 9 und Abs. 3 S. 3 geändert durch Art. 8 Nr. 1 Gesetz v. 20.11.2015, BGBl. I S. 2029, m.W.v. 26.11.2015; § 8b Abs. 2 Nr. 9 und Abs. 3 S. 3 geändert durch Gesetz v. 30.6.2016, BGBl. I S. 1514, m.W.v. 2.7.2016; § 8b Abs. 2 Nr. 11 geändert durch Art. 5 Gesetz v. 13.4.2017, BGBl. I S. 866, m.W.v. 21.4.2018; § 8b Abs. 2 Nr. 9, Abs. 3 S. 3 und 5 geändert durch Art. 24 Abs. 6 Gesetz v. 23.6.2017 (Zweites Finanzmarktnovellierungsgesetz), BGBl. I S. 1693, m.W.v. 3.1.2018; § 8b Abs. 2a eingefügt durch Art. 51 Nr. 1 Gesetz v. 10.2021 (MoPeG), m.W.v. 1.1.2024; § 8b Abs. 2 Nr. 1–3 geändert, Nr. 4 neu gefasst, Nr. 9 und 11 geändert, Nr. 12 und 13 eingefügt, Abs. 3 S. 1 Nr. 1 und 2 neu gefasst, Nr. 3 angepasst, S. 2 geändert, Sätze 3 und 4 eingefügt, bisherige Sätze 3–5 werden Sätze 5–7, neue S. 5 und 6 geändert, Abs. 4 S. 1 geändert, S. 2 aufgehoben, Abs. 5 eingefügt durch Art. 1 Nr. 1 Gesetz v. 5.7.2021 (DiRUG), BGBl. I S. 3338, m.W.v. 1.8.2022; § 8b Abs. 2 Nr. 2a eingefügt durch Gesetz v. 10.8.2021 (MoPeG), BGBl. I S. 3436, m.W.v. 1.1.2024; § 8b Abs. 1 geändert durch Art. 1 Nr. 25 Gesetz v. 19.6.2023, BGBl. I Nr. 154, m.W.v. 22.6.2023; § 8b Abs. 2 Nr. 12 geändert durch Art. 34 Abs. 1 Gesetz v. 22.12.2023, BGBl. 2023 I Nr. 411, m.W.v. 1.1.2024.

31 § 8b eingefügt durch Art. 1 Nr. 2 Gesetz v. 10.11.2006 (EHUG), BGBl. I S. 2553, m.W.v. 1.1.2007.

32 Amtliche Überschrift nach Art. 1 Nr. 2 Gesetz v. 10.11.2006 (EHUG), BGBl. I S. 2553, m.W.v. 1.1.2007.

ADHGB 1861	UGB

HGB

6. im Aktionärsforum veröffentlichte Eintragungen nach § 127a des Aktiengesetzes;
7. Veröffentlichungen von Unternehmen nach dem Wertpapierhandelsgesetz oder dem Vermögensanlagengesetz im Bundesanzeiger, von Bietern, Gesellschaften, Vorständen und Aufsichtsräten nach dem Wertpapiererwerbs- und Übernahmegesetz im Bundesanzeiger sowie Veröffentlichungen nach der Börsenzulassungs-Verordnung im Bundesanzeiger;
8. Bekanntmachungen und Veröffentlichungen von Kapitalverwaltungsgesellschaften und extern verwalteten Investmentgesellschaften nach dem Kapitalanlagegesetzbuch, dem Investmentgesetz und dem Investmentsteuergesetz im Bundesanzeiger;
9. Veröffentlichungen und sonstige der Öffentlichkeit zur Verfügung gestellte Informationen nach den §§ 5, 26 Absatz 1 und 2, § 40 Absatz 1, den §§ 41, 46 Absatz 2, den §§ 50, 51 Absatz 2 und § 127 des Wertpapierhandelsgesetzes, sofern die Veröffentlichung nicht bereits über Nummer 7 in das Unternehmensregister eingestellt wird,
10. Mitteilungen über kapitalmarktrechtliche Veröffentlichungen an die Bundesanstalt für Finanzdienstleistungsaufsicht, sofern die Veröffentlichung selbst nicht bereits über Nummer 7 oder Nummer 9 in das Unternehmensregister eingestellt wird;
11. Bekanntmachungen der Insolvenzgerichte nach § 9 der Insolvenzordnung, ausgenommen Verfahren nach dem Zehnten Teil der Insolvenzordnung;
12. Registerbekanntmachungen aus dem Handels-, Genossenschafts-, Gesellschafts- und Partnerschaftsregister;
13. Bekanntmachungen der Bundesanstalt für Finanzdienstleistungsaufsicht nach § 107 Absatz 1 Satz 6, § 109 Absatz 2 Satz 1 und 5, Absatz 3 Satz 2 des Wertpapierhandelsgesetzes und nach § 31 Absatz 4 des Vermögensanlagengesetzes.

(3) [1]Zur Einstellung in das Unternehmensregister sind dem Unternehmensregister zu übermitteln:
1. die Daten nach Absatz 2 Nummer 5 bis 8 durch den Betreiber des Bundesanzeigers,
2. die Daten nach Absatz 2 Nummer 4, 9 und 10 sowie diejenigen Unterlagen, die dauerhaft

HGB 1897

8. Bekanntmachungen und Veröffentlichungen *inländischer Kapitalanlagegesellschaften* und *Investmentaktiengesellschaften* nach *dem Investmentgesetz und dem Investmentsteuergesetz* im elektronischen Bundesanzeiger;
9. Veröffentlichungen nach den *§§ 15, 25 und 26 des Wertpapierhandelsgesetzes sowie nach den §§ 61 und 66 der Börsenzulassungs-Verordnung*, sofern die Veröffentlichung nicht bereits über Nummer 7 in das Unternehmensregister eingestellt wird;
10. Mitteilungen über kapitalmarktrechtliche Veröffentlichungen an die Bundesanstalt für Finanzdienstleistungsaufsicht, sofern die Veröffentlichung selbst nicht bereits über Nummer 7 oder Nummer 9 in das Unternehmensregister eingestellt wird;
11. Bekanntmachungen der Insolvenzgerichte nach § 9 der Insolvenzordnung, ausgenommen Verfahren nach dem *Neunten* Teil der Insolvenzordnung.

(3) [1]Zur Einstellung in das Unternehmensregister sind dem Unternehmensregister zu übermitteln:
1. die Daten nach *Absatz 2 Nr. 4 bis 8* durch den Betreiber *des elektronischen* Bundesanzeigers;
2. die Daten nach *Absatz 2 Nr. 9 und 10* durch den jeweils Veröffentlichungspflichtigen *oder den* von ihm mit der Veranlassung der Veröffentlichung beauftragten Dritten. [2]Die Landesjustizverwaltungen übermitteln die Daten nach *Absatz 2 Nr. 1 bis 3 und 11* zum Unternehmensregister, soweit die Übermittlung für die Eröffnung eines Zugangs zu den Originaldaten über die Internetseite des Unternehmensregisters erforderlich ist.

(4) [1]Die Führung des Unternehmensregisters schließt die Erteilung von Ausdrucken sowie die Beglaubigung entsprechend § 9 Abs. 3 und 4 hinsichtlich der im Unternehmensregister *gespeicherten* Unterlagen der Rechnungslegung im Sinn des Absatzes 2 Nr. 4 ein. *[2]Gleiches gilt für die elektronische Übermittlung von zum Handelsregister eingereichten Schriftstücken nach § 9 Abs. 2, soweit sich der Antrag auf Unterlagen der Rechnungslegung im Sinn des Absatzes 2 Nr. 4 bezieht; § 9 Abs. 3 gilt entsprechend.*

ADHGB 1861	UGB

HGB	HGB 1897
hinterlegt werden sollen, durch den jeweils Offenlegungs- oder Veröffentlichungspflichtigen oder den von ihm mit der Veranlassung der Offenlegung oder Veröffentlichung beauftragten Dritten, 3. die Daten nach Absatz 2 Nummer 13 durch die Bundesanstalt für Finanzdienstleistungsaufsicht. [2]Die Landesjustizverwaltungen übermitteln die Daten nach Absatz 2 Nummer 1 bis 3, 11 und 12 zum Unternehmensregister, soweit die Übermittlung für die Eröffnung eines Zugangs zu den Originaldaten über die Internetseite des Unternehmensregisters erforderlich ist. [3]Die das Unternehmensregister führende Stelle stellt dem Betreiber des Bundesanzeigers die nach Satz 2 von den Landesjustizverwaltungen übermittelten Daten zur Verfügung, soweit dies für die Erfüllung der Aufgabe der Zuordnung von Einreichungen beim Betreiber des Bundesanzeigers nach Absatz 2 Nummer 5 bis 8 erforderlich ist. [4]Die Daten dürfen vom Betreiber des Bundesanzeigers nur für diese Zwecke verwendet werden. [5]Die Bundesanstalt für Finanzdienstleistungsaufsicht überwacht die Übermittlung der Veröffentlichungen und der sonstigen der Öffentlichkeit zur Verfügung gestellten Informationen nach den §§ 5, 26 Absatz 1 und 2, § 40 Absatz 1, den §§ 41, 46 Absatz 2, den §§ 50, 51 Absatz 2, § 114 Absatz 1 bis § 116 Absatz 2, den §§ 117, 118 Absatz 4 und § 127 des Wertpapierhandelsgesetzes an das Unternehmensregister zur Einstellung und kann Anordnungen treffen, die zu ihrer Durchsetzung geeignet und erforderlich sind. [6]Die Bundesanstalt kann die gebotene Übermittlung der in Satz 5 genannten Veröffentlichungen, der Öffentlichkeit zur Verfügung gestellten Informationen und Mitteilung auf Kosten des Pflichtigen vornehmen, wenn die Übermittlungspflicht nicht, nicht richtig, nicht vollständig oder nicht in der vorgeschriebenen Weise erfüllt wird. [7]Für die Überwachungstätigkeit der Bundesanstalt gelten § 6 Absatz 3 Satz 1 und 3, Absatz 15 und 16, die §§ 13, 18 und 21 des Wertpapierhandelsgesetzes entsprechend. (4) Die Führung des Unternehmensregisters schließt die Erteilung von Ausdrucken sowie die Beglaubigung entsprechend § 9 Abs. 3 und 4 hinsichtlich der im Unternehmensregister	

ADHGB 1861	UGB

HGB	HGB 1897

eingestellten Unterlagen der Rechnungslegung und Unternehmensberichte im Sinn des Absatzes 2 Nr. 4 ein.
(5) Die Führung des Unternehmensregisters schließt auch den Informationsaustausch nach § 9c ein.

[Abs. 1 = § 8b Abs. 1 idF. 2006]
[Abs. 2 Nr. 10 = § 8b Abs. 2 Nr. 10 idF. 2006]

§ 9[33] Einsichtnahme in das Handelsregister und das Unternehmensregister
(1) [1]Die Einsichtnahme in das Handelsregister sowie in die zum Handelsregister eingereichten Dokumente ist jedem zu Informationszwecken durch einzelne Abrufe gestattet. [2]Die Landesjustizverwaltungen bestimmen das elektronische Informations- und Kommunikationssystem, über das die Daten aus den Handelsregistern abrufbar sind, und sind für die Abwicklung des elektronischen Abrufverfahrens zuständig. [3]Die Landesregierung kann die Zuständigkeit durch Rechtsverordnung abweichend regeln; sie kann diese Ermächtigung durch Rechtsverordnung auf die Landesjustizverwaltung übertragen. [4]Die Länder können ein länderübergreifendes, zentrales elektronisches Informations- und Kommunikationssystem bestimmen. [5]Sie können auch eine Übertragung der Abwicklungsaufgaben auf die zuständige Stelle eines anderen Landes sowie mit dem Betreiber des Unternehmensregisters eine Übertragung der Abwicklungsaufgaben auf das Unternehmensregister vereinbaren.
(2) Sind Dokumente nur in Papierform vorhanden, kann die elektronische Übermittlung nur für solche Schriftstücke verlangt werden, die weniger als zehn Jahre vor dem Zeitpunkt der Antragstellung zum Handelsregister eingereicht wurden.

§ 9
(1) Die Einsicht des Handelsregisters sowie der zum Handelsregister eingereichten *Schriftstücke* ist Jedem gestattet.
(2) [1]Von den Eintragungen kann eine Abschrift gefordert werden; *das Gleiche gilt in Ansehung der* zum Handelsregister eingereichten Schriftstücke, *sofern ein berechtigtes Interesse glaubhaft gemacht wird*. [2]Die Abschrift ist *auf Verlangen* zu beglaubigen.
(3) Das Gericht hat auf Verlangen eine Bescheinigung darüber zu ertheilen, daß bezüglich des Gegenstandes einer Eintragung weitere Eintragungen nicht vorhanden sind oder daß eine bestimmte Eintragung nicht erfolgt ist.

§ 9 Abs. 3 idF. 1933[35]
(3) *[1]Der Nachweis, wer der Inhaber einer in das Handelsregister eingetragenen Firma eines Einzelkaufmanns ist, kann Behörden gegenüber durch ein Zeugnis des Gerichts über die Eintragung geführt werden. [2]Das gleiche gilt von dem Nachweis der Befugnis zur Vertretung eines Einzelkaufmanns oder einer Handelsgesellschaft.*

§ 9 Abs. 2 idF. 1969[36]
(2) [1]Von der Eintragung und den zum Handelsregister eingereichten Schriftstücken kann eine Abschrift gefordert werden. [2]Die Ab-

33 § 9 Abs. 6 S. 3 eingefügt durch Art. 1 Nr. 2 Gesetz v. 20.12.2012, BGBl. I S. 2751 (Kleinstkapitalgesellschaften-Bilanzrechtsänderungsgesetz), m.W.v. 28.12.2012; § 9 Abs. 3 S. 2 geändert durch Art. 11 Abs. 28 Gesetz v. 18.7.2017, BGBl. I S. 2745 (eIDAS-Durchführungsgesetz), m.W.v. 29.7.2017; § 9 Abs. 1 S. 1 geändert, Abs. 3 S. 2 und Abs. 6 S. 3 neu gefasst durch Art. 1 Nr. 2 Gesetz v. 5.7.2021 (DiRuG), BGBl. I S. 3338, m.W.v. 1.8.2022.

35 § 9 Abs. 3 geändert, bisheriger Abs. 3 wird Abs. 4 durch Gesetz v. 20.7.1933, RGBl. I S. 520, m.W.v. 23.7.1933 [Inkrafttreten nach Art. 3 S. 2 Gesetz v. 24.3.1933 („Gesetz zur Behebung der Not von Volk und Reich" bzw. „Ermächtigungsgesetz"), RGBl. I S. 141, m.W.v. 24.3.1933].

36 § 9 Abs. 2 neu gefasst durch Art. 1 Nr. 1 Gesetz v. 15.8.1969, BGBl. I S. 1146, m.W.v. 1.9.1969.

ADHGB 1861	UGB

Art. 12
(1) [→ § 8 HGB]
(2) [1]*Das Handelsregister ist öffentlich.* [2]Die Einsicht *desselben* ist *während der gewöhnlichen Dienststunden einem* Jeden gestattet. [3]*Auch kann* von den Eintragungen *gegen Erlegung der Kosten eine* Abschrift gefordert werden, *die auf Verlangen zu beglaubigen ist.*

§ 9 Das Firmenbuch betreffende Einsichtnahmen, Auszüge und Bestätigungen
(1) Zur Einsicht in das Hauptbuch und in die zur Urkundensammlung eingereichten Schriftstücke ist jedermann befugt.
(2) Von den Eintragungen im Hauptbuch und den zur Urkundensammlung eingereichten Schriftstücken können Auszüge (Ausdrucke) gefordert werden. Der Auszug ist zu beglaubigen, sofern nicht auf die Beglaubigung verzichtet wird.
(3) [1]Soweit dies nicht durch Auszüge aus dem Firmenbuch ersichtlich ist, kann der Nachweis, wer der Inhaber einer in das Firmenbuch eingetragenen Firma ist, Behörden gegenüber durch eine Bestätigung des Gerichts über die Eintragung geführt werden. [2]Das Gleiche gilt vom Nachweis der Befugnis zu im Firmenbuch eingetragenen Vertretungen sowie davon, dass bezüglich des Gegenstandes einer Eintragung weitere Eintragungen nicht vorhanden sind oder dass eine bestimmte Eintragung nicht erfolgt ist.
(4) (*weggefallen*)

§ 33 FBG
Auszüge und Einsichtnahme bei Gericht
(1) Die Einsicht in das Hauptbuch (§ 9 UGB) ist durch Ausdrucke (Firmenbuchauszüge) zu gewähren.

HGB	HGB 1897

HGB

(3) [1]Die Übereinstimmung der übermittelten Daten mit dem Inhalt des Handelsregisters und den zum Handelsregister eingereichten Dokumenten wird auf Antrag durch das Gericht beglaubigt. [2]Dafür hat eine Authentifizierung durch einen Vertrauensdienst nach der Verordnung (EU) Nr. 910/2014 des Europäischen Parlaments und des Rates vom 23. Juli 2014 über elektronische Identifizierung und Vertrauensdienste für elektronische Transaktionen im Binnenmarkt und zur Aufhebung der Richtlinie 1999/93/EG (ABl. L 257 vom 28.8.2014, S. 73; L 23 vom 29.1.2015, S. 19; L 155 vom 14.6.2016, S. 44) zu erfolgen.[34]

(4) [1]Von den Eintragungen und den eingereichten Dokumenten kann ein Ausdruck verlangt werden. [2]Von den zum Handelsregister eingereichten Schriftstücken, die nur in Papierform vorliegen, kann eine Abschrift gefordert werden. [3]Die Abschrift ist von der Geschäftsstelle zu beglaubigen und der Ausdruck als amtlicher Ausdruck zu fertigen, wenn nicht auf die Beglaubigung verzichtet wird.

(5) Das Gericht hat auf Verlangen eine Bescheinigung darüber zu erteilen, dass bezüglich des Gegenstandes einer Eintragung weitere Eintragungen nicht vorhanden sind oder dass eine bestimmte Eintragung nicht erfolgt ist.

(6) [1]Für die Einsichtnahme in das Unternehmensregister gilt Absatz 1 Satz 1 entsprechend. [2]Anträge nach den Absätzen 2 bis 5 können auch über das Unternehmensregister an das Gericht vermittelt werden. [3]Die Einsichtnahme in die beim Unternehmensregister zur dauerhaften Hinterlegung eingestellten Daten erfolgt nur auf Antrag durch Übermittlung einer Kopie.

[Abs. 1 S. 2–5 = § 9 Abs. 1 S. 2–5 idF. 2006]
[Abs. 2 = § 9 Abs. 2 idF. 2006]
[Abs. 4 = § 9 Abs. 4 idF. 2006]
[Abs. 5 = § 9 Abs. 5 idF. 2006]
[Abs. 6 S. 1, 2 = § 6 S. 1, 2 idF. 2006]

HGB 1897

schrift ist von der Geschäftsstelle zu beglaubigen, sofern nicht auf die Beglaubigung verzichtet wird.

§ 9 Abs. 2 idF. 1985[37]

(2) [[1] = § 9 Abs. 2 S. 1 idF. 1969] [2]*Werden die Schriftstücke nach § 8a Abs. 1 aufbewahrt, so kann eine Abschrift nur von der Wiedergabe gefordert werden.* [3]Die Abschrift ist von der Geschäftsstelle zu beglaubigen, sofern nicht auf die Beglaubigung verzichtet wird.

§ 9 Abs. 2 idF. 1993[38]

(2) [1]Von der Eintragung und den zum Handelsregister eingereichten *Schriftstücken* kann eine *Abschrift gefordert* werden. [2]*Werden die* Schriftstücke *nach § 8a Abs. 3 aufbewahrt, so* kann eine Abschrift *nur von der Wiedergabe* gefordert werden. [3]Die Abschrift ist von der Geschäftsstelle zu beglaubigen, *sofern* nicht auf die Beglaubigung verzichtet wird. [4]Wird das Handelsregister in maschineller Form als automatisierte Datei geführt, so tritt an die Stelle der Abschrift der Ausdruck und an die Stelle der beglaubigten Abschrift der amtliche Ausdruck.

§ 9 Abs. 1 idF. 2001[39] [Einsicht des Handelsregisters; Abschriften; Bescheinigungen]

(1) Die Einsicht des Handelsregisters sowie der zum Handelsregister eingereichten *Schriftstücke* ist Jedem zu Informationszwecken gestattet.

§ 9 idF. 2006[40] Einsichtnahme in das Handelsregister und das Unternehmensregister[41]

(1) [1]Die Einsichtnahme in das Handelsregister sowie in die zum Handelsregister eingereichten Dokumente ist jedem zu Informationszwecken gestattet. [2]Die Landesjustizverwaltungen bestimmen das elektronische Informations- und Kommunikationssystem, über das die Daten aus den Handelsregistern abrufbar sind,

---

34 Art. 1 Nr. 2 Gesetz v. 5.7.2021 (DiRuG), BGBl. I S. 3338, m.W.v. 1.8.2022.
37 § 9 Abs. 2 geändert durch Art. 1 Nr. 2, Gesetz v. 19.12.1985 (BiRiLiG), BGBl. I S. 2355, m.W.v. 1.1.1986.
38 § 9 Abs. 2 S. 2 geändert, Abs. 2 S. 4 eingefügt durch Art. 5 Nr. 2 Gesetz v. 20.12.1993 (RegVBG), BGBl. I S. 2182, m.W.v. 25.12.1993.
39 § 9 Abs. 1 geändert durch Art. 1 Nr. 1 Gesetz v. 10.12.2001 (ERJuKoG), BGBl. I S. 3422, m.W.v. 15.12.2001.
40 § 9 neu gefasst durch Art. 1 Nr. 2 Gesetz v. 10.11.2006 (EHUG), BGBl. I S. 2553, m.W.v. 1.1.2007.
41 Amtliche Überschrift nach Art. 1 Nr. 2 Gesetz v. 10.11.2006 (EHUG), BGBl. I S. 2553, m.W.v. 1.1.2007.

ADHGB 1861	UGB
	(2) Die Einsicht in die zur Urkundensammlung eingereichten Schriftstücke ist durch Ausdrucke dieser Urkunden zu gewähren. (2a) Auf Verlangen hat das Gericht kurze Mitteilungen über die in die Urkundensammlung aufgenommenen Urkunden mündlich zu erteilen; statt dessen kann eine dementsprechende Einsicht in die Urkundensammlung mit Hilfe geeigneter technischer Vorrichtungen gewährt werden. (3) Auszüge aus dem Firmenbuch sind von jedem in § 120 JN genannten Gerichtshof, nach Maßgabe der technischen Möglichkeiten auch von den Bezirksgerichten zu gewähren. (4) Gelöschte Eintragungen werden nur auf besonderen Antrag in den Auszug aufgenommen. (5) Im Firmenbuchauszug sind auch die einheitliche Europäische Kennung (§ 37 Abs. 2) und die OeNB-Identnummer wiederzugeben.

HGB	HGB 1897
	und sind für die Abwicklung des elektronischen Abrufverfahrens zuständig. [3]Die Landesregierung kann die Zuständigkeit durch Rechtsverordnung abweichend regeln; sie kann diese Ermächtigung durch Rechtsverordnung auf die Landesjustizverwaltung übertragen. [4]Die Länder können ein länderübergreifendes, zentrales elektronisches Informations- und Kommunikationssystem bestimmen. [5]Sie können auch eine Übertragung der Abwicklungsaufgaben auf die zuständige Stelle eines anderen Landes sowie mit dem Betreiber des Unternehmensregisters eine Übertragung der Abwicklungsaufgaben auf das Unternehmensregister vereinbaren. (2) Sind Dokumente nur in Papierform vorhanden, kann die elektronische Übermittlung nur für solche Schriftstücke verlangt werden, die weniger als zehn Jahre vor dem Zeitpunkt der Antragstellung zum Handelsregister eingereicht wurden. (3) [1]Die Übereinstimmung der übermittelten Daten mit dem Inhalt des Handelsregisters und den zum Handelsregister eingereichten Dokumenten wird auf Antrag durch das Gericht beglaubigt. [2]Dafür *ist* eine *qualifizierte* elektronische Signatur *nach dem Signaturgesetz* zu *verwenden.* (4) [1]Von den Eintragungen und den eingereichten Dokumenten kann ein Ausdruck verlangt werden. Von den zum Handelsregister eingereichten Schriftstücken, die nur in Papierform vorliegen, kann eine Abschrift gefordert werden. [2]Die Abschrift ist von der Geschäftsstelle zu beglaubigen und der Ausdruck als amtlicher Ausdruck zu fertigen, wenn nicht auf die Beglaubigung verzichtet wird. (5) Das Gericht hat auf Verlangen eine Bescheinigung darüber zu erteilen, dass bezüglich des Gegenstandes einer Eintragung weitere Eintragungen nicht vorhanden sind oder dass eine bestimmte Eintragung nicht erfolgt ist. (6) [1]Für die Einsichtnahme in das Unternehmensregister gilt Absatz 1 Satz 1 entsprechend. [2]Anträge nach den Absätzen 2 bis 5 können auch über das Unternehmensregister an das Gericht vermittelt werden.

ADHGB 1861	UGB

HGB

§ 9a[42] Übertragung der Führung des Unternehmensregisters; Verordnungsermächtigung[43]

(1) [1]Das Bundesministerium der Justiz wird ermächtigt, durch Rechtsverordnung mit Zustimmung des Bundesrates einer juristischen Person des Privatrechts die Aufgaben nach § 8b Abs. 1 zu übertragen. [2]Der Beliehene erlangt die Stellung einer Justizbehörde des Bundes. [3]Zur Erstellung von Beglaubigungen führt der Beliehene ein Dienstsiegel; nähere Einzelheiten hierzu können in der Rechtsverordnung nach Satz 1 geregelt werden. [4]Die Dauer der Beleihung ist zu befristen; sie soll fünf Jahre nicht unterschreiten; Kündigungsrechte aus wichtigem Grund sind vorzusehen. [5]Eine juristische Person des Privatrechts darf nur beliehen werden, wenn sie grundlegende Erfahrungen mit der Veröffentlichung von kapitalmarktrechtlichen Informationen und gerichtlichen Mitteilungen, insbesondere Handelsregisterdaten, hat und ihr eine ausreichende technische und finanzielle Ausstattung zur Verfügung steht, die die Gewähr für den langfristigen und sicheren Betrieb des Unternehmensregisters bietet.

(2) [1]Das Bundesministerium der *Justiz* wird ermächtigt, durch Rechtsverordnung mit Zustimmung des Bundesrates Einzelheiten der Datenübermittlung zwischen den Behörden der Länder und dem Unternehmensregister einschließlich Vorgaben über Datenformate zu regeln. [2]Abweichungen von den Verfahrensregelungen durch Landesrecht sind ausgeschlossen.

(3) [1]Das Bundesministerium der Justiz wird ermächtigt, durch Rechtsverordnung ohne Zustimmung des Bundesrates die technischen Einzelheiten zu Aufbau und Führung des Unternehmensregisters, die technischen Einzelheiten zur Anmeldung und Identifikation von Nutzern des Unternehmensregisters, Einzelheiten der Datenübermittlung einschließlich Vorgaben über Datenformate, die nicht

HGB 1897

§ 9a idF. 1993[44] [Zulässigkeit eines automatisierten Verfahrens; Genehmigung; Datenschutz; Gebühren]

(1) Die Errichtung eines automatischen Verfahrens, das die Übermittlung der Daten aus dem maschinell geführten Handelsregister durch Abruf ermöglicht, ist zulässig, wenn der Abruf von Daten auf die Eintragungen in das Handelsregister beschränkt ist und insoweit die nach § 9 Abs. 1 zulässige Einsicht nicht überschreitet.

(2) *Die Einrichtung eines automatischen Verfahrens nach Absatz 1 bedarf der Genehmigung durch die Landesjustizverwaltung. Die Genehmigung darf erteilt werden durch*

1. öffentliche Stellen, soweit der Abruf von Daten ausschließlich zur Erfüllung der ihnen gesetzlich zugewiesenen Aufgaben erfolgt,

2. nicht öffentliche Stellen, soweit der Abruf von Daten zur Wahrnehmung eines berechtigten beruflichen oder gewerblichen Interesses des Empfängers erfolgt und kein Grund zu der Annahme besteht, daß die Daten zu anderen als zu den vom Empfänger dargelegten Zwecken abgerufen werden.

(3) *Die Genehmigung setzt ferner voraus, daß*

1. diese Form der Datenübermittlung wegen der Vielzahl der Übermittlungen oder wegen ihrer besonderen Eilbedürftigkeit angemessen ist,

2. auf seiten des Empfängers die Grundsätze einer ordnungsgemäßen Datenverarbeitung eingehalten werden und

3. auf seiten der speichernden Stelle die technischen Möglichkeiten der Errichtung und Abwicklung des Verfahrens gegeben sind und eine Störung ihres Geschäftsbetriebs nicht zu erwarten ist.

(4) *Die Genehmigung kann auch für den Abruf der Daten aus mehreren oder allen in einem Land maschinell geführten Handelsregistern erteilt werden.*

(5) [1]Die Genehmigung ist zu widerrufen, wenn eine der Voraussetzungen nach den Absätzen 1 bis 3 weggefallen ist. [2]Sie kann widerrufen wer-

---

42 § 9a neu gefasst durch Art. 1 Nr. 2 Gesetz v. 10.11.2006 (EHUG), BGBl. I S. 2553, m.W.v. 1.1.2007; § 9a Abs. 1 S. 1, Abs. 2 S. 1 und Abs. 3 S. 1 geändert durch Art. 190 Nr. 1 VO v. 31.8.2015, BGBl. I S. 1474, m.W.v. 8.9.2015; Abs. 3 S. 1 geändert durch Art. 1 Nr. 3 Gesetz v. 5.7.2021 (DiRUG), BGBl. I S. 3338, m.W.v. 1.8.2022; § 9a Abs. 1 S. 1, Abs. 2 S. 1, Abs. 3 S. 1 geändert durch Art. 1 Nr. 25 Gesetz v. 19.6.2023, BGBl. I Nr. 154, m.W.v. 22.6.2023.

43 Amtliche Überschrift nach Art. 1 Nr. 2 Gesetz v. 10.11.2006 (EHUG), BGBl. I S. 2553, m.W.v. 1.1.2007.

44 § 9a eingefügt durch Art. 5 Nr. 3 Gesetz v. 20.12.1993 (RegVBG), BGBl. I S. 2182, m.W.v. 25.12.1993.

ADHGB 1861	UGB

HGB	HGB 1897
unter Absatz 2 fallen, Einzelheiten der Prüfung der übermittelten Daten, Löschungsfristen für die im Unternehmensregister gespeicherten Daten, Überwachungsrechte der Bundesanstalt für Finanzdienstleistungsaufsicht gegenüber dem Unternehmensregister hinsichtlich der Übermittlung, Einstellung, Verwaltung, Verarbeitung und des Abrufs kapitalmarktrechtlicher Daten einschließlich der Zusammenarbeit mit amtlich bestellten Speicherungssystemen anderer Mitgliedstaaten der Europäischen Union oder anderer Vertragsstaaten des Abkommens über den Europäischen Wirtschaftsraum im Rahmen des Aufbaus eines europaweiten Netzwerks zwischen den Speicherungssystemen, die Zulässigkeit sowie Art und Umfang von Auskunftsdienstleistungen mit den im Unternehmensregister gespeicherten Daten, die über die mit der Führung des Unternehmensregisters verbundenen Aufgaben nach diesem Gesetz hinausgehen, zu regeln. 2Soweit Regelungen getroffen werden, die kapitalmarktrechtliche Daten berühren, ist die Rechtsverordnung nach Satz 1 im Einvernehmen mit dem Bundesministerium der Finanzen zu erlassen. 3Die Rechtsverordnung nach Satz 1 hat dem schutzwürdigen Interesse der Unternehmen am Ausschluss einer zweckändernden Verwendung der im Register gespeicherten Daten angemessen Rechnung zu tragen.	*den, wenn die Anlage mißbräuchlich benutzt worden ist.* *(6) Anstelle der Genehmigung kann ein öffentlich-rechtlicher Vertrag oder eine Verwaltungsvereinbarung geschlossen werden.* *(7) 1Die Verantwortung für die Zulässigkeit des einzelnen Abrufs trägt der Empfänger. 2Die speichernde Stelle prüft die Zulässigkeit der Anrufe nur, wenn dazu Anlaß besteht. 3Sie hat zu gewährleisten, daß die Übermittlung personenbezogener Daten zumindest durch geeignete Stichprobenverfahren festgestellt und überprüft werden kann.* *(8) 1Soweit in dem automatisierten Abrufverfahren personenbezogene Daten übermittelt werden, darf der Empfänger diese nur für den Zweck verwenden, zu dessen Erfüllung sie ihm übermittelt worden sind. 2Bei der Genehmigung nach Absatz 2 Satz 2 Nr. 2 ist der Empfänger darauf hinzuweisen.* *(9) Ist der Empfänger eine nicht öffentliche Stelle, gilt § 38 des Bundesdatenschutzgesetzes mit der Maßgabe, daß die Aufsichtsbehörde die Ausführung der Vorschriften über den Datenschutz auch dann überwacht, wenn keine hinreichenden Anhaltspunkte für eine Verletzung dieser Vorschriften vorliegen.* *(10) 1Das Bundesministerium der Justiz wird ermächtigt, durch Rechtsverordnung mit Zustimmung des Bundesrates Gebühren für die Errichtung und die Nutzung eines automatisierten Abrufverfahrens nach Absatz 1 zu bestimmen. 2Die Gebührensätze sind so zu bemessen, daß der mit der Einrichtung und Nutzung des Verfahrens verbundene Personal- und Sachaufwand gedeckt wird; hierbei kann daneben die Bedeutung, der wirtschaftliche Wert oder der sonstige Nutzen für den Begünstigten angemessen berücksichtigt werden.* **§ 9a idF. 2001[45] [Zulässigkeit des automatisierten Verfahrens; Genehmigung; Datenschutz; Gebühren]** (1) Die Errichtung eines automatischen Verfahrens, das die Übermittlung der Daten aus dem maschinell geführten Handelsregister durch Abruf ermöglicht, ist zulässig, *wenn der Abruf*

45 § 9a Abs. 1 geändert, Abs. 2–4 neu gefasst, Abs. 5–10 aufgehoben durch Art. 1 Nr. 2 Gesetz v. 10.12.2001, BGBl. I S. 3422 (ERJuKoG), m.W.v. 15.12.2001.

ADHGB 1861	UGB

HGB	HGB 1897
	von Daten auf die Eintragungen in das Handelsregister sowie *die* zum Handelsregister eingereichten *aktuellen Gesellschaftserlisten und jeweils gültigen Satzungen beschränkt ist und insoweit die* nach § 9 Abs. 1 *zulässige* Einsicht *nicht überschreitet.* (2) [1]*Der Nutzer ist darauf hinzuweisen, dass er die übermittelten Daten nur zu Informationszwecken verwenden darf.* [2]*Die zuständige Stelle hat (z.B. durch Stichproben) zu prüfen, ob sich Anhaltspunkte dafür ergeben, dass die nach Satz 1 zulässige Einsicht überschritten oder übermittelte Daten missbraucht werden.* (3) *Die zuständige Stelle kann einen Nutzer, der die Funktionsfähigkeit der Abrufeinrichtung gefährdet, die nach Absatz 2 Satz 1 zulässige Einsicht überschreitet oder übermittelte Daten missbraucht, von der Teilnahme am automatisierten Abrufverfahren ausschließen; dasselbe gilt bei drohender Überschreitung oder drohendem Missbrauch.* *(4)* [1]*Zuständige Stelle ist die Landesjustizverwaltung. Örtlich zuständig ist die Behörde, in deren Bezirk das betreffende Gericht liegt.* [2]*Die Zuständigkeit kann durch Rechtsverordnung der Landesregierung abweichend geregelt werden.* [3]*Sie kann diese Ermächtigung durch Rechtsverordnung auf die Landesjustizverwaltung übertragen.* **§ 9a Abs. 1 idF. 2004**[46] (1) *Die Errichtung eines automatischen Verfahrens, das die Übermittlung der Daten aus dem maschinell geführten Handelsregister durch Abruf ermöglicht, ist zulässig, soweit die Einsicht des Handelsregisters sowie der zum Handelsregister eingereichten Schriftstücke nach § 9 Abs. 1 gestattet ist.*

46 § 9a Abs. 1 geändert durch Art. 12d, Gesetz v. 24.8.2004, BGBl. I S. 2198, m.W.v. 1.9.2004.

ADHGB 1861	UGB

HGB

§ 9b[47] Europäisches System der Registervernetzung[48]

(1) [1]Folgende Informationen und Unterlagen, soweit sie Kapitalgesellschaften betreffen oder Zweigniederlassungen von Kapitalgesellschaften, die dem Recht eines anderen Mitgliedstaates der Europäischen Union oder eines anderen Vertragsstaates des Abkommens über den Europäischen Wirtschaftsraum unterliegen, sind auch über das Europäische Justizportal zugänglich:
1. Eintragungen im Handelsregister,
2. Registerbekanntmachungen,
3. zum Handelsregister eingereichte Dokumente,
4. Unterlagen der Rechnungslegung nach § 325 sowie
5. eine Verschmelzungs-, Spaltungs- oder Formwechselbescheinigung nach § 316 Absatz 1 Satz 4, § 329 Satz 3 oder § 343 Absatz 1 Satz 4 des Umwandlungsgesetzes.

[2]Hierzu übermitteln die Landesjustizverwaltungen die Daten des Handelsregisters und die das Unternehmensregister führende Stelle übermittelt die Daten der Rechnungslegungsunterlagen jeweils an die zentrale Europäische Plattform nach Artikel 22 Absatz 1 der Richtlinie (EU) 2017/1132 des Europäischen Parlaments und des Rates vom 14. Juni 2017 über bestimmte Aspekte des Gesellschaftsrechts (ABl. L 169 vom 30.6.2017, S. 46), die zuletzt durch die Richtlinie (EU) 2019/2121 (ABl. L 321 vom 12.12.2019, S. 1; L 20 vom 24.1.2020, S. 24) geändert worden ist, soweit die Übermittlung für die Eröffnung eines Zugangs zu den Originaldaten über den Suchdienst auf der Internetseite des Europäischen Justizportals erforderlich ist. [3]Die Zugänglichmachung der Informationen und Unterlagen über das Europäische Justizportal erfolgt nach Maßgabe der Bestimmungen der Durchführungsverordnung (EU) 2021/1042 der Kommission vom 18. Juni 2021 mit Durchführungsbestimmungen zur

HGB 1897

§ 9b idF. 2014[49] Europäisches System der Registervernetzung; *Verordnungsermächtigung*

(1) [1]*Die Eintragungen im Handelsregister und die zum Handelsregister eingereichten Dokumente sowie die* Unterlagen der Rechnungslegung nach § 325 sind, soweit sie Kapitalgesellschaften betreffen oder Zweigniederlassungen von Kapitalgesellschaften, die dem Recht eines anderen Mitgliedstaates der Europäischen Union oder eines anderen Vertragsstaates des Abkommens über den Europäischen Wirtschaftsraum unterliegen, auch über das Europäische Justizportal zugänglich. [2]Hierzu übermitteln die Landesjustizverwaltungen die Daten des Handelsregisters und *der Betreiber des Unternehmensregisters* übermittelt die Daten der Rechnungslegungsunterlagen jeweils an die zentrale Europäische Plattform nach *Artikel 4a Absatz 1* der *Richtlinie 2009/101/EG* des Europäischen Parlaments und des Rates vom *16. September 2009 zur Koordinierung der Schutzbestimmungen, die in den Mitgliedstaaten den Gesellschaften im Sinne des Artikels 54 Absatz 2 des Vertrags im Interesse der Gesellschafter sowie Dritter vorgeschrieben sind, um diese Bestimmungen gleichwertig zu gestalten* (ABl. *L 258* vom *1.10.2009, S. 11*), die zuletzt durch die Richtlinie 2013/24/EU (ABl. *L 158* vom *10.6.2013, S. 365*) geändert worden ist, soweit die Übermittlung für die Eröffnung eines Zugangs zu den Originaldaten über den Suchdienst auf der Internetseite des Europäischen Justizportals erforderlich ist.

(2) [1]Das Registergericht, bei dem das Registerblatt einer Kapitalgesellschaft oder Zweigniederlassung einer Kapitalgesellschaft im Sinne des Absatzes 1 Satz 1 geführt wird, nimmt am Informationsaustausch zwischen den Registern über die zentrale Europäische Plattform teil. [2]Den Kapitalgesellschaften und Zweigniederlassungen von Kapitalgesellschaften im Sinne des Absatzes 1 Satz 1 ist zu diesem

47 § 9b Abs. 1 S. 2, Abs. 2 S. 3 Nr. 3 und 4 geändert, Nr. 5 und 6 sowie S. 4 eingefügt, Abs. 3 S. 1 geändert, Abs. 4 neu gefasst durch Art. 1 Nr. 4 Gesetz v. 5.7.2021 (DiRUG), BGBl. I S. 3338, m.W.v. 1.8.2022; § 9b Abs. 1 S. 1 neu gefasst, S. 3 eingefügt, Abs. 2 S. 3 geändert, Nr. 4 und S. 4 neu gefasst, Abs. 4 S. 1 geändert durch Art. 6 Nr. 1 Gesetz v. 22.2.2023, BGBl. I Nr. 51, m.W.v. 1.3.2023.

48 Überschrift geändert durch Art. 1 Nr. 4 Gesetz v. 5.7.2021 (DiRUG), BGBl. I S. 3338, m.W.v. 1.8.2022.

49 § 9b eingefügt durch Gesetz v. 22.12.2014, BGBl. I S. 2409, m.W.v. 31.12.2014.

ADHGB 1861	UGB

HGB

Richtlinie (EU) 2017/1132 des Europäischen Parlaments und des Rates in Bezug auf technische Spezifikationen und Verfahren für das System der Registervernetzung und zur Aufhebung der Durchführungsverordnung (EU) 2020/2244 der Kommission (ABl. L 225 vom 25.6.2021, S. 7).

(2) [1]Das Registergericht, bei dem das Registerblatt einer Kapitalgesellschaft oder Zweigniederlassung einer Kapitalgesellschaft im Sinne des Absatzes 1 Satz 1 geführt wird, nimmt am Informationsaustausch zwischen den Registern über die zentrale Europäische Plattform teil. [2]Den Kapitalgesellschaften und Zweigniederlassungen von Kapitalgesellschaften im Sinne des Absatzes 1 Satz 1 ist zu diesem Zweck eine einheitliche europäische Kennung zuzuordnen. [3]Das Registergericht übermittelt nach Maßgabe der folgenden Absätze an die zentrale Europäische Plattform die Informationen und Unterlagen über

1. die Eintragung der Eröffnung, Einstellung oder Aufhebung eines Insolvenzverfahrens über das Vermögen der Gesellschaft,
2. die Eintragung der Auflösung der Gesellschaft und die Eintragung über den Schluss der Liquidation oder Abwicklung oder über die Fortsetzung der Gesellschaft,
3. die Löschung der Gesellschaft,
4. die Verschmelzungs-, Spaltungs- oder Formwechselbescheinigung nach § 316 Absatz 1 Satz 4, § 329 Satz 3 oder § 343 Absatz 1 Satz 4 des Umwandlungsgesetzes, das Wirksamwerden einer grenzüberschreitenden Umwandlung sowie die Eintragung der aus einer grenzüberschreitenden Spaltung hervorgehenden, neuen Gesellschaft oder die Eintragung der grenzüberschreitenden Spaltung zur Aufnahme im Register der übernehmenden Gesellschaft,
5. die Eintragung der Errichtung der Zweigniederlassung und die Eintragung der Aufhebung der Zweigniederlassung sowie
6. die Änderung folgender Daten der Gesellschaft oder der Zweigniederlassung:
a) der Firma der Gesellschaft oder der Zweigniederlassung,
b) des Sitzes der Gesellschaft oder der Geschäftsanschrift der Zweigniederlassung,
c) der Rechtsform der Gesellschaft,

HGB 1897

Zweck eine einheitliche europäische Kennung zuzuordnen. [3]Das Registergericht übermittelt nach Maßgabe der folgenden Absätze an die zentrale Europäische Plattform die Information über

1. die Eintragung der Eröffnung, Einstellung oder Aufhebung eines Insolvenzverfahrens über das Vermögen der Gesellschaft,
2. die Eintragung der Auflösung der Gesellschaft und die Eintragung über den Schluss der Liquidation oder Abwicklung oder über die Fortsetzung der Gesellschaft,
3. die Löschung der Gesellschaft *sowie*
4. das Wirksamwerden einer Verschmelzung nach § 122a des Umwandlungsgesetzes.

(3) [1]Die Landesjustizverwaltungen bestimmen das elektronische Informations- und Kommunikationssystem, über das die Daten aus dem Handelsregister zugänglich gemacht (Absatz 1) und im Rahmen des Informationsaustauschs zwischen den Registern übermittelt und empfangen werden (Absatz 2), und sie sind, vorbehaltlich der Zuständigkeit *des Betreibers des Unternehmensregisters* nach Absatz 1 Satz 2, für die Abwicklung des Datenverkehrs nach den Absätzen 1 und 2 zuständig. [2]§ 9 Absatz 1 Satz 3 bis 5 gilt entsprechend.

(4) *Das Bundesministerium der Justiz und für Verbraucherschutz wird ermächtigt, durch Rechtsverordnung mit Zustimmung des Bundesrates die erforderlichen Bestimmungen zu treffen über*

1. Struktur, Zuordnung und Verwendung der einheitlichen europäischen Kennung,
2. den Umfang der Mitteilungspflicht im Rahmen des Informationsaustauschs zwischen den Registern und die Liste der dabei zu übermittelnden Daten,
3. die Einzelheiten des elektronischen Datenverkehrs nach den Absätzen 1 und 2 einschließlich Vorgaben über Datenformate und Zahlungsmodalitäten sowie
4. den Zeitpunkt der erstmaligen Datenübermittlung.

ADHGB 1861	UGB

HGB	HGB 1897
d) der Eintragungsnummer der Gesellschaft oder der Zweigniederlassung, e) der Personen, die als gesetzlich vorgesehenes Gesellschaftsorgan oder als Mitglieder eines solchen Organs befugt sind, die Gesellschaft gerichtlich und außergerichtlich zu vertreten, oder die an der Verwaltung, Beaufsichtigung oder Kontrolle der Gesellschaft teilnehmen. [4]Die Übermittlung der Informationen und Unterlagen erfolgt nach Maßgabe der Bestimmungen der Durchführungsverordnung (EU) 2021/1042. (3) [1]Die Landesjustizverwaltungen bestimmen das elektronische Informations- und Kommunikationssystem, über das die Daten aus dem Handelsregister zugänglich gemacht (Absatz 1) und im Rahmen des Informationsaustauschs zwischen den Registern übermittelt und empfangen werden (Absatz 2), und sie sind, vorbehaltlich der Zuständigkeit der das Unternehmensregister führenden Stelle nach Absatz 1 Satz 2, für die Abwicklung des Datenverkehrs nach den Absätzen 1 und 2 zuständig. [2]§ 9 Absatz 1 Satz 3 bis 5 gilt entsprechend. (4) [1]Die das Unternehmensregister führende Stelle übermittelt nach den Vorgaben der Durchführungsverordnung (EU) 2021/1042 eine Änderung der Unterlagen der Rechnungslegung, die eine Kapitalgesellschaft mit Sitz im Inland offengelegt hat (§ 325 Absatz 1b Satz 1), unverzüglich an die zentrale Europäische Plattform, wenn die Kapitalgesellschaft eine Zweigniederlassung errichtet hat, die dem Recht eines anderen Mitgliedstaates der Europäischen Union oder eines anderen Vertragsstaates des Abkommens über den Europäischen Wirtschaftsraum unterliegt. [2]Empfängt die das Unternehmensregister führende Stelle über das Europäische System der Registervernetzung Daten zu einer Änderung der Unterlagen der Rechnungslegung einer Kapitalgesellschaft, die dem Recht eines anderen Mitgliedstaates der Europäischen Union oder eines anderen Vertragsstaates des Abkommens über den Europäischen Wirtschaftsraum unterliegt und die eine inländische Zweigniederlassung errichtet hat, so bestätigt die registerführende Stelle den Eingang der Daten über das Europäische System der Registervernetzung.	

ADHGB 1861	UGB

HGB	HGB 1897
§ 9c[50] Informationsaustausch über disqualifizierte Personen über das Europäische System der Registervernetzung[51] (1) [1]Die das Unternehmensregister führende Stelle ist die zuständige Stelle für die Beantwortung eines über die zentrale Europäische Plattform gemäß § 9b Absatz 1 Satz 2 eingehenden Ersuchens eines anderen Mitgliedstaates der Europäischen Union oder eines anderen Vertragsstaates des Abkommens über den Europäischen Wirtschaftsraum nach Artikel 13i der Richtlinie (EU) 2017/1132 um Informationen, die relevant sind für die Disqualifikation einer Person 1. als Geschäftsführer einer Gesellschaft mit beschränkter Haftung gemäß § 6 Absatz 2 Satz 2 Nummer 2 und 3 des Gesetzes über die Gesellschaften mit beschränkter Haftung oder 2. als Mitglied des Vorstands einer Aktiengesellschaft gemäß § 76 Absatz 3 Satz 2 Nummer 2 und 3 des Aktiengesetzes. [2]Auf Anfrage eines Registergerichts führt die zuständige Stelle ein Ersuchen nach Artikel 13i der Richtlinie (EU) 2017/1132 gegenüber anderen Mitgliedstaaten der Europäischen Union oder anderen Vertragsstaaten des Abkommens über den Europäischen Wirtschaftsraum durch und leitet die erhaltenen Antworten an das anfragende Registergericht weiter. (2) Die zuständige Stelle erhält zum Zweck der Beantwortung eines Ersuchens die für die Beantwortung erforderliche Auskunft aus dem Bundeszentralregister nach § 57a Absatz 4 des Bundeszentralregistergesetzes und aus dem Gewerbezentralregister nach § 150c Absatz 3 der Gewerbeordnung. (3) Die Beantwortung und die Durchführung eines Ersuchens erfolgen gemäß den Bestimmungen der Durchführungsverordnung (EU) 2020/2244 sowie einer nach Absatz 6 erlassenen Verordnung. (4) [1]Die Beantwortung eines Ersuchens ist beschränkt auf die Angabe gemäß Artikel 13i Absatz 4 Satz 1 der Richtlinie (EU) 2017/1132, 1. ob die betroffene Person disqualifiziert ist a) gemäß § 6 Absatz 2 Satz 2 Nummer 2 und 3 des Gesetzes über die Gesellschaften mit	

50 § 9c eingefügt durch Art. 1 Nr. 5 Gesetz v. 5.7.2021 (DiRUG), BGBl. I S. 3338, m.W.v. 1.8.2022.
51 Amtliche Überschrift nach Art. 1 Nr. 5 Gesetz v. 5.7.2021 (DiRUG), BGBl. I S. 3338, m.W.v. 1.8.2022.

ADHGB 1861	UGB

HGB	HGB 1897
beschränkter Haftung als Geschäftsführer einer Gesellschaft mit beschränkter Haftung oder b) gemäß § 76 Absatz 3 Satz 2 Nummer 2 und 3 des Aktiengesetzes als Mitglied des Vorstands einer Aktiengesellschaft oder 2. ob entsprechende Informationen im Bundeszentralregister oder Gewerbezentralregister enthalten sind. [2]Weitergehende Informationen über eine Disqualifikation der betroffenen Person werden durch die das Unternehmensregister führende Stelle über die zentrale Europäische Plattform nicht übermittelt. (5) [1]Die zuständige Stelle darf die von einem ersuchenden Mitgliedstaat, von einem Registergericht oder nach Absatz 2 übermittelten personenbezogenen Daten der betroffenen Personen für die Zwecke der Beantwortung und der Durchführung eines Ersuchens verarbeiten. [2]Die personenbezogenen Daten der betroffenen Personen sind von der zuständigen Stelle unverzüglich zu löschen, sobald und soweit diese nicht mehr für die Beantwortung oder die Durchführung des Ersuchens erforderlich sind. (6) Durch Rechtsverordnung nach § 9a Absatz 3 können auch die erforderlichen Bestimmungen in Bezug auf die Beantwortung und die Durchführung der Ersuchen durch die zuständige Stelle getroffen werden, einschließlich der Bestimmungen über 1. Inhalt, Frist, Form und Umfang der Beantwortung der Ersuchen, 2. die technischen Einzelheiten zum Empfang, zur Verarbeitung und zur Weitergabe der erforderlichen Daten für die Beantwortung und die Durchführung der Ersuchen, 3. die technischen Vorgaben zur Speicherung, Löschung, Berichtigung und Verarbeitung von Daten über die betroffenen Personen durch die zuständige Stelle, 4. die Prüfung der vom Bundeszentralregister oder vom Gewerbezentralregister erhaltenen Daten im Hinblick auf die Erfüllung der Voraussetzungen einer Disqualifikation gemäß § 6 Absatz 2 Satz 2 Nummer 2 und 3 des Gesetzes über die Gesellschaften mit beschränkter Haftung oder gemäß § 76 Absatz 3 Satz 2 Nummer 2 und 3 des Aktiengesetzes,	

ADHGB 1861	UGB

HGB	HGB 1897
5. die Voraussetzungen, Formalien, Fristen und Inhalte der Durchführung der Ersuchen.	
§ 10[52] Bekanntmachung der Eintragungen; Registerbekanntmachungen[53] (1) [1]Die Eintragungen in das Handelsregister sowie Registerbekanntmachungen nach Absatz 3 werden durch ihre erstmalige Abrufbarkeit über das nach § 9 Absatz 1 bestimmte elektronische Informations- und Kommunikationssystem bekannt gemacht. [2]§ 9 Absatz 1 Satz 4 und 5 gilt entsprechend. (2) Die Eintragungen in das Handelsregister und die eingereichten Dokumente, die gemäß § 9 der unbeschränkten Einsichtnahme unterliegen, sind unverzüglich nach der Eintragung in das Handelsregister zum Abruf über das nach § 9 Absatz 1 bestimmte elektronische Informations- und Kommunikationssystem bereitzustellen. (3) Das Registergericht kann in den gesetzlich bestimmten Fällen in dem nach § 9 Absatz 1 bestimmten elektronischen Informations- und Kommunikationssystem sonstige oder zusätzliche Tatsachen bekannt machen (Registerbekanntmachungen). (4) [1]Eine Eintragung gilt mit dem Ablauf des Tages der Eintragung und eine Registerbekanntmachung gilt mit dem Ablauf des Tages der Registerbekanntmachung als bekannt gemacht. [2]Dies gilt nicht, wenn der Nachweis erbracht wird, dass der Abruf der Eintragung oder der Registerbekanntmachung 1. bereits zu einem früheren Zeitpunkt möglich war oder 2. erstmalig erst zu einem späteren Zeitpunkt möglich war.	**§ 10 Bekanntmachung der Eintragungen** (1) [1]Das Gericht *hat* die Eintragungen in das Handelsregister *durch den Deutschen Reichsanzeiger und durch mindestens ein anderes Blatt* bekannt *zu machen.* [2]Soweit nicht *das* Gesetz *ein* Anderes vorschreibt, werden die Eintragungen ihrem ganzen Inhalte nach veröffentlich. *(2) Mit dem Ablaufe des Tages, an welchem das letzte der die Bekanntmachung enthaltenden Blätter erschienen ist, gilt die Bekanntmachung als erfolgt.* **§ 10 idF. 2006[54] Bekanntmachung der Eintragungen** *[1]Das Gericht macht die Eintragungen in das Handelsregister in dem von der Landesjustizverwaltung bestimmten elektronischen Informations- und Kommunikationssystem in der zeitlichen Folge ihrer Eintragung nach Tagen geordnet bekannt; § 9 Abs. 1 Satz 4 und 5 gilt entsprechend. [2]Soweit nicht ein Gesetz etwas anderes vorschreibt, werden die Eintragungen ihrem ganzen Inhalt nach veröffentlicht.*

52 § 10 neu gefasst durch Art. 1 Nr. 6 Gesetz v. 5.7.2021 (DiRUG), BGBl. I S. 3338, m.W.v. 1.8.2022.
53 Überschrift geändert durch Art. 1 Nr. 6 Gesetz v. 5.7.2021 (DiRUG), BGBl. I S. 3338, m.W.v. 1.8.2022.
54 § 10 neu gefasst durch Art. 1 Gesetz v. 10.11.2006 (EHUG), BGBl. I S. 2553, m.W.v. 1.1.2007.

ADHGB 1861	UGB

Art. 13

Die Eintragungen in das Handelsregister *sind von dem Handels*gerichte, sofern nicht in diesem Gesetz*buche in einzelnen Fällen ausdrücklich* ein Anderes *bestimmt ist, nach ihrem* ganzen Inhalte *durch eine oder mehrere Anzeigen in öffentlichen* Blättern *ohne Verzug* bekannt zu machen.

§ 10 Veröffentlichungen

(1) Eintragungen im Firmenbuch gelten mit dem Beginn des Tages ihres Vollzugs (§ 32 Abs. 1 FBG) als bekannt gemacht. Sie sind außerdem in der Ediktsdatei (§ 89j GOG) und, soweit es sich nicht um Eintragungen über Einzelunternehmer oder eingetragene Personengesellschaften handelt, auch im „Amtsblatt zur Wiener Zeitung" zu veröffentlichen. Soweit nicht das Gesetz etwas anderes vorschreibt, werden die Eintragungen ihrem ganzen Inhalt nach veröffentlicht.

(1a) Auch sonstige vom Firmenbuchgericht vorzunehmende Veröffentlichungen haben in der Ediktsdatei (§ 89j GOG) und im „Amtsblatt zur Wiener Zeitung" zu erfolgen; mit dem im § 89j Abs. 1 letzter Satz GOG genannten Zeitpunkt gilt die Veröffentlichung als vorgenommen.

(1b) Alle Eintragungen und sonstigen Veröffentlichungen sind unverzüglich in die Ediktsdatei aufzunehmen und müssen dort zumindest einen Monat lang abfragbar bleiben.

(2) [1]Die Veröffentlichungen im „Amtsblatt zur Wiener Zeitung" sind tunlichst innerhalb eines Zeitraumes von zwei Monaten nach Erteilung der Druckgenehmigung in leicht lesbarer Schrift vorzunehmen; sie können in einer Beilage zum Blatt zusammengefasst werden. [2]Der betroffene Rechtsträger hat das Entgelt für die Veröffentlichung an die Wiener Zeitung GmbH zu bezahlen. [3]Der Bundeskanzler hat durch Verordnung Höchstsätze für diese Entgelte festzusetzen. [4]Diese Höchstsätze müssen sich an marktüblichen Einschaltungskosten orientieren.

HGB	HGB 1897
§ 10a[55] Anwendung der Verordnung (EU) 2016/679 (1) [1]Das Auskunftsrecht nach Artikel 15 Absatz 1 und das Recht auf Erhalt einer Kopie nach Artikel 15 Absatz 3 der Verordnung (EU) 2016/679 des Europäischen Parlaments und des Rates vom 27. April 2016 zum Schutz natürlicher Personen bei der Verarbeitung personenbezogener Daten, zum freien Datenverkehr und zur Aufhebung der Richtlinie 95/46/EG (Datenschutz-Grundverordnung) (ABl. L 119 vom 4.5.2016, S. 1; L 314 vom 22.11.2016, S. 72) wird dadurch erfüllt, dass die betroffene Person Einsicht in das Handelsregister und in die zum Handelsregister eingereichten Dokumente nehmen kann. [2]Eine Information der betroffenen Person über konkrete Empfänger, gegenüber denen die im Register, in Registerbekanntmachungen oder in zum Register einzureichenden Dokumenten enthaltenen personenbezogenen Daten offengelegt werden, erfolgt nicht. (2) Hinsichtlich der im Handelsregister, in Registerbekanntmachungen oder in zum Handelsregister einzureichenden Dokumenten enthaltenen personenbezogenen Daten kann das Recht auf Berichtigung nach Artikel 16 der Verordnung (EU) 2016/679 nur unter den Voraussetzungen ausgeübt werden, die in den §§ 393 bis 395 und §§ 397 bis 399 des Gesetzes über das Verfahren in Familiensachen und in den Angelegenheiten der Freiwilligen Gerichtsbarkeit sowie der Rechtsverordnung nach § 387 Absatz 2 des Gesetzes über das Verfahren in Familiensachen und in den Angelegenheiten der Freiwilligen Gerichtsbarkeit für eine Löschung oder Berichtigung vorgesehen sind. (3) Das Widerspruchsrecht gemäß Artikel 21 der Verordnung (EU) 2016/679 findet in Bezug auf die im Handelsregister, in Registerbekanntmachungen oder in zum Handelsregister einzureichenden Dokumenten enthaltenen personenbezogenen Daten keine Anwendung.	**§ 10a[56] idF. 2017 Anwendung der Verordnung (EU) 2016/679** (1) [1]Das Auskunftsrecht nach Artikel 15 Absatz 1 und das Recht auf Erhalt einer Kopie nach Artikel 15 Absatz 3 der Verordnung (EU) 2016/679 des Europäischen Parlaments und des Rates vom 27. April 2016 zum Schutz natürlicher Personen bei der Verarbeitung personenbezogener Daten, zum freien Datenverkehr und zur Aufhebung der Richtlinie 95/46/EG (Datenschutz-Grundverordnung) (ABl. L 119 vom 4.5.2016, S. 1; L 314 vom 22.11.2016, S. 72) wird dadurch erfüllt, dass die betroffene Person Einsicht in das Handelsregister und in die zum Handelsregister eingereichten Dokumente *sowie in das für die Bekanntmachungen der Eintragungen bestimmte elektronische Informations- und Kommunikationssystem* nehmen kann. [2]Eine Information der betroffenen Person über konkrete Empfänger, gegenüber denen die im Register, in *Bekanntmachungen der Eintragungen* oder in zum Register einzureichenden Dokumenten enthaltenen personenbezogenen Daten offengelegt werden, erfolgt nicht. (2) Hinsichtlich der im Handelsregister, in *Bekanntmachungen der Eintragungen* oder in zum Handelsregister einzureichenden Dokumenten enthaltenen personenbezogenen Daten kann das Recht auf Berichtigung nach Artikel 16 der Verordnung (EU) 2016/679 nur unter den Voraussetzungen ausgeübt werden, die in den §§ 393 bis 395 und §§ 397 bis 399 des Gesetzes über das Verfahren in Familiensachen und in den Angelegenheiten der Freiwilligen Gerichtsbarkeit sowie der Rechtsverordnung nach § 387 Absatz 2 des Gesetzes über das Verfahren in Familiensachen und in den Angelegenheiten der Freiwilligen Gerichtsbarkeit für eine Löschung oder Berichtigung vorgesehen sind. (3) Das Widerspruchsrecht gemäß Artikel 21 der Verordnung (EU) 2016/679 findet in Bezug auf die im Handelsregister, in *Bekanntmachungen der Eintragungen* oder in zum Handelsregister einzureichenden Dokumenten enthaltenen personenbezogenen Daten keine Anwendung.

55 § 10a Abs. 1 S. 1 und 2, Abs. 2 und 3 geändert durch Art. 1 Nr. 7 Gesetz v. 5.7.2021 (DiRUG), BGBl. I S. 3338, m.W.v. 1.8.2022.

56 § 10a eingefügt durch Art. 7 Nr. 1 Gesetz v. 17.7.2017, BGBl. I S. 2541, m.W.v. 25.5.2018.

ADHGB 1861	UGB

HGB	HGB 1897
§ 11[57] Offenlegung in der Amtssprache eines Mitgliedstaats der Europäischen Union[58] (1) [1]Die zum Handelsregister einzureichenden Dokumente sowie der Inhalt einer Eintragung können zusätzlich in jeder Amtssprache eines Mitgliedstaats der Europäischen Union übermittelt werden. [2]Auf die Übersetzungen ist in geeigneter Weise hinzuweisen. [3]§ 9 ist entsprechend anwendbar. (2) Im Fall der Abweichung der Originalfassung von einer eingereichten Übersetzung kann letztere einem Dritten nicht entgegengehalten werden; dieser kann sich jedoch auf die eingereichte Übersetzung berufen, es sei denn, der Eingetragene weist nach, dass dem Dritten die Originalfassung bekannt war.	**§ 11** *Das Gericht hat jährlich im Dezember die Blätter zu bezeichnen, in denen während des nächsten Jahres die im § 10 vorgesehenen Veröffentlichungen erfolgen sollen.* **§ 11 idF. 1925[59]** (1) [= § 11 idF. 1897] (2) *Wird das Handelsregister bei einem Gericht von mehreren Richtern geführt und einigen sich diese über die Bezeichnung der Blätter nicht, so wird die Bestimmung von dem im Rechtszug vorgeordneten Landgerichte getroffen; ist bei diesem Landgericht eine Kammer für Handelssachen gebildet, so tritt diese an die Stelle der Zivilkammer.*
§ 12[60] Anmeldungen zur Eintragung und Einreichungen (1) [1]Anmeldungen zur Eintragung in das Handelsregister sind elektronisch in öffentlich beglaubigter Form einzureichen. [2]Die öffentliche Beglaubigung mittels Videokommunikation gemäß § 40a des Beurkundungsgesetzes ist zulässig. [3]Die gleiche Form ist für eine Vollmacht zur Anmeldung erforderlich. [4]Anstelle der Vollmacht kann die Bescheinigung eines Notars nach § 21 Absatz 3 der Bundesnotarordnung eingereicht werden. [5]Rechtsnachfolger eines Beteiligten haben die Rechtsnachfolge soweit tunlich durch öffentliche Urkunden nachzuweisen. (2) [1]Dokumente sind elektronisch in einem maschinenlesbaren und durchsuchbaren Datenformat einzureichen. [2]Ist eine Urschrift oder eine einfache Abschrift einzureichen oder ist für das Dokument die Schriftform	**§ 12** (1) Die Anmeldungen zur Eintragung in das Handelsregister sowie die zur Aufbewahrung bei dem Gericht bestimmten Zeichnungen von Unterschriften sind *persönlich bei dem Gerichte zu bewirken oder* in öffentlich beglaubigter Form einzureichen. (2) *[1]Die gleiche Form ist für eine Vollmacht zur Anmeldung erforderlich. [2]Rechtsnachfolger eines Betheiligten haben die Rechtsnachfolge soweit thunlich durch öffentliche Urkunden nachzuweisen.* **§ 12 idF. 1969[61]** (1) Die Anmeldungen zur Eintragung in das Handelsregister *sowie die zur Aufbewahrung bei dem Gericht bestimmten Zeichnungen von Unterschriften sind* in öffentlich beglaubigter Form einzureichen. (2) [= § 12 Abs. 2 idF. 1897]

57 § 11 neu gefasst durch Art. 1 Nr. 2 Gesetz v. 10.11.2006, BGBl. I S. 2553, m.W.v. 1.1.2007.
58 Amtliche Überschrift nach Art. 1 Nr. 2 Gesetz v. 10.11.2006, BGBl. I S. 2553, m.W.v. 1.1.2007.
59 § 11 Abs. 2 eingefügt durch Gesetz v. 4.2.1925, RGBl. I S. 9, m.W.v. 14.2.1925.
60 § 12 Abs. 1 S. 3 eingefügt durch Gesetz v. 26.6.2013, BGBl. I S. 1800, m.W.v. 1.9.2013; § 12 Abs. 1 S. 2 eingefügt, bisherige S. 2–4 werden S. 3–5, Abs. 2 S. 1 geändert durch Art. 1 Nr. 8 Gesetz v. 5.7.2021 (DiRUG), BGBl. I S. 3338, m.W.v. 1.8.2022; § 12 Abs. 1 S. 2 neu gefasst durch Art. 1 Gesetz v. 15.7.2022, BGBl. I S. 1146, m.W.v. 1.8.2022.
61 § 12 Abs. 1 geändert durch § 57 Abs. 8 Nr. 1, Gesetz v. 28.8.1969, BGBl. I S. 1513, m.W.v. 1.1.1970.

ADHGB 1861	UGB
Art. 14 (1) [1]*Jedes Handels*gericht hat *für seinen Bezirk all*jährlich *im Monat* Dezember die *öffentlichen* Blätter zu *bestimmen,* in *welchen im Laufe des nächstfolgenden* Jahres die *im Art. 13 vorgeschriebenen Bekanntmachungen* erfolgen sollen. [2]*Der Beschluß ist in einem oder mehreren öffentlichen Blättern bekannt zu machen.* (2) *Wenn eines der bestimmten Blätter im Laufe des Jahres zu erscheinen aufhört, so hat das Gericht ein anderes Blatt an dessen Stelle zu bestimmen und öffentlich bekannt zu machen.* (3) *In wie fern die Gerichte bei der Wahl der zu bestimmenden Blätter an Weisungen höherer Behörden gebunden sind, ist nach den Landesgesetzen zu beurtheilen.*	
Art. 19 *Jeder Kaufmann ist verpflichtet, seine Firma* bei dem *Handels*gerichte, *in dessen Bezirk seine Handelsniederlassung sich befindet, behufs der* Eintragung in das Handelsregister anzumelden; *er hat dieselbe nebst seiner* persönlichen Unterschrift *vor* dem *Handels*gerichte *zu zeichnen oder die* Zeichnung *derselben* in beglaubigten Form einzureichen.	**§ 11 Anmeldungen** (1) Die Anmeldungen zur Eintragung in das Firmenbuch sowie die zur Aufbewahrung bei Gericht bestimmten Zeichnungen von Unterschriften sind in der Regel schriftlich in öffentlich beglaubigter Form einzureichen. (2) [1]Die gleiche Form ist für eine Vollmacht zur Anmeldung erforderlich. [2]Rechtsnachfolger eines Beteiligten haben die Rechtsnachfolge soweit tunlich durch öffentliche Urkunden nachzuweisen. (3) Anmeldungen zum Firmenbuch, die eine unternehmerisch tätige natürliche Person im Sinn des § 8 Abs. 1 unter Verwendung der Funktion E-ID (§§ 4 ff. E-GovG) mit dem dafür von der Justiz zur Verfügung gestellten Online-Formular selbst vornimmt, sowie die einer solchen Anmeldung angeschlossene Zeichnung der Namensunterschrift dieser Person bedürfen nicht der beglaubigten Form.

HGB	HGB 1897
bestimmt, genügt die Übermittlung einer elektronischen Aufzeichnung; ist ein notariell beurkundetes Dokument oder eine öffentlich beglaubigte Abschrift einzureichen, so ist ein mit einem einfachen elektronischen Zeugnis (§ 39a des Beurkundungsgesetzes) versehenes Dokument zu übermitteln.	**§ 12 idF. 2006[62] Anmeldungen zur Eintragung und Einreichungen[63]** (1) [1]Anmeldungen zur Eintragung in das Handelsregister sind elektronisch in öffentlich beglaubigter Form einzureichen. [2]Die gleiche Form ist für eine Vollmacht zur Anmeldung erforderlich. [3]Rechtsnachfolger eines Beteiligten haben die Rechtsnachfolge soweit tunlich durch öffentliche Urkunden nachzuweisen. (2) [1]Dokumente sind elektronisch einzureichen. [2]Ist eine Urschrift oder eine einfache Abschrift einzureichen oder ist für das Dokument die Schriftform bestimmt, genügt die Übermittlung einer elektronischen Aufzeichnung; ist ein notariell beurkundetes Dokument oder eine öffentlich beglaubigte Abschrift einzureichen, so ist ein mit einem einfachen elektronischen Zeugnis (§ 39a des Beurkundungsgesetzes) versehenes Dokument zu übermitteln.
	§ 12 Abs. 1 S. 2 idF. 2022[64] (1) [2]*Die öffentliche Beglaubigung mittels Videokommunikation gemäß § 40a des Beurkundungsgesetzes ist zulässig für die Anmeldung* *1. durch Einzelkaufleute,* *2. für Gesellschaften mit beschränkter Haftung, Aktiengesellschaften und Kommanditgesellschaften auf Aktien sowie* *3. für Zweigniederlassungen von den in Nummer 2 genannten Rechtsformen oder von Kapitalgesellschaften, die dem Recht eines anderen Mitgliedstaates der Europäischen Union oder eines anderen Vertragsstaates des Abkommens über den Europäischen Wirtschaftsraum unterliegen.*
§ 13[65] Zweigniederlassungen von Unternehmen mit Sitz im Inland (1) [1]Die Errichtung einer Zweigniederlassung ist von einem Einzelkaufmann oder einer juristischen Person beim Gericht der Hauptniederlassung, von einer Handelsgesellschaft beim Gericht des Sitzes der Gesellschaft, unter Angabe des Ortes und der inländischen Geschäftsanschrift der Zweigniederlassung und des Zusat-	**§ 13** (1) *Soweit nicht in diesem Gesetzbuche ein Anderes vorgeschrieben ist, sind die* Eintragungen in das Handelsregister *und die hierzu erforderlichen Anmeldungen und Zeichnungen von Unterschriften sowie die sonst vorgeschriebenen Einreichungen zum Handelsgericht bei jedem Registergericht, in dessen Bezirke der Inhaber der Firma eine* Zweigniederlassung

62 § 12 neu gefasst durch Art. 1 Nr. 2 Gesetz v. 10.11.2006, BGBl. I S. 2553, m.W.v. 1.1.2007.
63 Überschrift nach Art. 1 Nr. 2 Gesetz v. 10.11.2006, BGBl. I S. 2553, m.W.v. 1.1.2007.
64 Art. 1 Nr. 8 Gesetz v. 5.7.2021 (DiRUG), BGBl. I S. 3338, m.W.v. 1.8.2022.
65 § 13 Abs. 1 S. 1 und Abs. 2 geändert durch Art. 3 Nr. 1 Gesetz v. 23.10.2008 (MoMiG), BGBl. I S. 2026, m.W.v. 1.11.2008.

ADHGB 1861	UGB

§ 16 FBG

Eintragungsbegehren

(1) [1]Die Anmeldung hat die begehrte Eintragung bestimmt zu bezeichnen. [2]Eine Anmeldung zum Firmenbuch ist in der Regel schriftlich einzubringen; nur unter berücksichtigungswürdigen Umständen kann eine Anmeldung zu Protokoll erklärt werden.

(2) Wurde bereits eine Gewerbeberechtigung erteilt, so ist bei der ersten Anmeldung zum Firmenbuch auch das Ordnungsmerkmal der erteilten Gewerbeberechtigung anzuführen.

Art. 21

(1) *Die Firma muß auch für die an einem* anderen *Orte oder in einer anderen Gemeinde errichtete* Zweigniederlassung *bei dem für die letztere zuständigen Handelsgerichte angemeldet werden.*

(2) [→ § 30]

(3) *Die* Eintragung bei dem *Handels*gerichte der Zweigniederlassung findet nicht statt,

HGB	HGB 1897
zes, falls der Firma der Zweigniederlassung ein solcher beigefügt wird, zur Eintragung anzumelden. [2]In gleicher Weise sind spätere Änderungen der die Zweigniederlassung betreffenden einzutragenden Tatsachen anzumelden. (2) Das zuständige Gericht trägt die Zweigniederlassung auf dem Registerblatt der Hauptniederlassung oder des Sitzes unter Angabe des Ortes sowie der inländischen Geschäftsanschrift der Zweigniederlassung und des Zusatzes, falls der Firma der Zweigniederlassung ein solcher beigefügt ist, ein, es sei denn, die Zweigniederlassung ist offensichtlich nicht errichtet worden. (3) Die Absätze 1 und 2 gelten entsprechend für die Aufhebung der Zweigniederlassung. [Abs. 3 = § 13 Abs. 3 idF. 2006]	*besitzt, in gleicher Weise wie bei dem* Gerichte der Hauptniederlassung *zu bewirken*. (2) Eine Eintragung bei dem Gerichte der Zweigniederlassung findet nicht statt, bevor nachgewiesen ist, daß die Eintragung bei dem Gerichte der Hauptniederlassung geschehen ist. (3) [→ § 13d] **§ 13 idF. 1937[66]** (1) [1]Die Errichtung einer Zweigniederlassung ist von einem Einzelkaufmann oder einer juristischen Person beim Gericht der Hauptniederlassung, von einer Handelsgesellschaft beim Gericht des Sitzes der Gesellschaft zur Eintragung *in das Handelsregister* des Gerichts *der Zweigniederlassung* anzumelden. [2]*Das Gericht der Hauptniederlassung oder des Sitzes hat die Anmeldung unverzüglich mit einer beglaubigten Abschrift seiner Eintragungen, soweit sie nicht ausschließlich die Verhältnisse anderer Niederlassungen betreffen, an das Gericht der Zweigniederlassung weiterzugeben.* (2) *Die gesetzlich vorgeschriebenen Unterschriften sind zur Aufbewahrung beim Gericht der Zweigniederlassung zu zeichnen; für die Unterschriften der Prokuristen gilt dies nur, soweit die Prokura nicht ausschließlich auf den Betrieb einer anderen Niederlassung beschränkt ist.* (3) [1]*Das Gericht der Zweigniederlassung hat zu prüfen, ob die Zweigniederlassung errichtet und § 30 beachtet ist.* [2]*Ist dies der Fall, so hat es die Zweigniederlassung einzutragen und dabei die ihm mitgeteilten Tatsachen nicht zu prüfen, soweit sie im Handelsregister der Hauptniederlassung oder des Sitzes eingetragen sind.* [3]*Die Eintragung hat auch den* Ort der Zweigniederlassung *zu enthalten; ist der* Firma für die Zweigniederlassung *ein Zusatz beigefügt, so ist auch dieser einzutragen.* *(4)* [1]*Die Eintragung der Zweigniederlassung ist von Amts wegen dem Gericht der Hauptniederlassung oder des Sitzes mitzuteilen und in dessen Register zu vermerken; ist der Firma für die Zweigniederlassung ein Zusatz beigefügt, so ist auch dieser zu vermerken.* [2]*Der Vermerk wird nicht veröffentlicht.* (5) Die Vorschriften gelten sinngemäß für *die* Aufhebung einer Zweigniederlassung.

66 § 13 neu gefasst durch Art. 1 Nr. 1 Regierungsgesetz v. 10.8.1937, RGBl. I S. 897, m.W.v. 1.1.1940.

ADHGB 1861	UGB
bevor nachgewiesen ist, daß die Eintragung bei dem Handelsgerichte der Hauptniederlassung geschehen ist.	

HGB	HGB 1897
	§ 13 Abs. 5 idF. 1993[67] Zweigniederlassungen von Unternehmen mit Sitz im Inland[68] *(5)* Die *Vorschriften* über die Errichtung einer Zweigniederlassung gelten *sinngemäß* für ihre Aufhebung. **§ 13 Abs. 6 idF. 2001[69]** *(6) Die Bekanntmachung von Eintragungen im Handelsregister des Gerichts der Zweigniederlassung beschränkten sich auf* *1. die Errichtung und Aufhebung der Zweigniederlassung,* *2. die Firma,* *3. den Zusatz, wenn der Firma für die Zweigniederlassung ein Zusatz beigefügt ist,* *4. den Ort der Zweigniederlassung,* *5. den Ort der Hauptniederlassung oder den Sitz und* *6. die Tatsache, die nur die Verhältnisse der Zweigniederlassung betreffen.* **§ 13 idF. 2006[70] Zweigniederlassungen von Unternehmen mit Sitz im Inland[71]** (1) [1]Die Errichtung einer Zweigniederlassung ist von einem Einzelkaufmann oder einer juristischen Person beim Gericht der Hauptniederlassung, von einer Handelsgesellschaft beim Gericht des Sitzes der Gesellschaft, unter Angabe des Ortes der Zweigniederlassung und des Zusatzes, falls der Firma der Zweigniederlassung ein solcher beigefügt wird, zur Eintragung anzumelden. [2]In gleicher Weise sind spätere Änderungen der die Zweigniederlassung betreffenden einzutragenden Tatsachen anzumelden. (2) Das zuständige Gericht trägt die Zweigniederlassung auf dem Registerblatt der Hauptniederlassung oder des Sitzes unter Angabe des Ortes der Zweigniederlassung und des Zusatzes, falls der Firma der Zweigniederlassung ein solcher beigefügt ist, ein, es sei denn, die Zweigniederlassung ist offensichtlich nicht errichtet worden. (3) Die Absätze 1 und 2 gelten entsprechend für die Aufhebung der Zweigniederlassung.

67 § 13 Abs. 5 geändert durch Art. 1 Nr. 1 b, Gesetz v. 22.7.1993, BGBl. I S. 1282, m.W.v. 1.11.1993.
68 Amtliche Überschrift nach Art. 1 Nr. 1a Gesetz v. 22.7.1993, BGBl. I S. 1282, m.W.v. 1.11.1993.
69 § 13 Abs. 6 eingefügt durch Art. 4 Nr. 1 Gesetz v. 18.1.2001 (NaStraG), BGBl. I S. 123, m.W.v. 25.1.2001.
70 § 13 neu gefasst durch Art. 1 Nr. 3 Gesetz v. 10.11.2006 (EHUG), BGBl. I S. 2553, m.W.v. 1.1.2007.
71 Amtliche Überschrift nach Art. 1 Nr. 3 Gesetz v. 10.11.2006 (EHUG), BGBl. I S. 2553, m.W.v. 1.1.2007.

ADHGB 1861	UGB

HGB	HGB 1897

§ 13a[72] Europäische Zweigniederlassungen von Kapitalgesellschaften mit Sitz im Inland

(1) In Bezug auf Zweigniederlassungen, die dem Recht eines anderen Mitgliedstaates der Europäischen Union oder eines anderen Vertragsstaates des Abkommens über den Europäischen Wirtschaftsraum unterliegen und die von einer Kapitalgesellschaft mit Sitz im Inland errichtet wurden, gelten die folgenden Vorschriften.

(2) Die Landesjustizverwaltungen stellen sicher, dass die Daten der Zweigniederlassungen, die im Rahmen des Europäischen Systems der Registervernetzung gemäß § 9b empfangen werden, an dasjenige Registergericht weitergeleitet werden, das für die Gesellschaft zuständig ist.

(3) Das zuständige Registergericht bestätigt den Eingang der Daten über das Europäische System der Registervernetzung gemäß § 9b und trägt unverzüglich von Amts wegen die folgenden gemäß Absatz 2 erhaltenen Daten zu der Zweigniederlassung oder deren Änderung in das Registerblatt der Gesellschaft ein:
1. Errichtung, Aufhebung oder Löschung der Zweigniederlassung,
2. Firma der Zweigniederlassung,
3. Geschäftsanschrift der Zweigniederlassung einschließlich des Staates,
4. Eintragungsnummer und einheitliche europäische Kennung der Zweigniederlassung.

§ 13a idF. 1993[73] Zweigniederlassungen von Aktiengesellschaften mit Sitz im Inland[74]

(1) Für Zweigniederlassungen von Aktiengesellschaften gelten ergänzend die folgenden Vorschriften.

(2) [1]Die Errichtung einer Zweigniederlassung ist durch den Vorstand anzumelden. [2]Der Anmeldung ist eine öffentlich beglaubigte Abschrift der Satzung beizufügen.

(3) Die Eintragung hat auch die Angaben nach § 39 des Aktiengesetzes zu enthalten.

(4) [1]In die Bekanntmachung der Eintragung sind außer deren Inhalt die in § 23 Abs. 3 und 4, §§ 24, 25 Satz 2 des Aktiengesetzes vorgesehenen Bestimmungen sowie Bestimmungen der Satzung über die Zusammensetzung des Vorstands aufzunehmen. [2]Wird die Errichtung einer Zweigniederlassung in das Handelsregister des Gerichts der Zweigniederlassung in den ersten zwei Jahren eingetragen, nachdem die Gesellschaft in das Handelsregister ihres Sitzes eingetragen worden ist, so sind in der Bekanntmachung alle Angaben nach § 40 des Aktiengesetzes zu veröffentlichen; in diesem Fall hat das Gericht des Sitzes bei der Weitergabe der Anmeldung ein Stück der für den Sitz der Gesellschaft ergangenen gerichtlichen Bekanntmachung beizufügen.

(5) Die Vorschriften über die Zweigniederlassungen von Aktiengesellschaften gelten sinngemäß für die Zweigniederlassungen von Kommanditgesellschaften auf Aktien, soweit sich aus den Vorschriften der §§ 278 bis 290 des Aktiengesetzes oder aus dem Fehlen eines Vorstands nichts anderes ergibt.

§ 13b[75]

(weggefallen)

§ 13b idF. 1937[76]

(1) Befindet sich die Hauptniederlassung eines Einzelkaufmanns oder einer juristischen Person oder der Sitz einer Handelsgesellschaft im Ausland, so haben alle eine inländische Zweigniederlassung betreffenden Anmeldungen, Zeichnungen, Einreichungen und Eintragun-

72 § 13a neu gefasst durch Art. 1 Nr. 9 Gesetz v. 5.7.2021 (DiRUG), BGBl. I S. 3338, m.W.v. 1.8.2022.

73 § 13a neu gefasst durch Art. 1 Nr. 2 Gesetz v. 22.7.1993, BGBl. S. 1282, m.W.v. 1.11.1993; § 13a aufgehoben durch Art. 1 Nr. 4 Gesetz v. 10.11.2006 (EHUG), BGBl. I S. 2553, m.W.v. 1.1.2007.

74 Amtliche Überschrift nach Art. 1 Nr. 2 Gesetz v. 22.7.1993, BGBl. S. 1282, m.W.v. 1.11.1993.

75 §§ 13a bis 13c aufgehoben durch Art. 1 Nr. 4 Gesetz v. 10.11.2006 (EHUG), BGBl. I S. 2553, m.W.v. 1.1.2007.

76 § 13b eingefügt durch Art. 1 Nr. 1 Regierungsgesetz v. 10.8.1937, RGBl. I S. 897, m.W.v. 1.1.1940.

ADHGB 1861	UGB

HGB	HGB 1897
	gen bei dem Gericht zu erfolgen, in dessen Bezirke die Zweigniederlassung besteht. (2) Die Eintragung der Einrichtung der Zweigniederlassung hat auch den Ort der Zweigniederlassung zu enthalten; ist der Firma für die Zweigniederlassung ein Zusatz beigefügt, so ist auch dieser einzutragen. (3) Im übrigen gelten für die Anmeldungen, Zeichnungen, Einreichungen, Eintragungen und Bekanntmachungen, soweit nicht das ausländische Recht Abweichungen nötig macht, sinngemäß die Vorschriften für Hauptniederlassungen oder Niederlassungen am Sitz der Gesellschaft. ***§ 13b idF. 1993[77] Zweigniederlassungen von Gesellschaften mit beschränkter Haftung mit Sitz im Inland[78]*** *(1) Für Zweigniederlassungen von Gesellschaften mit beschränkter Haftung gelten ergänzend die folgenden Vorschriften.* *(2) [1]Die Errichtung einer Zweigniederlassung ist durch die Geschäftsführer anzumelden. [2]Der Anmeldung ist eine öffentlich beglaubigte Abschrift des Gesellschaftervertrages und der Liste der Gesellschafter beizufügen.* *(3) Die Eintragung hat auch die in § 10 Abs. 1 und 2 des Gesetzes betreffend die Gesellschaft mit beschränkter Haftung bezeichneten Angaben zu enthalten.* *(4)[79] In der Bekanntmachung der Eintragungen sind außer deren Inhalt die in § 10 Abs. 3 des Gesetzes betreffend die Gesellschaft mit beschränkter Haftung bezeichneten Bestimmungen aufzunehmen, die dort nach § 5 Abs. 4 Satz 1 getroffene Festsetzung jedoch nur dann, wenn die Eintragung innerhalb der ersten zwei Jahre nach der Eintragung in das Handelsregister des Sitzes der Gesellschaft erfolgt.*

77 § 13b neu gefasst durch Art. 1 Nr. 2 Gesetz v. 22.7.1993, BGBl. S. 1282, m.W.v. 1.11.1993.
78 Amtliche Überschrift nach Art. 1 Nr. 2 Gesetz v. 22.7.1993, BGBl. S. 1282, m.W.v. 1.11.1993.
79 § 13b Abs. 4 aufgehoben durch Art. 4 Nr. 3, Gesetz v. 18.1.2001 (NaStraG), BGBl. I S. 123, m.W.v. 25.1.2001.

ADHGB 1861	UGB

HGB	HGB 1897
§ 13c[80] (*weggefallen*)	**§ 13c idF. 1993**[81] **Bestehende Zweigniederlassungen von Unternehmen mit Sitz im Inland**[82] (1) Ist eine Zweigniederlassung in das Handelsregister eingetragen, so sind alle Anmeldungen, die die Hauptniederlassung oder die Niederlassung am Sitz der Gesellschaft oder die eingetragene Zweigniederlassung betreffen, beim Gericht der Hauptniederlassung oder des Sitzes zu bewirken; es sind soviele Stücke einzureichen, wie Niederlassungen bestehen. (2) *Das Gericht der Hauptniederlassung oder des Sitzes hat in der Bekanntmachung seiner Eintragung im Bundesanzeiger anzugeben, daß die gleiche Eintragung für die Zweigniederlassungen bei den namentlich zu bezeichnenden Gerichten der Zweigniederlassung erfolgen wird; ist der Firma für eine Zweigniederlassung ein Zusatz beigefügt, so ist auch dieser anzugeben.* (3) [1]Das Gericht der Hauptniederlassung oder des Sitzes hat *sodann* seine Eintragung *unter Angabe der Nummer des Bundesanzeigers, in der sie bekanntgemacht ist*, von Amts wegen den Gerichten der Zweigneiderlassungen mitzuteilen; *der Mitteilung ist* ein Stück der Anmeldung *beizufügen*. [2]Die Gerichte der Zweigniederlassung haben die Eintragungen ohne Nachprüfung in ihr Handelsregister zu übernehmen. [3]In der Bekanntmachung der Eintragung im Register der Zweigniederlassung ist anzugeben, daß die Eintragung im Handelsregister des Gerichts der Hauptniederlassung oder des Sitzes erfolgt *und in welcher Nummer des Bundesanzeigers sie bekannt gemacht* ist. [4]Im Bundesanzeiger wird die Eintragung im Handelsregister der Zweigniederlassung nicht bekanntgemacht. (4) [[1, 2] = § 13a Abs. 4 idF. 1937] [3]Die Eintragung im Register der Hauptniederlassung oder des Sitzes wird in diesem Fall nur im Bundesanzeiger bekanntgemacht. *(5)* [= § 13a Abs. 5 idF. 1937]

80 § 13c aufgehoben durch Art. 1 Nr. 4 Gesetz v. 10.11.2006 (EHUG), BGBl. I S. 2553, m.W.v. 1.1.2007.
81 § 13c neu gefasst durch Art. 1 Nr. 2 Gesetz v. 22.7.1993, BGBl. I S. 1282, m.W.v. 1.11.1993.
82 Amtliche Überschrift nach Art. 1 Nr. 2 Gesetz v. 22.7.1993, BGBl. I S. 1282, m.W.v. 1.11.1993.
85 § 13a eingefügt durch Art. 1 Nr. 1 Regierungsgesetz v. 10.8.1937, RGBl. I S. 897, m.W.v. 1.1.1940.

ADHGB 1861	UGB
§ 13a HGB idF. 1937[85] (1) Ist *die* Zweigniederlassung in das Handelsregister eingetragen, so sind alle Anmeldungen, die die Hauptniederlassung oder die Niederlassung am Sitz der Gesellschaft oder die eingetragene Zweigniederlassung betreffen, beim Gericht der Hauptniederlassung oder des Sitzes zu bewirken; es sind soviele Stücke einzureichen, wie Niederlassungen bestehen. (2) Das Gericht der Hauptniederlassung oder des Sitzes hat in der Bekanntmachung seiner Eintragung im *Deutschen Reichsanzeiger* anzugeben, daß die gleiche Eintragung für die Zweigniederlassungen bei den namentlich zu bezeichnenden Gerichten erfolgen wird; ist der Firma für eine Zweigniederlassung ein Zusatz beigefügt, so ist auch dieser anzugeben. (3) [1]Das Gericht der Hauptniederlassung oder des Sitzes hat sodann seine Eintragung unter der Angabe der Nummer des Deutschen Reichsanzeigers, in der sie bekanntgemacht ist, von Amts wegen den Gerichten der Zweigniederlassungen mitzuteilen; der Mitteilung ist ein Stück der Anmeldung beizufügen. [2]Die Gerichte der Zweigniederlassungen haben die Eintragung ohne Nachprüfung in ihr Handelsregister zu übernehmen. [3]In der Bekanntmachung der Eintragung im Register der Zweigniederlassung ist anzugeben, daß die Eintragung im Handelsregister des Gerichts der Hauptniederlassung oder des Sitzes erfolgt und in welcher Nummer des Deutschen Reichsanzeigers sie bekanntgemacht ist. [3]Im *Deutschen Reichsanzeiger* wird die Eintragung im Handelsregister der Zweigniederlassung nicht bekanntgemacht. (4) [1]Betrifft die Anmeldung ausschließlich die Verhältnisse einzelner Niederlassungen, so sind außer dem für das Gericht der Hauptniederlassung oder des Sitzes bestimmten Stück nur so viel Stücke einzureichen, wie Zweigniederlassungen betroffen sind. [2]Das Gericht der Hauptniederlassung oder des Sitzes teilt seine	

HGB	HGB 1897
	***§ 13c Bestehende Zweigniederlassungen von Unternehmen mit Sitz im Inland* idF. 1998**[83]
	(1) [= § 13c Abs. 1 idF. 1993]
	(2) [1]Das Gericht der Hauptniederlassung oder des Sitzes hat seine Eintragung unverzüglich mit einem Stück der Anmeldung von Amts wegen den Gerichten der Zweigniederlassungen mitzuteilen. [2]Die Gerichte der Zweigniederlassungen haben die Eintragungen ohne Nachprüfung in ihr Handelsregister zu übernehmen. [3]In der Bekanntmachung der Eintragung im Register der Zweigniederlassung ist anzugeben, daß die Eintragung im Handelsregister des Gerichts der Hauptniederlassung oder des Sitzes erfolgt ist. [4]Im Bundesanzeiger wird die Eintragung im Handelsregister der Zweigniederlassung nicht bekanntgemacht. [5]Sind für mehrere Zweigniederlassungen von demselben Gericht übereinstimmende Eintragungen bekanntzumachen, ist in der Bekanntmachung die Eintragung nur einmal wiederzugeben und anzugeben, für welche einzelnen Zweigniederlassungen sie vorgenommen worden ist.
	(3) [*1, 2* = § 13a Abs. 4 S. 1, 2 idF. 1937; *3* = § 13c Abs. 4 S. 3]
	(4) Absätze 1 bis 3 *gelten sinngemäß für die Einreichung von Schriftstücken und die Zeichnung von Unterschriften.*
	§ 13c Abs. 2 S. 3 idF. 2001[84]
	(2) [3]Eintragungen im Register der Zweigniederlassungen werden von den Gerichten der Zweigniederlassungen nur bekannt gemacht, soweit sie die in § 13 Abs. 6 angeführten Tatsachen betreffen.
§ 13d[86] **Sitz oder**[87] **Hauptniederlassung im Ausland**	**§ 13d idF. 1993**[88] **Sitz *der*** Hauptniederlassung im Ausland[89]
(1) Befindet sich die Hauptniederlassung eines Einzelkaufmanns oder einer juristischen Per-	(1) Befindet sich die Hauptniederlassung eines Einzelkaufmanns oder einer juristischen Per-

83 § 13c Abs. 2 wird aufgehoben, bisherige § 13c Abs. 3–5 werden Abs. 2–4, Abs. 3 S. 1, 3 und Abs. 4 geändert, Abs. 2 S. 5 eingefügt durch Art. 3 Nr. 7 Gesetz v. 22.6.1998 (HRefG), BGBl. I S. 1474, m.W.v. 1.1.1999.

84 § 13c Abs. 2 S. 3 neu gefasst durch Art. 4 Nr. 4 Gesetz v. 18.1.2001 (NaStraG), BGBl. I S. 123, m.W.v. 25.1.2001.

86 § 13 Abs. 1 und 3 geändert durch Art. 1 Nr. 5, Gesetz v. 10.11.2006 (EHUG), BGBl. I S. 2553, m.W.v. 1.1.2007; Abs. 2 und 3 geändert durch Art. 3 Nr. 2 Gesetz v. 23.10.2008 (MoMiG), BGBl. I S. 2026, m.W.v. 1.11.2008.

87 Amtliche Überschrift geändert durch Art. 3 Nr. 8 Gesetz v. 22.6.1998 (HRefG), BGBl. I S. 1474, m.W.v. 1.7.1998.

88 § 13d eingefügt durch Art. 1 Nr. 2 Gesetz v. 22.7.1993, BGBl. I S. 1282, m.W.v. 1.11.1993.

89 Amtliche Überschrift nach Art. 1 Nr. 2 Gesetz v. 22.7.1993, BGBl. I S. 1282, m.W.v. 1.11.1993.

ADHGB 1861	UGB
Eintragungen nur den Gerichten der Zweigniederlassung mit, deren Verhältnisse sie betrifft. [3]Die Eintragungen im Register der Hauptniederlassung oder des Sitzes wird nur im *Deutschen Reichsanzeiger* bekanntgemacht. (5) Absätze 1, 3 *und 4* gelten sinngemäß für die Einreichung von Schriftstücken und die Zeichnung von Unterschriften.	
§ 13 HGB idF. 1897 (1) [→ § 13] (2) [→ § 13]	**§ 12 Inländische Zweigniederlassungen ausländischer Rechtsträger** (1) Liegt die Hauptniederlassung oder der Sitz eines Rechtsträgers im Ausland, so ist der

HGB	HGB 1897
son oder der Sitz einer Handelsgesellschaft im Ausland, so haben alle eine inländische Zweigniederlassung betreffenden Anmeldungen, Einreichungen und Eintragungen bei dem Gericht zu erfolgen, in dessen Bezirk die Zweigniederlassung besteht. (2) Die Eintragung der Errichtung der Zweigniederlassung hat auch den Ort und die inländische Geschäftsanschrift der Zweigniederlassung zu enthalten; ist der Firma der Zweigniederlassung ein Zusatz beigefügt, so ist auch dieser einzutragen. (3) Im übrigen gelten für die Anmeldungen, Einreichungen, Eintragungen und Änderungen einzutragender Tatsachen, die die Zweigniederlassung eines Einzelkaufmanns, einer Handelsgesellschaft oder einer juristischen Person mit Ausnahme von Aktiengesellschaften, Kommanditgesellschaften auf Aktien und Gesellschaften mit beschränkter Haftung betreffen, die Vorschriften für Hauptniederlassungen oder Niederlassungen am Sitz der Gesellschaft sinngemäß, soweit nicht das ausländische Recht Abweichungen nötig macht.	son oder der Sitz einer Handelsgesellschaft im Ausland, so haben alle eine inländische Zweigniederlassung betreffenden Anmeldungen, *Zeichnungen*, Einreichungen und Eintragungen bei dem Gericht zu erfolgen, in dessen Bezirk die Zweigniederlassung besteht. (2) Die Eintragung der Errichtung der Zweigniederlassung hat auch den Ort der Zweigniederlassung zu enthalten; ist der Firma der Zweigniederlassung ein Zusatz beigefügt, so ist auch dieser einzutragen. (3) Im übrigen gelten für die Anmeldungen, *Zeichnungen*, Einreichungen, Eintragungen und *Bekanntmachungen*, die die Zweigniederlassung eines Einzelkaufmanns, einer Handelsgesellschaft oder einer juristischen Person mit Ausnahme von Aktiengesellschaften, Kommanditgesellschaften auf Aktien und Gesellschaften mit beschränkter Haftung betreffen, die Vorschriften für Hauptniederlassungen oder Niederlassungen am Sitz der Gesellschaft sinngemäß, soweit nicht das ausländische Recht Abweichungen nötig macht.
§ 13e[91] Zweigniederlassungen von Kapitalgesellschaften mit Sitz im Ausland (1) Für Zweigniederlassungen von Aktiengesellschaften und Gesellschaften mit beschränkter Haftung mit Sitz im Ausland gelten ergänzend zu § 13d die folgenden Vorschriften. (2) ¹Die Errichtung einer Zweigniederlassung einer Aktiengesellschaft ist durch den Vor-	**§ 13e Zweigniederlassungen von Kapitalgesellschaften mit Sitz im Ausland[92] idF. 1993[93]** (1) Für Zweigniederlassungen von Aktiengesellschaften und Gesellschaften mit beschränkter Haftung mit Sitz im Ausland gelten ergänzend zu § 13d die folgenden Vorschriften. (2) ¹Die Errichtung einer Zweigniederlassung einer Aktiengesellschaft ist durch den Vor-

90 § 13b eingefügt durch Art. 1 Nr. 1 Regierungsgesetz v. 10.8.1937, RGBl. I S. 897, m.W.v. 1.1.1940.

91 § 13e Abs. 2 S. 2 Nr. 4 geändert durch Art. 2 Gesetz v. 27.9.1993, BGBl. I S. 1666, m.W.v. 1.1.1994 (s. Bekanntmachung v. 16.12.1993, BGBl. I S. 2436); § 13e Abs. 4 geändert durch Art. 40 Nr. 1 Gesetz v. 5.10.1994, BGBl. I S. 2911, m.W.v. 1.1.1999; § 13e Abs. 2 S. 2 und 3 geändert, S. 4 eingefügt, bisheriger S. 4 wird S. 5 und Nr. 4 geändert, Abs. 3 S. 1 geändert, S. 2 eingefügt, Abs. 3a eingefügt, Abs. 4 geändert durch Art. 3 Nr. 3 Gesetz v. 23.10.2008 (MoMiG), BGBl. I S. 2026, m.W.v. 1.11.2008; Abs. 6 eingefügt durch Gesetz v. 22.12.2014, BGBl. I S. 2409, m.W.v. 31.12.2014; § 13e Abs. 3 S. 2 neu gefasst, Abs. 7 eingefügt durch Art. 1 Nr. 10 Gesetz v. 5.7.2021 (DiRUG), BGBl. I S. 3338, m.W.v. 1.8.2022.

92 Amtliche Überschrift nach Art. 1 Nr. 2 Gesetz v. 22.7.1993, BGBl. I S. 1282, m.W.v. 1.11.1993.

93 § 13e eingefügt durch Art. 1 Nr. 2 Gesetz v. 22.7.1993, BGBl. I S. 1282, m.W.v. 1.11.1993.

ADHGB 1861	UGB
(3) [1]*Diese Vorschriften kommen auch zur Anwendung*, wenn sich die Hauptniederlassung im Auslande befindet. [2] Soweit nicht das ausländische Recht eine Abweichung *erforderlich* macht, *haben* die Anmeldungen, Zeichnungen und Eintragungen bei dem Gerichte *der* Zweigniederlassung *in gleicher Weise zu geschehen, wie wenn sich die Hauptniederlassung im Inlande befände.*[2] **§ 13b HGB idF. 1937**[90] (1) Befindet sich die Hauptniederlassung eines Einzelkaufmanns oder einer juristischen Person oder der Sitz einer Handelsgesellschaft im Ausland, so haben alle eine inländische Zweigniederlassung betreffenden Anmeldungen, Zeichnungen, Einreichungen und Eintragungen bei dem Gericht zu erfolgen, in dessen Bezirke die Zweigniederlassung besteht. (2) Die Eintragung der Errichtung der Zweigniederlassung hat auch den Ort der Zweigniederlassung zu enthalten; ist der Firma für die Zweigniederlassung ein Zusatz beigefügt, so ist auch dieser einzutragen. (3) Im übrigen gelten für die Anmeldungen, Zeichnungen, Einreichungen, Eintragungen und Bekanntmachungen, soweit nicht das ausländische Recht Abweichungen nötig macht, sinngemäß die Vorschriften für Hauptniederlassungen oder Niederlassungen am Sitz der Gesellschaft.	Rechtsträger in das Firmenbuch einzutragen, wenn er im Inland eine Zweigniederlassung hat. (2) [1]Bei der Anmeldung ist das Bestehen des Rechtsträgers als solchen nachzuweisen. [2]In die Anmeldung sind die in das Firmenbuch einzutragenden Tatsachen aufzunehmen. (3) [1]In das Firmenbuch einzutragen sind die Angaben gemäß § 3 FBG sowie die für einen Rechtsträger im FBG vorgesehenen besonderen Eintragungen. [2]Weiters sind in das Firmenbuch die Tätigkeit der Zweigniederlassung, das Personalstatut des Rechtsträgers (§§ 9, 10 IPR-Gesetz, BGBl. Nr. 304/1978), sowie – sofern das Personalstatut eine Registereintragung vorsieht – das Register, bei dem der Rechtsträger geführt wird, und die Nummer der Eintragung in dieses Register einzutragen. [3]Personen, die nicht auf Grund des Gesetzes befugt sind, den Rechtsträger zu vertreten, sind nur dann in das Firmenbuch einzutragen, wenn sich die Vertretungsbefugnis auf die inländische Zweigniederlassung erstreckt. (4) Für die Anmeldungen, Zeichnungen, Einreichungen, Eintragungen und Bekanntmachungen gelten im übrigen, soweit nicht das ausländische Recht Abweichungen nötig macht, sinngemäß die für einen derartigen Rechtsträger bestehenden inländischen Vorschriften.

HGB

stand, die Errichtung einer Zweigniederlassung einer Gesellschaft mit beschränkter Haftung ist durch die Geschäftsführer zur Eintragung in das Handelsregister anzumelden. ²Bei der Anmeldung ist das Bestehen der Gesellschaft als solcher nachzuweisen. ³Die Anmeldung hat auch eine inländische Geschäftsanschrift und den Gegenstand der Zweigniederlassung zu enthalten. ⁴Daneben kann eine Person, die für Willenserklärungen und Zustellungen an die Gesellschaft empfangsberechtigt ist, mit einer inländischen Anschrift zur Eintragung in das Handelsregister angemeldet werden; Dritten gegenüber gilt die Empfangsberechtigung als fortbestehend, bis sie im Handelsregister gelöscht und die Löschung bekannt gemacht worden ist, es sei denn, dass die fehlende Empfangsberechtigung dem Dritten bekannt war. ⁵In der Anmeldung sind ferner anzugeben

1. das Register, bei dem die Gesellschaft geführt wird, und die Nummer des Registereintrags, sofern das Recht des Staates, in dem die Gesellschaft ihren Sitz hat, eine Registereintragung vorsieht;
2. die Rechtsform der Gesellschaft;
3. die Personen, die befugt sind, als ständige Vertreter für die Tätigkeit der Zweigniederlassung die Gesellschaft gerichtlich und außergerichtlich zu vertreten, unter Angabe ihrer Befugnisse;
4. wenn die Gesellschaft nicht dem Recht eines Mitgliedstaates der Europäischen Union oder eines anderen Vertragsstaates des Abkommens über den Europäischen Wirtschaftsraum unterliegt, das Recht des Staates, dem die Gesellschaft unterliegt.

(3) ¹Die in Absatz 2 Satz 5 Nr. 3 genannten Personen haben jede Änderung dieser Personen oder der Vertretungsbefugnis einer dieser Personen zur Eintragung in das Handelsregister anzumelden. ²Wenn die Gesellschaft nicht dem Recht eines Mitgliedstaates der Europäischen Union oder eines anderen Vertragsstaates des Abkommens über den Europäischen Wirtschaftsraum unterliegt, gelten für die gesetzlichen Vertreter der Gesellschaft in Bezug auf die Zweigniederlassung § 76 Absatz 3 Satz 2 bis 4 des Aktiengesetzes sowie § 6 Absatz 2 Satz 2

HGB 1897

stand, die Errichtung einer Zweigniederlassung einer Gesellschaft mit beschränkter Haftung ist durch die Geschäftsführer zur Eintragung in das Handelsregister anzumelden. ²Bei der Anmeldung ist das Bestehen der Gesellschaft als solcher *und, wenn der Gegenstand des Unternehmens oder die Zulassung zum Gewerbebetrieb im Inland der staatlichen Genehmigung bedarf, auch diese* nachzuweisen. ³Die Anmeldung hat auch *die Anschrift* und den Gegenstand der Zweigniederlassung zu enthalten. ⁴In der Anmeldung sind ferner anzugeben

1. das Register, bei dem die Gesellschaft geführt wird, und die Nummer des Registereintrags, sofern das Recht des Staates, in dem die Gesellschaft ihren Sitz hat, eine Registereintragung vorsieht;
2. die Rechtsform der Gesellschaft;
3. die Personen, die befugt sind, als ständige Vertreter für die Tätigkeit der Zweigniederlassung die Gesellschaft gerichtlich und außergerichtlich zu vertreten, unter Angabe ihrer Befugnisse;
4. wenn die Gesellschaft nicht dem Recht eines Mitgliedstaates der Europäischen *Gemeinschaften* unterliegt, das Recht des Staates, dem die Gesellschaft unterliegt.

(3) Die in *Absatz 2 Satz 4 Nr. 3* genannten Personen haben jede Änderung dieser Personen oder der Vertretungsbefugnis einer dieser Person zur Eintragung in das Handelsregister anzumelden.

(4) Die in *Absatz 2 Satz 4 Nr.* 3 genannten Personen oder, wenn solche nicht angemeldet sind, die gesetzlichen Vertreter der Gesellschaft haben die Eröffnung oder die Ablehnung der Eröffnung eines *Konkurs-, Vergleichs- oder ähnliches Verfahrens* über das Vermögen der Gesellschaft zur Eintragung in das Handelsregister anzumelden.

(5) ¹Errichtet eine Gesellschaft mehrere Zweigniederlassungen im Inland, so brauchen die Satzung oder der Gesellschaftsvertrag sowie deren Änderungen nach Wahl der Gesellschaft nur zum Handelsregister einer dieser Zweigniederlassungen eingereicht zu werden. ²In diesem Fall haben die nach Absatz 2 Satz 1 Anmeldepflichtigen zur Eintragung in den

ADHGB 1861	UGB

HGB	HGB 1897
bis 4 des Gesetzes betreffend die Gesellschaften mit beschränkter Haftung entsprechend. (3a) [1]An die in Absatz 2 Satz 5 Nr. 3 genannten Personen als Vertreter der Gesellschaft können unter der im Handelsregister eingetragenen inländischen Geschäftsanschrift der Zweigniederlassung Willenserklärungen abgegeben und Schriftstücke zugestellt werden. [2]Unabhängig hiervon können die Abgabe und die Zustellung auch unter der eingetragenen Anschrift der empfangsberechtigten Person nach Absatz 2 Satz 4 erfolgen. (4) Die in Absatz 2 Satz 5 Nr. 3 genannten Personen oder, wenn solche nicht angemeldet sind, die gesetzlichen Vertreter der Gesellschaft haben die Eröffnung oder die Ablehnung der Eröffnung eines Insolvenzverfahrens oder ähnlichen Verfahrens über das Vermögen der Gesellschaft zur Eintragung in das Handelsregister anzumelden. (5) [1]Errichtet eine Gesellschaft mehrere Zweigniederlassungen im Inland, so brauchen die Satzung oder der Gesellschaftsvertrag sowie deren Änderungen nach Wahl der Gesellschaft nur zum Handelsregister einer dieser Zweigniederlassungen eingereicht zu werden. [2]In diesem Fall haben die nach Absatz 2 Satz 1 Anmeldepflichtigen zur Eintragung in den Handelsregistern der übrigen Zweigniederlassungen anzumelden, welches Register die Gesellschaft gewählt hat und unter welcher Nummer die Zweigniederlassung eingetragen ist. (6) Die Landesjustizverwaltungen stellen sicher, dass die Daten einer Kapitalgesellschaft mit Sitz im Ausland, die im Rahmen des Europäischen Systems der Registervernetzung (§ 9b) empfangen werden, an das Registergericht weitergeleitet werden, das für eine inländische Zweigniederlassung dieser Gesellschaft zuständig ist. (7) [1]Das zuständige Registergericht bestätigt den Eingang der Daten über das Europäische System der Registervernetzung. [2]Sofern zum Zeitpunkt des Dateneingangs bei dem Registergericht keine Anmeldung in Bezug auf die mitgeteilten Tatsachen vorliegt, fordert es die Gesellschaft zur unverzüglichen Anmeldung der geänderten Tatsachen auf.	Handelsregistern der übrigen Zweigniederlassungen anzumelden, welches Register die Gesellschaft gewählt hat und unter welcher Nummer die Zweigniederlassung eingetragen ist.

ADHGB 1861	UGB

HGB

§ 13f[94] Zweigniederlassungen von Aktiengesellschaften mit Sitz im Ausland

(1) Für Zweigniederlassungen von Aktiengesellschaften mit Sitz im Ausland gelten ergänzend die folgenden Vorschriften.

(2) [1]Der Anmeldung ist die Satzung in öffentlich beglaubigter Abschrift und, sofern die Satzung nicht in deutscher Sprache erstellt ist, eine beglaubigte Übersetzung in deutscher Sprache beizufügen. [2]Die Vorschriften des § 37 Abs. 2 und 3 des Aktiengesetzes finden Anwendung. [3]§ 37 Absatz 2 des Aktiengesetzes ist nicht anzuwenden auf Aktiengesellschaften, die dem Recht eines Mitgliedstaates der Europäischen Union oder eines anderen Vertragsstaates des Abkommens über den Europäischen Wirtschaftsraum unterliegen. [4]Soweit nicht das ausländische Recht eine Abweichung nötig macht, sind in die Anmeldung die in § 23 Abs. 3 und 4 des Aktiengesetzes vorgesehenen Bestimmungen und Bestimmungen der Satzung über die Zusammensetzung des Vorstandes aufzunehmen; erfolgt die Anmeldung in den ersten zwei Jahren nach der Eintragung der Gesellschaft in das Handelsregister ihres Sitzes, sind auch die Angaben über Festsetzungen nach den §§ 26 und 27 des Aktiengesetzes und der Ausgabebetrag der Aktien sowie Name und Wohnort der Gründer aufzunehmen. [5]Der Anmeldung ist die für den Sitz der Gesellschaft ergangene gerichtliche Bekanntmachung beizufügen.

(3) Die Eintragung der Errichtung der Zweigniederlassung hat auch die Angaben nach § 39 des Aktiengesetzes sowie die Angaben nach § 13e Abs. 2 Satz 3 bis 5 zu enthalten.

(4) [1]Änderungen der Satzung der ausländischen Gesellschaft sind durch den Vorstand zur Eintragung in das Handelsregister anzumelden. [2]Für die Anmeldung gelten die Vorschriften des § 181 Abs. 1 und 2 des Aktiengesetzes sinn-

HGB 1897

§ 13f idF. 1993[95] Zweigniederlassungen von Aktiengesellschaften mit Sitz im Ausland[96]

(1) Für Zweigniederlassungen von Aktiengesellschaften mit Sitz im Ausland gelten ergänzend die folgenden Vorschriften.

(2) [1]Der Anmeldung ist die Satzung in öffentlich beglaubigter Abschrift und, sofern die Satzung nicht in deutscher Sprache erstellt ist, eine beglaubigte Übersetzung in deutscher Sprache beizufügen. [2]Die Vorschriften des § 37 *Abs. 3, 5 und 6* des Aktiengesetzes finden Anwendung. [3]Soweit nicht das ausländische Recht eine Abweichung nötig macht, sind in die Anmeldung die in § 23 Abs. 3 und 4, §§ 24, 25 Satz 2 des Aktiengesetzes vorgesehenen Bestimmungen, Bestimmungen der Satzung über die Zusammensetzung des Vorstandes *und, wenn* die Anmeldung in den ersten zwei Jahren nach der Eintragung der Gesellschaft in das Handelsregister ihres Sitzes erfolgt, auch die Angaben nach *§ 40 Abs. 1 Nr. 1, 2 und 3* des Aktiengesetzes *mit Ausnahme des Berufs der Gründer* aufzunehmen. [4]Der Anmeldung ist die für den Sitz der Gesellschaft ergangene gerichtliche Bekanntmachung beizufügen.

(3) Die Eintragung der Errichtung der Zweigniederlassung hat auch die Angaben nach § 39 des Aktiengesetzes sowie die in § 13e Abs. 2 Satz *4* vorgeschriebenen Angaben zu enthalten.

(4) *In die Bekanntmachung der Eintragung sind außer deren Inhalt auch die Angaben nach § 40 Abs. 1 Nr. 2 und 3 des Aktiengesetzes mit Ausnahme des Berufs der Gründer aufzunehmen, soweit sie nach den vorstehenden Vorschriften in die Anmeldung aufzunehmen sind.*

(5) [1]Änderungen der Satzung der ausländischen Gesellschaft sind durch den Vorstand zur Eintragung in das Handelsregister anzumelden. [2]Für die Anmeldung gelten die Vorschriften des § 181 Abs. 1 und 2 des Aktiengesetzes sinn-

---

94 § 13f Abs. 2 S. 3 und Abs. 4 geändert durch Art. 3 Nr. 9 Gesetz v. 22.6.1998 (HRefG), BGBl. I S. 1474, m.W.v. 1.1.1999; § 13f Abs. 2 S. 2 geändert, S. 3 neu gefasst, Abs. 4 aufgehoben, die bisherigen Abs. 5–8 werden Abs. 4–7, neuer Abs. 5 geändert durch Art. 1 Nr. 6 Gesetz v. 10.11.2006 (EHUG), BGBl. I S. 2553, m.W.v. 1.1.2007; § 13f Abs. 2 S. 2, Abs. 3 und 5 geändert durch Art. 3 Nr. 4 Gesetz v. 23.10.2008 (MoMiG), BGBl. I S. 2026, m.W.v. 1.11.2008; § 13f Abs. 2 S. 3 geändert durch Art. 3 Nr. 1 Gesetz v. 22.12.2015, BGBl. I S. 2565, m.W.v. 31.12.2015 (Aktienrechtsnovelle 2016); § 13f Abs. 2 S. 3 eingefügt, bisherige S. 3 und 4 werden S. 4 und 5, Abs. 5 S. 2 eingefügt durch Art. 1 Nr. 11 Gesetz v. 5.7.2021 (DiRUG), BGBl. I S. 3338, m.W.v. 1.8.2022.

95 § 13f eingefügt durch Art. 1 Nr. 2 Gesetz v. 22.7.1993, BGBl. I S. 1282, m.W.v. 1.11.1993.

96 Amtliche Überschrift nach Art. 1 Nr. 2 Gesetz v. 22.7.1993, BGBl. I S. 1282, m.W.v. 1.11.1993.

ADHGB 1861	UGB

HGB	HGB 1897
gemäß, soweit nicht das ausländische Recht Abweichungen nötig macht. (5) [1]Im übrigen gelten die Vorschriften der §§ 81, 263 Satz 1, § 266 Abs. 1 und 2, § 273 Abs. 1 Satz 1 des Aktiengesetzes sinngemäß, soweit nicht das ausländische Recht Abweichungen nötig macht. [2]§ 81 Absatz 3 des Aktiengesetzes ist nicht anzuwenden auf Aktiengesellschaften, die dem Recht eines Mitgliedstaates der Europäischen Union oder eines anderen Vertragsstaates des Abkommens über den Europäischen Wirtschaftsraum unterliegen. (6) Für die Aufhebung einer Zweigniederlassung gelten die Vorschriften über ihre Errichtung sinngemäß. (7) Die Vorschriften über Zweigniederlassungen von Aktiengesellschaften mit Sitz im Ausland gelten sinngemäß für Zweigniederlassungen von Kommanditgesellschaften auf Aktien mit Sitz im Ausland, soweit sich aus den Vorschriften der §§ 278 bis 290 des Aktiengesetzes oder aus dem Fehlen eines Vorstands nichts anderes ergibt. [Abs. 1 = § 13f Abs. 1 idF. 1993] [Abs. 6 = § 13f Abs. 7 idF. 1993] [Abs. 7 = § 13f Abs. 8 idF. 1993]	gemäß, soweit nicht das ausländische Recht Abweichungen nötig macht. *(6)* Im übrigen gelten die Vorschriften der § 81 *Abs. 1, 2 und 4*, § 263 *Satz 1*, § 266 Abs. 1, 2 *und 5*, § 273 Abs. 1 Satz 1 des Aktiengesetzes sinngemäß soweit nicht das ausländische Recht Abweichungen nötig macht. *(7)* Für die Aufhebung einer Zweigniederlassung gelten die Vorschriften über ihre Errichtung sinngemäß. *(8)* Die Vorschriften über Zweigniederlassungen von Aktiengesellschaften mit Sitz im Ausland gelten sinngemäß für Zweigniederlassungen von Kommanditgesellschaften auf Aktien mit Sitz im Ausland, soweit sich aus den Vorschriften der §§ 278 bis 290 des Aktiengesetzes oder aus dem Fehlen eines Vorstands nichts anderes ergibt.
§ 13g[97] Zweigniederlassungen von Gesellschaften mit beschränkter Haftung mit Sitz im Ausland (1) Für Zweigniederlassungen von Gesellschaften mit beschränkter Haftung mit Sitz im Ausland gelten ergänzend die folgenden Vorschriften. (2) [1]Der Anmeldung ist der Gesellschaftsvertrag in öffentlich beglaubigter Abschrift und, sofern der Gesellschaftsvertrag nicht in deutscher Sprache erstellt ist, eine beglaubigte Übersetzung in deutscher Sprache beizufügen. [2]Die Vorschriften des § 8 Abs. 1 Nr. 2 und Abs. 3 und 4 des Gesetzes betreffend die Gesellschaften mit beschränkter Haftung sind anzuwen-	**§ 13g idF. 1993[98]** Zweigniederlassungen von Gesellschaften mit beschränkter Haftung mit Sitz im Ausland[99] (1) Für Zweigniederlassungen von Gesellschaften mit beschränkter Haftung mit Sitz im Ausland gelten ergänzend die folgenden Vorschriften. (2) [1]Der Anmeldung ist der Gesellschaftsvertrag in öffentlich beglaubigter Abschrift und, sofern der Gesellschaftsvertrag nicht in deutscher Sprache erstellt ist, eine beglaubigte Übersetzung in deutscher Sprache beizufügen. [2]Die Vorschriften des § 8 Abs. 1 Nr. 2, *Abs. 4 und 5* des Gesetzes betreffend die Gesellschaften mit beschränkter Haftung sind anzuwen-

97 § 13g Abs. 2 S. 2, Abs. 3 geändert, Abs. 4 aufgehoben, bisherige Abs. 5–7 werden Abs. 4–6, neuer Abs. 5 geändert durch Art. 1 Nr. 7 Gesetz v. 10.11.2006 (EHUG), BGBl. I S. 2553, m.W.v. 1.1.2007; § 13g Abs. 2 S. 2, Abs. 3 und 5 geändert durch Art. 3 Nr. 5 Gesetz v. 23.10.2008, BGBl. I S. 2026 (MoMiG), m.W.v. 1.11.2008; § 13g Abs. 2 S. 3 eingefügt, bisheriger S. 3 wird S. 4, Abs. 5 S. 2 eingefügt durch Art. 1 Nr. 12 Gesetz v. 5.7.2021 (DiRUG), BGBl. I S. 3338, m.W.v. 1.8.2022.
98 § 13g eingefügt durch Art. 1 Nr. 2, Gesetz v. 22.7.1993, BGBl. I S. 1282, m.W.v. 1.11.1993.
99 Amtliche Überschrift nach Art. 1 Nr. 2, Gesetz v. 22.7.1993, BGBl. I S. 1282, m.W.v. 1.11.1993.

ADHGB 1861	UGB

HGB

den. [3]§ 8 Absatz 3 des Gesetzes betreffend die Gesellschaften mit beschränkter Haftung ist nicht anzuwenden auf Gesellschaften, die dem Recht eines Mitgliedstaates der Europäischen Union oder eines anderen Vertragsstaates des Abkommens über den Europäischen Wirtschaftsraum unterliegen. [4]Wird die Errichtung der Zweigniederlassung in den ersten zwei Jahren nach der Eintragung der Gesellschaft in das Handelsregister ihres Sitzes angemeldet, so sind in die Anmeldung auch die nach § 5 Abs. 4 des Gesetzes betreffend die Gesellschaften mit beschränkter Haftung getroffenen Festsetzungen aufzunehmen, soweit nicht das ausländische Recht Abweichungen nötig macht.

(3) Die Eintragung der Errichtung der Zweigniederlassung hat auch die Angaben nach § 10 des Gesetzes betreffend die Gesellschaften mit beschränkter Haftung sowie die Angaben nach § 13e Abs. 2 Satz 3 bis 5 zu enthalten.

(4) [1]Änderungen des Gesellschaftsvertrages der ausländischen Gesellschaft sind durch die Geschäftsführer zur Eintragung in das Handelsregister anzumelden. [2]Für die Anmeldung gelten die Vorschriften des § 54 Abs. 1 und 2 des Gesetzes betreffend die Gesellschaften mit beschränkter Haftung sinngemäß, soweit nicht das ausländische Recht Abweichungen nötig macht.

(5) [1]Im übrigen gelten die Vorschriften der §§ 39, 65 Abs. 1 Satz 1, § 67 Abs. 1 und 2, § 74 Abs. 1 Satz 1 des Gesetzes betreffend die Gesellschaften mit beschränkter Haftung sinngemäß, soweit nicht das ausländische Recht Abweichungen nötig macht. [2]§ 39 Absatz 3 des Gesetzes betreffend die Gesellschaften mit beschränkter Haftung ist nicht anzuwenden auf Gesellschaften, die dem Recht eines Mitgliedstaates der Europäischen Union oder eines anderen Vertragsstaates des Abkommens über den Europäischen Wirtschaftsraum unterliegen.

(6) Für die Aufhebung einer Zweigniederlassung gelten die Vorschriften über ihre Errichtung sinngemäß.

[Abs. 1 = § 13g idF. 1993]
[Abs. 4 = § 13g Abs. 5 idF. 1993]
[Abs. 6 = § 13g Abs. 7 idF. 1993]

HGB 1897

den. [3]Wird die Errichtung der Zweigniederlassung in den ersten zwei Jahren nach der Eintragung der Gesellschaft in das Handelsregister ihres Sitzes angemeldet, so sind in die Anmeldung auch die nach § 5 Abs. 4 des Gesetzes betreffend die Gesellschaften mit beschränkter Haftung getroffenen Festsetzungen aufzunehmen, soweit nicht das ausländische Recht Abweichungen nötig macht.

(3) Die Eintragung der Errichtung der Zweigniederlassung hat auch die Angaben nach § 10 *Abs. 1 und 2* des Gesetzes betreffend die Gesellschaften mit beschränkter Haftung sowie die in *§ 13e Abs. 2 Satz 4* vorgeschriebenen Angaben zu enthalten.

(4) *In die Bekanntmachung der Eintragung sind außer deren Inhalt auch die in § 10 Abs. 3 des Gesetzes betreffend die Gesellschaften mit beschränkter Haftung bezeichneten Bestimmungen aufzunehmen, die dort nach § 5 Abs. 4 Satz 1 getroffenen Festsetzungen jedoch nur dann, wenn die Eintragung innerhalb der ersten zwei Jahre nach der Eintragung in das Handelsregister des Sitzes der Gesellschaft erfolgt.*

(5) [1]Änderungen des Gesellschaftsvertrages der ausländischen Gesellschaft sind durch die Geschäftsführer zur Eintragung in das Handelsregister anzumelden. [2]Für die Anmeldung gelten die Vorschriften des § 54 Abs. 1 und 2 des Gesetzes betreffend die Gesellschaften mit beschränkter Haftung sinngemäß, soweit nicht das ausländische Recht Abweichungen nötig macht.

(6) Im übrigen gelten die Vorschriften der § 39 *Abs. 1, 2 und 4, § 65* Abs. 1 Satz 1, § 67 Abs. 1, 2 *und 5*, § 74 Abs. 1 Satz 1 des Gesetzes betreffend die Gesellschaften mit beschränkter Haftung sinngemäß, soweit nicht das ausländische Recht Abweichungen nötig macht.

(7) Für die Aufhebung einer Zweigniederlassung gelten die Vorschriften über die Errichtung sinngemäß.

ADHGB 1861	UGB

HGB	HGB 1897
§ 13h[100] Verlegung des Sitzes einer Hauptniederlassung im Inland[101] (1) Wird die Hauptniederlassung eines Einzelkaufmanns oder einer juristischen Person oder der Sitz einer Handelsgesellschaft im Inland verlegt, so ist die Verlegung beim Gericht der bisherigen Hauptniederlassung oder des bisherigen Sitzes anzumelden. (2) [1]Wird die Hauptniederlassung oder der Sitz aus dem Bezirk des Gerichts der bisherigen Hauptniederlassung oder des bisherigen Sitzes verlegt, so hat dieses unverzüglich von Amts wegen die Verlegung dem Gericht der neuen Hauptniederlassung oder des neuen Sitzes mitzuteilen. [2]Der Mitteilung sind die Eintragungen für die bisherige Hauptniederlassung oder den bisherigen Sitz sowie die bei dem bisher zuständigen Gericht aufbewahrten Urkunden beizufügen. [3]Das Gericht der neuen Hauptniederlassung oder des neuen Sitzes hat zu prüfen, ob die Hauptniederlassung oder der Sitz ordnungsgemäß verlegt und § 30 beachtet ist. [4]Ist dies der Fall, so hat es die Verlegung einzutragen und dabei die ihm mitgeteilten Eintragungen ohne weitere Nachprüfung in sein Handelsregister zu übernehmen. [5]Die Eintragung ist dem Gericht der bisherigen Hauptniederlassung oder des bisherigen Sitzes mitzuteilen. [6]Dieses hat die erforderlichen Eintragungen von Amts wegen vorzunehmen. (3) [1]Wird die Hauptniederlassung oder der Sitz an einen anderen Ort innerhalb des Bezirks des Gerichts der bisherigen Hauptniederlassung oder des bisherigen Sitzes verlegt, so hat das Gericht zu prüfen, ob die Hauptniederlassung oder der Sitz ordnungsgemäß verlegt und § 30 beachtet ist. [2]Ist dies der Fall, so hat es die Verlegung einzutragen. [= § 13c idF. 1965]	**§ 13c idF. 1965[102]** (1) [= § 13c Abs. 1 S. 1 idF. 1937] (2) [1]Wird eine Hauptniederlassung oder der Sitz aus dem Bezirk des Gerichts der bisherigen Hauptniederlassung oder des bisherigen Sitzes verlegt, so hat dieses unverzüglich von Amts wegen die Verlegung dem Gericht der neuen Hauptniederlassung oder des neuen Sitzes mitzuteilen. [2]Der Mitteilung sind die Eintragungen für die bisherige Hauptniederlassung oder des bisherigen Sitzes sowie die bei dem bisher zuständigen Gericht aufbewahrten Urkunden beizufügen. [3]Das Gericht der neuen Hauptniederlassung oder des neuen Sitzes hat zu prüfen, ob die Hauptniederlassung oder der Sitz ordnungsgemäß verlegt und § 30 beachtet ist. [4]Ist dies der Fall, so hat es die Verlegung einzutragen und dabei die ihm mitgeteilten Eintragungen ohne weitere Nachprüfung in sein Handelsregister zu übernehmen. [5]Die Eintragung ist dem Gericht der bisherigen Hauptniederlassung oder des bisherigen Sitzes mitzuteilen. [6]Dieses hat die erforderlichen Eintragungen von Amts wegen vorzunehmen. (3) [1]Wird die Hauptniederlassung oder der Sitz an einen anderen Ort innerhalb des Bezirks des Gerichts der bisherigen Hauptniederlassung oder des bisherigen Sitzes verlegt, so hat das Gericht zu prüfen, ob die Hauptniederlassung oder der Sitz ordnungsgemäß verlegt und § 30 beachtet ist. [2]Ist dies der Fall, so hat es die Verlegung einzutragen.

100 Bisheriger § 13c idF. 1965 wird § 13h durch Art. 1 Nr. 3 Gesetz v. 22.7.1993, BGBl. I S. 1282, m.W.v. 1.11.1993.
101 Amtliche Überschrift nach Art. 1 Nr. 3 Gesetz v. 22.7.1993, BGBl. I S. 1282, m.W.v. 1.11.1993.
102 § 13c neu gefasst durch § 31 Nr. 1 Gesetz v. 6.9.1965 (EGAktG), BGBl. I S. 1185, m.W.v. 1.1.1966.
103 § 13c eingefügt durch Art. 1 Nr. 1 Regierungsgesetz v. 10.8.1937, RGBl. I S. 897, m.W.v. 1.1.1940.

ADHGB 1861	UGB

§ 13c HGB idF. 1937[103]

(1) [1]Wird eine Hauptniederlassung eines Einzelkaufmanns oder einer juristischen Person oder der Sitz einer Handelsgesellschaft im Inland verlegt, so ist die Verlegung beim Gericht der bisherigen Hauptniederlassung oder des bisherigen Sitzes der Gesellschaft anzumelden. [2]*Dieses hat unverzüglich von Amts wegen die Sitzverlegung dem Gericht der neuen Hauptniederlassung oder des neuen Sitzes mitzuteilen.* [3]*Der Mitteilung sind die Eintragungen für die bisherige Hauptniederlassung oder des bisherigen Sitzes sowie die bei dem bisher zuständigen Gericht aufbewahrten Urkunden beizufügen.*

(2) [1]Das Gericht der neuen Hauptniederlassung oder des neuen Sitzes hat zu prüfen, ob die Hauptniederlassung oder der Sitz ordnungsgemäß verlegt und § 30 beachtet ist. [2]Ist dies der Fall, so hat es die Verlegung einzutragen und dabei die ihm mitgeteilten Eintragungen ohne weitere Nachprüfung in sein Handelsregister zu übernehmen. [3]Die Eintragung ist dem Gericht der bisherigen Hauptniederlassung oder des bisherigen Sitzes mitzuteilen. [4]Dieses hat die erforderlichen Eintragungen von Amts wegen vorzunehmen.

§ 13 Verlegung der Hauptniederlassung oder des Sitzes

(1) [1]Wird die Hauptniederlassung oder der Sitz eines Rechtsträgers im Inland verlegt, so ist die Verlegung beim Gericht der bisherigen Hauptniederlassung oder des bisherigen Sitzes anzumelden. [2]Führt die Sitzverlegung zu einer Änderung der Zuständigkeit (§ 120 JN), so hat dies das Gericht der bisherigen Hauptniederlassung oder des bisherigen Sitzes dem Gericht der neuen Hauptniederlassung oder des neuen Sitzes mitzuteilen und diese Tatsache im Firmenbuch einzutragen. [3]Der Mitteilung sind die Anmeldung sowie die bei dem bisher zuständigen Gericht aufbewahrten Akten und Urkunden (Urkundensammlung) beizufügen.

(2) [1]Das Gericht der neuen Hauptniederlassung oder des neuen Sitzes hat zu prüfen, ob die Hauptniederlassung oder der Sitz ordnungsgemäß verlegt und § 29 beachtet ist. [2]Ist dies der Fall, so hat es die Verlegung sowie allenfalls mit der Anmeldung der Sitzverlegung verbundene weitere Anmeldungen einzutragen.

HGB	HGB 1897
§ 14[104] [Festsetzung von Zwangsgeld] [1]Wer seiner Pflicht zur Anmeldung oder zur Einreichung von Dokumenten zum Handelsregister nicht nachkommt, ist hierzu von dem Registergericht durch Festsetzung von Zwangsgeld anzuhalten. [2]Das einzelne Zwangsgeld darf den Betrag von fünftausend Euro nicht übersteigen.	**§ 14** [1]Wer *verpflichtet ist, eine* Anmeldung, *eine* Zeichnung der Unterschrift oder *eine* Einreichung von Schriftstücken zum Handelsregister *vorzunehmen*, ist hierzu von dem Registergerichte durch Ordnungsstrafe anzuhalten. [2]Die einzelne Strafe darf den Betrag von *dreihundert* Mark nicht übersteigen. **§ 14 idF. 1965[105]** [1]Wer seiner Pflicht zur Anmeldung, *zur Zeichnung der Unterschrift* oder zur Einreichung von Schriftstücken zum Handelsregister nicht nachkommt, ist hierzu von dem Registergericht durch *Ordnungsstrafe* anzuhalten. [2]*Die einzelne Strafe* darf den Betrag von zehntausend Deutsche Mark nicht übersteigen. **§ 14 idF. 1974[106]** [1]Wer seiner Pflicht zur Anmeldung, *zur Zeichnung der Unterschrift* oder zur Einreichung von *Schriftstücken* zum Handelsregister nicht nachkommt, ist hierzu von dem Registergericht durch Festsetzung von Zwangsgeld anzuhalten. [2]Das einzelne Zwangsgeld darf den Betrag von *zehntausend Deutsche Mark* nicht übersteigen.

104 § 14 S. 2 geändert durch Art. 4 Nr. 5 Gesetz v. 18.1.2001 (NaStraG), BGBl. I S. 123, m.W.v. 25.1.2001; § 14 S. 1 geändert durch Art. 1 Nr. 8 Gesetz v. 10.11.2006 (EHUG), BGBl. I S. 2553, m.W.v. 1.1.2007.

105 § 14 neu gefasst durch § 31 Gesetz v. 6.9.1965, BGBl. I S. 1185 (EGAktG), m.W.v. 1.1.1966.

106 § 14 S. 1 und 2 geändert durch Art. 125 Nr. 1 Gesetz v. 2.3.1974 (EGStGB), BGBl. I S. 469, m.W.v. 1.1.1975.

ADHGB 1861	UGB
Art. 26 (1) *Das Handels*gericht *hat die Betheiligten zur Befolgung der Vorschriften der Art. 19. 21. und 25. vom Amts wegen* durch Ordnungsstrafen anzuhalten. (2) [→ § 37]	**§ 24 FBG** **Zwangsstrafen** (1) Wer verpflichtet ist, eine Anmeldung, eine Zeichnung der Namensunterschrift oder eine Einreichung von Schriftstücken zum Firmenbuch vorzunehmen, oder wer eine ihm nicht zustehende Firma gebraucht, ist vom Gericht durch Zwangsstrafen bis zu 3 600 Euro anzuhalten, seine Verpflichtung zu erfüllen bzw. den Gebrauch der Firma zu unterlassen. (2) [1]Kommt der Betroffene einer gerichtlichen Anordnung nach Abs. 1 innerhalb von zwei Monaten nach Eintritt der Rechtskraft des Beschlusses über die Verhängung der Zwangsstrafe nicht nach, so ist eine weitere Zwangsstrafe bis zu 3 600 Euro zu verhängen und – wurde zuvor bereits einmal nach diesem Absatz vorgegangen – der Beschluss über die verhängte Zwangsstrafe zu veröffentlichen. [2]Eine wiederholte Verhängung von Zwangsstrafen ist zulässig. (3) Vor Verhängung der ersten Zwangsstrafe ist der Betroffene aufzufordern, die Verpflichtung zu erfüllen bzw. den Gebrauch der Firma zu unterlassen oder darzutun, dass die Verpflichtung nicht besteht bzw. der Gebrauch der Firma rechtmäßig ist, und eine konkrete Zwangsstrafe für den Fall der Nichtbefolgung anzudrohen. Diese Aufforderung ist wie eine Klage zuzustellen. (4) Das Gericht kann anstelle der Androhung einer Zwangsstrafe (Abs. 3) mit Zwangsstrafverfügung im Bereich des für den Pflichtverstoß vorgesehenen Strafrahmens vorgehen, wenn der Pflichtverstoß anhand der Umstände naheliegt; diesfalls sind die Bestimmungen des § 283 Abs. 2 und 3 UGB sinngemäß anzuwenden. (5) Kommen die gesetzlichen Vertreter einer mittelgroßen (§ 221 Abs. 2 UGB) Kapitalgesellschaft ihren Verpflichtungen auch nach Verhängung einer weiteren Zwangsstrafe nicht nach, so beträgt der Höchstbetrag nach Abs. 2 das Dreifache, kommen die gesetzlichen Vertreter einer großen (§ 221 Abs. 3 UGB) Kapitalgesellschaft ihren Verpflichtungen auch nach

HGB	HGB 1897

§ 15[107] [Publizität des Handelsregisters]

(1) Solange eine in das Handelsregister einzutragende Tatsache nicht eingetragen und bekanntgemacht ist, kann sie von demjenigen, in dessen Angelegenheiten sie einzutragen war, einem Dritten nicht entgegengesetzt werden, es sei denn, daß sie diesem bekannt war.

(2) [1]Ist die Tatsache eingetragen und bekanntgemacht worden, so muß ein Dritter sie gegen sich gelten lassen. [2]Dies gilt nicht bei Rechtshandlungen, die innerhalb von fünfzehn Tagen nach der Bekanntmachung vorgenommen werden, sofern der Dritte beweist, daß er die Tatsache weder kannte noch kennen mußte.

(3) Ist eine einzutragende und bekannt gemachte Tatsache unrichtig eingetragen, so kann sich ein Dritter demjenigen gegenüber, in dessen Angelegenheit die Tatsache einzutragen war, auf die eingetragene Tatsache berufen, es sei denn, dass er die Unrichtigkeit kannte.

(4) Für den Geschäftsverkehr mit einer in das Handelsregister eingetragenen Zweigniederlassung eines Unternehmens mit Sitz oder Hauptniederlassung im Ausland ist im Sinne dieser Vorschriften die Eintragung und Bekanntmachung durch das Gericht der Zweigniederlassung entscheidend.

(5) Die Absätze 1 bis 3 sind nicht anzuwenden im Hinblick auf die im Registerblatt einer Kapitalgesellschaft eingetragenen Informationen über eine Zweigniederlassung der Gesellschaft im Ausland.

[Abs. 1 = § 15 Abs. 1 idF. 1897]

§ 15

(1) Solange eine in das Handelsregister einzutragende Thatsache nicht eingetragen und bekannt gemacht ist, kann sie von demjenigen, in dessen Angelegenheiten sie einzutragen war, einem Dritten nicht entgegengesetzt werden, es sei denn, daß sie diesem bekannt war.

(2) Ist die Thatsache eingetragen und bekanntgemacht worden, so muß ein Dritter sie gegen sich gelten lassen, *es sei denn,* daß er *sie* weder kannte noch kennen mußte.

(3) Für den Geschäftsverkehr mit einer in das Handelsregister *eingetragenen Zweigniederlassung* ist im Sinne dieser Vorschriften die Eintragung und Bekanntmachung durch das Gericht der Zweigniederlassung entscheidend.

§ 15 idF. 1969[108]

(1) [= § 15 Abs. 1 idF. 1897]

(2) [1]Ist die Tatsache eingetragen und bekanntgemacht worden, so muß ein Dritter sie gegen sich gelten lassen. [2]Dies gilt nicht bei Rechtshandlungen, die innerhalb von fünfzehn Tagen nach der Bekanntmachung vorgenommen werden, sofern der Dritte beweist, daß er die Tatsache weder kannte noch kennen mußte.

(3) Ist eine *einzutragende Tatsache unrichtig bekanntgemacht,* so kann sich ein Dritter demjenigen gegenüber, in dessen Angelegenheit*en* die Tatsache einzutragen war, auf die *bekanntgemachte* Tatsache berufen, es sei denn, *daß* er die Unrichtigkeit kannte.

(4) [= § 15 Abs. 3 idF. 1897]

107 § 15 Abs. 4 S. 2 aufgehoben, bisheriger S. 1 geändert durch Art. 1 Nr. 9 Gesetz v. 10.11.2006 (EHUG), BGBl. I S. 2553, m.W.v. 1.1.2007; § 15 Abs. 3 neu gefasst, Abs. 5 eingefügt durch Gesetz v. 5.7.2021, BGBl. I S. 3338 (DiRUG), m.W.v. 1.8.2022.

108 § 15 Abs. 2 neu gefasst, Abs. 3 eingefügt, der bisherige Abs. 3 wird Abs. 4 durch Art. 1 Nr. 2 Gesetz v. 15.8.1969, BGBl. I S. 1146, m.W.v. 1.9.1969.

ADHGB 1861	UGB
	Verhängung einer weiteren Zwangsstrafe nicht nach, beträgt dieser Höchstbetrag das Sechsfache. Als Grundlage für die Größenklasse kann der zuletzt vorgelegte Jahresabschluss herangezogen werden. Eine verhängte Zwangsstrafe ist auch dann zu vollstrecken, wenn der gerichtlichen Anordnung nachgekommen wurde oder deren Erfüllung unmöglich geworden ist.
Art. 25 (1) [→ § 31] (2) Ist *die Aenderung oder das Erlöschen* nicht in das Handelsregister eingetragen *und öffentlich* bekannt gemacht, *so* kann derjenige, *bei welchem jene* Thatsachen *eingetreten sind, dieselben* einem Dritten *nur insofern* entgegensetzen, *als er beweist,* daß sie *dem letzteren* bekannt waren. (3) Ist die *Eintragung und Bekanntmachung geschehen,* so muß ein Dritter *die Aenderung oder das Erlöschen* gegen sich gelten lassen, *sofern nicht die Umstände die Annahme begründen,* daß er *diese* Thatsachen weder *gekannt habe,* noch *habe* kennen müssen.	**§ 15 Publizität des Firmenbuchs** (1) Solange eine in das Firmenbuch einzutragende Tatsache nicht eingetragen ist, kann sie von demjenigen, in dessen Angelegenheiten sie einzutragen war, einem Dritten nicht entgegengesetzt werden, es sei denn, daß sie diesem bekannt war. (2) [1]Ist die Tatsache eingetragen worden, so muß ein Dritter sie gegen sich gelten lassen. [2]Dies gilt nicht bei Rechtshandlungen, die innerhalb von 15 Tagen nach der Eintragung vorgenommen werden, sofern der Dritte beweist, daß er die Tatsache weder kannte noch kennen mußte. (3) Wer eine unrichtige Eintragung veranlasst oder eine, wenn auch nicht von ihm veranlasste, wohl aber von ihm als unrichtig erkannte oder für ihn als unrichtig erkennbare Eintragung aus Verschulden nicht löschen lässt, muss die unrichtige Eintragung dem Dritten gegenüber im Geschäftsverkehr gegen sich gelten lassen, sofern er nicht beweist, dass der Dritte nicht im Vertrauen auf die Eintragung gehandelt hat oder deren Unrichtigkeit kannte oder grob fahrlässig nicht kannte. (4) § 3 bleibt unberührt.

HGB	HGB 1897
	§ 15 Abs. 4 S. 2 idF. 2001[109] (4) [2]*Für Zweigniederlassungen von Unternehmen mit Sitz im Inland gilt dies nur für die in § 13 Abs. 6 angeführten Tatsachen.*
§ 15a[110] **Öffentliche Zustellung**[111] [1]Ist bei einer juristischen Person, die zur Anmeldung einer inländischen Geschäftsanschrift zum Handelsregister verpflichtet ist, der Zugang einer Willenserklärung nicht unter der eingetragenen Anschrift oder einer im Handelsregister eingetragenen Anschrift einer für Zustellungen empfangsberechtigten Person oder einer ohne Ermittlungen bekannten anderen inländischen Anschrift möglich, kann die Zustellung nach den für die öffentliche Zustellung geltenden Vorschriften der Zivilprozessordnung erfolgen. [2]Zuständig ist das Amtsgericht, in dessen Bezirk sich die eingetragene inländische Geschäftsanschrift der Gesellschaft befindet. [3]§ 132 des Bürgerlichen Gesetzbuchs bleibt unberührt.	
§ 16 [Entscheidung des Prozessgerichts] (1) [1]Ist durch eine rechtskräftige oder vollstreckbare Entscheidung des Prozeßgerichts die Verpflichtung zur Mitwirkung bei einer Anmeldung zum Handelsregister oder ein	**§ 16** (1) [1]Ist durch eine rechtskräftige oder vollstreckbare Entscheidung des Prozeßgerichts die Verpflichtung zur Mitwirkung bei einer Anmeldung zum Handelsregister oder ein

109 § 15 Abs. 4 S. 2 eingefügt durch Art. 4 Nr. 6 Gesetz v. 18.1.2001 (NaStraG), BGBl. I S. 123, m.W.v. 25.1.2001.
110 § 15a eingefügt durch Art. 3 Nr. 6 Gesetz v. 23.10.2008, BGBl. I S. 2026, m.W.v. 1.11.2008.
111 Amtliche Überschrift nach Art. 3 Nr. 6 Gesetz v. 23.10.2008, BGBl. I S. 2026, m.W.v. 1.11.2008.

ADHGB 1861	UGB

§ 21 FBG
Zustellungen

(1) Der Beschluß über die Eintragung ist dem Antragsteller, der zuständigen gesetzlichen Interessenvertretung, bei Eintragungen von Erwerbs- und Wirtschaftsgenossenschaften dem zuständigen gesetzlichen Revisionsverband und dem Betroffenen zuzustellen.

(2) Für Parteien, denen der Beschluss über die Eintragung nicht nach Abs. 1 zuzustellen ist, treten die Folgen der Zustellung mit der Eintragung ein.

(3) [1]Misslingt eine Zustellung an der für Zustellungen maßgeblichen Geschäftsanschrift (§ 3 Z 4), weil dort keine Abgabestelle besteht und eine andere nicht festgestellt werden kann, so ist zunächst die Zustellung an den dem Gericht bekannten Privatanschriften des Unternehmers bzw. der Mitglieder des vertretungsbefugten Organs der sonstigen Rechtsträger und eines Prokuristen zu versuchen. [2]Bleibt dies gleichfalls erfolglos, so kann diese Zustellung wie alle weiteren Zustellungen durch Aufnahme in die Ediktsdatei (im Sinn des § 25 Zustellgesetz) erfolgen; hierauf ist in der öffentlichen Bekanntmachung hinzuweisen. [3]Die Zustellung gilt als bewirkt, wenn zwei Wochen seit Aufnahme in die Ediktsdatei verstrichen sind. [4]Das Gericht hat den Umstand, dass eine für Zustellungen maßgebliche Geschäftsanschrift unbekannt ist, von Amts wegen in das Firmenbuch einzutragen (§ 3 Z 4a).

(4) Bekanntmachungen nach Abs. 3 sind ein Jahr lang abfragbar zu halten.

(5) Sonstige gesetzliche Zustellungsanordnungen bleiben unberührt.

§ 16 Gerichtliche Feststellungen

(1) [1]Ist durch eine rechtskräftige oder vollstreckbare Entscheidung des Prozeßgerichts die Verpflichtung zur Mitwirkung bei einer Anmeldung zum Firmenbuch oder ein Rechts-

HGB	HGB 1897
Rechtsverhältnis, bezüglich dessen eine Eintragung zu erfolgen hat, gegen einen von mehreren bei der Vornahme der Anmeldung Beteiligten festgestellt, so genügt zur Eintragung die Anmeldung der übrigen Beteiligten. ²Wird die Entscheidung, auf Grund deren die Eintragung erfolgt ist, aufgehoben, so ist dies auf Antrag eines der Beteiligten in das Handelsregister einzutragen. (2) Ist durch eine rechtskräftige oder vollstreckbare Entscheidung des Prozeßgerichts die Vornahme einer Eintragung für unzulässig erklärt, so darf die Eintragung nicht gegen den Widerspruch desjenigen erfolgen, welcher die Entscheidung erwirkt hat. [= § 16 idF. 1897]	Rechtsverhältniß, bezüglich dessen eine Eintragung zu erfolgen hat, gegen einen von mehreren bei der Vornahme der Anmeldung Betheiligten festgestellt, so genügt zur Eintragung die Anmeldung der übrigen Betheiligten. ²Wird die Entscheidung, auf Grund deren die Eintragung erfolgt ist, aufgehoben, so ist dies auf Antrag eines der Beteiligten in das Handelsregister einzutragen. (2) Ist durch eine rechtskräftige oder vollstreckbare Entscheidung des Prozeßgerichts die Vornahme einer Eintragung für unzulässig erklärt, so darf die Eintragung nicht gegen den Widerspruch desjenigen erfolgen, welcher die Entscheidung erwirkt hat.
Dritter Abschnitt **Handelsfirma** [§§ 17–37a]	**Dritter Abschnitt** **Handelsfirma** [§§ 17–37]
§ 17[112] [Begriff] (1) Die Firma eines Kaufmanns ist der Name, unter dem er seine Geschäfte betreibt und die Unterschrift abgibt. (2) Ein Kaufmann kann unter seiner Firma klagen und verklagt werden. [Abs. 2 = § 17 Abs. 2 idF. 1897]	**§ 17** (1) Die Firma eines Kaufmanns ist der Name, unter dem er *im Handel* seine Geschäfte betreibt und die Unterschrift abgiebt. (2) Ein Kaufmann kann unter seiner Firma klagen und verklagt werden.
§ 18[113] [Firma des Kaufmanns] (1) Die Firma muß zur Kennzeichnung des Kaufmanns geeignet sein und Unterscheidungskraft besitzen. (2) ¹Die Firma darf keine Angaben enthalten, die geeignet sind, über geschäftliche Verhältnisse, die für die angesprochenen Verkehrskreise wesentlich sind, irrezuführen. ²Im Verfahren vor dem Registergericht wird die Eignung zur Irreführung nur berücksichtigt, wenn sie ersichtlich ist.	**§ 18[114]** (1) *Ein* Kaufmann, *der sein Geschäft ohne Gesellschafter oder nur mit einem stillen Gesellschafter betreibt, hat seinen Familiennamen mit mindestens einem ausgeschriebenen* Vornamen *als Firma zu führen.* (2) ¹*Der* Firma darf kein *Zusatz* beigefügt *werden, der ein Gesellschaftsverhältniß andeutet oder sonst* geeignet *ist, eine Täuschung* über *die Art oder den Umfang des Geschäfts oder die Verhältnisse des Geschäftsinhabers herbeizuführen.*

112 § 17 Abs. 1 geändert durch Art. 3 Nr. 10 Gesetz v. 22.6.1998 (HRefG), BGBl. I S. 1474, m.W.v. 1.7.1998.
113 § 18 neu gefasst durch Art. 3 Nr. 11 Gesetz v. 22.6.1998 (HRefG), BGBl. I S. 1474, m.W.v. 1.7.1998.
114 Sechste Verordnung über weitere Maßnahmen auf dem Gebiet des Handelsrechts während des Krieges v. 9.12.1943, RGBl. I S. 672 (Kaufleute dürfen ausnahmsweise von § 18 Abs. 1 HGB abweichen; diese Regelung wieder aufgehoben durch Art. I § 1 Io Gesetz v. 18.4.1950 (Handelsrechtliches Bereinigungsgesetz), BGBl. I S. 90).

ADHGB 1861	UGB
	verhältnis, bezüglich dessen eine Eintragung zu erfolgen hat, gegen einen von mehreren bei der Vornahme der Anmeldung Beteiligten festgestellt, so genügt zur Eintragung die Anmeldung der übrigen Beteiligten. [2]Wird die Entscheidung, auf Grund deren die Eintragung erfolgt ist, aufgehoben, so ist dies auf Antrag eines der Beteiligten in das Firmenbuch einzutragen. (2) Ist durch eine rechtskräftige oder vollstreckbare Entscheidung des Prozeßgerichts die Vornahme einer Eintragung für unzulässig erklärt, so darf die Eintragung nicht gegen den Widerspruch desjenigen erfolgen, welcher die Entscheidung erwirkt hat.
Dritter Titel **Von Handelsfirmen** [Artt. 15–27]	**Dritter Abschnitt** **Firma** [§§ 17–37]
Art. 15 Die Firma eines Kaufmanns ist der Name, unter *welchem* er im Handel seine Geschäfte betreibt und die Unterschrift abgiebt.	**§ 17 Begriff** (1) Die Firma ist der in das Firmenbuch eingetragene Name eines Unternehmers, unter dem er seine Geschäfte betreibt und die Unterschrift abgibt. (2) Ein Unternehmer kann in Verfahren vor Gerichten oder Verwaltungsbehörden seine Firma als Parteibezeichnung führen und mit seiner Firma als Partei bezeichnet werden. Für Einzelunternehmer gilt dies nicht in Strafverfahren.
Art. 16 (1) Ein Kaufmann, *welcher* sein Geschäft ohne Gesellschafter oder nur mit einem stillen Gesellschafter betreibt, *darf nur* seinen Familiennamen *(bürgerlichen Namen)* mit *oder ohne* Vornamen als Firma führen. (2) [1]*Er* darf der Firma keinen Zusatz beifügen, *welcher* ein Gesellschaftsverhältniß andeutet. [2]*Dagegen* sind *andere* Zusätze gestattet, *welche* zur *näheren Bezeichnung* der Person oder des Geschäftes dienen.	**§ 18 Eigenschaften der Firma** (1) Die Firma muss zur Kennzeichnung des Unternehmers geeignet sein und Unterscheidungskraft besitzen. (2) Die Firma darf keine Angaben enthalten, die geeignet sind, über geschäftliche Verhältnisse, die für die angesprochenen Verkehrskreise wesentlich sind, irrezuführen.

HGB	HGB 1897
	²*Zusätze, die zur Unterscheidung der Person oder des Geschäfts dienen, sind gestattet.*
§ 19[115] [Bezeichung der Firma bei Einzelkaufleuten, einer OHG oder KG] (1) Die Firma muß, auch wenn sie nach den §§ 21, 22, 24 oder nach anderen gesetzlichen Vorschriften fortgeführt wird, enthalten: 1. bei Einzelkaufleuten die Bezeichnung „eingetragener Kaufmann“, „eingetragene Kauffrau“ oder eine allgemein verständliche Abkürzung dieser Bezeichnung, insbesondere „e.K.“, „e.Kfm.“ oder „e.Kfr.“; 2. bei einer offenen Handelsgesellschaft die Bezeichnung „offene Handelsgesellschaft“ oder eine allgemein verständliche Abkürzung dieser Bezeichnung; 3. bei einer Kommanditgesellschaft die Bezeichnung „Kommanditgesellschaft“ oder eine allgemein verständliche Abkürzung dieser Bezeichnung. (2) Wenn in einer offenen Handelsgesellschaft oder Kommanditgesellschaft keine natürliche Person persönlich haftet, muß die Firma, auch wenn sie nach den §§ 21, 22, 24 oder nach anderen gesetzlichen Vorschriften fortgeführt wird, eine Bezeichnung enthalten, welche die Haftungsbeschränkung kennzeichnet.	**§ 19[116]** (1) Die Firma *einer offenen Handelsgesellschaft hat* den *Namen wenigstens eines der Gesellschafter mit einem das Vorhandensein einer Gesellschaft andeutenden Zusatz oder die Namen aller Gesellschafter zu* enthalten. (2) *Die Firma einer Kommanditgesellschaft hat den Namen wenigstens eines persönlich haftenden Gesellschafters mit einem das Vorhandensein einer Gesellschaft andeutenden Zusatze zu enthalten.* *(3) Die Beifügung von Vornamen ist nicht erforderlich.* *(4) Die Namen anderer Personen als der persönlich haftenden Gesellschafter dürfen in die Firma einer offenen Handelsgesellschaft oder einer Kommanditgesellschaft nicht aufgenommen werden.* **§ 19 Abs. 5 idF. 1980[117]** *(5)* ¹*Ist* kein *persönlich haftender Gesellschafter eine* natürliche Person, *so* muß die Firma, auch wenn sie nach den §§ 21, 22, 24 oder nach anderen gesetzlichen Vorschriften fortgeführt wird, eine Bezeichnung enthalten, welche die Haftungsbeschränkung kennzeichnet. ²*Dies gilt nicht, wenn zu den persönlich haftenden Gesellschaftern eine andere offene Handelsgesellschaft oder Kommanditgesellschaft gehört, bei der ein persönlich haftender Gesellschafter eine natürliche Person ist.*

115 § 19 neu gefasst durch Art. 3 Nr. 12 Gesetz v. 22.6.1998 (HRefG), BGBl. I S. 1474, m.W.v. 1.7.1998.
116 Sechste Verordnung über weitere Maßnahmen auf dem Gebiet des Handelsrechts während des Krieges v. 9.12.1943, RGBl. I S. 672 (Kaufleute dürfen ausnahmsweise von § 18 Abs. 1 HGB abweichen; diese Regelung wieder aufgehoben durch Art. I § 1 Io Gesetz v. 18.4.1950 (Handelsrechtliches Bereinigungsgesetz), BGBl. I S. 90).
117 § 19 Abs. 5 eingefügt durch Art. 2 Nr. 1 Gesetz v. 11.6.1980, BGBl. I S. 836, m.W.v. 1.1.1981.

ADHGB 1861	UGB

Art. 17

(1) *Die* Firma einer offenen Handelsgesellschaft *muß, wenn in dieselbe nicht die* Namen *sämmtlicher* Gesellschafter *aufgenommen sind,* den Namen wenigstens eines der Gesellschafter mit einem das Vorhandensein einer Gesellschaft andeutenden Zusatze enthalten.

(2) Die Firma einer Kommanditgesellschaft *muß* den Namen wenigstens eines persönlich haftenden Gesellschafters mit einem das Vorhandensein einer Gesellschaft andeutenden Zusatze enthalten.

(3) Die Namen anderer Personen, als der persönlich haftenden Gesellschafter, dürfen in die Firma einer Handelsgesellschaft nicht aufgenommen werden; *auch darf sich keine offene Handelsgesellschaft oder Kommanditgesellschaft als Aktiengesellschaft bezeichnen, selbst wenn das Kapital der Kommanditisten in Aktien zerlegt ist.*

§ 19 Zwingende Rechtsformzusätze

(1) Bei in das Firmenbuch eingetragenen Unternehmern muss die Firma, auch wenn sie nach den §§ 21, 22, 24 oder nach anderen gesetzlichen Vorschriften fortgeführt wird, enthalten:

1. bei Einzelunternehmern die Bezeichnung „eingetragener Unternehmer" oder „eingetragene Unternehmerin" oder eine allgemein verständliche Abkürzung dieser Bezeichnung, insbesondere „e.U.";
2. bei einer offenen Gesellschaft die Bezeichnung „offene Gesellschaft" oder eine allgemein verständliche Abkürzung dieser Bezeichnung, insbesondere „OG";
3. bei einer Kommanditgesellschaft die Bezeichnung „Kommanditgesellschaft" oder eine allgemein verständliche Abkürzung dieser Bezeichnung, insbesondere „KG";
4. bei Angehörigen eines freien Berufes, soweit die berufsrechtlichen Vorschriften für die Firma nichts anderes vorsehen, einen Hinweis auf den ausgeübten freien Beruf. An die Stelle der Bezeichnung „offene Gesellschaft" kann die Bezeichnung „Partnerschaft" oder – sofern die Firma nicht die Namen aller Gesellschafter enthält – der Zusatz „und (&) Partner", an die Stelle der Bezeichnung „Kommanditgesellschaft" die Bezeichnung „Kommandit-Partnerschaft" treten.

(2) Wenn in einer offenen Gesellschaft oder einer Kommanditgesellschaft keine natürliche Person unbeschränkt haftet, muss dieser Umstand aus der Firma erkennbar sein, auch wenn sie nach den §§ 21, 22, 24 oder nach anderen gesetzlichen Vorschriften fortgeführt wird.

HGB	HGB 1897

§ 20[118]
(*weggefallen*)

AktG
§ 4[119] Firma
Die Firma der Aktiengesellschaft muss, auch wenn sie nach § 22 des Handelsgesetzbuchs oder nach anderen gesetzlichen Vorschriften fortgeführt wird, die Bezeichnung „Aktiengesellschaft" oder eine allgemein verständliche Abkürzung dieser Bezeichnung enthalten.

§ 20
Die Firma einer Aktiengesellschaft *sowie die Firma einer Kommanditgesellschaft auf Aktien ist in der Regel von dem Gegenstande des Unternehmens zu entlehnen; die erstere Firma hat außerdem* die Bezeichnung „Aktiengesellschaft", *die letztere Firma die Bezeichnung „Kommanditgesellschaft auf Aktien" zu* enthalten.

§ 21[122] [Fortführung bei Namensänderungen]
Wird ohne eine Änderung der Person der in der Firma enthaltene Name des Geschäftsinhabers oder eines Gesellschafters geändert, so kann die bisherige Firma fortgeführt werden.

§ 21
Wird ohne eine Aenderung der Person *der Name des Geschäftsinhabers oder der in der Firma enthaltene Name eines Gesellschafters* geändert, so kann die bisherige Firma fortgeführt werden.

§ 22[123] [Fortführung bei Erwerb des Handelsgeschäfts]
(1) Wer ein bestehendes Handelsgeschäft unter Lebenden oder von Todes wegen erwirbt, darf für das Geschäft die bisherige Firma, auch wenn sie den Namen des bisherigen Geschäftsinhabers enthält, mit oder ohne Beifügung eines das Nachfolgeverhältnis andeutenden Zusatzes fortführen, wenn der bisherige Geschäftsinhaber oder dessen Erben in die Fortführung der Firma ausdrücklich willigen.
(2) Wird ein Handelsgeschäft auf Grund eines Nießbrauchs, eines Pachtvertrags oder eines

§ 22
(1) [1]Wer ein bestehendes Handelsgeschäft unter Lebenden oder von Todeswegen erwirbt, darf für das Geschäft die bisherige Firma mit oder ohne Beifügung eines das Nachfolgeverhältniß andeutenden Zusatzes fortführen, wenn der bisherige Geschäftsinhaber oder dessen Erben in die Fortführung der Firma ausdrücklich willigen. [2]*Die Verpflichtung einer Aktiengesellschaft oder einer Kommanditgesellschaft auf Aktien, die im §. 20 vorgeschriebene Bezeichnung in ihre Firma aufzunehmen, wird hierdurch nicht berührt.*

---

118 § 20 aufgehoben durch § 18 Abs. 1 Gesetz v. 30.1.1937 (EGAktG), RGBl. I S. 166, m.W.v. 1.10.1937.
119 § 4 AktG neu gefasst durch Gesetz v. 22.6.1998 (HRefG), BGBl. I S. 1474.
120 Aktiengesetz, BGBl. 1965/98, zuletzt geändert durch Gesellschaftsrechtliches Digitalisierungsgesetz 2023, BGBl. I Nr. 2023/178.
121 § 4 neu gefasst durch Art. III Nr. 2 Handelsrechts-Änderungsgesetz, BGBl. I 2005/120, m.W.v. 1.7.2007.
122 § 21 geändert durch Art. 3 Nr. 13 Gesetz v. 22.6.1998 (HRefG), BGBl. I S. 1474, m.W.v. 1.7.1998.
123 § 22 Abs. 1 geändert durch Art. 3 Nr. 14 Gesetz v. 22.6.1998 (HRefG), BGBl. I S. 1474, m.W.v. 1.7.1998.

ADHGB 1861	UGB
	§ 20 Unzulässige Verwendung fremder Namen In die Firma eines Einzelunternehmers oder einer eingetragenen Personengesellschaft darf der Name einer anderen Person als des Einzelunternehmers oder eines unbeschränkt haftenden Gesellschafters nicht aufgenommen werden.
Art. 18 (1) Die Firma einer Aktiengesellschaft *muß* in der Regel von dem Gegenstande *ihrer* Unternehm*ung* entlehnt *sein.* (2) *Der Name von Gesellschaftern oder anderen Personen darf in die Firma nicht aufgenommen werden.*	**Aktiengesetz**[120] **§ 4 öAktG**[121] **Firma** Die Firma der Aktiengesellschaft muss, auch wenn sie nach § 22 UGB oder nach anderen gesetzlichen Vorschriften fortgeführt wird, die Bezeichnung „Aktiengesellschaft" enthalten; die Bezeichnung kann abgekürzt werden.
	§ 21 Fortführung bei Namensänderung Wird der Name einer in der Firma genannten Person geändert, so kann die bisherige Firma fortgeführt werden.
Art. 22 Wer ein bestehendes Handelsgeschäft *durch Vertrag oder Erbgang* erwirbt, *kann dasselbe unter der* bisherig*en* Firma mit oder ohne einen das Nachfolgeverhältniß andeutenden Zusatz fortführen, wenn der bisherige Geschäftsinhaber oder dessen Erben *oder die etwaigen Miterben* in die Fortführung der Firma ausdrücklich willigen.	**§ 22 Fortführung bei Unternehmenserwerb** (1) Wer ein bestehendes Unternehmen unter Lebenden oder von Todes wegen erwirbt, darf für das Unternehmen die bisherige Firma, auch wenn sie den Namen des bisherigen Unternehmers enthält, mit oder ohne Beifügung eines das Nachfolgeverhältnis andeutenden Zusatzes fortführen, wenn der bisherige Unternehmer oder dessen Erben in die Fortführung der Firma ausdrücklich einwilligen. (2) Wird das Unternehmen auf Grund eines Nießbrauchs, eines Pachtvertrags oder eines ähnlichen Verhältnisses übernommen, so fin-

HGB	HGB 1897
ähnlichen Verhältnisses übernommen, so finden diese Vorschriften entsprechende Anwendung. [Abs. 2 = § 22 Abs. 2 idF. 1897]	(2) Wird ein Handelsgeschäft auf Grund eines Nießbrauchs, eines Pachtvertrags oder eines ähnlichen Verhältnisses übernommen, so finden diese Vorschriften entsprechende Anwendung.
§ 23 [Veräußerungsverbot] Die Firma kann nicht ohne das Handelsgeschäft, für welches sie geführt wird, veräußert werden. [= § 23 idF. 1897]	**§ 23** Die Firma kann nicht ohne das Handelsgeschäft, für welches sie geführt wird, veräußert werden.
§ 24[124] [Fortführung bei Änderung im Gesellschafterbestand] (1) Wird jemand in ein bestehendes Handelsgeschäft als Gesellschafter aufgenommen oder tritt ein neuer Gesellschafter in eine Handelsgesellschaft ein oder scheidet aus einer solchen ein Gesellschafter aus, so kann ungeachtet dieser Veränderung die bisherige Firma fortgeführt werden, auch wenn sie den Namen des bisherigen Geschäftsinhabers oder Namen von Gesellschaftern enthält. (2) Bei dem Ausscheiden eines Gesellschafters, dessen Name in der Firma enthalten ist, bedarf es zur Fortführung der Firma der ausdrücklichen Einwilligung des Gesellschafters oder seiner Erben. [Abs. 2 = § 24 Abs. 2 idF. 1897]	**§ 24** (1) Wird jemand in ein bestehendes Handelsgeschäft als Gesellschafter aufgenommen oder tritt ein neuer Gesellschafter in eine Handelsgesellschaft ein oder scheidet aus einer solchen ein Gesellschafter aus, so kann ungeachtet dieser Veränderung die bisherige Firma fortgeführt werden. (2) Bei dem Ausscheiden eines Gesellschafters, dessen Name in der Firma enthalten ist, bedarf es zur Fortführung der Firma der ausdrücklichen Einwilligung des Gesellschafters oder seiner Erben.
§ 25 [Haftung des Erwerbers bei Firmenfortführung] (1) ¹Wer ein unter Lebenden erworbenes Handelsgeschäft unter der bisherigen Firma mit oder ohne Beifügung eines das Nachfolgeverhältnis andeutenden Zusatzes fortführt, haftet für alle im Betriebe des Geschäfts begründeten Verbindlichkeiten des früheren Inhabers. ²Die in dem Betriebe begründeten Forderungen gelten den Schuldnern gegenüber als auf den Erwerber übergegangen, falls der bisherige Inhaber oder seine Erben in die Fortführung der Firma gewilligt haben.	**§ 25** (1) ¹Wer ein unter Lebenden erworbenes Handelsgeschäft unter der bisherigen Firma mit oder ohne Beifügung eines das Nachfolgeverhältniß andeutenden Zusatzes fortführt, haftet für alle im Betrieb des Geschäfts begründeten Verbindlichkeiten des früheren Inhabers. ²Die in dem Betrieb begründeten Forderungen gelten den Schuldnern gegenüber als auf den Erwerber übergegangen, falls der bisherige Inhaber oder seine Erben in die Fortführung der Firma gewilligt haben.

124 § 24 Abs. 1 geändert durch Art. 3 Nr. 15 Gesetz v. 22.6.1998 (HRefG), BGBl. I S. 1474, m.W.v. 1.7.1998.

ADHGB 1861	UGB
	den diese Vorschriften entsprechende Anwendung.
Art. 23 Die Veräußerung *einer* Firma *als solcher, abgesondert von dem* Handelsgeschäft, für welches sie *bisher* geführt *wurde, ist nicht zulässig.*	**§ 23 Verbot der Leerübertragung** Die Firma kann nicht ohne das Unternehmen, für das sie geführt wird, veräußert werden.
Art. 24 (1) *Wenn* in ein bestehendes Handelsgeschäft Jemand als Gesellschafter *eintritt,* oder *wenn* ein Gesellschafter *zu* einer Handelsgesellschaft *neu hinzu*tritt oder aus einer solchen *austritt,* so kann, ungeachtet dieser Veränderung, die ursprüngliche Firma fortgeführt werden. (2) *Jedoch ist beim Austreten* eines Gesellschafters dessen ausdrückliche Einwilligung *in die* Fortführung der Firma *erforderlich, wenn sein* Name in der Firma enthalten ist.	**§ 24 Fortführung bei Änderungen im Gesellschafterbestand** (1) Tritt ein neuer Gesellschafter in eine Gesellschaft ein oder scheidet ein Gesellschafter aus einer solchen aus, so kann ungeachtet dieser Veränderung die bisherige Firma fortgeführt werden. (2) Bei Ausscheiden eines Gesellschafters, dessen Name in der Firma enthalten ist, bedarf es zur Fortführung der Firma der ausdrücklichen Einwilligung des Gesellschafters oder seiner Erben.
	Vierter Abschnitt **Unternehmensübergang** [§§ 38–40] **§ 38 Übernahme der Rechtsverhältnisse des Veräußerers durch den Erwerber, Haftung von Veräußerer und Erwerber** (1) [1]Wer ein unter Lebenden erworbenes Unternehmen fortführt, übernimmt, sofern nichts anderes vereinbart ist, zum Zeitpunkt des Unternehmensübergangs die unternehmensbezogenen, nicht höchstpersönlichen Rechtsverhältnisse des Veräußerers mit den bis dahin begründeten Rechten und Verbindlichkeiten. [2]Für unternehmensbezogene Verbindlichkeiten des Veräußerers bestellte Sicherheiten bleiben für diese Verbindlichkei-

HGB	HGB 1897
(2) Eine abweichende Vereinbarung ist einem Dritten gegenüber nur wirksam, wenn sie in das Handelsregister eingetragen und bekanntgemacht oder von dem Erwerber oder dem Veräußerer dem Dritten mitgeteilt worden ist. (3) Wird die Firma nicht fortgeführt, so haftet der Erwerber eines Handelsgeschäfts für die früheren Geschäftsverbindlichkeiten nur, wenn ein besonderer Verpflichtungsgrund vorliegt, insbesondere wenn die Übernahme der Verbindlichkeiten in handelsüblicher Weise von dem Erwerber bekanntgemacht worden ist.	(2) Eine abweichende Vereinbarung ist einem Dritten gegenüber nur wirksam, wenn sie in das Handelsregister eingetragen und bekanntgemacht oder von dem Erwerber oder dem Veräußerer dem Dritten mitgetheilt worden ist. (3) Wird die Firma nicht fortgeführt, so haftet der Erwerber eines Handelsgeschäfts für die früheren Geschäftsverbindlichkeiten nur, wenn ein besonderer Verpflichtungsgrund vorliegt, insbesondere wenn die Uebernahme der Verbindlichkeiten in handelsüblicher Weise von dem Erwerber bekanntgemacht worden ist.

[= § 25 idF. 1897]

ADHGB 1861	UGB
	ten aufrecht. [3]Der Veräußerer haftet nach Maßgabe des § 39 für die unternehmensbezogenen Verbindlichkeiten fort. (2) [1]Der Dritte kann der Übernahme seines Vertragsverhältnisses binnen dreier Monate nach Mitteilung davon sowohl gegenüber dem Veräußerer als auch gegenüber dem Erwerber widersprechen; in der Mitteilung ist er auf das Widerspruchsrecht hinzuweisen. [2]Dies gilt auch für den Besteller einer für unternehmensbezogene Verbindlichkeiten des Veräußerers gewährten Sicherheit. [3]Im Falle eines wirksamen Widerspruchs besteht das Vertragsverhältnis mit dem Veräußerer fort. (3) [1]Wurde dem Dritten nicht nachweislich mitgeteilt, ob das Vertragsverhältnis vom Erwerber übernommen wurde, oder kann dieser Übernahme noch widersprochen werden, so kann er sowohl gegenüber dem Veräußerer als auch gegenüber dem Erwerber auf das Vertragsverhältnis bezogene Erklärungen abgeben und seine Verbindlichkeiten erfüllen. [2]Dies gilt auch für den Besteller einer für unternehmensbezogene Verbindlichkeiten des Veräußerers gewährten Sicherheit. (4) [1]Werden unternehmensbezogene Rechtsverhältnisse des Veräußerers vom Erwerber nicht übernommen, so haftet er dennoch für die damit verbundenen Verbindlichkeiten. [2]Dies gilt auch, wenn der Erwerber nur einzelne Verbindlichkeiten des Veräußerers nicht übernimmt. [3]Eine davon abweichende Vereinbarung über die Haftung ist einem Dritten gegenüber nur wirksam, wenn sie beim Unternehmensübergang in das Firmenbuch eingetragen, auf verkehrsübliche Weise bekannt gemacht oder dem Dritten vom Veräußerer oder vom Erwerber mitgeteilt wurde. (5) Wird ein Unternehmen im Weg eines Zwangsvollstreckungsverfahrens, eines Insolvenzverfahrens oder einer Überwachung des Schuldners durch einen Treuhänder der Gläubiger erworben, so finden diese Bestimmungen keine Anwendung. (5a) [1]Nicht als Erwerb eines Unternehmens im Sinn des Abs. 1 gilt die Fortführung im Weg der Pacht, der Leihe, der Fruchtnießung, des Rechtes des Gebrauchs und der Beendigung dieser Verträge. [2]Auch in diesen Fällen kann jedoch ein Dritter oder ein Sicherheitenbesteller

HGB	HGB 1897

§ 26[125] [Fristen bei der Haftung nach § 25]

(1) ¹Ist der Erwerber des Handelsgeschäfts auf Grund der Fortführung der Firma oder auf Grund der in § 25 Abs. 3 bezeichneten Kundmachung für die früheren Geschäftsverbindlichkeiten haftbar, so haftet der frühere Geschäftsinhaber für diese Verbindlichkeiten nur, wenn sie vor Ablauf von fünf Jahren fällig und daraus Ansprüche gegen ihn in einer in § 197 Abs. 1 Nr. 3 bis 5 des Bürgerlichen Gesetzbuchs bezeichneten Art festgestellt sind oder eine gerichtliche oder behördliche Vollstreckungshandlung vorgenommen oder beantragt wird; bei öffentlich-rechtlichen Verbindlichkeiten genügt der Erlass eines Verwaltungsakts. ²Die Frist beginnt im Falle des § 25 Abs. 1 mit dem Ende des Tages, an dem der neue Inhaber der Firma in das Handelsregister des Gerichts der Hauptniederlassung eingetragen wird, im Falle des § 25 Abs. 3 mit dem Ende des Tages, an dem die Übernahme kundgemacht wird. ³Die für die Verjährung geltenden §§ 204, 206, 210, 211 und 212 Abs. 2 und 3 des Bürgerlichen Gesetzbuches sind entsprechend anzuwenden.

(2) Einer Feststellung in einer in § 197 Abs. 1 Nr. 3 bis 5 des Bürgerlichen Gesetzbuchs bezeichneten Art bedarf es nicht, soweit der frühere Geschäftsinhaber den Anspruch schriftlich anerkannt hat.

§ 26

(1) Ist der Erwerber des Handelsgeschäfts auf Grund der Fortführung der Firma oder auf Grund der im § 25 Abs. 3 bezeichneten Bekanntmachung für die früheren Geschäftsverbindlichkeiten haftbar, so *verjähren die Ansprüche der Gläubiger gegen den* früheren Inhaber mit dem Ablaufe von fünf Jahren, *falls nicht nach den allgemeinen Vorschriften die Verjährung schon früher eintritt.*

(2) ¹*Die Verjährung* beginnt im Falle des § 25 Abs. 1 mit dem Ende des Tages, an *welchem* der neue Inhaber der Firma in das Handelsregister des Gerichts der Hauptniederlassung eingetragen *worden ist*, im Falle des § 25 Abs. 3 mit dem Ende des Tages, an *welchem die Kundmachung der* Uebernahme *stattgefunden hat.* ²*Konnte der Gläubiger die Leistung erst in einem späteren Zeitpunkte verlangen, so beginnt die Verjährung in diesem Zeitpunkte.*

§ 26 idF. 1994[126]

(1) ¹Ist der Erwerber des Handelsgeschäfts auf Grund der Fortführung der Firma oder auf Grund der in § 25 Abs. 3 bezeichneten Kundmachung für die früheren Geschäftsverbindlichkeiten haftbar, so haftet der frühere Geschäftsinhaber für diese Verbindlichkeiten nur, wenn sie vor Ablauf von fünf Jahren fällig und daraus Ansprüche gegen ihn *gerichtlich geltend gemacht sind*; bei öffentlich-rechtli-

125 § 26 Abs. 1 S. 1 und 3, Abs. 2 geändert durch Art. 5 Abs. 16 Nr. 1 und 2 Gesetz (SchuldrechtsmodernisierungsG) v. 26.11.2001, BGBl. I S. 3138, m.W.v. 1.1.2002.

126 § 26 neu gefasst durch Art. 1 Nr. 1 Gesetz v. 18.3.1994 (NachhBG), BGBl. I S. 560, m.W.v. 26.3.1994.

ADHGB 1861	UGB
	gegenüber dem neuen Unternehmer Erklärungen in Bezug auf ein zum früheren Unternehmer bestehendes, unternehmensbezogenes und nicht höchstpersönliches Vertragsverhältnis abgeben und seine Verbindlichkeiten erfüllen, solange ihm die Fortführung des Unternehmens im Weg der Pacht, der Leihe, der Fruchtnießung, des Rechtes des Gebrauchs oder der Beendigung dieser Verträge nicht bekannt ist. (6) Eine durch andere Bestimmungen begründete Haftung oder Übernahme von Rechtsverhältnissen durch den Erwerber bleibt unberührt. **§ 39 Begrenzung der Haftung des Veräußerers, Frist** [1]Übernimmt der Erwerber des Unternehmens unternehmensbezogene Rechtsverhältnisse des Veräußerers mit den bis zum Unternehmensübergang begründeten Rechten und Verbindlichkeiten, so haftet der Veräußerer für diese Verbindlichkeiten nur, soweit sie vor Ablauf von fünf Jahren nach dem Unternehmensübergang fällig werden. [2]Ansprüche daraus verjähren innerhalb der für die jeweilige Verbindlichkeit geltenden Verjährungsfrist, längstens jedoch in drei Jahren.

HGB	HGB 1897

HGB 1897 (Fortsetzung):

chen Verbindlichkeiten genügt *zur Geltendmachung* der Erlaß eines Verwaltungsakts. 2Die Frist beginnt im Falle des § 25 Abs. 1 mit dem Ende des Tages, an dem der neue Inhaber der Firma in das Handelsregister des Gerichts der Hauptniederlassung eingetragen wird, im Falle des § 25 Abs. 3 mit dem Ende des Tages, an dem die Übernahme kundgemacht wird. 3Die für die Verjährung geltenden §§ *203,* 206, *207,* 210, 212 *bis 216 und 220* des Bürgerlichen Gesetzbuches sind entsprechend anzuwenden.
(2) *Einer gerichtlichen Geltendmachung* bedarf es nicht, soweit der frühere Geschäftsinhaber den Anspruch schriftlich anerkannt hat.

§ 27[127] [Haftung des Erben bei Geschäftsfortführung]

(1) Wird ein zu einem Nachlasse gehörendes Handelsgeschäft von dem Erben fortgeführt, so finden auf die Haftung des Erben für die früheren Geschäftsverbindlichkeiten die Vorschriften des § 25 entsprechende Anwendung.
(2) 1Die unbeschränkte Haftung nach § 25 Abs. 1 tritt nicht ein, wenn die Fortführung des Geschäfts vor dem Ablaufe von drei Monaten nach dem Zeitpunkt, in welchem der Erbe von dem Anfalle der Erbschaft Kenntnis erlangt hat, eingestellt wird. 2Auf den Lauf der Frist finden die für die Verjährung geltenden Vorschriften des § 210 des Bürgerlichen Gesetzbuchs entsprechende Anwendung. 3Ist bei dem Ablaufe der drei Monate das Recht zur Ausschlagung der Erbschaft noch nicht verloren, so endigt die Frist nicht vor dem Ablaufe der Ausschlagungsfrist.

[Abs. 1 = § 27 Abs. 1 idF. 1897]
[Abs. 2 S. 1 = § 27 Abs. 2 S. 1 idF. 1897]
[Abs. 2 S. 3 = § 27 Abs. 2 S. 3 idF. 1897]

§ 27 (HGB 1897)

(1) Wird ein zu einem Nachlasse gehörendes Handelsgeschäft von dem Erben fortgeführt, so finden auf die Haftung des Erben für die früheren Geschäftsverbindlichkeiten die Vorschriften des § 25 entsprechende Anwendung.
(2) 1Die unbeschränkte Haftung nach § 25 Abs. 1 tritt nicht ein, wenn die Fortführung des Geschäfts vor dem Ablauf von drei Monaten nach dem Zeitpunkt, in welchem der Erbe von dem Anfalle der Erbschaft Kenntniß erlangt hat, eingestellt wird. 2Auf den Lauf der Frist finden die für die Verjährung geltenden Vorschriften des § *206* des Bürgerlichen Gesetzbuchs entsprechende Anwendung. 3Ist bei dem Ablaufe der drei Monate das Recht zur Ausschlagung der Erbschaft noch nicht verloren, so endigt die Frist nicht vor dem Ablaufe der Ausschlagungsfrist.

§ 28[128] [Einbringung unternehmensbezogener Schuldverhältnisse]

(1) 1Tritt jemand als persönlich haftender Gesellschafter oder als Kommanditist in das Geschäft eines Einzelkaufmanns ein, so haftet die Gesellschaft, auch wenn sie die frühere

§ 28 (HGB 1897)

(1) 1Tritt jemand als persönlich haftender Gesellschafter oder als Kommanditist in das Geschäft eines Einzelkaufmanns ein, so haftet die Gesellschaft, auch wenn sie die frühere Firma nicht fortführt, für alle im Betriebe des

127 § 27 Abs. 2 S. 2 geändert durch Art. 5 Abs. 16 Nr. 3 Gesetz v. 26.11.2001 (SchuldrechtsmodernisierungsG), BGBl. I S. 3138, m.W.v. 1.1.2002.
128 § 28 Abs. 3 eingefügt durch Art. 1 Nr. 2 Gesetz v. 18.3.1994 (NachhBG), BGBl. I S. 560, m.W.v. 26.3.1994.

ADHGB 1861	UGB
	§ 40 Rechtsstellung des Erben bei Unternehmensfortführung (1) Wird ein zu einem Nachlass gehörendes Unternehmen von dem Erben fortgeführt, so haftet er für die unternehmensbezogenen Verbindlichkeiten unbeschadet seiner Haftung als Erbe unbeschränkt. (2) [1]Die unbeschränkte Haftung tritt nicht ein, wenn die Fortführung des Unternehmens spätestens drei Monate nach Einantwortung eingestellt oder die Haftung in sinngemäßer Anwendung des § 38 Abs. 4 ausgeschlossen wird. [2]Ist der Erbe nicht geschäftsfähig und ist für ihn kein gesetzlicher Vertreter bestellt, so endet diese Frist nicht vor dem Ablauf von drei Monaten seit der Bestellung eines gesetzlichen Vertreters oder seit dem Eintritt der Geschäftsfähigkeit des Erben.

HGB

Firma nicht fortführt, für alle im Betrieb des Geschäfts entstandenen Verbindlichkeiten des früheren Geschäftsinhabers. 2Die in dem Betrieb begründeten Forderungen gelten den Schuldnern gegenüber als auf die Gesellschaft übergegangen.

(2) Eine abweichende Vereinbarung ist einem Dritten gegenüber nur wirksam, wenn sie in das Handelsregister eingetragen und bekanntgemacht oder von einem Gesellschafter dem Dritten mitgeteilt worden ist.

(3) 1Wird der frühere Geschäftsinhaber Kommanditist und haftet die Gesellschaft für die im Betrieb seines Geschäfts entstandenen Verbindlichkeiten, so ist für die Begrenzung seiner Haftung § 26 entsprechend mit der Maßgabe anzuwenden, daß die in § 26 Abs. 1 bestimmte Frist mit dem Ende des Tages beginnt, an dem die Gesellschaft in das Handelsregister eingetragen wird. 2Dies gilt auch, wenn er in der Gesellschaft oder einem ihr als Gesellschafter angehörenden Unternehmen geschäftsführend tätig wird. 3Seine Haftung als Kommanditist bleibt unberührt.

§ 29[129] [Anmeldung der Firma]

Jeder Kaufmann ist verpflichtet, seine Firma, den Ort und die inländische Geschäftsanschrift seiner Handelsniederlassung bei dem Gericht, in dessen Bezirke sich die Niederlassung befindet, zur Eintragung in das Handelsregister anzumelden.

§ 30[131] [Unterscheidbarkeit]

(1) Jede neue Firma muß sich von allen an demselben Ort oder in derselben Gemeinde

HGB 1897

Geschäfts entstandenen Verbindlichkeiten des früheren Geschäftsinhabers. 2Die in dem Betriebe begründeten Forderungen gelten den Schuldnern gegenüber als auf die Gesellschaft übergegangen.

(2) Eine abweichende Vereinbarung ist einem Dritten gegenüber nur wirksam, wenn sie in das Handelsregister eingetragen und bekanntgemacht oder von einem Gesellschafter dem Dritten mitgetheilt worden ist.

§ 29

Jeder Kaufmann ist verpflichtet, seine Firma und den Ort seiner Handelsniederlassung bei dem Gericht, in dessen Bezirke sich die Niederlassung befindet zur Eintragung in das Handelsregister anzumelden; er hat seine Firma zur Aufbewahrung bei dem Gerichte zu zeichnen.

§ 29 idF. 1998[130]

Jeder Kaufmann ist verpflichtet, seine Firma *und den Ort* seiner Handelsniederlassung bei dem Gericht, in dessen Bezirke sich die Niederlassung befindet zur Eintragung in das Handelsregister anzumelden; *er hat seine Namensunterschrift unter Angabe der Firma zur Aufbewahrung bei dem Gericht zu zeichnen.*

§ 30

(1) Jede neue Firma muß sich von allen an demselben Orte oder in derselben Gemeinde

129 § 29 geändert durch Art. 1 Nr. 10 Gesetz v. 10.11.2006 (EHUG), BGBl. I S. 2553, m.W.v. 1.1.2007; § 29 geändert durch Art. 3 Nr. 7 Gesetz v. 23.10.2008 (MoMiG), BGBl. I S. 2026, m.W.v. 1.11.2008.

130 § 29 geändert durch Art. 3 Nr. 16 Gesetz v. 22.6.1998 (HRefG), BGBl. I S. 1474, m.W.v. 1.7.1998.

131 § 30 Abs. 1 geändert durch Art. 51 Nr. 2 Gesetz v. 10.8.2021 (MoPeG), BGBl. I S. 3436, m.W.v. 1.1.2024.

ADHGB 1861	UGB

Art. 19
Jeder Kaufmann ist verpflichtet, seine Firma bei dem *Handels*gerichte, in dessen Bezirk *seine Handels*niederlassung sich befindet, *behufs der* Eintragung in das Handelsregister anzumelden; er hat *dieselbe nebst seiner persönlichen Unterschrift vor dem Handels*gerichte zu zeichnen *oder die Zeichnung derselben in beglaubigten Form einzureichen.*

[Dritter Abschnitt
Firma [§§ 17–37]]

§ 28 Anmeldung der Firma
[1]Die Anmeldung zum Firmenbuch erfolgt bei dem Gericht, in dessen Sprengel sich der Sitz des Unternehmens befindet. [2]Der Unternehmer hat in der Anmeldung die in § 3 Z 2 bis 4, 5, 8 und 16, gegebenenfalls auch die in § 3 Z 6, 9, 11 und 15 und § 4 Z 2 und 3 FBG genannten Tatsachen anzugeben und seine Namensunterschrift zur Aufbewahrung bei Gericht zu zeichnen.

Art. 20
(1) Jede neue Firma muß sich von allen an demselben Orte oder in derselben Gemeinde

§ 29 Unterscheidbarkeit der Firma
(1) Jede neue Firma muß sich von allen an demselben Orte oder in derselben Gemeinde

HGB

bereits bestehenden und in das Handels-, Genossenschafts-, Gesellschafts-, Partnerschafts- oder Vereinsregister eingetragenen Firmen deutlich unterscheiden.

(2) Hat ein Kaufmann mit einem bereits eingetragenen Kaufmanne die gleichen Vornamen und den gleichen Familiennamen und will auch er sich dieser Namen als seiner Firma bedienen, so muß er der Firma einen Zusatz beifügen, durch den sie sich von der bereits eingetragenen Firma deutlich unterscheidet.

(3) Besteht an dem Orte oder in der Gemeinde, wo eine Zweigniederlassung errichtet wird, bereits eine gleiche eingetragene Firma, so muß der Firma für die Zweigniederlassung ein der Vorschrift des Absatzes 2 entsprechender Zusatz beigefügt werden.

(4) Durch die Landesregierungen kann bestimmt werden, daß benachbarte Orte oder Gemeinden als ein Ort oder als eine Gemeinde im Sinne dieser Vorschriften anzusehen sind.

[Abs. 2 = § 30 Abs. 2 idF. 1897]
[Abs. 3 = § 30 Abs. 3 idF. 1897]
[Abs. 4 = § 30 Abs. 4 idF. 1897]

§ 31[133] [Änderung der Firma; Erlöschen]

(1) Eine Änderung der Firma oder ihrer Inhaber, die Verlegung der Niederlassung an einen anderen Ort sowie die Änderung der inländischen Geschäftsanschrift ist nach den Vorschriften des § 29 zur Eintragung in das Handelsregister anzumelden.

(2) [1]Das gleiche gilt, wenn die Firma erlischt. [2]Kann die Anmeldung des Erlöschens einer eingetragenen Firma durch die hierzu Verpflichteten nicht auf dem in § 14 bezeichneten Wege herbeigeführt werden, so hat das Gericht das Erlöschen von Amts wegen einzutragen.

[Abs. 2 = § 31 Abs. 2 idF. 1897]

HGB 1897

bereits bestehenden und in das Handelsregister eingetragenen Firmen deutlich unterscheiden.

(2) Hat ein Kaufmann mit einem bereits eingetragenen Kaufmanne die gleichen Vornamen und den gleichen Familiennamen und will auch er sich dieser Namen als seiner Firma bedienen, so muß er der Firma einen Zusatz beifügen, durch den sie sich von der bereits eingetragenen Firma deutlich unterscheidet.

(3) Besteht an dem Orte oder in der Gemeinde, wo eine Zweigniederlassung errichtet wird, bereits eine gleiche eingetragene Firma, so muß der Firma für die Zweigniederlassung ein der Vorschrift des Absatzes 2 entsprechender Zusatz beigefügt werden.

(4) Durch die Landesregierungen kann bestimmt werden, daß benachbarte Orte oder Gemeinden als ein Ort oder als eine Gemeinde im Sinne dieser Vorschriften anzusehen sind.

§ 30 Abs. 1 idF. 1973[132]

(1) Jede neue Firma muß sich von allen an demselben Ort oder in derselben Gemeinde bereits bestehenden *und in das Handelsregister oder in das Genossenschaftsregister* eingetragenen Firmen deutlich unterscheiden.

§ 31

(1) Eine Aenderung der Firma oder ihrer Inhaber *sowie* die Verlegung der Niederlassung an einen anderen Ort ist nach den Vorschriften des §. 29 zur Eintragung in das Handelsregister anzumelden.

(2) [1]Das Gleiche gilt, wenn die Firma erlischt. [2]Kann die Anmeldung des Erlöschens einer eingetragenen Firma durch die hierzu Verpflichteten nicht auf dem in §. 14 bezeichneten Wege herbeigeführt werden, so hat das Gericht das Erlöschen von Amtswegen einzutragen.

---

132 § 30 Abs. 1 neu gefasst durch Art. 3 § 1 Gesetz v. 9.10.1973, BGBl. I S. 1451, m.W.v. 1.1.1974.
133 § 31 Abs. 1 geändert durch Art. 3 Nr. 8 Gesetz v. 23.10.2008 (MoMiG), BGBl. I S. 2026, m.W.v. 1.11.2008.
134 Gesetz vom 30.3.1888, RGBl. I. S. 129.

ADHGB 1861

bereits bestehenden und in das Handelsregister eingetragenen Firmen deutlich unterscheiden.

(2) Hat ein Kaufmann mit einem *in das Handelsregister* bereits eingetragenen Kaufmann gleiche *Vor- und* Familiennamen, und will auch er sich *derselben* als seiner Firma bedienen, so muß er *dieser* einen Zusatz beifügen, durch *welchen* sich *dieselbe* von der bereits eingetragenen Firma deutlich unterscheidet.

Art. 21

(1) [→ § 13]

(2) Besteht an dem Orte oder in der Gemeinde, wo die Zweigniederlassung errichtet wird, bereits eine gleiche Firma, so muß der Firma ein Zusatz beigefügt werden, *durch welchen sie sich von jener bereits vorhandenen Firma deutlich unterscheidet.*

(3) [→ § 13]

UGB

bereits bestehenden und in das Firmenbuch eingetragenen Firmen deutlich unterscheiden.

(2) Hat ein Unternehmer mit einem bereits eingetragenen Unternehmer die gleichen Vornamen und den gleichen Familiennamen und will auch er sich dieser Namen als seiner Firma bedienen, so muß er der Firma einen Zusatz beifügen, durch den sie sich von der bereits eingetragenen Firma deutlich unterscheidet.

(3) Besteht an dem Orte oder in der Gemeinde, wo eine Zweigniederlassung errichtet wird, bereits eine gleiche eingetragene Firma, so muß der Firma für die Zweigniederlassung ein der Vorschrift des Abs. 2 entsprechender Zusatz beigefügt werden.

(4) (*weggefallen*)

[Abs. 1 = § 30 Abs. 1 idF. 1897]
[Abs. 2 = § 30 Abs. 3 idF. 1897]

Art. 25

(1) *Wenn die* Firma *geändert wird oder* erlischt, oder *wenn die* Inhaber *der Firma sich ändern, so* ist *dies* nach den *Bestimmungen* des *Art. 19 bei dem* Handels*gerichte* anzumelden.

(2) [→ § 15]

(3) [→ § 15]

Gesetz, betreffend die Löschung nicht mehr bestehender Firmen und Prokuren im Handelsregister v. 30. März 1888[134]

§ 1

Kann im Falle des Erlöschens einer in das Handelsregister eingetragenen Firma die Anmeldung dieser Thatsache durch die hierzu Verpflichteten nicht in Gemäßheit des Art. 26 des Handelsgesetzbuchs herbeigeführt werden, so hat das Gericht das Erlöschen der Firma von Amtswegen in das Handelsregister einzutragen.

§ 30 Änderung der Firma, Unternehmensbeendigung

(1) Eine Änderung der Firma oder ihrer Inhaber sowie die Verlegung des Sitzes an einen anderen Ort sind nach den Vorschriften des § 28 zur Eintragung in das Firmenbuch anzumelden.

(2) [1]Das gleiche gilt, wenn die Firma erlischt. [2]Kann die Anmeldung des Erlöschens einer eingetragenen Firma durch die hierzu Verpflichteten nicht auf dem in § 24 FBG bezeichneten Wege innerhalb von zwei Monaten ab Rechtskraft der Verhängung der Zwangsstrafe herbeigeführt werden, so hat das Gericht das Erlöschen von Amts wegen einzutragen.

HGB	HGB 1897

§ 32[135] [Insolvenzverfahren]

(1) [1]Wird über das Vermögen eines Kaufmanns das Insolvenzverfahren eröffnet, so ist dies von Amts wegen in das Handelsregister einzutragen. [2]Das gleiche gilt für

1. die Aufhebung des Eröffnungsbeschlusses,
2. die Bestellung eines vorläufigen Insolvenzverwalters, wenn zusätzlich dem Schuldner ein allgemeines Verfügungsverbot auferlegt oder angeordnet wird, daß Verfügungen des Schuldners nur mit Zustimmung des vorläufigen Insolvenzverwalters wirksam sind, und

§ 32

[1]Wird über das Vermögen eines Kaufmanns *der Konkurs* eröffnet, so ist dies von Amtswegen in das Handelsregister einzutragen. [2]Das Gleiche gilt *von der* Aufhebung des Eröffnungsbeschlusses *sowie von der Einstellung und Aufhebung des Konkurses.* [3]*Eine öffentliche* Bekanntmachung *der* Eintragungen *findet nicht statt.* [4]Die Vorschriften des §. 15 *bleiben außer* Anwendung.

135 § 32 Abs. 1 S. 2 Nr. 3 eingefügt, bisherige Nr. 3 und 4 werden Nr. 4 und 5 durch Art. 1 Nr. 7a Gesetz v. 19.12.1998 (EGInsOÄndG), BGBl. I S. 3836, m.W.v. 1.1.1999; § 32 Abs. 2 S. 1 aufgehoben durch Art. 1 Nr. 14 Gesetz v. 5.7.2021 (DiRUG), BGBl. I S. 3338, m.W.v. 1.8.2022.

ADHGB 1861	UGB

§ 2

(1) *Vor der Eintragung sind der eingetragene Inhaber der Firma oder die Rechtsnachfolger desselben aufzufordern, einen etwaigen Widerspruch gegen die Eintragung bis zum Ablauf einer nicht unter drei Monaten zu bestimmenden Frist schriftlich oder zum Protokoll des Gerichtsschreibers geltend zu machen.*

(2) Sind die bezeichneten Personen oder der Aufenthalt derselben nicht bekannt, so erfolgt die Aufforderung durch einmalige Bekanntmachung in den für die Veröffentlichungen aus dem Handelsregister bestimmten öffentlichen Blättern (Handelsgesetzbuch Art. 13, 14). Auch kann die Einrückung der Bekanntmachung noch in andere Blätter angeordnet werden.

(3) [1]*Das Gericht entscheidet über den erhobenen Widerspruch.* [2]*Gegen den einen Widerspruch zurückweisenden Beschluß findet binnen der Nothfrist von zwei Wochen Beschwerde nach Maßgabe der in Sachen der nichtstreitigen Gerichtsbarkeit geltenden landesgesetzlichen Bestimmungen statt.* [3]*Eine hiernach zulässige Anfechtung der in der Beschwerdeinstanz ergehenden Entscheidung ist an die gleiche Nothfrist gebunden.*

§ 3

Im Falle der Löschung einer Firma hat das Gericht zugleich das Erlöschen der für die erloschene Firma eingetragenen Prokuren von Amtswegen in das Handelsregister einzutragen.

Art. 129

(1) *Die Auflösung der Gesellschaft [sc. der offenen Handelsgesellschaft] muß, wenn sie nicht in Folge der Eröffnung des Konkurses über die Gesellschaft geschieht, in das Handelsregister eingetragen werden.*

(2) [→ § 141]

(3) [→ § 141]

(4) *Das Handelsgericht hat die Betheiligten zur Anmeldung dieser Thatsachen von Amtswegen durch Ordnungsstrafen anzuhalten.*

(5) [→ § 141]

§ 31 Insolvenzverfahren

(1) [1]Die Insolvenzgesetze bestimmen, inwieweit im Insolvenzverfahren ergangene Entscheidungen einzutragen sind. [2]§ 10 und § 15 sind nicht anzuwenden.

(2) Für die Zwangsverwaltung gilt § 342 EO.

(3) [1]Die nach Abs. 1 und 2 einzutragenden Personen haben ihre Unterschrift persönlich zur Aufbewahrung bei Gericht zu zeichnen oder die Zeichnung in beglaubigter Form einzureichen. [2]Wird eine allgemeine Zeichnung der

HGB	HGB 1897
die Aufhebung einer derartigen Sicherungsmaßnahme, 3. die Anordnung der Eigenverwaltung durch den Schuldner und deren Aufhebung sowie die Anordnung der Zustimmungsbedürftigkeit bestimmter Rechtsgeschäfte des Schuldners, 4. die Einstellung und die Aufhebung des Verfahrens und 5. die Überwachung der Erfüllung eines Insolvenzplans und die Aufhebung der Überwachung. (2) Die Vorschriften des § 15 sind nicht anzuwenden.	**§ 32 idF. 1994[136] [Insolvenzverfahren und Handelsregister]** (1) [1]Wird über das Vermögen eines Kaufmanns das Insolvenzverfahren eröffnet, so ist dies von Amts wegen in das Handelsregister einzutragen. [2]Das gleiche gilt für 1. die Aufhebung des Eröffnungsbeschlusses, 2. die Bestellung eines vorläufigen Insolvenzverwalters, wenn zusätzlich dem Schuldner ein allgemeines Verfügungsverbot auferlegt oder angeordnet wird, daß Verfügungen des Schuldners nur mit Zustimmung des vorläufigen Insolvenzverwalters wirksam sind, und die Aufhebung einer derartigen Sicherungsmaßnahme, 3. die Einstellung und die Aufhebung des Verfahrens und 4. die Überwachung der Erfüllung eines Insolvenzplans und die Aufhebung der Überwachung. (2) [1]*Die Eintragungen werden nicht bekanntgemacht.* [2]Die Vorschriften des § 15 sind nicht anzuwenden.
§ 33[137] [Juristische Person] (1) Eine juristische Person, deren Eintragung in das Handelsregister mit Rücksicht auf den Gegenstand oder auf die Art und den Umfang ihres Gewerbebetriebes zu erfolgen hat, ist von sämtlichen Mitgliedern des Vorstandes zur Eintragung anzumelden. (2) [1]Der Anmeldung sind die Satzung der juristischen Person und die Urkunden über die Bestellung des Vorstandes in Urschrift oder in öffentlich beglaubigter Abschrift beizufügen; ferner ist anzugeben, welche Vertretungsmacht die Vorstandsmitglieder haben[2]Bei der Eintragung sind die Firma und der Sitz der juristischen Person, der Gegenstand des Unternehmens, die Mitglieder des Vorstandes und ihre Vertretungsmacht anzugeben. [3]Besondere Bestimmungen der Satzung über die Zeitdauer des Unternehmens sind gleichfalls einzutragen. (3) Die Errichtung einer Zweigniederlassung ist durch den Vorstand anzumelden. (4) Für juristische Personen im Sinne von Absatz 1 gilt die Bestimmung des § 37a entsprechend.	**§ 33** (1) Eine juristische Person, deren Eintragung in das Handelsregister mit Rücksicht auf den Gegenstand oder auf die Art und den Umfang ihres Gewerbebetriebs zu erfolgen hat, ist von sämmtlichen Mitgliedern des Vorstandes zur Eintragung anzumelden. (2) [1]Der Anmeldung sind die Satzung der juristischen Person und die Urkunden über die Bestellung des Vorstandes in Urschrift oder in öffentlich beglaubigter Abschrift beizufügen. [2]Bei der Anmeldung *zum Handelsregister* einer Zweigniederlassung *bedarf es der* Beifügung *der Urkunden über die Bestellung des* Vorstandes *nicht.* (3) [1]Bei der Eintragung sind die Firma und der Sitz der juristischen Person, der Gegenstand des Unternehmens und die Mitglieder des Vorstandes anzugeben. [2]Besondere Bestimmungen der Satzung über die Befugniß des Vorstandes zur Vertretung der juristischen Person oder über die Zeitdauer des Unternehmens sind gleichfalls einzutragen.

136 § 32 neu gefasst durch Art. 40 Nr. 2 Gesetz v. 5.10.1994 (EGInsO), BGBl. I S. 2911, m.W.v. 1.1.1999.

137 § 33 Abs. 2 S. 1, 2 und 3 geändert, Abs. 4 eingefügt durch Art. 1 Nr. 3 Gesetz v. 10.12.2001 (ERJuKoG), BGBl. I S. 3422, m.W.v. 15.12.2001; Abs. 3 geändert durch Art. 1 Nr. 11, Gesetz v. 10.11.2006 (EHUG), BGBl. I, S. 2553, m.W.v. 1.1.2007.

ADHGB 1861	UGB
	Unterschrift in beglaubigter Form in die Urkundensammlung des Firmenbuchs oder ein anderes Urkundenarchiv nach §§ 91c und 91d GOG eingestellt, so reicht der Hinweis auf diese Zeichnung.

§ 33 Anmeldung einer juristischen Person

(1) Die Errichtung einer Zweigniederlassung ist durch den Vorstand unter Beifügung einer öffentlich beglaubigten Abschrift der Satzung anzumelden.

(2) [1]Der Anmeldung sind die Satzung der juristischen Person und die Urkunden über die Bestellung des Vorstandes in Urschrift oder in öffentlich beglaubigter Abschrift beizufügen. [2]Bei der Eintragung sind die Firma und der Sitz der juristischen Person, und die Mitglieder des Vorstandes anzugeben. [3]Besondere Bestimmungen der Satzung über die Befugnis des Vorstandes zur Vertretung der juristischen Person oder über die Zeitdauer des Unternehmens sind gleichfalls einzutragen.

(3) Die Errichtung einer Zweigniederlassung ist durch den Vorstand unter Beifügung einer öffentlich beglaubigten Abschrift der Satzung anzumelden.

(4) Die Abs. 1 bis 3 finden keine Anwendung, soweit Sondervorschriften bestehen.

[Abs. 2 S. 1 = § 33 Abs. 2 S. 1 idF. 1897]
[Abs. 2 S. 2 und 3 = § 33 Abs. 3 S. 1, 2 idF. 1897]

HGB	HGB 1897

§ 33 idF. 1937[138]

(1) [= § 33 Abs. 1 HGB idF. 1897]

(2) [1]Der Anmeldung sind die Satzung der juristischen Person und die Urkunden über die Bestellung des Vorstandes in Urschrift oder in öffentlich beglaubigter Abschrift beizufügen. [2]Bei der Eintragung sind die Firma und der Sitz der juristischen Person, der Gegenstand des Unternehmens *und die Mitglieder des Vorstandes* anzugeben. [3]Besondere Bestimmungen der Satzung *über die Befugnis des Vorstandes zur Vertretung der juristischen Person oder* über die Zeitdauer des Unternehmens sind gleichfalls einzutragen.

(3) Die Errichtung einer Zweigniederlassung ist durch den Vorstand *unter Beifügung einer öffentlich beglaubigten Abschrift der Satzung* anzumelden.

§ 34[139] **[Anmeldung und Eintragung von Änderungen]**

(1) Jede Änderung der nach § 33 Abs. 2 Satz 2 und 3 einzutragenden Tatsachen oder der Satzung, die Auflösung der juristischen Person, falls sie nicht die Folge der Eröffnung des Insolvenzverfahrens ist, sowie die Personen der Liquidatoren, ihre Vertretungsmacht, jeder Wechsel der Liquidatoren und jede Änderung ihrer Vertretungsmacht sind zur Eintragung in das Handelsregister anzumelden.

(2) Bei der Eintragung einer Änderung der Satzung genügt, soweit nicht die Änderung die in § 33 Abs. 2 Satz 2 und 3 bezeichneten Angaben betrifft, die Bezugnahme auf die bei dem Gericht eingereichten Urkunden über die Änderung.

(3) Die Anmeldung hat durch den Vorstand oder, sofern die Eintragung erst nach der Anmeldung der ersten Liquidatoren geschehen soll, durch die Liquidatoren zu erfolgen.

(4) Die Eintragung gerichtlich bestellter Vorstandsmitglieder oder Liquidatoren geschieht von Amts wegen.

(5) Im Falle des Insolvenzverfahrens finden die Vorschriften des § 32 Anwendung.

§ 34

(1) Jede Aenderung der nach *§ 33 Abs. 3* einzutragenden Thatsachen oder der Satzung, die Auflösung der juristischen Person, falls sie nicht die Folge der Eröffnung des *Konkurses* ist, sowie die Personen der Liquidatoren und die besonderen Bestimmungen über ihre Vertretungsbefugniß sind zur Eintragung in das Handelsregister anzumelden.

(2) Bei der Eintragung einer Aenderung der Satzung genügt, soweit nicht die Aenderung die in *§ 33 Abs. 3* bezeichneten Angaben betrifft, die Bezugnahme auf die bei dem Gericht eingereichten Urkunden über die Aenderung.

(3) Die Anmeldung hat durch den Vorstand oder, sofern die Eintragung erst nach der Anmeldung der ersten Liquidatoren geschehen soll, durch die Liquidatoren zu erfolgen.

(4) Die Eintragung gerichtlich bestellter Vorstandsmitglieder oder Liquidatoren geschieht von Amtswegen.

(5) Im Falle des *Konkurses* finden die Vorschriften des § 32 Anwendung.

§ 34 idF. 1994/98[140]

(1) Jede Änderung der nach § 33 Abs. 2 Satz 2 und 3 einzutragenden Tatsachen oder der Sat-

138 § 33 neu gefasst durch Art. 1 Nr. 2 Regierungsgesetz v. 10.8.1937, RGBl. I S. 897, m.W.v. 1.1.1940.

139 § 34 Abs. 1 geändert durch Art. 1 Nr. 4, Gesetz v. 10.12.2001 (ERJuKoG), BGBl. I S. 3422, m.W.v. 15.12.2001.

140 § 34 Abs. 1, 2 und 5 geändert durch Art. 40 Nr. 3 Gesetz v. 5.10.1994 (EGInsO), BGBl. I S. 2911, m.W.v. 1.1.1999; § 34 Abs. 1 und 2 geändert durch Art. 3 Nr. 17 Gesetz v. 22.6.1998 (HRefG), BGBl. I S. 1474, m.W.v. 1.7.1998.

ADHGB 1861	UGB
	§ 34 Anmeldung und Eintragung von Änderungen (1) Jede Änderung der nach § 33 Abs. 2 einzutragenden Tatsachen oder der Satzung, die Auflösung der juristischen Person, falls sie nicht die Folge der Eröffnung des Konkursverfahrens ist, sowie die Personen der Liquidatoren und die besonderen Bestimmungen über ihre Vertretungsbefugnis sind zur Eintragung in das Firmenbuch anzumelden. (2) Bei der Eintragung einer Änderung der Satzung genügt, soweit nicht die Änderung die im § 33 Abs. 2 bezeichneten Angaben betrifft, die Bezugnahme auf die bei dem Gericht eingereichten Urkunden über die Änderung. (3) Die Anmeldung hat durch den Vorstand oder, sofern die Eintragung erst nach der Anmeldung der ersten Liquidatoren geschehen soll, durch die Liquidatoren zu erfolgen. (4) Die Eintragung gerichtlich bestellter Vorstandsmitglieder oder Liquidatoren geschieht von Amtswegen. (5) Im Falle eines Insolvenzverfahrens finden die Vorschriften des § 31 Anwendung.

HGB	HGB 1897
	zung, die Auflösung der juristischen Person, falls sie nicht die Folge der Eröffnung des Insolvenzverfahrens ist, sowie die Personen der *Liquidatoren und die besonderen Bestimmungen über ihre Vertretungsbefugnis* sind zur Eintragung in das Handelsregister anzumelden. (2) Bei der Eintragung einer Änderung der Satzung genügt, soweit nicht die Änderung die in § 33 Abs. 2 Satz 2 und 3 bezeichneten Angaben betrifft, die Bezugnahme auf die bei dem Gericht eingereichten Urkunden über die Änderung. (3) Die Anmeldung hat durch den Vorstand oder, sofern die Eintragung erst nach der Anmeldung der ersten Liquidatoren geschehen soll, durch die Liquidatoren zu erfolgen. (4) Die Eintragung gerichtlich bestellter Vorstandsmitglieder oder Liquidatoren geschieht von Amtswegen. (5) Im Falle des Insolvenzverfahrens finden die Vorschriften des § 32 Anwendung.
§ 35[141] (*weggefallen*)	**§ 35** *Die Mitglieder des Vorstandes und die Liquidatoren einer juristischen Person haben ihre Unterschrift zur Aufbewahrung bei dem Gerichte zu zeichnen.*

141 § 35 aufgehoben durch Art. 1 Nr. 12 Gesetz v. 10.11.2006 (EHUG), BGBl. I S. 2553, m.W.v. 1.1.2007.

ADHGB 1861	UGB

§ 35 Unterschriftszeichnung

Die Mitglieder des Vorstandes und die Liquidatoren einer juristischen Person haben ihre Unterschrift zur Aufbewahrung bei dem Gerichte zu zeichnen.

[= § 35 idF. 1897]

§ 36 Ehepakte von Unternehmern

(1) [1]Die dem Ehegatten eines Unternehmers, dessen Firma im Firmenbuch eingetragen ist, durch Ehepakte eingeräumten Vermögensrechte können, um den Unternehmensgläubigern gegenüber wirksam zu sein, in das Firmenbuch eingetragen werden, die Ehepakte mögen schon vor oder erst nach der Eintragung der Firma geschlossen worden sein. [2]Jeder der Ehegatten kann die Ehepakte zur Eintragung in das Firmenbuch anmelden.
(2) In das Firmenbuch sind nur das Datum der eingereichten Ehepakte oder ihrer Änderungen sowie der Name und das Geburtsdatum des Ehegatten einzutragen.
(3) Aus Ehepakten gegen einen Unternehmer entspringende Rechte sind einem Unternehmensgläubiger gegenüber unwirksam, wenn

HGB	HGB 1897
§ 36[142] (*weggefallen*)	**§ 36** [1]*Ein Unternehmen des Reichs, eines Bundesstaats oder eines inländischen Kommunalverbandes braucht nicht in das Handelsregister eingetragen zu werden.* [2]*Erfolgt die Anmeldung, so ist die Eintragung auf die Angabe der Firma sowie des Sitzes und des Gegenstandes des Unternehmens zu beschränken.*
§ 37[143] **[Unzulässiger Firmengebrauch]** (1) Wer eine nach den Vorschriften dieses Abschnitts ihm nicht zustehende Firma gebraucht, ist von dem Registergericht zur Unterlassung des Gebrauchs der Firma durch Festsetzung von Ordnungsgeld anzuhalten. (2) [1]Wer in seinen Rechten dadurch verletzt wird, daß ein anderer eine Firma unbefugt gebraucht, kann von diesem die Unterlassung des Gebrauchs der Firma verlangen. [2]Ein nach sonstigen Vorschriften begründeter Anspruch auf Schadensersatz bleibt unberührt. [Abs. 2 = § 37 Abs. 2 idF. 1897]	**§ 37** (1) [1]Wer eine nach den Vorschriften dieses Abschnitts ihm nicht zustehende Firma gebraucht, ist von dem Registergerichte zur Unterlassung des Gebrauchs der Firma durch *Ordnungsstrafe* anzuhalten. [2]*Die Höhe der Strafen bestimmt sich nach §. 14 Satz 2.*[144] (2) [1]Wer in seinen Rechten dadurch verletzt wird, daß ein Anderer eine Firma unbefugt gebraucht, kann von diesem die Unterlassung des Gebrauchs der Firma verlangen. [2]Ein nach sonstigen Vorschriften begründeter Anspruch auf Schadensersatz bleibt unberührt.

142 § 36 aufgehoben durch Art. 3 Nr. 18 Gesetz v. 22.6.1998 (HRefG), BGBl. I S. 1474, m.W.v. 1.7.1998.
143 § 37 Abs. 1 geändert durch Art. 125 Nr. 2 Gesetz v. 2.3.1974 (EGStGB), BGBl. I S. 469, m.W.v. 1.1.1975.
144 § 37 Abs. 1 S. 2 aufgehoben m.W.v. 31.12.1968 durch Nichtaufnahme in das BGBl. III nach § 3 Abs. 1 S. 2 Gesetz v. 10.7.1958, BGBl. I S. 437, m.W.v. 11.7.1958 [„Die nicht in die Sammlung aufgenommenen Rechtsvorschriften treten an einem durch das Abschlußgesetz zu bestimmenden Tag außer Kraft (Ausschlusswirkung)"] iVm § 3 Abs. 2 Nr. 1 Gesetz v. 28.12.1968 (Gesetz über den Abschluß der Sammlung des Bundesrechts), BGBl. I S. 1451, m.W.v. 31.12.1968.

ADHGB 1861	UGB
	dessen Forderung vor Eintragung der Ehepakte in das Firmenbuch entstanden ist. (4) Abs. 3 gilt nicht, soweit die aus Ehepakten entspringenden Rechte dem Gläubiger vor Entstehung der Forderung bekannt waren oder soweit es sich um Rechte aus Ehepakten handelt, die schon vor Entstehung der Forderung in einem öffentlichen Buch eingetragen waren. (5) Abs. 1 bis 4 gelten auch für die unbeschränkt haftenden Gesellschafter einer offenen Gesellschaft oder Kommanditgesellschaft.
Art. 26 (1) [→ § 14] (2) *In gleicher Weise hat es gegen diejenigen einzuschreiten, welche sich* einer nach den Vorschriften dieses *Titels* ihnen nicht zustehenden Firma *bedienen.* **Art. 27** (1) Wer *durch den* unbefugten Gebrauch einer Firma in seinen Rechten verletzt *ist,* kann *den Unberechtigten auf* Unterlassung *der weiteren Führung* der Firma und auf Schadensersatz *belangen.* (2) *Ueber das Vorhandensein und* die Höhe *des Schadens entscheidet das Handelsgericht nach seinem freien Ermessen.* (3) *Das Handelsgericht kann die Veröffentlichung des Erkenntnisses auf Kosten des Verurtheilten verordnen.*	**§ 37 Unbefugter Firmengebrauch** [1]Wer in seinen Rechten dadurch verletzt wird, daß ein anderer eine Firma unbefugt gebraucht, kann von diesem die Unterlassung des Gebrauchs der Firma verlangen. [2]Ein nach sonstigen Vorschriften begründeter Anspruch auf Schadensersatz bleibt unberührt.

HGB	HGB 1897
§ 37a[145] [Angaben auf Geschäftsbriefen] (1) Auf allen Geschäftsbriefen des Kaufmanns gleichviel welcher Form, die an einen bestimmten Empfänger gerichtet werden, müssen seine Firma, die Bezeichnung nach § 19 Abs. 1 Nr. 1, der Ort seiner Handelsniederlassung, das Registergericht und die Nummer, unter der die Firma in das Handelsregister eingetragen ist, angegeben werden. (2) Der Angaben nach Absatz 1 bedarf es nicht bei Mitteilungen oder Berichten, die im Rahmen einer bestehenden Geschäftsverbindung ergehen und für die üblicherweise Vordrucke verwendet werden, in denen lediglich die im Einzelfall erforderlichen besonderen Angaben eingefügt zu werden brauchen. (3) [1]Bestellscheine gelten als Geschäftsbriefe im Sinne des Absatzes 1. [2]Absatz 2 ist auf sie nicht anzuwenden. (4) [1]Wer seiner Pflicht nach Absatz 1 nicht nachkommt, ist hierzu von dem Registergericht durch Festsetzung von Zwangsgeld anzuhalten. [2]§ 14 Satz 2 gilt entsprechend.	

145 § 37a eingefügt durch Art. 3 Nr. 19 Gesetz v. 22.6.1998 (HRefG), BGBl. I S. 1474, m.W.v. 1.7.1998; § 37a Abs. 1 geändert durch Art. 1 Nr. 13, Gesetz v. 10.11.2006 (EHUG), BGBl. I S. 2553, m.W.v. 1.1.2007.

ADHGB 1861	UGB
	§ 14 Geschäftspapiere und Bestellscheine (1) [1]In das Firmenbuch eingetragene Unternehmer haben auf allen Geschäftsbriefen und Bestellscheinen, die auf Papier oder in sonstiger Weise an einen bestimmten Empfänger gerichtet sind, sowie auf ihren Webseiten die Firma, die Rechtsform, den Sitz und die Firmenbuchnummer des Unternehmers, gegebenenfalls den Hinweis, dass sich der Unternehmer in Liquidation befindet, sowie das Firmenbuchgericht anzugeben. [2]Bei einer offenen Gesellschaft oder Kommanditgesellschaft, bei der kein unbeschränkt haftender Gesellschafter eine natürliche Person ist, sind diese Angaben auf den Geschäftsbriefen, Bestellscheinen und Webseiten der Gesellschaft auch über die unbeschränkt haftenden Gesellschafter zu machen. [3]Einzelunternehmer haben auch ihren Namen anzugeben, wenn er sich von der Firma unterscheidet. (2) Werden bei einer Kapitalgesellschaft auf Geschäftsbriefen, Bestellscheinen und Webseiten Angaben über das Kapital der Gesellschaft gemacht, so müssen in jedem Fall das Grund- und Stammkapital sowie bei der Aktiengesellschaft, wenn auf die Aktien der Ausgabebetrag nicht vollständig, bei der Gesellschaft mit beschränkter Haftung, wenn nicht alle in Geld zu leistenden Einlagen eingezahlt sind, der Gesamtbetrag der ausstehenden Einlagen angegeben werden. (3) Auf Geschäftsbriefen, Bestellscheinen und Webseiten, die von einer inländischen Zweigniederlassung eines Unternehmers mit ausländischer Hauptniederlassung oder mit ausländischem Sitz benützt werden, sind außer den Angaben nach Abs. 1 und 2 die Firma, die Firmenbuchnummer der Zweigniederlassung und das Firmenbuchgericht anzugeben. (4) [1]Der Angaben nach Abs. 1 und 2 bedarf es nicht bei Mitteilungen oder Berichten, die im Rahmen einer bestehenden Geschäftsverbindung ergehen und für die üblicherweise Vordrucke verwendet werden, in denen lediglich die im Einzelfall erforderlichen besonderen Angaben eingefügt zu werden brauchen. [2]Diese Regelung gilt nicht für Bestellscheine. (5) Wer als Unternehmer diesen Verpflichtungen nicht nachkommt, ist dazu vom Firmen-

HGB	HGB 1897

Vierter Abschnitt
Handelsbücher [§§ 38–47b]
(*aufgehoben*)[146] [→ HGB Drittes Buch]

Vierter Abschnitt
Handelsbücher [§§ 38–47]
[hier nicht wiedergegeben]

Fünfter Abschnitt
Prokura und Handlungsvollmacht [§§ 48–58]

Fünfter Abschnitt
Prokura und Handlungsvollmacht [§§ 48–58]

§ 48 [Erteilung der Prokura; Gesamtprokura]
(1) Die Prokura kann nur von dem Inhaber des Handelsgeschäfts oder seinem gesetzlichen Vertreter und nur mittels ausdrücklicher Erklärung erteilt werden.
(2) Die Erteilung kann an mehrere Personen gemeinschaftlich erfolgen (Gesamtprokura).

[= § 48 idF. 1897]

§ 48
(1) Die Prokura kann nur von dem Inhaber des Handelsgeschäfts oder seinem gesetzlichen Vertreter und nur mittels ausdrücklicher Erklärung ertheilt werden.
(2) Die Ertheilung kann an mehrere Personen gemeinschaftlich erfolgen (Gesammtprokura).

§ 49 [Umfang der Prokura]
(1) Die Prokura ermächtigt zu allen Arten von gerichtlichen und außergerichtlichen Geschäften und Rechtshandlungen, die der Betrieb eines Handelsgewerbes mit sich bringt.
(2) Zur Veräußerung und Belastung von Grundstücken ist der Prokurist nur ermäch-

§ 49
(1) Die Prokura ermächtigt zu allen Arten von gerichtlichen und außergerichtlichen Geschäften und Rechtshandlungen, die der Betrieb eines Handelsgewerbes mit sich bringt.
(2) Zur Veräußerung und Belastung von Grundstücken ist der Prokurist nur ermäch-

146 §§ 38 bis 47b aufgehoben durch Art. 1 Nr. 3 Gesetz v. 19.12.1985 (BiRiLG), BGBl. I S. 2355, m.W.v. 1.1.1986.

ADHGB 1861	UGB
	buchgericht durch eine Zwangsstrafe anzuhalten. [1]§ 24 FBG findet sinngemäß Anwendung. [2]Ist der Unternehmer keine natürliche Person, so richtet sich die Zwangsstrafe gegen die Mitglieder des vertretungsbefugten Organs, im Falle einer inländischen Zweigniederlassung eines Unternehmers mit ausländischer Hauptniederlassung oder mit ausländischem Sitz gegen die für diese vertretungsbefugten Personen.
Vierter Titel **Von den Handelsbüchern** [Artt. 28–40] [hier nicht wiedergegeben]	
Fünfter Titel **Von den Prokuristen und den Handlungsbevollmächtigten** [Artt. 41–56]	**Fünfter Abschnitt** **Prokura und Handlungsvollmacht** [§§ 48–58]
Art. 41 (1) *Wer von dem Eigenthümer einer Handelsniederlassung (Prinzipal) beauftragt ist, in dessen Namen und für dessen Rechnung das Handelsgeschäft zu betreiben und per procura die Firma zu zeichnen, ist Prokurist.* (2) Die *Bestellung des Prokuristen* kann *durch* Ertheilung *einer ausdrücklich als* Prokura *bezeichneten Vollmacht, oder durch* ausdrückliche *Bezeichnung des Bevollmächtigten als Prokuristen, oder durch die Ermächtigung, per procura, die Firma des Prinzipals zu zeichnen, geschehen.* (3) Die Prokura kann mehreren Personen gemeinschaftlich ertheilt *werden (Kollektiv*-Prokura).	**§ 48 Erteilung der Prokura** (1) Die Prokura kann nur von einem in das Firmenbuch eingetragenen Unternehmer oder seinem gesetzlichen Vertreter und nur mittels ausdrücklicher Erklärung erteilt werden. (2) Die Erteilung kann an mehrere Personen gemeinschaftlich erfolgen (Gesamtprokura). [Abs. 2 = § 48 Abs. 2 idF. 1897]
Art. 42 (1) Die Prokura ermächtigt zu allen Arten von gerichtlichen und außergerichtlichen Geschäften und Rechtshandlungen, *welche* der Betrieb eines Handelsgewerbes mit sich bringt*; sie ersetzt jede nach den Landesgesetzen erforderliche Spezialvollmacht; sie berechtigt zur*	**§ 49 Umfang der Prokura** (1) [1]Die Prokura ermächtigt zu allen Arten von gerichtlichen und außergerichtlichen Geschäften und Rechtshandlungen, die der Betrieb eines Unternehmens mit sich bringt.

HGB	HGB 1897
tigt, wenn ihm diese Befugnis besonders erteilt ist.	tigt, wenn ihm diese Befugniß besonders ertheilt ist.

[= § 49 idF. 1897]

HGB	HGB 1897
§ 50 [Beschränkung des Umfanges]	**§ 50**
(1) Eine Beschränkung des Umfanges der Prokura ist Dritten gegenüber unwirksam.	(1) Eine Beschränkung des Umfangs der Prokura ist Dritten gegenüber unwirksam.
(2) Dies gilt insbesondere von der Beschränkung, daß die Prokura nur für gewisse Geschäfte oder gewisse Arten von Geschäften oder nur unter gewissen Umständen oder für eine gewisse Zeit oder an einzelnen Orten ausgeübt werden soll.	(2) Dies gilt insbesondere von der Beschränkung, daß die Prokura nur für gewisse Geschäfte oder gewisse Arten von Geschäften oder nur unter gewissen Umständen oder für eine gewisse Zeit oder an einzelnen Orten ausgeübt werden soll.
(3) [1]Eine Beschränkung der Prokura auf den Betrieb einer von mehreren Niederlassungen des Geschäftsinhabers ist Dritten gegenüber nur wirksam, wenn die Niederlassungen unter verschiedenen Firmen betrieben werden. [2]Eine Verschiedenheit der Firmen im Sinne dieser Vorschrift wird auch dadurch begründet, daß für eine Zweigniederlassung der Firma ein Zusatz beigefügt wird, der sie als Firma der Zweigniederlassung bezeichnet.	(3) [1]Eine Beschränkung der Prokura auf den Betrieb einer von mehreren Niederlassungen des Geschäftsinhabers ist Dritten gegenüber nur wirksam, wenn die Niederlassungen unter verschiedenen Firmen betrieben werden. [2]Eine Verschiedenheit der Firmen im Sinne dieser Vorschrift wird auch dadurch begründet, daß für eine Zweigniederlassung der Firma ein Zusatz beigefügt wird, der sie als Firma der Zweigniederlassung bezeichnet.

[= § 50 idF. 1897]

147 § 1008 ABGB: [1]Wenn im Nahmen eines Andern Sachen veräußert, oder entgeldlich übernommen; Anleihen oder Darleihen geschlossen; Geld oder Geldeswerth erhoben; Processe anhängig gemacht; Eide aufgetragen, angenommen oder zurückgeschoben, oder Vergleiche getroffen werden sollen, erfordern eine besondere, auf diese Gattungen der Geschäfte lautende Vollmacht. [2]Wenn aber eine Erbschaft unbedingt angenommen oder ausgeschlagen; Gesellschaftsverträge errichtet; Schenkungen gemacht; das Befugniß, einen Schiedsrichter zu wählen, eingeräumt, oder Rechte unentgeldlich aufgegeben werden sollen; ist eine besondere, auf das einzelne Geschäft ausgestellte Vollmacht nothwendig. [3]Allgemeine, selbst unbeschränkte Vollmachten sind in diesen Fällen nur hinreichend, wenn die Gattung des Geschäftes in der Vollmacht ausgedrücket worden ist.

148 Vierte Verordnung zur Einführung handelsrechtlicher Vorschriften im Lande Österreich v. 24.12.1938, dRGBl. I S. 1999, zuletzt geändert durch Zinsenrechts-Änderungsgesetz, öBGBl. I 2002/118, aufgehoben durch Art. XXIX Handelsrechts-Änderungsgesetz, öBGBl. I 2005/120, m.W.v. 31.12.2006.

ADHGB 1861	UGB
Anstellung und Entlassung von Handlungsgehülfen und Bevollmächtigten. (2) Zur Veräußerung und Belastung von Grundstücken ist der Prokurist nur ermächtigt, wenn ihm diese Befugniß besonders ertheilt ist.	[2]Für diese bedarf es keiner besonderen Vollmacht nach § 1008 ABGB.[147] (2) Zur Veräußerung und Belastung von Grundstücken ist der Prokurist nur ermächtigt, wenn ihm diese Befugnis besonders erteilt ist. [Abs. 1 S. 1 = § 49 Abs. 1 idF. 1897] [Abs. 2 = § 49 Abs. 2 idF. 1897] ***4. Einführungsverordnung zum Handelsgesetzbuch***[148] ***Art. 6 Nr. 10. Zu §§ 49, 54 HGB*** ***Prokura und Handlungsvollmacht*** *Zu den Geschäften und Rechtshandlungen, zu denen die Prokura oder die Handlungsvollmacht ermächtigt, bedarf es keiner besonderen Vollmacht nach § 1008 des österreichischen Bürgerlichen Gesetzbuchs.*
Art. 43 (1) Eine Beschränkung des Umfanges der Prokura *(Art. 42.) hat* dritten *Personen* gegenüber *keine rechtliche* Wirkung. (2) Dies gilt insbesondere von der Beschränkung, daß die Prokura nur für gewisse Geschäfte oder gewisse Arten von Geschäften gelte, oder *daß sie* nur unter gewissen Umständen oder für eine gewisse Zeit oder an einzelnen Orten ausgeübt werden solle.	**§ 50 Unbeschränkbarkeit der Prokura** (1) Eine Beschränkung des Umfanges der Prokura ist Dritten gegenüber unwirksam. (2) Dies gilt insbesondere von der Beschränkung, daß die Prokura nur für gewisse Geschäfte oder gewisse Arten von Geschäften oder nur unter gewissen Umständen oder für eine gewisse Zeit oder an einzelnen Orten ausgeübt werden soll. (3) [1]Eine Beschränkung der Prokura auf den Betrieb einer von mehreren Niederlassungen des Unternehmers ist Dritten gegenüber nur wirksam, wenn die Niederlassungen unter verschiedenen Firmen betrieben werden. [2]Eine Verschiedenheit der Firmen im Sinne dieser Vorschrift wird auch dadurch begründet, daß für eine Zweigniederlassung der Firma ein Zusatz beigefügt wird, der sie als Firma der Zweigniederlassung bezeichnet. [= § 50 idF. 1897]

HGB	HGB 1897
§ 51 [Zeichnung des Prokuristen] Der Prokurist hat in der Weise zu zeichnen, daß er der Firma seinen Namen mit einem die Prokura andeutenden Zusatze beifügt. [= § 51 idF. 1897]	**§ 51** Der Prokurist hat in der Weise zu zeichnen, daß er der Firma seinen Namen mit einem die Prokura andeutenden Zusatze beifügt.
§ 52 [Widerruflichkeit; Unübertragbarkeit; Tod des Inhabers] (1) Die Prokura ist ohne Rücksicht auf das der Erteilung zugrunde liegende Rechtsverhältnis jederzeit widerruflich, unbeschadet des Anspruchs auf die vertragsmäßige Vergütung. (2) Die Prokura ist nicht übertragbar. (3) Die Prokura erlischt nicht durch den Tod des Inhabers des Handelsgeschäfts. [= § 52 idF. 1897]	**§ 52** (1) Die Prokura ist ohne Rücksicht auf das der Ertheilung zu Grunde liegende Rechtsverhältniß jederzeit widerruflich, unbeschadet des Anspruchs auf die vertragsmäßige Vergütung. (2) Die Prokura ist nicht übertragbar. (3) Die Prokura erlischt nicht durch den Tod des Inhabers des Handelsgeschäfts.
§ 53 [Anmeldung der Erteilung und des Erlöschens][149] (1) [1]Die Erteilung der Prokura ist von dem Inhaber des Handelsgeschäfts zur Eintragung in das Handelsregister anzumelden. [2]Ist die Prokura als Gesamtprokura erteilt, so muß auch dies zur Eintragung angemeldet werden. (2) Das Erlöschen der Prokura ist in gleicher Weise wie die Erteilung zur Eintragung anzumelden. [Abs. 1 = § 53 Abs. 1 idF. 1897] [Abs. 2 = § 53 Abs. 3 idF. 1897]	**§ 53** (1) [1]Die Ertheilung der Prokura ist von dem Inhaber des Handelsgeschäfts zur Eintragung in das Handelsregister anzumelden. [2]Ist die Prokura als Gesammtprokura ertheilt, so muß auch dies zur Eintragung angemeldet werden. (2) Der Prokurist hat *die Firma nebst* seiner Namensunterschrift zur Aufbewahrung bei dem Gerichte zu zeichnen. (3) Das Erlöschen der Prokura ist in gleicher Weise wie die Ertheilung zur Eintragung anzumelden. **§ 53 Abs. 2 idF. 1998[150]** (2) *Der Prokurist hat seine Namensunterschrift unter Angabe der Firma und seines die Prokura andeutenden Zusatzes zur Aufbewahrung bei dem Gericht zu zeichnen.*
§ 54 [Handlungsvollmacht] (1) Ist jemand ohne Erteilung der Prokura zum Betrieb eines Handelsgewerbes oder zur Vornahme einer bestimmten zu einem Handelsgewerbe gehörigen Art von Geschäften oder zur Vornahme einzelner zu einem Handelsge-	**§ 54** (1) Ist jemand ohne Ertheilung der Prokura zum Betrieb eines Handelsgewerbes oder zur Vornahme einer bestimmten zu einem Handelsgewerbe gehörigen Art von Geschäften oder zur Vornahme einzelner zu einem Han-

149 § 53 Abs. 2 aufgehoben, bisheriger Abs. 3 wird Abs. 2 durch Art. 1 Nr. 14 Gesetz v. 10.11.2006 (EHUG), BGBl. I S. 2553, m.W.v. 1.1.2007.

150 § 53 Abs. 2 neu gefasst durch Art. 3 Nr. 20 Gesetz v. 22.6.1998 (HRefG), BGBl. I S. 1474, m.W.v. 1.7.1998.

ADHGB 1861	UGB
Art. 44 (1) Der Prokurist hat in der Weise zu zeichnen, daß er der Firma einen die Prokura andeutenden Zusatz und seinen Namen beifügt. *(2) Bei einer Kollektiv-Prokura hat jeder Prokurist der mit diesem Zusatze versehenen Firmazeichnung seinen Namen beizufügen.*	**§ 51 Zeichnung des Prokuristen** Der Prokurist hat in der Weise zu zeichnen, daß er der Firma seinen Namen mit einem die Prokura andeutenden Zusatze beifügt. [= § 51 idF. 1897]
Art. 54 (1) Die Prokura *oder Handlungsvollmacht* ist *zu* jeder Zeit widerruflich, unbeschadet der *Rechte aus dem bestehenden Dienstverhältnisse.* (2) *Der* Tod des *Prinzipals hat das* Erlöschen *der* Prokura *oder Handlungsvollmacht* nicht *zur Folge.*	**§ 52 Widerruflichkeit und Unübertragbarkeit; der Prokura** (1) Die Prokura ist ohne Rücksicht auf das der Erteilung zu Grunde liegende Rechtsverhältnis jederzeit widerruflich, unbeschadet des Anspruchs auf die vertragsmäßige Vergütung. (2) Die Prokura ist nicht übertragbar. (3) Die Prokura erlischt nicht durch den Tod des Unternehmers. [Abs. 1 = § 52 Abs. 1 idF. 1897] [Abs. 2 = § 52 Abs. 1 idF. 1897]
Art. 45 (1) Die Ertheilung der Prokura ist vom *Prinzipal persönlich oder in beglaubigter Form beim Handelsgerichte* zur Eintragung in das Handelsregister anzumelden. (2) Der Prokurist hat die Firma nebst seiner Namensunterschrift *persönlich vor* dem *Handels*gerichte zu zeichnen *(Art. 44.) oder die Zeichnung in beglaubigter Form einzureichen.* (3) Das Erlöschen der Prokura ist *von dem Prinzipal* in gleicher Weise zur Eintragung *in das Handelsregister* anzumelden. (4) *Die Betheiligten sind zur Befolgung dieser Vorschriften von Amtswegen durch Ordnungsstrafen anzuhalten.*	**§ 53 Eintragung der Prokura** (1) [= § 53 Abs. 1 idF. 1897] (2) Der Prokurist hat seine Namensunterschrift mit einem die Prokura andeutenden Zusatz zur Aufbewahrung bei Gericht zu zeichnen. (3) [= § 53 Abs. 3 idF. 1897] [Abs. 1 = § 53 Abs. 1 idF. 1897] [Abs. 3 = § 53 Abs. 3 idF. 1897]
Art. 47 (1) *Wenn ein Prinzipal* Jemanden ohne Ertheilung der Prokura, *sei es* zum Betriebe seines *ganzen* Handelsgewerbes oder zu einer bestimmten Art von Geschäften oder zu einzelnen Geschäften, *in seinem* Handelsgewerbe *bestellt* (Hand-	**§ 54 Umfang der Handlungsvollmacht** (1) [1]Ist jemand ohne Erteilung der Prokura zum Betrieb eines Unternehmens oder zur Vornahme einer bestimmten zu einem Unternehmen gehörigen Art von Geschäften oder zur Vornahme einzelner zu einem Unterneh-

HGB	HGB 1897
werbe gehöriger Geschäfte ermächtigt, so erstreckt sich die Vollmacht (Handlungsvollmacht) auf alle Geschäfte und Rechtshandlungen, die der Betrieb eines derartigen Handelsgewerbes oder die Vornahme derartiger Geschäfte gewöhnlich mit sich bringt. (2) Zur Veräußerung oder Belastung von Grundstücken, zur Eingehung von Wechselverbindlichkeiten, zur Aufnahme von Darlehen und zur Prozeßführung ist der Handlungsbevollmächtigte nur ermächtigt, wenn ihm eine solche Befugnis besonders erteilt ist. (3) Sonstige Beschränkungen der Handlungsvollmacht braucht ein Dritter nur dann gegen sich gelten zu lassen, wenn er sie kannte oder kennen mußte. [= § 54 idF. 1897]	delsgewerbe gehöriger Geschäfte ermächtigt, so erstreckt sich die Vollmacht (Handlungsvollmacht) auf alle Geschäfte und Rechtshandlungen, die der Betrieb eines derartigen Handelsgewerbes oder die Vornahme derartiger Geschäfte gewöhnlich mit sich bringt. (2) Zur Veräußerung oder Belastung von Grundstücken, zur Eingehung von Wechselverbindlichkeiten, zur Aufnahme von Darlehen und zur Prozeßführung ist der Handlungsbevollmächtigte nur ermächtigt, wenn ihm eine solche Befugniß besonders ertheilt ist. (3) Sonstige Beschränkungen der Handlungsvollmacht braucht ein Dritter nur dann gegen sich gelten zu lassen, wenn er sie kannte oder kennen mußte.
§ 55[152] [Abschlussvertreter] (1) Die Vorschriften des § 54 finden auch Anwendung auf Handlungsbevollmächtigte, die Handelsvertreter sind oder die als Handlungsgehilfen damit betraut sind, außerhalb des Betriebs des Prinzipals Geschäfte in dessen Namen abzuschließen.	**§ 55** (1) Die Vorschriften des §. 54 finden auch auf Handlungsbevollmächtigte Anwendung, die *als Handlungsreisende* zur Vornahme von Geschäften an Orten verwendet werden, an denen sich eine Niederlassung des Geschäftsinhabers nicht befindet.

151 Vierte Verordnung zur Einführung handelsrechtlicher Vorschriften im Lande Österreich v. 24.12.1938, dRGBl. I S. 1999, zuletzt geändert durch Zinsenrechts-Änderungsgesetz, öBGBl. I 2002/118, aufgehoben durch Art. XXIX Handelsrechts-Änderungsgesetz, öBGBl. I 2005/120, m.W.v. 31.12.2006.

152 § 55 neu gefasst durch Art. 2 Abs. 1 Nr. 2 Gesetz v. 6.8.1953, BGBl. I S. 771, m.W.v. 1.12.1953.

ADHGB 1861	UGB
lungs*bevollmächtigter*), so erstreckt sich die Vollmacht auf alle Geschäfte und Rechtshandlungen, *welche* der Betrieb eines derartigen Handelsgewerbes oder die *Ausführung* derartiger Geschäfte gewöhnlich mit sich bringt. (2) Jedoch ist der Handlungsbevollmächtigte zum Eingehen von Wechselverbindlichkeiten, zur Aufnahme von Darlehen und zur Prozeßführung nur ermächtigt, wenn ihm eine solche Befugniß besonders ertheilt ist. (3) *Im Uebrigen bedarf er zu den Geschäften, auf welche sich seine Vollmacht erstreckt, der in den Landesgesetzen vorgeschriebenen Spezialvollmacht nicht.*	men gehöriger Geschäfte ermächtigt, so erstreckt sich die Vollmacht (Handlungsvollmacht) auf alle Geschäfte und Rechtshandlungen, die der Betrieb eines derartigen Unternehmens oder die Vornahme derartiger Geschäfte gewöhnlich mit sich bringt; dies umfasst auch den Abschluss von Schiedsvereinbarungen. [2]Für solche Geschäfte und Rechtshandlungen bedarf es keiner besonderen Vollmacht nach § 1008 ABGB. (2) Zur Veräußerung oder Belastung von Grundstücken, zur Eingehung von Wechselverbindlichkeiten, zur Aufnahme von Darlehen und zur Prozessführung ist der Handlungsbevollmächtigte nur ermächtigt, wenn ihm eine solche Befugnis besonders erteilt ist. [Abs. 2 = § 54 Abs. 2 idF. 1897] ***4. Einführungsverordnung zum Handelsgesetzbuch***[151] ***Art. 6 Nr. 11. Zu § 54 HGB*** *Widerruflichkeit der Handlungsvollmacht* *Die Handlungsvollmacht ist unbeschadet des Anspruchs auf die vertragsmäßige Vergütung jederzeit widerruflich, sofern sich nicht aus dem der Erteilung der Vollmacht zugrunde liegenden Rechtsverhältnis das Gegenteil ergibt.* **§ 55 Beschränkbarkeit der Handlungsvollmacht** Sonstige Beschränkungen der Handlungsvollmacht braucht ein Dritter nur dann gegen sich gelten zu lassen, wenn er sie kannte oder kennen musste. [= § 54 Abs. 3 idF. 1897]
Art. 49 [1]Die *Bestimmungen der beiden vorhergehenden Artikel* finden auch Anwendung auf Handlungsbevollmächtigte, *welche ihr Prinzipal* als Handlungsreisende zu Geschäften an *auswärtigen* Orten verwendet. [2]*Dieselben* gelten insbesondere für ermächtigt, den Kaufpreis aus den	

HGB	HGB 1897
(2) Die ihnen erteilte Vollmacht zum Abschluß von Geschäften bevollmächtigt sie nicht, abgeschlossene Verträge zu ändern, insbesondere Zahlungsfristen zu gewähren. (3) Zur Annahme von Zahlungen sind sie nur berechtigt, wenn sie dazu bevollmächtigt sind. (4) Sie gelten als ermächtigt, die Anzeige von Mängeln einer Ware, die Erklärung, daß eine Ware zur Verfügung gestellt werde, sowie ähnliche Erklärungen, durch die ein Dritter seine Rechte aus mangelhafter Leistung geltend macht oder sie vorbehält, entgegenzunehmen; sie können die dem Unternehmer (Prinzipal) zustehenden Rechte auf Sicherung des Beweises geltend machen.	(2) Die Reisenden gelten insbesondere für ermächtigt, den Kaufpreis aus den von ihnen abgeschlossenen Verkäufen einzuziehen und dafür Zahlungsfristen zu bewilligen. (3) Die Anzeige von Mängeln einer Waare, die Erklärung, daß eine Waare zur Verfügung gestellt werde, sowie *andere* Erklärungen *solcher Art können dem anwesenden Reisenden gegenüber abgegeben werden.*
§ 56 [Angestellte in Laden oder Warenlager] Wer in einem Laden oder in einem offenen Warenlager angestellt ist, gilt als ermächtigt zu Verkäufen und Empfangnahmen, die in einem derartigen Laden oder Warenlager gewöhnlich geschehen. [= § 56 idF. 1897]	§ 56 Wer in einem Laden oder in einem offenen Waarenlager angestellt ist, gilt als ermächtigt zu Verkäufen und Empfangnahmen, die in einem derartigen Laden oder Waarenlager gewöhnlich geschehen.
§ 57 [Zeichnung des Handlungsbevollmächtigten] Der Handlungsbevollmächtigte hat sich bei der Zeichnung jedes eine Prokura andeutenden Zusatzes zu enthalten; er hat mit einem das Vollmachtsverhältnis ausdrückenden Zusatze zu zeichnen. [= § 57 idF. 1897 = § 48 ADHGB]	§ 57 [= § 48 ADHGB]
§ 58 [Unübertragbarkeit der Handlungsvollmacht] Der Handlungsbevollmächtigte kann ohne Zustimmung des Inhabers des Handelsgeschäfts seine Handlungsvollmacht auf einen anderen nicht übertragen. [= § 58 idF. 1897]	§ 58 Der Handlungsbevollmächtigte kann ohne Zustimmung des Inhabers des Handelsgeschäfts seine Handlungsvollmacht auf einen Anderen nicht übertragen.

ADHGB 1861	UGB
von ihnen abgeschlossenen Verkäufen einzuziehen oder dafür Zahlungsfristen zu bewilligen.	
Art. 50 Wer in einem Laden oder in einem offenen *Magazin oder* Waarenlager angestellt ist, gilt *für* ermächtigt, *daselbst* Verkäufe und Empfangnahmen *vorzunehmen, welche* in einem derartigen Laden, *Magazin* oder Waarenlager gewöhnlich geschehen.	**§ 56 Ladenvollmacht** Wer in einem Laden oder in einem offenen Warenlager angestellt ist, gilt als ermächtigt zu Verkäufen und Empfangnahmen, die in einem derartigen Laden oder Warenlager gewöhnlich geschehen. [= § 56 idF. 1897]
Art. 48 Der Handlungsbevollmächtigte hat sich bei der Zeichnung jedes eine Prokura andeutenden Zusatzes zu enthalten; er hat mit einem das Vollmachtsverhältniß ausdrückenden Zusatze zu zeichnen.	**§ 57 Zeichnung des Handlungsbevollmächtigten** Der Handlungsbevollmächtigte hat sich bei der Zeichnung jedes eine Prokura andeutenden Zusatzes zu enthalten; er hat mit einem das Vollmachtsverhältnis ausdrückenden Zusatze zu zeichnen. [= § 57 idF. 1897 = Art. 48 ADHGB]
Art. 53 Der *Prokurist oder der* Handlungsbevollmächtigte kann ohne *Einwilligung* des *Prinzipals* seine *Prokura oder* Handlungsvollmacht auf einen Anderen nicht übertragen.	**§ 58 Widerruflichkeit und Übertragbarkeit der Handlungsvollmacht** (1) Die Handlungsvollmacht ist unbeschadet des Anspruchs auf die vertragsmäßige Vergütung jederzeit widerruflich, sofern sich aus dem ihrer Erteilung zugrunde liegenden Rechtsverhältnis nicht das Gegenteil ergibt. (2) Die Handlungsvollmacht ist nur mit Zustimmung des Unternehmers auf einen anderen übertragbar. (3) Die Handlungsvollmacht erlischt im Zweifel nicht durch den Tod des Unternehmers.

HGB	HGB 1897
Sechster Abschnitt **Handlungsgehilfen und Handlungslehrlinge** [§§ 59–83]	**Sechster Abschnitt** **Handlungsgehilfen und Handlungslehrlinge** [§§ 59–83]
§ 59 [Handlungsgehilfe] [1]Wer in einem Handelsgewerbe zur Leistung kaufmännischer Dienste gegen Entgelt angestellt ist (Handlungsgehilfe), hat, soweit nicht besondere Vereinbarungen über die Art und den Umfang seiner Dienstleistungen oder über die ihm zukommende Vergütung getroffen sind, die dem Ortsgebrauch entsprechenden Dienste zu leisten sowie die dem Ortsgebrauch entsprechende Vergütung zu beanspruchen. [2]In Ermangelung eines Ortsgebrauchs gelten die den Umständen nach angemessenen Leistungen als vereinbart. [= § 59 idF. 1897]	**§ 59** [1]Wer in einem Handelsgewerbe zur Leistung kaufmännischer Dienste gegen Entgelt angestellt ist (Handlungsgehülfe), hat, soweit nicht besondere Vereinbarungen über die Art und den Umfang seiner Dienstleistungen oder über die ihm zukommende Vergütung getroffen sind, die dem Ortsgebrauch entsprechenden Dienste zu leisten sowie die dem Ortsgebrauch entsprechende Vergütung zu beanspruchen. [2]In Ermangelung eines Ortsgebrauchs gelten die den Umständen nach angemessenen Leistungen als vereinbart.
§ 60 [Gesetzliches Wettbewerbsverbot] (1) Der Handlungsgehilfe darf ohne Einwilligung des Prinzipals weder ein Handelsgewerbe betreiben noch in dem Handelszweige des Prinzipals für eigene oder fremde Rechnung Geschäfte machen. (2) Die Einwilligung zum Betrieb eines Handelsgewerbes gilt als erteilt, wenn dem Prinzipal bei der Anstellung des Gehilfen bekannt ist, daß er das Gewerbe betreibt, und der Prinzipal die Aufgabe des Betriebs nicht ausdrücklich vereinbart. [= 60 idF. 1897]	**§ 60** (1) Der Handlungsgehülfe darf ohne Einwilligung des Prinzipals weder ein Handelsgewerbe betreiben noch in dem Handelszweige des Prinzipals für eigene oder fremde Rechnung Geschäfte machen. (2) Die Einwilligung zum Betrieb eines Handelsgewerbes gilt als ertheilt, wenn dem Prinzipal bei der Anstellung des Gehülfen *bekannt* ist, daß er das Gewerbe betreibt, und der Prinzipal die Aufgabe des Betriebs nicht ausdrücklich vereinbart.

153 Art. 57–64 werden in Österreich aufgehoben und ersetzt durch Art. I Handlungsgehilfengesetz v. 16.1.1910, RGBl. S. 20, m.W.v. 1.1.1911.

154 Vgl. hierzu Art. 1 Abs. 1 Nr. 1 der Vierten Verordnung zur Einführung handelsrechtlicher Vorschriften im Lande Österreich v. 24.12.1938, RGBl. I. S. 1999, m.W.v. 27.9.1938: „Im Lande Österreich treten in Kraft: Nr. 1 das Handelsgesetzbuch, soweit es nicht schon im Lande Österreich gilt, jedoch mit Ausnahme des Sechsten und Siebenten Abschnitts des Ersten Buchs.".

155 Art. 56 wird in Österreich aufgehoben durch Art. I Handlungsgehilfengesetz v. 16.1.1910, RGBl. S. 20, m.W.v. 1.1.1911.

ADHGB 1861	UGB

Sechster Titel
Von den Handlungsgehülfen [Artt. 57–64][153]

Art. 57
Die Natur der Dienste *und die Ansprüche der* Handlungsgehülfen *(Handlungsdiener, Handlungslehrlinge) auf Gehalt und Unterhalt werden,* in Ermangelung *einer* Uebereinkunft, *durch* den Ortsgebrauch *oder durch das Ermessen des Gerichts, nöthigenfalls nach Einholung eines Gutachtens von Sachverständigen bestimmt.*

§§ 59–83
(Keine Geltung in Österreich[154])

Art. 59
(1) Ein Handlungsgehülfe darf ohne Einwilligung des Prinzipals weder für eigene Rechnung *noch für Rechnung eines Dritten Handels*geschäfte machen.
(2) *In dieser Beziehung kommen die für den Prokuristen und Handlungsbevollmächtigten geltenden Bestimmungen (Art. 56.) zur Anwendung.*

Art. 56[155]
(1) *Ein Prokurist oder ein zum Betriebe eines ganzen Handelsgewerbes bestellter Handlungsbevollmächtigter darf ohne Einwilligung des Prinzipals weder für eigene Rechnung noch für Rechnung eines Dritten Handelsgeschäfte machen.*
(2) *Eine* Einwilligung *des Prinzipals ist schon dann anzunehmen, wenn ihm bei Ertheilung der Prokura oder der Vollmacht bekannt war, daß der Prokurist oder Handlungsbevollmächtigte für eigene oder fremde Rechnung Handelsgeschäfte* betreibe, *und er* die Aufgebung dieses Betriebes nicht *bedungen hat.*
(3) [→ § 61]

HGB	HGB 1897
§ 61[156] [Verletzung des Wettbewerbsverbots] (1) Verletzt der Handlungsgehilfe die ihm nach § 60 obliegende Verpflichtung, so kann der Prinzipal Schadensersatz fordern; er kann statt dessen verlangen, daß der Handlungsgehilfe die für eigene Rechnung gemachten Geschäfte als für Rechnung des Prinzipals eingegangen gelten lasse und die aus Geschäften für fremde Rechnung bezogene Vergütung herausgebe oder seinen Anspruch auf die Vergütung abtrete. (2) Die Ansprüche verjähren in drei Monaten von dem Zeitpunkt an, in welchem der Prinzipal Kenntnis von dem Abschluss des Geschäfts erlangt oder ohne grobe Fahrlässigkeit erlangen müsste; sie verjähren ohne Rücksicht auf diese Kenntnis oder grob fahrlässige Unkenntnis in fünf Jahren von dem Abschluss des Geschäfts an. [Abs. 1 = § 61 Abs. 1 idF. 1897]	**§ 61** (1) Verletzt der Handlungsgehülfe die ihm nach §. 60 obliegende Verpflichtung, so kann der Prinzipal Schadensersatz fordern; er kann statt dessen verlangen, daß der Handlungsgehülfe die für eigene Rechnung gemachten Geschäfte als für Rechnung des Prinzipals eingegangen gelten lasse und die aus Geschäften für fremde Rechnung bezogene Vergütung herausgebe oder seinen Anspruch auf die Vergütung abtrete. (2) Die Ansprüche verjähren in drei Monaten von dem Zeitpunkt an, in welchem der Prinzipal Kenntniß von dem Abschlusse des Geschäfts erlangt; sie verjähren ohne Rücksicht auf diese Kenntniß in fünf Jahren von dem Abschlusse des Geschäfts an.
§ 62 [Fürsorgepflicht des Arbeitgebers] (1) Der Prinzipal ist verpflichtet, die Geschäftsräume und die für den Geschäftsbetrieb bestimmten Vorrichtungen und Gerätschaften so einzurichten und zu unterhalten, auch den Geschäftsbetrieb und die Arbeitszeit so zu regeln, daß der Handlungsgehilfe gegen eine Gefährdung seiner Gesundheit, soweit die Natur des Betriebs es gestattet, geschützt und die Aufrechterhaltung der guten Sitten und des Anstandes gesichert ist. (2) Ist der Handlungsgehilfe in die häusliche Gemeinschaft aufgenommen, so hat der Prinzipal in Ansehung des Wohn- und Schlafraums, der Verpflegung sowie der Arbeits- und Erholungszeit diejenigen Einrichtungen und Anordnungen zu treffen, welche mit Rücksicht auf die Gesundheit, die Sittlichkeit und die Religion des Handlungsgehilfen erforderlich sind. (3) Erfüllt der Prinzipal die ihm in Ansehung des Lebens und der Gesundheit des Handlungsgehilfen obliegenden Verpflichtungen nicht, so finden auf seine Verpflichtung zum Schadensersatze die für unerlaubte Handlun-	**§ 62** (1) Der Prinzipal ist verpflichtet, die Geschäftsräume und die für den Geschäftsbetrieb bestimmten Vorrichtungen und Geräthschaften so einzurichten und zu unterhalten, auch den Geschäftsbetrieb und die Arbeitszeit so zu regeln, daß der Handlungsgehülfe gegen eine Gefährdung seiner Gesundheit, soweit die Natur des Betriebs es gestattet, geschützt und die Aufrechterhaltung der guten Sitten und des Anstandes gesichert ist. (2) Ist der Handlungsgehülfe in die häusliche Gemeinschaft aufgenommen, so hat der Prinzipal in Ansehung des Wohn- und Schlafraums, der Verpflegung sowie der Arbeits- und Erholungszeit diejenigen Einrichtungen und Anordnungen zu treffen, welche mit Rücksicht auf die Gesundheit, die Sittlichkeit und die Religion des Handlungsgehilfen erforderlich sind. (3) Erfüllt der Prinzipal die ihm in Ansehung des Lebens und der Gesundheit des Handlungsgehülfen obliegenden Verpflichtungen nicht, so finden auf seine Verpflichtung zum Schadensersatze die für unerlaubte Handlun-

156 § 61 Abs. 2 neu gefasst durch Art. 9 Nr. 1 Gesetz v. 9.12.2004, BGBl. I S. 3214, m.W.v. 15.12.2004.

ADHGB 1861	UGB
Art. 59 (1) [→ § 60] (2) *In dieser Beziehung kommen die für den Prokuristen und Handlungsbevollmächtigten geltenden Bestimmungen (Art. 56.) zur Anwendung.* **Art. 56** (1) [→ § 60] (2) [→ § 60] (3) [1]*Uebertritt der Prokurist oder* Handlungs*bevollmächtigte diese Vorschrift,* so kann der Prinzipal Ersatz *des verursachten* Schadens fordern. [2]*Auch muß sich der Prokurist oder* Handlungs*bevollmächtigte auf* Verlangen *des Prinzipals gefallen lassen,* daß die für *seine* Rechnung gemachten Geschäfte als für Rechnung des Prinzipals *geschlossen angesehen werden.*	

HGB	HGB 1897
gen geltenden Vorschriften der §§ 842 bis 846 des Bürgerlichen Gesetzbuchs entsprechende Anwendung. (4) Die dem Prinzipal hiernach obliegenden Verpflichtungen können nicht im voraus durch Vertrag aufgehoben oder beschränkt werden.	gen geltenden Vorschriften der §§ 842 bis 846 des Bürgerlichen Gesetzbuchs entsprechende Anwendung. (4) Die dem Prinzipal hiernach obliegenden Verpflichtungen können nicht im voraus durch Vertrag aufgehoben oder beschränkt werden.
[= § 62 idF. 1897]	
§ 63[157] (*weggefallen*)	**§ 63** (1) Wird der Handlungsgehülfe durch unverschuldetes Unglück an der Leistung der Dienste verhindert, so behält er seinen Anspruch auf Gehalt und Unterhalt, jedoch nicht über die Dauer von sechs Wochen hinaus. (2) [1]Der Handlungsgehülfe ist nicht verpflichtet, sich den Betrag anrechnen zu lassen, der ihm für die Zeit der Verhinderung aus einer Kranken- oder Unfallversicherung zukommt. [2]Eine Vereinbarung, welche dieser Vorschrift zuwiderläuft, ist nichtig.
	§ 63 Abs. 1 S. 2 idF. 1930[158] (1) [2]Der Anspruch kann nicht durch Vertrag ausgeschlossen oder beschränkt werden.
	§ 63 idF. 1969[159] *(1) [1]Wird der Handlungsgehilfe durch unverschuldetes Unglück an der Leistung der Dienste verhindert, so behält er seinen Anspruch auf Gehalt und Unterhalt, jedoch nicht über die Dauer von sechs Wochen hinaus. [2]Der Handlungsgehilfe behält diesen Anspruch auch dann, wenn der Arbeitgeber das Dienstverhältnis aus Anlaß dieser Verhinderung kündigt. [3]Das gleiche gilt, wenn der Handlungsgehilfe das Dienstverhältnis aus einem vom Arbeitgeber zu vertretenden Grunde kündigt, der den Handlungsgehilfen zur Kündigung aus wichtigem Grund ohne Einhaltung einer Kündigungsfrist berechtigt. [4]Der Anspruch kann nicht durch Vertrag ausgeschlossen oder beschränkt werden.*

157 § 63 aufgehoben durch Art. 59 Gesetz v. 26.5.1994 (PflegeVG), BGBl. I S. 1014, m.W.v. 1.6.1994.

158 § 63 Abs. 1 S. 2 eingefügt durch Erster Teil, Kapitel II Art. 3 Nr. 2 Verordnung vom 1.12.1930, RGBl. I S. 517, m.W.v. 2.12.1930.

159 § 63 Abs. 1 S. 2 und 3 eingefügt, der bisherige S. 2 wird S. 4 durch Art. 5 Abs. 2 Nr. 1 Gesetz v. 16.8.1969, BGBl. I S. 1106, m.W.v. 1.9.1969.

ADHGB 1861	UGB
Art. 60 [1]*Ein* Handlungsgehülfe, *welcher* durch unverschuldetes Unglück an Leistung *seines* Dienstes *zeitweise ver*hindert wird, *geht dadurch* seiner Ansprüche auf Gehalt und Unterhalt *nicht verlustig.* [2]Jedoch *hat er auf diese Vergünstigung nur für* die Dauer von sechs Wochen *Anspruch.*	

HGB	HGB 1897
	(2) [1]Der Handlungsgehilfe ist nicht verpflichtet, sich den Betrag anrechnen zu lassen, der ihm für die Zeit der Verhinderung aus einer Kranken- oder Unfallversicherung zukommt. [2]Eine Vereinbarung, welche dieser Vorschrift zuwiderläuft, ist nichtig.
	§ 63 Abs. 1 S. 2 idF. 1975[160] (1) *[2]Eine nicht rechtswidrige Sterilisation und ein nicht rechtswidriger Abbruch der Schwangerschaft durch einen Arzt gelten als unverschuldete Verhinderung an der Dienstleistung.*
§ 64 [Monatliche Gehaltszahlung] [1]Die Zahlung des dem Handlungsgehilfen zukommenden Gehalts hat am Schlusse jedes Monats zu erfolgen. [2]Eine Vereinbarung, nach der die Zahlung des Gehalts später erfolgen soll, ist nichtig. [= § 64 idF. 1897]	**§ 64** [1]Die Zahlung des dem Handlungsgehülfen zukommenden Gehalts hat am Schluß jedes Monats zu erfolgen. [2]Eine Vereinbarung, nach der die Zahlung des Gehalts später erfolgen soll, ist nichtig.
§ 65[161] [Provision] Ist bedungen, daß der Handlungsgehilfe für Geschäfte, die von ihm geschlossen oder vermittelt werden, Provision erhalten soll, so sind die für die Handelsvertreter geltenden Vorschriften des § 87 Abs. 1 und 3 sowie der §§ 87a bis 87c anzuwenden.	**§ 65** Ist bedungen, daß der Handlungsgehülfe für Geschäfte, die von ihm geschlossen oder vermittelt werden, Provision erhalten solle, so *finden* die für die Handlungsagenten geltenden Vorschriften des *§. 88 und des §. 91 Satz 1 Anwendung.*
§ 66[162] (*weggefallen*)	**§ 66** *Das Dienstverhältniß zwischen dem Prinzipal und dem Handlungsgehülfen kann, wenn es für unbestimmte Zeit eingegangen ist, von jedem Theile für den Schluß eines Kalendervierteljahres unter Einhaltung einer Kündigungsfrist von sechs Wochen gekündigt werden.*

160 § 63 Abs. 1 S. 2 eingefügt, die bisherigen S. 2 bis 4 werden die S. 3 bis 5 durch § 8 Gesetz v. 28.8.1975 (StREG), BGBl. I 1975, S. 2289, m.W.v. 1.12.1975.

161 § 65 geändert durch Art. 2 Abs. 1 Nr. 3 Gesetz v. 6.8.1953, BGBl. I S. 771, m.W.v. 1.12.1953.

162 § 66 aufgehoben durch Art. 5 Abs. 2 Nr. 2 Gesetz v. 16.8.1969 (Erstes Arbeitsrechtsbereinigungsgesetz), BGBl. I S. 1106, m.W.v. 1.9.1969.

ADHGB 1861	UGB

Art. 61

(1) [1]Das Dienstverhältniß zwischen dem Prinzipal und dem Handlungs*diener* kann von jedem Theile *mit Ablauf* eines jeden Kalendervierteljahrs *nach vorgängiger* sechs*wöchentlicher* Kündigung *aufgehoben* werden. [2]*Ist* durch Vertrag *eine kürzere oder längere Zeitdauer oder* eine kürzere oder längere Kündigungsfrist bedungen, so *hat es hiebei sein Bewenden.*

(2) In Betreff der Handlungslehrlinge ist die Dauer der Lehrzeit nach dem Lehrvertrage und in Ermangelung vertragsmäßiger Bestimmungen nach den örtlichen Verordnungen oder dem Ortsgebrauche zu beurtheilen.

HGB	HGB 1897
§ 67[163] (*weggefallen*)	§ 67 *(1) Wird durch Vertrag eine kürzere oder längere Kündigungsfrist bedungen, so muß sie für beide Theile gleich sein; sie darf nicht weniger als ein Monat betragen.* *(2) Die Kündigung kann nur für den Schluß eines Kalendermonats zugelassen werden.* *(3) Die Vorschriften des Abs. 1 finden auch in dem Falle Anwendung, wenn das Dienstverhältniß für bestimmte Zeit mit der Vereinbarung eingegangen wird, daß es in Ermangelung einer vor dem Ablaufe der Vertragszeit erfolgten Kündigung als verlängert gelten soll.* *(4) Eine Vereinbarung, die diesen Vorschriften zuwiderläuft ist nichtig.*
§ 68[164] (*weggefallen*)	§ 68[165] *(1) Die Vorschriften des §. 67 finden keine Anwendung wenn der Handlungsgehülfe ein Gehalt von mindestens fünftausend Mark für das Jahr bezieht.* *(2) Sie bleiben ferner außer Anwendung, wenn der Handlungsgehülfe für eine außereuropäische Handelsniederlassung angenommen ist und nach dem Vertrage der Prinzipal für den Fall, daß er das Dienstverhältniß kündigt, die Kosten der Rückreise des Handlungsgehülfen zu tragen hat.* **§ 1 Verordnung v. 23.10.1923, RGBl. I S. 990, m.W.v. 27.10.1923:** *Die in den §§ 68 Abs. 1, 74a Abs. 2 Satz 1, 75b Satz 2 des Handelsgesetzbuchs [...] vorgesehenen festen Geldbeträge werden durch Grundzahlen (§ 2) ersetzt, die mit der jeweiligen Teuerungszahl (§ 3) vervielfacht werden.*
§ 69[166] (*weggefallen*)	§ 69 *[1]Wird ein Handlungsgehülfe nur zu vorübergehnder Aushülfe angenommen, so finden die*

163 § 67 aufgehoben durch Art. 5 Abs. 2 Nr. 2 Gesetz v. 16.8.1969 (Erstes Arbeitsrechtsbereinigungsgesetz), BGBl. I S. 1106, m.W.v. 1.9.1969.

164 § 68 aufgehoben durch Art. 5 Abs. 2 Nr. 2 Gesetz v. 16.8.1969 (Erstes Arbeitsrechtsbereinigungsgesetz), BGBl. I S. 1106, m.W.v. 1.9.1969.

165 § 68 Abs. 1 geändert durch Art. I Nr. 1 Gesetz v. 12.7.1921, RGBl. S. 927, m.W.v. 1.8.1921; § 68 Abs. 1 geändert durch Art. I Nr. 1 Gesetz v. v. 21.7.1922, RGBl. I S. 652, m.W.v. 1.7.1922; § 68 Abs. 1 geändert durch Art. I Nr. 1 Gesetz v. 22.12.1922, RGBl. I S. 967, m.W.v. 1.1.1923; § 68 Abs. 1 geändert durch Art. I Verordnung v. 6.7.1923, RGBl. I S. 618, m.W.v. 1.5.1923; § 68 Abs. 1 geändert durch §§ 1–3 Verordnung v. 23.10.1923, RGBl. I S. 990, m.W.v. 27.10.1923.

166 § 69 aufgehoben durch Art. 5 Abs. 2 Nr. 2 Gesetz v. 16.8.1969 (Erstes Arbeitsrechtsbereinigungsgesetz), BGBl. I S. 1106, m.W.v. 1.9.1969.

ADHGB 1861	UGB

HGB	HGB 1897
	Vorschriften des §. 67 keine Anwendung, es sei denn, daß das Dienstverhältniß über die Zeit von drei Monaten hinaus fortgesetzt wird. ²Die Kündigungsfrist muß jedoch auch in einem solchen Falle für beide Theile gleich sein.
§ 70[167] (*weggefallen*)	§ 70 *(1) Das Dienstverhältniß kann von jedem Theile ohne Einhaltung einer Kündigungsfrist gekündigt werden, wenn ein wichtiger Grund vorliegt.* *(2) Wird die Kündigung durch vertragswidriges Verhalten des anderen Theiles veranlaßt, so ist dieser zum Ersatze des durch die Aufhebung des Dienstverhältnisses entstehenden Schadens verpflichtet.*
§ 71[168] (*weggefallen*)	§ 71 *Als ein wichtiger Grund der den Handlungsgehülfen zur Kündigung ohne Einhaltung einer Kündigungsfrist berechtigt, ist es, sofern nicht besondere Umstände eine andere Beurtheilung rechtfertigen, namentlich anzusehen:* *1. wenn der Handlungsgehülfe zur Fortsetzung seiner Dienste unfähig wird;* *2. wenn der Prinzipal den Gehalt oder den gebührenden Unterhalt nicht gewährt;* *3. wenn der Prinzipal den ihm nach §. 62 obliegenden Verpflichtungen nachzukommen verweigert;* *4. wenn sich der Prinzipal Thätlichkeiten, erhebliche Ehrverletzungen oder unsittliche Zumuthungen gegen den Handlungsgehülfen zu Schulden kommen läßt oder es verweigert, den Handlungsgehülfen gegen solche Handlungen eines anderen Angestellten oder eines Familienangehörigen des Prinzipals zu schützen.*
§ 72[169] (*weggefallen*)	§ 72 *(1) Als ein wichtiger Grund, der den Prinzipal zur Kündigung ohne Einhaltung einer Kündigungsfrist berechtigt, ist es, sofern nicht besondere Umstände eine andere Beurtheilung rechtfertigen, namentlich anzusehen:* *1. wenn der Handlungsgehülfe im Dienste untreu ist oder das Vertrauen mißbraucht oder*

167 § 70 aufgehoben durch Art. 5 Abs. 2 Nr. 2 Gesetz v. 16.8.1969 (Erstes Arbeitsrechtsbereinigungsgesetz), BGBl. I S. 1106, m.W.v. 1.9.1969.

168 § 71 aufgehoben durch Art. 5 Abs. 2 Nr. 2 Gesetz v. 16.8.1969 (Erstes Arbeitsrechtsbereinigungsgesetz), BGBl. I S. 1106, m.W.v. 1.9.1969.

169 § 72 aufgehoben durch Art. 5 Abs. 2 Nr. 2 Gesetz v. 16.8.1969 (Erstes Arbeitsrechtsbereinigungsgesetz), BGBl. I S. 1106, m.W.v. 1.9.1969.

ADHGB 1861	UGB

Art. 62
(1) *Die Aufhebung des* Dienstverhältnisses *vor der bestimmten Zeit (Art. 61.)* kann *aus* wichtigen Gründ*en* von jedem Theile *verlangt* werden.
(2) *Die Beurtheilung der Wichtigkeit der Gründe bleibt dem Ermessen des Richters überlassen.*

Art. 63
Gegen den Prinzipal *kann insbesondere die Aufhebung des Dienstverhältnisses ausgesprochen werden,* wenn *derselbe* den Gehalt oder den gebührenden Unterhalt nicht gewährt, *oder* wenn *er* sich thätlicher *Mißhandlungen oder schwerer* Ehrverletzungen gegen den Handlungsgehülfen *schuldig macht.*

Art. 64
Gegen den Handlungsgehülfen kann insbesondere die Aufhebung des Dienstverhältnisses ausgesprochen werden:
1) wenn *derselbe* im Dienste untreu ist oder das Vertrauen mißbraucht;

HGB	HGB 1897
	die ihm nach §. 60 obliegende Verpflichtung verletzt; *2. wenn er seinen Dienst während einer den Umständen nach erheblichen Zeit unbefugt verläßt oder sich beharrlich weigert, seinen Dienstverpflichtungen nachzukommen;* *3. wenn er durch andauernde Krankheit, durch eine längere Freiheitsstrafe oder Abwesenheit oder durch eine die Zeit von acht Wochen übersteigende militärische Dienstleistung an der Verrichtung seiner Dienste verhindert wird;* *4. wenn er sich Thätlichkeiten oder erheblichen Ehrverletzungen gegen den Prinzipal oder dessen Vertreter zu Schulde kommen läßt.* *(2) Erfolgt die Kündigung, weil der Handlungsgehülfe durch unverschuldetes Unglück längere Zeit an der Verrichtung seiner Dienste verhindert ist, so wird dadurch der im §. 63 bezeichnete Anspruch des Gehülfen nicht berührt.*
§ 73[170] (*weggefallen*) **GewO** **§ 109[171] Zeugnis[172]** (1) Der Arbeitnehmer hat bei Beendigung eines Arbeitsverhältnisses Anspruch auf ein schriftliches Zeugnis. Das Zeugnis muss mindestens Angaben zu Art und Dauer der Tätigkeit (einfaches Zeugnis) enthalten. Der Arbeitnehmer kann verlangen, dass sich die Angaben darüber hinaus auf Leistung und Verhalten im Arbeitsverhältnis (qualifiziertes Zeugnis) erstrecken. (2) Das Zeugnis muss klar und verständlich formuliert sein. Es darf keine Merkmale oder Formulierungen enthalten, die den Zweck haben, eine andere als aus der äußeren Form oder aus dem Wortlaut ersichtliche Aussage über den Arbeitnehmer zu treffen. (3) Die Erteilung des Zeugnisses in elektronischer Form ist ausgeschlossen.	**§ 73** *(1)* [1]Bei *der* Beendigung *des Dienstverhältnisses kann der Handlungsgehülfe* ein schriftliches Zeugniß *über die Art und Dauer der Beschäftigung fordern.* [2]*Das Zeugniß ist auf* Verlangen *des Handlungsgehülfen auch auf die Führung und die* Leistung *auszudehnen.* *(2) Auf Antrag des Handlungsgehülfen hat die Ordnungspolizeibehörde das Zeugnis kosten- und stempelfrei zu beglaubigen.*[173] **§ 73 Abs. 1 S. 3 idF. 2001[174]** *(1)* [1, 2] [= § 73 Abs. 1 S. 1 und 2 idF. 1897]. [3]Die Erteilung des Zeugnisses in elektronischer Form ist ausgeschlossen.

170 § 73 aufgehoben durch Art. 5 Gesetz v. 24.8.2002, BGBl. I S. 3412, m.W.v. 1.1.2003.
171 § 109 eingefügt durch Art. 1 Nr. 19 Gesetz v. 24.8.2002, BGBl. I S. 3412, m.W.v. 1.1.2003.
172 Amtliche Überschrift nach Art. 1 Nr. 19 Gesetz v. 24.8.2002, BGBl. I S. 3412, m.W.v. 1.1.2003.
173 § 73 Abs. 2 aufgehoben durch § 57 Abs. 8 Nr. 2, Gesetz v. 28.8.1969, BGBl. I S. 1513, m.W.v. 1.1.1970.
174 § 73 S. 2 eingefügt durch Art. 22 Nr. 1 Gesetz v. 13.7.2001, BGBl. I S. 1542, m.W.v. 1.8.2001.

ADHGB 1861	UGB
2) *wenn derselbe ohne Einwilligung des Prinzipals für eigene Rechnung oder für Rechnung eines Dritten Handelsgeschäfte macht*; 3) wenn *derselbe* seine Dienste *zu leisten verweigert oder ohne einen rechtmäßigen Hinderungsgrund* während einer den Umständen nach erheblichen Zeit *unterläßt;* 4) wenn *derselbe* durch an*haltende* Krankheit *oder Kränklichkeit oder* durch eine längere Freiheitsstrafe oder Abwesenheit an Verrichtung seiner Dienste verhindert wird; 5) wenn *derselbe* sich thätlicher *Mißhandlungen* oder erheblicher Ehrverletzungen gegen den Prinzipal schuldig *macht;* 6) *wenn derselbe sich einem unsittlichen Lebenswandel ergiebt.*	

HGB	HGB 1897
§ 74[175] [Vertragliches Wettbewerbsverbot; bezahlte Karenz] (1) Eine Vereinbarung zwischen dem Prinzipal und dem Handlungsgehilfen, die den Gehilfen für die Zeit nach Beendigung des Dienstverhältnisses in seiner gewerblichen Tätigkeit beschränkt (Wettbewerbsverbot), bedarf der Schriftform und der Aushändigung einer vom Prinzipal unterzeichneten, die vereinbarten Bestimmungen enthaltenden Urkunde an den Gehilfen. (2) Das Wettbewerbsverbot ist nur verbindlich, wenn sich der Prinzipal verpflichtet, für die Dauer des Verbots eine Entschädigung zu zahlen, die für jedes Jahr des Verbots mindestens die Hälfte der von dem Handlungsgehilfen zuletzt bezogenen vertragsmäßigen Leistungen erreicht.	**§ 74** (1) Eine Vereinbarung zwischen dem Prinzipal und dem Handlungsgehülfen, *durch welche dieser* für die Zeit nach der Beendigung des Dienstverhältnisses in seiner gewerblichen Thätigkeit beschränkt *wird, ist für den Handlungsgehülfen nur insoweit verbindlich, als die Beschränkung nach Zeit, Ort und Gegenstand nicht die Grenzen überschreitet, durch welche eine unbillige Erschwerung des Fortkommens des Handlungsgehülfen ausgeschlossen wird.* (2) *Die Beschränkung kann nicht auf einen Zeitraum von mehr als drei Jahren von der Beendigung des Dienstverhältnisses an erstreckt werden.* (3) *Die Vereinbarung ist nichtig, wenn der Handlungsgehülfe zur Zeit des Abschlusses minderjährig ist.*
§ 74a[176] [Unverbindliches oder nichtiges Verbot] (1) ¹Das Wettbewerbverbot ist insoweit unverbindlich, als es nicht zum Schutze eines berechtigten geschäftlichen Interesses des Prinzipals dient. ²Es ist ferner unverbindlich, soweit es unter Berücksichtigung der gewährten Entschädigung nach Ort, Zeit oder Gegenstand eine unbillige Erschwerung des Fortkommens des Gehilfen enthält. ³Das Verbot kann nicht auf einen Zeitraum von mehr als zwei Jahren von der Beendigung des Dienstverhältnisses an erstreckt werden. (2) ¹Das Verbot ist nichtig, wenn der Gehilfe zur Zeit des Abschlusses minderjährig ist oder wenn sich der Prinzipal die Erfüllung auf Ehrenwort oder unter ähnlichen Versicherungen versprechen läßt. ²Nichtig ist auch die Vereinbarung, durch die ein Dritter an Stelle des Gehilfen die Verpflichtung übernimmt, daß sich der Gehilfe nach der Beendigung des Dienstverhältnisses in seiner gewerblichen Tätigkeit beschränken werde.	**§ 74a idF. 1914[177]** (1) ¹Das Wettbewerbsverbot ist insoweit unverbindlich, als es nicht zum Schutz eines berechtigten geschäftlichen Interesses des Prinzipals dient. ²Es ist ferner unverbindlich, soweit es unter Berücksichtigung der gewährten Entschädigung nach Ort, Zeit oder Gegenstand eine unbillige Erschwerung des Fortkommens des Gehilfen enthält. ³Das Verbot kann nicht auf einen Zeitraum von mehr als zwei Jahren von der Beendigung des Dienstverhältnisses an erstreckt werden. (2) ¹*Das Verbot ist nichtig, wenn die dem Gehilfen zustehenden jährlichen vertragsmäßigen Leistungen den Betrag von fünfzehnhundert Mark nicht übersteigen.* ²Das *gleiche gilt,* wenn der Gehilfe zur Zeit des Abschlusses minderjährig ist oder der Prinzipal die Erfüllung auf Ehrenwort oder unter ähnlichen Versicherungen versprechen lässt. ³Nichtig ist auch die Vereinbarung, durch die ein Dritter an Stelle des Gehilfen die Verpflichtung übernimmt, daß sich der Gehilfe nach der Beendigung des

175 § 74 neu gefasst durch Art. 1 Gesetz v. 10.6.1914, RGBl. I S. 209, m.W.v. 1.1.1915.

176 § 74a Abs. 2 S. 1 aufgehoben, bisheriger S. 2 wird S. 1 und geändert, bisheriger S. 3 wird S. 2 durch Art. 24 Nr. 1 Gesetz v. 21.12.2000 (Viertes Euro-Einführungsgesetz), BGBl. I S. 1983, m.W.v. 1.1.2002.

177 § 74a eingefügt durch Art. 1 Gesetz v. 10.6.1914, RGBl. I S. 209, m.W.v. 1.1.1915; § 74a Abs. 2 S. 1 geändert durch geändert durch Art. I Nr. 2 Gesetz v. 12.7.1921, RGBl. S. 927, m.W.v. 1.8.1921; § 74a Abs. 2 S. 1 geändert durch Art. I Nr. 1 Gesetz v. v. 21.7.1922, RGBl. I S. 652, m.W.v. 1.7.1922; § 74a Abs. 2 S. 1 geändert durch Art. I Nr. 1 Gesetz v. 22.12.1922, RGBl. I S. 967, m.W.v. 1.1.1923; § 74a Abs. 2 S. 1 geändert durch durch Art. I Nr. 2 Verordnung v. 6.7.1923, RGBl. I S. 618, m.W.v. 1.5.1923; § 74a Abs. 2 S. 1 geändert durch §§ 1–3 Verordnung v. 23.10.1923, RGBl. I S. 990, m.W.v. 27.10.1923.

ADHGB 1861	UGB

HGB	HGB 1897
(3) Unberührt bleiben die Vorschriften des § 138 des Bürgerlichen Gesetzbuchs über die Nichtigkeit von Rechtsgeschäften, die gegen die guten Sitten verstoßen. [Abs. 1 = § 74a Abs. 1 idF. 1914] [Abs. 3 = § 74a Abs. 3 idF. 1914]	Dienstverhältnisses in seiner gewerblichen Tätigkeit beschränken werde. (3) Unberührt bleiben die Vorschriften des § 138 des Bürgerlichen Gesetzbuchs über die Nichtigkeit von Rechtsgeschäften, die gegen die guten Sitten verstoßen. **§ 1 Verordnung v. 23.10.1923, RGBl. I S. 990, m.W.v. 27.10.1923:** *Die in den §§ 68 Abs. 1, 74a Abs. 2 Satz 1, 75b Satz 2 des Handelsgesetzbuchs [...] vorgesehenen festen Geldbeträge werden durch Grundzahlen (§ 2) ersetzt, die mit der jeweiligen Teuerungszahl (§ 3) vervielfacht werden.*
§ 74b [Zahlung und Berechnung der Entschädigung] (1) Die nach § 74 Abs. 2 dem Handlungsgehilfen zu gewährende Entschädigung ist am Schlusse jedes Monats zu zahlen. (2) [1]Soweit die dem Gehilfen zustehenden vertragsmäßigen Leistungen in einer Provision oder in anderen wechselnden Bezügen bestehen, sind sie bei der Berechnung der Entschädigung nach dem Durchschnitt der letzten drei Jahre in Ansatz zu bringen. [2]Hat die für die Bezüge bei der Beendigung des Dienstverhältnisses maßgebende Vertragsbestimmung noch nicht drei Jahre bestanden, so erfolgt der Ansatz nach dem Durchschnitt des Zeitraums, für den die Bestimmung in Kraft war. (3) Soweit Bezüge zum Ersatze besonderer Auslagen dienen sollen, die infolge der Dienstleistung entstehen, bleiben sie außer Ansatz. [= § 74b idF. 1914]	**§ 74b**[178] (1) Die nach § 74 Abs. 2 dem Handlungsgehilfen zu gewährende Entschädigung ist am Schluß jedes Monats zu zahlen. (2) [1]Soweit die dem Gehilfen zustehenden vertragsmäßigen Leistungen in einer Provision oder in anderen wechselnden Bezügen bestehen, sind sie bei der Berechnung der Entschädigung nach dem Durchschnitt der letzten drei Jahre in Ansatz zu bringen. [2]Hat die für die Bezüge bei der Beendigung des Dienstverhältnisses maßgebende Vertragsbestimmung noch nicht drei Jahre bestanden, so erfolgt der Ansatz nach dem Durchschnitt des Zeitraums, für den die Bestimmung in Kraft war. (3) Soweit Bezüge zum Ersatz besonderer Auslagen dienen sollen, die infolge der Dienstleistung entstehen, bleiben sie außer Ansatz.
§ 74c[179] **[Anrechnung anderweitigen Erwerbs]** (1) [1]Der Handlungsgehilfe muß sich auf die fällige Entschädigung anrechnen lassen, was er während des Zeitraums, für den die Entschädigung gezahlt wird, durch anderweite Verwertung seiner Arbeitskraft erwirbt oder zu erwerben böswillig unterläßt, soweit die Entschädigung unter Hinzurechnung dieses	**§ 74c idF. 1914**[180] (1) [1]Der Handlungsgehilfe muß sich auf die fällige Entschädigung anrechnen lassen, was er während des Zeitraums, für den die Entschädigung gezahlt wird, durch anderweite Verwertung seiner Arbeitskraft erwirbt oder zu erwerben böswillig unterläßt, soweit die Entschädigung unter Hinzurechnung dieses Betrags den Betrag der zuletzt von ihm bezoge-

178 § 74b eingefügt durch Art. 1 Gesetz v. 10.6.1914, RGBl. I S. 209, m.W.v. 1.1.1915.
179 § 74c eingefügt durch Art. 1 Gesetz v. 10.6.1914, RGBl. I S. 209, m.W.v. 1.1.1915.
180 § 74c eingefügt durch Art. 1 Gesetz v. 10.6.1914, RGBl. I S. 209, m.W.v. 1.1.1915.

ADHGB 1861	UGB

HGB	HGB 1897
Betrags den Betrag der zuletzt von ihm bezogenen vertragsmäßigen Leistungen um mehr als ein Zehntel übersteigen würde. ²Ist der Gehilfe durch das Wettbewerbverbot gezwungen worden, seinen Wohnsitz zu verlegen, so tritt an die Stelle des Betrags von einem Zehntel der Betrag von einem Viertel. ³Für die Dauer der Verbüßung einer Freiheitsstrafe kann der Gehilfe eine Entschädigung nicht verlangen. (2) Der Gehilfe ist verpflichtet, dem Prinzipal auf Erfordern über die Höhe seines Erwerbes Auskunft zu erteilen. [= § 74c idF. 1914]	nen vertragsmäßigen Leistungen um mehr als ein Zehntel übersteigen würde. ²Ist der Gehilfe durch das Wettbewerbsverbot gezwungen worden, seinen Wohnsitz zu verlegen, so tritt an die Stelle des Betrags von einem Zehntel der Betrag von einem Viertel. ³Für die Dauer der Verbüßung einer Freiheitsstrafe kann der Gehilfe eine Entschädigung nicht verlangen. (2) Der Gehilfe ist verpflichtet, dem Prinzipal auf Erfordern über die Höhe seines Erwerbs Auskunft zu erteilen.
§ 75[181] [Unwirksamwerden des Wettbewerbsverbots] (1) Löst der Gehilfe das Dienstverhältnis gemäß § 626 des Bürgerlichen Gesetzbuchs wegen vertragswidrigen Verhaltens des Prinzipals auf, so wird das Wettbewerbverbot unwirksam, wenn der Gehilfe vor Ablauf eines Monats nach der Kündigung schriftlich erklärt, daß er sich an die Vereinbarung nicht gebunden erachte. (2) ¹In gleicher Weise wird das Wettbewerbverbot unwirksam, wenn der Prinzipal das Dienstverhältnis kündigt, es sei denn, daß für die Kündigung ein erheblicher Anlaß in der Person des Gehilfen vorliegt oder daß sich der Prinzipal bei der Kündigung bereit erklärt, während der Dauer der Beschränkung dem Gehilfen die vollen zuletzt von ihm bezogenen vertragsmäßigen Leistungen zu gewähren. ²Im letzteren Falle finden die Vorschriften des § 74b entsprechende Anwendung. (3) Löst der Prinzipal das Dienstverhältnis gemäß § 626 des Bürgerlichen Gesetzbuchs wegen vertragswidrigen Verhaltens des Gehilfen auf, so gilt Absatz 1 entsprechend. [Abs. 2 = § 75 Abs. 2 idF. 1914]	**§ 75** (1) ¹*Giebt der* Prinzipal *durch* vertragswidriges Verhalten *dem Handlungs*gehülfen *Grund,* das Dienstverhältniß gemäß den Vorschriften der §§. 70, 71 *aufzulösen,* so *kann er aus einer Vereinbarung der im §. 74 bezeichneten Art Ansprüche nicht geltend machen.* ²*Das Gleiche gilt,* wenn der Prinzipal das Dienstverhältniß kündigt, es sei denn, daß für die Kündigung ein erheblicher Anlaß vorliegt, *den er nicht verschuldet hat,* oder daß während der Dauer der Beschränkung dem *Handlungs*gehülfen *das* zuletzt von ihm bezogene *Gehalt fortgezahlt wird.* (2) ¹*Hat der Handlungsgehülfe für den Fall, daß er die in der Vereinbarung übernommene Verpflichtung nicht erfüllt, eine Strafe versprochen, so kann der Prinzipal nur die verwirkte Strafe verlangen; der Anspruch auf Erfüllung oder auf Ersatz eines weiteren Schadens ist ausgeschlossen.* ²*Die Vorschriften des Bürgerlichen Gesetzbuchs über die Herabsetzung einer unverhältnismäßig hohen Vertragsstrafe bleiben unberührt.* (3) *Vereinbarungen, welche diesen Vorschriften zuwiderlaufen, sind nichtig.* **§ 75[182] [Unwirksamwerden des Wettbewerbsverbots] idF. 1914** (1) Löst der Gehilfe das Dienstverhältnis *gemäß den Vorschriften der §§ 70, 71* wegen

181 § 75 Abs. 1 geändert und Abs. 3 neu gefasst durch Art. 1 Nr. 1 Gesetz v. 23.10.2024 (Viertes BürokratieentlastungsG), BGBl. 2024 I Nr. 323, m.W.v. 1.1.2025.

182 § 75 neu gefasst durch Art. 1 Gesetz v. 10.6.1914, RGBl. I S. 209, m.W.v. 1.1.1915.

ADHGB 1861	UGB

HGB	HGB 1897
	vertragswidrigen Verhaltens des Prinzipals auf, so wird das Wettbewerbsverbot unwirksam, wenn der Gehilfe vor Ablauf eines Monats nach der Kündigung schriftlich erklärt, daß er sich an die Vereinbarung nicht gebunden erachte. (2) [1]In gleicher Weise wird das Wettbewerbsverbot unwirksam, wenn der Prinzipal das Dienstverhältnis kündigt, es sei denn, daß für die Kündigung ein erheblicher Anlaß in der Person des Gehilfen vorliegt oder daß sich der Prinzipal bei der Kündigung bereit erklärt, während der Dauer der Beschränkung dem Gehilfen die vollen zuletzt von ihm bezogenen vertragsmäßigen Leistungen zu gewähren. [2]Im letzteren Falle finden die Vorschriften des § 74b entsprechende Anwendung. (3) Löst der Prinzipal das Dienstverhältnis gemäß *den Vorschriften der §§ 70, 72* wegen vertragswidrigen Verhaltens des Gehilfen auf, so *hat der Gehilfe keinen Anspruch auf die Entschädigung.*[183]
§ 75a [Verzicht des Prinzipals auf Wettbewerbsverbot] Der Prinzipal kann vor der Beendigung des Dienstverhältnisses durch schriftliche Erklärung auf das Wettbewerbverbot mit der Wirkung verzichten, daß er mit dem Ablauf eines Jahres seit der Erklärung von der Verpflichtung zur Zahlung der Entschädigung frei wird. [= § 75a idF. 1914]	**§ 75a idF. 1914**[184] Der Prinzipal kann vor der Beendigung des Dienstverhältnisses durch schriftliche Erklärung auf das Wettbewerbsverbot mit der Wirkung verzichten, daß er mit dem Ablauf eines Jahres seit der Erklärung von der Verpflichtung zur Zahlung der Entschädigung frei wird.
§ 75b[185] (*weggefallen*)	**§ 75b idF. 1914**[186] [1]*Ist der Gehilfe für eine Tätigkeit außerhalb Europas angenommen, so ist die Verbindlichkeit des Wettbewerbsverbots nicht davon*

183 BAG NJW 1977, 1357: § 75 Abs. 3 idF. 1914 verstößt gegen Art. 3 GG und ist daher nichtig; das BAG ist zu dieser Feststellung befugt, weil die Vorschrift vorkonstitutionelles Recht ist.

184 § 75a eingefügt durch Art. 1 Gesetz v. 10.6.1914, RGBl. I S. 209, m.W.v. 1.1.1915.

185 § 75b aufgehoben durch Art. 24 Nr. 2 Gesetz v. 21.12.2000 (Viertes Euro-Einführungsgesetz), BGBl. I S. 1983, m.W.v. 1.1.2002.

186 § 75b eingefügt durch Art. 1 Gesetz v. 10.6.1914, RGBl. I S. 209, m.W.v. 1.1.1915; § 75b S. 2 geändert durch Gesetz v. 12.7.1921, RGBl. S. 927, m.W.v. 1.8.1921; § 75b S. 2 geändert durch Art. I Nr. 3 Gesetz v. 21.7.1922, RGBl. I S. 652, m.W.v. 1.7.1922; § 75b S. 2 geändert durch Art. I Nr. 1 Gesetz v. 22.12.1922, RGBl. I S. 967, m.W.v. 1.1.1923; § 75b S. 2 geändert durch durch Art. I Nr. 3 Verordnung v. 6.7.1923, RGBl. I S. 618, m.W.v. 1.5.1923; § 75b S. 2 geändert durch §§ 1–3 Verordnung v. 23.10.1923, RGBl. I S. 990, m.W.v. 27.10.1923. § 75b S. 1 verstößt nach dem Urteil des BAG v. 16.10.1980 – 3 AZR 202/79 (Nr. 15 zu § 75b HGB = NJW 1981, 1174 = BAGE 34, 220) gegen Art. 12 Abs. 1 GG [§ 75 S. 1 ist vorkonstitutionelles Recht].

ADHGB 1861	UGB

HGB	HGB 1897

abhängig, daß sich der Prinzipal zur Zahlung der in § 74 Abs. 2 vorgesehenen Entschädigung verpflichtet. ²Das gleiche gilt, wenn die dem Gehilfen zustehenden vertragsmäßigen Leistungen den Betrag von achttausend Deutsche Mark für das Jahr übersteigen; auf die Berechnung des Betrags der Leistungen finden die Vorschriften des § 74b Abs. 2 und 3 entsprechende Anwendung.

§ 1 Verordnung v. 23.10.1923, RGBl. I S. 990, m.W.v. 27.10.1923:
Die in den §§ 68 Abs. 1, 74a Abs. 2 Satz 1, 75b Satz 2 des Handelsgesetzbuchs [...] vorgesehenen festen Geldbeträge werden durch Grundzahlen (§ 2) ersetzt, die mit der jeweiligen Teuerungszahl (§ 3) vervielfacht werden.

§ 75c [Vertragsstrafe]
(1) ¹Hat der Handlungsgehilfe für den Fall, daß er die in der Vereinbarung übernommene Verpflichtung nicht erfüllt, eine Strafe versprochen, so kann der Prinzipal Ansprüche nur nach Maßgabe der Vorschriften des § 340 des Bürgerlichen Gesetzbuchs geltend machen. ²Die Vorschriften des Bürgerlichen Gesetzbuchs über die Herabsetzung einer unverhältnismäßig hohen Vertragsstrafe bleiben unberührt.
(2) Ist die Verbindlichkeit der Vereinbarung nicht davon abhängig, daß sich der Prinzipal zur Zahlung einer Entschädigung an den Gehilfen verpflichtet, so kann der Prinzipal, wenn sich der Gehilfe einer Vertragsstrafe der in Absatz 1 bezeichneten Art unterworfen hat, nur die verwirkte Strafe verlangen; der Anspruch auf Erfüllung oder auf Ersatz eines weiteren Schadens ist ausgeschlossen.

[= § 75c idF. 1914]

§ 75c idF. 1914[187]
(1) ¹Hat der Handlungsgehilfe für den Fall, daß er die in der Vereinbarung übernommene Verpflichtung nicht erfüllt, eine Strafe versprochen, so kann der Prinzipal Ansprüche nur nach Maßgabe der Vorschriften des § 340 des Bürgerlichen Gesetzbuchs geltend machen. ²Die Vorschriften des Bürgerlichen Gesetzbuchs über die Herabsetzung einer unverhältnismäßig hohen Vertragsstrafe bleiben unberührt.
(2) Ist die Verbindlichkeit der Vereinbarung nicht davon abhängig, daß sich der Prinzipal zur Zahlung einer Entschädigung an den Gehilfen verpflichtet, so kann der Prinzipal, wenn sich der Gehilfe einer Vertragsstrafe der in Abs. 1 bezeichneten Art unterworfen hat, nur die verwirkte Strafe verlangen; der Anspruch auf Erfüllung oder auf Ersatz eines weiteren Schadens ist ausgeschlossen.

§ 75d [Abweichende Vereinbarungen]
¹Auf eine Vereinbarung, durch die von den Vorschriften der §§ 74 bis 75c zum Nachteil des Handlungsgehilfen abgewichen wird, kann sich der Prinzipal nicht berufen. ²Das gilt auch von Vereinbarungen, die bezwecken, die

§ 75d idF. 1914[188]
¹Auf eine Vereinbarung, durch die von den Vorschriften der §§ 74 bis 75c zum Nachteil des Handlungsgehilfen abgewichen wird, kann sich der Prinzipal nicht berufen. ²Das gilt auch von Vereinbarungen, die bezwecken, die

187 § 75c eingefügt durch Art. 1 Gesetz v. 10.6.1914, RGBl. I S. 209, m.W.v. 1.1.1915.
188 § 75d eingefügt durch Art. 1 Gesetz v. 10.6.1914, RGBl. I S. 209, m.W.v. 1.1.1915.

ADHGB 1861	UGB

HGB	HGB 1897
gesetzlichen Vorschriften über das Mindestmaß der Entschädigung durch Verrechnungen oder auf sonstige Weise zu umgehen.	gesetzlichen Vorschriften über das Mindestmaß der Entschädigung durch Verrechnungen oder auf sonstige Weise zu umgehen.
[= § 75d idF. 1914]	
§ 75e[189] (*weggefallen*)	§ 75e[190] *(1) Die Entschädigung, die der Handlungsgehilfe auf Grund der Vorschriften der §§ 74 bis 75d für die Zeit nach der Beendigung des Dienstverhältnisses beanspruchen kann, gehört zu den Dienstbezügen im Sinne des § 61 Nr. 1 der Konkursordnung.* *(2) [1]Der Anspruch auf die Entschädigung kann zum Zweck der Sicherstellung oder Befriedigung eines Gläubigers erst dann gepfändet werden, wenn der Tag, an dem sie zu errichten war, abgelaufen ist, ohne daß der Gehilfe sie eingefordert hat. [2]Die Pfändung ist jedoch zulässig, soweit die Entschädigung allein oder zusammen mit den in den §§ 1, 3 des Gesetzes, betreffend die Beschlagnahme des Arbeits- oder Dienstlohns, bezeichneten Bezügen die Summe von fünfzehnhundert Mark für das Jahr übersteigt. [3]Die Vorschriften des § 2, des § 4 Abs. 2 Nr. 2, 3 und des § 4a des bezeichneten Gesetzes finden entsprechende Anwendung.*
§ 75f[191] [Sperrabrede unter Arbeitgebern] [1]Im Falle einer Vereinbarung, durch die sich ein Prinzipal einem anderen Prinzipal gegenüber verpflichtet, einen Handlungsgehilfen, der bei diesem im Dienst ist oder gewesen ist, nicht oder nur unter bestimmten Voraussetzungen anzustellen, steht beiden Teilen der Rücktritt frei. [2]Aus der Vereinbarung findet weder Klage noch Einrede statt.	**§ 75f idF. 1914[192]** *Auf* eine Vereinbarung, durch die sich ein Prinzipal einem anderen Prinzipal gegenüber verpflichtet, einen Handlungsgehilfen, der bei diesem im Dienste ist oder gewesen ist, nicht oder nur unter bestimmten Voraussetzungen anzustellen, *finden die Vorschriften des § 152 Abs. 2 der Gewerbeordnung Anwendung.*
§ 75g [Vermittlungsgehilfe] [1]§ 55 Abs. 4 gilt auch für einen Handlungsgehilfen, der damit betraut ist, außerhalb des Betriebes des Prinzipals für diesen Geschäfte	§ 75g[193] [1]§ 55 Abs. 4 gilt auch für einen Handlungsgehilfen, der damit betraut ist, außerhalb des Betriebs des Prinzipals für diesen Geschäfte zu

189 § 75e aufgehoben durch Art. 2 § 3 Gesetz v. 17.7.1974, BGBl. I S. 1481, m.W.v. 20.7.1974.
190 § 75e eingefügt durch Art. 1 Gesetz v. 10.6.1914, RGBl. I S. 209, m.W.v. 1.1.1915.
191 § 75f neu gefasst durch § 69 Abs. 5 Gesetz v. 20.1.1934 („Gesetz zur Ordnung der nationalen Arbeit"), RGBl. I S. 45, m.W.v. 24.1.1934 [Inkrafttreten nach Art. 3 S. 2 Gesetz v. 24.3.1933 („Gesetz zur Behebung der Not von Volk und Reich" bzw. „Ermächtigungsgesetz"), RGBl. I S. 141, m.W.v. 24.3.1933].
192 § 75f eingefügt durch Art. 1 Gesetz v. 10.6.1914, RGBl. I S. 209, m.W.v. 1.1.1915.
193 § 75g eingefügt durch Art. 2 Abs. 1 Nr. 4 Gesetz v. 6.8.1953, BGBl. I S. 771, m.W.v. 1.12.1953.

ADHGB 1861	UGB

HGB	HGB 1897
zu vermitteln. [2]Eine Beschränkung dieser Rechte braucht ein Dritter gegen sich nur gelten zu lassen, wenn er sie kannte oder kennen mußte.	vermitteln. [2]Eine Beschränkung dieser Rechte braucht ein Dritter gegen sich nur gelten zu lassen, wenn er sie kannte oder kennen mußte.
[= § 75g idF. 1953]	
§ 75h [Unkenntnis des Mangels der Vertretungsmacht]	**§ 75h**[194]
(1) Hat ein Handlungsgehilfe, der nur mit der Vermittlung von Geschäften außerhalb des Betriebes des Prinzipals betraut ist, ein Geschäft im Namen des Prinzipals abgeschlossen, und war dem Dritten der Mangel der Vertretungsmacht nicht bekannt, so gilt das Geschäft als von dem Prinzipal genehmigt, wenn dieser dem Dritten gegenüber nicht unverzüglich das Geschäft ablehnt, nachdem er von dem Handlungsgehilfen oder dem Dritten über Abschluß und wesentlichen Inhalt benachrichtigt worden ist. (2) Das gleiche gilt, wenn ein Handlungsgehilfe, der mit dem Abschluß von Geschäften betraut ist, ein Geschäft im Namen des Prinzipals abgeschlossen hat, zu dessen Abschluß er nicht bevollmächtigt ist.	(1) Hat ein Handlungsgehilfe, der nur mit der Vermittlung von Geschäften außerhalb des Betriebs des Prinzipals betraut ist, ein Geschäft im Namen des Prinzipals abgeschlossen, und war dem Dritten der Mangel der Vertretungsmacht nicht bekannt, so gilt das Geschäft als von dem Prinzipal genehmigt, wenn dieser dem Dritten gegenüber nicht unverzüglich das Geschäft ablehnt, nachdem er von dem Handlungsgehilfen oder dem Dritten über Abschluß und wesentlichen Inhalt benachrichtigt worden ist. (2) Das gleiche gilt, wenn ein Handlungsgehilfe, der mit dem Abschluß von Geschäften betraut ist, ein Geschäft im Namen des Prinzipals abgeschlossen hat, zu dessen Abschluß er nicht bevollmächtigt ist.
[= § 75h idF. 1953]	
§ 76[195] (*weggefallen*)	**§ 76** (1) *Die Vorschriften der §§. 60 bis 63, 74, 75 finden auch auf Handlungslehrlinge Anwendung.* *(2) [1]Der Lehrherr ist verpflichtet, dafür zu sorgen, daß der Lehrling in den bei dem Betriebe des Geschäfts vorkommenden kaufmännischen Arbeiten unterwiesen wird; er hat die Ausbildung des Lehrlings entweder selbst oder durch einen geeigneten, ausdrücklich dazu bestimmten Vertreter zu leiten. [2]Die Unterweisung hat in der durch den Zweck der Ausbildung gebotenen Reihenfolge und Ausdehnung zu geschehen.* *(3) [1]Der Lehrherr darf dem Lehrlinge die zu seiner Ausbildung erforderlichen Zeit und Gelegenheit durch Verwendung zu anderen Dienstleistungen nicht entziehen; auch hat er ihm die zum Besuche des Gottesdienstes an Sonntagen*

194 § 75h eingefügt durch Art. 2 Abs. 1 Nr. 4 Gesetz v. 6.8.1953, BGBl. I S. 771, m.W.v. 1.12.1953.
195 § 76 aufgehoben durch § 106 Abs. 1 Nr. 1 Gesetz v. 14.8.1969, BGBl. I S. 1112, m.W.v. 1.9.1969.

ADHGB 1861	UGB

HGB	HGB 1897
	und Festtagen erforderliche Zeit und Gelegenheit zu gewähren. [2]Er hat den Lehrling zur Arbeitsamkeit und zu guten Sitten anzuhalten. *(4) Im Betreff der Verpflichtung des Lehrherrn, dem Lehrlinge die zum Besuch einer Fortbildungsschule erforderliche Zeit zu gewähren, bewendet es bei den Vorschriften des §. 120 der Gewerbeordnung.*
	§ 76 Abs. 1 idF. 1914[196] *(1) [1]Die Vorschriften der §§ 60 bis 63, 75f gelten auch für Handlungslehrlinge. [2]Vereinbarungen, durch die diese für die Zeit nach der Beendigung des Lehr- oder Dienstverhältnisses in ihrer gewerblichen Tätigkeit beschränkt werden, sind nichtig.*
§ 77[197] (weggefallen)	§ 77 *(1) [1]Die Dauer der Lehrzeit bestimmt sich nach dem Lehrvertrag. [2]In Ermangelung vertragsmäßiger Festsetzung nach den örtlichen Verordnungen oder dem Ortsgebrauche.* *(2) [1]Das Lehrverhältniß kann, sofern nicht eine längere Probezeit vereinbart ist, während des ersten Monats nach dem Beginne der Lehrzeit ohne Einhaltung einer Kündigungsfrist gekündigt werden. [2]Eine Vereinbarung, nach der die Probezeit mehr als drei Monate betragen soll, ist nichtig.* *(3) [1]Nach dem Ablaufe der Probezeit finden auf die Kündigung des Lehrverhältnisses die Vorschriften der §§. 70 bis 72 Anwendung. [2]Als ein wichtiger Grund zur Kündigung durch den Lehrling ist es insbesondere auch anzusehen, wenn der Lehrherr seine Verpflichtungen gegen den Lehrling in einer dessen Gesundheit, Sittlichkeit oder Ausbildung gefährenden Weise vernachlässigt.* *(4) Im Falle des Todes des Lehrherrn kann das Lehrverhältniß innerhalb eines Monats ohne Einhaltung einer Kündigungsfrist gekündigt werden.*
§ 78[198] (weggefallen)	§ 78 *(1) Wird von dem gesetzlichen Vertreter des Lehrlinges oder, sofern dieser volljährig ist, von*

196 § 76 S. 1 geändert und S. 2 eingefügt durch Art. 1 Gesetz v. 10.6.1914, RGBl. I S. 209, m.W.v. 1.1.1915.
197 § 77 aufgehoben durch § 106 Abs. 1 Nr. 1 Gesetz v. 14.8.1969 (Berufsbildungsgesetz), BGBl. I S. 1112, m.W.v. 1.9.1969.
198 § 78 aufgehoben durch § 106 Abs. 1 Nr. 1 Gesetz v. 14.8.1969 (Berufsbildungsgesetz), BGBl. I S. 1112, m.W.v. 1.9.1969.

ADHGB 1861	UGB

HGB	HGB 1897
	ihm selbst dem Lehrherrn die schriftliche Erklärung abgegeben, daß der Lehrling zu einem anderen Gewerbe oder zu einem anderen Beruf übergehen werde, so endigt, wenn nicht der Lehrling früher entlassen wird, das Lehrverhältniß nach Ablauf eines Monats. *(2) [1]Tritt der Lehrling der abgegebenen Erklärung zuwider vor dem Ablaufe von neun Monaten nach der Beendigung des Lehrverhältnisses in ein anderes Geschäft als Handlungslehrling oder als Handlungsgehülfe ein, so ist er dem Lehrherrn zum Ersatze des diesem durch die Beendigung des Lehrverhältnisses entstandenen Schadens verpflichtet. [2]Mit ihm haftet als Gesammtschuldner der neue Lehrherr oder Prinzipal, sofern er von dem Sachverhalte Kenntniß hatte.*
§ 79[199] (weggefallen)	**§ 79** *Ansprüche wegen unbefugten Austritts aus der Lehre kann der Lehrherr gegen den Lehrling nur geltend machen, wenn der Lehrvertrag schriftlich geschlossen ist.*
§ 80[200] (weggefallen)	**§ 80** *(1) Bei der Beendigung des Lehrverhältnisses hat der Lehrherr dem Lehrling ein schriftliches Zeugniß über die Dauer der Lehrzeit und die während dieser erworbenen Kenntnisse und Fähigkeiten sowie über sein Betragen auszustellen.* *(2) Auf Antrag des Lehrlings hat die Ortspolizeibehörde das Zeugniß kosten- und stempelfrei zu beglaubigen.*[201]
§ 81[202] (weggefallen)	**§ 81** *(1) [1]Personen, die nicht im Besitze der bürgerlichen Ehrenrechte sind, dürfen Handlungslehrlinge weder halten noch sich mit der Anleitung von Handlungslehrlingen befassen. [2]Der Lehrherr darf solche Personen zur Anleitung von Handlungslehrlingen nicht verwenden.*

199 § 79 aufgehoben durch § 106 Abs. 1 Nr. 1 Gesetz v. 14.8.1969 (Berufsbildungsgesetz), BGBl. I S. 1112, m.W.v. 1.9.1969.
200 § 80 aufgehoben durch § 106 Abs. 1 Nr. 1 Gesetz v. 14.8.1969 (Berufsbildungsgesetz), BGBl. I S. 1112, m.W.v. 1.9.1969.
201 § 80 Abs. 2 aufgehoben durch § 57 Abs. 8 Nr. 2, Gesetz v. 28.8.1969, BGBl. I S. 1513, m.W.v. 1.1.1970.
202 § 81 aufgehoben durch § 106 Abs. 1 Nr. 1 Gesetz v. 14.8.1969 (Berufsbildungsgesetz), BGBl. I S. 1112, m.W.v. 1.9.1969.

ADHGB 1861	UGB

HGB	HGB 1897
	(2) Die Entlassung von Handlungslehrlingen, welche diesem Verbote zuwider beschäftigt werden, kann von der Polizeibehörde erzwungen werden.
§ 82[203] (weggefallen)	**§ 82** *(1) Wer die ihm nach §. 62 Abs. 1, 2 oder nach § 76 Abs. 2, 3 dem Lehrlinge gegenüber obliegenden Pflichten in einer dessen Gesundheit, Sittlichkeit oder Ausbildung gefährdenden Weise verletzt, wird mit Geldstrafe bis zu einhundertfünfzig Mark bestraft.* *(2) [1]Die gleiche Strafe trifft diejenigen, welcher entgegen der Vorschrift des §. 81 Handlungslehrlinge hält, ausbildet oder ausbilden läßt.*
§ 82a[204] **[Wettbewerbsverbot des Volontärs]** *(gegenstandslos)*	**§ 82a**[205] Auf Wettbewerbsverbote gegenüber Personen, die, ohne als Lehrlinge angenommen zu sein, zum Zwecke ihrer Ausbildung unentgeltlich mit kaufmännischen Diensten beschäftigt werden (Voluntäre), finden die für die Handlungsgehilfen geltenden Vorschriften insoweit Anwendung, als sie nicht auf das dem Gehilfen zustehende Entgelt Bezug nehmen.
§ 83 [Andere Arbeitnehmer] Hinsichtlich der Personen, welche in dem Betrieb eines Handelsgewerbes andere als kaufmännische Dienste leisten, bewendet es bei den für das Arbeitsverhältnis dieser Personen geltenden Vorschriften. [= § 83 idF. 1897]	**§ 83** Hinsichtlich der Personen, welche in dem Betrieb eines Handelsgewerbes andere als kaufmännische Dienste leisten, bewendet es bei den für das Arbeitsverhältniß dieser Personen geltenden Vorschriften.

203 § 82 aufgehoben durch § 106 Abs. 1 Nr. 1 Gesetz v. 14.8.1969 (Berufsbildungsgesetz), BGBl. I S. 1112, m.W.v. 1.9.1969.
204 § 82a gegenstandslos durch § 19 iVm § 5 Abs. 1 S. 1 Gesetz v. 14.8.1969 (Berufsbildungsgesetz), BGBl. I S. 1112, m.W.v. 1.9.1969.
205 § 82 eingefügt durch Art. 2 Gesetz v. 10.6.1914, RGBl. I S. 209, m.W.v. 1.1.1915.

ADHGB 1861	UGB
Art. 65 Hinsichtlich der Personen, welche bei dem Betriebe des Handelsgewerbes *Gesinde*dienste verrichten, *hat* es bei den für das *Gesinde-dienst*verhältniß geltenden *Bestimmungen sein Bewenden.*	

HGB

Siebenter Abschnitt
Handelsvertreter[206] [§§ 84–92c]

§ 84[207] [Begriff des Handelsvertreters]

(1) [1]Handelsvertreter ist, wer als selbständiger Gewerbetreibender ständig damit betraut ist, für einen anderen Unternehmer (Unternehmer) Geschäfte zu vermitteln oder in dessen Namen abzuschließen. [2]Selbständig ist, wer im wesentlichen frei seine Tätigkeit gestalten und seine Arbeitszeit bestimmen kann.
(2) Wer, ohne selbständig im Sinne des Absatzes 1 zu sein, ständig damit betraut ist, für einen Unternehmer Geschäfte zu vermitteln oder in dessen Namen abzuschließen, gilt als Angestellter.
(3) Der Unternehmer kann auch ein Handelsvertreter sein.
(4) Die Vorschriften dieses Abschnittes finden auch Anwendung, wenn das Unternehmen des Handelsvertreters nach Art oder Umfang einen in kaufmännischer Weise eingerichteten Geschäftsbetrieb nicht erfordert.

[Abs. 1–3 = § 84 Abs. 1–3 idF. 1953]

HGB 1897

Siebenter Abschnitt
Handelsagenten [§§ 84–92]

§ 84

(1) Wer, *ohne als Handlungsgehülfe angestellt zu sein*, ständig damit betraut ist, für *das Handelsgewerbe eines Anderen* Geschäfte zu vermitteln oder *im* Namen *des Anderen* abzuschließen *(Handlungsagent), hat bei seinen Verrrichtungen* das Interesse *des Geschäftsherrn* mit der Sorgfalt eines ordentlichen Kaufmanns wahrzunehmen.
(2) *Er ist verpflichtet, dem Geschäftsherrn die erforderlichen Nachrichten zu geben, namentlich ihm von jedem Geschäftsabschluß unverzüglich Anzeige zu machen.*

§ 84 idF. 1953[208]

(1) [1]Handelsvertreter ist, wer als selbständiger Gewerbetreibender ständig damit betraut ist, für einen anderen Unternehmer (Unternehmer) Geschäfte zu vermitteln oder in dessen Namen abzuschließen. [2]Selbständig ist, wer im wesentlichen frei seine Tätigkeit gestalten und seine Arbeitszeit bestimmen kann.
(2) Wer, ohne selbständig im Sinne des Absatzes 1 zu sein, ständig damit betraut ist, für einen Unternehmer Geschäfte zu vermitteln oder in dessen Namen abzuschließen, gilt als Angestellter.
(3) Der Unternehmer kann auch ein Handelsvertreter sein.

§ 85[211] [Vertragsurkunde]

[1]Jeder Teil kann verlangen, daß der Inhalt des Vertrags sowie spätere Vereinbarungen zu dem Vertrag in eine vom anderen Teil unterzeichnete Urkunde aufgenommen werden. [2]Dieser Anspruch kann nicht ausgeschlossen werden.

---

206 Überschrift geändert durch Art. 1 Gesetz v. 6.8.1953, BGBl. I S. 771, m.W.v. 1.12.1953.
207 § 84 Abs. 4 eingefügt durch Art. 3 Nr. 21 Gesetz v. 22.6.1998 (HRefG), BGBl. I S. 1474, m.W.v. 1.7.1998.
208 § 84 neu gefasst durch Art. 1 Gesetz v. 6.8.1953, BGBl. I S. 771, m.W.v. 1.12.1953.
209 Vgl. hierzu Art. 1 Abs. 1 Nr. 1 der Vierten Verordnung zur Einführung handelsrechtlicher Vorschriften im Lande Österreich v. 24.12.1938, RGBl. I. S. 1999: „Im Lande Österreich treten in Kraft: Nr. 1 das Handelsgesetzbuch, soweit es nicht schon im Lande Österreich gilt, jedoch mit Ausnahme des Sechsten und Siebenten Abschnitts des Ersten Buchs."
210 Handelsvertretergesetz BGBl. 1993/88, zuletzt geändert durch das Bundesgesetz, mit dem das Handelsvertretergesetz geändert wird, BGBl. I 2016/29.
211 § 85 neu gefasst durch Art. 1 Gesetz v. 6.8.1953, BGBl. I S. 771, m.W.v. 1.12.1953.

ADHGB 1861	UGB

Siebenter Titel
Von den Handelsmäklern oder Sensalen
[Artt. 66–84]

§§ 84–92
(Keine Geltung in Österreich[209]*)*

Handelsvertretergesetz (HVertrG)[210]
§ 1 HVertrG
Begriff des selbständigen Handelsvertreters
(1) Handelsvertreter ist, wer von einem anderen (im folgenden „Unternehmer" genannt) mit der Vermittlung oder dem Abschluß von Geschäften, ausgenommen über unbewegliche Sachen, in dessen Namen und für dessen Rechnung ständig betraut ist und diese Tätigkeit selbständig und gewerbsmäßig ausübt.
(2) Der Unternehmer kann auch ein Handelsvertreter sein.
(3) Anstelle des Begriffs „selbständiger Handelsvertreter" kann auch der Begriff „Handelsagent" verwendet werden.

§ 4 HVertrG
Vertragsurkunde
Der Unternehmer und der Handelsvertreter sind verpflichtet, dem anderen auf dessen Verlangen eine unterzeichnete Urkunde zu verschaffen, die den zu diesem Zeitpunkt gültigen Inhalt des Vertretungsvertrags wiedergibt.

HGB	HGB 1897

§ 86[212] [Pflichten des Handelsvertreters]

(1) Der Handelsvertreter hat sich um die Vermittlung oder den Abschluß von Geschäften zu bemühen; er hat hierbei das Interesse des Unternehmers wahrzunehmen.

(2) Er hat dem Unternehmer die erforderlichen Nachrichten zu geben, namentlich ihm von jeder Geschäftsvermittlung und von jedem Geschäftsabschluß unverzüglich Mitteilung zu machen.

(3) Er hat seine Pflichten mit der Sorgfalt eines ordentlichen Kaufmanns wahrzunehmen.

(4) Von den Absätzen 1 und 2 abweichende Vereinbarungen sind unwirksam.

§ 84

(1) Wer, *ohne als Handlungsgehülfe angestellt zu sein*, ständig damit betraut ist, für *das Handelsgewerbe* eines Anderen Geschäfte zu vermitteln oder im Namen *des Anderen* abzuschließen *(Handlungsagent)*, hat *bei seinen Verrichtungen* das Interesse *des Geschäftsherrn* mit der Sorgfalt eines ordentlichen Kaufmanns wahrzunehmen.

(2) Er *ist verpflichtet*, dem *Geschäftsherrn* die erforderlichen Nachrichten zu geben, namentlich ihm von jedem Geschäftsabschluß unverzüglich *Anzeige* zu machen.

§ 86a[213] [Pflichten des Unternehmers]

(1) Der Unternehmer hat dem Handelsvertreter die zur Ausübung seiner Tätigkeit erforderlichen Unterlagen, wie Muster, Zeichnungen, Preislisten, Werbedrucksachen, Geschäftsbedingungen, zur Verfügung zu stellen.

(2) [1]Der Unternehmer hat dem Handelsvertreter die erforderlichen Nachrichten zu geben. [2]Er hat ihm unverzüglich die Annahme oder Ablehnung eines vom Handelsvertreter vermittelten oder ohne Vertretungsmacht abgeschlossenen Geschäfts und die Nichtausführung eines von ihm vermittelten oder abgeschlossenen Geschäfts mitzuteilen. [3]Er hat ihn unverzüglich zu unterrichten, wenn er Geschäfte voraussichtlich nur in erheblich geringerem Umfange abschließen kann oder

§ 86a idF. 1953[214]

(1) Der Unternehmer hat dem Handelsvertreter die zur Ausübung seiner Tätigkeit erforderlichen Unterlagen, wie Muster, Zeichnungen, Preislisten, Werbedrucksachen, Geschäftsbedingungen, zur Verfügung zu stellen.

(2) [1]Der Unternehmer hat dem Handelsvertreter die erforderlichen Nachrichten zu geben. [2]Er hat ihm unverzüglich die Annahme oder Ablehnung eines vermittelten oder ohne Vertretungsmacht abgeschlossenen Geschäfts mitzuteilen. [3]Er hat ihn zu unterrichten, wenn er Geschäfte voraussichtlich nur in erheblich geringerem Umfange abschließen kann oder will, als *nach den* Umständen *zu* erwarten *ist*; *dieser Anspruch kann nicht ausgeschlossen werden.*

---

212 § 86 neu gefasst durch Art. 1 Gesetz v. 6.8.1953, BGBl. I S. 771, m.W.v. 1.12.1953; § 86 Abs. 4 eingefügt durch Art. 1 Nr. 1 Gesetz v. 23.10.1989, BGBl. I S. 1910, m.W.v. 1.1.1990.

213 § 86a Abs. 2 Sätze 2 und 3 neu gefasst, Abs. 3 eingefügt durch Art. 1 Nr. 2 Gesetz v. 23.10.1989, BGBl. I S. 1910, m.W.v. 1.1.1990.

214 § 86a eingefügt durch Art. 1 Gesetz v. 6.8.1953, BGBl. I S. 771, m.W.v. 1.12.1953.

ADHGB 1861	UGB
	§ 5 HVertrG **Pflichten des Handelsvertreters** [1]Der Handelsvertreter hat sich um die Vermittlung oder den Abschluß von Geschäften zu bemühen. [2]Er hat bei Ausübung seiner Tätigkeit das Interesse des Unternehmers mit der Sorgfalt eines ordentlichen Unternehmers wahrzunehmen und ist insbesondere verpflichtet, ihm die erforderlichen Mitteilungen zu machen und ihn unverzüglich von jedem Geschäft in Kenntnis zu setzen, das er für ihn geschlossen hat. **§ 7 HVertrG** **Verbot der Annahme von Belohnungen** (1) Der Handelsvertreter darf mangels eines abweichenden, für den betreffenden Geschäftszweig bestehenden Handelsbrauchs ohne Einwilligung des Unternehmers von dem Dritten, mit dem er für den Unternehmer Geschäfte schließt oder vermittelt, eine Belohnung nicht annehmen. (2) Der Unternehmer kann vom Handelsvertreter die Herausgabe der unrechtmäßig empfangenen Belohnung und den Ersatz des diesen Betrag übersteigenden Schadens verlangen. **§ 6 HVertrG** **Unterstützungspflichten des Unternehmers** (1) Der Unternehmer hat den Handelsvertreter bei der Ausübung seiner Tätigkeit zu unterstützen. (2) Insbesondere hat der Unternehmer: 1. dem Handelsvertreter die erforderlichen Unterlagen zur Verfügung zu stellen und alle für die Ausübung seiner Tätigkeit erforderlichen Informationen zu geben, 2. den Handelsvertreter unverzüglich zu unterrichten, wenn er absieht, daß der Umfang der Geschäfte erheblich geringer sein wird, als der Handelsvertreter den Umständen nach, insbesondere auf Grund des bisherigen Geschäftsumfangs oder der Angaben des Unternehmers, hätte erwarten können,

HGB	HGB 1897
will, als der Handelsvertreter unter gewöhnlichen Umständen erwarten konnte. (3) Von den Absätzen 1 und 2 abweichende Vereinbarungen sind unwirksam. [Abs. 1 = § 86a Abs. 1 idF. 1953]	
§ 86b [Delkredereprovision] (1) 1Verpflichtet sich ein Handelsvertreter, für die Erfüllung der Verbindlichkeit aus einem Geschäft einzustehen, so kann er eine besondere Vergütung (Delkredereprovision) beanspruchen; der Anspruch kann im voraus nicht ausgeschlossen werden. 2Die Verpflichtung kann nur für ein bestimmtes Geschäft oder für solche Geschäfte mit bestimmten Dritten übernommen werden, die der Handelsvertreter vermittelt oder abschließt. 3Die Übernahme bedarf der Schriftform. (2) Der Anspruch auf die Delkredereprovision entsteht mit dem Abschluß des Geschäfts. (3) 1Absatz 1 gilt nicht, wenn der Unternehmer oder der Dritte seine Niederlassung oder beim Fehlen einer solchen seinen Wohnsitz im Ausland hat. 2Er gilt ferner nicht für Geschäfte, zu deren Abschluß und Ausführung der Handelsvertreter unbeschränkt bevollmächtigt ist. [= § 86b idF. 1953]	**§ 86b[215] [Delkredereprovision]** (1) 1Verpflichtet sich ein Handelsvertreter, für die Erfüllung der Verbindlichkeit aus einem Geschäft einzustehen, so kann er eine besondere Vergütung (Delkredereprovision) beanspruchen; der Anspruch kann im voraus nicht ausgeschlossen werden. 2Die Verpflichtung kann nur für ein bestimmtes Geschäft oder für solche Geschäfte mit bestimmten Dritten übernommen werden, die der Handelsvertreter vermittelt oder abschließt. 3Die Übernahme bedarf der Schriftform. (2) Der Anspruch auf die Delkredereprovision entsteht mit dem Abschluß des Geschäfts. (3) 1Absatz 1 gilt nicht, wenn der Unternehmer oder der Dritte seine Niederlassung oder beim Fehlen einer solchen seinen Wohnsitz im Ausland hat. 2Er gilt ferner nicht für Geschäfte, zu deren Abschluß und Ausführung der Handelsvertreter unbeschränkt bevollmächtigt ist.
§ 87[216] [Provisionspflichtige Geschäfte] (1) 1Der Handelsvertreter hat Anspruch auf Provision für alle während des Vertragsverhältnisses abgeschlossenen Geschäfte, die auf seine Tätigkeit zurückzuführen sind oder mit Dritten abgeschlossen werden, die er als Kunden für Geschäfte der gleichen Art geworben hat. 2Ein Anspruch auf Provision besteht für ihn nicht, wenn und soweit die Provision nach Absatz 3 dem ausgeschiedenen Handelsvertreter zusteht. (2) 1Ist dem Handelsvertreter ein bestimmter Bezirk oder ein bestimmter Kundenkreis zugewiesen, so hat er Anspruch auf Provision auch für die Geschäfte, die ohne seine Mitwirkung mit Personen seines Bezirks oder seines Kun-	**§ 87 idF. 1953[217]** (1) 1Der Handelsvertreter hat Anspruch auf Provision für alle während des Vertragsverhältnisses abgeschlossenen Geschäfte, die auf seine Tätigkeit zurückzuführen sind oder mit Dritten abgeschlossen werden, die er als Kunden für Geschäfte der gleichen Art geworben hat. 2Ein Anspruch auf Provision besteht für ihn nicht, *wenn* die Provision nach Absatz 3 dem ausgeschiedenen Handelsvertreter zusteht. (2) 1Ist dem Handelsvertreter ein bestimmter Bezirk oder ein bestimmter Kundenkreis zugewiesen, so hat er Anspruch auf Provision auch für die Geschäfte, die ohne seine Mitwirkung mit Personen seines Bezirks oder seines Kun-

215 § 86b eingefügt durch Art. 1 Gesetz v. 6.8.1953, BGBl. I S. 771, m.W.v. 1.12.1953.
216 § 87 Abs. 1 S. 2 und Abs. 2 S. 2 geändert, Abs. 3 neu gefasst durch Art. 1 Nr. 3 Gesetz v. 23.10.1989, BGBl. I S. 1910, m.W.v. 1.1.1990.
217 § 87 neu gefasst durch Art. 1 Gesetz v. 6.8.1953, BGBl. I S. 771, m.W.v. 1.12.1953.

ADHGB 1861	UGB
	3. dem Handelsvertreter unverzüglich die Annahme oder Ablehnung eines vom Handelsvertreter vermittelten oder ohne Vollmacht geschlossenen, oder die Nichtausführung eines von ihm vermittelten oder geschlossenen Geschäftes mitzuteilen.

§ 88 HGB idF. 1897 [Provision]

(1) [1]*Soweit nicht über die dem Handelsagenten zu gewährenden Vergütung ein Anderes vereinbart ist, gebürt ihm eine* Provision für *jedes zur Ausführung gelangte* Geschäft, *welches durch* seine Thätigkeit *zu Stande gekommen ist.* [2]*Besteht die Thätigkeit des Handelsagenten in der Vermittlung oder Abschließung von Verkäufen, so ist im Zweifel der Anspruch auf die Provision erst nach dem Eingange der Zahlung und nur nach dem Verhältnisse des eingegangen Betrags erworben.*

(2) [→ § 87a]

(3) [→ § 87b]

(4) [→ § 87c]

§ 8 HVertrG

Vergütung, Provision

(1) Die Vergütung des Handelsvertreters kann in einer Provision oder einem anderen Entgelt bestehen.

(2) Soweit nichts anderes vereinbart ist, gebührt dem Handelsvertreter für jedes durch seine Tätigkeit zustande gekommene Geschäft als Vergütung eine Provision. Besteht für den betreffenden Geschäftszweig nicht ein abweichender Handelsbrauch, so wird ein Anspruch auf die Provision durch die bloße Namhaftmachung des Dritten nicht erworben.

(3) Dem Handelsvertreter gebührt im Zweifel die Provision auch für solche Geschäfte, die ohne seine unmittelbare Mitwirkung während

HGB	HGB 1897
denkreises während des Vertragsverhältnisses abgeschlossen sind. [2]Dies gilt nicht, wenn und soweit die Provision nach Absatz 3 dem ausgeschiedenen Handelsvertreter zusteht.	denkreises während des Vertragsverhältnisses abgeschlossen sind. [2]Dies gilt nicht, *wenn* die Provision nach Absatz 3 dem ausgeschiedenen Handelsvertreter zusteht.
(3) [1]Für ein Geschäft, das erst nach Beendigung des Vertragsverhältnisses abgeschlossen ist, hat der Handelsvertreter Anspruch auf Provision nur, wenn 1. er das Geschäft vermittelt hat oder es eingeleitet und so vorbereitet hat, daß der Abschluß überwiegend auf seine Tätigkeit zurückzuführen ist, und das Geschäft innerhalb einer angemessenen Frist nach Beendigung des Vertragsverhältnisses abgeschlossen worden ist oder 2. vor Beendigung des Vertragsverhältnisses das Angebot des Dritten zum Abschluß eines Geschäfts, für das der Handelsvertreter nach Absatz 1 Satz 1 oder Absatz 2 Satz 1 Anspruch auf Provision hat, dem Handelsvertreter oder dem Unternehmer zugegangen ist. [2]Der Anspruch auf Provision nach Satz 1 steht dem nachfolgenden Handelsvertreter anteilig zu, wenn wegen besonderer Umstände eine Teilung der Provision der Billigkeit entspricht.	(3) Für ein Geschäft, das erst nach Beendigung des Vertragsverhältnisses abgeschlossen ist, hat der Handelsvertreter Anspruch auf Provision nur, wenn er *es* vermittelt hat oder es eingeleitet und so vorbereitet hat, daß der Abschuß überwiegend auf seine Tätigkeit zurückzuführen ist, und *wenn* das Geschäft innerhalb einer angemessenen Frist nach Beendigung des Vertragsverhältnisses abgeschlossen worden ist.
(4) Neben dem Anspruch auf Provision für abgeschlossene Geschäfte hat der Handelsvertreter Anspruch auf Inkassoprovision für die von ihm auftragsgemäß eingezogenen Beträge. [Abs. 4 = § 87 Abs. 4 idF. 1953]	(4) Neben dem Anspruch auf Provision für abgeschlossene Geschäfte hat der Handelsvertreter Anspruch auf Inkassoprovision für die von ihm auftragsgemäß eingezogenen Beträge.
§ 87a[218] [Fälligkeit der Provision]	**§ 87a idF. 1953[219]**
(1) [1]Der Handelsvertreter hat Anspruch auf Provision, sobald und soweit der Unternehmer das Geschäft ausgeführt hat. [2]Eine abweichende Vereinbarung kann getroffen werden, jedoch hat der Handelsvertreter mit der Ausführung des Geschäfts durch den Unternehmer Anspruch auf einen angemessenen Vor-	(1) [1]Der Handelsvertreter hat Anspruch auf Provision, sobald und soweit der Unternehmer das Geschäft ausgeführt hat. [2]Eine abweichende Vereinbarung kann getroffen werden, jedoch hat der Handelsvertreter mit der Ausführung des Geschäfts durch den Unternehmer Anspruch auf einen angemessenen Vor-

218 § 87a Abs. 1 S. 4 aufgehoben, Abs. 3 S. 2 und Abs. 5 geändert durch Art. 1 Nr. 4 Gesetz v. 23.10.1989, BGBl. I S. 1910, m.W.v. 1.1.1990.
219 § 87a eingefügt durch Art. 1 Gesetz v. 6.8.1953, BGBl. I S. 771, m.W.v. 1.12.1953.

ADHGB 1861	UGB

§ 89 HGB idF. 1897
Ist der Handlungs*agent ausdrücklich für* einen bestimmten Bezirk *bestellt,* so *gebührt ihm die* Provision *im Zweifel* auch für *solche* Geschäfte, *welche in dem Bezirk* ohne seine Mitwirkung *durch den Geschäftsherrn oder für diesen geschlossen* sind.

der Dauer des Vertragsverhältnisses zwischen der ihm zugewiesenen oder von ihm zugeführten Kundschaft und dem Unternehmer geschlossen worden sind.
(4) Ist der Handelsvertreter ausdrücklich für ein bestimmtes Gebiet oder für einen bestimmten Kundenkreis als alleiniger Vertreter bestellt, so gebührt ihm im Zweifel die Provision auch für solche Geschäfte, die ohne seine Mitwirkung während der Dauer des Vertragsverhältnisses durch den Unternehmer oder für diesen mit der zum Gebiet oder zum Kundenkreis des Handelsvertreters gehörigen Kundschaft geschlossen worden sind.

§ 11 HVertrG
Provision nach Beendigung des Vertragsverhältnisses
(1) Für Geschäfte, die nach Beendigung des Vertragsverhältnisses zustande gekommen sind, gebührt dem Handelsvertreter eine Provision, wenn und soweit
1. das Geschäft überwiegend auf seine Tätigkeit während des Vertragsverhältnisses zurückzuführen ist und der Abschluß innerhalb einer angemessenen Frist nach Beendigung des Vertragsverhältnisses zustande gekommen ist oder
2. die verbindliche Erklärung des Dritten, das Geschäft schließen zu wollen, noch vor Beendigung des Vertragsverhältnisses dem Handelsvertreter oder dem Unternehmer zugegangen ist.
(2) Ein nachfolgender Handelsvertreter hat keinen Anspruch auf Provision, wenn diese dem Vorgänger zusteht, es wäre denn, daß die Umstände eine Teilung der Provision zwischen ihm und seinem Vorgänger rechtfertigen.

§ 88 HGB idF. 1897
(1) [→ § 87]
(2) *Ist die* Ausführung *eines* Geschäfts *in Folge des Verhaltens des Geschäftsherrn ganz oder theilweise unterblieben,* ohne daß *hierfür* wichtige Gründe in der Person *desjenigen* vorlagen, *mit welchem das Geschäft abgeschlossen ist, so*

§ 9 HVertrG
Entstehung des Provisionsanspruchs
(1) Der Anspruch auf Provision entsteht mit der Rechtswirksamkeit des vermittelten Geschäfts zwischen dem Unternehmer und dem Dritten, wenn und soweit
1. der Unternehmer das Geschäft ausgeführt hat oder

HGB	HGB 1897
schuß, der spätestens am letzten Tag des folgenden Monats fällig ist. [3]Unabhängig von einer Vereinbarung hat jedoch der Handelsvertreter Anspruch auf Provision, sobald und soweit der Dritte das Geschäft ausgeführt hat. (2) Steht fest, daß der Dritte nicht leistet, so entfällt der Anspruch auf Provision; bereits empfangene Beträge sind zurückzugewähren. (3) [1]Der Handelsvertreter hat auch dann einen Anspruch auf Provision, wenn feststeht, daß der Unternehmer das Geschäft ganz oder teilweise nicht oder nicht so ausführt, wie es abgeschlossen worden ist. [2]Der Anspruch entfällt im Falle der Nichtausführung, wenn und soweit diese auf Umständen beruht, die vom Unternehmer nicht zu vertreten sind. (4) Der Anspruch auf Provision wird am letzten Tag des Monats fällig, in dem nach § 87c Abs. 1 über den Anspruch abzurechnen ist. (5) Von Absatz 2 erster Halbsatz, Absätzen 3 und 4 abweichende, für den Handelsvertreter nachteilige Vereinbarungen sind unwirksam. [Abs. 1 = § 87a Abs. 1 S. 1–3 idF. 1953] [Abs. 3 S. 1 = § 87a Abs. 3 S. 1 idF. 1953] [Abs. 4 = § 87a Abs. 4 idF. 1953]	schuß, der spätestens am letzten Tag des folgenden Monats fällig ist. [3]Unabhängig von einer Vereinbarung hat jedoch der Handelsvertreter Anspruch auf Provision, sobald und soweit der Dritte das Geschäft ausgeführt hat. [4]*Der Anspruch auf Teilprovision für ein nur teilweise ausgeführtes Geschäft kann ausgeschlossen werden, wenn vereinbart ist, daß der Unternehmer dem Handelsvertreter Provision für das ganze Geschäft gewährt, sobald dieses in bestimmten Umfang ausgeführt ist.*[220] (2) Steht fest, daß der Dritte nicht leistet, so entfällt der Anspruch auf Provision; bereits empfangene Beträge sind zurückzugewähren. (3) [1]Der Handelsvertreter hat auch dann einen Anspruch auf Provision, wenn feststeht, daß der Unternehmer das Geschäft ganz oder teilweise nicht oder nicht so ausführt, wie es abgeschlossen worden ist. [2]*Dies gilt nicht,* wenn und soweit *die Ausführung des* Geschäfts *unmöglich geworden ist, ohne daß der* Unternehmer *die Unmöglichkeit* zu vertreten *hat, oder die Ausführung ihm nicht zuzumuten ist, insbesondere weil in der Person des Dritten ein wichtiger Grund für die Nichtausführung vorliegt.* (4) Der Anspruch auf Provision wird am letzten Tag des Monats fällig, in dem nach § 87c Abs. 1 über den Anspruch abzurechnen ist. (5) Von Absätzen 3 und 4 abweichende für den Handelsvertreter nachteilige Vereinbarungen *können nicht getroffen werden.*

§ 87b[221] [Höhe der Provision] (1) Ist die Höhe der Provision nicht bestimmt, so ist der übliche Satz als vereinbart anzusehen.	**§ 87b idF. 1953[222]** (1) Ist die Höhe der Provision nicht bestimmt, so ist der übliche Satz als vereinbart anzusehen.

220 Art. 1 Nr. 4a Gesetz v. 23.10.1989, BGBl. I S. 1910, m.W.v. 1.1.1990.
221 § 87b Abs. 2 S. 3 eingefügt durch § 31 Abs. 2 Gesetz v. 29.5.1967, BGBl. I S. 545, m.W.v. 1.1.1968.
222 § 87b eingefügt durch Art. 1 Gesetz v. 6.8.1953, BGBl. I S. 771, m.W.v. 1.12.1953.

ADHGB 1861	UGB
hat der Handlungsagent die volle Provision zu beanspruchen. [→ § 87a Abs. 3 S. 2] (3) [→ § 87b] (4) [→ § 87c]	2. der Unternehmer nach dem Vertrag mit dem Dritten das Geschäft hätte ausführen sollen oder 3. der Dritte das Geschäft durch Erbringen seiner Leistung ausgeführt hat. (2) Der Anspruch auf Provision entsteht spätestens, wenn der Dritte seinen Teil des Geschäfts ausgeführt hat oder ausgeführt haben müßte, hätte der Unternehmer seinen Teil des Geschäfts ausgeführt. (3) [1]Der Anspruch auf Provision entfällt, wenn und soweit feststeht, daß der Vertrag zwischen dem Dritten und dem Unternehmer nicht ausgeführt wird, und dies nicht auf Umständen beruht, die vom Unternehmer zu vertreten sind. [2]Bei Zahlungsverzug des Dritten hat aber der Unternehmer nachzuweisen, alle zumutbaren Schritte unternommen zu haben, um den Dritten zur Leistung zu veranlassen.
	§ 12 HVertrG **Verhinderung am Verdienst** (1) Wird der Handelsvertreter vom Unternehmer vertragswidrig gehindert, Provisionen in dem vereinbarten oder nach den getroffenen Vereinbarungen zu erwartenden Umfang zu verdienen, so gebührt ihm eine angemessene Entschädigung. (2) Das gleiche gilt, wenn die Verhinderung dadurch entstanden ist, daß der Unternehmer während der Dauer des Vertragsverhältnisses sein Unternehmen veräußert oder den Vertrieb der Waren einer gemeinschaftlichen Verkaufsstelle übergeben hat.
	§ 15 HVertrG **Fälligkeit der Provision** Der Anspruch auf Provision wird an dem Tag fällig, an dem nach der getroffenen Vereinbarung oder nach dem Gesetz die Abrechnung stattfinden soll.
§ 88 HGB idF. 1897 (1) [→ § 87] (2) [→ § 87a]	**§ 10 HVertrG** **Höhe der Provision** (1) Die Höhe der Provision richtet sich mangels anderer Vereinbarung nach den für den

HGB

(2) [1]Die Provision ist von dem Entgelt zu berechnen, das der Dritte oder der Unternehmer zu leisten hat. [2]Nachlässe bei Barzahlung sind nicht abzuziehen; dasselbe gilt für Nebenkosten, namentlich für Fracht, Verpackung, Zoll, Steuern, es sei denn, daß die Nebenkosten dem Dritten besonders in Rechnung gestellt sind. [3]Die Umsatzsteuer, die lediglich auf Grund der steuerrechtlichen Vorschriften in der Rechnung gesondert ausgewiesen ist, gilt nicht als besonders in Rechnung gestellt.

(3) [1]Bei Gebrauchsüberlassungs- und Nutzungsverträgen von bestimmter Dauer ist die Provision vom Entgelt für die Vertragsdauer zu berechnen. [2]Bei unbestimmter Dauer ist die Provision vom Entgelt bis zu dem Zeitpunkt zu berechnen, zu dem erstmals von dem Dritten gekündigt werden kann; der Handelsvertreter hat Anspruch auf weitere entsprechend berechnete Provisionen, wenn der Vertrag fortbesteht.

§ 87c[223] [Abrechnung über die Provision]

(1) [1]Der Unternehmer hat über die Provision, auf die der Handelsvertreter Anspruch hat, monatlich abzurechnen; der Abrechnungszeitraum kann auf höchstens drei Monate erstreckt werden. [2]Die Abrechnung hat unverzüglich, spätestens bis zum Ende des nächsten Monats, zu erfolgen.

(2) Der Handelsvertreter kann bei der Abrechnung einen Buchauszug über alle Geschäfte verlangen, für die ihm nach § 87 Provision gebührt.

(3) Der Handelsvertreter kann außerdem Mitteilung über alle Umstände verlangen, die für den Provisionsanspruch, seine Fälligkeit und seine Berechnung wesentlich sind.

(4) Wird der Buchauszug verweigert oder bestehen begründete Zweifel an der Richtigkeit oder Vollständigkeit der Abrechnung oder des Buchauszugs, so kann der Handelsvertreter verlangen, daß nach Wahl des Unternehmers entweder ihm oder einem von ihm zu bestimmenden Wirtschaftsprüfer oder vereidigten Buchsachverständigen Einsicht in die Geschäftsbücher oder die sonstigen Urkunden so weit gewährt wird, wie dies zur Feststel-

HGB 1897

(2) [1]Die Provision ist von dem Entgelt zu berechnen, das der Dritte oder der Unternehmer zu leisten hat. [2]Nachlässe bei Barzahlung sind nicht abzuziehen; dasselbe gilt für Nebenkosten, namentlich für Fracht, Verpackung, Zoll, Steuern, es sei denn, daß die Nebenkosten dem Dritten besonders in Rechnung gestellt sind.

(3) [1]Bei Gebrauchsüberlassungs- und Nutzungsverträgen von bestimmter Dauer ist die Provision vom Entgelt für die Vertragsdauer zu berechnen. [2]Bei unbestimmter Dauer ist die Provision vom Entgelt bis zu dem Zeitpunkt zu berechnen, zu dem erstmals von dem Dritten gekündigt werden kann; der Handelsvertreter hat Anspruch auf weitere entsprechend berechnete Provisionen, wenn der Vertrag fortbesteht.

§ 88

(1) [→ § 87]
(2) [→ § 87a]
(3) [→ § 87b]
(4) *Die* Abrechnung *über die zu zahlenden Provisionen findet, soweit nicht ein Anderes vereinbart ist, am Schlusse eines jeden Kalenderhalbjahrs statt.*

§ 91

[1]Der Handlungs*agent* kann bei der Abrechnung *mit dem Geschäftsherrn die Mittheilung* eines Buchauszugs über *die durch seine Thätigkeit zu Stande gekommenen* Geschäfte *fordern.* [2]*Das gleiche Recht steht ihm in Ansehung solcher Geschäfte zu,* für die ihm nach §. *89 die* Provision gebührt.

223 § 87c eingefügt durch Art. 1 Gesetz v. 6.8.1953, BGBl. I S. 771, m.W.v. 1.12.1953.

ADHGB 1861	UGB
(3) Ist die Höhe der Provision nicht bestimmt, so ist die übliche *Provision zu entrichten.* (4) [→ § 87c]	betreffenden Geschäftszweig am Orte der Niederlassung des Handelsvertreters üblichen Sätzen. (2) [1]Nachlässe, die der Unternehmer dem Dritten gewährt hat, dürfen bei Abrechnung der Provision nicht abgezogen werden, es sei denn, sie wurden beim Abschluß des Geschäfts vereinbart oder es besteht darüber im betreffenden Geschäftszweig ein diesbezüglicher Handelsbrauch. [2]Nachlässe bei Barzahlung sind in keinem Fall abzuziehen; dasselbe gilt für Nebenkosten, namentlich für Fracht, Verpackung, Zoll, Steuern, es sei denn, daß die Nebenkosten dem Dritten besonders in Rechnung gestellt sind. [3]Die Umsatzsteuer, die lediglich auf Grund der steuerrechtlichen Vorschriften in der Rechnung gesondert ausgewiesen ist, gilt nicht als besonders in Rechnung gestellt.
	§ 14 HVertrG **Abrechnung und Vorschußleistung** (1) Über Provisionsansprüche ist spätestens am letzten Tag des Monats, der auf das Quartal folgt, in dem der Provisionsanspruch entstanden ist, abzurechnen. Endet das Vertragsverhältnis vor Ablauf eines Kalendervierteljahres, so ist spätestens am letzten Tag des Monats, nach dem der Anspruch entstanden ist, abzurechnen. Diese Abrechnung muß alle für die Berechnung der Provision wesentlichen Angaben enthalten. (2) Der Handelsvertreter kann einen seinen entstandenen Forderungen aus Provision und Auslagen entsprechenden Vorschuß verlangen.
	§ 16 HVertrG **Buchauszug und Büchereinsicht** (1) Der Handelsvertreter kann vom Unternehmer zur Nachprüfung des Betrages der ihm zustehenden Provision einen Buchauszug sowie alle Auskünfte verlangen. (2) Wenn der Handelsvertreter glaubhaft macht, daß der Buchauszug unrichtig oder unvollständig ist oder daß ihm die Mitteilung eines Buchauszugs verweigert wurde, kann er,

HGB	HGB 1897
lung der Richtigkeit oder Vollständigkeit der Abrechnung oder des Buchauszugs erforderlich ist. (5) Diese Rechte des Handelsvertreters können nicht ausgeschlossen oder beschränkt werden.	

ADHGB 1861	UGB

auch vor dem Prozeß, bei dem Bezirksgericht, in dessen Sprengel sich die Handelsbücher befinden, deren Vorlage beantragen; zugleich kann er auch beantragen, dem Unternehmer ergänzende Auskünfte aufzutragen, die eine vollständige Berechnung des dem Handelsvertreter zustehenden Anspruchs ermöglichen.

(3) Von dem Inhalt der Handelsbücher ist, soweit er die Ansprüche des Handelsvertreters betrifft, unter Zuziehung der Parteien Einsicht zu nehmen und erforderlichenfalls ein Auszug anzufertigen. Der übrige Inhalt der Bücher ist dem Richter soweit offenzulegen, als dies zur Prüfung ihrer ordnungsmäßigen Führung notwendig ist.

(4) Erhebt der Unternehmer gegen die persönliche Einsichtnahme durch den Handelsvertreter Widerspruch und kommt eine Einigung der Parteien auf einen Vertrauensmann nicht zustande, so kann der Richter anordnen, daß die Bücher durch einen vom Gericht bestellten Buchsachverständigen eingesehen werden.

(5) Im übrigen sind die Bestimmungen der Zivilprozeßordnung über die Sicherung von Beweisen (§§ 384 bis 389 ZPO) entsprechend anzuwenden.

(6) Während eines Verfahrens nach den Abs. 1 bis 5 läuft zwar die Verjährung der Ansprüche des Handelsvertreters fort, sie endet aber keinesfalls vor Ablauf dreier Monate nach rechtskräftiger Beendigung des Verfahrens und Erfüllung des Anspruchs auf Buchauszug, Büchereinsicht und ergänzende Auskünfte.

§ 17 HVertrG
Gewinnbeteiligung

[1]Ist bedungen, daß die Vergütung des Handelsvertreters ganz oder zum Teil in einem Anteil am Gewinn aus allen oder aus bestimmten Geschäften besteht oder daß der Gewinn in anderer Art für die Höhe der Vergütung maßgebend sein soll, so ist nach Ablauf des Geschäftsjahrs auf Grund des Jahresabschlusses abzurechnen. [2]§§ 15 und 16 sind sinngemäß anzuwenden.

HGB	HGB 1897
§ 87d[224] [Ersatz von Aufwendungen] Der Handelsvertreter kann den Ersatz seiner im regelmäßigen Geschäftsbetrieb entstandenen Aufwendungen nur verlangen, wenn dies handelsüblich ist.	**§ 90** *Für die* im regelmäßigen Geschäftsbetrieb entstandenen *Kosten und Auslagen* kann der Handlungs*agent in Ermangelung einer entgegenstehenden Vereinbarung oder eines abweichenden Handelsgebrauchs* Ersatz *nicht* verlangen.
§ 88[225] (*weggefallen*)	**§ 88 idF. 1953[226]** *Die Ansprüche aus dem Vertragsverhältnis verjähren in vier Jahren, beginnend mit dem Schluß des Jahres, in dem sie fällig geworden sind.*
§ 88a[227] [Zurückbehaltungsrecht] (1) Der Handelsvertreter kann nicht im voraus auf gesetzliche Zurückbehaltungsrechte verzichten. (2) Nach Beendigung des Vertragsverhältnisses hat der Handelsvertreter ein nach allgemeinen Vorschriften bestehendes Zurückbehaltungsrecht an ihm zur Verfügung gestellten Unterlagen (§ 86a Abs. 1) nur wegen seiner fälligen Ansprüche auf Provision und Ersatz von Aufwendungen.	

224 87d eingefügt durch Art. 1 Gesetz v. 6.8.1953, BGBl. I S. 771, m.W.v. 1.12.1953.
225 § 88 aufgehoben durch Art. 9 Nr. 2 Gesetz v. 9.12.2004, BGBl. I S. 3214, m.W.v. 15.12.2004.
226 § 88 neu gefasst durch Art. 1 Gesetz v. 6.8.1953, BGBl. I S. 771, m.W.v. 1.12.1953.
227 § 88a eingefügt durch Art. 1 Gesetz v. 6.8.1953, BGBl. I S. 771, m.W.v. 1.12.1953.

ADHGB 1861	UGB
	§ 13 HVertrG **Ersatz der Auslagen** (1) Für die durch den Geschäftsbetrieb entstandenen allgemeinen Kosten und Auslagen kann der Handelsvertreter keinen Ersatz verlangen. (2) Dagegen hat ihm der Unternehmer mangels anderer Vereinbarung oder abweichenden Handelsbrauchs die besonderen Auslagen zu ersetzen, die er infolge Auftrags des Unternehmers aufwenden mußte.
	§ 18 HVertrG **Verjährung** (1) Alle Ansprüche aus dem Vertragsverhältnis zwischen dem Unternehmer und dem Handelsvertreter verjähren in drei Jahren. (2) [1]Die Verjährung beginnt für Ansprüche, die in die Abrechnung einbezogen werden, mit dem Ende des Jahres, in dem die Abrechnung stattgefunden hat, für Ansprüche dagegen, die in die Abrechnung nicht einbezogen wurden, mit dem Ende des Jahres, in dem das Vertragsverhältnis gelöst worden ist. [2]Für Ansprüche, hinsichtlich deren erst nach Lösung des Vertragsverhältnisses Abrechnung zu legen war, beginnt die Verjährung mit dem Ende des Jahres, in dem die Abrechnung hätte stattfinden sollen. (3) Ist der Anspruch bei dem Unternehmer angemeldet worden, so ist die Verjährung bis zum Einlangen der schriftlichen Antwort des Unternehmers gehemmt.
	§ 19 HVertrG **Zurückbehaltungsrecht** [1]Dem Handelsvertreter steht unter den in den §§ 369 und 370 UGB angegebenen Voraussetzungen das Zurückbehaltungsrecht auch an den ihm vom Unternehmer übergebenen Mustern zu. [2]Der § 369 Abs. 3 UGB steht der Geltendmachung des Zurückbehaltungsrechts an den Mustern nicht entgegen, wenn das Vertragsverhältnis gelöst worden ist. [3]Doch ist der Handelsvertreter verpflichtet, die Muster ohne

HGB	HGB 1897

§ 89[228] [Kündigung des Vertrages]

(1) [1]Ist das Vertragsverhältnis auf unbestimmte Zeit eingegangen, so kann es im ersten Jahr der Vertragsdauer mit einer Frist von einem Monat, im zweiten Jahr mit einer Frist von zwei Monaten und im dritten bis fünften Jahr mit einer Frist von drei Monaten gekündigt werden. [2]Nach einer Vertragsdauer von fünf Jahren kann das Vertragsverhältnis mit einer Frist von sechs Monaten gekündigt werden. [3]Die Kündigung ist nur für den Schluß eines Kalendermonats zulässig, sofern keine abweichende Vereinbarung getroffen ist.

(2) [1]Die Kündigungsfristen nach Absatz 1 Satz 1 und 2 können durch Vereinbarung verlängert werden; die Frist darf für den Unternehmer nicht kürzer sein als für den Handelsvertreter. [2]Bei Vereinbarung einer kürzeren Frist für den Unternehmer gilt die für den Handelsvertreter vereinbarte Frist.

(3) [1]Ein für eine bestimmte Zeit eingegangenes Vertragsverhältnis, das nach Ablauf der vereinbarten Laufzeit von beiden Teilen fortgesetzt wird, gilt als auf unbestimmte Zeit verlängert. [2]Für die Bestimmung der Kündigungsfristen nach Absatz 1 Satz 1 und 2 ist die Gesamtdauer des Vertragsverhältnisses maßgeblich.

§ 89 idF. 1953[229]

(1) [1]Ist das Vertragsverhältnis auf unbestimmte Zeit eingegangen, so kann es *in den ersten drei Jahren* der Vertragsdauer mit einer Frist von *sechs Wochen für den Schluß eines Kalendervierteljahres* gekündigt werden. [2]*Wird eine andere Kündigungsfrist vereinbart, so muß sie mindestens einen Monat betragen; es kann* nur für den Schluß eines Kalendermonats *gekündigt werden.*

(2) Nach einer Vertragsdauer von *drei Jahren* kann das Vertragsverhältnis *nur* mit einer Frist von *mindestens drei* Monaten *zum Schluß eines Kalendervierteljahres* gekündigt werden.

(3) [1]*Eine vereinbarte Kündigungsfrist muß für beide Teile gleich sein.* [2]*Bei Vereinbarung ungleicher Fristen gilt für beide Teile die längere Frist.*

228 § 89 neu gefasst durch Art. 1 Nr. 5 Gesetz v. 23.10.1989, BGBl. I S. 1910, m.W.v. 1.1.1990.
229 § 89 neu gefasst durch Art. 1 Gesetz v. 6.8.1953, BGBl. I S. 771, m.W.v. 1.12.1953.

ADHGB 1861	UGB

Verzug zurückzustellen, wenn der Unternehmer einen dem Werte der Muster oder der Höhe der Forderung entsprechenden Betrag bei Gericht erlegt oder anderweitig Sicherheit für diesen Betrag leistet.

§ 92 HGB idF. 1897

(1) Das Vertragsverhältnis *zwischen dem Geschäftsherrn und dem Handelsagenten* kann, *wenn* es *für* unbestimmte Zeit eingegangen ist, von jedem Theile für den Schluß eines Kalendervierteljahres unter Einhaltung einer *Kündigungs*frist von sechs Wochen gekündigt werden.

(2) [→ § 89a]

§ 20 HVertrG

Fristablauf

[1]Ein auf bestimmte Zeit geschlossener Vertrag endet mit dem Ablauf der Zeit, für die er eingegangen wurde. [2]Wird das Vertragsverhältnis nach Ablauf der vereinbarten Zeit von beiden Parteien fortgesetzt, so gilt es als auf unbestimmte Zeit verlängert.

§ 21 HVertrG

Kündigung

(1) [1]Ist der Vertrag auf unbestimmte Zeit geschlossen, so kann er von jedem Teil im ersten Vertragsjahr unter Einhaltung einer einmonatigen Kündigungsfrist gelöst werden; nach dem angefangenen zweiten Vertragsjahr beträgt die Kündigungsfrist jedoch mindestens zwei Monate, nach dem angefangenen dritten Vertragsjahr mindestens drei Monate, nach dem angefangenen vierten Vertragsjahr mindestens vier Monate, nach dem angefangenen fünften Vertragsjahr mindestens fünf Monate und nach dem angefangenen sechsten Vertragsjahr und in den folgenden Vertragsjahren mindestens sechs Monate. [2]Bei der Berechnung der Dauer der Kündigungsfrist ist bei vorher auf bestimmte Zeit eingegangenen Verträgen, die nach § 20 auf unbestimmte Zeit verlängert worden sind, die Laufzeit des auf bestimmte Zeit eingegangenen Vertrages einzurechnen.

(2) Die Vereinbarung kürzerer als der im Abs. 1 genannten Fristen ist unwirksam.

(3) Vereinbaren die Parteien längere Fristen als im Abs. 1 vorgesehen, so darf die vom Unternehmer einzuhaltende Frist nicht kürzer sein als die vom Handelsvertreter einzuhaltende Frist; bei Nichtbeachtung gilt auch für den Unternehmer die vom Handelsvertreter einzuhaltende längere Frist.

(4) Sofern die Parteien nicht etwas anderes vereinbart haben, ist die Kündigung nur zum Ende eines Kalendermonats zulässig.

HGB	HGB 1897
§ 89a[230] [Fristlose Kündigung] (1) [1]Das Vertragsverhältnis kann von jedem Teil aus wichtigem Grund ohne Einhaltung einer Kündigungsfrist gekündigt werden. [2]Dieses Recht kann nicht ausgeschlossen oder beschränkt werden. (2) Wird die Kündigung durch ein Verhalten veranlaßt, das der andere Teil zu vertreten hat, so ist dieser zum Ersatz des durch die Aufhebung des Vertragsverhältnisses entstehenden Schadens verpflichtet.	**§ 92** (1) [→ § 89] (2) Das Vertragsverhältniß kann von jedem Theile ohne Einhaltung einer Kündigungsfrist gekündigt werden, *wenn ein* wichtiger Grund *vorliegt.*

230 § 89a eingefügt durch Art. 1 Gesetz v. 6.8.1953, BGBl. I S. 771, m.W.v. 1.12.1953.

ADHGB 1861	UGB
	§ 22 HVertrG **Vorzeitige Auflösung** (1) Der Vertretungsvertrag kann jederzeit ohne Einhaltung einer Kündigungsfrist von jedem Teil aus wichtigem Grund gelöst werden. (2) Als ein wichtiger Grund, der den Unternehmer zur vorzeitigen Lösung des Vertragsverhältnisses berechtigt, ist insbesondere anzusehen: 1. wenn der Handelsvertreter unfähig wird, seine Tätigkeit auszuüben; 2. wenn sich der Handelsvertreter einer Handlung schuldig macht, die ihn des Vertrauens des Unternehmers unwürdig erscheinen läßt, insbesondere wenn er entgegen der Bestimmung des § 7 eine Belohnung annimmt, wenn er dem Unternehmer Aufträge übermittelt, die nicht erteilt worden sind, oder wenn er ihn sonst in wesentlichen geschäftlichen Angelegenheiten in Irrtum führt; 3. wenn der Handelsvertreter während einer den Umständen nach erheblichen Zeit es unterläßt oder sich weigert, für den Unternehmer tätig zu sein, oder wenn er andere wesentliche Vertragsbestimmungen verletzt; 4. wenn der Handelsvertreter sich Tätlichkeiten oder erhebliche Ehrverletzungen gegen den Unternehmer zuschulden kommen läßt; 5. wenn über das Vermögen des Handelsvertreters das Konkursverfahren eröffnet wird. (3) Als ein wichtiger Grund, der den Handelsvertreter zur vorzeitigen Auflösung des Vertragsverhältnisses berechtigt, ist insbesondere anzusehen: 1. wenn er unfähig wird, seine Tätigkeit auszuüben, oder 2. wenn der Unternehmer a) die dem Handelsvertreter zukommende Provision ungebührlich schmälert oder vorenthält oder andere wesentliche Vertragsbestimmungen verletzt, oder b) sich Tätlichkeiten oder erhebliche Ehrverletzungen gegen den Handelsvertreter zuschulden kommen läßt, oder c) den Betrieb des Geschäftszweigs aufgibt, in dem der Handelsvertreter hauptsächlich tätig ist.

HGB	HGB 1897
§ 89b[231] [Ausgleichsanspruch] (1) [1]Der Handelsvertreter kann von dem Unternehmer nach Beendigung des Vertragsverhältnisses einen angemessenen Ausgleich verlangen, wenn und soweit 1. der Unternehmer aus der Geschäftsverbindung mit neuen Kunden, die der Handelsvertreter geworben hat, auch nach Beendigung des Vertragsverhältnisses erhebliche Vorteile hat und	**§ 89b idF. 1953[232]** (1) [1]Der Handelsvertreter kann von dem Unternehmer nach Beendigung des Vertragsverhältnisses einen angemessenen Ausgleich verlangen, wenn und soweit 1. der Unternehmer aus der Geschäftsverbindung mit neuen Kunden, die der Handelsvertreter geworben hat, auch nach Beendigung des Vertragsverhältnisses erhebliche Vorteile hat,

231 § 89b Abs. 1 S. 1 Nr. 1 geändert, Nr. 2 aufgehoben, bisherhige Nr. 3 wird Nr. 2 und geändert durch Art. 6a Gesetz v. 31.7.2009, BGBl. I S. 2512, m.W.v. 5.8.2009.

232 § 89b eingefügt durch Art. 1 Gesetz v. 6.8.1953, BGBl. I S. 771, m.W.v. 1.12.1953.

ADHGB 1861	UGB
	§ 23 HVertrG **Ansprüche bei vorzeitiger Auflösung** (1) [1]Trifft einen Teil ein Verschulden an der vorzeitigen Auflösung des Vertragsverhältnisses nach § 22, so kann der andere Teil Ersatz des ihm dadurch verursachten Schadens verlangen. [2]Hat ein Teil das Vertragsverhältnis vorzeitig gelöst, ohne daß hiefür ein wichtiger Grund vorliegt, so kann der andere Teil die Erfüllung des Vertrages oder Ersatz des ihm verursachten Schadens verlangen. [3]Das gleiche gilt, wenn das Vertragsverhältnis entgegen der Vorschrift des § 21 aufgelöst worden ist. (2) Trifft beide Teile ein Verschulden an der begründeten oder unbegründeten vorzeitigen Auflösung des Vertragsverhältnisses, so hat der Richter nach freiem Ermessen zu entscheiden, ob und in welcher Höhe ein Ersatz gebührt.
	§ 26 HVertrG **Konkurs des Unternehmers** (1) Durch die Eröffnung des Konkursverfahrens über das Vermögen des Unternehmers wird das Vertragsverhältnis gelöst. Der Handelsvertreter ist jedoch verpflichtet, bei Gefahr im Verzug seine Tätigkeit so lange fortzusetzen, bis anderweitige Vorsorge getroffen werden kann. (2) Wird das Vertragsverhältnis durch die Eröffnung des Konkursverfahrens vor Ablauf der bestimmten Zeit gelöst, für die es eingegangen war, oder war im Vertrag eine Kündigungsfrist vereinbart, so kann der Handelsvertreter den Ersatz des ihm verursachten Schadens verlangen.
	§ 24 HVertrG **Ausgleichsanspruch** (1) Nach Beendigung des Vertragsverhältnisses gebührt dem Handelsvertreter ein angemessener Ausgleichsanspruch, wenn und soweit 1. er dem Unternehmer neue Kunden zugeführt oder bereits bestehende Geschäftsverbindungen wesentlich erweitert hat, 2. zu erwarten ist, daß der Unternehmer oder dessen Rechtsnachfolger aus diesen Geschäfts-

HGB

2. die Zahlung eines Ausgleichs unter Berücksichtigung aller Umstände, insbesondere der dem Handelsvertreter aus Geschäften mit diesen Kunden entgehenden Provisionen, der Billigkeit entspricht. [2]Der Werbung eines neuen Kunden steht es gleich, wenn der Handelsvertreter die Geschäftsverbindung mit einem Kunden so wesentlich erweitert hat, daß dies wirtschaftlich der Werbung eines neuen Kunden entspricht.

(2) Der Ausgleich beträgt höchstens eine nach dem Durchschnitt der letzten fünf Jahre der Tätigkeit des Handelsvertreters berechnete Jahresprovision oder sonstige Jahresvergütung; bei kürzerer Dauer des Vertragsverhältnisses ist der Durchschnitt während der Dauer der Tätigkeit maßgebend.

(3) Der Anspruch besteht nicht, wenn

1. der Handelsvertreter das Vertragsverhältnis gekündigt hat, es sei denn, daß ein Verhalten des Unternehmers hierzu begründeten Anlaß gegeben hat oder dem Handelsvertreter eine Fortsetzung seiner Tätigkeit wegen seines Alters oder wegen Krankheit nicht zugemutet werden kann, oder

2. der Unternehmer das Vertragsverhältnis gekündigt hat und für die Kündigung ein wichtiger Grund wegen schuldhaften Verhaltens des Handelsvertreters vorlag oder

3. auf Grund einer Vereinbarung zwischen dem Unternehmer und dem Handelsvertreter ein Dritter anstelle des Handelsvertreters in das Vertragsverhältnis eintritt; die Vereinbarung kann nicht vor Beendigung des Vertragsverhältnisses getroffen werden.

(4) [1]Der Anspruch kann im voraus nicht ausgeschlossen werden. [2]Er ist innerhalb eines Jahres nach Beendigung des Vertragsverhältnisses geltend zu machen.

(5) [1]Die Absätze 1, 3 und 4 gelten für Versicherungsvertreter mit der Maßgabe, daß an die Stelle der Geschäftsverbindung mit neuen Kunden, die der Handelsvertreter geworben hat, die Vermittlung neuer Versicherungsverträge durch den Versicherungsvertreter tritt und der Vermittlung eines Versicherungsvertrages es gleichsteht, wenn der Versicherungsvertreter einen bestehenden Versicherungs-

HGB 1897

2. *der Handelsvertreter infolge der Beendigung des Vertragsverhältnisses Ansprüche auf Provision verliert, die er bei Fortsetzung desselben aus bereits abgeschlossenen oder künftig zustande kommenden Geschäften mit den von ihm geworbenen Kunden hätte, und*

3. die Zahlung eines Ausgleichs unter Berücksichtigung aller *Umstände* der Billigkeit entspricht.

[2]Der Werbung eines neuen Kunden steht es gleich, wenn der Handelsvertreter die Geschäftsverbindung mit einem Kunden so wesentlich erweitert hat, daß dies wirtschaftlich der Werbung eines neuen Kunden entspricht.

(2) Der Ausgleich beträgt höchstens eine nach dem Durchschnitt der letzten fünf Jahre der Tätigkeit des Handelsvertreters berechnete Jahresprovision oder sonstige Jahresvergütung; bei kürzerer Dauer des Vertragsverhältnisses ist der Durchschnitt während der Dauer der Tätigkeit maßgebend.

(3) [1]Der Anspruch besteht nicht, wenn der Handelsvertreter das Vertragsverhältnis gekündigt hat, ohne daß ein Verhalten des Unternehmers hierzu begründeten Anlaß gegeben hat. [2]*Das gleiche gilt*, wenn der Unternehmer das Vertragsverhältnis gekündigt hat und für die Kündigung ein wichtiger Grund wegen schuldhaften Verhaltens des Handelsvertreters vorlag.

(4) [1]Der Anspruch kann im voraus nicht ausgeschlossen werden. [2]Er ist innerhalb von *drei Monaten* nach Beendigung des Vertragsverhältnisses geltend zu machen.

(5) Die Absätze 1 *bis* 4 gelten für Versicherungsvertreter mit der Maßgabe, daß an die Stelle der Geschäftsverbindung mit neuen Kunden, die der Handelsvertreter geworben hat, die Vermittlung neuer Versicherungsverträge durch den Versicherungsvertreter tritt *und der Anspruch höchstens drei Jahresprovisionen oder Jahresvergütungen beträgt.*

§ 89b Abs. 3 idF. 1976[233]

(3) [1]Der Anspruch besteht nicht, wenn der Handelsvertreter das Vertragsverhältnis gekündigt hat, es sei denn, daß ein Verhalten

233 § 89b Abs. 3 geändert durch Art. 1 Nr. 2 Gesetz v. 13.5.1976, BGBl. I S. 1197, m.W.v. 1.7.1976.

ADHGB 1861	UGB

verbindungen auch noch nach Auflösung des Vertragsverhältnisses erhebliche Vorteile ziehen kann, und

3. die Zahlung eines Ausgleichs unter Berücksichtigung aller Umstände, insbesondere der dem Handelsvertreter aus Geschäften mit den betreffenden Kunden entgehenden Provisionen, der Billigkeit entspricht.

(2) Der Ausgleichsanspruch besteht auch dann, wenn das Vertragsverhältnis durch Tod des Handelsvertreters endet und die in Abs. 1 genannten Voraussetzungen vorliegen.

(3) Der Anspruch besteht nicht, wenn

1. der Handelsvertreter das Vertragsverhältnis gekündigt oder vorzeitig aufgelöst hat, es sei denn, daß dem Unternehmer zurechenbare Umstände, auch wenn sie keinen wichtigen Grund nach § 22 darstellen, hiezu begründeten Anlaß gegeben haben oder dem Handelsvertreter eine Fortsetzung seiner Tätigkeit wegen seines Alters oder wegen Krankheit oder Gebrechen nicht zugemutet werden kann, oder

2. der Unternehmer das Vertragsverhältnis wegen eines schuldhaften, einen wichtigen Grund nach § 22 darstellenden Verhaltens des Handelsvertreters gekündigt oder vorzeitig aufgelöst hat oder

3. der Handelsvertreter gemäß einer aus Anlaß der Beendigung des Vertragsverhältnisses getroffenen Vereinbarung mit dem Unternehmer, die Rechte und Pflichten, die er nach dem Vertrag hat, einem Dritten überbindet.

(4) [1]Der Ausgleichsanspruch beträgt mangels einer für den Handelsvertreter günstigeren Vereinbarung höchstens eine Jahresvergütung, die aus dem Durchschnitt der letzten fünf Jahre errechnet wird. [2]Hat das Vertragsverhältnis weniger als fünf Jahre gedauert, so ist der Durchschnitt der gesamten Vertragsdauer maßgeblich.

(5) Der Handelsvertreter verliert den Ausgleichsanspruch, wenn er dem Unternehmer nicht innerhalb eines Jahres nach Beendigung des Vertragsverhältnisses mitgeteilt hat, daß er seine Rechte geltend macht.

HGB	HGB 1897

vertrag so wesentlich erweitert hat, daß dies wirtschaftlich der Vermittlung eines neuen Versicherungsvertrages entspricht. [2]Der Ausgleich des Versicherungsvertreters beträgt abweichend von Absatz 2 höchstens drei Jahresprovisionen oder Jahresvergütungen. [3]Die Vorschriften der Sätze 1 und 2 gelten sinngemäß für Bausparkassenvertreter.

[Abs. 1 S. 2 = § 89b Abs. 1 S. 2 idF. 1953]
[Abs. 2 = § 89b Abs. 2 idF. 1953]
[Abs. 3 = § 89b Abs. 3 idF. 1989]
[Abs. 4 S. 1 = § 89b Abs. 4 S. 1 idF. 1953]
[Abs. 4 S. 2 = § 89b Abs. 4 S. 2 idF. 1989]
[Abs. 5 = § 89b Abs. 5 idF. 1989]

des Unternehmers hierzu begründeten Anlaß gegeben hat oder dem Handelsvertreter eine Fortsetzung seiner Tätigkeit wegen seines Alters oder wegen Krankheit nicht zugemutet werden kann. [2]*Der Anspruch besteht ferner nicht, wenn* der Unternehmer das Vertragsverhältnis gekündigt hat und für die Kündigung ein wichtiger Grund wegen schuldhaften Verhaltens des Handelsvertreters vorlag.

§ 89b Abs. 3 bis 5 idF. 1989[234]

(3) Der Anspruch besteht nicht, wenn
1. der Handelsvertreter das Vertragsverhältnis gekündigt hat, es sei denn, daß ein Verhalten des Unternehmers hierzu begründeten Anlaß gegeben hat oder dem Handelsvertreter eine Fortsetzung seiner Tätigkeit wegen seines Alters oder wegen Krankheit nicht zugemutet werden kann, oder
2. der Unternehmer das Vertragsverhältnis gekündigt hat und für die Kündigung ein wichtiger Grund wegen schuldhaften Verhaltens des Handelsvertreters vorlag oder
3. auf Grund einer Vereinbarung zwischen dem Unternehmer und dem Handelsvertreter ein Dritter anstelle des Handelsvertreters in das Vertragsverhältnis eintritt; die Vereinbarung kann nicht vor Beendigung des Vertragsverhältnisses getroffen werden.

(4) [1]Der Anspruch kann im voraus nicht ausgeschlossen werden. [2]Er ist innerhalb eines Jahres nach Beendigung des Vertragsverhältnisses geltend zu machen.

(5) [1]Die Absätze 1, 3 und 4 gelten für Versicherungsvertreter mit der Maßgabe, daß an die Stelle der Geschäftsverbindung mit neuen Kunden, die der Handelsvertreter geworben hat, die Vermittlung neuer Versicherungsverträge durch den Versicherungsvertreter tritt und der Vermittlung eines Versicherungsvertrages es gleichsteht, wenn der Versicherungsvertreter einen bestehenden Versicherungsvertrag so wesentlich erweitert hat, daß dies wirtschaftlich der Vermittlung eines neuen Versicherungsvertrages entspricht. [2]Der Ausgleich des Versicherungsvertreters beträgt abweichend von Absatz 2 höchstens drei Jahresprovisionen oder Jahresvergütungen. [3]Die

234 § 89b Abs. 3, Abs. 4 S. 2 und Abs. 5 neu gefasst durch Art. 1 Nr. 6 Gesetz v. 23.10.1989, BGBl. I S. 1910, m.W.v. 1.1.1990.

ADHGB 1861	UGB

HGB	HGB 1897

Vorschriften der Sätze 1 und 2 gelten sinngemäß für Bausparkassenvertreter.

[Abs. 4 = § 89b Abs. 4 S. 1 idF. 1953]

§ 90[235] [Geschäfts- und Betriebsgeheimnisse]
Der Handelsvertreter darf Geschäfts- und Betriebsgeheimnisse, die ihm anvertraut oder als solche durch seine Tätigkeit für den Unternehmer bekanntgeworden sind, auch nach Beendigung des Vertragsverhältnisses nicht verwerten oder anderen mitteilen, soweit dies nach den gesamten Umständen der Berufsauffassung eines ordentlichen Kaufmanns widersprechen würde.

§ 90a[236] [Wettbewerbsabrede]
(1) [1]Eine Vereinbarung, die den Handelsvertreter nach Beendigung des Vertragsverhältnisses in seiner gewerblichen Tätigkeit beschränkt (Wettbewerbsabrede), bedarf der Schriftform und der Aushändigung einer vom Unternehmer unterzeichneten, die vereinbarten Bestimmungen enthaltenden Urkunde an den Handelsvertreter. [2]Die Abrede kann nur für längstens zwei Jahre von der Beendigung des Vertragsverhältnisses an getroffen werden; sie darf sich nur auf den dem Handelsvertreter zugewiesenen Bezirk oder Kundenkreis und nur auf die Gegenstände erstrecken, hinsichtlich deren sich der Handelsvertreter um die Vermittlung oder den Abschluß von Geschäften für den Unternehmer zu bemühen hat. [3]Der Unternehmer ist verpflichtet, dem Handelsvertreter für die Dauer der Wettbewerbsbeschränkung eine angemessene Entschädigung zu zahlen.
(2) Der Unternehmer kann bis zum Ende des Vertragsverhältnisses schriftlich auf die Wettbewerbsbeschränkung mit der Wirkung verzichten, daß er mit dem Ablauf von sechs Monaten seit der Erklärung von der Verpflichtung zur Zahlung der Entschädigung frei wird.

§ 90a idF. 1953[237] [Wettbewerbsabrede]
(1) [1]Eine Vereinbarung, die den Handelsvertreter nach Beendigung des Vertragsverhältnisses in seiner gewerblichen Tätigkeit beschränkt (Wettbewerbsabrede), bedarf der Schriftform und der Aushändigung einer vom Unternehmer unterzeichneten, die vereinbarten Bestimmungen enthaltenden Urkunde an den Handelsvertreter. [2]Die Abrede kann nur für längstens zwei Jahre von der Beendigung des Vertragsverhältnisses an getroffen werden. [3]Der Unternehmer ist verpflichtet, dem Handelsvertreter für die Dauer der Wettbewerbsbeschränkung eine angemessene Entschädigung zu zahlen.
(2) [1]Der Unternehmer kann bis zum Ende des Vertragsverhältnisses schriftlich auf die Wettbewerbsbeschränkung mit der Wirkung verzichten, daß er mit dem Ablauf von sechs Monaten seit der Erklärung von der Verpflichtung zur Zahlung der Entschädigung frei wird. *[2]Kündigt der Unternehmer das Vertragsverhältnis aus wichtigem Grund wegen schuldhaften Verhaltens des Handelsvertreters, so hat dieser keinen Anspruch auf Entschädigung.*
(3) Kündigt *der Handelsvertreter* das Vertragsverhältnis aus wichtigem Grund wegen schuld-

235 § 90 neu gefasst durch Art. 1 Gesetz v. 6.8.1953, BGBl. I S. 771, m.W.v. 1.12.1953.
236 § 90a Abs. 1 S. 2 geändert durch Art. 1 Nr. 7 Gesetz v. 23.10.1989, BGBl. I S. 1910, m.W.v. 1.1.1990; Abs. 2 S. 2 aufgehoben, Abs. 3 neu gefasst durch Art. 3 Nr. 22 Gesetz v. 22.6.1998 (HRefG), BGBl. I S. 1474, m.W.v. 1.7.1998.
237 § 90a eingefügt Art. 1 Gesetz v. 6.8.1953, BGBl. I S. 771, m.W.v. 1.12.1953.

ADHGB 1861	UGB
	§ 25 HVertrG **Konkurrenzklausel** Eine Vereinbarung, durch die der Handelsvertreter für die Zeit nach Beendigung des Vertragsverhältnisses in seiner Erwerbstätigkeit beschränkt wird, ist unwirksam.

HGB	HGB 1897
(3) Kündigt ein Teil das Vertragsverhältnis aus wichtigem Grund wegen schuldhaften Verhaltens des anderen Teils, kann er sich durch schriftliche Erklärung binnen einem Monat nach der Kündigung von der Wettbewerbsabrede lossagen. (4) Abweichende für den Handelsvertreter nachteilige Vereinbarungen können nicht getroffen werden. [Abs. 1 S. 1 = § 90a Abs. 1 S. 1 idF. 1953] [Abs. 1 S. 3 = § 90a Abs. 1 S. 3 idF. 1953] [Abs. 2 = § 90a Abs. 2 idF. 1953] [Abs. 4 = § 90a Abs. 4 idF. 1953]	haften Verhaltens des *Unternehmers, so* kann er sich durch schriftliche Erklärung binnen einem Monat nach der Kündigung von der Wettbewerbsabrede lossagen. (4) Abweichende für den Handelsvertreter nachteilige Vereinbarungen können nicht getroffen werden.
§ 91[238] [Vollmachten des Handelsvertreters] (1) § 55 gilt auch für einen Handelsvertreter, der zum Abschluß von Geschäften von einem Unternehmer bevollmächtigt ist, der nicht Kaufmann ist. (2) [1]Ein Handelsvertreter gilt, auch wenn ihm keine Vollmacht zum Abschluß von Geschäften erteilt ist, als ermächtigt, die Anzeige von Mängeln einer Ware, die Erklärung, daß eine Ware zur Verfügung gestellt werde, sowie ähnliche Erklärungen, durch die ein Dritter seine Rechte aus mangelhafter Leistung geltend macht oder sich vorbehält, entgegenzunehmen; er kann die dem Unternehmer zustehenden Rechte auf Sicherung des Beweises geltend machen. [2]Eine Beschränkung dieser Rechte braucht ein Dritter gegen sich nur gelten zu lassen, wenn er sie kannte oder kennen mußte.	**§ 87** *Ist der* Handlungs*agent als Handlungsreisender thätig, so finden die Vorschriften des* §. 55 *Anwendung.* **§ 86** (1) *Zur Annahme von Zahlungen für den Geschäftsherrn sowie zur nachträglichen Bewilligung von Zahlungsfristen ist der Handelsagent nur befugt, wenn ihm die Ermächtigung dazu besonders ertheilt ist.* (2) Die Anzeige von Mängeln einer Waare, die Erklärung, daß die Waare zu Verfügung gestellt werde, sowie *andere* Erklärungen *solcher Art können dem Handelsagenten gegenüber abgegeben werden.*

238 § 91 neu gefasst durch Art. 1 Gesetz v. 6.8.1953, BGBl. I S. 771, m.W.v. 1.12.1953.

ADHGB 1861	UGB
	§ 3 HVertrG **Befugnisse des Handelsvertreters** (1) Zahlungen für den Unternehmer kann der Handelsvertreter nur dann annehmen, wenn er hiezu ermächtigt ist. (2) [1]Lautet die Vollmacht auf die Berechtigung zur Annahme von Zahlungen, so gilt der Handelsvertreter nur als ermächtigt, Zahlungen, die den vereinbarten Bedingungen entsprechen, in Empfang zu nehmen. [2]Sie erstreckt sich dagegen nicht auf die Befugnis, die beim Abschlusse des Geschäfts vereinbarten Zahlungsbedingungen zu ändern, insbesondere Vergleiche zu schließen oder Nachlässe zu gewähren. (3) Ist der Handelsvertreter als Reisender tätig, so gilt er als ermächtigt, den Kaufpreis aus den von ihm geschlossenen Verkäufen einzuziehen oder dafür Zahlungsfristen zu bewilligen. (4) Die Anzeige von Mängeln einer Ware, die Erklärung, daß eine Ware zur Verfügung gestellt wird, und andere Erklärungen, durch die die Kundschaft ihre Rechte wahrt, können auch dem Handelsvertreter gegenüber abgegeben werden. (5) Der Handelsvertreter ist berechtigt, das dem Unternehmer zustehende Recht auf Feststellung des Zustandes der Waren auszuüben; zu Verfügungen über die Ware ist er, sofern nicht deren Beschaffenheit es dringend erfordert, im Zweifel nicht ermächtigt. (6) Beschränkungen der Vollmacht des Handelsvertreters braucht ein Dritter gegen sich nur gelten zu lassen, wenn er sie kannte oder kennen mußte.

HGB	HGB 1897
§ 91a[239] [Mangel der Vertretungsmacht] (1) Hat ein Handelsvertreter, der nur mit der Vermittlung von Geschäften betraut ist, ein Geschäft im Namen des Unternehmers abgeschlossen, und war dem Dritten der Mangel an Vertretungsmacht nicht bekannt, so gilt das Geschäft als von dem Unternehmer genehmigt, wenn dieser nicht unverzüglich, nachdem er von dem Handelsvertreter oder dem Dritten über Abschluß und wesentlichen Inhalt benachrichtigt worden ist, dem Dritten gegenüber das Geschäft ablehnt. (2) Das gleiche gilt, wenn ein Handelsvertreter, der mit dem Abschluß von Geschäften betraut ist, ein Geschäft im Namen des Unternehmers abgeschlossen hat, zu dessen Abschluß er nicht bevollmächtigt ist.	**§ 85** Hat ein Handlungs*agent*, der nur mit der Vermittelung von Geschäften betraut ist, ein Geschäft im Namen des *Geschäftsherrn mit einem Dritten* abgeschlossen, so gilt *es* als von dem *Geschäftsherrn* genehmigt, wenn dieser nicht unverzüglich, nachdem er von dem Abschlusse *Kenntniß erlangt hat*, dem Dritten gegenüber *erklärt, daß er das Geschäft* ablehne.
§ 92 [Versicherungs- und Bausparkassenvertreter] (1) Versicherungsvertreter ist, wer als Handelsvertreter damit betraut ist, Versicherungsverträge zu vermitteln oder abzuschließen. (2) Für das Vertragsverhältnis zwischen dem Versicherungsvertreter und dem Versicherer gelten die Vorschriften für das Vertragsverhältnis zwischen dem Handelsvertreter und dem Unternehmer vorbehaltlich der Absätze 3 und 4. (3) [1]In Abweichung von § 87 Abs. 1 Satz 1 hat ein Versicherungsvertreter Anspruch auf Provision nur für Geschäfte, die auf seine Tätigkeit zurückzuführen sind. [2]§ 87 Abs. 2 gilt nicht für Versicherungsvertreter. (4) Der Versicherungsvertreter hat Anspruch auf Provision (§ 87a Abs. 1), sobald der Versicherungsnehmer die Prämie gezahlt hat, aus der sich die Provision nach dem Vertragsverhältnis berechnet. (5) Die Vorschriften der Absätze 1 bis 4 gelten sinngemäß für Bausparkassenvertreter. [= § 92 idF. 1953]	**§ 92 idF. 1953[240] [Versicherungs- und Bausparkassenvertreter]** (1) Versicherungsvertreter ist, wer als Handelsvertreter damit betraut ist, Versicherungsverträge zu vermitteln oder abzuschließen. (2) Für das Vertragsverhältnis zwischen dem Versicherungsvertreter und dem Versicherer gelten die Vorschriften für das Vertragsverhältnis zwischen dem Handelsvertreter und dem Unternehmer vorbehaltlich der Absätze 3 und 4. (3) [1]In Abweichung von § 87 Abs. 1 Satz 1 hat ein Versicherungsvertreter Anspruch auf Provision nur für Geschäfte, die auf seine Tätigkeit zurückzuführen sind. [2]§ 87 Abs. 2 gilt nicht für Versicherungsvertreter. (4) Der Versicherungsvertreter hat Anspruch auf Provision (§ 87a Abs. 1), sobald der Versicherungsnehmer die Prämie gezahlt hat, aus der sich die Provision nach dem Vertragsverhältnis berechnet. (5) Die Vorschriften der Absätze 1 bis 4 gelten sinngemäß für Bausparkassenvertreter.

239 § 91a eingefügt durch Art. 1 Gesetz v. 6.8.1953, BGBl. I S. 771, m.W.v. 1.12.1953.
240 § 92 neu gefasst durch Art. 1 Gesetz v. 6.8.1953, BGBl. I S. 771, m.W.v. 1.12.1953.

ADHGB 1861	UGB
	§ 2 HVertrG **Abschluß von Geschäften durch den Handelsvertreter** (1) Der Handelsvertreter kann Geschäfte im Namen und für Rechnung des Unternehmers nur dann schließen, wenn er hiezu ermächtigt ist. (2) Hat der Handelsvertreter, der nur mit der Vermittlung von Geschäften betraut ist, ein Geschäft im Namen des Unternehmers mit einem Dritten geschlossen, so gilt es als vom Unternehmer genehmigt, wenn dieser nicht unverzüglich, nachdem er vom Abschluß des Geschäftes Kenntnis erlangt hat, dem Dritten erklärt, daß er das Geschäft ablehne.

HGB	HGB 1897
§ 92a[241] [Mindestarbeitsbedingungen] (1) [1]Für das Vertragsverhältnis eines Handelsvertreters, der vertraglich nicht für weitere Unternehmer tätig werden darf oder dem dies nach Art und Umfang der von ihm verlangten Tätigkeit nicht möglich ist, kann das Bundesministerium der Justiz im Einvernehmen mit dem Bundesministerium für Wirtschaft und Klimaschutz nach Anhörung von Verbänden der Handelsvertreter und der Unternehmer durch Rechtsverordnung, die nicht der Zustimmung des Bundesrates bedarf, die untere Grenze der vertraglichen Leistungen des Unternehmers festsetzen, um die notwendigen sozialen und wirtschaftlichen Bedürfnisse dieser Handelsvertreter oder einer bestimmten Gruppe von ihnen sicherzustellen. [2]Die festgesetzten Leistungen können vertraglich nicht ausgeschlossen oder beschränkt werden. (2) [1]Absatz 1 gilt auch für das Vertragsverhältnis eines Versicherungsvertreters, der auf Grund eines Vertrages oder mehrerer Verträge damit betraut ist, Geschäfte für mehrere Versicherer zu vermitteln oder abzuschließen, die zu einem Versicherungskonzern oder zu einer zwischen ihnen bestehenden Organisationsgemeinschaft gehören, sofern die Beendigung des Vertragsverhältnisses mit einem dieser Versicherer im Zweifel auch die Beendigung des Vertragsverhältnisses mit den anderen Versicherern zur Folge haben würde. [2]In diesem Falle kann durch Rechtsverordnung, die nicht der Zustimmung des Bundesrates bedarf, außerdem bestimmt werden, ob die festgesetzten Leistungen von allen Versicherern als Gesamtschuldnern oder anteilig oder nur von einem der Versicherer geschuldet werden und wie der Ausgleich unter ihnen zu erfolgen hat. [Abs. 1 S. 2 = § 92a Abs. 1 S. 2 idF. 1953] [Abs. 2 = § 92a Abs. 2 idF. 1953]	**§ 92a[242] [Mindestarbeitsbedingungen]** (1) [1]Für das Vertragsverhältnis eines Handelsvertreters, der vertraglich nicht für weitere Unternehmer tätig werden darf oder dem dies nach Art und Umfang der von ihm verlangten Tätigkeit nicht möglich ist, kann *der Bundesminister* der Justiz im Einvernehmen mit *den Bundesministern* für Wirtschaft und *für Arbeit* nach Anhörung von Verbänden der Handelsvertreter und der Unternehmer durch Rechtsverordnung, die nicht der Zustimmung des Bundesrates bedarf, die untere Grenze der vertraglichen Leistungen des Unternehmers festsetzen, um die notwendigen sozialen und wirtschaftlichen Bedürfnisse dieser Handelsvertreter oder einer bestimmten Gruppe von ihnen sicherzustellen. [2]Die festgesetzten Leistungen können vertraglich nicht ausgeschlossen oder beschränkt werden. (2) [1]Absatz 1 gilt auch für das Vertragsverhältnis eines Versicherungsvertreters, der auf Grund eines Vertrags oder mehrerer Verträge damit betraut ist, Geschäfte für mehrere Versicherer zu vermitteln oder abzuschließen, die zu einem Versicherungskonzern oder zu einer zwischen ihnen bestehenden Organisationsgemeinschaft gehören, sofern die Beendigung des Vertragsverhältnisses mit einem dieser Versicherer im Zweifel auch die Beendigung des Vertragsverhältnisses mit den anderen Versicherern zur Folge haben würde. [2]In diesem Falle kann durch Rechtsverordnung, die nicht der Zustimmung des Bundesrates bedarf, außerdem bestimmt werden, ob die festgesetzten Leistungen von allen Versicherern als Gesamtschuldnern oder anteilig oder nur von einem der Versicherer geschuldet werden und wie der Ausgleich unter ihnen zu erfolgen hat.

241 § 92a Abs. 1 S. 1 geändert durch Art. 91 Nr. 1 VO v. 29.10.2001, BGBl. I S. 2785, m.W.v. 7.11.2001; § 92a Abs. 1 S. 1 geändert durch Art. 69 VO v. 25.11.2003, BGBl. I S. 2304, m.W.v. 28.11.2003; § 92a Abs. 1 S. 1 geändert durch Art. 99 VO v. 31.10.2006, BGBl. I S. 2407, m.W.v. 8.11.2006; § 92a Abs. 1 S. 1 geändert durch Art. 190 Nr. 2 VO v. 31.8.2015, BGBl. I S. 1474, m.W.v. 8.9.2015; § 92a Abs. 1 S. 1 geändert durch Art. 1 Nr. 26 Gesetz v. 19.6.2023, BGBl. I Nr. 154, m.W.v. 22.6.2023.
242 § 92a eingefügt durch Art. 1 Gesetz v. 6.8.1953, BGBl. I S. 771, m.W.v. 1.12.1953.

ADHGB 1861	UGB

HGB	HGB 1897
§ 92b [Handelsvertreter im Nebenberuf] (1) 1Auf einen Handelsvertreter im Nebenberuf sind §§ 89 und 89b nicht anzuwenden. 2Ist das Vertragsverhältnis auf unbestimmte Zeit eingegangen, so kann es mit einer Frist von einem Monat für den Schluß eines Kalendermonats gekündigt werden; wird eine andere Kündigungsfrist vereinbart, so muß sie für beide Teile gleich sein. 3Der Anspruch auf einen angemessenen Vorschuß nach § 87a Abs. 1 Satz 2 kann ausgeschlossen werden. (2) Auf Absatz 1 kann sich nur der Unternehmer berufen, der den Handelsvertreter ausdrücklich als Handelsvertreter im Nebenberuf mit der Vermittlung oder dem Abschluß von Geschäften betraut hat. (3) Ob ein Handelsvertreter nur als Handelsvertreter im Nebenberuf tätig ist, bestimmt sich nach der Verkehrsauffassung. (4) Die Vorschriften der Absätze 1 bis 3 gelten sinngemäß für Versicherungsvertreter und für Bausparkassenvertreter. [= § 92b idF. 1953]	**§ 92b[243] [Handelsvertreter im Nebenberuf]** (1) 1Auf einen Handelsvertreter im Nebenberuf sind §§ 89 und 89b nicht anzuwenden. 2Ist das Vertragsverhältnis auf unbestimmte Zeit eingegangen, so kann es mit einer Frist von einem Monat für den Schluß eines Kalendermonats gekündigt werden; wird eine andere Kündigungsfrist vereinbart, so muß sie für beide Teile gleich sein. 3Der Anspruch auf einen angemessenen Vorschuß nach § 87a Abs. 1 Satz 2 kann ausgeschlossen werden. (2) Auf Absatz 1 kann sich nur der Unternehmer berufen, der den Handelsvertreter ausdrücklich als Handelsvertreter im Nebenberuf mit der Vermittlung oder dem Abschluß von Geschäften betraut hat. (3) Ob ein Handelsvertreter nur als Handelsvertreter im Nebenberuf tätig ist, bestimmt sich nach der Verkehrsauffassung. (4) Die Vorschriften der Absätze 1 bis 3 gelten sinngemäß für Versicherungsvertreter und für Bausparkassenvertreter.
§ 92c[244] [Handelsvertreter außerhalb der EG; Schifffahrtsvertreter] (1) Hat der Handelsvertreter seine Tätigkeit für den Unternehmer nach dem Vertrag nicht innerhalb des Gebietes der Europäischen Gemeinschaft oder der anderen Vertragsstaaten des Abkommens über den Europäischen Wirtschaftsraum auszuüben, so kann hinsichtlich aller Vorschriften dieses Abschnittes etwas anderes vereinbart werden. (2) Das gleiche gilt, wenn der Handelsvertreter mit der Vermittlung oder dem Abschluß von Geschäften betraut wird, die die Befrachtung, Abfertigung oder Ausrüstung von Schiffen oder die Buchung von Passagen auf Schiffen zum Gegenstand haben. [Abs. 2 = § 92c Abs. 2 idF. 1953]	**§ 92c idF. 1953[245] [Ausländische Handelsvertreter; Schiffahrtsvertreter]** (1) Hat der Handelsvertreter *keine Niederlassung im Inland*, so kann hinsichtlich aller Vorschriften dieses Abschnitts etwas anderes vereinbart werden. (2) Das gleiche gilt, wenn der Handelsvertreter mit der Vermittlung oder dem Abschluß von Geschäften betraut wird, die die Befrachtung, Abfertigung oder Ausrüstung von Schiffen oder die Buchung von Passagen auf Schiffen zum Gegenstand haben. **§ 92c Abs. 1 idF. 1989[246]** (1) Hat der Handelsvertreter seine Tätigkeit für den Unternehmer nach dem Vertrag nicht innerhalb des Gebiets der Europäischen Gemeinschaft auszuüben, so kann hinsichtlich aller Vorschriften dieses Abschnitts etwas anderes vereinbart werden.

243 § 92b eingefügt durch Art. 1 Gesetz v. 6.8.1953, BGBl. I S. 771, m.W.v. 1.12.1953.
244 § 92c Abs. 1 geändert durch Art. 40 Nr. 1 Gesetz v. 27.4.1993, BGBl. I S. 512, m.W.v. 1.1.1994.
245 § 92c eingefügt durch Art. 1 Gesetz v. 6.8.1953, BGBl. I S. 771, m.W.v. 1.12.1953.
246 § 92c Abs. 1 neu gefasst durch Art. 1 Nr. 8 Gesetz v. 23.10.1989, BGBl. I S. 1910, m.W.v. 1.1.1990.

ADHGB 1861	UGB

HGB	HGB 1897
Achter Abschnitt **Handelsmakler** [§§ 93–04]	**Achter Abschnitt** **Handelsmäkler** [§§ 93–104]
§ 93[248] [Begriff] (1) Wer gewerbsmäßig für andere Personen, ohne von ihnen auf Grund eines Vertragsverhältnisses ständig damit betraut zu sein, die Vermittlung von Verträgen über Anschaffung oder Veräußerung von Waren oder Wertpapieren, über Versicherungen, Güterbeförderungen, Schiffsmiete oder sonstige Gegenstände des Handelsverkehrs übernimmt, hat die Rechte und Pflichten eines Handelsmaklers. (2) Auf die Vermittlung anderer als der bezeichneten Geschäfte, insbesondere auf die Vermittlung von Geschäften über unbewegliche Sachen, finden, auch wenn die Vermittlung durch einen Handelsmakler erfolgt, die Vorschriften dieses Abschnitts keine Anwendung. (3) Die Vorschriften dieses Abschnittes finden auch Anwendung, wenn das Unternehmen des Handelsmaklers nach Art oder Umfang einen in kaufmännischer Weise eingerichteten Geschäftsbetrieb nicht erfordert. [Abs. 2 = § 93 Abs. 2 idF. 1897]	**§ 93** (1) Wer gewerbsmäßig für andere Personen, ohne von ihnen auf Grund eines Vertragsverhältnisses ständig damit betraut zu sein, die Vermittelung von Verträgen über Anschaffung oder Veräußerung von Waaren oder Werthpapieren, über Versicherungen, *Güterbeförderungen, Bodmerei, Schiffsmiethe*[249] oder sonstige Gegenstände des Handelsverkehrs übernimmt, hat die Rechte und Pflichten eines Handelsmäklers. (2) Auf die Vermittelung anderer als der bezeichneten Geschäfte, insbesondere auf die Vermittelung von Geschäften über unbewegliche Sachen, finden, auch wenn die Vermittelung durch einen Handelsmakler erfolgt, die Vorschriften dieses Abschnitts keine Anwendung.
§ 94 [Schlussnote] (1) Der Handelsmakler hat, sofern nicht die Parteien ihm dies erlassen oder der Ortsgebrauch mit Rücksicht auf die Gattung der Ware davon entbindet, unverzüglich nach dem Abschlusse des Geschäfts jeder Partei eine von ihm unterzeichnete Schlußnote zuzustellen, welche die Parteien, den Gegenstand und die Bedingungen des Geschäfts, insbesondere bei Verkäufen von Waren oder Wertpapieren deren Gattung und Menge sowie den Preis und die Zeit der Lieferung, enthält.	**§ 94** (1) Der Handelsmäkler hat, sofern nicht die Parteien ihm dies erlassen oder der Ortsgebrauch mit Rücksicht auf die Gattung der Waare davon entbindet, unverzüglich nach dem Abschlusse des Geschäfts jeder Partei eine von ihm unterzeichnete Schlußnote zuzustellen, welche die Parteien, den Gegenstand und die Bedingungen des Geschäfts, insbesondere bei Verkäufen von Waaren oder Werthpapieren deren Gattung und Menge sowie den Preis und die Zeit der Lieferung, enthält.

247 Art. 66–84 wurden für Österreich durch das Gesetz v. 4.4.1875, RGBl. 1875 S. 68 teilweise geändert oder neu gefasst. Diese Änderungen werden hier nicht nachvollzogen.

248 § 93 Abs. 1 geändert durch Art. 1 Nr. 1 Gesetz v. 21.6.1972 (Seerechtsänderungsgesetz), BGBl. I S. 966, m.W.v. 6.4.1973; Abs. 3 eingefügt durch Art. 3 Nr. 23 Gesetz v. 22.6.1998 (HRefG), BGBl. I S. 1474, m.W.v. 1.7.1998.

249 Art. 1 Nr. 1 Gesetz v. 21.6.1972 (Seerechtsänderungsgesetz), BGBl. I S. 966, m.W.v. 6.4.1973.

250 §§ 93 bis 104 aufgehoben durch Art. III Abs. 5 Nr. 2 Maklergesetz, BGBl. 1996/262, m.W.v. 1.7.1996.

251 Maklergesetz, BGBl. 1996/262, zuletzt geändert durch Bundesgesetz, mit dem das Maklergesetz geändert wird, BGBl. I 2023/24.

ADHGB 1861	UGB

Siebenter Titel
Von den Handelsmäklern oder Sensalen
[Artt. 66–84][247]

Art. 66
(1) Die Handelsmäkler (Sensale) sind amtlich bestellte Vermittler für Handelsgeschäfte.
(2) Sie leisten vor Antritt ihres Amtes den Eid, daß sie die ihnen obliegenden Pflichten getreu erfüllen wollen.

§§ 93–104
(weggefallen[250])

§ 19 Maklergesetz (MaklerG)[251]
Begriff
(1) Handelsmakler ist, wer als Makler gewerbsmäßig Geschäfte über Gegenstände des Handelsverkehrs vermittelt.
(2) (*weggefallen*)

Art. 67
(1) *Die* Handelsmäkler vermitteln *für Auftraggeber Käufe und Verkäufe* über Waaren, *Schiffe, Wechsel, inländische und ausländische Staatspapiere, Aktien und andere Handelspapiere, ingleichen* Verträge über Versicherungen, Bodmerei, *Befrachtung und* Miethe *von* Schiffen, *sowie über Land- und Wassertransporte und andere den Handel betreffende* Gegenstände.
(2) [→ § 97]

Art. 73
(1) Der Handelsmäkler *muß ohne Verzug* nach Abschluß des Geschäfts jeder Partei eine von ihm unterzeichnete Schlußnote, welche *die in dem vorhergehenden Artikel als Gegenstand der Eintragung bezeichneten Thatsachen* enthält, zustellen.

§ 21 MaklerG
Schlußnote
(1) Der Handelsmakler hat, sofern nicht die Parteien des Geschäfts ihm dies erlassen oder der Ortsgebrauch mit Rücksicht auf die Gattung der Ware davon entbindet, unverzüglich nach dem Abschluß des Geschäfts jeder Partei eine von ihm unterzeichnete Schlußnote zuzustellen, die die Parteien, den Gegenstand und die Bedingungen des Geschäfts, insbesondere bei Verkäufen von Waren oder Wertpapieren deren Gattung und Menge sowie den Preis und die Zeit der Lieferung enthält.

HGB	HGB 1897
(2) Bei Geschäften, die nicht sofort erfüllt werden sollen, ist die Schlußnote den Parteien zu ihrer Unterschrift zuzustellen und jeder Partei die von der anderen unterschriebene Schlußnote zu übersenden. (3) Verweigert eine Partei die Annahme oder Unterschrift der Schlußnote, so hat der Handelsmakler davon der anderen Partei unverzüglich Anzeige zu machen. [= § 94 idF. 1897]	(2) Bei Geschäften, die nicht sofort erfüllt werden sollen, ist die Schlußnote den Parteien zu ihrer Unterschrift zuzustellen und jeder Partei die von der anderen unterschriebene Schlußnote zu übersenden. (3) Verweigert eine Partei die Annahme oder Unterschrift der Schlußnote, so hat der Handelsmäkler davon der anderen Partei unverzüglich Anzeige zu machen.
§ 95 [Vorbehaltene Aufgabe] (1) Nimmt eine Partei eine Schlußnote an, in der sich der Handelsmakler die Bezeichnung der anderen Partei vorbehalten hat, so ist sie an das Geschäft mit der Partei, welche ihr nachträglich bezeichnet wird, gebunden, es sei denn, daß gegen diese begründete Einwendungen zu erheben sind. (2) Die Bezeichnung der anderen Partei hat innerhalb der ortsüblichen Frist, in Ermangelung einer solchen innerhalb einer den Umständen nach angemessenen Frist zu erfolgen. (3) [1]Unterbleibt die Bezeichnung oder sind gegen die bezeichnete Person oder Firma begründete Einwendungen zu erheben, so ist die Partei befugt, den Handelsmakler auf die Erfüllung des Geschäfts in Anspruch zu nehmen. [2]Der Anspruch ist ausgeschlossen, wenn sich die Partei auf die Aufforderung des Handelsmaklers nicht unverzüglich darüber erklärt, ob sie Erfüllung verlange. [= § 95 idF. 1897]	**§ 95** (1) Nimmt eine Partei eine Schlußnote an, in der sich der Handelsmäkler die Bezeichnung der anderen Partei vorbehalten hat, so ist sie an das Geschäft mit der Partei, welche ihr nachträglich bezeichnet wird, gebunden, es sei denn, daß gegen diese begründete Einwendungen zu erheben sind. (2) Die Bezeichnung der anderen Partei hat innerhalb der ortsüblichen Frist, in Ermangelung einer solchen innerhalb einer den Umständen nach angemessenen Frist zu erfolgen. (3) [1]Unterbleibt die Bezeichnung oder sind gegen die bezeichnete Person oder Firma begründete Einwendungen zu erheben, so ist die Partei befugt, den Handelsmäkler auf die Erfüllung des Geschäfts in Anspruch zu nehmen. [2]Der Anspruch ist ausgeschlossen, wenn sich die Partei auf die Aufforderung des Handelsmäklers nicht unverzüglich darüber erklärt, ob sie Erfüllung verlange.
§ 96 [Aufbewahrung von Proben] [1]Der Handelsmakler hat, sofern nicht die Parteien ihm dies erlassen oder der Ortsgebrauch mit Rücksicht auf die Gattung der Ware davon entbindet, von jeder durch seine Vermittlung nach Probe verkauften Ware die Probe, falls sie ihm übergeben ist, so lange aufzubewahren, bis die Ware ohne Einwendung gegen ihre Beschaffenheit angenommen oder das Geschäft in anderer Weise erledigt wird. [2]Er hat die Probe durch ein Zeichen kenntlich zu machen. [= § 96 idF. 1897]	**§ 96** [1]Der Handelsmäkler hat, sofern nicht die Parteien ihm dies erlassen oder der Ortsgebrauch mit Rücksicht auf die Gattung der Waare davon entbindet, von jeder durch seine Vermittelung nach Probe verkauften Waare die Probe, falls sie ihm übergeben ist, so lange aufzubewahren, bis die Waare ohne Einwendung gegen ihre Beschaffenheit angenommen oder das Geschäft in anderer Weise erledigt wird. [2]Er hat die Probe durch ein Zeichen kenntlich zu machen.

ADHGB 1861

(2) Bei Geschäften, welche nicht sofort erfüllt werden sollen, ist die Schlußnote den Parteien zu ihrer Unterschrift zuzustellen und jeder Partei *das* von der anderen unterschriebene *Exemplar* zu übersenden.
(3) Verweigert eine Partei die Annahme oder Unterschrift der Schlußnote, so *muß* der Handelsmäkler davon der anderen Partei *ohne Verzug* Anzeige machen.

Art. 80
Der Handelsmäkler *muß*, sofern nicht die Parteien ihm dieses erlassen haben oder der Ortsgebrauch mit Rücksicht auf die Gattung der Waare davon entbindet, von jeder durch seine Vermittelung nach Probe verkauften Waare die Probe, *nachdem er dieselbe behufs der Wiedererkennung gezeichnet hat*, so lange aufbewahren, bis die Waare ohne Einwendung gegen ihre Beschaffenheit angenommen, oder das Geschäft in anderer Weise erledigt *ist*.

UGB

(2) Bei Geschäften, die nicht sofort erfüllt werden sollen, ist die Schlußnote den Parteien zu ihrer Unterschrift zuzustellen und jeder Partei die von der anderen unterschriebene Schlußnote zu übersenden.
(3) Verweigert eine Partei die Annahme oder Unterschrift der Schlußnote, so hat der Handelsmakler davon der anderen Partei unverzüglich Anzeige zu machen.

[= § 94 idF. 1897]

§ 22 MaklerG
Vorbehalt der Bezeichnung des Vertragspartners
(1) Nimmt der Auftraggeber eine Schlußnote an, in der sich der Handelsmakler die Bezeichnung der anderen Partei vorbehalten hat, so ist er an das Geschäft mit der Partei, welche ihm nachträglich bezeichnet wird, gebunden, es sei denn, daß gegen diese begründete Einwendungen zu erheben sind.
(2) Die Bezeichnung der anderen Partei ist innerhalb der ortsüblichen Frist, in Ermangelung einer solchen innerhalb einer den Umständen nach angemessenen Frist vorzunehmen.
(3) [1]Unterbleibt die Bezeichnung oder sind gegen die bezeichnete Partei begründete Einwendungen zu erheben, so ist der Auftraggeber befugt, den Handelsmakler auf die Erfüllung des Geschäfts in Anspruch zu nehmen. [2]Der Anspruch ist ausgeschlossen, wenn sich der Auftraggeber über Aufforderung des Handelsmaklers nicht unverzüglich darüber erklärt, ob er die Erfüllung verlange.

HGB	HGB 1897
§ 97 [Keine Inkassovollmacht] Der Handelsmakler gilt nicht als ermächtigt, eine Zahlung oder eine andere im Vertrage bedungene Leistung in Empfang zu nehmen. [= § 97 idF. 1897]	**§ 97** Der Handelsmäkler gilt nicht als ermächtigt, eine Zahlung oder eine andere im Vertrage bedungene Leistung in Empfang zu nehmen.
§ 98 [Haftung gegenüber beiden Parteien] Der Handelsmakler haftet jeder der beiden Parteien für den durch sein Verschulden entstehenden Schaden. [= § 98 idF. 1897]	**§ 98** Der Handelsmäkler haftet jeder der beiden Parteien für den durch sein Verschulden entstehenden Schaden.
§ 99 [Lohnanspruch gegen beide Parteien] Ist unter den Parteien nichts darüber vereinbart, wer den Maklerlohn bezahlen soll, so ist er in Ermangelung eines abweichenden Ortsgebrauchs von jeder Partei zur Hälfte zu entrichten. [= § 99 idF. 1897]	**§ 99** Ist unter den Parteien nichts darüber vereinbart, wer den Mäklerlohn bezahlen soll, so ist er in Ermangelung eines abweichenden Ortsgebrauchs von jeder Partei zur Hälfte zu entrichten.

ADHGB 1861	UGB
Art. 67 (1) [→ § 93 HGB] (2) *Durch die übertragene Geschäftsvermittlung ist ein* Handelsmäkler *noch* nicht als *bevollmächtigt anzusehen,* eine Zahlung oder eine andere im Vertrage bedungene Leistung in Empfang zu nehmen.	
Art. 81 *Jedes* Verschulden *des* Handelsmäklers *berechtigt die dadurch beschädigte* Partei, *Schadloshaltung von ihm zu fordern.*	**§ 3 MaklerG** **Interessenwahrung und Unterstützung** (1) Der Makler hat die Interessen des Auftraggebers redlich und sorgfältig zu wahren. Dies gilt auch, wenn er zugleich für den Dritten tätig ist. (2) Der Auftraggeber hat den Makler bei der Ausübung seiner Vermittlungstätigkeit redlich zu unterstützen und eine Weitergabe von mitgeteilten Geschäftsgelegenheiten zu unterlassen. (3) Makler und Auftraggeber sind verpflichtet, einander die erforderlichen Nachrichten zu geben. (4) [1]Bei Verletzung der Pflichten nach den Abs. 1 bis 3 kann Schadenersatz verlangt werden. [2]Soweit dem Makler ein Provisionsanspruch zusteht, kann der Auftraggeber wegen Verletzung wesentlicher Pflichten auch eine Mäßigung nach Maßgabe der durch den Pflichtverstoß bedingten geringeren Verdienstlichkeit des Maklers verlangen. **§ 20 MaklerG** **Doppeltätigkeit** (1) Der Handelsmakler kann grundsätzlich für beide Parteien des zu vermittelnden Geschäfts tätig werden und hat in diesem Fall die Interessen beider Auftraggeber redlich und sorgfältig zu wahren. (2) Wird der Handelsmakler auftragsgemäß nur für eine Partei des zu vermittelnden Geschäfts tätig, so hat er dies dem Dritten mitzuteilen.
Art. 83 Ist unter den Parteien nichts darüber vereinbart, wer *die* Mäkler*gebühr* bezahlen soll, so ist *dieselbe* in Ermangelung *örtlicher Verordnungen oder* eines Ortsgebrauchs von jeder Partei zur Hälfte zu entrichten.	**§ 23 MaklerG** **Provision** Ist der Handelsmakler für beide Parteien tätig und fehlen eine besondere Vereinbarung und ein abweichender Ortsgebrauch, so gebührt ihm nach Maßgabe der §§ 6 bis 8 eine Provision, die von beiden Auftraggebern je zur Hälfte zu entrichten ist.

HGB	HGB 1897

§ 100[252] [Tagebuch]

(1) [1]Der Handelsmakler ist verpflichtet, ein Tagebuch zu führen und in dieses alle abgeschlossenen Geschäfte täglich einzutragen. [2]Die Eintragungen sind nach der Zeitfolge zu bewirken; sie haben die in § 94 Abs. 1 bezeichneten Angaben zu enthalten.[3]Das Eingetragene ist von dem Handelsmakler täglich zu unterzeichnen oder gemäß § 126a Abs. 1 des Bürgerlichen Gesetzbuchs elektronisch zu signieren.

(2) Die Vorschriften der §§ 239 und 257 über die Einrichtung und Aufbewahrung der Handelsbücher finden auf das Tagebuch des Handelsmaklers Anwendung.

[Abs. 1 S. 1 und 2 = § 100 Abs. 1 S. 1 und 2 idF. 1897]
[Abs. 2 = § 100 Abs. 2 idF. 1985]

§ 100

(1) [1]Der Handelsmäkler ist verpflichtet, ein Tagebuch zu führen und in dieses alle abgeschlossenen Geschäfte täglich einzutragen. [2]Die Eintragungen sind nach der Zeitfolge zu bewirken; sie haben die in § 94 Abs. 1 bezeichneten Angaben zu enthalten. [3]Das Eingetragene ist von dem Handelsmäkler täglich zu unterzeichnen.

(2) Die Vorschriften der §§. *43, 44* über die Einrichtung und Aufbewahrung der Handelsbücher finden auf das Tagebuch des Handelsmaklers Anwendung.

§ 100 Abs. 2 idF. 1985[253]

(2) Die Vorschriften der §§ 239 und 257 über die Einrichtung und Aufbewahrung der Handelsbücher finden auf das Tagebuch des Handelsmaklers Anwendung.

§ 101 [Auszüge aus dem Tagebuch]

Der Handelsmakler ist verpflichtet, den Parteien jederzeit auf Verlangen Auszüge aus dem Tagebuche zu geben, die von ihm unterzeichnet sind und alles enthalten, was von ihm in Ansehung des vermittelten Geschäfts eingetragen ist.

[= § 101 idF. 1897]

§ 101

Der Handelsmäkler ist verpflichtet, den Parteien jederzeit auf Verlangen Auszüge aus dem Tagebuch zu geben, die von ihm unterzeichnet sind und Alles enthalten, was von ihm in Ansehung des vermittelten Geschäfts eingetragen ist.

252 § 100 Abs. 1 S. 3 neu gefasst durch Art. 22 Nr. 2 Gesetz v. 13.7.2001, BGBl. I S. 1542, m.W.v. 1.8.2001.
253 § 100 Abs. 2 geändert durch Art. 1 Nr. 3a Gesetz v. 19.12.1985 (BiRiLG), BGBl. I S. 2355, m.W.v. 1.1.1986.

ADHGB 1861

Art. 71

(1) [1]Der Handelsmäkler *muß außer seinem Handbuche* ein Tagebuch führen, *in welches letztere* alle abgeschlossenen Geschäfte täglich einzutragen *sind.* [2]Das Eingetragene *hat er* täglich zu unterzeichnen.

(2) *Das Tagebuch muß vor dem Gebrauche Blatt für Blatt mit fortlaufenden Zahlen bezeichnet und der vorgesetzten Behörde zur Beglaubigung der Zahl der Blätter vorgelegt werden.*

Art. 72

(1) *Die Eintragungen in das Tagebuch müssen die Namen der Kontrahenten, die Zeit des Abschlusses, die Bezeichnung des Gegenstandes und die Bedingungen des Geschäfts, insbesondere bei Verkäufen von Waaren die Gattung und Menge derselben, sowie den Preis und die Zeit der Lieferung enthalten.*

(2) *Die Eintragungen müssen in deutscher Sprache, oder, sofern die Geschäftssprache des Ortes eine andere ist, in dieser geschehen; sie müssen nach Ordnung des Datums und ohne leere Zwischenräume erfolgen.*

(3) Die *Bestimmungen* über die Einrichtung der Handelsbücher *(Art. 32.)* finden auch auf das Tagebuch des Mäklers Anwendung.

Art. 74

Der Handelsmäkler ist verpflichtet, den Parteien zu jeder Zeit auf Verlangen *beglaubigte* Auszüge aus dem Tagebuche zu geben, die Alles enthalten *müssen*, was von *dem Mäkler* in Ansehung des *die Parteien angehenden* Geschäfts eingetragen ist.

UGB

§ 24 MaklerG
Tagebuch

(1) Der Handelsmakler ist verpflichtet, ein Tagebuch zu führen und in dieses alle geschlossenen Geschäfte täglich einzutragen. Die Eintragungen sind nach der Zeitfolge zu bewirken:
sie haben die im § 21 Abs. 1 bezeichneten Angaben zu enthalten. Das Eingetragene ist vom Handelsmakler täglich zu unterzeichnen.

(2) § 190 und die §§ 212 bis 216 HGB über die Aufbewahrung und Vorlage von Unterlagen sind auch auf das Tagebuch des Handelsmaklers anzuwenden.

(3) [→ § 101]

§ 24 MaklerG
Tagebuch

(1) [→ § 100]

(2) [→ § 100]

(3) [1]Der Handelsmakler ist verpflichtet, den Parteien jederzeit auf Verlangen Auszüge aus dem Tagebuch zu geben, die von ihm unterzeichnet sind und alles enthalten, was von ihm in Ansehung des vermittelten Geschäfts eingetragen ist. [2]Dies gilt auch für den Fall der automationsunterstützten Führung des Tagebuchs, bei welcher der Handelsmakler für die inhaltsgleiche, vollständige und geordnete Wiedergabe zu sorgen hat.

HGB	HGB 1897
§ 102 [Vorlegung im Rechtsstreit] Im Laufe eines Rechtsstreits kann das Gericht auch ohne Antrag einer Partei die Vorlegung des Tagebuchs anordnen, um es mit der Schlußnote, den Auszügen oder anderen Beweismitteln zu vergleichen. [= § 102 idF. 1897]	**§ 102** Im Laufe eines Rechtsstreits kann das Gericht auch ohne Antrag einer Partei die Vorlegung des Tagebuchs anordnen, um es mit der Schlußnote, den Auszügen oder anderen Beweismitteln zu vergleichen.
§ 103[255] [Ordnungswidrigkeiten] (1) Ordnungswidrig handelt, wer als Handelsmakler 1. vorsätzlich oder fahrlässig ein Tagebuch über die abgeschlossenen Geschäfte zu führen unterläßt oder das Tagebuch in einer Weise führt, die dem § 100 Abs. 1 widerspricht oder 2. ein solches Tagebuch vor Ablauf der gesetzlichen Aufbewahrungsfrist vernichtet. (2) Die Ordnungswidrigkeit kann mit einer Geldbuße bis zu fünftausend Euro geahndet werden. [Abs. 1 = § 103 Abs. 1 idF. 1975]	**§ 103** *Handelsmäkler, die den Vorschriften über die Führung und Aufbewahrung des Tagesbuchs zuwiderhandeln, werden* mit einer Geld*strafe* bis zu *eintausend* Mark *bestraft.* **§ 103[256] idF. 1975[257] [Ordnungswidrigkeiten]** (1) Ordnungswidrig handelt, wer als Handelsmakler 1. vorsätzlich oder fahrlässig ein Tagebuch über die abgeschlossenen Geschäfte zu führen unterläßt oder das Tagebuch in einer Weise führt, die dem § 100 Abs. 1 widerspricht oder 2. ein solches Tagebuch vor Ablauf der gesetzlichen Aufbewahrungsfrist vernichtet. (2) Die Ordnungswidrigkeit kann mit einer Geldbuße bis zu *zehntausend Mark* geahndet werden.
§ 104[258] [Krämermakler] [1] Auf Personen, welche die Vermittlung von Warengeschäften im Kleinverkehre besorgen, finden die Vorschriften über Schlußnoten und Tagebücher keine Anwendung. [2]Auf Personen, welche die Vermittlung von Versicherungs- oder Bausparverträgen übernehmen, sind die Vorschriften über Tagebücher nicht anzuwenden. [S. 1 = § 104 idF. 1897]	**§ 104** Auf Personen, welche die Vermittelung von Waarengeschäften im Kleinverkehre besorgen, finden die Vorschriften über Schlußnoten und Tagebücher keine Anwendung.

254 Art. 79 Abs. 2 aufgehoben durch § 13 Abs. 1 Nr. 2 Gesetz, betreffend die Einführung der Civilprozeßordnung v. 30.1.1877, RGBl. I. S. 244, m.W.v. 1.10.1879.
255 § 103 Abs. 2 geändert durch Art. 4 Nr. 7 Gesetz v. 18.1.2001 (NaStraG), BGBl. I S. 123, m.W.v. 25.1.2001.
256 § 103 neu gefasst durch Art. 125 Nr. 3 Gesetz v. 2.3.1974 (EGStGB), BGBl. I S. 469, m.W.v. 1.1.1975.
257 § 103 neu gefasst durch Art. 125 Nr. 3 Gesetz v. 2.3.1974 (EGStGB), BGBl. I S. 469, m.W.v. 1.1.1975.
258 § 104 S. 2 eingefügt durch Art. 1 Nr. 9 Gesetz v. 23.10.1989, BGBl. I S. 1910, m.W.v. 1.1.1990.

ADHGB 1861	UGB

Art. 79

(1) Im Laufe eines Rechtsstreits kann *der Richter, selbst* ohne Antrag einer Partei, die Vorlegung des Tagebuchs *ver*ordnen, um *dasselbe einzusehen und* mit der Schlußnote, den Auszügen *und* anderen Beweismitteln zu vergleichen.
(2) Die Vorschrift des Art. 39. findet auch in Bezug auf die Vorlegung des Tagebuchs Anwendung.[254]

Art. 84

(1) *Ueber die Anstellung der Handelsmäkler und über die Bestrafung der von ihnen im Berufe begangenen Pflichtverletzungen das Erforderliche zu bestimmen, bleibt den Landesgesetzen überlassen.*
(2) Den Landesgesetzen bleibt vorbehalten, die Vorschriften dieses Titels nach Maaßgabe der örtlichen Bedürfnisse zu ergänzen; es kann insbesondere den Handelsmäklern das ausschließliche Recht zur Vermittelung von Handelsgeschäften beigelegt werden.
(3) Auch kann in den Landesgesetzen oder in örtlichen Verordnungen der in diesem Titel den Handelsmäklern zugewiesene Kreis von Amtsverrichtungen und Befugnissen (Art. 67. 70.) oder der Umfang ihrer Pflichten (Art. 69.) erweitert oder eingeschränkt werden.

§ 25 MaklerG
Krämermakler

Auf Handelsmakler, die die Vermittlung von Warengeschäften im Kleinverkehr besorgen, sind die Bestimmungen über Schlußnoten und Tagebücher nicht anzuwenden.

HGB	HGB 1897
Neunter Abschnitt **Bußgeldvorschriften**[259] [§ 104a]	
§ 104a Bußgeldvorschrift (1) [1]Ordnungswidrig handelt, wer vorsätzlich oder leichtfertig entgegen § 8b Abs. 3 Satz 1 Nr. 2 dort genannte Daten nicht, nicht richtig oder nicht vollständig übermittelt. [2]Die Ordnungswidrigkeit kann mit einer Geldbuße bis zu zweihunderttausend Euro geahndet werden. (2) Verwaltungsbehörde im Sinne des § 36 Abs. 1 Nr. 1 des Gesetzes über Ordnungswidrigkeiten ist die Bundesanstalt für Finanzdienstleistungsaufsicht. [= § 104a idF. 2007]	**§ 104a**[260] **Bußgeldvorschrift**[261] (1) [1]Ordnungswidrig handelt, wer vorsätzlich oder leichtfertig entgegen § 8b Abs. 3 Satz 1 Nr. 2 dort genannte Daten nicht, nicht richtig oder nicht vollständig übermittelt. [2]Die Ordnungswidrigkeit kann mit einer Geldbuße bis zu zweihunderttausend Euro geahndet werden. (2) Verwaltungsbehörde im Sinne des § 36 Abs. 1 Nr. 1 des Gesetzes über Ordnungswidrigkeiten ist die Bundesanstalt für Finanzdienstleistungsaufsicht.

HGB	HGB 1897
Zweites Buch **Handelsgesellschaften und stille Gesellschaft** [§§ 105–237]	**Zweites Buch** **Handelsgesellschaften und stille Gesellschaft** [§§ 105–342]
Erster Abschnitt **Offene Handelsgesellschaft** [§§ 105–160]	**Erster Abschnitt** **Offene Handelsgesellschaft** [§§ 105–160]
Erster Titel **Errichtung der Gesellschaft** [§§ 105–107]	**Erster Titel** **Errichtung der Gesellschaft** [§§ 105–108]
§ 105[262] **Begriff der offenen Handelsgesellschaft; Anwendbarkeit des Bürgerlichen Gesetzbuchs**[263] (1) Eine Gesellschaft, deren Zweck auf den Betrieb eines Handelsgewerbes unter gemeinschaftlicher Firma gerichtet ist, ist eine offene Handelsgesellschaft, wenn bei keinem der Gesellschafter die Haftung gegenüber den Gesellschaftsgläubigern beschränkt ist. (2) Die offene Handelsgesellschaft kann Rechte erwerben und Verbindlichkeiten eingehen.	**§ 105** (1) Eine Gesellschaft, deren Zweck auf den Betrieb eines Handelsgewerbes unter gemeinschaftlicher Firma gerichtet ist, ist eine offene Handelsgesellschaft, wenn bei keinem der Gesellschafter die Haftung gegenüber den Gesellschaftsgläubigern beschränkt ist. (2) Auf die offene Handelsgesellschaft finden, soweit nicht in diesem Abschnitt ein Anderes vorgeschrieben ist, die Vorschriften des Bür-

259 Neunter Abschnitt mit Überschrift eingefügt durch Art. 5 Nr. 2 Gesetz v. 5.1.2007 (TUG), BGBl. I S. 10, m.W.v. 20.1.2007.
260 § 104a eingefügt durch Art. 5 Nr. 2 Gesetz v. 5.1.2007 (TUG), BGBl. I S. 10, m.W.v. 20.1.2007.
261 Amtliche Überschrift nach Art. 5 Nr. 2 Gesetz v. 5.1.2007 (TUG), BGBl. I S. 10, m.W.v. 20.1.2007.
262 § 105 neu gefasst durch Art. 51 Nr. 3 Gesetz v. 10.8.2021 (MoPeG), BGBl. I S. 3436, m.W.v. 1.1.2024.
263 Amtliche Überschrift nach Art. 51 Nr. 3 Gesetz v. 10.8.2021 (MoPeG), BGBl. I S. 3436, m.W.v. 1.1.2024.

ADHGB 1861	UGB

ADHGB 1861	UGB
Zweites Buch ***Von den* Handelsgesellschaften** [Artt. 85–249]	**Zweites Buch** **Offene Gesellschaft, Kommanditgesellschaft und stille Gesellschaft** [§§ 105–188]
Erster *Titel* ***Von der* offenen Handelsgesellschaft** [Artt. 85–149]	**Erster Abschnitt** **Offene Gesellschaft** [§§ 105–160]
Erster *Abschnitt* ***Von der* Errichtung der Gesellschaft** [Artt. 85–89]	**Erster Titel** **Errichtung der Gesellschaft** [§§ 105–107]
Art. 85 (1) Eine offene Handelsgesellschaft ist *vorhanden*, wenn *zwei oder mehrere Personen ein Handelsgewerbe* unter gemeinschaftlicher Firma *betreiben und* bei keinem der Gesellschafter die *Betheiligung auf Vermögenseinlagen* beschränkt ist. (2) *Zur Gültigkeit des Gesellschaftsvertrages bedarf es der schriftlichen Abfassung oder anderer Förmlichkeiten nicht.*	**§ 105 Begriff** [1]Eine offene Gesellschaft ist eine unter eigener Firma geführte Gesellschaft, bei der die Gesellschafter gesamthandschaftlich verbunden sind und bei keinem der Gesellschafter die Haftung gegenüber den Gesellschaftsgläubigern beschränkt ist. [2]Die offene Gesellschaft ist rechtsfähig. [3]Sie kann jeden erlaubten Zweck einschließlich freiberuflicher und land- und

HGB	HGB 1897
(3) Auf die offene Handelsgesellschaft finden, soweit in diesem Abschnitt nichts anderes vorgeschrieben ist, die Vorschriften des Bürgerlichen Gesetzbuchs über die Gesellschaft entsprechende Anwendung. [Abs. 1 = § 105 Abs. 1 idF. 1897]	gerlichen Gesetzbuchs über die Gesellschaft Anwendung. **§ 105 Abs. 2 und 3 idF. 1998**[264] (2) [→ § 107] (3) Auf die offene Handelsgesellschaft finden, soweit *nicht* in diesem Abschnitt *ein* anderes vorgeschrieben ist, die Vorschriften des Bürgerlichen Gesetzbuchs über die Gesellschaft Anwendung. **§ 124** (1) Die offene Handelsgesellschaft kann unter ihrer Firma Rechte erwerben und Verbindlichkeiten eingehen, Eigenthum und andere dingliche Rechte an Grundstücken erwerben, vor Gericht klagen und verklagt werden. (2) Zur Zwangsvollstreckung in das Gesellschaftsvermögen ist ein gegen die Gesellschaft gerichteter vollstreckbarer Schuldtitel erforderlich. ***§ 718 BGB idF. 1896***[268] ***Gesellschaftsvermögen***[269] *(1) Die Beiträge der Gesellschafter und die durch die Geschäftsführung für die Gesellschaft erworbenen Gegenstände werden gemeinschaftliches Vermögen der Gesellschafter (Gesellschaftsvermögen).* *(2) Zu dem Gesellschaftsvermögen gehört auch, was auf Grund eines zu dem Gesellschaftsvermögen gehörenden Rechtes oder als Ersatz für die Zerstörung, Beschädigung oder Entziehung eines zu dem Gesellschaftsvermögen gehörenden Gegenstands erworben wird.*

264 § 105 Abs. 2 eingefügt, der bisherige Abs. 2 wird 3 durch Art. 3 Nr. 24 Gesetz v. 22.6.1998 (HRefG), BGBl. I S. 1474, m.W.v. 1.7.1998.

265 Allgemeines bürgerliches Gesetzbuch für die gesammten deutschen Erbländer der Oesterreichischen Monarchie, JGS 1811/946, zuletzt geändert durch Haftungsrechts-Änderungsgesetz 2024, BGBl. 2024/33.

266 § 1175 Abs. 2 ABGB neu gefasst durch Art. 1 GesbR-RG, BGBl. I 2014/83, m.W.v. 1.1.2015.

267 Vierte Verordnung zur Einführung handelsrechtlicher Vorschriften im Lande Österreich v. 24.12.1938, dRGBl. I 1999/1938, zuletzt geändert durch Zinsenrechts-Änderungsgesetz, öBGBl. I 2002/118, aufgehoben durch Art. XXIX Handelsrechts-Änderungsgesetz, öBGBl. I 2005/120, m.W.v. 31.12.2006.

268 § 718 BGB aufgehoben durch Gesetz v. 10.8.2021 (MoPeG), BGBl. I S. 3436, m.W.v. 1.1.2024.

269 Amtliche Überschrift nach Art. 1 Abs. 2 S. 3 Gesetz v. 26.11.2001 (SchuldrechtsmodernisierungsG), BGBl. I S. 3138, m.W.v. 1.1.2002.

ADHGB 1861	UGB
Art. 111 Die Handelsgesellschaft kann unter ihrer Firma Rechte erwerben und Verbindlichkeiten eingehen, Eigenthum und andere dingliche Rechte an Grundstücken erwerben, vor Gericht klagen und verklagt werden. (2) *Ihr ordentlicher Gerichtsstand ist bei dem Gericht, in dessen Bezirk sie ihren Sitz hat.*	forstwirtschaftlicher Tätigkeit haben. [4]Ihr gehören mindestens zwei Gesellschafter an. **Allgemeines Bürgerliches Gesetzbuch**[265] **§ 1175 Abs. 2 ABGB Begriff und Rechtsnatur der Gesellschaft bürgerlichen Rechts**[266] (2) Die Gesellschaft bürgerlichen Rechts ist nicht rechtsfähig. ***4. Einführungsverordnung zum Handelsgesetzbuch***[267] ***Art. 7 I Nr. 1. Zu § 105 HGB*** ***Ergänzende Anwendung des Bürgerlichen Rechts*** *[1]Auf die offene Handelsgesellschaft sind die Vorschriften des 27. Hauptstücks des Zweiten Teils der österreichischen Bürgerlichen Gesetzbuchs nicht mehr anzuwenden. [2]An Stelle der im § 105 Abs. 2 für anwendbar erklärten Vorschriften des Bürgerlichen Gesetzbuchs über die Gesellschaft finden die nachstehenden Vorschriften Nr. 2 bis 15 und 17 bis 19 ergänzend Anwendung.*
Art. 119 *[1]Die Privatgläubiger eines Gesellschafters sind nicht befugt, die zum Gesellschaftsvermögen gehörigen Sachen, Forderungen oder Rechte oder einen Antheil an denselben zum Behuf ihrer Befriedigung oder Sicherstellung in Anspruch zu nehmen. [2]Gegenstand der Exekution, des Arrestes oder der Beschlagnahme kann für sie nur Dasjenige sein, was der Gesellschafter selbst an Zinsen und an Gewinnantheilen zu fordern berechtigt ist, und was ihm bei der Auseinandersetzung zukommt.*	**§ 124 Gesamthandbindung der Gesellschafter** (1) Soweit im Gesellschaftsvertrag nichts anderes bestimmt ist, kann ein Gesellschafter nicht ohne Zustimmung aller Gesellschafter über seinen Gesellschaftsanteil verfügen. (2) Gegen eine Forderung, die zum Gesellschaftsvermögen gehört, kann der Schuldner nicht eine ihm gegen einen einzelnen Gesellschafter zustehende Forderung aufrechnen. (3) [1]Die Ansprüche, die den Gesellschaftern aus dem Gesellschaftsverhältnis gegeneinan-

HGB	HGB 1897
	§ 719 BGB idF. 1896[270] Gesamthänderische Bindung[271] *(1) Ein Gesellschafter kann nicht über seinen Antheil an dem Gesellschaftsvermögen und an den einzelnen dazu gehörenden Gegenständen verfügen; er ist nicht berechtigt, Theilung zu verlangen.* *(2) Gegen eine Forderung, die zum Gesellschaftsvermögen gehört, kann der Schuldner nicht eine ihm gegen einen einzelnen Gesellschafter zustehende Forderung aufrechnen.*
	§ 738 Abs. 1 S. 1 BGB idF. 1896[272] Auseinandersetzung beim Ausscheiden[273] *(1) [1]Scheidet ein Gesellschafter aus der Gesellschaft aus, so wächst sein Anteil am Gesellschaftsvermögen den übrigen Gesellschaftern zu.*
§ 106[275] Anmeldung zum Handelsregister; Statuswechsel[276] (1) Die Gesellschaft ist bei dem Gericht, in dessen Bezirk sie ihren Sitz hat, zur Eintragung in das Handelsregister anzumelden.	**§ 106[277]** (1) Die Gesellschaft ist bei dem Gericht, in dessen Bezirke sie ihren Sitz hat, zur Eintragung in das Handelsregister anzumelden.

270 § 719 BGB aufgehoben durch Gesetz v. 10.8.2021 (MoPeG), BGBl. I S. 3436, m.W.v. 1.1.2024.

271 Amtliche Überschrift nach Art. 1 Abs. 2 S. 3 Gesetz v. 26.11.2001 (SchuldrechtsmodernisierungsG), BGBl. I S. 3138, m.W.v. 1.1.2002.

272 § 738 BGB aufgehoben durch Gesetz v. 10.8.2021 (MoPeG), BGBl. I S. 3436, m.W.v. 1.1.2024.

273 Amtliche Überschrift nach Art. 1 Abs. 2 S. 3 Gesetz v. 26.11.2001 (SchuldrechtsmodernisierungsG), BGBl. I S. 3138, m.W.v. 1.1.2002.

274 Vierte Verordnung zur Einführung handelsrechtlicher Vorschriften im Lande Österreich v. 24.12.1938, dRGBl. I 1999/1938, zuletzt geändert durch Zinsenrechts-Änderungsgesetz, öBGBl. I 2002/118, aufgehoben durch Art. XXIX Handelsrechts-Änderungsgesetz, öBGBl. I 2005/120, m.W.v. 31.12.2006.

275 § 106 neu gefasst durch Art. 51 Nr. 3 Gesetz v. 10.8.2021 (MoPeG), BGBl. I S. 3436, m.W.v. 1.1.2024.

276 Amtliche Überschrift nach Art. 51 Nr. 3 Gesetz v. 10.8.2021 (MoPeG), BGBl. I S. 3436, m.W.v. 1.1.2024.

277 § 106 Abs. 2 geändert durch Art. 1 Nr. 5a Gesetz v. 10.12.2001 (ERJuKoG), BGBl. I S. 3422, m.W.v. 15.12.2001.

ADHGB 1861

Art. 120

(1) [1]*Die Bestimmung des vorigen Artikels gilt auch in Betreff der Privatgläubiger, zu deren Gunsten eine Hypothek oder ein Pfandrecht an dem Vermögen eines Gesellschafters kraft des Gesetzes oder aus einem andern Rechtsgrunde besteht.* [2]*Ihre Hypothek oder ihr Pfandrecht erstreckt sich nicht auf die zum Gesellschaftsvermögen gehörigen Sachen, Forderungen und Rechte oder auf einen Antheil an denselben, sondern nur auf Dasjenige, was in dem letzten Satze des vorigen Artikels bezeichnet ist.*

(2) *Jedoch werden die Rechte, welche an den von einem Gesellschafter in das Vermögen der Gesellschaft eingebrachten Gegenständen bereits zur Zeit des Einbringens bestanden, durch die vorstehenden Bestimmungen nicht berührt.*

Art. 121

Eine Kompensation zwischen Forderungen der Gesellschaft und Privatforderungen des Gesellschaftsschuldners gegen einen einzelnen Gesellschafter findet während der Dauer der Gesellschaft weder ganz noch theilweise statt; nach Auflösung der Gesellschaft ist sie zulässig, wenn und in so weit die Gesellschaftsforderung dem Gesellschafter bei der Auseinandersetzung überwiesen ist.

Art. 86

(1) Die *Errichtung einer offenen Handels*gesellschaft ist *von den Gesellschaftern* bei dem *Handels*gerichte, in dessen Bezirk die Gesellschaft

UGB

der oder gegen die Gesellschaft zustehen, sind nicht übertragbar und nicht pfändbar. [2]Ausgenommen sind die einem Gesellschafter aus der Geschäftsführung zustehenden Ansprüche, soweit deren Befriedigung vor der Auseinandersetzung verlangt werden kann, sowie die Ansprüche auf einen Gewinnanteil oder auf das, was dem Gesellschafter bei der Auseinandersetzung zukommt.

4. Einführungsverordnung zum Handelsgesetzbuch[274]

Art. 7 I Nr. 10 Zu § 124 HGB

Keine Verfügung des Gesellschafters über seinen Anteil am Gesellschaftsvermögen; Aufrechnungsverbot

(1) Ein Gesellschafter kann nicht über seinen Anteil an dem Gesellschaftsvermögen und an den einzelnen dazu gehörenden Gegenständen verfügen; er ist nicht berechtigt, Teilung zu verlangen.

(2) Gegen eine Forderung, die zum Gesellschaftsvermögen gehört, kann der Schuldner nicht eine ihm gegen einen einzelnen Gesellschafter zustehende Forderung aufrechnen.

(3) [1]*Die Zugehörigkeit einer nach Nr. 9 erworbenen Forderung zum Gesellschaftsvermögen hat der Schuldner erst dann gegen sich gelten zu lassen, wenn er von der Zugehörigkeit Kenntnis erlangt.* [2]*Die §§ 1395, 1396 des österreichischen Bürgerlichen Gesetzbuchs gelten sinngemäß.*

§ 106 Anmeldung zum Firmenbuch

[1]Die Gesellschaft ist bei dem Gericht, in dessen Sprengel sie ihren Sitz hat, zur Eintragung in das Firmenbuch anzumelden. [2]Die Anmeldung

HGB	HGB 1897
(2) Die Anmeldung muss enthalten: 1. folgende Angaben zur Gesellschaft: a) die Firma, b) den Sitz und c) die Geschäftsanschrift in einem Mitgliedstaat der Europäischen Union; 2. folgende Angaben zu jedem Gesellschafter: a) wenn der Gesellschafter eine natürliche Person ist: dessen Namen, Vornamen, Geburtsdatum und Wohnort; b) wenn der Gesellschafter eine juristische Person oder rechtsfähige Personengesellschaft ist: deren Firma oder Namen, Rechtsform, Sitz und, soweit gesetzlich vorgesehen, zuständiges Register und Registernummer; 3. die Angabe der Vertretungsbefugnis der Gesellschafter; 4. die Versicherung, dass die Gesellschaft nicht bereits im Gesellschafts- oder im Partnerschaftsregister eingetragen ist. (3) Ist die Gesellschaft bereits im Gesellschafts- oder im Partnerschaftsregister eingetragen, hat die Anmeldung im Wege eines Statuswechsels dort zu erfolgen. (4) [1]Das Gericht soll eine Gesellschaft, die bereits im Gesellschafts- oder im Partnerschaftsregister eingetragen ist, in das Handelsregister nur eintragen, wenn 1. der Statuswechsel zu dem anderen Register nach Absatz 3 angemeldet wurde, 2. der Statuswechselvermerk in das andere Register eingetragen wurde und 3. das für die Führung des anderen Registers zuständige Gericht das Verfahren an das für die Führung des Handelsregisters zuständige Gericht abgegeben hat. [2]§ 707c Absatz 2 des Bürgerlichen Gesetzbuchs ist entsprechend anzuwenden. [3]Absatz 2 bleibt im Übrigen unberührt. (5) [1]Die Eintragung der Gesellschaft hat im Fall des Absatzes 4 die Angabe des für die Führung des Gesellschafts- oder des Partnerschaftsre-	(2) Die Anmeldung *hat zu* enthalten: 1. [= Art. 86 Abs. 2 Nr. 1 ADHGB] 2. [= Art. 86 Abs. 2 Nr. 2 ADHGB] 3. [= Art. 86 Abs. 2 Nr. 3 ADHGB] **§ 106 Abs. 2 Nr. 1 idF. 1998**[278] (2) Die Anmeldung muß enthalten: 1. den Namen, Vornamen, Geburtsdatum und Wohnort *jedes Gesellschafters*; **§ 106 Abs. 2 Nr. 4 idF. 2001**[279] (2) Die Anmeldung hat zu enthalten: 4. die Vertretungsmacht der Gesellschafter. **§ 106 Abs. 2 Nr. 2 idF. 2008**[280] (2) Die Anmeldung hat zu enthalten: 2. die Firma der Gesellschaft, den Ort, an dem sie ihren Sitz hat, und die inländische Geschäftsanschrift; **§ 107** Wird die Firma einer Gesellschaft geändert oder der Sitz der Gesellschaft an einen anderen Ort verlegt *oder* tritt ein neuer Gesellschafter in die Gesellschaft ein, so ist dies ebenfalls zur Eintragung in das Handelsregister anzumelden. **§ 107 idF. 2001**[281] Wird die Firma einer Gesellschaft geändert *oder* der Sitz der Gesellschaft an einen anderen Ort verlegt, tritt ein neuer Gesellschafter in die Gesellschaft ein oder ändert sich die Vertretungsmacht eines Gesellschafters, so ist dies ebenfalls zur Eintragung in das Handelsregister anzumelden. **§ 107 idF. 2008**[282] Wird die Firma *einer* Gesellschaft geändert, der Sitz der Gesellschaft an einen anderen Ort verlegt, die *inländische* Geschäftsanschrift geändert,[283] tritt ein neuer Gesellschafter in

278 § 106 Abs. 2 Nr. 1 geändert durch Art. 3 Nr. 24 Gesetz v. 22.6.1998 (HRefG), BGBl. I S. 1474, m.W.v. 1.7.1998; § 106 Abs. 2 Nr. 3 aufgehoben durch Art. 12d Nr. 2 Gesetz v. 24.8.2004 (1. Justizmodernisierungsgesetz), BGBl. I S. 2198, m.W.v. 1.9.2004.

279 § 106 Abs. 2 Nr. 2 eingefügt durch Art. 1 Nr. 5b Gesetz v. 10.12.2001 (ERJuKoG), BGBl. I S. 3422, m.W.v. 15.12.2001.

280 § 106 Abs. 2 Nr. 2 neu gefasst durch Gesetz v. 23.10.2008 (MoMiG), BGBl. I S. 2026, m.W.v. 1.11.2008.

281 § 107 geändert durch Art. 1 Nr. 6 Gesetz v. 10.12.2001 (ERJuKoG), BGBl. I S. 3422, m.W.v. 15.12.2001.

282 § 107 geändert durch Art. 3 Nr. 10 durch Gesetz v. 23.10.2008 (MoMiG), BGBl. I S. 2026, m.W.v. 1.11.2008.

283 Art. 3 Nr. 10 Gesetz v. 23.10.2008 (MoMiG), BGBl. I S. 2026, m.W.v. 1.11.2008.

ADHGB 1861	UGB

ADHGB 1861

ihren Sitz hat, *und bei jedem Handelsgerichte, in dessen Bezirk sie eine Zweigniederlassung hat, behufs der* Eintragung in das Handelsregister anzumelden.

(2) Die Anmeldung *muß* enthalten:

1) den Namen, Vornamen, *Stand* und Wohnort jedes Gesellschafters;

2) die Firma der Gesellschaft *und* den Ort, *wo* sie ihren Sitz hat;

3) den Zeitpunkt, mit welchem die Gesellschaft begonnen hat;

4) *im Falle vereinbart ist, daß nur einer oder einige der Gesellschafter die Gesellschaft vertreten sollen, die Angabe, welcher oder welche dazu bestimmt sind, ingleichen, ob das Recht nur in Gemeinschaft ausgeübt werden soll.*

Art. 87

(1) *Wenn* die Firma einer *bestehenden* Gesellschaft geändert oder der Sitz der Gesellschaft an einen anderen Ort verlegt wird, oder *wenn* neue Gesellschafter in *dieselbe* eintreten, *oder wenn einem Gesellschafter die Befugniß, die Gesellschaft zu vertreten (Art. 86 Ziff. 4.), nachträglich ertheilt, oder wenn eine solche Befugniß aufgehoben wird, so sind diese Thatsachen bei dem Handelsgerichte behufs der* Eintragung in das Handelsregister anzumelden.

(2) *Bei der Aenderung der Firma, bei der Verlegung des Sitzes der Gesellschaft und bei der Aufhebung der Vertretungsbefugniß richtet sich die Wirkung gegen Dritte in den Fällen der geschehenen oder der nicht geschehenen Eintragung und Bekanntmachung nach den Bestimmungen des Art. 25.*

Art. 88

(1) [1]Die Anmeldungen (Art. 86. 87.) *müssen* von *allen* Gesellschaftern *persönlich vor dem Handelsgerichte unterzeichnet oder in beglaubigter Form eingereicht werden.* [2]*Sie sind ihrem ganzen Inhalte nach in das Handelsregister einzutragen.*

UGB

hat die in § 3 Z 2 bis 4, 5, 7, 8 und 16, gegebenenfalls auch die in § 3 Z 6, 9, 11 und 15 und § 4 Z 2, 3, 5 und 7 FBG genannten Tatsachen zu enthalten.

§ 107 Anmeldeverpflichtete, Musterzeichnung

(1) Die Anmeldungen sind von sämtlichen Gesellschaftern zu bewirken.

(2) Die Gesellschafter, welche die Gesellschaft vertreten sollen, haben ihre Namensunterschrift zur Aufbewahrung bei Gericht zu zeichnen.

HGB

gisters zuständigen Gerichts, den Namen und die Registernummer, unter der die Gesellschaft bislang eingetragen ist, zu enthalten. [2]Das Gericht teilt dem Gericht, das das Verfahren abgegeben hat, von Amts wegen den Tag der Eintragung der Gesellschaft in das Handelsregister und die neue Registernummer mit. [3]Die Ablehnung der Eintragung teilt das Gericht von Amts wegen dem Gericht, das das Verfahren abgegeben hat, mit, sobald die Entscheidung rechtskräftig geworden ist.
(6) Wird die Firma der Gesellschaft geändert, der Sitz der Gesellschaft an einen anderen Ort verlegt, die Geschäftsanschrift geändert, scheidet ein Gesellschafter aus oder tritt ein neuer Gesellschafter ein oder ändert sich die Vertretungsbefugnis eines Gesellschafters, ist dies ebenfalls zur Eintragung in das Handelsregister anzumelden.
(7) [1]Anmeldungen sind vorbehaltlich der Sätze 2 und 3 von sämtlichen Gesellschaftern zu bewirken. [2]Scheidet ein Gesellschafter durch Tod aus, kann die Anmeldung ohne Mitwirkung der Erben erfolgen, sofern einer solchen Mitwirkung besondere Hindernisse entgegenstehen. [3]Ändert sich nur die Geschäftsanschrift der Gesellschaft, ist die Anmeldung von der Gesellschaft zu bewirken.

[Abs. 1 = § 106 Abs. 1 idF. 1897]

§ 107[286] Kleingewerbliche, vermögensverwaltende oder freiberufliche Gesellschaft; Statuswechsel[287]

(1) [1]Eine Gesellschaft, deren Gewerbebetrieb nicht schon nach § 1 Absatz 2 Handelsgewerbe ist oder die nur eigenes Vermögen verwaltet, ist offene Handelsgesellschaft, wenn die Firma des Unternehmens in das Handelsregister eingetragen ist. [2]Dies gilt auch für eine Gesellschaft, deren Zweck die gemeinsame Ausübung Freier Berufe durch ihre Gesellschafter

HGB 1897

die Gesellschaft ein oder ändert sich die Vertretungs*macht* eines Gesellschafters, *so* ist dies ebenfalls zur Eintragung in das Handelsregister anzumelden.

§ 108

(1) Die Anmeldungen sind von sämmtlichen Gesellschaftern zu bewirken.
(2) Die Gesellschafter, welche die Gesellschaft vertreten sollen, haben die Firma nebst ihrer Namensunterschrift zur Aufbewahrung bei dem Gerichte zu zeichnen.

§ 108 Abs. 2 idF. 1998[284]

(2) Die Gesellschafter, welche die Gesellschaft vertreten sollen, haben ihre Namenunterschrift unter Angabe der Firma zur Aufbewahrung bei dem Gericht zu zeichnen.

§ 108 idF. 2015[285]

[1]Die Anmeldungen sind von sämtlichen Gesellschaftern zu bewirken. [2]*Das gilt nicht, wenn sich* nur die *inländische* Geschäftsanschrift ändert.

§ 105 Abs. 2 idF. 1998[288]

(2) [1]Eine Gesellschaft, deren *Gewerbebetrieb* nicht schon nach § 1 Abs. 2 Handelsgewerbe ist oder die nur eigenes Vermögen verwaltet, ist offene Handelsgesellschaft, wenn die Firma des Unternehmens in das Handelsregister eingetragen ist. [2]*§ 2 Satz 2 und 3 gilt entsprechend.*

---

284 § 108 Abs. 2 geändert durch Art. 3 Nr. 26, Gesetz v. 22.6.1998 (HRefG), BGBl. I S. 1474, m.W.v. 1.7.1998; § 108 Abs. 2 aufgehoben durch Art. 1 Nr. 15b Gesetz v. 10.11.2006 (EHUG), BGBl. I S. 2553, m.W.v. 1.1.2007.
285 § 108 S. 2 eingefügt durch Gesetz v. 22.12.2015 (Aktienrechtsnovelle 2016), BGBl. I S. 2565, m.W.v. 31.12.2015.
286 § 107 neu gefasst durch Art. 51 Nr. 3 Gesetz v. 10.8.2021 (MoPeG), BGBl. I S. 3436, m.W.v. 1.1.2024.
287 Amtliche Überschrift nach Art. 51 Nr. 3 Gesetz v. 10.8.2021 (MoPeG), BGBl. I S. 3436, m.W.v. 1.1.2024.
288 § 105 Abs. 2 eingefügt durch Art. 3 Nr. 24 Gesetz v. 22.6.1998 (HRefG), BGBl. I S. 1474, m.W.v. 1.7.1998.

ADHGB 1861	UGB
(2) Die Gesellschafter, welche die Gesellschaft vertreten sollen, haben die Firma nebst ihrer Namensunterschrift *persönlich* vor dem *Handels*gerichte zu zeichnen *oder die Zeichnung derselben in beglaubigter Form einzureichen.*	

HGB	HGB 1897
ist, soweit das anwendbare Berufsrecht die Eintragung zulässt. (2) [1]Die Gesellschaft ist berechtigt, aber nicht verpflichtet, die Eintragung nach den für die Eintragung einer offenen Handelsgesellschaft geltenden Vorschriften herbeizuführen. [2]Ist die Eintragung erfolgt, ist eine Fortsetzung als Gesellschaft bürgerlichen Rechts nur im Wege eines Statuswechsels zulässig. (3) [1]Wird eine offene Handelsgesellschaft zur Eintragung in das Gesellschaftsregister angemeldet, trägt das Gericht ihre Fortsetzung als Gesellschaft bürgerlichen Rechts ein, sofern nicht die Voraussetzung des § 1 Absatz 2 eingetreten ist. [2]Im Übrigen findet § 707c Absatz 2 Satz 2 bis 5 des Bürgerlichen Gesetzbuchs entsprechende Anwendung. [Abs. 1 S. 1 = § 105 Abs. 2 S. 1 idF. 1998]	**§ 2 idF. 1998**[289] [1]*Ein gewerbliches Unternehmen, dessen Gewerbebetrieb nicht schon nach § 1 Abs. 2 Handelsgewerbe ist, gilt als Handelsgewerbe im Sinne dieses Gesetzbuchs, wenn die Firma des Unternehmens in das Handelsregister eingetragen ist.* [2]*Der Unternehmer* ist berechtigt, aber nicht verpflichtet, die Eintragung nach den für die Eintragung *kaufmännischer Firmen* geltenden Vorschriften herbeizuführen. [3]Ist die Eintragung erfolgt, *so findet eine Löschung der Firma auch auf Antrag des Unternehmers statt, sofern nicht die Voraussetzung des § 1 Abs. 2 eingetreten ist.*
Zweiter Titel **Rechtsverhältnis der Gesellschafter untereinander und der Gesellschafter zur Gesellschaft** [§§ 108–122]	**Zweiter Titel** **Rechtsverhältniß der Gesellschafter unter einander** [§§ 109–122]
§ 108[290] **Gestaltungsfreiheit**[291] Von den Vorschriften dieses Titels kann durch den Gesellschaftsvertrag abgewichen werden, soweit im Gesetz nichts anderes bestimmt ist.	**§ 109** Das Rechtsverhältniß der Gesellschafter unter einander richtet sich zunächst nach dem Gesellschaftsvertrage; die Vorschriften der §§. 110 bis 122 finden nur insoweit Anwendung, als nicht durch den Gesellschaftsvertrag ein Anderes bestimmt ist.
§ 109[292] **Beschlussfassung**[293] (1) Die Beschlüsse der Gesellschafter werden in Versammlungen gefasst. (2) [1]Die Versammlung kann durch jeden Gesellschafter einberufen werden, der die Befugnis zur Geschäftsführung hat. [2]Die Einberufung erfolgt durch formlose Einladung der anderen Gesellschafter unter Ankündigung des Zwecks der Versammlung in angemessener Frist.	**§ 119** (1) *Für die von den* Gesellschaftern *zu fassenden* Beschlüsse bedarf es der Zustimmung aller *zur Mitwirkung bei der Beschlußfassung berufenen* Gesellschafter. (2) Hat nach dem Gesellschaftsvertrage die Mehrheit der Stimmen zu entscheiden, *so ist die Mehrheit im Zweifel nach der Zahl der Gesellschafter zu berechnen.*

289 § 2 neu gefasst durch Art. 3 Nr. 2 Gesetz v. 22.6.1998 (HRefG), BGBl. I S. 1474, m.W.v. 1.7.1998.
290 § 108 neu gefasst durch Art. 51 Nr. 3 Gesetz v. 10.8.2021 (MoPeG), BGBl. I S. 3436, m.W.v. 1.1.2024.
291 Amtliche Überschrift nach Art. 51 Nr. 3 Gesetz v. 10.8.2021 (MoPeG), BGBl. I S. 3436, m.W.v. 1.1.2024.
292 § 109 neu gefasst durch Art. 51 Nr. 3 Gesetz v. 10.8.2021 (MoPeG), BGBl. I S. 3436, m.W.v. 1.1.2024.
293 Amtliche Überschrift nach Art. 51 Nr. 3 Gesetz v. 10.8.2021 (MoPeG), BGBl. I S. 3436, m.W.v. 1.1.2024.

ADHGB 1861 | **UGB**

Zweiter *Abschnitt*
***Von dem* Rechtsverhältniß der Gesellschafter unter einander** [Artt. 90–109]

Art. 90
(1) Das Rechtsverhältniß der Gesellschafter unter einander richtet sich zunächst nach dem Gesellschaftsvertrage.
(2) *Soweit über die in den nachfolgenden Artikeln dieses Abschnitts berührten Punkte keine Vereinbarung getroffen* ist, *kommen die Bestimmungen dieser Artikel zur* Anwendung.

Von der Kommanditgesellschaft auf Aktien insbesondere
Art. 190
Soweit nicht der Gesellschaftsvertrag ein Anderes bestimmt, werden die Beschlüsse der Generalversammlung der Kommanditisten mit einfacher Stimmenmehrheit gefaßt, und jede Aktie gewährt dem Inhaber eine Stimme.

Zweiter Titel
Rechtsverhältnis der Gesellschafter untereinander [§§ 108–122]

§ 108 Gestaltungsfreiheit
Die Rechtsverhältnisse der Gesellschafter untereinander richten sich nach dem Gesellschaftsvertrag; die Vorschriften der §§ 109 bis 122 finden nur insoweit Anwendung, als nicht durch den Gesellschaftsvertrag anderes bestimmt ist.

§ 119 Beschlussfassung
(1) Gesellschafterbeschlüsse erfordern die Zustimmung aller zur Mitwirkung bei der Beschlussfassung berufenen Gesellschafter.
(2) [1]Hat nach dem Gesellschaftsvertrag die Mehrheit der Stimmen zu entscheiden, so bestimmt sie sich nach den abgegebenen gültigen Stimmen. [2]Das Stimmgewicht entspricht den Beteiligungsverhältnissen. [3]Sind nicht alle Gesellschafter am Kapital beteiligt, wird die

HGB	HGB 1897
(3) Gesellschafterbeschlüsse bedürfen der Zustimmung aller stimmberechtigten Gesellschafter. (4) Hat nach dem Gesellschaftsvertrag die Mehrheit der Stimmen zu entscheiden, ist die Gesellschafterversammlung beschlussfähig, wenn die anwesenden Gesellschafter oder ihre Vertreter ohne Rücksicht auf ihre Stimmberechtigung die für die Beschlussfassung erforderlichen Stimmen haben.	
§ 110[294] Anfechtbarkeit und Nichtigkeit von Gesellschafterbeschlüssen[295] (1) Ein Beschluss der Gesellschafter kann wegen Verletzung von Rechtsvorschriften durch Klage auf Nichtigerklärung angefochten werden (Anfechtungsklage). (2) [1]Ein Gesellschafterbeschluss ist von Anfang an nichtig, wenn er 1. durch seinen Inhalt Rechtsvorschriften verletzt, auf deren Einhaltung die Gesellschafter nicht verzichten können, oder 2. nach einer Anfechtungsklage durch Urteil rechtskräftig für nichtig erklärt worden ist.	**§ 271 Abs. 1 HGB idF. 1897** (1) Ein Beschluß der *General*versammlung kann wegen Verletzung *des Gesetzes* oder *des Gesellschaftsvertrags im Wege* der Klage angefochten werden. **§ 197 Abs. 1 AktG idF. 1937[296]** (1) Ein Beschluß der *Hauptversammlung* kann wegen Verletzung *des Gesetzes oder der Satzung* durch Klage angefochten werden. **§ 195 AktG idF. 1937[297]** Ein Beschluß der Hauptversammlung ist außer in den Fällen des [...] und unbeschadet

294 § 110 neu gefasst durch Art. 51 Nr. 3 Gesetz v. 10.8.2021 (MoPeG), BGBl. I S. 3436, m.W.v. 1.1.2024; Reg-E MoPeG v. 17.3.2021, BT-Drs. 19/27635, S. 111.

295 Amtliche Überschrift nach Art. 51 Nr. 3 Gesetz v. 10.8.2021 (MoPeG), BGBl. I S. 3436, m.W.v. 1.1.2024.

296 Aktiengesetz v. 30.1.1937, RGBl. I S. 107, m.W.v. 1.10.1937.

297 Aktiengesetz v. 30.1.1937, RGBl. I S. 107, m.W.v. 1.10.1937.

300 Art. 190a eingefügt durch Gesetz v. 18.7.1884 (Gesetz, betreffend die Kommanditgesellschaften auf Aktien und die Aktiengesellschaften), RGBl. S. 123.

302 Aktiengesetz, BGBl. 1965/98, zuletzt geändert durch Gesellschaftsrechtliches Digitalisierungsgesetz 2023, BGBl. I Nr. 2023/178.

ADHGB 1861	UGB

ADHGB 1861

Von der Aktiengesellschaft

Art. 209

Der Gesellschaftsvertrag, dessen Genehmigung erfolgen soll, muß insbesondere bestimmen:
[...]
10) die Gegenstände, über welche nicht schon durch einfache Stimmenmehrheit der auf Zusammenberufung erschienen Aktionäre, sondern nur durch eine größere Stimmenmehrheit oder nach anderen Erfordernissen Beschluß gefaßt werden kann;
[...].

Art. 224

(1) *Die Rechte, welche den Aktionären in den Angelegenheiten der Gesellschaft, insbesondere in Beziehung auf die Führung der Geschäfte, die Einsicht und Prüfung der Bilanz und die Bestimmung der Gewinnvertheilung zustehen, werden von der Gesammtheit der Aktionäre in der Genealversammlung ausgeübt.*
(2) *Jede Aktie gewährt dem Inhaber eine Stimme, wenn nicht der Gesellschaftsvertrag ein anderes festsetzt.*

Von der Kommanditgesellschaft auf Aktien insbesondere

Art. 190a Abs. 1 S. 1 idF. 1884[300]

(1) [1]Ein Beschluß der Generalversammlung kann wegen Verletzung des Gesetzes oder des Gesellschaftsvertrages *als ungültig* im Wege der Klage angefochten werden. [2]*Dieselbe findet nur binnen der Frist von einem Monate statt.* [3]*Zur Anfechtung befugt ist außer persönlich haftenden Gesellschaftern jeder in der Generalversammlung erschienene Kommanditist, sofern er gegen den Beschluß Widerspruch zum Protokoll erklärt hat, und jeder nicht erschienene Kommanditist, sofern er die Anfechtung darauf gründet, daß die Berufung der General-*

UGB

Mehrheit nach Köpfen berechnet. Arbeitsgesellschafter, denen der Gesellschaftsvertrag einen am Wert ihrer Arbeit orientierten Kapitalanteil zubilligt, gelten als am Kapital beteiligt.

Aktiengesetz[302]

§ 195 öAktG Anfechtungsgründe

(1) [= § 197 Abs. 1 AktG idF. 1937]
(1a) [...]
(2) Die Anfechtung kann auch darauf gestützt werden, daß ein Aktionär mit der Stimmrechtsausübung vorsätzlich für sich oder einen Dritten gesellschaftsfremde Sondervorteile zum Schaden der Gesellschaft oder ihrer Aktionäre zu erlangen suchte und der Beschluß geeignet ist, diesem Zweck zu dienen. § 100 Abs. 3 gilt sinngemäß.
(3) [...]
(4) Wegen unrichtiger, unvollständiger oder verweigerter Erteilung von Informationen

HGB	HGB 1897
[2]Die Nichtigkeit eines Beschlusses der Gesellschafter kann auch auf andere Weise als durch Klage auf Feststellung der Nichtigkeit (Nichtigkeitsklage) geltend gemacht werden.	der Nichtigkeit auf Grund eines auf Anfechtsklage ergangenen rechtskräftigen Urteils nur dann nichtig, wenn […].
	§ 243 Abs. 1 AktG idF. 1965[298] (1) [= § 197 Abs. 1 AktG idF. 1937]
	§ 241 Nr. 5 AktG idF. 1965[299] *Ein* Beschluß *der Hauptversammlung ist außer in den Fällen des […] nur dann* nichtig, wenn er […] Nr. 5 auf Anfechtungsklage durch Urteil rechtskräftig für nichtig erklärt worden ist.
§ 111[303] **Anfechtungsbefugnis; Rechtsschutzbedürfnis**[304] (1) Anfechtungsbefugt ist jeder Gesellschafter, der oder dessen Rechtsvorgänger im Zeitpunkt der Beschlussfassung der Gesellschaft angehört hat. (2) Ein Verlust der Mitgliedschaft nach dem Zeitpunkt der Beschlussfassung lässt das Rechtsschutzbedürfnis des Rechtsvorgängers unberührt, wenn er ein berechtigtes Interesse an der Führung des Rechtsstreits hat.	**§ 271 Abs. 3 S. 1 HGB idF. 1897** (3) [1]Zur Anfechtung befugt ist jeder in der *General*versammlung erschienene Aktionär, *sofern* er gegen den Beschluß Widerspruch *zum Protokoll* erklärt hat, *und* jeder nicht erschienene Aktionär, *sofern* er zu der *General*versammlung *unberechtigter Weise* nicht zugelassen worden ist oder *sofern er die Anfechtung darauf gründet, daß die Berufung der* Versammlung *oder die Ankündigung des* Gegenstandes der Beschlußfassung nicht gehörig *erfolgt sei.*
	§ 198 Abs. 1 Nr. 1 und 2 AktG v. 1937[305] (1) Zur Anfechtung ist befugt: 1. jeder in der Hauptversammlung erschienene Aktionär, wenn er gegen den Beschluß Widerspruch zur Niederschrift erklärt hat; 2. jeder in der Hauptversammlung nicht erschienene Aktionär, wenn er zu der Hauptversammlung zu Unrecht nicht zugelassen worden ist oder die Versammlung nicht *gehörig berufen* oder der Gegenstand der Beschlußfassung nicht *gehörig* angekündigt worden ist;

298 Aktiengesetz v. 11.7.1965, BGBl. I. S. 1089, m.W.v. 1.1.1966.

299 Aktiengesetz v. 11.7.1965, BGBl. I. S. 1089, m.W.v. 1.1.1966.

301 Art. 222 neu gefasst durch Gesetz v. 18.7.1884 (Gesetz, betreffend die Kommanditgesellschaften auf Aktien und die Aktiengesellschaften), RGBl. S. 123.

303 § 111 neu gefasst durch Art. 51 Nr. 3 Gesetz v. 10.8.2021 (MoPeG), BGBl. I S. 3436, m.W.v. 1.1.2024.

304 Amtliche Überschrift nach Art. 51 Nr. 3 Gesetz v. 10.8.2021 (MoPeG), BGBl. I S. 3436, m.W.v. 1.1.2024.

305 Aktiengesetz v. 30.1.1937, RGBl. I S. 107, m.W.v. 1.10.1937.

308 Art. 190a eingefügt durch Gesetz v. 18.7.1884 (Gesetz, betreffend die Kommanditgesellschaften auf Aktien und die Aktiengesellschaften), RGBl. S. 123.

ADHGB 1861	UGB
versammlung oder die Ankündigung des Gegenstandes der Beschlußfassung nicht gehörig erfolgt war. ***Von der Aktiengesellschaft*** **Art. 222 idF. 1884**[301] *Die Vorschriften im Artikel 190a, 190b über die Anfechtung des Beschlusses der Generalversammlung finden mit der Maßgabe Anwendung, daß an die Stelle der persönlich haftenden Gesellschafter der Vorstand tritt.*	kann nur angefochten werden, wenn ein objektiv urteilender Aktionär die Erteilung der Information als wesentliche Voraussetzung für die sachgerechte Wahrnehmung seiner Teilnahme- und Mitgliedschaftsrechte angesehen hätte. Auf unrichtige, unvollständige oder unzureichende Informationen in der Hauptversammlung über die Ermittlung, Höhe oder Angemessenheit des Umtauschverhältnisses (einschließlich barer Zuzahlungen), der Barabfindung oder einer sonstigen Kompensation kann eine Anfechtungsklage nicht gestützt werden, wenn für deren Überprüfung ein besonderes gerichtliches Verfahren vorgesehen ist.
Art. 190a Abs. 1 S. 3 idF. 1884[308] (1) ³Zur Anfechtung befugt ist *außer persönlich haftenden Gesellschaftern* jeder in der Generalversammlung erschienene *Kommanditist*, sofern er gegen den Beschluß Widerspruch zum Protokoll erklärt hat, und jeder nicht erschienene *Kommanditist*, sofern er die Anfechtung darauf gründet, daß die Berufung der Generalversammlung oder die Ankündigung des Gegenstandes der Beschlußfassung nicht gehörig erfolgt war.	**§ 196 Abs. 1 öAktG Anfechtungsbefugnis** (1) Zur Anfechtung ist befugt: 1. jeder an der Hauptversammlung teilnehmende Aktionär, der gegen den Beschluss Widerspruch zur Niederschrift erklärt hat; 1a. jeder Aktionär, dem die Möglichkeit zur Erklärung eines Widerspruchs rechtswidrig vorenthalten wurde; 2. jeder andere gemäß § 111 Abs. 1 oder § 112 Abs. 1 teilnahmeberechtigte Aktionär, wenn a) er zur Teilnahme an der Hauptversammlung zu Unrecht nicht zugelassen wurde, b) die Versammlung nicht gehörig einberufen wurde oder c) der Gegenstand der Beschlussfassung nicht gehörig angekündigt wurde; 3.–5. […]

HGB	HGB 1897
	§ 245 Nr. 1 und 2 AktG v. 1965[306] Zur Anfechtung ist befugt: 1. [= § 198 Abs. 1 Nr. 1 idF. 1937] *2. jeder in der Hauptversammlung nicht erschienene Aktionär, wenn er zu der Hauptversammlung zu Unrecht nicht zugelassen worden ist oder die Versammlung nicht ordnungsgemäß einberufen oder der Gegenstand der Beschlußfassung nicht ordnungsgemäß bekanntgemacht worden ist;*
	§ 245 S. 1 Nr. 1 und 2 AktG[307] *¹Zur Anfechtung ist befugt* *1. jeder in der Hauptversammlung erschienene Aktionär, wenn er die Aktien schon vor der Bekanntmachung der Tagesordnung erworben hatte und gegen den Beschluß Widerspruch zur Niederschrift erklärt hat;* 2. [= § 245 Nr. 2 idF. 1965]
§ 112[309] **Klagefrist**[310] (1) ¹Die Anfechtungsklage ist innerhalb von drei Monaten zu erheben. ²Eine Vereinbarung im Gesellschaftsvertrag, welche eine kürzere Frist als einen Monat vorsieht, ist unwirksam. (2) Die Frist beginnt mit dem Tag, an dem der Beschluss dem anfechtungsbefugten Gesellschafter bekanntgegeben worden ist. (3) ¹Für die Dauer von Vergleichsverhandlungen über den Gegenstand des Beschlusses oder die ihm zugrundeliegenden Umstände zwischen dem anfechtungsbefugten Gesellschafter und der Gesellschaft wird die Klagefrist gehemmt. ²Die für die Verjährung geltenden §§ 203 und 209 des Bürgerlichen Gesetzbuchs sind mit der Maßgabe entsprechend anzuwenden, dass die Klagefrist frühestens einen Monat nach dem Scheitern der Vergleichsverhandlungen endet.	**§ 271 Abs. 2 HGB idF. 1897** (2) Die Klage muß *binnen* einem Monat erhoben werden. **§ 199 Abs. 1 AktG v. 1937**[311] (1) *Die Klage muß innerhalb eines Monats nach der Beschlußfassung erhoben werden.* **§ 246 Abs. 1 idF. 1965**[312] (1) [= § 199 Abs. 1 AktG idF. 1937]

306 Aktiengesetz v. 11.7.1965, BGBl. I. S. 1089, m.W.v. 1.1.1966.
307 § 245 Nr. 1 geändert durch Art. 1 Nr. 21a Gesetz v. 22.9.2005 (UMAG), BGBl. I S. 2802, m.W.v. 1.11.2005.
309 § 112 neu gefasst durch Art. 51 Nr. 3 Gesetz v. 10.8.2021 (MoPeG), BGBl. I S. 3436, m.W.v. 1.1.2024.
310 Amtliche Überschrift nach Art. 51 Nr. 3 Gesetz v. 10.8.2021 (MoPeG), BGBl. I S. 3436, m.W.v. 1.1.2024.
311 Aktiengesetz v. 30.1.1937, RGBl. I S. 107, m.W.v. 1.10.1937.
312 Aktiengesetz v. 11.7.1965, BGBl. I. S. 1089, m.W.v. 1.1.1966.
313 Art. 190a eingefügt durch Gesetz v. 18.7.1884 (Gesetz, betreffend die Kommanditgesellschaften auf Aktien und die Aktiengesellschaften), RGBl. S. 123.

ADHGB 1861	UGB

Art. 190a Abs. 1 S. 1 und 2 idF. 1884[313]

(1) [1]*Ein Beschluß der Generalversammlung kann wegen Verletzung des Gesetzes oder des Gesellschaftsvertrages als ungültig im Wege der Klage angefochten werden.* [2]*Dieselbe findet nur* binnen *der Frist von* einem Monate *statt.*

§ 197 öAktG Abs. 2 S. 1 Anfechtungsklage

(2) [1]Die Klage kann nur innerhalb eines Monats nach der Beschlußfassung erhoben werden.

HGB

§ 113[314] Anfechtungsklage[315]

(1) Zuständig für die Anfechtungsklage ist ausschließlich das Landgericht, in dessen Bezirk die Gesellschaft ihren Sitz hat.

(2) [1]Die Klage ist gegen die Gesellschaft zu richten. [2]Ist außer dem Kläger kein Gesellschafter zur Vertretung der Gesellschaft befugt, wird die Gesellschaft von den anderen Gesellschaftern gemeinsam vertreten.

(3) [1]Die Gesellschaft hat die Gesellschafter unverzüglich über die Erhebung der Klage und die Lage des Rechtsstreits zu unterrichten. [2]Ferner hat sie das Gericht über die erfolgte Unterrichtung in Kenntnis zu setzen. [3]Das Gericht hat auf eine unverzügliche Unterrichtung der Gesellschafter hinzuwirken.

(4) [1]Die mündliche Verhandlung soll nicht vor Ablauf der Klagefrist stattfinden. [2]Mehrere Anfechtungsprozesse sind zur gleichzeitigen Verhandlung und Entscheidung zu verbinden.

(5) Den Streitwert bestimmt das Gericht unter Berücksichtigung aller Umstände des Einzelfalls, insbesondere der Bedeutung der Sache für die Parteien, nach billigem Ermessen.

(6) Soweit der Gesellschafterbeschluss durch rechtskräftiges Urteil für nichtig erklärt worden ist, wirkt das Urteil für und gegen alle Gesellschafter, auch wenn sie nicht Partei sind.

[Abs. 1 = Art. 190a Abs. 2 S. 2 ADHGB idF. 1884]
[Abs. 2 S. 1 = § 272 Abs. 1 S. 1 AktG idF. 1937]
[Abs. 4 S. 2 = Art. 190a Abs. 2 S. 4 ADHGB idF. 1884]

HGB 1897

§ 272 Abs. 1 und 2 HGB idF. 1897

(1) [1]Die Klage ist gegen die Gesellschaft zu richten. [2]Die Gesellschaft wird durch den Vorstand, *sofern dieser nicht selbst klagt*, und durch den Aufsichtsrath vertreten.

(2) [1] [= Art. 190a Abs. 2 S. 2 ADHGB idF. 1884] [2]Die mündliche Verhandlung *erfolgt* nicht vor *dem* Ablaufe *der im §. 271 Abs. 2 bezeichneten Frist*. [3] [= Art. 190a Abs. 2 S. 4 ADHGB idF. 1884]

§ 273 Abs. 1 HGB idF. 1897

(1) [1]Soweit der Beschluß durch rechtskräftiges Urtheil für nichtig erklärt ist, wirkt das Urtheil auch für und gegen *die* Aktionäre, *die* nicht Partei sind. [2]Das Urtheil ist von dem Vorstand unverzüglich zum Handelsregister einzureichen. [3]War der Beschluß in das Handelsregister einzutragen, so ist auch das Urtheil einzutragen; die Eintragung des Urtheils ist in gleicher Weise wie die des Beschlusses *zu veröffentlichen*.

§ 199 AktG v. 1937[316]

(1) [→ § 112]

(2) [1]Die Klage ist gegen die Gesellschaft zu richten. [2]Die Gesellschaft wird durch Vorstand und Aufsichtsrat *und, wenn der Vorstand klagt, durch den Aufsichtsrat* vertreten.

(3) [1] [= Art. 190a Abs. 2 S. 2 ADHGB idF. 1884] [2]Die mündliche Verhandlung findet *nicht* vor Ablauf der *Monatsfrist des Abs. 1* statt. [3] [= Art. 190a Abs. 2 S. 4 ADHGB idF. 1884]

(4) *[1]Macht die Gesellschaft glaubhaft, daß ihr nach § 200 Abs. 2 oder nach Vorschriften des bürgerlichen Rechts gegen den klagenden Aktionär ein Ersatzanspruch zusteht oder erwachsen kann, so kann das Prozeßgericht auf ihren Antrag anordnen, daß der klagende Aktionär der Gesellschaft Sicherheit leiste. [...]*

(5) *Der Vorstand hat die Erhebung der Klage und den Termin zur mündlichen Verhandlung unverzöglich in den Gesellschaftsblättern bekanntzumachen.*

---

314 § 113 neu gefasst durch Art. 51 Nr. 3 Gesetz v. 10.8.2021 (MoPeG), BGBl. I S. 3436, m.W.v. 1.1.2024.

315 Amtliche Überschrift nach Art. 51 Nr. 3 Gesetz v. 10.8.2021 (MoPeG), BGBl. I S. 3436, m.W.v. 1.1.2024.

316 Aktiengesetz v. 30.1.1937, RGBl. I S. 107, m.W.v. 1.10.1937.

321 Art. 190a eingefügt durch Gesetz v. 18.7.1884 (Gesetz, betreffend die Kommanditgesellschaften auf Aktien und die Aktiengesellschaften), RGBl. S. 123.

ADHGB 1861

Art. 190a Abs. 2 und 5 idF. 1884[321]

(2) [1]Die Klage ist gegen die *persönlich haftenden Gesellschafter, soweit sie nicht selbst klagen, und gegen den Aufsichtsrath* zu richten. [2]Zuständig für die Klage ist ausschließlich das Landgericht, in dessen Bezirke die Gesellschaft ihren Sitz hat. [3]Die mündliche Verhandlung erfolgt nicht vor Ablauf der im ersten Absatze bezeichneten Frist. [4]Mehrere Anfechtungsprozesse sind zur gleichzeitigen Verhandlung und Entscheidung zu verbinden.

(5) [1]Soweit durch ein Urtheil rechtskräftig der Beschluß für ungültig erklärt ist, wirkt es auch gegenüber *den Kommanditisten*, welche nicht Partei sind. [2]*Dasselbe* ist von den *persönlich haftenden Gesellschaftern* ohne Verzug zu dem Handelsregister einzureichen. [3]War der Beschluß in *dasselbe* eingetragen, so ist auch das Urtheil einzutragen *und* in gleicher Weise wie der Beschluß zu veröffentlichen *(Art. 177, 179).*

UGB

§ 197 öAktG Anfechtungsklage

(1) Zur Entscheidung über die Anfechtungsklage ist der für den Sitz der Gesellschaft zuständige, zur Ausübung der Gerichtsbarkeit in Handelssachen berufene Gerichtshof erster Instanz ausschließlich zuständig.

(2) [1] [→ § 112 HGB] [2]Sie ist gegen die Gesellschaft zu richten. [3] [= § 199 Abs. 2 S. 3 AktG idF. 1937]

(3) [1]Die Klagebeantwortung soll nicht vor Ablauf der Monatsfrist des Abs. 2 aufgetragen werden. [2] [= Art. 190 Abs. 2 S. 4 ADHGB idF. 1884]

(4) [...]

(5) Der Vorstand hat die Erhebung der Klage unverzüglich gemäß § 18 zu veröffentlichen.

(6) [1]Das Prozeßgericht hat auf Antrag einer Partei den Wert des Streitgegenstandes nach den gesamten im einzelnen Fall gegebenen Verhältnissen unter Berücksichtigung des Interesses der Gesellschaft an der Aufrechterhaltung des angefochtenen Beschlusses festzusetzen; das Prozeßgericht ist an den vom Kläger in der Klage angegebenen Wert hiebei nicht gebunden. [2]Der Antrag kann bis zum Schluß der Verhandlung (§ 193 Zivilprozeßordnung) gestellt werden; gegen den den Wert des Streitgegenstandes festgesetzten Beschluß ist in jedem Fall der Rekurs zulässig.

§ 198 Abs. 1 öAktG Urteilswirkung

(1) [1] [= § 200 Abs. 1 S. 1 AktG idF. 1937] [2]Der Vorstand hat das Urteil unverzüglich zum Firmenbuch einzureichen. [3]War der Beschluß in das Firmenbuch eingetragen, so ist auch das Urteil einzutragen; die Eintragung des Urteils ist in gleicher Weise wie die des Beschlusses zu veröffentlichen. [4] [...]

HGB	HGB 1897
	(6) Den Streitwert bestimmt das Prozeßgericht *nach den gesamten im einzelnen Fall gegebenen Verhältnissen* unter Berücksichtigung *des Interesses der Gesellschaft an der Aufrechterhaltung des angefochtenen Beschlusses* nach *freiem* Ermessen. **§ 200 Abs. 1 AktG v. 1937**[317] (1) [1]Soweit der Beschluß durch rechtskräftiges Urteil für nichtig erklärt ist, wirkt das Urteil für und gegen alle Aktionäre sowie die Mitglieder des Vorstands und des Aufsichtsrats, auch wenn sie nicht Partei sind. [2]Der Vorstand hat das Urteil unverzüglich zum Handelsregister einzureichen. [3]War der Beschluß in das Handelsregister einzutragen, so ist auch das Urteil einzutragen; die Eintragung des Urteils ist in gleicher Weise wie die des Beschlusses bekanntzumachen. **§ 246 AktG idF. 1965**[318] (1) [→ § 112] (2) [1] [= § 199 Abs. 2 S. 1 AktG idF. 1937] [2]Die Gesellschaft wird durch Vorstand und Aufsichtsrat vertreten. [3]Klagt der Vorstand oder ein Vorstandsmitglied, wird die Gesellschaft durch den Aufsichtsrat, klagt ein Aufsichtsratsmitglied, wird sie durch den Vorstand vertreten. (3) [= § 199 Abs. 3 AktG v. 1937] (4) [= § 199 Abs. 5 AktG v. 1937] **§ 247 Abs. 1 S. 1 AktG idF. 1965**[319] (1) [1]Den Streitwert bestimmt das *Prozeß*gericht unter Berücksichtigung aller Umstände des *einzelnen Falles*, insbesondere der Bedeutung der Sache für die Parteien, nach billigem Ermessen. **§ 248 S. 1 AktG idF. 1965**[320] [1]Soweit der Beschluß durch rechtskräftiges Urteil für nichtig erklärt ist, wirkt das Urteil für und gegen alle *Aktionäre sowie die Mitglieder des Vorstands und des Aufsichtsrats*, auch wenn sie nicht Partei sind.

317 Aktiengesetz v. 30.1.1937, RGBl. I S. 107, m.W.v. 1.10.1937.
318 Aktiengesetz v. 11.7.1965, BGBl. I. S. 1089, m.W.v. 1.1.1966.
319 Aktiengesetz v. 11.7.1965, BGBl. I. S. 1089, m.W.v. 1.1.1966.
320 Aktiengesetz v. 11.7.1965, BGBl. I. S. 1089, m.W.v. 1.1.1966.

ADHGB 1861	UGB

HGB	HGB 1897
§ 114[322] Nichtigkeitsklage[323] [1]Erhebt ein Gesellschafter Nichtigkeitsklage gegen die Gesellschaft, sind die §§ 111 und 113 entsprechend anzuwenden. [2]Mehrere Nichtigkeits- und Anfechtungsprozesse sind zur gemeinsamen Verhandlung und Entscheidung zu verbinden.	**§ 201 AktG idF. 1937[324]** (1) [1]Erhebt ein Aktionär, der Vorstand oder ein Mitglied des Vorstands oder des Aufsichtsrats Klage auf Feststellung der Nichtigkeit eines Hauptversammlungsbeschlusses gegen die Gesellschaft, so gelten *§ 199 Abs. 2, Abs. 3 Satz 1, Abs. 4 bis 6, § 200* sinngemäß. [2]Es ist nicht ausgeschlossen, die Nichtigkeit auf andere Weise als durch Erhebung der Klage geltend zu machen. (2) [1]Mehrere Nichtigkeitsprozesse sind zur *gleichzeitigen* Verhandlung und Entscheidung zu verbinden. [2]*Nichtigkeits- und Anfechtungsprozesse können verbunden werden.* **§ 249 AktG idF. 1965[325]** (1) [1]Erhebt ein *Aktionär, der Vorstand oder ein Mitglied des Vorstands oder des Aufsichtsrats* Klage *auf Feststellung der* Nichtigkeit *eines Hauptversammlungsbeschlusses* gegen die Gesellschaft, *so gelten § 246 Abs. 2, Abs. 3 Satz 1, Abs. 4, §§ 247 und 248 sinngemäß.* [2] [= § 201 Abs. 1 S. 2 AktG idF. 1937] (2) [= § 201 Abs. 2 AktG idF. 1937]
§ 115[326] Verbindung von Anfechtungs- und Feststellungsklage[327] [1]Wendet sich ein Gesellschafter gegen einen Beschluss, mit dem ein Beschlussvorschlag abgelehnt wurde, kann er seinen Antrag auf Nichtigerklärung des ablehnenden Beschlusses mit dem Antrag verbinden, dass ein Beschluss festgestellt wird, der bei Annahme des Beschlussvorschlags rechtmäßig gefasst worden wäre. [2]Auf die Feststellungsklage finden die für die Anfechtungsklage geltenden Vorschriften entsprechende Anwendung.	
§ 116[328] Geschäftsführungsbefugnis[329] (1) Zur Führung der Geschäfte der Gesellschaft sind alle Gesellschafter berechtigt und verpflichtet.	**§ 114 Abs. 1** (1) Zur Führung der Geschäfte der Gesellschaft sind alle Gesellschafter berechtigt und verpflichtet.

322 § 114 neu gefasst durch Art. 51 Nr. 3 Gesetz v. 10.8.2021 (MoPeG), BGBl. I S. 3436, m.W.v. 1.1.2024.
323 Amtliche Überschrift nach Art. 51 Nr. 3 Gesetz v. 10.8.2021 (MoPeG), BGBl. I S. 3436, m.W.v. 1.1.2024.
324 Aktiengesetz v. 30.1.1937, RGBl. I S. 107, m.W.v. 1.10.1937.
325 Aktiengesetz v. 11.7.1965, BGBl. I. S. 1089, m.W.v. 1.1.1966.
326 § 115 neu gefasst durch Art. 51 Nr. 3 Gesetz v. 10.8.2021 (MoPeG), BGBl. I S. 3436, m.W.v. 1.1.2024.
327 Amtliche Überschrift nach Art. 51 Nr. 3 Gesetz v. 10.8.2021 (MoPeG), BGBl. I S. 3436, m.W.v. 1.1.2024.
328 § 116 neu gefasst durch Art. 51 Nr. 3 Gesetz v. 10.8.2021 (MoPeG), BGBl. I S. 3436, m.W.v. 1.1.2024.
329 Amtliche Überschrift nach Art. 51 Nr. 3 Gesetz v. 10.8.2021 (MoPeG), BGBl. I S. 3436, m.W.v. 1.1.2024.

ADHGB 1861	UGB
	§ 201 öAktG Nichtigkeitsklage (1) [1]Erhebt ein Aktionär, der Vorstand oder ein Mitglied des Vorstands oder des Aufsichtsrats Klage auf Feststellung der Nichtigkeit eines Hauptversammlungsbeschlusses gegen die Gesellschaft, so gelten § 197 Abs. 1, Abs. 2 Sätze 2 und 3, Abs. 4 bis 6, § 198 sinngemäß. [2]Die Nichtigkeit kann auch durch Einrede geltend gemacht werden. (2) [1]Mehrere Nichtigkeitsprozesse sind zur gleichzeitigen Verhandlung und Entscheidung zu verbinden. [2]Nichtigkeits- und Anfechtungsprozesse können verbunden werden. [Abs. 2 = § 201 Abs. 2 AktG idF. 1937]
Art. 99 *Wenn die Geschäftsführung in dem Gesellschaftsvertrage einem oder mehreren der Gesellschafter übertragen ist, so schließen diese*	**§ 114 Abs. 1** (1) Zur Führung der Geschäfte der Gesellschaft sind alle Gesellschafter berechtigt und verpflichtet.

HGB

(2) [1]Die Befugnis zur Geschäftsführung erstreckt sich auf alle Geschäfte, die der gewöhnliche Betrieb des Handelsgewerbes der Gesellschaft mit sich bringt; zur Vornahme von Geschäften, die darüber hinausgehen, ist ein Beschluss aller Gesellschafter erforderlich. [2]Zur Bestellung eines Prokuristen bedarf es der Zustimmung aller geschäftsführungsbefugten Gesellschafter, es sei denn, dass mit dem Aufschub Gefahr für die Gesellschaft oder das Gesellschaftsvermögen verbunden ist. [3]Der Widerruf der Prokura kann von jedem der zur Erteilung oder zur Mitwirkung bei der Erteilung befugten Gesellschafter erfolgen.

(3) [1]Die Geschäftsführung steht vorbehaltlich des Absatzes 4 allen Gesellschaftern in der Art zu, dass jeder von ihnen allein zu handeln berechtigt ist. [2]Das gilt im Zweifel entsprechend, wenn nach dem Gesellschaftsvertrag die Geschäftsführung mehreren Gesellschaftern zusteht. [3]Widerspricht ein geschäftsführungsbefugter Gesellschafter der Vornahme des Geschäfts, muss dieses unterbleiben.

(4) Steht nach dem Gesellschaftsvertrag die Geschäftsführung allen oder mehreren Gesellschaftern in der Art zu, dass sie nur gemeinsam zu handeln berechtigt sind, bedarf es für jedes Geschäft der Zustimmung aller geschäftsführungsbefugten Gesellschafter, es sei denn, dass mit dem Aufschub Gefahr für die Gesellschaft oder das Gesellschaftsvermögen verbunden ist.

(5) [1]Die Befugnis zur Geschäftsführung kann einem Gesellschafter auf Antrag der anderen Gesellschafter ganz oder teilweise durch gerichtliche Entscheidung entzogen werden, wenn ein wichtiger Grund vorliegt. [2]Ein wichtiger Grund ist insbesondere eine grobe Pflichtverletzung des Gesellschafters oder die Unfähigkeit des Gesellschafters zur ordnungsgemäßen Geschäftsführung.

(6) [1]Der Gesellschafter kann seinerseits die Geschäftsführung ganz oder teilweise kündigen, wenn ein wichtiger Grund vorliegt. [2]§ 671 Absatz 2 und 3 des Bürgerlichen Gesetzbuchs ist entsprechend anzuwenden.

[Abs. 1 = § 114 Abs. 1 idF. 1897]
[Abs. 2 S. 3 = § 116 Abs. 3 S. 2 HGB idF. 1897]

HGB 1897

§ 115

(1) Steht die Geschäftsführung allen oder mehreren Gesellschaftern zu, so ist jeder von ihnen allein zu handeln berechtigt; widerspricht *jedoch* ein anderer geschäftsführender Gesellschafter der Vornahme *einer Handlung, so* muß diese unterbleiben.

(2) *Ist im* Gesellschaftsvertrage *bestimmt, daß die Gesellschafter, denen die Geschäftsführung zusteht*, nur *zusammen* handeln *können, so* bedarf es für jedes Geschäft der Zustimmung aller *geschäftsführenden* Gesellschafter, es sei denn, daß Gefahr *im Verzug* ist.

§ 116

(1) Die Befugniß zur Geschäftsführung erstreckt sich auf alle *Handlungen*, die der gewöhnliche Betrieb des Handelsgewerbes der Gesellschaft mit sich bringt.

(2) Zur Vornahme von Handlungen, die darüber hinausgehen, ist ein Beschluß *sämmtlicher* Gesellschafter erforderlich.

(3) [1]Zur Bestellung eines Prokuristen bedarf es der Zustimmung aller *geschäftsführenden* Gesellschafter, es sei denn, daß Gefahr *im Verzug* ist. [2]Der Widerruf der Prokura kann von jedem der zur Ertheilung oder zur Mitwirkung bei der Ertheilung befugten Gesellschafter erfolgen.

§ 117

Die Befugnis zur Geschäftsführung kann einem Gesellschafter auf Antrag der *übrigen* Gesellschafter durch gerichtliche Entscheidung entzogen werden, wenn ein wichtiger Grund vorliegt; ein *solcher* Grund ist insbesondere grobe Pflichtverletzung oder Unfähigkeit zur ordnungs*mäßigen* Geschäftsführung.

§ 712 Abs. 2 BGB idF. 1896

(2) Der Gesellschafter kann *auch* seinerseits die Geschäftsführung kündigen, wenn ein wichtiger Grund vorliegt; *die für den Auftrag geltenden Vorschriften des* §. 671 Abs. 2, 3 *finden entsprechende Anwendung.*

ADHGB 1861

die übrigen Gesellschafter von der Geschäftsführung aus; sie sind berechtigt, ungeachtet des Widerspruchs der übrigen Gesellschafter, alle Handlungen *vorzunehmen, welche* der gewöhnliche Betrieb des Handelsgewerbes der Gesellschaft mit sich bringt.

Art. 100

(1) *Wenn* die Geschäftsführung *mehreren Gesellschaftern mit der ausdrücklichen Beschränkung übertragen ist, daß einer nicht ohne den andern handeln könne, so darf keiner allein Geschäfte vornehmen,* es sei denn, daß Gefahr im Verzuge ist.
(2) [1]*Ist hingegen* mehreren Gesellschaftern *die Geschäftsführung ohne diese ausdrückliche Beschränkung übertragen,* so *darf* jeder *derselben* allein *alle zur Geschäftsführung gehörenden Handlungen vornehmen.* [2]Jedoch muß, *wenn einer unter ihnen gegen die* Vornahme einer Handlung *Widerspruch erhebt,* diese*lbe* unterbleiben.

Art. 101

(1) Die im Gesellschaftsvertrage einem oder mehreren Gesellschaftern geschehene Uebertragung der Geschäftsführung kann, so lange die Gesellschaft dauert, nicht ohne rechtmäßige Ursache widerrufen werden.
(2) Die Beurtheilung, ob eine rechtmäßige Ursache vorliege, bleibt dem Ermessen des Richters überlassen.

Art. 102

(1) *Wenn im Gesellschaftsvertrage die Geschäftsführung nicht einem oder mehreren Gesellschaftern übertragen ist, so* sind alle Gesellschafter *zum Betriebe der Geschäfte der Gesellschaft gleichmäßig* berechtigt und verpflichtet.
(2) *Erhebt ein Gesellschafter gegen die* Vornahme einer Handlung *Widerspruch,* so muß diese*lbe* unterblieben.

Art. 103

Ein Beschluß *der* sämmtlichen Gesellschafter *muß vor der* Vornahme von *Geschäften eingeholt werden, welche* über *den* gewöhnlichen Betrieb des Handelsgewerbes der Gesellschaft

UGB

[= § 114 Abs. 1 idF. 1897]

§ 116 Umfang der Geschäftsführungsbefugnis

(1) Die Befugnis zur Geschäftsführung erstreckt sich auf alle Handlungen, die der gewöhnliche Geschäftsbetrieb der Gesellschaft mit sich bringt.
(2) Zur Vornahme von Handlungen, die darüber hinausgehen, ist ein einstimmiger Beschluss aller Gesellschafter erforderlich.
(3) Zur Bestellung eines Prokuristen bedarf es der Zustimmung aller geschäftsführenden Gesellschafter, es sei denn, daß Gefahr imVerzug ist. Der Widerruf der Prokura kann von jedem der zur Erteilung oder zur Mitwirkung bei der Erteilung befugten Gesellschafter erfolgen.

[Abs. 3 = § 116 Abs. 3 idF. 1897]

§ 115 Geschäftsführung durch mehrere Gesellschafter; Weisungsgebundenheit

(1) Steht die Geschäftsführung allen oder mehreren Gesellschaftern zu, so ist jeder von ihnen allein zu handeln berechtigt; widerspricht jedoch ein anderer geschäftsführender Gesellschafter der Vornahme einer Handlung, so muß diese unterbleiben.
(2) Ist im Gesellschaftsvertrage bestimmt, daß die Gesellschafter, denen die Geschäftsführung zusteht, nur zusammen handeln können, so bedarf es für jedes Geschäft der Zustimmung aller geschäftsführenden Gesellschafter, es sei denn, daß Gefahr im Verzug ist.
(3) Ist ein Gesellschafter an die Weisungen der übrigen Gesellschafter gebunden, so kann er von den ihm erteilten Weisungen abweichen, wenn er den Umständen nach annehmen darf, dass die übrigen Gesellschafter bei Kenntnis der Sachlage die Abweichung billigen würden. Er hat die Abweichung den übrigen Gesellschaftern anzuzeigen und ihre Entscheidung abzuwarten, wenn nicht Gefahr im Verzug ist.

[Abs. 1 = § 115 Abs. 1 idF. 1897]
[Abs. 2 = § 115 Abs. 2 idF. 1897]

HGB	HGB 1897

330 Vierte Verordnung zur Einführung handelsrechtlicher Vorschriften im Lande Österreich v. 24.12.1938, dRGBl. I 1999/1938, zuletzt geändert durch Zinsenrechts-Änderungsgesetz, öBGBl. I 2002/118, aufgehoben durch Art. XXIX Handelsrechts-Änderungsgesetz, öBGBl. I 2005/120, m.W.v. 31.12.2006.

ADHGB 1861	UGB

hinausgehen, *oder welche dem Zweck derselben fremd sind.*

(2) *Dies ist auch dann erforderlich, wenn die Geschäftsführung einem oder mehreren Gesellschaftern übertragen ist.*

(3) *¹Zur Fassung des Beschlusses ist Stimmeneinhelligkeit erforderlich. ²Ist diese nicht zu erlangen, so muß die Handlung, in Ansehung deren Beschluß gefaßt werden soll, unterbleiben.*

Art. 104

¹Zur Bestellung eines Prokuristen *ist, sofern nicht* Gefahr im Verzuge *ist*, die *Einwilligung* aller geschäftsführenden Gesellschafter, *und wenn keine solchen ernannt sind, die Einwilligung aller Gesellschafter erforderlich.* ²Der Widerruf der Prokura kann von jedem der zur Ertheilung derselben befugten Gesellschafter *geschehen.*

(3) Der Widerruf kann insbesondere in den im Art. 125. Ziffer 2. bis 5. bezeichneten Fällen für begründet erklärt werden.

4. Einführungsverordnung zum Handelsgesetzbuch[330]

Art. 7 I Nr. 7. Zu § 115 HGB

Abweichung von Weisungen; Auskunftspflicht

(1) ¹Ist ein Gesellschafter an die Weisung der übrigen Gesellschafter gebunden, so kann er von den ihm erteilten Weisungen abweichen, wenn er den Umständen nach annehmen darf, daß die übrigen Gesellschafter bei Kenntnis der Sachlage die Abweichung billigen würden. ²Er hat vor der Abweichung den übrigen Gesellschaftern Anzeige zu machen und ihre Entschließung abzuwarten, wenn nicht mit dem Aufschub Gefahr verbunden ist.

(2) Ein geschäftsführender Gesellschafter ist verpflichtet, der Gesellschaft die erforderlichen Nachrichten zu geben, auf Verlangen über den Stand des Geschäfts Auskunft zu erteilen und Rechenschaft abzulegen.

§ 117 Entzug und Kündigung der Geschäftsführungsbefugnis

(1) Die Befugnis zur Geschäftsführung kann einem Gesellschafter aufgrund einer Klage aller übrigen Gesellschafter durch gerichtliche Entscheidung entzogen werden, wenn ein wichtiger Grund vorliegt; ein solcher Grund ist insbesondere grobe Pflichtverletzung oder Unfähigkeit zur ordnungsmäßigen Geschäftsführung.

(2) ¹Ein Gesellschafter kann die Geschäftsführung kündigen, wenn ein wichtiger Grund vorliegt. ²Auf dieses Recht kann nicht verzichtet werden.

(3) ¹Die Geschäftsführung darf nur in der Art gekündigt werden, dass die Gesellschafter für die Führung der Geschäfte anderweitig Vorsorge treffen können, es sei denn, dass ein wichtiger Grund für die unzeitige Kündigung vorliegt. ²Kündigt der Gesellschafter ohne solchen Grund zur Unzeit, so hat er der Gesellschaft den daraus entstehenden Schaden zu ersetzen.

HGB	HGB 1897

§ 117[332] **Wettbewerbsverbot**[333]

(1) Ein Gesellschafter darf ohne Einwilligung der anderen Gesellschafter weder in dem Handelszweig der Gesellschaft Geschäfte machen noch an einer anderen gleichartigen Gesellschaft als persönlich haftender Gesellschafter teilnehmen.

(2) Die Einwilligung zur Teilnahme an einer anderen Gesellschaft gilt als erteilt, wenn den anderen Gesellschaftern bei Eingehung der Gesellschaft bekannt ist, dass der Gesellschafter an einer anderen Gesellschaft als persönlich haftender Gesellschafter teilnimmt, und gleichwohl die Aufgabe dieser Beteiligung nicht ausdrücklich vereinbart wird.

[Abs. 2 = § 112 Abs. 2 idF. 1897]

§ 112

(1) Ein Gesellschafter darf ohne Einwilligung der anderen Gesellschafter weder in dem Handelszweige der Gesellschaft Geschäfte machen noch an einer anderen gleichartigen *Handels*gesellschaft als persönlich haftender Gesellschafter theilnehmen.

(2) Die Einwilligung zur Theilnahme an einer anderen Gesellschaft gilt als ertheilt, wenn den übrigen Gesellschaftern bei Eingehung der Gesellschaft bekannt ist, daß der Gesellschafter an einer anderen Gesellschaft als persönlich haftender Gesellschafter Theil nimmt, und gleichwohl die Aufgabe dieser Betheiligung nicht ausdrücklich *bedungen* wird.

331 Vierte Verordnung zur Einführung handelsrechtlicher Vorschriften im Lande Österreich v. 24.12.1938, dRGBl. I 1938 S. 1999, zuletzt geändert durch Zinsenrechts-Änderungsgesetz, öBGBl. I 2002/118, aufgehoben durch Art. XXIX Handelsrechts-Änderungsgesetz, öBGBl. I 2005/120, m.W.v. 31.12.2006.

332 § 117 neu gefasst durch Art. 51 Nr. 3 Gesetz v. 10.8.2021 (MoPeG), BGBl. I S. 3436, m.W.v. 1.1.2024.

333 Amtliche Überschrift nach Art. 51 Nr. 3 Gesetz v. 10.8.2021 (MoPeG), BGBl. I S. 3436, m.W.v. 1.1.2024.

ADHGB 1861	UGB

UGB

4. Einführungsverordnung zum Handelsgesetzbuch[331]

Art. 7 I Nr. 7. Zu § 117 HGB

Kündigung der Geschäftsführung

(1) [1]Ein Gesellschafter kann die Geschäftsführung kündigen, wenn ein wichtiger Grund vorliegt. [2]Auf dieses Recht kann nicht verzichtet werden.

(2) [1]Die Geschäftsführung darf nur in der Art gekündigt werden, daß die Gesellschafter für die Führung der Geschäfte anderweit Vorsorge treffen können, es sei denn, daß ein wichtiger Grund für die unzeitige Kündigung vorliegt. [2]Kündigt der Gesellschafter ohne solchen Grund zur Unzeit, so hat er der Gesellschaft den daraus entstehenden Schaden zu ersetzen.

ADHGB 1861

Art. 96

(1) Ein Gesellschafter darf ohne *Genehmigung* der anderen Gesellschafter weder in dem Handelszweige der Gesellschaft *für eigene Rechnung oder für Rechnung eines Dritten* Geschäfte machen, noch an einer anderen gleichartigen Handelsgesellschaft als *offener* Gesellschafter Theil nehmen.

(2) Eine *Genehmigung der* Theilnahme an einer anderen *gleichartigen Handels*gesellschaft *ist schon dann anzunehmen,* wenn den übrigen Gesellschaftern bei Eingehung der Gesellschaft bekannt *war,* daß der Gesellschafter an *jener Handels*gesellschaft als *offener* Gesellschafter Theil nehme, und gleichwohl das Aufgeben der Theilnahme nicht ausdrücklich bedungen *worden ist.*

UGB

§ 112 Mitwirkung, Interessenwahrung, Gleichbehandlung, Wettbewerbsverbot

(1) [1]Die Gesellschafter haben unter Wahrung ihrer Rechte an der gesellschaftlichen Willensbildung und den zu treffenden Maßnahmen nach Kräften und mit gebotener Sorgfalt mitzuwirken, den Zweck und den Gegenstand der Gesellschaft redlich zu fördern und alles zu unterlassen, was den Gesellschaftsinteressen schadet. [2]Die Gesellschafter sind unter gleichen Voraussetzungen gleich zu behandeln.

(2) Ein Gesellschafter darf ohne Einwilligung der anderen Gesellschafter weder im Geschäftszweig der Gesellschaft Geschäfte machen noch an einer anderen gleichartigen Gesellschaft als unbeschränkt haftender Gesellschafter teilnehmen.

(3) Die Einwilligung zur Teilnahme an einer anderen Gesellschaft gilt als erteilt, wenn den übrigen Gesellschaftern bei Eingehung der Gesellschaft bekannt ist, daß der Gesellschafter an einer anderen Gesellschaft als unbeschränkt haftender Gesellschafter teilnimmt, und gleichwohl die Aufgabe dieser Beteiligung nicht ausdrücklich bedungen wird.

HGB	HGB 1897
§ 118[334] Verletzung des Wettbewerbsverbots[335] (1) [1]Verletzt ein Gesellschafter die ihm nach § 117 obliegende Verpflichtung, kann die Gesellschaft Schadensersatz fordern. [2]Sie kann stattdessen von dem Gesellschafter verlangen, dass er die für eigene Rechnung gemachten Geschäfte als für Rechnung der Gesellschaft eingegangen gelten lasse und die aus Geschäften für fremde Rechnung bezogene Vergütung herausgebe oder seinen Anspruch auf die Vergütung abtrete. (2) Über die Geltendmachung dieser Ansprüche beschließen die anderen Gesellschafter. (3) [1]Die Ansprüche nach Absatz 1 verjähren in drei Monaten von dem Zeitpunkt an, in welchem die anderen Gesellschafter von dem Abschluss des Geschäfts oder von der Teilnahme des Gesellschafters an der anderen Gesellschaft Kenntnis erlangt haben oder ohne grobe Fahrlässigkeit erlangen mussten. [2]Sie verjähren ohne Rücksicht auf diese Kenntnis oder grob fahrlässige Unkenntnis in fünf Jahren von ihrer Entstehung an. (4) Das Recht der anderen Gesellschafter, den betreffenden Gesellschafter auszuschließen oder die Auflösung der Gesellschaft zu verlangen, wird durch diese Vorschriften nicht berührt.	**§ 113** (1) Verletzt ein Gesellschafter die ihm nach *§. 112* obliegende Verpflichtung, *so* kann die Gesellschaft Schadensersatz fordern; sie kann statt dessen von dem Gesellschafter verlangen, daß er die für eigene Rechnung gemachten Geschäfte als für Rechnung der Gesellschaft eingegangen gelten lasse und die aus Geschäften für fremde Rechnung bezogene Vergütung herausgebe oder seinen Anspruch auf die Vergütung abtrete. (2) Ueber die Geltendmachung dieser Ansprüche beschließen die *übrigen* Gesellschafter. (3) Die Ansprüche verjähren in drei Monaten von dem Zeitpunkt an, in welchem die *übrigen* Gesellschafter von dem Abschlusse des Geschäfts oder von der Theilnahme des Gesellschafters an der Gesellschaft Kenntniß erlangen; sie verjähren ohne Rücksicht auf diese Kenntniß in fünf Jahren von ihrer Entstehung an. (4) Das Recht der Gesellschafter, die Auflösung der Gesellschaft zu verlangen, wird durch diese Vorschriften nicht berührt. **§ 113 Abs. 3 idF. 2004[336]** (3) Die Ansprüche verjähren in drei Monaten von dem Zeitpunkt an, in welchem die *übrigen* Gesellschafter von dem Abschluss des Geschäfts oder von der Teilnahme des Gesellschafters an der anderen Gesellschaft Kenntnis *erlangen* oder ohne grobe Fahrlässigkeit erlangen müssten; sie verjähren ohne Rücksicht auf diese Kenntnis oder grob fahrlässige Unkenntnis in fünf Jahren von ihrer Entstehung an.
§ 119[337] Verzinsungspflicht[338] (1) Schuldet die Gesellschaft nach Maßgabe von § 716 Absatz 4 Satz 2 des Bürgerlichen Gesetzbuchs dem Gesellschafter die Verzinsung von Aufwendungen und Verlusten, richtet sich deren Höhe nach § 352 Absatz 2.	**§ 110 Abs. 2** (2) *Aufgewendetes Geld hat die Gesellschaft von der Zeit der Aufwendung an zu verzinsen.*

334 § 118 neu gefasst durch Art. 51 Nr. 3 Gesetz v. 10.8.2021 (MoPeG), BGBl. I S. 3436, m.W.v. 1.1.2024.
335 Amtliche Überschrift nach Art. 51 Nr. 3 Gesetz v. 10.8.2021 (MoPeG), BGBl. I S. 3436, m.W.v. 1.1.2024.
336 § 113 Abs. 3 neu gefasst durch Art. 7 Nr. 3 Gesetz v. 9.12.2004, BGBl. I S. 3214, m.W.v. 15.12.2004.
337 § 119 neu gefasst durch Art. 51 Nr. 3 Gesetz v. 10.8.2021 (MoPeG), BGBl. I S. 3436, m.W.v. 1.1.2024.
338 Amtliche Überschrift nach Art. 51 Nr. 3 Gesetz v. 10.8.2021 (MoPeG), BGBl. I S. 3436, m.W.v. 1.1.2024.

ADHGB 1861	UGB

Art. 97

(1) Ein Gesellschafter, *welcher den vorstehenden Bestimmungen zuwiderhandelt, muß sich auf Verlangen der Gesellschaft gefallen lassen,* daß die für *seine* Rechnung gemachten Geschäfte als für Rechnung der Gesellschaft *geschlossen angesehen werden; auch* kann die Gesellschaft statt dessen *den Ersatz des entstandenen Schadens* fordern*: alles dieses unbeschadet des Rechts, die Auflösung des Gesellschaftsvertrags in den geeigneten Fällen herbeizuführen.*

(2) *Das Recht der Gesellschaft, in ein von dem Gesellschafter für eigene Rechnung gemachtes Geschäft einzutreten oder Schadensersatz zu fordern, erlischt nach* drei Monaten, von dem Zeitpunkte an *gerechnet,* in welchem *die Gesellschaft* von dem Abschlusse des Geschäfts Kenntniß *erhalten hat.*

§ 113 Verletzung des Wettbewerbsverbots

(1) Verletzt ein Gesellschafter die ihm nach § 112 Abs. 2 obliegende Verpflichtung, so kann die Gesellschaft Schadensersatz fordern; sie kann statt dessen von dem Gesellschafter verlangen, daß er die für eigene Rechnung gemachten Geschäfte als für Rechnung der Gesellschaft eingegangen gelten lasse und die aus Geschäften für fremde Rechnung bezogene Vergütung herausgebe oder seinen Anspruch auf die Vergütung abtrete.

(2) Über die Geltendmachung dieser Ansprüche beschließen die übrigen Gesellschafter.

(3) Die Ansprüche verjähren in drei Monaten von dem Zeitpunkt an, in welchem die übrigen Gesellschafter von dem Abschlusse des Geschäfts oder von der Teilnahme des Gesellschafters an der anderen Gesellschaft Kenntnis erlangen; sie verjähren ohne Rücksicht auf diese Kenntnis in fünf Jahren von ihrer Entstehung an.

(4) Das Recht der Gesellschafter, die Auflösung der Gesellschaft zu verlangen, wird durch diese Vorschriften nicht berührt.

[Abs. 2 = § 113 Abs. 2 idF. 1897]
[Abs. 3 = § 113 Abs. 3 idF. 1897]
[Abs. 4 = § 113 Abs. 4 idF. 1897]

Art. 93 Abs. 2

(2) *Von den vorgeschossenen Geldern kann er [der Gesellschafter] Zinsen fordern, vom Tage des geleisteten Vorschusses an gerechnet.*

§ 110 Ersatz für Aufwendungen und Verluste; Herausgabepflicht

(1) Macht der Gesellschafter in den Gesellschaftsangelegenheiten Aufwendungen, die er den Umständen nach für erforderlich halten darf, oder erleidet er unmittelbar durch seine

HGB	HGB 1897
(2) [1]Ein Gesellschafter, der der Gesellschaft liquide Geldmittel dadurch vorenthält, dass er seinen vereinbarten Beitrag nicht zur rechten Zeit einzahlt oder eingenommenes Geld der Gesellschaft nicht zur rechten Zeit an die Gesellschaftskasse abliefert oder unbefugt Geld aus der Gesellschaftskasse für sich entnimmt, hat der Gesellschaft Zinsen von dem Tag an zu entrichten, an welchem die Zahlung oder die Ablieferung hätte geschehen sollen oder die Herausnahme des Geldes erfolgt ist. [2]Die Geltendmachung eines weiteren Schadens ist nicht ausgeschlossen.	**§ 111** (1) Ein Gesellschafter, der *seine Geldeinlage* nicht zur rechten Zeit einzahlt oder eingenommenes *Gesellschafts*geld nicht zur rechten Zeit an die Gesellschaftskasse abliefert oder unbefugt Geld aus der Gesellschaftskasse für sich entnimmt, hat Zinsen von dem Tage an zu entrichten, an welchem die Zahlung oder die Ablieferung hätte geschehen sollen oder die Herausnahme des Geldes erfolgt ist. (2) Die Geltendmachung eines weiteren Schadens ist nicht ausgeschlossen.
[Abs. 2 S. 2 = § 111 Abs. 2 idF. 1897]	

339 Vierte Verordnung zur Einführung handelsrechtlicher Vorschriften im Lande Österreich v. 24.12.1938, dRGBl. I 1938 S. 1999, zuletzt geändert durch Zinsenrechts-Änderungsgesetz, öBGBl. I 2002/118, aufgehoben durch Art. XXIX Handelsrechts-Änderungsgesetz, öBGBl. I 2005/120, m.W.v. 31.12.2006.

ADHGB 1861	UGB

Art. 95
(1) Ein Gesellschafter, *welcher* seine Geldeinlage nicht zur rechten Zeit einzahlt, oder eingenommene Gesellschaftsgeld*er* nicht zur rechten Zeit an die Gesellschaftskasse abliefert, oder unbefugt Geld*er* aus der Gesellschaftskasse für sich entnimmt, *ist von Rechtswegen zur Entrichtung von* Zinsen *seit* dem Tage *verpflichtet*, an welchem die Zahlung oder die Ablieferung hätte geschehen sollen oder die Herausnahme des Geldes erfolgt ist.
(2) *Die Verpflichtung zum Ersatz des etwa entstandenen größeren* Schadens *und die übrigen rechtlichen Folgen der Handlung werden hierdurch* nicht ausgeschlossen.

Geschäftsführung oder aus Gefahren, die mit ihr untrennbar verbunden sind, Verluste, so ist ihm die Gesellschaft zum Ersatz verpflichtet.
(2) Aufgewendetes Geld hat die Gesellschaft von der Zeit der Aufwendungen an zu verzinsen.
(3) Ein Gesellschafter kann für die Aufwendungen, die zur Erledigung der Gesellschaftsangelegenheiten nötig sind, von der Gesellschaft einen Vorschuss verlangen.
(4) Er hat alles, was er zur Führung der Geschäfte erhält und was er aus der Geschäftsführung erlangt, an die Gesellschaft herauszugeben.

[Abs. 2 = § 110 Abs. 2 idF. 1897]

4. Einführungsverordnung zum Handelsgesetzbuch[339]
Art. 7 I Nr. 4. Zu § 110 HGB
Aufwendungen der Gesellschafter; Herausgabepflicht
(1) Ein Gesellschafter kann für die Aufwendungen, die zur Erledigung der Gesellschaftsangelegenheiten nötig sind, von der Gesellschaft einen Vorschuß verlangen.
(2) Er hat alles, was er zur Führung der Geschäfte erhält und was er aus der Geschäftsführung erlangt, an die Gesellschaft herauszugeben.

§ 111 Verzinsungspflicht
(1) Ein Gesellschafter, der seine Geldeinlage nicht zur rechten Zeit einzahlt oder eingenommenes Gesellschaftsgeld nicht zur rechten Zeit an die Gesellschaftskasse abliefert oder unbefugt Geld aus der Gesellschaftskasse für sich entnimmt, hat Zinsen von dem Tage anzu entrichten, an welchem die Zahlung oder die Ablieferung hätte geschehen sollen oder die Herausnahme des Geldes erfolgt ist.
(2) Die Geltendmachung eines weiteren Schadens ist nicht ausgeschlossen.

[Abs. 1 = § 111 Abs. 1 idF. 1897]
[Abs. 2 = § 111 Abs. 2 idF. 1897]

HGB	HGB 1897
§ 120[340] Ermittlung von Gewinn- und Verlustanteilen[341] (1) [1]Die geschäftsführungsbefugten Gesellschafter sind gegenüber der Gesellschaft zur Aufstellung des Jahresabschlusses (§ 242 Absatz 3) verpflichtet. [2]Sie haben dabei für jeden Gesellschafter nach Maßgabe von § 709 Absatz 3 des Bürgerlichen Gesetzbuchs den Anteil am Gewinn oder Verlust zu ermitteln. (2) Der einem Gesellschafter zukommende Gewinn wird dem Kapitalanteil des Gesellschafters zugeschrieben; der auf einen Gesellschafter entfallende Verlust wird davon abgeschrieben.	**§ 120** (1) *Am Schlusse jedes Geschäftsjahrs wird auf Grund der Bilanz der Gewinn oder der Verlust des Jahres ermittelt und für jeden Gesellschafter sein Antheil daran berechnet.* (2) Der einem Gesellschafter zukommende Gewinn wird dem Kapitalantheile des Gesellschafters zugeschrieben; der auf einen Gesellschafter entfallende Verlust *sowie das während des Geschäftsjahrs auf den Kapitalantheil entnommene Geld* wird davon abgeschrieben.
§ 121[342] Feststellung des Jahresabschlusses[343] Über die Feststellung des Jahresabschlusses entscheiden die Gesellschafter durch Beschluss.	
§ 122[344] Gewinnauszahlung[345] [1]Jeder Gesellschafter hat aufgrund des festgestellten Jahresabschlusses Anspruch auf Aus-	**§ 122** (1) Jeder Gesellschafter *ist berechtigt, aus der Gesellschaftskasse Geld bis zum Betrage von*

340 § 120 neu gefasst durch Art. 51 Nr. 3 Gesetz v. 10.8.2021 (MoPeG), BGBl. I S. 3436, m.W.v. 1.1.2024.
341 Amtliche Überschrift nach Art. 51 Nr. 3 Gesetz v. 10.8.2021 (MoPeG), BGBl. I S. 3436, m.W.v. 1.1.2024.
342 § 121 neu gefasst durch Art. 51 Nr. 3 Gesetz v. 10.8.2021 (MoPeG), BGBl. I S. 3436, m.W.v. 1.1.2024.
343 Amtliche Überschrift nach Art. 51 Nr. 3 Gesetz v. 10.8.2021 (MoPeG), BGBl. I S. 3436, m.W.v. 1.1.2024.
344 § 122 neu gefasst durch Art. 51 Nr. 3 Gesetz v. 10.8.2021 (MoPeG), BGBl. I S. 3436, m.W.v. 1.1.2024.
345 Amtliche Überschrift nach Art. 51 Nr. 3 Gesetz v. 10.8.2021 (MoPeG), BGBl. I S. 3436, m.W.v. 1.1.2024.

ADHGB 1861	UGB
Art. 107 (1) Am Schlusse *eines* jeden Geschäftsjahres wird, auf Grund *des Inventars und* der Bilanz, der Gewinn oder der Verlust *dieses* Jahres ermittelt und für jeden Gesellschafter sein Antheil daran berechnet. (2) Der *Gewinn jedes Gesellschafters* wird *seinem* Antheile *am Gesellschaftsvermögen* zugeschrieben, der Verlust *von demselben* abgeschrieben.	**§ 120 Gewinn und Verlust** Am Schluß jedes Geschäftsjahrs wird auf Grund des Jahresabschlusses oder, wenn nach den Vorschriften des Dritten Buches keine Pflicht zur Rechnungslegung besteht, nach den Ergebnissen einer sonstigen Abrechnung der Gewinn oder der Verlust des Jahres ermittelt und für jeden Gesellschafter sein Anteil daran berechnet. **§ 121 Verteilung von Gewinn und Verlust** (1) [1]Sofern alle Gesellschafter in gleichem Ausmaß zur Mitwirkung verpflichtet sind, wird der Gewinn und Verlust eines Geschäftsjahres den Gesellschaftern im Verhältnis ihrer Kapitalanteile zugewiesen (§ 109 Abs. 1). [2]Enthält der Gesellschaftsvertrag eine abweichende Bestimmung nur über den Anteil am Gewinn oder über den Anteil am Verlust, so gilt sie im Zweifel für Gewinn und Verlust. (2) Sind die Gesellschafter nicht in gleichem Ausmaß zur Mitwirkung verpflichtet, so ist dies bei der Zuweisung des Gewinns angemessen zu berücksichtigen. (3) [1]Arbeitsgesellschaftern ohne Kapitalanteil ist ein den Umständen nach angemessener Betrag des Jahresgewinns zuzuweisen. [2]Der diesen Betrag übersteigende Teil des Jahresgewinns wird sodann den Gesellschaftern im Verhältnis ihrer Beteiligung zugewiesen. (4) Die Gesellschafterstellung steht der Vereinbarung eines Entgelts für der Gesellschaft geleistete Dienste nicht entgegen.
Art. 108 (1) Ein Gesellschafter *darf* ohne Einwilligung der *übrigen* Gesellschafter *seine Einlage oder*	**§ 122 Gewinnausschüttung und Entnahmen** (1) [1]Jeder Gesellschafter hat Anspruch auf Auszahlung seines Gewinnanteils. [2]Der Anspruch

HGB	HGB 1897
zahlung seines ermittelten Gewinnanteils. [2]Der Anspruch kann nicht geltend gemacht werden, soweit die Auszahlung zum offenbaren Schaden der Gesellschaft gereicht oder der Gesellschafter seinen vereinbarten Beitrag trotz Fälligkeit nicht geleistet hat.	*vier vom Hundert seines für das letzte Geschäftsjahr festgestellten Kapitalantheils zu seinen Lasten zu erheben und,* soweit es nicht zum offenbaren Schaden der Gesellschaft gereicht, *auch* die Auszahlung *seines den bezeichneten Betrag übersteigenden* Antheils *am Gewinne des letzten Jahres zu verlangen.* (2) *Im Uebrigen ist ein Gesellschafter nicht befugt, ohne Einwilligung der anderen Gesellschafter seinen Kapitalantheil zu vermindern.*
Dritter Titel **Rechtsverhältnis der Gesellschaft zu Dritten** [§§ 123–129a]	**Dritter Titel** **Rechtsverhältnis der Gesellschaft*er* zu Dritten** [§§ 123–130]
§ 123[346] **Entstehung der Gesellschaft im Verhältnis zu Dritten**[347] (1) [1]Im Verhältnis zu Dritten entsteht die Gesellschaft, sobald sie im Handelsregister eingetragen ist. [2]Dessen ungeachtet entsteht die Gesellschaft schon dann, wenn sie mit Zustimmung sämtlicher Gesellschafter am Rechtsverkehr teilnimmt, soweit sich aus § 107 Absatz 1 nichts anderes ergibt. (2) Eine Vereinbarung, dass die Gesellschaft erst zu einem späteren Zeitpunkt entstehen soll, ist Dritten gegenüber unwirksam.	**§ 123**[348] (1) *Die Wirksamkeit der offenen Handels*gesellschaft *tritt* im Verhältnisse zu Dritten mit dem Zeitpunkt *ein, in welchem die Gesellschaft* in das Handelsregister eingetragen *wird.* (2) *Beginnt* die Gesellschaft *ihre Geschäfte schon vor der Eintragung, so tritt die Wirksamkeit mit dem Zeitpunkte des Geschäftsbeginns ein, soweit nicht aus dem § 2 und § 105 Abs. 2 sich ein Anderes ergiebt.* (3) Eine Vereinbarung, daß die Gesellschaft erst *mit* einem späteren Zeitpunkt *ihren Anfang nehmen* soll, ist Dritten gegenüber unwirksam.
[→ § 105 Abs. 2]	**§ 124** (1) Die offene Handelsgesellschaft kann unter ihrer Firma Rechte erwerben und Verbindlichkeiten eingehen, Eigenthum und andere dingliche Rechte an Grundstücken erwerben, vor Gericht klagen und verklagt werden. (2) Zur Zwangsvollstreckung in das Gesellschaftsvermögen ist ein gegen die Gesellschafter gerichteter vollstreckbarer Schuldtitel erforderlich.

346 § 123 neu gefasst durch Art. 51 Nr. 3 Gesetz v. 10.8.2021 (MoPeG), BGBl. I S. 3436, m.W.v. 1.1.2024.
347 Amtliche Überschrift nach Art. 51 Nr. 3 Gesetz v. 10.8.2021 (MoPeG), BGBl. I S. 3436, m.W.v. 1.1.2024.
348 § 123 Abs. 2 geändert durch Art. 3 Nr. 27 Gesetz v. 22.6.1998 (HRefG), BGBl. I S. 1474, m.W.v. 1.7.1998.

ADHGB 1861	UGB
seinen Antheil *am Gesellschaftsvermögen* nicht vermindern. (2) *Er darf jedoch, auch ohne diese Einwilligung, auf seinen Antheil am Gesellschaftsvermögen die Zinsen desselben für das* letzt*verflossene* Jahr, und soweit es nicht zum offenbaren *Nachtheil* der Gesellschaft gereicht, *Gelder bis zu einem Betrage entnehmen, welcher seinen* Antheil am Gewinne des letzt*verflossenen* Jahres *nicht übersteigt.*	kann jedoch nicht geltend gemacht werden, soweit die Auszahlung zum offenbaren Schaden der Gesellschaft gereicht, die Gesellschafter ein anderes beschließen oder der Gesellschafter vereinbarungswidrig seine Einlage nicht geleistet hat. (2) Im Übrigen ist ein Gesellschafter nicht befugt, ohne Einwilligung der anderen Gesellschafter Entnahmen zu tätigen.
Dritter *Abschnitt* *Von dem* Rechtsverhältniß der Gesellschaft zu dritten *Personen* [Artt. 110–122]	**Dritter Titel Rechtsverhältnis der Gesellschaft zu Dritten** [§§ 123–130]
Art. 110 (1) Die *rechtliche* Wirksamkeit *einer* offenen Handelsgesellschaft tritt im Verhältniß zu dritten *Personen* mit dem Zeitpunkte ein, in welchem die *Errichtung der* Gesellschaft in das Handelsregister eingetragen *ist, oder* die Gesellschaft *auch nur* ihre Geschäfte *begonnen hat.* (2) *Die Beschränkung*, daß die Gesellschaft erst mit einem späteren Zeitpunkte, *als dem der Eintragung* ihren Anfang nehmen soll, *hat* gegen dritte *Personen keine rechtliche Wirkung.*	**§ 123 Entstehung der Gesellschaft** (1) Die offene Gesellschaft entsteht mit der Eintragung in das Firmenbuch. (2) [1]Handeln Gesellschafter oder zur Vertretung der Gesellschaft bestellte Personen nach Errichtung, aber vor Entstehung der Gesellschaft in deren Namen, so werden alle Gesellschafter daraus berechtigt und verpflichtet. [2]Dies gilt auch dann, wenn ein handelnder Gesellschafter nicht, nicht allein oder nur beschränkt vertretungsbefugt ist, der Dritte den Mangel der Vertretungsmacht aber weder kannte noch kennen musste. [3]Die Gesellschaft tritt mit Eintragung in das Firmenbuch in die Rechtsverhältnisse ein.
Art. 111 Die Handelsgesellschaft kann unter ihrer Firma Rechte erwerben und Verbindlichkeiten eingehen, Eigenthum und andere dingliche Rechte an Grundstücken erwerben, vor Gericht klagen und verklagt werden. (2) *Ihr ordentlicher Gerichtsstand ist bei dem Gericht, in dessen Bezirk sie ihren Sitz hat.*	**§ 105 Begriff** [1]Eine offene Gesellschaft ist eine unter eigener Firma geführte Gesellschaft, bei der die Gesellschafter gesamthandschaftlich verbunden sind und bei keinem der Gesellschafter die Haftung gegenüber den Gesellschaftsgläubigern beschränkt ist. [2]Die offene Gesellschaft ist rechtsfähig. [3]Sie kann jeden erlaubten Zweck einschließlich freiberuflicher und land- und forstwirtschaftlicher Tätigkeit haben. [4]Ihr gehören mindestens zwei Gesellschafter an.

HGB	HGB 1897
§ 124[349] Vertretung der Gesellschaft[350]	**§ 125[351]**
(1) Zur Vertretung der Gesellschaft ist jeder Gesellschafter befugt, wenn er nicht durch den Gesellschaftsvertrag von der Vertretung ausgeschlossen ist.	(1) Zur Vertretung der Gesellschaft ist jeder Gesellschafter *ermächtigt*, wenn er nicht durch den Gesellschaftsvertrag von der Vertretung ausgeschlossen ist.
(2) [1]Im Gesellschaftsvertrag kann vereinbart werden, dass alle oder mehrere Gesellschafter nur gemeinsam zur Vertretung der Gesellschaft befugt sein sollen. [2]Die zur Gesamtvertretung befugten Gesellschafter können einzelne von ihnen zur Vornahme bestimmter Geschäfte oder bestimmter Arten von Geschäften ermächtigen.	(2) [1]Im Gesellschaftsvertrage kann *bestimmt* werden, daß alle oder mehrere Gesellschafter nur *in Gemeinschaft* zur Vertretung der Gesellschaft *ermächtigt* sein sollen *(Gesammtvertretung).* [2]Die zur Gesammtvertretung *berechtigten* Gesellschafter können einzelne von ihnen zur Vornahme bestimmter Geschäfte oder bestimmter Arten von Geschäften ermächtigen. [3]Ist der Gesellschaft gegenüber eine Willenserklärung abzugeben, *so* genügt die Abgabe gegenüber einem *der zur Mitwirkung bei der Vertretung befugten* Gesellschafter.
(3) [1]Im Gesellschaftsvertrag kann vereinbart werden, dass die Gesellschafter, sofern nicht mehrere zusammen handeln, nur gemeinsam mit einem Prokuristen zur Vertretung der Gesellschaft berechtigt sein sollen. [2]Absatz 2 Satz 2 und Absatz 6 sind in diesem Fall entsprechend anzuwenden.	(3) [1]Im Gesellschaftsvertrage kann *bestimmt* werden, daß die Gesellschafter, *wenn* nicht mehrere zusammen handeln, nur *in Gemeinschaft* mit einem Prokuristen zur Vertretung der Gesellschaft *ermächtigt* sein sollen. [2]*Die Vorschriften des Abs. 2 Satz 2, 3 finden in diesem Falle entsprechende Anwendung.*
	(4) *Der Ausschluß eines Gesellschafters von der Vertretung, die Anordnung einer Gesammtvertretung oder eine gemäß Abs. 3 Satz 1 getroffene Bestimmung sowie jede Aenderung in der Vertretungsmacht eines Gesellschafters ist von sämmtlichen Gesellschaftern zur Eintragung in das Handelsregister anzumelden.*[352]
	§ 126
(4) [1]Die Vertretungsbefugnis der Gesellschafter erstreckt sich auf alle Geschäfte der Gesellschaft einschließlich der Veräußerung und Belastung von Grundstücken sowie der Erteilung und des Widerrufs einer Prokura. [2]Eine Beschränkung des Umfangs der Vertretungsbefugnis ist Dritten gegenüber unwirksam. [3]Dies gilt insbesondere für die Beschränkung, dass sich die Vertretung nur auf bestimmte Geschäfte oder Arten von Geschäften erstreckt oder dass sie nur unter gewissen Umständen oder für eine gewisse Zeit oder an einzelnen Orten stattfinden soll. [4]Hinsichtlich der Beschränkung auf den Betrieb einer von mehreren Niederlassungen der Gesellschaft ist § 50 Absatz 3 entsprechend anzuwenden.	(1) Die Vertretungs*macht* der Gesellschafter erstreckt sich auf alle *gerichtlichen und außergerichtlichen* Geschäfte *und Rechtshandlungen* einschließlich der Veräußerung und Belastung von Grundstücken sowie der Ertheilung *und* des Widerrufs der Prokura. (2) Eine Beschränkung des Umfanges der Vertretungs*macht* ist Dritten gegenüber unwirk-
(5) Die Vertretungsbefugnis kann einem Gesellschafter in entsprechender Anwendung von § 116 Absatz 5 ganz oder teilweise entzogen werden, sofern im Gesellschaftsvertrag nichts anderes vereinbart ist.	

349 § 124 neu gefasst durch Art. 51 Nr. 3 Gesetz v. 10.8.2021 (MoPeG), BGBl. I S. 3436, m.W.v. 1.1.2024.
350 Amtliche Überschrift nach Art. 51 Nr. 3 Gesetz v. 10.8.2021 (MoPeG), BGBl. I S. 3436, m.W.v. 1.1.2024.
351 § 125 Abs. 4 aufgehoben durch durch Art. 1 Nr. 7 Gesetz v. 10.12.2001 (ERJuKoG), BGBl. I S. 3422, m.W.v. 15.12.2001.
352 Art. 1 Nr. 7 Gesetz v. 10.12.2001 (ERJuKoG), BGBl. I S. 3422, m.W.v. 15.12.2001.

ADHGB 1861

Art. 115

Die Gesellschaft wird durch Rechtsgeschäfte eines Gesellschafters nicht verpflichtet, wenn derselbe von der Befugniß, die Gesellschaft zu vertreten, ausgeschlossen (Art. 86. Ziffer 4.), oder seine Befugniß, die Gesellschaft zu vertreten, aufgehoben ist (Art. 87.), sofern hinsichtlich dieser Ausschließung oder Aufhebung die Voraussetzungen vorhandel sind, unter welchen nach Art. 46. hinsichtlich des Erlöschens der Prokura die Wirkung gegen Dritte eintritt.

Art. 114

(1) *Jeder zur* Vertretung *der Gesellschaft befugte* Gesellschafter *ist ermächtigt*, alle *Arten von* Geschäften und Rechtshandlungen *im Namen der Gesellschaft vorzunehmen, insbesondere auch die der Gesellschaft gehörenden* Grundstücke *zu veräußern und zu belasten.*

(2) *Die Gesellschaft wird durch die Rechtsgeschäfte, welche ein zur Vertretung der Gesellschaft befugter Gesellschafter in ihrem Namen schließt, berechtigt und verpflichtet; es ist gleichgültig, ob das Geschäft ausdrücklich im Namen der Gesellschaft geschlossen worden ist, oder ob die Umstände ergeben, daß es nach dem Willen der Kontrahenten für die Gesellschaft geschlossen werden sollte.*

Art. 116

Eine Beschränkung des Umfanges der *Befugniß eines Gesellschafters, die Gesellschaft zu vertreten, hat* dritten *Personen* gegenüber *keine rechtliche Wirkung*; insbesondere *ist die* Beschränkung *nicht zulässig*, daß die Vertretung sich nur auf gewisse Geschäfte oder Arten von Geschäften erstrecken, oder daß sie nur unter gewissen Umständen oder für eine gewisse Zeit oder an einzelnen Orten stattfinden solle.

UGB

§ 125 Vertretung der Gesellschaft

(1) Zur Vertretung der Gesellschaft ist jeder Gesellschafter befugt (Einzelvertretung), wenn er nicht durch den Gesellschaftsvertrag davon ausgeschlossen ist.

(2) [1]Im Gesellschaftsvertrag kann bestimmt werden, dass alle oder mehrere Gesellschafter nur in Gemeinschaft zur Vertretung der Gesellschaft ermächtigt sein sollen (Gesamtvertretung). [2]Die zur Gesamtvertretung berechtigten Gesellschafter können einzelne von ihnen zur Vornahme bestimmter Geschäfte oder bestimmter Arten von Geschäften ermächtigen. [3]Ist der Gesellschaft gegenüber eine Willenserklärung abzugeben, so genügt jedenfalls die Abgabe gegenüber einem der zur Mitwirkung bei der Vertretung befugten Gesellschafter (passive Einzelvertretung).

(3) [1]Im Gesellschaftsvertrag kann bestimmt werden, dass die Gesellschafter, wenn nicht mehrere zusammen handeln, nur in Gemeinschaft mit einem Prokuristen zur Vertretung der Gesellschaft ermächtigt sein sollen (gemischte Gesamtvertretung). [2]Die Vorschriften des Abs. 2 zweiter und dritter Satz finden in diesem Fall entsprechende Anwendung.

(4) Der Ausschluss eines Gesellschafters von der Vertretung, die Anordnung einer Gesamtvertretung oder einer gemischten Gesamtvertretung sowie jede Änderung in der Vertretungsmacht eines Gesellschafters ist von sämtlichen Gesellschaftern zur Eintragung in das Firmenbuch anzumelden.

§ 126 Umfang der Vertretungsmacht

(1) Die Vertretungsmacht der Gesellschafter erstreckt sich auf alle gerichtlichen und außergerichtlichen Geschäfte und Rechtshandlungen einschließlich der Veräußerung und Belastung von Grundstücken sowie der Erteilung und des Widerrufs einer Prokura.

HGB	HGB 1897
(6) Ist der Gesellschaft gegenüber eine Willenserklärung abzugeben, genügt die Abgabe gegenüber einem vertretungsbefugten Gesellschafter.	sam; dies gilt insbesondere *von der* Beschränkung, daß sich die Vertretung nur auf *gewisse* Geschäfte oder Arten von Geschäften erstrec*ken* oder daß sie nur unter gewissen Umständen oder für eine gewisse Zeit oder an einzelnen Orten stattfinden soll.
	§ 127 Die Vertretungs*macht* kann einem Gesellschafter *auf Antrag der übrigen Gesellschafter durch gerichtliche Entscheidung* entzogen werden, *wenn ein wichtiger Grund vorliegt; ein solcher Grund ist insbesondere grobe Pflichtverletzung oder Unfähigkeit zur ordnungsmäßigen Vertretung der Gesellschaft.*
§ 125[353] Angaben auf Geschäftsbriefen[354] (1) [1]Auf allen Geschäftsbriefen der Gesellschaft, gleichviel welcher Form, die an einen bestimmten Empfänger gerichtet werden, müssen die Firma und der Sitz der Gesellschaft, das Registergericht und die Nummer, unter der die Gesellschaft in das Handelsregister eingetragen ist, angegeben werden. [2]Bei einer Gesellschaft, bei der kein Gesellschafter eine natürliche Person ist, sind auf den Geschäftsbriefen der Gesellschaft ferner die Firmen oder Namen der Gesellschafter anzugeben sowie für die Gesellschafter die nach § 35a des Gesetzes betreffend die Gesellschaften mit beschränkter Haftung oder § 80 des Aktiengesetzes für Geschäftsbriefe vorgeschriebenen Angaben zu machen. [3]Die Angaben nach Satz 2 sind nicht erforderlich, wenn zu den Gesellschaftern der Gesellschaft eine rechtsfähige Personengesellschaft gehört, bei der mindestens ein persönlich haftender Gesellschafter eine natürliche Person ist.	**§ 125a idF. 1980[355]** (1) [1]*Bei einer Gesellschaft, bei der kein Gesellschafter eine natürliche Person ist,* müssen auf allen Geschäftsbriefen, die an einen bestimmten Empfänger gerichtet werden, die Rechtsform und der Sitz der Gesellschaft, das Registergericht *des Sitzes der Gesellschaft* und die Nummer, unter der die Gesellschaft in das Handelsregister eingetragen ist, *sowie die Firmen der Gesellschafter* angegeben werden. [2]Ferner sind auf den Geschäftsbriefen der Gesellschaft für die Gesellschafter die nach § 35 a des Gesetzes betreffend die Gesellschaften mit beschränkter Haftung oder § 80 des Aktiengesetzes für Geschäftsbriefe vorgeschriebenen Angaben zu machen. [3]*Diese* Angaben sind nicht erforderlich, wenn zu den Gesellschaftern der Gesellschaft eine offene Handelsgesellschaft oder Kommanditgesellschaft gehört, bei der ein persönlich haftender Gesellschafter eine natürliche Person ist.

353 § 125 neu gefasst durch Art. 51 Nr. 3 Gesetz v. 10.8.2021 (MoPeG), BGBl. I S. 3436, m.W.v. 1.1.2024.
354 Amtliche Überschrift nach Art. 51 Nr. 3 Gesetz v. 10.8.2021 (MoPeG), BGBl. I S. 3436, m.W.v. 1.1.2024.
355 § 125a eingefügt durch Art. 2 Nr. 2 Gesetz v. 4.7.1980, BGBl. I S. 836, m.W.v. 1.1.1981; § 125a Abs. 1 S. 1 und 2 neu gefasst, S. 3 geändert, Abs. 2 neu gefasst durch Art. 3 Nr. 28 Gesetz v. 22.6.1998 (HRefG), BGBl. I S. 1474, m.W.v. 1.7.1998.

ADHGB 1861

Art. 117
(1) *Die* Gesellschaft *wird vor Gericht von* jedem Gesellschafter *gültig vertreten, welcher von der Befugniß, die Gesellschaft zu vertreten,* nicht ausgeschlossen ist.
(2) *Zur Behändigung von Vorladungen und anderen Zustellungen an die Gesellschaft genügt es, wenn dieselbe an einen der zur Vertretung befugten Gesellschafter geschieht.*

Art. 118
Die Ertheilung, *sowie die Aufhebung einer* Prokura *geschieht mit rechtlicher Wirkung gegen Dritte durch einen der zur Vertretung der Gesellschaft befugten Gesellschafter.*

UGB

(2) Eine Beschränkung des Umfanges der Vertretungsmacht ist Dritten gegenüber unwirksam; dies gilt insbesondere von der Beschränkung, daß sich die Vertretung nur auf gewisse Geschäfte oder Arten von Geschäften erstrecken oder daß sie nur unter gewissen Umständen oder für eine gewisse Zeit oder an einzelnen Orten stattfinden soll.
(3) In Betreff der Beschränkung auf den Betrieb einer von mehreren Niederlassungen der Gesellschaft finden die Vorschriften des § 50 Abs. 3 entsprechende Anwendung.

[Abs. 2 = § 126 Abs. 2 idF. 1897]

§ 127 Entziehung der Vertretungsmacht
Die Vertretungsmacht kann einem Gesellschafter aufgrund einer Klage aller übrigen Gesellschafter durch gerichtliche Entscheidung entzogen werden, wenn ein wichtiger Grund vorliegt; ein solcher Grund ist insbesondere grobe Pflichtverletzung oder Unfähigkeit zur ordnungsmäßigen Vertretung der Gesellschaft.

§ 14 Geschäftspapiere und Bestellscheine
(1) [1]In das Firmenbuch eingetragene Unternehmer haben auf allen Geschäftsbriefen und Bestellscheinen, die auf Papier oder in sonstiger Weise an einen bestimmten Empfänger gerichtet sind, sowie auf ihren Webseiten die Firma, die Rechtsform, den Sitz und die Firmenbuchnummer des Unternehmers, gegebenenfalls den Hinweis, dass sich der Unternehmer in Liquidation befindet, sowie das Firmenbuchgericht anzugeben. [2]Bei einer offenen Gesellschaft oder Kommanditgesellschaft, bei der kein unbeschränkt haftender Gesellschaftereine natürliche Person ist, sind diese Angaben auf den Geschäftsbriefen, Bestellscheinen und Webseiten der Gesellschaft auch über die unbeschränkt haftenden Gesellschafter zu machen. [3]Einzelunternehmer haben auch ihren Namen anzugeben, wenn er sich von der Firma unterscheidet. [4]Genossenschaften haben auch die Art ihrer Haftung anzugeben.

HGB	HGB 1897
(2) [1]Für Vordrucke und Bestellscheine ist § 37a Absatz 2 und 3 entsprechend anzuwenden. [2]Für Zwangsgelder gegen die zur Vertretung der Gesellschaft befugten Gesellschafter oder deren organschaftliche Vertreter und die Liquidatoren ist § 37a Absatz 4 entsprechend anzuwenden.	(2) Für Vordrucke und Bestellscheine ist *§ 35 a Abs. 2 und 3 des Gesetzes betreffend die Gesellschaften mit beschränkter Haftung*, für Zwangsgelder gegen die organschaftlichen Vertreter *der* zur Vertretung der Gesellschaft ermächtigten Gesellschafter und die Liquidatoren ist *§ 79 Abs. 1 des Gesetzes betreffend die Gesellschaften mit beschränkter Haftung sinngemäß* anzuwenden.
	§ 125a idF. 1998[356] (1) [1]Auf allen Geschäftsbriefen der Gesellschaft, die an einen bestimmten Empfänger gerichtet werden, müssen die Rechtsform und der Sitz der Gesellschaft, das Registergericht und die Nummer, unter der die Gesellschaft in das Handelsregister eingetragen ist, angegeben werden. [2]Bei einer Gesellschaft, bei der kein Gesellschafter eine natürliche Person ist, sind auf den Geschäftsbriefen der Gesellschaft ferner die Firmen der Gesellschafter anzugeben sowie für die Gesellschafter die nach § 35a des Gesetzes betreffend die Gesellschaften mit beschränkter Haftung oder § 80 des Aktiengesetzes für Geschäftsbriefe vorgeschriebenen Angaben zu machen. [3]Die Angaben nach Satz 2 sind nicht erforderlich, wenn zu den Gesellschaftern der Gesellschaft eine *offene Handelsgesellschaft oder Kommanditgesellschaft* gehört, bei der ein persönlich haftender Gesellschafter eine natürliche Person ist. (2) Für Vordrucke und Bestellscheine ist § 37a Abs. 2 und 3, für Zwangsgelder gegen die zur Vertretung der Gesellschaft *ermächtigten* Gesellschafter oder deren organschaftliche Vertreter und die Liquidatoren ist § 37a Abs. 4 entsprechend anzuwenden.
	§ 125a Abs. 1 S. 1 idF. 2006[357] (1) [1]Auf allen Geschäftsbriefen der Gesellschaft gleichviel welcher Form, die an einen bestimmten Empfänger gerichtet werden, müssen die *Rechtsform* und der Sitz der Gesellschaft, das Registergericht und die Nummer, unter der die Gesellschaft in das Handelsregister eingetragen ist, angegeben werden.

356 § 125a Abs. 1 S. 1 und 2 neu gefasst, S. 3 geändert, Abs. 2 neu gefasst durch Art. 3 Nr. 28 Gesetz v. 22.6.1998 (HRefG), BGBl. I S. 1474, m.W.v. 1.7.1998; § 125a Abs. 1 S. 1 geändert durch Art. 1 Nr. 16 Gesetz v. 10.11.2006 (EHUG), BGBl. I S. 2553, m.W.v. 1.1.2007.

357 § 125a Abs. 1 S. 1 geändert durch Art. 1 Nr. 16 Gesetz v. 10.11.2006 (EHUG), BGBl. I S. 2553, m.W.v. 1.1.2007.

ADHGB 1861	UGB
	(2) Werden bei einer Kapitalgesellschaft auf Geschäftsbriefen, Bestellscheinen und Webseiten Angaben über das Kapital der Gesellschaft gemacht, so müssen in jedem Fall das Grund- und Stammkapital sowie bei der Aktiengesellschaft, wenn auf die Aktien der Ausgabebetrag nicht vollständig, bei der Gesellschaft mit beschränkter Haftung, wenn nicht alle in Geld zu leistenden Einlagen eingezahlt sind, der Gesamtbetrag der ausstehenden Einlagen angegeben werden. (3) Auf Geschäftsbriefen, Bestellscheinen und Webseiten, die von einer inländischen Zweigniederlassung eines Unternehmers mit ausländischer Hauptniederlassung oder mit ausländischem Sitz benützt werden, sind außer den Angaben nach Abs. 1 und 2 die Firma, die Firmenbuchnummer der Zweigniederlassung und das Firmenbuchgericht anzugeben. (4) [1]Der Angaben nach Abs. 1 und 2 bedarf es nicht bei Mitteilungen oder Berichten, die im Rahmen einer bestehenden Geschäftsverbindung ergehen und für die üblicherweise Vordrucke verwendet werden, in denen lediglich die im Einzelfall erforderlichen besonderen Angaben eingefügt zu werden brauchen. [2]Diese Regelung gilt nicht für Bestellscheine. (5) [1]Wer als Unternehmer diesen Verpflichtungen nicht nachkommt, ist dazu vom Firmenbuchgericht durch eine Zwangsstrafe anzuhalten. [2]§ 24 FBG findet sinngemäß Anwendung. [3]Ist der Unternehmer keine natürliche Person, so richtet sich die Zwangsstrafe gegen die Mitglieder des vertretungsbefugten Organs, im Falle einer inländischen Zweigniederlassung eines Unternehmers mit ausländischer Hauptniederlassung oder mit ausländischem Sitz gegen die für diese vertretungsbefugten Personen.

HGB	HGB 1897
§ 126[358] Persönliche Haftung der Gesellschafter[359] [1]Die Gesellschafter haften für die Verbindlichkeiten der Gesellschaft den Gläubigern als Gesamtschuldner persönlich. [2]Eine entgegenstehende Vereinbarung ist Dritten gegenüber unwirksam. [= § 128 idF. 1897]	**§ 128** [1]Die Gesellschafter haften für die Verbindlichkeiten der Gesellschaft den Gläubigern als Gesammtschuldner persönlich. [2]Eine entgegenstehende Vereinbarung ist Dritten gegenüber unwirksam.
§ 127[360] Haftung des eintretenden Gesellschafters[361] [1]Wer in eine bestehende Gesellschaft eintritt, haftet gleich den anderen Gesellschaftern nach Maßgabe der §§ 126 und 128 für die vor seinem Eintritt begründeten Verbindlichkeiten der Gesellschaft. [2]Eine entgegenstehende Vereinbarung ist Dritten gegenüber unwirksam. [S. 2 = § 127 Abs. 2 idF. 1897]	**§ 130** (1) Wer in eine bestehende Gesellschaft eintritt, haftet gleich den anderen Gesellschaftern nach Maßgabe der §§ 128, *129* für die vor seinem Eintritte begründeten Verbindlichkeiten der Gesellschaft, *ohne Unterschied, ob die Firma eine Aenderung erleidet oder nicht.* (2) Eine entgegenstehende Vereinbarung ist Dritten gegenüber unwirksam.
§ 128[362] Einwendungen und Einreden des Gesellschafters[363] (1) Wird ein Gesellschafter wegen einer Verbindlichkeit der Gesellschaft in Anspruch genommen, kann er Einwendungen und Einreden, die nicht in seiner Person begründet sind, insoweit geltend machen, als sie von der Gesellschaft erhoben werden können. (2) Der Gesellschafter kann die Befriedigung des Gläubigers verweigern, solange der Gesellschaft in Ansehung der Verbindlichkeit das Recht zur Anfechtung oder Aufrechnung oder ein anderes Gestaltungsrecht, dessen Ausübung die Gesellschaft ihrerseits zur Leistungsverweigerung berechtigen würde, zusteht.	**§ 129** (1) Wird ein Gesellschafter wegen einer Verbindlichkeit der Gesellschaft in Anspruch genommen, *so* kann er Einwendungen, die nicht in seiner Person begründet sind, *nur* insoweit geltend machen, als sie von der Gesellschaft erhoben werden können. (2) Der Gesellschafter kann die Befriedigung des Gläubigers verweigern, solange der Gesellschaft das Recht zusteht, *das ihrer Verbindlichkeit zu Grunde liegende Rechtsgeschäft anzufechten.* (3) *Die gleiche Befugniß hat der Gesellschafter, solange sich der Gläubiger durch* Aufrechnung *gegen eine fällige Forderung der Gesellschaft befriedigen kann.* (4) [→ § 129]

358 § 126 neu gefasst durch Art. 51 Nr. 3 Gesetz v. 10.8.2021 (MoPeG), BGBl. I S. 3436, m.W.v. 1.1.2024.
359 Amtliche Überschrift nach Art. 51 Nr. 3 Gesetz v. 10.8.2021 (MoPeG), BGBl. I S. 3436, m.W.v. 1.1.2024.
360 § 127 neu gefasst durch Art. 51 Nr. 3 Gesetz v. 10.8.2021 (MoPeG), BGBl. I S. 3436, m.W.v. 1.1.2024.
361 Amtliche Überschrift nach Art. 51 Nr. 3 Gesetz v. 10.8.2021 (MoPeG), BGBl. I S. 3436, m.W.v. 1.1.2024.
362 § 128 neu gefasst durch Art. 51 Nr. 3 Gesetz v. 10.8.2021 (MoPeG), BGBl. I S. 3436, m.W.v. 1.1.2024.
363 Amtliche Überschrift nach Art. 51 Nr. 3 Gesetz v. 10.8.2021 (MoPeG), BGBl. I S. 3436, m.W.v. 1.1.2024.

ADHGB 1861	UGB
Art. 112 (1) Die Gesellschafter haften für *alle* Verbindlichkeiten der Gesellschaft *solidarisch und mit ihrem ganzen Vermögen.* (2) Eine entgegenstehende *Verabredung hat gegen* Dritte *keine rechtliche Wirkung.*	**§ 128 Unbeschränkte Haftung der Gesellschafter** [1]Die Gesellschafter haften für die Verbindlichkeiten der Gesellschaft den Gläubigern als Gesamtschuldner unbeschränkt. [2]Eine entgegenstehende Vereinbarung ist Dritten gegenüber unwirksam. [= § 128 idF. 1897]
Art. 113 (1) Wer in eine bestehende *Handels*gesellschaft eintritt, haftet gleich den anderen Gesellschaftern für *alle von der Gesellschaft* vor seinem Eintritte *eingegangenen* Verbindlichkeiten, *es mag* die Firma eine Aenderung erleiden oder nicht. (2) Ein entgegenstehender *Vertrag* ist gegen Dritte *ohne rechtliche Wirkung.*	**§ 130 Haftung des eintretenden Gesellschafters** (1) Wer in eine bestehende Gesellschaft eintritt, haftet gleich den anderen Gesellschaftern nach Maßgabe der §§ 128, 129 für die vor seinem Eintritt begründeten Verbindlichkeiten der Gesellschaft, ohne Unterschied, ob die Firma geändert wird oder nicht. (2) Eine entgegenstehende Vereinbarung ist Dritten gegenüber unwirksam. [Abs. 2 = § 130 Abs. 2 idF. 1897]
	§ 129 Einwendungen des Gesellschafters (1) Wird ein Gesellschafter wegen einer Verbindlichkeit der Gesellschaft in Anspruch genommen, so kann er Einwendungen, die nicht in seiner Person begründet sind, nur insoweit geltend machen, als sie von der Gesellschaft erhoben werden können. (2) Der Gesellschafter kann die Befriedigung des Gläubigers verweigern, solange der Gesellschaft das Recht zusteht, das ihrer Verbindlichkeit zu Grunde liegende Rechtsgeschäft anzufechten oder ihre Verbindlichkeit durch Aufrechnung mit einer fälligen Forderung zu erfüllen. (3) *(aufgehoben)* (4) [→ § 129] [Abs. 1 = § 129 Abs. 1 idF. 1897]

HGB	HGB 1897
§ 129[364] Zwangsvollstreckung gegen die Gesellschaft oder gegen ihre Gesellschafter[365] (1) Zur Zwangsvollstreckung in das Vermögen der Gesellschaft ist ein gegen die Gesellschaft gerichteter Vollstreckungstitel erforderlich. (2) Aus einem gegen die Gesellschaft gerichteten Vollstreckungstitel findet die Zwangsvollstreckung gegen die Gesellschafter nicht statt.	**§ 129 Abs. 4** (4) Aus einem gegen die Gesellschaft gerichteten *vollstreckbaren Schuldtitel* findet die Zwangsvollstreckung gegen die Gesellschafter nicht statt.
§ 129a[366] (*weggefallen*)	***§ 129a idF. 1980**[367]* *[1]Bei einer offenen Handelsgesellschaft, bei der kein Gesellschafter eine natürliche Person ist, gelten die §§ 32a und 32b des Gesetzes betreffend die Gesellschaften mit beschränkter Haftung sinngemäß mit der Maßgabe, daß an die Stelle der Gesellschafter der Gesellschaft mit beschränkter Haftung die Gesellschafter oder Mitglieder der Gesellschafter der offenen Handelsgesellschaft treten. [2]Dies gilt nicht, wenn zu den Gesellschaftern der offenen Handelsgesellschaft eine andere offene Handelsgesellschaft oder Kommanditgesellschaft gehört, bei der ein persönlich haftender Gesellschafter eine natürlich Person ist.*
[vgl. § 15a InsO, hier nicht abgedruckt]	**§ 130a idF. 1976[368] [Antragspflicht bei Zahlungsunfähigkeit oder Überschuldung]** (1) [1]Wird eine Gesellschaft, bei der kein Gesellschafter eine natürliche Person ist, zahlungsunfähig oder deckt das Vermögen der Gesellschaft nicht mehr die Schulden, so ist die Eröffnung des Konkursverfahrens oder des gerichtlichen Vergleichsverfahrens zu beantragen. [2]Antragspflichtig sind die organschaftlichen Vertreter der zur Vertretung der Gesellschaft ermächtigten Gesellschafter und die Liquidatoren. [3]Der Antrag ist ohne schuldhaftes Zögern, spätestens aber drei Wochen nach Eintritt der Zahlungsunfähigkeit oder der Überschuldung der Gesellschaft zu stellen. *[4]Der Antrag ist nicht schuldhaft verzögert, wenn die Antragspflichtigen die Eröffnung des gerichtlichen Vergleichsverfahrens mit der*

364 § 129 neu gefasst durch Art. 51 Nr. 3 Gesetz v. 10.8.2021 (MoPeG), BGBl. I S. 3436, m.W.v. 1.1.2024.
365 Amtliche Überschrift nach Art. 51 Nr. 3 Gesetz v. 10.8.2021 (MoPeG), BGBl. I S. 3436, m.W.v. 1.1.2024.
366 § 129a aufgehoben durch Art. 3 Nr. 11 Gesetz v. 23.10.2008, BGBl. I S. 2026, m.W.v. 1.11.2008.
367 § 129a eingefügt durch Art. 2 Nr. 3 Gesetz v. 4.7.1980, BGBl. I S. 836, m.W.v. 1.1.1981.
368 § 130a eingefügt durch Art. 4 Nr. 3 Gesetz v. 29.7.1976, BGBl. I S. 2034, m.W.v. 1.9.1976.

ADHGB 1861	UGB
	§ 129 Abs. 4 Einwendungen des Gesellschafters (4) Aus einem gegen die Gesellschaft gerichteten vollstreckbaren Schuldtitel findet die Zwangsvollstreckung gegen die Gesellschafter nicht statt. [= § 129 Abs. 4 idF. 1897]
	[§§ 4, 14, 15 und 16 Eigenkapitalersatz-Gesetz (EKEG), hier nicht abgedruckt]
	[vgl. § 69 öInsO, hier nicht abgedruckt]

HGB	HGB 1897
	Sorgfalt eines ordentlichen und gewissenhaften Geschäftsleiters betreiben. (2) [1]Nachdem *die Zahlungsunfähigkeit der Gesellschaft* eingetreten ist oder sich ihre Überschuldung ergeben hat, dürfen die organschaftlichen Vertreter der zur Vertretung der Gesellschaft ermächtigten Gesellschafter und die Liquidatoren für die Gesellschaft keine Zahlungen leisten. [2]Dies gilt nicht von Zahlungen, die auch nach diesem Zeitpunkt mit der Sorgfalt eines ordentlichen und gewissenhaften Geschäftsleiters vereinbar sind. (3) [1]Wird entgegen Absatz 1 die Eröffnung des *Konkursverfahrens oder des gerichtlichen Vergleichsverfahrens* nicht oder nicht rechtzeitig beantragt oder werden entgegen Absatz 2 Zahlungen geleistet, nachdem die Zahlungsunfähigkeit der Gesellschaft eingetreten ist oder sich ihre Überschuldung ergeben hat, so sind die organschaftlichen Vertreter der zur Vertretung der Gesellschaft ermächtigten Gesellschafter und die Liquidatoren der Gesellschaft gegenüber zum Ersatz des daraus entstehenden Schadens als Gesamtschuldner verpflichtet. [2]Ist dabei streitig, ob sie die Sorgfalt eines ordentlichen und gewissenhaften Geschäftsleiters angewandt haben, so trifft sie die Beweislast. [3]Die Ersatzpflicht kann durch Vereinbarung mit den Gesellschaftern weder eingeschränkt noch ausgeschlossen werden. [4]Soweit der Ersatz zur Befriedigung der Gläubiger der Gesellschaft erforderlich ist, wird die Ersatzpflicht weder durch einen Verzicht oder Vergleich der Gesellschaft noch dadurch aufgehoben, daß die Handlung auf einem Beschluß der Gesellschafter beruht. [5]*Ein Zwangsvergleich oder ein im Vergleichsverfahren geschlossener Vergleich wirkt für und gegen die Forderung der Gesellschaft.* [6]Die Ansprüche aus diesen Vorschriften verjähren in fünf Jahren. (4) Diese Vorschriften gelten sinngemäß, wenn die in den Absätzen 1 *bis 3* genannten organschaftlichen Vertreter ihrerseits Gesellschaften sind, bei denen kein Gesellschafter eine natürliche Person ist, oder sich die Verbindung von Gesellschaften in dieser Art fortsetzt.

ADHGB 1861	UGB

HGB	HGB 1897
	§ 130a Abs. 1 S. 1 idF. 1980[369] (1) [1]Wird eine Gesellschaft, bei der kein Gesellschafter eine natürliche Person ist, zahlungsunfähig oder *deckt das Vermögen* der Gesellschaft *nicht mehr die Schulden*, so ist die Eröffnung des *Konkursverfahrens oder des gerichtlichen Vergleichsverfahrens* zu beantragen; dies gilt nicht, wenn zu den Gesellschaftern der offenen Handelsgesellschaft eine andere offene Handelsgesellschaft oder Kommanditgesellschaft gehört, bei der ein persönlich haftender Gesellschafter eine natürliche Person ist.
	§ 130a idF. 1994[370] (1) [1]*Wird eine* Gesellschaft, bei der kein Gesellschafter eine natürliche Person ist, *zahlungsunfähig* oder *ergibt* sich *die* Überschuldung *der Gesellschaft, so ist die Eröffnung des* Insolvenz*verfahrens zu beantragen; dies gilt* nicht, wenn zu den Gesellschaftern der offenen Handelsgesellschaft eine andere offene Handelsgesellschaft oder Kommanditgesellschaft gehört, bei der ein persönlich haftender Gesellschafter eine natürliche Person ist. [2]*Antragspflichtig sind die* organschaftlichen Vertreter der zur Vertretung der Gesellschaft ermächtigten Gesellschafter und die Liquidatoren. [3]*Der Antrag ist ohne schuldhaftes Zögern, spätestens aber drei Wochen nach Eintritt der Zahlungsunfähigkeit oder der Überschuldung der Gesellschaft zu stellen.* (2) [= § 130a Abs. 2 idF. 1976] (3) [1]Wird entgegen *Absatz 1* die Eröffnung des Insolvenzverfahrens nicht oder nicht rechtzeitig beantragt oder werden entgegen Absatz *2* Zahlungen geleistet, *nachdem die Zahlungsunfähigkeit der Gesellschaft eingetreten ist oder sich ihre Überschuldung ergeben hat*, so sind die organschaftlichen Vertreter der zur Vertretung der Gesellschaft ermächtigten Gesellschafter und die Liquidatoren der Gesellschaft gegenüber zum Ersatz des daraus entstehenden Schadens als Gesamtschuldner verpflichtet. [2]Ist dabei streitig, ob sie die Sorgfalt eines ordentlichen und gewissenhaften Geschäftslei-

369 § 130 Abs. 1 S. 1 geändert durch Art. 2 Nr. 4 Gesetz v. 4.7.1980, BGBl. I S. 836, m.W.v. 1.1.1981.

370 § 130a Abs. 1 S. 1 neu gefasst, S. 4 aufgehoben, Abs. 3 S. 1 geändert, S. 5 neu gefasst durch Art. 40 Nr. 4 Gesetz v. 5.10.1994 (EGInsO), BGBl. I S. 2911, m.W.v. 1.1.1999.

ADHGB 1861	UGB

HGB	HGB 1897
	ters angewandt haben, so trifft sie die Beweislast. ³Die Ersatzpflicht kann durch Vereinbarung mit den Gesellschaftern weder eingeschränkt noch ausgeschlossen werden. ⁴Soweit der Ersatz zur Befriedigung der Gläubiger der Gesellschaft erforderlich ist, wird die Ersatzpflicht weder durch einen Verzicht oder Vergleich der Gesellschaft noch dadurch aufgehoben, daß die Handlung auf einem Beschluß der Gesellschafter beruht. ⁵Satz 4 gilt nicht, wenn der Ersatzpflichtige zahlungsunfähig ist und sich zur Abwendung des Insolvenzverfahrens mit seinen Gläubigern vergleicht oder wenn die Ersatzpflicht in einem Insolvenzplan geregelt wird. ⁶Die Ansprüche aus diesen Vorschriften verjähren in fünf Jahren. (4) [= § 130a Abs. 4 idF. 1976]
[vgl. § 15a Abs. 4–6 InsO, hier nicht abgedruckt]	**§ 130b idF. 1976[371] [Strafvorschriften]** (1) Mit Freiheitsstrafe bis zu drei Jahren oder mit Geldstrafe wird bestraft, wer es entgegen § 130a Abs. 1 oder 4 unterläßt, als organschaftlicher Vertreter oder Liquidator bei Zahlungsunfähigkeit oder Überschuldung der Gesellschaft die Eröffnung des *Konkursverfahrens oder des gerichtlichen Vergleichsverfahrens* zu beantragen. (2) *Handelt der Täter fahrlässig, so ist die Strafe Freiheitsstrafe bis zu einem Jahr oder Geldstrafe.* **§ 130b idF. 1994[372]** *(1) Mit Freiheitsstrafe bis zu drei Jahren oder mit Geldstrafe wird bestraft, wer es entgegen § 130a Abs. 1 oder 4 unterläßt, als organschaftlicher Vertreter oder Liquidator bei Zahlungsunfähigkeit oder Überschuldung der Gesellschaft die Eröffnung des Insolvenzverfahrens zu beantragen.* (2) [= § 130b idF. 1976]

371 § 130b Abs. 1 geändert durch Art. 40 Nr. 5 Gesetz v. 5.10.1994 (EGInsO), BGBl. I S. 2911, m.W.v. 1.1.1999; § 130b aufgehoben durch Art. 3 Nr. 13 Gesetz v. 23.10.2008 (MoMiG), BGBl. I S. 2026, m.W.v. 1.11.2008.
372 § 130b eingefügt durch Art. 4 Nr. 3 Gesetz v. 29.7.1976 (1. WiKG), BGBl. I S. 2034, m.W.v. 1.9.1976.

ADHGB 1861	UGB

HGB	HGB 1897
Vierter Titel **Ausscheiden eines Gesellschafters** [§§ 130–137]	**Vierter Titel** ***Auflösung der Gesellschaft und* Ausscheiden *von* Gesellschaftern** [§§ 131–144]
§ 130[373] **Gründe für das Ausscheiden; Zeitpunkt des Ausscheidens**[374] (1) Folgende Gründe führen zum Ausscheiden eines Gesellschafters aus der Gesellschaft, sofern der Gesellschaftsvertrag für diese Fälle nicht die Auflösung der Gesellschaft vorsieht: 1. Tod des Gesellschafters; 2. Kündigung der Mitgliedschaft durch den Gesellschafter; 3. Eröffnung des Insolvenzverfahrens über das Vermögen des Gesellschafters; 4. Kündigung der Mitgliedschaft durch einen Privatgläubiger des Gesellschafters; 5. gerichtliche Entscheidung über Ausschließungsklage. (2) Im Gesellschaftsvertrag können weitere Gründe für das Ausscheiden eines Gesellschafters vereinbart werden. (3) Der Gesellschafter scheidet mit Eintritt des ihn betreffenden Ausscheidensgrundes aus, im Fall der Kündigung der Mitgliedschaft aber nicht vor Ablauf der Kündigungsfrist und im Fall der gerichtlichen Entscheidung über die Ausschließungsklage nicht vor Rechtskraft des stattgebenden Urteils. [Abs. 1 Nr. 1 = § 130 Abs. 3 idF. 1998]	**§ 131 idF. 1998**[375] (1) [→ § 138] (2) [→ § 138] (3) ¹Folgende Gründe führen *mangels abweichender vertraglicher Bestimmung* zum Ausscheiden eines Gesellschafters: 1. Tod des Gesellschafters, 2. Eröffnung des *Konkurs* über das Vermögen des Gesellschafters, 3. Kündigung *des* Gesellschafters, 4. Kündigung durch *den* Privatgläubiger des Gesellschafters, 5. *Eintritt von* weiteren im Gesellschaftsvertrag *vorgesehenen Fällen,* 6. Beschluß der Gesellschafter. ²Der Gesellschafter scheidet mit *dem* Eintritt des ihn betreffenden *Ereignisses* aus, im Falle der Kündigung aber nicht vor Ablauf der Kündigungsfrist.
§ 131[376] **Fortsetzung mit dem Erben; Ausscheiden des Erben**[377] (1) Geht der Anteil eines verstorbenen Gesellschafters auf dessen Erben über, so kann jeder Erbe gegenüber den anderen Gesellschaftern antragen, dass ihm die Stellung eines Kommanditisten eingeräumt und der auf ihn entfallende Anteil des Erblassers als seine Kommanditeinlage anerkannt wird. (2) Nehmen die anderen Gesellschafter einen Antrag nach Absatz 1 nicht an, ist der Erbe	**§ 139** (1) *Ist im Gesellschaftsvertrage bestimmt, daß im Falle des Todes eines Gesellschafters die Gesellschaft mit* dessen Erben *fortgesetzt werden soll,* so kann jeder Erbe *sein Verbleiben in der Gesellschaft davon abhängig machen,* daß ihm *unter Belassung des bisherigen Gewinn*antheils die Stellung eines Kommanditisten eingeräumt und der auf ihn fallende Theil *der Einlage* des Erblassers als seine Kommanditeinlage anerkannt wird.

373 § 130 neu gefasst durch Art. 51 Nr. 3 Gesetz v. 10.8.2021 (MoPeG), BGBl. I S. 3436, m.W.v. 1.1.2024.
374 Amtliche Überschrift nach Art. 51 Nr. 3 Gesetz v. 10.8.2021 (MoPeG), BGBl. I S. 3436, m.W.v. 1.1.2024.
375 § 131 Abs. 1 Nr. 4 und 5 aufgehoben, bisherige Nr. 6 wird Nr. 4 und geändert, Abs. 3 eingefügt durch Art. 3 Nr. 29 Gesetz v. 22.6.1998 (HRefG), BGBl. I S. 1474, m.W.v. 1.7.1998.
376 § 131 neu gefasst durch Art. 51 Nr. 3 Gesetz v. 10.8.2021 (MoPeG), BGBl. I S. 3436, m.W.v. 1.1.2024.
377 Amtliche Überschrift nach Art. 51 Nr. 3 Gesetz v. 10.8.2021 (MoPeG), BGBl. I S. 3436, m.W.v. 1.1.2024.

ADHGB 1861	UGB

Vierter *Abschnitt*
Von der* Auflösung der Gesellschaft und *dem Austreten einzelner* Gesellschafter *aus derselben [Artt. 123–132]

Vierter Titel
Auflösung der Gesellschaft und Ausscheiden von Gesellschaftern [§§ 131–144]

§ 139 Fortsetzung mit den Erben

(1) [1]Ist im Gesellschaftsvertrag bestimmt, dass im Fall des Todes eines Gesellschafters die Gesellschaft mit seinen Erben fortgesetzt werden soll, so besteht sie nach dem Tod dieses Gesellschafters mit seiner Verlassenschaft und nach deren Einantwortung mit den Erben fort. [2]Jeder Erbe kann sein Verbleiben in der Gesellschaft davon abhängig machen, dass ihm unter Belassung des bisherigen Gewinnanteils die Stellung eines Kommanditisten eingeräumt

HGB	HGB 1897
befugt, seine Mitgliedschaft in der Gesellschaft ohne Einhaltung einer Kündigungsfrist zu kündigen.	(2) Nehmen die *übrigen* Gesellschafter einen *dahin gehenden* Antrag *des Erben* nicht an, *so* ist *dieser* befugt, ohne Einhaltung einer Kündigungsfrist *sein Ausscheiden aus der Gesellschaft zu erklären.*
(3) [1]Die Rechte nach den Absätzen 1 bis 2 können von dem Erben nur innerhalb von drei Monaten nach dem Zeitpunkt, zu dem er von dem Anfall der Erbschaft Kenntnis erlangt hat, geltend gemacht werden. [2]Auf den Lauf der Frist ist § 210 des Bürgerlichen Gesetzbuchs entsprechend anzuwenden. [3]Ist bei Ablauf der drei Monate das Recht zur Ausschlagung der Erbschaft noch nicht verloren, endet die Frist nicht vor dem Ablauf der Ausschlagungsfrist.	(3) [1]Die *bezeichneten* Rechte können von dem Erben nur innerhalb einer Frist von drei Monaten nach dem Zeitpunkt, *in welchem* er von dem Anfalle der Erbschaft Kenntniß erlangt hat, geltend gemacht werden. [2]Auf den Lauf der Frist finden die für die Verjährung geltenden Vorschriften des § *206* des Bürgerlichen Gesetzbuchs entsprechende Anwendung. [3]Ist bei *dem* Ablaufe der drei Monate das Recht zur Ausschlagung der Erbschaft noch nicht verloren, *so* endigt die Frist nicht vor dem Ablaufe der Ausschlagungsfrist.
(4) Scheidet innerhalb der Frist des Absatzes 3 der Erbe aus der Gesellschaft aus oder wird innerhalb der Frist die Gesellschaft aufgelöst oder dem Erben die Stellung eines Kommanditisten eingeräumt, so haftet er für die bis dahin entstandenen Gesellschaftsverbindlichkeiten nur nach Maßgabe der Vorschriften des bürgerlichen Rechts, welche die Haftung des Erben für die Nachlassverbindlichkeiten betreffen.	(4) Scheidet innerhalb der Frist des Abs. 3 der Erbe aus der Gesellschaft aus oder wird innerhalb der Frist die Gesellschaft aufgelöst oder dem Erben die Stellung eines Kommanditisten eingeräumt, so haftet er für die bis dahin entstandenen Gesellschafts*schulden* nur nach Maßgabe der die Haftung des Erben für die Nachlaßverbindlichkeiten *betreffenden* Vorschriften des bürgerlichen Rechtes.
(5) [1]Der Gesellschaftsvertrag kann die Anwendung der Vorschriften der Absätze 1 bis 4 nicht ausschließen. [2]Jedoch kann für den Fall, dass der Erbe sein Verbleiben in der Gesellschaft von der Einräumung der Stellung eines Kommanditisten abhängig macht, sein Gewinnanteil anders als der des Erblassers bestimmt werden.	(5) Der Gesellschaftsvertrag kann die Anwendung der Vorschriften der Abs. 1 bis 4 nicht ausschließen*; es* kann jedoch für den Fall, daß der Erbe sein Verbleiben in der Gesellschaft von der Einräumung der Stellung eines Kommanditisten abhängig macht, sein Gewinnantheil anders als der des Erblassers bestimmt werden.
	§ 139 Abs. 3 S. 2 idF. 2001[378]
	(3) [2]Auf den Lauf der Frist *finden die für die Verjährung geltenden Vorschriften des* § 210 des Bürgerlichen Gesetzbuchs *entsprechende Anwendung.*

378 § 139 Abs. 3 S. 2 neu gefasst durch Art. 5 Abs. 16 Nr. 3 Gesetz v. 26.11.2001 (SchuldrechtsmodernisierungsG), BGBl. I S. 3138, m.W.v. 1.1.2002.

379 Vierte Verordnung zur Einführung handelsrechtlicher Vorschriften im Lande Österreich v. 24.12.1938, dRGBl. I 1938 S. 1999, zuletzt geändert durch Zinsenrechts-Änderungsgesetz, öBGBl. I 2002/118, aufgehoben durch Art. XXIX Handelsrechts-Änderungsgesetz, öBGBl. I 2005/120, m.W.v. 31.12.2006.

ADHGB 1861	UGB
	und der auf ihn fallende Teil der Einlage des Erblassers als seine Kommanditeinlage anerkannt wird. (2) Nehmen die übrigen Gesellschafter einen dahingehenden Antrag des Erben nicht an, so ist dieser befugt, ohne Einhaltung einer Kündigungsfrist sein Ausscheiden aus der Gesellschaft zu erklären. (3) Die in Abs. 1 und 2 bezeichneten Rechte können von den Erben nur innerhalb einer Frist von drei Monaten nach der Einantwortung der Verlassenschaft geltend gemacht werden. Ist ein Erbe nicht geschäftsfähig und ist für ihn kein gesetzlicher Vertreter bestellt, so läuft diese Frist erst ab der Bestellung eines solchen oder ab dem Eintritt der Geschäftsfähigkeit des Erben. (4) Scheidet innerhalb der Frist des Abs. 3 der Erbe aus der Gesellschaft aus oder wird innerhalb der Frist die Gesellschaft aufgelöst oder dem Erben die Stellung eines Kommanditisten eingeräumt, so haftet er für die bis dahin entstandenen Gesellschaftsschulden nur nach Maßgabe der die Haftung des Erben für die Nachlaßverbindlichkeiten betreffenden Vorschriften des bürgerlichen Rechtes. (5) Der Gesellschaftsvertrag kann die Anwendung der Vorschriften der Abs. 1 bis 4 nicht ausschließen; es kann jedoch für den Fall, daß der Erbe sein Verbleiben in der Gesellschaft von der Einräumung der Stellung eines Kommanditisten abhängig macht, sein Gewinnanteil anders als der des Erblassers bestimmt werden. [Abs. 2 = § 139 Abs. 2 idF. 1897] [Abs. 4 = § 139 Abs. 4 idF. 1897] [Abs. 5 = § 139 Abs. 5 idF. 1897] ***4. Einführungsverordnung zum Handelsgesetzbuch***[379] ***Art. 7 I Nr. 17. Zu § 139 HGB*** ***Fortsetzung der Gesellschaft mit den Erben eines Gesellschafters*** *§ 139 ist mit folgender Maßgabe anzuwenden:* *„(1) Ist im Gesellschaftsvertrag bestimmt, daß im Falle des Todes eines Gesellschafters die*

HGB	HGB 1897

§ 132[380] Kündigung der Mitgliedschaft durch den Gesellschafter[381]

(1) Ist das Gesellschaftsverhältnis auf unbestimmte Zeit eingegangen, kann ein Gesellschafter seine Mitgliedschaft unter Einhaltung einer Frist von sechs Monaten zum Ablauf des Geschäftsjahres gegenüber der Gesellschaft kündigen.

(2) [1]Ist für das Gesellschaftsverhältnis eine Zeitdauer vereinbart, ist die Kündigung der Mitgliedschaft durch einen Gesellschafter vor dem Ablauf dieser Zeit zulässig, wenn ein wichtiger Grund vorliegt. [2]Ein wichtiger Grund liegt insbesondere vor, wenn ein anderer Gesellschafter eine ihm nach dem Gesellschaftsvertrag obliegende wesentliche Verpflichtung vorsätzlich oder grob fahrlässig verletzt hat oder wenn die Erfüllung einer solchen Verpflichtung unmöglich wird.

(3) Liegt ein wichtiger Grund im Sinne von Absatz 2 Satz 2 vor, so ist eine Kündigung der Mitgliedschaft durch einen Gesellschafter stets ohne Einhaltung einer Kündigungsfrist zulässig.

(4) [1]Ein Gesellschafter kann seine Mitgliedschaft auch kündigen, wenn er volljährig geworden ist. [2]Das Kündigungsrecht besteht

§ 132

Die Kündigung eines Gesellschafters kann, wenn die Gesellschaft *für* unbestimmte Zeit eingegangen ist, *nur für den Schluß* eines Geschäftsjahrs erfolgen; sie *muß mindestens* sechs Monate vor *diesem Zeitpunkte stattfinden*.

§ 723 BGB Kündigung durch Gesellschafter[382] idF. 1897

(1) [1]*Ist die Gesellschaft nicht für eine bestimmte Zeit eingegangen, so kann jeder Gesellschafter sie jederzeit kündigen.* [2]Ist eine Zeitdauer *bestimmt, so* ist die Kündigung vor dem Ablauf *der* Zeit zulässig, wenn ein wichtiger Grund vorliegt. [3]Ein wichtiger Grund liegt insbesondere vor,

1. wenn ein anderer Gesellschafter eine ihm nach dem Gesellschaftsvertrag obliegende wesentliche Verpflichtung vorsätzlich oder *aus grober Fahrlässigkeit* verletzt hat oder wenn die Erfüllung einer solchen Verpflichtung unmöglich wird,
2. *wenn der* Gesellschafter *das 18. Lebensjahr vollendet hat.*

[4]Der volljährig Gewordene kann die Kündigung *nach Nummer 2* nur binnen drei Mona-

---

380 § 132 neu gefasst durch Art. 51 Nr. 3 Gesetz v. 10.8.2021 (MoPeG), BGBl. I S. 3436, m.W.v. 1.1.2024.

381 Amtliche Überschrift nach Art. 51 Nr. 3 Gesetz v. 10.8.2021 (MoPeG), BGBl. I S. 3436, m.W.v. 1.1.2024.

382 Amtliche Überschrift nach Art. 1 Abs. 2 S. 3 Gesetz v. 26.11.2001 (SchuldrechtsmodernisierungsG), BGBl. I S. 3138, m.W.v. 1.1.2002.

383 Vierte Verordnung zur Einführung handelsrechtlicher Vorschriften im Lande Österreich v. 24.12.1938, dRGBl. I 1938 S. 1999, zuletzt geändert durch Zinsenrechts-Änderungsgesetz, öBGBl. I 2002/118, aufgehoben durch Art. XXIX Handelsrechts-Änderungsgesetz, öBGBl. I 2005/120, m.W.v. 31.12.2006.

ADHGB 1861	UGB
	Gesellschaft mit seinen Erben fortgesetzt werden soll, so besteht sie nach dem Tode dieses Gesellschafters mit seiner Verlassenschaft und nach deren Einantwortung mit den Erben fort. *(2) [1]Die im Abs. 1 und 2 des § 139 bezeichneten Rechte können von den Erben nur innerhalb einer Frist von einem Monat nach der Einantwortung der Verlassenschaft geltend gemacht werden. [2]Ist der Erbe nicht eigenberechtigt und ist für ihn kein gesetzlicher Vertreter bestellt, so läuft die einmonatige Frist erst von der Bestellung eines solchen oder von dem Eintritt der Eigenberechtigung des Erben.“*
Art. 124 Die *Auf*kündigung *einer* Gesellschaft *von* unbestimmter *Dauer Seitens* eines Gesellschafters *muß, wenn nicht ein Anderes vereinbart ist,* mindestens sechs Monate vor *Ablauf des* Geschäftsjahres *der Gesellschaft* erfolgen.	**§ 132 Kündigung eines Gesellschafters** (1) Die Kündigung eines Gesellschafters kann, wenn die Gesellschaft für unbestimmte Zeit eingegangen ist, nur für den Schluß eines Geschäftsjahrs erfolgen; sie muß mindestens sechs Monate vor diesem Zeitpunkte stattfinden. (2) Eine Vereinbarung, durch die das Kündigungsrecht ausgeschlossen oder in anderer Weise als durch angemessene Verlängerung der Kündigungsfrist erschwert wird, ist nichtig. [Abs. 1 = § 132 idF. 1897] ***4. Einführungsverordnung zum Handelsgesetzbuch***[383] ***Art. 7 I Nr. 14. Zu § 132 HGB*** ***Beschränkung der Kündigungsbefugnis*** *Eine Vereinbarung, durch die das Kündigungsrecht ausgeschlossen oder in anderer Weise als durch Verlängerung der Kündigungsfrist erschwert wird, ist nichtig.*

HGB	HGB 1897
nicht, wenn der Gesellschafter bezüglich des Gegenstands der Gesellschaft zum selbständigen Betrieb eines Erwerbsgeschäfts gemäß § 112 des Bürgerlichen Gesetzbuchs ermächtigt war oder der Zweck der Gesellschaft allein der Befriedigung seiner persönlichen Bedürfnisse diente. ³Der volljährig Gewordene kann die Kündigung nur binnen drei Monaten von dem Zeitpunkt an erklären, in welchem er von seiner Gesellschafterstellung Kenntnis hatte oder haben musste. (5) ¹Die Kündigung darf nicht zur Unzeit geschehen, es sei denn, dass ein wichtiger Grund für die unzeitige Kündigung vorliegt. ²Kündigt ein Gesellschafter seine Mitgliedschaft dennoch ohne einen solchen Grund zur Unzeit, hat er der Gesellschaft den daraus entstehenden Schaden zu ersetzen. (6) Eine Vereinbarung im Gesellschaftsvertrag, welche das Kündigungsrecht nach den Absätzen 2 und 4 ausschließt oder diesen Vorschriften zuwider beschränkt, ist unwirksam. [Abs. 5 S. 1 = § 723 Abs. 2 S. 1 BGB idF. 1896]	ten von dem Zeitpunkt an erklären, in welchem er von seiner Gesellschafterstellung Kenntnis hatte oder haben musste. ⁵Das Kündigungsrecht besteht nicht, wenn der Gesellschafter bezüglich des Gegenstands der Gesellschaft zum selbständigen Betrieb eines Erwerbsgeschäfts gemäß § 112 ermächtigt war oder der Zweck der Gesellschaft allein der Befriedigung seiner persönlichen Bedürfnisse diente. ⁶*Unter den gleichen Voraussetzungen ist, wenn eine Kündigungsfrist bestimmt ist, die Kündigung ohne Einhaltung der Frist zulässig.* (2) ¹Die Kündigung darf nicht zur Unzeit geschehen, es sei denn, dass ein wichtiger Grund für die unzeitige Kündigung vorliegt. ²Kündigt ein Gesellschafter ohne solchen Grund zur Unzeit, *so* hat er den übrigen Gesellschaftern den daraus entstehenden Schaden zu ersetzen. (3) Eine Vereinbarung, *durch* welche das Kündigungsrecht ausgeschlossen oder diesen Vorschriften zuwider beschränkt *wird*, ist *nichtig*.
§ 133[384] Kündigung der Mitgliedschaft durch einen Privatgläubiger des Gesellschafters[385] Hat ein Privatgläubiger eines Gesellschafters, nachdem innerhalb der letzten sechs Monate eine Zwangsvollstreckung in das bewegliche Vermögen des Gesellschafters ohne Erfolg versucht wurde, aufgrund eines nicht bloß vorläufig vollstreckbaren Schuldtitels die Pfändung des Anteils des Gesellschafters an der Gesellschaft erwirkt, kann er dessen Mitgliedschaft gegenüber der Gesellschaft unter Einhaltung einer Frist von sechs Monaten zum Ablauf des Geschäftsjahrs kündigen.	**§ 135** Hat ein Privatgläubiger eines Gesellschafters, nachdem innerhalb der letzten sechs Monate eine Zwangsvollstreckung in das bewegliche Vermögen des Gesellschafters ohne Erfolg versucht *ist*, auf Grund eines nicht bloß vorläufig vollstreckbaren Schuldtitels die Pfändung *und Ueberweisung* des *Anspruchs auf dasjenige* erwirkt, *was dem Gesellschafter bei der Auseinandersetzung zukommt, so* kann er *die Gesellschaft ohne Rücksicht darauf, ob sie für bestimmte oder unbestimmte Zeit eingegangen ist*, sechs Monate *vor* dem Ende des Geschäftsjahrs *für diesen Zeitpunkt* kündigen.
	***§ 136*[387]** *Wird die Gesellschaft in anderer Weise als durch Kündigung aufgelöst, so gilt die Befugniß eines Gesellschafters zur Geschäftsführung zu*

384 § 133 neu gefasst durch Art. 51 Nr. 3 Gesetz v. 10.8.2021 (MoPeG), BGBl. I S. 3436, m.W.v. 1.1.2024.
385 Amtliche Überschrift nach Art. 51 Nr. 3 Gesetz v. 10.8.2021 (MoPeG), BGBl. I S. 3436, m.W.v. 1.1.2024.
386 § 135 aufgehoben durch Art. 7 Nr. 2 Gesamtreform des Exekutionsrechts, BGBl. I 2021/86, m.W.v. 30.6.2021.
387 § 136 aufgehoben durch Art. 3 Nr. 30 Gesetz v. 22.6.1998 (HRefG), BGBl. I S. 1474, m.W.v. 1.7.1998.

ADHGB 1861	UGB

Art. 126

(1) Hat ein Privatgläubiger eines Gesellschafters *nach fruchtlos vollstreckter Exekution in dessen Privatvermögen die Exekution* in das *dem Gesellschafter bei dereinstiger Auflösung der Gesellschaft zukommende Guthaben* erwirkt, *so ist er berechtigt, es mag* die Gesellschaft *auf* bestimmte oder *auf* unbestimmte *Dauer* eingegangen *sein, behufs seiner Befriedigung nach vorher von ihm geschehener Aufkündigung die Auflösung der Gesellschaft zu verlangen.*

(2) *Die Aufkündigung muß mindestens* sechs Monate vor *Ablauf* des Geschäftsjahres *der Gesellschaft geschehen.*

§ 135 Kündigung durch den Privatgläubiger

(weggefallen)[386]

HGB	HGB 1897
	seinen Gunsten gleichwohl als fortbestehend, bis er von der Auflösung Kenntniß erlangt oder die Auflösung kennen muß.
	§ 137 idF. 1897/1994[388] *(1) ¹Wird die Gesellschaft durch den Tod eines Gesellschafters aufgelöst, so hat der Erbe des verstorbenen Gesellschafters den übrigen Gesellschaftern den Tod unverzüglich anzuzeigen und bei Gefahr im Verzug die von seinem Erblasser zu besorgenden Geschäfte fortzuführen, bis die übrigen Gesellschafter in Gemeinschaft mit ihm anderweit Fürsorge treffen können. ²Die übrigen Gesellschafter sind in gleicher Weise zur einstweiligen Fortführung der von ihnen zu besorgenden Geschäfte verpflichtet. ³Die Gesellschaft gilt insoweit als fortbestehend.* *(2) Die Vorschriften des Absatzes 1 Satz 2, 3 finden auch im Falle der Auflösung der Gesellschaft durch die Eröffnung des Insolvenzverfahrens über das Vermögen eines Gesellschafters Anwendung.*
	§ 138 idF. 1897/1994[389] *Ist im Gesellschaftsvertrage bestimmt, daß, wenn ein Gesellschafter kündigt oder stirbt oder wenn das Insolvenzverfahren über sein Vermögen eröffnet wird, die Gesellschaft unter den übrigen Gesellschaftern fortbestehen soll, so scheidet mit dem Zeitpunkt, in welchem mangels einer solchen Bestimmung die Gesellschaft aufgelöst werden würde, der Gesellschafter, in dessen Person das Ereignis eintritt, aus der Gesellschaft aus.*
§ 134[390] **Gerichtliche Entscheidung über Ausschließungsklage**[391] ¹Tritt in der Person eines Gesellschafters ein wichtiger Grund ein, kann auf Antrag der anderen Gesellschafter seine Ausschließung aus der Gesellschaft durch gerichtliche Entscheidung ausgesprochen werden, sofern im	**§ 140** (1) Tritt in der Person eines Gesellschafters ein *Umstand* ein, *der nach §. 133 für die übrigen Gesellschafter das Recht begründet, die Auflösung der Gesellschaft zu verlangen,* so kann *vom* Gericht *anstatt der Auflösung* die Ausschließung *dieses Gesellschafters* aus der

388 § 137 Abs. 2 geändert durch Art. 40 Nr. 7 Gesetz v. 5.10.1994 (EGInsO), BGBl. I S. 2911, m.W.v. 1.1.1999; § 137 aufgehoben durch Art. 3 Nr. 30 Gesetz v. 22.6.1998 (HRefG), BGBl. I S. 1474, m.W.v. 1.7.1998.
389 § 138 geändert durch Art. 40 Nr. 8 Gesetz v. 5.10.1994 (EGInsO), BGBl. I S. 2911, m.W.v. 1.1.1999; § 138 aufgehoben durch Art. 3 Nr. 30 Gesetz v. 22.6.1998 (HRefG), BGBl. I S. 1474, m.W.v. 1.7.1998.
390 § 134 neu gefasst durch Art. 51 Nr. 3 Gesetz v. 10.8.2021 (MoPeG), BGBl. I S. 3436, m.W.v. 1.1.2024.
391 Amtliche Überschrift nach Art. 51 Nr. 3 Gesetz v. 10.8.2021 (MoPeG), BGBl. I S. 3436, m.W.v. 1.1.2024.

ADHGB 1861	UGB

Art. 127
Wenn die Gesellschafter vor der Auflösung der Gesellschaft übereingekommen sind, daß, ungeachtet des Ausscheidens eines oder mehrerer Gesellschafter, die Gesellschaft unter den übrigen fort*gesetzt werden* soll, so *endigt* die Gesellschaft *nur in Beziehung auf den Ausscheidenden; im Uebrigen besteht sie mit allen ihren bisherigen Rechten und Verbindlichkeiten fort.*

Art. 128
Wenn die Auflösung der Gesellschaft *aus Gründen gefordert werden darf, welche* in der Person eines Gesellschafters *liegen (Art. 125.),* so kann anstatt *derselben auf* Ausschließung dieses Gesellschafters *erkannt* werden, sofern die *sämmtlichen* übrigen Gesellschafter *hierauf* antragen.

§ 140 Ausschluss statt Auflösung
(1) [1]Tritt in der Person eines Gesellschafters ein Umstand ein, der nach § 133 für jeden der übrigen Gesellschafter das Recht begründet, die Auflösung der Gesellschaft zu verlangen, so kann vom Gericht aufgrund einer Klage aller übrigen Gesellschafter anstatt der Auflösung der Gesellschaft der Ausschluss dieses

HGB	HGB 1897
Gesellschaftsvertrag nichts anderes vereinbart ist. [2]Ein wichtiger Grund liegt insbesondere vor, wenn der Gesellschafter eine ihm nach dem Gesellschaftsvertrag obliegende wesentliche Verpflichtung vorsätzlich oder grob fahrlässig verletzt hat oder wenn ihm die Erfüllung einer solchen Verpflichtung unmöglich wird. [3]Der Klage steht nicht entgegen, dass nach der Ausschließung nur ein Gesellschafter verbleibt.	Gesellschaft ausgesprochen werden, *sofern die übrigen Gesellschafter dies beantragen.* (2) [→ § 135] **§ 140 Abs. 1 S. 2 idF. 1998**[392] [2]Der *Ausschließungs*klage steht nicht entgegen, daß nach der Ausschließung nur ein Gesellschafter verbleibt.
	§ 141[393] *(1) [1]Macht ein Privatgläubiger eines Gesellschafters von dem ihm nach §. 135 zustehenden Rechte Gebrauch, so können die übrigen Gesellschafter auf Grund eines von ihnen gefaßten Beschlusses dem Gläubiger erklären, daß die Gesellschaft unter ihnen fortbestehen solle. [2]In diesem Falle* scheidet *der betreffende Gesellschafter mit dem Ende des Geschäftsjahrs aus der Gesellschaft aus.* (2) Diese Vorschriften finden im Falle der Eröffnung des *Konkurses* über das Vermögen eines Gesellschafters mit der Maßgabe Anwendung, daß die Erklärung gegenüber dem *Konkursverwalter* zu erfolgen hat und daß der *Gemein*schuldner mit dem Zeitpunkte der Eröffnung des *Konkurses* als aus der Gesellschaft ausgeschieden gilt. **§ 141 Abs. 2 idF. 1994**[394] *(2) Diese Vorschriften finden im Falle der Eröffnung des Insolvenzverfahrens über das Vermögen eines Gesellschafters mit der Maßgabe Anwendung, daß die Erklärung gegenüber dem Insolvenzverwalter, oder, wenn Eigenverwaltung angeordnet ist, gegen über dem Schuldner zu erfolgen hat und daß der Schuldner mit dem Zeitpunkt der Eröffnung des Insolvenzverfahrens als aus der Gesellschaft ausgeschieden gilt.*

392 § 140 Abs. 1 S. 2 eingefügt durch Art. 3 Nr. 31 Gesetz v. 22.6.1998 (HRefG), BGBl. I S. 1474, m.W.v. 1.6.1998.
393 § 141 Abs. 2 geändert durch Art. 40 Nr. 9 Gesetz v. 5.10.1994 (EGInsO), BGBl. I S. 2911, m.W.v. 1.1.1999; § 141 aufgehoben durch Art. 3 Nr. 32 Gesetz v. 22.6.1998 (HRefG), BGBl. I S. 1474, m.W.v. 1.7.1998.
394 § 141 Abs. 2 geändert durch Art. 40 Nr. 9 Gesetz v. 5.10.1994 (EGInsO), BGBl. I S. 2911, m.W.v. 1.1.1999.

ADHGB 1861 | **UGB**

Gesellschafters aus der Gesellschaft ausgesprochen werden. [2]Der Ausschließungsklage steht nicht entgegen, dass nach der Ausschließung nur ein Gesellschafter verbleibt.
(2) [→ § 135]

Art. 132
Macht ein Privatgläubiger eines Gesellschafters von dem nach *Art. 126* ihm zustehenden Rechte Gebrauch, so können die übrigen Gesellschafter auf Grund eines *einstimmigen* Beschlusses *statt der Auflösung der Gesellschaft die Auseinandersetzung und die Auslieferung des Antheils des Schuldners nach den Bestimmungen der vorhergehenden Artikel vornehmen; der letztere ist dann als* aus der Gesellschaft ausgeschieden *zu betrachten.*

§ 141 Fortsetzungsbeschluss
(1) [1]Die Gesellschafter können bei Auflösung der Gesellschaft, wenn sie nicht in Folge der Eröffnung des Konkursverfahrens über das Vermögen der Gesellschaft eintritt (§ 144), deren Fortbestand beschließen. [2]In den Fällen des § 131 Z 4, 5 oder 6 erster Fall steht dieses Recht den verbleibenden Gesellschaftern zu. [3]In diesen Fällen scheidet der Gesellschafter, in dessen Person der Auflösungsgrund eingetreten ist, infolge des Fortsetzungsbeschlusses aus der Gesellschaft aus.
(2) Im Fall der Kündigung nach § 339 Abs. 1 EO scheidet der betreffende Gesellschafter mit dem Ende des Geschäftsjahrs aus der Gesellschaft aus, in den übrigen Fällen mit dem Wirksamwerden des Beschlusses.
(3) Im Fall der Eröffnung des Konkursverfahrens über das Vermögen eines Gesellschafters ist Abs. 1 mit der Maßgabe anzuwenden, dass eine Erklärung gegenüber dem Masseverwalter zu erfolgen hat und der Schuldner mit dem Zeitpunkt der Konkurseröffnung als aus der Gesellschaft ausgeschieden gilt.

HGB	HGB 1897
	§ 142[395] *(1) Sind nur zwei Gesellschafter vorhanden, so kann, wenn in der Person des einen von ihnen die Voraussetzungen vorliegen, unter welchen bei einer größeren Zahl von Gesellschaftern seine Ausschließung aus der Gesellschaft zulässig sein würde, der andere Gesellschafter auf seinen Antrag vom Gerichte für berechtigt erklärt werden, das Geschäft ohne Liquidation mit Aktiven und Passiven zu übernehmen.* *(2) Macht bei einer aus zwei Gesellschaftern bestehenden Gesellschaft ein Privatgläubiger des einen Gesellschafters von der ihm nach §. 135 zustehenden Befugniß Gebrauch oder wird über das Vermögen des einen Gesellschafters der Konkurs eröffnet, so ist der andere Gesellschafter berechtigt, das Geschäft in der bezeichneten Weise zu übernehmen.* *(3) Auf die Auseinandersetzung finden die für den Fall des Ausscheidens eines Gesellschafters aus der Gesellschaft geltenden Vorschriften entsprechende Anwendung.*
§ 135[396] **Ansprüche des ausgeschiedenen Gesellschafters**[397] (1) [1]Sofern im Gesellschaftsvertrag nichts anderes vereinbart ist, ist die Gesellschaft verpflichtet, den ausgeschiedenen Gesellschafter von der Haftung für die Verbindlichkeiten der Gesellschaft zu befreien und ihm eine dem Wert seines Anteils angemessene Abfindung zu zahlen. [2]Sind Verbindlichkeiten der Gesellschaft noch nicht fällig, kann die Gesellschaft dem Ausgeschiedenen Sicherheit leisten, statt ihn von der Haftung nach § 126 zu befreien. (2) Im Fall des § 134 ist für die Ermittlung des Abfindungsanspruchs die Vermögenslage der Gesellschaft in dem Zeitpunkt maßgebend, in welchem die Ausschließungsklage erhoben ist. (3) Der Wert des Gesellschaftsanteils ist, soweit erforderlich, im Wege der Schätzung zu ermitteln.	§ 738 BGB idF. 1896 ***Auseinandersetzung beim Ausscheiden***[398] (1) *[1]Scheidet ein Gesellschafter aus der Gesellschaft aus, so wächst sein Antheil am Gesellschaftsvermögen den übrigen Gesellschaftern zu. [2]Diese sind* verpflichtet, *dem* Ausscheidenden *die Gegenstände, die er der Gesellschaft zur Benutzung überlassen hat, nach Maßgabe des §. 732 zurückzugeben,* ihn von den *gemeinschaftlichen Schulden* zu befreien und ihm *dasjenige* zu zahlen, *was er bei der Auseinandersetzung erhalten würde, wenn die Gesellschaft zur Zeit seines Ausscheidens aufgelöst worden wäre.* [3]Sind *gemeinschaftliche Schulden* noch nicht fällig, *so können die übrigen Gesellschafter* dem Ausscheidenden, statt ihn zu befreien, Sicherheit leisten. (2) Der Werth des Gesellschafts*vermögens* ist, soweit erforderlich, im Wege der Schätzung zu ermitteln.

395 § 142 Abs. 2 geändert durch Art. 40 Nr. 10 Gesetz v. 5.10.1994 (EGInsO), BGBl. I S. 2911, m.W.v. 1.1.1999; § 142 aufgehoben durch Art. 3 Nr. 32 Gesetz v. 22.6.1998 (HRefG), BGBl. I S. 1474, m.W.v. 1.7.1998.

396 § 135 neu gefasst durch Art. 51 Nr. 3 Gesetz v. 10.8.2021 (MoPeG), BGBl. I S. 3436, m.W.v. 1.1.2024.

397 Amtliche Überschrift nach Art. 51 Nr. 3 Gesetz v. 10.8.2021 (MoPeG), BGBl. I S. 3436, m.W.v. 1.1.2024.

398 Amtliche Überschrift nach Art. 1 Abs. 2 S. 3 Gesetz v. 26.11.2001 (SchuldrechtsmodernisierungsG), BGBl. I S. 3138, m.W.v. 1.1.2002.

ADHGB 1861	UGB
	§ 142 Übergang des Gesellschaftsvermögens (1) Verbleibt nur noch ein Gesellschafter, so erlischt die Gesellschaft ohne Liquidation. Das Gesellschaftsvermögen geht im Weg der Gesamtrechtsnachfolge auf diesen über. (2) Der ausscheidende Gesellschafter ist in sinngemäßer Anwendung der §§ 137 und 138 abzufinden.
Art. 130 (1) *Wenn* ein Gesellschafter ausscheidet *oder ausgeschlossen wird, so erfolgt die* Auseinandersetzung *der Gesellschaft mit demselben auf Grund der Vermögenslage, in welcher sich die Gesellschaft zur Zeit des Ausscheidens oder zur Zeit der Behändigung der Klage auf Ausschließung befindet.* (2) *An den späteren Geschäften, Rechten und Verbindlichkeiten nimmt der Ausgeschiedene oder Ausgeschlossene nur insofern Antheil, als dieselben eine unmittelbare Folge dessen sind, was vor jenem Zeitpunkte bereits geschehen war.* (3) *Der Ausgeschiedene oder Ausgeschlossene muß sich die Beendigung der laufenden Geschäfte in der Weise gefallen lassen, wie sie nach dem Ermessen der verbleibenden Gesellschafter am vortheilhaftesten ist.* (4) *Jedoch ist er, wenn eine frühere vollständige Auseinandersetzung nicht möglich ist, berech-*	**§ 137 Auseinandersetzung mit dem ausscheidenden Gesellschafter** (1) [1]Dem ausscheidenden Gesellschafter sind die Gegenstände, die er der Gesellschaft zur Benutzung überlassen hat, zurückzugeben. [2]Für einen durch Zufall abhanden gekommenen oder verschlechterten Gegenstand kann er keinen Ersatz verlangen. (2) [1]Dem ausscheidenden Gesellschafter ist in Geld auszuzahlen, was er bei der Auseinandersetzung erhielte, wenn die Gesellschaft zur Zeit seines Ausscheidens aufgelöst worden wäre. [2]Der Wert des Gesellschaftsvermögens ist, soweit erforderlich, durch Schätzung zu ermitteln. (3) [1]Der ausscheidende Gesellschafter ist von den Gesellschaftsschulden zu befreien, für die er den Gläubigern haftet. [2]Ist eine Schuld noch nicht fällig, so kann ihm die Gesellschaft Sicherheit leisten statt ihn zu befreien. (4) [→ § 136]

HGB	HGB 1897
	§ 140 HGB (1) [→ § 134] (2) *Für die Auseinandersetzung zwischen der Gesellschaft und dem ausgeschlossenen Gesellschafter ist* die Vermögenslage der Gesellschaft in dem Zeitpunkte maßgebend, in welchem die Klage auf Ausschließung erhoben ist.
§ 136[399] Haftung des ausgeschiedenen Gesellschafters für Fehlbetrag[400] Reicht der Wert des Gesellschaftsvermögens zur Deckung der Verbindlichkeiten der Gesellschaft nicht aus, hat der ausgeschiedene Gesellschafter der Gesellschaft für den Fehlbetrag nach dem Verhältnis seines Anteils am Gewinn und Verlust aufzukommen.	**§ 739 BGB idF. 1896 Haftung für Fehlbetrag[401]** Reicht der Werth des Gesellschaftsvermögens zur Deckung der *gemeinschaftlichen Schulden und der Einlagen* nicht aus, *so* hat der Ausscheidende *den übrigen Gesellschaftern* für den Fehlbetrag nach dem Verhältnis seines Antheils am Verlust aufzukommen.
§ 137[402] Nachhaftung des ausgeschiedenen Gesellschafters[403] (1) [1]Scheidet ein Gesellschafter aus der Gesellschaft aus, so haftet er für deren bis dahin begründete Verbindlichkeiten, wenn sie vor Ablauf von fünf Jahren nach seinem Ausscheiden fällig sind und 1. daraus Ansprüche gegen ihn in einer in § 197 Absatz 1 Nummer 3 bis 5 des Bürgerlichen Gesetzbuchs bezeichneten Art festgestellt sind oder 2. eine gerichtliche oder behördliche Vollstreckungshandlung vorgenommen oder beantragt wird; bei öffentlich-rechtlichen Verbindlichkeiten genügt der Erlass eines Verwaltungsakts. [2]Ist die Verbindlichkeit auf Schadensersatz gerichtet, haftet der ausgeschiedene Gesellschafter nach Satz 1 nur, wenn auch die zum Schadensersatz führende Verletzung vertraglicher oder gesetzlicher Pflichten vor dem Ausscheiden des Gesellschafters eingetreten ist.	**§ 160 idF. 1994[404]** (1) [1]Scheidet ein Gesellschafter aus der Gesellschaft aus, so haftet er für ihre bis dahin begründeten Verbindlichkeiten, wenn sie vor Ablauf von fünf Jahren nach dem Ausscheiden fällig und daraus Ansprüche gegen ihn *gerichtlich geltend gemacht* sind; bei öffentlich-rechtlichen Verbindlichkeiten genügt *zur Geltendmachung* der Erlaß eines Verwaltungsakts. [2]Die Frist beginnt *mit dem Ende des Tages, an dem das* Ausscheiden in das Handelsregister *des für den Sitz der Gesellschaft zuständigen Gerichts* eingetragen *wird.* [3]Die *für die Verjährung geltenden* §§ *203*, 206, *207*, 210, *212 bis 216 und 220* des Bürgerlichen Gesetzbuches sind entsprechend anzuwenden. (2) Einer *gerichtlichen Geltendmachung* bedarf es nicht, soweit der Gesellschafter den Anspruch schriftlich anerkannt hat. (3) [1]Wird ein Gesellschafter Kommanditist, *so* sind für die Begrenzung seiner Haftung für die im Zeitpunkt der Eintragung der Änderung in

399 § 136 neu gefasst durch Art. 51 Nr. 3 Gesetz v. 10.8.2021 (MoPeG), BGBl. I S. 3436, m.W.v. 1.1.2024.
400 Amtliche Überschrift nach Art. 51 Nr. 3 Gesetz v. 10.8.2021 (MoPeG), BGBl. I S. 3436, m.W.v. 1.1.2024.
401 Amtliche Überschrift nach Art. 1 Abs. 2 S. 3 Gesetz v. 26.11.2001 (SchuldrechtsmodernisierungsG), BGBl. I S. 3138, m.W.v. 1.1.2002.
402 § 137 neu gefasst durch Art. 51 Nr. 3 Gesetz v. 10.8.2021 (MoPeG), BGBl. I S. 3436, m.W.v. 1.1.2024.
403 Amtliche Überschrift nach Art. 51 Nr. 3 Gesetz v. 10.8.2021 (MoPeG), BGBl. I S. 3436, m.W.v. 1.1.2024.
404 § 160 neu gefasst durch Art. 1 Nr. 5 Gesetz v. 18.3.1994 (NachhBG), m.W.v. 26.3.1994.

ADHGB 1861	UGB

tigt, am Schlusse eines jeden Geschäftsjahres Rechnungsablage über die inzwischen erledigten Geschäfte, sowie die Auszahlung der ihm hiernach gebührenden Beträge zu fordern; auch kann er am Schlusse eines jeden Geschäftsjahres den Nachweis über den Stand der noch laufenden Geschäfte fordern.

§ 140 Ausschluss statt Auflösung

(1) [→ § 134]

(2) Für die Auseinandersetzung zwischen der Gesellschaft oder dem allein verbleibenden Gesellschafter (Abs. 1 letzter Satz) und dem ausgeschlossenen Gesellschafter ist die Vermögenslage der Gesellschaft in dem Zeitpunkt maßgebend, in dem die Klage auf Ausschließung erhoben wird.

Art. 131

Ein ausgeschiedener oder ausgeschlossener Gesellschafter muß sich die Auslieferung seines Antheils am Gesellschaftsvermögen in einer den Werth desselben darstellenden Geldsumme gefallen lassen; er hat kein Recht auf einen verhältnißmäßigen Antheil an den einzelnen Forderungen, Waaren oder anderen Vermögensstücken der Gesellschaft.

§ 137 Auseinandersetzung mit dem ausscheidenden Gesellschafter

(1) [→ § 135]

(2) [→ § 135]

(3) [→ § 135]

(4) Verbleibt dem ausscheidenden Gesellschafter eine Verbindlichkeit aus dem Gesellschaftsverhältnis, so ist er verpflichtet, einen Ausgleich in entsprechender Höhe an die Gesellschaft zu zahlen.

§ 160 Begrenzung der Haftung des ausscheidenden Gesellschafters, Frist

(1) [1]Scheidet ein Gesellschafter aus der Gesellschaft aus, so haftet er für ihre bis dahin begründeten Verbindlichkeiten nur, soweit sie vor Ablauf von fünf Jahren nach dem Ausscheiden fällig sind. [2]Ansprüche daraus verjähren innerhalb der für die jeweilige Verbindlichkeit geltenden Verjährungsfrist, längstens jedoch in drei Jahren.

(2) Die Frist beginnt mit dem Ende des Tages, an dem das Ausscheiden des Gesellschafters in das Firmenbuch eingetragen wird.

(3) [1]Werden Forderungen eines Gläubigers für Leistungen, die er noch vor Ausscheiden des Gesellschafters erbracht hat, erst nach Ablauf von fünf Jahren fällig, so ist der Gläubiger vom Ausscheiden des Gesellschafters zu verständigen. [2]Bei Vorliegen eines wichtigen Grundes kann der Gläubiger vom ausscheidenden Gesellschafter die Sicherstellung seiner Ansprüche verlangen; auf dieses Recht ist

HGB

[3]Die Frist beginnt, sobald der Gläubiger von dem Ausscheiden des Gesellschafters Kenntnis erlangt hat oder das Ausscheiden des Gesellschafters im Handelsregister eingetragen worden ist. [4]Die §§ 204, 206, 210, 211 und 212 Absatz 2 und 3 des Bürgerlichen Gesetzbuchs sind entsprechend anzuwenden.
(2) Einer Feststellung in einer in § 197 Absatz 1 Nummer 3 bis 5 des Bürgerlichen Gesetzbuchs bezeichneten Art bedarf es nicht, soweit der Gesellschafter den Anspruch schriftlich anerkannt hat.
(3) [1]Wird ein Gesellschafter Kommanditist, sind für die Begrenzung seiner Haftung für die im Zeitpunkt der Eintragung der Änderung in das Handelsregister begründeten Verbindlichkeiten die Absätze 1 und 2 entsprechend anzuwenden. [2]Dies gilt auch, wenn er in der Gesellschaft oder einem ihr als Gesellschafter angehörenden Unternehmen geschäftsführend tätig wird. [3]Seine Haftung als Kommanditist bleibt unberührt.

[Abs. 2 = § 160 Abs. 2 idF. 2001]
[Abs. 3 = § 160 Abs. 3 idF. 1994]

HGB 1897

das Handelsregister begründeten Verbindlichkeiten die Absätze 1 und 2 entsprechend anzuwenden. [2]Dies gilt auch, wenn er in der Gesellschaft oder einem ihr als Gesellschafter angehörenden Unternehmen geschäftsführend tätig wird. [3]Seine Haftung als Kommanditist bleibt unberührt.

§ 160 Abs. 1 und 2 idF. 2001[405]

(1) [1]Scheidet ein Gesellschafter aus der Gesellschaft aus, so haftet er für *ihre* bis dahin begründeten Verbindlichkeiten, wenn sie vor Ablauf von fünf Jahren nach *dem* Ausscheiden fällig und daraus Ansprüche gegen ihn in einer in § 197 Abs. 1 Nr. 3 bis 5 des Bürgerlichen Gesetzbuchs bezeichneten Art festgestellt sind oder eine gerichtliche oder behördliche Vollstreckungshandlung vorgenommen oder beantragt wird; bei öffentlich-rechtlichen Verbindlichkeiten genügt der Erlass eines Verwaltungsakts. [2] [= § 160 Abs. 1 S. 2 idF. 1994] [3]Die für die Verjährung geltenden §§ 204, 206, 210, 211 und 212 Abs. 2 und 3 des Bürgerlichen Gesetzbuches sind entsprechend anzuwenden.
(2) Einer Feststellung in einer in § 197 Abs. 1 Nr. 3 bis 5 des Bürgerlichen Gesetzbuchs bezeichneten Art bedarf es nicht, soweit der Gesellschafter den Anspruch schriftlich anerkannt hat.

§ 160 idF. 1897

Die Unterbrechung der Verjährung gegenüber der aufgelösten Gesellschaft wirkt auch gegenüber den Gesellschaftern, welche der Gesellschaft zur Zeit der Auflösung angehört haben.

---

405 § 160 Abs. 1 S. 1 und 3 sowie Abs. 2 geändert durch Art. 5 Abs. 16 Nr. 1 und 2 Gesetz v. 26.11.2001 (SchuldrechtsmodernisierungsG), BGBl. I S. 3138, m.W.v. 1.1.2002.

ADHGB 1861	UGB
	er in der Verständigung hinzuweisen. [3]Wird seinem Verlangen nicht entsprochen, so findet Abs. 1 keine Anwendung. (4) [1]Wird ein Gesellschafter Kommanditist, so sind für die Begrenzung seiner Haftung für die im Zeitpunkt der Eintragung der Änderung in das Firmenbuch entstandenen Verbindlichkeiten die Abs. 1 bis 3 entsprechend anzuwenden. [2]Dies gilt auch, wenn er in der Gesellschaft oder einem ihr als Gesellschafter angehörenden Unternehmen geschäftsführend tätig wird. [3]Seine Haftung als Kommanditist bleibt unberührt.
Art. 148 (1) *Die Verjährung zu Gunsten eines ausgeschiedenen oder ausgeschlossenen Gesellschafters wird durch Rechtshandlungen nicht unterbrochen, welche gegen die fortbestehende Gesellschaft oder einen anderen Gesellschafter vorgenommen werden.* (2) *Die Verjährung zu Gunsten eines bei der Auflösung einer Gesellschaft zu derselben gehörigen Gesellschafters wird nicht durch Rechtshandlungen gegen einen anderen Gesellschafter, wohl aber durch Rechtshandlungen gegen die Liquidatoren unterbrochen.*	
Art. 149 *Die Verjährung läuft auch gegen Minderjährige und bevormundete Personen, sowie gegen juris-*	

HGB	HGB 1897

Fünfter Titel
Auflösung der Gesellschaft [§§ 138–142]

§ 138[406] Auflösungsgründe[407]
(1) Die Gesellschaft wird aufgelöst durch:
1. Ablauf der Zeit, für welche sie eingegangen wurde;
2. Eröffnung des Insolvenzverfahrens über das Vermögen der Gesellschaft;
3. gerichtliche Entscheidung über den Antrag auf Auflösung;
4. Auflösungsbeschluss.
(2) [1]Eine Gesellschaft, bei der kein persönlich haftender Gesellschafter eine natürliche Person ist, wird ferner aufgelöst:
1. mit der Rechtskraft des Beschlusses, durch den die Eröffnung des Insolvenzverfahrens mangels Masse abgelehnt worden ist;
2. durch die Löschung wegen Vermögenslosigkeit nach § 394 des Gesetzes über das Verfahren in Familiensachen und in den Angelegenheiten der freiwilligen Gerichtsbarkeit.
[2]Dies gilt nicht, wenn zu den persönlich haftenden Gesellschaftern eine andere rechtsfähige Personengesellschaft gehört, bei der mindestens ein persönlich haftender Gesellschafter eine natürliche Person ist.
(3) Im Gesellschaftsvertrag können weitere Auflösungsgründe vereinbart werden.

[Abs. 2 S. 1 Nr. 1 = § 131 Abs. 2 S. 1 Nr. 1 idF. 1994]
[Abs. 2 S. 1 Nr. 2 = § 131 Abs. 2 S. 1 Nr. 2 idF. 2009]

***Vierter* Titel**
Auflösung der Gesellschaft *und Ausscheiden von Gesellschaftern* [§§ 131–144]

§ 131
Die offene Handelsgesellschaft wird aufgelöst:
1. durch *den* Ablauf der Zeit, für welche sie eingegangen *ist*;
2. durch Beschluß *der Gesellschafter*;
3. durch die Eröffnung des *Konkurses* über das Vermögen der Gesellschaft;
4. *durch den Tod eines Gesellschafters, sofern nicht aus dem Gesellschaftsvertrage sich ein Anderes ergiebt;*
5. durch die Eröffnung des *Konkurses* über das Vermögen eines Gesellschafters;
6. *durch Kündigung* und durch gerichtliche Entscheidung.

§ 131 idF. 1994[408]
(1) Die offene Handelsgesellschaft wird aufgelöst:
1. [= § 131 Nr. 1 idF. 1897]
2. [= § 131 Nr. 2 idF. 1897]
3. durch die Eröffnung des Insolvenzverfahrens über das Vermögen der Gesellschaft;
4. [= § 131 Nr. 4 idF. 1897]
5. *durch die Eröffnung des Insolvenzverfahrens über das Vermögen eines Gesellschafters;*
6. [= § 131 Nr. 6 idF. 1897]
(2) [1]Eine *offene Handels*gesellschaft, bei der kein persönlich haftender Gesellschafter eine natürliche Person ist, wird ferner aufgelöst:
1. mit der Rechtskraft des Beschlusses, durch den die Eröffnung des Insolvenzverfahrens mangels Masse abgelehnt worden ist;

406 § 138 neu gefasst durch Art. 51 Nr. 3 Gesetz v. 10.8.2021 (MoPeG), BGBl. I S. 3436, m.W.v. 1.1.2024.
407 Amtliche Überschrift nach Art. 51 Nr. 3 Gesetz v. 10.8.2021 (MoPeG), BGBl. I S. 3436, m.W.v. 1.1.2024.
408 Der bisherige § 131 wird § 131 Abs. 1, Nr. 3 und 5 geändert, Abs. 2 wird eingefügt durch Art. 40 Nr. 6 Gesetz v. 5.10.1994 (EGInsO), BGBl. I S. 2911, m.W.v. 1.1.1999.

ADHGB 1861	UGB
tische Personen, denen gesetzlich die Rechte der Minderjährigen zustehen, ohne Zulassung der Wiedereinsetzung in den vorigen Stand, jedoch mit Vorbehalt des Regresses gegen die Vormünder und Verwalter.	

Vierter *Abschnitt*
Von der* Auflösung der Gesellschaft und *dem Austreten einzelner* Gesellschafter *aus derselben [Artt. 123–132]

Art. 123
(1) Die Gesellschaft wird aufgelöst:
1) durch die Eröffnung des Konkurses über *die* Gesellschaft;
2) durch den Tod eines *der* Gesellschafter, *wenn* nicht *der Vertrag bestimmt, daß die Gesellschaft mit den Erben des Verstorbenen fortbestehen soll;*
3) durch die Eröffnung des Konkurses über das Vermögen eines *der* Gesellschafter *oder durch die eingetretene rechtliche Unfähigkeit eines der Gesellschafter zur selbstständigen Vermögensverwaltung;*
4) durch *gegenseitige Uebereinkunft;*
5) durch Ablauf der Zeit, *auf deren Dauer die Gesellschaft* eingegangen ist, *sofern nicht die Gesellschafter dieselbe stillschweigend fortsetzen; in diesem Falle gilt sie von da an als auf unbestimmte Dauer eingegangen;*
6) durch *die von Seiten eines Gesellschafters geschehene Auf*kündigung, *wenn die Gesellschaft auf unbestimmte Dauer eingegangen ist.*
(2) Eine auf Lebenszeit eingegangene Gesellschaft ist als eine Gesellschaft von unbestimmter Dauer zu betrachten.

Vierter Titel
Auflösung der Gesellschaft und Ausscheiden von Gesellschaftern [§§ 131–144]

§ 131 Auflösungsgründe
Die offene Gesellschaft wird aufgelöst:
1. durch den Ablauf der Zeit, für welche sie eingegangen ist;
2. [→ § 140]
3. durch die rechtskräftige Eröffnung des Konkursverfahrens über das Vermögen der Gesellschaft, durch die Abänderung der Bezeichnung Sanierungsverfahren in Konkursverfahren oder durch die rechtskräftige Nichteröffnung oder Aufhebung des Insolvenzverfahrens mangels kostendeckenden Vermögens;
4. durch den Tod eines Gesellschafters, sofern sich aus dem Gesellschaftsvertrag nichts anderes ergibt;
5. durch die rechtskräftige Eröffnung des Konkursverfahrens über das Vermögen eines Gesellschafters, durch die Abänderung der Bezeichnung Sanierungsverfahren in Konkursverfahren oder durch die rechtskräftige Nichteröffnung oder Aufhebung des Insolvenzverfahrens mangels kostendeckenden Vermögens;
6. durch Kündigung oder durch gerichtliche Entscheidung.

HGB	HGB 1897
	2. durch die Löschung wegen Vermögenslosigkeit nach *§ 141a des Gesetzes über die Angelegenheitender freiwilligen Gerichtsbarkeit.* ²Dies gilt nicht, wenn zu den persönlich haftenden Gesellschaftern eine andere *offene Handelsgesellschaft oder Kommanditgesellschaft* gehört, bei der ein persönlich haftender Gesellschafter eine natürliche Person ist.
	§ 131 idF. 1998[409] (1) Die *offene Handels*gesellschaft wird aufgelöst: 1. [= § 131 Nr. 1 idF. 1897] 2. [= § 131 Nr. 2 idF. 1897] 3. durch die Eröffnung des *Konkurses* über das Vermögen der Gesellschaft; 4. durch gerichtliche Entscheidung. (2) [= § 131 Abs. 2 idF. 1994] (3) [→ § 130]
	§ 131 Abs. 2 S. 1 Nr. 2 idF. 2009[410] (2) ¹Nr. 2 durch die Löschung wegen Vermögenslosigkeit nach § 394 des Gesetzes über das Verfahren in Familiensachen und in den Angelegenheiten der freiwilligen Gerichtsbarkeit.
§ 139[411] **Auflösung durch gerichtliche Entscheidung**[412] (1) ¹Auf Antrag eines Gesellschafters kann aus wichtigem Grund die Auflösung der Gesellschaft durch gerichtliche Entscheidung ausgesprochen werden, wenn ihm die Fortsetzung der Gesellschaft nicht zuzumuten ist. ²Ein wichtiger Grund liegt insbesondere vor, wenn ein anderer Gesellschafter eine ihm nach dem Gesellschaftsvertrag obliegende wesentliche Verpflichtung vorsätzlich oder grob fahrlässig verletzt hat oder wenn die Erfüllung einer solchen Verpflichtung unmöglich wird. (2) Eine Vereinbarung im Gesellschaftsvertrag, welche das Recht des Gesellschafters, die Auflösung der Gesellschaft aus wichtigem Grund	**§ 133** (1) Auf Antrag eines Gesellschafters kann die Auflösung der Gesellschaft *vor dem Ablaufe der für ihre Dauer bestimmten Zeit oder bei einer für unbestimmte Zeit eingegangenen Gesellschaft ohne Kündigung* durch gerichtliche Entscheidung ausgesprochen werden, wenn ein wichtiger Grund *vorliegt.* (2) Ein *solcher Grund ist* insbesondere *vorhanden*, wenn ein anderer Gesellschafter eine ihm nach dem Gesellschaftsvertrag obliegende wesentliche Verpflichtung vorsätzlich oder aus grober Fahrlässigkeit verletzt oder wenn die Erfüllung einer solchen Verpflichtung unmöglich wird. (3) Eine Vereinbarung, *durch* welche das Recht des Gesellschafters, die Auflösung der Gesell-

409 § 131 Abs. 1 Nr. 4 und 5 aufgehoben, bisherige Nr. 6 wird Nr. 4 und geändert, Abs. 3 eingefügt durch Art. 3 Nr. 29 Gesetz v. 22.6.1998 (HRefG), BGBl. I S. 1474, m.W.v. 1.7.1998.

410 § 131 Abs. 2 S. 1 Nr. 2 geändert durch Art. 69 Nr. 2 Gesetz v. 17.12.2008 (FGG-Reformgesetz), BGBl. I S. 2586, m.W.v. 1.9.2009.

411 § 139 neu gefasst durch Art. 51 Nr. 3 Gesetz v. 10.8.2021 (MoPeG), BGBl. I S. 3436, m.W.v. 1.1.2024.

412 Amtliche Überschrift nach Art. 51 Nr. 3 Gesetz v. 10.8.2021 (MoPeG), BGBl. I S. 3436, m.W.v. 1.1.2024.

ADHGB 1861	UGB

Art. 125
(1) *Ein* Gesellschafter kann die Auflösung der Gesellschaft vor Ablauf der für ihre Dauer bestimmten Zeit oder bei Gesellschaften *von* unbestimmter *Dauer* ohne *vorgängige Auf*kündigung *verlangen, sofern hiezu* wichtige Gründe *vorhanden sind.*
(2) *Die Beurtheilung, ob solche Gründe anzunehmen sind, bleibt im Falle des Widerspruchs dem Ermessen des Richters überlassen.*
(3) *Die Auflösung kann insbesondere ausgesprochen werden:*
1) *wenn durch äußere Umstände die Erreichung des gesellschaftlichen Zwecks unmöglich wird;*
2) *wenn ein Gesellschafter bei der Geschäftsführung oder bei der Rechnungslegung unredlich verfährt;*

§ 133 Auflösung durch gerichtliche Entscheidung
(1) Aufgrund der Klage eines Gesellschafters kann die Auflösung der Gesellschaft vor dem Ablaufe der für ihre Dauer bestimmten Zeit oder bei einer für unbestimmte Zeit eingegangenen Gesellschaft ohne Kündigung durch gerichtliche Entscheidung ausgesprochen werden, wenn ein wichtiger Grund vorliegt.
(2) Ein solcher Grund ist insbesondere vorhanden, wenn ein anderer Gesellschafter eine ihm nach dem Gesellschaftsvertrag obliegende wesentliche Verpflichtung vorsätzlich oder aus grober Fahrlässigkeit verletzt oder wenn die Erfüllung einer solchen Verpflichtung unmöglich wird.

HGB	HGB 1897
zu verlangen, ausschließt oder Absatz 1 zuwider beschränkt, ist unwirksam.	schaft zu verlangen, *ausgeschlossen oder diesen Vorschriften* zuwider beschränkt *wird*, ist *nichtig*.
§ 140[413] Auflösungsbeschluss[414] Hat nach dem Gesellschaftsvertrag die Mehrheit der Stimmen zu entscheiden, muss ein Beschluss, der die Auflösung der Gesellschaft zum Gegenstand hat, mit einer Mehrheit von mindestens drei Viertel der abgegebenen Stimmen gefasst werden.	**§ 131 Nr. 2** *Die offene Handelsgesellschaft wird aufgelöst: Nr. 2 durch* Beschluss *der Gesellschafter;*
§ 141[415] Anmeldung der Auflösung[416] (1) [1]Die Auflösung der Gesellschaft ist von sämtlichen Gesellschaftern zur Eintragung in das Handelsregister anzumelden. [2]Dies gilt nicht in den Fällen der Eröffnung oder Ablehnung der Eröffnung des Insolvenzverfahrens über das Vermögen der Gesellschaft (§ 138 Absatz 1 Nummer 2 und § 138 Absatz 2 Satz 1 Nummer 1); dann hat das Gericht die Auflösung und ihren Grund von Amts wegen einzutragen. [3]Im Fall der Löschung der Gesellschaft (§ 138 Absatz 2 Satz 1 Nummer 2) entfällt die Eintragung der Auflösung. (2) Ist aufgrund einer Vereinbarung im Gesellschaftsvertrag die Gesellschaft durch den Tod eines Gesellschafters aufgelöst, kann die Anmeldung der Auflösung der Gesellschaft ohne Mitwirkung der Erben erfolgen, sofern einer solchen Mitwirkung besondere Hindernisse entgegenstehen. [Abs. 1 S. 1 = § 143 Abs. 1 S. 1 idF. 1994]	**§ 143** (1) Die Auflösung der Gesellschaft ist, *wenn sie* nicht *in Folge der* Eröffnung *eines Konkurses* über das Vermögen der Gesellschaft eintritt, von sämmtlichen Gesellschaftern zur Eintragung in das Handelsregister anzumelden. (2) *Das Gleiche* gilt *von dem* Ausscheiden eines Gesellschafters aus der Gesellschaft. (3) *Ist anzunehmen, daß der Tod eines Gesellschafters die Auflösung oder das Ausscheiden zur Folge gehabt hat, so kann, auch ohne daß die Erben bei der* Anmeldung *mitwirken, die Eintragung erfolgen, soweit* einer solchen Mitwirkung besondere Hindernisse entgegenstehen. **§ 143 idF. 1994[417]** (1) [1]Die Auflösung der Gesellschaft ist von sämtlichen Gesellschaftern zur Eintragung in das Handelsregister anzumelden. [2]Dies gilt nicht in den Fällen der Eröffnung oder der Ablehnung der Eröffnung des Insolvenzver-

413 § 140 neu gefasst durch Art. 51 Nr. 3 Gesetz v. 10.8.2021 (MoPeG), BGBl. I S. 3436, m.W.v. 1.1.2024.
414 Amtliche Überschrift nach Art. 51 Nr. 3 Gesetz v. 10.8.2021 (MoPeG), BGBl. I S. 3436, m.W.v. 1.1.2024.
415 § 141 neu gefasst durch Art. 51 Nr. 3 Gesetz v. 10.8.2021 (MoPeG), BGBl. I S. 3436, m.W.v. 1.1.2024.
416 Amtliche Überschrift nach Art. 51 Nr. 3 Gesetz v. 10.8.2021 (MoPeG), BGBl. I S. 3436, m.W.v. 1.1.2024.
417 § 143 Abs. 1 und 2 neu gefasst durch Art. 40 Nr. 11 Gesetz v. 5.10.1994 (EGInsO), BGBl. I S. 2911, m.W.v. 1.1.1999.

ADHGB 1861	UGB
3) wenn ein Gesellschafter *die Erfüllung der* ihm obliegenden wesentlichen Verpflichtungen *unterläßt*; 4) *wenn ein Gesellschafter die Firma oder das Vermögen der Gesellschaft für seine Privatzwecke mißbraucht*; 5) *wenn ein Gesellschafter durch anhaltende Krankheit oder aus anderen Ursachen zu den ihm obliegenden Geschäften der Gesellschaft unfähig wird.*	(3) Eine Vereinbarung, durch welche das Recht des Gesellschafters, die Auflösung der Gesellschaft zu verlangen, ausgeschlossen oder diesen Vorschriften zuwider beschränkt wird, ist nichtig. [Abs. 2 = § 133 Abs. 2 idF. 1897] [Abs. 3 = § 133 Abs. 3 idF. 1897]
Art. 123 Abs. 1 Nr. 4 (1) Die Gesellschaft wird aufgelöst: 4. durch *gegenseitige Uebereinkunft*;	**§ 131 Auflösungsgründe** Die offene Gesellschaft wird aufgelöst: 1. [→ § 138] 2. durch Beschluß der Gesellschafter; 3. [→ § 138] 4. [→ § 138] 5. [→ § 138] 6. [→ § 138] [Nr. 2 = § 131 Nr. 2 idF. 1897]
Art. 129 (1) Die Auflösung der Gesellschaft *muß*, wenn sie nicht in Folge der Eröffnung *des* Konkurses über *die* Gesellschaft *geschieht*, in das Handelsregister *eingetragen werden.* (2) *Diese Eintragung muß selbst dann geschehen, wenn die Gesellschaft durch Ablauf der Zeit, für welche sie eingegangen war, beendigt wird.* (3) Gleich *der Auflösung der Gesellschaft muß auch das* Ausscheiden *oder die Ausschließung* eines Gesellschafters aus der Gesellschaft *in das Handelsregister eingetragen werden.* (4) [→ § 32] (5) *Dritten Personen kann die Auflösung der Gesellschaft oder das Ausscheiden oder die Ausschließung eines Gesellschafters aus derselben nur insofern entgegengesetzt werden, als hinsichtlich einer solchen Thatsache die Voraussetzungen vorhanden sind, unter welchen nach Art. 25. hinsichtlich des Erlöschens der Firma oder der Aenderung ihrer Inhaber die Wirkung gegen Dritte eintritt.*	**§ 143 Anmeldung von Auflösung und Ausscheiden** (1) Die Auflösung der Gesellschaft ist, wenn sie nicht in Folge der Eröffnung des Konkursverfahrens über das Vermögen der Gesellschaft eintritt, von sämtlichen Gesellschaftern zur Eintragung in das Firmenbuch anzumelden. (2) Das Gleiche gilt von dem Ausscheiden eines Gesellschafters aus der Gesellschaft. (3) Ist anzunehmen, dass der Tod eines Gesellschafters die Auflösung oder das Ausscheiden zur Folge gehabt hat, so kann die Eintragung auch ohne Mitwirkung der Erben bei der Anmeldung erfolgen, soweit einer solchen Mitwirkung besondere Hindernisse entgegenstehen. [Abs. 1 = § 143 Abs. 1 idF. 1897] [Abs. 2 = § 143 Abs. 2 idF. 1897]

HGB	HGB 1897
	fahrens über das Vermögen der Gesellschaft (*§ 131 Abs. 1 Nr. 3 und Abs. 2 Nr. 1*). ³*In diesen Fällen* hat das Gericht die Auflösung und ihren Grund von Amts wegen einzutragen. ⁴Im Falle der Löschung der Gesellschaft (*§ 131 Abs. 2 Nr. 2*) entfällt die Eintragung der Auflösung. *(2) Absatz 1 Satz 1 gilt entsprechend für das Ausscheiden eines Gesellschafters aus der Gesellschaft.* (3) [= § 143 Abs. 3 idF. 1897]
§ 142[418] Fortsetzung der Gesellschaft[419] (1) Die Gesellschafter können nach Auflösung der Gesellschaft deren Fortsetzung beschließen, sobald der Auflösungsgrund beseitigt ist. (2) Hat nach dem Gesellschaftsvertrag die Mehrheit der Stimmen zu entscheiden, muss der Beschluss über die Fortsetzung mit einer Mehrheit von mindestens drei Viertel der abgegebenen Stimmen gefasst werden. (3) Die Fortsetzung ist von sämtlichen Gesellschaftern zur Eintragung in das Handelsregister anzumelden. [Abs. 3 = § 144 Abs. 2 idF. 1897]	**§ 144** (1) Ist die Gesellschaft durch die Eröffnung des *Konkurses* über ihr Vermögen aufgelöst, *der Konkurs aber nach Abschluß eines Zwangsvergleichs aufgehoben oder* auf Antrag des *Gemeinschuldners* eingestellt, so können die Gesellschafter die Fortsetzung der Gesellschaft beschließen. (2) Die Fortsetzung ist von sämmtlichen Gesellschaftern zur Eintragung in das Handelsregister anzumelden. **§ 144 Abs. 1 idF. 1994[420]** (1) *Ist die Gesellschaft durch die Eröffnung des Insolvenzverfahrens über ihr Vermögen aufgelöst, das Verfahren aber auf Antrag des Schuldners eingestellt oder nach der Bestätigung eines Insolvenzplans, der den Fortbestand der Gesellschaft vorsieht, aufgehoben,* so können die *Gesellschafter die* Fortsetzung *der Gesellschaft* beschließen.
Sechster Titel **Liquidation der Gesellschaft** [§§ 143–152]	***Fünfter* Titel** **Liquidation der Gesellschaft** [§§ 145–158]
§ 143[421] Notwendigkeit der Liquidation; anwendbare Vorschriften[422] (1) ¹Nach Auflösung der Gesellschaft findet die Liquidation statt, sofern nicht über das Vermögen der Gesellschaft das Insolvenzverfahren eröffnet ist. ²Ist die Gesellschaft durch Lö-	**§ 145** (1) Nach der Auflösung der Gesellschaft findet die Liquidation statt, sofern nicht eine andere Art der Auseinandersetzung von den Gesellschaftern vereinbart oder über das Vermögen der Gesellschaft *der Konkurs* eröffnet ist.

418 § 142 neu gefasst durch Art. 51 Nr. 3 Gesetz v. 10.8.2021 (MoPeG), BGBl. I S. 3436, m.W.v. 1.1.2024.
419 Amtliche Überschrift nach Art. 51 Nr. 3 Gesetz v. 10.8.2021 (MoPeG), BGBl. I S. 3436, m.W.v. 1.1.2024.
420 § 144 Abs. 1 neu gefasst durch Art. 40 Nr. 11 Gesetz v. 5.10.1994, BGBl. I S. 2911.
421 § 143 neu gefasst durch Art. 51 Nr. 3 Gesetz v. 10.8.2021 (MoPeG), BGBl. I S. 3436, m.W.v. 1.1.2024.
422 Amtliche Überschrift nach Art. 51 Nr. 3 Gesetz v. 10.8.2021 (MoPeG), BGBl. I S. 3436, m.W.v. 1.1.2024.

ADHGB 1861	UGB

§ 144 Fortsetzung nach Insolvenz der Gesellschaft

(1) Ist die Gesellschaft durch die Eröffnung des Konkursverfahrens über ihr Vermögen aufgelöst, das Insolvenzverfahren aber durch Bestätigung eines Sanierungsplans (§ 152 IO) oder mit Einverständnis der Gläubiger (§ 123b IO) aufgehoben worden, so können die Gesellschafter die Fortsetzung der Gesellschaft beschließen.

(2) Die Fortsetzung ist von sämtlichen Gesellschaftern zur Eintragung in das Firmenbuch anzumelden.

Fünfter *Abschnitt*

Von der Liquidation der Gesellschaft [Artt. 133–145]

Art. 133

(1) [1]Nach Auflösung der Gesellschaft *außer dem Fall des* Konkurses *derselben erfolgt* die Liquidation, sofern *diese* nicht *durch einstimmigen Beschluß der Gesellschafter oder durch den Gesellschaftsvertrag einzelnen Gesellschaftern oder anderen Personen übertragen ist,*

Fünfter Titel

Liquidation der Gesellschaft [§§ 145–158]

§ 145 Notwendigkeit der Liquidation

(1) Nach der Auflösung der Gesellschaft findet die Liquidation statt, sofern nicht eine andere Art der Auseinandersetzung von den Gesellschaftern vereinbart oder über das Vermögen der Gesellschaft das Insolvenzverfahren eröffnet ist.

HGB	HGB 1897
schung wegen Vermögenslosigkeit aufgelöst, findet eine Liquidation nur statt, wenn sich nach der Löschung herausstellt, dass noch Vermögen vorhanden ist, das der Verteilung unterliegt. (2) [1]Die Gesellschafter können anstelle der Liquidation eine andere Art der Abwicklung vereinbaren. [2]Ist aufgrund einer Vereinbarung im Gesellschaftsvertrag die Gesellschaft durch die Kündigung eines Privatgläubigers eines Gesellschafters oder durch die Eröffnung des Insolvenzverfahrens über das Vermögen eines Gesellschafters aufgelöst, bedarf eine Vereinbarung über eine andere Art der Abwicklung der Zustimmung des Privatgläubigers oder des Insolvenzverwalters; ist im Insolvenzverfahren Eigenverwaltung angeordnet, tritt an die Stelle der Zustimmung des Insolvenzverwalters die Zustimmung des Schuldners. (3) Die Liquidation erfolgt nach den folgenden Vorschriften dieses Titels, sofern sich nicht aus dem Gesellschaftsvertrag etwas anderes ergibt.	(2) Ist die Gesellschaft durch Kündigung des Gläubigers eines Gesellschafters oder durch die Eröffnung des *Konkurses* über das Vermögen eines Gesellschafters aufgelöst, so kann die Liquidation nur mit Zustimmung des Gläubigers oder des *Konkurs*verwalters unterbleiben. **§ 145 idF. 1994**[423] (1) Nach *der* Auflösung der Gesellschaft findet die Liquidation statt, sofern nicht *eine andere Art der Auseinandersetzung von den Gesellschaftern vereinbart oder* über das Vermögen der Gesellschaft das Insolvenzverfahren eröffnet ist. (2) Ist die Gesellschaft durch Kündigung *des* Gläubigers eines Gesellschafters oder durch die Eröffnung des Insolvenzverfahrens über das Vermögen eines Gesellschafters aufgelöst, *so kann die Liquidation nur mit* Zustimmung des Gläubigers oder des Insolvenzverwalters *unterbleiben*; ist im Insolvenzverfahren Eigenverwaltung angeordnet, *so* tritt an die Stelle der Zustimmung des Insolvenzverwalters die Zustimmung des Schuldners. (3) Ist die Gesellschaft durch Löschung wegen Vermögenslosigkeit aufgelöst, *so* findet eine Liquidation nur statt, wenn sich nach der Löschung herausstellt, daß Vermögen vorhanden ist, das der Verteilung unterliegt.
§ 144[424] **Liquidatoren**[425] (1) Zur Liquidation sind alle Gesellschafter berufen. (2) Ist über das Vermögen eines Gesellschafters das Insolvenzverfahren eröffnet und ein Insolvenzverwalter bestellt worden, tritt dieser an die Stelle des Gesellschafters. (3) Mehrere Erben eines Gesellschafters haben einen gemeinsamen Vertreter zu bestellen. (4) Durch Vereinbarung im Gesellschaftsvertrag oder durch Beschluss der Gesellschafter können auch einzelne Gesellschafter oder andere Personen zu Liquidatoren berufen werden.	**§ 146** (1) [1]*Die Liquidation erfolgt, sofern sie nicht durch Beschluß der Gesellschafter oder durch den Gesellschaftsvertrag einzelnen Gesellschaftern oder anderen Personen übertragen ist, durch sämmtliche Gesellschafter als Liquidatoren.* [2]Mehrere Erben eines Gesellschafters haben einen gemeinsamen Vertreter zu bestellen. (2) [1]*Auf Antrag eines Betheiligten kann aus wichtigen Gründen die Ernennung von Liquidatoren durch das Gericht erfolgen, in dessen Bezirk die Gesellschaft ihren Sitz hat; das Gericht kann in einem solchen Falle Personen*

423 § 145 Abs. 1 geändert, Abs. 2 neu gefasst, Abs. 3 eingefügt durch Art. 40 Nr. 13 Gesetz v. 5.10.1994 (EGInsO), BGBl. I S. 2911, m.W.v. 1.1.1999.

424 § 144 neu gefasst durch Art. 51 Nr. 3 Gesetz v. 10.8.2021 (MoPeG), BGBl. I S. 3436, m.W.v. 1.1.2024.

425 Amtliche Überschrift nach Art. 51 Nr. 3 Gesetz v. 10.8.2021 (MoPeG), BGBl. I S. 3436, m.W.v. 1.1.2024.

ADHGB 1861	UGB
durch die sämmtlichen bisherigen Gesellschafter oder deren Vertreter als Liquidatoren. [2][→ § 144] (2) [→ § 144]	(2) Ist die Gesellschaft durch Kündigung nach § 339 Abs. 1 EO oder durch die Eröffnung des Konkursverfahrens über das Vermögen eines Gesellschafters aufgelöst, so kann die Liquidation nur mit Zustimmung des Verwalters oder des Masseverwalters unterbleiben.
Art. 133 (1) [1] [→ § 143] [2]*Ist einer der Gesellschafter gestorben, so* haben *dessen Rechtsnachfolger* einen gemeinschaftlichen Vertreter zu bestellen. (2) [1]Auf *den* Antrag eines *Gesellschafters* kann aus wichtigen Gründen die Ernennung von Liquidatoren durch *den Richter* erfolgen. [2]*Der Richter* kann in einem solchen Falle Personen zu Liquidatoren ernennen *oder als solche beiordnen, welche* nicht zu den Gesellschaftern gehören.	**§ 146 Bestellung der Liquidatoren** (1) [1]Die Liquidation erfolgt, sofern sie nicht durch Beschluß der Gesellschafter oder durch den Gesellschaftsvertrag einzelnen Gesellschaftern oder anderen Personen übertragen ist, durch sämtliche Gesellschafter als Liquidatoren. [2]Mehrere Erben eines Gesellschafters haben einen gemeinsamen Vertreter zu bestellen. (2) [1]Auf Antrag eines Beteiligten kann aus wichtigen Gründen die Ernennung von Liquidatoren durch das Gericht erfolgen, in dessen Sprengel die Gesellschaft ihren Sitz hat; das Gericht kann in einem solchen Falle Personen

HGB	HGB 1897
(5) Hat nach dem Gesellschaftsvertrag die Mehrheit der Stimmen zu entscheiden, gilt dies im Zweifel nicht für die Berufung und Abberufung eines Liquidators. [Abs. 3 = § 146 Abs. 1 S. 2 idF. 1897]	*zu Liquidatoren ernennen, die nicht zu den Gesellschaftern gehören.* *[2]Als Betheiligter gilt außer den Gesellschaftern im Falle des §. 135 auch der Gläubiger, durch den die Kündigung erfolgt ist.* (3) Ist über das Vermögen eines Gesellschafters *der Konkurs* eröffnet, so tritt *der Konkursverwalter* an die Stelle des Gesellschafters. **§ 146 idF. 1994**[426] (1) [= § 146 Abs. 1 idF. 1897] (2) [1] [= § 146 Abs. 2 S. 1 idF. 1897] [2] [= § 146 Abs. 2 S. 2 idF. 1897] *[3]Im Falle des § 145 Abs. 3 sind die Liquidatoren auf Antrag eines Beteiligten durch das Gericht zu ernennen.* (3) Ist über das Vermögen eines Gesellschafters das Insolvenzverfahren eröffnet *und ist* ein Insolvenzverwalter bestellt, *so* tritt dieser an die Stelle des Gesellschafters.
§ 145[427] **Gerichtliche Berufung und Abberufung von Liquidatoren**[428] (1) [1]Auf Antrag eines Beteiligten kann aus wichtigem Grund ein Liquidator durch das Gericht, in dessen Bezirk die Gesellschaft ihren Sitz hat, berufen und abberufen werden. [2]Eine Vereinbarung im Gesellschaftsvertrag, welche dieses Recht ausschließt, ist unwirksam. (2) Beteiligte sind: 1. jeder Gesellschafter (§ 144 Absatz 1), 2. der Insolvenzverwalter über das Vermögen des Gesellschafters (§ 144 Absatz 2), 3. der gemeinsame Vertreter (§ 144 Absatz 3) und 4. der Privatgläubiger des Gesellschafters, durch den die zur Auflösung der Gesellschaft führende Kündigung erfolgt ist (§ 143 Absatz 2 Satz 2). (3) [1]Gehört der Liquidator nicht zu den Gesellschaftern, hat er Anspruch auf Ersatz der erforderlichen Aufwendungen und auf Vergütung für seine Tätigkeit. [2]Einigen sich der Liquidator und die Gesellschaft hierüber nicht, setzt das Gericht die Aufwendungen und die	**§ 147** *Die Abberufung von Liquidatoren geschieht durch einstimmigen Beschluß der nach §. 146 Abs. 2, 3 Betheiligten; sie* kann auf Antrag eines Betheiligten aus wichtigen Gründen *auch* durch das Gericht *erfolgen.*

426 § 146 Abs. 2 S. 3 eingefügt, Abs. 3 neu gefasst durch Art. 40 Nr. 13 Gesetz v. 5.10.1994 (EGInsO), BGBl. I S. 2911, m.W.v. 1.1.1999.
427 § 145 neu gefasst durch Art. 51 Nr. 3 Gesetz v. 10.8.2021 (MoPeG), BGBl. I S. 3436, m.W.v. 1.1.2024.
428 Amtliche Überschrift nach Art. 51 Nr. 3 Gesetz v. 10.8.2021 (MoPeG), BGBl. I S. 3436, m.W.v. 1.1.2024.

ADHGB 1861	UGB
	zu Liquidatoren ernennen, die nicht zu den Gesellschaftern gehören. [2]Als Beteiligter gilt außer den Gesellschaftern im Falle des § 338 Abs. 1 EO auch der Verwalter, durch den die Kündigung erfolgt ist. (3) Ist über das Vermögen eines Gesellschafters das Konkursverfahren eröffnet oder das Sanierungsverfahren eröffnet und dem Gesellschafter die Eigenverwaltung entzogen, so tritt der Insolvenzverwalter an die Stelle des Gesellschafters. [Abs. 1 = § 146 Abs. 1 idF. 1897]
Art. 134 Die Abberufung von Liquidatoren geschieht durch einstimmigen Beschluß *aller Gesellschafter*; sie kann *auch* auf *den* Antrag eines *Gesellschafters* aus wichtigen Gründen durch den *Richter* erfolgen.	**§ 147 Abberufung von Liquidatoren** Die Abberufung von Liquidatoren geschieht durch einstimmigen Beschluß der nach § 146 Abs. 2, 3 Beteiligten; sie kann auf Antrag eines Beteiligten aus wichtigen Gründen auch durch das Gericht erfolgen. [= § 147 idF. 1897]

HGB	HGB 1897
Vergütung fest. ³Gegen die Entscheidung ist die Beschwerde zulässig; die Rechtsbeschwerde ist ausgeschlossen. ⁴Aus der rechtskräftigen Entscheidung findet die Zwangsvollstreckung nach der Zivilprozessordnung statt.	
§ 146[429] Geschäftsführungs- und Vertretungsbefugnis der Liquidatoren[430] (1) ¹Mit der Auflösung erlischt die einem Gesellschafter im Gesellschaftsvertrag übertragene Befugnis zur Geschäftsführung und Vertretung. ²Diese Befugnis steht von der Auflösung an allen Liquidatoren gemeinsam zu. (2) Die bisherige Befugnis eines Gesellschafters zur Geschäftsführung gilt gleichwohl zu seinen Gunsten als fortbestehend, bis er von der Auflösung der Gesellschaft Kenntnis erlangt hat oder die Auflösung kennen muss.	**§ 150[431]** (1) *Sind mehrere Liquidatoren vorhanden, so können sie die zur Liquidation gehörenden Handlungen nur in Gemeinschaft vornehmen, sofern nicht bestimmt ist, daß sie einzeln handeln können; eine solche Bestimmung ist in das Handelsregister einzutragen.*[432] (2) ¹*Durch die Vorschrift des Abs. 1 wird nicht ausgeschlossen, daß die Liquidatoren einzelne von ihnen zur Vornahme bestimmter Geschäfte oder bestimmter Arten von Geschäften ermächtigen.* ²*Ist der Gesellschaft gegenüber eine Willenserklärung abzugeben, so findet die Vorschrift des §. 125 Abs. 2 Satz 3 entsprechende Anwendung.* **§ 729 BGB idF. 1896** *Wird die Gesellschaft in anderer Weise als durch Kündigung aufgelöst, so gilt die einem* Gesellschafter *durch den Gesellschaftsvertrag übertragene* Befugniß zur Geschäftsführung zu seinen Gunsten gleichwohl als fortbestehend, bis er von der Auflösung Kenntniß erlangt oder die Auflösung kennen muß. **§ 151** *Eine Beschränkung des Umfanges der Befugnisse der Liquidatoren ist Dritten gegenüber unwirksam.*
§ 147[433] Anmeldung der Liquidatoren[434] (1) ¹Die Liquidatoren und ihre Vertretungsbefugnis sind von sämtlichen Gesellschaftern zur	**§ 148[435]** (1) ¹Die Liquidatoren sind von sämmtlichen Gesellschaftern zur Eintragung in das Handels-

429 § 146 neu gefasst durch Art. 51 Nr. 3 Gesetz v. 10.8.2021 (MoPeG), BGBl. I S. 3436, m.W.v. 1.1.2024.
430 Amtliche Überschrift nach Art. 51 Nr. 3 Gesetz v. 10.8.2021 (MoPeG), BGBl. I S. 3436, m.W.v. 1.1.2024.
431 § 150 Abs. 1 geändert durch Gesetz v. 10.12.2001 (ERJuKoG), BGBl. I S. 3422, m.W.v. 15.12.2001.
432 Art. 1 Nr. 9 Gesetz v. 10.12.2001 (ERJuKoG), BGBl. I S. 3422, m.W.v. 15.12.2001.
433 § 147 neu gefasst durch Art. 51 Nr. 3 Gesetz v. 10.8.2021 (MoPeG), BGBl. I S. 3436, m.W.v. 1.1.2024.
434 Amtliche Überschrift nach Art. 51 Nr. 3 Gesetz v. 10.8.2021 (MoPeG), BGBl. I S. 3436, m.W.v. 1.1.2024.
435 § 148 Abs. 3 neu gefasst durch Art. 3 Nr. 33 Gesetz v. 22.6.1998 (HRefG), BGBl. I S. 1474, m.W.v. 1.7.1998; § 148 Abs. 1 S. 1 geändert durch Art. 1 Nr. 8 Gesetz v. 10.12.2001 (ERJuKoG), BGBl. I S. 3422, m.W.v. 15.12.2001.

ADHGB 1861	UGB
Art. 136 Sind mehrere Liquidatoren vorhanden, so können sie die zur Liquidation gehörenden Handlungen mit rechtlicher Wirkung nur in Gemeinschaft vornehmen, sofern nicht *ausdrücklich* bestimmt ist, daß sie einzeln handeln können.	**§ 150 Mehrere Liquidatoren** (1) Sind mehrere Liquidatoren vorhanden, so können sie die zur Liquidation gehörenden Handlungen nur in Gemeinschaft vornehmen, sofern nicht bestimmt ist, daß sie einzeln handeln können; eine solche Bestimmung ist zur Eintragung in das Firmenbuch anzumelden. (2) Durch die Vorschrift des Abs. 1 wird nicht ausgeschlossen, daß die Liquidatoren einzelne von ihnen zur Vornahme bestimmter Geschäfte oder bestimmter Arten von Geschäften ermächtigen. Ist der Gesellschaft gegenüber eine Willenserklärung abzugeben, so findet die Vorschrift des § 125 Abs. 2 Satz 3 entsprechende Anwendung. [Abs. 2 = § 150 Abs. 2 idF. 1897]
Art. 138 Eine Beschränkung des Umfanges der *Geschäfts*befugnisse der Liquidatoren *(Art. 137.) hat* gegen dritte *Personen keine rechtliche Wirkung.*	**§ 151 Unbeschränkbarkeit der Befugnisse** Eine Beschränkung des Umfanges der Befugnisse der Liquidatoren ist Dritten gegenüber unwirksam. [= § 151 idF. 1897]
Art. 135 (1) Die Liquidatoren sind von *den* Gesellschaftern *beim Handelsgerichte* zur Eintragung in	**§ 148 Anmeldung der Liquidatoren** (1) [1]Die Liquidatoren sind von sämmtlichen Gesellschaftern zur Eintragung in das Firmen-

HGB	HGB 1897
Eintragung in das Handelsregister anzumelden. 2Das Gleiche gilt für jede Änderung in der Person des Liquidators oder in seiner Vertretungsbefugnis. 3Wenn im Fall des Todes eines Gesellschafters anzunehmen ist, dass die Anmeldung den Tatsachen entspricht, kann die Eintragung erfolgen, auch ohne dass die Erben bei der Anmeldung mitwirken, sofern einer solchen Mitwirkung besondere Hindernisse entgegenstehen. (2) Die Eintragung gerichtlich berufener Liquidatoren sowie die Eintragung der gerichtlichen Abberufung von Liquidatoren geschieht von Amts wegen.	register anzumelden. 2Das Gleiche gilt *von* jeder Aenderung in den Person*en der* Liquidator*en* oder in *ihrer* Vertretungs*macht.* 3Im Falle des Todes eines Gesellschafters kann, wenn anzunehmen ist, daß die Anmeldung den Thatsachen entspricht, die Eintragung erfolgen, auch ohne daß die Erben bei der Anmeldung mitwirken, *soweit* einer solchen Mitwirkung besondere Hindernisse entgegenstehen. (2) Die Eintragung gerichtlich *bestellter* Liquidatoren sowie die Eintragung der gerichtlichen Abberufung von Liquidatoren geschieht von Amtswegen. (3) Die Liquidatoren haben *die* Firma *nebst* ihrer Namensunterschrift zur Aufbewahrung bei dem Gerichte zu zeichnen.[436]
	§ 148 Abs. 3 idF. 1998[437] (3) *Die Liquidatoren haben ihre Namenunterschrift unter Angabe der Firma zur Aufbewahrung bei dem Gericht zu zeichnen.*
	§ 148 Abs. 1 S. 1 idF. 2001[438] (1) 1Die Liquidatoren und ihre Vertretungs*macht* sind von sämtlichen Gesellschaftern zur Eintragung in das Handelsregister anzumelden.
§ 148[439] Rechtsstellung der Liquidatoren[440] (1) 1Die Liquidatoren haben, auch wenn sie vom Gericht berufen sind, den Weisungen Folge zu leisten, welche die Beteiligten in Bezug auf die Geschäftsführung beschließen. 2Hat nach dem Gesellschaftsvertrag die Mehrheit der Stimmen zu entscheiden, bedarf der Beschluss der Zustimmung der Beteiligten nach § 145 Absatz 2 Nummer 2 und 4.	**§ 152** *Gegenüber den nach §. 146 Abs. 2, 3 Betheiligten* haben die Liquidatoren, auch wenn sie vom Gerichte *bestellt* sind, den *Anordnungen* Folge zu leisten, welche die Betheiligten in *Betreff* der Geschäftsführung einstimmig beschließen.
(2) 1Die Liquidatoren haben die laufenden Geschäfte zu beendigen, die Forderungen der Gesellschaft einzuziehen und das übrige Vermögen in Geld umzusetzen. 2Zur Beendigung der laufenden Geschäfte können die Liquidatoren auch neue Geschäfte eingehen.	**§ 149** 1Die Liquidatoren haben die laufenden Geschäfte zu beendigen, die Forderungen einzuziehen, das übrige Vermögen in Geld umzusetzen *und* die Gläubiger zu befriedigen; zur Beendigung *schwebender* Geschäfte können *sie* auch neue Geschäfte eingehen. 2*Die Liquidato-*

436 Art. 1 Nr. 17 Gesetz v. 10.11.2006 (EHUG), BGBl. I S. 2553, m.W.v. 1.1.2007.

437 § 148 Abs. 3 neu gefasst durch Art. 3 Nr. 33 Gesetz v. 22.6.1998 (HRefG), BGBl. I S. 1474, m.W.v. 1.7.1998; § 148 Abs. 3 aufgehoben durch Art. 1 Nr. 17 Gesetz v. 10.11.2006 (EHUG), BGBl. I S. 2553, m.W.v. 1.1.2007.

438 § 148 Abs. 1 S. 1 geändert durch Art. 1 Nr. 8 Gesetz v. 10.12.2001 (ERJuKoG), BGBl. I S. 3422, m.W.v. 15.12.2001.

439 § 148 neu gefasst durch Art. 51 Nr. 3 Gesetz v. 10.8.2021 (MoPeG), BGBl. I S. 3436, m.W.v. 1.1.2024.

440 Amtliche Überschrift nach Art. 51 Nr. 3 Gesetz v. 10.8.2021 (MoPeG), BGBl. I S. 3436, m.W.v. 1.1.2024.

ADHGB 1861	UGB
das Handelsregister anzumelden; *sie haben ihre Unterschrift persönlich vor dem Handelsgerichte zu zeichnen oder die Zeichnung in beglaubigter Form einzureichen.* (2) *Das Austreten eines* Liquidators oder *das Erlöschen der Vollmacht eines solchen ist gleichfalls zur Eintragung in das Handelsregister anzumelden.* (3) *Die Gesellschafter sind zur Befolgung dieser Vorschriften von Amtswegen durch Ordnungsstrafen anzuhalten.* *(4) Dritten Personen kann die Ernennung von Liquidatoren, sowie das Austreten eines Liquidators oder das Erlöschen der Vollmacht eines solchen nur in sofern entgegengesetzt werden, als hinsichtlich dieser Thatsachen die Voraussetzungen vorhanden sind, unter welchen nach Art. 25. und 46. hinsichtlich einer Aenderung der Inhaber einer Firma oder des Erlöschens einer Prokura die Wirkung gegen Dritte eintritt.*	buch anzumelden. [2]Das Gleiche gilt von jeder Änderung in den Personen der Liquidatoren oder in ihrer Vertretungsmacht. [3]Im Fall des Todes eines Gesellschafters kann, wenn anzunehmen ist, dass die Anmeldung den Tatsachen entspricht, die Eintragung auch ohne Mitwirkung der Erben bei der Anmeldung erfolgen, soweit einer solchen Mitwirkung besondere Hindernisse entgegenstehen. (2) Die Eintragung gerichtlich bestellter Liquidatoren sowie die Eintragung der gerichtlichen Abberufung von Liquidatoren geschieht von Amtswegen. (3) Die Liquidatoren haben ihre Namensunterschrift zur Aufbewahrung bei Gericht zu zeichnen. [Abs. 2 = § 148 Abs. 2 idF. 1897]
Art. 140 Die Liquidatoren haben, *selbst* wenn sie vom *Richter* bestellt sind, den *Gesellschaftern* gegenüber *bei* der Geschäftsführung *den von diesen* einstimmig *getroffenen* Anordnungen Folge zu *geben.*	**§ 152 Bindung an Weisungen** Die Liquidatoren haben, auch wenn sie gerichtlich bestellt sind, den in Bezug auf die Geschäftsführung einstimmig beschlossenen Anordnungen der gemäß § 146 Abs. 2 und 3 Beteiligten Folge zu leisten.
Art. 137 (1) [1]Die Liquidatoren haben die laufenden Geschäfte zu beendigen, *die Verpflichtungen der aufgelösten Gesellschaft zu erfüllen*, die Forderungen *derselben* einzuziehen *und* das Vermögen *der Gesellschaft zu versilbern*; *sie haben* die Gesellschaft gerichtlich und außergerichtlich *zu* vertreten; *sie können für dieselbe*	**§ 149 Rechte und Pflichten der Liquidatoren; Auseinandersetzung** (1) [1]Die Liquidatoren haben die laufenden Geschäfte zu beenden, die Forderungen einzuziehen, das übrige Vermögen in Geld umzusetzen und die Gläubiger zu befriedigen; zur Beendigung schwebender Geschäfte können sie auch neue Geschäfte eingehen. [2]Die Liqui-

HGB	HGB 1897
(3) [1]Die Liquidatoren haben bei Abgabe ihrer Unterschrift der Firma einen Liquidationszusatz beizufügen. [2]Dies gilt entsprechend für die Pflicht nach § 125.	*ren vertreten innerhalb ihres Geschäftskreises die Gesellschaft gerichtlich und außergerichtlich.*
(4) [1]Die Liquidatoren haben gegenüber den nach § 145 Absatz 2 Beteiligten zur Ermittlung des zu verteilenden Gesellschaftsvermögens bei Beginn und Beendigung der Liquidation eine Bilanz aufzustellen. [2]Die Pflichten zur Buchführung (§§ 238 bis 241a) und Jahresrechnungslegung (§§ 242 bis 256a) bleiben unberührt.	**§ 153** Die Liquidatoren haben ihre Unterschrift *in der Weise abzugeben*, daß sie der bisherigen, als Liquidations*firma zu bezeichnenden* Firma *ihren Namen* beifügen. **§ 154** Die Liquidatoren haben bei *dem* Beginn*e sowie bei der* Beendigung der Liquidation eine Bilanz aufzustellen.
(5) [1]Aus dem Vermögen der Gesellschaft sind zunächst die Gläubiger der Gesellschaft zu befriedigen. [2]Ist eine Verbindlichkeit noch nicht fällig oder ist sie streitig, ist das zur Berichtigung der Verbindlichkeit Erforderliche zurückzubehalten.	**§ 155** (1) Das nach Berichtigung der *Schulden* verbleibende Vermögen der Gesellschaft ist *von den Liquidatoren* nach dem Verhältnisse *der* Kapitalantheile, wie sie sich auf Grund der Schlußbilanz ergeben, unter *die* Gesellschafter zu vertheilen.
(6) [1]Aus dem nach der Berichtigung der Verbindlichkeiten verbleibenden Gesellschaftsvermögen sind die geleisteten Beiträge zurückzuerstatten. [2]Für Beiträge, die nicht in Geld bestanden haben, ist der Wert zu ersetzen, den sie zur Zeit der Einbringung gehabt haben. [3]Für Beiträge, die in der Leistung von Diensten oder in der Überlassung der Benutzung eines Gegenstands bestanden haben, kann im Zweifel kein Ersatz verlangt werden.	(2) [1]Das während der Liquidation entbehrliche Geld wird vorläufig vertheilt. [2]*Zur Deckung noch nicht fälliger oder streitiger Verbindlichkeiten sowie zur Sicherung der den Gesellschaftern bei der Schlußvertheilung zukommenden Beträge* ist das Erforderliche zurückzubehalten. [3]*Die Vorschriften des §. 122 Abs. 1 finden während der Liquidation keine Anwendung.*
(7) Das während der Liquidation entbehrliche Geld wird unter Berücksichtigung der den Gesellschaftern bei der Schlussverteilung zukommenden Beträge vorläufig verteilt.	(3) *Entsteht über die Vertheilung des Gesellschaftsvermögens Streit unter den Gesellschaftern, so haben die Liquidatoren die Vertheilung bis zur Entscheidung des Streites auszusetzen.*
(8) Das nach Berichtigung der Verbindlichkeiten und Rückerstattung der Beiträge verbleibende Vermögen der Gesellschaft ist unter den Gesellschaftern nach dem Verhältnis ihrer Kapitalanteile, wie sie sich aufgrund der Schlussbilanz im Sinne von Absatz 4 ergeben, schließlich zu verteilen.	

441 Vierte Verordnung zur Einführung handelsrechtlicher Vorschriften im Lande Österreich v. 24.12.1938, dRGBl. I 1938 S. 1999, zuletzt geändert durch Zinsenrechts-Änderungsgesetz, öBGBl. I 2002/118, aufgehoben durch Art. XXIX Handelsrechts-Änderungsgesetz, öBGBl. I 2005/120, m.W.v. 31.12.2006.

ADHGB 1861

Vergleiche schließen und Kompromisse eingehen. [2]Zur Beendigung schwebender Geschäfte können *die Liquidatoren* auch neue Geschäfte eingehen.
(2) *Die Veräußerung von unbeweglichen Sachen kann durch die Liquidatoren ohne Zustimmung der sämmtlichen Gesellschafter nicht anders, als durch öffentliche Versteigerung bewirkt werden.*

Art. 139
Die Liquidatoren haben ihre Unterschrift in der Weise abzugeben, daß sie der bisherigen, *nun* als Liquidationsfirma zu bezeichnenden, Firma ihre Namen beifügen.

Art. 141
(1) *Die* während der Liquidation entbehrlichen Gelder werden vorläufig *unter die Gesellschafter* vertheilt.
(2) Zur Deckung *von Schulden der Gesellschaft, welche erst später* fällig *werden,* sowie zur *Deckung der Ansprüche, welche* den *einzelnen* Gesellschaftern bei der *Auseinandersetzung* zustehen, *sind die* erforderlichen *Gelder* zurückzubehalten.

Art. 142
(1) *Die Liquidatoren haben die schließliche Auseinandersetzung unter den Gesellschaftern herbeizuführen.*
(2) Streit*igkeiten, welche über die Auseinandersetzung entstehen, fallen der richterlichen Entscheidung anheim.*

Art. 143
(1) *Wenn ein Gesellschafter Sachen in die Gesellschaft eingebracht hat, welche Eigenthum derselben geworden sind, so fallen dieselben bei der Auseinandersetzung nicht an ihn zurück, sondern er erhält den Werth aus dem Gesellschaftsvermögen erstattet, für welchen sie gemäß Uebereinkunft übernommen wurden.*
(2) *Fehlt es an dieser Werthbestimmung, so geschieht die Erstattung nach dem Werthe, welchen die Sachen zur Zeit der Einbringung hatten.*

UGB

datoren vertreten die Gesellschaft gerichtlich und außergerichtlich.
(2) Den Gesellschaftern sind die Gegenstände, die sie der Gesellschaft zur Benutzung überlassen haben, zurückzugeben. Für einen durch Zufall abhanden gekommenen oder verschlechterten Gegenstand können sie keinen Ersatz verlangen.

[Abs. 1 = § 149 idF. 1897]

4. Einführungsverordnung zum Handelsgesetzbuch[441]
Art. 7 I Nr. 18. Zu § 149 HGB
Auseinandersetzung
[1]*Den Gesellschaftern sind die Gegenstände, die sie der Gesellschaft zur Benutzung überlassen haben, zurückzugeben.* [2]*Für einen durch Zufall in Abgang gekommenen oder verschlechterten Gegenstand können sie Ersatz nicht verlangen.*

§ 153 Unterschrift
Die Liquidatoren haben ihre Unterschrift in der Weise abzugeben, daß sie der bisherigen, als Liquidationsfirma zu bezeichnen Firma ihren Namen beifügen.

[= § 153 idF. 1897]

§ 154 Liquidationsbilanz; Zuweisung des Liquidationsgewinnes oder -verlustes
(1) Die Liquidatoren haben bei dem Beginne sowie bei der Beendigung der Liquidation eine Bilanz aufzustellen.
(2) Die Zuweisung eines Liquidationsgewinns oder -verlustes richtet sich nach der Beteiligung der Gesellschafter (§ 109).

[Abs. 1 = § 154 idF. 1897]

§ 155 Verteilung des Gesellschaftsvermögens; Ausgleich unter den Gesellschaftern
(1) Das nach Berücksichtigung der Schulden verbleibende Vermögen der Gesellschaft ist von den Liquidatoren nach dem Verhältnis der Beteiligung der Gesellschafter unter Berücksichtigung ihrer Guthaben und Verbindlichkei-

HGB	HGB 1897

442 Vierte Verordnung zur Einführung handelsrechtlicher Vorschriften im Lande Österreich v. 24.12.1938, dRGBl. I 1938 S. 1999, zuletzt geändert durch Zinsenrechts-Änderungsgesetz, öBGBl. I 2002/118, aufgehoben durch Art. XXIX Handelsrechts-Änderungsgesetz, öBGBl. I 2005/120, m.W.v. 31.12.2006.

ADHGB 1861	UGB

ten aus dem Gesellschaftsverhältnis, wie sie sich aufgrund der Schlussbilanz ergeben, unter die Gesellschafter zu verteilen.

(2) [1]Das während der Liquidation entbehrliche Geld wird vorläufig verteilt. [2]Zur Deckung noch nicht fälliger oder streitiger Verbindlichkeiten sowie zur Sicherung der den Gesellschaftern bei der Schlußverteilung zukommenden Beträge ist das Erforderliche zurückzubehalten. [3]Die Vorschriften des § 122 Abs. 1 finden während der Liquidation keine Anwendung.

(3) Entsteht über die Verteilung des Gesellschaftsvermögens Streit unter den Gesellschaftern, so haben die Liquidatoren die Verteilung bis zur Entscheidung des Streites auszusetzen.

(4) [1]Reicht das Gesellschaftsvermögen zur Deckung der Guthaben von Gesellschaftern aus dem Gesellschaftsverhältnis nicht aus, so sind die übrigen Gesellschafter ihnen gegenüber verpflichtet, für den Betrag im Verhältnis ihrer Verbindlichkeiten aus dem Gesellschaftsverhältnis aufzukommen. [2]Kann von einem Gesellschafter der auf ihn entfallende Betrag nicht erlangt werden, so wird der Ausfall auf die übrigen Gesellschafter wie ein Verlust verteilt.

[Abs. 2 = § 155 Abs. 2 idF. 1897]
[Abs. 3 = § 155 Abs. 3 idF. 1897]

4. Einführungsverordnung zum Handelsgesetzbuch[442]

Art. 7 I Nr. 19. Zu § 155 HGB

Ausgleich unter den Gesellschaftern

[1]Reicht das Gesellschaftsvermögen zur Deckung der Gesellschaftsschulden und der Kapitalanteile der Gesellschafter nicht aus, so haben die Gesellschafter für den Fehlbetrag nach dem Verhältnis aufzukommen, nach dem sie den Verlust zu tragen haben. [2]Kann von einem Gesellschafter der auf ihn entfallende Betrag nicht erlangt werden, so haben die übrigen Gesellschafter den Ausfall nach dem genannten Verhältnis zu tragen.

HGB	HGB 1897
	§ 156 *Bis zur Beendigung der Liquidation kommen in Bezug auf das Rechtsverhältniß der bisherigen Gesellschafter unter einander sowie der Gesellschaft zu Dritten die Vorschriften des zweiten und dritten Titels zur Anwendung, soweit sich nicht aus dem gegenwärtigen Titel oder aus dem Zwecke der Liquidation ein Anderes ergiebt.*
§ 149[443] Haftung des Gesellschafters für Fehlbetrag[444] [1]Reicht das Gesellschaftsvermögen zur Berichtigung der Verbindlichkeiten und zur Rückerstattung der Beiträge nicht aus, haben die Gesellschafter der Gesellschaft für den Fehlbetrag nach dem Verhältnis ihrer Kapitalanteile aufzukommen. [2]Kann von einem Gesellschafter der auf ihn entfallende Betrag nicht erlangt werden, haben die anderen Gesellschafter den Ausfall nach dem gleichen Verhältnis zu tragen.	**§ 739 BGB idF. 1896** Reicht *der Wert des* Gesellschaftsvermögens zur *Deckung der gemeinschaftlichen Schulden und der Einlagen* nicht aus, *so hat der Ausscheidende den übrigen Gesellschaftern* für den Fehlbetrag nach dem Verhältnis seines Antheil*s am Verlust* aufzukommen.
§ 150[445] Anmeldung des Erlöschens der Firma[446] Nach der Beendigung der Liquidation ist das Erlöschen der Firma von sämtlichen Liquidatoren zur Eintragung in das Handelsregister anzumelden.	**§ 157** (1) Nach der Beendigung der Liquidation ist das Erlöschen der Firma von *den* Liquidatoren zur Eintragung in das Handelsregister anzumelden. (2) [→ § 152] (3) [→ § 152]

443 § 149 neu gefasst durch Art. 51 Nr. 3 Gesetz v. 10.8.2021 (MoPeG), BGBl. I S. 3436, m.W.v. 1.1.2024.
444 Amtliche Überschrift nach Art. 51 Nr. 3 Gesetz v. 10.8.2021 (MoPeG), BGBl. I S. 3436, m.W.v. 1.1.2024.
445 § 150 neu gefasst durch Art. 51 Nr. 3 Gesetz v. 10.8.2021 (MoPeG), BGBl. I S. 3436, m.W.v. 1.1.2024.
446 Amtliche Überschrift nach Art. 51 Nr. 3 Gesetz v. 10.8.2021 (MoPeG), BGBl. I S. 3436, m.W.v. 1.1.2024.

ADHGB 1861	UGB
Art. 144 (1) *Ungeachtet der Auflösung der Gesellschaft* kommen bis zur Beendigung der Liquidation in Bezug auf das Rechtsverhältniß der bisherigen Gesellschafter unter einander sowie der Gesellschaft zu dritten *Personen* die Vorschriften des zweiten und dritten *Abschnitts* zur Anwendung, soweit sich aus den *Bestimmungen des* gegenwärtigen *Abschnitts* und aus dem *Wesen* der Liquidation nicht ein Anderes ergiebt. (2) *Der Gerichtsstand, welchen die Gesellschaft zur Zeit ihrer Auflösung hatte, bleibt bis zur Beendigung der Liquidation für die aufgelöste Gesellschaft bestehen.* (3) *Zustellungen an die Gesellschaft geschehen mit rechtlicher Wirkung an einen der Liquidatoren.*	**§ 156 Rechtsverhältnis der bisherigen Gesellschafter untereinander** Bis zur Beendigung der Liquidation kommen in Bezug auf das Rechtsverhältnis der bisherigen Gesellschafter unter einander sowie der Gesellschaft zu Dritten die Vorschriften des zweiten und dritten Titels zur Anwendung, soweit sich nicht aus dem gegenwärtigen Titel oder aus dem Zwecke der Liquidation ein anderes ergibt. [= § 156 idF. 1897]
	§ 157 Anmeldung des Erlöschens; Einsichtsrecht (1) Nach der Beendigung der Liquidation ist das Erlöschen der Firma von den Liquidatoren zur Eintragung in das Firmenbuch anzumelden. (2) [→ § 152] (3) [→ § 152] [Abs. 1 = § 157 Abs. 1 idF. 1897]

HGB	HGB 1897
	§ 158 *Vereinbaren die Gesellschafter statt der Liquidation eine andere Art der Auseinandersetzung, so finden, solange noch ungetheiltes Gesellschaftsvermögen vorhanden ist, im Verhältnisse zu Dritten die für die Liquidation geltenden Vorschriften entsprechende Anwendung.*
	Sechster Titel ***Verjährung. Zeitliche Begrenzung der Haftung***[447] [§§ 159 und 160]
§ 151[448] **Verjährung von Ansprüchen aus der Gesellschafterhaftung**[449] (1) Ist die Gesellschaft durch Liquidation oder auf andere Weise erloschen, verjähren Ansprüche gegen einen Gesellschafter aus Verbindlichkeiten der Gesellschaft in fünf Jahren, sofern nicht der Anspruch gegen die Gesellschaft einer kürzeren Verjährung unterliegt. (2) Die Verjährung beginnt abweichend von § 199 Absatz 1 des Bürgerlichen Gesetzbuchs, sobald der Gläubiger von dem Erlöschen der Firma Kenntnis erlangt hat oder das Erlöschen der Firma im Handelsregister eingetragen worden ist. (3) Beginnt die Verjährung des Anspruchs gegen die Gesellschaft neu oder wird die Verjährung des Anspruchs gegenüber der Gesellschaft nach den §§ 203, 204, 205 oder 206 des Bürgerlichen Gesetzbuchs gehemmt, wirkt dies auch gegenüber den Gesellschaftern, die der Gesellschaft zur Zeit des Erlöschens angehört haben.	**§ 159 idF. 1897/1994**[450] (1) *Die* Ansprüche gegen einen Gesellschafter aus Verbindlichkeiten der Gesellschaft verjähren in fünf Jahren *nach der Auflösung der Gesellschaft oder nach Ausscheiden des Gesellschafters,* sofern nicht der Anspruch gegen die Gesellschaft einer kürzeren Verjährung unterliegt. (2) Die Verjährung beginnt *mit dem Ende des Tages, an welchem die Auflösung der Gesellschaft oder das Ausscheiden des Gesellschafters in das* Handelsregister *des für den Sitz der Gesellschaft zuständigen Gerichts* eingetragen wird. (3) *Wird der Anspruch des Gläubigers gegen die Gesellschaft erst nach der Eintragung fällig, so beginnt die Verjährung mit dem Zeitpunkte der Fälligkeit.* **§ 159 Abs. 4 idF. 1994**[451] (4) *Die Unterbrechung* der Verjährung gegenüber der aufgelösten Gesellschaft *wirkt* auch gegenüber den Gesellschaftern, die der Gesellschaft zur Zeit der Auflösung angehört haben.

447 Überschrift des Sechsten Titels geändert durch Art. 1 Nr. 3 Gesetz v. 18.3.1994 (NachhBG), BGBl. I S. 560, m.W.v. 26.3.1994.

448 § 151 neu gefasst durch Art. 51 Nr. 3 Gesetz v. 10.8.2021 (MoPeG), BGBl. I S. 3436, m.W.v. 1.1.2024.

449 Amtliche Überschrift nach Art. 51 Nr. 3 Gesetz v. 10.8.2021 (MoPeG), BGBl. I S. 3436, m.W.v. 1.1.2024.

450 § 159 Abs. 1 und 2 geändert, Abs. 4 eingefügt durch Art. 1 Nr. 4 Gesetz v. 18.3.1994 (NachhBG), BGBl. I S. 560, m.W.v. 26.3.1994; § 159 Abs. 4 neu gefasst durch Gesetz v. 26.11.2001 (SchuldrechtsmodernisierungsG), BGBl. I S. 3138, m.W.v. 1.1.2002.

451 § 159 Abs. 4 eingefügt durch Art. 1 Nr. 4c Gesetz v. 18.3.1994 (NachhBG), BGBl. I S. 560, m.W.v. 26.3.1994.

ADHGB 1861	UGB
	§ 158 Andere Art der Auseinandersetzung Vereinbaren die Gesellschafter statt der Liquidation eine andere Art der Auseinandersetzung, so finden, solange noch ungeteiltes Gesellschaftsvermögen vorhanden ist, im Verhältnisse zu Dritten die für die Liquidation geltenden Vorschriften entsprechende Anwendung. [= § 158 idF. 1897]
Sechster *Abschnitt* ***Von der* Verjährung *der Klagen gegen die Gesellschafter*** [Artt. 146–149]	**Sechster Titel** **Zeitliche Begrenzung der Haftung** [§§ 159–160]
Art. 146 (1) Die *Klagen* gegen einen Gesellschafter aus *Ansprüchen gegen die* Gesellschaft verjähren in 5 Jahren nach Auflösung der Gesellschaft oder nach *seinem* Ausscheiden *oder seiner Ausschließung aus derselben*, sofern nicht *nach Beschaffenheit der Forderung* eine kürzere Verjährungs*frist gesetzlich eintritt.* (2) Die Verjährung beginnt mit dem Tage, an welchem die Auflösung der Gesellschaft oder das Ausscheiden *oder die Ausschließung* des Gesellschafters *aus derselben* in das Handelsregister eingetragen *ist.* (3) Wird *die Forderung* erst nach der Eintragung fällig, so beginnt die Verjährung mit dem Zeitpunkte der Fälligkeit. **Art. 147** *Ist noch ungetheiltes Gesellschaftsvermögen vorhanden, so kann dem Gläubiger die fünfjährige Verjährung nicht entgegengesetzt werden, sofern er seine Befriedigung nur aus dem Gesellschaftsvermögen sucht.*	**§ 159 Ansprüche gegen einen Gesellschafter** (1) Die Ansprüche gegen einen Gesellschafter aus Verbindlichkeiten der Gesellschaft verjähren in fünf Jahren nach der Auflösung der Gesellschaft, sofern nicht der Anspruch gegen die Gesellschaft einer kürzeren Verjährung unterliegt. (2) Die Verjährung beginnt mit dem Ende des Tages, an welchem die Auflösung der Gesellschaft in das Firmenbuch des für den Sitz der Gesellschaft zuständigen Gerichts eingetragen wird. (3) Wird der Anspruch des Gläubigers gegen die Gesellschaft erst nach der Eintragung fällig, so beginnt die Verjährung mit dem Zeitpunkt der Fälligkeit. (4) Die Unterbrechung der Verjährung gegenüber der aufgelösten Gesellschaft wirkt auch gegenüber den Gesellschaftern, die der Gesellschaft zur Zeit der Auflösung angehört haben. [Abs. 1 = § 159 Abs. 1 idF. 1994] [Abs. 3 = § 159 Abs. 3 idF. 1897] [Abs. 4 = § 159 Abs. 4 idF. 1994]

HGB	HGB 1897
	§ 159 Abs. 4 idF. 2001[452] (4) *Der Neubeginn der* Verjährung *und ihre Hemmung* nach § 204 des Bürgerlichen Gesetzbuchs *gegenüber der aufgelösten Gesellschaft wirken* auch gegenüber den Gesellschaftern, die der Gesellschaft zur Zeit der *Auflösung* angehört haben.
	§ 160 [→ § 137]
§ 152[454] **Aufbewahrung der Geschäftsunterlagen; Einsicht in die Geschäftsunterlagen**[455] (1) [1]Die Geschäftsunterlagen der aufgelösten Gesellschaft werden einem der Gesellschafter oder einem Dritten in Verwahrung gegeben. [2]In Ermangelung einer Verständigung wird der Gesellschafter oder der Dritte durch das Gericht bestimmt, in dessen Bezirk die Gesellschaft ihren Sitz hat. (2) Die Gesellschafter und deren Erben behalten das Recht auf Einsicht und Benutzung der Geschäftsunterlagen.	**§ 157** (1) [→ § 150] (2) [1]Die *Bücher und Papiere* der aufgelösten Gesellschaft werden einem der Gesellschafter oder einem Dritten in Verwahrung gegeben. [2]Der Gesellschafter oder der Dritte wird in Ermangelung einer Verständigung durch das Gericht bestimmt, in dessen Bezirk die Gesellschaft ihren Sitz hat. (3) Die Gesellschafter und deren Erben behalten das Recht auf Einsicht und Benutzung der *Bücher und Papiere.*
§§ 153–160 (*weggefallen*)[456]	

452 § 159 Abs. 4 neu gefasst durch Gesetz v. 26.11.2001 (SchuldrechtsmodernisierungsG), BGBl. I S. 3138, m.W.v. 1.1.2002.
453 Vierte Verordnung zur Einführung handelsrechtlicher Vorschriften im Lande Österreich v. 24.12.1938, dRGBl. I 1938 S. 1999, zuletzt geändert durch Zinsenrechts-Änderungsgesetz, öBGBl. I 2002/118, aufgehoben durch Art. XXIX Handelsrechts-Änderungsgesetz, öBGBl. I 2005/120, m.W.v. 31.12.2006.
454 § 152 neu gefasst durch Art. 51 Nr. 3 Gesetz v. 10.8.2021 (MoPeG), BGBl. I S. 3436, m.W.v. 1.1.2024.
455 Amtliche Überschrift nach Art. 51 Nr. 3 Gesetz v. 10.8.2021 (MoPeG), BGBl. I S. 3436, m.W.v. 1.1.2024.
456 §§ 153 bis 160 aufgehoben durch Art. 51 Nr. 3 Gesetz v. 10.8.2021 (MoPeG), BGBl. I S. 3436, m.W.v. 1.1.2024.

ADHGB 1861	UGB
	*4. **Einführungsverordnung zum Handelsgesetzbuch**[453]* ***Art. 7 I Nr. 20. Zu § 159 HGB*** ***Verjährung der Ansprüche gegen einen Gesellschafter*** *[1]Die Verjährung der Ansprüche gegen Gesellschafter aus Verbindlichkeiten der Gesellschaft läuft gegen nicht eigenberechtigte Gläubiger auch dann, wenn für sie kein gesetzlicher Vertreter bestellt ist. [2]Doch endet die Verjährungszeit nicht vor dem Ablauf von sechs Monaten nach dem Eintritt der unbeschränkten Eigenberechtigung des Gläubigers oder der Bestellung des gesetzlichen Vertreters.*
	§ 160 Begrenzung der Haftung des ausscheidenden Gesellschafters, Frist [→ § 137]
Art. 145 (1) [1]*Nach Beendigung der Liquidation* werden die Bücher und *Schriften* der aufgelösten Gesellschaft einem der *gewesenen* Gesellschafter oder einem Dritten in Verwahrung gegeben. [2]Der Gesellschafter oder der Dritte wird in Ermangelung einer *gütlichen Uebereinkunft* durch das *Handels*gericht bestimmt. (2) Die Gesellschafter und deren *Rechtsnachfolger* behalten das Recht auf Einsicht und Benutzung der Bücher und Papiere.	**§ 157 Anmeldung des Erlöschens; Einsichtsrecht** (1) [→ § 150] (2) [1]Die Bücher und Papiere der aufgelösten Gesellschaft werden einem der Gesellschafter oder einem Dritten in Verwahrung gegeben. [2]Der Gesellschafter oder der Dritte wird in Ermangelung einer Verständigung durch das Gericht bestimmt, in dessen Sprengel die Gesellschaft ihren Sitz hat. (3) Die Gesellschafter und deren Erben behalten das Recht auf Einsicht und Benutzung der Bücher und Papiere. [Abs. 3 = § 157 Abs. 3 idF. 1897]

HGB	HGB 1897

Zweiter Abschnitt
Kommanditgesellschaft [§§ 161–229]

§ 161[457] [Begriff der KG; Anwendbarkeit der OHG-Vorschriften]

(1) Eine Gesellschaft, deren Zweck auf den Betrieb eines Handelsgewerbes unter gemeinschaftlicher Firma gerichtet ist, ist eine Kommanditgesellschaft, wenn bei einem oder bei einigen von den Gesellschaftern die Haftung gegenüber den Gesellschaftsgläubigern auf einen bestimmten Betrag (Haftsumme) beschränkt ist (Kommanditisten), während bei dem anderen Teile der Gesellschafter eine Beschränkung der Haftung nicht stattfindet (persönlich haftende Gesellschafter).

(2) Soweit nicht in diesem Abschnitt ein anderes vorgeschrieben ist, finden auf die Kommanditgesellschaft die für die offene Handelsgesellschaft geltenden Vorschriften entsprechende Anwendung.

Zweiter Abschnitt
Kommanditgesellschaft [§§ 161–177]

§ 161

(1) Eine Gesellschaft, deren Zweck auf den Betrieb eines Handelsgewerbes unter gemeinschaftlicher Firma gerichtet ist, ist eine Kommanditgesellschaft, wenn bei einem oder bei einigen von den Gesellschaftern die Haftung gegenüber den Gesellschaftsgläubigern auf *den* Betrag *einer* bestimmten *Vermögenseinlage* beschränkt ist (Kommanditisten), während bei dem anderen Theile der Gesellschafter eine Beschränkung der Haftung nicht stattfindet (persönlich haftende Gesellschafter).

(2) Soweit nicht in diesem Abschnitt ein Anderes vorgeschrieben ist, finden auf die Kommanditgesellschaft die für die offene Handelsgesellschaft geltenden Vorschriften Anwendung.

457 § 161 geändert durch Art. 51 Nr. 4 Gesetz v. 10.8.2021 (MoPeG), BGBl. I S. 3436, m.W.v. 1.1.2024.

ADHGB 1861	UGB

ADHGB 1861

Zweiter *Titel*
***Von der* Kommanditgesellschaft** [Artt. 150–206]

Erster Abschnitt
Von der Kommanditgesellschaft im Allgemeinen [Art. 150–172]

Art. 150
(1) Eine Kommanditgesellschaft ist *vorhanden*, wenn bei einem unter *einer* gemeinschaftlichen Firma *betriebenen* Handelsgewerbe ein oder *mehrere* Gesellschafter *sich nur mit* Vermögenseinlagen *betheiligen* (Kommanditisten), während bei *einem oder mehreren* anderen Gesellschaftern *die Betheiligung* nicht *in dieser Weise* beschränkt *ist* (persönlich haftende Gesellschafter).
(2) *Sind mehrere persönlich haftende Gesellschafter vorhanden, so ist in Ansehung ihrer die Gesellschaft zugleich eine offene Gesellschaft.*
(3) *Zur Gültigkeit des Gesellschaftsvertrages bedarf es der schriftlichen Abfassung nicht.*

Art. 163
(1) *Im Verhältniß zu dritten Personen tritt die rechtliche Wirksamkeit einer Kommanditgesellschaft mit dem Zeitpunkt ein, in welchem die Errichtung der Gesellschaft bei dem Handelsgericht, in dessen Bezirk die Gesellschaft ihren Sitz hat, in das Handelsregister eingetragen ist, oder die Gesellschaft auch nur ihre Geschäfte begonnen hat.*
(2) *Die Beschränkung, daß die Gesellschaft erst mit einem späteren Zeitpunkt als dem der Eintragung ihren Anfang nehmen soll, hat gegen dritte Personen keine rechtliche Wirkung.*
(3) [→ § 176]

Art. 170
(1) [→ § 177]
(2) *Im Uebrigen gelten* die *in den Art. 123. bis 128.* für die offene Gesellschaft *gegebenen Bestimmungen auch für* die Kommanditgesellschaft.

UGB

Zweiter Abschnitt
Kommanditgesellschaft [§§ 161–178]

§ 161 Begriff, Anwendung der Vorschriften über die offene Gesellschaft
(1) Eine Kommanditgesellschaft ist eine unter eigener Firma geführte Gesellschaft, bei der die Haftung gegenüber den Gesellschaftsgläubigern bei einem Teil der Gesellschafter auf einen bestimmten Betrag (Haftsumme) beschränkt ist (Kommanditisten), beim anderen Teil dagegen unbeschränkt ist (Komplementäre).
(2) Soweit dieser Abschnitt nichts anderes bestimmt, finden auf die Kommanditgesellschaft die für die offene Gesellschaft geltenden Vorschriften Anwendung.

HGB	HGB 1897
§ 162[458] [Anmeldung zum Handelsregister] (1) Die Anmeldung der Gesellschaft hat außer den in § 106 Abs. 2 vorgesehenen Angaben die Bezeichnung der Kommanditisten und den Betrag der Haftsumme eines jeden von ihnen zu enthalten. (2) Diese Vorschriften finden im Falle des Eintritts eines Kommanditisten in eine bestehende Handelsgesellschaft und im Falle des Ausscheidens eines Kommanditisten aus einer Kommanditgesellschaft entsprechende Anwendung. [Abs. 2 = § 162 Abs. 3 idF. 1897]	**§ 162[459]** (1) Die Anmeldung der Gesellschaft hat außer den in § 106 Abs. 2 vorgesehenen Angaben die Bezeichnung der Kommanditisten und den Betrag der *Einlage* eines jeden von ihnen zu enthalten. (2) Bei der Bekanntmachung der Eintragung ist nur die Zahl der Kommanditisten anzugeben; der Name *der Stand*[460] und der Wohnort der Kommanditisten sowie der Betrag ihrer Einlage werden nicht bekannt gemacht. (3) Diese Vorschriften finden im Falle des Eintritts eines Kommanditisten in eine bestehende Handelsgesellschaft und im Falle des Ausscheidens eines Kommanditisten aus einer Kommanditgesellschaft entsprechende Anwendung. **§ 162 Abs. 2 idF. 1998[461]** (2) Bei der Bekanntmachung der Eintragung *ist nur die Zahl der Kommanditisten anzugeben; der Name das Geburtsdatum und der Wohnort der Kommanditisten sowie der Betrag ihrer Einlage werden nicht bekannt gemacht.* **§ 162 Abs. 2 idF. 2001[462]** *(2) Bei der Bekanntmachung der Eintragung der Gesellschaft sind keine Angaben zu den Kommanditisten zu machen; die Vorschriften des § 15 sind insoweit nicht anzuwenden.* **§ 162 Abs. 1 idF. 2001[463]** (1) [1]Die Anmeldung der Gesellschaft hat außer den in § 106 Abs. 2 vorgesehenen Angaben die Bezeichnung der Kommanditisten und den Betrag der Einlage eines jeden von ihnen zu enthalten. *[2]Ist eine Gesellschaft bürgerlichen Rechts Kommanditist, so sind auch deren*

458 § 162 Abs. 1 geändert und Abs. 2 aufgehoben durch Art. 51 Nr. 5 Gesetz v. 10.8.2021 (MoPeG), BGBl. I S. 3436, m.W.v. 1.1.2024.

459 § 162 Abs. 2 geändert durch Art. 3 Nr. 34 Gesetz v. 22.6.1998 (HRefG), BGBl. I S. 1474, m.W.v. 1.1.1999; § 162 Abs. 2 neu gefasst durch Art. 4 Nr. 8 Gesetz v. 18.1.2001 (NaStraG), BGBl. I S. 123, m.W.v. 25.1.2001; § 162 Abs. 1 S. 2 eingefügt durch Art. 4 Nr. 8 Gesetz v. 10.12.2001 (ERJuKoG), BGBl. I S. 3422, m.W.v. 15.12.2001; § 162 Abs. 2 aufgehoben, bisheriger Abs. 3 wird Abs. 2 durch Art. 1 Nr. 15 Gesetz v. 5.7.2021 (DiRUG), BGBl. I S. 3338, m.W.v. 1.8.2022.

460 § 162 Abs. 2 geändert durch Art. 3 Nr. 34 Gesetz v. 22.6.1998 (HRefG), BGBl. I S. 1474, m.W.v. 1.1.1999.

461 § 162 Abs. 2 geändert durch Art. 3 Nr. 34 Gesetz v. 22.6.1998 (HRefG), BGBl. I S. 1474, m.W.v. 1.1.1999.

462 § 162 Abs. 2 neu gefasst durch Art. 4 Nr. 8 Gesetz v. 18.1.2001 (NaStraG), BGBl. I S. 123, m.W.v. 25.1.2001.

463 § 162 Abs. 1 S. 2 eingefügt durch Art. 4 Nr. 8 Gesetz v. 10.12.2001 (ERJuKoG), BGBl. I S. 3422, m.W.v. 15.12.2001.

ADHGB 1861	UGB
Art. 151 (1) *Die Errichtung einer Kommanditgesellschaft ist von sämmtlichen Gesellschaftern bei dem Handelsgerichte, in dessen Bezirke die Gesellschaft ihren Sitz hat, behufs der Eintragung in das Handelsregister anzumelden.* (2) Die Anmeldung *muß* enthalten: 1) *den Namen, Vornamen, Stand und Wohnort jedes persönlich haftenden Gesellschafters;* 2) *den Namen, Vornamen, Stand und Wohnort jedes* Kommanditisten *mit der* Bezeichnung *desselben als solchen;* 3) *die Firma der Gesellschaft und den Ort, wo sie ihren Sitz hat;* 4) den Betrag der *Vermögens*einlage jedes *Kommanditisten.* (3) [1]*Die Anmeldung muß von allen Gesellschaftern persönlich vor dem Handelsgerichte unterzeichnet, oder in beglaubigter Form eingereicht werden; sie ist nach ihrem ganzen Inhalt in das Handelsregister einzutragen.* [2]Bei der Bekanntmachung der *Kommanditgesellschaft in den öffentlichen Blättern (Art. 13.) unterbleibt die Angabe* der Namen, des Standes und des Wohnorts der Kommanditisten, sowie *die Angabe* des Betrages ihrer *Vermögenseinlagen.*	**§ 162 Anmeldung zum Firmenbuch** (1) Die Anmeldung hat die in § 3 Z 2 bis 4, 5, 7, 8 und 16 sowie in § 4 Z 6, gegebenenfalls auch die in § 3 Z 6, 9, 11 und 15 und in § 4 Z 2, 3, 5 und 7 FBG genannten Tatsachen zu enthalten. (2) Sofern der Eintritt eines Kommanditisten unter der Bedingung der Eintragung in das Firmenbuch erfolgt, hat auch der Eintretende an der Anmeldung mitzuwirken. (3) Diese Vorschriften finden im Falle des Eintritts eines Kommanditisten in eine bestehende Personengesellschaft und im Falle des Ausscheidens eines Kommanditisten aus einer Kommanditgesellschaft entsprechende Anwendung.
Art. 155 (1) [1]*Wenn die Firma einer bestehenden Kommanditgesellschaft geändert, oder der Sitz der Gesellschaft an einen anderen Ort verlegt wird, so sind diese Thatsachen von sämmtlichen Gesellschaftern in der durch Art. 151. bestimmten Weise behufs der Eintragung in das Handelsregister anzumelden.* [2]*Das Handelsgericht hat die persönlich haftenden Gesellschafter zur Befolgung dieser Anordnung von Amtswegen durch Ordungsstrafen anzuhalten.*	

HGB	HGB 1897
	Gesellschafter entsprechend § 106 Abs. 2 und spätere Änderungen in der Zusammensetzung der Gesellschafter zur Eintragung anzumelden.
§ 163 [Rechtsverhältnis der Gesellschafter untereinander] Für das Verhältnis der Gesellschafter untereinander gelten in Ermangelung abweichender Bestimmungen des Gesellschaftsvertrags die besonderen Vorschriften der §§ 164 bis 169. [= § 163 idF. 1897]	**§ 163** Für das Verhältniß der Gesellschafter unter einander gelten in Ermangelung abweichender Bestimmungen des Gesellschaftsvertrags die besonderen Vorschriften der §§. 164 bis 169.
§ 164[464] Geschäftsführungsbefugnis[465] Die Kommanditisten sind von der Geschäftsführungsbefugnis ausgeschlossen; § 116 Absatz 2 Satz 1 bleibt unberührt.	**§ 164** [1]Die Kommanditisten sind von der *Führung der Geschäfte der Gesellschaft* ausgeschlossen; *sie können einer Handlung der persönlich haftenden Gesellschafter nicht widersprechen, es sei denn, daß die Handlung über den gewöhnlichen Betrieb des Handelsgewerbes der Gesellschaft hinausgeht.* [2]*Die Vorschriften des* § 116 *Abs. 3* bleiben unberührt.
§ 165[466] [Wettbewerbsverbot] Die §§ 117 und 118 finden auf die Kommanditisten keine Anwendung.	**§ 165** Die §§ *112, 113* finden auf die Kommanditisten keine Anwendung.

464 § 164 neu gefasst durch Art. 51 Nr. 6 Gesetz v. 10.8.2021 (MoPeG), BGBl. I S. 3436, m.W.v. 1.1.2024.
465 Amtliche Überschrift nach Art. 51 Nr. 6 Gesetz v. 10.8.2021 (MoPeG), BGBl. I S. 3436, m.W.v. 1.1.2024.
466 § 165 geändert durch Art. 51 Nr. 7 Gesetz v. 10.8.2021 (MoPeG), BGBl. I S. 3436, m.W.v. 1.1.2024.

ADHGB 1861	UGB

(2) *Bei der Bekanntmachung kommt in Betreff der Kommanditisten die Vorschrift des Art. 151. zur Anwendung.*
(3) Die Wirkung gegen Dritte richtet sich nach den Bestimmungen des Art. 25.

Art. 156
Wenn in eine bestehende *Kommandit*gesellschaft *ein neuer* Kommanditist eintritt, *so muß dies von sämmtlichen Gesellschaftern zur Eintragung in das Handelsregister und zur Bekanntmachung nach den Bestimmungen des Art. 151. angemeldet werden.*

Art. 157
[1]Das *Rechts*verhältniß der Gesellschafter unter einander *richtet sich zunächst nach dem* Gesellschaftsvertrage. [2]*Soweit keine Vereinbarung getroffen ist, kommen die gesetzlichen Bestimmungen über das Rechtsverhältniß der offenen Gesellschafter unter einander auch hier zur Anwendung, jedoch mit den Abweichungen, welche die nachfolgenden Artikel (158. bis 162.) ergeben.*

§ 163 Rechtsverhältnis der Gesellschafter untereinander
Für das Verhältnis der Gesellschafter unter einander gelten in Ermangelung abweichender Bestimmungen des Gesellschaftsvertrags die besonderen Vorschriften der §§ 164 bis 169.

[= § 163 idF. 1897]

Art. 158
(1) *Die Geschäftsführung der Gesellschaft wird durch den oder die persönlich haftenden Gesellschafter besorgt.*
(2) *Ein* Kommanditist *ist zur* Führung der Geschäfte der Gesellschaft *weder berechtigt noch verpflichtet.*
(3) *Er kann gegen die Vornahme* einer Handlung *der Geschäftsführung* durch die persönlich haftenden Gesellschafter *(Art. 99. bis 102.) Widerspruch* nicht *erheben.*

§ 164 Geschäftsführung
[1]Die Kommanditisten sind von der Führung der Geschäfte der Gesellschaft ausgeschlossen; sie können einer Handlung der unbeschränkt haftenden Gesellschafter nicht widersprechen, es sei denn, daß die Handlung über den gewöhnlichen Betrieb des Unternehmens der Gesellschaft hinausgeht. [2]Die Vorschriften des § 116 Abs. 3 bleiben unberührt.

[= § 164 idF. 1897]

Art. 159
Ein Kommanditist *darf ohne Genehmigung der anderen Gesellschafter in dem Handelszweig der Gesellschaft für eigene oder fremde Rechnung Geschäfte machen und an einer anderen gleichartigen Handelsgesellschaft als offener Gesellschafter Theil nehmen.*

§ 165 Wettbewerbsverbot
§ 112 Abs. 2 und 3 sowie § 113 finden auf die Kommanditisten keine Anwendung.

HGB	HGB 1897
§ 166[467] **Informationsrecht der Kommanditisten**[468] (1) ¹Der Kommanditist kann von der Gesellschaft eine Abschrift des Jahresabschlusses (§ 242 Absatz 3) verlangen und zu dessen Überprüfung Einsicht in die zugehörigen Geschäftsunterlagen nehmen. ²Daneben kann er von der Gesellschaft Auskunft über die Gesellschaftsangelegenheiten verlangen, soweit dies zur Wahrnehmung seiner Mitgliedschaftsrechte erforderlich ist, insbesondere, wenn Grund zu der Annahme unredlicher Geschäftsführung besteht. (2) Eine Vereinbarung im Gesellschaftsvertrag, welche diese Rechte ausschließt oder dieser Vorschrift zuwider beschränkt, ist unwirksam.	**§ 166** (1) Der Kommanditist ist berechtigt, die abschriftliche Mittheilung der *jährlichen Bilanz*[469] zu verlangen und ihre Richtigkeit unter Einsicht der Bücher und Papiere zu prüfen. *(2) Die in §. 118 dem von der Geschäftsführung ausgeschlossenen Gesellschafter eingeräumten weiteren Rechte stehen dem Kommanditisten nicht zu.* (3) Auf Antrag eines Kommanditisten kann das Gericht, wenn wichtige Gründe vorliegen, die Mittheilung einer Bilanz oder sonstiger Aufklärungen sowie die Vorlegung der Bücher und Papiere jederzeit anordnen. **§ 166 idF. 1985**[470] (1) Der Kommanditist *ist berechtigt, die* abschriftliche *Mitteilung* des Jahresabschlusses zu verlangen und dessen *Richtigkeit unter* Einsicht *der Bücher und Papiere zu* prüfen. (2) [= § 166 Abs. 2 idF. 1897] (3) *Auf Antrag eines Kommanditisten kann das Gericht, wenn wichtige Gründe vorliegen, die Mitteilung einer Bilanz und eines Jahresabschlusses oder sonstiger Aufklärungen sowie die Vorlegung der Bücher und Papiere jederzeit anordnen.*
§ 167[471] **Verlustbeteiligung**[472] Soweit der Kommanditist die vereinbarte Einlage geleistet hat, sind die §§ 136 und 149 auf ihn nicht anzuwenden.	**§ 167** (1) *Die Vorschriften des §. 120 über die Berechnung des Gewinns oder Verlustes gelten auch für den Kommanditisten.* (2) *Jedoch wird der einem Kommanditisten zukommende Gewinn seinem Kapitalantheile nur so lange zugeschrieben, als dieser den Betrag der bedungenen Einlage nicht erreicht.* (3) *An dem Verlust nimmt der Kommanditist nur bis zum Betrag seines Kapitalantheils und seiner noch rückständigen Einlage Theil.*

467 § 166 neu gefasst durch Art. 51 Nr. 8 Gesetz v. 10.8.2021 (MoPeG), BGBl. I S. 3436, m.W.v. 1.1.2024.
468 Amtliche Überschrift nach Art. 51 Nr. 8 Gesetz v. 10.8.2021 (MoPeG), BGBl. I S. 3436, m.W.v. 1.1.2024.
469 Art. 1 Nr. 5a Gesetz v. 19.12.1985 (BiRiLiG), BGBl. I S. 2355, m.W.v. 1.1.1986.
470 § 166 Abs. 1 und 3 geändert durch Art. 1 Nr. 5 Gesetz v. 19.12.1985 (BiRiLiG), BGBl. I S. 2355, m.W.v. 1.1.1986.
471 § 167 neu gefasst durch Art. 51 Nr. 8 Gesetz v. 10.8.2021 (MoPeG), BGBl. I S. 3436, m.W.v. 1.1.2024.
472 Amtliche Überschrift nach Art. 51 Nr. 8 Gesetz v. 10.8.2021 (MoPeG), BGBl. I S. 3436, m.W.v. 1.1.2024.

ADHGB 1861	UGB
Art. 160 (1) *Jeder* Kommanditist ist berechtigt, die abschriftliche Mittheilung der jährlichen Bilanz zu verlangen und *die* Richtigkeit *derselben* unter Einsicht der Bücher und Papiere zu prüfen. (2) Die im *Art. 105.* bezeichneten weiteren Rechte *eines offenen* Gesellschafters stehen einem Kommanditisten nicht zu. (3) *Jedoch* kann das *Handels*gericht auf *den* Antrag eines Kommanditisten, wenn wichtige Gründe *dazu* vorliegen, die Mittheilung einer Bilanz oder sonstiger Aufklärungen *nebst* Vorlegung der Bücher und Papiere zu jeder Zeit anordnen.	**§ 166 Kontrollrecht** (1) Der Kommanditist ist berechtigt, die abschriftliche Mitteilung des Jahresabschlusses oder, wenn nach den Vorschriften des Dritten Buches keine Pflicht zur Rechnungslegung besteht, einer sonstigen Abrechnung zu verlangen und dessen Richtigkeit unter Einsicht der Bücher und Schriften zu prüfen. (2) Die im § 118 dem von der Geschäftsführung ausgeschlossenen Gesellschafter eingeräumten weiteren Rechte stehen dem Kommanditisten nicht zu. (3) Auf Antrag eines Kommanditisten kann das Gericht, wenn wichtige Gründe vorliegen, die Mitteilung einer Bilanz oder sonstiger Aufklärungen sowie die Vorlegung der Bücher und Schriften jederzeit anordnen. [Abs. 2 = § 166 Abs. 2 idF. 1897]
Art. 161 (1) Die *Bestimmungen der Art. 106. bis 108. über die Verzinsung der Einlage,* über die *jährliche* Berechnung des Gewinnes oder Verlustes *und über die Befugniß, Zinsen und Gewinn zu erheben,* gelten auch *in Betreff des* Kommanditisten. (2) *Jedoch* nimmt *ein* Kommanditist an dem Verluste nur bis zum Betrage seiner *eingezahlten oder* rückständigen Einlage *An*theil. (3) [→ § 169]	**§ 167 Berechnung von Gewinn und Verlust** [1]Soweit der Gesellschaftsvertrag nichts anderes vorsieht, ist den unbeschränkt haftenden Gesellschaftern zunächst ein ihrer Haftung angemessener Betrag des Jahresgewinns zuzuweisen. [2]Im Übrigen ist für den diesen Betrag übersteigenden Teil des Jahresgewinns sowie für den Verlust eines Geschäftsjahrs § 121 anzuwenden.

HGB	HGB 1897
§ 168[473] (*weggefallen*)	***§ 168*** *(1) Die Antheile der Gesellschafter am Gewinne bestimmen sich, soweit der Gewinn den Betrag von vier vom Hundert der Kapitalantheile nicht übersteigt, nach den Vorschriften des § 121 Abs. 1, 2.* *(2) In Ansehung des Gewinns, welcher diesen Betrag übersteigt, sowie in Ansehung des Verlustes gilt, soweit nicht ein Anderes vereinbart ist, ein den Umständen nach angemessenes Verhältnis der Antheile als bedungen.*
§ 169[474] **[Gewinnauszahlung]** (1) Der Kommanditist kann die Auszahlung des Gewinns nicht fordern, soweit sein Kapitalanteil durch den ihm zugewiesenen Verlust unter den auf die vereinbarte Einlage geleisteten Betrag herabgemindert ist oder durch die Auszahlung des Gewinns unter diesen Betrag herabgemindert werden würde. (2) Der Kommanditist ist nicht verpflichtet, den bezogenen Gewinn wegen späterer Verluste zurückzuzahlen. [Abs. 2 = § 169 Abs. 2 idF. 1897]	**§ 169** (1) [1]*Der § 122 findet auf den Kommanditisten keine Anwendung.* [2]*Dieser hat nur Anspruch auf Auszahlung des ihm zukommenden* Gewinns; *er* kann *auch* die Auszahlung des Gewinns nicht fordern, *solange* sein Kapitalantheil durch Verlust unter den auf die *bedungene* Einlage geleisteten Betrag herabgemindert ist oder durch die Auszahlung unter diesen Betrag herabgemindert werden würde. (2) Der Kommanditist ist nicht verpflichtet, den bezogenen Gewinn wegen späterer Verluste zurückzuzahlen.
§ 170[475] **Vertretung der Kommanditgesellschaft**[476] (1) Der Kommanditist ist als solcher nicht befugt, die Gesellschaft zu vertreten. (2) Sofern der einzig persönlich haftende Gesellschafter der Gesellschaft eine Kapitalgesellschaft ist, an der die Gesellschaft sämtliche Anteile hält, werden vorbehaltlich einer abweichenden Vereinbarung die Rechte in der Gesellschafterversammlung der Kapitalgesellschaft von den Kommanditisten wahrgenommen.	**§ 170** Der Kommanditist ist *zur Vertretung der* Gesellschaft nicht *ermächtigt*.

473 § 168 aufgehoben durch Art. 51 Nr. 8 Gesetz v. 10.8.2021 (MoPeG), BGBl. I S. 3436, m.W.v. 1.1.2024: „Die §§ 166 bis 168 werden durch die folgenden §§ 166 und 167 ersetzt.“.
474 § 169 Abs. 1 neu gefasst durch Art. 51 Nr. 9 Gesetz v. 10.8.2021 (MoPeG), BGBl. I S. 3436, m.W.v. 1.1.2024.
475 § 170 neu gefasst durch Art. 51 Nr. 10 Gesetz v. 10.8.2021 (MoPeG), BGBl. I S. 3436, m.W.v. 1.1.2024.
476 Amtliche Überschrift nach Art. 51 Nr. 10 Gesetz v. 10.8.2021 (MoPeG), BGBl. I S. 3436, m.W.v. 1.1.2024.

ADHGB 1861	UGB
Art. 161 (1) *Die Bestimmungen der Art. 106. bis 108. über die Verzinsung der Einlage, über die jährliche Berechnung des* Gewinnes *oder Verlustes und über die Befugniß, Zinsen und Gewinn zu erheben, gelten auch in Betreff des Kommanditisten.* (2) [→ § 167] (3) [→ § 169]	
Art. 162 Ist *über die Höhe der Betheiligung an* Gewinn *und* Verlust nichts vereinbart, *so wird dieselbe, nach richterlichen Ermessen, nöthigenfalls unter Zuziehung von Sachverständigen festgestellt.*	
Art. 161 (1) [→ § 167] (2) [→ § 167] (3) *Er* ist nicht verpflichtet, *die Zinsen und* den Gewinn, *welche er bezogen hat,* wegen späterer Verluste zurückzuzahlen; *jedoch wird,* so lange seine *ursprüngliche Einlage* durch Verlust *ver*mindert ist, *der jährliche Gewinn zur Deckung des Verlustes verwendet.*	**§ 168 Gewinnausschüttung** (1) [1]Der Kommanditist kann die Auszahlung des Gewinnes nicht verlangen, soweit die bedungene Einlage nicht geleistet ist oder durch dem Kommanditisten zugewiesene Verluste oder die Auszahlung des Gewinnes unter den auf sie geleisteten Betrag gemindert würde. [2]Im Übrigen findet § 122 Anwendung. (2) Der Kommanditist ist nicht verpflichtet, den bezogenen Gewinn wegen späterer Verluste zurückzuzahlen. [Abs. 2 = § 169 Abs. 2 idF. 1897]
Art. 167 (1) *Die Kommanditgesellschaft wird durch die persönlich haftenden Gesellschafter berechtigt und verpflichtet; sie wird durch dieselben vor Gericht vertreten.* (2) *Zur Behändigung von Vorladungen und anderen Zustellungen an die Gesellschaft genügt es, wenn dieselbe an einen der zur Vertretung befugten Gesellschafter geschieht.* (3) *Ein Kommanditist, welcher für die Gesellschaft Geschäfte schließt, ohne ausdrücklich zu erklären, daß er nur als Prokurist oder als Bevollmächtigter handle, ist aus diesen Geschäften gleich einem persönlich haftenden Gesellschafter verpflichtet.*	**§ 170 Vertretung** Der Kommanditist ist als solcher nicht befugt, die Gesellschaft zu vertreten.

HGB	HGB 1897
§ 171[477] [Haftung des Kommanditisten] (1) Der Kommanditist haftet den Gläubigern der Gesellschaft bis zur Höhe seiner Haftsumme unmittelbar; die Haftung ist ausgeschlossen, soweit die vereinbarte Einlage geleistet ist. (2) Ist über das Vermögen der Gesellschaft das Insolvenzverfahren eröffnet, so wird während der Dauer des Verfahrens das den Gesellschaftsgläubigern nach Absatz 1 zustehende Recht durch den Insolvenzverwalter oder den Sachwalter ausgeübt.	**§ 171** (1) Der Kommanditist haftet den Gläubigern der Gesellschaft bis zur Höhe seiner *Einlage* unmittelbar; die Haftung ist ausgeschlossen, soweit die Einlage geleistet ist. (2) Ist über das Vermögen der Gesellschaft *der Konkurs* eröffnet, so wird während der Dauer des Verfahrens das den Gesellschaftsgläubigern nach Abs. 1 zustehende Recht durch den *Konkursverwalter* ausgeübt.
[Abs. 2 = § 171 Abs. 2 idF. 1994]	**§ 171 Abs. 2 idF. 1994[478]** (2) Ist über das Vermögen der Gesellschaft das Insolvenzverfahren eröffnet, so wird während der Dauer des Verfahrens das den Gesellschaftsgläubigern nach Absatz 1 zustehende Recht durch den Insolvenzverwalter oder den Sachwalter ausgeübt.
§ 172[479] [Umfang der Haftung] (1) Im Verhältnisse zu den Gläubigern der Gesellschaft wird nach der Eintragung in das Handelsregister die Haftsumme eines Kommanditisten durch den in der Eintragung angegebenen Betrag bestimmt. (2) Auf eine nicht eingetragene Erhöhung der aus dem Handelsregister ersichtlichen Haftsumme können sich die Gläubiger nur berufen, wenn die Erhöhung in handelsüblicher Weise kundgemacht oder ihnen in anderer Weise von der Gesellschaft mitgeteilt worden ist. (3) Eine Vereinbarung der Gesellschafter, durch die einem Kommanditisten die Einlage erlassen oder gestundet wird, ist den Gläubigern gegenüber unwirksam. (4) [1]Soweit die Einlage eines Kommanditisten zurückbezahlt wird, gilt sie den Gläubigern gegenüber als nicht geleistet. [2]Das gleiche gilt, soweit ein Kommanditist Gewinnanteile entnimmt, während sein Kapitalanteil durch Verlust unter den Betrag der Haftsumme herabgemindert ist, oder soweit durch die Entnahme der Kapitalanteil unter den bezeichneten	**§ 172** (1) Im Verhältnisse zu den Gläubigern der Gesellschaft wird nach der Eintragung in das Handelsregister die *Einlage* eines Kommanditisten durch den in der Eintragung angegebenen Betrag bestimmt. (2) Auf eine nicht eingetragene Erhöhung der aus dem Handelsregister ersichtlichen *Einlage* können sich die Gläubiger nur berufen, wenn die Erhöhung in handelsüblicher Weise kundgemacht oder ihnen in anderer Weise von der Gesellschaft mitgetheilt worden ist. (3) Eine Vereinbarung der Gesellschafter, durch die einem Kommanditisten die Einlage erlassen oder gestundet wird, ist den Gläubigern gegenüber unwirksam. (4) [1]Soweit die Einlage eines Kommanditisten zurückbezahlt wird, gilt sie den Gläubigern gegenüber als nicht geleistet. [2]Das Gleiche gilt, soweit ein Kommanditist Gewinnantheile entnimmt, während sein Kapitalantheil durch Verlust unter den Betrag der geleisteten Einlage herabgemindert ist, oder soweit durch die Entnahme der Kapitalantheil unter den bezeichneten Betrag herabgemindert wird.

477 § 171 geändert durch Art. 51 Nr. 11 Gesetz v. 10.8.2021 (MoPeG), BGBl. I S. 3436, m.W.v. 1.1.2024.
478 § 171 Abs. 2 neu gefasst durch Art. 40 Nr. 15 Gesetz v. 5.10.1994 (EGInsO), BGBl. I S. 2911, m.W.v. 1.1.1999.
479 § 172 geändert durch Art. 51 Nr. 12 Gesetz v. 10.8.2021 (MoPeG), BGBl. I S. 3436, m.W.v. 1.1.2024.

ADHGB 1861	UGB
Art. 165 (1) *Für die Verbindlichkeiten* der Gesellschaft haftet der Kommanditist *nur mit der* Einlage, *und* soweit *diese nicht eingezahlt* ist, *mit dem versprochenen Betrage.* (2) [→ § 172] (3) [→ § 172] (4) [→ § 172] (5) *Er haftet für die Verbindlichkeiten der Gesellschaft, wenn und insoweit er diesen Bestimmungen entgegen Zahlungen von der Gesellschaft empfangen hat.* (6) [→ § 172]	**§ 171 Haftung des Kommanditisten** (1) [1]Der Kommanditist haftet den Gläubigern der Gesellschaft bis zur Höhe der im Firmenbuch eingetragenen Haftsumme unmittelbar; die Haftung ist ausgeschlossen, soweit die Einlage geleistet ist. [2]Auf Verlangen hat der Kommanditist den Gläubigern über die Höhe der geleisteten Einlage binnen angemessener Frist Auskunft zu geben. (2) Ist über das Vermögen der Gesellschaft das Insolvenzverfahren eröffnet, so übt während dessen Dauer der Masse- oder Sanierungsverwalter das Recht der Gesellschaftsgläubiger nach Abs. 1 aus.
Art. 165 (1) [→ § 171] (2) Die Einlage *des* Kommanditisten *kann während des Bestehens der Gesellschaft weder ganz noch theilweise* zurückbezahlt *oder erlassen werden.* (3) *Zinsen können ihm von der Gesellschaft nur insoweit bezahlt werden, als dadurch die ursprüngliche Einlage nicht vermindert wird.* (4) *Er kann bis zur Wiederergänzung* der durch Verlust *verminderten* Einlage *weder Zinsen noch* Gewinn *beziehen.* (5) [→ § 171] (6) Er ist *jedoch nicht* verpflichtet, *die Zinsen und den* Gewinn zurückzuzahlen, *welche er* auf Grund einer in gutem Glauben errichteten Bilanz in gutem Glauben bezogen *hat.*	**§ 172 Umfang der Haftung** (1) Auf eine nicht eingetragene Erhöhung der aus dem Firmenbuch ersichtlichen Haftsumme können sich die Gläubiger nur berufen, wenn die Erhöhung in gehöriger Weise kundgemacht oder ihnen von der Gesellschaft mitgeteilt worden ist. (2) Eine Vereinbarung der Gesellschafter, durch die einem Kommanditisten die Einlage erlassen oder gestundet wird, ist den Gläubigern gegenüber unwirksam. (3) [1]Soweit die Einlage eines Kommanditisten zurückgezahlt wird, gilt sie den Gläubigern gegenüber als nicht geleistet. [2]Das Gleiche gilt, soweit ein Kommanditist Gewinnanteile entnimmt, obwohl frühere Verlustzuweisungen noch nicht durch spätere Gewinne ausgeglichen wurden. [3]Ein Kommanditist, der seine Einlage geleistet und in der Folge nicht zurückerhalten hat, haftet für Verringerungen der Einlage durch Nachfolger nicht. (4) Was ein Kommanditist im guten Glauben als Gewinn bezieht, ist er in keinem Fall zurückzuzahlen verpflichtet.

HGB	HGB 1897
Betrag herabgemindert wird. [3]Bei der Berechnung des Kapitalanteils nach Satz 2 sind Beträge im Sinne der §§ 253 Absatz 6 Satz 2 und 268 Absatz 8 nicht zu berücksichtigen. (5) [1]Gegenüber den Gläubigern einer Gesellschaft, bei der kein persönlich haftender Gesellschafter eine natürliche Person ist, gilt die Einlage eines Kommanditisten als nicht geleistet, soweit sie in Anteilen an den persönlich haftenden Gesellschaftern bewirkt ist. [2]Dies gilt nicht, wenn zu den persönlich haftenden Gesellschaftern eine offene Handelsgesellschaft oder Kommanditgesellschaft gehört, bei der ein persönlich haftender Gesellschafter eine natürliche Person ist. [Abs. 3 = § 172 Abs. 3 idF. 1897] [Abs. 4 S. 1 = § 172 Abs. 4 S. 1 idF. 1897] [Abs. 5 = § 172 Abs. 6 idF. 1980]	*(5) Was ein Kommanditist auf Grund einer in gutem Glauben errichteten Bilanz in gutem Glauben als Gewinn bezieht, ist er in keinem Falle zurückzuzahlen verpflichtet.* **§ 172 Abs. 6 idF. 1980**[480] (6) [1]Gegenüber den Gläubigern einer Gesellschaft, bei der kein persönlich haftender Gesellschafter eine natürliche Person ist, gilt die Einlage eines Kommanditisten als nicht geleistet, soweit sie in Anteilen an den persönlich haftenden Gesellschaftern bewirkt ist. [2]Dies gilt nicht, wenn zu den persönlich haftenden Gesellschaftern eine offene Handelsgesellschaft oder Kommanditgesellschaft gehört, bei der ein persönlich haftender Gesellschafter eine natürliche Person ist. **§ 172 Abs. 4 idF. 2009**[481] (4) [1]Soweit die Einlage eines Kommanditisten zurückbezahlt wird, gilt sie den Gläubigern gegenüber als nicht geleistet. [2]Das gleiche gilt, soweit ein Kommanditist Gewinnanteile entnimmt, während sein Kapitalanteil durch Verlust unter den Betrag der *geleisteten Einlage* herabgemindert ist, oder soweit durch die Entnahme der Kapitalanteil unter den bezeichneten Betrag herabgemindert wird. [3]Bei der Berechnung des Kapitalanteils nach Satz 2 sind Beträge im Sinn *des § 268 Abs. 8* nicht zu berücksichtigen. **§ 172a idF. 1980**[482] *[1]Bei einer Kommanditgesellschaft, bei der kein persönlich haftender Gesellschafter eine natürliche Person ist, gelten die §§ 32a, 32b des Gesetzes betreffend die Gesellschaften mit beschränkter Haftung sinngemäß mit der Maßgabe, daß an die Stelle der Gesellschafter der Gesellschaft mit beschränkter Haftung die Gesellschafter oder Mitglieder der persönlich haftenden Gesellschafter der Kommanditgesellschaft sowie die Kommanditisten treten. [2]Dies*

480 § 172 Abs. 6 eingefügt durch Art. 2 Nr. 5 Gesetz v. 4.7.1980 (Gesetz zur Änderung des Gesetzes betreffend die Gesellschaften mit beschränkter Haftung und anderer handelsrechtlicher Vorschriften), BGBl. I S. 836, m.W.v. 1.1.1981.
481 § 172 Abs. 4 S. 3 eingefügt durch Art. 1 Nr. 1 Gesetz v. 25.5.2009 (MilMoG), BGBl. I S. 1102, m.W.v. 29.5.2009.
482 § 172a eingefügt durch Art. 2 Nr. 6 Gesetz v. 4.7.1980 (Gesetz zur Änderung des Gesetzes betreffend die Gesellschaften mit beschränkter Haftung und anderer handelsrechtlicher Vorschriften), BGBl. I S. 836, m.W.v. 1.1.1981; § 172a aufgehoben durch Art. 3 Nr. 13 Gesetz v. 23.10.2008 (MoMiG), BGBl. I S. 2026, m.W.v. 1.11.2008.

ADHGB 1861	UGB
	[Abs. 2 = § 172 Abs. 3 idF. 1897] [Abs. 3 S. 1 = § 172 Abs. 4 S. 1 idF. 1897]

HGB	HGB 1897
	gilt nicht, wenn zu den persönlich haftenden Gesellschaftern eine offene Handelsgesellschaft oder Kommanditgesellschaft gehört, bei der ein persönlich haftender Gesellschafter eine natürliche Person ist.
§ 173 [Haftung bei Eintritt als Kommanditist] (1) Wer in eine bestehende Handelsgesellschaft als Kommanditist eintritt, haftet nach Maßgabe der §§ 171 und 172 für die vor seinem Eintritte begründeten Verbindlichkeiten der Gesellschaft, ohne Unterschied, ob die Firma eine Änderung erleidet oder nicht. (2) Eine entgegenstehende Vereinbarung ist Dritten gegenüber unwirksam. [= § 173 idF. 1897]	**§ 173** (1) Wer in eine bestehende Handelsgesellschaft als Kommanditist eintritt, haftet nach Maßgabe der §§. 171 und 172 für die vor seinem Eintritte begründeten Verbindlichkeiten der Gesellschaft, ohne Unterschied, ob die Firma eine Aenderung erleidet oder nicht. (2) Eine entgegenstehende Vereinbarung ist Dritten gegenüber unwirksam.
§ 174[483] [Herabsetzung der Haftsumme] Eine Herabsetzung der Haftsumme eines Kommanditisten ist, solange sie nicht in das Handelsregister des Gerichts, in dessen Bezirke die Gesellschaft ihren Sitz hat, eingetragen ist, den Gläubigern gegenüber unwirksam; Gläubiger, deren Forderungen zur Zeit der Eintragung begründet waren, brauchen die Herabsetzung nicht gegen sich gelten zu lassen.	**§ 174** Eine Herabsetzung der *Einlage* eines Kommanditisten ist, solange sie nicht in das Handelsregister des Gerichts, in dessen Bezirke die Gesellschaft ihren Sitz hat, eingetragen ist, den Gläubigern gegenüber unwirksam; Gläubiger, deren Forderungen zur Zeit der Eintragung begründet waren, brauchen die Herabsetzung nicht gegen sich gelten zu lassen.
§ 175[484] Anmeldung der Änderung der Haftsumme[485] Die Erhöhung sowie die Herabsetzung einer Haftsumme ist durch sämtliche Gesellschafter zur Eintragung in das Handelsregister anzumelden.	**§ 175** ¹Die Erhöhung sowie die Herabsetzung einer *Einlage* ist durch *die* sämmtlichen Gesellschafter zur Eintragung in das Handelsregister anzumelden. ²*Die* Bekanntmachung der Eintragung *erfolgt gemäß §. 162 Abs. 2.* ³*Auf die Eintragung in das Handelsregister des Sitzes der Gesellschaft finden die Vorschriften des §. 14 keine Anwendung.* **§ 175 S. 2 idF. 1998[486]** ²*In der Bekanntmachung der Eintragung ist nur allgemein auf die Änderung der Beteiligung hinzuweisen.*

483 § 174 geändert durch Art. 51 Nr. 13 Gesetz v. 10.8.2021 (MoPeG), BGBl. I S. 3436, m.W.v. 1.1.2024.
484 § 175 S. 2 aufgehoben durch Art. 1 Nr. 16 Gesetz v. 10.8.2021 (DiRUG), BGBl. I S. 3436, m.W.v. 1.1.2024; § 175 neu gefasst durch Art. 51 Nr. 14 Gesetz v. 10.8.2021 (MoPeG), BGBl. I S. 3436, m.W.v. 1.1.2024.
485 Amtliche Überschrift nach Art. 51 Nr. 14 Gesetz v. 10.8.2021 (MoPeG), BGBl. I S. 3436, m.W.v. 1.1.2024.
486 § 175 S. 2 neu gefasst durch Art. 3 Nr. 35 Gesetz v. 22.6.1998 (HRefG), BGBl. I S. 1474, m.W.v. 1.7.1998.

ADHGB 1861	UGB

Art. 166
(1) Wer in eine bestehende Handelsgesellschaft als Kommanditist eintritt, haftet nach Maaßgabe *des vorhergehenden Artikels* für *alle von* der Gesellschaft vor seinem Eintritt *eingegangenen* Verbindlichkeiten, *es mag* die Firma eine Aenderung erleiden oder nicht.
(2) Ein entgegenstehender *Vertrag* ist gegen Dritte *ohne rechtliche Wirkung.*

§ 173 Haftung bei Eintritt als Kommanditist
(1) Wer in eine bestehende eingetragene Personengesellschaft als Kommanditist eintritt, haftet nach Maßgabe der §§ 171, 172 für die vor seinem Eintritte begründeten Verbindlichkeiten der Gesellschaft, ohne Unterschied, ob die Firma geändert wird oder nicht.
(2) Eine entgegenstehende Vereinbarung ist Dritten gegenüber unwirksam.

[Abs. 2 = § 173 Abs. 2 idF. 1897]

Art. 171
(1) [→ § 175]
(2) [→ § 175]
(3) *Die Bestimmungen des Art. 129. kommen auch hier zur Anwendung.*

§ 174 Herabsetzung der Haftsumme
Eine Herabsetzung der Haftsumme eines Kommanditisten ist, solange sie nicht in das Firmenbuch eingetragen ist, den Gläubigern gegenüber unwirksam; Gläubiger, deren Forderungen zur Zeit der Eintragung begründet waren, brauchen die Herabsetzung nicht gegen sich gelten zu lassen.

Art. 171
(1) *Wenn eine Kommanditgesellschaft aufgelöst wird, oder wenn ein Kommanditist mit seiner ganzen* Einlage *oder mit einem Theile derselben ausscheidet, so müssen diese Thatsachen in das Handelsregister eingetragen werden.*
(2) *Bei der* Bekanntmachung *unterbleibt die Bezeichnung des Kommanditisten und die Angabe des Betrages der Einlage.*
(3) [→ § 174]

§ 175 Anmeldung der Änderung einer Haftsumme
[1]Die Erhöhung sowie die Herabsetzung einer Haftsumme sind durch sämtliche Gesellschafter zur Eintragung in das Firmenbuch anzumelden. [2]§ 24 FBG ist nicht anzuwenden.

HGB	HGB 1897
	§ 175 S. 2 idF. 2001[487] [2]*§ 162 Abs. 2 gilt entsprechend.*
§ 176[488] **[Haftung vor Eintragung]** (1) Hat die Gesellschaft, deren Zweck auf den Betrieb eines Handelsgewerbes unter gemeinschaftlicher Firma gerichtet ist, am Rechtsverkehr teilgenommen, bevor sie in das Handelsregister eingetragen ist, haftet jeder Kommanditist, der der Teilnahme am Rechtsverkehr zugestimmt hat, für die bis zur Eintragung begründeten Verbindlichkeiten der Gesellschaft gleich einem persönlich haftenden Gesellschafter, es sei denn, dass seine Beteiligung als Kommanditist dem Gläubiger bekannt war. (2) Tritt ein weiterer Gesellschafter als Kommanditist in eine bestehende Handelsgesellschaft ein, ist Absatz 1 für die in der Zeit zwischen seinem Eintritt und dessen Eintragung in das Handelsregister begründeten Verbindlichkeiten entsprechend anzuwenden.	**§ 176** (1) [1]Hat die Gesellschaft *ihre Geschäfte begonnen,* bevor sie in das Handelsregister des Gerichts, in dessen Bezirke sie ihren Sitz hat, eingetragen ist, so haftet jeder Kommanditist, der *dem Geschäftsbeginn* zugestimmt hat, für die bis zur Eintragung begründeten Verbindlichkeiten der Gesellschaft gleich einem persönlich haftenden Gesellschafter, es sei denn, daß seine Betheiligung als Kommanditist dem Gläubiger bekannt war. [2]Diese Vorschrift kommt nicht zur Anwendung, soweit sich aus dem §. 2 ein Anderes ergiebt. (2) Tritt ein Kommanditist in eine bestehende Handelsgesellschaft ein, so *findet die Vorschrift des* Abs. 1 *Satz 1* für die in der Zeit zwischen seinem Eintritt und dessen Eintragung in das Handelsregister begründeten Verbindlichkeiten *der Gesellschaft* entsprechende Anwendung.
	§ 176 Abs. 1 S. 2 idF. 1998[489] (1) [2]*Diese Vorschrift kommt nicht zur Anwendung, soweit sich aus dem § 2 oder § 105 Abs. 2 ein Anderes ergibt.*
§ 177 [Tod eines Kommanditisten] Beim Tod eines Kommanditisten wird die Gesellschaft mangels abweichender vertraglicher Bestimmung mit den Erben fortgesetzt.	**§ 177** *Der* Tod eines Kommanditisten *hat die Auflösung der* Gesellschaft *nicht zur Folge.*
[= § 177 idF. 1998]	**§ 177 idF. 1998**[490] Beim Tod eines Kommanditisten wird die Gesellschaft mangels abweichender vertraglicher Bestimmung mit den Erben fortgesetzt.
[vgl. § 712a BGB]	

487 § 175 S. 2 neu gefasst durch Art. 4 Nr. 9 Gesetz v. 18.1.2001 (NaStraG), BGBl. I S. 123, m.W.v. 25.1.2001.
488 § 176 neu gefasst durch Art. 51 Nr. 15 Gesetz v. 10.8.2021 (MoPeG), BGBl. I S. 3436, m.W.v. 1.1.2024.
489 § 176 geändert durch Art. 3 Nr. 36 Gesetz v. 22.6.1998 (HRefG), BGBl. I S. 1474, m.W.v. 1.7.1998.
490 § 177 neu gefasst durch Art. 3 Nr. 37 Gesetz v. 22.6.1998 (HRefG), BGBl. I S. 1474, m.W.v. 1.7.1998.

ADHGB 1861	UGB

Art. 163
(1) [→ § 161]
(2) [→ § 161]
(3) Hat die Gesellschaft vor *der* Eintragung ihre Geschäfte begonnen, so haftet jeder Kommanditist *dritten Personen* für die bis zur Eintragung *entstandenen* Verbindlichkeiten der Gesellschaft gleich einem persönlich haftenden Gesellschafter, *wenn er nicht beweist*, daß *denselben* seine *beschränkte* Betheiligung *bei der Gesellschaft* bekannt war.

§ 176 Haftungsumfang vor Eintragung der Gesellschaft, bei Eintritt in diese
(1) [1]Handeln Gesellschafter oder zur Vertretung der Gesellschaft bestellte Personen nach Errichtung, aber vor Entstehung der Gesellschaft in deren Namen, so haftet der Kommanditist für die in der Zeit bis zur Eintragung begründeten Verbindlichkeiten der Gesellschaft bis zur Höhe seiner Haftsumme. [2]Dies gilt auch dann, wenn ein handelnder Gesellschafter nicht, nicht allein oder nur beschränkt vertretungsbefugt ist, der Dritte den Mangel der Vertretungsmacht aber weder kannte noch kennen musste.
(2) [1]Tritt ein Kommanditist in eine bestehende Personengesellschaft ein, so findet Abs. 1 für die in der Zeit zwischen seinem Eintritt und seiner Eintragung in das Firmenbuch begründeten Verbindlichkeiten der Gesellschaft entsprechende Anwendung. [2]§ 171 Abs. 1 gilt sinngemäß.

Art. 170
(1) *Wenn ein* Kommanditist *stirbt oder zur Verwaltung seines Vermögens rechtlich unfähig wird, so* hat *dies* die Auflösung der Gesellschaft nicht zur Folge.
(2) [→ § 161]

§ 177 Tod des Kommanditisten
Der Tod eines Kommanditisten hat die Auflösung der Gesellschaft nicht zur Folge.

[= § 177 idF. 1897]

§ 178 Ausscheiden des einzigen Komplementärs
[1]Würde der einzige Komplementär aufgrund einer Bestimmung des Gesellschaftsvertrags oder durch die Ausübung eines ihm im Gesellschaftsvertrag eingeräumten Kündigungsrechts aus der Gesellschaft ausscheiden, so

HGB	HGB 1897

§ 177a[491] [Angaben auf Geschäftsbriefen]
[1]§ 125 gilt auch für die Gesellschaft, bei der ein Kommanditist eine natürliche Person ist. [2]Der in § 125 Absatz 1 Satz 2 für die Gesellschafter vorgeschriebenen Angaben bedarf es nur für die persönlich haftenden Gesellschafter der Gesellschaft.

§ 177a idF. 1976[492] [Konkursantragspflicht]
Die §§ 130a und 130b gelten auch für die Gesellschaft, bei der ein Kommanditist eine natürliche Person ist.

§ 177a idF. 1980[493]
[1]Die §§ 125a, 130a und *130b* gelten auch für die Gesellschaft, bei der ein Kommanditist eine natürliche Person ist, § 130a jedoch mit der Maßgabe, daß anstelle des Absatzes 1 *Satz 1 zweiter Halbsatz* der § 172 Abs. 6 Satz 2 anzuwenden ist. [2]Der in § 125a für die Gesellschafter vorgeschriebenen Angaben bedarf es nur für die persönlich haftenden Gesellschafter der Gesellschaft.

§ 177a S. 2 idF. 1998[494]
[2]Der in § 125a Abs. 1 Satz 2 für die Gesellschafter vorgeschriebenen Angaben bedarf es nur für die persönlich haftenden Gesellschafter der Gesellschaft.

§ 177a S. 1 idF. 2008[495]
[1]*Die §§ 125a und 130a gelten* auch für die Gesellschaft, bei der ein Kommanditist eine natürliche Person ist, *§ 130a jedoch mit der Maßgabe, daß anstelle des Absatzes 1 Satz 4 der § 172 Abs. 6 Satz 2 anzuwenden ist.*

491 § 177a geändert durch Art. 51 Nr. 16 Gesetz v. 10.8.2021 (MoPeG), BGBl. I S. 3436, m.W.v. 1.1.2024.
492 § 177a eingefügt durch Art. 4 Nr. 4 Gesetz v. 29.6.1976 (1. WiKG), BGBl. I S. 2034, m.W.v. 1.9.1976.
493 § 177a neu gefasst durch Art. 2 Nr. 7 Gesetz v. 11.6.1980 (Gesetz zur Änderung des Gesetzes betreffend die Gesellschaften mit beschränkter Haftung und anderer handelsrechtlicher Vorschriften), BGBl. I S. 836, m.W.v. 1.1.1981.
494 § 177a S. 2 geändert durch Art. 3 Nr. 38, Gesetz v. 22.6.1998 (HRefG), BGBl. I S. 1474, m.W.v. 1.7.1998.
495 § 177a S. 1 geändert durch Art. 3 Nr. 14 Gesetz v. 23.10.2008 (MoMiG), BGBl. I S. 2026, m.W.v. 1.11.2008.

ADHGB 1861	UGB
	tritt diese Rechtsfolge nur ein, wenn die verbleibenden Kommanditisten vereinbaren, dass sie die Gesellschaft fortsetzen und wenigstens einer von ihnen die Stellung eines Komplementärs übernimmt, oder wenn der einzige verbleibende Kommanditist erklärt, das Gesellschaftsvermögen im Weg der Gesamtrechtsnachfolge (§ 142) zu übernehmen. [2]Ansonsten ist die Gesellschaft stattdessen aufgelöst und wird unter Beteiligung des Komplementärs abgewickelt.

HGB	HGB 1897

§ 177a idF. 2020[496]

¹§ *125a* gilt auch für die Gesellschaft, bei der ein Kommanditist eine natürliche Person ist. ² [= § 177a idF. 1998]

§ 178[497] **Liquidation der Kommanditgesellschaft**[498]

§ 144 Absatz 1 findet auf die Kommanditisten keine Anwendung.

§ 179[499] **Insolvenz der Kommanditgesellschaft**

¹§ 130 Absatz 1 Nummer 3 findet keine Anwendung, wenn der Gesellschafter, über dessen Vermögen das Insolvenzverfahren eröffnet worden ist, der einzige persönlich haftende Gesellschafter der Kommanditgesellschaft ist und
1. über das Vermögen der Kommanditgesellschaft das Insolvenzverfahren eröffnet ist oder
2. die Voraussetzungen für die Eröffnung des Insolvenzverfahrens über das Vermögen der Kommanditgesellschaft erfüllt sind und ein Antrag auf die Eröffnung des Insolvenzverfahrens gestellt ist.

²Wird im Falle des Satzes 1 Nummer 2 der Antrag auf Eröffnung des Insolvenzverfahrens mangels Masse abgewiesen, treten die Wirkungen des § 130 Absatz 1 Nummer 3 mit dem Eintritt der Rechtskraft der Abweisungsentscheidung ein.

§§ 180–229
(*aufgehoben*)[500]

Dritter Abschnitt
Aktiengesellschaft [§§ 178–319]
[hier nicht wiedergegeben]

Vierter Abschnitt
Kommanditgesellschaft auf Aktien
[§§ 320–334] [hier nicht wiedergegeben]

496 § 177a neu gefasst durch Art. 14 Nr. 2 Gesetz v. 22.12.2020 (SanInsFoG), BGBl. I S. 3256, m.W.v. 1.1.2021.
497 § 178 neu gefasst durch Art. 51 Nr. 17 Gesetz v. 10.8.2021 (MoPeG), BGBl. I S. 3436, m.W.v. 1.1.2024.
498 Amtliche Überschrift nach Art. 51 Nr. 17 Gesetz v. 10.8.2021 (MoPeG), BGBl. I S. 3436, m.W.v. 1.1.2024.
499 § 179 neu gefasst durch Art. 51 Nr. 18 Gesetz v. 10.8.2021 (MoPeG), BGBl. I S. 3436, m.W.v. 1.1.2024.
500 §§ 178 bis 319 aufgehoben durch § 18 Abs. 1 Regierungsgesetz v. 30.1.1937 (EGAktG), BGBl. I S. 166, m.W.v. 5.2.1937.

ADHGB 1861	UGB

Zweiter Abschnitt
Von der Kommanditgesellschaft auf Aktien
insbesondere.
Artt. 173–206 [hier nicht wiedergegeben]

Dritter Titel
Von der Aktiengesellschaft
Artt. 207–249 [hier nicht wiedergegeben]

Drittes Buch
Von der stillen Gesellschaft und von der Vereinigung zu einzelnen Handelsgeschäften für gemeinschaftliche Rechnung
[Artt. 250–270]

HGB	HGB 1897
Dritter Abschnitt **Stille Gesellschaft** [§§ 230–237]	***Fünfter*** **Abschnitt** **Stille Gesellschaft idF. 1897** [§§ 335–342] **Dritter Abschnitt** **Stille Gesellschaft idF. 1986**[501] [§§ 230–237]
§ 230 [Begriff und Wesen der stillen Gesellschaft] (1) Wer sich als stiller Gesellschafter an dem Handelsgewerbe, das ein anderer betreibt, mit einer Vermögenseinlage beteiligt, hat die Einlage so zu leisten, daß sie in das Vermögen des Inhabers des Handelsgeschäfts übergeht. (2) Der Inhaber wird aus den in dem Betriebe geschlossenen Geschäften allein berechtigt und verpflichtet. [= § 335 idF. 1897]	**§ 335** (1) Wer sich als stiller Gesellschafter an dem Handelsgewerbe, das ein Anderer betreibt, mit einer Vermögenseinlage betheiligt, hat die Einlage so zu leisten, daß sie in das Vermögen des Inhabers des Handelsgeschäfts übergeht. (2) Der Inhaber wird aus den in dem Betrieb geschlossenen Geschäften allein berechtigt und verpflichtet.
§ 231 [Gewinn und Verlust] (1) Ist der Anteil des stillen Gesellschafters am Gewinn und Verluste nicht bestimmt, so gilt ein den Umständen nach angemessener Anteil als bedungen. (2) Im Gesellschaftsvertrage kann bestimmt werden, daß der stille Gesellschafter nicht am Verluste beteiligt sein soll; seine Beteiligung am Gewinne kann nicht ausgeschlossen werden. [= § 336 idF. 1897]	**§ 336** (1) Ist der Antheil des stillen Gesellschafters am Gewinn und Verluste nicht bestimmt, so gilt ein den Umständen nach angemessener Antheil als bedungen. (2) Im Gesellschaftsvertrage kann bestimmt werden, daß der stille Gesellschafter nicht am Verluste betheiligt sein soll; seine Betheiligung am Gewinne kann nicht ausgeschlossen werden.

501 §§ 335 bis 342 werden §§ 230 bis 237, Abschnittsüberschrift eingefügt durch Art. 1 Nr. 7, Gesetz v. 19.12.1985 (BiRiLG), BGBl. I S. 2355, m.W.v. 1.1.1986.

ADHGB 1861

Erster Titel
***Von der* stillen Gesellschaft** [Artt. 250–265]

Art. 250
(1) *Eine stille Gesellschaft ist vorhanden,* wenn sich *Jemand an dem Betriebe des* Handelsgewerbes eines Anderen mit einer Vermögenseinlage *gegen Antheil an Gewinn und Verlust* betheiligt.
(2) *Zur Gültigkeit des Vertrages bedarf es der schriftlichen Abfassung oder sonstiger Förmlichkeiten nicht.*

Art. 252
(1) *Der Inhaber des Handelsgewerbes wird Eigenthümer der Einlage des stillen Gesellschafters.*
(2) *Der stille Gesellschafter ist nicht verpflichtet, die Einlage über den vertragsmäßigen Betrag zu erhöhen, oder die durch Verlust verminderte Einlage zu ergänzen.*

Art. 256
Aus den Geschäften *des Handelsgewerbes* wird der Inhaber *desselben dem Dritten gegenüber* allein berechtigt und verpflichtet.

Art. 254
Ist *über die Höhe* der *Betheiligung* des stillen Gesellschafters an Gewinn und Verlust nichts *vereinbart,* so *wird dieselbe nach richterlichem Ermessen, nöthigenfalls unter Zuziehung von Sachverständigen festgestellt.*

UGB

Dritter Abschnitt
Stille Gesellschaft [§§ 179–188]

§ 179 Begriff und Wesen der stillen Gesellschaft
(1) Wer sich als stiller Gesellschafter am Unternehmen oder Vermögen eines anderen mit einer Vermögenseinlage beteiligt, hat die Einlage so zu leisten, dass sie in das Vermögen des anderen übergeht.
(2) Aus den Geschäften, die im Betrieb des Unternehmens geschlossen werden oder das Vermögen betreffen, an dem die Beteiligung besteht, wird allein der Inhaber berechtigt und verpflichtet.

§ 181 Gewinn und Verlust
(1) Ist der Anteil des stillen Gesellschafters am Gewinn und Verlust nicht bestimmt, so gilt ein den Umständen nach angemessener Anteil als bedungen.
(2) Im Gesellschaftsvertrag kann bestimmt werden, daß der stille Gesellschafter nicht am Verlust beteiligt sein soll; seine Beteiligung am Gewinn kann nicht ausgeschlossen werden.
(3) Ist im Gesellschaftsvertrag nur der Anteil am Gewinn oder am Verlust bestimmt, so gilt die Bestimmung im Zweifel für Gewinn und Verlust.

[Abs. 1 = § 336 Abs. 1 idF. 1897]
[Abs. 2 = § 336 Abs. 2 idF. 1897]

HGB	HGB 1897

§ 232 [Gewinn- und Verlustrechnung]

(1) Am Schlusse jedes Geschäftsjahrs wird der Gewinn und Verlust berechnet und der auf den stillen Gesellschafter fallende Gewinn ihm ausbezahlt.

(2) [1]Der stille Gesellschafter nimmt an dem Verluste nur bis zum Betrage seiner eingezahlten oder rückständigen Einlage teil. [2]Er ist nicht verpflichtet, den bezogenen Gewinn wegen späterer Verluste zurückzuzahlen; jedoch wird, solange seine Einlage durch Verlust vermindert ist, der jährliche Gewinn zur Deckung des Verlustes verwendet.

(3) Der Gewinn, welcher von dem stillen Gesellschafter nicht erhoben wird, vermehrt dessen Einlage nicht, sofern nicht ein anderes vereinbart ist.

[Abs. 2 S. 2 = § 337 Abs. 2 S. 2 idF. 1897 = Art. 255 Abs. 2 S. 2 ADHGB]
[Abs. 3 = § 337 Abs. 3 idF. 1897 = Art. 255 Abs. 3 ADHGB]

§ 337

[= Art. 255 ADHGB]

§ 233[502] Informationsrecht des stillen Gesellschafters[503]

Auf das Informationsrecht des stillen Gesellschafters ist § 166 entsprechend anzuwenden.

§ 338

(1) Der stille Gesellschafter ist berechtigt, die abschriftliche Mittheilung der jährlichen Bilanz zu verlangen und dessen Richtigkeit unter Einsicht der Bücher und Papiere zu prüfen.

(2) Die in §. 716 des Bürgerlichen Gesetzbuchs dem von der Geschäftsführung ausgeschlossenen Gesellschafter eingeräumten weiteren Rechte stehen dem stillen Gesellschafter nicht zu.

(3) Auf Antrag des stillen Gesellschafters kann das Gericht, wenn wichtige Gründe vorliegen, die Mittheilung einer Bilanz oder sonstiger Aufklärungen sowie die Vorlegung der Bücher und Papiere jederzeit anordnen.

§ 716 BGB idF. 1896

(1) Ein Gesellschafter kann, auch wenn er von der Geschäftsführung ausgeschlossen ist, sich von den Angelegenheiten der Gesellschaft persönlich unterrichten, die Geschäftsbücher und die Papiere der Gesellschaft einsehen und sich aus ihnen eine Uebersicht über den Stand des Gesellschaftsvermögens anfertigen.

502 § 233 neu gefasst durch Art. 51 Nr. 19 Gesetz v. 10.8.2021 (MoPeG), BGBl. I S. 3436, m.W.v. 1.1.2024.
503 Amtliche Überschrift nach Art. 51 Nr. 19 Gesetz v. 10.8.2021 (MoPeG), BGBl. I S. 3436, m.W.v. 1.1.2024.

ADHGB 1861	UGB
Art. 255 (1) Am Schlusse *eines* jeden Geschäftsjahres wird der Gewinn und Verlust berechnet und *dem* stillen Gesellschafter *der ihm zufallende* Gewinn ausbezahlt. (2) [1]Der stille Gesellschafter nimmt an dem Verlust nur bis zum Betrage seiner eingezahlten oder rückständigen Einlage *An*theil. [2]Er ist nicht verpflichtet, den bezogenen Gewinn wegen späterer Verluste zurückzuzahlen; jedoch wird, so lange seine ursprüngliche Einlage durch Verlust vermindert ist, der jährliche Gewinn zur Deckung des Verlustes verwendet. (3) Der Gewinn, welcher von dem stillen Gesellschafter nicht erhoben wird, vermehrt dessen Einlage nicht, sofern nicht ein Anderes vereinbart ist.	**§ 182 Gewinn- oder Verlustberechnung** (1) Am Schluß jedes Geschäftsjahres ist der Gewinn oder Verlust zu berechnen und der auf den stillen Gesellschafter fallende Gewinn auszuzahlen. (2) [1]Der stille Gesellschafter nimmt an dem Verlust nur bis zum Betrag seiner eingezahlten oder rückständigen Einlage teil. [2]Er ist nicht verpflichtet, den bezogenen Gewinn wegen späterer Verluste zurückzuzahlen; jedoch wird, solange seine Einlage durch Verlust vermindert ist, der jährliche Gewinn zur Deckung des Verlustes verwendet. (3) Der Gewinn, der von dem stillen Gesellschafter nicht behoben wird, vermehrt dessen Einlage nicht, sofern nicht ein anderes vereinbart ist. [Abs. 2 S. 2 = § 337 Abs. 2 S. 2 idF. 1897 = Art. 255 Abs. 2 S. 2 ADHGB] [Abs. 3 = § 337 Abs. 3 idF. 1897 = Art. 255 Abs. 3 ADHGB]
Art. 253 (1) Der stille Gesellschafter ist berechtigt, die abschriftliche Mittheilung der jährlichen Bilanz zu verlangen und *die* Richtigkeit *derselben* unter Einsicht der Bücher und Papiere zu prüfen. (2) Das *Handels*gericht kann auf den Antrag des stillen Gesellschafters, wenn wichtige Gründe *dazu* vorliegen, die Mittheilung einer Bilanz oder sonstiger Aufklärungen *nebst* Vorlegung der Bücher und Papiere *zu* jeder Zeit anordnen.	**§ 183 Kontrollrecht des stillen Gesellschafters** (1) Der stille Gesellschafter ist berechtigt, die abschriftliche Mitteilung des Jahresabschlusses oder, wenn nach den Vorschriften des Dritten Buches keine Pflicht zur Rechnungslegung besteht, einer sonstigen Abrechnung zu verlangen und dessen Richtigkeit unter Einsicht der Bücher und Schriften zu prüfen. (2) Die im § 118 dem von der Geschäftsführung ausgeschlossenen Gesellschafter eingeräumten weiteren Rechte stehen dem stillen Gesellschafter nicht zu. (3) Auf Antrag des stillen Gesellschafters kann das Gericht, wenn wichtige Gründe vorliegen, die Mitteilung eines Status oder sonstiger Aufklärungen sowie die Vorlage der Bücher und Schriften jederzeit anordnen.

HGB	HGB 1897
	(2) Eine dieses Recht ausschließende oder beschränkende Vereinbarung steht der Geltendmachung des Rechtes nicht entgegen, wenn Grund zu der Annahme unredlicher Geschäftsführung besteht.
§ 234[504] [Kündigung der Gesellschaft; Tod des stillen Gesellschafters] (1) Auf die Kündigung der Gesellschaft durch einen der Gesellschafter oder durch einen Gläubiger des stillen Gesellschafters finden die Vorschriften der §§ 132 und 133 entsprechende Anwendung. (2) Durch den Tod des stillen Gesellschafters wird die Gesellschaft nicht aufgelöst. [Abs. 2 = § 339 Abs 2 idF. 1897]	**§ 339** (1) [1]Auf die Kündigung der Gesellschaft durch einen der Gesellschafter oder durch einen Gläubiger des stillen Gesellschafters finden die Vorschriften der §§. 132, *134 und 135* entsprechende Anwendung. [2]*Die Vorschriften des §. 723 des Bürgerlichen Gesetzbuchs über das Recht, die Gesellschaft aus wichtigen Gründen ohne Einhaltung einer Frist zu kündigen, bleiben unberührt.* (2) Durch den Tod des stillen Gesellschafters wird die Gesellschaft nicht aufgelöst.
	§ 723 BGB idF. 1896 (1) [1]Ist die Gesellschaft nicht für eine bestimmte Zeit eingegangen, so kann jeder Gesellschafter sie jederzeit kündigen. [2]Ist eine Zeitdauer bestimmt, so ist die Kündigung vor dem Ablauf der Zeit zulässig, wenn ein wichtiger Grund vorliegt; ein solcher Grund ist insbesondere vorhanden, wenn ein anderer Gesellschafter eine ihm nach dem Gesellschaftsvertrag obliegende wesentliche Verpflichtung vorsätzlich oder aus grober Fahrlässigkeit verletzt hat oder wenn die Erfüllung einer solchen Verpflichtung unmöglich wird. [3]Unter den gleichen Voraussetzungen ist, wenn eine Kündigungsfrist bestimmt ist, die Kündigung ohne Einhaltung der Frist zulässig. (2) [1]Die Kündigung darf nicht zur Unzeit geschehen, es sei denn, daß ein wichtiger Grund für die unzeitige Kündigung vorliegt. [2]Kündigt ein Gesellschafter ohne solchen Grund zur Unzeit, so hat er den übrigen Gesellschaftern den daraus entstehenden Schaden zu ersetzen. (3) Eine Vereinbarung, durch welche das Kündigungsrecht ausgeschlossen oder diesen Vorschriften zuwider beschränkt wird, ist nichtig.

504 § 234 Abs. 1 geändert durch Art. 51 Nr. 20 Gesetz v. 10.8.2021 (MoPeG), BGBl. I S. 3436, m.W.v. 1.1.2024.

ADHGB 1861	UGB

Art. 261
(1) *Die stille Gesellschaft wird aufgelöst:*
1) *durch den Tod des Inhabers des Handelsgewerbes, wenn nicht der Vertrag bestimmt, daß die Gesellschaft mit den Erben des Verstorbenen fortbestehen soll;*
2) *durch die eingetretene rechtliche Unfähigkeit des Inhabers des Handelsgewerbes zur selbstständigen Vermögensverwaltung;*
3) *durch die Eröffnung des Konkurses über das Vermögen des Inhabers des Handelsgewerbes oder des stillen Gesellschafters;*
4) *durch gegenseitige Uebereinkunft;*
5) *durch Ablauf der Zeit, auf deren Dauer die stille Gesellschaft eingegangen ist, wenn dieselbe nicht stillschweigend fortgesetzt wird; in diesem Falle gilt der Vertrag von da an als auf unbestimmte Dauer geschlossen;*
6) *durch die Aufkündigung eines der beiden Theile, wenn der Vertrag auf unbestimmte Dauer geschlossen ist.*
(2) *Ein auf Lebenszeit geschlossener Vertrag ist als auf unbestimmte Dauer geschlossen zu betrachten.*
(3) *Die Aufkündigung eines auf unbestimmte Dauer geschlossenen Vertrages muß, wenn nicht ein Anderes vereinbart ist, mindestens sechs Monate vor Ablauf des Geschäftsjahres erfolgen.*

Art. 262
[1]*Die Auflösung der stillen* Gesellschaft *kann vor Ablauf der für ihre Dauer bestimmten Zeit oder bei einem Vertrage von unbestimmter Dauer* ohne *vorherige Aufkündigung verlangt werden, wenn dazu* wichtige Gründe *vorhanden sind.* [2]*Die Beurtheilung, ob solche Gründe anzunehmen sind, bleibt im Falle des Widerspruchs dem Ermessen des Richters überlassen.*

§ 184 Kündigung der Gesellschaft; Tod des stillen Gesellschafters
(1) Auf die Kündigung der Gesellschaft durch einen Gesellschafter oder nach § 339 Abs. 1 EO finden die Vorschriften der §§ 132 und 134 entsprechende Anwendung. Wenn ein wichtiger Grund vorliegt, kann jeder Gesellschafter die Gesellschaft, mag sie auch auf bestimmte Zeit eingegangen sein, ohne Einhaltung einer Frist jederzeit kündigen. Eine Vereinbarung, durch die dieses Kündigungsrecht ausgeschlossen oder beschränkt wird, ist nichtig.
(2) Durch den Tod des stillen Gesellschafters wird die Gesellschaft nicht aufgelöst.

[Abs. 2 = § 339 Abs. 2 idF. 1897]

§ 185 Andere Auflösungsgründe
(1) Wird der vereinbarte Zweck erreicht oder seine Erreichung unmöglich, so endet die stille Gesellschaft, auch wenn sie auf bestimmte Zeit eingegangen worden und diese Zeit noch nicht abgelaufen ist.
(2) [1]Die stille Gesellschaft wird ferner durch die Eröffnung des Konkursverfahrens über das Vermögen eines Gesellschafters und, wenn der Gesellschaftsvertrag nichts anderes bestimmt, durch den Tod des Inhabers des Unternehmens oder Vermögens aufgelöst. [2]§ 136 über die Fürsorgepflicht beim Tod oder Konkurs eines Gesellschafters ist sinngemäß anzuwenden.

HGB	HGB 1897

§ 235 [Auseinandersetzung]
(1) Nach der Auflösung der Gesellschaft hat sich der Inhaber des Handelsgeschäfts mit dem stillen Gesellschafter auseinanderzusetzen und dessen Guthaben in Geld zu berichtigen.
(2) [1]Die zur Zeit der Auflösung schwebenden Geschäfte werden von dem Inhaber des Handelsgeschäfts abgewickelt. [2]Der stille Gesellschafter nimmt teil an dem Gewinn und Verluste, der sich aus diesen Geschäften ergibt.
(3) Er kann am Schlusse jedes Geschäftsjahrs Rechenschaft über die inzwischen beendigten Geschäfte, Auszahlung des ihm gebührenden Betrags und Auskunft über den Stand der noch schwebenden Geschäfte verlangen.

[= § 340 idF. 1897]

§ 340
(1) Nach der Auflösung der Gesellschaft hat sich der Inhaber des Handelsgeschäfts mit dem stillen Gesellschafter auseinanderzusetzen und dessen Guthaben in Geld zu berichtigen.
(2) [1]Die zur Zeit der Auflösung schwebenden Geschäfte werden von dem Inhaber des Handelsgeschäfts abgewickelt. [2]Der stille Gesellschafter nimmt Theil an dem Gewinn und Verluste, der sich aus diesen Geschäften ergiebt.
(3) Er kann am Schlusse jedes Geschäftsjahrs Rechenschaft über die inzwischen beendigten Geschäfte, Auszahlung des ihm gebührenden Betrags und Auskunft über den Stand der noch schwebenden Geschäfte verlangen.

§ 236 [Insolvenz des Inhabers]
(1) Wird über das Vermögen des Inhabers des Handelsgeschäfts das Insolvenzverfahren eröffnet, so kann der stille Gesellschafter wegen der Einlage, soweit sie den Betrag des auf ihn fallenden Anteils am Verlust übersteigt, seine Forderung als Insolvenzgläubiger geltend machen.
(2) Ist die Einlage rückständig, so hat sie der stille Gesellschafter bis zu dem Betrage, welcher zur Deckung seines Anteils am Verlust erforderlich ist, zur Insolvenzmasse einzuzahlen.

[= § 236 idF. 1994]

§ 341
(1) Wird über das Vermögen des Inhabers des Handelsgeschäfts *der Konkurs* eröffnet, so kann der stille Gesellschafter wegen der Einlage, soweit sie den Betrag des auf ihn fallenden Antheils am Verlust übersteigt, seine Forderung als Konkursgläubiger geltend machen.
(2) Ist die Einlage rückständig, so hat sie der stille Gesellschafter bis zu dem Betrage, welcher zur Deckung seines Antheils am Verlust erforderlich ist, zur *Konkurs*masse einzuzahlen.

§ 236 idF. 1994[505]
(1) Wird über das Vermögen des Inhabers des Handelsgeschäfts das Insolvenzverfahren eröffnet, so kann der stille Gesellschafter

505 § 236 Abs. 1 und 2 geändert durch Art. 40 Nr. 16 Gesetz v. 5.10.1994 (EGInsO), BGBl. I S. 2911, m.W.v. 1.1.1999.

ADHGB 1861	UGB
Art. 263 *Die Bestimmung des Art. 126. gilt auch zu Gunsten der Privat*gläubiger *eines* stillen Gesellschafters.	
Art. 264 *Wenn der* stille Gesellschafter *stirbt, oder zur Verwaltung seines Vermögens rechtlich unfähig wird, so hat dies die* Auflösung *der stillen* Gesellschaft nicht *zur Folge.*	
Art. 265 (1) Nach Auflösung der *stillen* Gesellschaft *muß* der Inhaber des Handels*gewerbes* sich mit dem stillen Gesellschafter auseinandersetzen und *die Forderung desselben* in Gelde berichtigen. (2) *Der* Inhaber des Handels*gewerbes besorgt die Liquidation der bei* der Auflösung *noch* schwebenden Geschäfte.	**§ 186 Auseinandersetzung** (1) Nach der Auflösung der Gesellschaft hat sich der Inhaber des Unternehmens oder Vermögens mit dem stillen Gesellschafter auseinanderzusetzen und dessen Guthaben in Geld zu berichtigen. (2) [1]Die zur Zeit der Auflösung schwebenden Geschäfte werden von dem Inhaber des Unternehmens oder Vermögens abgewickelt. [2]Der stille Gesellschafter nimmt teil an dem Gewinn oder Verlust, der sich aus diesen Geschäften ergibt. (3) Er kann am Schluß jedes Geschäftsjahrs Rechenschaft über die inzwischen beendigten Geschäfte, Auszahlung des ihm gebührenden Betrags und Auskunft über den Stand der noch schwebenden Geschäfte verlangen. [Abs. 3 = § 186 Abs. 3 idF. 1897]
Art. 258 (1) *Wenn der* Inhaber des Handelsgewerbes in Konkurs *verfällt*, so *ist* der stille Gesellschafter *befugt*, wegen *seiner* Einlage, soweit *dieselbe* den Betrag des auf ihn fallenden Antheils am Verlust übersteigt, eine Forderung als Konkursgläubiger geltend *zu* machen. (2) Ist die Einlage rückständig, so hat der stille Gesellschafter *dieselbe* bis zu dem Betrage, welcher zur Deckung seines Antheils am Verluste erforderlich ist, *in die* Konkursmasse zu zahlen.	**§ 187 Konkurs des Inhabers** (1) Wird über das Vermögen des Inhabers des Unternehmens oder Vermögens das Konkursverfahren eröffnet, so kann der stille Gesellschafter wegen der Einlage, soweit sie den Betrag des auf ihn fallenden Anteils am Verlust übersteigt, seine Forderung als Insolvenzgläubiger geltend machen. (2) Ist die Einlage zum Zeitpunkt der Eröffnung des Konkursverfahrens noch nicht zur Gänze geleistet worden, so hat sie der stille Gesellschafter bis zu dem Betrag, welcher zur Deckung seines Anteils am Verlust erforderlich ist, zur Insolvenzmasse einzuzahlen.

HGB	HGB 1897
	wegen der Einlage, soweit sie den Betrag des auf ihn fallenden Anteils am Verlust übersteigt, seine Forderung als Insolvenzgläubiger geltend machen. (2) Ist die Einlage rückständig, so hat sie der stille Gesellschafter bis zu dem Betrage, welcher zur Deckung seines Anteils am Verlust erforderlich ist, zur Insolvenzmasse einzuzahlen. **§ 342**[506] *(1) [1]Ist auf Grund einer in dem letzten Jahre vor der Eröffnung des Konkurses zwischen dem Inhaber des Handelsgeschäfts und dem stillen Gesellschafter getroffenen Vereinbarung diesem die Einlage ganz oder theilweise zurückgewährt oder sein Antheil an dem entstandenen Verluste ganz oder theilweise erlassen worden, so kann die Rückgewähr oder der Erlaß von dem Konkursverwalter angefochten werden. [2]Es begründet keinen Unterschied, ob die Rückgewähr oder der Erlaß unter Auflösung der Gesellschaft stattgefunden hat oder nicht.* *(2) Die Anfechtung ist ausgeschlossen, wenn der Konkurs in Umständen seinen Grund hat, die erst nach der Vereinbarung der Rückgewähr oder des Erlasses eingetreten sind.* *(3) Die Vorschriften der Konkursordnung über die Geltendmachung der Anfechtung und deren Wirkung finden Anwendung.*

506 § 342 wird § 237 durch Art. 1 Nr. 7, Gesetz v. 19.12.1985 (BiRiLG), BGBl. I S. 2355, m.W.v. 1.1.1986; § 237 wird aufgehoben durch Art. 40 Nr. 17 Gesetz v. 5.10.1994 (EGInsO), BGBl. I S. 2911, m.W.v. 1.1.1999.

ADHGB 1861	UGB
Art. 259 (1) *Wenn innerhalb eines* Jahres vor Eröffnung des Konkurses *über das Vermögen des* Inhabers des Handels*gewerbes durch* Vereinbarung zwischen *ihm* und dem stillen Gesellschafter *das Gesellschaftsverhältniß aufgelöst worden ist, so können die Konkursgläubiger verlangen, daß der stille Gesellschafter die ihm zurückbezahlte Einlage in die Konkursmasse einzahle, unbeschadet seines Rechts, die in dem Zeitpunkt der Auflösung ihm aus dem Gesellschaftsverhältnisse zustehende Forderung als Konkursgläubiger geltend zu machen.* (2) *Dasselbe gilt, wenn dem stillen Gesellschafter in dem bezeichneten Zeitraum ohne* Auflösung *des Gesellschaftsverhältnisses die Einlage zurückbezahlt wurde.* (3) *In gleicher Weise ist, wenn der Inhaber des Handelsgewerbes in dem bezeichneten Zeitraum dem stillen Gesellschafter dessen* Antheil an dem entstandenen Verlust ganz oder theilweise erlassen *hat, der Erlaß zu Gunsten der Konkursgläubiger unwirksam.* (4) *Die Bestimmungen dieses Artikels treten nicht ein, wenn der stille Gesellschafter beweist, daß* der Konkurs in Umständen seinen Grund hat, *welche* erst nach *dem Zeitpunkt der Auflösung, der Zurückzahlung oder des Erlasses* eingetreten sind.	**§ 188 Anfechtung im Insolvenzverfahren** (1) [1]Ist auf Grund einer in dem letzten Jahr vor der Eröffnung des Insolvenzverfahrens zwischen dem Inhaber des Unternehmens oder Vermögens und dem stillen Gesellschafter getroffenen Vereinbarung diesem die Einlage ganz oder teilweise zurückgewährt oder sein Anteil an dem entstandenen Verlust ganz oder teilweise erlassen worden, so kann die Rückgewähr oder der Erlaß vom Masse- oder Sanierungsverwalter angefochten werden. [2]Es begründet keinen Unterschied, ob die Rückgewähr oder der Erlaß unter Auflösung der Gesellschaft stattgefunden hat oder nicht. (2) Die Anfechtung ist ausgeschlossen, wenn das Insolvenzverfahren in Umständen seinen Grund hat, die erst nach der Vereinbarung derRückgewähr oder des Erlasses eingetreten sind. (3) Die Vorschriften der Insolvenzordnung über die Geltendmachung der Anfechtung und deren Wirkung finden Anwendung.
Zweiter Titel ***Von der Vereinigung zu einzelnen Handelsgeschäften für gemeinschaftliche Rechnung*** [Artt. 266–270] [hier nicht wiedergegeben]	

HGB	HGB 1897
Viertes[507] **Buch** **Handelsgeschäfte** [§§ 343–475h]	***Drittes*** **Buch** **Handelsgeschäfte** [§§ 343–473]
Erster Abschnitt **Allgemeine Vorschriften** [§§ 343–372]	**Erster Abschnitt** **Allgemeine Vorschriften** [§§ 343–372]
§ 343[508] **[Begriff der Handelsgeschäfte]** (1) Handelsgeschäfte sind alle Geschäfte eines Kaufmanns, die zum Betriebe seines Handelsgewerbes gehören. (2) (*weggefallen*) [Abs. 1 = § 343 Abs. 1 idF. 1897]	**§ 343** (1) Handelsgeschäfte sind alle Geschäfte eines Kaufmanns, die zum Betriebe seines Handelsgewerbes gehören. (2) *Die im §. 1 Abs. 2 bezeichneten Geschäfte sind auch dann Handelsgeschäfte, wenn sie von einem Kaufmann im Betriebe seines gewöhnlich auf andere Geschäfte gerichteten Handelsgewerbes geschlossen werden.*
§ 344 [Vermutung für das Handelsgeschäft] (1) Die von einem Kaufmanne vorgenommenen Rechtsgeschäfte gelten im Zweifel als zum Betriebe seines Handelsgewerbes gehörig.	**§ 344** (1) Die von einem Kaufmanne vorgenommenen Rechtsgeschäfte gelten im Zweifel als zum Betriebe seines Handelsgewerbes gehörig.

507 Das dritte Buch: Handelsbücher (§§ 238–342r) ist hier nicht ausgeführt.

508 343 Abs. 2 aufgehoben durch Art. 3 Nr. 41 Gesetz v. 22.6.1998 (HRefG), BGBl. I S. 1474, m.W.v. 1.7.1998.

ADHGB 1861	UGB
***Viertes* Buch** ***Von den* Handelsgeschäften** [Artt. 273–431]	**Viertes Buch** **Unternehmensbezogene Geschäfte** [§§ 343–460]
Erster *Titel* ***Von den Handelsgeschäften im* Allgemeinen** [Artt. 273–336]	**Erster Abschnitt** **Allgemeine Vorschriften** [§§ 343–372]
Erster Abschnitt ***Begriff der Handelsgeschäfte*** [Artt. 273–277]	
Art. 273 (1) *Alle einzelnen* Geschäfte eines Kaufmanns, *welche* zum Betriebe seines Handelsgewerbes gehören, sind *als* Handelsgeschäfte *anzusehen.* *(2) Dieses gilt insbesondere für die gewerbliche Weiterveräußerung der zu diesem Zweck angeschafften Waaren, beweglichen Sachen und Werthpapieren, sowie für die Anschaffung von Geräthen, Material und anderen beweglichen Sachen, welche bei dem Betriebe des Gewerbes unmittelbar benutzt oder verbraucht werden sollen.* *(3) Die Weiterveräußerungen, welche von Handwerkern vorgenommen werden, sind, insoweit dieselben nur in Ausübung ihres Handwerksbetriebes geschehen, als Handelsgeschäfte nicht zu betrachten.*	**§ 343 Anwendungsbereich** (1) Das Vierte Buch ist auf Unternehmer im Sinn der §§ 1 bis 3 sowie auf juristische Personen des öffentlichen Rechts anzuwenden. (2) Unternehmensbezogene Geschäfte sind alle Geschäfte eines Unternehmers, die zum Betrieb seines Unternehmens gehören. (3) Geschäfte, die eine natürliche Person vor Aufnahme des Betriebes ihres Unternehmens zur Schaffung der Voraussetzungen dafür tätigt, gelten noch nicht als unternehmensbezogene Geschäfte.
Art. 271 [→ § 1]	
Art. 272 (1) [→ § 1] (2) Die bezeichneten Geschäfte sind auch alsdann Handelsgeschäfte, *wenn sie zwar einzeln, jedoch* von einem Kaufmann im Betriebe seines gewöhnlich auf andere Geschäfte gerichteten Handelsgewerbes gemacht werden.	
Art. 274 (1) Die von einem Kaufmann *geschlossenen Verträge* gelten im Zweifel als zum Betriebe des Handelsgewerbes gehörig.	**§ 344 Vermutung unternehmensbezogener Geschäfte** Die von einem Unternehmer vorgenommenen Rechtsgeschäfte gelten im Zweifel als zum Betrieb seines Unternehmens gehörig.

HGB	HGB 1897
(2) Die von einem Kaufmanne gezeichneten Schuldscheine gelten als im Betriebe seines Handelsgewerbes gezeichnet, sofern nicht aus der Urkunde sich das Gegenteil ergibt. [Abs. 1 = § 344 Abs. 1 idF. 1897] [Abs. 2 = Art. 274 Abs. 2 ADHGB]	(2) [= Art. 274 Abs. 2 ADHGB]
§ 345 [Einseitige Handelsgeschäfte] Auf ein Rechtsgeschäft, das für einen der beiden Teile ein Handelsgeschäft ist, kommen die Vorschriften über Handelsgeschäfte für beide Teile gleichmäßig zur Anwendung, soweit nicht aus diesen Vorschriften sich ein anderes ergibt. [= § 345 idF. 1897]	**§ 345** Auf ein Rechtsgeschäft, das für einen der beiden Theile ein Handelsgeschäft ist, kommen die Vorschriften über Handelsgeschäfte für beide Theile gleichmäßig zur Anwendung, soweit nicht aus diesen Vorschriften sich ein Anderes ergiebt.
§ 346 [Handelsbräuche] Unter Kaufleuten ist in Ansehung der Bedeutung und Wirkung von Handlungen und Unterlassungen auf die im Handelsverkehre geltenden Gewohnheiten und Gebräuche Rücksicht zu nehmen. [= § 346 idF. 1897]	**§ 346** Unter Kaufleuten ist in Ansehung der Bedeutung und Wirkung von Handlungen und Unterlassungen auf die im Handelsverkehre geltenden Gewohnheiten und Gebräuche Rücksicht zu nehmen.
§ 347 [Sorgfaltspflicht] (1) Wer aus einem Geschäfte, das auf seiner Seite ein Handelsgeschäft ist, einem anderen zur Sorgfalt verpflichtet ist, hat für die Sorgfalt eines ordentlichen Kaufmanns einzustehen. (2) Unberührt bleiben die Vorschriften des Bürgerlichen Gesetzbuchs, nach welchen der Schuldner in bestimmten Fällen nur grobe Fahrlässigkeit zu vertreten oder nur für diejenige Sorgfalt einzustehen hat, welche er in eigenen Angelegenheiten anzuwenden pflegt. [= § 347 idF. 1897]	**§ 347** (1) Wer aus einem Geschäfte, das auf seiner Seite ein Handelsgeschäft ist, einem anderen zur Sorgfalt verpflichtet ist, hat für die Sorgfalt eines ordentlichen Kaufmanns einzustehen. (2) Unberührt bleiben die Vorschriften des Bürgerlichen Gesetzbuchs, nach welchen der Schuldner in bestimmten Fällen nur grobe Fahrlässigkeit zu vertreten oder nur für diejenige Sorgfalt einzustehen hat, welche er in eigenen Angelegenheiten anzuwenden pflegt.

ADHGB 1861	UGB
(2) Die von einem Kaufmann gezeichneten Schuldscheine gelten als im Betriebe des Handelsgewerbes gezeichnet, sofern sich nicht aus denselben das Gegentheil ergiebt.	
Art. 277 *Bei jedem* Rechtsgeschäft, *welches auf der Seite eines* der *Kontrahenten* ein Handelsgeschäft ist, *sind* die *Bestimmungen dieses vierten* Buchs in Beziehung auf beide *Kontrahenten* gleichmäßig *anzuwenden, sofern* nicht aus diesen *Bestimmungen selbst* sich ergiebt, *daß ihre besonderen Festsetzungen sich nur auf denjenigen von beiden Kontrahenten beziehen, auf dessen Seite das Geschäft ein Handelsgeschäft ist.*	**§ 345 Einseitig unternehmensbezogene Geschäfte** Auf ein Rechtsgeschäft, das für einen der beiden Teile ein unternehmensbezogenes Geschäft ist, kommen die Vorschriften des Vierten Buchs für beide Teile zur Anwendung, soweit sich aus diesen Vorschriften nicht ein anderes ergibt.
Zweiter Abschnitt ***Allgemeine Bestimmungen über Handelsgeschäfte*** [Artt. 278–316]	
Art. 279 In *Beziehung auf die* Bedeutung und Wirkung von Handlungen und Unterlassungen ist auf die im Handelsverkehr geltenden Gewohnheiten und Gebräuche Rücksicht zu nehmen.	**§ 346 Gebräuche im Geschäftsverkehr** Unter Unternehmern ist in Hinblick auf die Bedeutung und Wirkung von Handlungen und Unterlassungen auf die im Geschäftsverkehr geltenden Gewohnheiten und Gebräuche Rücksicht zu nehmen.
Art. 282 Wer aus einem Geschäft, *welches* auf seiner Seite ein Handelsgeschäft ist, einem Anderen zur Sorgfalt verpflichtet ist, *muß* die Sorgfalt eines ordentlichen Kaufmanns *anwenden.*	**§ 347 Sorgfaltspflicht** Wer aus einem Geschäft, das auf seiner Seite unternehmensbezogen ist, einem anderen zur Sorgfalt verpflichtet ist, hat für die Sorgfalt eines ordentlichen Unternehmers einzustehen.

HGB	HGB 1897
§ 348 [Vertragsstrafe] Eine Vertragsstrafe, die von einem Kaufmann im Betriebe seines Handelsgewerbes versprochen ist, kann nicht auf Grund der Vorschriften des § 343 des Bürgerlichen Gesetzbuchs herabgesetzt werden. [= § 348 idF. 1897]	**§ 348** Eine Vertragsstrafe, die von einem Kaufmann im Betriebe seines Handelsgewerbes versprochen ist, kann nicht auf Grund der Vorschriften des §. 343 des Bürgerlichen Gesetzbuchs herabgesetzt werden. **§ 343 BGB idF. 1896** (1) [1]Ist eine verwirkte Strafe unverhältnißmäßig hoch, so kann sie auf Antrag des Schuldners durch Urtheil auf den angemessenen Betrag herabgesetzt werden. [2]Bei der Beurtheilung der Angemessenheit ist jedes berechtigte Interesse des Gläubigers, nicht blos das Vermögensinteresse, in Betracht zu ziehen. [3]Nach der Entrichtung der Strafe ist die Herabsetzung ausgeschlossen. (2) Das Gleiche gilt auch außer den Fällen der §§. 339, 342, wenn Jemand eine Strafe für den Fall verspricht, daß er eine Handlung vornimmt oder unterläßt.
§ 349 [Keine Einrede der Vorausklage] [1]Dem Bürgen steht, wenn die Bürgschaft für ihn ein Handelsgeschäft ist, die Einrede der Vorausklage nicht zu. [2]Das gleiche gilt unter der bezeichneten Voraussetzung für denjenigen, welcher aus einem Kreditauftrag als Bürge haftet. [= § 349 idF. 1897]	**§ 349** [1]Dem Bürgen steht, wenn die Bürgschaft für ihn ein Handelsgeschäft ist, die Einrede der Vorausklage nicht zu. [2]Das gleiche gilt unter der bezeichneten Voraussetzung für denjenigen, welcher aus einem Kreditauftrag als Bürge haftet.
§ 350[510] [Formfreiheit] Auf eine Bürgschaft, ein Schuldversprechen oder ein Schuldanerkenntnis finden, sofern die Bürgschaft auf der Seite des Bürgen, das	**§ 350** Auf eine Bürgschaft, ein Schuldversprechen oder ein Schuldanerkenntniß finden, sofern die Bürgschaft auf der Seite des Bürgen, das

509 Allgemeines bürgerliches Gesetzbuch für die gesammten deutschen Erbländer der Oesterreichischen Monarchie, JGS. 1811/946, zuletzt geändert durch Haftungsrechts-Änderungsgesetz 2024, BGBl. I 2024/33.

510 § 350 geändert durch Art. 22 Nr. 2 Gesetz v. 13.7.2001, BGBl. I S. 1542, m.W.v. 1.8.2001.

511 § 350 öHGB aufgehoben durch Art. 1 Nr. 133 HaRÄG, BGBl. I 2005/120, m.W.v. 31.12.2006.

ADHGB 1861	UGB
Art. 284 *(1) Die Konventionalstrafe unterliegt keiner Beschränkung in Ansehung des Betrages; sie kann das Doppelte des Interesses übersteigen.* *(2) Der Schuldner ist im Zweifel nicht berechtigt, sich durch Erlegung der Konventionalstrafe von der Erfüllung zu befreien.* *(3) Die Verabredung einer Konventionalstrafe schließt im Zweifel den Anspruch auf einen den Betrag derselben übersteigenden Schadensersatz nicht aus.*	**§ 1336 ABGB[509] Bedingung des Vergütungsvertrages (Conventional-Strafe)** (1) [1]Die vertragschließenden Teile können eine besondere Übereinkunft treffen, daß auf den Fall des entweder gar nicht oder nicht auf gehörige Art oder zu spät erfüllten Versprechens ein bestimmter Geld- oder anderer Betrag entrichtet werden solle (§ 912). [2]Der Schuldner erlangt mangels besonderer Vereinbarung nicht das Recht, sich durch Bezahlung des Vergütungsbetrages von der Erfüllung zu befreien. [3]Wurde die Konventionalstrafe für die Nichteinhaltung der Erfüllungszeit oder des Erfüllungsortes versprochen, so kann sie neben der Erfüllung gefordert werden. (2) In allen Fällen ist der Vergütungsbetrag, wenn er vom Schuldner als übermäßig erwiesen wird, von dem Richter, allenfalls nach Einvernehmung von Sachverständigen, zu mäßigen. (3) [1]Der Gläubiger kann neben einer Konventionalstrafe den Ersatz eines diese übersteigenden Schadens geltend machen. [2]Ist der Schuldner ein Verbraucher im Sinne des § 1 Abs. 1 Z 2 und Abs. 3 KSchG, so muss dies im Einzelnen ausgehandelt werden.
Art. 281 (1) *Bei* Handelsgeschäften*, ingleichen in allen Fällen, in welchen in diesem Gesetzbuche eine solidarische Verpflichtung auferlegt wird, steht einem Solidarschuldner die Einrede der Theilung oder* der Vorausklage nicht zu. (2) *Dasselbe* gilt *von* Bürgen, *wenn die Schuld aus einem Handelsgeschäft auf Seiten des Hauptschuldners hervorgeht, oder wenn die Bürgschaft selbst ein Handelsgeschäft ist.*	**§ 1355 ABGB Wirkung** Der Bürge kann in der Regel erst dann belangt werden, wenn der Hauptschuldner auf des Gläubigers gerichtliche oder außergerichtliche Einmahnung seine Verbindlichkeit nicht erfüllet hat.
Art. 317 (1) Bei Handelsgeschäften ist die Gültigkeit der Verträge durch schriftliche Abfassung oder andere Förmlichkeiten nicht bedingt.	**§ 350 [Formfreiheit]** *(weggefallen)*[511]

HGB	HGB 1897
Versprechen oder das Anerkenntnis auf der Seite des Schuldners ein Handelsgeschäft ist, die Formvorschriften des § 766 Satz 1 und 2, des § 780 und des § 781 Satz 1 und 2 des Bürgerlichen Gesetzbuchs keine Anwendung.	Versprechen oder das Anerkenntniß auf der Seite des Schuldners ein Handelsgeschäft ist, die Formvorschriften des § 766 Satz 1, des § 780 und des § 781 Satz 1 des Bürgerlichen Gesetzbuchs keine Anwendung.
§ 351[513] *(weggefallen)*	**§ 351** *Die Vorschriften der §§. 348 bis 350 finden auf die in §. 4 bezeichneten Gewerbetreibenden keine Anwendung.*
§ 352[514] **[Gesetzlicher Zinssatz]** (1) [1]Die Höhe der gesetzlichen Zinsen, mit Ausnahme der Verzugszinsen, ist bei beiderseitigen Handelsgeschäften fünf vom Hundert für das Jahr. [2]Das gleiche gilt, wenn für eine Schuld aus einem solchen Handelsgeschäfte Zinsen ohne Bestimmung des Zinsfußes versprochen sind. (2) Ist in diesem Gesetzbuche die Verpflichtung zur Zahlung von Zinsen ohne Bestimmung der Höhe ausgesprochen, so sind darunter Zinsen zu fünf vom Hundert für das Jahr zu verstehen. [Abs. 1 S. 2 = § 352 Abs. 1 S. 2 idF. 1897] [Abs. 2 = § 352 Abs. 2 idF. 1897]	**§ 352** (1) [1]Die Höhe der gesetzlichen Zinsen, mit *Einschluß* der Verzugszinsen, ist bei beiderseitigen Handelsgeschäften fünf vom Hundert für das Jahr. [2]Das Gleiche gilt, wenn für eine Schuld aus einem solchen Handelsgeschäfte Zinsen ohne Bestimmung des Zinsfußes versprochen sind. (2) Ist in diesem Gesetzbuche die Verpflichtung zur Zahlung von Zinsen ohne Bestimmung der Höhe ausgesprochen, so sind darunter Zinsen zu fünf vom Hundert für das Jahr zu verstehen.

512 Kaiserliche Verordnung über die dritte Teilnovelle zum ABGB, RGBl. 1916/69.
513 § 351 aufgehoben durch Art. 3 Nr. 42 Gesetz v. 22.6.1998 (HRefG), BGBl. I S. 1474, m.W.v. 1.7.1998.
514 § 352 Abs. 1 geändert durch Art. 2 Abs. 3 Gesetz v. 30.3.2000, BGBl. I S. 330, m.W.v. 1.5.2000.
515 § 352 öHGB aufgehoben durch Art. 2 Nr. 2 Zahlungsverzugsgesetz, BGBl. I 2013/50, m.W.v. 16.3.2013.

ADHGB 1861	UGB
(2) Ausnahmen von dieser Regel finden nur in soweit statt, als sie in diesem Gesetzbuche enthalten sind.	**§ 1346 Abs. 2 ABGB**[512] (2) Zur Gültigkeit des Bürgschaftsvertrages ist erforderlich, daß die Verpflichtungserklärung des Bürgen schriftlich abgegeben wird.
	§ 351 Verkürzung über die Hälfte Zulasten eines Unternehmers kann die Anwendung des § 934 ABGB vertraglich ausgeschlossen werden.
	§ 934 ABGB Schadloshaltung wegen Verkürzung über die Hälfte [1]Hat bey zweyseitig verbindlichen Geschäften ein Theil nicht einmahl die Hälfte dessen, was er dem andern gegeben hat, von diesem an dem gemeinen Werthe erhalten, so räumt das Gesetz dem verletzten Theile das Recht ein, die Aufhebung, und die Herstellung in den vorigen Stand zu fordern. [2]Dem andern Theile steht aber bevor, das Geschäft dadurch aufrecht zu erhalten, daß er den Abgang bis zum gemeinen Werthe zu ersetzen bereit ist. [3]Das Mißverhältniß des Werthes wird nach dem Zeitpuncte des geschlossenen Geschäftes bestimmt.
Art. 287 (1) Die Höhe der gesetzlichen Zinsen, *insbesondere auch* der Verzugszinsen, ist bei Handelsgeschäften *Sechs* vom Hundert *jährlich.* (2) *In allen Fällen, in welchen in* diesem Gesetzbuche die Verpflichtung zur Zahlung von Zinsen ohne Bestimmung der Höhe ausgesprochen wird, sind darunter Zinsen zu *Sechs* vom Hundert jährlich zu verstehen.	**§ 352 [Verzugszinsen]** *(weggefallen)*[515]

HGB	HGB 1897
§ 353 [Fälligkeitszinsen] [1]Kaufleute untereinander sind berechtigt, für ihre Forderungen aus beiderseitigen Handelsgeschäften vom Tage der Fälligkeit an Zinsen zu fordern. [2]Zinsen von Zinsen können auf Grund dieser Vorschrift nicht gefordert werden. [= § 353 idF. 1897]	**§ 353** [1]Kaufleute unter einander sind berechtigt, für ihre Forderungen aus beiderseitigen Handelsgeschäften vom Tage der Fälligkeit an Zinsen zu fordern. [2]Zinsen von Zinsen können auf Grund dieser Vorschrift nicht gefordert werden.
§ 354 [Provision; Lagergeld; Zinsen] (1) Wer in Ausübung seines Handelsgewerbes einem anderen Geschäfte besorgt oder Dienste leistet, kann dafür auch ohne Verabredung Provision und, wenn es sich um Aufbewahrung handelt, Lagergeld nach den an dem Orte üblichen Sätzen fordern. (2) Für Darlehen, Vorschüsse, Auslagen und andere Verwendungen kann er vom Tage der Leistung an Zinsen berechnen. [= § 354 idF. 1897]	**§ 354** (1) Wer in Ausübung seines Handelsgewerbes einem Anderen Geschäfte besorgt oder Dienste leistet, kann dafür auch ohne Verabredung Provision und, wenn es sich um Aufbewahrung handelt, Lagergeld nach den an dem Orte üblichen Sätzen fordern. (2) Für Darlehen, Vorschüsse, Auslagen und andere Verwendungen kann er vom Tage der Leistung an Zinsen berechnen.
§ 354a[517] [Wirksamkeit der Abtretung einer Geldforderung] (1) [1]Ist die Abtretung einer Geldforderung durch Vereinbarung mit dem Schuldner gemäß § 399 des Bürgerlichen Gesetzbuchs ausgeschlossen und ist das Rechtsgeschäft, das diese Forderung begründet hat, für beide Teile ein Handelsgeschäft, oder ist der Schuldner eine juristische Person des öffentlichen Rechts oder ein öffentlich-rechtliches Sondervermögen, so ist die Abtretung gleichwohl wirksam. [2]Der Schuldner kann jedoch mit befreiender Wirkung an den bisherigen Gläubiger leisten. [3]Abweichende Vereinbarungen sind unwirksam. (2) Absatz 1 ist nicht auf eine Forderung aus einem Darlehensvertrag anzuwenden, deren	**§ 354a idF. 1994[518]** [1]Ist die Abtretung einer Geldforderung durch Vereinbarung mit dem Schuldner gemäß § 399 des Bürgerlichen Gesetzbuchs ausgeschlossen und ist das Rechtsgeschäft, das diese Forderung begründet hat, für beide Teile ein Handelsgeschäft, oder ist der Schuldner eine juristische Person des öffentlichen Rechts oder ein öffentlich-rechtliches Sondervermögen, so ist die Abtretung gleichwohl wirksam. [2]Der Schuldner kann jedoch mit befreiender Wirkung an den bisherigen Gläubiger leisten. [3]Abweichende Vereinbarungen sind unwirksam.

516 Allgemeines bürgerliches Gesetzbuch für die gesammten deutschen Erbländer der Oesterreichischen Monarchie, JGS. 1811/946, zuletzt geändert durch Haftungsrechts-Änderungsgesetz 2024, BGBl. I 2024/33.

517 § 354a Abs. 2 eingefügt, der bisherige Wortlaut wird Abs. 1 durch Art. 10 Nr. 2 Gesetz v. 12.8.2008 (Risikobegrenzungsgesetz), BGBl. I S. 1666, m.W.v. 19.8.2008.

518 § 354a eingefügt durch Art. 2 Nr. 11 Gesetz v. 25.7.1994, BGBl. I S. 1682, m.W.v. 30.7.1994.

ADHGB 1861	UGB
Art. 289 Kaufleute unter einander sind berechtigt, *in* beiderseitigen Handelsgeschäften a*uch ohne Verabredung oder Mahnung von jeder Forderung seit dem* Tage, *an welchem sie fällig war*, Zinsen zu fordern.	**§ 353 Unanwendbarkeit von § 1335 ABGB** § 1335 ABGB ist auf Geldforderungen gegen einen Unternehmer nicht anzuwenden. **Allgemeines Bürgerliches Gesetzbuch**[516] **§ 1335 ABGB** [1]Hat der Gläubiger die Zinsen ohne gerichtliche Einmahnung bis auf den Betrag der Hauptschuld steigen lassen, so erlischt das Recht, vom Kapital weitere Zinsen zu fordern. [2]Vom Tag der Streitanhängigkeit an können jedoch neuerdings Zinsen verlangt werden.
Art. 290 (1) *Ein Kaufmann, welcher* in Ausübung *des* Handelsgewerbes *einem Kaufmann oder Nichtkaufmann* Geschäfte besorgt oder Dienste leistet, kann dafür auch ohne vorherige Verabredung Provision, und wenn es sich um Aufbewahrung handelt, zugleich auch Lagergeld nach den an dem Orte *gewöhnlichen* Sätzen fordern. (2) *Von seinen* Darlehen, Vorschüssen, Auslagen und anderen Verwendungen kann er, vom Tage *ihrer* Leistung *oder Beschaffung* an, Zinsen *in Ansatz bringen.* (3) *Dies gilt insbesondere auch von dem Kommissionär und Spediteur.*	**§ 354 Entgeltlichkeit** (1) Ist in einem Geschäft kein Entgelt bestimmt und auch nicht Unentgeltlichkeit vereinbart, so gilt ein angemessenes Entgelt alsbedungen. (2) Für Darlehen, Vorschüsse, Auslagen und andere Verwendungen können vom Tag der Leistung an Zinsen berechnet werden.

HGB	HGB 1897
Gläubiger ein Kreditinstitut im Sinne des Kreditwesengesetzes ist.	
[Abs. 1 = § 354a idF. 1994]	
§ 355 [Laufende Rechnung, Kontokorrent]	§ 355
(1) Steht jemand mit einem Kaufmanne derart in Geschäftsverbindung, daß die aus der Verbindung entspringenden beiderseitigen Ansprüche und Leistungen nebst Zinsen in Rechnung gestellt und in regelmäßigen Zeitabschnitten durch Verrechnung und Feststellung des für den einen oder anderen Teil sich ergebenden Überschusses ausgeglichen werden (laufende Rechnung, Kontokorrent), so kann derjenige, welchem bei dem Rechnungsabschluß ein Überschuß gebührt, von dem Tage des Abschlusses an Zinsen von dem Überschusse verlangen, auch soweit in der Rechnung Zinsen enthalten sind.	(1) Steht Jemand mit einem Kaufmanne derart in Geschäftsverbindung, daß die aus der Verbindung entspringenden beiderseitigen Ansprüche und Leistungen nebst Zinsen in Rechnung gestellt und in regelmäßigen Zeitabschnitten durch Verrechnung und Feststellung des für den einen oder anderen Theil sich ergebenden Ueberschusses ausgeglichen werden (laufende Rechnung, Kontokorrent), so kann derjenige, welchem bei dem Rechnungsabschluß ein Ueberschuß gebührt, von dem Tage des Abschlusses an Zinsen von dem Überschusse verlangen, auch soweit in der Rechnung Zinsen enthalten sind.
(2) Der Rechnungsabschluß geschieht jährlich einmal, sofern nicht ein anderes bestimmt ist.	(2) Der Rechnungsabschluß geschieht jährlich einmal, sofern nicht ein Anderes bestimmt ist.
(3) Die laufende Rechnung kann im Zweifel auch während der Dauer einer Rechnungsperiode jederzeit mit der Wirkung gekündigt werden, daß derjenige, welchem nach der Rechnung ein Überschuß gebührt, dessen Zahlung beanspruchen kann.	(3) Die laufende Rechnung kann im Zweifel auch während der Dauer einer Rechnungsperiode jederzeit mit der Wirkung gekündigt werden, daß derjenige, welchem nach der Rechnung ein Ueberschuß gebührt, dessen Zahlung beanspruchen kann.
[= § 355 idF. 1897]	

ADHGB 1861	UGB

Art. 291

(1) *Wenn* ein Kaufmann mit einem *anderen* Kaufmann in laufender Rechnung (Kontokurrent) steht, so *ist* derjenige, welchem beim Rechnungsabschlusse ein Ueberschuß gebührt, *von dem ganzen Betrage desselben, wenn gleich darunter* Zinsen *begriffen sind,* seit dem Tage des Abschlusses Zinsen *zu fordern berechtigt.*

(2) Der Rechnungsabschluß geschieht jährlich einmal, sofern nicht *von den Parteien* ein Anderes bestimmt ist.

§ 355 Kontokorrent

(1) Vereinbart jemand mit einem Unternehmer, mit dem er in Geschäftsverbindung steht, dass die aus der Verbindung entspringenden beiderseitigen Ansprüche und Leistungen nebst Zinsen in Rechnung gestellt und in regelmäßigen Zeitabschnitten durch Verrechnung und Feststellung des für den einen oder anderen Teil sich ergebenden Überschusses ausgeglichen werden (laufende Rechnung, Kontokorrent), so treten, soweit nicht ein anderes vereinbart ist, die in den folgenden Bestimmungen geregelten Rechtswirkungen ein.

(2) Die Rechnungsperiode beträgt ein Jahr.

(3) [1]Zum Ende der Rechnungsperiode kommt es zur Verrechnung der beiderseitigen Ansprüche und Leistungen nebst Zinsen. [2]Die §§ 1415 und 1416 ABGB sind anzuwenden.

(4) [1]Jeder Teil hat gegen den anderen einen Anspruch auf Feststellung des Rechnungsabschlusses. [2]Liegt ein festgestellter Rechnungsabschluss vor, so kann derjenige, dem daraus ein Überschuss zusteht, sich zur Begründung seines Anspruchs auch auf diesen berufen. [3]Die Einwendung des anderen Teils, der Gläubiger werde dadurch ungerechtfertigt bereichert, bleibt unberührt. [4]Derjenige, dem beim Rechnungsabschluss ein Überschuss gebührt, kann vom Tag des Abschlusses an Zinsen vom Überschuss verlangen, auch soweit in der Rechnung Zinsen enthalten sind.

(5) Die laufende Rechnung kann im Zweifel auch während der Dauer einer Rechnungsperiode jederzeit mit der Wirkung gekündigt werden, dass derjenige, dem nach der Rechnung ein Überschuss gebührt, dessen Zahlung beanspruchen kann.

(6) Das Sich-Berufen auf einen Rechnungsabschluss, der unter Verwendung einer gegen ein gesetzliches Verbot oder gegen die guten Sitten verstoßenden Bedingung in Allgemeinen Geschäftsbedingungen oder Formblättern für Verträge aufgestellt wurde, steht einem Sich-Berufen auf eine solche Bedingung im Sinn des § 28 Abs. 1 letzter Satz KSchG gleich.

HGB

§ 356 [Sicherheiten]

(1) Wird eine Forderung, die durch Pfand, Bürgschaft oder in anderer Weise gesichert ist, in die laufende Rechnung aufgenommen, so wird der Gläubiger durch die Anerkennung des Rechnungsabschlusses nicht gehindert, aus der Sicherheit insoweit Befriedigung zu suchen, als sein Guthaben aus der laufenden Rechnung und die Forderung sich decken.

(2) Haftet ein Dritter für eine in die laufende Rechnung aufgenommene Forderung als Gesamtschuldner, so findet auf die Geltendmachung der Forderung gegen ihn die Vorschrift des Absatzes 1 entsprechende Anwendung.

[= § 356 idF. 1897]

HGB 1897

§ 356

(1) Wird eine Forderung, die durch Pfand, Bürgschaft oder in anderer Weise gesichert ist, in die laufende Rechnung aufgenommen, so wird der Gläubiger durch die Anerkennung des Rechnungsabschlusses nicht gehindert, aus der Sicherheit insoweit Befriedigung zu suchen, als sein Guthaben aus der laufenden Rechnung und die Forderung sich decken.

(2) Haftet ein Dritter für eine in die laufende Rechnung aufgenomme Forderung als Gesammtschuldner, so findet auf die Geltendmachung der Forderung gegen ihn die Vorschrift des Abs. 1 entsprechende Anwendung.

HGB

§ 357 [Pfändung des Saldos]

[1]Hat der Gläubiger eines Beteiligten die Pfändung und Überweisung des Anspruchs auf dasjenige erwirkt, was seinem Schuldner als Überschuß aus der laufenden Rechnung zukommt, so können dem Gläubiger gegenüber Schuldposten, die nach der Pfändung durch neue Geschäfte entstehen, nicht in Rechnung gestellt werden. [2]Geschäfte, die auf Grund eines schon vor der Pfändung bestehenden Rechtes oder einer schon vor diesem Zeitpunkte bestehenden Verpflichtung des Drittschuldners vorgenommen werden, gelten nicht als neue Geschäfte im Sinne dieser Vorschrift.

[= § 357 idF. 1897]

HGB 1897

§ 357

[1]Hat der Gläubiger eines Betheiligten die Pfändung und Ueberweisung des Anspruchs auf dasjenige erwirkt, was seinem Schuldner als Ueberschuß aus der laufenden Rechnung zukommt, so können dem Gläubiger gegenüber Schuldposten, die nach der Pfändung durch neue Geschäfte entstehen, nicht in Rechnung gestellt werden. [2]Geschäfte, die auf Grund eines schon vor der Pfändung bestehenden Rechtes oder einer schon vor diesem Zeitpunkte bestehenden Verpflichtung des Drittschuldners vorgenommen werden, gelten nicht als neue Geschäfte im Sinne dieser Vorschrift.

HGB

§ 358 [Zeit der Leistung]

Bei Handelsgeschäften kann die Leistung nur während der gewöhnlichen Geschäftszeit bewirkt und gefordert werden.

[= § 358 idF. 1897]

HGB 1897

§ 358

Bei Handelsgeschäften kann die Leistung nur während der gewöhnlichen Geschäftszeit bewirkt und gefordert werden.

519 § 358 öHGB aufgehoben durch Art. I Nr. 136 Handelsrechts-Änderungsgesetz, BGBl. I 2005/120, m.W.v. 31.12.2006.

ADHGB 1861	UGB
	§ 356 Sicherheiten (1) Wird eine Forderung, die durch Pfand, Bürgschaft oder in anderer Weise gesichert ist, in die laufende Rechnung aufgenommen, so wird der Gläubiger durch die Anerkennung des Rechnungsabschlusses nicht gehindert, aus der Sicherheit insoweit Befriedigung zu suchen, soweit die gesicherte Forderung nach § 355 Abs. 3 fortbesteht. (2) Haftet ein Dritter für eine in die laufende Rechnung aufgenommene Forderung als Gesamtschuldner, so findet auf die Geltendmachung der Forderung gegen ihn die Vorschrift des Abs. 1 entsprechende Anwendung. [Abs. 2 = § 356 Abs. 2 idF. 1897]
	§ 357 Pfändung des Saldos [1]Hat der Gläubiger eines Beteiligten die Pfändung und Überweisung des Anspruchs auf dasjenige erwirkt, was seinem Schuldner als Überschuß aus der laufenden Rechnung zukommt, so können dem Gläubiger gegenüber Schuldposten, die nach der Pfändung durch neue Geschäfte entstehen, nicht in Rechnung gestellt werden. [2]Geschäfte, die auf Grund eines schon vor der Pfändung bestehenden Rechtes oder einer schon vor diesem Zeitpunkte bestehenden Verpflichtung des Drittschuldners vorgenommen werden, gelten nicht als neue Geschäfte im Sinne dieser Vorschrift. [= § 357 idF. 1897]
Dritter Abschnitt ***Abschließung der Handelsgeschäfte*** [Artt. 317–323] ***Vierter Abschnitt*** ***Erfüllung der Handelsgeschäfte*** [Artt. 324–336]	
Art. 332 *Die Erfüllung muß an dem Erfüllungstage* während der gewöhnlichen Geschäftszeit *geleistet* und *angenommen* werden.	**§ 358** (*weggefallen*)[519]

HGB	HGB 1897
§ 359 [Vereinbarte Zeit der Leistung; „acht Tage“] (1) Ist als Zeit der Leistung das Frühjahr oder der Herbst oder ein in ähnlicher Weise bestimmter Zeitpunkt vereinbart, so entscheidet im Zweifel der Handelsgebrauch des Ortes der Leistung. (2) Ist eine Frist von acht Tagen vereinbart, so sind hierunter im Zweifel volle acht Tage zu verstehen. [= § 359 idF. 1897]	**§ 359** (1) Ist als Zeit der Leistung das Frühjahr oder der Herbst oder ein in ähnlicher Weise bestimmter Zeitpunkt vereinbart, so entscheidet im Zweifel der Handelsgebrauch des Ortes der Leistung. (2) Ist eine Frist von acht Tagen vereinbart, so sind hierunter im Zweifel volle acht Tage zu verstehen.
§ 360 [Gattungsschuld] Wird eine nur der Gattung nach bestimmte Ware geschuldet, so ist Handelsgut mittlerer Art und Güte zu leisten. [= § 360 idF. 1897]	**§ 360** Wird eine nur der Gattung nach bestimmte Waare geschuldet, so ist Handelsgut mittlerer Art und Güte zu leisten.
§ 361 [Maß, Gewicht, Währung, Zeitrechnung und Entfernungen] Maß, Gewicht, Währung, Zeitrechnung und Entfernungen, die an dem Orte gelten, wo der Vertrag erfüllt werden soll, sind im Zweifel als die vertragsmäßigen zu betrachten. [= § 361 idF. 1897]	**§ 361** Maß, Gewicht, Währung, Zeitrechnung und Entfernungen, die an dem Orte gelten, wo der Vertrag erfüllt werden soll, sind im Zweifel als die vertragsmäßigen zu betrachten.

520 § 359 öHGB aufgehoben durch Art. I Nr. 136 Handelsrechts-Änderungsgesetz, BGBl. I 2005/120, m.W.v. 31.12.2006.
521 § 360 öHGB aufgehoben durch Art. I Nr. 136 Handelsrechts-Änderungsgesetz, BGBl. I 2005/120, m.W.v. 31.12.2006.
522 § 361 öHGB aufgehoben durch Art. I Nr. 136 Handelsrechts-Änderungsgesetz, BGBl. I 2005/120, m.W.v. 31.12.2006.

ADHGB 1861	UGB
Art. 327 (1) *Lautet die Erfüllungs*zeit auf das Frühjahr oder *den* Herbst oder *auf* ähnliche Zeit*bestimmungen*, so entscheidet der Handelsgebrauch des Orts der *Erfüllung*. *(2) Ist die Erfüllung auf die Mitte eines Monats gestellt worden, so gilt der fünfzehnte dieses Monats als der Tag der Erfüllung.*	**§ 359** (*weggefallen*)[520]
Art. 328 Abs. 1 Nr. 1 *Wenn die Erfüllung der Verbindlichkeit mit dem Ablaufe einer bestimmten Frist nach Abschluss des Vertrages erfolgen soll, so fällt der Zeitpunkt der Erfüllung:* *1. wenn die Frist nach Tagen bestimmt ist, auf den letzten Tag der Frist; bei der Berechnung der Frist wird der Tag, an welchem der Vertrag geschlossen ist, nicht mit gerechnet;* ist die Frist auf acht *oder vierzehn* Tage bestimmt, so werden darunter volle acht *oder vierzehn* Tage verstanden;	
Art. 335 *Ist im Vertrage über die Beschaffenheit und Güte der Waare nichts Näheres bestimmt*, so *hat* der Verpflichtete Handelsgut mittlerer Art und Güte zu *gewähren*.	**§ 360** (*weggefallen*)[521]
Art. 336 (1) Maaß, Gewicht, *Münzfuß*, *Münzsorten*, Zeitrechnung und Entfernungen, welche an dem Orte gelten, wo der Vertrag erfüllt werden soll, sind im Zweifel als die vertragsmäßigen zu betrachten. *(2) Ist die im Vertrage bestimmte Münzsorte am Zahlungsorte nicht im Umlauf oder nur eine Rechnungswährung, so kann der Betrag nach dem Werthe zur Verfallzeit in der Landesmünze gezahlt werden, sofern nicht durch den Gebrauch des Wortes „effektiv“ oder eines ähnlichen Zusatzes die Zahlung in der im Vertrage benannten Münzsorte ausdrücklich bedungen ist.*	**§ 361** (*weggefallen*)[522]

HGB	HGB 1897

§ 362 [Schweigen des Kaufmanns auf Anträge]

(1) [1]Geht einem Kaufmanne, dessen Gewerbebetrieb die Besorgung von Geschäften für andere mit sich bringt, ein Antrag über die Besorgung solcher Geschäfte von jemand zu, mit dem er in Geschäftsverbindung steht, so ist er verpflichtet, unverzüglich zu antworten; sein Schweigen gilt als Annahme des Antrags. [2]Das gleiche gilt, wenn einem Kaufmann ein Antrag über die Besorgung von Geschäften von jemand zugeht, dem gegenüber er sich zur Besorgung solcher Geschäfte erboten hat.

(2) Auch wenn der Kaufmann den Antrag ablehnt, hat er die mitgesendeten Waren auf Kosten des Antragstellers, soweit er für diese Kosten gedeckt ist und soweit es ohne Nachteil für ihn geschehen kann, einstweilen vor Schaden zu bewahren.

[= § 362 idF. 1897]

§ 362

(1) [1]Geht einem Kaufmanne, dessen Gewerbebetrieb die Besorgung von Geschäften für Andere mit sich bringt, ein Antrag über die Besorgung solcher Geschäfte von Jemand zu, mit dem er in Geschäftsverbindung steht, so ist er verpflichtet, unverzüglich zu antworten; sein Schweigen gilt als Annahme des Antrags. [2]Das Gleiche gilt, wenn einem Kaufmann ein Antrag über die Besorgung von Geschäften von Jemand zugeht, dem gegenüber er sich zur Besorgung solcher Geschäfte erboten hat.

(2) Auch wenn der Kaufmann den Antrag ablehnt, hat er die mitgesendeten Waaren auf Kosten des Antragstellers, soweit er für diese Kosten gedeckt ist und soweit es ohne Nachtheil für ihn geschehen kann, einstweilen vor Schaden zu bewahren.

§ 363[524] [Kaufmännische Orderpapiere]

(1) [1]Anweisungen, die auf einen Kaufmann über die Leistung von Geld, Wertpapieren oder anderen vertretbaren Sachen ausgestellt sind, ohne daß darin die Leistung von einer Gegenleistung abhängig gemacht ist, können durch Indossament übertragen werden, wenn sie an Order lauten. [2]Dasselbe gilt von Verpflichtungsscheinen, die von einem Kaufmann über Gegenstände der bezeichneten Art an Order ausgestellt sind, ohne daß darin die Leistung von einer Gegenleistung abhängig gemacht ist.

(2) Ferner können Konnossemente der Verfrachter, Ladescheine der Frachtführer, Lagerscheine sowie Transportversicherungspolicen durch Indossament übertragen werden, wenn sie an Order lauten.

[Abs. 1 = § 363 Abs. 1 idF. 1897]

§ 363

(1) [1]Anweisungen, die auf einen Kaufmann über die Leistung von Geld, Werthpapieren oder *anderen* vertretbaren Sachen ausgestellt sind, ohne daß darin die Leistung von einer Gegenleistung abhängig gemacht ist, können durch Indossament übertragen werden, wenn sie an Order lauten. [2]Dasselbe gilt von Verpflichtungsscheinen, die von einem Kaufmann über Gegenstände der bezeichneten Art an Order ausgestellt sind, ohne daß darin die Leistung von einer Gegenleistung abhängig gemacht ist.

(2) Ferner können Konnossemente der *Seeschiffer*, Ladescheine der Frachtführer, Lagerscheine der staatlich zur Ausstellung solcher Urkunden ermächtigten Anstalten sowie Bodmereibriefe und Transportversicherungspolicen durch Indossament übertragen werden, wenn sie an Order lauten.

§ 363 idF. 1937[525]

(2) Ferner können Konnossemente der Verfrachter, Ladescheine der Frachtführer, Lager-

523 § 362 öHGB aufgehoben durch Art. I Nr. 136 Handelsrechts-Änderungsgesetz, BGBl. I 2005/120, m.W.v. 31.12.2006.

524 § 363 Abs. 2 geändert durch Art. 1 Nr. 3 Gesetz v. 23.10.2024 (Viertes BürokratieentlastungsG), BGBl. 2024 I Nr. 323, m.W.v. 1.1.2025.

525 § 363 Abs. 2 geändert durch Art. 1 Nr. 12 Regierungsgesetz v. 10.8.1937, RGBl. I S. 891, m.W.v. 1.1.1940.

ADHGB 1861	UGB
Art. 323 (1) *Wenn zwischen dem Kaufmann, welchem ein Auftrag gegeben wird, und dem Auftraggeber eine* Geschäftsverbindung *besteht, oder sich derselbe gegen letzteren zur Ausrichtung solcher Aufträge erboten hat,* so ist er *zu einer Antwort ohne Zögern* verpflichtet, *widrigenfalls* sein Schweigen als *Ueber*nahme des *Auf*trages gilt. (2) Auch wenn *derselbe* den *Auf*trag ablehnt, *ist er schuldig,* die *mit dem Auftrage etwa übersandten* Waaren *oder anderen Gegenstände* auf Kosten des *Auftraggebers,* soweit er für diese Kosten gedeckt ist und soweit es ohne *seinen* Nachtheil geschehen kann, einstweilen vor Schaden zu bewahren. *(3) Das Handelsgericht kann auf seinen Antrag verordnen, daß das Gut in einem öffentlichen Lagerhause oder bei einem Dritten so lange niedergelegt wird, bis der Eigenthümer anderweitige Vorkehrung trifft.*	***§ 362*** (*weggefallen*)[523]
Art. 301 (1) Anweisungen *und* Verpflichtungsscheine, *welche von* Kauf*leuten* über Leistungen von Geld oder *einer Quantität* vertretbarer Sachen oder Werthpapiere ausgestellt sind, ohne daß darin die *Verpflichtung zur* Leistung von einer Gegenleistung abhängig gemacht ist, können durch Indossament übertragen werden, wenn sie an *Ordre* lauten. (2) *Zur Gültigkeit der Urkunde oder des Indossaments ist nicht erforderlich, daß sie die Angabe des Verpflichtungsgrundes oder das Empfangsbekenntniß der Valuta enthalten.* *(3) Wer eine solche Anweisung acceptirt hat, ist demjenigen, zu dessen Gunsten sie ausgestellt oder an welchen sie indossirt ist, zur Erfüllung verpflichtet.*	**§ 363 Unternehmerische Wertpapiere** (1) ^{1}Anweisungen, die auf einen Unternehmer über die Leistung von Geld, Wertpapieren oder anderen vertretbaren Sachen ausgestellt sind, ohne daß darin die Leistung von einer Gegenleistung abhängig gemacht ist, können durch Indossament übertragen werden, wenn sie an Order lauten. ^{2}Dasselbe gilt von Verpflichtungsscheinen, die von einem Unternehmer über Gegenstände der bezeichneten Art an Order ausgestellt sind, ohne daß darin die Leistung von einer Gegenleistung abhängig gemacht ist. (2) Ferner können Konnossemente der Verfrachter, Ladescheine der Frachtführer, Lagerscheine der staatlich zur Ausstellung solcher Urkunden ermächtigten Anstalten sowie Transportversicherungspolizzen durch Indossament übertragen werden, wenn sie an Order lauten.
Art. 302 *Ingleichen* können Konnossemente der Seeschiffer *und* Ladescheine der Frachtführer, *Auslieferungsscheine (Lagerscheine, Warrants) über Waaren oder andere bewegliche Sachen, welche von einer zur Aufbewahrung solcher*	

HGB	HGB 1897
	scheine der staatlich zur Ausstellung solcher Urkunden ermächtigten Anstalten sowie *Bodmereibriefe und* Transportversicherungspolicen durch Indossament übertragen werden, wenn sie an Order lauten.
	§ 363 Abs. 2 idF. 1972[526] (2) Ferner können Konnossemente der Verfrachter, Ladescheine der Frachtführer, Lagerscheine *der staatlich zur Ausstellung solcher Urkunden ermächtigten Anstalten* sowie Transportversicherungspolicen durch Indossament übertragen werden, wenn sie an Order lauten.
	§ 363 Abs. 2 idF. 1998[527] (2) Ferner können *Konossemente* der Verfrachter, Ladescheine der Frachtführer, Lagerscheine sowie Transportversicherungspolicen durch Indossament übertragen werden, wenn sie an Order lauten.
§ 364 [Indossament] (1) Durch das Indossament gehen alle Rechte aus dem indossierten Papier auf den Indossatar über. (2) Dem legitimierten Besitzer der Urkunde kann der Schuldner nur solche Einwendungen entgegensetzen, welche die Gültigkeit seiner Erklärung in der Urkunde betreffen oder sich aus dem Inhalte der Urkunde ergeben oder ihm unmittelbar gegen den Besitzer zustehen. (3) Der Schuldner ist nur gegen Aushändigung der quittierten Urkunde zur Leistung verpflichtet. [= § 364 idF. 1897]	**§ 364** (1) Durch das Indossament gehen alle Rechte aus dem indossirten Papier auf den Indossatar über. (2) Dem legitimirten Besitzer der Urkunde kann der Schuldner nur solche Einwendungen entgegensetzen, welche die Gültigkeit seiner Erklärung in der Urkunde betreffen oder sich aus dem Inhalte der Urkunde ergeben oder ihm unmittelbar gegen den Besitzer zustehen. (3) Der Schuldner ist nur gegen Aushändigung der quittirten Urkunde zur Leistung verpflichtet.
§ 365[528] **[Anwendung des Wechselrechts; Aufgebotsverfahren]** (1) In betreff der Form des Indossaments, in betreff der Legitimation des Besitzers und der Prüfung der Legitimation sowie in betreff der	**§ 365** (1) In Betreff der Form des Indossaments, in Betreff der Legitimation des Besitzers und der Prüfung der Legitimation sowie in Betreff der Verpflichtung des Besitzers zur Herausgabe,

526 § 363 Abs. 2 geändert durch Art. 1 Nr. 2 Gesetz v. 21.6.1972 (Seerechtsänderungsgesetz), BGBl. I S. 966, m.W.v. 6.4.1973.

527 § 363 Abs. 2 geändert durch Art. 1 Nr. 1 Gesetz v. 25.6.1998 (Transportrechtsreformgesetz), BGBl. I S. 1588, m.W.v. 1.7.1998.

528 § 365 Abs. 1 geändert durch Art. 6 Nr. 2 Gesetz v. 22.2.2023 (BGBl. 2023 I Nr. 51), m.W.v. 1.3.2023.

ADHGB 1861	UGB
Sachen staatlich ermächtigten Anstalt *ausgestellt sind, ferner* Bodmereibriefe und *Seeassekuranzpolizen* durch Indossament übertragen werden, wenn sie an *Ordre* lauten.	
Art. 303 (1) Durch das Indossament *der in den beiden vorhergehenden Artikeln bezeichneten Urkunden* gehen alle Rechte aus dem indossirten Papiere auf den Indossatar über. (2) *Der Verpflichtete kann sich nur solcher Einreden bedienen, welche ihm nach Maaßgabe* der Urkunde *selbst* oder unmittelbar gegen den *jedesmaligen Kläger* zustehen. (3) Der Schuldner ist nur gegen Aushändigung *des* quittirten *Papiers zu erfüllen* verpflichtet.	**§ 364 Indossament** (1) Durch das Indossament gehen alle Rechte aus dem indossierten Papier auf den Indossatar über. (2) Dem legitimierten Inhaber der Urkunde kann der Schuldner nur solche Einwendungen entgegensetzen, welche die Gültigkeit seiner Erklärung in der Urkunde betreffen oder sich aus dem Inhalte der Urkunde ergeben oder ihm unmittelbar gegen den Inhaber zustehen. (3) Der Schuldner ist nur gegen Aushändigung der quittierten Urkunde zur Leistung verpflichtet. [Abs. 1 = § 364 Abs. 1 idF. 1897] [Abs. 2 entspricht mit Ausnahme des Begriffs „Inhaber“ § 364 Abs. 2 idF. 1897] [Abs. 3 = § 364 Abs. 3 idF. 1897]
Art. 305 (1) *Für Papiere, welche an Ordre lauten und welche durch Indossament übertragen werden können (Art. 301.–304.),* gelten in Betreff der Form des Indossaments, in Betreff der Legiti-	**§ 365 Anwendung des Wechselrechts; Aufgebotsverfahren; Kraftloserklärung** (1) Hinsichtlich der Form des Indossaments, der Legitimation des Inhabers und der Prüfung der Legitimation sowie der Verpflichtung

HGB	HGB 1897
Verpflichtung des Besitzers zur Herausgabe, finden die Vorschriften der Artikel 13, 14 Absatz 2, Artikel 16 und 40 Absatz 3 Satz 2 des Wechselgesetzes entsprechende Anwendung.	finden die Vorschriften der *Artikel 11 bis 13, 36, 74 der Wechselordnung*[529] entsprechende Anwendung.
(2) [1]Ist die Urkunde vernichtet oder abhanden gekommen, so unterliegt sie der Kraftloserklärung im Wege des Aufgebotsverfahrens. [2]Ist das Aufgebotsverfahren eingeleitet, so kann der Berechtigte, wenn er bis zur Kraftloserklärung Sicherheit bestellt, Leistung nach Maßgabe der Urkunde von dem Schuldner verlangen.	(2) [1]Ist die Urkunde vernichtet oder abhanden gekommen, so unterliegt sie der Kraftloserklärung im Wege des Aufgebotsverfahrens. [2]Ist das Aufgebotsverfahren eingeleitet, so kann der Berechtigte, wenn er bis zur Kraftloserklärung Sicherheit bestellt, Leistung nach Maßgabe der Urkunde von dem Schuldner verlangen.
[Abs. 2 = § 365 Abs. 2 idF. 1897]	
§ 365a[531]	
[1]Der Transportversicherungspolice nach § 363 Absatz 2 gleichgestellt ist eine elektronische Aufzeichnung, die dieselben Funktionen erfüllt wie die Transportversicherungspolice, sofern sichergestellt ist, dass die Authentizität und Integrität der Aufzeichnung gewahrt bleiben (elektronische Transportversicherungspolice). [2]Das Bundesministerium der Justiz wird ermächtigt, im Einvernehmen mit dem Bun-	

529 Art. 13, 14 Abs. 2, Art. 16 und 40 Abs. 3 S. 2 des Wechselgesetzes nach Art. 3 Abs. 1 Gesetz v. 21.6.1933 (Einführungsgesetz zum Wechselgesetz), RGBl. I S. 409, m.W.v. 30.6.1933 [Inkrafttreten nach Art. 3 S. 2 Gesetz v. 24.3.1933 („Gesetz zur Behebung der Not von Volk und Reich“ bzw. „Ermächtigungsgesetz“), RGBl. I S. 141, m.W.v. 24.3.1933]: „Soweit in Reichsgesetzen oder Landesgesetzen auf Vorschriften der Wechselordnung verwiesen ist, treten an deren Stelle die entsprechenden Vorschriften des Wechselgesetzes.“; Art. 6 Nr. 2 Gesetz v. 22.2.2023 (BGBl. 2023 I Nr. 51), m.W.v. 1.3.2023.

530 Vierte Verordnung zur Einführung handelsrechtlicher Vorschriften im Lande Österreich v. 24.12.1938, dRGBl. I 1938 S. 1999, zuletzt geändert durch Zinsenrechts-Änderungsgesetz, öBGBl. I 2002/118, aufgehoben durch Art. XXIX Handelsrechts-Änderungsgesetz, öBGBl. I 2005/120, m.W.v. 31.12.2006.

531 § 365a eingefügt durch Art. 6 Nr. 3 Gesetz v. 22.2.2023, BGBl. 2023 I Nr. 51, m.W.v. 1.3.2023.

ADHGB 1861

mation des *Inhabers* und der Prüfung dieser Legitimation, sowie in Betreff der Verpflichtung des Besitzers zur Herausgabe *dieselben Bestimmungen, welche die* Art. 11. bis 13. 36. und 74. der *allgemeinen deutschen* Wechselordnung *in Betreff des Wechsels enthalten.*

(2) [1]*Sind die im Art. 301. bezeichneten Papiere* abhanden gekommen, *so finden in Bezug auf die Amortisation die im Art. 73. der allgemeinen deutschen Wechselordnung gegebenen Bestimmungen Anwendung.* [2]*Die Amortisation der im Art. 302. bezeichneten Papiere richtet sich nach den Landesgesetzen.*

UGB

des Inhabers zur Herausgabe finden die Vorschriften der Art. 13, 14, 16 und 40 des Wechselgesetzes entsprechende Anwendung.

(2) [1]Ist die Urkunde vernichtet oder abhanden gekommen, so unterliegt sie der Kraftloserklärung im Wege des Aufgebotsverfahrens. [2]Ist das Aufgebotsverfahren eingeleitet, so kann der Berechtigte, wenn er bis zur Kraftloserklärung eine Sicherheit bestellt, vom Schuldner Leistung nach Maßgabe der Urkunde verlangen.

(3) Das Aufgebotsverfahren und die Aufgebotsfrist richten sich nach den für Wechsel geltenden Vorschriften, soweit nicht für einzelne Arten der in § 363 bezeichneten Urkunden Sondervorschriften bestehen.

[Abs. 1 entspricht mit Ausnahme des Begriffes „Inhaber“ statt „Besitzer“ § 365 Abs. 1 idF. 1897]
[Abs. 2 = § 365 Abs. 2 idF. 1897]

4. Einführungsverordnung zum Handelsgesetzbuch[530]
Art. 8 Nr. 12. Zu § 365 Abs. 2 HGB
Kraftloserklärung indossabler Urkunden
Das Aufgebotsverfahren und die Aufgebotsfrist richten sich nach den für Wechsel geltenden Vorschriften, soweit nicht für einzelne Arten der im § 363 des Handelsgesetzbuchs bezeichneten Urkunden Sondervorschriften bestehen.

HGB	HGB 1897
desministerium des Innern und für Heimat durch Rechtsverordnung, die nicht der Zustimmung des Bundesrates bedarf, die Einzelheiten der Ausstellung, Vorlage, Rückgabe und Übertragung einer elektronischen Transportversicherungspolice sowie die Einzelheiten des Verfahrens einer nachträglichen Eintragung in eine elektronische Transportversicherungspolice zu regeln.	
§ 366[532] **[Gutgläubiger Erwerb von beweglichen Sachen]** (1) Veräußert oder verpfändet ein Kaufmann im Betriebe seines Handelsgewerbes eine ihm nicht gehörige bewegliche Sache, so finden die Vorschriften des Bürgerlichen Gesetzbuchs zugunsten derjenigen, welche Rechte von einem Nichtberechtigten herleiten, auch dann Anwendung, wenn der gute Glaube des Erwerbers die Befugnis des Veräußerers oder Verpfänders, über die Sache für den Eigentümer zu verfügen, betrifft. (2) Ist die Sache mit dem Rechte eines Dritten belastet, so finden die Vorschriften des Bürgerlichen Gesetzbuchs zugunsten derjenigen, welche Rechte von einem Nichtberechtigten herleiten, auch dann Anwendung, wenn der gute Glaube die Befugnis des Veräußerers oder Verpfänders, ohne Vorbehalt des Rechtes über die Sache zu verfügen, betrifft. (3) [1]Das gesetzliche Pfandrecht des Kommissionärs, des Frachtführers oder Verfrachters, des Spediteurs und des Lagerhalters steht hinsichtlich des Schutzes des guten Glaubens einem gemäß Absatz 1 durch Vertrag erworbenen Pfandrecht gleich. [2]Satz 1 gilt jedoch nicht für das gesetzliche Pfandrecht an Gut, das nicht Gegenstand des Vertrages ist, aus dem die durch das Pfandrecht zu sichernde Forderung herrührt. [Abs. 1 = § 366 Abs. 1 idF. 1897] [Abs. 2 = § 366 Abs. 2 idF. 1897]	**§ 366** (1) Veräußert oder verpfändet ein Kaufmann im Betriebe seines Handelsgewerbes eine ihm nicht gehörige bewegliche Sache, so finden die Vorschriften des Bürgerlichen Gesetzbuchs zugunsten derjenigen, welche Rechte von einem Nichtberechtigten herleiten, auch dann Anwendung, wenn der gute Glaube des Erwerbers die Befugniß des Veräußerers oder Verpfänders, über die Sache für den Eigenthümer zu verfügen, betrifft. (2) Ist die Sache mit dem Rechte eines Dritten belastet, so finden die Vorschriften des Bürgerlichen Gesetzbuchs zugunsten derjenigen, welche Rechte von einem Nichtberechtigen herleiten, auch dann Anwendung, wenn der gute Glaube die Befugniß des Veräußerers oder Verpfänders, ohne Vorbehalt des Rechtes über die Sache zu verfügen, betrifft. (3) Das gesetzliche Pfandrecht des Kommissionärs, des Spediteurs, des Lagerhalters und des Frachtführers steht hinsichtlich des Schutzes des guten Glaubens einem gemäß Abs. 1 durch Vertrag erworbenen Pfandrecht gleich. **§ 366 Abs. 3 idF. 1998**[533] (3) Das gesetzliche Pfandrecht des Kommissionärs, des Frachtführers, des Spediteurs und des Lagerhalters steht hinsichtlich des Schutzes des guten Glaubens einem gemäß Absatz 1 durch Vertrag erworbenen Pfandrecht gleich, das gesetzliche Pfandrecht *des Frachtführers, des Spediteurs und des Lagerhalters* an Gut, das nicht Gegenstand des Vertrages ist, aus dem die durch das Pfandrecht zu sichernde

532 § 366 Abs. 3 neu gefasst durch Art. I Nr. 1 Gesetz v. 20.4.2013, BGBl. I S. 831, m.W.v. 25.4.2013.
533 § 366 Abs. 3 neu gefasst durch Art. 1 Nr. 2 Gesetz v. 25.6.1998 (Transportrechtsreformgesetz), BGBl. I S. 1588, m.W.v. 1.7.1998.
534 Art. I Nr. 140 Handelsrechts-Änderungsgesetz, BGBl. I 2005/120, m.W.v. 31.12.2006.

ADHGB 1861	UGB

Art. 306

(1) [1]*Wenn Waaren oder andere* bewegliche Sachen *von* einem Kaufmann in dessen Handelsbetrieb veräußert *und übergeben* worden sind, *so erlangt der redliche Erwerber das Eigenthum, auch wenn der Veräußerer nicht Eigenthümer war.* [2]*Das früher begründete Eigenthum erlischt.* [3]*Jedes früher begründete Pfandrecht oder sonstige dingliche Recht erlischt, wenn dasselbe dem Erwerber bei der Veräußerung unbekannt war.*

(2) *Sind Waaren oder andere* bewegliche Sachen von einem Kaufmann in dessen Handelsbetriebe verpfändet *und übergeben* worden, *so kann ein früher begründetes Eigenthum, Pfandrecht oder sonstiges dingliches Recht an den Gegenständen zum Nachtheil des redlichen Pfandnehmers oder dessen Rechtsnachfolger nicht geltend gemacht werden.*

(3) Das gesetzliche Pfandrecht des Kommissionärs, Spediteurs und Frachtführers steht einem durch Vertrag erworbenen Pfandrechte gleich.

(4) *Dieser Artikel findet keine Anwendung, wenn die Gegenstände gestohlen oder verloren waren.*

§ 366

(*weggefallen*)[534]

§ 367

Gutgläubiger Erwerb gesetzlicher Pfandrechte

Das gesetzliche Pfandrecht des Kommissionärs, des Spediteurs, des Lagerhalters und des Frachtführers steht hinsichtlich des Schutzes des guten Glaubens einem gemäß § 456 ABGB durch Vertrag erworbenen Pfandrecht gleich.

HGB	HGB 1897

Forderung herrührt, *jedoch nur insoweit, als der gute Glaube des Erwerbers das Eigentum des Vertragspartners betrifft*.

§ 367[535] [Gutgläubiger Erwerb gewisser Wertpapiere]

(1) [1]Wird ein Inhaberpapier, das dem Eigentümer gestohlen worden, verlorengegangen oder sonst abhanden gekommen ist, an einen Kaufmann, der Bankier- oder Geldwechslergeschäfte betreibt, veräußert oder verpfändet, so gilt dessen guter Glaube als ausgeschlossen, wenn zur Zeit der Veräußerung oder Verpfändung der Verlust des Papiers im Bundesanzeiger bekanntgemacht und seit dem Ablauf des Jahres, in dem die Veröffentlichung erfolgt ist, nicht mehr als ein Jahr verstrichen war. [2]Für Veröffentlichungen vor dem 1. Januar 2007 tritt an die Stelle des Bundesanzeigers der Bundesanzeiger in Papierform. [3]Inhaberpapieren stehen an Order lautende Anleiheschuldverschreibungen sowie Namensaktien und Zwischenscheine gleich, falls sie mit einem Blankoindossament versehen sind.

(2) Der gute Glaube des Erwerbers wird durch die Veröffentlichung nach Absatz 1 nicht ausgeschlossen, wenn der Erwerber die Veröffentlichung infolge besonderer Umstände nicht kannte und seine Unkenntnis nicht auf grober Fahrlässigkeit beruht.

(3) Auf Zins-, Renten- und Gewinnanteilscheine, die nicht später als in dem nächsten auf die Veräußerung oder Verpfändung folgenden Einlösungstermin fällig werden, auf unverzinsliche Inhaberpapiere, die auf Sicht zahlbar sind, und auf Banknoten sind diese Vorschriften nicht anzuwenden.

[Abs. 1 S. 3 = § 367 Abs. 1 S. 3 idF. 2007]
[Abs. 2 = § 367 Abs. 2 idF. 2006]
[Abs. 3 = § 367 Abs. 3 idF. 1950]

§ 367 idF. 1950[536]

(1) [1]Wird ein Inhaberpapier, das dem Eigentümer gestohlen worden, verloren gegangen oder sonst abhanden gekommen ist, an einen Kaufmann, der Bankier- oder Geldwechslergeschäfte betreibt, veräußert oder verpfändet, so gilt dessen guter Glaube als ausgeschlossen, wenn zur Zeit der Veräußerung oder Verpfändung der Verlust des Papiers im Bundesanzeiger bekanntgemacht und seit dem Ablauf des Jahres, in dem die Veröffentlichung erfolgt ist, nicht mehr als ein Jahr verstrichen war. [2]Inhaberpapieren stehen an Order lautende Anleiheschuldverschreibungen sowie Namensaktien, Zwischenscheine und Reichsbankanteilscheine gleich, falls sie mit einem Blankoindossament versehen sind.

(2) Der gute Glaube des Erwerbers wird durch die Veröffentlichung *im Bundesanzeiger* nicht ausgeschlossen, wenn der Erwerber die Veröffentlichung infolge besonderer Umstände nicht kannte und seine Unkenntnis nicht auf grober Fahrlässigkeit beruht.

(3) Auf Zins-, Renten- und Gewinnanteilscheine, die nicht später als in dem nächsten auf die Veräußerung oder Verpfändung folgenden Einlösungstermin fällig werden, auf unverzinsliche Inhaberpapiere, die auf Sicht zahlbar sind, und auf Banknoten sind diese Vorschriften nicht anzuwenden.

§ 367 Abs. 1 und 2 idF. 2006[537]

(1) [1]Wird ein Inhaberpapier, das dem Eigentümer gestohlen worden, verlorengegangen oder sonst abhanden gekommen ist, an einen Kaufmann, der Bankier- oder Geldwechslergeschäfte betreibt, veräußert oder verpfändet, so gilt dessen guter Glaube als ausgeschlossen, wenn zur Zeit der Veräußerung oder Verpfän-

535 § 367 Abs. 1 S. 1 und 2 geändert durch Art. 2 Abs. 39 Nr. 7 Gesetz v. 22.12.2011, BGBl. I S. 3044, m.W.v. 1.4.2012.

536 § 367 geändert durch § 3 Gesetz v. 17.5.1950, BGBl. I S. 183, m.W.v. 31.5.1950.

537 § 367 Abs. 1 S. 1, Abs. 2 geändert, Abs. 1 S. 2 eingefügt, bisheriger S. 2 wird S. 3 durch Art. 1 Nr. 40 Gesetz v. 10.11.2006 (EHUG), BGBl. I S. 2553, m.W.v. 1.1.2007.

540 § 367 neu gefasst durch § 6 VO v. 22.1.1944, RGBl. I S. 42, m.W.v. 1.2.1944; letztere wieder aufgehoben durch Art. I § 1 Iq Gesetz v. 18.4.1950 (Handelsrechtliches Bereinigungsgesetz), BGBl. I S. 90.

ADHGB 1861	UGB

Art. 307
Die Bestimmungen des vorigen Artikels finden bei Papieren auf Inhaber auch dann Anwendung, wenn die Veräußerung oder Verpfändung *nicht von einem Kaufmann in dessen Handelsbetrieb geschehen ist, und wenn die Papiere* gestohlen *oder* verloren *waren.*

§ 367 HGB idF. 1897 [Gutgläubiger Erwerb gewisser Wertpapiere]
(1) Wird ein Inhaberpapier, das dem Eigentümer gestohlen worden, verloren gegangen oder sonst abhanden gekommen ist, an einen Kaufmann, der Bankier- oder Geldwechslergeschäfte betreibt, veräußert oder verpfändet, so gilt dessen guter Glaube als ausgeschlossen, wenn zur Zeit der Veräußerung oder Verpfändung der Verlust des Papiers *von einer öffentlichen Behörde oder von dem aus der Urkunde Verpflichteten im Deutschen Reichs*anzeiger bekannt gemacht und seit dem Ablaufe des Jahres, in *welchem* die Veröffentlichung erfolgt ist, nicht mehr als ein Jahr verstrichen war.
(2) Der gute Glaube des Erwerbers wird durch die Veröffentlichung *im Deutschen Reichs*anzeiger nicht ausgeschlossen, wenn der Erwerber die Veröffentlichung infolge besonderer Umstände *weder* kannte *noch kennen mußte.*
(3) Auf Zins-, Renten- und Gewinnantheilscheine, die nicht später als in dem nächsten auf die Veräußerung oder Verpfändung folgenden Einlösungstermine fällig werden, *sowie* auf Banknoten *und andere* auf Sicht zahlbare unverzinsliche Inhaberpapiere *finden* diese Vorschriften *keine Anwendung.*

§ 367 HGB idF. 1944[540]
(1) [1]Wird ein Inhaberpapier, das dem Eigentümer gestohlen worden, verloren gegangen

HGB	HGB 1897
	dung der Verlust des Papiers im *elektronischen* Bundesanzeiger bekanntgemacht und seit dem Ablauf des Jahres, in dem die Veröffentlichung erfolgt ist, nicht mehr als ein Jahr verstrichen war. [2]Für Veröffentlichungen vor dem 1. Januar 2007 tritt an die Stelle des *elektronischen* der Bundesanzeiger in Papierform. [3]Inhaberpapieren stehen an Order lautende Anleiheschuldverschreibungen sowie Namensaktien, Zwischenscheine *und Reichsbankanteilscheine*[538] gleich, falls sie mit einem Blankoindossament versehen sind. (2) Der gute Glaube des Erwerbers wird durch die Veröffentlichung nach Absatz 1 nicht ausgeschlossen, wenn der Erwerber die Veröffentlichung infolge besonderer Umstände nicht kannte und seine Unkenntnis nicht auf grober Fahrlässigkeit beruht.
	§ 367 Abs. 1 S. 3 idF. 2007[539] (1) [3]Inhaberpapieren stehen an Order lautende Anleiheschuldverschreibungen sowie Namensaktien und Zwischenscheine gleich, falls sie mit einem Blankoindossament versehen sind.
§ 368[541] [Pfandverkauf] (1) Bei dem Verkauf eines Pfandes tritt, wenn die Verpfändung auf der Seite des Pfandgläubigers und des Verpfänders ein Handelsgeschäft ist, an die Stelle der in § 1234 des Bürgerlichen Gesetzbuchs bestimmten Frist von einem Monat eine solche von einer Woche. (2) Diese Vorschrift ist auf das gesetzliche Pfandrecht des Kommissionärs, des Frachtführers oder Verfrachters, des Spediteurs und des Lagerhalters entsprechend anzuwenden, auf das Pfandrecht des Frachtführers, Verfrachters und Spediteurs auch dann, wenn nur auf ihrer Seite der Vertrag ein Handelsgeschäft ist. [Abs. 1 = § 368 Abs. 1 idF. 1897]	**§ 368** (1) Bei dem Verkauf eines Pfandes tritt, wenn die Verpfändung auf der Seite des Pfandgläubigers und des Verpfänders ein Handelsgeschäft ist, an die Stelle der in §. 1234 des Bürgerlichen Gesetzbuchs bestimmten Frist von einem Monat eine solche von einer Woche. (2) Diese Vorschrift *findet* auf das gesetzliche Pfandrecht des Kommissionärs, des Spediteurs, des Lagerhalters und des Frachtführers entsprechende *Anwendung*, auf das Pfandrecht des Spediteurs und des Frachtführers auch dann, wenn nur auf ihrer Seite *der Speditions- oder Fracht*vertrag ein Handelsgeschäft ist.

538 Art. 30 Gesetz v. 23.11.2007, BGBl. I S. 2614, m.W.v. 30.11.2007.
539 § 367 Abs. 1 S. 3 geändert durch Art. 30 Gesetz v. 23.11.2007, BGBl. I S. 2614, m.W.v. 30.11.2007.
541 § 368 Abs. 2 neu gefasst durch Art. 1 Nr. 2 Gesetz v. 20.4.2013, BGBl. I S. 831, m.W.v. 25.4.2013.

ADHGB 1861	UGB
oder sonst abhanden gekommen ist, an einen Kaufmann, der Bankier- oder Geldwechslergeschäfte betreibt, veräußert oder verpfändet, so gilt dessen guter Glaube als ausgeschlossen, wenn zur Zeit der Veräußerung oder Verpfändung der Verlust des Papiers *in der „Sammelliste aufgerufener Wertpapiere" der Deutschen Reichsbank* bekanntgemacht und seit dem Ablauf des Jahres, in dem die Veröffentlichung erfolgt ist, nicht mehr als ein Jahr verstrichen war. [2]Inhaberpapieren stehen an Order lautende Anleiheschuldverschreibungen sowie Namensaktien, Zwischenscheine und Reichsbankanteilscheine gleich, falls sie mit einem Blankoindossament versehen sind. (2) Der gute Glaube des Erwerbers wird durch die Veröffentlichung *in der „Sammelliste aufgerufener Wertpapiere"* nicht ausgeschlossen, wenn der Erwerber die Veröffentlichung infolge besonderer Umstände nicht kannte und seine Unkenntnis nicht auf grober Fahrlässigkeit beruht. (3) Auf Zins-, Renten- und Gewinnanteilscheine, die nicht später als in den nächsten auf die Veräußerung oder Verpfändung folgenden Einlösungstermin fällig werden, auf unverzinsliche Inhaberpapiere, die auf Sicht zahlbar sind, und auf Banknoten sind diese Vorschriften nicht anzuwenden.	
–	**§ 368 Pfandverwertung** (1) Ist eine Verpfändung auf der Seite des Pfandgläubigers und des Pfandbestellers ein unternehmensbezogenes Geschäft, so tritt an die Stelle der in § 466b Abs. 1 ABGB bestimmten Frist von einem Monat eine solche von einer Woche. (2) Diese Vorschrift findet auf das gesetzliche Pfandrecht des Kommissionärs, des Spediteurs, des Lagerhalters und des Frachtführers entsprechende Anwendung, auf das Pfandrecht des Spediteurs und des Frachtführers auch dann, wenn der Speditions- oder Frachtvertrag nur auf ihrer Seite ein unternehmensbezogenes Geschäft ist.

HGB	HGB 1897

§ 369 [Kaufmännisches Zurückbehaltungsrecht]
(1) [1]Ein Kaufmann hat wegen der fälligen Forderungen, welche ihm gegen einen anderen Kaufmann aus den zwischen ihnen geschlossenen beiderseitigen Handelsgeschäften zustehen, ein Zurückbehaltungsrecht an den beweglichen Sachen und Wertpapieren des Schuldners, welche mit dessen Willen auf Grund von Handelsgeschäften in seinen Besitz gelangt sind, sofern er sie noch im Besitze hat, insbesondere mittels Konnossements, Lade-

§ 369
(1) [1]Ein Kaufmann hat wegen der fälligen Forderungen, welche ihm gegen einen anderen Kaufmann aus den zwischen ihnen geschlossenen beiderseitigen Handelsgeschäften zustehen, ein Zurückbehaltungsrecht an den beweglichen Sachen und Werthpapieren des Schuldners, welche mit dessen Willen auf Grund von Handelsgeschäften in seinen Besitz gelangt sind, sofern er sie noch im Besitze hat, insbesondere mittels Konnossements, Ladescheins oder Lagerscheins darüber verfügen

542 Vierte Verordnung zur Einführung handelsrechtlicher Vorschriften im Lande Österreich v. 24.12.1938, dRGBl. I 1938 S. 1999, zuletzt geändert durch Zinsenrechts-Änderungsgesetz, öBGBl. I 2002/118, aufgehoben durch Art. XXIX Handelsrechts-Änderungsgesetz, öBGBl. I 2005/120, m.W.v. 31.12.2006.

ADHGB 1861	UGB
	4. Einführungsverordnung zum Handelsgesetzbuch[542] ***Art. 8 Nr. 14. Zu § 368 HGB*** ***Pfandverkauf*** *(1) [1]Ein Kaufmann kann sich aus einer beweglichen Sache, die ihm im Betriebe seines Handelsgewerbes verpfändet worden ist, auch durch Verkauf der Sache befriedigen. [2]Für die Berechtigung zum Verkauf, das Wahlrecht unter mehreren Pfändern, die Pflicht zur Herausgabe des Pfandes und den Verkauf des Pfandes gelten, soweit das Gesetz nichts anderes bestimmt, die §§ 1219 bis 1221, 1228 bis 1248 des Bürgerlichen Gesetzbuchs und zwar § 1244 mit der Maßgabe, daß an Stelle der §§ 932 bis 934, 936 des Bürgerlichen Gesetzbuchs die in Österreich geltenden Vorschriften zugunsten derer, die Rechte von einem Nichtberechtigten herleiten, anzuwenden sind.* *(2) Der Ersteher einer auf Grund eines Pfandrechts in öffentlicher Versteigerung unter der Bezeichnung als Pfand verkauften Sache hat wegen eines Mangels dieser Sache keinen Anspruch auf Gewährleistung.* *(3) [1]Im Falle des § 1246 Abs. 2 des Bürgerlichen Gesetzbuchs ist das Amtsgericht des Ortes zuständig, wo das Pfand aufbewahrt wird. [2]Vor der Entscheidung sind die Beteiligten, soweit tunlich, zu hören.* *(4) Abs. 1 bis 3 sind auf das gesetzliche Pfandrecht des Kommissionärs, des Spediteurs, des Lagerhalters, des Frachtführers und des Verfrachters entsprechend anzuwenden.*
Art. 313 (1) Ein Kaufmann hat wegen der fälligen Forderungen, welche ihm gegen einen anderen Kaufmann aus den zwischen ihnen geschlossenen beiderseitigen Handelsgeschäften zustehen, ein Zurückbehaltungsrecht *(Retentionsrecht)* an allen beweglichen Sachen und Werthpapieren des Schuldners, welche mit dessen Willen auf Grund von Handelsgeschäften in seinen Besitz *gekommen* sind, sofern er *dieselben* noch in seinem *Gewahrsam* hat *oder sonst,* insbesondere vermittelst Konnosse-	**§ 369 Zurückbehaltungsrecht** (1) [1]Ein Unternehmer hat für die fälligen Forderungen, die ihm gegen einen anderen Unternehmer aus den zwischen ihnen geschlossenen unternehmensbezogenen Geschäften zustehen, ein Zurückbehaltungsrecht an den beweglichen Sachen und Wertpapieren des Schuldners, die mit dessen Willen auf Grund von unternehmensbezogenen Geschäften in seine Innehabung gelangt sind, sofern er sie noch innehat, insbesondere mittels Konnossements, Ladescheins oder Lagerscheins darüber

HGB

scheins oder Lagerscheins darüber verfügen kann. [2]Das Zurückbehaltungsrecht ist auch dann begründet, wenn das Eigentum an dem Gegenstande von dem Schuldner auf den Gläubiger übergegangen oder von einem Dritten für den Schuldner auf den Gläubiger übertragen, aber auf den Schuldner zurückzuübertragen ist.

(2) Einem Dritten gegenüber besteht das Zurückbehaltungsrecht insoweit, als dem Dritten die Einwendungen gegen den Anspruch des Schuldners auf Herausgabe des Gegenstandes entgegengesetzt werden können.

(3) Das Zurückbehaltungsrecht ist ausgeschlossen, wenn die Zurückbehaltung des Gegenstandes der von dem Schuldner vor oder bei der Übergabe erteilten Anweisung oder der von dem Gläubiger übernommenen Verpflichtung, in einer bestimmten Weise mit dem Gegenstande zu verfahren, widerstreitet.

(4) [1]Der Schuldner kann die Ausübung des Zurückbehaltungsrechts durch Sicherheitsleistung abwenden. 2Die Sicherheitsleistung durch Bürgen ist ausgeschlossen.

[= § 369 idF. 1897]

§ 370[543]

(*wegefallen*)

HGB 1897

kann. [2]Das Zurückbehaltungsrecht ist auch dann begründet, wenn das Eigenthum an dem Gegenstande von dem Schuldner auf den Gläubiger übergegangen oder von einem Dritten für den Schuldner auf den Gläubiger übertragen, aber auf den Schuldner zurückzuübertragen ist.

(2) Einem Dritten gegenüber besteht das Zurückbehaltungsrecht insoweit, als dem Dritten die Einwendungen gegen den Anspruch des Schuldners auf Herausgabe des Gegenstandes entgegengesetzt werden können.

(3) Das Zurückbehaltungsrecht ist ausgeschlossen, wenn die Zurückbehaltung des Gegenstandes der von dem Schuldner vor oder bei der Uebergabe erteilten Anweisung oder der von dem Gläubiger übernommenen Verpflichtung, in einer bestimmten Weise mit dem Gegenstande zu verfahren, widerstreitet.

(4) [1]Der Schuldner kann die Ausübung des Zurückbehaltungsrechts durch Sicherheitsleistung abwenden. [2]Die Sicherheitsleistung durch Bürgen ist ausgeschlossen.

§ 370

(1) *Das Zurückbehaltungsrecht kann auch wegen nicht fälliger Forderungen geltend gemacht werden:*

1. wenn über das Vermögen des Schuldners der Konkurs eröffnet ist oder der Schuldner seine Zahlungen eingestellt hat;

2. wenn eine Zwangsvollstreckung in das Vermögen des Schuldners ohne Erfolg versucht ist.

(2) *Der Geltendmachung des Zurückbehaltungsrechts steht die Anweisung des Schuldners oder die Uebernahme der Verpflichtung, in einer bestimmten Weise mit dem Gegenstand zu verfahren, nicht entgegen, sofern die in Abs. 1 Nr. 1, 2 bezeichneten Thatsachen erst nach der Uebergabe des Gegenstands oder nach der Uebernahme der Verpflichtung dem Gläubiger bekannt werden.*

543 § 370 aufgehoben durch Art. 40 Nr. 18 Gesetz v. 5.10.1994 (EGInsO), BGBl. I S. 2911, m.W.v. 1.1.1999.

ADHGB 1861	UGB
mente, Ladescheine oder Lagerscheine, *noch in der Lage ist,* darüber *zu* verfügen. (2) *Dieses* Recht *tritt jedoch nicht ein,* wenn die Zurückbehaltung *der Gegenstände* der von dem Schuldner vor oder bei der Uebergabe ertheilten *Vorschrift* oder der von dem Gläubiger übernommenen Verpflichtung, in einer bestimmten Weise mit den Gegenständen zu verfahren, widerstreiten würde.	verfügen kann. [2]Das Zurückbehaltungsrecht ist auch dann begründet, wenn das Eigentum an dem Gegenstand vom Schuldner auf den Gläubiger übergegangen ist oder von einem Dritten für den Schuldner auf den Gläubiger übertragen wurde, aber auf den Schuldner zurückzuübertragen ist. (2) Einem dinglich berechtigten Dritten gegenüber besteht das Zurückbehaltungsrecht nicht. (3) Das Zurückbehaltungsrecht ist ausgeschlossen, wenn die Zurückbehaltung des Gegenstandes der von dem Schuldner vor oder bei der Übergabe erteilten Anweisung oder der von dem Gläubiger übernommenen Verpflichtung, in einer bestimmten Weise mit dem Gegenstande zu verfahren, widerstreitet. (4) Der Schuldner kann die Ausübung des Zurückbehaltungsrechts durch Sicherheitsleistung abwenden. Die Sicherheitsleistung durch Bürgen ist ausgeschlossen. [Abs. 3 = § 369 Abs. 3 idF. 1897] [Abs. 4 = § 369 Abs. 4 idF. 1897]
Art. 314 (1) Das *in dem vorhergehenden Artikel bezeichnete* Zurückbehaltungsrecht *besteht unter den dort angegebenen Voraussetzungen selbst* wegen der nicht fälligen Forderungen, 1) wenn über das Vermögen des Schuldners der Konkurs eröffnet worden ist, oder der Schuldner auch nur seine Zahlungen eingestellt hat; 2) wenn eine *Exekution* in das Vermögen des Schuldners *fruchtlos vollstreckt oder wider denselben wegen Nichterfüllung einer Zahlungsverbindlichkeit die Vollstreckung des Personalarrestes erwirkt worden ist.* (2) *In diesen Fällen steht auch die Vorschrift des Schuldners oder die Uebernahme der Verpflichtung, in einer bestimmten Weise mit den Gegenständen zu verfahren, dem* Zurückbehaltungsrecht nicht entgegen, sofern die *vorstehend unter 1. und 2.* bezeichneten Umstände erst	**§ 370 Außerordentliches Zurückbehaltungsrecht** (1) Das Zurückbehaltungsrecht kann auch wegen nicht fälliger Forderungen geltend gemacht werden: 1. wenn über das Vermögen des Schuldners das Konkursverfahren eröffnet ist oder der Schuldner seine Zahlungen eingestellt hat; 2. wenn eine Zwangsvollstreckung in das Vermögen des Schuldners ohne Erfolg versucht ist. (2) Der Geltendmachung des Zurückbehaltungsrechts steht die Anweisung des Schuldners oder die Übernahme der Verpflichtung, in einer bestimmten Weise mit dem Gegenstande zu verfahren, nicht entgegen, sofern die im Abs. 1 Nr. 1, 2 bezeichneten Tatsachen erst nach der Übergabe des Gegenstandes oder nach der Übernahme der Verpflichtung dem Gläubiger bekannt werden.

HGB	HGB 1897

§ 371 [Befriedigungsrecht]

(1) [1]Der Gläubiger ist kraft des Zurückbehaltungsrechts befugt, sich aus dem zurückbehaltenen Gegenstande für seine Forderung zu befriedigen. [2]Steht einem Dritten ein Recht an dem Gegenstande zu, gegen welches das Zurückbehaltungsrecht nach § 369 Abs. 2 geltend gemacht werden kann, so hat der Gläubiger in Ansehung der Befriedigung aus dem Gegenstande den Vorrang.

(2) [1]Die Befriedigung erfolgt nach den für das Pfandrecht geltenden Vorschriften des Bürgerlichen Gesetzbuchs. [2]An die Stelle der in § 1234 des Bürgerlichen Gesetzbuchs bestimmten Frist von einem Monate tritt eine solche von einer Woche.

(3) [1]Sofern die Befriedigung nicht im Wege der Zwangsvollstreckung stattfindet, ist sie erst zulässig, nachdem der Gläubiger einen vollstreckbaren Titel für sein Recht auf Befriedigung gegen den Eigentümer oder, wenn der Gegenstand ihm selbst gehört, gegen den Schuldner erlangt hat; in dem letzteren Falle finden die den Eigentümer betreffenden Vorschriften des Bürgerlichen Gesetzbuchs über die Befriedigung auf den Schuldner entsprechende Anwendung. [2]In Ermangelung des vollstreckbaren Titels ist der Verkauf des Gegenstandes nicht rechtmäßig.

(4) Die Klage auf Gestattung der Befriedigung kann bei dem Gericht, in dessen Bezirke der Gläubiger seinen allgemeinen Gerichtsstand oder den Gerichtsstand der Niederlassung hat, erhoben werden.

[= § 371 idF. 1897]

§ 371

(1) [1]Der Gläubiger ist kraft des Zurückbehaltungsrechts befugt, sich aus dem zurückbehaltenen Gegenstande für seine Forderung zu befriedigen. [2]Steht einem Dritten ein Recht an dem Gegenstande zu, gegen welches das Zurückbehaltungsrecht nach § 369 Abs. 2 geltend gemacht werden kann, so hat der Gläubiger in Ansehung der Befriedigung aus dem Gegenstande den Vorrang.

(2) [1]Die Befriedigung erfolgt nach den für das Pfandrecht geltenden Vorschriften des Bürgerlichen Gesetzbuchs. [2]An die Stelle der in §. 1234 des Bürgerlichen Gesetzbuchs bestimmten Frist von einem Monate tritt eine solche von einer Woche.

(3) [1]Sofern die Befriedigung nicht im Wege der Zwangsvollstreckung stattfindet, ist sie erst zulässig, nachdem der Gläubiger einen vollstreckbaren Titel für sein Recht auf Befriedigung gegen den Eigenthümer oder, wenn der Gegenstand ihm selbst gehört, gegen den Schuldner erlangt hat; in dem letzteren Falle finden die den Eigenthümer betreffenden Vorschriften des Bürgerlichen Gesetzbuchs über die Befriedigung auf den Schuldner entsprechende Anwendung. [2]In Ermangelung des vollstreckbaren Titels ist der Verkauf des Gegenstandes nicht rechtmäßig.

(4) Die Klage auf Gestattung der Befriedigung kann bei dem Gericht, in dessen Bezirke der Gläubiger seinen allgemeinen Gerichtsstand oder den Gerichtsstand der Niederlassung hat, erhoben werden.

§ 372 [Eigentumsfiktion und Rechtskraftwirkung bei Befriedigungsrecht]

(1) In Ansehung der Befriedigung aus dem zurückbehaltenen Gegenstande gilt zugunsten des Gläubigers der Schuldner, sofern er bei dem Besitzerwerbe des Gläubigers der Eigentümer des Gegenstandes war, auch weiter als Eigentümer, sofern nicht der Gläubiger weiß, daß der Schuldner nicht mehr Eigentümer ist.

§ 372

(1) In Ansehung der Befriedigung aus dem zurückbehaltenen Gegenstande gilt zugunsten des Gläubigers der Schuldner, sofern er bei dem Besitzerwerbe des Gläubigers der Eigenthümer des Gegenstandes war, auch weiter als Eigenthümer, sofern nicht der Gläubiger weiß, daß der Schuldner nicht mehr Eigentümer ist.

ADHGB 1861

nach Uebergabe *der Gegenstände* oder nach Uebernahme der Verpflichtung *eingetreten oder* dem Gläubiger bekannt *geworden sind.*

Art. 315

[1]Der Gläubiger, welchem das Zurückbehaltungsrecht nach den Art. 313. oder 314. zusteht, ist verpflichtet, von der Ausübung desselben den Schuldner ohne Verzug zu benachrichtigen. [2]Er ist befugt, wenn ihn dieser nicht rechtzeitig in anderer Weise sichert, im Wege der Klage bei dem für ihn selbst zuständigen Gerichte gegen den Schuldner den Verkauf der Gegenstände zu beantragen; er kann sich aus dem Erlöse vor den anderen Gläubigern des Schuldners befriedigen. [3]Der Gläubiger hat diese Rechte auch gegenüber der Konkursmasse des Schuldners.

Art. 316

Die in den Art. 313. bis 315. dem Gläubiger gegebenen Rechte treten nicht ein, soweit die Parteien dies besonders vereinbart haben.

UGB

§ 371 Befriedigungsrecht

(1) [1]Der Gläubiger ist kraft des Zurückbehaltungsrechts befugt, sich aus dem zurückbehaltenen Gegenstande für seine Forderung zu befriedigen. [2]Der Gläubiger hat gegenüber einem an dem Gegenstand nach der Entstehung des Zurückbehaltungsrechts durch Pfändung entstandenen Pfandrecht in Ansehung der Befriedigung aus dem Gegenstand den Vorrang.

(2) [1]Die Befriedigung erfolgt nach den für das Pfandrecht geltenden Vorschriften. [2]An die Stelle der in § 466b Abs. 1 ABGB bestimmten Frist von einem Monat tritt eine solche von einer Woche.

(3) [1]Sofern die Befriedigung nicht im Wege der Zwangsvollstreckung stattfindet, ist sie erst zulässig, nachdem der Gläubiger einen vollstreckbaren Titel für sein Recht auf Befriedigung gegen den Eigentümer oder, wenn der Gegenstand ihm selbst gehört, gegen den Schuldner erlangt hat; in dem letzteren Falle finden die den Eigentümer betreffenden Vorschriften des ABGB über die Befriedigung auf den Schuldner entsprechende Anwendung. [2]In Ermangelung des vollstreckbaren Titels ist der Verkauf des Gegenstandes nicht rechtmäßig.

[Abs. 1 S. 1 = § 371 Abs. 1 S. 1 idF. 1897]
[Abs. 3 S. 2 = § 371 Abs. 3 S. 2 idF. 1897]

§ 372 Eigentumsfiktion und Rechtskraftwirkung bei Befriedigungsrecht

In Ansehung der Befriedigung aus dem zurückbehaltenen Gegenstande gilt zu Gunsten des Gläubigers der Schuldner, sofern er beim Erwerb der Innehabung des Gläubigers der Eigentümer des Gegenstandes war, auch weiter als Eigentümer, sofern nicht der Gläubi-

HGB

(2) Erwirbt ein Dritter nach dem Besitzerwerbe des Gläubigers von dem Schuldner das Eigentum, so muß er ein rechtskräftiges Urteil, das in einem zwischen dem Gläubiger und dem Schuldner wegen Gestattung der Befriedigung geführten Rechtsstreit ergangen ist, gegen sich gelten lassen, sofern nicht der Gläubiger bei dem Eintritte der Rechtshängigkeit gewußt hat, daß der Schuldner nicht mehr Eigentümer war.

[= § 372 idF. 1897]

Zweiter Abschnitt
Handelskauf [§§ 373–382]

§ 373[544] **[Annahmeverzug des Käufers]**

(1) Ist der Käufer mit der Annahme der Ware im Verzuge, so kann der Verkäufer die Ware auf Gefahr und Kosten des Käufers in einem öffentlichen Lagerhaus oder sonst in sicherer Weise hinterlegen.

(2) [1]Er ist ferner befugt, nach vorgängiger Androhung die Ware öffentlich versteigern zu lassen; er kann, wenn die Ware einen Börsen- oder Marktpreis hat, nach vorgängiger Androhung den Verkauf auch aus freier Hand durch einen zu solchen Verkäufen öffentlich ermächtigten Handelsmakler oder durch eine zur öffentlichen Versteigerung befugte Person zum laufenden Preise bewirken. [2]Ist die Ware dem Verderb ausgesetzt und Gefahr im Verzuge, so bedarf es der vorgängigen Androhung nicht; dasselbe gilt, wenn die Androhung aus anderen Gründen untunlich ist.

(3) Der Selbsthilfeverkauf erfolgt für Rechnung des säumigen Käufers.

(4) Der Verkäufer und der Käufer können bei der öffentlichen Versteigerung mitbieten.

(5) [1]Im Falle der öffentlichen Versteigerung hat der Verkäufer dem Käufer die in § 383 Absatz 3 Nummer 1 bis 3 des Bürgerlichen Gesetzbuchs bezeichneten Informationen vorher mitzuteilen; von dem vollzogenen Verkaufe hat er bei jeder Art des Verkaufs dem Käufer unverzüglich Nachricht zu geben. [2]Im

HGB 1897

(2) Erwirbt ein Dritter nach dem Besitzerwerbe des Gläubigers von dem Schuldner das Eigenthum, so muß er ein rechtskräftiges Urtheil, das in einem zwischen dem Gläubiger und dem Schuldner wegen Gestattung der Befriedigung geführten Rechtsstreit ergangen ist, gegen sich gelten lassen, sofern nicht der Gläubiger bei dem Eintritte der Rechtshängigkeit gewußt hat, daß der Schuldner nicht mehr Eigenthümer war.

Zweiter Abschnitt
Handelskauf [§§ 373–382]

§ 373

(1) Ist der Käufer mit der Annahme der Waare im Verzuge, so kann der Verkäufer die Waare auf Gefahr und Kosten des Käufers in einem öffentlichen Lagerhaus oder sonst in sicherer Weise hinterlegen.

(2) [1]Er ist ferner befugt, nach vorgängiger Androhung die Waare öffentlich versteigern zu lassen; er kann, wenn die Waare einen Börsen- oder Marktpreis hat, nach vorgängiger Androhung den Verkauf auch aus freier Hand durch einen zu solchen Verkäufen öffentlich ermächtigten Handelsmäkler oder durch eine zur öffentlichen Versteigerung befugte Person zum laufenden Preise bewirken. [2]Ist die Waare dem Verderb ausgesetzt und Gefahr im Verzuge, so bedarf es der vorgängigen Androhung nicht; dasselbe gilt, wenn die Androhung aus anderen Gründen unthunlich ist.

(3) Der Selbsthülfeverkauf erfolgt für Rechnung des säumigen Käufers.

(4) Der Verkäufer und der Käufer können bei der öffentlichen Versteigerung mitbieten.

(5) [1]Im Falle der öffentlichen Versteigerung hat der Verkäufer *den* Käufer *von der Zeit und dem Orte der Versteigerung* vorher *zu benachrichtigen*; von dem vollzogenen Verkaufe hat er bei jeder Art des Verkaufs dem Käufer unverzüglich Nachricht zu geben. [2]Im Falle der Unterlassung ist er zum Schadensersatze ver-

544 § 373 Abs. 5 S. 1 geändert durch Art. 1 Nr. 4 Gesetz v. 23.10.2024 (Viertes BürokratieentlastungsG), BGBl. 2024 I Nr. 323, m.W.v. 1.1.2025.

ADHGB 1861	UGB
	ger weiß, daß der Schuldner nicht mehr Eigentümer ist. [= § 372 Abs. 1 idF. 1897]
Zweiter *Titel* ***Vom* Kauf** [Artt. 337–359]	**Zweiter Abschnitt** **Warenkauf** [§§ 373–381]
Art. 343 (1) *Der Verkäufer ist verpflichtet, die Waare, so lange der Käufer mit der Empfangnahme nicht im Verzuge ist, mit der Sorgfalt eines ordentlichen Geschäftsmannes aufzubewahren.* (2) [1]Ist der Käufer mit der *Empfangnahme* der Waare im Verzuge, so kann der Verkäufer die Waare auf Gefahr und Kosten des Käufers in einem öffentlichen Lagerhause oder *bei einem Dritten niederlegen.* [2]Er ist *auch* befugt, nach vorgängiger Androhung die Waare öffentlich *verkaufen* zu lassen; er *darf,* wenn die Waare einen Börsen*preis* oder einen Marktpreis hat, nach vorgängiger Androhung den Verkauf auch *nicht öffentlich* durch einen Handelsmäkler oder *in Ermangelung eines solchen* durch einen zu Versteigerung*en* befugten *Beamten* zum laufenden Preise bewirken. [3]Ist die Waare dem Verderben ausgesetzt und Gefahr im Verzuge, so bedarf es der vorgängigen Androhung nicht. (3) *Von der Vollziehung des Verkaufs* hat der Verkäufer den Käufer, *soweit es thunlich,* sofort zu benachrichtigen; *bei* Unterlassung ist er zum Schadensersatze verpflichtet.	**§ 373 Annahmeverzug** (1) Ist der Käufer mit der Annahme der Ware im Verzuge, so kann der Verkäufer die Ware auf Gefahr und Kosten des Käufers in einem öffentlichen Lagerhaus oder sonst in sicherer Weise hinterlegen. (2) [1]Er ist ferner befugt, nach vorgängiger Androhung die Ware durch einen dazu befugten Unternehmer öffentlich versteigern zu lassen; er kann, wenn die Ware einen Börsen- oder Marktpreis hat, nach vorgängiger Androhung den Verkauf auch aus freier Hand durch einen dazu befugten Unternehmer zum laufenden Preis bewirken. [2]Ist die Ware dem Verderb ausgesetzt und Gefahr im Verzuge, so bedarf es der vorgängigen Androhung nicht; dasselbe gilt, wenn die Androhung aus anderen Gründen untunlich ist. (3) Der Selbsthilfeverkauf erfolgt für Rechnung des säumigen Käufers. (4) Der Verkäufer und der Käufer können bei der öffentlichen Versteigerung mitbieten. (5) [1]Im Falle der öffentlichen Versteigerung hat der Verkäufer den Käufer von der Zeit und dem Orte der Versteigerung vorher zu benachrichtigen; von dem vollzogenen Verkaufe hat er bei jeder Art des Verkaufs dem Käufer unverzüglich Nachricht zu geben. [2]Im Falle der Unterlassung ist er zum Schadenersatze verpflichtet. [3]Die Benachrichtigungen dürfen unterbleiben, wenn sie untunlich sind.

HGB	HGB 1897
Falle der Unterlassung ist er zum Schadensersatze verpflichtet. [3]Die Benachrichtigungen dürfen unterbleiben, wenn sie untunlich sind. [= § 373 idF. 1897, ausgenommen § 373 Abs. 5 S. 1]	pflichtet. [3]Die Benachrichtigungen dürfen unterbleiben, wenn sie unthunlich sind.
§ 374 [Vorschriften des BGB über Annahmeverzug] Durch die Vorschriften des § 373 werden die Befugnisse nicht berührt, welche dem Verkäufer nach dem Bürgerlichen Gesetzbuche zustehen, wenn der Käufer im Verzuge der Annahme ist. [= § 374 idF. 1897]	**§ 374** Durch die Vorschriften des §. 373 werden die Befugnisse nicht berührt, welche dem Verkäufer nach dem Bürgerlichen Gesetzbuche zustehen, wenn der Käufer im Verzuge der Annahme ist.
§ 375[545] [Bestimmungskauf] (1) Ist bei dem Kaufe einer beweglichen Sache dem Käufer die nähere Bestimmung über Form, Maß oder ähnliche Verhältnisse vorbehalten, so ist der Käufer verpflichtet, die vorbehaltene Bestimmung zu treffen. (2) [1]Ist der Käufer mit der Erfüllung dieser Verpflichtung in Verzug, so kann der Verkäufer die Bestimmung statt des Käufers vornehmen oder gemäß den §§ 280, 281 des Bürgerlichen Gesetzbuchs Schadensersatz statt der Leistung verlangen oder gemäß § 323 des Bürgerlichen Gesetzbuchs vom Vertrag zurücktreten. [2]Im ersteren Falle hat der Verkäufer die von ihm getroffene Bestimmung dem Käufer mitzuteilen und ihm zugleich eine angemessene Frist zur Vornahme einer anderweitigen Bestimmung zu setzen. [3]Wird eine solche innerhalb der Frist von dem Käufer nicht vorgenommen, so ist die von dem Verkäufer getroffene Bestimmung maßgebend. [Abs. 1 = § 375 Abs. 1 idF. 1897] [Abs. 2 S. 2 und 3 = § 375 Abs. 2 S. 2, 3 idF. 1897]	**§ 375** (1) Ist bei dem Kaufe einer beweglichen Sache dem Käufer die nähere Bestimmung über Form, Maß oder ähnliche Verhältnisse vorbehalten, so ist der Käufer verpflichtet, die vorbehaltene Bestimmung zu treffen. (2) [1]Ist der Käufer mit der Erfüllung dieser Verpflichtung im Verzuge, so kann der Verkäufer die Bestimmung statt des Käufers vornehmen oder gemäß *§. 326* des Bürgerliches Gesetzbuchs Schadensersatz *wegen Nichterfüllung fordern* oder vom Vertrage zurücktreten. [2]Im ersteren Falle hat der Verkäufer die von ihm getroffene Bestimmung dem Käufer mitzutheilen und ihm zugleich eine angemessene Frist zur Vornahme einer anderweitigen Bestimmung zu setzen. [3]Wird eine solche innerhalb der Frist von dem Käufer nicht vorgenommen, so ist die von dem Verkäufer getroffene Bestimmung maßgebend.

545 § 375 Abs. 2 S. 1 neu gefasst durch Art. 5 Abs. 16 Nr. 5 Gesetz v. 26.11.2001 (SchuldrechtsmodernisierungsG), BGBl. I S. 3138, m.W.v. 1.1.2002.

546 § 375 aufgehoben durch Art. I Nr. 149 Handelsrechts-Änderungsgesetz, BGBl. I 2005/120, m.W.v. 31.12.2006.

547 Vierte Verordnung zur Einführung handelsrechtlicher Vorschriften im Lande Österreich v. 24.12.1938, dRGBl. I 1938 S. 1999, zuletzt geändert durch Zinsenrechts-Änderungsgesetz, öBGBl. I 2002/118, aufgehoben durch Art. XXIX Handelsrechts-Änderungsgesetz, öBGBl. I 2005/120, m.W.v. 31.12.2006.

ADHGB 1861	UGB
	[Abs. 1 = § 373 Abs. 1 idF. 1897] [Abs. 2 S. 2 = § 373 Abs. 2 S. 2 idF. 1897] [Abs. 3 = § 373 Abs. 3 idF. 1897] [Abs. 4 = § 373 Abs. 4 idF. 1897] [Abs. 5 = § 373 Abs. 5 idF. 1897]
	§ 374 Anwendbarkeit der bürgerlich-rechtlichen Bestimmungen Durch die Vorschriften des § 373 werden die Befugnisse nicht berührt, welche dem Verkäufer nach anderen Bestimmungen zustehen, wenn der Käufer im Verzuge der Annahme ist. [= § 374 HGB idF. 1897]
	§ 375 *(weggefallen)*[546]
	4. Einführungsverordnung zum Handelsgesetzbuch[547] ***Art. 8 Nr. 22. Zu § 375 HGB*** ***Kauf mit Vorbehalt näherer Bestimmung*** *§ 375 Abs. 2 ist mit der Maßgabe anzuwenden, daß an die Stelle des § 326 des Bürgerlichen Gesetzbuchs die §§ 918, 920 und 921 des österreichischen Bürgerlichen Gesetzbuchs treten.*

HGB	HGB 1897
§ 376 [Fixhandelskauf]	**§ 376**
(1) [1]Ist bedungen, daß die Leistung des einen Teiles genau zu einer festbestimmten Zeit oder innerhalb einer festbestimmten Frist bewirkt werden soll, so kann der andere Teil, wenn die Leistung nicht zu der bestimmten Zeit oder nicht innerhalb der bestimmten Frist erfolgt, von dem Vertrage zurücktreten oder, falls der Schuldner im Verzug ist, statt der Erfüllung Schadensersatz wegen Nichterfüllung verlangen. [2]Erfüllung kann er nur beanspruchen, wenn er sofort nach dem Ablaufe der Zeit oder der Frist dem Gegner anzeigt, daß er auf Erfüllung bestehe.	(1) [1]Ist bedungen, daß die Leistung des einen Theiles genau zu einer festbestimmten Zeit oder innerhalb einer festbestimmten Frist bewirkt werden soll, so kann der andere Theil, wenn die Leistung nicht zu der bestimmten Zeit oder nicht innerhalb der bestimmten Frist erfolgt, von dem Vertrage zurücktreten oder, falls der Schuldner im Verzug ist, statt der Erfüllung Schadensersatz wegen Nichterfüllung verlangen. [2]Erfüllung kann er nur beanspruchen, wenn er sofort nach dem Ablaufe der Zeit oder der Frist dem Gegner anzeigt, daß er auf Erfüllung bestehe.
(2) Wird Schadensersatz wegen Nichterfüllung verlangt und hat die Ware einen Börsen- oder Marktpreis, so kann der Unterschied des Kaufpreises und des Börsen- oder Marktpreises zur Zeit und am Orte der geschuldeten Leistung gefordert werden.	(2) Wird Schadensersatz wegen Nichterfüllung verlangt und hat die Waare einen Börsen- oder Marktpreis, so kann der Unterschied des Kaufpreises und des Börsen- oder Marktpreises zur Zeit und am Orte der geschuldeten Leistung gefordert werden.
(3) [1]Das Ergebnis eines anderweit vorgenommenen Verkaufs oder Kaufes kann, falls die Ware einen Börsen- oder Marktpreis hat, dem Ersatzanspruche nur zugrunde gelegt werden, wenn der Verkauf oder Kauf sofort nach dem Ablaufe der bedungenen Leistungszeit oder Leistungsfrist bewirkt ist. [2]Der Verkauf oder Kauf muß, wenn er nicht in öffentlicher Versteigerung geschieht, durch einen zu solchen Verkäufen oder Käufen öffentlich ermächtigten Handelsmakler oder eine zur öffentlichen Versteigerung befugte Person zum laufenden Preise erfolgen.	(3) [1]Das Ergebniß eines anderweit vorgenommenen Verkaufs oder Kaufes kann, falls die Waare einen Börsen- oder Marktpreis hat, dem Ersatzanspruche nur zu Grunde gelegt werden, wenn der Verkauf oder Kauf sofort nach dem Ablaufe der bedungenen Leistungszeit oder Leistungsfrist bewirkt ist. [2]Der Verkauf oder Kauf muß, wenn er nicht in öffentlicher Versteigerung geschieht, durch einen zu solchen Verkäufen oder Käufen öffentlich ermächtigten Handelsmäkler oder eine zur öffentlichen Versteigerung befugte Person zum laufenden Preise erfolgen.
(4) [1]Auf den Verkauf mittels öffentlicher Versteigerung findet die Vorschrift des § 373 Abs. 4 Anwendung. [2]Von dem Verkauf oder Kaufe hat der Gläubiger den Schuldner unverzüglich zu benachrichtigen; im Falle der Unterlassung ist er zum Schadensersatze verpflichtet.	(4) [1]Auf den Verkauf mittels öffentlicher Versteigerung findet die Vorschrift des § 373 Abs. 4 Anwendung. [2]Von dem Verkauf oder Kaufe hat der Gläubiger den Schuldner unverzüglich zu benachrichtigen; im Falle der Unterlassung ist er zum Schadensersatze verpflichtet.
[= § 376 idF. 1897]	
§ 377 [Untersuchungs- und Rügepflicht]	**§ 377**
(1) Ist der Kauf für beide Teile ein Handelsgeschäft, so hat der Käufer die Ware unverzüglich nach der Ablieferung durch den Verkäufer, soweit dies nach ordnungsmäßigem Geschäftsgange tunlich ist, zu untersuchen und, wenn sich ein Mangel zeigt, dem Verkäufer unverzüglich Anzeige zu machen.	(1) Ist der Kauf für beide Theile ein Handelsgeschäft, so hat der Käufer die Waare unverzüglich nach der Ablieferung durch den Verkäufer, soweit dies nach ordnungsmäßigem Geschäftsgange thunlich ist, zu untersuchen und, wenn sich ein Mangel zeigt, dem Verkäufer unverzüglich Anzeige zu machen.

ADHGB 1861

Art. 357

(1) [1]Ist bedungen, daß die *Waare* genau zu einer festbestimmten Zeit oder *binnen* einer festbestimmten Frist *geliefert* werden soll, so *kommt der Art. 356. nicht zur Anwendung.* [2]*Der Käufer sowie der Verkäufer kann die Rechte, welche ihm gemäß Art. 354. oder 355. zustehen, nach seiner Wahl ausüben.* [3]Es muß jedoch derjenige, welcher auf der Erfüllung bestehen *will, dies unverzüglich* nach Ablauf der Zeit oder der Frist dem *anderen Kontrahenten* anzeigen; *unterläßt er dies, so kann er später nicht auf der Erfüllung bestehen.*

(2) [1]*Will der Verkäufer statt der Erfüllung für Rechnung des säumigen Käufers verkaufen, so muß er, im Falle die Waare einen* Markt- oder Börsenpreis *hat, den Verkauf unverzüglich nach Ablauf der Zeit oder der Frist vornehmen.* [2]*Ein späterer Verkauf gilt nicht als für Rechnung des Käufers geschehen.* [3]*Eine vorgängige Androhung ist nicht erforderlich, dagegen hat der Verkäufer auch in diesem Falle den bewirkten Verkauf dem Käufer ungesäumt anzuzeigen.*

(3) *Wenn der Käufer statt der Erfüllung Schadensersatz wegen Nichterfüllung fordert, so* besteht, im Falle die Waare einen Markt- oder Börsenpreis hat, *der Betrag des von dem Verkäufer zu leistenden Schadensersatzes in der Differenz zwischen dem Kaufpreise und dem Markt- und Börsenpreise zur Zeit und am Orte der geschuldeten Lieferung, unbeschadet des Rechts des Käufers, einen erweislich höheren Schaden geltend zu machen.*

UGB

§ 376 Schadenersatz wegen Nichterfüllung

(1) Wird Schadenersatz wegen Nichterfüllung verlangt und hat die Ware einen Börsen- oder Marktpreis, so kann der Unterschied des Kaufpreises und des Börsen- oder Marktpreises zur Zeit und am Orte der geschuldeten Leistung gefordert werden.

(2) [1]Das Ergebnis eines anderweit vorgenommenen Verkaufs oder Kaufes kann, falls die Ware einen Börsen- oder Marktpreis hat, dem Ersatzanspruche nur zu Grunde gelegt werden, wenn der Verkauf oder Kauf sofort nach dem Ablaufe der bedungenen Leistungszeit oder Leistungsfrist bewirkt ist. [2]Der Verkauf oder Kauf muß, wenn er nicht in öffentlicher Versteigerung geschieht, durch einen zu solchen Verkäufen oder Käufen oder zu einer öffentlichen Versteigerung befugten Unternehmer zum laufenden Preise erfolgen.

(3) [1]Auf den Verkauf durch öffentliche Versteigerung findet die Vorschrift des § 373 Abs. 4 Anwendung. [2]Von dem Verkauf oder Kaufe hat der Gläubiger den Schuldner unverzüglich zu benachrichtigen; im Falle der Unterlassung ist er zum Schadenersatz verpflichtet.

[Abs. 1 = § 376 Abs. 2 idF. 1897]
[Abs. 2 S. 1 = § 376 Abs. 3 S. 1 idF. 1897]
[Abs. 3 = § 376 Abs. 4 idF. 1897]

Art. 347

(1) *Ist die Waare von einem anderen Orte übersendet,* so hat der Käufer *ohne Verzug* nach der Ablieferung, soweit dies nach dem ordnungsgemäßen Geschäftsgange thunlich ist, die Waare zu untersuchen, und wenn sich *dieselbe nicht als vertragsmäßig oder gesetzmäßig*

§ 377 Mängelrüge

(1) Ist der Kauf für beide Teile ein unternehmensbezogenes Geschäft, so hat der Käufer dem Verkäufer Mängel der Ware, die er bei ordnungsgemäßem Geschäftsgang nach Ablieferung durch Untersuchung festgestellt hat oder feststellen hätte müssen, binnen angemessener Frist anzuzeigen.

HGB	HGB 1897
(2) Unterläßt der Käufer die Anzeige, so gilt die Ware als genehmigt, es sei denn, daß es sich um einen Mangel handelt, der bei der Untersuchung nicht erkennbar war. (3) Zeigt sich später ein solcher Mangel, so muß die Anzeige unverzüglich nach der Entdeckung gemacht werden; anderenfalls gilt die Ware auch in Ansehung dieses Mangels als genehmigt. (4) Zur Erhaltung der Rechte des Käufers genügt die rechtzeitige Absendung der Anzeige. (5) Hat der Verkäufer den Mangel arglistig verschwiegen, so kann er sich auf diese Vorschriften nicht berufen. [= § 377 idF. 1897]	(2) Unterläßt der Käufer die Anzeige, so gilt die Waare als genehmigt, es sei denn, daß es sich um einen Mangel handelt, der bei der Untersuchung nicht erkennbar war. (3) Zeigt sich später ein solcher Mangel, so muß die Anzeige unverzüglich nach der Entdeckung gemacht werden; anderenfalls gilt die Waare auch in Ansehung dieses Mangels als genehmigt. (4) Zur Erhaltung der Rechte des Käufers genügt die rechtzeitige Absendung der Anzeige. (5) Hat der Verkäufer den Mangel arglistig verschwiegen, so kann er sich auf diese Vorschriften nicht berufen.
§ 378[548] (*weggefallen*)	*§ 378* *Die Vorschriften des §. 377 finden auch dann Anwendung, wenn eine andere als die bedungene Waare oder eine andere als die bedungene Menge von Waaren geliefert ist, sofern die gelieferte Waare nicht offensichtlich von der Bestellung so erheblich abweicht, daß der Verkäufer die Genehmigung des Käufers als ausgeschlossen betrachten mußte.*
§ 379 [Einstweilige Aufbewahrung; Notverkauf] (1) Ist der Kauf für beide Teile ein Handelsgeschäft, so ist der Käufer, wenn er die ihm von einem anderen Orte übersendete Ware beanstandet, verpflichtet, für ihre einstweilige Aufbewahrung zu sorgen. (2) Er kann die Ware, wenn sie dem Verderb ausgesetzt und Gefahr im Verzug ist, unter Beobachtung der Vorschriften des § 373 verkaufen lassen.	§ 379 (1) Ist der Kauf für beide Theile ein Handelsgeschäft, so ist der Käufer, wenn er die ihm von einem anderen Orte übersendete Waare beanstandet, verpflichtet, für ihre einstweilige Aufbewahrung zu sorgen. (2) Er kann die Waare, wenn sie dem Verderb ausgesetzt und Gefahr im Verzug ist, unter Beobachtung der Vorschriften des §. 373 verkaufen lassen.

548 § 378 aufgehoben durch Art. 5 Abs. 16 Nr. 6 Gesetz v. 26.11.2001 (SchuldrechtsmodernisierungsG), BGBl. I S. 3138, m.W.v. 1.1.2002.

ADHGB 1861	UGB
(Art. 355.) ergiebt, dem Verkäufer *sofort davon* Anzeige zu machen. (2) *Versäumt er dies*, so gilt die Waare als genehmigt, *soweit* es sich nicht um *Mängel* handelt, *welche* bei der *sofortigen* Untersuchung *nach ordnungsmäßigem Geschäftsgange* nicht erkennbar waren. (3) *Ergeben* sich später solche *Mängel*, so muß die Anzeige *ohne Verzug* nach der Entdeckung gemacht werden, *widrigenfalls* die Waare auch *rücksichtlich* dieser *Mängel* als genehmigt gilt. (4) *Die vorstehende Bestimmung findet auch auf den Verkauf auf Besicht oder Probe oder nach Probe Anwendung, insoweit es sich um Mängel der übersendeten Waare handelt, welche bei ordnungsmäßigem Besicht oder ordnungsmäßiger Prüfung nicht erkennbar waren.*	(2) Unterlässt der Käufer die Anzeige, so kann er Ansprüche auf Gewährleistung (§§ 922 ff. ABGB), auf Schadenersatz wegen des Mangels selbst (§ 933a Abs. 2 ABGB) sowie aus einem Irrtum über die Mangelfreiheit der Sache (§§ 871 f. ABGB) nicht mehr geltend machen. (3) Zeigt sich später ein solcher Mangel, so muss er ebenfalls in angemessener Frist angezeigt werden; andernfalls kann der Käufer auch in Ansehung dieses Mangels die in Abs. 2 bezeichneten Ansprüche nicht mehr geltend machen. (4) Zur Erhaltung der Rechte des Käufers genügt die rechtzeitige Absendung der Anzeige; dies gilt auch dann, wenn die Anzeige dem Verkäufer nicht zugeht. (5) Der Verkäufer kann sich auf diese Vorschrift nicht berufen, wenn der Käufer beweist, dass der Verkäufer den Mangel vorsätzlich oder grob fahrlässig verursacht oder verschwiegen hat, oder wenn es sich um einen Viehmangel handelt, für den eine Vermutungsfrist (§ 925 ABGB) besteht.
	§ 378 Rügeobliegenheit bei Falschlieferung oder Mengenfehlern Die Vorschriften des § 377 finden auch dann Anwendung, wenn eine andere als die bedungene Ware oder eine andere als die bedungene Menge von Waren geliefert ist, sofern die gelieferte Ware nicht offensichtlich von der Bestellung so erheblich abweicht, daß der Verkäufer die Genehmigung des Käufers als ausgeschlossen betrachten mußte. [= § 378 idF. 1897]
Art. 348 (1) *Wenn* der Käufer die von einem anderen Orte übersendete Waare beanstandet, so ist er verpflichtet, für *die* einstweilige Aufbewahrung *derselben* zu sorgen. *(2) [1]Er kann, wenn sich bei der Ablieferung oder später Mängel ergeben, den Zustand der Waare durch Sachverständige feststellen lassen. [2]Der Verkäufer ist in gleicher Weise berechtigt, diese Feststellung zu verlangen, wenn ihm der Käufer die Anzeige gemacht hat, daß er die Waare wegen Mängel beanstande.*	**§ 379 Aufbewahrungspflicht** (1) Ist der Kauf für beide Teile ein unternehmensbezogenes Geschäft, so ist der Käufer, wenn er die ihm von einem anderen Orte übersendete Ware beanstandet, verpflichtet, für ihre einstweilige Aufbewahrung zu sorgen. (2) Er kann die Ware, wenn sie dem Verderb ausgesetzt und Gefahr im Verzug ist, unter Beobachtung der Vorschriften des § 373 verkaufen lassen. [Abs. 2 = § 379 Abs. 2 idF. 1897]

HGB	HGB 1897
[= § 379 idF. 1897]	

§ 380 [Taragewicht]

(1) Ist der Kaufpreis nach dem Gewichte der Ware zu berechnen, so kommt das Gewicht der Verpackung (Taragewicht) in Abzug, wenn nicht aus dem Vertrag oder dem Handelsgebrauche des Ortes, an welchem der Verkäufer zu erfüllen hat, sich ein anderes ergibt.

(2) Ob und in welcher Höhe das Taragewicht nach einem bestimmten Ansatz oder Verhältnisse statt nach genauer Ausmittelung abzuziehen ist, sowie, ob und wieviel als Gutgewicht zugunsten des Käufers zu berechnen ist oder als Vergütung für schadhafte oder unbrauchbare Teile (Refaktie) gefordert werden kann, bestimmt sich nach dem Vertrag oder dem Handelsgebrauche des Ortes, an welchem der Verkäufer zu erfüllen hat.

[= § 380 idF. 1897]

§ 380 (HGB 1897)

(1) Ist der Kaufpreis nach dem Gewichte der Waare zu berechnen, so kommt das Gewicht der Verpackung (Taragewicht) in Abzug, wenn nicht aus dem Vertrag oder dem Handelsgebrauche des Ortes, an welchem der Verkäufer zu erfüllen hat, sich ein Anderes ergiebt.

(2) Ob und in welcher Höhe das Taragewicht nach einem bestimmten Ansatz oder Verhältnisse statt nach genauer Ausmittelung abzuziehen ist, sowie, ob und wieviel als Gutgewicht zugunsten des Käufers zu berechnen ist oder als Vergütung für schadhafte oder unbrauchbare Theile (Refaktie) gefordert werden kann, bestimmt sich nach dem Vertrag oder dem Handelsgebrauche des Ortes, an welchem der Verkäufer zu erfüllen hat.

§ 381[550] [Kauf von Wertpapieren; Werklieferungsvertrag]

(1) Die in diesem Abschnitte für den Kauf von Waren getroffenen Vorschriften gelten auch für den Kauf von Wertpapieren.

(2) Sie finden auch auf einen Vertrag Anwendung, der die Lieferung herzustellender oder zu erzeugender beweglicher Sachen zum Gegenstand hat.

[Abs. 1 = § 381 Abs. 1 idF. 1897]

§ 381 (HGB 1897)

(1) Die in diesem Abschnitt für den Kauf von Waaren getroffenen Vorschriften gelten auch für den Kauf von Werthpapieren.

(2) Sie finden auch Anwendung, wenn aus einem von dem Unternehmer zu beschaffenden Stoffe eine nicht vertretbare bewegliche Sache herzustellen ist.

---

549 § 380 öHGB durch Art. I Z. 153a Handelsrechts-Änderungsgesetz, BGBl. I 2005/120, m.W.v. 31.12.2006.

550 § 381 Abs. 2 neu gefasst durch Art. 5 Abs. 16 Nr. 7 Gesetz v. 26.11.2001 (SchuldrechtsmodernisierungsG), BGBl. I S. 3138, m.W.v. 1.1.2002.

ADHGB 1861	UGB
(3) Die Sachverständigen ernennt auf Antrag des Betheiligten das Handelsgericht oder in dessen Ermangelung der Richter des Orts. *(4) Die Sachverständigen haben das Gutachten schriftlich oder zu Protokoll zu erstatten.* (5) Ist die Waare dem Verderben ausgesetzt und Gefahr im Verzuge, *so* kann *der Käufer* die Waare unter Beobachtung der *Bestimmungen des Art. 343.* verkaufen lassen.	
Art. 352 [1]Ist der Kaufpreis nach dem Gewicht der Waare zu berechnen, so kommt das Gewicht der Verpackung (Taragewicht) in Abzug, wenn nicht *durch besondere Abrede* oder durch den Handelsgebrauch am Orte *der Uebergabe* ein Anderes *bestimmt ist.* [2]Ob und in welcher Höhe das Taragewicht nach einem bestimmten Ansatze oder Verhältnisse statt nach genauer Ausmittelung abzuziehen ist, *ingleichen* ob und wieviel als Gutgewicht zu Gunsten des Käufers zu berechnen ist, oder als Vergütung für schadhafte oder unbrauchbare Theile (Refaktie) gefordert werden kann, ist nach dem Vertrage oder dem Handelsgebrauche *am Orte der Uebergabe zu beurtheilen.*	**§ 380** (*weggefallen*)[549]
	§ 381 Anwendungsbereich (1) Die in diesem Abschnitte für den Kauf von Waren getroffenen Vorschriften gelten auch für den Kauf von Wertpapieren. (2) Sie finden auch auf Werkverträge über die Herstellung körperlicher beweglicher Sachen und Tauschverträge über körperliche bewegliche Sachen Anwendung. [Abs. 1 = § 381 Abs. 1 idF. 1897]

HGB	HGB 1897

HGB

§ 382[551]
(*weggefallen*)

HGB 1897

§ 382
Die Vorschriften der §§. 481 bis 492 des Bürgerlichen Gesetzbuchs über die Gewährleistung bei Viehmängeln werden durch die Vorschriften dieses Abschnitts nicht berührt.

HGB

Dritter Abschnitt
Kommissionsgeschäft [§§ 383–406]

HGB 1897

Dritter Abschnitt
Kommissionsgeschäft [§§ 383–406]

HGB

§ 383[553] **[Kommissionär; Kommissionsvertrag]**
(1) Kommissionär ist, wer es gewerbsmäßig übernimmt, Waren oder Wertpapiere für Rechnung eines anderen (des Kommittenten) in eigenem Namen zu kaufen oder zu verkaufen.
(2) [1]Die Vorschriften dieses Abschnittes finden auch Anwendung, wenn das Unternehmen des Kommissionärs nach Art oder Umfang einen in kaufmännischer Weise eingerichteten Geschäftsbetrieb nicht erfordert und die Firma des Unternehmens nicht nach § 2 in das Handelsregister eingetragen ist. [2]In diesem Fall finden in Ansehung des Kommissionsgeschäfts auch die Vorschriften des Ersten Abschnittes des Vierten Buches mit Ausnahme der §§ 348 bis 350 Anwendung.

[Abs. 1 = § 383 idF. 1897]

HGB 1897

§ 383
Kommissionär ist, wer es gewerbsmäßig übernimmt, Waaren oder Werthpapiere für Rechnung eines Anderen (des Kommittenten) in eigenem Namen zu kaufen oder zu verkaufen.

HGB

§ 384 [Pflichten des Kommissionärs]
(1) Der Kommissionär ist verpflichtet, das übernommene Geschäft mit der Sorgfalt eines ordentlichen Kaufmanns auszuführen; er hat hierbei das Interesse des Kommittenten wahrzunehmen und dessen Weisungen zu befolgen.
(2) Er hat dem Kommittenten die erforderlichen Nachrichten zu geben, insbesondere von der Ausführung der Kommission unverzüglich Anzeige zu machen; er ist verpflichtet, dem Kommittenten über das Geschäft Rechenschaft abzulegen und ihm dasjenige herauszugeben, was er aus der Geschäftsbesorgung erlangt hat.

HGB 1897

§ 384
(1) Der Kommissionär ist verpflichtet, das übernommene Geschäft mit der Sorgfalt eines ordentlichen Kaufmanns auszuführen; er hat hierbei das Interesses des Kommittenten wahrzunehmen und dessen Weisungen zu befolgen.
(2) Er hat dem Kommittenten die erforderlichen Nachrichten zu geben, insbesondere von der Ausführung der Kommission unverzüglich Anzeige zu machen; er ist verpflichtet, dem Kommittenten über das Geschäft Rechenschaft abzulegen und ihm dasjenige herauszugeben,

551 § 382 aufgehoben durch Art. 5 Abs. 16 Nr. 8 Gesetz v. 26.11.2001 (SchuldrechtsmodernisierungsG), BGBl. I S. 3138, m.W.v. 1.1.2002.
552 § 382 öHGB aufgehoben durch Art. I Z. 155 Handelsrechts-Änderungsgesetz, BGBl. I 2005/120, m.W.v. 31.12.2006.
553 Bisheriger § 383 wird Abs. 1, Abs. 2 eingefügt durch Art. 3 Nr. 43 Gesetz v. 22.6.1998 (HRefG), BGBl. I S. 1474, m.W.v. 1.7.1998.

ADHGB 1861

UGB

§ 382
(weggefallen)[552]

Dritter *Titel*
***Von dem* Kommissionsgeschäft** [Artt. 360–378]

Art. 360
(1) Kommissionär ist *derjenige, welcher* gewerbemäßig in eigenem Namen für Rechnung eines *Auftraggebers* (Kommittenten) *Handelsgeschäfte schließt.*
(2) [1]Durch die Geschäfte, welche der Kommissionär mit Dritten schließt, wird er allein berechtigt und verpflichtet. [2]Zwischen dem Kommittenten und den Dritten entstehen daraus keine Rechte und Pflichten.
(3) Ist von dem Auftraggeber ausdrücklich bestimmt, daß das Geschäft auf seinen Namen abgeschlossen werden soll, so ist dies keine kaufmännische Kommission, sondern ein gewöhnlicher Auftrag zu einem Handelsgeschäft.

Dritter Abschnitt
Kommissionsgeschäft [§§ 383–406]

§ 383 Kommissionär, Kommissionsvertrag
(1) Kommissionär ist, wer es übernimmt, Waren oder Wertpapiere für Rechnung eines anderen (des Kommittenten) in eigenem Namen zu kaufen oder zu verkaufen. Die Vorschriften dieses Abschnitts gelten auch für andere Geschäfte, insbesondere Werklieferungen, die ein Unternehmer für Rechnung eines anderen im eigenen Namen zu schließen übernimmt.
(2) Kommissionsagent ist, wer von einem Kommittenten ständig mit Kommissionsgeschäften betraut ist. Die Vorschriften über das Kommissionsgeschäft finden auf das Verhältnis des Kommissionsagenten zu den Kunden Anwendung. Auf das Verhältnis zwischen Kommissionsagenten und Kommittenten sind die Vorschriften des Handelsvertretergesetzes anzuwenden.

[Abs. 1 S. 1 = § 381 idF. 1897]

Art. 361
Der Kommissionär *hat* das Geschäft mit der Sorgfalt eines ordentlichen Kaufmanns *im Interesse des Kommittenten, gemäß dem Auftrage auszuführen*; er hat dem Kommittenten die erforderlichen Nachrichten zu geben, insbesondere *sofort nach* der Ausführung des *Auftrags* davon Anzeige zu machen; er ist verpflichtet, dem Kommittenten über das Geschäft Rechenschaft *zu geben* und ihm dasjenige *zu leisten*, was er aus dem Geschäft *zu fordern* hat.

§ 384 Pflichten des Kommissionärs
(1) Der Kommissionär ist verpflichtet, das übernommene Geschäft mit der Sorgfalt eines ordentlichen Unternehmers auszuführen; er hat hierbei das Interesse des Kommittenten wahrzunehmen und dessen Weisungen zu befolgen.
(2) Er hat dem Kommittenten die erforderlichen Nachrichten zu geben, insbesondere von der Ausführung der Kommission unverzüglich Anzeige zu machen; er ist verpflichtet, dem Kommittenten über das Geschäft Rechenschaft abzulegen und ihm dasjenige herauszugeben, was er aus der Geschäftsbesorgung erlangt hat.

HGB	HGB 1897
(3) Der Kommissionär haftet dem Kommittenten für die Erfüllung des Geschäfts, wenn er ihm nicht zugleich mit der Anzeige von der Ausführung der Kommission den Dritten namhaft macht, mit dem er das Geschäft abgeschlossen hat. [= § 384 idF. 1897]	was er aus der Geschäftsbesorgung erlangt hat. (3) Der Kommissionär haftet dem Kommittenten für die Erfüllung des Geschäfts, wenn er ihm nicht zugleich mit der Anzeige von der Ausführung der Kommission den Dritten namhaft macht, mit dem er das Geschäft abgeschlossen hat.
§ 385 [Weisungen des Kommittenten] (1) Handelt der Kommissionär nicht gemäß den Weisungen des Kommittenten, so ist er diesem zum Ersatze des Schadens verpflichtet; der Kommittent braucht das Geschäft nicht für seine Rechnung gelten zu lassen. (2) Die Vorschriften des § 665 des Bürgerlichen Gesetzbuchs bleiben unberührt. [= § 385 idF. 1897]	**§ 385** (1) Handelt der Kommissionär nicht gemäß den Weisungen des Kommittenten, so ist er diesem zum Ersatze des Schadens verpflichtet; der Kommittent braucht das Geschäft nicht für seine Rechnung gelten zu lassen. (2) Die Vorschriften des §. 665 des Bürgerlichen Gesetzbuchs bleiben unberührt.
§ 386 [Preisgrenzen] (1) Hat der Kommissionär unter dem ihm gesetzten Preise verkauft oder hat er den ihm für den Einkauf gesetzten Preis überschritten, so muß der Kommittent, falls er das Geschäft als nicht für seine Rechnung abgeschlossen zurückweisen will, dies unverzüglich auf die Anzeige von der Ausführung des Geschäfts erklären; anderenfalls gilt die Abweichung von der Preisbestimmung als genehmigt. (2) [1]Erbietet sich der Kommissionär zugleich mit der Anzeige von der Ausführung des Geschäfts zur Deckung des Preisunterschieds, so ist der Kommittent zur Zurückweisung nicht berechtigt. [2]Der Anspruch des Kommittenten auf den Ersatz eines den Preisunterschied übersteigenden Schadens bleibt unberührt. [= § 386 idF. 1897]	**§ 386** (1) Hat der Kommissionär unter dem ihm gesetzten Preise verkauft oder hat er den ihm für den Einkauf gesetzten Preis überschritten, so muß der Kommittent, falls er das Geschäft als nicht für seine Rechnung abgeschlossen zurückweisen will, dies unverzüglich auf die Anzeige von der Ausführung des Geschäfts erklären; anderenfalls gilt die Abweichung von der Preisbestimmung als genehmigt. (2) [1]Erbietet sich der Kommissionär zugleich mit der Anzeige von der Ausführung des Geschäfts zur Deckung des Preisunterschieds, so ist der Kommittent zur Zurückweisung nicht berechtigt. [2]Der Anspruch des Kommittenten auf den Ersatz eines den Preisunterschied übersteigenden Schadens bleibt unberührt.

ADHGB 1861	UGB
	(3) Der Kommissionär haftet dem Kommittenten für die Erfüllung des Geschäfts, wenn er ihm nicht zugleich mit der Anzeige von der Ausführung der Kommission den Dritten namhaft macht, mit dem er das Geschäft abgeschlossen hat. [Abs. 2 = § 384 Abs. 2 idF. 1897] [Abs. 3 = § 384 Abs. 3 idF. 1897]
Art. 362 Handelt der Kommissionär nicht gemäß dem *übernommenen Auftrage*, so ist er *dem Kommittenten* zum Ersatze des Schadens verpflichtet; der Kommittent *ist nicht gehalten*, das Geschäft für seine Rechnung gelten zu lassen.	**§ 385 Weisungen des Kommittenten** (1) Handelt der Kommissionär nicht gemäß den Weisungen des Kommittenten, so ist er diesem zum Ersatze des Schadens verpflichtet; der Kommittent braucht das Geschäft nicht für seine Rechnung gelten zu lassen. (2) [1]Der Kommissionär ist berechtigt, von den Weisungen des Kommittenten abzuweichen, wenn er den Umständen nach annehmen darf, daß dieser bei Kenntnis der Sachlage die Abweichung billigen würde. [2]Der Kommissionär hat vor der Abweichung dem Kommittenten Anzeige zu machen und seine Entschließung abzuwarten, wenn nicht mit dem Aufschub Gefahr verbunden ist. [Abs. 1 = § 385 Abs. 1 idF. 1897]
Art. 363 Hat der Kommissionär unter dem ihm gesetzten Preise verkauft, so muß *er dem Kommittenten den Unterschied im Preise vergüten, sofern er nicht beweist, daß ein Verkauf zu dem gesetzten Preise nicht ausgeführt werden konnte und die Vornahme des Verkaufs von dem Kommittenten Schaden abgewendet hat.* **Art. 364** (1) Hat der Kommissionär den für den Einkauf gesetzten Preis überschritten, so *kann* der Kommittent *den Einkauf als nicht für seine Rechnung geschehen zurückweisen, sofern sich der Kommissionär nicht zugleich mit der Einkaufsanzeige zur Deckung des Unterschiedes erbietet.* *(2) Der Kommittent, welcher den Einkauf als nicht für seine Rechnung geschehen zurückweisen will, muß dies ohne Verzug auf die Einkaufsanzeige erklären, widrigenfalls die Ueberschreitung des Auftrags als genehmigt gilt.*	**§ 386 Preisgrenzen** (1) Hat der Kommissionär unter dem ihm gesetzten Preise verkauft oder hat er den ihm für den Einkauf gesetzten Preis überschritten, so muß der Kommittent, falls er das Geschäft als nicht für seine Rechnung abgeschlossen zurückweisen will, dies unverzüglich auf die Anzeige von der Ausführung des Geschäfts erklären; anderenfalls gilt die Abweichung von der Preisbestimmung als genehmigt. (2) [1]Erbietet sich der Kommissionär zugleich mit der Anzeige von der Ausführung des Geschäfts zur Deckung des Preisunterschieds, so ist der Kommittent zur Zurückweisung nicht berechtigt. [2]Der Anspruch des Kommittenten auf den Ersatz eines den Preisunterschied übersteigenden Schadens bleibt unberührt. [= § 386 idF. 1897]

HGB	HGB 1897
§ 387 [Vorteilhafterer Abschluss] (1) Schließt der Kommissionär zu vorteilhafteren Bedingungen ab, als sie ihm von dem Kommittenten gesetzt worden sind, so kommt dies dem Kommittenten zustatten. (2) Dies gilt insbesondere, wenn der Preis, für welchen der Kommissionär verkauft, den von dem Kommittenten bestimmten niedrigsten Preis übersteigt oder wenn der Preis, für welchen er einkauft, den von dem Kommittenten bestimmten höchsten Preis nicht erreicht. [= § 387 idF. 1897]	**§ 387** (1) Schließt der Kommissionär zu vortheilhafteren Bedingungen ab, als sie ihm von dem Kommittenten gesetzt worden sind, so kommt dies dem Kommittenten zu Statten. (2) Dies gilt insbesondere, wenn der Preis, für welchen der Kommissionär verkauft, den vom Kommittenten bestimmten niedrigsten Preis übersteigt, oder wenn der Preis, für welchen er einkauft, den vom Kommittenten bestimmten höchsten Preis nicht erreicht.
§ 388 [Beschädigtes oder mangelhaftes Kommissionsgut] (1) Befindet sich das Gut, welches dem Kommissionär zugesendet ist, bei der Ablieferung in einem beschädigten oder mangelhaften Zustande, der äußerlich erkennbar ist, so hat der Kommissionär die Rechte gegen den Frachtführer oder Schiffer zu wahren, für den Beweis des Zustandes zu sorgen und dem Kommittenten unverzüglich Nachricht zu geben; im Falle der Unterlassung ist er zum Schadensersatze verpflichtet. (2) Ist das Gut dem Verderb ausgesetzt oder treten später Veränderungen an dem Gute ein, die dessen Entwertung befürchten lassen, und ist keine Zeit vorhanden, die Verfügung des Kommittenten einzuholen, oder ist der Kommittent in der Erteilung der Verfügung säumig, so kann der Kommissionär den Verkauf des Gutes nach Maßgabe der Vorschriften des § 373 bewirken. [= § 388 idF. 1897]	**§ 388** (1) Befindet sich das Gut, welches dem Kommissionär zugesendet ist, bei der Ablieferung in einem beschädigten oder mangelhaften Zustande, der äußerlich erkennbar ist, so hat der Kommissionär die Rechte gegen den Frachtführer oder Schiffer zu wahren, für den Beweis des Zustandes zu sorgen und dem Kommittenten unverzüglich Nachricht zu geben; im Falle der Unterlassung ist er zum Schadensersatze verpflichtet. (2) Ist das Gut dem Verderb ausgesetzt oder treten später Veränderungen an dem Gute ein, die dessen Entwerthung befürchten lassen, und ist keine Zeit vorhanden, die Verfügung des Kommittenten einzuholen, oder ist der Kommittent in der Ertheilung der Verfügung säumig, so kann der Kommissionär den Verkauf des Gutes nach Maßgabe der Vorschriften des §. 373 bewirken.
§ 389 [Hinterlegung; Selbsthilfeverkauf] Unterläßt der Kommittent über das Gut zu verfügen, obwohl er dazu nach Lage der Sache verpflichtet ist, so hat der Kommissionär die nach § 373 dem Verkäufer zustehenden Rechte. [= § 389 idF. 1897]	**§ 389** Unterläßt der Kommittent über das Gut zu verfügen, obwohl er dazu nach Lage der Sache verpflichtet ist, so hat der Kommissionär die nach §. 373 dem Verkäufer zustehenden Rechte.

ADHGB 1861	UGB
Art. 372 (1) *Wenn* der Kommissionär zu vortheilhafteren Bedingungen abschließt, als sie ihm vom Kommittenten gestellt worden, so kommt der Vortheil dem letzteren *allein* zu Statten. (2) Dies gilt insbesondere, wenn der Preis, für welchen der Kommissionär verkauft, den vom Kommittenten bestimmten niedrigsten Preis übersteigt, oder wenn der Preis, für welchen er einkauft, den vom Kommittenten bestimmten höchsten Preis nicht erreicht.	**§ 387 Vorteilhafterer Abschluss** (1) Schließt der Kommissionär zu vorteilhafteren Bedingungen ab, als sie ihm von dem Kommittenten gesetzt worden sind, so kommt dies dem Kommittenten zustatten. (2) Dies gilt insbesondere, wenn der Preis, für welchen der Kommissionär verkauft, den von dem Kommittenten bestimmten niedrigsten Preis übersteigt oder wenn der Preis, für welchen er einkauft, den von dem Kommittenten bestimmten höchsten Preis nicht erreicht. [= § 387 idF. 1897]
Art. 365 (1) Wenn das Gut, welches dem Kommissionär zugesandt wird, bei der Ablieferung sich in einem äußerlich erkennbar beschädigten oder mangelhaften Zustande befindet, so *muß* der Kommissionär die Rechte gegen den Frachtführer oder Schiffer wahren, für den Beweis jenes Zustandes sorgen und dem Kommittenten *ohne Verzug* Nachricht geben. (2) Im Unterlassungsfalle ist er für *den daraus entstandenen* Schaden *verantwortlich.* (3) *Er kann den Zustand durch Sachverständige feststellen lassen, und wenn* das Gut dem Verderben ausgesetzt *und Gefahr im Verzuge ist, unter Beobachtung der Bestimmungen des Art. 343.* den Verkauf des Guts bewirken. **Art. 366** (1) Treten Veränderungen an dem Gute ein, *welche* dessen Entwerthung befürchten lassen und ist keine Zeit vorhanden, die Verfügung des Kommittenten einzuholen, oder der Kommittent in der Ertheilung der Verfügung säumig, so kann der Kommissionär *unter Beobachtung der Bestimmungen des Art. 343. den Verkauf des Guts veranlassen.* (2) [→ § 389]	**§ 388 Beschädigtes oder mangelhaftes Kommissionsgut** (1) Befindet sich das Gut, welches dem Kommissionär zugesendet ist, bei der Ablieferung in einem beschädigten odermangelhaften Zustande, der äußerlich erkennbar ist, so hat der Kommissionär die Rechte gegen den Frachtführer oder Schiffer zu wahren, für den Beweis des Zustandes zu sorgen und dem Kommittenten unverzüglich Nachricht zu geben; im Falle der Unterlassung ist er zum Schadensersatze verpflichtet. (2) Ist das Gut dem Verderb ausgesetzt oder treten später Veränderungen an dem Gute ein, die dessen Entwertung befürchten lassen, und ist keine Zeit vorhanden, die Verfügung des Kommittenten einzuholen, oder ist der Kommittent in der Erteilung der Verfügung säumig, so kann der Kommissionär den Verkauf des Gutes nach Maßgabe der Vorschriften des § 373 bewirken. [= § 388 idF. 1897]
Art. 366 (1) [→ § 388] (2) *Ein gleiches Recht* hat der Kommissionär *in allen anderen Fällen,* in welchen der Kommittent, obwohl hiezu nach Lage der Sache verpflichtet, über das Gut zu verfügen unterläßt.	**§ 389 Hinterlegung; Selbsthilfeverkauf** Unterläßt der Kommittent über das Gut zu verfügen, obwohl er dazu nach Lage der Sache verpflichtet ist, so hat der Kommissionär die nach § 373 dem Verkäufer zustehenden Rechte. [= § 389 idF. 1897]

HGB	HGB 1897
§ 390 [Haftung des Kommissionärs für das Gut] (1) Der Kommissionär ist für den Verlust und die Beschädigung des in seiner Verwahrung befindlichen Gutes verantwortlich, es sei denn, daß der Verlust oder die Beschädigung auf Umständen beruht, die durch die Sorgfalt eines ordentlichen Kaufmanns nicht abgewendet werden konnten. (2) Der Kommissionär ist wegen der Unterlassung der Versicherung des Gutes nur verantwortlich, wenn er von dem Kommittenten angewiesen war, die Versicherung zu bewirken. [= § 390 idF. 1897]	**§ 390** (1) Der Kommissionär ist für den Verlust und die Beschädigung des in seiner Verwahrung befindlichen Gutes verantwortlich, es sei denn, daß der Verlust oder die Beschädigung auf Umständen beruht, die durch die Sorgfalt eines ordentlichen Kaufmanns nicht abgewendet werden konnten. (2) Der Kommissionär ist wegen der Unterlassung der Versicherung des Gutes nur verantwortlich, wenn er von dem Kommittenten angewiesen war, die Versicherung zu bewirken.
§ 391 [Untersuchungs- und Rügepflicht; Aufbewahrung; Notverkauf] [1]Ist eine Einkaufskommission erteilt, die für beide Teile ein Handelsgeschäft ist, so finden in Bezug auf die Verpflichtung des Kommittenten, das Gut zu untersuchen und dem Kommissionär von den entdeckten Mängeln Anzeige zu machen, sowie in bezug auf die Sorge für die Aufbewahrung des beanstandeten Gutes und auf den Verkauf bei drohendem Verderbe die für den Käufer geltenden Vorschriften der §§ 377 bis 379 entsprechende Anwendung. [2]Der Anspruch des Kommittenten auf Abtretung der Rechte, die dem Kommissionär gegen den Dritten zustehen, von welchem er das Gut für Rechnung des Kommittenten gekauft hat, wird durch eine verspätete Anzeige des Mangels nicht berührt. [= § 391 idF. 1897]	**§ 391** [1]Ist eine Einkaufskommission ertheilt, die für beide Theile ein Handelsgeschäft ist, so finden in Bezug auf die Verpflichtung des Kommittenten, das Gut zu untersuchen und dem Kommissionär von den entdeckten Mängeln Anzeige zu machen, sowie in Bezug auf die Sorge für die Aufbewahrung des beanstandeten Gutes und auf den Verkauf bei drohendem Verderbe die für den Käufer geltenden Vorschriften der §§. 377 bis 379 entsprechende Anwendung. [2]Der Anspruch des Kommittenten auf Abtretung der Rechte, die dem Kommissionär gegen den Dritten zustehen, von welchem er das Gut für Rechnung des Kommittenten gekauft hat, wird durch eine verspätete Anzeige des Mangels nicht berührt.
§ 392 [Forderungen aus dem Kommissionsgeschäft] (1) Forderungen aus einem Geschäfte, das der Kommissionär abgeschlossen hat, kann der Kommittent dem Schuldner gegenüber erst nach der Abtretung geltend machen. (2) Jedoch gelten solche Forderungen, auch wenn sie nicht abgetreten sind, im Verhältnisse zwischen dem Kommittenten und dem Kommissionär oder dessen Gläubigern als Forderungen des Kommittenten. [= § 392 idF. 1897]	**§ 392** (1) Forderungen aus einem Geschäfte, das der Kommissionär abgeschlossen hat, kann der Kommittent dem Schuldner gegenüber erst nach der Abtretung geltend machen. (2) Jedoch gelten solche Forderungen, auch wenn sie nicht abgetreten sind, im Verhältniß zwischen dem Kommittenten und dem Kommissionär oder dessen Gläubigern als Forderungen des Kommittenten.

ADHGB 1861 | **UGB**

Art. 367
(1) Für Verlust oder Beschädigung des Guts ist der Kommissionär, *während er Aufbewahrer desselben ist,* verantwortlich, *wenn er nicht beweist,* daß der Verlust oder die Beschädigung durch Umstände herbeigeführt ist, welche durch die Sorgfalt eines ordentlichen Kaufmanns nicht abgewendet werden konnten.
(2) Der Kommissionär ist wegen Unterlassung der Versicherung des Guts nur dann verantwortlich, wenn er von dem Kommittenten den Auftrag zur Versicherung erhalten hat.

§ 390 Haftung des Kommissionärs für das Gut
(1) Der Kommissionär ist für den Verlust und die Beschädigung des in seiner Verwahrung befindlichen Gutes verantwortlich, es sei denn, daß der Verlust oder die Beschädigung auf Umständen beruht, die durch die Sorgfalt eines ordentlichen Unternehmers nicht abgewendet werden konnten.
(2) Der Kommissionär ist wegen der Unterlassung der Versicherung des Gutes nur verantwortlich, wenn er von dem Kommittenten angewiesen war, die Versicherung zu bewirken.

[Abs. 2 = § 390 Abs. 2 idF. 1897]

§ 391 Untersuchungs- und Rügepflicht; Aufbewahrung, Notverkauf
[1]Ist eine Einkaufskommission erteilt, die für beide Teile ein unternehmensbezogenes Geschäft ist, so finden in Bezug auf die Verpflichtung des Kommittenten, das Gut zu untersuchen und dem Kommissionär von den entdeckten Mängeln Anzeige zu machen, sowie in Bezug auf die Sorge für die Aufbewahrung des beanstandeten Gutes und auf den Verkauf bei drohendem Verderbe die für den Käufer geltenden Vorschriften der §§ 377 bis 379 entsprechende Anwendung. [2]Der Anspruch des Kommittenten auf Abtretung der Rechte, die dem Kommissionär gegen den Dritten zustehen, von welchem er das Gut für Rechnung des Kommittenten gekauft hat, wird durch eine verspätete Anzeige des Mangels nicht berührt.

[S. 2 = § 391 S. 2 idF. 1897]

Art. 368
(1) Forderungen aus einem Geschäft, *welches* der Kommissionär abgeschlossen hat, kann der Kommittent dem Schuldner gegenüber erst nach der Abtretung geltend machen.
(2) Jedoch gelten solche Forderungen, auch wenn sie nicht abgetreten sind, im Verhältniß zwischen dem Kommittenten und dem Kommissionär oder dessen Gläubigern als Forderungen des Kommittenten.

§ 392 Forderungen aus dem Ausführungsgeschäft
(1) Forderungen aus einem Geschäfte, das der Kommissionär abgeschlossen hat, kann der Kommittent dem Schuldner gegenüber erst nach der Abtretung geltend machen.
(2) Jedoch gelten solche Forderungen, auch wenn sie nicht abgetreten sind, im Verhältnisse zwischen dem Kommittenten und dem Kommissionär oder dessen Gläubigern als Forderungen des Kommittenten.

[= § 392 idF. 1897]

HGB	HGB 1897
§ 393 [Vorschuss; Kredit] (1) Wird von dem Kommissionär ohne Zustimmung des Kommittenten einem Dritten ein Vorschuß geleistet oder Kredit gewährt, so handelt der Kommissionär auf eigene Gefahr. (2) Insoweit jedoch der Handelsgebrauch am Orte des Geschäfts die Stundung des Kaufpreises mit sich bringt, ist in Ermangelung einer anderen Bestimmung des Kommittenten auch der Kommissionär dazu berechtigt. (3) [1]Verkauft der Kommissionär unbefugt auf Kredit, so ist er verpflichtet, dem Kommittenten sofort als Schuldner des Kaufpreises die Zahlung zu leisten. [2]Wäre beim Verkaufe gegen bar der Preis geringer gewesen, so hat der Kommissionär nur den geringeren Preis und, wenn dieser niedriger ist als der ihm gesetzte Preis, auch den Unterschied nach § 386 zu vergüten. [= § 393 idF. 1897]	**§ 393** (1) Wird von dem Kommissionär ohne Zustimmung des Kommittenten einem Dritten ein Vorschuß geleistet oder Kredit gewährt, so handelt der Kommissionär auf eigene Gefahr. (2) Insoweit jedoch der Handelsgebrauch am Orte des Geschäfts die Stundung des Kaufpreises mit sich bringt, ist in Ermangelung einer anderen Bestimmung des Kommittenten auch der Kommissionär dazu berechtigt. (3) [1]Verkauft der Kommissionär unbefugt auf Kredit, so ist er verpflichtet, dem Kommittenten sofort als Schuldner des Kaufpreises die Zahlung zu leisten. [2]Wäre beim Verkaufe gegen baar der Preis geringer gewesen, so hat der Kommissionär nur den geringeren Preis und, wenn dieser niedriger ist als der ihm gesetzte Preis, auch den Unterschied nach §. 386 zu vergüten.
§ 394 [Delkredere] (1) Der Kommissionär hat für die Erfüllung der Verbindlichkeit des Dritten, mit dem er das Geschäft für Rechnung des Kommittenten abschließt, einzustehen, wenn dies von ihm übernommen oder am Orte seiner Niederlassung Handelsgebrauch ist. (2) [1]Der Kommissionär, der für den Dritten einzustehen hat, ist dem Kommittenten für die Erfüllung im Zeitpunkte des Verfalls unmittelbar insoweit verhaftet, als die Erfüllung aus dem Vertragsverhältnisse gefordert werden kann. [2]Er kann eine besondere Vergütung (Delkredereprovision) beanspruchen. [= § 394 idF. 1897]	**§ 394** (1) Der Kommissionär hat für die Erfüllung der Verbindlichkeit des Dritten, mit dem er das Geschäft für Rechnung des Kommittenten abschließt, einzustehen, wenn dies von ihm übernommen oder am Orte seiner Niederlassung Handelsgebrauch ist. (2) [1]Der Kommissionär, der für den Dritten einzustehen hat, ist dem Kommittenten für die Erfüllung im Zeitpunkte des Verfalls unmittelbar insoweit verhaftet, als die Erfüllung aus dem Vertragsverhältnisse gefordert werden kann. [2]Er kann eine besondere Vergütung (Delkredereprovision) beanspruchen.
§ 395 [Wechselindossament] Ein Kommissionär, der den Ankauf eines Wechsels übernimmt, ist verpflichtet, den Wechsel, wenn er ihn indossiert, in üblicher Weise und ohne Vorbehalt zu indossieren. [= § 395 idF. 1897]	**§ 395** Ein Kommissionär, der den Ankauf eines Wechsels übernimmt, ist verpflichtet, den Wechsel, wenn er ihn indossirt, in üblicher Weise und ohne Vorbehalt zu indossiren.

ADHGB 1861	UGB
Art. 369 (1) *Der* Kommissionär, welcher ohne *Einwilligung* des Kommittenten einem Dritten *Vorschüsse macht* oder Kredit *giebt, thut dies* auf eigene Gefahr. (2) Insoweit jedoch der Handelsgebrauch am Orte des Geschäfts *das Kreditiren* des Kaufpreises mit sich bringt, ist in Ermangelung einer anderen Bestimmung des Kommittenten auch der Kommissionär dazu berechtigt. (3) [1]*Hat* der Kommissionär unbefugt auf Kredit verkauft, so *hat* er dem Kommittenten, *welcher dies nicht genehmigt,* sofort als Schuldner des Kaufpreises die Zahlung zu leisten. [2]*Beweist der Kommissionär, daß* beim Verkauf gegen baar der Preis ein geringerer gewesen *sein würde,* so hat *er* nur diesen Preis und, wenn derselbe geringer ist, als der *auftraggemäße* Preis, auch den Unterschied *gemäß Art. 363.* zu vergüten.	**§ 393 Vorschuss oder Kredite an Dritte** (1) Wird von dem Kommissionär ohne Zustimmung des Kommittenten einem Dritten ein Vorschuß geleistet oder Kredit gewährt, so handelt der Kommissionär auf eigene Gefahr. (2) Soweit am Ort des Geschäfts nach den im Geschäftsverkehr geltenden Gewohnheiten und Gebräuchen die Stundung des Kaufpreises üblich ist, ist mangels einer anderen Bestimmung des Kommittenten auch der Kommissionär dazu berechtigt. (3) [1]Verkauft der Kommissionär unbefugt auf Kredit, so ist er verpflichtet, dem Kommittenten sofort als Schuldner des Kaufpreises die Zahlung zu leisten. [2]Wäre beim Verkaufe gegen bar der Preis geringer gewesen, so hat der Kommissionär nur den geringeren Preis und, wenn dieser niedriger ist als der ihm gesetzte Preis, auch den Unterschied nach § 386 zu vergüten. [Abs. 1 = § 393 Abs. 1 idF. 1897] [Abs. 3 = § 393 Abs. 3 idF. 1897]
Art. 370 (1) Der Kommissionär steht für die *Zahlung oder für die anderweitige* Erfüllung der Verbindlichkeit *seines Kontrahenten* ein, wenn dies von ihm übernommen oder am Orte seiner Niederlassung Handelsgebrauch ist. (2) Der Kommissionär, *welcher* für *seinen Kontrahenten* einsteht, ist dem Kommittenten für die *gehörige* Erfüllung im Zeitpunkte des Verfalls unmittelbar *und persönlich* insoweit verhaftet, als *solche* aus dem Vertragsverhältnisse *überhaupt rechtlich* gefordert werden kann. (3) *Der Kommissionär, welcher für seinen Kontrahenten einsteht, ist dafür zu einer* Vergütung (del credere-Provision) *berechtigt.*	**§ 394 Delkredere** (1) Der Kommissionär hat für die Erfüllung der Verbindlichkeit des Dritten, mit dem er das Geschäft für Rechnung des Kommittenten abschließt, einzustehen, wenn dies von ihm übernommen oder am Orte seiner Niederlassung üblich ist. (2) [1]Der Kommissionär, der für den Dritten einzustehen hat, ist dem Kommittenten für die Erfüllung im Zeitpunkte des Verfalls unmittelbar insoweit verhaftet, als die Erfüllung aus dem Vertragsverhältnisse gefordert werden kann. [2]Er kann eine besondere Vergütung (Delkredereprovision) beanspruchen. [Abs. 2 = § 394 idF. 1897]
Art. 373 Ein Kommissionär, *welcher* den Ankauf eines Wechsels *übernommen hat,* ist, wenn er den Wechsel indossirt, verpflichtet, den*selben regelmäßig* und ohne Vorbehalt zu indossiren.	**§ 395 Wechselindossament** Ein Kommissionär, der den Ankauf eines Wechsels übernimmt, ist verpflichtet, den Wechsel, wenn er ihn indossiert, in üblicher Weise und ohne Vorbehalt zu indossieren. [= § 395 idF. 1897]

HGB	HGB 1897
§ 396 [Provision des Kommissionärs; Ersatz von Aufwendungen] (1) [1]Der Kommissionär kann die Provision fordern, wenn das Geschäft zur Ausführung gekommen ist. [2]Ist das Geschäft nicht zur Ausführung gekommen, so hat er gleichwohl den Anspruch auf die Auslieferungsprovision, sofern eine solche ortsgebräuchlich ist; auch kann er die Provision verlangen, wenn die Ausführung des von ihm abgeschlossenen Geschäfts nur aus einem in der Person des Kommittenten liegenden Grunde unterblieben ist. (2) Zu dem von dem Kommittenten für Aufwendungen des Kommissionärs nach den §§ 670 und 675 des Bürgerlichen Gesetzbuchs zu leistenden Ersatze gehört auch die Vergütung für die Benutzung der Lagerräume und der Beförderungsmittel des Kommissionärs. [= § 396 idF. 1897]	**§ 396** (1) [1]Der Kommissionär kann die Provision fordern, wenn das Geschäft zur Ausführung gekommen ist. [2]Ist das Geschäft nicht zur Ausführung gekommen, so hat er gleichwohl den Anspruch auf die Auslieferungsprovision, sofern eine solche ortsgebräuchlich ist; auch kann er die Provision verlangen, wenn die Ausführung des von ihm abgeschlossenen Geschäfts nur aus einem in der Person des Kommittenten liegenden Grunde unterblieben ist. (2) Zu dem von dem Kommittenten für Aufwendungen des Kommissionärs nach den §§. 670, 675 des Bürgerlichen Gesetzbuchs zu leistenden Ersatze gehört auch die Vergütung für die Benutzung der Lagerräume und der Beförderungsmittel des Kommissionärs.
§ 397[554] Pfandrecht des Kommissionärs [1]Der Kommissionär hat wegen der auf das Gut verwendeten Kosten, der Provision, der auf das Gut gegebenen Vorschüsse und Darlehen sowie der mit Rücksicht auf das Gut gezeichneten Wechsel oder in anderer Weise eingegangenen Verbindlichkeiten ein Pfandrecht an dem Kommissionsgut des Kommittenten oder eines Dritten, der dem Kauf oder Verkauf des Gutes zugestimmt hat. [2]An dem Gut des Kommittenten hat der Kommissionär auch ein Pfandrecht wegen aller Forderungen aus laufender Rechnung in Kommissionsgeschäften. [3]Das Pfandrecht nach den Sätzen 1 und 2 besteht jedoch nur an Kommissionsgut, das der Kommissionär im Besitz hat oder über das er mittels Konnossements, Ladescheins oder Lagerscheins verfügen kann.	**§ 397** Der Kommissionär hat an dem Kommissionsgute, *sofern er es im Besitze hat, insbesondere mittelst Konnossements, Ladescheins oder Lagerscheins darüber verfügen kann,* ein Pfandrecht wegen der auf das Gut verwendeten Kosten, der Provision, der auf das Gut gegebenen Vorschüsse und Darlehen, der mit Rücksicht auf das Gut gezeichneten Wechsel oder in anderer Weise eingegangenen Verbindlichkeiten *sowie* wegen aller Forderungen aus laufender Rechnung in Kommissionsgeschäften.
§ 398 [Befriedigung aus eigenem Kommissionsgut] Der Kommissionär kann sich, auch wenn er Eigentümer des Kommissionsguts ist, für die	**§ 398** Der Kommissionär kann sich, auch wenn er Eigenthümer des Kommissionsguts ist, für die in §. 397 bezeichneten Ansprüche nach Maß-

554 § 397 neu gefasst durch Art. 1 Nr. 3 durch Gesetz v. 20.4.2013, BGBl. I S. 831, m.W.v. 25.4.2013.

ADHGB 1861	UGB
Art. 371 *(1) [1]Der Kommittent ist schuldig, dem Kommissionär zu ersetzen, was dieser an baaren Auslagen oder überhaupt zum Vollzuge des Geschäfts nothwendig oder nützlich aufgewendet hat. [2]Hiezu gehört auch die Vergütung für die Benutzung der Lagerräume und der Transportmittel des Kommissionärs und der Arbeit seiner Leute.* *(2)* [1]Der Kommissionär *hat* die Provision *zu* fordern, wenn das Geschäft zur Ausführung gekommen ist. [2]*Für* Geschäfte, welche nicht zur Ausführung gekommen *sind, kann eine Provision nicht gefordert werden; jedoch hat der Kommissionär das Recht* auf die Auslieferungsprovision, sofern eine solche ortsgebräuchlich ist.	**§ 396 Provision des Kommissionärs; Ersatz von Aufwendungen** (1) [1]Der Kommissionär kann die Provision fordern, wenn das Geschäft zur Ausführung gekommen ist. [2]Ist das Geschäft nicht zur Ausführung gekommen, so hat er gleichwohl den Anspruch auf die Auslieferungsprovision, sofern eine solche ortsgebräuchlich ist; auch kann er die Provision verlangen, wenn die Ausführung des von ihm abgeschlossenen Geschäfts nur aus einem in der Person des Kommittenten liegenden Grunde unterblieben ist. (2) [1]Der Kommittent ist zum Ersatz der Aufwendungen verpflichtet, die der Kommissionär zum Zweck der Ausführung des Auftrags gemacht hat und den Umständen nach für erforderlich halten durfte. [2]Zu diesem Ersatz gehört auch die Vergütung für die Benutzung der Lagerräume und der Beförderungsmittel des Kommissionärs. [Abs. 1 = § 396 Abs. 1 idF. 1897]
Art. 374 (1) Der Kommissionär hat an dem Kommissionsgut, sofern er *dasselbe noch in seinem Gewahrsam* hat *oder sonst,* insbesondere mittelst der Konnossemente, Ladescheine oder Lagerscheine, *noch in der Lage ist,* darüber *zu* verfügen, ein Pfandrecht wegen der auf das Gut verwendeten Kosten, *wegen* der Provision, *wegen der rücksichtlich des* Guts gegebenen Vorschüsse und Darlehen, *wegen der rücksichtlich desselben* gezeichneten Wechsel oder in anderer Weise eingegangenen Verbindlichkeiten, sowie wegen aller Forderungen aus laufender Rechnung in Kommissionsgeschäften. (2) [→ § 399]	**§ 397 Gesetzliches Pfandrecht** Der Kommissionär hat an dem Kommissionsgute, sofern er es im Besitze hat, insbesondere mittelst Konnossements, Ladescheins oder Lagerscheins darüber verfügen kann, ein Pfandrecht wegen der auf das Gut verwendeten Kosten, der Provision, der auf das Gut gegebenen Vorschüsse und Darlehen, der mit Rücksicht auf das Gut gezeichneten Wechsel oder in anderer Weise eingegangenen Verbindlichkeiten sowie wegen aller Forderungen aus laufender Rechnung in Kommissionsgeschäften. [= § 397 idF. 1897]
Art. 375 *Ist der Kommittent in Erfüllung der in dem vorigen Artikel bezeichneten Verpflichtungen gegen den Kommissionär im Verzuge, so ist der*	**§ 398 Befriedigung aus eigenem Kommissionsgut** Der Kommissionär kann sich, auch wenn er Eigentümer des Kommissionsguts ist, für die

HGB	HGB 1897
in § 397 bezeichneten Ansprüche nach Maßgabe der für das Pfandrecht geltenden Vorschriften aus dem Gute befriedigen.	gabe der für das Pfandrecht geltenden Vorschriften aus dem Gute befriedigen.
[= § 398 idF. 1897]	
§ 399 [Befriedigung aus Forderungen] Aus den Forderungen, welche durch das für Rechnung des Kommittenten geschlossene Geschäft begründet sind, kann sich der Kommissionär für die in § 397 bezeichneten Ansprüche vor dem Kommittenten und dessen Gläubigern befriedigen.	**§ 399** Aus den Forderungen, welche durch das für Rechnung des Kommittenten geschlossene Geschäft begründet sind, kann sich der Kommissionär für die in §. 397 bezeichneten Ansprüche vor dem Kommittenten und dessen Gläubigern befriedigen.
[= § 399 idF. 1897]	
§ 400 [Selbsteintritt des Kommissionärs] (1) Die Kommission zum Einkauf oder zum Verkaufe von Waren, die einen Börsen- oder Marktpreis haben, sowie von Wertpapieren, bei denen ein Börsen- oder Marktpreis amtlich festgestellt wird, kann, wenn der Kommittent nicht ein anderes bestimmt hat, von dem Kommissionär dadurch ausgeführt werden, daß er das Gut, welches er einkaufen soll, selbst als Verkäufer liefert oder das Gut, welches er verkaufen soll, selbst als Käufer übernimmt. (2) [1]Im Falle einer solchen Ausführung der Kommission beschränkt sich die Pflicht des Kommissionärs, Rechenschaft über die Abschließung des Kaufes oder Verkaufs abzulegen, auf den Nachweis, daß bei dem berechneten Preise der zur Zeit der Ausführung der Kommission bestehende Börsen- oder Marktpreis eingehalten ist. 2Als Zeit der Ausführung gilt der Zeitpunkt, in welchem der Kommissionär die Anzeige von der Ausführung zur Absendung an den Kommittenten abgegeben hat. (3) Ist bei einer Kommission, die während der Börsen- oder Marktzeit auszuführen war, die Ausführungsanzeige erst nach dem Schlusse der Börse oder des Marktes zur Absendung abgegeben, so darf der berechnete Preis für den Kommittenten nicht ungünstiger sein als der Preis, der am Schlusse der Börse oder des Marktes bestand. (4) Bei einer Kommission, die zu einem bestimmten Kurse (erster Kurs, Mittelkurs, letzter Kurs) ausgeführt werden soll, ist der	**§ 400** (1) Die Kommission zum Einkauf oder zum Verkaufe von Waaren, die einen Börsen- oder Marktpreis haben, sowie von Werthpapieren, bei denen ein Börsen- oder Marktpreis amtlich festgestellt wird, kann, wenn der Kommittent nicht ein Anderes bestimmt hat, von dem Kommissionär dadurch ausgeführt werden, daß er das Gut, welches er einkaufen soll, selbst als Verkäufer liefert oder das Gut, welches er verkaufen soll, selbst als Käufer übernimmt. (2) [1]Im Falle einer solchen Ausführung der Kommission beschränkt sich die Pflicht des Kommissionärs, Rechenschaft über die Abschließung des Kaufes oder Verkaufs abzulegen, auf den Nachweis, daß bei dem berechneten Preise der zur Zeit der Ausführung der Kommission bestehende Börsen- oder Marktpreis eingehalten ist. [2]Als Zeit der Ausführung gilt der Zeitpunkt, in welchem der Kommissionär die Anzeige von der Ausführung zur Absendung an den Kommittenten abgegeben hat. (3) Ist bei einer Kommission, die während der Börsen- oder Marktzeit auszuführen war, die Ausführungsanzeige erst nach dem Schlusse der Börse oder des Marktes zur Absendung abgegeben, so darf der berechnete Preis für den Kommittenten nicht ungünstiger sein als der Preis, der am Schlusse der Börse oder des Marktes bestand. (4) Bei einer Kommission, die zu einem bestimmten Kurse (erstem Kurs, Mittelkurs,

ADHGB 1861	UGB
letztere berechtigt, sich unter Beobachtung der Vorschriften des Art. 310. aus dem Kommissionsgute bezahlt zu machen; er hat dieses Recht auch gegenüber den übrigen Gläubigern und der Konkursmasse des Kommittenten.	im § 397 bezeichneten Ansprüche nach Maßgabe der für das Pfandrecht geltenden Vorschriften aus dem Gute befriedigen. [= § 398 idF. 1897]
Art. 374 (1) [→ § 397] (2) *Der Kommissionär kann sich für die vorstehend erwähnten Ansprüche aus den durch das Kommissionsgeschäft begründeten und noch ausstehenden Forderungen vorzugsweise* vor dem Kommittenten und dessen Gläubigern befriedigen.	**§ 399 Befriedigung aus Forderungen** Aus den Forderungen, welche durch das für Rechnung des Kommittenten geschlossene Geschäft begründet sind, kann sich der Kommissionär für die im § 397 bezeichneten Ansprüche vor dem Kommittenten und dessen Gläubigern befriedigen. [= § 399 idF. 1897]
Art. 376 (1) Bei der Kommission zum Einkauf oder zum Verkauf von Waaren, *Wechseln* und Werthpapieren, *welche* einen Börsen*preis* oder Marktpreis haben, *ist der Kommissionär,* wenn der Kommittent nicht ein Anderes bestimmt hat, *befugt,* das Gut, welches er einkaufen soll, selbst als Verkäufer *zu* liefern, oder das Gut, welches er *zu* verkaufen *beauftragt ist,* als Käufer *für sich zu behalten.* (2) [1]In *diesem* Falle ist die Pflicht des Kommissionärs, Rechenschaft über die Abschließung des Kaufs oder Verkaufs *zu geben,* auf den Nachweis beschränkt, daß bei dem berechneten Preise der Börsenpreis oder Marktpreis zur Zeit der Ausführung des Auftrags eingehalten ist. [2]*Er ist zu der gewöhnlichen Provision berechtigt und kann die bei Kommissionsgeschäften sonst regelmäßig vorkommenden Unkosten berechnen.* *(3) Macht der Kommissionär nicht zugleich mit der Anzeige über die Ausführung des Auftrags eine andere Person als Käufer oder Verkäufer namhaft, so ist der Kommittent befugt, den Kommissionär selbst als Käufer oder Verkäufer in Anspruch zu nehmen.*	**§ 400 [Selbsteintritt des Kommissionärs]** (1) Die Kommission zum Einkauf oder zum Verkaufe von Waren, die einen Börsen- oder Marktpreis haben, sowie von Wertpapieren, bei denen ein Börsen- oder Marktpreis amtlich festgestellt wird, kann, wenn der Kommittent nicht ein anderes bestimmt hat, von dem Kommissionär dadurch ausgeführt werden, daß er das Gut, welches er einkaufen soll, selbst als Verkäufer liefert oder das Gut, welches er verkaufen soll, selbst als Käufer übernimmt. (2) [1]Im Falle einer solchen Ausführung der Kommission beschränkt sich die Pflicht des Kommissionärs, Rechenschaft über die Abschließung des Kaufes oder Verkaufs abzulegen, auf den Nachweis, daß bei dem berechneten Preise der zur Zeit der Ausführung der Kommission bestehende Börsen- oder Marktpreis eingehalten ist. [2]Als Zeit der Ausführung gilt der Zeitpunkt, in welchem der Kommissionär die Anzeige von der Ausführung zur Absendung an den Kommittenten abgegeben hat. (3) Ist bei einer Kommission, die während der Börsen- oder Marktzeit auszuführen war, die Ausführungsanzeige erst nach dem Schlusse der Börse oder des Marktes zur Absendung abgegeben, so darf der berechnete Preis für den Kommittenten nicht ungünstiger sein als der Preis, der am Schlusse der Börse oder des Marktes bestand. (4) Bei einer Kommission, die zu einem bestimmten Kurse (erster Kurs, Mittelkurs, letzter Kurs) ausgeführt werden soll, ist der

HGB	HGB 1897
Kommissionär ohne Rücksicht auf den Zeitpunkt der Absendung der Ausführungsanzeige berechtigt und verpflichtet, diesen Kurs dem Kommittenten in Rechnung zu stellen. (5) Bei Wertpapieren und Waren, für welche der Börsen- oder Marktpreis amtlich festgestellt wird, kann der Kommissionär im Falle der Ausführung der Kommission durch Selbsteintritt dem Kommittenten keinen ungünstigeren Preis als den amtlich festgestellten in Rechnung stellen. [= § 400 idF. 1897]	letztem Kurs) ausgeführt werden soll, ist der Kommissionär ohne Rücksicht auf den Zeitpunkt der Absendung der Ausführungsanzeige berechtigt und verpflichtet, diesen Kurs dem Kommittenten in Rechnung zu stellen. (5) Bei Werthpapieren und Waaren, für welche der Börsen- oder Marktpreis amtlich festgestellt wird, kann der Kommissionär im Falle der Ausführung der Kommission durch Selbsteintritt dem Kommittenten keinen ungünstigeren Preis als den amtlich festgestellten in Rechnung stellen.
§ 401 [Deckungsgeschäft] (1) Auch im Falle der Ausführung der Kommission durch Selbsteintritt hat der Kommissionär, wenn er bei Anwendung pflichtmäßiger Sorgfalt die Kommission zu einem günstigeren als dem nach § 400 sich ergebenden Preise ausführen konnte, dem Kommittenten den günstigeren Preis zu berechnen. (2) Hat der Kommissionär vor der Absendung der Ausführungsanzeige aus Anlaß der erteilten Kommission an der Börse oder am Markte ein Geschäft mit einem Dritten abgeschlossen, so darf er dem Kommittenten keinen ungünstigeren als den hierbei vereinbarten Preis berechnen. [= § 401 idF. 1897]	**§ 401** (1) Auch im Falle der Ausführung der Kommission durch Selbsteintritt hat der Kommissionär, wenn er bei Anwendung pflichtmäßiger Sorgfalt die Kommission zu einem günstigeren als dem nach §. 400 sich ergebenden Preise ausführen konnte, dem Kommittenten den günstigeren Preis zu berechnen. (2) Hat der Kommissionär vor der Absendung der Ausführungsanzeige aus Anlaß der ertheilten Kommission an der Börse oder am Markte ein Geschäft mit einem Dritten abgeschlossen, so darf er dem Kommittenten keinen ungünstigeren als den hierbei vereinbarten Preis berechnen.
§ 402 [Unabdingbarkeit] Die Vorschriften des § 400 Abs. 2 bis 5 und des § 401 können nicht durch Vertrag zum Nachteile des Kommittenten abgeändert werden. [= § 402 idF. 1897]	**§ 402** Die Vorschriften des §. 400 Abs. 2 bis 5 und des §. 401 können nicht durch Vertrag zum Nachtheile des Kommittenten abgeändert werden.
§ 403 [Provision bei Selbsteintritt] Der Kommissionär, der das Gut selbst als Verkäufer liefert oder als Käufer übernimmt, ist zu der gewöhnlichen Provision berechtigt und kann die bei Kommissionsgeschäften sonst regelmäßig vorkommenden Kosten berechnen. [= § 403 idF. 1897]	**§ 403** Der Kommissionär, der das Gut selbst als Verkäufer liefert oder als Käufer übernimmt, ist zu der gewöhnlichen Provision berechtigt und kann die bei Kommissionsgeschäften sonst regelmäßig vorkommenden Kosten berechnen.

ADHGB 1861	UGB
	Kommissionär ohne Rücksicht auf den Zeitpunkt der Absendung der Ausführungsanzeige berechtigt und verpflichtet, diesen Kurs dem Kommittenten in Rechnung zu stellen. (5) Bei Wertpapieren und Waren, für welche der Börsen- oder Marktpreis amtlich festgestellt wird, kann der Kommissionär im Falle der Ausführung der Kommission durch Selbsteintritt dem Kommittenten keinen ungünstigeren Preis als den amtlich festgestellten in Rechnung stellen. [= § 400 idF. 1897] **§ 401 Deckungsgeschäft** (1) Auch im Falle der Ausführung der Kommission durch Selbsteintritt hat der Kommissionär, wenn er bei Anwendung pflichtmäßiger Sorgfalt die Kommission zu einem günstigeren als dem nach § 400 sich ergebenden Preise ausführen konnte, dem Kommittenten den günstigeren Preis zu berechnen. (2) Hat der Kommissionär vor der Absendung der Ausführungsanzeige aus Anlaß der erteilten Kommission an der Börse oder am Markte ein Geschäft mit einem Dritten abgeschlossen, so darf er dem Kommittenten keinen ungünstigeren als den hierbei vereinbarten Preis berechnen. [= § 401 idF. 1897] **§ 402 Unabdingbarkeit** Die Vorschriften des § 400 Abs. 2 bis 5 und des § 401 können nicht durch Vertrag zum Nachteile des Kommittenten abgeändert werden. [= § 402 idF. 1897] **§ 403 Provision und Kosten bei Selbsteintritt** Der Kommissionär, der das Gut selbst als Verkäufer liefert oder als Käufer übernimmt, ist zu der gewöhnlichen Provision berechtigt und kann die bei Kommissionsgeschäften sonst regelmäßig vorkommenden Kosten berechnen. [= § 403 idF. 1897]

HGB	HGB 1897
§ 404 [Gesetzliches Pfandrecht]	**§ 404**
Die Vorschriften der §§. 397, 398 finden auch im Falle der Ausführung der Kommission durch Selbsteintritt Anwendung.	Die Vorschriften der §§. 397, 398 finden auch im Falle der Ausführung der Kommission durch Selbsteintritt Anwendung.
[= § 404 idF. 1897]	
§ 405 [Ausführungsanzeige und Selbsteintritt; Widerruf der Kommission]	**§ 405**
(1) Zeigt der Kommissionär die Ausführung der Kommission an, ohne ausdrücklich zu bemerken, daß er selbst eintreten wolle, so gilt dies als Erklärung, daß die Ausführung durch Abschluß des Geschäfts mit einem Dritten für Rechnung des Kommittenten erfolgt sei.	(1) Zeigt der Kommissionär die Ausführung der Kommission an, ohne ausdrücklich zu bemerken, daß er selbst eintreten wolle, so gilt dies als Erklärung, daß die Ausführung durch Abschluß des Geschäfts mit einem Dritten für Rechnung des Kommittenten erfolgt sei.
(2) Eine Vereinbarung zwischen dem Kommittenten und dem Kommissionär, daß die Erklärung darüber, ob die Kommission durch Selbsteintritt oder durch Abschluß mit einem Dritten ausgeführt sei, später als am Tage der Ausführungsanzeige abgegeben werden dürfe, ist nichtig.	(2) Eine Vereinbarung zwischen dem Kommittenten und dem Kommissionär, daß die Erklärung darüber, ob die Kommission durch Selbsteintritt oder durch Abschluß mit einem Dritten ausgeführt sei, später als am Tage der Ausführungsanzeige abgegeben werden dürfe, ist nichtig.
(3) Widerruft der Kommittent die Kommission und geht der Widerruf dem Kommissionär zu, bevor die Ausführungsanzeige zur Absendung abgegeben ist, so steht dem Kommissionär das Recht des Selbsteintritts nicht mehr zu.	(3) Widerruft der Kommittent die Kommission und geht der Widerruf dem Kommissionär zu, bevor die Ausführungsanzeige zur Absendung abgegeben ist, so steht dem Kommissionär das Recht des Selbsteintritts nicht mehr zu.
[= § 405 idF. 1897]	
§ 406 [Ähnliche Geschäfte]	**§ 406**
(1) [1]Die Vorschriften dieses Abschnitts kommen auch zur Anwendung, wenn ein Kommissionär im Betriebe seines Handelsgewerbes ein Geschäft anderer als der in § 383 bezeichneten Art für Rechnung eines anderen in eigenem Namen zu schließen übernimmt. [2]Das gleiche gilt, wenn ein Kaufmann, der nicht Kommissionär ist, im Betriebe seines Handelsgewerbes ein Geschäft in der bezeichneten Weise zu schließen übernimmt.	(1) [1]Die Vorschriften dieses Abschnitts kommen auch zur Anwendung, wenn ein Kommissionär im Betriebe seines Handelsgewerbes ein Geschäft anderer als der in §. 383 bezeichneten Art für Rechnung eines *Anderen* in eigenem Namen zu schließen übernimmt. [2]Das Gleiche gilt, wenn ein Kaufmann, der nicht Kommissionär ist, im Betriebe seines Handelsgewerbes ein Geschäft in der bezeichneten Weise zu schließen übernimmt.
(2) Als Einkaufs- und Verkaufskommission im Sinne dieses Abschnitts gilt auch eine Kommission, welche die Lieferung einer nicht vertretbaren beweglichen Sache, die aus einem von	(2) Als Einkaufs- und Verkaufskommission im Sinne dieses Abschnitts gilt auch eine Kommission, welche die Lieferung einer nicht vertretbaren beweglichen Sache, die aus einem von

555 § 406 öHGB aufgehoben durch Art. I Z. 179 Handelsrechts-Änderungsgesetz, BGBl. I 2005/120, m.W.v. 31.12.2006.

ADHGB 1861	UGB
	§ 404 Gesetzliches Pfandrecht bei Selbsteintritt Die Vorschriften der §§ 397, 398 finden auch im Falle der Ausführung der Kommission durch Selbsteintritt Anwendung. [= § 404 idF. 1897]
Art. 377 Wenn der Kommittent *den Auftrag* widerruft und der Widerruf bei dem Kommissionär *eintrifft*, bevor die Anzeige *von der* Ausführung *des Auftrags behufs* ihrer Absendung abgegeben ist, so *kann sich der* Kommissionär *der Befugniß, selbst als Käufer oder Verkäufer einzutreten*, nicht mehr *bedienen*.	**§ 405 Ausführungsanzeige und Selbsteintritt; Widerruf der Kommission** (1) Zeigt der Kommissionär die Ausführung der Kommission an, ohne ausdrücklich zu bemerken, daß er selbst eintreten wolle, so gilt dies als Erklärung, daß die Ausführung durch Abschluß des Geschäfts mit einem Dritten für Rechnung des Kommittenten erfolgt sei. (2) Eine Vereinbarung zwischen dem Kommittenten und dem Kommissionär, daß die Erklärung darüber, ob die Kommission durch Selbsteintritt oder durch Abschluß mit einem Dritten ausgeführt sei, später als am Tage der Ausführungsanzeige abgegeben werden dürfe, ist nichtig. (3) Widerruft der Kommittent die Kommission und geht der Widerruf dem Kommissionär zu, bevor die Ausführungsanzeige zur Absendung abgegeben ist, so steht dem Kommissionär das Recht des Selbsteintritts nicht mehr zu. [= § 405 idF. 1897]
Art. 378 *Die Bestimmungen dieses Titels* kommen auch zur Anwendung, wenn ein *Kaufmann, dessen gewöhnlicher Handelsbetrieb nicht in Kommissionsgeschäften besteht*, ein *einzelnes* *Handelsgeschäft* in eigenem Namen für Rechnung *eines Auftraggebers* schließt.	**§ 406** *(weggefallen)*[555] *[= § 406 idF. 1897]*

HGB	HGB 1897
dem Unternehmer zu beschaffenden Stoffe herzustellen ist, zum Gegenstande hat.	dem Unternehmer zu beschaffenden Stoffe herzustellen ist, zum Gegenstande hat.
[= § 406 idF. 1897]	
Vierter Abschnitt **Frachtgeschäft** [§§ 407–452d] [hier nicht wiedergegeben]	**Vierter Abschnitt** ***Speditions*geschäft** [§§ 407–415] [hier nicht wiedergegeben]
Fünfter Abschnitt **Speditionsgeschäft** [§§ 453–466] [hier nicht wiedergegeben]	**Fünfter Abschnitt** ***Lager*geschäft** [§§ 416–424] [hier nicht wiedergegeben]
Sechster Abschnitt **Lagergeschäft** [§§ 467–475h] [hier nicht wiedergegeben]	**Sechster Abschnitt** ***Fracht*geschäft** [§§ 425–452] [hier nicht wiedergegeben]
	Siebenter Abschnitt ***Beförderung von Gütern und Personen auf den Eisenbahnen*** [§§ 453–473] [hier nicht wiedergegeben]

ADHGB 1861	UGB
Vierter *Titel* ***Von dem*** **Speditionsgeschäfte** [Artt. 379–389] [hier nicht wiedergegeben]	**Vierter Abschnitt** **Speditionsgeschäft** [§§ 407–414] [hier nicht wiedergegeben]
	Fünfter Abschnitt **Lagergeschäft** [§§ 416–424] [hier nicht wiedergegeben]
Fünfter Titel ***Von dem*** **Frachtgeschäft** [Artt. 390–431] [hier nicht wiedergegeben]	**Sechster Abschnitt** **Frachtgeschäft** [§§ 425–451] [hier nicht wiedergegeben]
	Siebenter Abschnitt **Investitionsersatz** [§ 454] [hier nicht wiedergegeben]
	Achter Abschnitt **Zahlungsverzug** [§§ 455–460] [hier nicht wiedergegeben]

H. Anhang ADHGB^{1861} mit Staubs Supplement und Konkordanz-Tabelle

Die Tabelle enthält fünf Spalten. Die erste Spalte weist den fortlaufenden Text des ADHGB von 1861 nach, den wir um einen Verweis in eckigen Klammern ergänzt haben, wenn die entsprechende Vorschrift in der HGB-Synopse vorkommt; die wenigen einschlägigen Änderungen des ADHGB sind in Fußnoten nachvollzogen. Verwiesen wird auf die Zeile der korrespondierenden Vorschrift des HGB^{2024}. Beispielsweise bedeutet „Art. 4 [Synopse → § 1]", dass Art. 4 ADHGB^{1861} in der Synopse bei § 1 HGB^{2024} wiedergegeben ist. Außerdem haben wir in die erste Spalte eine etwas gekürzte Fassung derjenigen Erläuterungen aufgenommen, die *Hermann Staub* seinem Kommentar zum Allgemeinen Deutschen Handelsgesetzbuch[1] im Jahre 1897 hinzufügte.[2] Das „Staub'sche Supplement" enthält eine knappe und auch heute noch aufschlussreiche Gegenüberstellung von ADHGB und HGB^{1897}. Wir haben den Frakturtext transkribiert – er findet sich in der Tabelle jeweils unter dem Kürzel „Staub^{1897}".[3] Unsere textlichen Eingriffe sind durch eckige Klammern kenntlich gemacht; teilweise haben wir gekürzt, darunter die meisten Verweise auf die 5. Auflage des ADHGB-Kommentars von Staub.[4] Im Supplement fehlt eine vergleichende Erläuterung der Bestimmungen über die Handlungsgehilfen.[5] *Staub* bezieht sich mit den Abkürzungen „Komm." auf die 5. Aufl. seines Kommentars, „Denkschrift" verweist auf den „Entwurf eines Handelsgesetzbuchs und Entwurf eines Einführungsgesetzes nebst Denkschrift, Berlin 1897"[6] und „K.B." auf den Bericht der 18. Kommission.[7] Die von *Staub* vorgenommenen Hervorhebungen werden in der Regel nicht wiedergegeben, sind aber nicht besonders gekennzeichnet. Die zitierten Vorschriften wurden überprüft und Gesetzesänderungen, insbesondere solche des BGB,[8] in Fußnoten vermerkt.

In der zweiten bis fünften Spalte werden die mit dem ADHGB korrespondierenden Vorschriften des HGB^{2024} (zweite Spalte), des HGB^{1897} (dritte Spalte), des BGB^{2024} (vierte Spalte) und des BGB^{1896} (fünfte Spalte) aufgeführt (in seltenen Fällen auch weitere Gesetze wie das EGHGB). So bedeutet beispielsweise der Umstand, dass in der Zeile zu Art. 4 ADHGB in der zweiten und dritten Spalte jeweils „§ 1" angegeben ist, dass Art. 4 ADHGB sowohl mit § 1 HGB^{1897} als auch mit § 1 HGB^{2024} korrespondiert – die beiden BGB-Spalten sind dagegen bei Art. 4 ADHGB frei, weil es im BGB keine Entsprechung gibt. Mit einem Verweis in der zweiten bis fünften Spalte ist nicht die Behauptung verbunden, dass die korrespondierende HGB/BGB-Vorschrift genetisch auf das ADHGB zurückzuführen ist – das ist häufig, aber nicht immer der Fall –, sondern nur, dass es hier eine interessante Korrespondenz gibt. Der Einfluss des ADHGB auf das HGB und das BGB muss für jede einzelne Vorschrift festgestellt werden, was die folgende Tabelle nicht leisten kann. Der Text des BGB (also die Spalten vier und fünf) wird in der HGB-Synopse nicht gesondert wiedergegeben.

---

1 *H. Staub*, Kommentar zum Allgemeinen Deutschen Handelsgesetzbuch (ohne Seerecht), 5. Aufl., Berlin 1897.

2 *H. Staub*, Supplement zu Staub's Kommentar zum Allgemeinen Deutschen Handelsgesetzbuch, Berlin 1897.

3 Der vollständige Band ist als „Reprint" verfügbar bei De Gruyter, ISBN: 9783112603611.

4 Wer sich eine genaue Kenntnis der Rechtslage unter Geltung des ADHGB Ende des 19. Jahrhunderts verschaffen will, wird ohnehin nicht umhinkommen, sowohl die 5. Auflage des Staub'schen ADHGB-Kommentars als auch das ungekürzte Supplement zu Rate zu ziehen.

5 Zur Erklärung s. die Vorrede des Supplements.

6 Das Buch ist als „Reprint" verfügbar bei De Gruyter, ISBN: 9783111155210. Die Denkschrift ist auch abgedruckt in: *W. Schubert/B. Schmiedel/C. Krampe* (Hrsg.), Quellen zum Handelsgesetzbuch von 1897, Bd. 2/2, Frankfurt a.M. 1988, S. 949–1205.

7 Abgedruckt in *W. Schubert/B. Schmiedel/C. Krampe* (Hrsg.), Quellen zum Handelsgesetzbuch von 1897, Bd. 2/2, Frankfurt a.M. 1988, S. 1254–1380.

8 Verlässliche Auskunft über die Änderungen des BGB zwischen 1896 und 2005 gibt Staudinger Erg.-Bd. BGB-Synopse 1896–2005, Berlin 2005. Für die Zeit von 2005 bis zur Gegenwart bietet es sich an, den Abschnitt „Geltungszeiträume" zu der betreffenden Vorschrift in der Datenbank „beck-online" zu konsultieren. Die Änderungen der §§ 705 BGB ff. durch das MoPeG von 2021 sind mit Hilfe von *C. Schäfer*, MoPeG. Textausgabe mit Synopsen zum BGB nF/aF und HGB nF/aF, München 2022 nachzuvollziehen.

https://doi.org/10.1515/9783111535395-008

ADHGB1861 mit Staubs Supplement	HGB 2024	HGB 1897	BGB 2024	BGB 1896
Allgemeine Bestimmungen				
Art. 1 In Handelssachen kommen, insoweit dieses Gesetzbuch keine Bestimmungen enthält, die Handelsgebräuche und in deren Ermangelung das allgemeine bürgerliche Recht zur Anwendung.	Art. 2 Abs. 1 EGHGB	Art. 2 Abs. 1 EGHGB	–	–

Staub1897:

„1. An die Stelle des Art. 1 des alten H.G.B. tritt der Art. 2 des Einführungsgesetzes zum neuen H.G.B. Derselbe lautet:
In Handelssachen kommen die Vorschriften des Bürgerlichen Gesetzbuchs nur insoweit zur Anwendung, als nicht im H.G.B. oder in diesem Gesetz ein Anderes bestimmt ist.
Im Uebrigen werden die Vorschriften der Reichsgesetze durch das Handelsgesetzbuch nicht berührt.
2. Damit ist also nur gesagt, daß das Bürgerliche Gesetzbuch subsidiär Anwendung findet. Dagegen bleiben die sonstigen Reichsgesetze, bestehende und künftige, unberührt, also auch, soweit sie privatrechtlichen Charakter haben, auch soweit handelsrechtliche Verhältnisse in Frage kommen. Das weicht erheblich von Art. 1 des alten H.G.B. ab, nach welchem das gesammte bürgerliche Recht, wo es auch immer enthalten war, gegenüber dem H.G.B. subsidiäre Geltung hatte [...].
3. Nichts gesagt ist über das Gewohnheitsrecht: ob es überhaupt als Rechtsquelle noch anerkannt wird und eventuell ob es blos ergänzende oder gar auch derogirende Kraft habe. Man wollte Alles der Wissenschaft überlassen, sowohl im bürgerlichen, als im Handelsrecht. (Denkschrift, S. 5) Die Folge ist, daß jetzt schon die Kontroversen schwirren und daß soviele Meinungen als nur möglich aufgestellt und eindringlich vertreten werden. Während Endemann (Einführung in das Bürgerliche Gesetzbuch S. 52) nur ein reichsdeutsches und nur ein ergänzendes Gewohnheitsrecht anerkennt, will Cosack (Lehrbuch des Bürgerlichen Rechts S. 52) ihm auch derogatorische Kraft beilegen, ‚wenn sich das Gewohnheitsrecht thatsächlich als stark genug erweist, das Gesetz außer Kraft zu setzen', und diese Kraft soll unter Umständen auch ein Landesgewohnheitsrecht gegenüber einem Reichsgesetze haben können, wogegen Gierke (deutsches Privatrecht § 22 Anm. 6) dem Reichsgewohnheitsrecht derogirende Kraft beilegt, dem Landesgewohnheitsrecht aber sie abspricht. Von einem solchen Streite hat Munk (bei Gruchot 40 S. 698) sehr richtig bemerkt: ‚Ein Ausgleich zwischen diesen einander entgegengesetzten Ansichten ist undenkbar, weil sie auf durchaus gegensätzlichen Geistesrichtungen beruhen.'
Um so weniger kann, besonders bei dieser Gelegenheit, von unserer Seite in eine wissenschaftliche Untersuchung dieser Frage eingetreten werden. Jedenfalls wird ein derogirendes Gewohnheitsrecht wohl außerordentlich selten vorkommen, wie ja auch schon ein ergänzendes Gewohnheitsrecht nicht gerade oft sich bilden wird, indem die sogenannten Handelsgebräuche und die Anschauungen der Verkehrssitten hier eingreifen und die Funktionen des Gewohnheitsrechts übernehmen werden.
Als regelmäßige Ordnung der Rechtsquellen im neuen Handelsrecht wird also folgende aufzustellen sein: in erster Linie das H.G.B., und die sonstigen Reichsgesetze, in zweiter Linie das B.G.B., in dritter Linie ergänzendes Gewohnheitsrecht. Das Landesprivatrecht ist bei dieser

ADHGB[1861] mit Staubs Supplement	HGB 2024	HGB 1897	BGB 2024	BGB 1896
regelmäßigen Ordnung nicht berücksichtigt. Soweit es nach den Einführungsgesetzen zum B.G.B. und zum H.G.B. unberührt bleibt, hat es gegenüber den Reichsgesetzen subsidiäre Geltung. Ob auch gegenüber dem Reichsgewohnheitsrecht, ist zweifelhaft.“				
Art. 2 An den Bestimmungen der deutschen Wechsel-Ordnung wird durch dieses Gesetzbuch nichts geändert. **Staub[1897]:** „An die Stelle des Art. 2 tritt die allgemeine Bestimmung des Art. 2 Abs. 2 des Einführungsgesetzes.“ [→ Art. 1 ADHGB]	–	Art. 2 Abs. 2 EGHGB	–	–
Art. 3 Wo dieses Gesetzbuch von dem Handelsgerichte spricht, tritt in Ermangelung eines besonderen Handelsgerichts das gewöhnliche Gericht an dessen Stelle. **Staub[1897]:** „Diese Vorschrift ist überflüssig geworden, weil das neue Gesetzbuch das Wort Handelsgericht vermeidet. Es spricht nur vom Gericht und überläßt es einem noch zu erlassenden besonderen Gesetze betreffend die freiwillige Gerichtsbarkeit,[9] die näheren Kompetenzen zu regeln.“	§§ 374 ff. FamFG	§§ 125 ff. FGG		
Erstes Buch Vom Handelsstande Erster Titel Von Kaufleuten				
Art. 4 [Synopse → § 1] Als Kaufmann im Sinne dieses Gesetzbuchs ist anzusehen, wer gewerbemäßig Handelsgeschäfte betreibt. **Staub[1897]:** „1. Das neue H.G.B. sagt nicht mehr: Kaufmann ist, wer gewerbsmäßig Handelsgeschäfte betreibt, sondern: wer ein Handelsgewerbe betreibt. Es legt also nicht den Begriff der Handelsgeschäfte, sondern den des Handelsgewerbes zugrunde. Es hat nicht eine geschlossene Zahl von Handelsgeschäften aufgezählt und gesagt, daß der gewerbsmäßige Betrieb derselben die Kaufmannsqualität begründet. Das geschah deshalb nicht, weil auf diesem Wege einer großen Reihe von Gewerbeunternehmungen, welche kaufmännischen Charakter tragen, der Charakter von Handelsgewerben, den Unternehmern der Charakter als Kaufleute abging (Beispiele: Bauunternehmer, Auskunftsbüreaus, Bergwerksbetriebe, Ziegeleien). Das neue H.G.B. hat vielmehr umgekehrt den Begriff des Handelsgewerbes aufgestellt, aber nicht in der Weise, daß blos der Betrieb bestimmt aufgezählter Geschäfte davon umfaßt wird (§ 1 des neuen H.G.B.), sondern auch jede andere gewerbliche Unternehmung, die nach Art und Umfang einen in kaufmännischer Weise eingerichteten Geschäftsbetrieb	§ 1	§ 1	–	–

9 Gesetz über die Angelegenheiten der freiwilligen Gerichtsbarkeit v. 17.5.1898 (FGG), RGBl. S. 189, 771, m.W.v. 1.1.1900.

ADHGB1861 mit Staubs Supplement	HGB 2024	HGB 1897	BGB 2024	BGB 1896
erfordert, sofern die Firma des Unternehmers eingetragen ist, zu welcher Eintragung aber der Unternehmer verpflichtet ist (§ 2 des neuen H.G.B.). Dadurch ist das erstrebte Ziel erreicht, daß der Inhaber jedes gewerblichen Unternehmens, welches kaufmännischen Charakter hat, Kaufmann werden kann. Handelsgeschäft ist aber nunmehr jedes Geschäft, welches ein Kaufmann im Betriebe seines Handelsgewerbes vornimmt (§ 343). Ueber die einzelnen Handelsgeschäfte, deren Betrieb ein Handelsgewerbe ausmacht, wird zu Art. 271 zu handeln sein. Schon jetzt sei aber bemerkt, daß es absolute Handelsgeschäfte nicht mehr giebt. 2. Die einzelnen Bestandtheile der Definition anlangend, so ist der Begriff ‚Betrieb' der gleiche geblieben [...], desgleichen der Begriff ‚gewerbsmäßig' [...]. 3. Daß jedes Rechtssubjekt Kaufmann sein kann, gilt auch für das neue H.G.B. [...]. 4. Der Grundsatz, daß derjenige Kaufmann ist, der ein Handelsgewerbe betreibt, ist im neuen H.G.B. nicht rein durchgeführt, und zwar nach zwei entgegengesetzten Richtungen: a. [§ 3 des neuen HGB] b. Wer kein Handelsgewerbe betreibt, gilt gleichwohl als Kaufmann, solange er eingetragen ist. Wenigstens kann gegenüber demjenigen, der sich auf die Eintragung beruft, nicht geltend gemacht werden, daß der Eingetragene nicht Kaufmann sei. Es gilt hier absolutes, nicht relatives Registerrecht. D.h. es kann auch nicht eingewendet werden, daß der andere Theil die wahre Sachlage kennt (§ 5 des neuen H.G.B.)."				
Art. 5[10] [Synopse → § 6] (1) Die in Betreff der Kaufleute gegebenen Bestimmungen gelten in gleicher Weise in Betreff der Handelsgesellschaften, insbesondere auch der Aktiengesellschaften, bei welchen der Gegenstand des Unternehmens in Handelsgeschäften besteht. (2) Dieselben gelten auch in Betreff der öffentlichen Banken in den Gränzen ihres Handelsbetriebs, unbeschadet der für sie bestehenden Verordnungen. **Staub1897:** „Die Vorschrift des Absatzes 1 wird im § 6 des neuen H.G.B. wiedergegeben und dabei im Absatz 2 des § 6 die Kontroverse beseitigt, ob juristische Personen, welche ohne Rücksicht auf die Art ihres Betriebes Kaufmannsqualität haben, dieselbe auch dann haben, wenn sie das Gewerbe eines Minderkaufmanns betreiben. Der Absatz 2 des Art. 5 ist gestrichen, weil er durch § 1 Abs. 2 Nr. 4 des neuen H.G.B. überflüssig geworden ist."	§ 6	§ 6	–	–

10 Art. 5 neu gefasst durch § 1 Gesetz v. 11.6.1870 (Gesetz, betreffend die Kommanditgesellschaften auf Aktien und die Aktiengesellschaften), BGBl. S. 375: „(1) Die in Betreff der Kaufleute gegebenen Bestimmungen gelten in gleicher Weise in Betreff der Handelsgesellschaften, insbesondere auch der Kommanditgesellschaften auf Aktien und der Aktiengesellschaften. (2) Dieselben gelten auch in Betreff der öffentlichen Banken in den Grenzen ihres Handelsbetriebes, unbeschadet der für sie bestehenden Verordnungen."

ADHGB[1861] mit Staubs Supplement	HGB 2024	HGB 1897	BGB 2024	BGB 1896
Art. 6 (1) Eine Frau, welche gewerbemäßig Handelsgeschäfte betreibt (Handelsfrau), hat in dem Handelsbetriebe alle Rechte und Pflichten eines Kaufmanns. (2) Dieselbe kann sich in Betreff ihrer Handelsgeschäfte auf die in den einzelnen Staaten geltenden Rechtswohlthaten der Frauen nicht berufen. (3) Es macht hiebei keinen Unterschied, ob sie das Handelsgewerbe allein oder in Gemeinschaft mit Anderen, ob sie dasselbe in eigener Person oder durch einen Prokuristen betreibt. **Staub[1897]:** „Die Vorschrift des vorliegenden Artikels ist in das neue H.G.B. nicht aufgenommen worden, weil sie überflüssig wurde. Es versteht sich von selbst, daß alles, was im H.G.B. über Kaufleute bestimmt ist, zugleich von Frauen gilt, wenn sie ein Handelsgewerbe betreiben. Es besonders auszusprechen, war nicht mehr nothwendig, nachdem das B.G.B. die Beschränkungen der persönlichen Geschäfts- und Prozeßfähigkeit für die Frauen beseitigt hat.“	–	–	Art. 3 Abs. 2 GG	–
Art. 7 (1) Eine Ehefrau kann ohne Einwilligung ihres Ehemannes nicht Handelsfrau sein. (2) Es gilt als Einwilligung des Mannes, wenn die Frau mit Wissen und ohne Einspruch desselben Handel treibt. (3) Die Ehefrau eines Kaufmanns, welche ihrem Ehemanne nur Beihülfe in dem Handelsgewerbe leistet, ist keine Handelsfrau. **Staub[1897]:** „Auch die Vorschrift dieses Artikels ist gestrichen. Da das Bürgerliche Gesetzbuch die uneingeschränkte Fähigkeit der Ehefrau, sich durch Rechtsgeschäfte zu verpflichten, anerkennt (vgl. § 1399 B.G.B.), so erschien es nicht gerechtfertigt, gerade hinsichtlich der Rechtsfolgen, die sich an die Stellung der Frau als Handelsfrau knüpfen, eine Ausnahme zu machen [...].“	–	–	Art. 3 Abs. 2 GG	§ 1399[11]
Art. 8 (1) Eine Ehefrau, welche Handelsfrau ist, kann sich durch Handelsgeschäfte gültig verpflichten, ohne daß es zu den einzelnen Geschäften einer besonderen Einwilligung ihres Ehemannes bedarf. (2) [1]Sie haftet für die Handelsschulden mit ihrem ganzen Vermögen, ohne Rücksicht auf die Verwaltungsrechte und den Nießbrauch oder die sonstigen, an diesem Vermögen durch die Ehe begründeten, Rechte des Ehemannes. [2]Es haftet auch das gemeinschaftliche Vermögen, soweit	–	–	s.o.	s.o.

11 § 1399 außer Kraft gesetzt durch Art. 3 Abs. 2, 117 Abs. 1 GG, m.W.v. 1.4.1953; aufgehoben durch Art. 1 Nr. 9 Gesetz v. 18.6.1957, BGBl. I S. 609, m.W.v. 1.7.1958.

ADHGB1861 mit Staubs Supplement	HGB 2024	HGB 1897	BGB 2024	BGB 1896
Gütergemeinschaft besteht; ob zugleich der Ehemann mit seinem persönlichen Vermögen haftet, ist nach den Landesgesetzen zu beurtheilen.				

Staub1897:[12]

„1. Aus dem zu Art. 7 Gesagten folgt, daß die Ehefrau nach dem neuen H.G.B. Handelsfrau ist, gleichviel, ob der Mann seine Zustimmung zum Handelsbetriebe gegeben hat oder nicht, und daß sie, ohne Rücksicht auf diese Zustimmung, für die im Handelsbetriebe kontrahirten Schulden persönlich haftet.

2. Indessen ist doch für die Wirksamkeit der Haftung die Frage wichtig, ob der Mann seine Zustimmung gegeben hat oder nicht.

Hat nämlich der Ehemann seine Zustimmung gegeben, so ist jede Verfügung der Ehefrau über das Ehegut, welchen Charakter dieses letztere auch haben möge, dem Manne gegenüber wirksam (§§ 1399, 1405 B.G.B.).

Wenn er aber seine Zustimmung nicht gegeben hat, so ist dies unerheblich, solange die Ehegatten in Gütertrennung leben oder soweit es sich um Vorbehaltsgut handelt, d.h. Verfügungen der Ehefrau sind trotz des mangelnden Konsenses voll wirksam. Dagegen sind sonstige Verfügungen der Ehefrau über ihr Vermögen dem nicht konsentirenden Ehemann gegenüber unwirksam (vergl. hierüber §§ 1395–1399, 1405, 1412, 1442, 1443, 1452, 1459–1462, 1530–1533, 1549 B.G.B.).

Soweit die Verfügungen wirksam sind, ist der Zugriff der Gläubiger gestattet.

3. Seine Zustimmung kann der Ehemann erteilen oder versagen, je nach seinem Ermessen, nur darf sich die Entscheidung nicht als Mißbrauch darstellen (§ 1354 B.G.B).

Dritten gegenüber aber gilt die Verweigerung der Zustimmung (Einspruch) nur, wenn sie in das Güterrechtsregister am Wohnsitz des Ehemannes eingetragen ist (§§ 1405, 1435, 1452, 1519, 1549 B.G.B.), und wofern die Handelsniederlassung der Ehefrau sich anderswo befindet, auch in das Güterrechtsregister am Orte der Handelsniederlassung (Art. 4 des Einführungsgesetzes zum H.G.B.[13]).

4. Die Rechte des Ehemannes am Vermögen der Ehefrau bestehen natürlich neben der Verpflichtungsfähigkeit und Verfügungsberechtigung der Ehefrau fort. [...]

---

12 Die von Staub hier zitierten Bestimmungen des BGB wurden teilweise außer Kraft gesetzt, teilweise geändert durch Art. 3 Abs. 2, Art. 117 Abs. 1 GG, m.W.v. 1.4.1953 sowie teilweise aufgehoben, teilweise neu gefasst durch Art. 1 Nr. 9 Gesetz v. 18.6.1957, BGBl. I S. 609, m.W.v. 1.7.1958. Auskunft im Einzelnen gibt Staudinger Erg.-Bd. BGB-Synopse 1896–2005, Berlin 2005.

13 Art. 4 EGHGB v. 10.5.1897, RGBl. S. 437, m.W.v. 1.1.1900: „(1) [1]Die nach dem bürgerlichen Rechte mit einer Eintragung in das Güterrechtsregister verbundenen Wirkungen treten, sofern ein Ehegatte Kaufmann ist und seine Handelsniederlassung sich nicht in dem Bezirke des für den Wohnsitz des Ehemanns zuständigen Registergerichts befindet, in Ansehung der auf den Betrieb des Handelsgewerbes sich beziehenden Rechtsverhältnisse nur ein, wenn die Eintragung auch in das Güterrechtsregister des für den Ort der Handelsniederlassung zuständigen Gerichts erfolgt ist. [2]Bei mehreren Niederlassungen genügt die Eintragung in das Register des Ortes der Hauptniederlassung. (2) Wird die Niederlassung verlegt, so finden die Vorschriften des § 1559 BGB. entsprechende Anwendung.“ Art. 4 Abs. 1 Satz 1 geändert durch Art. 2 Gesetz v. 23.10.1989, BGBl. I S. 1910, m.W.v. 14.10.1989; Art. 4 aufgehoben durch Art. 7 Abs. 7 Gesetz v. 31.10.2022, BGBl. I S. 1966, m.W.v. 1.1.2023.

ADHGB1861 mit Staubs Supplement	HGB 2024	HGB 1897	BGB 2024	BGB 1896
5. Eine persönliche Haftung des Ehemannes aus den Schulden aus dem Handelsbetrieb der Ehefrau ist weder im H.G.B., noch im B.G.B. aufgestellt.“				
Art. 9 Eine Handelsfrau kann in Handelssachen selbstständig vor Gericht auftreten; es macht keinen Unterschied, ob sie unverheirathet oder verheirathet ist. **Staub1897:** „Hierüber s. zu Art. 7.“	–	–	s.o.	s.o.
Art. 10 [Synopse → § 4 *(weggefallen)*] (1) 1Die Bestimmungen, welche dieses Gesetzbuch über die Firmen, die Handelsbücher und die Prokura enthält, finden auf Höker, Trödler, Hausirer und dergleichen Handelsleute von geringem Gewerbebetriebe, ferner auf Wirthe, gewöhnliche Fuhrleute, gewöhnliche Schiffer, und Personen, deren Gewerbe nicht über den Umfang des Handwerksbetriebes hinausgeht, keine Anwendung. 2Den Landesgesetzen bleibt vorbehalten, im Falle es erforderlich erscheint, diese Klassen genauer festzustellen. (2) Vereinigungen zum Betriebe eines Handelsgewerbes, auf welches die bezeichneten Bestimmungen keine Anwendung finden, gelten nicht als Handelsgesellschaften. (3) 1Den Landesgesetzen bleibt vorbehalten, zu verordnen, daß die bezeichneten Bestimmungen auch noch für andere Klassen von Kaufleuten ihres Staatsgebiets keine Anwendung finden sollen. 2Ebenso können sie aber auch verordnen, daß diese Bestimmungen auf einzelne der genannten Klassen, oder daß sie auf alle Kaufleute ihres Staatsgebiets Anwendung finden sollen. **Staub1897:** „Der Vorschrift des vorliegenden Artikels entspricht der § 4 des neuen H.G.B. Doch ist in diesem die Materie insofern anders geregelt, als die Exemplifikation (Höker, Trödler, Hausirer) weggelassen ist. […]“	–	§ 4	–	–
Art. 11 Durch die Landesgesetze, welche in gewerbepolizeilicher oder gewerbesteuerlicher Beziehung Erfordernisse zur Begründung der Eigenschaft eines Kaufmanns oder besonderer Klassen von Kaufleuten aufstellen, wird die Anwendung der Bestimmungen dieses Gesetzbuchs nicht ausgeschlossen; ebenso werden jene Gesetze durch dieses Gesetzbuch nicht berührt.	§ 7	§ 7	–	–

ADHGB[1861] mit Staubs Supplement	HGB 2024	HGB 1897	BGB 2024	BGB 1896

Staub[1897]:
„Dem ersten Satz des vorliegenden Artikels entspricht der § 7 des neuen H.G.B. Der letztere hat eine erweiterte Fassung. In dieser erweiterten Fassung bezieht sich die Bestimmung nicht nur auf gewerbepolizeiliche und gewerbesteuerliche Vorschriften; sondern auf alle Vorschriften des öffentlichen Rechts, insbesondere auch auf diejenigen der Gesetze über die Rechtsverhältnisse der Beamten.
Der zweite Satz des bisherigen Art. 11, wonach umgekehrt auch das H.G.B. nicht in jene öffentlichrechtlichen Verhältnisse eingreifen soll, ist als überflüssig weggelassen; denn es ist nicht ersichtlich, inwiefern die Vorschriften des H.G.B. in der fraglichen Beziehung von Einfluß sein können (Denkschrift S. 21).“

Zweiter Titel
Von dem Handelsregister

Art. 12	HGB 2024	HGB 1897	BGB 2024	BGB 1896
Art. 12 [Synopse → §§ 8, 9]	§§ 8, 9	§§ 8, 9	–	–

(1) Bei jedem Handelsgerichte ist ein Handelsregister zu führen, in welches die in diesem Gesetzbuche angeordneten Eintragungen aufzunehmen sind.
(2) [1]Das Handelsregister ist öffentlich. [2]Die Einsicht desselben ist während der gewöhnlichen Dienststunden einem Jeden gestattet. [3]Auch kann von den Eintragungen gegen Erlegung der Kosten eine Abschrift gefordert werden, die auf Verlangen zu beglaubigen ist.

Staub[1897]:
I. Allgemeines über den Titel Handelsregister.
„1. Die Vorschriften des neuen H.G.B. über das Handelsregister beruhen im wesentlichen auf der Grundlage des geltenden Rechts. Das neue H.G.B. ergänzt dieses nur in einzelnen Beziehungen, auch weicht es in der Anordnung des Stoffes nicht unwesentlich von dem alten H.G.B. ab. Insbesondere sind mehrfach Bestimmungen, die das alte H.G.B. an verschiedenen Stellen für die einzelnen in Betracht kommenden Eintragungen giebt, als allgemein giltige Regeln in diesem Abschnitt zusammengefaßt (Denkschrift S. 24). Vergl. z.B. die §§ 12, 13, 14, 15 des neuen H.G.B.
2. Welche Thatsachen der Eintragung unterliegen, bestimmt das neue H.G.B., ebenso wie das alte, nicht hier, sondern bei der Regelung der einzelnen Rechtsverhältnisse, auf welche sich die Eintragungen beziehen. Auch sachlich beläßt es das neue H.G.B. im allgemeinen bei dem im alten H.G.B. gezogenen Kreise der einzutragenden Thatsachen. […]
II. Die Vorschriften des Art. 12 sind in den §§ 8 u. 9 des neuen H.G.B. wiedergegeben, jedoch mit mehrfachen Abweichungen:
1. Der Vorschrift des Absatzes 1 entspricht der § 8 des neuen H.G.B. […]
2. Der Vorschrift des Absatzes 2 entspricht der § 9 des neuen H.G.B. […]“

ADHGB[1861] mit Staubs Supplement	HGB 2024	HGB 1897	BGB 2024	BGB 1896
Art. 13 [Synopse → § 10] Die Eintragungen in das Handelsregister sind von dem Handelsgerichte, sofern nicht in diesem Gesetzbuche in einzelnen Fällen ausdrücklich ein Anderes bestimmt ist, nach ihrem ganzen Inhalte durch eine oder mehrere Anzeigen in öffentlichen Blättern ohne Verzug bekannt zu machen. **Staub[1897]:** „Der Vorschrift des vorliegenden Artikels entspricht der § 10 des neuen H.G.B. mit folgenden Abweichungen: 1. Die Publikationen müssen durch den Reichsanzeiger erfolgen, was einem vielfach geäußerten Wunsche entspricht, 2. Die Publikationen erfolgen nur einmal, die mehrfachen Publikationen haben unnütze Kosten verursacht, 3. An dem Tage des Erscheinens des letzten, die Publikation enthaltenden Blattes gilt die Bekanntmachung als erfolgt. Das beseitigt eine frühere Kontroverse [...].“	§ 10	§ 10	–	–
Art. 14 [Synopse → § 11] (1) [1]Jedes Handelsgericht hat für seinen Bezirk alljährlich im Monat Dezember die öffentlichen Blätter zu bestimmen, in welchen im Laufe des nächstfolgenden Jahres die im Art. 13 vorgeschriebenen Bekanntmachungen erfolgen sollen. [2]Der Beschluß ist in einem oder mehreren öffentlichen Blättern bekannt zu machen. (2) Wenn eines der bestimmten Blätter im Laufe des Jahres zu erscheinen aufhört, so hat das Gericht ein anderes Blatt an dessen Stelle zu bestimmen und öffentlich bekannt zu machen. (3) In wie fern die Gerichte bei der Wahl der zu bestimmenden Blätter an Weisungen höherer Behörden gebunden sind, ist nach den Landesgesetzen zu beurtheilen. **Staub[1897]:** „Der Absatz 1 ist im § 11 wiedergegeben. Die übrigen Absätze sind weggelassen. Es soll näherer Erwägung durch das Reich oder die Einzelstaaten vorbehalten werden, wie das Publikationswesen besser zu regeln ist (Denkschr. S. 27).“	–	§ 11	–	–
Dritter Titel **Von Handelsfirmen**				
Art. 15 [Synopse → § 17] Die Firma eines Kaufmanns ist der Name, unter welchem er im Handel seine Geschäfte betreibt und die Unterschrift abgiebt.	§ 17	§ 17	–	–

ADHGB[1861] mit Staubs Supplement	HGB 2024	HGB 1897	BGB 2024	BGB 1896
Staub[1897]: „Dem vorliegenden Artikel entspricht der § 17 des neuen H.G.B. Derselbe wiederholt die Definition des Art. 15 und fügt im Abs. 2 die Vorschrift hinzu, daß der Kaufmann unter seiner Firma klagen und verklagt werden kann. Diese Vorschrift richtet sich gegen unsere Auffassung des geltenden Rechts, wonach der Einzelkaufmann unter seiner Firma nicht klagen und verklagt werden kann [...]. Ueber den Etablissementsnamen sagt das neue H.G.B. nichts. Den Schutz desselben überläßt es, wie bisher, anderen Gesetzen. [...].“				
Art. 16 [Synopse → § 18] (1) Ein Kaufmann, welcher sein Geschäft ohne Gesellschafter oder nur mit einem stillen Gesellschafter betreibt, darf nur seinen Familiennamen (bürgerlichen Namen) mit oder ohne Vornamen als Firma führen. (2) [1]Er darf der Firma keinen Zusatz beifügen, welcher ein Gesellschaftsverhältniß andeutet. [2]Dagegen sind andere Zusätze gestattet, welche zur näheren Bezeichnung der Person oder des Geschäftes dienen. **Staub[1897]:** „Die Vorschrift ist wiedergegeben im § 18 des neuen H.G.B., jedoch mit folgenden Abweichungen: 1. Mindestens ein ausgeschriebener Vorname muß in der Firma enthalten sein. 2. Ueber die Zusätze ist gesagt, daß sie eine Täuschung über die Art oder den Umfang des Geschäfts oder die Verhältnisse des Geschäftsinhabers herbeizuführen nicht geeignet sein dürfen. Sonstige Zusätze, also auch Phantasienamen, wenn sie nur nicht in dieser Weise zur Täuschung geeignet sind, sind hiernach gestattet. Das entspricht im wesentlichen unserer Auffassung des geltenden Rechts [...]. 3. Bei Namensänderungen braucht nicht mehr, wie das früher richtiger Ansicht nach als Rechtens galt [...], die Firma geändert zu werden (§ 21 des neuen H.G.B.).“	§ 18	§ 18	–	–
Art. 17 [Synopse → § 19] (1) Die Firma einer offenen Handelsgesellschaft muß, wenn in dieselbe nicht die Namen sämmtlicher Gesellschafter aufgenommen sind, den Namen wenigstens eines der Gesellschafter mit einem das Vorhandensein einer Gesellschaft andeutenden Zusatze enthalten. (2) Die Firma einer Kommanditgesellschaft muß den Namen wenigstens eines persönlich haftenden Gesellschafters mit einem das Vorhandensein einer Gesellschaft andeutenden Zusatze enthalten. (3) Die Namen anderer Personen, als der persönlich haftenden Gesellschafter, dürfen in die Firma einer Handelsgesellschaft nicht aufgenommen werden; auch darf	§ 19	§ 19	–	–

ADHGB1861 mit Staubs Supplement	HGB 2024	HGB 1897	BGB 2024	BGB 1896
sich keine offene Handelsgesellschaft oder Kommanditgesellschaft als Aktiengesellschaft bezeichnen, selbst wenn das Kapital der Kommanditisten in Aktien zerlegt ist. **Staub1897:** „Der vorliegenden Vorschrift entspricht § 19 des neuen H.G.B. Derselbe fügt nur hinzu, daß hier die Beifügung von Vornamen nicht erforderlich ist. Das war früher selbstverständlich, jetzt ist diese Hervorhebung wegen § 18 erforderlich. Bei der Vorschrift des § 19 ist noch zu bemerken, daß die Bestimmung über die Kommanditgesellschaft sich jetzt nicht mehr auf die Aktienkommanditgesellschaft bezieht. Die Firma dieser Gesellschaft ist vielmehr jetzt im § 20 des neuen H.G.B. zusammen mit der Firma der Aktiengesellschaft geregelt [...].“				
Art. 18 [Synopse → § 20 *(weggefallen)*] (1) Die Firma einer Aktiengesellschaft muß in der Regel von dem Gegenstande ihrer Unternehmung entlehnt sein. (2) Der Name von Gesellschaftern oder anderen Personen darf in die Firma nicht aufgenommen werden. **Staub1897:** „Die entsprechende Vorschrift des § 20 des neuen H.G.B. disponirt gleichzeitig über die Firma der Aktienkommanditgesellschaft. Die Firmen beider Gesellschaften müssen nunmehr in der Regel von dem Gegenstande des Unternehmens entlehnt werden. Außerdem ist bestimmt, daß sie die Zusätze ‚Aktiengesellschaft‘ bezw. ‚Kommanditgesellschaft auf Aktien‘ haben müssen. Dagegen ist weggelassen die Vorschrift des Art. 18 Abs. 2, wonach der Name von Gesellschaftern oder anderer Personen in die Firma der Aktiengesellschaft nicht aufgenommen werden kann. [...]“	§ 4 AktG	§ 20	–	–
Art. 19 [Synopse → §§ 12, 29] Jeder Kaufmann ist verpflichtet, seine Firma bei dem Handelsgerichte, in dessen Bezirk seine Handelsniederlassung sich befindet, behufs der Eintragung in das Handelsregister anzumelden; er hat dieselbe nebst seiner persönlichen Unterschrift vor dem Handelsgerichte zu zeichnen oder die Zeichnung derselben in beglaubigten Form einzureichen. **Staub1897:** „Die Vorschrift ist in § 29 wiedergegeben, aber mit dem Zusatze, daß auch der Ort der Handelsniederlassung anzumelden ist. Ueber die Form der Anmeldung enthält der § 29 nichts, weil hierüber die allgemeine Vorschrift des § 12 disponirt.“	§§ 12, 29	§§ 12, 29	–	–

ADHGB[1861] mit Staubs Supplement	HGB 2024	HGB 1897	BGB 2024	BGB 1896
Art. 20 [Synopse → § 30] (1) Jede neue Firma muß sich von allen an demselben Orte oder in derselben Gemeinde bereits bestehenden und in das Handelsregister eingetragenen Firmen deutlich unterscheiden. (2) Hat ein Kaufmann mit einem in das Handelsregister bereits eingetragenen Kaufmann gleiche Vor- und Familiennamen, und will auch er sich derselben als seiner Firma bedienen, so muß er dieser einen Zusatz beifügen, durch welchen sich dieselbe von der bereits eingetragenen Firma deutlich unterscheidet. **Staub[1897]:** „Die Vorschrift der deutlichen Unterscheidung ist im § 30 des neuen H.G.B. wiedergegeben, in dessen Abs. 3 sich gleichzeitig die Vorschrift des Art. 21 Abs. 2 findet."	§ 30	§ 30	–	–
Art. 21 [Synopse → §§ 13, 30] (1) Die Firma muß auch für die an einem anderen Orte oder in einer anderen Gemeinde errichtete Zweigniederlassung bei dem für die letztere zuständigen Handelsgerichte angemeldet werden. (2) Besteht an dem Orte oder in der Gemeinde, wo die Zweigniederlassung errichtet wird, bereits eine gleiche Firma, so muß der Firma ein Zusatz beigefügt werden, durch welchen sie sich von jener bereits vorhandenen Firma deutlich unterscheidet. (3) Die Eintragung bei dem Handelsgerichte der Zweigniederlassung findet nicht statt, bevor nachgewiesen ist, daß die Eintragung bei dem Handelsgerichte der Hauptniederlassung geschehen ist. **Staub[1897]:** „Die Bestimmungen diese[s] Artikels sind theils im § 30, theils im § 13 enthalten […]. In § 13 wird klar und allgemein ausgesprochen, daß alle Anmeldungen, Zeichnungen und Eintragungen auch beim Zweigregister geschehen müssen, und zwar nach Eintragung beim Hauptregister. Dies gilt auch, wenn sich die Hauptniederlassung im Auslande befindet. Die Eintragung der Zweigniederlassung selbst ist nicht besonders vorgeschrieben, es ergiebt sich dies nach der Denkschrift S. 28 aus §§ 12 u. 30 von selbst. Darüber, ob eine Eintragung in das Zweigregister eingetragen sein muß, um gegen den Dritten wirksam zu sein, gilt nunmehr die Vorschrift des § 15 Abs. 3 des neuen H.G.B. Ueber die Firma der Zweigniederlassung s. §. 30 Abs. 3 des neuen H.G.B."	§§ 13, 30	§§ 13, 30	–	–

ADHGB[1861] mit Staubs Supplement	HGB 2024	HGB 1897	BGB 2024	BGB 1896
Art. 22 [Synopse → § 22]	§ 22	§ 22	–	–

Wer ein bestehendes Handelsgeschäft durch Vertrag oder Erbgang erwirbt, kann dasselbe unter der bisherigen Firma mit oder ohne einen das Nachfolgeverhältniß andeutenden Zusatz fortführen, wenn der bisherige Geschäftsinhaber oder dessen Erben oder die etwaigen Miterben in die Fortführung der Firma ausdrücklich willigen.

Staub[1897]:

„1. Die Vorschrift des vorliegenden Artikels ist im wesentlichem im § 22 des neuen H.G.B. wiedergegeben. Das Prinzip der Firmenwahrheit ist also auch nach dem neuen H.G.B. nicht rein durchgeführt worden. Man hat sich gerade mit diesem Prinzipe eingehend beschäftigt (vergl. Denkschr. S 35, K.B. S. 213), hat sich aber mit Recht nicht entschlossen, das bestehende Recht zu ändern. Hinzugefügt ist nur:

a. daß die Bezeichnung ‚Aktiengesellschaft' bezw. ‚Kommanditgesellschaft auf Aktien' auch bei dem Uebergange einer Firma auf eine solche Gesellschaft dieser hinzuzufügen ist (vergl. § 20). Von selbst versteht es sich, daß der Zusatz fortfallen muß, wenn die Aktiengesellschaft ihr Geschäft mit Firma an eine andere Person veräußert (Denkschr. S. 39).

b. daß die Vorschrift des § 22 entsprechende Anwendung findet, wenn ein Handelsgeschäft auf Grund eines Nießbrauchs, eines Pachtvertrags oder eines ähnlichen Verhältnisses übernommen wird. Das war im bisherigen Recht nicht unzweifelhaft und soll jetzt klargestellt werden.

2. Ueber die materiellen Grundsätze bei der Veräußerung eines Handelsgeschäfts [...] enthält auch das neue H.G.B. insoweit keine Vorschriften, als es sich um den Umfang der Veräußerung und die Wirkung der Veräußerung [...] handelt, wohl aber enthält es Vorschriften über das Verhältniß der Geschäftsgläubiger zum Uebernehmer, was einem dringenden Bedürfnisse entsprach. Es sind dies die folgenden Grundsätze:

a. Beim Erwerb eines Handelsgeschäfts durch Rechtsgeschäft unter Lebenden.

i. Wird es mit der Firma fortgeführt, so haftet der Erwerber für alle Geschäftsverbindlichkeiten des früheren Inhabers ohne weiteres und eine abweichende Vereinbarung hat Dritten gegenüber nur Wirkung, wenn sie in das Handelsregister eingetragen und publizirt oder wenn sie dem Dritten mitgetheilt worden ist (§ 25 Abs. 1 und 2 des neuen H.G.B.). Das geht weiter als früher. Denn früher war noch immer Voraussetzung der Haftung in diesem Falle, daß in der That inter partes die Passiva übernommen wurden.

ii. Wenn die Firma nicht fortgeführt wird, so haftet der Erwerber nur, wenn ein besonderer Verpflichtungsgrund dazu vorliegt, als welcher aber die handelsübliche Bekanntmachung der Passivenübernahme gilt (§ 25 Abs. 3 des neuen H.G.B.). Das entspricht der bisherigen Judikatur des Reichsgerichts, wie sie in jüngster Zeit vom Reichsgericht selbst authentisch ausgelegt wurde (vgl. R.G. vom 1. März 1897 in J.W. S. 241). Wir selbst hatten die Judikatur auch in diesem Falle dahin ausgelegt, daß die Anzeige der Passivenübernahme die Haftung gegenüber dem Gläubiger nur dann begründet, wenn sie auch inter partes erfolgt war; aber wir hatten als unsere Ansicht aufgestellt, daß die bloße Anzeige die Schuldübernahme

ADHGB[1861] mit Staubs Supplement	HGB 2024	HGB 1897	BGB 2024	BGB 1896
begründet und daß dies allein den Anschauungen des Handelsstandes entspricht [...]. Dieser Ansicht schließt sich nun das Reichsgericht und das neue H.G.B. an. iii. Für den Fall, daß die Haftung eintritt wegen Fortführung der Firma oder wegen Bekanntmachung der Passivenübernahme, ist eine fünfjährige Verjährung neu eingeführt (§ 26 des neuen H.G.B.). b. Wird ein zum Nachlaß gehöriges Geschäft von den Erben fortgeführt, so finden zwar die Vorschriften des § 25 entsprechende Anwendung, jedoch mit der Maßgabe, daß die unbeschränkte Haftung auf Grund der Fortführung der Firma nicht eintritt, wenn die Fortführung des Geschäfts vor dem Ablauf von drei Monaten nach Kenntniß des Erbanfalls eingestellt wird (§ 27 des neuen H.G.B.). c. Tritt jemand als persönlich haftender Gesellschafter oder als Kommanditist in das Geschäft eines Einzelkaufmanns ein, so haftet die Gesellschaft, gleichviel ob die Firma fortgeführt wird oder nicht, es sei denn, daß eine abweichende Vereinbarung in das Handelsregister eingetragen oder von einem Gesellschafter dem Dritten mitgetheilt worden ist (§ 28 des neuen H.G.B.). Das ist eine Neuerung. Früher galt der gleiche Grundsatz nur für den Fall des Eintritts eines Gesellschafters in eine Gesellschaft [...].“				
Art. 23 [Synopse → § 23] Die Veräußerung einer Firma als solcher, abgesondert von dem Handelsgeschäft, für welches sie bisher geführt wurde, ist nicht zulässig. **Staub[1897]:** „Die nach unserer Ansicht überflüssige Vorschrift des vorliegenden Artikels ist im § 23 neuen H.G.B. wiedergegeben.“	§ 23	§ 23	–	–
Art. 24 [Synopse → § 24] (1) Wenn in ein bestehendes Handelsgeschäft Jemand als Gesellschafter eintritt, oder wenn ein Gesellschafter zu einer Handelsgesellschaft neu hinzutritt oder aus einer solchen austritt, so kann, ungeachtet dieser Veränderung, die ursprüngliche Firma fortgeführt werden. (2) Jedoch ist beim Austreten eines Gesellschafters dessen ausdrückliche Einwilligung in die Fortführung der Firma erforderlich, wenn sein Name in der Firma enthalten ist. **Staub[1897]:** „Die Vorschrift des vorliegenden Artikels ist im § 24 des neuen H.G.B. enthalten. Klargestellt ist nur, daß beim Ausscheiden eines Gesellschafters, dessen Name in der Firma enthalten ist, zur Fortführung der Firma eventuell die Zustimmung der Erben erforderlich und ausreichend ist. Angenommen wurde dies auch früher schon [...]. Daß ein Nachfolgezusatz beigefügt werden kann, ist, gleichfalls in Uebereinstimmung mit dem bisherigen Recht [...], anzunehmen, obwohl in diesem Paragraph, anders	§ 24	§ 24	–	–

ADHGB[1861] mit Staubs Supplement	HGB 2024	HGB 1897	BGB 2024	BGB 1896
als im § 22, nicht steht, daß die Firma ‚mit oder ohne Beifügung eines das Nachfolgeverhältniß andeutenden Zusatzes' fortgeführt werden kann. Allein eine Verschiedenheit beider gesetzlichen Bestimmungen und eine Abweichung vom bisherigen Recht ist nicht beabsichtigt, es sollten vielmehr die Vorschriften des bisherigen Rechts über die abgeleiteten Firmen im wesentlichen unverändert bleiben (Denkschr. S. 39)."				
Art. 25 [Synopse → §§ 15, 31] (1) Wenn die Firma geändert wird oder erlischt, oder wenn die Inhaber der Firma sich ändern, so ist dies nach den Bestimmungen des Art. 19 bei dem Handelsgerichte anzumelden. (2) Ist die Aenderung oder das Erlöschen nicht in das Handelsregister eingetragen und öffentlich bekannt gemacht, so kann derjenige, bei welchem jene Thatsachen eingetreten sind, dieselben einem Dritten nur insofern entgegensetzen, als er beweist, daß sie dem letzteren bekannt waren. (3) Ist die Eintragung und Bekanntmachung geschehen, so muß ein Dritter die Aenderung oder das Erlöschen gegen sich gelten lassen, sofern nicht die Umstände die Annahme begründen, daß er diese Thatsachen weder gekannt habe, noch habe kennen müssen. **Staub[1897]:** „1. Die Vorschrift des Absatzes 1 des vorliegenden Artikels ist wiedergegeben im § 31 des neuen H.G.B. Dabei ist in diesem letzteren noch für zwei andere Fälle Vorsorge getroffen, für welche das alte H.G.B. keine Bestimmung traf: a. Auch die Verlegung der Niederlassung an einen andern Ort ist in gleicher Weise anzumelden (§ 31 Abs. 1). b. Das Erlöschen der Firma ist eventuell von Amtswegen einzutragen (§ 31 Abs. 2). [...] 2. Die Vorschriften der Absätze 2 u. 3 des vorliegenden Artikels über die Wirkung der Eintragung und Nichteintragung von Firmen sind als Spezialvorschriften gestrichen, sie sind durch die allgemeine Vorschrift über die Wirkung von Eintragung und Nichteintragung handelsrechtlicher Verhältnisse, welche das neue H.G.B. giebt, überflüssig geworden [...]."	§§ 15, 31	§§ 15, 31	–	–
Art. 26 [Synopse → §§ 14, 37] (1) Das Handelsgericht hat die Betheiligten zur Befolgung der Vorschriften der Art. 19. 21. und 25. vom Amtswegen durch Ordnungsstrafen anzuhalten. (2) In gleicher Weise hat es gegen diejenigen einzuschreiten, welche sich einer nach den Vorschriften dieses Titels ihnen nicht zustehenden Firma bedienen.	§§ 14, 37	§§ 14, 37	–	–

ADHGB[1861] mit Staubs Supplement	**HGB** 2024	**HGB** 1897	**BGB** 2024	**BGB** 1896
Staub[1897]: „1. Die Vorschrift des Absatzes 1 ist wiedergegeben im § 14 des neuen H.G.B. 2. Die Vorschrift des Absatzes 2 ist im § 37 des neuen H.G.B. wiederholt.“				
Art. 27 [Synopse → § 37] (1) Wer durch den unbefugten Gebrauch einer Firma in seinen Rechten verletzt ist, kann den Unberechtigten auf Unterlassung der weiteren Führung der Firma und auf Schadensersatz belangen. (2) Ueber das Vorhandensein und die Höhe des Schadens entscheidet das Handelsgericht nach seinem freien Ermessen. (3) Das Handelsgericht kann die Veröffentlichung des Erkenntnisses auf Kosten des Verurtheilten verordnen. **Staub[1897]:** „Diese Vorschrift ist im § 37 Abs. 2 des neuen H.G.B. wiedergegeben. Klargestellt ist, daß sich der Schadensanspruch nach sonstigen Vorschriften richtet […]. Die Vorschrift über die Publikation des Erkenntnisses, die sich als unpraktisch erwiesen hat, ist gestrichen. […]“	§ 37	§ 37	–	–
Vierter Titel **Von den Handelsbüchern**				
Artt. 28–40 [hier nicht wiedergegeben]				
Fünfter Titel **Von den Prokuristen und Handlungsbevollmächtigten**				
Art. 41 [Synopse → § 48] (1) Wer von dem Eigenthümer einer Handelsniederlassung (Prinzipal) beauftragt ist, in dessen Namen und für dessen Rechnung das Handelsgeschäft zu betreiben und per procura die Firma zu zeichnen, ist Prokurist. (2) Die Bestellung des Prokuristen kann durch Ertheilung einer ausdrücklich als Prokura bezeichneten Vollmacht, oder durch ausdrückliche Bezeichnung des Bevollmächtigten als Prokuristen, oder durch die Ermächtigung, per procura die Firma des Prinzipals zu zeichnen, geschehen. (3) Die Prokura kann mehreren Personen gemeinschaftlich ertheilt werden (Kollektiv-Prokura). **Staub[1897]:** „**Vorbemerkung.** Die Vorschriften des 5. Titels ‚Von den Prokuristen und Handlungsbevollmächtigten‘ tragen im neuen H.G.B. die Gesammt-	§ 48	§ 48	–	–

ADHGB[1861] mit Staubs Supplement	HGB 2024	HGB 1897	BGB 2024	BGB 1896

überschrift: ‚Prokura und Handlungsvollmacht'. Damit soll von vornherein zum Ausdruck gebracht werden, was aus dem H.G.B. nicht so deutlich zu erkennen und deshalb von manchen Seiten angezweifelt worden war, daß die Handlungsbevollmächtigten und die Handlungsgehilfen nicht als zwei Klassen von Bediensteten gedacht sind, daß vielmehr das Gesetzbuch in den beiden Abschnitten nur verschiedene Seiten desselben Verhältnisses betonen wollte: hier die juristische Stellvertretung, dort das Dienstverhältniß des Angestellten [...].

Der vorliegende Artikel ist mit Abweichungen im § 48 des neuen H.G.B. wiedergegeben.

1. Zunächst ist die Definition, welche Absatz 1 giebt, dort weggelassen. Sie war nicht korrekt und mit Rücksicht auf die späteren Bestimmungen über den Umfang der Prokura überflüssig [...].
2. Sodann ist statt der im Absatz 2 aufgestellten Arten, wie die Prokura zu ertheilen ist, nur gesagt, daß die Prokura nur durch ausdrückliche Erklärung ertheilt werden kann. Die Wirksamkeit einer blos stillschweigenden Willenserklärung hier anzuerkennen, erschien bei der weittragenden Bedeutung der Prokura nicht angemessen (Denkschr. S. 53).
3. Dagegen ist, was bisher nicht geschehen ist, jetzt hervorgehoben, daß die Prokura nur von dem Inhaber des Handelsgeschäfts oder seinem gesetzlichen Vertreter ertheilt werden kann. Früher ging das aus Art. 53 hervor.
4. Die im Absatz 3 des Art. 41 erwähnte Kollektivprokura ist beibehalten, die Hälfte des Namens aber ist verdeutscht, sie heißt jetzt: Gesammtprokura."

	HGB 2024	HGB 1897	BGB 2024	BGB 1896
Art. 42 [Synopse → § 49]	§ 49	§ 49	–	–

(1) Die Prokura ermächtigt zu allen Arten von gerichtlichen und außergerichtlichen Geschäften und Rechtshandlungen, welche der Betrieb eines Handelsgewerbes mit sich bringt; sie ersetzt jede nach den Landesgesetzen erforderliche Spezialvollmacht; sie berechtigt zur Anstellung und Entlassung von Handlungsgehülfen und Bevollmächtigten.
(2) Zur Veräußerung und Belastung von Grundstücken ist der Prokurist nur ermächtigt, wenn ihm diese Befugniß besonders ertheilt ist.

Staub[1897]:
„Der § 49 des neuen H.G.B., welcher dem vorliegenden Artikel entspricht, hebt die Entbehrlichkeit einer Spezialvollmacht nicht hervor, weil das B.G.B. selbst solche nicht kennt, und hat die Berechtigung zur Anstellung und Entlassung von Handlungsgehilfen und Bevollmächtigten gestrichen, weil diese Befugniß selbstverständlich ist. Inhaltlich decken sich hiernach die Vorschriften des alten und des neuen H.G.B."

	HGB 2024	HGB 1897	BGB 2024	BGB 1896
Art. 43 [Synopse → § 50]	§ 50	§ 50	–	–

(1) Eine Beschränkung des Umfangs der Prokura (Art. 42.) hat dritten Personen gegenüber keine rechtliche Wirkung.

ADHGB[1861] mit Staubs Supplement	HGB 2024	HGB 1897	BGB 2024	BGB 1896
(2) Dies gilt insbesondere von der Beschränkung, daß die Prokura nur für gewisse Geschäfte oder gewisse Arten von Geschäften gelte, oder daß sie nur unter gewissen Umständen oder für eine gewisse Zeit oder an einzelnen Orten ausgeübt werden solle. **Staub[1897]:** „Die Frage der Unbeschränkbarkeit ist im § 50 des neuen H.G.B. geregelt. Die Absätze 1 und 2 des vorliegenden Artikels sind dabei im § 50 Abs. 1 und 2 wiedergegeben. Im Abs. 3 aber fügt dieser Paragraph eine Bestimmung hinzu, welche ein[e] Kontroverse des früheren Rechts in wünschenswerther Weise klarstellt: es ist gestattet, die Prokura auf den Betrieb einer von mehreren Niederlassungen zu beschränken, wenn dieselben unter verschiedenen Firmen betrieben werden. Das deckt sich mit der Auslegung, welche dem früheren Recht gegeben worden ist [...]. In diesem Sinne soll, wie § 50 Abs. 3 hervorhebt, eine Firmenverschiedenheit auch darin liegen, daß der Firma ein Zusatz beigefügt wird, der sie als Firma der Zweigniederlassung bezeichnet. Das widerspricht der Auslegung des bisherigen Rechts [...], befriedigt aber ein vorhandenes Verkehrsbedürfniß.“				
Art. 44 [Synopse → § 51] (1) Der Prokurist hat in der Weise zu zeichnen, daß er der Firma einen die Prokura andeutenden Zusatz und seinen Namen beifügt. (2) Bei einer Kollektiv-Prokura hat jeder Prokurist der mit diesem Zusatze versehenen Firmazeichnung seinen Namen beizufügen. **Staub[1897]:** „Absatz 1 des vorliegenden Artikels ist im § 51 des neuen H.G.B. wiedergegeben, Absatz 2 ist als selbstverständlich weggefallen (Denkschr. S. 54). Der Charakter der Vorschrift als bloßer Ordnungsvorschrift [...] ist natürlich unverändert geblieben. Das Schweigen des Gesetzbuchs beweist das.“	§ 51	§ 51	–	–
Art. 45 [Synopse → § 53] (1) Die Ertheilung der Prokura ist vom Prinzipal persönlich oder in beglaubigter Form beim Handelsgerichte zur Eintragung in das Handelsregister anzumelden. (2) Der Prokurist hat die Firma nebst seiner Namensunterschrift persönlich vor dem Handelsgerichte zu zeichnen (Art. 44.) oder die Zeichnung in beglaubigter Form einzureichen. (3) Das Erlöschen der Prokura ist von dem Prinzipal in gleicher Weise zur Eintragung in das Handelsregister anzumelden.	§ 53	§ 53	–	–

ADHGB[1861] mit Staubs Supplement	HGB 2024	HGB 1897	BGB 2024	BGB 1896
(4) Die Betheiligten sind zur Befolgung dieser Vorschriften von Amtswegen durch Ordnungsstrafen anzuhalten. **Staub[1897]:** „Die Vorschrift der Registrirung der Prokura und ihres Erlöschens ist im § 53 des neuen H.G.B. wiederholt. Dabei ist auch die Eintragung einer Gesammtprokura als solcher ausdrücklich vorgeschrieben worden. Die Vorschriften über die Form der Anmeldung und über die eventuellen Ordnungsstrafen sind hier weggelassen, weil sie durch die allgemeinen Vorschriften der §§ 12 und 14 des neuen H.G.B. ersetzt sind.“				
Art. 46 (1) Wenn das Erlöschen der Prokura nicht in das Handelsregister eingetragen und öffentlich bekannt gemacht ist, so kann der Prinzipal dasselbe einem Dritten nur dann entgegensetzen, wenn er beweist, daß es letzterem beim Abschlusse des Geschäfts bekannt war. (2) Ist die Eintragung und Bekanntmachung geschehen, so muß ein Dritter das Erlöschen der Prokura gegen sich gelten lassen, sofern nicht durch die Umstände die Annahme begründet wird, daß er das Erlöschen beim Abschlusse des Geschäfts weder gekannt habe, noch habe kennen müssen. **Staub[1897]:** „Diese Vorschrift über die Wirkung der Eintragung und Nichteintragung des Erlöschens der Prokura ist durch die allgemeine Vorschrift über die Wirkung der Eintragung und Nichteintragung eintragungsbedürftiger handelsrechtlicher Verhältnisse (§ 15 des neuen H.G.B.) ersetzt.“	§ 15	§ 15	–	–
Art. 47 [Synopse → § 54] (1) Wenn ein Prinzipal Jemanden ohne Ertheilung der Prokura, sei es zum Betriebe seines ganzen Handelsgewerbes oder zu einer bestimmten Art von Geschäften oder zu einzelnen Geschäften, in seinem Handelsgewerbe bestellt (Handlungsbevollmächtigter), so erstreckt sich die Vollmacht auf alle Geschäfte und Rechtshandlungen, welche der Betrieb eines derartigen Handelsgewerbes oder die Ausführung derartiger Geschäfte gewöhnlich mit sich bringt. (2) Jedoch ist der Handlungsbevollmächtigte zum Eingehen von Wechselverbindlichkeiten, zur Aufnahme von Darlehen und zur Prozeßführung nur ermächtigt, wenn ihm eine solche Befugniß besonders ertheilt ist. (3) Im Uebrigen bedarf er zu den Geschäften, auf welche sich seine Vollmacht erstreckt, der in den Landesgesetzen vorgeschriebenen Spezialvollmacht nicht.	§ 54	§ 54	–	–

ADHGB[1861] mit Staubs Supplement	HGB 2024	HGB 1897	BGB 2024	BGB 1896
Staub[1897]: „1. Die Absätze 1 und 2 des vorliegenden Artikels über den Umfang der Handlungsvollmacht sind im § 54 des neuen H.G.B. im Wesentlichen unverändert wiedergegeben. Es ist nur durch die Ersetzung des Wortes ‚bestellt' durch das Wort ‚ermächtigt' klargestellt, daß der Bevollmächtigte nicht in einem Abhängigkeitsverhältnisse zu stehen braucht. Das entspricht unserer Auslegung des früheren Rechts [...]. 2. Absatz 3, der von der Spezialvollmacht handelt, ist weggelassen, weil das B.G.B. eine Spezialvollmacht nicht kennt. 3. Dagegen ist ein neuer Absatz 3 hinzugefügt, welcher zum Ausdruck bringt, daß der hier aufgestellte Vollmachtsinhalt den gesetzlichen Umfang der Vollmacht bedeutet, der einer Beschränkung zwar fähig ist, doch so, daß die Beschränkung nur demjenigen Dritten gegenüber gilt, der sie kannte oder kennen mußte. Das entspricht dem geltenden Recht [...], die Hervorhebung trägt aber zur Klarheit wesentlich bei.“				
Art. 48 [Synopse → § 57] Der Handlungsbevollmächtigte hat sich bei der Zeichnung jedes eine Prokura andeutenden Zusatzes zu enthalten; er hat mit einem das Vollmachtsverhältniß ausdrückenden Zusatze zu zeichnen. **Staub[1897]:** „Die Vorschrift ist im § 57 des neuen H.G.B. wiedergegeben. Die rechtliche Bedeutung ist auch hier nur die einer Ordnungsvorschrift. [...]“	§ 57	§ 57	–	–
Art. 49 [Synopse → § 55] [1]Die Bestimmungen der beiden vorhergehenden Artikel finden auch Anwendung auf Handlungsbevollmächtigte, welche ihr Prinzipal als Handlungsreisende zu Geschäften an auswärtigen Orten verwendet. [2]Dieselben gelten insbesondere für ermächtiget, den Kaufpreis aus den von ihnen abgeschlossenen Verkäufen einzuziehen oder dafür Zahlungsfristen zu bewilligen. **Staub[1897]:** „Die Vorschrift des vorliegenden Artikels ist im § 55 des neuen H.G.B. wiederholt, mit dem Zusatze, daß auch die Anzeige von Mängeln der Waare, sowie ähnliche Erklärungen dem anwesenden Reisenden gegenüber gemacht werden können. Dieser Zusatz entspricht der von uns für richtig erachteten Auffassung des geltenden Rechts [...] und jedenfalls den Bedürfnissen des Handelsverkehrs.“	§ 55	§ 55	–	–
Art. 50 [Synopse → § 56] Wer in einem Laden oder in einem offenen Magazin oder Waarenlager angestellt ist, gilt für ermächtigt, daselbst	§ 56	§ 56	–	–

ADHGB[1861] mit Staubs Supplement	**HGB** **2024**	**HGB** **1897**	**BGB** **2024**	**BGB** **1896**
Verkäufe und Empfangnahmen vorzunehmen, welche in einem derartigen Laden, Magazin oder Waarenlager gewöhnlich geschehen. **Staub[1897]:** „Die Vorschrift ist wiedergegeben im § 56 des neuen H.G.B. Zwar ist das Wort ‚daselbst' weggelassen, obwohl die Kritik diese Weglassung monirt hatte [...]. Allein es sollte wohl nicht damit ausgedrückt werden, daß der in einem Laden Angestellte auch außerhalb des Ladens zum Verkaufen und Empfangnehmen bevollmächtigt ist [...].“				
Art. 51 Wer die Waare und eine unquittirte Rechnung überbringt, gilt deshalb noch nicht für ermächtigt, die Zahlung zu empfangen. **Staub[1897]:** „Die Vorschrift ist als selbstverständlich gestrichen. Sie enthält auch nichts für den Handelsverkehr Eigenthümliches, und auch im Bürgerlichen Gesetzbuch ist eine entsprechende Bestimmung nicht für erforderlich gehalten worden. Aus dem § 370 B.G.B.[14] ergiebt sich übrigens der in Frage stehende Grundsatz von selbst (Denkschr. S. 57).“	–	–	§ 370	§ 370
Art. 52 (1) Durch das Rechtsgeschäft, welches ein Prokurist oder ein Handlungsbevollmächtigter gemäß der Prokura oder der Vollmacht im Namen des Prinzipals schließt, wird der letztere dem Dritten gegenüber berechtigt und verpflichtet. (2) Es ist gleichgültig, ob das Geschäft ausdrücklich im Namen des Prinzipals geschlossen worden ist, oder ob die Umstände ergeben, daß es nach dem Willen der Kontrahenten für den Prinzipal geschlossen werden sollte. (3) Zwischen dem Prokuristen oder Bevollmächtigten und dem Dritten erzeugt das Geschäft weder Rechte noch Verbindlichkeiten. **Staub[1897]:** „1. Diese Vorschrift, welche die direkte Stellvertretung zur Anerkennung bringt, wird durch § 164 B.G.B.[15] entbehrlich. [2. –5. ...]“			§ 164	§ 164
Art. 53 [Synopse → § 58] Der Prokurist oder der Handlungsbevollmächtigte kann ohne Einwilligung des Prinzipals seine Prokura oder Handlungsvollmacht auf einen Anderen nicht übertragen.	§§ 52, 58	§§ 52, 58	–	.

14 § 370 BGB ist unverändert.
15 § 164 BGB ist unverändert.

ADHGB1861 mit Staubs Supplement	HGB 2024	HGB 1897	BGB 2024	BGB 1896
Staub1897: „Der korrespondirende § 58 des neuen H.G.B. verbietet nur die Uebertragung der Handlungsvollmacht, die der Prokura wird durch § 52 Abs. 2 des neuen H.G.B. verboten.“				
Art. 54 [Synopse → § 52] (1) Die Prokura oder Handlungsvollmacht ist zu jeder Zeit widerruflich, unbeschadet der Rechte aus dem bestehenden Dienstverhältnisse. (2) Der Tod des Prinzipals hat das Erlöschen der Prokura oder Handlungsvollmacht nicht zur Folge. **Staub1897:** „1. Die jederzeitige Widerruflichkeit der Prokura ist im § 52 des neuen H.G.B. ausgesprochen, und zwar als zwingende Vorschrift. Bei der Handlungsvollmacht ist eine entsprechende Vorschrift in das neue H.G.B. nicht aufgenommen. Es bewendet daher hier bei der allgemeinen Vorschrift des § 168 B.G.B.,[16] Inhalts dessen die Widerruflichkeit der Vollmacht zwar Regel, aber nicht zwingende Vorschrift ist. Es ist also zulässig, die Unwiderruflichkeit für die Dauer des Verhältnisses zu vereinbaren. So werden z.B. stille Gesellschaftsverträge oft mit der Maßgabe geschlossen werden, daß der stille Socius für die Dauer des Vertragsverhältnisses Handlungsvollmacht hat. 2. Absatz 2 des vorliegenden Artikels ist hinsichtlich der Prokura im § 52 Abs. 3 des neuen H.G.B. enthalten. Hinsichtlich der Handlungsvollmacht ist er in das neue H.G.B. nicht übernommen. Infolgedessen greifen die Bestimmungen des B.G.B. Platz, wonach, wenn ein Auftrags- oder Dienstverhältniß zu Grunde liegt, das gleiche Ergebniß eintritt (§§ 168, 672, 685 B.G.B.[17]), wenn aber ein Gesellschaftsverhältniß zu Grunde liegt, mit der durch den Tod des Geschäftsinhabers bewirkten Auflösung die Handlungsvollmacht erlischt (§§ 168, 724 B.G.B.[18]).“	§ 52	§ 52	–	–
Art. 55 (1) Wer ein Handelsgeschäft als Prokurist oder als Handlungsbevollmächtigter schließt, ohne Prokura oder Handlungsvollmacht erhalten zu haben, ingleichen ein Handlungsbevollmächtigter, welcher bei Abschluß eines Geschäfts seine Vollmacht überschreitet, ist dem Dritten persönlich nach Handelsrecht verhaftet; der Dritte kann nach seiner Wahl ihn auf Schadensersatz oder Erfüllung belangen. (2) Diese Haftungspflicht tritt nicht ein, wenn der Dritte, ungeachtet er den Mangel der Prokura oder der Vollmacht	–	–	§ 179	§ 179

16 § 164 BGB ist unverändert.

17 §§ 168, 672, 685 BGB sind unverändert.

18 § 168 BGB ist unverändert. § 724 BGB idF. 1896: „Ist eine Gesellschaft für die Lebenszeit eines Gesellschafters eingegangen, so kann sie in gleicher Weise gekündigt werden wie eine für unbestimmte Zeit eingegangene Gesellschaft. Dasselbe gilt, wenn eine Gesellschaft nach dem Ablaufe der bestimmten Zeit stillschweigend fortgesetzt wird.“ § 724 BGB ist weggefallen durch Art. 1 Nr. 3 Gesetz v. 10.8.2021 (MoPeG), BGBl. 2021 I S. 3436, m.W.v. 1.1.2024.

ADHGB1861 mit Staubs Supplement	HGB 2024	HGB 1897	BGB 2024	BGB 1896
oder die Ueberschreitung der letzteren kannte, sich mit ihm eingelassen hat. **Staub1897:** „1. Die Vorschrift des vorliegenden Artikels über den falsus procurator ist gestrichen, weil das B.G.B. sie in § 179[19] übernommen und verallgemeinert hat, jedoch mit einigen Klarstellungen und Abweichungen: [...]. [2.–3. ...].“				
Art. 56 [Synopse → §§ 60, 61] (1) Ein Prokurist oder ein zum Betriebe eines ganzen Handelsgewerbes bestellter Handlungsbevollmächtigter darf ohne Einwilligung des Prinzipals weder für eigene Rechnung noch für Rechnung eines Dritten Handelsgeschäfte machen. (2) Eine Einwilligung des Prinzipals ist schon dann anzunehmen, wenn ihm bei Ertheilung der Prokura oder der Vollmacht bekannt war, daß der Prokurist oder Handlungsbevollmächtigte für eigene oder fremde Rechnung Handelsgeschäfte betreibe, und er die Aufgebung dieses Betriebes nicht bedungen hat. (3) [1]Uebertritt der Prokurist oder Handlungsbevollmächtigte diese Vorschrift, so kann der Prinzipal Ersatz des verursachten Schadens fordern. [2]Auch muß sich der Prokurist oder Handlungsbevollmächtigte auf Verlangen des Prinzipals gefallen lassen, daß die für seine Rechnung gemachten Geschäfte als für Rechnung des Prinzipals geschlossen angesehen werden. **Staub1897:** „Die Vorschrift ist für die Prokuristen und Handlungsbevollmächtigten als solche gestrichen, weil sie nur für Handlungsgehilfen passt.“	–	–	–	–
Sechster Titel **Von den Handlungsgehülfen**				
Art. 57 [Synopse → § 59] Die Natur der Dienste und die Ansprüche der Handlungsgehülfen (Handlungsdiener, Handlungslehrlinge) auf Gehalt und Unterhalt werden, in Ermangelung einer Uebereinkunft, durch den Ortsgebrauch oder durch das Ermessen des Gerichts, nöthigenfalls nach Einholung eines Gutachtens von Sachverständigen, bestimmt.	§ 59	§ 59	–	–

19 § 179 BGB ist unverändert.

ADHGB1861 mit Staubs Supplement	HGB 2024	HGB 1897	BGB 2024	BGB 1896
Staub1897: „Das Verhältniß der Vorschrift dieses Artikels zum neuen H.G.B. ist im Suppl. Theil I § 59 ausführlich dargelegt." [Suppl. Theil I § 59: **„Einleitung.** Der vorliegende Paragraph [§ 59 HGB] entspricht dem Art. 57 des alten H.G.B. Formell unterscheidet er sich von ihm mehrfach, sachlich nicht. Der hauptsächlichste formelle Unterschied besteht darin, daß er eine Definition des Begriffes Handlungsgehilfe giebt. [...]"]				
Art. 58 (1) Ein Handlungsgehülfe ist nicht ermächtigt, Rechtsgeschäfte im Namen und für Rechnung des Prinzipals vorzunehmen. (2) Wird er jedoch von dem Prinzipal zu Rechtsgeschäften in dessen Handelsgewerbe beauftragt, so finden die Bestimmungen über Handlungsbevollmächtigte Anwendung. **Staub1897:** „Dieser Artikel ist seiner Ueberflüssigkeit wegen gestrichen."	–	–	–	–
Art. 59 [Synopse → §§ 60, 61] (1) Ein Handlungsgehülfe darf ohne Einwilligung des Prinzipals weder für eigene Rechnung noch für Rechnung eines Dritten Handelsgeschäfte machen. (2) In dieser Beziehung kommen die für den Prokuristen und Handlungsbevollmächtigten geltenden Bestimmungen (Art. 56.) zur Anwendung. **Staub1897:** „Das Verhältniß dieses Artikels zum neuen H.G.B. ist im Suppl. Theil I zu §§ 60 u. 61 ausführlich dargelegt. [...]" [Suppl. Theil I zu § 60: „Die §§ 60–61 behandeln das Konkurrenzverbot während der Dauer des Dienstverhältnisses. Es ist dies dieselbe Materie, welche das geltende H.G.B. [Anm.: gemeint ist das ADHGB] in Art. 59 in Verbindung mit Art. 56 behandelt. – Der § 60 stellt zunächst das Verbot auf (Abs. 1) und giebt eine für die Auslegung werthvolle Vermuthung für das Vorhandensein der Einwilligung Abs. 2). [...]"] [Suppl. Theil I zu § 61: „Der vorliegende Paragraph behandelt die Folge der Verletzung des Konkurrenzverbots. Die Materie war früher in Art. 56 Abs. 3 behandelt. In Abs. 1 werden die aus der Verletzung entstehenden Ansprüche behandelt, in Abs. 2 eine Verjährung eingeführt. [...]"]	§§ 60, 61	§§ 60, 61	–	–
Art. 60 [Synopse → § 63 *(weggefallen)*] 1Ein Handlungsgehülfe, welcher durch unverschuldetes Unglück an Leistung seines Dienstes zeitweise verhindert wird, geht dadurch seiner Ansprüche auf Gehalt und Unterhalt nicht verlustig. 2Jedoch hat er auf diese	–	§ 63	–	–

ADHGB^{1861} mit Staubs Supplement	**HGB** 2024	**HGB** 1897	**BGB** 2024	**BGB** 1896
Vergünstigung nur für die Dauer von sechs Wochen Anspruch. **Staub^{1897}:** „Wie das neue H.G.B. diese Materie regelt, ist im Suppl. I zu § 63 auseinandergesetzt.“ [Suppl. I zu § 63: „Die Vorschrift des vorliegenden Paragraphen entspricht dem Art. 60 des alten H.G.B., enthält aber diesem gegenüber mannigfache Verbesserungen zu Gunsten der Handlungsgehilfen [...].“]				
Art. 61 [Synopse → § 66 *(weggefallen)*] (1) ^{1}Das Dienstverhältniß zwischen dem Prinzipal und dem Handlungsdiener kann von jedem Theile mit Ablauf eines jeden Kalendervierteljahrs nach vorgängiger sechswöchentlicher Kündigung aufgehoben werden. ^{2}Ist durch Vertrag eine kürzere oder längere Zeitdauer oder eine kürzere oder längere Kündigungsfrist bedungen, so hat es hiebei sein Bewenden. (2) In Betreff der Handlungslehrlinge ist die Dauer der Lehrzeit nach dem Lehrvertrage und in Ermangelung vertragsmäßiger Bestimmungen nach den örtlichen Verordnungen oder dem Ortsgebrauche zu beurtheilen. **Staub^{1897}:** „Die Vorschrift des vorliegenden Artikels ist im § 66 des neuen H.G.B. wiederholt, es sind aber außerdem Zwangskündigungsvorschriften eingeführt. [...].“	–	§ 66	–	–
Art. 62 [Synopse → § 70 *(weggefallen)*] (1) Die Aufhebung des Dienstverhältnisses vor der bestimmten Zeit (Art. 61.) kann aus wichtigen Gründen von jedem Theile verlangt werden. (2) Die Beurtheilung der Wichtigkeit der Gründe bleibt dem Ermessen des Richters überlassen. **Staub^{1897}:** „Die Vorschrift ist im § 70 des neuen H.G.B. wiederholt und noch ein Absatz 2 zur Klarstellung hinzugefügt. [...] Zugleich sollte durch die Fassung des § 70 klargestellt werden, daß die Auflösung des Dienstverhältnisses nicht erst durch den Richterspruch erfolgt, sondern daß sie in Folge der Kündigung ohne Weiteres eintritt, ‚sofern diese gerechtfertigt war‘ (Denkschr. S. 66). Wenn sie aber nicht gerechtfertigt war? Dann gilt hiernach das Dienstverhältniß als nicht aufgelöst, sodaß erst der Richterspruch den Zweifel löst, zwar nicht konstitutiv, aber doch deklarativ, und bis dahin ist die Frage in suspenso. Entscheidet nun der Richter, daß der Rücktritt unberechtigt war, so besteht das Dienstverhältniß fort, außer wenn auch der andere Theil zurückgetreten ist. [...].“	–	§ 70	–	–

ADHGB[1861] mit Staubs Supplement	HGB 2024	HGB 1897	BGB 2024	BGB 1896
Art. 63 [Synopse → § 71 *(weggefallen)*] Gegen den Prinzipal kann insbesondere die Aufhebung des Dienstverhältnisses ausgesprochen werden, wenn derselbe den Gehalt oder den gebührenden Unterhalt nicht gewährt, oder wenn er sich thätlicher Mißhandlungen oder schwerer Ehrverletzungen gegen den Handlungsgehülfen schuldig macht. **Staub[1897]:** „Dieser Vorschrift entspricht § 71 des neuen H.G.B. […].“	–	§ 71	–	–
Art. 64 [Synopse → § 72 *(weggefallen)*] Gegen den Handlungsgehülfen kann insbesondere die Aufhebung des Dienstverhältnisses ausgesprochen werden: 1) wenn derselbe im Dienste untreu ist oder das Vertrauen mißbraucht; 2) wenn derselbe ohne Einwilligung des Prinzipals für eigene Rechnung oder für Rechnung eines Dritten Handelsgeschäfte macht; 3) wenn derselbe seine Dienste zu leisten verweigert oder ohne einen rechtmäßigen Hinderungsgrund während einer den Umständen nach erheblichen Zeit unterläßt; 4) wenn derselbe durch anhaltende Krankheit oder Kränklichkeit oder durch eine längere Freiheitsstrafe oder Abwesenheit an Verrichtung seiner Dienste verhindert wird; 5) wenn derselbe sich thätlicher Mißhandlungen oder erheblicher Ehrverletzungen gegen den Prinzipal schuldig macht; 6) wenn derselbe sich einem unsittlichen Lebenswandel ergiebt. **Staub[1897]:** „Dieser Vorschrift entspricht § 72 des neuen H.G.B. […]“	–	§ 72	–	–
Art. 65 [Synopse → § 83] Hinsichtlich der Personen, welche bei dem Betriebe des Handelsgewerbes Gesindedienste verrichten, hat es bei den für das Gesindedienstverhältniß geltenden Bestimmungen sein Bewenden. **Staub[1897]:** „Die Vorschrift entspricht § 83 des neuen H.G.B.“	§ 83	§ 83	–	–

ADHGB[1861] mit Staubs Supplement	HGB 2024	HGB 1897	BGB 2024	BGB 1896
Siebenter Titel **Von den Handelsmäklern oder Sensalen**[20]				
Art. 66 [Synopse → § 93] (1) Die Handelsmäkler (Sensale) sind amtlich bestellte Vermittler für Handelsgeschäfte. (2) Sie leisten vor Antritt ihres Amtes den Eid, daß sie die ihnen obliegenden Pflichten getreu erfüllen wollen. **Staub[1897]:** „Der Titel des alten H.G.B. ‚Von den Handelsmäklern und Sensalen' handelt lediglich von den amtlichen Handelsmaklern. Diese fallen am 1. Januar 1900 weg. Damit wird der ganze vorliegende Titel (Art. 66–84) obsolet [...]. Das neue H.G.B. kennt nur noch Privathandelsmakler, bezeichnet diese mit dem Namen Handelsmakler und widmet ihnen einen ganzen Abschnitt (§§ 93 ff.). Die Vermittlungsthätigkeit der Handelsmakler ist hiernach überall ihres amtlichen Charakters entkleidet. Damit ist jedoch nicht gesagt, daß die nunmehrigen Handelsmakler nicht in anderer Hinsicht offizielle Thätigkeiten ausüben können. [...]. Aber ihre vermittelnde Thätigkeit hat privaten Charakter, und deshalb giebt es eben, wie gesagt, nur private Handelsmakler. [...]."	–	–	–	–
Art. 67 [Synopse → §§ 93, 97] (1) Die Handelsmäkler vermitteln für Auftraggeber Käufe und Verkäufe über Waaren, Schiffe, Wechsel, inländische und ausländische Staatspapiere, Aktien und andere Handelspapiere, ingleichen Verträge über Versicherungen, Bodmerei, Befrachtung und Miethe von Schiffen, sowie über Land- und Wassertransporte und andere den Handel betreffende Gegenstände. (2) Durch die übertragene Geschäftsvermittlung ist ein Handelsmäkler noch nicht als bevollmächtigt anzusehen, eine Zahlung oder eine andere im Vertrage bedungene Leistung in Empfang zu nehmen.	§§ 93, 97	§§ 93, 97	–	–
Art. 68 Die Anstellung der Handelsmäkler geschieht entweder im Allgemeinen für alle Arten von Mäklergeschäften oder nur für einzelne Arten derselben.	–	–	–	–

20 Der siebente Titel des ersten Buchs des ADHGB ist in der vergleichenden Darstellung in Staub[1897] (Supplement Theil II) nicht enthalten, sondern Staub kommentierte im Supplement Theil I wegen des vorgezogenen Inkrafttretens des Rechts der Handlungsgehilfen diesen Abschnitt ausgehend vom HGB von 1897.

ADHGB[1861] mit Staubs Supplement	HGB 2024	HGB 1897	BGB 2024	BGB 1896
Art. 69 Die Handelsmäkler haben insbesondere folgende Pflichten: 1) sie dürfen für eigene Rechnung keine Handelsgeschäfte machen, weder unmittelbar noch mittelbar, auch nicht als Kommissionäre, sie dürfen für die Erfüllung der Geschäfte, welche sie vermitteln, sich nicht verbindlich machen oder Bürgschaft leisten, alles dies unbeschadet der Gültigkeit der Geschäfte; 2) sie dürfen zu keinem Kaufmann in dem Verhältnisse eines Prokuristen, Handlungsbevollmächtigten oder Handlungsgehülfen stehen; 3) sie dürfen sich nicht mit anderen Handelsmäklern zu einem gemeinschaftlichen Betriebe der Mäklergeschäfte oder eines Theils derselben vereinigen; zur gemeinschaftlichen Vermittlung einzelner Geschäfte sind sie unter Zustimmung der Auftraggeber befugt; 4) sie müssen die Mäklerverrichtungen persönlich betreiben und dürfen sich zur Abschließung der Geschäfte eines Gehülfen nicht bedienen; 5) sie sind zur Verschwiegenheit über die Aufträge, Verhandlungen und Abschlüsse verpflichtet, soweit nicht das Gegentheil durch die Parteien bewilligt oder durch die Natur des Geschäfts geboten ist; 6) sie dürfen zu keinem Geschäfte die Einwilligung der Parteien oder deren Bevollmächtigten anders annehmen, als durch ausdrückliche und persönliche Erklärung; es ist den Mäklern weder erlaubt, von Abwesenden Aufträge zu übernehmen, noch sich zur Vermittlung eines Unterhändlers zu bedienen.	–	–	–	–
Art. 70 Handelsmäklern, welche Schiffsmäkelei betreiben, kann gestattet werden, den Schiffern im Einziehen und Vorschießen der Frachten und Unkosten als Abrechner oder in anderer ortsüblicher Weise Hülfsdienste zu leisten.	–	–	–	–
Art. 71 [Synopse → § 100] (1) [1]Der Handelsmäkler muß außer seinem Handbuche ein Tagebuch führen, in welches letztere alle abgeschlossenen Geschäfte täglich einzutragen sind. [2]Das Eingetragene hat er täglich zu unterzeichnen. (2) Das Tagebuch muß vor dem Gebrauche Blatt für Blatt mit fortlaufenden Zahlen bezeichnet und der vorgesetzten Behörde zur Beglaubigung der Zahl der Blätter vorgelegt werden.	§ 100	§ 100	–	–

ADHGB^{1861} mit Staubs Supplement	HGB 2024	HGB 1897	BGB 2024	BGB 1896
Art. 72 [Synopse → § 100] (1) Die Eintragungen in das Tagebuch müssen die Namen der Kontrahenten, die Zeit des Abschlusses, die Bezeichnung des Gegenstandes und die Bedingungen des Geschäfts, insbesondere bei Verkäufen von Waaren die Gattung und Menge derselben, sowie den Preis und die Zeit der Lieferung enthalten. (2) Die Eintragungen müssen in deutscher Sprache, oder, sofern die Geschäftssprache des Ortes eine andere ist, in dieser geschehen; sie müssen nach Ordnung des Datums und ohne leere Zwischenräume erfolgen. (3) Die Bestimmungen über die Einrichtung der Handelsbücher (Art. 32.) finden auch auf das Tagebuch des Mäklers Anwendung.	§ 100	§ 100	–	–
Art. 73 [Synopse → § 94] (1) Der Handelsmäkler muß ohne Verzug nach Abschluß des Geschäfts jeder Partei eine von ihm unterzeichnete Schlußnote, welche die in dem vorhergehenden Artikel als Gegenstand der Eintragung bezeichneten Thatsachen enthält, zustellen. (2) Bei Geschäften, welche nicht sofort erfüllt werden sollen, ist die Schlußnote den Parteien zu ihrer Unterschrift zuzustellen und jeder Partei das von der anderen unterschriebene Exemplar zu übersenden. (3) Verweigert eine Partei die Annahme oder Unterschrift der Schlußnote, so muß der Handelsmäkler davon der anderen Partei ohne Verzug Anzeige machen.	§ 94	§ 94	–	–
Art. 74 [Synopse → § 101] Der Handelsmäkler ist verpflichtet, den Parteien zu jeder Zeit auf Verlangen beglaubigte Auszüge aus dem Tagebuche zu geben, die Alles enthalten müssen, was von dem Mäkler in Ansehung des die Parteien angehenden Geschäfts eingetragen ist.	§ 101	§ 101	–	–
Art. 75 Wenn ein Handelsmäkler stirbt oder aus dem Amte scheidet, so ist sein Tagebuch bei der Behörde niederzulegen.	–	–	–	–
Art. 76 (1) Der Abschluß eines durch Handelsmäkler vermittelten Vertrages ist von der Eintragung desselben in das Tagebuch oder von der Aushändigung der Schlußnoten unabhängig.	–	–	–	–

ADHGB^{1861} mit Staubs Supplement	HGB 2024	HGB 1897	BGB 2024	BGB 1896
(2) Diese Thatsachen dienen nur zum Beweise des abgeschlossenen Vertrages.				
Art. 77 (1) Das ordnungsmäßig geführte Tagebuch, sowie die Schlußnoten eines Handelsmäklers liefern in der Regel den Beweis für den Abschluß des Geschäfts und dessen Inhalt. (2) Jedoch hat der Richter nach seinem durch die Erwägung aller Umstände geleiteten Ermessen zu entscheiden, ob dem Inhalte des Tagebuchs und der Schlußnoten ein geringeres Gewicht beizulegen, ob die eidliche Bestärkung durch den Mäkler oder andere Beweise zu fordern, ob insbesondere die Weigerung einer Partei, die Schlußnote anzunehmen oder zu unterzeichnen, für [die] Beurtheilung der Sache von Erheblichkeit sei.	–	–	–	–
Art. 78 Das Tagebuch eines Handelsmäklers, bei dessen Führung Unregelmäßigkeiten vorgefallen sind, kann als Beweismittel nur insoweit berücksichtigt werden, als dieses nach der Art und Bedeutung der Unregelmäßigkeiten, sowie nach Lage der Sache als geeignet erscheint.	–	–	–	–
Art. 79 [Synopse → § 102] (1) Im Laufe eines Rechtsstreits kann der Richter, selbst ohne Antrag einer Partei, die Vorlegung des Tagebuchs verordnen, um dasselbe einzusehen und mit der Schlußnote, den Auszügen und anderen Beweismitteln zu vergleichen. (2) Die Vorschrift des Art. 39. findet auch in Bezug auf die Vorlegung des Tagebuchs Anwendung.	§ 102	§ 102	–	–
Art. 80 [Synopse → § 96] Der Handelsmäkler muß, sofern nicht die Parteien ihm dieses erlassen haben oder der Ortsgebrauch mit Rücksicht auf die Gattung der Waare davon entbindet, von jeder durch seine Vermittelung nach Probe verkauften Waare die Probe, nachdem er dieselbe behufs der Wiedererkennung gezeichnet hat, so lange aufbewahren, bis die Waare ohne Einwendung gegen ihre Beschaffenheit angenommen, oder das Geschäft in anderer Weise erledigt ist.	§ 96	§ 96	–	–
Art. 81 [Synopse → § 98] Jedes Verschulden des Handelsmäklers berechtigt die dadurch beschädigte Partei, Schadloshaltung von ihm zu fordern.	§ 98	§ 98	–	–

ADHGB[1861] mit Staubs Supplement	HGB 2024	HGB 1897	BGB 2024	BGB 1896
Art. 82 (1) Der Handelsmäkler hat die Mäklergebühr (Sensarie) zu fordern, sobald das Geschäft geschlossen und, wenn es ein bedingtes war, unbedingt geworden und von ihm seiner Verpflichtung wegen Zustellung der Schlußnoten Genüge geschehen ist, unbeschadet anderweiter Bestimmung durch örtliche Verordnungen oder durch Ortsgebrauch. (2) Ist das Geschäft nicht zum Abschlusse gekommen, oder nicht zu einem unbedingten geworden, so kann für die Unterhandlungen keine Mäklergebühr gefordert werden. (3) Der Betrag der Mäklergebühr wird durch örtliche Verordnungen geregelt; in Ermangelung derselben entscheidet der Ortsgebrauch.	–	–	–	–
Art. 83 [Synopse → § 99] Ist unter den Parteien nichts darüber vereinbart, wer die Mäklergebühr bezahlen soll, so ist dieselbe in Ermangelung örtlicher Verordnungen oder eines Ortsgebrauchs von jeder Partei zur Hälfte zu entrichten.	§ 99	§ 99	–	–
Art. 84 [Synopse → § 103] (1) Ueber die Anstellung der Handelsmäkler und über die Bestrafung der von ihnen im Berufe begangenen Pflichtverletzungen das Erforderliche zu bestimmen, bleibt den Landesgesetzen überlassen. (2) Den Landesgesetzen bleibt vorbehalten, die Vorschriften dieses Titels nach Maaßgabe der örtlichen Bedürfnisse zu ergänzen; es kann insbesondere den Handelsmäklern das ausschließliche Recht zur Vermittelung von Handelsgeschäften beigelegt werden. (3) Auch kann in den Landesgesetzen oder in örtlichen Verordnungen der in diesem Titel den Handelsmäklern zugewiesene Kreis von Amtsverrichtungen und Befugnissen (Art. 67. 70.) oder der Umfang ihrer Pflichten (Art. 69.) erweitert oder eingeschränkt werden.	§ 103	§ 103	–	–

ADHGB1861 mit Staubs Supplement	HGB 2024	HGB 1897	BGB 2024	BGB 1896

Zweites Buch
Von den Handelsgesellschaften
Erster Titel
Von der offenen Handelsgesellschaft
Erster Abschnitt
Von der Errichtung der Gesellschaft

Art. 85 [Synopse → § 105]	§ 105	§ 105	–	–

(1) Eine offene Handelsgesellschaft ist vorhanden, wenn zwei oder mehrere Personen ein Handelsgewerbe unter gemeinschaftlicher Firma betreiben und bei keinem der Gesellschafter die Betheiligung auf Vermögenseinlagen beschränkt ist.
(2) Zur Gültigkeit des Gesellschaftsvertrages bedarf es der schriftlichen Abfassung oder anderer Förmlichkeiten nicht.

Staub1897:
„**Vorbemerkung.** Die Handelsgesellschaften und die stillen Gesellschaften werden im neuen H.G.B. in einem und demselben Buche behandelt. Die Gelegenheitsgesellschaft ist aus dem H.G.B. gestrichen.
1. (Abs. 1.) Die Definition der offenen Handelsgesellschaft ist im neuen H.G.B. klarer und schärfer gegeben (§ 105). Es ist einmal in zutreffender Weise statt der Betheiligung auf Vermögenseinlagen die Haftung gegenüber den Gesellschaftsgläubigern als dasjenige Moment hingestellt, welche nicht beschränkt werden darf [...]. Ferner aber ist hervorgehoben, daß die offene Handelsgesellschaft eine Gesellschaft ist, womit zum Ausdruck gebracht werden sollte, daß nicht, wie dies von ‚einzelnen Seiten angenommen wird' [...] ‚die o. H.G. als ein Verhältniß betrachtet werden kann, durch das ohne Rücksicht auf die zu Grunde liegenden inneren Beziehungen der Betheiligten lediglich die Haftung für die Schulden eines unter gemeinschaftlicher Firma betriebenen Handelsgewerbes geregelt wird' (Denkschr. S. 86). Gleichzeitig ist damit der Gedanke, daß die o. H.G. eine juristische Person sei, endgiltig beseitigt [...].
2. (Abs. 2) Die Formfreiheitsvorschrift ist weggefallen, weil schon nach dem B.G.B. Formfreiheit herrscht. Damit sind allerdings auch die ausnahmsweisen Formvorschriften des Bürgerlichen Gesetzbuchs für das H.G.B. anwendbar, [...].
3. (Abs. 3) Hinzugefügt ist im § 105 des neuen H.G.B. die Vorschrift, daß subsidiär die Bestimmungen des B.G.B. über die Gesellschaft Platz greifen. Das wird jetzt größere Bedeutung haben, weil eine Reihe wichtiger Rechtssätze aus dem Gesellschaftsrechte des H.G.B. in das Bürgerliche Gesetzbuch hinübergenommen ist, wie im Folgenden noch gezeigt werden wird."

Art. 86 [Synopse → § 106].	§ 106	§ 106	–	–

(1) Die Errichtung einer offenen Handelsgesellschaft ist von den Gesellschaftern bei dem Handelsgerichte, in dessen Bezirk die Gesellschaft ihren Sitz hat, und bei jedem Handelsgerichte, in dessen Bezirk sie eine Zweignieder-

ADHGB^{1861} mit Staubs Supplement	HGB 2024	HGB 1897	BGB 2024	BGB 1896
lassung hat, behufs der Eintragung in das Handelsregister anzumelden. (2) Die Anmeldung muß enthalten: 1) den Namen, Vornamen, Stand und Wohnort jedes Gesellschafters; 2) die Firma der Gesellschaft und den Ort, wo sie ihren Sitz hat; 3) den Zeitpunkt, mit welchem die Gesellschaft begonnen hat; 4) im Falle vereinbart ist, daß nur einer oder einige der Gesellschafter die Gesellschaft vertreten sollen, die Angabe, welcher oder welche dazu bestimmt sind, ingleichen, ob das Recht nur in Gemeinschaft ausgeübt werden soll. **Staub^{1897}:** „Die Vorschrift ist wiedergegeben im § 106 des neuen H.G.B., jedoch mit Rücksicht auf die allgemeinen Vorschriften der §§ 12–14 des neuen H.G.B. in vereinfachter Form. Die Anmeldungen wegen der Vertretung der Gesellschaft sind in anderem Zusammenhange angeordnet (§ 125 des neuen H.G.B.).“				
Art. 87 [Synopse → § 106] (1) Wenn die Firma einer bestehenden Gesellschaft geändert oder der Sitz der Gesellschaft an einen anderen Ort verlegt wird, oder wenn neue Gesellschafter in dieselbe eintreten, oder wenn einem Gesellschafter die Befugniß, die Gesellschaft zu vertreten (Art. 86 Ziff. 4.), nachträglich ertheilt, oder wenn eine solche Befugniß aufgehoben wird, so sind diese Thatsachen bei dem Handelsgerichte behufs der Eintragung in das Handelsregister anzumelden. (2) Bei der Aenderung der Firma, bei der Verlegung des Sitzes der Gesellschaft und bei der Aufhebung der Vertretungsbefugniß richtet sich die Wirkung gegen Dritte in den Fällen der geschehenen oder der nicht geschehenen Eintragung und Bekanntmachung nach den Bestimmungen des Art. 25. **Staub^{1897}:** „Das neue H.G.B. giebt die Vorschrift im § 107, jedoch in vereinfachter Form. […]“	§ 106	§ 107	–	–
Art. 88 [Synopse → § 106] (1) ^{1}Die Anmeldungen (Artikel 86. 87.) müssen von allen Gesellschaftern persönlich vor dem Handelsgerichte unterzeichnet oder in beglaubigter Form eingereicht	§ 107	§ 108	–	–

ADHGB^{1861} mit Staubs Supplement	HGB 2024	HGB 1897	BGB 2024	BGB 1896
werden. ^{2}Sie sind ihrem ganzen Inhalte nach in das Handelsregister einzutragen. (2) Die Gesellschafter, welche die Gesellschaft vertreten sollen, haben die Firma nebst ihrer Namensunterschrift persönlich vor dem Handelsgerichte zu zeichnen oder die Zeichnung derselben in beglaubigter Form einzureichen. **Staub^{1897}:** „Die Vorschrift korrespondirt mit § 108 des neuen H.G.B. […]. Wie der Gesellschafter die Firma zu zeichnen hat, besonders bei Kollektivvertretungen […], ist auch im neuen H.G.B. nicht gesagt."				
Art. 89 Das Handelsgericht hat die Betheiligten zur Befolgung der vorstehenden Anordnungen (Art. 86. bis 88.) von Amtswegen durch Ordnungsstrafen anzuhalten. **Staub^{1897}:** „Diese Vorschrift ist mit Rücksicht auf die allgemeine Vorschrift des § 14 im neuen H.G.B. gestrichen."	§ 14	§ 14	–	–
Zweiter Abschnitt **Von dem Rechtsverhältniß der Gesellschafter unter einander**				
Art. 90 [Synopse → § 108] (1) Das Rechtsverhältniß der Gesellschafter unter einander richtet sich zunächst nach dem Gesellschaftsvertrage. (2) Soweit über die in den nachfolgenden Artikeln dieses Abschnitts berührten Punkte keine Vereinbarung getroffen ist, kommen die Bestimmungen dieser Artikel zur Anwendung. **Staub^{1897}:** „Die Vorschrift ist im § 109 des neuen H.G.B. wiederholt."	§ 108	§ 109	–	–
Art. 91 (1) Wenn Geld oder andere verbrauchbare oder vertretbare Sachen, oder wenn unverbrauchbare oder unvertretbare Sachen nach einer Schätzung, die nicht blos zum Zweck der Gewinnvertheilung geschieht, in die Gesellschaft eingebracht werden, so werden diese Gegenstände Eigenthum der Gesellschaft. (2) Im Zweifel wird angenommen, daß die in das Inventar der Gesellschaft mit der Unterschrift sämmtlicher Gesellschafter eingetragenen, bis dahin einem Gesellschafter gehörigen, beweglichen oder unbeweglichen Sachen Eigenthum der Gesellschaft geworden sind.	–	–	§ 709	§ 706 Abs. 2

ADHGB^{1861} mit Staubs Supplement	HGB 2024	HGB 1897	BGB 2024	BGB 1896
Staub^{1897}: „Die Vorschrift dieses Artikels ist gestrichen. Absatz 1 ist in das B.G.B. § 706 Abs. 2[21] übernommen, und zwar in verbesserter Form. Denn während das H.G.B. scheinbar an die Thatsache des Einbringens den Eigenthumsübergang knüpft [...], beschränkt sich das B.G.B. auf eine Auslegungsregel über die Bedeutung des Versprechens, einen Gegenstand einzubringen. Dadurch tritt klarer hervor, daß es zum Eigenthumsübergang noch eines besonderen Rechtsaktes bedarf. Absatz 2 ist in das B.G.B. nicht übernommen, weil er angesichts der freien Ueberzeugungstheorie, welche den modernen Civilprozeß beherrscht, entbehrlich erschien (Denkschr. S. 88). Die in unserem Exkurse (Komm. § 6 zu Art. 91) entwickelte Theorie vom Eigenthum zur gesammten Hand gilt auch für das neue Gesellschaftsrecht. Denn durch die §§ 718 und 719 B.G.B.[22] sind die Rechte der Gesellschafter am Gesellschaftsvermögen als Eigenthum zur gesammten Hand konstruirt, wie dies ausgesprochenermaßen die Absicht des Gesetzbuchs war (Denkschr. S. 97).“				
Art. 92 Ein Gesellschafter ist nicht verpflichtet, die Einlage über den vertragsmäßigen Betrag zu erhöhen, oder die durch Verlust verminderte Einlage zu ergänzen. **Staub^{1897}:** „Die Vorschrift ist gestrichen, weil sie der Sache nach mit § 707 B.G.B.[23] übereinstimmt.“			§ 710	§ 707
Art. 93 (1) Für die Auslagen, welche ein Gesellschafter in Gesellschaftsangelegenheiten macht, für die Verbindlichkeiten, welche er wegen derselben übernimmt, und für die Verluste, welche er unmittelbar durch seine Geschäftsführung, oder aus Gefahren, welche von derselben unzertrennlich sind, erleidet, ist ihm die Gesellschaft verhaftet.	§ 119 Abs. 1	§ 110 Abs. 2	(§ 716 Abs. 1)	–

21 **§ 706 BGB idF. 1896:** „[1] Die Gesellschafter haben in Ermangelung einer anderen Vereinbarung gleiche Beiträge zu leisten. [2] Sind vertretbare oder verbrauchbare Sachen beizutragen, so ist im Zweifel anzunehmen, daß sie gemeinschaftliches Eigenthum der Gesellschafter werden sollen. Das Gleiche gilt von nicht vertretbaren und nicht verbrauchbaren Sachen, wenn sie nach einer Schätzung beizutragen sind, die nicht blos für die Gewinnvertheilung bestimmt ist. [3] Der Beitrag eines Gesellschafters kann auch in der Leistung von Diensten bestehen.“ § 706 Abs. 2 ist weggefallen durch Art. 1 Nr. 3 Gesetz v. 10.8.2021 (MoPeG), BGBl. 2021 I S. 3436, m.W.v. 1.1.2024, s. RegE-MoPeG, BT-Drs. 19/27635, S. 142: „Von einer Auslegungsregel nach dem Vorbild von § 706 Absatz 2 BGB wird mangels Regelungsbedarfs abgesehen.“

22 **§ 718 BGB idF. 1896:** „[1] Die Beiträge der Gesellschafter und die durch die Geschäftsführung für die Gesellschaft erworbenen Gegenstände werden gemeinschaftliches Vermögen der Gesellschafter (Gesellschaftsvermögen). [2] Zu dem Gesellschaftsvermögen gehört auch, was auf Grund eines zu dem Gesellschaftsvermögen gehörenden Rechtes oder als Ersatz für die Zerstörung, Beschädigung oder Entziehung eines zu dem Gesellschaftsvermögen gehörenden Gegenstandes erworben wird.“ **§ 719 BGB idF. 1896:** „[1] Ein Gesellschafter kann nicht über seinen Antheil an dem Gesellschaftsvermögen und an den einzelnen dazu gehörenden Gegenständen verfügen; er ist nicht berechtigt, Theilung zu verlangen. [2] Gegen eine Forderung, die zum Gesellschaftsvermögen gehört, kann der Schuldner nicht eine ihm gegen einen einzelnen Gesellschafter zustehende Forderung aufrechnen.“ §§ 718 und 719 BGB sind weggefallen durch Art. 1 Nr. 3 Gesetz v. 10.8.2021 (MoPeG), BGBl. 2021 I S. 3436, m.W.v. 1.1.2024.

23 Jetzt § 710 BGB.

ADHGB1861 mit Staubs Supplement	HGB 2024	HGB 1897	BGB 2024	BGB 1896
(2) Von den vorgeschossenen Geldern kann er Zinsen fordern, vom Tage des geleisteten Vorschusses an gerechnet. (3) Für die Bemühungen bei dem Betriebe der Gesellschaftsgeschäfte steht dem Gesellschafter ein Anspruch auf Vergütung nicht zu. **Staub1897:** „Die Absätze 1 und 2 sind im § 110 des neuen H.G.B. wiederholt. Dabei ist sachgemäß nicht von Auslagen, die ein Gesellschafter „macht", sondern von solchen gesprochen, die er den Umständen nach für erforderlich halten darf. Das ist die richtige Grenze. Absatz 3 ist nicht wiedergegeben. Dem Gesetzgeber erschien die Vorschrift zu hart: soweit es sich um Dienste handelt, zu denen der Gesellschafter kraft eines besonderen Berufs befähigt ist, erscheint ein allgemeiner Ausschluß jedes Vergütungsanspruchs nicht gerechtfertigt (Denkschr. S. 90). [...]."				
Art. 94 (1) Jeder Gesellschafter ist verpflichtet, in den Angelegenheiten der Gesellschaft den Fleiß und die Sorgfalt anzuwenden, welche er in seinen eigenen Angelegenheiten anzuwenden pflegt. (2) [1]Er haftet der Gesellschaft für den Schaden, welcher ihr durch sein Verschulden entstanden ist. [2]Er kann gegen diesen Schaden nicht die Vortheile aufrechnen, welche er der Gesellschaft in anderen Fällen durch seinen Fleiß verschafft hat. **Staub1897:** „Die Vorschrift des Absatzes 1 ist durch § 708 B.G.B.[24] ersetzt, die des Absatzes 2 ist als selbstverständlich gestrichen."	–	–	–	§ 708
Art. 95 [Synopse → § 119] (1) Ein Gesellschafter, welcher seine Geldeinlage nicht zur rechten Zeit einzahlt, oder eingenommene Gesellschaftsgelder nicht zur rechten Zeit an die Gesellschaftskasse abliefert, oder unbefugt Gelder aus der Gesellschaftskasse für sich entnimmt, ist von Rechtswegen zur Entrichtung von Zinsen seit dem Tage verpflichtet, an welchem die Zahlung oder die Ablieferung hätte geschehen sollen oder die Herausnahme des Geldes erfolgt ist.	§ 119 Abs. 2	§ 111	–	–

24 **§ 708 BGB idF. 1896:** „Ein Gesellschafter hat bei der Erfüllung der ihm obliegenden Verpflichtungen nur für diejenige Sorgfalt einzustehen, welche er in eigenen Angelegenheiten anzuwenden pflegt." § 708 ist weggefallen durch Art. 1 Nr. 3 Gesetz v. 10.8.2021 (MoPeG), BGBl. 2021 I S. 3436, m.W.v. 1.1.2024, s. RegE-MoPeG, BT-Drs. 19/27635, S. 108: „Deswegen entfallen (sic) die in dem geltenden § 708 BGB vorgesehene Haftungsprivilegierung im Innenrechtsverhältnis."

ADHGB^{1861} mit Staubs Supplement	HGB 2024	HGB 1897	BGB 2024	BGB 1896
(2) Die Verpflichtung zum Ersatz des etwa entstandenen größeren Schadens und die übrigen rechtlichen Folgen der Handlung werden hierdurch nicht ausgeschlossen. **Staub^{1897}:** „Die Vorschrift ist im § 111 des neuen H.G.B. wiederholt, mit Weglassung der letzten Worte, wonach die übrigen rechtlichen Folgen der Handlung nicht ausgeschlossen werden, weil dies selbstverständlich ist (Denkschr. S. 90).“				
Art. 96 [Synopse → § 117] (1) Ein Gesellschafter darf ohne Genehmigung der anderen Gesellschafter weder in dem Handelszweige der Gesellschaft für eigene Rechnung oder für Rechnung eines Dritten Geschäfte machen, noch an einer anderen gleichartigen Handelsgesellschaft als offener Gesellschafter Theil nehmen. (2) Eine Genehmigung der Theilnahme an einer anderen gleichartigen Handelsgesellschaft ist schon dann anzunehmen, wenn den übrigen Gesellschaftern bei Eingehung der Gesellschaft bekannt war, daß der Gesellschafter an jener Handelsgesellschaft als offener Gesellschafter Theil nehme, und gleichwohl das Aufgeben der Theilnahme nicht ausdrücklich bedungen worden ist. **Staub^{1897}:** „Die Vorschrift ist im § 112 des neuen H.G.B. sachlich unverändert wiedergegeben. […]“	§ 117	§ 112	–	–
Art. 97 [Synopse → § 118] (1) Ein Gesellschafter, welcher den vorstehenden Bestimmungen zuwiderhandelt, muß sich auf Verlangen der Gesellschaft gefallen lassen, daß die für seine Rechnung gemachten Geschäfte als für Rechnung der Gesellschaft geschlossen angesehen werden; auch kann die Gesellschaft statt dessen den Ersatz des entstandenen Schadens fordern: alles dieses unbeschadet des Rechts, die Auflösung des Gesellschaftsvertrags in den geeigneten Fällen herbeizuführen. (2) Das Recht der Gesellschaft, in ein von dem Gesellschafter für eigene Rechnung gemachtes Geschäft einzutreten oder Schadensersatz zu fordern, erlischt nach drei Monaten, von dem Zeitpunkte an gerechnet, in welchem die Gesellschaft von dem Abschlusse des Geschäfts Kenntniß erhalten hat.	§ 118	§ 113	–	–

ADHGB1861 mit Staubs Supplement	HGB 2024	HGB 1897	BGB 2024	BGB 1896
Staub1897: „Die Vorschrift ist im § 113 des neuen H.G.B. wiedergegeben, jedoch mit Klarstellungen und Abweichungen: 1. Der Absatz 1 ist sachlich unverändert. Er stellt nur, ähnlich wie § 61 des neuen H.G.B., den Umfang des Eintrittsrechts klar. Hinzugefügt ist, gleichfalls zum Zwecke der Klarstellung, daß über die Geltendmachung der Ansprüche die übrigen Gesellschafter zu beschließen haben, wie wir dies auch für das frühere Recht angenommen hatten [...]. 2. Der Absatz 2 ist verändert: alle Ansprüche sollen jetzt verjähren, und zwar in 3 Monaten seit Kenntniß und ohne Rücksicht auf diese in 5 Jahren. Die Frist ist jetzt eine Verjährung, nicht, wie früher, eine Präklusivfrist [...]. Die Kenntniß müssen jetzt alle Gesellschafter erlangt haben. Im früheren Recht war dies streitig [...]. 3. Ob die Gesellschafter eine Klage auf Unterlassung pro futuro und ob sie einen Anspruch auf Rechnungslegung haben [...], ist auch im neuen H.G.B. nicht gesagt. Es dürfte Beides zu bejahen sein. Auch die Rechtsgiltigkeit des Geschäfts ist nach wie vor nicht in Frage gestellt. Das ist jetzt durch die Worte ‚darf nicht' ausgedrückt. Hätte die Rechtsgiltigkeit ausgeschlossen werden sollen, so hätte das Gesetzbuch ‚kann nicht' gesagt [...]."				
Art. 98 (1) Ein Gesellschafter kann ohne die Einwilligung der übrigen Gesellschafter keinen Dritten in die Gesellschaft aufnehmen. (2) Wenn ein Gesellschafter einseitig einen Dritten an seinem Antheile betheiligt oder seinen Antheil an denselben abtritt, so erlangt dieser gegen die Gesellschaft unmittelbar keine Rechte; er ist insbesondere zur Einsicht der Handelsbücher und Papiere der Gesellschaft nicht berechtigt. **Staub1897:** „Die Vorschrift ist in das neue H.G.B. nicht aufgenommen, die Materie ist im § 717 B.G.B.[25] geregelt, und zwar in zweckentsprechenderer Weise, indem gleichzeitig [...] klargestellt ist, daß die Ansprüche auf Gewinnzahlung und auf das, was dem Gesellschafter bei der Auseinandersetzung zukommt, cedirbar sind."	–	–	§ 711a	§ 717 S. 1
Art. 99 Wenn die Geschäftsführung in dem Gesellschaftsvertrage einem oder mehreren der Gesellschafter übertragen ist, so schließen diese die übrigen Gesellschafter von der Geschäftsführung aus; sie sind berechtigt, ungeachtet des Widerspruchs der übrigen Gesellschafter, alle Handlungen vorzunehmen, welche der gewöhnliche Betrieb des Handelsgewerbes der Gesellschaft mit sich bringt.	§ 116	§§ 114, 115	–	–

25 Jetzt § 711a BGB.

ADHGB1861 mit Staubs Supplement	HGB 2024	HGB 1897	BGB 2024	BGB 1896
Staub1897: „Die Vorschrift ist in den §§ 115[26] und 114[27] des neuen H.G.B. enthalten. […]“				
Art. 100 [Synopse → § 116] (1) Wenn die Geschäftsführung mehreren Gesellschaftern mit der ausdrücklichen Beschränkung übertragen ist, daß einer nicht ohne den andern handeln könne, so darf keiner allein Geschäfte vornehmen, es sei denn, daß Gefahr im Verzuge ist. (2) [1]Ist hingegen mehreren Gesellschaftern die Geschäftsführung ohne diese ausdrückliche Beschränkung übertragen, so darf jeder derselben allein alle zur Geschäftsführung gehörenden Handlungen vornehmen. [2]Jedoch muß, wenn einer unter ihnen gegen die Vornahme einer Handlung Widerspruch erhebt, dieselbe unterbleiben. **Staub1897:** „Die Vorschrift ist im § 115 des neuen H.G.B. enthalten.“	§ 116	§ 115		
Art. 101 [Synopse → § 116] (1) Die im Gesellschaftsvertrage einem oder mehreren Gesellschaftern geschehene Uebertragung der Geschäftsführung kann, so lange die Gesellschaft dauert, nicht ohne rechtmäßige Ursache widerrufen werden. (2) Die Beurtheilung, ob eine rechtmäßige Ursache vorliege, bleibt dem Ermessen des Richters überlassen. (3) Der Widerruf kann insbesondere in den im Art. 125 Ziff. 2 bis 5 bezeichneten Fällen für begründet erklärt werden. **Staub1897:** „Die Vorschrift ist im § 117 des neuen H.G.B. enthalten. Nur ist statt der rechtmäßigen Ursache des Widerrufs ‚ein wichtiger Grund‘ zur Voraussetzung gemacht, was sachlich auf dasselbe hinausgeht, und ferner ist klargestellt, daß erst die richterliche Entscheidung der Akt der Entziehung ist. Der wesentliche Unterschied vom früheren Recht ist aber der, daß die Entziehung nicht blos, wie bisher, bei der durch Vertrag geschehenen Uebertragung Platz greift, sondern auch dann, wenn den einzelnen Gesellschaftern die Geschäftsführung zusteht gemäß § 114 des neuen H.G.B. […] Was endlich die von uns im Zusatz […] erwähnte Befugniß des Gesellschafters, auch seinerseits die Geschäftsführung niederzulegen,	§ 116 Abs. 5	§ 117	–	–

26 Jetzt § 116 Abs. 3 und 4 HGB.
27 Jetzt § 116 Abs. 1 HGB.

ADHGB1861 mit Staubs Supplement	HGB 2024	HGB 1897	BGB 2024	BGB 1896
betrifft, so wird dieselbe auch vom neuen H.G.B. nicht erwähnt. Allein infolgedessen greift die Vorschrift des § 712 Abs. 2 [B].G.B.[28] Platz, wonach sie aus wichtigen Gründen besteht. Hier tritt also eine Abweichung vom früheren Handelsrecht ein."				
Art. 102 [Synopse → § 116] (1) Wenn im Gesellschaftsvertrage die Geschäftsführung nicht einem oder mehreren Gesellschaftern übertragen ist, so sind alle Gesellschafter zum Betriebe der Geschäfte der Gesellschaft gleichmäßig berechtigt und verpflichtet. (2) Erhebt ein Gesellschafter gegen die Vornahme einer Handlung Widerspruch, so muß dieselbe unterblieben. **Staub1897:** „Die Vorschrift ist im § 114 des neuen H.G.B. wiedergegeben, und zwar and die Spitze gestellt […]."	§ 116 Abs. 1	§ 114		
Art. 103 [Synopse → § 116] (1) Ein Beschluß der sämmtlichen Gesellschafter muß vor der Vornahme von Geschäften eingeholt werden, welche über den gewöhnlichen Betrieb des Handelsgewerbes der Gesellschaft hinausgehen, oder welche dem Zweck derselben fremd sind. (2) Dies ist auch dann erforderlich, wenn die Geschäftsführung einem oder mehreren Gesellschaftern übertragen ist. (3) 1Zur Fassung des Beschlusses ist Stimmeneinhelligkeit erforderlich. 2Ist diese nicht zu erlangen, so muß die Handlung, in Ansehung deren Beschluß gefaßt werden soll, unterbleiben. **Staub1897:** „Die Vorschrift ist im § 116 des neuen H.G.B. wiederholt.	§ 116 Abs. 2	§ 116	–	–
Art. 104 [Synopse → § 116] 1Zur Bestellung eines Prokuristen ist, sofern nicht Gefahr im Verzuge ist, die Einwilligung aller geschäftsführenden Gesellschafter, und wenn keine solchen ernannt sind, die Einwilligung aller Gesellschafter erforderlich. 2Der Widerruf der Prokura kann von jedem der zur Ertheilung derselben befugten Gesellschafter geschehen.	§ 116 Abs. 2	§ 116 Abs. 3	–	–

28 Jetzt § 715 Abs. 6 BGB.

ADHGB[1861] mit Staubs Supplement	HGB 2024	HGB 1897	BGB 2024	BGB 1896
Staub[1897]: „Die Vorschrift ist in § 116 Abs. 3 des neuen H.G.B[.] wiedergegeben [...]." Exkurs zu Art. 104: „Das neue H.G.B. fügt in § 119 eine Vorschrift hinzu, daß zwar die Beschlüsse der Gesellschafter regelmäßig Einstimmigkeit erfordern, daß aber durch den Gesellschaftsvertrag auch Majoritätsbeschlüsse zugelassen werden können. Wir haben uns für das frühere Recht [...] hiermit beschäftigt und ebenfalls die Majoritätsbeschlüsse als zulässig angesehen. Was aber Gegenstand eines Majoritätsbeschlusses sein kann, wird im künftigen Recht ebenso zweifelhaft sein, wie das im früheren war."				
Art. 105 [Synopse → Nach § 116] (1) Jeder Gesellschafter, auch wenn er nicht in dem Geschäftsbetriebe der Gesellschaft thätig ist, kann sich persönlich von dem Gange der Gesellschaftsangelegenheiten unterrichten; er kann jederzeit in das Geschäftslokal kommen, die Handelsbücher und Papiere der Gesellschaft einsehen und auf ihrer Grundlage eine Bilanz zu seiner Uebersicht anfertigen. (2) Ist im Gesellschaftsvertrage ein Anderes bestimmt, so verliert diese Bestimmung ihre Wirkung, wenn eine Unredlichkeit in der Geschäftsführung nachgewiesen wird. **Staub[1897]:** „Die Vorschrift ist im § 118 des neuen H.G.B. wiedergegeben, nur daß die Ausnahmevorschrift des Absatzes 2 zutreffend dahin geändert ist, daß die entgegenstehende Bestimmung des Gesellschaftsvertrages schon dann wirkungslos wird, wenn Grund zu der Annahme unredlicher Geschäftsführung besteht, nicht erst dann, wenn eine Unredlichkeit nachgewiesen wird."	–	§ 118	§ 717 Abs. 1 BGB	–
Art. 106 [Synopse → § 121] (1) Jedem Gesellschafter werden am Schlusse eines jeden Geschäftsjahres von seiner Einlage, oder wenn sich dieselbe beim Schlusse des vorigen Jahres durch Hinzurechnung seines Antheils am Gewinne vermehrt oder durch Abrechnung seines Antheils am Verluste vermindert hat, von seinem Antheile am Gesellschaftsvermögen Zinsen zu Vier vom Hundert gutgeschrieben und von den während des Geschäftsjahres auf den Antheil entnommenen Geldern Zinsen in demselben Maaßstabe zur Last geschrieben. (2) Die dem Gesellschafter hiernach zukommenden Zinsen vermehren seinen Antheil am Gesellschaftsvermögen. (3) Vor Deckung dieser Zinsen ist kein Gewinn vorhanden, und der Verlust der Gesellschaft wird durch dieselben vermehrt oder gebildet.	–	§ 121	§ 709 Abs. 3	–

ADHGB[1861] mit Staubs Supplement	HGB 2024	HGB 1897	BGB 2024	BGB 1896
Staub[1897]: „1. Die Vorschrift des vorliegenden Artikels ist in § 121 des neuen H.G.B. in wesentlich veränderter Weise wiedergegeben. Denn nunmehr findet keine feste Verzinsung der Einlagen mehr statt, vielmehr nur eine Vorwegberechnung des Gewinnes. Demnach wird nur soweit dieser reicht, ein gewisser Prozentsatz nach dem Verhältnisse der Kapitalantheile auf diese vertheilt. 2. Es ist selbstverständlich, daß der Gesellschaftsvertrag dies anders regeln kann, und es ist zu erwarten, daß dies in der Regel im Sinne des früheren Rechts geschehen wird, da die Vorwegverzinsung der Einlage von dem die Bedingungen der Sozietät diktirenden Kapitalisten meist gefordert werden wird, wie sie auch bisher stets gefordert wurde. 3. Die in unserem Zusatze [...] mit Ausführlichkeit verfochtene Konstruktion des juristischen Wesens der Kapitalkonten (des Aktiv- und des Passivsaldos) oder vielmehr die Darlegung ihrer juristischen Wesenlosigkeit wird, nachdem ihr bereits Theorie und Praxis gefolgt waren, nunmehr auch von neuem H.G.B. ohne Weiteres acceptirt. In diesem Sinne ist die Bezeichnung Antheil am Gesellschaftsvermögen ersetzt durch die Bezeichnung Kapitalantheile (Denkschr. S. 94).“				
Art. 107 [Synopse → § 120] (1) Am Schlusse eines jeden Geschäftsjahres wird, auf Grund des Inventars und der Bilanz, der Gewinn oder der Verlust dieses Jahres ermittelt und für jeden Gesellschafter sein Antheil daran berechnet. (2) Der Gewinn jedes Gesellschafters wird seinem Antheile am Gesellschaftsvermögen zugeschrieben, der Verlust von demselben abgeschrieben. **Staub[1897]:** „Die Vorschrift ist im § 120 des neuen H.G.B. wiedergegeben, nur daß der Ausdruck Antheil am Gesellschaftsvermögen ersetzt ist durch das Wort Kapitalantheil (vergl. unsere Anm. zu Art. 106).“	§ 120	§ 120	–	–
Art. 108 [Synopse → § 122] (1) Ein Gesellschafter darf ohne Einwilligung der übrigen Gesellschafter seine Einlage oder seinen Antheil am Gesellschaftsvermögen nicht vermindern. (2) Er darf jedoch, auch ohne diese Einwilligung, auf seinen Antheil am Gesellschaftsvermögen die Zinsen desselben für das letztverflossene Jahr, und soweit es nicht zum offenbaren Nachtheil der Gesellschaft gereicht, Gelder bis zu einem Betrage entnehmen, welcher seinen Antheil am Gewinne des letztverflossenen Jahres nicht übersteigt. **Staub[1897]:** „Die Vorschrift stimmt überein mit § 122 des neuen H.G.B. Allein da nach § 121 (vgl. oben zu Art. 106) eine Gutschrift zu 4 % auf die Kapitalkonten	–	§ 122	–	–

ADHGB1861 mit Staubs Supplement	HGB 2024	HGB 1897	BGB 2024	BGB 1896
nur insoweit stattfindet, als der Jahresgewinn reicht, so wird nach dem neuen H.G.B., wenn ein Jahresgewinn nicht oder nicht in Höhe von 4 % erzielt ist, durch eine solche Entnahme nur das eigene Kapitalkonto des entnehmenden Gesellschafters gemindert, es erfolgt die Entnahme in solchem Falle nicht auf Kosten der Mitgesellschafter, wie dies früher der Fall war.“				
Art. 109 Der Gewinn oder Verlust wird, in Ermangelung einer anderen Vereinbarung, unter die Gesellschafter nach Köpfen vertheilt. **Staub1897:** „Die Vorschrift ist in § 121 Abs. 3 des neuen H.G.B. enthalten. Ist im Gesellschaftsvertrage nur der Antheil am Gewinn oder Verlust bestimmt, so gilt die Bestimmung im Zweifel für Gewinn und Verlust. Das ordnet § 722 Abs. 2 B.G.B.[29] an, der auch hier gilt.“	–	§ 121 Abs. 3	§ 709 Abs. 3	(§ 722 Abs. 2)
Dritter Abschnitt **Von dem Rechtsverhältniß der Gesellschaft zu dritten Personen**				
Art. 110 [Synopse → § 123] (1) Die rechtliche Wirksamkeit einer offenen Handelsgesellschaft tritt im Verhältniß zu dritten Personen mit dem Zeitpunkte ein, in welchem die Errichtung der Gesellschaft in das Handelsregister eingetragen ist, oder die Gesellschaft auch nur ihre Geschäfte begonnen hat. (2) Die Beschränkung, daß die Gesellschaft erst mit einem späteren Zeitpunkte, als dem der Eintragung ihren Anfang nehmen soll, hat gegen dritte Personen keine rechtliche Wirkung. **Staub1897:** „Die Vorschrift ist in § 123 des neuen H.G.B. wiedergegeben. Nur treten zwei durch das System des neuen H.G.B. gebotene Abweichungen ein. Zunächst werden diejenigen offenen Handelsgesellschaften, deren Gewerbebetrieb nur unter den Voraussetzungen des § 2 des neuen H.G.B. ein Handelsgewerbe ist, nur durch Eintragung offene Handelsgesellschaften. Das ist im Absatz 2 des § 123 zum Ausdruck gebracht. Sodann aber hat nach der allgemeinen Vorschrift des § 5 die Eintragung der Firma eines Kaufmanns, wenn sie einmal erfolgt ist, so lange konstitutive Bedeutung, wie sie besteht. Die Vorschrift greift gemäß § 6 des neuen H.G.B. auch auf offene Handelsgesellschaften Platz und bewirkt hier, daß jede Personenvereinigung, welche als offene Handelsgesellschaft eingetragen wird, für die Dauer der Eintragung als solche gilt, auch wenn sie es in Wahrheit nicht ist. Es kann infolgedessen jetzt der mißliche Umstand nicht mehr eintreten [...], daß, wenn die Vereinigung zweier	§ 123	§ 123	–	–

29 Jetzt § 709 Abs. 3 BGB.

ADHGB^{1861} mit Staubs Supplement	HGB 2024	HGB 1897	BGB 2024	BGB 1896
Personen als offene Handelsgesellschaft eingetragen ist, während dieselben in Wahrheit kein Handelsgewerbe betreiben, schließlich geltend gemacht werden kann, daß die von ihnen bestellten Hypotheken ungiltig sind, die gegen sie ergangenen Urtheile nichtig sind. Zu Abs. 2 ist zu bemerken, daß nach dem neuen H.G.B. auch eine Abrede dahin, daß die Gesellschaft erst nach dem Beginne ihrer Geschäfte beginnen soll, ungiltig ist.“				
Art. 111 [Synopse → § 105] (1) Die Handelsgesellschaft kann unter ihrer Firma Rechte erwerben und Verbindlichkeiten eingehen, Eigenthum und andere dingliche Rechte an Grundstücken erwerben, vor Gericht klagen und verklagt werden. (2) Ihr ordentlicher Gerichtsstand ist bei dem Gericht, in dessen Bezirk sie ihren Sitz hat. **Staub^{1897}:** „Diese Vorschrift, welche bis zu einem gewissen Grade die Selbstständigkeit der offenen Handelsgesellschaft herstellen soll, ist im § 124 des neuen H.G.B. wiederholt. Dabei ist auch die Vorschrift, daß sie unter ihrer Firma klagen und verklagt werden kann, wiederholt, obgleich dies schon aus § 17 Abs. 2 und § 6 des neuen H.G.B. folgt. Doch hat diese Vorschrift hier eine andere Bedeutung. Hier handelt es sich um die Frage, ob die offene Handelsgesellschaft überhaupt die Fähigkeit hat, zu klagen und verklagt zu werden, und dies sollte hier bejaht werden (Denkschr. S. 97). In Absatz 2 des § 124 ist hinzugefügt, daß es zur Zwangsvollstreckung in das Gesellschaftsvermögen eines gegen die Gesellschaft gerichteten Schuldtitels bedarf. […]“	§ 105	§ 124	(§ 705 Abs. 2)	–
Art. 112 [Synopse → § 126] (1) Die Gesellschafter haften für alle Verbindlichkeiten der Gesellschaft solidarisch und mit ihrem ganzen Vermögen. (2) Eine entgegenstehende Verabredung hat gegen Dritte keine rechtliche Wirkung. **Staub^{1897}:** „Der Grundsatz des vorliegenden Artikels ist im § 128 des neuen H.G.B. wiederholt. Inwieweit die Solidarhaft auch gegenüber den Forderungen eines Gesellschafters besteht, ist im neuen H.G[.]B. nicht entschieden, weil man, wie die Denkschrift sagt, der neueren Rechtsprechung des Reichsgerichts in diesem Punkte nicht entgegentreten wollte […]. Aber wenn man sie für richtig hielt, so hätte man sie durch gesetzliche Fixirung befestigen sollen. Wer weiß, ob sie die Herrschaft über Theorie und Praxis gewinnen wird? Im § 129 des neuen H.G.B. ist zur Klarstellung hinzugefügt, daß der auf Grund der Solidarhaft belangte Gesellschafter Einwendungen, die in seiner Person begründet sind, vorbringen kann, und ebenso solche, die von der	§ 126	§ 128	(§ 721)	–

ADHGB[1861] mit Staubs Supplement	HGB 2024	HGB 1897	BGB 2024	BGB 1896
Gesellschaft erhoben werden dürfen, insbesondere daß er Forderungen, die der Gesellschaft zustehen, compensando entgegenhalten kann. Es ist ferner hinzugefügt, daß aus einem Schuldtitel gegen die Gesellschaft Zwangsvollstreckung gegen den einzelnen Gesellschafter nicht stattfinden kann, was auch im bisherigen Recht galt [...].“				
Art. 113 [Synopse → § 127] (1) Wer in eine bestehende Handelsgesellschaft eintritt, haftet gleich den anderen Gesellschaftern für alle von der Gesellschaft vor seinem Eintritte eingegangenen Verbindlichkeiten, es mag die Firma eine Aenderung erleiden oder nicht. (2) Ein entgegenstehender Vertrag ist gegen Dritte ohne rechtliche Wirkung. **Staub[1897]:** „Die Vorschrift ist im § 130 wiedergegeben. [...]“	§ 127	§ 130	(§ 721a)	–
Art. 114 [Synopse → § 124] (1) Jeder zur Vertretung der Gesellschaft befugte Gesellschafter ist ermächtigt, alle Arten von Geschäften und Rechtshandlungen im Namen der Gesellschaft vorzunehmen, insbesondere auch die der Gesellschaft gehörenden Grundstücke zu veräußern und zu belasten. (2) Die Gesellschaft wird durch die Rechtsgeschäfte, welche ein zur Vertretung der Gesellschaft befugter Gesellschafter in ihrem Namen schließt, berechtigt und verpflichtet; es ist gleichgültig, ob das Geschäft ausdrücklich im Namen der Gesellschaft geschlossen worden ist, oder ob die Umstände ergeben, daß es nach dem Willen der Kontrahenten für die Gesellschaft geschlossen werden sollte. **Staub[1897]:** „1. Die Vorschrift des Absatzes 1 ist im § 126 des neuen H.G.B. wiedergegeben, die des Absatzes 2 ist gestrichen im Hinblick auf den allgemeinen § 164 B.G.B. 2. Die Vertretungsbefugniß ist hiernach auch nach dem neuen H.G.B. schrankenlos und bezieht sich auf alle Geschäfte, welche der offene Handelsgesellschafter im Namen der Gesellschaft schließt, nicht blos auf solche, die in den Kreis des betreffenden Handelsgewerbes fallen [...]. Der Fall der Kollusion wird, obwohl er auch im neuen H.G.B. nicht hervorgehoben ist, auch hier eine scheinbare Ausnahme machen [...]. [...] 3. Die Frage der Haftung der Gesellschaft für außerkontraktlichen Schaden, insbesondere für Delikte des vertretungsbefugten Gesellschafters, hat durch die Rechtsprechung eine dem praktischen Bedürfnisse entsprechende Lösung gefunden und ist deshalb im neuen H.G.B. nicht weiter behandelt worden (Denkschr. S. 100). [...]“	§ 124	§ 125	–	–

ADHGB[1861] mit Staubs Supplement	HGB 2024	HGB 1897	BGB 2024	BGB 1896
Art. 115 [Synopse → § 124] Die Gesellschaft wird durch Rechtsgeschäfte eines Gesellschafters nicht verpflichtet, wenn derselbe von der Befugniß, die Gesellschaft zu vertreten, ausgeschlossen (Art. 86 Ziffer 4.), oder seine Befugniß, die Gesellschaft zu vertreten, aufgehoben ist (Art. 87), sofern hinsichtlich dieser Ausschließung oder Aufhebung die Voraussetzungen vorhanden sind, unter welchen nach Art. 46 hinsichtlich des Erlöschens der Prokura die Wirkung gegen Dritte eintritt. **Staub[1897]:** „Die Lehre von der Kollektivvertretung (jetzt Gesammtvertretung) ist im § 125 des neuen H.G.B. ausführlicher behandelt. Nicht Abweichungen vom früheren Recht sind angeordnet, wohl aber Klarstellungen. Zunächst ist aus dem Absatz 1 des § 125 nunmehr wohl zu entnehmen, daß auch alle Gesellschafter von der Vertretung ausgeschlossen werden können, was nach unserer Ansicht früher nicht zulässig war [...]. Sodann ist die Zulässigkeit der Uebertragung von Einzelmandaten an einzelne Kollektivvertreter ausgesprochen, was das Reichsgericht (24 S. 28[30]) allerdings auch schon früher angenommen hatte. Ferner ist bestimmt, daß, wenn der Gesellschaft eine Erklärung abzugeben ist, die Abgabe gegenüber einem von mehreren Gesammtvertretern genügt. Endlich aber ist es, was früher außergerichtlich zweifelhaft war [...], für zulässig erklärt, daß ein Gesellschafter nur zusammen mit einem Prokuristen die Gesellschaft vertreten darf. In einem schließlichen Absatze regelt § 125 die Anmeldung der Gesammtvertretung.“	§ 124	§ 125		
Art. 116 [Synopse → § 124] Eine Beschränkung des Umfangs der Befugniß eines Gesellschafters, die Gesellschaft zu vertreten, hat dritten Personen gegenüber keine rechtliche Wirkung; insbesondere ist die Beschränkung nicht zulässig, daß die Vertretung sich nur auf gewisse Geschäfte oder Arten von Geschäften erstrecken, oder daß sie nur unter gewissen Umständen oder für eine gewisse Zeit oder an einzelnen Orten stattfinden solle. **Staub[1897]:** „Die Vorschrift ist im § 126 des neuen H.G.B. wiederholt, wo zugleich klargestellt wird, was schon früher angenommen wurde, daß ausnahmsweise eine Beschränkung dahin stattfinden kann, daß ein Gesellschafter nur eine von mehreren Niederlassungen vertreten darf [...].“	§ 124 Abs. 4	§ 126 Abs. 2	–	–

30 RGZ 24, 27 (28).

ADHGB[1861] mit Staubs Supplement	HGB 2024	HGB 1897	BGB 2024	BGB 1896
Art. 117 [Synopse → § 124] (1) Die Gesellschaft wird vor Gericht von jedem Gesellschafter gültig vertreten, welcher von der Befugniß, die Gesellschaft zu vertreten, nicht ausgeschlossen ist. (2) Zur Behändigung von Vorladungen und anderen Zustellungen an die Gesellschaft genügt es, wenn dieselbe an einen der zur Vertretung befugten Gesellschafter geschieht. **Staub[1897]:** „Der Inhalt der Vorschrift ist in den §§ 125 u. 126 des neuen H.G.B. mitenthalten."	§§ 124 Abs. 1 und 4	§§ 125 Abs. 2 S. 3, 126 Abs. 1		
Art. 118 [Synopse → § 124] Die Ertheilung, sowie die Aufhebung einer Prokura geschieht mit rechtlicher Wirkung gegen Dritte durch einen der zur Vertretung der Gesellschaft befugten Gesellschafter. **Staub[1897]:** „Der Inhalt der Vorschrift ist im § 126 Abs. 1 mitenthalten."	§ 124 Abs. 4	§ 126 Abs. 1	–	–
Art. 119 [Synopse → nach § 105] [1]Die Privatgläubiger eines Gesellschafters sind nicht befugt, die zum Gesellschaftsvermögen gehörigen Sachen, Forderungen oder Rechte oder einen Antheil an denselben zum Behuf ihrer Befriedigung oder Sicherstellung in Anspruch zu nehmen. [2]Gegenstand der Exekution, des Arrestes oder der Beschlagnahme kann für sie nur Dasjenige sein, was der Gesellschafter selbst an Zinsen und an Gewinnantheilen zu fordern berechtigt ist, und was ihm bei der Auseinandersetzung zukommt. **Staub[1897]:** „In den Artikeln 119–121 enthält das alte H.G.B. Vorschriften, nach welchen eine Verfügung der einzelnen Gesellschafter über ihren Antheil an den zum Gesellschaftsvermögen gehörigen Gegenständen, sowie der Zugriff der Privatgläubiger eines Gesellschafters auf solche Gegenstände ausgeschlossen ist. Diese Vorschriften werden jetzt entbehrlich, da das B.G.B. durch die Einführung des Grundsatzes des Eigenthums zur gesammten Hand die Unzulässigkeit solcher Verfügungen bei allen Gesellschaften anerkennt (§ 719 B.G.B.[31]).	–	–	§ 705 Abs. 2	§§ 718, 719 und 738

31 **§ 719 BGB idF. 1896:** „[1] Ein Gesellschafter kann nicht über seinen Antheil an dem Gesellschaftsvermögen und an den einzelnen dazu gehörenden Gegenständen verfügen; er ist nicht berechtigt, Theilung zu verlangen. [2] Gegen

ADHGB[1861] mit Staubs Supplement	HGB 2024	HGB 1897	BGB 2024	BGB 1896
Die Bestimmung des Art. 119 insbesondere ist in § 719 Abs. 1 B.G.B. kurz und präzis wiedergegeben.“				
Art. 120 [Synopse → nach § 105] (1) [1]Die Bestimmung des vorigen Artikels gilt auch in Betreff der Privatgläubiger, zu deren Gunsten eine Hypothek oder ein Pfandrecht an dem Vermögen eines Gesellschafters kraft des Gesetzes oder aus einem andern Rechtsgrunde besteht. [2]Ihre Hypothek oder ihr Pfandrecht erstreckt sich nicht auf die zum Gesellschaftsvermögen gehörigen Sachen, Forderungen und Rechte oder auf einen Antheil an denselben, sondern nur auf Dasjenige, was in dem letzten Satze des vorigen Artikels bezeichnet ist. (2) Jedoch werden die Rechte, welche an den von einem Gesellschafter in das Vermögen der Gesellschaft eingebrachten Gegenständen bereits zur Zeit des Einbringens bestanden, durch die vorstehenden Bestimmungen nicht berührt. **Staub[1897]:** „Die Vorschrift des vorliegenden Artikels ist überflüssig geworden. Sie ist lediglich ein Ausfluß aus dem in § 719 Abs. 1 B.G.B. ausgesprochenen Prinzip [...].“	–	–	s.o.	s.o.
Art. 121 [Synopse → nach § 105] Eine Kompensation zwischen Forderungen der Gesellschaft und Privatforderungen des Gesellschaftsschuldners gegen einen einzelnen Gesellschafter findet während der Dauer der Gesellschaft weder ganz noch theilweise statt; nach Auflösung der Gesellschaft ist sie zulässig, wenn und in so weit die Gesellschaftsforderung dem Gesellschafter bei der Auseinandersetzung überwiesen ist. **Staub[1897]:** „Auch diese Vorschrift hielt man aus dem zu Art. 119 angegebenen Grunde für überflüssig. Macht die Gesellschaft eine ihr zustehende Forderung geltend, so kann nach § 719 Abs. 2 B.G.B.[32] der Schuldner eine ihm gegen einen einzelnen	–	–	s.o.	s.o.

eine Forderung, die zum Gesellschaftsvermögen gehört, kann der Schuldner nicht eine ihm gegen einen einzelnen Gesellschafter zustehende Forderung aufrechnen.“ § 719 BGB ist weggefallen durch Art. 1 Nr. 3 Gesetz v. 10.8.2021 (MoPeG), BGBl. 2021 I S. 3436, m.W.v. 1.1.2024.

32 **§ 719 BGB idF. 1896:** „[1] Ein Gesellschafter kann nicht über seinen Antheil an dem Gesellschaftsvermögen und an den einzelnen dazu gehörenden Gegenständen verfügen; er ist nicht berechtigt, Theilung zu verlangen. [2] Gegen eine Forderung, die zum Gesellschaftsvermögen gehört, kann der Schuldner nicht eine ihm gegen einen einzelnen Gesellschafter zustehende Forderung aufrechnen.“ § 719 BGB ist weggefallen durch Art. 1 Nr. 3 Gesetz v. 10.8.2021 (MoPeG), BGBl. 2021 I S. 3436, m.W.v. 1.1.2024.

ADHGB[1861] mit Staubs Supplement	HGB 2024	HGB 1897	BGB 2024	BGB 1896

Gesellschafter zustehende Forderung nicht aufrechnen. Verlangt dagegen der Schuldner der Gesellschaft von einem der Gesellschafter Befriedigung für eine ihm gegen diesen zustehende Privatforderung, so kann der Gesellschafter die Forderung der Gesellschaft deshalb nicht aufrechnen, weil er über das Gesellschaftsvermögen oder seinen Antheil nach § 719 Abs. 1 B.G.B. nicht in eigenem Namen verfügen kann. Daß die Aufrechnung nach Auflösung der Gesellschaft zulässig ist, soweit die Gesellschaftsforderung dem Gesellschafter bei der Auseinandersetzung überwiesen ist (Art. 121 Satz 2), ist selbstverständlich, da sie dann nicht mehr Gesellschaftsforderung ist.
So ergiebt sich überall das gleiche Resultat, wie nach bisherigem Recht."

Art. 122	–	–	–	–

Im Falle des Konkurses der Gesellschaft werden die Gläubiger derselben aus dem Gesellschaftsvermögen abgesondert befriedigt, und können aus dem Privatvermögen der Gesellschafter nur wegen des Ausfalls ihre Befriedigung suchen; den Landesgesetzen bleibt vorbehalten, zu bestimmen, ob und wie weit den Privatgläubigern der Gesellschafter ein Absonderungsrecht in Bezug auf das Privatvermögen derselben zusteht.

Staub[1897]:
„Nachdem das Reichsgericht [...] die Vorschrift dieses Artikels dahin ausgelegt hat, daß die Haftung der einzelnen Gesellschafter im Falle des Konkurses über die offene Handelsgesellschaft auch dann subsidiär wird, wenn über das Vermögen der einzelnen Gesellschafter kein Konkurs eröffnet ist, bezeichnet die Denkschrift (S. 103) diesen Rechtszustand als nicht befriedigend. Denn die Haftung versagt infolge dieser Einschränkung gerade da, wo sie die größte praktische Bedeutung hätte [...]. Die Denkschrift stellt in Aussicht, daß die Frage in unserem Sinne gelöst wird, und zwar durch eine Aenderung der Konkursordnung."

Vierter Abschnitt
Von der Auflösung der Gesellschaft und dem Austreten einzelner Gesellschafter aus derselben

Art. 123	§ 138	§ 131	–	–

[Synopse → § 138]

(1) Die Gesellschaft wird aufgelöst:
1) durch die Eröffnung des Konkurses über die Gesellschaft;
2) durch den Tod eines der Gesellschafter, wenn nicht der Vertrag bestimmt, daß die Gesellschaft mit den Erben des Verstorbenen fortbestehen soll;
3) durch die Eröffnung des Konkurses über das Vermögen eines der Gesellschafter oder durch die eingetretene rechtliche Unfähigkeit eines der Gesellschafter zur selbstständigen Vermögensverwaltung;
4) durch gegenseitige Uebereinkunft;
5) durch Ablauf der Zeit, auf deren Dauer die Gesellschaft eingegangen ist, sofern nicht die Gesellschafter dieselbe

ADHGB1861 mit Staubs Supplement	HGB 2024	HGB 1897	BGB 2024	BGB 1896

stillschweigend fortsetzen; in diesem Falle gilt sie von da an als auf unbestimmte Dauer eingegangen;
6) durch die von Seiten eines Gesellschafters geschehene Aufkündigung, wenn die Gesellschaft auf unbestimmte Dauer eingegangen ist.
(2) Eine auf Lebenszeit eingegangene Gesellschaft ist als eine Gesellschaft von unbestimmter Dauer zu betrachten.

Staub1897:
„1. Die in diesem Artikel enthaltene Aufzählung derjenigen Thatsachen, durch welche die offene Handelsgesellschaft aufgelöst wird, ist im § 131 des neuen H.G.B. übernommen. Dabei ist neben der Auflösung durch Kündigung auch die gerichtliche Entscheidung besonders hervorgehoben (§ 133). Die Unfähigkeit zur selbständigen Vermögensverwaltung (Art. 123 Nr. 3) ist als besonderer Auflösungsgrund nicht mehr anerkannt. Andrerseits endigt nach § 726 B.G.B.[33] die Gesellschaft von Rechtswegen, wenn der erstrebte Zweck erreicht oder dessen Erreichung unmöglich geworden ist, wogegen dem H.G.B. dies als von Rechtswegen wirkende Auflösungsgründe unbekannt sind. Vielmehr überläßt es auch das neue H.G.B. hier den Gesellschaftern, die Auflösung gemeinsam oder im Wege der gerichtlichen Entscheidung herbeizuführen.
2. Der Begriff der Auflösung und ihre Folgen [...] sind im neuen H.G.B. im wesentlichen die gleichen.
3. Für den Todesfall eines Gesellschafters giebt § 137 Spezialbestimmungen. Ueber die Fortsetzung der Gesellschaft im Falle des Todes eines Gesellschafters disponirt speziell § 139 des neuen H.G.B. Derselbe beseitigt das Dilemma des bestehenden Rechts [...], wonach der Erbe entweder die Gesellschaft fortsetzen und damit alle Gefahren der offenen Sozietät mitübernehmen oder aber die ganze Erbschaft ausschlagen muß, die vielleicht sonst wertvoll ist. Wie dieses Dilemma beseitigt ist, darüber giebt § 139 klare Auskunft. Das Wesentliche dabei ist, daß der Erbe die Befugniß erhält, sein Verbleiben in der Gesellschaft davon abhängig zu machen, daß ihm die Stellung eines Kommanditisten eingeräumt werde. Dadurch wird vermieden, daß er beim Verbleiben in der Gesellschaft unbeschränkt für die Gesellschaftsschulden haftet.
4. Die Kündigung [...] bezieht sich auf Gesellschaften mit unbestimmter Dauer. Das ordnet im neuen H.G.B. § 132 an. Daß eine auf Lebenszeit eingegangene Gesellschaft ebenso behandelt wird wie eine auf unbestimmte Dauer eingegangene (Art. 123 letzter Absatz), geht aus § 134 des neuen H.G.B. hervor."

Art. 124 [Synopse → § 132]	§ 132 Abs. 1	§ 132	(§ 725 Abs. 6)	(§ 723 Abs. 3)

Die Aufkündigung einer Gesellschaft von unbestimmter Dauer Seitens eines Gesellschafters muß, wenn nicht ein Anderes vereinbart ist, mindestens sechs Monate vor Ablauf des Geschäftsjahres der Gesellschaft erfolgen.

33 Jetzt § 729 Abs. 2 BGB.

ADHGB[1861] mit Staubs Supplement	HGB 2024	HGB 1897	BGB 2024	BGB 1896
Staub[1897]: „Die Vorschrift ist im § 132 des neuen H.G.B. sachlich unverändert wiedergegeben. Für die Form der Kündigung [...] ist auch hier nichts vorgeschrieben. Ueber die Wirkung der Kündigung gilt das Gleiche wie früher [...]. Daß der Verzicht auf Kündigung nichtig ist [...], schreibt jetzt § 723 Abs. 3 BGB[34] vor, der auch hier gilt. Derselbe Absatz des B.G.B. schreibt auch die Nichtigkeit einer Kündigungsbeschränkung gegen die Kündigungsvorschriften des B.G.B. vor. Ob auch diese Nichtigkeit hier gilt, kann zweifelhaft werden. Wir möchten es verneinen, weil die Beschränkung dort, wo sie für nichtig erklärt werden soll, für nichtig erklärt ist (§ 133 Abs. 3 des neuen H.G.B.).“				
Art. 125 [Synopse → § 139] (1) Ein Gesellschafter kann die Auflösung der Gesellschaft vor Ablauf der für ihre Dauer bestimmten Zeit oder bei Gesellschaften von unbestimmter Dauer ohne vorgängige Aufkündigung verlangen, sofern hiezu wichtige Gründe vorhanden sind. (2) Die Beurtheilung, ob solche Gründe anzunehmen sind, bleibt im Falle des Widerspruchs dem Ermessen des Richters überlassen. (3) Die Auflösung kann insbesondere ausgesprochen werden: 1) wenn durch äußere Umstände die Erreichung des gesellschaftlichen Zwecks unmöglich wird; 2) wenn ein Gesellschafter bei der Geschäftsführung oder bei der Rechnungslegung unredlich verfährt; 3) wenn ein Gesellschafter die Erfüllung der ihm obliegenden wesentlichen Verpflichtungen unterläßt; 4) wenn ein Gesellschafter die Firma oder das Vermögen der Gesellschaft für seine Privatzwecke mißbraucht; 5) wenn ein Gesellschafter durch anhaltende Krankheit oder aus anderen Ursachen zu den ihm obliegenden Geschäften der Gesellschaft unfähig wird. **Staub[1897]:** „Die Vorschrift ist durch § 133 des neuen H.G.B. in wesentlich veränderter Weise wiedergegeben. 1. Das Prinzip an sich, die Möglichkeit die Gesellschaft aus wichtigen Gründen vorzeitig zur Auflösung zu bringen, ist anerkannt. Indessen sind die in das Einzelne gehenden Beispiele als für die Rechtsprechung ohne wesentlichen Nutzen und entbehrlich betrachtet und deshalb weggelassen worden. Diese Entbehrlichkeit kann unsererseits nicht anerkannt werden. Die Beispiele des alten H.G.B. waren willkommene Anhaltspunkte für Anwälte und Richter. 2. Klargestellt ist im Interesse der Verkehrssicherheit, daß erst der Richterspruch die Auflösung herbeiführt, nicht schon das an die	§ 139	§ 133	–	–

34 Jetzt § 725 Abs. 6 BGB.

ADHGB[1861] mit Staubs Supplement	HGB 2024	HGB 1897	BGB 2024	BGB 1896
Gesellschafter gestellte Verlangen auf Auflösung. Damit ist der Standpunkt, den wir gegenüber der herrschenden Meinung für das bisherige Recht vertreten hatten, adoptirt worden […]. 3. Hinzugefügt ist die Nichtigkeit der Vereinbarung, durch welche das Recht auf vorzeitige Auflösung ausgeschlossen oder beschränkt wird. […]“				
Art. 126 [Synopse → § 133] (1) Hat ein Privatgläubiger eines Gesellschafters nach fruchtlos vollstreckter Exekution in dessen Privatvermögen die Exekution in das dem Gesellschafter bei dereinstiger Auflösung der Gesellschaft zukommende Guthaben erwirkt, so ist er berechtigt, es mag die Gesellschaft auf bestimmte oder auf unbestimmte Dauer eingegangen sein, behufs seiner Befriedigung nach vorher von ihm geschehener Aufkündigung die Auflösung der Gesellschaft zu verlangen. (2) Die Aufkündigung muß mindestens sechs Monate vor Ablauf des Geschäftsjahres der Gesellschaft geschehen. **Staub[1897]:** „Die Vorschrift ist im wesentlichem im § 135 des neuen H.G.B. enthalten, jedoch mit einigen Abänderungen: die fruchtlose Exekution braucht nun nicht mehr gerade von dem pfändenden Gläubiger versucht worden zu sein; es soll auch genügen, wenn in das bewegliche Vermögen vollstreckt wird: dagegen muß die Vollstreckung spätestens 6 Monate vorher erfolgt sein. Auch darf der Schuldtitel nicht blos vorläufig vollstreckbar sein.“	§ 133	§ 135	–	–
Art. 127 [Synopse → nach § 133] Wenn die Gesellschafter vor der Auflösung der Gesellschaft übereingekommen sind, daß, ungeachtet des Ausscheidens eines oder mehrerer Gesellschafter, die Gesellschaft unter den übrigen fortgesetzt werden soll, so endigt die Gesellschaft nur in Beziehung auf den Ausscheidenden; im Uebrigen besteht sie mit allen ihren bisherigen Rechten und Verbindlichkeiten fort. **Staub[1897]:** „Die Vorschrift ist im § 138 des neuen H.G.B. wiederholt.“	–	§ 138	–	–
Art. 128 [Synopse → § 134] Wenn die Auflösung der Gesellschaft aus Gründen gefordert werden darf, welche in der Person eines Gesellschafters liegen (Art. 125.), so kann anstatt derselben auf Ausschließung dieses Gesellschafters erkannt werden, sofern die sämmtlichen übrigen Gesellschafter hierauf antragen.	§ 134	§ 140	–	–

ADHGB1861 mit Staubs Supplement	HGB 2024	HGB 1897	BGB 2024	BGB 1896
Staub1897: „Die Vorschrift ist im § 140 des neuen H.G.B. wiederholt.“				
Art. 129 [Synopse → § 141] (1) Die Auflösung der Gesellschaft muß, wenn sie nicht in Folge der Eröffnung des Konkurses über die Gesellschaft geschieht, in das Handelsregister eingetragen werden. (2) Diese Eintragung muß selbst dann geschehen, wenn die Gesellschaft durch Ablauf der Zeit, für welche sie eingegangen war, beendigt wird. (3) Gleich der Auflösung der Gesellschaft muß auch das Ausscheiden oder die Ausschließung eines Gesellschafters aus der Gesellschaft in das Handelsregister eingetragen werden. (4) Das Handelsgericht hat die Betheiligten zur Anmeldung dieser Thatsachen von Amtswegen durch Ordnungsstrafen anzuhalten. (5) Dritten Personen kann die Auflösung der Gesellschaft oder das Ausscheiden oder die Ausschließung eines Gesellschafters aus derselben nur insofern entgegengesetzt werden, als hinsichtlich einer solchen Thatsache die Voraussetzungen vorhanden sind, unter welchen nach Art. 25. hinsichtlich des Erlöschens der Firma oder der Aenderung ihrer Inhaber die Wirkung gegen Dritte eintritt. **Staub1897:** „Mit dieser Vorschrift korrespondirt § 143 des neuen H.G.B. Die Eröffnung des Gesellschaftskonkurses wird jetzt von Amtswegen eingetragen (§§ 6 u. 32 des neuen H.G.B.) Für die Verhängung von Ordnungsstrafen und für die Wirkung der Eintragung und Nichteintragung gelten die allgemeinen Vorschriften der §§ 14 u. 15. Der Absatz 2 des Art. 129 ist nicht wiederholt, weil dieser Fall keiner besonderen Hervorhebung bedarf. Für den Todesfall ist die Streitfrage, ob sämmtliche Erben bei der Anmeldung mitwirken müssen […], dahin gelöst, daß von ihrer Mitwirkung abgesehen werden kann, soweit einem derselben besondere Hindernisse entgegenstehen. Diese Lösung erscheint angemessen.“	§ 141	§ 143	–	–
Art. 130 [Synopse → § 135] (1) Wenn ein Gesellschafter ausscheidet oder ausgeschlossen wird, so erfolgt die Auseinandersetzung der Gesellschaft mit demselben auf Grund der Vermögenslage, in welcher sich die Gesellschaft zur Zeit des Ausscheidens oder zur Zeit der Behändigung der Klage auf Ausschließung befindet. (2) An den späteren Geschäften, Rechten und Verbindlichkeiten nimmt der Ausgeschiedene oder Ausgeschlossene nur insofern Antheil, als dieselben eine	§ 135	§§ 140 Abs. 2	–	§ 738

ADHGB1861 mit Staubs Supplement	HGB 2024	HGB 1897	BGB 2024	BGB 1896
unmittelbare Folge dessen sind, was vor jenem Zeitpunkte bereits geschehen war. (3) Der Ausgeschiedene oder Ausgeschlossene muß sich die Beendigung der laufenden Geschäfte in der Weise gefallen lassen, wie sie nach dem Ermessen der verbleibenden Gesellschafter am vortheilhaftesten ist. (4) Jedoch ist er, wenn eine frühere vollständige Auseinandersetzung nicht möglich ist, berechtigt, am Schlusse eines jeden Geschäftsjahres Rechnungsablage über die inzwischen erledigten Geschäfte, sowie die Auszahlung der ihm hiernach gebührenden Beträge zu fordern; auch kann er am Schlusse eines jeden Geschäftsjahres den Nachweis über den Stand der noch laufenden Geschäfte fordern. **Staub1897:** „Die Vorschrift des Absatzes 1 ist im § 140 Abs. 2 des neuen H.G.B. wiederholt. Die übrigen Absätze sind in das neue H.G.B. nicht aufgenommen, weil sie durch die §§ 738–740 B.G.B.[35] ersetzt werden. […]"				
Art. 131 [Synopse → § 136] Ein ausgeschiedener oder ausgeschlossener Gesellschafter muß sich die Auslieferung seines Antheils am Gesellschaftsvermögen in einer den Werth desselben darstellenden Geldsumme gefallen lassen; er hat kein Recht auf einen verhältnißmäßigen Antheil an den einzelnen Forderungen, Waaren oder anderen Vermögensstücken der Gesellschaft.	§ 136	–	–	§ 738 Abs. 1 S. 2

35 **§ 738 BGB idF. 1896**: „[1] Scheidet ein Gesellschafter aus der Gesellschaft aus, so wächst sein Antheil am Gesellschaftsvermögen den übrigen Gesellschaftern zu. Diese sind verpflichtet, dem Ausscheidenden die Gegenstände, die er der Gesellschaft zur Benutzung überlassen hat, nach Maßgabe des §. 732 zurückzugeben, ihn von den gemeinschaftlichen Schulden zu befreien und ihm dasjenige zu zahlen, was er bei der Auseinandersetzung erhalten würde, wenn die Gesellschaft zur Zeit seines Ausscheidens aufgelöst worden wäre. Sind gemeinschaftliche Schulden noch nicht fällig, so können die übrigen Gesellschafter dem Ausscheidenden, statt ihn zu befreien, Sicherheit leisten. [2] Der Werth des Gesellschaftsvermögens ist, soweit erforderlich, im Wege der Schätzung zu ermitteln." **§ 739 BGB idF. 1896**: „Reicht der Werth des Gesellschaftsvermögens zur Deckung der gemeinschaftlichen Schulden und der Einlagen nicht aus, so hat der Ausscheidende den übrigen Gesellschaftern für den Fehlbetrag nach dem Verhältnisse seines Antheils am Verlust aufzukommen." **§ 740 BGB idF. 1896**: „[1] Der Ausgeschiedene nimmt an dem Gewinn und dem Verluste Theil, welcher sich aus den zur Zeit seines Ausscheidens schwebenden Geschäften ergiebt. Die übrigen Gesellschafter sind berechtigt, diese Geschäfte so zu beendigen, wie es ihnen am vortheilhaftesten erscheint. [2] Der Ausgeschiedene kann am Schlusse jedes Geschäftsjahrs Rechenschaft über die inzwischen beendigten Geschäfte, Auszahlung des ihm gebührenden Betrags und Auskunft über den Stand der noch schwebenden Geschäfte verlangen." § 738 BGB jetzt § 712 BGB und § 728 BGB, § 739 BGB jetzt § 728a BGB, § 740 BGB ist weggefallen jeweils durch Art. 1 Nr. 3 Gesetz v. 10.8.2021 (MoPeG), BGBl. 2021 I S. 3436, m.W.v. 1.1.2024.

ADHGB[1861] mit Staubs Supplement	HGB 2024	HGB 1897	BGB 2024	BGB 1896
Staub[1897]: „Die Vorschrift ist im § 738 B.G.B.[36] enthalten. Zwar ist es hier nicht wörtlich gesagt, daß der ausgeschiedene Sozius nur Geldsummen verlangen kann. Indessen liegt das doch darin, daß ihm die verbleibenden Gesellschafter das zu ‚zahlen' haben, was er bei der Auseinandersetzung erhalten würde.“				
Art. 132 [Synopse → nach § 134] Macht ein Privatgläubiger eines Gesellschafters von dem nach Art. 126. ihm zustehenden Rechte Gebrauch, so können die übrigen Gesellschafter auf Grund eines einstimmigen Beschlusses statt der Auflösung der Gesellschaft die Auseinandersetzung und die Auslieferung des Antheils des Schuldners nach den Bestimmungen der vorhergehenden Artikel vornehmen; der letztere ist dann als aus der Gesellschaft ausgeschieden zu betrachten. **Staub[1897]:** „Die Vorschrift ist im § 141 des neuen H.G.B. wiederholt. Das Erforderniß des einstimmigen Beschlusses liegt für das neue H.G.B. schon im § 119. Hinzugefügt sind im Absatz 2 besondere Bestimmungen für den Fall, daß die Auflösung durch den Konkurs eines Gesellschafters erfolgt.“	–	§ 141	–	–
Fünfter Abschnitt **Von der Liquidation der Gesellschaft**				
Art. 133 [Synopse → § 143] (1) [1]Nach Auflösung der Gesellschaft außer dem Fall des Konkurses derselben erfolgt die Liquidation, sofern diese nicht durch einstimmigen Beschluß der Gesellschafter oder durch den Gesellschaftsvertrag einzelnen Gesellschaftern oder anderen Personen übertragen ist, durch die sämmtlichen bisherigen Gesellschafter oder deren Vertreter als Liquidatoren. [2]Ist einer der Gesellschafter gestorben, so haben dessen Rechtsnachfolger einen gemeinschaftlichen Vertreter zu bestellen. (2) [1]Auf den Antrag eines Gesellschafters kann aus wichtigen Gründen die Ernennung von Liquidatoren durch den Richter erfolgen. [2]Der Richter kann in einem solchen	§ 143	§ 145	–	–

36 **§ 738 BGB idF. 1896:** „[1] Scheidet ein Gesellschafter aus der Gesellschaft aus, so wächst sein Antheil am Gesellschaftsvermögen den übrigen Gesellschaftern zu. Diese sind verpflichtet, dem Ausscheidenden die Gegenstände, die er der Gesellschaft zur Benutzung überlassen hat, nach Maßgabe des §. 732 zurückzugeben, ihn von den gemeinschaftlichen Schulden zu befreien und ihm dasjenige zu zahlen, was er bei der Auseinandersetzung erhalten würde, wenn die Gesellschaft zur Zeit seines Ausscheidens aufgelöst worden wäre. Sind gemeinschaftliche Schulden noch nicht fällig, so können die übrigen Gesellschafter dem Ausscheidenden, statt ihn zu befreien, Sicherheit leisten. [2] Der Werth des Gesellschaftsvermögens ist, soweit erforderlich, im Wege der Schätzung zu ermitteln.“ § 738 BGB jetzt § 712 BGB und § 728 BGB.

ADHGB1861 mit Staubs Supplement	HGB 2024	HGB 1897	BGB 2024	BGB 1896
Falle Personen zu Liquidatoren ernennen oder als solche beiordnen, welche nicht zu den Gesellschaftern gehören. **Staub1897:** „Die Vorschrift des Art. 133 ist im § 146 des neuen H.G.B. wiederholt. Es ist jedoch im § 145 eine Vorschrift vorangestellt, welche klarstellt, daß die Liquidation die gesetzliche, aber dispositive Folge der Auflösung ist [...]. Dabei ist aber hinzugefügt, daß, wenn die Gesellschaft durch Kündigung des Gläubigers eines Gesellschafters oder durch den Konkurs eines Gesellschafters aufgelöst ist, die Liquidation nur mit Zustimmung des Gläubigers oder Konkursverwalters unterbleiben kann, insoweit ist sie also nicht dispositiv. Der dem Art. 133 entsprechende § 146 hebt hervor, daß zu den Betheiligten, auf deren Antrag Liquidatoren vom Gericht ernannt werden können, auch der Gläubiger eines Gesellschafters gehört, durch den die Kündigung erfolgt ist, und der Konkursverwalter. Das war zwar auch früher angenommen [...]. Immerhin konnte dies nach früherem Recht zweifelhaft sein, weil im Art. 133 [...] von dem Antrag ‚eines Gesellschafters' gesprochen ist. Ueber den Weg, auf welchem die Ernennung zu beantragen ist [...], sagt das neue H.G.B. nichts. Hierüber wird sich jedenfalls das zu erwartende Reichsgesetz betr. die freiwillige Gerichtsbarkeit verbreiten."				
Art. 134 [Synopse → § 145] Die Abberufung von Liquidatoren geschieht durch einstimmigen Beschluß aller Gesellschafter; sie kann auch auf den Antrag eines Gesellschafters aus wichtigen Gründen durch den Richter erfolgen. **Staub1897:** „Die Vorschrift entspricht § 147 des neuen H.G.B."	§ 145	§ 147	–	–
Art. 135 [Synopse → § 147] (1) Die Liquidatoren sind von den Gesellschaftern beim Handelsgerichte zur Eintragung in das Handelsregister anzumelden; sie haben ihre Unterschrift persönlich vor dem Handelsgerichte zu zeichnen oder die Zeichnung in beglaubigter Form einzureichen. (2) Das Austreten eines Liquidators oder das Erlöschen der Vollmacht eines solchen ist gleichfalls zur Eintragung in das Handelsregister anzumelden. (3) Die Gesellschafter sind zur Befolgung dieser Vorschriften von Amtswegen durch Ordnungsstrafen anzuhalten. (4) Dritten Personen kann die Ernennung von Liquidatoren, sowie das Austreten eines Liquidators oder das Erlöschen der Vollmacht eines solchen nur in sofern entgegengesetzt werden, als hinsichtlich dieser Thatsachen die	§ 147	§ 148	–	–

ADHGB1861 mit Staubs Supplement	HGB 2024	HGB 1897	BGB 2024	BGB 1896
Voraussetzungen vorhanden sind, unter welchen nach Art. 25. und 46. hinsichtlich einer Aenderung der Inhaber einer Firma oder des Erlöschens einer Prokura die Wirkung gegen Dritte eintritt. **Staub1897:** „Die Anmeldung und Eintragung der Liquidatoren regelt § 148 des neuen H.G.B. Dabei ist, im Falle daß ein Gesellschafter gestorben ist, dieselbe Erleichterung geschaffen wie im § 143 des neuen H.G.B., und es ist ferner sachgemäß angeordnet, daß die gerichtliche Bestellung und Abberufung von Liquidatoren von Amtswegen einzutragen ist. In Bezug auf die Form der Zeichnung und Anmeldung, die Wirkung der Eintragung und Nichteintragung und die Verhängung von Ordnungsstrafen gelten die allgemeinen Vorschriften der §§ 12, 14 und 15.“				
Art. 136 [Synopse → § 146] Sind mehrere Liquidatoren vorhanden, so können sie die zur Liquidation gehörenden Handlungen mit rechtlicher Wirkung nur in Gemeinschaft vornehmen, sofern nicht ausdrücklich bestimmt ist, daß sie einzeln handeln können. **Staub1897:** „Die Vorschrift ist im § 150 des neuen H.G.B. wiederholt, jedoch ist hinzugefügt, daß die kollektivberechtigten Liquidatoren einzelne von ihnen zu bestimmten Geschäften oder zu bestimmten Arten von Geschäften ermächtigen können, und daß eine der Gesellschaft abzugebende Erklärung als abgegeben gilt, wenn sie einem von mehreren kollektivberechtigten Liquidatoren abgegeben ist.“	§ 146	§ 150 Abs. 1	–	–
Art. 137 [Synopse → § 148] (1) 1Die Liquidatoren haben die laufenden Geschäfte zu beendigen, die Verpflichtungen der aufgelösten Gesellschaft zu erfüllen, die Forderungen derselben einzuziehen und das Vermögen der Gesellschaft zu versilbern; sie haben die Gesellschaft gerichtlich und außergerichtlich zu vertreten; sie können für dieselbe Vergleiche schließen und Kompromisse eingehen. 2Zur Beendigung schwebender Geschäfte können die Liquidatoren auch neue Geschäfte eingehen. (2) Die Veräußerung von unbeweglichen Sachen kann durch die Liquidatoren ohne Zustimmung der sämmtlichen Gesellschafter nicht anders, als durch öffentliche Versteigerung bewirkt werden. **Staub1897:** „Die Vorschrift über den Umfang des Wirkungskreises der Liquidatoren ist in § 149 des neuen H.G.B. wiedergegeben, doch mit Weglassung des	§ 148 Abs. 2	§ 149	–	–

ADHGB[1861] mit Staubs Supplement	HGB 2024	HGB 1897	BGB 2024	BGB 1896
Absatzes 2, da die hier vorgesehene Beschränkung mit Rücksicht auf die heutigen Verkehrsverhältnisse nicht mehr gerechtfertigt erschien. Auch die Befugniß der Liquidatoren, ‚Vergleiche zu schließen und Kompromisse einzugehen', bedarf keiner gesetzlichen Anerkennung mehr. Diese Hervorhebung hatte nur Bedeutung gegenüber den Landesrechten, welche in diesen Beziehungen Spezialvollmachten erfordern."				
Art. 138 [Synopse → nach § 146] Eine Beschränkung des Umfanges der Geschäftsbefugnisse der Liquidatoren (Art. 137.) hat gegen dritte Personen keine rechtliche Wirkung. **Staub[1897]:** „Die Vorschrift ist in § 151 des neuen H.G.B. wiederholt. Doch ist durch die veränderte Fassung der neuen Vorschriften klargestellt, daß auch der eingewiesene Privatgläubiger eines Gesellschafters bezw. der Konkursverwalter bei der Ertheilung von Anweisungen mitzuwirken hat."	–	§ 151	–	–
Art. 139 [Synopse → § 148] Die Liquidatoren haben ihre Unterschrift in der Weise abzugeben, daß sie der bisherigen, nun als Liquidationsfirma zu bezeichnenden, Firma ihre Namen beifügen. **Staub[1897]:** „Die Vorschrift ist in § 153 des neuen H.G.B. wiederholt."	§ 148 Abs. 3	§ 153	–	–
Art. 140 [Synopse → § 148] Die Liquidatoren haben, selbst wenn sie vom Richter bestellt sind, den Gesellschaftern gegenüber bei der Geschäftsführung den von diesen einstimmig getroffenen Anordnungen Folge zu geben. **Staub[1897]:** „Die Vorschrift ist durch § 152 des neuen H.G.B. wiederholt."	§ 148 Abs. 1	§ 152	–	–
Art. 141 [Synopse → § 148] (1) Die während der Liquidation entbehrlichen Gelder werden vorläufig unter die Gesellschafter vertheilt. (2) Zur Deckung von Schulden der Gesellschaft, welche erst später fällig werden, sowie zur Deckung der Ansprüche, welche den einzelnen Gesellschaftern bei der Auseinandersetzung zustehen, sind die erforderlichen Gelder zurückzubehalten.	§ 148 Abs. 7	§ 155 Abs. 2	–	–

ADHGB[1861] mit Staubs Supplement	HGB 2024	HGB 1897	BGB 2024	BGB 1896
Staub[1897]: „Die Vorschriften des vorliegenden Artikels sind im § 155 Abs. 2 des neuen H.G.B. wiedergegeben. Dabei ist noch ausdrücklich hervorgehoben, daß die Befugniß jedes Gesellschafters, den Betrag von 4 % der Gesellschaftskasse zu entnehmen, während der Liquidation wegfällt. Daß die Liquidatoren nicht Zuschüsse von den Gesellschaftern verlangen können [...], ist auch jetzt nicht erwähnt, gilt aber auch für das neue Handelsrecht.“				
Art. 142 [Synopse → § 148] (1) Die Liquidatoren haben die schließliche Auseinandersetzung unter den Gesellschaftern herbeizuführen. (2) Streitigkeiten, welche über die Auseinandersetzung entstehen, fallen der richterlichen Entscheidung anheim. **Staub[1897]:** „Die Vorschrift des Absatzes 1 ist im neuen [§§ 154 u. 155] H.G.B. wiederholt, jedoch nicht in derjenigen abstrakten Weise, wie im alten H.G.B. [...] Absatz 2 des vorliegenden Artikels ist nicht wiedergegeben. Es bedarf keiner Hervorhebung, daß die Entscheidung von Streitigkeiten dem Richter anheimfällt. Dagegen erschien es zweckmäßig, anzuordnen, daß die Liquidatoren, falls über die Vermögensvertheilung unter den Gesellschaftern Streit entsteht, die Vertheilung bis zur Entscheidung des Streits auszusetzen haben (§ 155 Abs. 3 des neuen H.G.B.). Zusatz. Das neue H.G.B. hat im § 154 die Neuerung, daß die Liquidatoren auch bei Beginn der Liquidation eine Bilanz aufzustellen haben. Die Aufstellung von Jahresbilanzen während der Liquidationszeit dagegen ist nicht gefordert und sollte nicht gefordert werden (Denkschr. S. 114). Es bleibt den Gesellschaftern überlassen, dies anzuordnen.“	–	§ 155 Abs. 3	–	–
Art. 143 [Synopse → § 148] (1) Wenn ein Gesellschafter Sachen in die Gesellschaft eingebracht hat, welche Eigenthum derselben geworden sind, so fallen dieselben bei der Auseinandersetzung nicht an ihn zurück, sondern er erhält den Werth aus dem Gesellschaftsvermögen erstattet, für welchen sie gemäß Uebereinkunft übernommen wurden. (2) Fehlt es an dieser Werthbestimmung, so geschieht die Erstattung nach dem Werthe, welchen die Sachen zur Zeit der Einbringung hatten. **Staub[1897]:** „Die Vorschrift des vorliegenden Artikels war unrichtig und ungenau und ist gestrichen. Neben dem § 155 des neuen H.G.B. [...] erschien eine weitere Vorschrift über die Art der Vertheilung entbehrlich.“	–	–	–	–

ADHGB1861 mit Staubs Supplement	HGB 2024	HGB 1897	BGB 2024	BGB 1896
Art. 144 [Synopse → nach § 148] (1) Ungeachtet der Auflösung der Gesellschaft kommen bis zur Beendigung der Liquidation in Bezug auf das Rechtsverhältniß der bisherigen Gesellschafter unter einander sowie der Gesellschaft zu dritten Personen die Vorschriften des zweiten und dritten Abschnitts zur Anwendung, soweit sich aus den Bestimmungen des gegenwärtigen Abschnitts und aus dem Wesen der Liquidation nicht ein Anderes ergiebt. (2) Der Gerichtsstand, welchen die Gesellschaft zur Zeit ihrer Auflösung hatte, bleibt bis zur Beendigung der Liquidation für die aufgelöste Gesellschaft bestehen. (3) Zustellungen an die Gesellschaft geschehen mit rechtlicher Wirkung an einen der Liquidatoren. **Staub1897:** „Die Vorschrift des Absatzes 1 ist im § 156 des neuen H.G.B. wiederholt. Die Denkschrift S. 116 meint, daß schon aus dieser Vorschrift folgt, daß der Gerichtsstand, den die Gesellschaft zur Zeit ihrer Auflösung hatte, durch den Eintritt der Liquidation sich nicht verändert. Art. 114 Abs. 2 soll deshalb entbehrlich sein. Indessen trifft das doch nicht zu. Die Vorschrift bedeutete vielmehr, daß der Gerichtsstand auch während der Liquidation nicht verändert werden kann, und diese Vorschrift ist infolge der Streichung des Absatzes 2 nunmehr weggefallen. Absatz 3 aber ist durch § 157 Abs. 3 C.P.O.[37] ersetzt."	–	§ 156	–	–
Art. 145 [Synopse → § 152] (1) [1]Nach Beendigung der Liquidation werden die Bücher und Schriften der aufgelösten Gesellschaft einem der gewesenen Gesellschafter oder einem Dritten in Verwahrung gegeben. [2]Der Gesellschafter oder der Dritte wird in Ermangelung einer gütlichen Uebereinkunft durch das Handelsgericht bestimmt. (2) Die Gesellschafter und deren Rechtsnachfolger behalten das Recht auf Einsicht und Benutzung der Bücher und Papiere. **Staub1897:** „Die Vorschrift ist im § 157 Abs. 2 u. 3 des neuen H.G.B. wiederholt. Dabei ist das Recht der Einsicht nicht allen Rechtsnachfolgern, sondern nur den Erben gewahrt. Ob die Firma nach Beendigung der Liquidation zu löschen ist, darüber war im alten H.G.B. nichts gesagt. Wir hatten es angenommen […], und so bestimmt es auch das neue H.G.B. (§ 157 Abs. 1). […]"	§ 152	§ 157	–	–

37 § 157 Abs. 3 ZPO aufgehoben durch Art. 8 Nr. 6 Gesetz v. 12.12.2007, BGBl. I S. 2840, m.W.v. 1.7.2008.

ADHGB[1861] mit Staubs Supplement	HGB 2024	HGB 1897	BGB 2024	BGB 1896
Sechster Abschnitt **Von der Verjährung der Klagen gegen die Gesellschafter**				
Art. 146 [Synopse → § 151] (1) Die Klagen gegen einen Gesellschafter aus Ansprüchen gegen die Gesellschaft verjähren in 5 Jahren nach Auflösung der Gesellschaft oder nach seinem Ausscheiden oder seiner Ausschließung aus derselben, sofern nicht nach Beschaffenheit der Forderung eine kürzere Verjährungsfrist gesetzlich eintritt. (2) Die Verjährung beginnt mit dem Tage, an welchem die Auflösung der Gesellschaft oder das Ausscheiden oder die Ausschließung des Gesellschafters aus derselben in das Handelsregister eingetragen ist. (3) Wird die Forderung erst nach der Eintragung fällig, so beginnt die Verjährung mit dem Zeitpunkte der Fälligkeit. **Staub[1897]:** „Die Vorschrift ist im § 159 des neuen H.G.B. wiedergegeben. Dabei fällt aber nunmehr auch die Auflösung durch Konkurs darunter, was früher nicht der Fall war […]. Diese Aenderung tritt dadurch ein, daß nach § 32 des neuen H.G.B. auch der Konkurs von Reichswegen in das Handelsregister einzutragen ist. Die weiteren Modalitäten der Verjährung […] ergänzen sich nunmehr aus dem B.G.B.“	§ 151	§ 159	–	–
Art. 147 [Synopse → § 152] Ist noch ungetheiltes Gesellschaftsvermögen vorhanden, so kann dem Gläubiger die fünfjährige Verjährung nicht entgegengesetzt werden, sofern er seine Befriedigung nur aus dem Gesellschaftsvermögen sucht. **Staub[1897]:** „Diese Vorschrift ist als überflüssig gestrichen worden, weil die fünfjährige Verjährung sich überhaupt nur auf die Befriedigung aus dem Privatvermögen der Gesellschafter bezieht (Denkschr. S. 118).“	–	–	–	–
Art. 148 [Synopse → § 148] (1) Die Verjährung zu Gunsten eines ausgeschiedenen oder ausgeschlossenen Gesellschafters wird durch Rechtshandlungen nicht unterbrochen, welche gegen die fortbestehende Gesellschaft oder einen anderen Gesellschafter vorgenommen werden. (2) Die Verjährung zu Gunsten eines bei der Auflösung einer Gesellschaft zu derselben gehörigen Gesellschafters	§ 137	§ 160	–	–

ADHGB[1861] mit Staubs Supplement	HGB 2024	HGB 1897	BGB 2024	BGB 1896
wird nicht durch Rechtshandlungen gegen einen anderen Gesellschafter, wohl aber durch Rechtshandlungen gegen die Liquidatoren unterbrochen. **Staub[1897]:** „Diese Vorschrift ist insoweit im § 160 des neuen H.G.B. wiedergegeben, als sie nicht als selbstverständlich erachtet wurde, es ist angeordnet, daß die Unterbrechung der Verjährung gegenüber der aufgelösten Gesellschaft auch gegenüber den einzelnen Gesellschaftern wirkt, welche ihr zur Zeit der Auflösung angehört haben. Dagegen bedarf es keiner Hervorhebung, daß die Rechtshandlungen gegen die Gesellschaft nicht wirken gegen den ausgeschiedenen Gesellschafter, und daß die Rechtshandlungen gegen einen Gesellschafter nicht wirken gegen den andern Gesellschafter. Denn nach § 425 B.G.B.[38] wirkt die Unterbrechung der Verjährung in der Person eines Gesammtschuldners nicht gegen die anderen Gesammtschuldner."				
Art. 149 [Synopse → nach § 137] Die Verjährung läuft auch gegen Minderjährige und bevormundete Personen, sowie gegen juristische Personen, denen gesetzlich die Rechte der Minderjährigen zustehen, ohne Zulassung der Wiedereinsetzung in den vorigen Stand, jedoch mit Vorbehalt des Regresses gegen die Vormünder und Verwalter. **Staub[1897]:** „Hier läßt es das neue H.G.B. bei den Vorschriften des B.G.B. bewenden und giebt daher eine besondere handelsrechtliche Vorschrift nicht. Das B.G.B. kennt eine allgemeine Hemmung der Verjährung zu gunsten der hier bezeichneten Personen nicht, läßt vielmehr nur unter besonderen Voraussetzungen eine Hemmung oder Verlängerung der Verjährung bei Ansprüchen gegen Geschäftsunfähige oder in der Geschäftsfähigkeit beschränkte Personen eintreten (§§ 204,[39] 206,[40] 207[41])."	–	–	§§ 207, 210	§§ 204, 206, 207

38 § 425 Abs. 1 BGB ist unverändert. **§ 425 Abs. 2 BGB idF. 1896**: „[2] Dies gilt insbesondere von der Kündigung, dem Verzuge, dem Verschulden, von der Unmöglichkeit der Leistung in der Person eines Gesammtschuldners, von der Verjährung, deren Unterbrechung und Hemmung, von der Vereinigung der Forderung mit der Schuld und von dem rechtskräftigen Urtheile."

39 Jetzt § 207 BGB.

40 Jetzt § 210 BGB.

41 Weiterhin § 207 BGB.

ADHGB[1861] mit Staubs Supplement	HGB 2024	HGB 1897	BGB 2024	BGB 1896
Zweiter Titel Von der Kommanditgesellschaft Erster Abschnitt Von der Kommanditgesellschaft im Allgemeinen				
Art. 150 [Synopse → § 161] (1) Eine Kommanditgesellschaft ist vorhanden, wenn bei einem unter einer gemeinschaftlichen Firma betriebenen Handelsgewerbe ein oder mehrere Gesellschafter sich nur mit Vermögenseinlagen betheiligen (Kommanditisten), während bei einem oder mehreren anderen Gesellschaftern die Betheiligung nicht in dieser Weise beschränkt ist (persönlich haftende Gesellschafter). (2) Sind mehrere persönlich haftende Gesellschafter vorhanden, so ist in Ansehung ihrer die Gesellschaft zugleich eine offene Gesellschaft. (3) Zur Gültigkeit des Gesellschaftsvertrages bedarf es der schriftlichen Abfassung nicht. **Staub[1897]:** „1. Die Vorschrift des vorliegenden Artikels ist im § 161 des neuen H.G.B. enthalten. Die dort gegebene Begriffsbestimmung lehnt sich aber mehr an die Fassung der die offene Handelsgesellschaft betreffenden Definition an und betont daher von vornherein, daß es sich um eine Gesellschaft handelt. Es muß also hier ebenso, wie bei der offenen Handelsgesellschaft, ein wirkliches Gesellschaftsverhältnis vorliegen (anders nach unserer Ansicht im früheren Recht [...]). Im übrigen ist zur Abschneidung bestehender Kontroversen [...] schärfer hervorgehoben, daß es sich auch bei der Haftung des Kommanditisten um eine solche gegenüber den Gesellschaftsgläubigern handelt [...]. 2. Der unklare Absatz 2 des Art. 150 [...] ist ersetzt durch die angemessenere Vorschrift, daß auf die Kommanditgesellschaft subsidiär die Vorschriften über die offene Handelsgesellschaft Anwendung finden. 3. Absatz 3 des Art. 150 ist gestrichen. [...]“	§ 161	§ 161	–	–
Art. 151 [Synopse → § 162] (1) Die Errichtung einer Kommanditgesellschaft ist von sämmtlichen Gesellschaftern bei dem Handelsgerichte, in dessen Bezirke die Gesellschaft ihren Sitz hat, behufs der Eintragung in das Handelsregister anzumelden. (2) Die Anmeldung muß enthalten: 1) den Namen, Vornamen, Stand und Wohnort jedes persönlich haftenden Gesellschafters; 2) den Namen, Vornamen, Stand und Wohnort jedes Kommanditisten mit der Bezeichnung desselben als solchen;	§ 162	§ 162	–	–

ADHGB[1861] mit Staubs Supplement	HGB 2024	HGB 1897	BGB 2024	BGB 1896
3) die Firma der Gesellschaft und den Ort, wo sie ihren Sitz hat; 4) den Betrag der Vermögenseinlage jedes Kommanditisten. (3) [1]Die Anmeldung muß von allen Gesellschaftern persönlich vor dem Handelsgerichte unterzeichnet, oder in beglaubigter Form eingereicht werden; sie ist nach ihrem ganzen Inhalt in das Handelsregister einzutragen. [2]Bei der Bekanntmachung der Kommanditgesellschaft in den öffentlichen Blättern (Art. 13.) unterbleibt die Angabe der Namen, des Standes und des Wohnorts der Kommanditisten, sowie die Angabe des Betrages ihrer Vermögenseinlagen. **Staub[1897]:** „Die Bestimmungen der Art. 151–156 über die Anmeldung zum Handelsregister konnten mit Rücksicht auf die allgemeinen Vorschriften der §§ 12–15 des neuen H.G.B. großentheils wegfallen. Die besonderen Bestimmungen, welche noch erforderlich blieben, sind in § 162 des neuen H.G.B. zusammengefaßt. Im wesentlichen stehen diese Vorschriften auf dem Boden des geltenden Rechts. Insbesondere unterbleibt in Uebereinstimmung mit demselben die Bekanntmachung der Kommanditisten und ihrer Einlagen, es wird nur die Zahl der Kommanditisten publizirt. Zu den Art. 152–155 ist deshalb auch nichts besonderes zu bemerken [...]. Nur bei Art. 156 ist ein wesentlicher Unterschied zu verzeichnen.“				
Art. 152 (1) Bei jedem Handelsgerichte, in dessen Bezirk die Kommanditgesellschaft eine Zweigniederlassung hat, muß dies behufs der Eintragung in das Handelsregister angemeldet werden. (2) Die Anmeldung muß die in Art. 151 Ziff 1–4. bezeichneten Angaben enthalten, und von sämmtlichen persönlich haftenden Gesellschaftern vor dem Handelsgericht unterzeichnet oder in beglaubigter Form eingereicht werden.	–	–	–	–
Art. 153 Die persönlich haftenden Gesellschafter, welche die Gesellschaft vertreten sollen, haben die Firma nebst ihrer Namensunterschrift persönlich vor dem Handelsgericht, in dessen Bezirk die Gesellschaft ihren Sitz hat, und vor jedem Handelsgericht, in dessen Bezirk sie eine Zweigniederlassung hat, zu zeichnen oder die Zeichnung in beglaubigter Form einzureichen.	–	–	–	–
Art. 154 Das Handelsgericht hat die persönlich haftenden Gesellschafter zur Befolgung der in den Art. 151. 152. und 153. enthaltenen Vorschriften von Amtswegen durch Ordnungsstrafen anzuhalten.	–	–	–	–

ADHGB[1861] mit Staubs Supplement	HGB 2024	HGB 1897	BGB 2024	BGB 1896
Art. 155 [Synopse → § 162] (1) [1]Wenn die Firma einer bestehenden Kommanditgesellschaft geändert, oder der Sitz der Gesellschaft an einen anderen Ort verlegt wird, so sind diese Thatsachen von sämmtlichen Gesellschaftern in der durch Art. 151. bestimmten Weise behufs der Eintragung in das Handelsregister anzumelden. [2]Das Handelsgericht hat die persönlich haftenden Gesellschafter zur Befolgung dieser Anordnung von Amtswegen durch Ordungsstrafen anzuhalten. (2) Bei der Bekanntmachung kommt in Betreff der Kommanditisten die Vorschrift des Art. 151. zur Anwendung. (3) Die Wirkung gegen Dritte richtet sich nach den Bestimmungen des Art. 25.	–	–	–	–
Art. 156 [Synopse → § 162] Wenn in eine bestehende Kommanditgesellschaft ein neuer Kommanditist eintritt, so muß dies von sämmtlichen Gesellschaftern zur Eintragung in das Handelsregister und zur Bekanntmachung nach den Bestimmungen des Art. 151. angemeldet werden. **Staub[1897]:** „Hier ist abweichend vom bisherigen Recht angeordnet, daß die vorangehenden Registervorschriften auch dann Anwendung finden, wenn es sich um den Eintritt eines Kommanditisten in eine bestehende ‚Handelsgesellschaft' handelt, nicht blos, wie früher, wenn es sich um den Eintritt eines Kommanditisten in eine bestehende Kommanditgesellschaft handelt. Hierdurch ist zugleich anerkannt, daß sich eine offene Handelsgesellschaft in eine Kommanditgesellschaft umwandeln kann, ohne rechtlich als eine neu errichtete Gesellschaft zu gelten. Nach dem bisherigen Recht ist das Gegentheil angenommen worden [...], und der rechtlichen Konsequenz entspricht auch nur das Gegentheil. Indessen aus praktischen Gründen mag sich die neue Regelung empfehlen."	§ 162 Abs. 2	§ 162 Abs. 3	–	–
Art. 157 [Synopse → § 163] [1]Das Rechtsverhältniß der Gesellschafter unter einander richtet sich zunächst nach dem Gesellschaftsvertrage. [2]Soweit keine Vereinbarung getroffen ist, kommen die gesetzlichen Bestimmungen über das Rechtsverhältniß der offenen Gesellschafter unter einander auch hier zur Anwendung, jedoch mit den Abweichungen, welche die nachfolgenden Artikel (158. bis 162.) ergeben.	§ 163	§ 163	–	–

ADHGB[1861] mit Staubs Supplement	HGB 2024	HGB 1897	BGB 2024	BGB 1896
Staub[1897]: „Die Vorschrift ist im § 163 des neuen H.G.B. in entsprechender Weise wiederholt.“				
Art. 158 [Synopse → § 164] (1) Die Geschäftsführung der Gesellschaft wird durch den oder die persönlich haftenden Gesellschafter besorgt. (2) Ein Kommanditist ist zur Führung der Geschäfte der Gesellschaft weder berechtigt noch verpflichtet. (3) Er kann gegen die Vornahme einer Handlung der Geschäftsführung durch die persönlich haftenden Gesellschafter (Art. 99. bis 102.) Widerspruch nicht erheben. **Staub[1897]:** „Die Vorschrift ist im § 164 wiederholt. Indessen ist als überflüssig weggelassen die Bestimmung, daß die Geschäftsführung von den Komplementaren besorgt wird, und es ist ferner klarer hervorgehoben, daß die mangelnde Befugniß des Kommanditisten, der Geschäftsführung zu widersprechen, nicht Platz greift bei ungewöhnlichen Geschäften, (was hier auch nach früherem Recht angenommen worden war [...]).“	§ 164	§ 164	–	–
Art. 159 [Synopse → § 165] Ein Kommanditist darf ohne Genehmigung der anderen Gesellschafter in dem Handelszweig der Gesellschaft für eigene oder fremde Rechnung Geschäfte machen und an einer anderen gleichartigen Handelsgesellschaft als offener Gesellschafter Theil nehmen. **Staub[1897]:** „Die Vorschrift ist im § 165 des neuen H.G.B. wiedergegeben.“	§ 165	§ 165	–	–
Art. 160 [Synopse → § 166] (1) Jeder Kommanditist ist berechtigt, die abschriftliche Mittheilung der jährlichen Bilanz zu verlangen und die Richtigkeit derselben unter Einsicht der Bücher und Papiere zu prüfen. (2) Die im Art. 105. bezeichneten weiteren Rechte eines offenen Gesellschafters stehen einem Kommanditisten nicht zu. (3) Jedoch kann das Handelsgericht auf den Antrag eines Kommanditisten, wenn wichtige Gründe dazu vorliegen, die Mittheilung einer Bilanz oder sonstiger Aufklärungen nebst Vorlegung der Bücher und Papiere zu jeder Zeit anordnen.	§ 166	§ 166	–	–

ADHGB^{1861} mit Staubs Supplement	HGB 2024	HGB 1897	BGB 2024	BGB 1896
Staub^{1897}: „Die Vorschrift ist im § 166 des neuen H.G.B. wiedergegeben. Dabei ist in Aussicht genommen, statt des ordentlichen Prozeßweges [...] das Beschlußverfahren vorzuschreiben. Doch bleibt dies dem zu erwartenden Gesetze über die freiwillige Gerichtsbarkeit vorbehalten.“				
Art. 161 [Synopse → §§ 166, 167, 169] (1) Die Bestimmungen der Art. 106. bis 108. über die Verzinsung der Einlage, über die jährliche Berechnung des Gewinnes oder Verlustes und über die Befugniß, Zinsen und Gewinn zu erheben, gelten auch in Betreff des Kommanditisten. (2) Jedoch nimmt ein Kommanditist an dem Verluste nur bis zum Betrage seiner eingezahlten oder rückständigen Einlage Antheil. (3) Er ist nicht verpflichtet, die Zinsen und den Gewinn, welche er bezogen hat, wegen späterer Verluste zurückzuzahlen; jedoch wird, so lange seine ursprüngliche Einlage durch Verlust vermindert ist, der jährliche Gewinn zur Deckung des Verlustes verwendet. **Staub^{1897}:** „Die in Absatz 1 in Bezug genommenen Vorschriften haben in einzelnen Beziehungen eine Aenderung erfahren, und dadurch verändert sich auch die Vorschrift des vorliegenden Artikels. [...]“	§§ 167, 169	§§ 167, 168, 169	–	–
Art. 162 [Synopse → § 168 (weggefallen)] Ist über die Höhe der Betheiligung an Gewinn und Verlust nichts vereinbart, so wird dieselbe, nach richterlichen Ermessen, nöthigenfalls unter Zuziehung von Sachverständigen festgestellt. **Staub^{1897}:** „Dieser Artikel ist insofern geändert, als § 168 zunächst die Gutschreibung von 4 % in derselben Weise anordnet, wie beim offenen Gesellschafter (s. unsere Bemerkung zu Art. 161), womit aber nicht die Auszahlung von 4 % gemeint ist [...]. Im übrigen ist die Vorschrift der angemessenen Vertheilung von Gewinn und Verlust in § 168 Abs. 2 wiedergegeben.“	–	§ 168 Abs. 2	–	–
Art. 163 [Synopse → § 176] (1) Im Verhältniß zu dritten Personen tritt die rechtliche Wirksamkeit einer Kommanditgesellschaft mit dem Zeitpunkt ein, in welchem die Errichtung der Gesellschaft bei dem Handelsgericht, in dessen Bezirk die Gesellschaft	§ 176	§ 176	–	–

ADHGB^{1861} mit Staubs Supplement	**HGB** 2024	**HGB** 1897	**BGB** 2024	**BGB** 1896
ihren Sitz hat, in das Handelsregister eingetragen ist, oder die Gesellschaft auch nur ihre Geschäfte begonnen hat. (2) Die Beschränkung, daß die Gesellschaft erst mit einem späteren Zeitpunkt als dem der Eintragung ihren Anfang nehmen soll, hat gegen dritte Personen keine rechtliche Wirkung. (3) Hat die Gesellschaft vor der Eintragung ihre Geschäfte begonnen, so haftet jeder Kommanditist dritten Personen für die bis zur Eintragung entstandenen Verbindlichkeiten der Gesellschaft gleich einem persönlich haftenden Gesellschafter, wenn er nicht beweist, daß denselben seine beschränkte Betheiligung bei der Gesellschaft bekannt war. **Staub^{1897}:** „Die Absätze 1 und 2 über den Beginn der Wirksamkeit der Gesellschaft nach außen werden durch die allgemeine Verweisung auf die Grundsätze der offenen Handelsgesellschaft entbehrlich (§§ 161 Abs. 2, 123). Der Abs. 3 ist im § 176 des neuen H.G.B. beibehalten, wobei ausdrücklich hervorgehoben wurde, was schon früher angenommen wurde [...], daß jene strenge Haftung nur eintritt, wenn der Kommanditist dem Geschäftsbeginn zugestimmt hat. Schon früher erachtete man den Absatz analog anwendbar in den Fällen, wo ein Kommanditist einer bestehenden Kommanditgesellschaft beitrat [...]. Das acceptirt das neue H.G.B. und dehnt es auf alle Fälle aus, in denen ein Kommanditist einer bestehenden Handelsgesellschaft beitritt (§ 176 Abs. 2).“				
Art. 164 (1) Die Kommanditgesellschaft kann unter ihrer Firma Rechte erwerben und Verbindlichkeiten eingehen, Eigenthum und andere dingliche Rechte an Grundstücken erwerben, vor Gericht klagen und verklagt werden. (2) Ihr ordentlicher Gerichtsstand ist bei dem Gericht, in dessen Bezirk sie ihren Sitz hat. **Staub^{1897}:** „Diese Vorschrift ist überflüssig geworden durch die Verweisung auf die allgemeinen Grundsätze der offenen Handelsgesellschaft (§§ 161 Abs. 2, 124 des neuen H.G.B.).“	–	–	–	–
Art. 165 [Synopse → §§ 171, 172] (1) Für die Verbindlichkeiten der Gesellschaft haftet der Kommanditist nur mit der Einlage, und soweit diese nicht eingezahlt ist, mit dem versprochenen Betrage. (2) Die Einlage des Kommanditisten kann während des Bestehens der Gesellschaft weder ganz noch theilweise zurückbezahlt oder erlassen werden.	§§ 171, 172	§§ 171, 172	–	–

ADHGB1861 mit Staubs Supplement	HGB 2024	HGB 1897	BGB 2024	BGB 1896

(3) Zinsen können ihm von der Gesellschaft nur insoweit bezahlt werden, als dadurch die ursprüngliche Einlage nicht vermindert wird.
(4) Er kann bis zur Wiederergänzung der durch Verlust verminderten Einlage weder Zinsen noch Gewinn beziehen.
(5) Er haftet für die Verbindlichkeiten der Gesellschaft, wenn und insoweit er diesen Bestimmungen entgegen Zahlungen von der Gesellschaft empfangen hat.
(6) Er ist jedoch nicht verpflichtet, die Zinsen und den Gewinn zurückzuzahlen, welche er auf Grund einer in gutem Glauben errichteten Bilanz in gutem Glauben bezogen hat.

Staub1897:

„1. Zunächst ist die Vorschrift des Abs. 1 in § 171 des neuen H.G.B. scharf wiederholt. Es ist deutlich hervorgehoben, daß der Kommanditist den Gläubigern direkt haftet, wie dies richtiger Ansicht nach auch früher der Fall war […], und daß seine Haftung gegenstandslos wird, solange die Einlage dem Gesellschaftsfonds einverleibt ist […].
Zur weiteren Verdeutlichung ist die Kontroverse, von wem die Ansprüche der Gläubiger aus der Haftung nach dem Ausbruch des Konkurses über die Kommanditgesellschaft geltend zu machen sind, dahin gelöst, daß der Konkursverwalter sie geltend zu machen hat. Das entspricht praktischen Bedürfnissen. Das Reichsgericht nahm dies auch früher an, wir vertraten den gegentheiligen Standpunkt […].
Sodann ist klargestellt, da[ß] im Verhältniß zu den Gläubigern der Gesellschaft nach der Eintragung in das Handelsregister die Einlage eines Kommanditisten sich durch den in der Eintragung angegebenen Betrag bestimmt (§ 172 Abs. 1 des neuen H.G.B.). Das weicht insofern vom geltenden Recht […] ab, als der Kommanditist nunmehr die Eintragung auch für sich geltend machen kann, was ihm in dem Falle zugutekommt, wenn er durch den Gesellschaftsvertrag einen höheren Geldbetrag zugesagt hat, dies aber noch nicht eingetragen war. In diesem Falle bedarf es besonderer Voraussetzungen für den Gläubiger, wenn derselbe sich zur Begründung einer höheren Haftung a[u]f diese Vereinbarung inter partes berufen will (§ 172 Abs. 2 des neuen H.G.B. – S. hierüber noch unsere Bemerkungen zu Art. 171).
2. Im übrigen sind die Bestimmungen des Art. 165 im § 172 des neuen H.G.B. wiederholt, nur überall mit scharfer Betonung, daß es sich hier nur um das Verhältniß zu den Gesellschaftsgläubigern handelt, was auch früher angenommen […], aber im Gesetz nicht so klar ausgesprochen war."

Art. 166 [Synopse → § 173]	§ 173	§ 173	–	–

(1) Wer in eine bestehende Handelsgesellschaft als Kommanditist eintritt, haftet nach Maaßgabe des vorhergehenden Artikels für alle von der Gesellschaft vor seinem Eintritt eingegangenen Verbindlichkeiten, es mag die Firma eine Aenderung erleiden oder nicht.

ADHGB[1861] mit Staubs Supplement	HGB 2024	HGB 1897	BGB 2024	BGB 1896
(2) Ein entgegenstehender Vertrag ist gegen Dritte ohne rechtliche Wirkung. **Staub[1897]:** „Die Bestimmung ist im § 173 des neuen H.G.B. wiedergegeben. […]“				
Art. 167 [Synopse → § 170] (1) Die Kommanditgesellschaft wird durch die persönlich haftenden Gesellschafter berechtigt und verpflichtet; sie wird durch dieselben vor Gericht vertreten. (2) Zur Behändigung von Vorladungen und anderen Zustellungen an die Gesellschaft genügt es, wenn dieselbe an einen der zur Vertretung befugten Gesellschafter geschieht. (3) Ein Kommanditist, welcher für die Gesellschaft Geschäfte schließt, ohne ausdrücklich zu erklären, daß er nur als Prokurist oder als Bevollmächtigter handle, ist aus diesen Geschäften gleich einem persönlich haftenden Gesellschafter verpflichtet. **Staub[1897]:** „Die Vorschriften der Absätze 1 und 2 sind durch die allgemeine Verweisung des § 161 Abs. 2 überflüssig geworden. Es ist aber hervorgehoben, daß der Kommanditist zur Vertretung nicht berechtigt ist (§ 170 des neuen H.G.B.). Die Vorschrift des Absatzes 3 ist im neuen H.G.B. gestrichen, weil sie ‚nicht für erforderlich gehalten wurde, um einer Verdunkelung der Verhältnisse vorzubeugen‘ (Denkschr. S. 126). Dieser nicht ganz klare Satz der Begründung bedeutet, daß die persönliche Haftung des Kommanditisten dadurch nicht ohne weiteres eintritt, daß er nicht ausdrücklich als Prokurist oder als Bevollmächtigter aufgetreten ist. Vielmehr sind die einschlägigen Verhältnisse nach allgemeinen Rechtsgrundsätzen zu beurtheilen. Danach kommt es darauf, ob der Kommanditist ausdrücklich oder stillschweigend für die Gesellschaft gehandelt hat, garnicht an. Hat er sich vielmehr irgendwie, ausdrücklich oder konkludenterweise, als Vertreter der Gesellschafter gerirt, so verpflichtet er, wenn er Vertragungsmacht hatte, die Gesellschaft, sonst sich selbst als falsus procurator (§§ 164, 179 B.G.B.[42]).“	§ 170 Abs. 1	§ 170	–	–
Art. 168 Der Name eines Kommanditisten darf in der Firma der Gesellschaft nicht enthalten sein; im entgegensetzten Falle haftet er den Gläubigern der Gesellschaft gleich einem offenen Gesellschafter. **Staub[1897]:** „Die Vorschrift ist gestrichen. Es ist daher bei Uebergang eines Geschäfts mit Firma nunmehr zulässig, daß der Name des Kommanditisten in der	(§ 19)	(§ 19)	–	–

42 §§ 164 und 179 BGB sind unverändert.

ADHGB[1861] mit Staubs Supplement	HGB 2024	HGB 1897	BGB 2024	BGB 1896
Firma verbleibt, ohne daß dieser für die Schulden haftet. Eine Neubildung der Art, daß der Name des Kommanditisten in der Firma steht, ist allerdings nach § 19 des neuen H.G.B. nicht zulässig."				
Art. 169 Die Bestimmungen der Art. 119. 120. 121. und 122. finden auch bei der Kommanditgesellschaft Anwendung. **Staub[1897]:** „Diese Vorschrift mußte wegfallen. Die Vorschriften, auf welche der Artikel verweist, werden theils durch die Bestimmungen des B.G.B., theils durch andere Vorschriften ersetzt."	–	–	–	–
Art. 170 [Synopse → §§ 161, 177] (1) Wenn ein Kommanditist stirbt oder zur Verwaltung seines Vermögens rechtlich unfähig wird, so hat dies die Auflösung der Gesellschaft nicht zur Folge. (2) Im Uebrigen gelten die in den Art. 123. bis 128. für die offene Gesellschaft gegebenen Bestimmungen auch für die Kommanditgesellschaft. **Staub[1897]:** „Die in den Art. 170–172 enthaltenen Vorschriften über die Auflösung der Gesellschaft und das Ausscheiden von Gesellschaftern, über die Liquidation und die Verjährung sind, abgesehen von dem Satze, daß der Tod des Kommanditisten die Gesellschaft nicht auflöst (§ 177 des neuen H.G.B.), neben der allgemeinen Vorschrift des § 161 Abs. 2 des neuen H.G.B. nicht mehr erforderlich. Die eintretende Geschäftsunfähigkeit des Kommanditisten hat die Auflösung schon deshalb nicht mehr zur Folge, weil auch die Geschäftsunfähigkeit eines offenen Handelsgesellschafters die Gesellschaft nicht auflöst. Der Konkurs eines Kommanditisten ist nach dem neuen H.G.B. wie früher ein Auflösungsgrund; doch kann nicht nur der Gesellschaftsvertrag bestimmen, daß die Gesellschaft unter den übrigen Gesellschaftern fortbestehen soll (§§ 131 Nr. 5, 138, 161 Abs. 2), sondern auch die übrigen Gesellschafter sind zufolge der neuen Vorschriften des § 141 Abs. 2 auch nachträglich in der Lage, die Fortsetzung zu beschließen (Denkschr. S. 127)."	§§ 161, 177	§§ 161, 177	–	–
Art. 171 [Synopse → §§ 174, 175] (1) Wenn eine Kommanditgesellschaft aufgelöst wird, oder wenn ein Kommanditist mit seiner ganzen Einlage oder mit einem Theile derselben ausscheidet, so müssen diese Thatsachen in das Handelsregister eingetragen werden. (2) Bei der Bekanntmachung unterbleibt die Bezeichnung des Kommanditisten und die Angabe des Betrages der Einlage.	§§ 174, 175	§§ 174, 175	–	–

ADHGB1861 mit Staubs Supplement	HGB 2024	HGB 1897	BGB 2024	BGB 1896
(3) Die Bestimmungen des Art. 129. kommen auch hier zur Anwendung.				

Staub1897:
„Hierüber s. zunächst unsere Anmerkung zu Art. 170.
Jedoch sind noch zwei wichtige Bemerkungen anzuknüpfen:
1. über die Höhe der Kommanditisteneinlage gegenüber den Gläubigern. Die Einlage, zu deren Leistung sich der Kommanditist seinen Mitgesellschaftern gegenüber verpflichtet, braucht nicht unbedingt mit dem Betrage übereinzustimmen, der den Gläubigern gegenüber als Einlage und Grenze der Haftung dienen soll. Es bedarf daher einer für jedermann kenntlichen Festsetzung, aus der die Höhe der Einlage in der letztgedachten Bedeutung zu entnehmen ist (Denkschr. S. 124).
Das neue H.G.B. enthält hierüber, sowie über eine Erhöhung und eine Herabsetzung der Einlage besondere Vorschriften.
a. Zunächst entscheidet der eingetragene Betrag für das Verhältniß zu Dritten (§ 171 Abs. 1). S. oben zu Art. 165.
b. Eine Erhöhung oder Herabsetzung kann angesichts einer solchen Eintragung nicht mehr durch bloße Aenderung des Gesellschaftsvertrages Wirksamkeit gegenüber den Gläubigern erlangen. Andrerseits genügen auch nicht die allgemeinen Grundsätze über die Rechtsfolge der Eintragung oder Nichteintragung, auf welche der Art. 171 für den Fall des Ausscheidens des Kommanditisten mit einem Theile seiner Einlage verwies. Denn hiernach ist schon die bloße Kenntniß von einer nicht eingetragenen Vereinbarung über die Erhöhung der Einlage zur Wirksamkeit gegenüber den Gläubigern ausreichend [...]. Das neue H.G.B. hat eine unzweideutige Bekundung solcher Veränderungen für erforderlich erklärt, und zwar wie folgt:
Handelt es sich um eine Erhöhung, so braucht die Bekundung nicht nothwendig in der Eintragung in das Handelsregister zu bestehen. Es genügt Bekanntmachung in handelsüblicher Weise oder sonstige Mittheilung an die Gläubiger, damit sich diese darauf berufen können (§ 171 Abs. 2 des neuen H.G.B.). Bei der Herabsetzung dagegen ist die Eintragung unbedingte Voraussetzung der Wirksamkeit.
Diese Regelung der Materie ist geeignet, Ordnung in diese Materie zu bringen.
2. Der Anmeldung und Eintragung der Erhöhung und Herabsetzung der Einlage ist ein besonderer Paragraph im neuen H.G.B. gewidmet (§ 175). Die Anmeldung ist durch sämmtliche Gesellschafter zu bewirken.
Die allgemeinen Vorschriften über Anmeldung und Eintragung finden nur mit Modifikationen Anwendung:
a. Ordnungsstrafe fällt weg, § 14 findet also keine Anwendung, weil es den Gesellschaftern überlassen bleiben muß, ob sie eine Vereinbarung über Veränderung der Höhe der Einlage als eine solche ansehen, welche nach außen wirken soll oder nicht.
b. Die Bekanntmachung enthält blos die Thatsache der Erhöhung oder Herabsetzung der Einlage, nicht die Ziffern und den Namen des Kommanditisten.
c. Die allgemeinen Vorschriften des § 15 über die Wirkung der Eintragung und Nichteintragung sind in § 174 modifizirt. S. zu 1.“

ADHGB^{1861} mit Staubs Supplement	HGB 2024	HGB 1897	BGB 2024	BGB 1896
Art. 172 Was bei der offenen Gesellschaft über die Art der Auseinandersetzung (Art. 130. 131. und 132.), über die Liquidation und über die Verjährung der Klagen gegen die Gesellschafter bestimmt ist, gilt auch bei der Kommanditgesellschaft in Betreff aller Gesellschafter. **Staub^{1897}:** „Die Vorschrift ist überflüssig geworden. Vergl. unsere Bemerkungen zu Art. 170."	–	–	–	–
Zweiter Abschnitt **Von der Kommanditgesellschaft auf Aktien insbesondere**				
Artt. 173–206 [hier nicht wiedergegeben]				
Dritter Titel **Von der Aktiengesellschaft**				
Artt. 207–249 [hier nicht wiedergegeben]				
Drittes Buch **Von der stillen Gesellschaft und von der Vereinigung zu einzelnen Handelsgeschäften für gemeinschaftliche Rechnung** **Erster Titel** **Von der stillen Gesellschaft**				
Art. 250 [Synopse → § 250] (1) Eine stille Gesellschaft ist vorhanden, wenn sich Jemand an dem Betriebe des Handelsgewerbes eines Anderen mit einer Vermögenseinlage gegen Antheil an Gewinn und Verlust betheiligt. (2) Zur Gültigkeit des Vertrages bedarf es der schriftlichen Abfassung oder sonstiger Förmlichkeiten nicht. **Staub^{1897}:** „**Vorbemerkung.** Die stille Gesellschaft ist auch nach dem neuen H.G.B. [...] eine Unterart der Gesellschaft nach § 705 B.G.B.[43] Aber sie weist eine Reihe von Verschiedenheiten von der gesetzlichen Gestaltung der bürgerlichen Sozietät auf, deren Regelung durch besondere Gesetzesbestimmungen auch fernerhin angezeigt erschien. Insbesondere gilt dies von den Vorschriften über die im Zweifel eintretende Vermögensgemeinschaft bezüglich der Einlagen der Gesellschafter, über die Bindung des Gesellschaftsvermögens nach den Grundsätzen der gesammten Hand, über das Kündigungsrecht der Gesellschafter und	§ 230	§ 335	–	–

43 Jetzt § 705 Abs. 2 BGB.

ADHGB[1861] mit Staubs Supplement	HGB 2024	HGB 1897	BGB 2024	BGB 1896
dergleichen mehr. Auch die Rechtstellung des stillen Gesellschafters im Konkurse des Geschäftsinhabers bliebe ohne gesetzliche Regelung unklar, und dazu treten einige andere Besonderheiten, wie das Anfechtungsrecht der Konkursgläubiger im Falle der Rückzahlung der Einlage des stillen Gesellschafters (Denkschr. S. 197). Die **Vorschrift des vorliegenden Artikels** enthielt früher eine Definition der stillen Gesellschaft, Inhalts deren die Betheiligung des stillen Gesellschafters am Verluste zum Begriffe der stillen Gesellschaft gehörte. Diese Begriffsbestimmung erwies sich für den Verkehr derart als störend, daß das Reichsgericht sich schließlich darüber hinwegsetzte [...]. Der neue § 335 hat von einer Definition Abstand genommen. Der Ausschluß der Verlustbetheiligung ist in einem anderen Paragraphen (§ 336) als statthaft hingestellt. Die Begriffsbestimmung der stillen Gesellschaft ist jetzt zu entnehmen aus dem Gesammtinhalt der §§ 335 u. 336: der stille Gesellschafter betheiligt sich an dem Handelsgewerbe, das ein Anderer betreibt, am Gewinn und regelmäßig auch am Verluste. Die Vorschrift des bisherigen Art. 250 Abs. 2 über die Formfreiheit des Gesellschaftsvertrags ist gestrichen, weil schon das B.G.B. von der Formfreiheit aller Verträge ausgeht. Freilich gelten demzufolge auch die Ausnahmen des B.G.B., also insbesondere die erhöhte Formvorschrift des § 313 B.G.B.,[44] wenn der stille Gesellschafter ein Grundstück einbringt.“				
Art. 251 (1) Der Inhaber des Handelsgewerbes betreibt die Geschäfte unter seiner Firma. (2) Eine das Verhältniß einer Handelsgesellschaft andeutende Firma darf derselbe wegen der Betheiligung eines stillen Gesellschafters bei Ordnungsstrafe nicht annehmen. **Staub[1897]:** „Die Vorschrift des vorliegenden Artikels ist im § 335 des neuen H.G.B. mitenthalten. Es ist dabei allerdings nicht besonders hervorgehoben, daß der Geschäftsinhaber die Geschäfte unter seiner Firma betreibt und daß er eine das Verhältniß einer Handelsgesellschaft andeutende Firma wegen der Betheiligung des stillen Gesellschafters nicht annehmen darf. Beides war überflüssig, Ersteres, weil es sich von selbst versteht, Letzteres, weil es schon im § 18 des neuen H.G.B. gesagt ist.“	§ 230	§ 335	–	–
Art. 252 [Synopse → § 230] (1) Der Inhaber des Handelsgewerbes wird Eigenthümer der Einlage des stillen Gesellschafters. (2) Der stille Gesellschafter ist nicht verpflichtet, die Einlage über den vertragsmäßigen Betrag zu erhöhen, oder die durch Verlust verminderte Einlage zu ergänzen.	§ 230	§ 335	§ 710	§ 707

44 Jetzt § 311b Abs. 1 BGB.

ADHGB[1861] mit Staubs Supplement	HGB 2024	HGB 1897	BGB 2024	BGB 1896
Staub[1897]: „Absatz 1 ist im § 335 in sachgemäßerer Fassung aufgenommen. Absatz 2 ist durch § 707 B.G.B.[45] überflüssig geworden und deshalb gestrichen.“				
Art. 253 [Synopse → § 233] (1) Der stille Gesellschafter ist berechtigt, die abschriftliche Mittheilung der jährlichen Bilanz zu verlangen und die Richtigkeit derselben unter Einsicht der Bücher und Papiere zu prüfen. (2) Das Handelsgericht kann auf den Antrag des stillen Gesellschafters, wenn wichtige Gründe dazu vorliegen, die Mittheilung einer Bilanz oder sonstiger Aufklärungen nebst Vorlegung der Bücher und Papiere zu jeder Zeit anordnen. **Staub[1897]:** „Die Vorschrift des vorliegenden Artikels ist im § 338 des neuen H.G.B. sachlich unverändert wiedergegeben. Insbesondere enthält der Abs. 2 des § 338 keine Neuerung […].“	§ 233	§ 338	–	–
Art. 254 [Synopse → § 231] Ist über die Höhe der Betheiligung des stillen Gesellschafters an Gewinn und Verlust nichts vereinbart, so wird dieselbe nach richterlichem Ermessen, nöthigenfalls unter Zuziehung von Sachverständigen festgestellt. **Staub[1897]:** „Die Vorschrift kehr im § 336 Abs. 1 des neuen H.G.B. sachlich unverändert wieder.“	§ 231	§ 336	–	–
Art. 255 [Synopse → § 232] (1) Am Schlusse eines jeden Geschäftsjahres wird der Gewinn und Verlust berechnet und dem stillen Gesellschafter der ihm zufallende Gewinn ausbezahlt. (2) [1]Der stille Gesellschafter nimmt an dem Verlust nur bis zum Betrage seiner eingezahlten oder rückständigen Einlage Antheil. [2]Er ist nicht verpflichtet, den bezogenen Gewinn wegen späterer Verluste zurückzuzahlen; jedoch wird, so lange seine ursprüngliche Einlage durch Verlust vermindert ist, der jährliche Gewinn zur Deckung des Verlustes verwendet. (3) Der Gewinn, welcher von dem stillen Gesellschafter nicht erhoben wird, vermehrt dessen Einlage nicht, sofern nicht ein Anderes vereinbart ist.	§ 232	§ 337	–	–

45 Jetzt § 710 BGB.

ADHGB^{1861} mit Staubs Supplement	HGB 2024	HGB 1897	BGB 2024	BGB 1896
Staub^{1897}: „Die Vorschrift ist im § 337 des neuen H.G.B. wiederholt.“				
Art. 256 [Synopse → § 230] Aus den Geschäften des Handelsgewerbes wird der Inhaber desselben dem Dritten gegenüber allein berechtigt und verpflichtet. **Staub^{1897}:** „Die Vorschrift ist im § 335 Absatz 2 des neuen H.G.B. wiedergegeben.“	§ 230	§ 335 Abs. 2	–	–
Art. 257 Der Name eines stillen Gesellschafters darf in der Firma des Inhabers des Handelsgewerbes nicht enthalten sein; im entgegengesetzten Falle haftet der stille Gesellschafter den Gläubigern der Gesellschaft persönlich und solidarisch. **Staub^{1897}:** „Die Vorschrift des vorliegenden Artikels ist aus denselben Gründen, wie der korrespondirende Art. 168 gestrichen worden. Soweit es sich um eine neu gebildete Firma handelt, darf auch nach dem neuen H.G.B. der Name des stillen Gesellschafters in der Firma nicht enthalten sein (§ 18).“	–	–	–	–
Art. 258 [Synopse → § 236] (1) Wenn der Inhaber des Handelsgewerbes in Konkurs verfällt, so ist der stille Gesellschafter befugt, wegen seiner Einlage, soweit dieselbe den Betrag des auf ihn fallenden Antheils am Verlust übersteigt, eine Forderung als Konkursgläubiger geltend zu machen. (2) Ist die Einlage rückständig, so hat der stille Gesellschafter dieselbe bis zu dem Betrage, welcher zur Deckung seines Antheils am Verluste erforderlich ist, in die Konkursmasse zu zahlen. **Staub^{1897}:** „Die Vorschrift kehrt im § 341 des neuen H.G.B. sachlich unverändert wieder.“	§ 236	§ 341	–	–
Art. 259 [Synopse → nach § 236] (1) Wenn innerhalb eines Jahres vor Eröffnung des Konkurses über das Vermögen des Inhabers des Handelsgewerbes durch Vereinbarung zwischen ihm und dem stillen Gesellschafter das Gesellschaftsverhältniß aufgelöst worden ist, so können die Konkursgläubiger verlangen, daß der stille Gesellschafter die ihm zurückbezahlte Einlage in die Konkursmasse einzahle,	–	§ 342	–	–

ADHGB[1861] mit Staubs Supplement	HGB 2024	HGB 1897	BGB 2024	BGB 1896
unbeschadet seines Rechts, die in dem Zeitpunkt der Auflösung ihm aus dem Gesellschaftsverhältnisse zustehende Forderung als Konkursgläubiger geltend zu machen. (2) Dasselbe gilt, wenn dem stillen Gesellschafter in dem bezeichneten Zeitraum ohne Auflösung des Gesellschaftsverhältnisses die Einlage zurückbezahlt wurde. (3) In gleicher Weise ist, wenn der Inhaber des Handelsgewerbes in dem bezeichneten Zeitraum dem stillen Gesellschafter dessen Antheil an dem entstandenen Verlust ganz oder theilweise erlassen hat, der Erlaß zu Gunsten der Konkursgläubiger unwirksam. (4) Die Bestimmungen dieses Artikels treten nicht ein, wenn der stille Gesellschafter beweist, daß der Konkurs in Umständen seinen Grund hat, welche erst nach dem Zeitpunkt der Auflösung, der Zurückzahlung oder des Erlasses eingetreten sind. **Staub[1897]:** „Die Vorschrift des vorliegenden Artikels ist im § 342 sachlich unverändert, nur in kürzerer Form wiederholt. Hinzugefügt aber ist, um eine Zweifelsfrage des früheren Rechts zu lösen […], daß über die Geltendmachung und die Wirkung der Anfechtung die Vorschriften der Konkursordnung entscheiden. Der Erlaß des Einlageversprechens, der nach unserer Ansicht durch Art. 259 nicht getroffen war […], sollte auch jetzt nicht getroffen werden (Denkschr. S. 200).“				
Art. 260 Ob und inwieweit eine rechtliche Wirkung zu Gunsten dritter Personen eintritt, wenn durch einen stillen Gesellschafter oder mit dessen Willen das Vorhandensein der stillen Gesellschaft kundgemacht wird, ist nach allgemeinen Rechtsgrundsätzen zu beurtheilen. **Staub[1897]:** „Der Artikel ist gestrichen. Die vielumstrittene kundgemachte stille Gesellschaft ist damit gefallen. Das schließt aber, wie die Denkschrift S. 199 sagt, nicht aus, daß unter Umständen durch die Kundmachung des Gesellschaftsverhältnisses eine Haftung des stillen Gesellschafters gegenüber den Geschäftsgläubigern eintreten kann, sofern nach allgemeinen Grundsätzen, insbesondere nach den Vorschriften über den Kreditauftrag, die Voraussetzungen hierfür vorliegen.“	-	-	-	-
Art. 261 [Synopse → § 234] (1) Die stille Gesellschaft wird aufgelöst: 1) durch den Tod des Inhabers des Handelsgewerbes, wenn nicht der Vertrag bestimmt, daß die Gesellschaft mit den Erben des Verstorbenen fortbestehen soll;	-	-	-	-

ADHGB[1861] mit Staubs Supplement	HGB 2024	HGB 1897	BGB 2024	BGB 1896

2) durch die eingetretene rechtliche Unfähigkeit des Inhabers des Handelsgewerbes zur selbstständigen Vermögensverwaltung;
3) durch die Eröffnung des Konkurses über das Vermögen des Inhabers des Handelsgewerbes oder des stillen Gesellschafters;
4) durch gegenseitige Uebereinkunft;
5) durch Ablauf der Zeit, auf deren Dauer die stille Gesellschaft eingegangen ist, wenn dieselbe nicht stillschweigend fortgesetzt wird; in diesem Falle gilt der Vertrag von da an als auf unbestimmte Dauer geschlossen;
6) durch die Aufkündigung eines der beiden Theile, wenn der Vertrag auf unbestimmte Dauer geschlossen ist.
(2) Ein auf Lebenszeit geschlossener Vertrag ist als auf unbestimmte Dauer geschlossen zu betrachten.
(3) Die Aufkündigung eines auf unbestimmte Dauer geschlossenen Vertrages muß, wenn nicht ein Anderes vereinbart ist, mindestens sechs Monate vor Ablauf des Geschäftsjahres erfolgen.

Staub[1897]:
„Die im vorliegenden Artikel erfolgte Aufzählung der Auflösungsgründe ist im neuen H.G.B. gefallen. Es gelten von jetzt ab die allgemeinen Vorschriften des B.G.B. über die Gesellschaft […].“

Art. 262	§ 234	§ 339	–	–

[Synopse → § 234]

[1]Die Auflösung der stillen Gesellschaft kann vor Ablauf der für ihre Dauer bestimmten Zeit oder bei einem Vertrage von unbestimmter Dauer ohne vorherige Aufkündigung verlangt werden, wenn dazu wichtige Gründe vorhanden sind. [2]Die Beurtheilung, ob solche Gründe anzunehmen sind, bleibt im Falle des Widerspruchs dem Ermessen des Richters überlassen.

Staub[1897]:
„Die Vorschrift ist ersetzt durch § 723 B.G.B.[46] Der § 339 des neuen H.G.B. verweist ausdrücklich auf denselben. Der Zusammenhang des § 339 H.G.B. und des § 723 B.G.B. ergiebt nunmehr das gleiche Resultat wie der vorliegende Artikel. Nach dem vorliegenden Artikel besteht für Gesellschaften von bestimmter, wie von unbestimmter Dauer sofortiges Kündigungsrecht aus wichtigen Gründen. Nach § 723 B.G.B. besteht bei Gesellschaften von unbestimmter Dauer ein jederzeitiges freies Kündigungsrecht. Dieses willkürliche Kündigungsrecht wird aber für die stille Gesellschaft durch § 339 des neuen H.G.B. beseitigt (vergl. zu Art. 261). Das im § 723 B.G.B. statuirte sofortige Kündigungsrecht aus wichtigen Gründen gilt hiernach auf dem Rechtsgebiete der stillen Gesellschaft sowohl bei bestimmter, wie bei unbestimmter Dauer.

46 Jetzt § 725 BGB.

ADHGB[1861] mit Staubs Supplement	HGB 2024	HGB 1897	BGB 2024	BGB 1896
Gleichzeitig macht die Denkschrift im § 723 B.G.B. den Ausspruch, daß die Kündigung, nicht erst der Richterspruch die Auflösung zur Folge hat (Denkschr. S. 199). Das würde mit der herrschenden Ansicht übereinstimmen, aber der unsrigen widersprechen […].“				
Art. 263 [Synopse → § 234] Die Bestimmung des Art. 126. gilt auch zu Gunsten der Privatgläubiger eines stillen Gesellschafters. **Staub[1897]:** „Die Vorschrift ist im § 339 des neuen H.G.B. mit enthalten.“	§ 234	§ 339	–	–
Art. 264 [Synopse → § 234] Wenn der stille Gesellschafter stirbt, oder zur Verwaltung seines Vermögens rechtlich unfähig wird, so hat dies die Auflösung der stillen Gesellschaft nicht zur Folge. **Staub[1897]:** „Der Tod des stillen Gesellschafters würde nach § 727 B.G.B.[47] die Auflösung zur Folge haben; aber § 339 Absatz 2 des neuen H.G.B. bestimmt für die stille Gesellschaft das Gegentheil. Die Unfähigkeit zur selbstständigen Vermögensverwaltung hat auch nach dem B.G.B. die Auflösung nicht zur Folge, nicht einmal, wenn sie beim Komplementar auftritt (vergl. zu Art. 261), geschweige beim stillen Gesellschafter. Es ist dies im neuen H.G.B. nicht besonders ausgesprochen.“	–	–	–	–
Art. 265 [Synopse → § 235] (1) Nach Auflösung der stillen Gesellschaft muß der Inhaber des Handelsgewerbes sich mit dem stillen Gesellschafter auseinandersetzen und die Forderung desselben in Gelde berichtigen. (2) Der Inhaber des Handelsgewerbes besorgt die Liquidation der bei der Auflösung noch schwebenden Geschäfte. **Staub[1897]:** „Die Vorschriften dieses Artikels sind im § 340 des neuen H.G.B. wiedergegeben und ergänzt. Insbesondere ist hervorgehoben, daß der stille Gesellschafter theilnimmt an dem Gewinne und Verluste, der sich aus den zur Zeit der Auflösung schwebenden Geschäften ergiebt, und daß er am Schlusse jedes Geschäftsjahrs Rechenschaft über die inzwischen beendigten Geschäfte, Auszahlung des im gebührenden Betrages und Auskunft über den Stand der noch schwebenden Geschäfte verlangen kann.“	§ 235	§ 340	–	–

47 Jetzt § 730 Abs. 1 BGB.

ADHGB1861 mit Staubs Supplement	HGB 2024	HGB 1897	BGB 2024	BGB 1896
Zweiter Titel **Von der Vereinigung zu einzelnen Handelsgeschäften für gemeinschaftliche Rechnung**				
Art. 266 Die Vereinigung zu einem oder mehreren einzelnen Handelsgeschäften für gemeinschaftliche Rechnung bedarf einer schriftlichen Abfassung nicht und ist sonstigen Förmlichkeiten nicht unterworfen. **Staub1897:** „Die Gelegenheitsgesellschaft ist aus dem H.G.B. ganz gestrichen. Die Bestimmungen des H.G.B. über die Gelegenheitsgesellschaft werden mit der Einführung des B.G.B. entbehrlich, weil die Vorschriften des letzteren über die Gesellschaft auch für Vereinigungen zu vorübergehenden kaufmännischen Zwecken ausreichend sind und im Allgemeinen zu den gleichen Ergebnissen führen (Denkschr. S. 201). Die im vorliegenden Artikel vorgeschriebene Formfreiheit bleibt im Wesentlichen auch später bestehen, da auch das B.G.B. die Formfreiheit der Verträge anerkennt. Allerdings tritt nunmehr auch in den vom B.G.[B.] statuirten Ausnahmefällen der Formzwang ein, insbesondere z.B. wenn der Beitrag eines Gesellschafters in einem Grundstück besteht (§§ 718,[48] 313 B.G.B.[49])."	–	–	–	–
Art. 267 Wenn nicht ein Anderes verabredet ist, so sind alle Theilnehmer in gleichem Verhältnisse zu dem gemeinsamen Unternehmen beizutragen verpflichtet. **Staub1897:** „Die Vorschrift deckt sich mit § 706 B.G.B.[50]"	–	–	§ 709	§ 706
Art. 268 Ist über den Antheil der Theilnehmer am Gewinn und Verlust nichts vereinbart, so werden die Einlagen verzinst, der Gewinn oder Verlust aber nach Köpfen vertheilt. **Staub1897:** „Eine Verzinsung der Einlagen findet nicht mehr statt, das B.G.B. enthält eine dahingehende Vorschrift nicht. – Die Theilung des Gewinnes und Verlustes nach Köpfen ist auch im § 722 B.G.B.[51] vorgeschrieben."	–	–	–	–
Art. 269 (1) Aus Geschäften, welche ein Theilnehmer mit einem Dritten geschlossen hat, wird Ersterer dem Dritten gegenüber allein berechtigt und verpflichtet. (2) Ist ein Theilnehmer zugleich im Auftrage und Namen der übrigen aufgetreten, oder haben alle Theilnehmer				

48 Jetzt § 713 BGB.
49 Jetzt § 311b Abs. 1 BGB.
50 Jetzt § 709 Abs. 3 BGB.
51 Jetzt § 709 Abs. 3 BGB.

ADHGB[1861] mit Staubs Supplement	HGB 2024	HGB 1897	BGB 2024	BGB 1896
gemeinschaftlich oder durch einen gemeinsam Bevollmächtigten gehandelt, so ist jeder Theilnehmer Dritten gegenüber solidarisch berechtigt und verpflichtet. **Staub[1897]:** „1. Die Lücke, welche der vorliegende Artikel gelassen hatte, indem er die Rechte der Geschäftsführung im Verhältniß der Gesellschafter zu einander nicht regelt [...], füllt das B.G.B. sachgemäß aus in den §§ 709–715. 2. Was im vorliegenden Artikel (Abs. 2) über die Verpflichtung der Gesellschafter aus den für die Gesellschaft geschlossenen Geschäften vorgeschrieben ist, gilt auch nach § 427 B.G.B.[52] 3. Dagegen ist die solidarische Berechtigung aus den gemeinschaftlich geschlossenen Geschäften fortgefallen. Sie enthält, wie die Denkschrift S. 201 richtig bemerkt, eine rechtliche Besonderheit, für die es an einem ausreichenden Grunde fehlt. Die §§ 718, 719 B.G.B.[53] über das Eigenthum zur gesammten Hand hinsichtlich der gemeinsam erworbenen Vermögensstücke führen auch hier zu einem angemessenen Ergebnisse.“				
Art. 270 (1) Nach Beendigung des gemeinschaftlichen Geschäfts muß der Theilnehmer, welcher dasselbe führte, den übrigen Theilnehmern unter Mittheilung der Belege Rechnung ablegen. (2) Er besorgt die Liquidation. **Staub[1897]:** „Die Pflicht zur Rechnungslegung folgt aus §§ 713,[54] 666 B.G.B.;[55] daß der Theilnehmer, welcher das Geschäft führte, auch die sog. Liquidation bewirkt, ist selbstverständlich. Zusatz. Vorschriften über die Auflösung der Gesellschaft, welche das alte H.G.B. nicht gegeben hat [...], sind im B.G.B. enthalten (§§ 723–729),[56] desgleichen Vorschriften über die Auseinandersetzung (§§ 730–735).[57] So führt die Anwendung der Vorschriften des B.G.B. über die Gesellschaft zu einer erschöpfenden Regelung der bei der Gelegenheitsgesellschaft in Frage kommenden Rechtsbeziehungen, und die Denkschrift (S. 201) hat Recht, wenn sie sagt, daß sich hiernach die völlige Streichung des von der Gelegenheitsgesellschaft handelnden Titels rechtfertigt.“				

52 § 427 BGB ist unverändert.
53 Aufgehoben durch Art. 1 Nr. 3 Gesetz v. 10.8.2021 (MoPeG), BGBl. I S. 3436, m.W.v. 1.1.2024.
54 Jetzt § 717 BGB.
55 § 666 BGB ist unverändert.
56 Jetzt §§ 729–734 BGB.
57 Jetzt §§ 735–739 BGB.

ADHGB1861 mit Staubs Supplement	HGB 2024	HGB 1897	BGB 2024	BGB 1896
Viertes Buch **Von den Handelsgeschäften** **Erster Titel** **Von den Handelsgeschäften im Allgemeinen** **Erster Abschnitt** **Begriff der Handelsgeschäfte**				
Art. 271 [Synopse → § 1] Handelsgeschäfte sind: 1) der Kauf oder die anderweite Anschaffung von Waaren oder anderen beweglichen Sachen, von Staatspapieren, Aktien oder anderen für den Handelsverkehr bestimmten Werthpapieren, um dieselben weiter zu veräußern; es macht keinen Unterschied, ob die Waaren oder anderen beweglichen Sachen in Natur oder nach einer Bearbeitung oder Verarbeitung weiter veräußert werden sollen; 2) die Uebernahme einer Lieferung von Gegenständen der unter Ziff. 1. bezeichneten Art, welche der Uebernehmer zu diesem Zweck anschafft; 3) die Uebernahme einer Versicherung gegen Prämie; 4) die Uebernahme der Beförderung von Gütern oder Reisenden zur See und das Darleihen gegen Verbodmung. **Staub1897:** „Der vorliegende Artikel zählt die absoluten Handelsgeschäfte auf. Der Begriff der absoluten Handelsgeschäfte wird aber vom neuen H.G.B. abgeschafft. Es giebt jetzt keine Geschäfte mehr, welche, einzeln abgeschlossen, um ihrer selbst willen, Handelsgeschäfte sind. Handelsgeschäfte sind vielmehr nach § 343 des neuen H.G.B. die Geschäfte eines Kaufmanns, die zum Betriebe seines Gewerbes gehören. Die im vorliegenden Artikel aufgezählten Geschäfte sind (bis auf das Darlehn gegen Verbodmung) nunmehr eingereiht worden in den Kreis derjenigen Geschäfte, deren gewerbsmäßiger Betrieb ein Handelsgewerbe bedeutet und den Gewerbetreibenden zum Kaufmann macht (s. § 1 des neuen H.G.B. und unsere Bemerkungen oben zu Art. 4 des alten H.G.B.), sie sind mit anderen Worten Grundgeschäfte des Handelsgewerbes geworden. Sie werden uns daher bei unseren Bemerkungen zu dem folgenden Art. 272 noch einmal begegnen.“	§ 1	§ 1	–	–
Art. 272 [Synopse → § 1] (1) Handelsgeschäfte sind ferner die folgenden Geschäfte, wenn sie gewerbemäßig betrieben werden: 1) die Uebernahme der Bearbeitung oder Verarbeitung beweglicher Sachen für Andere, wenn der Gewerbebetrieb des Uebernehmers über den Umfang des Handwerks hinausgeht; 2) die Bankier- oder Geldwechslergeschäfte;	§ 1	§ 1	–	–

ADHGB[1861] mit Staubs Supplement	HGB 2024	HGB 1897	BGB 2024	BGB 1896
3) die Geschäfte des Kommissionärs (Art. 360), des Spediteurs und des Frachtführers, sowie die Geschäfte der für den Transport von Personen bestimmten Anstalten; 4) die Vermittelung oder Abschließung von Handelsgeschäften für andere Personen; die amtlichen Geschäfte der Handelsmäkler sind jedoch hierin nicht einbegriffen; 5) die Verlagsgeschäfte, sowie die sonstigen Geschäfte des Buch- oder Kunsthandels; ferner die Geschäfte der Druckereien, sofern nicht ihr Betrieb nur ein handwerksmäßiger ist. (2) Die bezeichneten Geschäfte sind auch alsdann Handelsgeschäfte, wenn sie zwar einzeln, jedoch von einem Kaufmann im Betriebe seines gewöhnlich auf andere Geschäfte gerichteten Handelsgewerbes gemacht werden.				

Staub[1897]:

„Der vorliegende Artikel zählt diejenigen Geschäfte auf, welche Handelsgeschäfte sind, wenn sie gewerbsmäßig betrieben werden, die sog. relativen Handelsgeschäfte.

Der Begriff der relativen Handelsgeschäfte ist vom neuen H.G.B. nicht beseitigt, nur gelangt man zu ihm auf einem kleinen Umwege. Das Gesetz sagt nämlich jetzt nicht mehr, daß gewisse Geschäfte, wenn sie gewerbsmäßig betrieben werden, Handelsgeschäfte sind, sondern es sagt: gewisse Geschäfte bilden, wenn sie gewerbsmäßig betrieben werden, ein Handelsgewerbe; wer ein Handelsgewerbe betreibt, ist Kaufmann; und alle Geschäfte eines Kaufmanns, welche zu seinem Gewerbe gehören, sind Handelsgeschäfte (§§ 1 u. 343 des neuen H.G.B.). Von jenen Geschäften nun, deren gewerbsmäßiger Betrieb ein Handelsgewerbe bildet, kann man, ohne eine sachliche Unrichtigkeit zu begehen, sehr wohl auch sagen, daß sie, gewerbsmäßig betrieben, Handelsgeschäfte sind, und man gelangt so zu dem gleichen Begriffe, wie er dem alten Art. 272 innewohnte.

Was die Frage der geeigneten Bezeichnung dieser Geschäfte betrifft, so wird man die Bezeichnung relative Handelsgeschäfte fallen lassen müssen, weil, wie zu Art. 271 gezeigt, der Gegensatz, der Begriff der absoluten Handelsgeschäfte, fehlt. Man wird passend von Grundgeschäften des Handelsgewerbes oder auch kurz von Grundhandelsgeschäften sprechen können.

Dabei ist aber darauf hinzuweisen, daß nach dem neuen H.G.B. unter gewissen Voraussetzungen alle vermögensrechtlichen Geschäfte geeignete Grundhandelsgeschäfte sind. Denn nach § 2 des neuen H.G.B. gilt jedes gewerbliche Unternehmen, das nach Art und Umfang einen in kaufmännischer Weise eingerichteten Geschäftsbetrieb erfordert, als Handelsgewerbe, sofern die Firma des Unternehmers eingetragen ist. Unter gewissen Voraussetzungen ist daher jedes vermögensrechtliche Geschäft ein Grundhandelsgeschäft, und es erweitert sich somit der Begriff der Grundhandelsgeschäfte ins Ungemessene.

Angesichts dieser Rechtslage kann man jenen geschlossenen Kreis von Grundhandelsgeschäften, von welchen § 1 des neuen H.G.B. handelt, also diejenigen Geschäfte, deren gewerbsmäßiger Betrieb ohne jede weitere Voraussetzung ein Handelsgewerbe ausmacht, reine Grundhandelsgeschäfte, alle übrigen aber, die nur beim Hinzutreten

ADHGB^{1861} mit Staubs Supplement	HGB 2024	HGB 1897	BGB 2024	BGB 1896

weiterer Voraussetzungen (kaufmännischer Betrieb, handelsgerichtliche Eintragung) ein Handelsgewerbe bilden, kann man im Gegensatze hierzu wohl passend hypothetische Grundhandelsgeschäfte nennen. [Fn.: Dementsprechend würden die im § 1 des neuen H.G.B. verzeichneten Handelsgewerbe reine Handelsgewerbe, die des § 2 hypothetische Handelsgewerbe zu nennen sein.]
Die reinen Grundgeschäfte des Handelsgewerbes sind jetzt einmal die früheren absoluten Handelsgeschäfte (vergl. unsere Bem. zu Art. 271) und zweitens die früheren relativen Handelsgeschäfte. Sie sind im § 1 aufgezählt, und zwar mit einigen Aenderungen gegen früher:
Unter Nr. 1 (früher Nr. 1 des Art. 271) ist der Kauf als Beispiel der Anschaffung fortgelassen und die Weiterveräußerung hinzugefügt. Das ist sehr sachgemäß, weil in der That die Hauptgrundlage des Handelsgewerbes nicht die bloße Anschaffung, sondern die Anschaffung und Weiterveräußerung ist. Die frühere Nr. 2 des Art. 271 konnte dadurch wegfallen. In Nr. 5 sind die Geschäfte der Schleppschifffahrtsunternehmer hinzugefügt, in Nr. 6 die der Lagerhalter.
Eine Aufzählung der hypothetischen Grundhandelsgeschäfte ist nicht erfolgt, weil sie unmöglich ist. Denn, wie gezeigt, ist jedes vermögensrechtliche Geschäft, gewerbsmäßig betrieben, beim Hinzukommen der in § 2 aufgezählten Bedingungen ein geeignetes Grundhandelsgeschäft.“

Art. 273 [Synopse → § 343]	§ 343	§ 343	–	–

(1) Alle einzelnen Geschäfte eines Kaufmanns, welche zum Betriebe seines Handelsgewerbes gehören, sind als Handelsgeschäfte anzusehen.
(2) Dieses gilt insbesondere für die gewerbliche Weiterveräußerung der zu diesem Zweck angeschafften Waaren, beweglichen Sachen und Werthpapiere, sowie für die Anschaffung von Geräthen, Material und anderen beweglichen Sachen, welche bei dem Betriebe des Gewerbes unmittelbar benutzt oder verbraucht werden sollen.
(3) Die Weiterveräußerungen, welche von Handwerkern vorgenommen werden, sind, insoweit dieselben nur in Ausübung ihres Handwerksbetriebes geschehen, als Handelsgeschäfte nicht zu betrachten.

Staub[1897]:
„Der vorliegende Artikel enthielt den Begriff der accessorischen Handelsgeschäfte. Die Vorschrift ist den Worten nach fast unverändert in das neue H.G.B. (§ 343) übergegangen, aber durch das veränderte System des H.G.B. hat sich die in diesen Worten liegende Bedeutung total verändert. Denn nunmehr enthält dieser Satz nicht blos den Begriff der accessorischen Handelsgeschäfte, sondern den Begriff der Handelsgeschäfte überhaupt. In den §§ 1 u. 2 ist, wie schon mehrfach bemerkt, nicht der Begriff der Handelsgeschäfte, sondern der des Handelsgewerbes definirt, und es ist ferner gesagt, daß, wer ein Handelsgewerbe betreibt, Kaufmann ist. Im Anschluß hieran sagt nunmehr

ADHGB[1861] mit Staubs Supplement	HGB 2024	HGB 1897	BGB 2024	BGB 1896
§ 343, daß alle Geschäfte eines Kaufmanns, welche zu seinem Gewerbebetriebe gehören, Handelsgeschäfte sind. Damit sind aber nicht blos diejenigen Geschäfte getroffen, welche nach § 1 des neuen H.G.B. reine Grundgeschäfte des Handelsgewerbes sind, und nicht blo[s] die hypothetischen Grundhandelsgeschäfte gemäß § 2, sondern auch alle sonstigen Geschäfte, welche der Kaufmann im Betriebe seines Handelsgewerbes vornimmt, d.h. die accessorischen Handelsgeschäfte. Es sind also alle gewerblichen Geschäfte des Kaufmanns, oder mit anderen Worten: es sind alle Handelsgeschäfte gemeint, und dieselben Worte, welche früher den Begriff der accessorischen Handelsgeschäfte aufgestellt haben, stellen jetzt den Begriff der Handelsgeschäfte überhaupt auf. Der Begriff der accessorischen Handelsgeschäfte aber ist, wie sich aus dem Gesagten ergiebt, geblieben. Hinzugefügt ist im § 343 Abs. 2 die Vorschrift, welche sich mit Art. 272 Abs. 2 deckt und die dahin geht, daß die früheren relativen Handelsgeschäfte, jetzt reinen Grundhandelsgeschäfte, auch dann Handelsgeschäfte sind, wenn sie von einem Kaufmann im Betriebe seines gewöhnlich auf andere Geschäfte gerichteten Handelsgewerbes geschlossen werden. Dieser an sich überflüssige Satz soll zur Klärung beitragen. Er kann aber leicht eine Unklarheit erzeugen. Denn was hier von den Geschäften des Art. 272, jetzt § 1 gesagt ist, gilt von jedem vermögensrechtlichen Geschäfte des Kaufmanns, und man darf sich daher nicht irreleiten lassen, anzunehmen, daß der im § 343 Abs. 2 ausgesprochene Satz eine Besonderheit der im § 1 aufgezählten Grundgeschäfte ist. Der Absatz 2 des Art. 273 ist als überflüssig, Abs. 3 als unsachgemäß gestrichen."				
Art. 274 [Synopse → § 344] (1) Die von einem Kaufmann geschlossenen Verträge gelten im Zweifel als zum Betriebe des Handelsgewerbes gehörig. (2) Die von einem Kaufmann gezeichneten Schuldscheine gelten als im Betriebe des Handelsgewerbes gezeichnet, sofern sich nicht aus denselben das Gegentheil ergiebt. **Staub[1897]:** „Die im vorliegenden Artikel aufgestellten Präsumptionen sind im § 344 wiedergegeben, dabei ist im Abs. 1 das Wort Verträge sachgemäß in Rechtsgeschäfte geändert [...]."	§ 344	§ 344	–	–
Art. 275 Verträge über unbewegliche Sachen sind keine Handelsgeschäfte. **Staub[1897]:** „Die Vorschrift des vorliegenden Artikels ist gestrichen. Das ist eine der erheblichen Neuerungen des neuen H.G.B."	–	–	–	–
Art. 276 Die Eigenschaft oder die Gültigkeit eines Handelsgeschäfts wird dadurch nicht ausgeschlossen, daß einer Person	–	–	–	–

ADHGB[1861] mit Staubs Supplement	HGB 2024	HGB 1897	BGB 2024	BGB 1896
wegen ihres Amtes oder Standes, oder aus gewerbepolizeilichen oder anderen ähnlichen Gründen untersagt ist, Handel zu treiben oder Handelsgeschäfte zu schließen. **Staub[1897]:** „Die Vorschrift ist in das neue H.G.B. nicht aufgenommen. Neben § 7 des neuen H.G.B. war sie entbehrlich.“				
Art. 277 [Synopse → § 345] Bei jedem Rechtsgeschäft, welches auf der Seite eines der Kontrahenten ein Handelsgeschäft ist, sind die Bestimmungen dieses vierten Buchs in Beziehung auf beide Kontrahenten gleichmäßig anzuwenden, sofern nicht aus diesen Bestimmungen selbst sich ergiebt, daß ihre besonderen Festsetzungen sich nur auf denjenigen von beiden Kontrahenten beziehen, auf dessen Seite das Geschäft ein Handelsgeschäft ist. **Staub[1897]:** „Die Vorschrift ist im § 345 wiedergegeben. In der Reichstagskommission waren Versuche gemacht worden, dieselbe zu beseitigen (K.B. S. 100 ff.), weil nach der Denkschrift und nach den Erklärungen des Staatssekretärs im Reichstag das neuen H.G.B. nur als Recht der Kaufleute zu betrachten sei und der Gegenkontrahent, der nicht Kaufmann sei, nicht durch den Abschluß eines Handelsgeschäfts dem Sonderrecht der Kaufleute unterworfen sein solle.“	§ 345	§ 345	–	–
Zweiter Abschnitt **Allgemeine Bestimmungen über Handelsgeschäfte**				
Art. 278 Bei Beurtheilung und Auslegung der Handelsgeschäfte hat der Richter den Willen der Kontrahenten zu erforschen und nicht an dem buchstäblichen Sinne des Ausdrucks zu haften. **Staub[1897]:** „Die Vorschrift ist in das B.G.B. aufgenommen (§ 133 B.G.B.[58]).“			§ 133	§ 133
Art. 279 [Synopse → § 346] In Beziehung auf die Bedeutung und Wirkung von Handlungen und Unterlassungen ist auf die im Handelsverkehr geltenden Gewohnheiten und Gebräuche Rücksicht zu nehmen.	§ 346	§ 346	§§ 157, 242	§§ 157, 242

58 § 133 BGB ist unverändert.

ADHGB[1861] mit Staubs Supplement	HGB 2024	HGB 1897	BGB 2024	BGB 1896
Staub[1897]: „Die Vorschrift ist im § 346 des neuen B.G.B. wiedergegeben, aber mit der von der Reichstagskommission beschlossenen Einschränkung, daß sie nur unter Kaufleuten gelten solle. Indessen will es uns auf den ersten Blick scheinen, als ob diese Einschränkung in der Praxis bedeutungslos sein werde, da auch nach dem B.G.B. bei der Auslegung auf die Verkehrssitte Rücksicht zu nehmen ist (§§ 157, 242 B.G.B.[59]).“				
Art. 280 Wenn zwei oder mehrere Personen einem Anderen gegenüber in einem Geschäft, welches auf ihrer Seite ein Handelsgeschäft ist, gemeinschaftlich eine Verpflichtung eingegangen sind, so sind sie als Solidarschuldner zu betrachten, sofern sich nicht aus der Uebereinkunft mit dem Gläubiger das Gegentheil ergiebt. **Staub[1897]:** „Die Vorschrift wird überflüssig durch § 427 B.G.B.[60]“	–	–	§ 427	§ 427
Art. 281 [Synopse → § 349] (1) Bei Handelsgeschäften, ingleichen in allen Fällen, in welchen in diesem Gesetzbuche eine solidarische Verpflichtung auferlegt wird, steht einem Solidarschuldner die Einrede der Theilung oder der Vorausklage nicht zu. (2) Dasselbe gilt von Bürgen, wenn die Schuld aus einem Handelsgeschäft auf Seiten des Hauptschuldners hervorgeht, oder wenn die Bürgschaft selbst ein Handelsgeschäft ist. **Staub[1897]:** „Absatz 1 ist fortgefallen, weil schon das B.G.B. die Einrede der Theilung und der Vorausklage dem Solidarschuldner überhaupt nicht gewährt. Absatz 2 ist dahin geändert, daß die Einrede der Vorausklage dem Bürgen nur dann versagt ist, wenn auf seiner Seite ein Handelsgeschäft vorliegt. Ein Bürge, der nicht selbst dem Handelsstande angehört, soll der ihm nach § 771 B.G.B.[61] zustehenden Rechtswohlthat dadurch nicht verlustig gehen, daß er sich einem Kaufmann oder für einen Kaufmann verbürgt hat (§ 349 des neuen H.G.B.). Hinzu[ge]fügt ist in diesem Paragraphen, daß das Gleiche von dem Kreditauftrag gilt. [...]“	§ 349	§ 349	–	–
Art. 282 [Synopse → § 347] Wer aus einem Geschäft, welches auf seiner Seite ein Handelsgeschäft ist, einem Anderen zur Sorgfalt	§ 347	§ 347	–	–

59 §§ 157 und 242 BGB sind unverändert.
60 § 427 BGB ist unverändert.
61 **§ 771 BGB idF. 1896**: „Der Bürge kann die Befriedigung des Gläubigers verweigern, solange nicht der Gläubiger eine Zwangsvollstreckung gegen den Hauptschuldner ohne Erfolg versucht hat (Einrede der Vorausklage).“

ADHGB[1861] mit Staubs Supplement	HGB 2024	HGB 1897	BGB 2024	BGB 1896
verpflichtet ist, muß die Sorgfalt eines ordentlichen Kaufmanns anwenden. **Staub[1897]:** „Die Vorschrift ist in § 347 des neuen H.G.B. wiedergegeben. Sie ist jetzt rationell. Früher, wo es auch absolute Handelsgeschäfte gab, konnte in Folge dieser Vorschrift auch ein Nichtkaufmann zur Sorgfalt eines ordentlichen Kaufmanns verpflichtet sein [...]. Jetzt aber sind nur die Geschäfte eines Kaufmanns Handelsgeschäfte (§ 343 des neuen H.G.B.). In einem zweiten Absatze sind unberührt gelassen die Vorschriften des B.G.B. über die Haftung für grobes Versehen und für die diligentia quam suis. Hinzuzufügen ist, daß auch die Vorschrift des § 277 B.G.B.[62] nicht tangirt ist, wonach derjenige, der für die diligentia quam suis haftet für grobe Fahrlässigkeit jedenfalls einsteht. [...]“				
Art. 283 Wer Schadensersatz zu fordern hat, kann die Erstattung des wirklichen Schadens und des entgangenen Gewinnes verlangen. **Staub[1897]:** „Die Vorschrift deckt sich mit § 252 B.G.B.,[63] welcher letztere überdies eine zutreffende Definition des entgangenen Gewinnes giebt. Sie ist in Folge dessen gestrichen.“	–	–	§ 252	§ 252
Art. 284 [Synopse → § 348] (1) Die Konventionalstrafe unterliegt keiner Beschränkung in Ansehung des Betrages; sie kann das Doppelte des Interesses übersteigen. (2) Der Schuldner ist im Zweifel nicht berechtigt, sich durch Erlegung der Konventionalstrafe von der Erfüllung zu befreien. (3) Die Verabredung einer Konventionalstrafe schließt im Zweifel den Anspruch auf einen den Betrag derselben übersteigenden Schadensersatz nicht aus. **Staub[1897]:** „Die Vorschrift des Absatzes 1 ist wesentlich verändert. Nach dem B.G.B. unterliegt zwar die Konventionalstrafe an sich keiner Beschränkung, allein es besteht nach § 343 B.G.B.[64] das richterliche Ermäßigungsrecht. Dieses mußte hinsichtlich der von einem Kaufmann im Betriebe seines Handelsgewerbes versprochenen Vertragsstrafe ausgeschlossen werden, und das bestimmt § 348 des neuen H.G.B.	–	–	§§ 340, 343	§§ 340, 343

62 § 277 BGB ist unverändert.
63 § 252 BGB ist unverändert.
64 § 343 BGB ist unverändert.

ADHGB[1861] mit Staubs Supplement	HGB 2024	HGB 1897	BGB 2024	BGB 1896
Absatz 2 ist gestrichen, er gilt zwar auch nach dem B.G.B., allein es bestimmt § 340 B.G.B.,[65] daß, wenn der Gläubiger die an die Nichterfüllung geknüpfte Strafe verlangt, der Anspruch auf Erfüllung ausgeschlossen ist. Absatz 3 kehrt im § 340 Abs. 2 B.G.B. wieder. Die sonstigen Grundsätze über die Vertragsstrafe richten sich nunmehr nach dem B.G.B., insbesondere setzt auch dieses Verschulden voraus (§ 339 B.G.B.[66]).“				
Art. 285 (1) Die Daraufgabe (Arrha) gilt nur dann als Reugeld, wenn dies vereinbart oder ortsgebräuchlich ist. (2) Sie ist, wenn nichts Anderes vereinbart oder ortsgebräuchlich ist, zurückzugeben oder in Anrechnung zu bringen. **Staub[1897]:** „Die Vorschriften werden durch die damit übereinstimmenden §§ 336–338 B.G.B.[67] entbehrlich und sind deshalb gestrichen.“	–	–	§§ 336, 337, 338	§§ 336, 337, 338
Art. 286 Wegen übermäßiger Verletzung, insbesondere wegen Verletzung über die Hälfte, können Handelsgeschäfte nicht angefochten werden. **Staub[1897]:** „Eine Anfechtung von Geschäften wegen Verletzung über die Hälfte findet nach dem B.G.B. überhaupt nicht statt, wodurch der vorliegende Artikel entbehrlich geworden ist.“	–	–	–	–
Art. 287 [Synopse → § 352] (1) Die Höhe der gesetzlichen Zinsen, insbesondere auch der Verzugszinsen, ist bei Handelsgeschäften Sechs vom Hundert jährlich. (2) In allen Fällen, in welchen in diesem Gesetzbuche die Verpflichtung zur Zahlung von Zinsen ohne Bestimmung der Höhe ausgesprochen wird, sind darunter Zinsen zu Sechs vom Hundert jährlich zu verstehen. **Staub[1897]:** „Die Vorschrift des vorliegenden Artikels ist im § 352 des neuen H.G.B. wiedergegeben, jedoch mit zwei wesentlichen Aenderungen: 1. Die Höhe des Zinsfußes ist auf 5 % herabgesetzt, 2. Die Vorschrift ist beschränkt auf Forderungen aus beiderseitigen Handelsgeschäften.“	§ 352	§ 352	–	–

65 § 340 BGB ist unverändert.
66 § 339 BGB ist unverändert.
67 §§ 336–338 BGB sind unverändert.

ADHGB[1861] mit Staubs Supplement	HGB 2024	HGB 1897	BGB 2024	BGB 1896
Art. 288 (1) Wer aus einem Geschäft, welches auf seiner Seite ein Handelsgeschäft ist, eine fällige Forderung hat, kann wegen derselben vom Tage der Mahnung an Zinsen fordern, sofern er nicht nach dem bürgerlichen Recht schon von einem früheren Zeitpunkte an Zinsen zu fordern berechtigt ist. (2) Die Uebersendung der Rechnung gilt für sich allein nicht als Mahnung. **Staub[1897]:** „Der Grundsatz des Absatzes 1 folgt schon aus den §§ 284[68] u. 288 B.G.B.[69] Absatz 2 ist überflüssig geworden, weil das B.G.B. eine entgegenstehende Vorschrift nicht enthält.“	–	–	–	–
Art. 289 [Synopse → § 353] Kaufleute unter einander sind berechtigt, in beiderseitigen Handelsgeschäften auch ohne Verabredung oder Mahnung von jeder Forderung seit dem Tage, an welchem sie fällig war, Zinsen zu fordern. **Staub[1897]:** „Die Vorschrift ist in § 353 des neuen H.G.B. aufrechterhalten. Es ist aber zur Vermeidung von Zweifeln [...] hinzugefügt, daß Zinsen von Zinsen auf Grund dieser Vorschrift nicht gefordert werden dürfen.“	§ 353	§ 353	–	–
Art. 290 [Synopse → § 354] (1) Ein Kaufmann, welcher in Ausübung des Handelsgewerbes einem Kaufmann oder Nichtkaufmann Geschäfte besorgt oder Dienste leistet, kann dafür auch ohne vorherige Verabredung Provision, und wenn es sich um Aufbewahrung handelt, zugleich auch Lagergeld nach den an dem Orte gewöhnlichen Sätzen fordern. (2) Von seinen Darlehen, Vorschüssen, Auslagen und anderen Verwendungen kann er, vom Tage ihrer Leistung oder Beschaffung an, Zinsen in Ansatz bringen. (3) Dies gilt insbesondere auch von dem Kommissionär und Spediteur.	§ 354	§ 354	–	–

68 **§ 284 BGB idF. 1896**: „Leistet der Schuldner auf eine Mahnung des Gläubigers nicht, die nach dem Eintritte der Fälligkeit erfolgt, so kommt er durch die Mahnung in Verzug. Der Mahnung steht die Erhebung der Klage auf die Leistung sowie die Zustellung eines Zahlungsbefehls im Mahnverfahren gleich.“

69 **§ 288 BGB idF. 1896**: „[1] Eine Geldschuld ist während des Verzugs mit vier vom Hundert für das Jahr zu verzinsen. Kann der Gläubiger aus einem anderen Rechtsgrunde höhere Zinsen verlangen, so sind diese fortzuentrichten. [2] Die Geltendmachung eines weiteren Schadens ist nicht ausgeschlossen.“

ADHGB[1861] mit Staubs Supplement	HGB 2024	HGB 1897	BGB 2024	BGB 1896
Staub[1897]: „Die Vorschrift ist in § 354 des neuen H.G.B. sachlich unverändert wiedergegeben. Absatz 3 ist als entbehrlich gestrichen.“				
Art. 291 [Synopse → § 355]	§ 355	§ 355	–	–

(1) Wenn ein Kaufmann mit einem anderen Kaufmann in laufender Rechnung (Kontokurrent) steht, so ist derjenige, welchem beim Rechnungsabschlusse ein Ueberschuß gebührt, von dem ganzen Betrage desselben, wenn gleich darunter Zinsen begriffen sind, seit dem Tage des Abschlusses Zinsen zu fordern berechtigt.
(2) Der Rechnungsabschluß geschieht jährlich einmal, sofern nicht von den Parteien ein Anderes bestimmt ist.

Staub[1897]:
„Der Lehre vom Kontokurrent sind im neuen H.G.B. drei ausführliche Paragraphen gewidmet: die §§ 355, 356 u. 357.
1. Die Vorschriften des vorliegenden Artikels (Berechtigung der Zinseszinsforderung und Vorschrift jährlichen Rechnungsabschlusses) sind im § 355 wiederholt.
Indem das neuen H.G.B. aber diese Vorschriften giebt, begnügt es sich nicht damit, wie der vorliegende Artikel, von einer laufenden Rechnung oder einem Kontokurrent zu sprechen, sondern es nimmt die Gelegenheit wahr, zu sagen, was es darunter versteht. Die hierbei gegebene Begriffsbestimmung deckt sich mit der von der Wissenschaft gegebenen [...]. Auch ist das Kontokurrentverhältniß, entgegen dem vorliegenden Artikel, auf die Geschäftsverbindung eines Nichtkaufmanns mit einem Kaufmann ausgedehnt [...].
2. Ferner ist im § 355 jedem Theil das Recht jederzeitiger Kündigung der Kontokurrentverbindung gegeben.
3. Sodann ist im § 356 eine allerdings logische, aber unpraktische Konsequenz der Saldofeststellung beseitigt. Da nämlich durch die Saldofeststellung die aus der Verbindung entstehenden beiderseitigen Ansprüche ausgeglichen, also beseitigt werden, so mußten Theorie und Praxis nach früherem Recht hieraus die Folgerung ziehen, daß damit auch Pfänder und Bürgen und sonstige Sicherungsrechte, welche für die einzelnen Ansprüche bestellt werden, untergehen [...]. Diese Konsequenz wird durch § 356 beseitigt.
4. In einem § 357 endlich wird eine Bestimmung zu Gunsten desjenigen Dritten getroffen, der das einem Kontokurrent-Kontrahenten zustehende Guthaben gepfändet hat.
5. Die übrigen, noch sehr zahlreichen Fragen [...] werden auch fernerhin von der Wissenschaft an der Hand allgemeiner Grundsätze zu beantworten sein, wobei jetzt die Vorschriften und Prinzipien des B.G.B. zu Grunde zu legen sein werden.
6. Die gewöhnliche laufende Rechnung [...] wird in der Praxis des Lebens und damit auch der Gerichte daneben fortleben.“

ADHGB1861 mit Staubs Supplement	HGB 2024	HGB 1897	BGB 2024	BGB 1896
Art. 292 (1) Bei Handelsgeschäften können Zinsen zu Sechs vom Hundert jährlich bedungen werden; höhere Zinsen zu bedingen, ist nur in sofern zulässig, als die Landesgesetze solches gestatten. (2) Bei Darlehen, welche ein Kaufmann empfängt, und bei Schulden eines Kaufmanns aus seinen Handelsgeschäften können auch höhere Zinsen als Sechs vom Hundert jährlich bedungen werden. **Staub1897:** „Der vorl. Art[.] ist gestrichen. Die Zulässigkeit der Vereinbarung höherer Zinsen als 6 % folgt schon aus § 247 B.G.B.[70] Das dort vorgesehene sechsmonatliche Kündigungsrecht sollte aus den Entwürfen zum H.G.B. (vergl. § 342 des 2. Entwurfs) bei Schulden eines Kaufmanns aus seinen Handelsgeschäften wegfallen. Dieser Vorschlag ist aber von der Reichstagskommission gestrichen worden, und hierbei blieb es.“	–	–	–	–
Art. 293 Die Zinsen können bei Handelsgeschäften in ihrem Gesammtbetrage das Kapital übersteigen. **Staub1897:** „Der Artikel fällt weg, weil schon das B.G.B. ein Verbot von Zinsen, welche in ihrem Gesammtbetrage das Kapital übersteigen, nicht kennt.“	–	–	–	–
Art. 294 Die Anerkennung einer Rechnung schließt den Beweis eines Irrthums oder eines Betrugs in der Rechnung nicht aus. **Staub1897:** „Angesichts der Vorschriften des B.G.B. über Irrthum und Betrug erschien diese Vorschrift überflüssig und ist gestrichen worden.“	–	–	–	–
Art. 295 Die Beweiskraft eines Schuldscheins oder einer Quittung ist an den Ablauf einer Zeitfrist nicht gebunden. **Staub1897:** „Diese Vorschrift war schon durch § 17 des E.G. zur C.P.O.[71] überflüssig geworden. Sie ist gestrichen worden.“	–	–	–	–

70 § 247 BGB idF. 1896: „[1] Ist ein höherer Zinssatz als sechs vom Hundert für das Jahr vereinbart, so kann der Schuldner nach dem Ablaufe von sechs Monaten das Kapital unter Einhaltung einer Kündigungsfrist von sechs Monaten kündigen. Das Kündigungsrecht kann nicht durch Vertrag ausgeschlossen oder beschränkt werden. [2] Diese Vorschriften gelten nicht für Schuldverschreibungen auf den Inhaber.“

71 § 17 EGZPO v. 30.1.1877, RGBl. 1877, Nr. 6, S. 244, m.W.v. 1.10.1879: „[1] Die Beweiskraft eines Schuldscheins oder einer Quittung ist an den Ablauf einer Zeitfrist nicht gebunden. [2] Abweichende Vorschriften des bürgerlichen Rechts über die zur Eintragung in das Grund- oder Hypothekenbuch bestimmten Schuldurkunden bleiben unberührt, soweit sie die Verfolgung des dinglichen Rechts betreffen.“

ADHGB1861 mit Staubs Supplement	HGB 2024	HGB 1897	BGB 2024	BGB 1896
Art. 296 Der Ueberbringer einer Quittung gilt für ermächtigt, die Zahlung zu empfangen, sofern nicht die dem Zahlenden bekannten Umstände der Annahme einer solchen Ermächtigung entgegenstehen. **Staub1897:** „Diese Vorschrift ist durch § 370 B.G.B.[72] ersetzt und deshalb gestrichen."	–	–	§ 370	§ 370
Art. 297 Ein Antrag, ein Auftrag oder eine Vollmacht, welche von einem Kaufmann in dem Handelsgewerbe ausgegangen sind, werden durch seinen Tod nicht aufgehoben, sofern nicht eine entgegengesetzte Willensmeinung aus seiner Erklärung oder aus den Umständen hervorgeht. **Staub1897:** „Die Vorschrift des vorliegenden Artikels ist mit Rücksicht auf die Bestimmungen des B.G.B., welche im Allgemeinen den Grundsätzen des bisherigen H.G.B. entsprechen, in Wegfall gekommen. Soweit sich insbesondere der vorliegende Artikel auf den Antrag oder Auftrag bezieht, erübrigt er sich schon durch die §§ 130 Abs. 2, 153, 672, 675 B.G.B.[[73]]"			§§ 130 Abs. 2, 153, 672, 675	§§ 130 Abs. 2, 153, 672, 675
Art. 298 (1) Bei einer Vollmacht zu Handelsgeschäften kommen in Betreff des Verhältnisses zwischen dem Vollmachtgeber, dem Bevollmächtigten und dem Dritten, mit welchem der Bevollmächtigte Namens des Vollmachtgebers das Geschäft schließt, dieselben Bestimmungen zur Anwendung, welche im Art. 52. in Beziehung auf die Prokuristen und Handlungsbevollmächtigten gegeben sind. (2) Ingleichen gilt die Bestimmung des Art. 55. in Beziehung auf denjenigen, welcher ein Handelsgeschäft als Bevollmächtigter schließt, ohne Vollmacht dazu erhalten zu haben, oder welcher bei dem Abschlusse des Handelsgeschäfts seine Vollmacht überschreitet. **Staub1897:** „Hier gilt das Gleiche wie zu Art. 297."	–	–	s.o.	s.o.
Art. 299 Im Falle der Abtretung einer aus einem Handelsgeschäft hervorgegangenen Forderung kann die Bezahlung ihres vollen Betrages auch dann verlangt werden, wenn dieser	–	–	–	–

72 § 370 BGB ist unverändert.

73 §§ 130 Abs. 2, 153 und 672 BGB sind unverändert. **§ 675 BGB idF. 1897**: „Auf einen Dienstvertrag oder einen Werkvertrag, der eine Geschäftsbesorgung zum Gegenstande hat, finden die Vorschriften der §§. 663, 665 bis 670, 672 bis 674 und, wenn dem Verpflichteten das Recht zusteht, ohne Einhaltung einer Kündigungsfrist zu kündigen, auch die Vorschriften des §. 671 Abs. 2 entsprechende Anwendung."

ADHGB1861 mit Staubs Supplement	HGB 2024	HGB 1897	BGB 2024	BGB 1896

Betrag die Summe des für die Abtretung vereinbarten Preises übersteigt.

Staub1897:
„Die Vorschrift wird überflüssig, weil das B.G.B. beschränkende Vorschriften nach dieser Richtung nicht enthält."

	HGB 2024	HGB 1897	BGB 2024	BGB 1896
Art. 300	–	–	–	–

(1) [1]Ein Kaufmann, welcher eine auf ihn ausgestellte Anweisung (Assignation) gegenüber demjenigen, zu dessen Gunsten sie ausgestellt ist, angenommen hat, ist demselben zur Erfüllung verpflichtet. [2]Die auf eine schriftliche Anweisung geschriebene und unterschriebene Annahmeerklärung gilt als ein dem Assignatar geleistetes Zahlungsversprechen.

Staub1897:
„Die Vorschrift des vorliegenden Artikels ist im neuen H.G.B. gestrichen. Der in demselben behandelte Gegenstand, also die Voraussetzungen, unter denen die Annahme einer Anweisung verbindliche Kraft hat, richtet sich nunmehr nach dem B.G.B. (§§ 783–792[74]). Die Regelung ist nach mehreren Richtungen verschieden von der des vorliegenden Artikels:
1. Nach dem vorliegenden Artikel wird ein Kaufmann, der eine Anweisung annimmt, auch dann verpflichtet, wenn die Anweisung auf einen anderen Gegenstand als Geld, Werthpapiere oder sonstige vertretbare Sachen lautet. Das ist nach dem B.G.B. anders (§§ 783, 784).
2. Ferner wird nach dem vorliegenden Artikel der die Anweisung annehmende Kaufmann auch dann verpflichtet, wenn die Anweisung nur mündlich ertheilt ist [...]. Auch das ist nach dem B.G.B. anders (§ 783).
3. Endlich kann nach dem vorliegenden Artikel auch die Acceptation mündlich sein [...]. Auch das ist nach dem B.G.B. anders (§ 784 Abs. 2).
Trotz dieser Verschiedenheiten hat die Denkschrift (S. 218) Recht, wenn sie die Streichung des vorliegenden Artikels für unbedenklich hält, weil in den Fällen des vorliegenden Artikels die Acceptation des Kaufmanns schon als Schuldversprechen gemäß § 780 B.G.B.[75] und § 350 des neuen H.G.B. giltig sein wird."

	HGB 2024	HGB 1897	BGB 2024	BGB 1896
Art. 301	§ 363	§ 363	–	–

[Synopse → § 363]

(1) Anweisungen und Verpflichtungsscheine, welche von Kaufleuten über Leistungen von Geld oder einer Quantität vertretbarer Sachen oder Werthpapiere ausgestellt sind, ohne daß darin die Verpflichtung zur Leistung von einer Gegenleistung abhängig gemacht ist, können durch Indossament übertragen werden, wenn sie an Ordre lauten.

74 §§ 783–785 und 787–792 BGB sind unverändert. § 786 ist aufgehoben durch Art. 1 Nr. 57 Gesetz v. 26.11.2001 (Schuldrechtsmodernisierungsgesetz), BGBl. I 2001, 3138, m.W.v. 1.1.2002.

75 § 780 BGB aF wird zu § 780 S. 1 BGB nF. § 780 Satz 2 einführt durch Art. 1 Nr. 10 Gesetz v. 13.7.2001, BGBl. I S. 1542, m.W.v. 1.8.2001.

ADHGB[1861] mit Staubs Supplement	HGB 2024	HGB 1897	BGB 2024	BGB 1896
(2) Zur Gültigkeit der Urkunde oder des Indossaments ist nicht erforderlich, daß sie die Angabe des Verpflichtungsgrundes oder das Empfangsbekenntniß der Valuta enthalten. (3) Wer eine solche Anweisung acceptirt hat, ist demjenigen, zu dessen Gunsten sie ausgestellt oder an welchen sie indossirt ist, zur Erfüllung verpflichtet. **Staub[1897]:** „Die im vorliegenden Artikel behandelte Materie ist im § 363 des neuen H.G.B. geregelt. Dabei ist aber der Begriff der kaufmännischen Anweisung wesentlich geändert: unter einer kaufmännischer Anweisung ist fortan nicht mehr eine von einem Kaufmann ausgestellte, sondern eine auf einen Kaufmann ausgestellte zu verstehen. Diese Aenderung wird in der Denkschrift S. 218 zutreffend damit begründet, daß es für die strenge Haftung und die Frage der Indossirbarkeit nicht auf die Person des Ausstellers der Anweisung, der ja gar nicht aus der Urkunde haftet, sondern auf die Person dessen, auf den sie ausgestellt ist, der leisten soll, und daß diese eine Kaufmann ist, ankommt. Es ist nicht ersichtlich, warum eine von einem Kaufmann auf einen Nichtkaufmann ausgestellte Anweisung durch leichtere Indossirbarkeit ausgezeichnet sein soll. Die Absätze 2 und 3 des vorliegenden Artikels sind als selbstverständlich weggelassen.“				
Art. 302 [Synopse → § 363] Ingleichen können Konnossemente der Seeschiffer und Ladescheine der Frachtführer, Auslieferungsscheine (Lagerscheine, Warrants) über Waaren oder andere bewegliche Sachen, welche von einer zur Aufbewahrung solcher Sachen staatlich ermächtigten Anstalt ausgestellt sind, ferner Bodmereibriefe und Seeassekuranzpolizen durch Indossament übertragen werden, wenn sie an Ordre lauten. **Staub[1897]:** „Die Vorschrift des vorliegenden Artikels ist im § 366 Abs. 2 aufgenommen.“	§ 366 Abs. 2	§ 366 Abs. 2	–	–
Art. 303 [Synopse → § 364] (1) Durch das Indossament der in den beiden vorhergehenden Artikeln bezeichneten Urkunden gehen alle Rechte aus dem indossirten Papiere auf den Indossatar über. (2) Der Verpflichtete kann sich nur solcher Einreden bedienen, welche ihm nach Maaßgabe der Urkunde selbst oder unmittelbar gegen den jedesmaligen Kläger zustehen.	§ 364	§ 364	–	–

ADHGB[1861] mit Staubs Supplement	HGB 2024	HGB 1897	BGB 2024	BGB 1896
(3) Der Schuldner ist nur gegen Aushändigung des quittirten Papiers zu erfüllen verpflichtet. **Staub[1897]:** „Absatz 1 kehrt im § 364 Absatz 1 wieder. Absatz 2 ist im § 364 Absatz 2 aufgenommen, jedoch mit verändertem Wortlaut, welcher drei Klassen von Einwendungen statt früher zwei umfaßt, in der Absicht, alle Arten von Einwendungen zu erschöpfen [...]. Während früher gesagt war, daß sich der Verpflichtete nur solcher Einreden bedienen kann, welche ihm nach Maßgabe der Urkunde selbst oder unmittelbar gegen den jedesmaligen Kläger zustehen, ist jetzt hinzugefügt, daß er auch solche Einreden entgegensetzen kann, welche die Gültigkeit seiner Erklärung in der Urkunde betreffen. Absatz 3 ist im § 364 Absatz 3 sachlich unverändert wiedergegeben.“				
Art. 304 Ob außer den in diesem Gesetzbuch bezeichneten noch andere an Ordre lautende Anweisungen, Verpflichtungsscheine oder sonstige Urkunden mit der in Art. 303. erwähnten Wirkung durch Indossament übertragen werden können, ist nach den Landesgesetzen zu beurtheilen. **Staub[1897]:** „Die Vorschrift ist gestrichen, und durch Art. 21 des Einführungsgesetzes zum H.G.B.[76] nochmals klargestellt, daß die betreffenden landesgesetzlichen Vorschriften wegfallen.“	–	Art. 21 EGHGB	–	–
Art. 305 [Synopse → § 365] (1) Für Papiere, welche an Ordre lauten, und welche durch Indossament übertragen werden können (Art. 301.–304.), gelten in Betreff der Form des Indossaments, in Betreff der Legitimation des Inhabers und der Prüfung dieser Legitimation, sowie in Betreff der Verpflichtung des Besitzers zur Herausgabe dieselben Bestimmungen, welche die Art. 11. bis 13. 36. und 74. der allgemeinen deutschen Wechselordnung in Betreff des Wechsels enthalten. (2) [1]Sind die im Art. 301. bezeichneten Papiere abhanden gekommen, so finden in Bezug auf die Amortisation die im Art. 73. der allgemeinen deutschen Wechselordnung gegebenen Bestimmungen Anwendung. [2]Die Amortisation der im Art. 302. bezeichneten Papiere richtet sich nach den Landesgesetzen.	§ 365	§ 365	–	–

76 Art. 21 EGHGB v. 10.5.1897, RGBl. I S. 437, m.W.v. 1.1.1900: „Unberührt bleiben die landesgesetzlichen Vorschriften zur Ausführung der Allgemeinen Deutschen Wechselordnung, soweit sie durch das Bundesgesetz vom 5. Juni 1869 (Bundes-Gesetzbl. S. 379) aufrecht erhalten sind. Dies gilt jedoch nicht für die Vorschriften über kaufmännische Anweisungen.“

ADHGB^{1861} mit Staubs Supplement	HGB 2024	HGB 1897	BGB 2024	BGB 1896
Staub^{1897}: „Abs. 1 kehrt im § 365 des neuen H.G.B. sachlich unverändert wieder. Die Vorschrift des Absatzes 2 ist dagegen verändert. Im alten H.G.B. bezieht sich diese Vorschrift nur auf kaufmännische Anweisungen und Verpflichtungsscheine, im neuen dagegen (§ 365 Abs. 2) auf die sämmtlichen im § 363 aufgezählten Ordrepapiere. Andererseits soll künfthin Art. 73 Satz 3 der Wechselordnung nicht mehr Anwendung finden, wonach nach Einleitung des Aufgebotsverfahrens auch ohne Sicherheitsleistung die Hinterlegung der Schuldsumme vom Acceptanten verlangt werden kann."				
Art. 306 [Synopse → § 366, nach § 357] (1) ^{1}Wenn Waaren oder andere bewegliche Sachen von einem Kaufmann in dessen Handelsbetriebe veräußert und übergeben worden sind, so erlangt der redliche Erwerber das Eigenthum, auch wenn der Veräußerer nicht Eigenthümer war. ^{2}Das früher begründete Eigenthum erlischt. ^{3}Jedes früher begründete Pfandrecht oder sonstige dingliche Recht erlischt, wenn dasselbe dem Erwerber bei der Veräußerung unbekannt war. (2) Sind Waaren oder andere bewegliche Sachen von einem Kaufmann in dessen Handelsbetrieb verpfändet und übergeben worden, so kann ein früher begründetes Eigenthum, Pfandrecht oder sonstiges dingliches Recht an den Gegenständen zum Nachtheil des redlichen Pfandnehmers oder dessen Rechtsnachfolger nicht geltend gemacht werden. (3) Das gesetzliche Pfandrecht des Kommissionärs, Spediteurs und Frachtführers steht einem durch Vertrag erworbenen Pfandrechte gleich. (4) Dieser Artikel findet keine Anwendung, wenn die Gegenstände gestohlen oder verloren waren. **Staub^{1897}:** „1. Die Wirkungen des redlichen Erwerbs, welche der vorliegende Artikel für den Handelsverkehr statuirte, sind grundsätzlich in das B.G.B. übergegangen. Nach den §§ 932–936, 1207, 1208[77] erwirbt der redliche Erwerber einer Sache dieselbe zum Eigenthum, wenn er gutgläubig annahm, daß die Sache dem Veräußerer gehöre, und ebenso erwirbt der gutgläubige Pfandnehmer ein gültiges Pfandrecht, welchem	§ 366	§ 366	§§ 932–936, 1207, 1208	§§ 932–936, 1207, 1208

77 §§ 932–934, 935 Abs. 1 und § 936 Abs. 2, 3 sowie §§ 1207 und 1208 BGB sind unverändert. **§ 935 Abs. 2 BGB idF. 1896**: „Diese Vorschriften finden keine Anwendung auf Geld oder Inhaberpapiere sowie auf Sachen, die im Wege öffentlicher Versteigerung veräußert werden." **§ 936 Abs. 1 BGB idF. 1896**: „Ist eine veräußerte Sache mit dem Rechte eines Dritten belastet, so erlischt das Recht mit dem Erwerbe des Eigenthums. In dem Falle des §. 929 Satz 2 gilt dies jedoch nur dann, wenn der Erwerber den Besitz von dem Veräußerer erlangt hatte. Erfolgt die Veräußerung nach §. 930 oder war die nach §. 931 veräußerte Sache nicht im mittelbaren Besitze des Veräußerers, so erlischt das Recht des Dritten erst dann, wenn der Erwerber auf Grund der Veräußerung den Besitz der Sache erlangt."

ADHGB1861 mit Staubs Supplement	HGB 2024	HGB 1897	BGB 2024	BGB 1896

entgegenstehende Rechte Dritter weichen. Der Art. 306 konnte daher gestrichen werden.
Der Grundsatz des B.G.B. geht jedoch insofern nicht ebenso weit, wie der Grundsatz des vorliegenden Artikels, als nach dem letzteren die betreffenden Rechtswirkungen auch dann eintreten, wenn der Erwerber zwar das Eigenthum oder das entgegenstehende Recht des Dritten kannte, aber gutgläubig annahm, daß der Veräußerer berechtigt war, in dieser Weise über die Sache zu verfügen [...]. Für den Handelsverkehr ist diese Ausdehnung unerläßlich. Der Kommissionär ist zwar nicht Eigenthümer, aber er ist zur Verfügung berechtigt, und man kann denjenigen Personen, welche mit Kommissionshäusern in geschäftliche Verbindung treten, nicht ansinnen, bei jeder Verfügung über einen Gegenstand Ermittelungen darüber anzustellen, ob der Kommissionär in der That zu der betreffenden Verfügung berechtigt ist.
Diese Erwägungen haben dazu geführt, im § 366 des neuen H.G.B. den Grundsatz des B.G.B. soweit auszudehnen, wie dies der frühere Art. 306 that: die Vorschriften des B.G.B. über den gutgläubigen Rechtserwerb finden hiernach auch dann Anwendung, wenn der gute Glaube die Befugnis des Veräußerers oder Verpfänders, über die Sache zu verfügen, betrifft.
2. Ferner ist in einem Schlußsatze des § 366 der Schutz des guten Glaubens auf das gesetzliche Pfandrecht des Kommissionärs, des Spediteurs, des Lagerhalters und des Frachtführers ausgedehnt. Auch das geht über die Vorschriften des B.G.B. hinaus, welche sich auf die gesetzlichen Pfandrechte nicht beziehen, und ist dazu bestimmt, den früheren Umfang des Schutzes gutgläubigen Erwerbes aufrecht zu erhalten. Der für den Lagerhalter etablirte Schutz ist neu.
3. Zugleich ist dieser Absatz so gefaßt, daß die Streitfrage des bisherigen Rechts, ob der diesem gesetzlichen Pfandrechte gewährte Schutz auch dann Platz greift, wenn der Schuldner nicht Kaufmann ist, sich in bejahendem Sinne beantwortet (Denkschr. S. 223). Wir hatten früher das Gegentheil angenommen [...].“
4. Die für den Eintritt der Rechtswirkungen erforderliche Uebergabe [...] ist nach dem B.G.B. (§§ 932, 933, 934) in erster Linie die körperliche Uebergabe (§ 932). Das constitutum possessorium genügt an sich nicht; vielmehr tritt im Falle solchen Rechtserwerbes die Wirkung erst dann ein, wenn die körperliche Uebergabe hinzutritt, vorausgesetzt, daß bis dahin der gute Glaube vorhanden war (§ 933). Ist endlich ein Dritter im Besitze der Sache, so erfolgt nach § 931 B.G.B.[78] im Allgemeinen die Uebergabe in der Weise, daß der Eigenthümer dem Erwerber den Anspruch auf Herausgabe der Sache abtritt. Diese Abtretung tritt an die Stelle der früheren Uebergabe durch Anweisung. Zum Eintritt der hier in Rede stehenden Rechtswirkungen ist diese Art der Uebergabe aber nur dann geeignet, wenn der Veräußerer mittelbarer Besitzer der Sache ist (§ 934) [...]. Liegt auf Seiten des Veräußerers ein solcher mittelbarer Besitz nicht vor, so ist die Abtretung des Anspruchs auf Herausgabe allein nicht geeignet, die hier in Rede stehenden Rechtswirkungen gutgläubigen Erwerbes zu erzeugen, vielmehr muß alsdann gleichfalls die körperliche Uebergabe hinzutreten und bis dahin noch der gute Glaube vorhanden sein (§ 934).

78 § 931 BGB ist unverändert.

ADHGB[1861] mit Staubs Supplement	HGB 2024	HGB 1897	BGB 2024	BGB 1896
5. Der gute Glaube wird im § 932 Absatz 2 in Uebereinstimmung mit der Auslegung des gegenwärtigen Rechts […] dahin definirt, daß er sowohl durch Kenntniß als durch grobfahrlässiges Nichtkennen der entgegenstehenden Umstände ausgeschlossen wird. 6. In sachlicher Uebereinstimmung mit dem bisherigen Recht sind im § 935 B.G.B. gestohlene, verlorene oder sonst abhanden gekommene Sachen von dem Schutze ausgenommen.“				
Art. 307 [Synopse → § 367, nach § 357]	§ 367	§ 367	§ 935 Abs. 2	§ 935 Abs. 2

Die Bestimmungen des vorigen Artikels finden bei Papieren auf Inhaber auch dann Anwendung, wenn die Veräußerung oder Verpfändung nicht von einem Kaufmann in dessen Handelsbetrieb geschehen ist, und wenn die Papiere gestohlen oder verloren waren.

Staub[1897]:
„Die hier vorgesehene Ausnahme ist auch im B.G.B. gemacht und dort sogar ausgedehnt auf Geld und öffentlich versteigerte Sachen (§ 935 Abs. 2[79]). Der Art. 307 konnte daher gestrichen werden.
Das neue H.G.B. trifft aber außerdem im § 367 eine hier einschlagende Sondervorschrift: wenn ein gestohlenes, verlorenes oder sonst abhanden gekommenes Inhaberpapier an einen Bankier veräußert wird, so gilt dessen guter Glaube als ausgeschlossen, wenn zur Zeit der Veräußerung oder Verpfändung der Verlust des Papiers im Deutschen Reichsanzeiger bekannt gemacht und seit dem Ablauf des Jahres, in welchem die Publikation erfolgt ist, nicht mehr als ein Jahr verstrichen war.
Angeregt wurde diese Vorschrift vom Handelsstande, aber in einem anderen Sinne. Man wies darauf hin, daß die Rechtsprechung den Bankier für bösgläubig hielt, wenn er irgendwelche Bekanntmachung dieser Art unberücksichtigt ließ, wo immer und wann sie auch publizirt war. Die Bankgeschäfte befanden sich dadurch in übler Lage, da ihre Prüfungspflicht keine Grenze hatte, sowohl in Bezug auf die zu prüfenden Blätter, als hinsichtlich der Zeit ihres Erscheinens.
Die obige Vorschrift zieht aber nun diese vermißte Grenze nicht. Sie sagt nur, daß der gute Glaube ausgeschlossen ist, wenn die Publikationen im Reichsanzeiger aus dem letzten Jahre nicht berücksichtigt sind. Aber sie sagt nicht, daß der gute Glaube vorhanden ist, wenn diese Publikationen berücksichtigt sind. Doch meint die Denkschrift (S. 224), daß die neue Vorschrift von selbst dazu führen wird, dies anzunehmen. Richtiger wäre es gewesen, dies im Gesetze auszusprechen.“

Art. 308	–	–	–	–

Durch die beiden vorhergehenden Artikel werden die Landesgesetze nicht berührt, welche für den Besitzer noch günstigere Bestimmungen enthalten.

79 **§ 935 Abs. 2 BGB idF. 1896**: „Diese Vorschriften finden keine Anwendung auf Geld oder Inhaberpapiere sowie auf Sachen, die im Wege öffentlicher Versteigerung veräußert werden.“

ADHGB[1861] mit Staubs Supplement	HGB 2024	HGB 1897	BGB 2024	BGB 1896
Staub[1897]: „Der in diesem Artikel enthaltene Vorbehalt für die Landesgesetze wird mit dem einheitlichen bürgerlichen Recht gegenstandslos (Denkschr. S. 223). Art. 308 ist daher gestrichen worden.“				
Art. 309 Die zur Bestellung eines Faustpfandes in dem bürgerlichen Rechte vorgeschriebenen Förmlichkeiten sind nicht erforderlich, wenn unter Kaufleuten für eine Forderung aus beiderseitigen Handelsgeschäften ein Faustpfand an beweglichen Sachen, an Papieren auf Inhaber oder an Papieren, welche durch Indossament übertragen werden können, bestellt wird. (2) In diesem Falle genügt neben der einfachen Vereinbarung über die Verpfändung: 1) bei beweglichen Sachen und bei Papieren auf Inhaber die Uebertragung des Besitzes auf den Gläubiger, wie solche nach den Bestimmungen des bürgerlichen Rechts für das Faustpfand erfordert wird; 2) bei Papieren, welche durch Indossament übertragen werden können, die Uebergabe des indossirten Papiers. **Staub[1897]:** „Die Vorschriften der Art. 309–312 über die kaufmännische Pfandbestellung, sowie über die Befriedigung aus den unter Kaufleuten bestellten Pfändern werden durch das B.G.B. entbehrlich und sind deshalb gestrichen worden. Was zunächst die Vorschrift des vorliegenden Artikels betrifft, so stimmt diejenige Maximalform der Verpfändung, welche derselbe für eine Pfandbestellung unter Kaufleuten für eine Forderung aus beiderseitigen Handelsgeschäften aufstellt, im Wesentlichen überein mit derjenigen Verpfändungsform, welche das B.G.B. überhaupt für jeden Fall der Verpfändung, also auch unter Nichtkaufleuten, erfordert (§§ 1205, 1292, 1293 B.G.B.[80]). Es ist aber dabei zu beachten, daß nunmehr diese Form unter allen Umständen die Minimalform ist. Geringere Erfordernisse für die Pfandbestellung stellt das künftige bürgerliche Recht nicht auf. Dagegen war früher nach Art. 309 jene Form die Maximalvorschrift und etwaige geringere Verpfändungsformen der bürgerlichen Rechte blieben in Geltung [...].“	–	–	–	–
Art. 310 (1) Ist die Bestellung eines Faustpfandes unter Kaufleuten für eine Forderung aus beiderseitigen Handelsgeschäften schriftlich erfolgt, so kann der Gläubiger, wenn der Schuldner im Verzuge ist, sich aus dem Pfande sofort bezahlt machen, ohne daß es einer Klage gegen den Schuldner bedarf. (2) Der Gläubiger hat die Bewilligung hiezu unter Vorlegung der erforderlichen Bescheinigungsmittel bei dem für ihn	–	–	–	–

80 §§ 1205, 1292 und 1293 BGB sind unverändert.

ADHGB[1861] mit Staubs Supplement	HGB 2024	HGB 1897	BGB 2024	BGB 1896
zuständen Handelsgerichte nachzusuchen, von welchem hierauf ohne Gehör des Schuldners und auf Gefahr des Gläubigers der Verkauf der verpfändeten Gegenstände oder eines Theils derselben verordnet wird. (3) [1]Von der Bewilligung, sowie von der Vollziehung des Verkaufs hat der Gläubiger den Schuldner, soweit es thunlich, sofort zu benachrichtigen; unterläßt er die Anzeige, so ist er zum Schadensersatz verpflichtet. [2]Um den Verkauf zu bewirken, ist der Nachweis der Anzeige nicht erforderlich. **Staub[1897]:** „Die Vorschriften der Art. 310 und 311 sind deshalb entbehrlich, weil diejenige Art der Pfandrealisirung, welche das H.G.B. unter ganz bestimmten Voraussetzungen als ganz besondere Vergünstigung eingeführt hat, nämlich die außergerichtliche öffentliche Versteigerung bezw. der Verkauf durch einen Handelsmakler, vom B.G.B. als die normale Art der Realisirung in allen Fällen der Verpfändung eingeführt ist (§ 1235 B.G.B.). Es wird hiernach künftig in allen Fällen der Verpfändung kraft Gesetzes gelten, was Art. 311 nur unter bestimmten Voraussetzungen und insbesondere nur auf Grund einer besonderen schriftlichen Vereinbarung vorgesehen war. Die Vorschriften der Art. 310 und 311 konnten hiernach wegfallen, denn der durch Art. 310 angeordneten gerichtlichen Bewilligung und der im Art. 311 angeordneten schriftlichen Ermächtigung zum Verkauf bedarf es jetzt nicht mehr, da das Gesetz denselben gestattet. Nur eine Bestimmung war nothwendig: zwischen der Androhung und dem Vollzuge des Pfandverkaufs muß nämlich nach § 1234 Absatz 2 B.G.B. eine Frist von einem Monate liegen. Diese Frist wird in § 368 des neuen H.G.B. auf eine Woche abgekürzt. Diese kürzere Frist soll gelten, wenn die Verpfändung auf beiden Seiten ein Handelsgeschäft ist, ferner für die gesetzlichen Pfandrechte des Kommissionärs und des Lagerhalters unter der gleichen Voraussetzung, und endlich für die gesetzlichen Pfandrechte des Spediteurs und des Frachtführers, wenn nur auf ihrer Seite ein Handelsgeschäft vorliegt.“				
Art. 311 [1]Wenn die Bestellung eines Faustpfandes unter Kaufleuten für eine Forderung aus beiderseitigen Handelsgeschäften erfolgt, und schriftlich vereinbart ist, daß der Gläubiger ohne gerichtliches Verfahren sich aus dem Pfande befriedigen könne, so darf, wenn der Schuldner im Verzuge ist, der Gläubiger das Pfand öffentlich verkaufen lassen; er darf in diesem Falle, wenn die verpfändeten Gegenstände einen Börsenpreis oder Marktpreis haben, den Verkauf auch nicht öffentlich durch einen Handelsmäkler oder in Ermangelung eines solchen durch einen zu Versteigerungen befugten Beamten zum laufenden Preise bewirken. [2]Von der Vollziehung des Verkaufs hat der Gläubiger den Schuldner, soweit es thunlich, sofort zu benachrichtigen; bei Unterlassung der Anzeige ist er zum Schadensersatze verpflichtet.	–	–	–	–

ADHGB1861 mit Staubs Supplement	HGB 2024	HGB 1897	BGB 2024	BGB 1896
Staub1897: „Diese Vorschrift durfte wegfallen. S. hierüber unsere Bemerkungen zu Art. 310.“				
Art. 312 (1) Durch die vorhergehenden Artikel werden die den öffentlichen Pfandanstalten, Kreditinstituten oder Banken durch Gesetze, Verordnungen oder Statuten verliehenen besonderen Rechte in Betreff der Bestellung oder Veräußerung von Pfändern nicht berührt. (2) Ingleichen ist durch die vorhergehenden Artikel nicht ausgeschlossen, daß die Bestellung oder die Veräußerung von Faustpfändern unter Kaufleuten für Forderungen aus Handelsgeschäften rechtsgültig geschehen kann, wenn dabei die in den einzelnen Staaten für die Bestellung oder Veräußerung von Faustpfändern geltenden Bestimmungen beobachtet werden. **Staub1897:** „Der vorliegende Artikel mußte als gegenstandslos gestrichen werden.“	–	–	–	–
Art. 313 → § 369 (1) Ein Kaufmann hat wegen der fälligen Forderungen, welche ihm gegen einen anderen Kaufmann aus den zwischen ihnen geschlossenen beiderseitigen Handelsgeschäften zustehen, ein Zurückbehaltungsrecht (Retentionsrecht) an allen beweglichen Sachen und Werthpapieren des Schuldners, welche mit dessen Willen auf Grund von Handelsgeschäften in seinen Besitz gekommen sind, sofern er dieselben noch in seinem Gewahrsam hat oder sonst, insbesondere vermittelst Konnossemente, Ladescheine oder Lagerscheine, noch in der Lage ist, darüber zu verfügen. (2) Dieses Recht tritt jedoch nicht ein, wenn die Zurückbehaltung der Gegenstände der von dem Schuldner vor oder bei der Uebergabe ertheilten Vorschrift oder der von dem Gläubiger übernommenen Verpflichtung, in einer bestimmten Weise mit den Gegenständen zu verfahren, widerstreiten würde. **Staub1897:** „Das kaufmännische Zurückbehaltungsrecht ist in den §§ 369–372 des neuen H.G.B. geregelt. Die Grundlagen sind die gleichen geblieben. Aber im einzelnen haben Aenderungen stattgefunden. Zunächst hat § 369 Absatz 1 die Gegenstände, an welchen das Zurückbehaltungsrecht geltend gemacht werden kann, erweitert. Nicht blos Sachen des Schuldners können fortan retinirt werden, sondern auch solche Sachen, deren Eigenthum von dem Schuldner auf den Gläubiger übergegangen, aber auf den Schuldner zurückzuübertragen ist. So konnte	§ 369	§ 369	–	–

ADHGB[1861] mit Staubs Supplement	HGB 2024	HGB 1897	BGB 2024	BGB 1896
z.B. früher nach preußischem Recht der Käufer die gekaufte Sache, wenn er sie zur Disposition gestellt hatte, wegen seiner Schadensansprüche oder seines Lagergeldes nicht retiniren, weil sie sein Eigenthum geworden war [...]. Das wird fortan möglich sein. In einem zweiten Absatz entscheidet § 369 die zur Zeit bestrittene Frage, inwieweit das Zurückbehaltungsrecht Dritten gegenüber geltend gemacht werden kann. Der dingliche Charakter des Zurückbehaltungsrechts wird hierbei verneint (Denkschr. S. 228; anders nach unserer Anschauung [...]). Die Denkschrift meint, es sei nicht erforderlich, dem Zurückbehaltungsrecht den dinglichen Charakter zu verleihen, um den Gläubiger gegen Verfügungen des Schuldners über den Zurückbehaltungsgegenstand zu sichern. Veräußert oder belastet der Schuldner die im Besitze des Gläubigers befindliche Sache, so kann der Gläubiger dem Rechtsnachfolger des Schuldners die ihm gegen den Anspruch des Letzteren auf Herausgabe zustehenden Einwendungen, also auch das Zurückbehaltungsrecht entgegensetzen (§§ 986 Satz 2, 1227 B.G.B.[81]). Ebenso ist ein Pfandgläubiger, der an der Pfandsache zugleich für eine andere Forderung ein Zurückbehaltungsrecht hat, durch die Vorschriften des § 1249 Satz 2 und § 268 Absatz 3 Satz 2 B.G.B.[82] dagegen geschützt, daß dieses Recht durch Einlösung des Pfandes seitens eines Rechtsnachfolgers des Schuldners beeinträchtigt wird. Gegenüber später entstandenen gesetzlichen Pfandrechten oder Zurückbehaltungsrechten hat allerdings ein nur obligatorisches Zurückbehaltungsrecht keine Wirkung, aber gerade das sollte erreicht werden. Auf diesen Grundgedanken beruht die im § 369 Absatz 2 getroffene Bestimmung. Zugleich ist damit die häufig erörterte Frage über das Rangverhältniß zwischen dem Verfolgungsrechte des Absenders (§ 36 K.O.[83]) und dem Zurückbehaltungsrechte des Spediteurs und des Frachtführers wegen Forderungen an den Empfänger zu Gunsten des Ersteren entschieden (so auch nach früherem Recht [...]). Im Uebrigen entspricht der § 369 dem geltenden Recht. Der letzte Absatz des § 369 über das Recht der Sicherheitsleistung ist aus Art. 315 herübergenommen und durch die Ablehnung der Bürgschaftsbestellung präzisirt."				
Art. 314 [Synopse → § 370] (1) Das in dem vorhergehenden Artikel bezeichnete Zurückbehaltungsrecht besteht unter den dort angegebenen Voraussetzungen selbst wegen der nicht fälligen Forderungen, 1) wenn über das Vermögen des Schuldners der Konkurs eröffnet worden ist, oder der Schuldner auch nur seine Zahlungen eingestellt hat;	–	§ 370	–	–

81 §§ 986 und 1227 BGB sind unverändert.

82 §§ 268 und 1249 BGB sind unverändert.

83 § 36 Konkursordnung v. 10.2.1877, RGBl. 1877, Nr. 10, S. 351, m.W.v. 1.10.1879: „[1] Der Verkäufer oder Einkaufskommissionär kann Waaren, welche von einem anderen Orte an den Gemeinschuldner abgesendet und von dem Gemeinschuldner noch nicht vollständig bezahlt sind, zurückfordern, sofern nicht diesen schon vor der Eröffnung des Verfahrens an dem Orte der Ablieferung angenommen und in den Gewahrsam des Gemeinschuldners oder einer anderen Person für ihn gelangt sind. [2] Die Bestimmungen des §. 15 finden Anwendung."

ADHGB[1861] mit Staubs Supplement	HGB 2024	HGB 1897	BGB 2024	BGB 1896
2) wenn eine Exekution in das Vermögen des Schuldners fruchtlos vollstreckt oder wider denselben wegen Nichterfüllung einer Zahlungsverbindlichkeit die Vollstreckung des Personalarrestes erwirkt worden ist. (2) In diesen Fällen steht auch die Vorschrift des Schuldners oder die Uebernahme der Verpflichtung, in einer bestimmten Weise mit den Gegenständen zu verfahren, dem Zurückbehaltungsrecht nicht entgegen, sofern die vorstehend unter 1. und 2. bezeichneten Umstände erst nach Uebergabe der Gegenstände oder nach Uebernahme der Verpflichtung eingetreten oder dem Gläubiger bekannt geworden sind. **Staub[1897]:** „Die Vorschrift ist im § 370 des neuen H.G.B. wiedergegeben.“				
Art. 315 [Synopse → § 371] [1]Der Gläubiger, welchem das Zurückbehaltungsrecht nach den Art. 313 oder 314 zusteht, ist verpflichtet, von der Ausübung desselben den Schuldner ohne Verzug zu benachrichtigen. [2]Er ist befugt, wenn ihn dieser nicht rechtzeitig in anderer Weise sichert, im Wege der Klage bei dem für ihn selbst zuständigen Gerichte gegen den Schuldner den Verkauf der Gegenstände zu beantragen; er kann sich aus dem Erlöse vor den anderen Gläubigern des Schuldners befriedigen. [3]Der Gläubiger hat diese Rechte auch gegenüber der Konkursmasse des Schuldners. **Staub[1897]:** „Die wichtigste im Retentionsrecht liegende Befugniß ist nach dem alten H.G.B. die Verkaufsbefugniß, um sich aus dem Erlöse zu befriedigen. Das neue H.G.B. drückt sich im § 371 allgemeiner aus: es gewährt dem Retinenten das Recht, sich aus dem zurückbehaltenen Gegenstande zu befriedigen, und verweist dabei auf die Befriedigungsarten, welche für das Pfandrecht im B.G.B. gelten. Damit soll gesagt sein, daß nicht immer der Verkauf die Befriedigungsart ist. Es können Gegenstände retinirt werden, aus welchen die Befriedigung nicht wohl im Wege des Verkaufs geschehen kann, so z.B. gewisse Werthpapiere, welche nach § 1282 B.G.B.[84] im Wege der Einziehung zur Realisirung gelangen. Zum Ueberfluß ist (vergl. unsere Bemerkungen zu Art. 313) hier im § 371 nochmals ausgesprochen, daß der Retinent in Ansehung der Befriedigung den Vorrang vor demjenigen Dritten hat, gegen welchen das Zurückbehaltungsrecht geltend gemacht werden kann. Die Realisirung erfordert auch nach dem neuen H.G.B. einen vollstreckbaren Schuldtitel. Entweder sie erfolgt im Wege der Zwangsvollstreckung (also auf Grund eines auf Befriedigung lautenden	§ 371	§ 371	–	–

84 § 1282 BGB ist unverändert.

ADHGB1861 mit Staubs Supplement	HGB 2024	HGB 1897	BGB 2024	BGB 1896
Schuldtitels) oder es muß Klage auf Gestatten der Realisirung erhoben werden (so auch nach früherem Recht [...]). Die Klage war früher gegen den Schuldner zu richten, eine besondere Vorschrift war darüber nicht erforderlich und nicht gegeben, weil sie selbstverständlich war. Jetzt, da das Retentionsrecht unter Umständen auch an Sachen geltend gemacht werden kann, die dem Schuldner nicht gehören, sind besondere Vorschriften erforderlich. Sie sind wie folgt gegeben: die Klage ist zu richten gegen den Eigenthümer der retinirten Sache, also regelmäßig den Schuldner, und wenn der Gegenstand dem Gläubiger selbst gehört, die Retention aber gleichwohl zulässig ist, gegen den Schuldner, der nicht Eigenthümer ist. Als Eigenthümer gilt gegenüber dem gutgläubigen Gläubiger der Schuldner, und ein Dritter muß (nach näherer Bestimmung des § 372) das gegen den Schuldner erwirkte rechtskräftige Urtheil gegen sich gelten lassen. Die Klage kann zur Erleichterung der Rechtslage des Gläubigers an seinem Gerichtsstand angestellt werden (§ 371 Abs. 4). Früher war dieser Gerichtsstand nach unserer Ansicht ein ausschließlicher [...]. Die Bestimmung über das Vorrecht im Konkurse ist mit Rücksicht auf § 41 Nr. 8 K.O.[85] als überflüssig weggefallen."				
Art. 316 [Synopse → § 371] Die in den Art. 313. bis 315. dem Gläubiger gegebenen Rechte treten nicht ein, soweit die Parteien dies besonders vereinbart haben. **Staub1897:** „Der vorliegende Artikel ist im neuen H.G.B. gestrichen. Die Denkschrift rechtfertigt die Streichung nicht. Sie rechtfertigt sich von selbst. Denn die Vorschrift ist, wie wir [...] gesagt haben, überflüssig, da es sich nicht um öffentlich-rechtliche Bestimmungen handelt."	–	–	–	–
Dritter Abschnitt **Abschließung der Handelsgeschäfte**				
Art. 317 (1) Bei Handelsgeschäften ist die Gültigkeit der Verträge durch schriftliche Abfassung oder andere Förmlichkeiten nicht bedingt. (2) Ausnahmen von dieser Regel finden nur in soweit statt, als sie in diesem Gesetzbuche enthalten sind. **Staub1897:** „Die Vorschrift des vorliegenden Artikels ist gestrichen. Sie erschien überflüssig infolge der Regel des B.G.B., daß Rechtsgeschäfte ohne Form giltig sind. Diese Regel ist im B.G.B. zwar nicht ausgesprochen, aber nur deshalb, weil es sich von selbst versteht, daß eine Form nur soweit	–	–	–	–

85 § 41 Nr. 8 Konkursordnung v. 10.2.1877, RGBl. 1877, Nr. 10, S. 351, m.W.v. 1.10.1879: Den Faustpfandgläubigern stehen gleich: [...] diejenigen, denen nach dem Handelsgesetzbuche an gewissen Gegenständen ein Pfandrecht oder Zurückbehaltungsrecht zusteht, in Ansehung dieser Gegenstände."

ADHGB[1861] mit Staubs Supplement	HGB 2024	HGB 1897	BGB 2024	BGB 1896
erforderlich ist, als das Gesetz sie vorschreibt (Planck, Komm. zum B.G.B. Anm. 1 zu § 125). Die Streichung des vorliegenden Artikels hat nun aber zur Folge, daß nicht nur die Regel des B.G.B., sondern auch seine Ausnahmen fortan für das Handelsrecht gelten. […].“				
Art. 318 Ueber einen Antrag unter Gegenwärtigen zur Abschließung eines Handelsgeschäfts muß die Erklärung sogleich abgegeben werden, widrigenfalls der Antragende an seinen Antrag nicht länger gebunden ist. **Staub[1897]:** „Die Vorschrift ist im § 147 Absatz 1 B.G.B.[86] in sachlich übereinstimmender Weise gegeben und deshalb im neuen H.G.B. als entbehrlich gestrichen. Dabei hebt diese Gesetzesstelle in Uebereinstimmung mit der Auslegung des früheren Rechts […] hervor, daß ein mittelst Fernsprechers gemachter Antrag als Antrag unter Anwesenden behandelt wird. […]“			§ 147 Abs. 1	§ 147 Abs. 1
Art. 319 (1) [1]Bei einem unter Abwesenden gestellten Antrage bleibt der Antragende bis zu dem Zeitpunkte gebunden, in welchem er bei ordnungsmäßiger, rechtzeitiger Absendung der Antwort den Eingang der letzeren erwarten darf. [2]Bei der Berechnung dieses Zeitpunktes darf der Antragende von der Voraussetzung ausgehen, daß sein Antrag rechtzeitig angekommen sei. (2) Trifft die rechtzeitig abgesandte Ausnahme erst nach diesem Zeitpunkte ein, so besteht der Vertrag nicht, wenn der Antragende in der Zwischenzeit oder ohne Verzug nach dem Eintreffen der Annahme von seinem Rücktritt Nachricht gegeben hat. **Staub[1897]:** „1. Dieser Artikel ist im neuen H.G.B. gestrichen. 2. Die Vorschrift des Absatzes 1 ist im § 147 Absatz 2 B.G.B.[87] in kürzerer, präziserer Form, aber ohne sachliche Aenderung wiedergegeben (vergl. Planck, B.G.B. Anm. 2 zu § 147). 3. Absatz 2 ist im § 149 B.G.B.[88] wiedergegeben, aber mit einer wesentlichen Aenderung. Während nämlich nach Art. 319 der Offerent die rechtzeitig abgesandte, aber verspätet eingetroffene Annahme auf alle Fälle zurückweisen mußte, wollte er den Vertrag nicht zur Perfektion gelangen lassen, so ist ihm jetzt diese Pflicht nur für den Fall auferlegt, daß er die rechtzeitige Absendung erkennen mußte. Wenn dieses subjektive Erforderniß nicht vorliegt, so ist trotz der objektiv rechtzeitigen Absendung der Acceptationserklärung der Vertrag nicht zu Stande gekommen, wenn sie zu spät ankommt.			§§ 147, 148, 149, 151	§§ 147, 148, 149, 151

86 **§ 147 Abs. 1 BGB idF. 1896**: „Der einem Anwesenden gemachte Antrag kann nur sofort angenommen werden. Dies gilt auch von einem mittelst Fernsprechers von Person zu Person gemachten Antrage.“
87 § 147 Abs. 2 BGB ist unverändert.
88 § 149 BGB ist unverändert.

ADHGB[1861] mit Staubs Supplement	**HGB** 2024	**HGB** 1897	**BGB** 2024	**BGB** 1896
4. Für den Fall, daß der Offerent eine Frist gesetzt hat [...], gilt das Gleiche (vergl. § 148 B.G.B.[89] [...]). 5. Die im Komm. § 11 behandelten außerordentlich zahlreichen Fälle, in denen der Offerent nicht erwartet, daß der Vertragsgegner ihm eine besondere Annahmeerklärung zugehen läßt, in denen vielmehr der Vertrag auch ohne solches Zugehen zu Stande kommt, sind vom B.G.B. für praktisch und wichtig genug erachtet worden, um ihnen einen besonderen Paragraphen zu widmen. Es ist dies der § 151 B.G.B.[90] Der Vertrag kommt, sagt dieser Paragraph, durch die Annahme des Antrags zu Stande, ohne daß die Annahme dem Antragenden gegenüber erklärt zu werden braucht, wenn eine solche Erklärung nach der Verkehrssitte nicht zu erwarten ist oder der Antragende auf sie verzichtet hat. Als Beispiele können die im Komm. § 11 aufgeführten herangezogen werden: Waarenbestellungen, Auftragsertheilungen, Insertionsaufträge, Bestellungen von Loosen beim Lotteriekollekteur."				
Art. 320 (1) Geht der Widerruf eines Antrages dem andern Theile früher als der Antrag, oder zu gleicher Zeit mit demselben zu, so ist der Antrag für nicht geschehen zu erachten. (2) Ebenso ist die Annahme für nicht geschehen zu erachten, wenn der Widerruf noch vor der Erklärung der Annahme oder zu gleicher Zeit mit derselben bei dem Antragsteller eingegangen ist. **Staub[1897]:** „Die Vorschrift des vorliegenden Artikels ist gestrichen. Sie ist dadurch überflüssig geworden, daß der § 130 B.G.B.[91] für alle Willenserklärungen, die einem Andern gegenüber abzugeben sind (also auch für Offerte und Annahme), wenn sie in Abwesenheit des Andern abgegeben werden, bestimmt, daß sie nicht wirksam werden, wenn dem Andern vorher oder gleichzeitig ein Widerspruch zugeht."			§ 130 Abs. 1	§ 130 Abs. 1
Art. 321 Ist ein unter Abwesenden verhandelter Vertrag zu Stande gekommen, so gilt der Zeitpunkt, in welchem die Erklärung der Annahme behufs der Absendung abgegeben ist, als der Zeitpunkt des Abschlusses des Vertrages. **Staub[1897]:** „Die Vorschrift ist gefallen. Der Vertrag gilt daher auch im Handelsverkehr als zu Stande gekommen mit dem Eingehen der Annahmeerklärung. Es gilt eben die allgemeine Vorschrift des § 130 B.G.B.[92] Die im vorliegenden Artikel vorgeschriebene Zurückbeziehung ist nicht für angemessen erachtet worden."	–	–	§ 130 Abs. 1	§ 130 Abs. 1

89 § 148 BGB ist unverändert.
90 § 151 BGB ist unverändert.
91 § 130 BGB ist unverändert.
92 § 130 BGB ist unverändert.

ADHGB[1861] mit Staubs Supplement	HGB 2024	HGB 1897	BGB 2024	BGB 1896
Art. 322 Eine Annahme unter Bedingungen oder Einschränkungen gilt als Ablehnung des Antrages verbunden mit einem neuen Antrage. **Staub[1897]:** „Die Vorschrift ist in den § 150 Abs. 2 des B.G.B.[93] übergegangen. Hinzugefügt ist in § 150 Absatz 1 B.G.B.,[94] daß auch die verspätete Annahme als neuer Antrag gilt. Unter Umständen konnte das auch früher angenommen werden [...], künftig ist es gesetzliche Regel.“			§ 150 Abs. 2	§ 150 Abs. 2
Art. 323 [Synopse → § 362] (1) Wenn zwischen dem Kaufmann, welchem ein Auftrag gegeben wird, und dem Auftraggeber eine Geschäftsverbindung besteht, oder sich derselbe gegen letzteren zur Ausrichtung solcher Aufträge erboten hat, so ist er zu einer Antwort ohne Zögern verpflichtet, widrigenfalls sein Schweigen als Uebernahme des Auftrages gilt. (2) Auch wenn derselbe den Auftrag ablehnt, ist er schuldig, die mit dem Auftrage etwa übersandten Waaren oder anderen Gegenstände auf Kosten des Auftraggebers, soweit er für diese Kosten gedeckt ist und soweit es ohne seinen Nachtheil geschehen kann, einstweilen vor Schaden zu bewahren. (3) Das Handelsgericht kann auf seinen Antrag verordnen, daß das Gut in einem öffentlichen Lagerhause oder bei einem Dritten so lange niedergelegt wird, bis der Eigenthümer anderweitige Vorkehrung trifft. **Staub[1897]:** „Die Vorschrift des vorliegenden Artikels ist im § 362 Absatz 1 des neuen H.G.B. beibehalten, jedoch nicht unverändert. 1. In Absatz 1 ist der zweite Fall zwar der gleiche geblieben, nämlich der Fall, daß sich jemand zur Besorgung von Geschäften einem Anderen gegenüber angeboten hat. Aber der erste Fall hat sich verändert: während nach dem bisherigen Recht zu den Voraussetzungen des ersten Falls nichts weiter gehörte, als daß ein Kaufmann mit dem Auftraggeber in Geschäftsbeziehungen stand, so gehört fortan zu den Voraussetzungen des Falles einmal, daß der Auftrag gemacht wird einem Kaufmann, dessen Gewerbebetrieb die Besorgung von Geschäften für Andere mit sich bringt, und zweitens, daß es sich um eine Geschäftsbesorgung solcher Art handelt, wie sie in diesen Gewerbebetrieb fällt. 2. Keine sachliche, sondern nur eine sprachliche Veränderung ist es, wenn der Ausdruck Auftrag vermieden und ersetzt ist durch Antrag zur Besorgung von Geschäften. Das geschah deshalb, weil im B.G.B. der	§ 362	§ 362	–	–

93 § 150 Abs. 2 BGB ist unverändert.
94 § 150 Abs. 1 BGB ist unverändert.

ADHGB1861 mit Staubs Supplement	HGB 2024	HGB 1897	BGB 2024	BGB 1896
Auftrag lediglich auf die unentgeltliche Besorgung von Geschäften bezogen wird (§ 662 B.G.B.[95]). Die Rechtssprache wird aber des allgemeinen Ausdrucks Auftrag (oder Mandat) für den Antrag zur Besorgung von Geschäften nicht entrathen können und wird es, wie auch jetzt in der Rechtssprache des gemeinen Rechts, ignoriren, daß der Gesetzgeber den Auftrag nur auf die unentgeltliche Besorgung bezieht. 3. Absatz 2 des vorliegenden Artikels ist beibehalten. 4. Absatz 3 dagegen ist gestrichen, weil ein gerichtliches Verfahren zur Niederlegung nicht erforderlich ist. Die Vorschrift war auch vollständig unpraktisch geblieben."				
Vierter Abschnitt Erfüllung der Handelsgeschäfte				
Art. 324 (1) Die Erfüllung des Handelsgeschäfts muß an dem Orte geschehen, welcher im Vertrage bestimmt oder nach der Natur des Geschäfts oder der Absicht der Kontrahenten als Ort der Erfüllung anzusehen ist. (2) [1]Fehlt es an diesen Voraussetzungen, so hat der Verpflichtete an dem Orte zu erfüllen, an welchem er zur Zeit des Vertragsabschlusses seine Handelsniederlassung oder in deren Ermangelung seinen Wohnort hatte. [2]Wenn jedoch eine bestimmte Sache übergeben werden soll, welche sich zur Zeit des Vertragsabschlusses mit Wissen der Kontrahenten an einem anderen Orte befand, so geschieht die Uebergabe an diesem Orte. **Staub1897:** „Die Vorschrift des vorliegenden Artikels ist gestrichen, weil bereits das B.G.B. (§ 269[96]) eine im Wesentlichen übereinstimmende Vorschrift enthält. Dabei ist der Fall, daß eine bestimmte bewegliche Sache übergeben werden soll, nicht besonders berücksichtigt. Hier wird die Natur des Geschäfts im Allgemeinen zu dem gleichen Ergebnisse führen, welches im Art. 324 Absatz 2 gesetzlich vorgeschrieben ist."	–	–	§ 269	§ 269
Art. 325 Bei Geldzahlungen, mit Ausnahme der Auszahlung von indossablen oder auf Inhaber lautenden Papieren, ist der Schuldner verpflichtet, wenn nicht ein Anderes aus dem Vertrage oder aus der Natur des Geschäfts oder der Absicht der Kontrahenten hervorgeht, auf seine Gefahr und Kosten die Zahlung dem Gläubiger an den Ort zu übermachen, an welchem der letztere zur Zeit der Entstehung der Forderung seine Handelsniederlassung oder in deren Ermangelung seinen Wohnort hatte. (2) Durch diese Bestimmung wird jedoch der gesetzliche Erfüllungsort des Schuldners (Art. 324.) in Betreff des Gerichtsstandes oder in sonstiger Beziehung nicht geändert.			§ 270	§ 270

95 § 662 BGB ist unverändert.
96 § 269 BGB ist unverändert.

ADHGB[1861] mit Staubs Supplement	HGB 2024	HGB 1897	BGB 2024	BGB 1896
Staub[1897]: „Die Vorschriften des vorliegenden Artikels, sowohl die des Absatzes 1, als die des Absatzes 2, sind im Wesentlichen im § 270 B.G.B.[97] wiedergegeben. Daß bei der Uebersendungspflicht die Forderungen aus indossablen und Inhaberpapieren nicht ausgenommen sind, bedeutet nicht etwa, daß die gesetzliche Regel auch bei diesen Platz greift, sondern nur, daß sich die Ausnahme von selbst versteht (Denkschr. S. 207).“				
Art. 326 Wenn die Zeit der Erfüllung einer Verbindlichkeit in dem Vertrage nicht bestimmt ist, so kann die Erfüllung zu jeder Zeit gefordert und geleistet werden, sofern nicht nach den Umständen oder nach dem Handelsgebrauche etwas Anderes anzunehmen ist. **Staub[1897]:** „Die Vorschrift des vorliegenden Artikels ist ersetzt durch § 271 Absatz 1 B.G.B.[98] und deshalb im neuen H.G.B. gestrichen.“			§ 271 Abs. 1	§ 271 Abs. 1
Art. 327 [Synopse → § 359] (1) Lautet die Erfüllungszeit auf das Frühjahr oder den Herbst oder auf ähnliche Zeitbestimmungen, so entscheidet der Handelsgebrauch des Orts der Erfüllung. (2) Ist die Erfüllung auf die Mitte eines Monats gestellt worden, so gilt der fünfzehnte dieses Monats als der Tag der Erfüllung. **Staub[1897]:** „Absatz 1 ist im § 359 des neuen H.G.B. wiedergegeben, Absatz 2 als durch § 192 B.G.B.[99] ersetzt gestrichen.“	§ 359	§ 359	§ 192	§ 192
Art. 328 (1) Wenn die Erfüllung einer Verbindlichkeit mit dem Ablaufe einer bestimmten Frist nach Abschluß des Vertrages erfolgen soll, so fällt der Zeitpunkt der Erfüllung: 1) wenn die Frist nach Tagen bestimmt ist, auf den letzten Tag der Frist; bei Berechnung der Frist wird der Tag, an welchem der Vertrag geschlossen ist, nicht mit gerechnet; ist die Frist auf acht oder vierzehn Tage bestimmt, so werden darunter volle acht oder vierzehn Tage verstanden; 2) wenn die Frist nach Wochen, Monaten, oder einem mehrere Monate umfassenden Zeitraum (Jahr, halbes Jahr, viertel Jahr) bestimmt ist, auf denjenigen Tag der letzten Woche oder des letzten Monats, welcher durch seine Benennung oder Zahl dem Tage des Vertragsschlusses	§ 359 Abs. 2	§ 359 Abs. 2	§ 188	§ 188

97 § 270 BGB ist unverändert.
98 § 271 BGB ist unverändert.
99 § 192 BGB ist unverändert.

ADHGB[1861] mit Staubs Supplement	HGB 2024	HGB 1897	BGB 2024	BGB 1896
entspricht; fehlt dieser Tag in dem letzten Monate, so fällt die Erfüllung auf den letzten Tag dieses Monats. (2) [1]Der Ausdruck „halber Monat" wird einem Zeitraum von fünfzehn Tagen gleich geachtet. [2]Ist die Frist zur Erfüllung auf einen oder mehrere ganze Monate und einen halben Monat gestellt, so sind die fünfzehn Tage zuletzt zu zählen. (3) Nach den vorstehenden Grundsätzen ist die Frist auch dann zu berechnen, wenn der Anfang derselben nicht nach dem Tage des Vertragsschlusses, sondern einem anderen Zeitpunkte oder Ereignisse bestimmt worden ist. **Staub[1897]:** „Der vorliegende Artikel ist ersetzt durch § 188 B.G.B.,[100] der im Wesentlichen mit ihm übereinstimmt. Nur die Bestimmung, daß eine Frist von acht Tagen 8 volle Tage bedeutet, ist im § 359 Absatz 2 des neuen H.G.B. wiedergegeben."				
Art. 329 Fällt der Zeitpunkt der Erfüllung auf einen Sonntag oder allgemeinen Feiertag, so gilt der nächste Werktag als der Tag der Erfüllung. **Staub[1897]:** „Die Vorschrift ist ersetzt durch § 193 B.G.B.[101] Sie ist hier weggefallen."			§ 193	§ 193
Art. 330 (1) Soll die Erfüllung innerhalb eines gewissen Zeitraums geschehen, so muß sie vor Ablauf desselben erfolgen. (2) Fällt der letzte Tag des Zeitraums auf einen Sonntag oder allgemeinen Feiertag, so muß spätestens am nächstvorhergehenden Werktage erfüllt werden. **Staub[1897]:** „Die Vorschrift ist gestrichen. Es wird im B.G.B. kein Unterschied gemacht zwischen Erfüllungstermin und Erfüllungsfristen; vielmehr ist in allen diesen Fällen am nächstfolgenden Werktage zu erfüllen (§ 193 B.G.B.), und das soll fortan auch für den Handelsverkehr gelten (Denkschr. S. 207)."			§ 193	§ 193
Art. 331 Abänderungen in diesen Zeitberechnungen (Art. 328. bis 330.), soweit sie die Liquidationstermine der Börsengeschäfte betreffen, bleiben den Börsenordnungen vorbehalten.	-	-	-	-

100 § 188 BGB ist unverändert.

101 **§ 193 BGB idF. 1896**: „Ist an einem bestimmten Tage oder innerhalb einer Frist eine Willenserklärung abzugeben oder eine Leistung zu bewirken und fällt der bestimmte Tag oder der letzte Tag der Frist auf einen Sonntag oder einen am Erklärungs- oder Leistungsorte staatlich anerkannten allgemeinen Feiertag, so tritt an die Stelle des Sonntags oder des Feiertags der nächstfolgende Werktag."

ADHGB1861 mit Staubs Supplement	HGB 2024	HGB 1897	BGB 2024	BGB 1896
Staub1897: „Der hier gemachte Vorbehalt ist mit Rücksicht auf die allgemeine Auslegungsregel des § 157 B.G.B.[102] für überflüssig erachtet und deshalb gestrichen worden.“				
Art. 332 → § 358 Die Erfüllung muß an dem Erfüllungstage während der gewöhnlichen Geschäftszeit geleistet und angenommen werden. **Staub1897:** „Die Vorschrift ist im § 358 des neuen H.G.B. wiedergegeben.“	§ 358	§ 358	–	–
Art. 333 Ist die vertragsmäßige Frist zur Erfüllung einer Verbindlichkeit verlängert worden, so beginnt die neue Frist im Zweifel am ersten Tage nach Ablauf der alten Frist. **Staub1897:** „Die Vorschrift ist mit Rücksicht auf § 190 B.G.B.[103] gestrichen worden.“	–	–	§ 190	§ 190
Art. 334 (1) In allen Fällen, in welchen ein Verfalltag bestimmt worden ist, ist nach der Natur des Geschäfts und der Absicht der Kontrahenten zu beurtheilen, ob derselbe nur zu Gunsten eines der beiden Kontrahenten hinzugefügt worden ist. (2) Auch wenn der Schuldner hiernach vor dem Verfalltage zu zahlen befugt ist, ist er doch nicht berechtigt, ohne Einwilligung des Gläubigers den Diskonto abzuziehen, insofern nicht Uebereinkunft oder Handelsgebrauch ihn dazu ermächtigen. **Staub1897:** „Die Vorschrift des Absatzes 1 ist gefallen. Im § 271 Absatz 2 ist gerade umgekehrt angeordnet, daß, wenn eine Zeit für die Leistung bestimmt ist, im Zweifel anzunehmen ist, der Gläubiger dürfe die Leistung vorher nicht verlangen, aber der Schuldner sie vorher bewirken. Das soll fortan auch im Handelsverkehr gelten. Absatz 2 ist im § 272 B.G.B.[104] wiederholt und hier gestrichen worden.“	–	–	§ 272	§ 272

102 § 157 BGB ist unverändert.
103 § 190 BGB ist unverändert.
104 § 272 BGB ist unverändert.

ADHGB[1861] mit Staubs Supplement	HGB 2024	HGB 1897	BGB 2024	BGB 1896
Art. 335 [Synopse → § 360] Ist im Vertrage über die Beschaffenheit und Güte der Waare nichts Näheres bestimmt, so hat der Verpflichtete Handelsgut mittlerer Art und Güte zu gewähren. **Staub[1897]:** „Die Vorschrift ist im neuen H.G.B. wiederholt (§ 360).“	§ 360	§ 360		
Art. 336 [Synopse → § 361] (1) Maaß, Gewicht, Münzfuß, Münzsorten, Zeitrechnung und Entfernungen, welche an dem Orte gelten, wo der Vertrag erfüllt werden soll, sind im Zweifel als die vertragsmäßigen zu betrachten. (2) Ist die im Vertrage bestimmte Münzsorte am Zahlungsorte nicht im Umlauf oder nur eine Rechnungswährung, so kann der Betrag nach dem Werthe zur Verfallzeit in der Landesmünze gezahlt werden, sofern nicht durch den Gebrauch des Wortes „effektiv“ oder eines ähnlichen Zusatzes die Zahlung in der im Vertrage benannten Münzsorte ausdrücklich bedungen ist. **Staub[1897]:** „Absatz 1 ist im § 361 des neuen H.G.B. wiederholt, Absatz 2 ist durch die §§ 244[105] und 245 B.G.B.[106] ersetzt und deshalb hier fortgefallen.“	§ 361	§ 361	§§ 244, 245	§ 244, 245
Zweiter Titel **Vom Kauf**				
Art. 337 Das Anerbieten zum Verkauf, welches erkennbar für mehrere Personen, insbesondere durch Mittheilung von Preislisten, Lagerverzeichnissen, Proben oder Mustern geschieht, oder bei welchem die Waare, der Preis oder die Menge nicht bestimmt bezeichnet ist, ist kein verbindlicher Antrag zum Kauf. **Staub[1897]:** I. „**Vorbemerkungen zum Titel über den Kauf** [...]. Gab schon das alte H.G.B. in diesem Titel nur ein Stückwerk einzelner Regeln, welche den Charakter fragmentarischer Normen an sich trugen, so ist dies im neuen H.G.B. in weit höherem Grade der Fall. Denn gerade in diesem Abschnitte	–	–	–	–

105 § 244 BGB idF. 1896: „[1] Ist eine in ausländischer Währung ausgedrückte Geldschuld im Inlande zu zahlen, so kann die Zahlung in Reichswährung erfolgen, es sei denn, daß Zahlung in ausländischer Währung ausdrücklich bedungen ist. [2] Die Umrechnung erfolgt nach dem Kurswerthe, der zur Zeit der Zahlung für den Zahlungsort maßgebend ist.“

106 § 245 BGB ist unverändert.

ADHGB[1861] mit Staubs Supplement	HGB 2024	HGB 1897	BGB 2024	BGB 1896
ist eine größere Reihe von Vorschriften dadurch entbehrlich geworden, daß das B.G.B. sich die Grundsätze des Handelsrechts angeeignet hat. Eine Definition des Handelskaufs ist auch jetzt nicht gegeben [...]. Zum Begriff desselben gehört auch jetzt: a. daß ein Kaufvertrag nach bürgerlichem Recht vorliegt, b. daß ein Handelsgeschäft vorliegt, also (gemäß § 343 des neuen H.G.B.) daß mindestens ein Theil Kaufmann und der Kauf im Betriebe seines Handelsgewerbes geschlossen ist, c. daß es sich um eine Waare handelt, was jetzt aus § 381 des neuen H.G.B. ersichtlich gemacht ist. II. **Die Vorschrift des Art. 337** ist gestrichen. Sie stellt keine Besonderheit des Handelsrechts dar, sondern enthält nur eine Anwendung allgemeiner Grundsätze des bürgerlichen Rechts. Ueberdies ist es Sache der Willensauslegung, ob einem Anerbieten der fraglichen Art nach den besonderen Umständen des Falles nicht doch eine weitergehende Bedeutung beizulegen ist (Denkschr. S. 246). III. Der im Komm. § 19 von uns behandelten Lehre vom Spezifikationskauf sind im neuen H.G.B. besondere Vorschriften gewidmet. Nach § 375 ist der Käufer in solchem Falle verpflichtet, die vorbehaltene Bestimmung zu treffen (und kann darauf verklagt werden). Es kann aber der Verkäufer, wenn der Käufer mit dieser Verpflichtung im Verzuge ist, die Bestimmung statt des Käufers vornehmen und gemäß § 326 B.G.B.[107] Schadensersatz wegen Nichterfüllung fordern oder vom Vertrage zurücktreten. Wenn er die erste Wahl trifft, so hat er die von ihm getroffene Bestimmung dem Andern mitzutheilen und ihm zugleich zur Vornahme einer anderweiten Bestimmung eine angemessene Frist zu setzen, nach deren fruchtlosem Ablaufe die Bestimmung des Verkäufers gilt."				
Art. 338 Nach den Bestimmungen über den Kauf ist auch ein Handelsgeschäft zu beurtheilen, dessen Gegenstand in der Lieferung einer Quantität vertretbarer Sachen gegen einen bestimmten Preis besteht. **Staub[1897]:** „Der Artikel 338 ist entbehrlich, weil ein Vertrag, durch welchen jemand sich verpflichtet, aus einem von ihm zu beschaffenden Stoffe eine vertretbare Sache herzustellen, schon nach § 651 B.G.B.[108] als Kauf zu beurtheilen ist.	–	–	§ 650 Abs. 1	§ 651

107 **§ 326 BGB idF. 1896**: „[1] Ist bei einem gegenseitigen Vertrage der eine Theil mit der ihm obliegenden Leistung im Verzuge, so kann ihm der andere Theil zur Bewirkung der Leistung eine angemessene Frist mit der Erklärung bestimmen, daß er die Annahme der Leistung nach dem Ablaufe der Frist ablehne. Nach dem Ablaufe der Frist ist er berechtigt, Schadensersatz wegen Nichterfüllung zu verlangen oder von dem Vertrage zurückzutreten, wenn nicht die Leistung rechtzeitig erfolgt ist; der Anspruch auf Erfüllung ist ausgeschlossen. Wird die Leistung bis zum Ablaufe der Frist theilweise nicht bewirkt, so findet die Vorschrift des §. 325 Abs. 1 Satz 2 entsprechende Anwendung. [2] Hat die Erfüllung des Vertrags in Folge des Verzugs für den anderen Theil kein Interesse, so stehen ihm die im Abs. 1 bezeichneten Rechte zu, ohne daß es der Bestimmung einer Frist bedarf."

108 **§ 651 BGB idF. 1896**: „[1] Verpflichtet sich der Unternehmer, das Werk aus einem von ihm zu beschaffenden Stoffe herzustellen, so hat er dem Besteller die hergestellte Sache zu übergeben und das Eigenthum an der

ADHGB1861 mit Staubs Supplement	HGB 2024	HGB 1897	BGB 2024	BGB 1896
Dabei hat der Begriff vertretbare Sache und dem zu Folge die Abgrenzung der unter diesen Artikel fallenden Verträge hier Schwierigkeiten gemacht [...]. Zur Beseitigung derselben bestimmt § 381 Absatz 2 des neuen H.G.B., daß die Vorschriften über den Handelskauf auch dann Anwendung finden, wenn aus einem von dem Unternehmer zu beschaffenden Stoffe eine nicht vertretbare bewegliche Sache herzustellen ist.“				
Art. 339 (1) 1Ein Kauf auf Besicht oder auf Probe ist unter der in dem Willen des Käufers stehenden Bedingung geschlossen, daß der Käufer die Waare besehen oder prüfen und genehmigen werde. 2Diese Bedingung ist im Zweifel eine aufschiebende. (2) 1Der Käufer ist vor seiner Genehmigung an den Kauf nicht gebunden. 2Der Verkäufer hört auf, gebunden zu sein, wenn der Käufer bis zum Ablauf der verabredeten oder ortsgebräuchlichen Frist nicht genehmigt. (3) In Ermangelung einer verabredeten oder ortsgebräuchlichen Frist kann der Verkäufer nach Ablauf einer den Umständen angemessenen Zeit den Käufer zur Erklärung auffordern; er hört auf, gebunden zu sein, wenn sich der Käufer auf die Aufforderung nicht sofort erklärt. (4) Ist die auf Besicht oder Probe verkaufte Waare zum Zweck der Besichtigung oder Probe bereits übergeben, so gilt das Stillschweigen des Käufers bis nach Ablauf der Frist oder auf die Aufforderung als Genehmigung. **Staub1897:** „Die Vorschrift ist überflüssig geworden, da der Kauf auf Probe in den § 495 B.G.B.[109] aufgenommen wurde, und zwar mit zwei Aenderungen: 1. Von einer ortsgebräuchlichen Frist spricht der § 495 B.G.B. nicht. 2. Er giebt dem Verkäufer in Ermangelung einer vereinbarten Frist nicht das Recht, den Käufer nach einer angemessenen Frist zur Erklärung aufzufordern, sondern er giebt ihm das Recht, den Käufer zur Erklärung innerhalb einer angemessenen Frist aufzufordern. Der Unterschied ist nicht ohne Erheblichkeit.“	–	–	§ 454	§ 495
Art. 340 Ein Kauf nach Probe oder Muster ist unbedingt, jedoch unter der Verpflichtung des Verkäufers geschlossen, daß die Waare der Probe oder dem Muster gemäß sei.	–	–	–	§ 494

Sache zu verschaffen. Auf einen solchen Vertrag finden die Vorschriften über den Kauf Anwendung; ist eine nicht vertretbare Sache herzustellen, so treten an die Stelle des §. 433, des §. 446 Abs. 1 Satz 1 und der §§. 447, 459, 460, 462 bis 464, 477 bis 479 die Vorschriften über den Werkvertrag mit Ausnahme der §§. 647, 648. [2] Verpflichtet sich der Unternehmer nur zur Beschaffung von Zuthaten oder sonstigen Nebensachen, so finden ausschließlich die Vorschriften über den Werkvertrag Anwendung.“

109 Jetzt § 454 BGB.

ADHGB^{1861} mit Staubs Supplement	**HGB** **2024**	**HGB** **1897**	**BGB** **2024**	**BGB** **1896**
Staub^{1897}: „Auch diese Vorschrift ist überflüssig geworden, weil § 494 B.G.B.[110] sachlich dasselbe sagt.“				
Art. 341 Ein Kauf zur Probe ist unbedingter Kauf unter Hinzufügung des Beweggrundes. **Staub^{1897}:** „Die Begriffsbestimmung des Kaufs zur Probe ist als selbstverständlich weggefallen.“	–	– –	–	–
Art. 342 (1) Hinsicht des Orts der Erfüllung der Verbindlichkeiten des Verkäufers und des Käufers kommen die Bestimmungen des Art. 324. Abs. 1. zur Anwendung. (2) ^{1}Die Uebergabe der Waare geschieht, wenn aus diesen Bestimmungen sich nicht ein Anderes ergiebt, an dem Orte, wo der Verkäufer zur Zeit des Vertragsabschlusses seine Handelsniederlassung oder in deren Ermangelung seinen Wohnort hatte. ^{2}Wenn jedoch eine bestimmte Sache verkauft ist, welche sich zur Zeit des Vertragsabschlusses mit Wissen der Kontrahenten an einem anderen Orte befand, so geschieht die Uebergabe an diesem Orte. (3) ^{1}Der Kaufpreis ist bei der Uebergabe zu entrichten, sofern nicht ein Anderes durch die Natur des Geschäfts bedingt oder durch Vertrag oder Handelsgebrauch bestimmt ist. ^{2}Im Uebrigen kommt die Bestimmung des Art. 325. auch in Bezug auf diese Zahlung zur Anwendung. **Staub^{1897}:** „Die Vorschriften des vorliegenden Artikels werden durch die §§ 269, 270 u. 320 B.G.B.[111] entbehrlich (vergl. unsere Bemerkungen zu Art. 324). Was insbesondere den Absatz 3 des vorliegenden Artikels anlangt, wonach der Kaufpreis bei der Uebergabe zu entrichten ist, so führt die allgemeine Regel des B.G.B. (§ 320), daß bei einem gegenseitigen Vertrage jeder Theil, falls er nicht vorzuleisten hat, die ihm obliegende Leistung bis zur Bewirkung der Gegenleistung verweigern kann, zu dem gleichen Ergebnisse. Wie im Komm. § 5 ausgeführt ist, besteht ein Handelsgebrauch, wonach der Käufer bei Distanzkaufe erst dann zu zahlen braucht, wenn ihm am Orte seiner Handelsniederlassung Gelegenheit gegeben wurde, die Waare zu prüfen. Dieser Handelsgebrauch wird auch nach dem neuen H.G.B. gelten. Die Denkschrift (S. 246) verweist hierbei auf § 337 des Entwurfs, wonach wegen der Bedeutung von Handlungen und Unterlassungen auf die im Handelsverkehr geltenden Handelsgebräuche Rücksicht zu nehmen ist. Das Gesetzbuch selbst hat diese Bestimmung allerdings geändert. Denn	–	–	§§ 269, 270	§§ 269, 270

110 **§ 494 BGB idF. 1896**: „Bei einem Kaufe nach Probe oder nach Muster sind die Eigenschaften der Probe oder des Musters als zugesichert anzusehen.“ Kauf nach Probe seit Art. 1 Nr. 31 Gesetz v. 26.11.2001 (Gesetz zur Modernisierung des Schuldrechts), BGBl. I S. 3138, m.W.v. 1.1.2002 nicht mehr gesetzlich normiert.

111 §§ 269, 270 und 320 BGB sind unverändert.

ADHGB[1861] mit Staubs Supplement	HGB 2024	HGB 1897	BGB 2024	BGB 1896
nunmehr gilt dies nur für den Verkehr zwischen Kaufleuten (§ 346 des neuen H.G.B). Allein hier wird das B.G.B. aushelfen und zu dem gleichen Ergebnisse führen. Denn nach §§ 157, 242 B.G.B.[112] sind Verträge so auszulegen und Leistungen so zu bewirken, wie dies Treu und Glauben mit Rücksicht auf die Verkehrssitte erfordern."				
Art. 343 → § 373 (1) Der Verkäufer ist verpflichtet, die Waare, so lange der Käufer mit der Empfangnahme nicht im Verzuge ist, mit der Sorgfalt eines ordentlichen Geschäftsmannes aufzubewahren. (2) [1]Ist der Käufer mit der Empfangnahme der Waare im Verzuge, so kann der Verkäufer die Waare auf Gefahr und Kosten des Käufers in einem öffentlichen Lagerhause oder bei einem Dritten niederlegen. [2]Er ist auch befugt, nach vorgängiger Androhung die Waare öffentlich verkaufen zu lassen; er darf, wenn die Waare einen Börsenpreis oder einen Marktpreis hat, nach vorgängiger Androhung den Verkauf auch nicht öffentlich durch einen Handelsmäkler oder in Ermangelung eines solchen durch einen zu Versteigerungen befugten Beamten zum laufenden Preise bewirken. [3]Ist die Waare dem Verderben ausgesetzt und Gefahr im Verzuge, so bedarf es der vorgängigen Androhung nicht. (3) Von der Vollziehung des Verkaufs hat der Verkäufer den Käufer, soweit es thunlich, sofort zu benachrichtigen; bei Unterlassung ist er zum Schadensersatze verpflichtet. **Staub[1897]:** „Absatz 1 ist gestrichen, weil die Vorschrift sich schon aus allgemeinen Grundsätzen ergiebt (§ 276 B.G.B.,[113] § 347 des neuen H.G.B.). Die Absätze 2 und 3 sind im § 373 des neuen H.G.B. wiedergegeben, wobei zweierlei klargestellt ist: 1. daß der Selbsthilfeverkauf für Rechnung des säumigen Käufers erfolgt [...]. 2. daß der Verkäufer und der Käufer bei der öffentlichen Versteigerung mitbieten können [...]."	§ 373	§ 373	–	–
Art. 344 Soll die Waare dem Käufer von einem anderen Orte übersendet werden und hat der Käufer über die Art der Uebersendung nichts bestimmt, so gilt der Verkäufer für beauftragt, mit der Sorgfalt eines ordentlichen Kaufmanns die Bestimmung statt des Käufers zu treffen, insbesondere auch die Person zu bestimmen, durch welche der Transport der Waare besorgt oder ausgeführt werden soll.	–	–	–	–

112 §§ 157 und 242 BGB sind unverändert.

113 **§ 276 BGB idF. 1896**: „[1] Der Schuldner hat, sofern nicht ein Anderes bestimmt ist, Vorsatz und Fahrlässigkeit zu vertreten. Fahrlässig handelt, wer die im Verkehr erforderliche Sorgfalt außer Acht läßt. Die Vorschriften der §§. 827, 828 finden Anwendung. [2] Die Haftung wegen Vorsatzes kann dem Schuldner nicht im voraus erlassen werden."

ADHGB[1861] mit Staubs Supplement	HGB 2024	HGB 1897	BGB 2024	BGB 1896
Staub[1897]: „Die Vorschrift ist gestrichen, weil sie sich aus allgemeinen Grundsätzen von selbst ergiebt (vergl. Motive zum I. Entwurf eines Bürgerlichen Gesetzbuchs, Band II S. 328;[114] B.G.B. § 447 Abs. 2[115]).“				
Art. 345 (1) [1]Nach Uebergabe der Waare an den Spediteur oder Frachtführer oder die sonst zum Transport der Waare bestimmte Person trägt der Käufer die Gefahr, von welcher die Waare betroffen wird. [2]Hat jedoch der Käufer eine besondere Anweisung über die Art der Uebersendung ertheilt und ist der Verkäufer ohne dringende Veranlassung davon abgewichen, so ist dieser für den daraus entstandenen Schaden verantwortlich. (2) [1]Der Verkäufer hat die Gefahr, von welcher die Waare auf dem Transport betroffen wird, in dem Falle zu tragen, wenn er gemäß dem Vertrage die Waare an dem Orte, wohin der Transport geschieht, zu liefern hat, so daß dieser Ort für ihn als der Ort der Erfüllung gilt. [2]Daraus, daß der Verkäufer die Zahlung von Kosten oder Auslagen der Versendung übernommen hat, folgt für sich allein noch nicht, daß der Ort, wohin der Transport geschieht, für den Verkäufer als der Ort der Erfüllung gilt. (3) Durch die Bestimmungen dieses Artikels ist nicht ausgeschlossen, daß die Gefahr schon seit einem früheren Zeitpunkte von dem Käufer getragen wird, sofern dies nach dem bürgerlichen Recht der Fall sein würde. **Staub[1897]:** „Auch diese Vorschrift ist gestrichen, weil nach dem B.G.B. das Gleiche gilt (§§ 446, 447, 269 Abs. 3[116]).“	–	–	§§ 446, 447	§§ 446, 447
Art. 346 (1) Der Käufer ist verpflichtet, die Waare zu empfangen, sofern sie vertragsmäßig beschaffen ist oder in Ermangelung besonderer Verabredung den gesetzlichen Erfordernissen entspricht (Art. 335.). (2) Die Empfangnahme muß sofort geschehen, wenn nicht ein Anderes bedungen oder ortsgebräuchlich oder durch die Umstände geboten ist.	–	–	§ 433 Abs. 2	§ 433 Abs. 2

114 Mot II, S. 328 = Mugdan II, S. 182: „Der Verkäufer hat mit der Sorgfalt eines ordentlichen Hausvaters (§ 224 Abs. 1) die Versendung zu bewerkstelligen (vgl. HGB. 344, bayer. Entw. 295, dresd. Entw. 431). Dies ist selbstverständlich.“
115 § 447 BGB ist unverändert.
116 §§ 269 und 447 BGB sind unverändert. **§ 446 BGB idF. 1896**: „[1] Mit der Uebergabe der verkauften Sache geht die Gefahr des zufälligen Unterganges und einer zufälligen Verschlechterung auf den Käufer über. Von der Uebergabe an gebühren dem Käufer die Nutzungen und trägt er die Lasten der Sache. [2] Wird der Käufer eines Grundstücks vor der Uebergabe als Eigenthümer in das Grundbuch eingetragen, so treten diese Wirkungen mit der Eintragung ein.“

ADHGB[1861] mit Staubs Supplement	HGB 2024	HGB 1897	BGB 2024	BGB 1896
Staub[1897]: „Das im bisherigen Recht trotz des klaren Wortlauts des vorliegenden Artikels von vielen Seiten angezweifelte […] klagbare Recht des Verkäufers auf Abnahme ist jetzt durch § 433 Abs. 2 B.G.B.[117] sicher gestellt und dadurch der vorliegende Artikel entbehrlich geworden. Daß die Empfangnahme im Zweifel sofort geschehen muß (Art. 346 Abs. 2), folgt aus § 271 B.G.B.[118] Die weiteren Folgen des Uebernahmeverzuges bestimmt das bürgerliche Recht. Das wurde früher angenommen […] und ist jetzt ausdrücklich ausgesprochen (§ 374 des neuen H.G.B.). Diese Folgen sind diejenigen Rechtsfolgen, welche das B.G.B. bei gegenseitigen Verträgen an den Erfüllungsverzug des einen Theils knüpft (§ 440[119] und die dort angezogenen Paragraphen des B.G.B., insbesondere § 326[120]). Vergl. hierüber auch unsere Bemerkungen zu Art. 354."				
Art. 347 [Synopse → § 377] (1) Ist die Waare von einem anderen Orte übersendet, so hat der Käufer ohne Verzug nach der Ablieferung, soweit dies nach dem ordnungsgemäßen Geschäftsgange thunlich ist, die Waare zu untersuchen, und wenn sich dieselbe nicht als vertragsmäßig oder gesetzmäßig (Art. 355.) ergiebt, dem Verkäufer sofort davon Anzeige zu machen. (2) Versäumt er dies, so gilt die Waare als genehmigt, soweit es sich nicht um Mängel handelt, welche bei der sofortigen Untersuchung nach ordnungsmäßigem Geschäftsgange nicht erkennbar waren. (3) Ergeben sich später solche Mängel, so muß die Anzeige ohne Verzug nach der Entdeckung gemacht werden, widrigenfalls die Waare auch rücksichtlich dieser Mängel als genehmigt gilt. (4) Die vorstehende Bestimmung findet auch auf den Verkauf auf Besicht oder Probe oder nach Probe Anwendung, insoweit es sich um Mängel der übersendeten Waare handelt, welche bei ordnungsmäßigem Besicht oder ordnungsmäßiger Prüfung nicht erkennbar waren.	§ 377	§ 377	–	–

117 § 433 Abs. 2 BGB ist unverändert.

118 § 271 BGB ist unverändert.

119 § 440 Abs. 1 BGB idF. 1896: „[1] Erfüllt der Verkäufer die ihm nach den §§. 433 bis 437, 439 obliegenden Verpflichtungen nicht, so bestimmen sich die Rechte des Käufers nach den Vorschriften der §§. 320 bis 327."

120 § 326 BGB idF. 1896: „[1] Ist bei einem gegenseitigen Vertrage der eine Theil mit der ihm obliegenden Leistung im Verzuge, so kann ihm der andere Theil zur Bewirkung der Leistung eine angemessene Frist mit der Erklärung bestimmen, daß er die Annahme der Leistung nach dem Ablaufe der Frist ablehne. Nach dem Ablaufe der Frist ist er berechtigt, Schadensersatz wegen Nichterfüllung zu verlangen oder von dem Vertrage zurückzutreten, wenn nicht die Leistung rechtzeitig erfolgt ist; der Anspruch auf Erfüllung ist ausgeschlossen. Wird die Leistung bis zum Ablaufe der Frist theilweise nicht bewirkt, so findet die Vorschrift des §. 325 Abs. 1 Satz 2 entsprechende Anwendung. [2] Hat die Erfüllung des Vertrags in Folge des Verzugs für den anderen Theil kein Interesse, so stehen ihm die im Abs. 1 bezeichneten Rechte zu, ohne daß es der Bestimmung einer Frist bedarf."

ADHGB1861 mit Staubs Supplement	HGB 2024	HGB 1897	BGB 2024	BGB 1896
Staub1897: „1. Die Vorschrift des vorliegenden Artikels ist im § 377 des neuen H.G.B. wiedergegeben, aber mit zwei wesentlichen Aenderungen: a. sie ist auf Platzgeschäfte ausgedehnt, b. sie ist auf zweiseitige Handelsgeschäfte, also (nach dem System des neuen H.G.B.) auf den Verkehr unter Kaufleuten beschränkt. [...] Die Aenderung zu b hat zur Folge, daß sich die Rügepflichten des Käufers nach dem B.G.B. richten, sobald der eine Theil kein Kaufmann ist, also auch, wenn der Verkäufer kein Kaufmann ist, wohl aber der Käufer. In der Denkschrift S. 241 ist diese letztere Konsequenz nicht begründet. Es ist nur gesagt, daß es unbillig wäre, den Käufer, welcher nicht Kaufmann ist, mit der schrankenlosen Pflicht des Art. 347 zu belasten. Hinzugefügt ist die klarstellende Bestimmung, daß die Absendung der Anzeige genügt [...]. 2. Die Rechtsprechung hat die Vorschriften des Art. 347 nicht angewendet auf den Fall, wo ‚eine andere Waare', ein ‚aliud' geliefert wurde. In diesem Falle sollte keine Mangelhaftigkeit der Sache vorliegen und deshalb der vorliegende Artikel nicht platzgreifen. Dieser Grundsatz war aber leichter aufgestellt, als angewendet. Die Anwendung stieß auf unüberwindliche Schwierigkeiten. Die Praxis war sich in jedem einzelnen Falle im Unklaren, ob ein Mangel oder ein aliud vorliegt [...]. Diese Unsicherheit will § 378 des neuen H.G.B. beseitigen, indem er die Vorschriften über die sofortige Rügepflicht im allgemeinen auch auf den Fall der Lieferung eines aliud ausdehnt und die Anwendung nur dann ausschließt, wenn die Lieferung offensichtlich von der Bestellung so erheblich abweicht, daß der Verkäufer die Genehmigung des Käufers als ausgeschlossen betrachten mußte. 3. Die Rechtsfolgen der gehörigen Mangelanzeige sind auch im neuen H.G.B. nicht geregelt. Sie richten sich nach dem B.G.B. (§§ 459 ffg.[121])."				
Art. 348 [Synopse → § 379] (1) Wenn der Käufer die von einem anderen Orte übersendete Waare beanstandet, so ist er verpflichtet, für die einstweilige Aufbewahrung derselben zu sorgen. (2) [1]Er kann, wenn sich bei der Ablieferung oder später Mängel ergeben, den Zustand der Waare durch Sachverständige feststellen lassen. [2]Der Verkäufer ist in gleicher Weise berechtigt, diese Feststellung zu verlangen, wenn ihm der Käufer die Anzeige gemacht hat, daß er die Waare wegen Mängel beanstande. (3) Die Sachverständigen ernennt auf Antrag des Betheiligten das Handelsgericht oder in dessen Ermangelung der Richter des Orts. (4) Die Sachverständigen haben das Gutachten schriftlich oder zu Protokoll zu erstatten. (5) Ist die Waare dem Verderben ausgesetzt und Gefahr im Verzuge, so kann der Käufer die Waare unter Beobachtung der Bestimmungen des Art. 343. verkaufen lassen.	§ 379	§ 379	–	–

121 §§ 459 ff. BGB idF. 1896 regelten die Gewährleistung wegen Mängel der Sache.

ADHGB[1861] mit Staubs Supplement	HGB 2024	HGB 1897	BGB 2024	BGB 1896
Staub[1897]: „Die Absätze 1 und 5 sind in den § 379 des neuen H.G.B. übergegangen. Die Absätze 2 bis 4 sind zwar im neuen H.G.B. gestrichen, eine entsprechende Vorschrift soll jedoch in die C.P.O.[122] aufgenommen werden (vergl. Anlage II der Denkschrift, § 449a).“				
Art. 349 (1) Der Mangel der vertragsmäßigen oder gesetzmäßigen Beschaffenheit der Waare kann von dem Käufer nicht geltend gemacht werden, wenn derselbe erst nach Ablauf von sechs Monaten seit der Ablieferung an den Käufer entdeckt worden ist. (2) Die Klagen gegen den Verkäufer wegen Mängel verjähren in sechs Monaten nach der Ablieferung an den Käufer. (3) [1]Die Einreden sind erloschen, wenn die im Art. 347. vorgeschriebene sofortige Absendung der Anzeige des Mangels nicht innerhalb sechs Monaten nach der Ablieferung an den Käufer geschehen ist. [2]Ist die Anzeige in dieser Weise erfolgt, so bleiben die Einreden bestehen. (4) An den besonderen Gesetzen oder Handelsgebräuchen, durch welche für einzelne Arten von Gegenständen eine kürzere Frist bestimmt ist, wird hiedurch nichts geändert. (5) Ist die Haftbarkeit des Verkäufers auf eine kürzere oder längere Frist vertragsmäßig festgesetzt, so hat es hiebei sein Bewenden.	–	–	§ 438	§ 477
Staub[1897]: „Die Vorschriften des vorliegenden Artikels sind sämmtlich gestrichen. Die Absätze 1–3 sind angesichts der §§ 477–479[123] und 225				

122 Vgl. §§ 485 ZPO.

123 **§ 477 BGB idF. 1896**: „[1] Der Anspruch auf Wandelung oder auf Minderung sowie der Anspruch auf Schadensersatz wegen Mangels einer zugesicherten Eigenschaft verjährt, sofern nicht der Verkäufer den Mangel arglistig verschwiegen hat, bei beweglichen Sachen in sechs Monaten von der Ablieferung, bei Grundstücken in einem Jahre von der Uebergabe an. Die Verjährungsfrist kann durch Vertrag verlängert werden. [2] Beantragt der Käufer gerichtliche Beweisaufnahme zur Sicherung des Beweises, so wird die Verjährung unterbrochen. Die Unterbrechung dauert bis zur Beendigung des Verfahrens fort. Die Vorschriften des §. 211 Abs. 2 und des §. 212 finden entsprechende Anwendung. [3] Die Hemmung oder Unterbrechung der Verjährung eines der im Abs. 1 bezeichneten Ansprüche bewirkt auch die Hemmung oder Unterbrechung der Verjährung der anderen Ansprüche.“ **§ 478 BGB idF. 1896**: „[1] Hat der Käufer den Mangel dem Verkäufer angezeigt oder die Anzeige an ihn abgesendet, bevor der Anspruch auf Wandelung oder auf Minderung verjährt war, so kann er auch nach der Vollendung der Verjährung die Zahlung des Kaufpreises insoweit verweigern, als er auf Grund der Wandelung oder der Minderung dazu berechtigt sein würde. Das Gleiche gilt, wenn der Käufer vor der Vollendung der Verjährung gerichtliche Beweisaufnahme zur Sicherung des Beweises beantragt oder in einem zwischen ihm und einem späteren Erwerber der Sache wegen des Mangels anhängigen Rechtsstreite dem Verkäufer den Streit verkündet hat. [2] Hat der Verkäufer den Mangel arglistig verschwiegen, so bedarf es der Anzeige oder einer ihr nach Abs. 1 gleichstehenden Handlung nicht.“ **§ 479 BGB idF. 1896**: „Der Anspruch auf Schadensersatz kann nach der Vollendung der Verjährung nur aufgerechnet werden, wenn der Käufer vorher eine der im §. 478 bezeichneten Handlungen vorgenommen hat. Diese Beschränkung tritt nicht ein, wenn der Verkäufer den Mangel arglistig verschwiegen hat.“

ADHGB^{1861} mit Staubs Supplement	**HGB** **2024**	**HGB** **1897**	**BGB** **2024**	**BGB** **1896**
Satz 2 B.G.B.[124] entbehrlich geworden. Die Fristen sind hiernach die gleichen, nur daß es jetzt Verjährungsfristen, nicht Ausschlußfristen wie nach dem alten H.G.B. sind. Demzufolge konnte auch Absatz 5 gestrichen werden. Die Frage nach der Zulässigkeit entgegenstehender Vereinbarungen richtet sich eben nach dem B.G.B. Absatz 4 ist überflüssig, weil schon nach § 346 des neuen H.G.B. auch Handelsgebräuche zu berücksichtigen sind.“				
Art. 350 Die Bestimmungen der Art. 347. und 349. können von dem Verkäufer im Falle eines Betruges nicht geltend gemacht werden. **Staub^{1897}:** „Soweit dieser Artikel sich auf die Befristung der Klage und Einrede bezieht, wird er deshalb entbehrlich, weil nach dem B.G.B. die kurze Verjährung des Gewährleistungsanspruchs ausgeschlossen ist, falls der Verkäufer den Mangel arglistig verschwiegen hat (§ 477 Abs. 1,[125] § 478 Abs. 2 B.G.B.[126]). Der Ausschluß der handelsrechtlichen Rügepflicht im Falle arglistigen Verschweigens ist im § 377 Absatz 5 des neuen H.G.B. angeordnet.“	§ 377 Abs. 5	§ 377 Abs. 5	§ 442 Abs. 1	§§ 477 Abs. 1, 478 Abs. 2
Art. 351 Sofern nicht durch Ortsgebrauch oder besondere Abrede ein Anderes bestimmt ist, trägt der Verkäufer die Kosten der Uebergabe, insbesondere des Messens und Wägens; der Käufer die Kosten der Abnahme. **Staub^{1897}:** „Die Vorschrift des vorliegenden Artikels ist ersetzt durch § 448 B.G.B.[127] und deshalb hier gestrichen. Wenn nach diesem Paragraphen der Käufer nicht nur die Kosten der Abnahme, sondern auch die Versendung zu tragen hat, so liegt darin keine Aenderung des geltenden Handelsrechts (vergl. Art. 342 und 345 H.G.B.)“	–	–	§ 448	§ 448

124 **§ 225 BGB idF. 1896**: „Die Verjährung kann durch Rechtsgeschäft weder ausgeschlossen noch erschwert werden. Erleichterung der Verjährung, insbesondere Abkürzung der Verjährungsfrist, ist zulässig.“ S. jetzt § 202 BGB.

125 **§ 477 Abs. 1 BGB idF. 1896**: „[1] Der Anspruch auf Wandelung oder auf Minderung sowie der Anspruch auf Schadensersatz wegen Mangels einer zugesicherten Eigenschaft verjährt, sofern nicht der Verkäufer den Mangel arglistig verschwiegen hat, bei beweglichen Sachen in sechs Monaten von der Ablieferung, bei Grundstücken in einem Jahre von der Uebergabe an. Die Verjährungsfrist kann durch Vertrag verlängert werden.“

126 **§ 478 Abs. 2 BGB idF. 1896**: „[2] Hat der Verkäufer den Mangel arglistig verschwiegen, so bedarf es der Anzeige oder einer ihr nach Abs. 1 gleichstehenden Handlung nicht.“

127 **§ 448 BGB idF. 1896**: „[1] Die Kosten der Uebergabe der verkauften Sache, insbesondere die Kosten des Messens und Wägens, fallen dem Verkäufer, die Kosten der Abnahme und der Versendung der Sache nach einem anderen Orte als dem Erfüllungsorte fallen dem Käufer zur Last. [2] Ist ein Recht verkauft, so fallen die Kosten der Begründung oder Uebertragung des Rechtes dem Verkäufer zur Last.“

ADHGB[1861] mit Staubs Supplement	HGB 2024	HGB 1897	BGB 2024	BGB 1896
Art. 352 [Synopse → § 380] [1]Ist der Kaufpreis nach dem Gewicht der Waare zu berechnen, so kommt das Gewicht der Verpackung (Taragewicht) in Abzug, wenn nicht durch besondere Abrede oder durch den Handelsgebrauch am Orte der Uebergabe ein Anderes bestimmt ist. [2]Ob und in welcher Höhe das Taragewicht nach einem bestimmten Ansatze oder Verhältnisse statt nach genauer Ausmittelung abzuziehen ist, ingleichen ob und wieviel als Gutgewicht zu Gunsten des Käufers zu berechnen ist, oder als Vergütung für schadhafte oder unbrauchbare Theile (Refaktie) gefordert werden kann, ist nach dem Vertrage oder dem Handelsgebrauche am Orte der Uebergabe zu beurtheilen. **Staub[1897]:** „Die Vorschrift des vorliegenden Artikels kehrt, sachlich unverändert, im § 380 des neuen H.G.B. wieder.“	§ 380	§ 380	–	–
Art. 353 Ist im Vertrage der Marktpreis oder der Börsenpreis als Kaufpreis bestimmt, so ist im Zweifel hierunter der laufende Preis, welcher zur Zeit und an dem Orte der Erfüllung oder an dem für letzteren maaßgebenden Handelsplatze nach den dafür bestehenden örtlichen Einrichtungen festgestellt ist, in Ermangelung einer solchen Feststellung oder bei nachgewiesener Unrichtigkeit derselben, der mittlere Preis zu verstehen, welcher sich aus der Vergleichung der zur Zeit und am Orte der Erfüllung geschlossenen Kaufverträge ergiebt. **Staub[1897]:** „Die Vorschrift des vorliegenden Artikels ist in das neue H.G.B. nicht übernommen. Im § 453 B.G.B.[128] ist aber angeordnet, daß, wenn als Kaufpreis der Marktpreis bestimmt ist, hierunter im Zweifel der Marktpreis am Erfüllungsorte und zur Erfüllungszeit zu verstehen ist. Vom Börsenpreis ist hierbei nicht gesprochen. Doch ist der Börsenpreis ja nur eine Unterart des Marktpreises. Eventuell wird es keinem Bedenken unterliegen, die Vorschrift auf den Börsenpreis analog anzuwenden. Die Definition des Marktpreises, welche Art. 353 giebt, ist weggelassen. Rechtsprechung und Wissenschaft werden auch ohne diese gesetzliche Definition fertig werden.“	–	–	–	–
Art. 354 Wenn der Käufer mit der Zahlung des Kaufpreises im Verzuge und die Waare noch nicht übergeben ist, so hat der Verkäufer die Wahl, ob er die Erfüllung des Vertrages und	–	–	§ 281	§ 326

128 **§ 453 BGB idF. 1896**: „Ist als Kaufpreis der Marktpreis bestimmt, so gilt im Zweifel der für den Erfüllungsort zur Erfüllungszeit maßgebende Marktpreis als vereinbart.“

ADHGB1861 mit Staubs Supplement	HGB 2024	HGB 1897	BGB 2024	BGB 1896
Schadensersatz wegen verspäteter Erfüllung verlangen, oder ob er statt der Erfüllung die Waare unter Beobachtung der Bestimmungen des Art. 343. für Rechnung des Käufers verkaufen und Schadensersatz fordern oder ob er von dem Vertrage abgehen will, gleich als ob derselbe nicht geschlossen wäre.				

Staub1897:

„1. Die Vorschriften der Art. 354, 355 und 356 sind im neuen H.G.B. gestrichen. Das hier aufgestellte dreifache Wahlrecht hatte sich derart bewährt, daß es in das B.G.B. übernommen wurde, und zwar nicht blos für den Kaufvertrag, sondern für alle Verträge. Die betreffende Bestimmung (§ 326 B.G.B.[129]) ist dem allgemeinen Theil des B.G.B. einverleibt.
2. Dieser § 326 B.G.B. schreibt vor, daß, wenn bei gegenseitigen Verträgen der eine Theil im Verzuge ist, der andere Theil das Recht hat, ihm eine angemessene Frist mit der Erklärung zu bestimmen, daß nach Ablauf der Frist die Annahme der Leistung abgelehnt werden würde. Wenn der Säumige diese Frist fruchtlos verstreichen läßt, dann ist der Nichtsäumige berechtigt, Schadensersatz wegen der Nichterfüllung zu verlangen oder von dem Vertrage zurückzutreten. Der Anspruch auf Erfüllung ist alsdann ausgeschlossen. Alle diese Rechte stehen dem Nichtsäumigen auch ohne Fristsetzung ausnahmsweise dann zu, wenn die Erfüllung in Folge des Verzuges kein Interesse für den Gläubiger hat.
Zur Ergänzung dieser Materie ist heranzuziehen der § 286 B.G.B.,[130] welcher bestimmt, daß der Schuldner dem Gläubiger den durch den Verzug entstehenden Schaden zu ersetzen hat.
3. Es fragt sich nun, welche Unterschiede diese allgemeinen Bestimmungen des B.G.B. gegenüber dem Rechtszustande nach Art. 354–356 des alten H.G.B. mit sich bringen. Diese Unterschiede sollen auch hier an der Hand der Artikel des alten H.G.B. beleuchtet werden. Diese Artikel ergeben eine handliche Disposition.
In den Artikeln 354–356 ist die Materie wie folgt behandelt:
a. Im Art. 354 ist für den Verzug des Käufers dem Verkäufer ein dreifaches Wahlrecht gegeben.
b. Im Art. 355 ist für den Verzug des Verkäufers dem Käufer ein dreifaches Wahlrecht gegeben.
c. Im Art. 356 sind für beide Fälle, den Verzug des Käufers und des Verkäufers, die Modalitäten des Wahlrechts, d.h. die Art und die Wirkungen seiner Ausübung, normirt.

---

129 § 326 BGB idF. 1896: „[1] Ist bei einem gegenseitigen Vertrage der eine Theil mit der ihm obliegenden Leistung im Verzuge, so kann ihm der andere Theil zur Bewirkung der Leistung eine angemessene Frist mit der Erklärung bestimmen, daß er die Annahme der Leistung nach dem Ablaufe der Frist ablehne. Nach dem Ablaufe der Frist ist er berechtigt, Schadensersatz wegen Nichterfüllung zu verlangen oder von dem Vertrage zurückzutreten, wenn nicht die Leistung rechtzeitig erfolgt ist; der Anspruch auf Erfüllung ist ausgeschlossen. Wird die Leistung bis zum Ablaufe der Frist theilweise nicht bewirkt, so findet die Vorschrift des §. 325 Abs. 1 Satz 2 entsprechende Anwendung. [2] Hat die Erfüllung des Vertrags in Folge des Verzugs für den anderen Theil kein Interesse, so stehen ihm die im Abs. 1 bezeichneten Rechte zu, ohne daß es der Bestimmung einer Frist bedarf."

130 § 286 BGB idF. 1896: „[1] Der Schuldner hat dem Gläubiger den durch den Verzug entstehenden Schaden zu ersetzen. [2] Hat die Leistung in Folge des Verzugs für den Gläubiger kein Interesse, so kann dieser unter Ablehnung der Leistung Schadensersatz wegen Nichterfüllung verlangen. Die für das vertragsmäßige Rücktrittsrecht geltenden Vorschriften der §§. 346 bis 356 finden entsprechende Anwendung."

ADHGB[1861] mit Staubs Supplement	HGB 2024	HGB 1897	BGB 2024	BGB 1896
4. Zunächst giebt also Art. 354 beim Verzuge des Käufers dem Verkäufer ein dreifaches Wahlrecht. a. Voraussetzung ist also Verzug des Käufers. Fernere Voraussetzung ist aber, daß die Waare noch nicht übergeben ist. Von diesem zweiten Erfordernisse ist in Anwendung des § 326 B.G.B. künftig Abstand zu nehmen (Denkschr. S. 236). b. Das dreifache Wahlrecht, welches sich aus § 326 B.G.B. ergiebt, ist inhaltlich verschieden von dem des alten H.G.B. Das Recht auf Erfüllung nebst Schadensersatz wegen verspäteter Erfüllung besteht allerdings fort, und zwar auf Grund des § 286 B.G.B. Ebenso besteht fort das Rücktrittsrecht und zwar auf Grund des § 326 B.G.B. Und endlich besteht an sich auch das Recht auf Schadensersatz wegen Nichterfüllung fort, und zwar auf Grund des § 326 B.G.B. Aber die Anwendung dieses Paragraphen ergiebt, daß der Schadensersatz wegen Nichterfüllung fernerhin nicht nothwendig nur auf Grund eine Selbsthilfeverkaufs gefordert werden kann, sondern daß die Schadensberechnung des Verkäufers sich fortan auf jede andere geeignete Unterlage wird stützen können (Denkschr. S. 236). Selbstverständlich wird es zulässig sein, einen Selbsthilfeverkauf der Schadensberechnung zu Grunde zu legen, aber auch in diesem Falle wird ein großer Unterschied vom geltenden Recht darin bestehen, daß der Selbsthilfeverkauf nicht mehr für Rechnung des säumigen Käufers erfolgen wird (Denkschr. S. 236)."				
Art. 355 Wenn der Verkäufer mit der Uebergabe der Waare im Verzuge ist, so hat der Käufer die Wahl, ob er die Erfüllung nebst Schadensersatz wegen verspäteter Erfüllung verlangen, oder ob er statt der Erfüllung Schadensersatz wegen Nichterfüllung fordern oder von dem Vertrage abgehen will, gleich als ob derselbe nicht geschlossen wäre. **Staub[1897]:** „Dieser Artikel giebt beim Verzuge des Verkäufers dem Käufer ein dreifaches Wahlrecht. Voraussetzung ist also Verzug des Verkäufers mit der Lieferung, wie nach geltendem Recht, und ebenso ist der Inhalt des dreifachen Wahlrechts der gleiche, wie nach dem alten H.G.B. Denn einmal hat der Käufer das Recht auf Erfüllung nebst Schadensersatz wegen verspäteter Erfüllung auf Grund des § 286 B.G.B.[131] Sodann aber hat er auf Grund des § 326 B.G.B.[132] die Rechte auf Rücktritt und Schadensersatz wegen Nichterfüllung, welchen letzteren er mangels einer	–	–	s.o.	s.o.

131 **§ 286 BGB idF. 1896**: „[1] Der Schuldner hat dem Gläubiger den durch den Verzug entstehenden Schaden zu ersetzen. [2] Hat die Leistung in Folge des Verzugs für den Gläubiger kein Interesse, so kann dieser unter Ablehnung der Leistung Schadensersatz wegen Nichterfüllung verlangen. Die für das vertragsmäßige Rücktrittsrecht geltenden Vorschriften der §§. 346 bis 356 finden entsprechende Anwendung."

132 **§ 326 BGB idF. 1896**: „[1] Ist bei einem gegenseitigen Vertrage der eine Theil mit der ihm obliegenden Leistung im Verzuge, so kann ihm der andere Theil zur Bewirkung der Leistung eine angemessene Frist mit der Erklärung bestimmen, daß er die Annahme der Leistung nach dem Ablaufe der Frist ablehne. Nach dem Ablaufe der Frist ist er berechtigt, Schadensersatz wegen Nichterfüllung zu verlangen oder von dem Vertrage zurückzutreten, wenn nicht die Leistung rechtzeitig erfolgt ist; der Anspruch auf Erfüllung ist ausgeschlossen. Wird die Leistung bis zum Ablaufe der Frist theilweise nicht bewirkt, so findet die Vorschrift des §. 325 Abs. 1 Satz 2 entsprechende Anwendung. [2] Hat die Erfüllung des Vertrags in Folge des Verzugs für den anderen Theil kein Interesse, so stehen ihm die im Abs. 1 bezeichneten Rechte zu, ohne daß es der Bestimmung einer Frist bedarf."

ADHGB[1861] mit Staubs Supplement	HGB 2024	HGB 1897	BGB 2024	BGB 1896
entgegenstehenden Vorschrift ebenso wie früher in abstrakter und konkreter Weise berechnen kann. Hier ist also eine prinzipielle Aenderung der Materie nicht eingetreten.“				
Art. 356 Will ein Kontrahent auf Grund der Bestimmungen der vorigen Artikel statt der Erfüllung Schadensersatz wegen Nichterfüllung forder[n] oder von dem Vertrage abgehen, so muß er dies dem anderen Kontrahenten anzeigen und ihm dabei, wenn die Natur des Geschäfts dies zuläßt, noch eine den Umständen angemessene Frist zur Nachholung des Versäumten gewähren. **Staub[1897]:** „Die Modalitäten der Ausübung des Wahlrechts sind in Anwendung des § 326 B.G.B.[133] geändert. 1. Das Recht auf Erfüllung und Schadensersatz wegen verspäteter Erfüllung steht auch jetzt dem nichtsäumigen Theil als prinzipales Recht zu. Er kann statt dieses Rechts eines der beiden sekundären Rechte (Rücktritt oder Schadensersatz) wählen. In dieser Hinsicht hat sich also nichts geändert. 2. Die Ausübung dieser Wahl setzte aber früher voraus, daß der nichtsäumige Theil dem andern eine betreffende Anzeige machte und ihm dabei eine angemessene Frist zur Nachholung des Versäumten beließ. Diese Nachfrist besonders zu setzen, war nicht erforderlich, es genügte und war erforderlich, daß man eine angemessene Frist wartete [...]. Das ist jetzt geändert. Will nunmehr der nichtsäumige Theil eines der beiden sekundären Rechte (Nichterfüllungsschaden oder Rücktritt) wählen, so muß er dem andern Theil eine Frist bestimmen und ihm dabei erklären, daß er nach Ablauf der Frist die Annahme der Leistung ablehne. Das galt und gilt für den Regelfall. Der Ausnahmefall war früher der, daß die Natur des Geschäfts die Belassung einer Nachfrist nicht zuließ. In diesem Falle bedurfte es der Belassung der Nachfrist nicht. Der Ausnahmefall ist jetzt der, daß die Erfüllung des Vertrags für den anderen Theil in Folge des Verzuges kein Interesse hat. Es wird sich das im allgemeinen mit dem früheren Erfordernisse decken. Für diesen Ausnahmefall ist fortan der Verkäufer von derjenigen Erklärung befreit, die er im Regelfall dem anderen Theil abzugeben hat (Fristbestimmung und Androhung der Ablehnung der Leistung nach Ablauf der Frist); er braucht also fortan in diesem Falle nichts mehr anzuzeigen, nichts zu erklären und nicht zu warten, er hat vielmehr in diesem Falle nach Eintritt des Verzuges alle drei Rechte ohne weiteres zur freien Auswahl.“	–	–	s.o.	s.o.

133 **§ 326 BGB idF. 1896**: „[1] Ist bei einem gegenseitigen Vertrage der eine Theil mit der ihm obliegenden Leistung im Verzuge, so kann ihm der andere Theil zur Bewirkung der Leistung eine angemessene Frist mit der Erklärung bestimmen, daß er die Annahme der Leistung nach dem Ablaufe der Frist ablehne. Nach dem Ablaufe der Frist ist er berechtigt, Schadensersatz wegen Nichterfüllung zu verlangen oder von dem Vertrage zurückzutreten, wenn nicht die Leistung rechtzeitig erfolgt ist; der Anspruch auf Erfüllung ist ausgeschlossen. Wird die Leistung bis zum Ablaufe der Frist theilweise nicht bewirkt, so findet die Vorschrift des §. 325 Abs. 1 Satz 2 entsprechende Anwendung. [2] Hat die Erfüllung des Vertrags in Folge des Verzugs für den anderen Theil kein Interesse, so stehen ihm die im Abs. 1 bezeichneten Rechte zu, ohne daß es der Bestimmung einer Frist bedarf.“

ADHGB[1861] mit Staubs Supplement	HGB 2024	HGB 1897	BGB 2024	BGB 1896
Art. 357 [Synopse → § 376]	§ 376	§ 376		

(1) [1]Ist bedungen, daß die Waare genau zu einer festbestimmten Zeit oder binnen einer festbestimmten Frist geliefert werden soll, so kommt der Art. 356. nicht zur Anwendung. [2]Der Käufer sowie der Verkäufer kann die Rechte, welche ihm gemäß Art. 354. oder 355. zustehen, nach seiner Wahl ausüben. [3]Es muß jedoch derjenige, welcher auf der Erfüllung bestehen will, dies unverzüglich nach Ablauf der Zeit oder der Frist dem andern Kontrahenten anzeigen; unterläßt er dies, so kann er später nicht auf der Erfüllung bestehen.
(2) [1]Will der Verkäufer statt der Erfüllung für Rechnung des säumigen Käufers verkaufen, so muß er, im Falle die Waare einen Markt- oder Börsenpreis hat, den Verkauf unverzüglich nach Ablauf der Zeit oder der Frist vornehmen. [2]Ein späterer Verkauf gilt nicht als für Rechnung des Käufers geschehen. [3]Eine vorgängige Androhung ist nicht erforderlich, dagegen hat der Verkäufer auch in diesem Falle den bewirkten Verkauf dem Käufer ungesäumt anzuzeigen.
(3) Wenn der Käufer statt der Erfüllung Schadensersatz wegen Nichterfüllung fordert, so besteht, im Falle die Waare einen Markt- oder Börsenpreis hat, der Betrag des von dem Verkäufer zu leistenden Schadensersatzes in der Differenz zwischen dem Kaufpreise und dem Markt- und Börsenpreise zur Zeit und am Orte der geschuldeten Lieferung, unbeschadet des Rechts des Käufers, einen erweislich höheren Schaden geltend zu machen.

Staub[1897]:
I. „Die Lehre vom Fixgeschäft ist im § 376 des neuen H.G.B. in mehrfacher Hinsicht abweichend geordnet.
1. Als Fixgeschäft gilt fortan nicht blos dasjenige Geschäft, bei welchem fixe Lieferung der Waare vereinbart ist (so nach dem gegenwärtigen H.G.B.), sondern auch dasjenige, bei welchem fixe Zahlung des Kaufpreises vereinbart ist. Das ergiebt der Wortlaut des § 376 und war die Absicht des Gesetzgebers (Denkschr. S. 239). Ja, aus der neuen Fassung geht sogar weiter hervor, daß auch dann ein Fixgeschäft vorliegt, wenn die Abnahme präzis vereinbart ist. Doch wird dies kaum vorkommen.
2. Die beiderseitigen Rechte sind nach dem neuen H.G.B. folgende:
a. Das dreifache Wahlrecht ist an sich geblieben, wie nach Art. 357 des alten H.G.B. Der säumige Theil hat die Wahl zwischen dem Verlangen auf Erfüllung, dem Recht zurückzutreten und dem Anspruch auf Schadensersatz wegen Nichterfüllung. Aber die Voraussetzung des Rücktrittsrechts ist nicht mehr Verzug des Schuldners. Das widerspricht dem früheren Recht [...],

ADHGB[1861] mit Staubs Supplement	HGB 2024	HGB 1897	BGB 2024	BGB 1896
steht aber im Einklang mit dem B.G.B. (§ 361[134]) und mit den Bedürfnissen des Handelsverkehrs. b. Auch in den Modalitäten der Ausübung des Wahlrechts finden sich Abweichungen vom geltenden H.G.B.: i. Die Erfüllung kann der nichtsäumige Theil allerdings, ebenso wie nach dem alten H.G.B., nur fordern, wenn er dies sofort nach Ablauf der Zeit dem säumigen Theil anzeigt. ii. Aber die Berechnung des Schadensersatzes für Nichterfüllung gestaltet sich abweichend vom gegenwärtigen H.G.B. Der Verkäufer konnte früher beim Verzuge des Käufers Schadensersatz wegen Nichterfüllung nur fordern auf Grund öffentlicher Versteigerung, welche, wenn die Waare einen Marktpreis hatte, sofort erfolgen mußte. Diese Voraussetzung ist hier, wie auch sonst im neuen Recht (vergl. unsere Bemerkungen zu Art. 355), weggefallen. Der Verkäufer kann vielmehr seinen Schaden, ebenso wie der Käufer, einfach durch die Differenz zwischen Vertrags- und Marktpreis zur Zeit der geschuldeten Leistung berechnen. Es ist jetzt nur gesagt, daß, wenn der Verkäufer einen anderweit vorgenommenen Verkauf seiner Schadensberechnung zu Grunde legen will, dies ein offizieller und sofort vorzunehmender Verkauf sein muß. Aber es ist nicht angeordnet, daß er der Schadensersatzforderung lediglich einen solchen Verkauf zu Grunde legen darf. Der Käufer konnte früher einfach die Differenz zwischen dem Vertragspreise und dem Marktpreise zur Zeit der geschuldeten Leistung seiner Schadensberechnung zu Grunde legen, aber auch einen erweislich höheren Schaden geltend machen. Beides ist nicht geändert (§ 376 Abs. 2 und 3 des neuen H.G.B.). Es ist jedoch jetzt hinzugefügt, daß, wenn der Käufer sich nicht auf die glatte Differenzberechnung zwischen Vertrags- und Marktpreis stützt, sondern einen konkreten Schaden unter Zugrundelegung eines Deckungskaufs berechnen will, er ebenfalls, wie der Verkäufer in analogen Fällen, sich nur auf einen offiziellen und sofortigen Kauf stützen kann (§ 376 Abs. 3 H.G.B.). II. Die Lehre von den reinen Differenzgeschäften wird eine erhebliche Umwälzung nicht erfahren. Im neuen H.G.B. ist sie überhaupt nicht enthalten. Vielmehr werden maßgebend sein: 1. für Börsentermingeschäfte die §§ 66–69 des Börsengesetzes[135] [...].				

134 **§ 361 BGB idF. 1896**: „Ist in einem gegenseitigen Vertrage vereinbart, daß die Leistung des einen Theiles genau zu einer festbestimmten Zeit oder innerhalb einer festbestimmten Frist bewirkt werden soll, so ist im Zweifel anzunehmen, daß der andere Theil zum Rücktritte berechtigt sein soll, wenn die Leistung nicht zu der bestimmten Zeit oder innerhalb der bestimmten Frist erfolgt."

135 **§ 66 BörsG idF. 1896**: „[1] Durch ein Börsentermingeschäft in einem Geschäftszweige, für welchen beide Parteien zur Zeit des Geschäftsabschlusses in einem Börsenregister eingetragen sind, wird ein Schuldverhältniß nicht begründet. [2] Das Gleiche gilt von der Ertheilung und Uebernahme von Aufträgen sowie von der Vereinigung zum Abschlusse von Börsentermingeschäften. [3] Die Unwirksamkeit erstreckt sich auf die bestellten Sicherheiten und die abgegebenen Schuldanerkenntnisse. [4] Eine Rückforderung dessen, was bei oder nach völliger Abwickelung des Geschäfts zu seiner Erfüllung geleistet worden ist, findet nicht statt." **§ 67 BörsG idF. 1896**: „[1] Wer den Vorschriften des §. 58 zuwider eingetragen worden ist, gilt nur dann als eingetragen, wenn der Mangel zur Zeit des Geschäftsabschlusses dem anderen Theile nicht bekannt war. [2] Wer trotz erfolgter Löschung im Börsenregister noch in der Gesammtliste (§. 65) aufgeführt ist, gilt als eingetragen, sofern nicht zur Zeit des Geschäftsabschlusses der andere Theil von der bewirkten Löschung Kenntniß hatte. Das Gleiche gilt bis zum Ablauf eines Monats seit der Veröffentlichung der Gesammtliste von denjenigen Personen, welche in dieser Liste in Folge der Löschung nicht wieder aufgeführt sind." **§ 68 BörsG idF.**

ADHGB[1861] mit Staubs Supplement	**HGB** 2024	**HGB** 1897	**BGB** 2024	**BGB** 1896
2. für sonstige Spekulationsgeschäfte der § 764 B.G.B.,[136] welcher die Lehre von den Differenzgeschäften in Anlehnung an die reichsgerichtliche Rechtsprechung gestaltet und noch weit darüber hinausgeht, indem er schon dann ein reines Differenzgeschäft annimmt, wenn die Absicht auf bloße Gewinnerzielung gerichtet war, und ferner schon dann, wenn diese Absicht dem andern Theil zwar nicht bekannt, aber aus Fahrlässigkeit nicht bekannt war. Beides geht über die Judikatur des Reichsgerichts hinaus [...]. 3. Der aufgeworfene Zweifel, ob die Bestimmungen des Börsengesetzes durch die Bestimmung des B.G.B. aufgehoben werden, ist jetzt beseitigt durch Art. 14 Nr. V des Einführungsgesetzes zum H.G.B.[137]“				
Art. 358 In den Fällen des Art. 357 ist jeder Kontrahent berechtigt, den Verzug des anderen Kontrahenten auf dessen Kosten durch eine öffentliche Urkunde (Protest) feststellen zu lassen. **Staub[1897]:** „Die Vorschrift ist nicht wiederholt, weil sie keine praktische Bedeutung gewonnen hatte [...].“	–	–	–	–
Art. 359 Wenn in den Fällen der Art. 354. 355. und 357. sich aus den Umständen, insbesondere aus der Natur des Vertrages, aus der Absicht der Kontrahenten oder aus der Beschaffenheit des zu leistenden Gegenstandes ergiebt, daß die Erfüllung des Vertrages auf beiden Seiten theilbar ist, so kann das Abgehen des einen Kontrahenten von dem Vertrage nur in Betreff des von dem anderen Kontrahenten nicht erfüllten Theiles des Vertrages erfolgen. **Staub[1897]:** „Die Vorschrift ist in das neue H.G.B. nicht übernommen. Aber die Anwendung der Vorschriften des B.G.B. führt zu dem gleichen Ergebnisse. Der Art. 359 behandelt nämlich die Gestaltung des Wahlrechts bei theilbaren Leistungen für den Fall, daß der Vertrag zum Theil schon erfüllt	–	–	§ 266	§ 266

1896: „[1] Die Bestimmungen des §. 66 finden auch dann Anwendung, wenn das Geschäft im Auslande geschlossen oder zu erfüllen ist. [2] In Ansehung von Personen, welche im Inlande weder einen Wohnsitz noch eine gewerbliche Niederlassung haben, ist die Eintragung in das Börsenregister zur Wirksamkeit des Geschäfts nicht erforderlich.“ **§ 69 BörsG idF. 1896**: „Gegen Ansprüche aus Börsentermingeschäften sowie aus der Ertheilung und Uebernahme von Aufträgen und aus der Vereinigung zum Abschlusse von Börsentermingeschäften kann von demjenigen, welcher zur Zeit der Eingehung des Geschäfts in dem Börsenregister für den betreffenden Geschäftszweig eingetragen war, sowie von demjenigen, dessen Eintragung nach den vorstehenden Bestimmungen (§. 68 Absatz 2) zur Wirksamkeit des Geschäfts nicht erforderlich war, ein Einwand nicht darauf begründet werden, daß die Erfüllung durch Lieferung der Waaren oder Werthpapiere vertragsmäßig ausgeschlossen war.“

136 **§ 764 BGB idF. 1896**: „Wird ein auf Lieferung von Waaren oder Werthpapieren lautender Vertrag in der Absicht geschlossen, daß der Unterschied zwischen dem vereinbarten Preise und dem Börsen- oder Marktpreise der Lieferungszeit von dem verlierenden Theile an den gewinnenden gezahlt werden soll, so ist der Vertrag als Spiel anzusehen. Dies gilt auch dann, wenn nur die Absicht des einen Theiles auf die Zahlung des Unterschieds gerichtet ist, der andere Theil aber diese Absicht kennt oder kennen muß.“

137 **Art. 14 Nr. V EGHGB idF. 1897**: „Das Börsengesetz vom 22. Juni 1896 (Reichs-Gesetzbl. S. 157) wird dahin geändert: „[...] V. Die §§. 70 bis 74 fallen weg.“

ADHGB[1861] mit Staubs Supplement	HGB 2024	HGB 1897	BGB 2024	BGB 1896
ist, zum andern Theil aber nicht erfüllt wird. Der Artikel will nicht den Grundsatz aufstellen, daß Theilleistungen angenommen werden müssen; wo vielmehr das Landesrecht das Gegentheil ausspricht, da bleibt es dabei [...]. Für den Fall aber, daß eine Theilleistung angenommen ist, bestimmt der vorliegende Artikel, daß die Rechte auf Schadensersatz wegen Nichterfüllung und auf Rücktritt nur den noch nicht erfüllten Theil ergreifen. Das Gleiche ergiebt sich für das neue Recht. Zunächst bestimmt § 266 B.G.B.,[138] daß der Schuldner zu Theilleistungen nicht berechtigt ist. Der Gläubiger ist also berechtigt, die Theilleistung zurückzuweisen: der Verkäufer braucht sich keine Theilzahlung, der Käufer keine Theillieferung gefallen zu lassen. Vielmehr können sie sich auf den Standpunkt stellen, daß sie die Theilleistung als Nichtleistung ansehen und hieraus die Konsequenzen ziehen, welche sich aus dem Totalverzuge des andern Theiles ergeben. Nimmt aber der Gläubiger die Theilzahlung an, ist diese, wie § 326 Absatz 1 Satz 3 B.G.B. sagt, bewirkt [...], dann ist nach früherem Recht zu unterscheiden, ob die Vertragsleistung theilbar ist oder nicht. Nach neuem Recht ist, was auf dasselbe herauskommt, zu unterscheiden, ob die [...] theilweise Erfüllung für den Gläubiger Interesse hat oder nicht. Im ersteren Fall, wenn die Theilleistung von Interesse (nach früherem Recht, wenn die Leistung theilbar) ist, disponirte Art. 359 dahin, daß die Rechte auf Schadensersatz wegen Nichterfüllung und auf Rücktritt nur in Bezug auf den noch ausstehenden Theil der Erfüllung ausgeübt werden dürfen. Der andere Fall, daß die Leistung untheilbar ist, war im Gesetze nicht ausdrücklich entschieden; vielmehr mußte hier e contrario argumentirt werden, daß alsdann jene Rechte in Bezug auf den ganzen Vertrag ausgeübt werden können. Das neue Recht disponirt materiell in gleicher Weise, nur ist das System, in welchem die Vorschriften getroffen sind, das umgekehrte. Es disponirt nämlich das B.G.B. im § 326 für den Fall, daß die Theilleistung ohne Interesse für den Gläubiger ist (nach früherem Recht ist das der Fall der Untheilbarkeit, der im Gesetze nicht ausdrücklich vorgesehen war), und zwar dahin, daß in diesem Falle Schadensersatz wegen Nichterfüllung und Rücktritt in Bezug auf den ganzen Vertrag geltend gemacht werden dürfen. Ueber den andern Fall, daß die Theilleistung Interesse für den Gläubiger hat (das ist der Fall der Theilbarkeit, über welchen Art. 359 disponirte), ist im neuen Gesetze nichts gesagt, sodaß hier e contrario argumentirt werden muß, daß jene Rechte nur in Bezug auf den noch ausstehenden Theil ausgeübt werden können [...]. Es ist also der im früheren Recht ausdrücklich behandelte Fall im neuen Recht nicht ausdrücklich behandelt und der im früheren Recht implicite geregelte Fall ist im neuen Recht ausdrücklich behandelt, doch überall so, daß das Ergebniß materiell das gleiche ist.“				

138 § 266 BGB ist unverändert.

ADHGB[1861] mit Staubs Supplement	HGB 2024	HGB 1897	BGB 2024	BGB 1896
Dritter Titel **Von dem Kommissionsgeschäft**				
Art. 360 [Synopse → § 383]	§ 383	§ 383	–	–

(1) Kommissionär ist derjenige, welcher gewerbemäßig in eigenem Namen für Rechnung eines Auftraggebers (Kommittenten) Handelsgeschäfte schließt.
(2) [1]Durch die Geschäfte, welche der Kommissionär mit Dritten schließt, wird er allein berechtigt und verpflichtet. [2]Zwischen dem Kommittenten und den Dritten entstehen daraus keine Rechte und Pflichten.
(3) Ist von dem Auftraggeber ausdrücklich bestimmt, daß das Geschäft auf seinen Namen abgeschlossen werden soll, so ist dies keine kaufmännische Kommission, sondern ein gewöhnlicher Auftrag zu einem Handelsgeschäft.

Staub[1897]:
„1. Der Begriff des Kommissionärs (Abs. 1 des vorliegenden Artikels) ist präzisirt und wesentlich verändert. Es war in der That mißlich, daß über diesen Begriff bis zuletzt eine wissenschaftliche Einigung nicht erzielt wurde [...].
Der Kommissionär ist nach § 383 des neuen H.G.B. nicht mehr derjenige, der Handelsgeschäfte im eigenen Namen, aber für [fremde] Rechnung gewerbsmäßig abschließt. Der Begriff Handelsgeschäfte verschwindet vielmehr aus der Begriffsbestimmung. Als Kommissionär gilt nunmehr derjenige, der es gewerbsmäßig übernimmt, Waaren oder Werthpapiere für Rechnung eines andern im eigenen Namen zu kaufen oder zu verkaufen. Es ist also eine ganz bestimmte Kategorie von Geschäften, deren gewerbsmäßiger Betrieb im eigenen Namen und für fremde Rechnung die Kommissionärqualität und damit die Kaufmannsqualität nach § 1 des neuen H.G.B. begründet. Im § 406 Abs. 1 ist in engem Anschluß hieran hinzugefügt, daß, wenn ein Kommissionär ein anderes Geschäft für fremde Rechnung im eigenen Namen zu schließen übernimmt, oder wenn ein sonstiger Kaufmann irgend ein Geschäft in dieser Weise zu schließen übernimmt, die Vorschriften über das Kommissionsgeschäft Anwendung finden.
Eine Erweiterung der Definition des Kommissionärs liegt in der Vorschrift des § 406 Abs. 1 nicht; denn die Geschäfte dieser Art werden nicht zu Kommissionsgeschäften erklärt, es sollen nur, obwohl sie dies nicht sind, die Vorschriften dieses Abschnitts Anwendung finden.
Anders verhält es sich mit § 406 Abs. 2. Das hier bezeichnete Geschäft (Lieferung einer nicht vertretbaren Sache, zu welcher der Uebernehmer den Stoff beschafft) ist als geeigneter Gegenstand eines echten Kommissionsgeschäfts erklärt. Darin liegt eine Erweiterung des im § 383 aufgestellten Begriffs Kommissionsgeschäft bezw. Kommissionär.
2. Die Vorschrift des Absatzes 2 des vorliegenden Artikels ist als selbstverständlich weggefallen. Es wäre aber wohl gut gewesen, sie beizubehalten. Denn es sind erhebliche Zweifel an der Hand dieser Gesetzesworte durch die Rechtsprechung gelöst worden [...].
3. Abs. 3 war in der That überflüssig und ist gestrichen worden.

ADHGB[1861] mit Staubs Supplement	HGB 2024	HGB 1897	BGB 2024	BGB 1896
4. Ueber die dinglichen Wirkungen des Kommissionsgeschäfts[,] d.h. die Frage des Uebergangs von Eigenthum und Besitz [...][,] sagt auch das neue H.G.B. nichts. Aber auch das B.G.B. schweigt hierüber. Auch das B.G.B. enthält keine Spezialvorschriften darüber, wer das Eigenthum erwirbt in dem Falle, wo jemand im eigenen Namen, aber für fremde Rechnung einen Gegenstand erwirbt. Hierüber müssen allgemeine Grundsätze entscheiden [...]. 5. Das Verhältniß des Kommittenten zum Kommissionär ist nach dem B.G.B. ein Dienstvertrag. Ein Auftragsverhältniß ist es nicht, da der Auftrag nach dem B.G.B. nothwendig unentgeltlich ist. Die Vorschriften über den Dienstvertrag werden jedoch, wenn es sich, wie hier, um eine Geschäftsbesorgung handelt, nach § 675 B.G.B. durch die wesentlichen Bestimmungen über den Auftrag ergänzt. [...]"				
Art. 361 [Synopse → § 384] Der Kommissionär hat das Geschäft mit der Sorgfalt eines ordentlichen Kaufmanns im Interesse des Kommittenten, gemäß dem Auftrage auszuführen; er hat dem Kommittenten die erforderlichen Nachrichten zu geben, insbesondere sofort nach der Ausführung des Auftrags davon Anzeige zu machen; er ist verpflichtet, dem Kommittenten über das Geschäft Rechenschaft zu geben und ihm dasjenige zu leisten, was er aus dem Geschäft zu fordern hat. **Staub[1897]:** „Die Vorschrift des vorliegenden Artikels ist im § 384 Absatz 1 und 2 des neuen H.G.B. im Wesentlichen unverändert wiedergegeben. Im § 384 Absatz 3 ist eine Bestimmung gegeben, die wir bei Art. 376 erwähnen werden."	§ 384	§ 384	–	–
Art. 362 [Synopse → § 385] Handelt der Kommissionär nicht gemäß dem übernommenen Auftrage, so ist er dem Kommittenten zum Ersatze des Schadens verpflichtet; der Kommittent ist nicht gehalten, das Geschäft für seine Rechnung gelten zu lassen. **Staub[1897]:** „Die Vorschrift des vorliegenden Artikels ist im § 385 des neuen H.G.B. wiedergegeben. Es sind jedoch die Worte ‚gemäß dem übernommenen Auftrage' umgeändert in ‚gemäß den Weisungen des Kommittenten'. Eine sachliche Aenderung ist damit wohl nicht beabsichtigt. Es ist offensichtlich nur eine Uebereinstimmung des Wortlauts mit § 665 B.G.B.[139] beabsichtigt worden. Im Absatz 2 erklärt der § 385, daß der § 665 B.G.B. unberührt bleibt. Hierdurch entsteht ein sachlicher Unterschied gegen das frühere Recht.	§ 385	§ 385	–	–

139 § 665 BGB ist unverändert.

ADHGB1861 mit Staubs Supplement	HGB 2024	HGB 1897	BGB 2024	BGB 1896
Denn hiernach ist unter Umständen dem Kommissionär auch eine Abweichung von den Weisungen gestattet, während dies ihm früher unter keinen Umständen gestattet war […].“				
Art. 363 [Synopse → § 386] Hat der Kommissionär unter dem ihm gesetzten Preise verkauft, so muß er dem Kommittenten den Unterschied im Preise vergüten, sofern er nicht beweist, daß ein Verkauf zu dem gesetzten Preise nicht ausgeführt werden konnte und die Vornahme des Verkaufs von dem Kommittenten Schaden abgewendet hat. **Staub1897:** „Die Vorschrift des vorliegenden Artikels ist im neuen H.G.B. sachlich geändert. Die Folgen der Ueberschreitung des Auftrages sind nämlich im alten H.G.B. verschieden geregelt, jenachdem es sich um Verkaufskommissionäre oder um Einkaufskommissionäre handelt. Das neue H.G.B. stellt beide Fälle gleich, und zwar in der Weise, daß es die Vorschriften des Art. 364 auf die Verkaufskommission ausdehnt (§ 386 des neuen H.G.B.). Diese Vorschriften setzen voraus, daß die Ueberschreitung unbefugt geschah. Wann sie befugt geschehen darf, darüber s. § 385 Absatz 2 des neuen H.G.B. (vergl. unsere Bemerkungen zu Art. 362). Durch diese letztere allgemeine Bestimmung war es überflüssig, hier noch besonders, wie dies im alten Art. 363 geschehen war, zu erwähnen, wann der Verkaufskommissionär befugt ist, unter dem gesetzten Preise zu verkaufen.“	§ 386	§ 386	–	–
Art. 364 [Synopse → § 386] (1) Hat der Kommissionär den für den Einkauf gesetzten Preis überschritten, so kann der Kommittent den Einkauf als nicht für seine Rechnung geschehen zurückweisen, sofern sich der Kommissionär nicht zugleich mit der Einkaufsanzeige zur Deckung des Unterschiedes erbietet. (2) Der Kommittent, welcher den Einkauf als nicht für seine Rechnung geschehen zurückweisen will, muß dies ohne Verzug auf die Einkaufsanzeige erklären, widrigenfalls die Ueberschreitung des Auftrags als genehmigt gilt. **Staub1897:** „Die Vorschrift ist im § 386 des neuen H.G.B. mit enthalten. Vergl. unsere Bemerkungen zu Art. 363.“	§ 386	§ 386	–	–
Art. 365 [Synopse → § 388] (1) Wenn das Gut, welches dem Kommissionär zugesandt wird, bei der Ablieferung sich in einem äußerlich	§ 388	§ 388	–	–

ADHGB[1861] mit Staubs Supplement	HGB 2024	HGB 1897	BGB 2024	BGB 1896
erkennbar beschädigten oder mangelhaften Zustande befindet, so muß der Kommissionär die Rechte gegen den Frachtführer oder Schiffer wahren, für den Beweis jenes Zustandes sorgen und dem Kommittenten ohne Verzug Nachricht geben. (2) Im Unterlassungsfalle ist er für den daraus entstandenen Schaden verantwortlich. (3) Er kann den Zustand durch Sachverständige feststellen lassen, und wenn das Gut dem Verderben ausgesetzt und Gefahr im Verzuge ist, unter Beobachtung der Bestimmungen des Art. 343. den Verkauf des Guts bewirken. **Staub[1897]:** „Die Vorschrift ist im § 388 des neuen H.G.B. wiedergegeben.“				
Art. 366 [Synopse → §§ 388, 389] (1) Treten Veränderungen an dem Gute ein, welche dessen Entwerthung befürchten lassen und ist keine Zeit vorhanden, die Verfügung des Kommittenten einzuholen, oder der Kommittent in der Ertheilung der Verfügung säumig, so kann der Kommissionär unter Beobachtung der Bestimmungen des Art. 343. den Verkauf des Guts veranlassen. (2) Ein gleiches Recht hat der Kommissionär in allen anderen Fällen, in welchen der Kommittent, obwohl hiezu nach Lage der Sache verpflichtet, über das Gut zu verfügen unterläßt. **Staub[1897]:** „Die Vorschrift des Absatzes 1 ist im § 388 des neuen H.G.B. wiederholt, die Vorschrift des Absatzes 2 im § 389, und zwar noch dahin erweitert, daß dem Kommissionär nicht blos das Recht zum Verkauf, sondern alle Rechte aus § 373 H.G.B. zustehen, also auch das Recht zur Hinterlegung.“	§§ 388, 389	§§ 388, 389	–	–
Art. 367 [Synopse → § 390] (1) Für Verlust oder Beschädigung des Guts ist der Kommissionär, während er Aufbewahrer desselben ist, verantwortlich, wenn er nicht beweist, daß der Verlust oder die Beschädigung durch Umstände herbeigeführt ist, welche durch die Sorgfalt eines ordentlichen Kaufmanns nicht abgewendet werden konnten. (2) Der Kommissionär ist wegen Unterlassung der Versicherung des Guts nur dann verantwortlich, wenn er von dem Kommittenten den Auftrag zur Versicherung erhalten hat.	§ 390	§ 390	–	–

ADHGB[1861] mit Staubs Supplement	HGB 2024	HGB 1897	BGB 2024	BGB 1896
Staub[1897]: „Die Vorschrift ist im § 390 des neuen H.G.B. wiedergegeben, und zwar ohne sachliche Veränderung. Eine formelle Aenderung liegt nur insofern vor, als jetzt nicht mehr ausdrücklich gesagt ist, der Kommissionär habe im Falle des Absatzes 1 den Entschuldigungsbeweis, sondern daß diese Beweislast durch die Wortstellung angedeutet ist. Das entspricht mehr der modernen Gesetzestechnik."				
Art. 368 [Synopse → § 392] (1) Forderungen aus einem Geschäft, welches der Kommissionär abgeschlossen hat, kann der Kommittent dem Schuldner gegenüber erst nach der Abtretung geltend machen. (2) Jedoch gelten solche Forderungen, auch wenn sie nicht abgetreten sind, im Verhältniß zwischen dem Kommittenten und dem Kommissionär oder dessen Gläubigern als Forderungen des Kommittenten. **Staub[1897]:** „Die Vorschrift kehrt im § 392 des neuen H.G.B. wieder."	§ 392	§ 392	–	–
Art. 369 [Synopse → § 393] (1) Der Kommissionär, welcher ohne Einwilligung des Kommittenten einem Dritten Vorschüsse macht oder Kredit giebt, thut dies auf eigene Gefahr. (2) Insoweit jedoch der Handelsgebrauch am Orte des Geschäfts das Kreditiren des Kaufpreises mit sich bringt, ist in Ermangelung einer anderen Bestimmung des Kommittenten auch der Kommissionär dazu berechtigt. (3) [1]Hat der Kommissionär unbefugt auf Kredit verkauft, so hat er dem Kommittenten, welcher dies nicht genehmigt, sofort als Schuldner des Kaufpreises die Zahlung zu leisten. [2]Beweist der Kommissionär, daß beim Verkauf gegen baar der Preis ein geringerer gewesen sein würde, so hat er nur diesen Preis und, wenn derselbe geringer ist, als der auftraggemäße Preis, auch den Unterschied gemäß Art. 363. zu vergüten. **Staub[1897]:** „Die Vorschrift ist im § 393 des neuen H.G.B. wiederholt, wiederum ohne sachliche Aenderung, aber wiederum mit einer formellen Aenderung des Absatzes 3 von der Art, wie wir sie zu Art. 367 charakterisirt haben."	§ 393	§ 393	–	–

ADHGB1861 mit Staubs Supplement	HGB 2024	HGB 1897	BGB 2024	BGB 1896
Art. 370 [Synopse → § 394] (1) Der Kommissionär steht für die Zahlung oder für die anderweitige Erfüllung der Verbindlichkeit seines Kontrahenten ein, wenn dies von ihm übernommen oder am Orte seiner Niederlassung Handelsgebrauch ist. (2) Der Kommissionär, welcher für seinen Kontrahenten einsteht, ist dem Kommittenten für die gehörige Erfüllung im Zeitpunkte des Verfalls unmittelbar und persönlich verhaftet, als solche aus dem Vertragsverhältnisse überhaupt rechtlich gefordert werden kann. (3) Der Kommissionär, welcher für seinen Kontrahenten einsteht, ist dafür zu einer Vergütung (del credere-Provision) berechtigt. **Staub1897:** „Die Vorschrift ist im § 394 des neuen H.G.B. sachlich unverändert wiedergegeben."	§ 394	§ 394	–	–
Art. 371 [Synopse → § 396] (1) [1]Der Kommittent ist schuldig, dem Kommissionär zu ersetzen, was dieser an baaren Auslagen oder überhaupt zum Vollzuge des Geschäfts nothwendig oder nützlich aufgewendet hat. [2]Hiezu gehört auch die Vergütung für die Benutzung der Lagerräume und der Transportmittel des Kommissionärs und der Arbeit seiner Leute. (2) [1]Der Kommissionär hat die Provision zu fordern, wenn das Geschäft zur Ausführung gekommen ist. [2]Für Geschäfte, welche nicht zur Ausführung gekommen sind, kann eine Provision nicht gefordert werden; jedoch hat der Kommissionär das Recht auf die Auslieferungsprovision, sofern eine solche ortsgebräuchlich ist. **Staub1897:** „Die Vorschrift ist im § 396 des neuen H.G.B. wiedergegeben. Es ist jedoch hinzugefügt, daß der Kommissionär dann die Provision verlangen kann, wenn die Ausführung des von ihm geschlossenen Geschäfts nur aus einem in der Person des Kommittenten liegenden Grunde unterblieben ist."	§ 396	§ 396	–	–
Art. 372 [Synopse → § 387] (1) Wenn der Kommissionär zu vortheilhafteren Bedingungen abschließt, als sie ihm vom Kommittenten gestellt worden, so kommt der Vortheil dem letzteren allein zu Statten.	§ 387	§ 387	–	–

ADHGB[1861] mit Staubs Supplement	HGB 2024	HGB 1897	BGB 2024	BGB 1896
(2) Dies gilt insbesondere, wenn der Preis, für welchen der Kommissionär verkauft, den vom Kommittenten bestimmten niedrigsten Preis übersteigt, oder wenn der Preis, für welchen er einkauft, den vom Kommittenten bestimmten höchsten Preis nicht erreicht. **Staub[1897]:** „Die Vorschrift kehrt im § 387 des neuen H.G.B. wieder."				
Art. 373 [Synopse → § 395] Ein Kommissionär, welcher den Ankauf eines Wechsels übernommen hat, ist, wenn er den Wechsel indossirt, verpflichtet, denselben regelmäßig und ohne Vorbehalt zu indossiren. **Staub[1897]:** „Die Vorschrift ist im § 395 des neuen H.G.B. ohne sachliche Veränderung wiedergegeben."	§ 395	§ 395	–	–
Art. 374 [Synopse → §§ 397, 399] (1) Der Kommissionär hat an dem Kommissionsgut, sofern er dasselbe noch in seinem Gewahrsam hat oder sonst, insbesondere mittelst der Konnossemente, Ladescheine oder Lagerscheine, noch in der Lage ist, darüber zu verfügen, ein Pfandrecht wegen der auf das Gut verwendeten Kosten, wegen der Provision, wegen der rücksichtlich des Guts gegebenen Vorschüsse und Darlehen, wegen der rücksichtlich desselben gezeichneten Wechsel oder in anderer Weise eingegangenen Verbindlichkeiten, sowie wegen aller Forderungen aus laufender Rechnung in Kommissionsgeschäften. (2) Der Kommissionär kann sich für die vorstehend erwähnten Ansprüche aus den durch das Kommissionsgeschäft begründeten und noch ausstehenden Forderungen vorzugsweise vor dem Kommittenten und dessen Gläubigern befriedigen. **Staub[1897]:** „Absatz 1 ist im § 397, Absatz 2 im § 399 des neuen H.G.B. wiedergegeben."	§§ 397, 399	§§ 397, 399	–	–
Art. 375 [Synopse → § 398] Ist der Kommittent in Erfüllung der in dem vorigen Artikel bezeichneten Verpflichtungen gegen den Kommissionär im Verzuge, so ist der letztere berechtigt, sich unter Beobachtung der Vorschriften des Art. 310. aus dem	§ 398	§ 398	–	–

ADHGB[1861] mit Staubs Supplement	HGB 2024	HGB 1897	BGB 2024	BGB 1896

Kommissionsgute bezahlt zu machen; er hat dieses Recht auch gegenüber den übrigen Gläubigern und der Konkursmasse des Kommittenten.

Staub[1897]:
„Die Vorschrift des vorliegenden Artikels ist abgeschafft. Ein besondere Verkaufsrecht neben dem Pfandrecht ist nicht mehr gegeben. Soweit das Verkaufsrecht sich auf die dem Kommissionär haftenden Sachen des Kommittenten bezieht, war dasselbe neben dem Pfandrechte überflüssig. Soweit aber das Verkaufsrecht an denjenigen Sachen zustand, welche dem Kommissionär gehören und dem Kommittenten auszuliefern waren, wird das Bedürfniß befriedigt durch § 398 des neuen H.G.B., wonach sich der Kommissionär, auch wenn er Eigenthümer des Kommissionsguts ist, wegen seiner Kommissionsansprüche nach Maßgabe der für das Pfandrecht geltenden Vorschriften aus dem Gute befriedigen kann."

Art. 376	§ 400	§ 400	–	–

[Synopse → § 400]

(1) Bei der Kommission zum Einkauf oder zum Verkauf von Waaren, Wechseln und Werthpapieren, welche einen Börsenpreis oder Marktpreis haben, ist der Kommissionär, wenn der Kommittent nicht ein Anderes bestimmt hat, befugt, das Gut, welches er einkaufen soll, selbst als Verkäufer zu liefern, oder das Gut, welches er zu verkaufen beauftragt ist, als Käufer für sich zu behalten.
(2) [1]In diesem Falle ist die Pflicht des Kommissionärs, Rechenschaft über die Abschließung des Kaufs oder Verkaufs zu geben, auf den Nachweis beschränkt, daß bei dem berechneten Preise der Börsenpreis oder Marktpreis zur Zeit der Ausführung des Auftrags eingehalten ist. [2]Er ist zu der gewöhnlichen Provision berechtigt und kann die bei Kommissionsgeschäften sonst regelmäßig vorkommenden Unkosten berechnen.
(3) Macht der Kommissionär nicht zugleich mit der Anzeige über die Ausführung des Auftrags eine andere Person als Käufer oder Verkäufer namhaft, so ist der Kommittent befugt, den Kommissionär selbst als Käufer oder Verkäufer in Anspruch zu nehmen.

Staub[1897]:
„[…] Der vorliegende Artikel war bereits durch § 70 des Börsengesetzes[140] aufgehoben und durch die §§ 71–74 des Börsengesetzes ersetzt. Da das Börsengesetz am 1. Januar 1897 in Kraft trat, so ist der vorliegende Artikel zur Zeit nicht mehr ein Bestandtheil des alten H.G.B. […]."

140 **§ 70 Börsengesetz idF. 1896**: „Die Bestimmungen des Artikels 376 des Handelsgesetzbuchs werden durch die Bestimmungen der §§. 71 bis 74 ersetzt."

ADHGB[1861] mit Staubs Supplement	HGB 2024	HGB 1897	BGB 2024	BGB 1896
Art. 377 [Synopse → § 405] Wenn der Kommittent den Auftrag widerruft und der Widerruf bei dem Kommissionär eintrifft, bevor die Anzeige von der Ausführung des Auftrags behufs ihrer Absendung abgegeben ist, so kann sich der Kommissionär der Befugniß, selbst als Käufer oder Verkäufer einzutreten, nicht mehr bedienen. **Staub[1897]:** „Die Vorschrift ist im § 405 Absatz 3 des neuen H.G.B. wiedergegeben.“	§ 405 Abs. 3	§ 405 Abs. 3	–	–
Art. 378 [Synopse → § 406] Die Bestimmungen dieses Titels kommen auch zur Anwendung, wenn ein Kaufmann, dessen gewöhnlicher Handelsbetrieb nicht in Kommissionsgeschäften besteht, ein einzelnes Handelsgeschäft in eigenem Namen für Rechnung eines Auftraggebers schließt. **Staub[1897]:** „Die Vorschrift des Art. 378 ist im § 406 des neuen H.G.B. geändert. Vergl. hierüber unsere Bemerkungen zu Art. 360.“	§ 406	§ 406	–	–
Vierter Titel Von dem Speditionsgeschäfte				
Artt. 379–389 [hier nicht wiedergegeben.]				
Fünfter Titel Von dem Frachtgeschäft				
Artt. 390–431 [hier nicht wiedergegeben.]				

I. Anhang: Konkordanztabelle HGB^{1897} und HGB^{2024}

Erläuterung: „§ 1 Synopse → § 1" heißt, dass § 1 HGB^{1897} in der Synopse bei § 1 HGB^{2024} wiedergegeben wird.

Erstes Buch
Handelsstand
Erster Abschnitt
Kaufleute

§ 1
Synopse → § 1

§ 2
Synopse → § 2

§ 3
Synopse → § 3

§ 4
Synopse → § 4 *(weggefallen)*

§ 5
Synopse → § 5

§ 6
Synopse → § 6

§ 7
Synopse → § 7

Zweiter Abschnitt
Handelsregister

§ 8
Synopse → § 8

§ 9
Synopse → § 9

§ 10
Synopse → § 10

§ 11
Synopse → § 11

§ 12
Synopse → § 12

§ 13
Synopse → § 13

§ 14
Synopse → § 14

§ 15
Synopse → § 15

§ 16
Synopse → § 16

https://doi.org/10.1515/9783111535395-009

Dritter Abschnitt
Handelsfirma

§ 17
Synopse → § 17

§ 18
Synopse → § 18

§ 19
Synopse → § 19

§ 20
Synopse → § 20 *(weggefallen)*

§ 21
Synopse → § 21

§ 22
Synopse → § 22

§ 23
Synopse → § 23

§ 24
Synopse → § 24

§ 25
Synopse → § 25

§ 26
Synopse → § 26

§ 27
Synopse → § 27

§ 28
Synopse → § 28

§ 29
Synopse → § 29

§ 30
Synopse → § 30

§ 31
Synopse → § 31

§ 32
Synopse → § 32

§ 33
Synopse → § 33

§ 34
Synopse → § 34

§ 35
Synopse → § 35 *(weggefallen)*

§ 36
Synopse → § 36 *(weggefallen)*

§ 37
Synopse → § 37

Vierter Abschnitt
Handelsbücher

§§ 38–47
[hier nicht wiedergegeben]

Fünfter Abschnitt
Prokura und Handlungsvollmacht

§ 48
Synopse → § 48

§ 49
Synopse → § 49

§ 50
Synopse → § 50

§ 51
Synopse → § 51

§ 52
Synopse → § 52

§ 53
Synopse → § 53

§ 54
Synopse → § 54

§ 55
Synopse → § 55

§ 56
Synopse → § 56

§ 57
Synopse → § 57

§ 58
Synopse → § 58

Sechster Abschnitt
Handlungsgehülfen und Handlungslehrlinge

§ 59
Synopse → § 59

§ 60
Synopse → § 60

§ 61
Synopse → § 61

§ 62
Synopse → § 62

§ 63
Synopse → § 63 *(weggefallen)*

§ 64
Synopse → § 64

§ 65
Synopse → § 65

§ 66
Synopse → § 66 *(weggefallen)*

§ 67
Synopse → § 67 *(weggefallen)*

§ 68
Synopse → § 68 *(weggefallen)*

§ 69
Synopse → § 69 *(weggefallen)*

§ 70
Synopse → § 70 *(weggefallen)*

§ 71
Synopse → § 71 *(weggefallen)*

§ 72
Synopse → § 72 *(weggefallen)*

§ 73
Synopse → § 73 *(weggefallen)*

§ 74
Synopse → § 74

§ 75
Synopse → § 75

§ 76
Synopse → § 76 *(weggefallen)*

§ 77
Synopse → § 77 *(weggefallen)*

§ 78
Synopse → § 78 *(weggefallen)*

§ 79
Synopse → § 79 *(weggefallen)*

§ 80
Synopse → § 80 *(weggefallen)*

§ 81
Synopse → § 81 *(weggefallen)*

§ 82
Synopse → § 82 *(weggefallen)*

§ 83
Synopse → § 83

Siebenter Abschnitt
Handlungsagenten

§ 84
Synopse → §§ 84, 86

§ 85
Synopse → § 91a

§ 86
Synopse → § 91

§ 87
Synopse → § 91

§ 88
Synopse → §§ 87, 87a, 87b, 87c

§ 89
Synopse → § 89

§ 90
Synopse → § 87d

§ 91
Synopse → §§ 86, 87

§ 92
Synopse → §§ 89, 89a

Achter Abschnitt
Handelsmäkler

§ 93
Synopse → § 93

§ 94
Synopse → § 94

§ 95
Synopse → § 95

§ 96
Synopse → § 96

§ 97
Synopse → § 97

§ 98
Synopse → § 98

§ 99
Synopse → § 99

§ 100
Synopse → § 100

§ 101
Synopse → § 101

§ 102
Synopse → § 102

§ 103
Synopse → § 103

§ 104
Synopse → § 104

Zweites Buch
Handelsgesellschaften und stille Gesellschaft
Erster Abschnitt
Offene Handelsgesellschaft
Erster Titel
Errichtung der Gesellschaft

§ 105
Synopse → §§ 105, 107

§ 106
Synopse → § 106

§ 107
Synopse → § 106

§ 108
Synopse → § 106

Zweiter Titel
Rechtsverhältniß der Gesellschafter unter einander

§ 109
Synopse → § 108

§ 110
Synopse → § 119

§ 111
Synopse → § 119

§ 112
Synopse → § 117

§ 113
Synopse → § 118

§ 114
Synopse → § 116

§ 115
Synopse → § 116

§ 116
Synopse → § 116

§ 117
Synopse → § 116

§ 118
(1) Ein Gesellschafter kann, auch wenn er von der Geschäftsführung ausgeschlossen ist, sich von den Angelegenheiten der Gesellschaft persönlich unterrichten, die Handelsbücher und die Papiere der Gesellschaft einsehen und sich aus ihnen eine Bilanz anfertigen.
(2) Eine dieses Recht ausschließende oder beschränkende Vereinbarung steht der Geltendmachung des Rechts nicht entgegen, wenn Grund zu der Annahme unredlicher Geschäftsführung besteht.

§ 119
Synopse → § 109

§ 120
Synopse → § 120

§ 121
(1) [1]Von dem Jahresgewinne gebührt jedem Gesellschafter zunächst ein Antheil in Höhe von vier vom Hundert seines Kapitalantheils. [2]Reicht der Jahresgewinn hierzu nicht aus, so bestimmen sich die Antheile nach einem entsprechend niedrigeren Satze.
(2) [1]Bei der Berechnung des nach Abs. 1 einem Gesellschafter zukommenden Gewinnantheils werden Leistungen, die der Gesellschafter im Laufe des Geschäftsjahrs als Einlage gemacht hat, nach dem Verhältnisse der seit der Leistung abgelaufenen Zeit berücksichtigt. [2]Hat der Gesellschafter im Laufe des Geschäftsjahrs Geld auf seinen Kapitalantheil entnommen, so werden die entnommenen Beträge nach dem Verhältnisse der bis zur Entnahme abgelaufenen Zeit berücksichtigt.
(3) Derjenige Theil des Jahresgewinns, welcher die nach den Abs. 1, 2 zu berechnenden Gewinnantheile übersteigt, sowie der Verlust eines Geschäftsjahrs wird unter die Gesellschafter nach Köpfen vertheilt.

§ 122
Synopse → § 122

Dritter Titel
Rechtsverhältniß der Gesellschafter zu Dritten

§ 123
Synopse → § 123

§ 124
Synopse → § 105

§ 125
Synopse → § 124

§ 126
Synopse → § 124

§ 127
Synopse → § 124

§ 128
Synopse → § 126

§ 129
Synopse → § 128

§ 130
Synopse → § 127

Vierter Titel
Auflösung der Gesellschaft und Ausscheiden von Gesellschaftern

§ 131
Synopse → § 138

§ 132
Synopse → § 132

§ 133
Synopse → § 139

§ 134
Eine Gesellschaft, die für die Lebenszeit eines Gesellschafters eingegangen ist oder nach dem Ablaufe der für ihre Dauer bestimmten Zeit stillschweigend fortgesetzt wird, steht im Sinne der Vorschriften der §§. 132, 133 einer für unbestimmte Zeit eingegangenen Gesellschaft gleich.

§ 135
Synopse → § 133

§ 136
Synopse → nach § 133

§ 137
Synopse → nach § 133

§ 138
Synopse → nach § 133

§ 139
Synopse → § 131

§ 140
Synopse → §§ 134, 135

§ 141
Synopse → nach § 134

§ 142
Synopse → nach § 134

§ 143
Synopse → § 141

§ 144
Synopse → § 142

Fünfter Titel
Liquidation der Gesellschaft

§ 145
Synopse → § 143

§ 146
Synopse → § 144

§ 147
Synopse → § 145

§ 148
Synopse → § 147

§ 149
Synopse → § 148

§ 150
Synopse → § 146

§ 151
Synopse → nach § 146

§ 152
Synopse → § 148

§ 153
Synopse → § 148

§ 154
Synopse → § 148

§ 155
Synopse → § 148

§ 156
Synopse → nach § 148

§ 157
Synopse → §§ 150, 152

§ 158
Synopse → nach § 150

Sechster Titel
Verjährung

§ 159
Synopse → § 151

§ 160
Synopse → nach § 137

Zweiter Abschnitt
Kommanditgesellschaft

§ 161
Synopse → § 161

§ 162
Synopse → § 162

§ 163
Synopse → § 163

§ 164
Synopse → § 164

§ 165
Synopse → § 165

§ 166
Synopse → § 166

§ 167
Synopse → § 167

§ 168
Synopse → § 168 *(weggefallen)*

§ 169
Synopse → § 169

§ 170
Synopse → § 170

§ 171
Synopse → § 171

§ 172
Synopse → § 172

§ 173
Synopse → § 173

§ 174
Synopse → § 174

§ 175
Synopse → § 175

§ 176
Synopse → § 176

§ 177
Synopse → § 177

Dritter Abschnitt
Aktiengesellschaft

§§ **178**–319
[hier nicht wiedergegeben]

Vierter Abschnitt
Kommanditgesellschaft auf Aktien

§§ 320–334
[hier nicht wiedergegeben]

Fünfter Abschnitt
Stille Gesellschaft

§ 335
Synopse → § 230

§ 336
Synopse → § 231

§ 337
Synopse → § 232

§ 338
Synopse → § 233

§ 339
Synopse → § 234

§ 340
Synopse → § 235

§ 341
Synopse → § 236

§ 342
Synopse → nach § 236

Drittes Buch
Handelsgeschäfte
Erster Abschnitt
Allgemeine Vorschriften

§ 343
Synopse → §§ 343, 348

§ 344
Synopse → § 344

§ 345
Synopse → § 345

§ 346
Synopse → § 346

§ 347
Synopse → § 347

§ 348
Synopse → § 348

§ 349
Synopse → § 349

§ 350
Synopse → § 350

§ 351
Synopse → § 351 *(weggefallen)*

§ 352
Synopse → § 352

§ 353
Synopse → § 353

§ 354
Synopse → § 354

§ 355
Synopse → § 355

§ 356
Synopse → § 356

§ 357
Synopse → § 357

§ 358
Synopse → § 358

§ 359
Synopse → § 359

§ 360
Synopse → § 360

§ 361
Synopse → § 361

§ 362
Synopse → § 362

§ 363
Synopse → § 363

§ 364
Synopse → § 364

§ 365
Synopse → § 365

§ 366
Synopse → § 366

§ 367
Synopse → § 367

§ 368
Synopse → § 368

§ 369
Synopse → § 369

§ 370
Synopse → § 370

§ 371
Synopse → § 371

§ 372
Synopse → § 372

Zweiter Abschnitt
Handelskauf

§ 373
Synopse → § 373

§ 374
Synopse → § 374

§ 375
Synopse → § 375

§ 376
Synopse → § 376

§ 377
Synopse → § 377

§ 378
Synopse → § 378 *(weggefallen)*

§ 379
Synopse → § 379

§ 380
Synopse → § 380

§ 381
Synopse → § 381

§ 382
Synopse → § 382 *(weggefallen)*

Dritter Abschnitt
Kommissionsgeschäft

§ 383
Synopse → § 383

§ 384
Synopse → § 384

§ 385
Synopse → § 385

§ 386
Synopse → § 386

§ 387
Synopse → § 387

§ 388
Synopse → § 388

§ 389
Synopse → § 389

§ 390
Synopse → § 390

§ 391
Synopse → § 391

§ 392
Synopse → § 392

§ 393
Synopse → § 393

§ 394
Synopse → § 394

§ 395
Synopse → § 395

§ 396
Synopse → § 396

§ 397
Synopse → § 397

§ 398
Synopse → § 398

§ 399
Synopse → § 399

§ 400
Synopse → § 400

§ 401
Synopse → § 401

§ 402
Synopse → § 402

§ 403
Synopse → § 403

§ 404
Synopse → § 404

§ 405
Synopse → § 405

§ 406
Synopse → § 406

Vierter Abschnitt
Speditionsgeschäft

§§ 407–415
[hier nicht wiedergegeben]

Fünfter Abschnitt
Lagergeschäft

§§ 416–424
[hier nicht wiedergegeben]

Sechster Abschnitt
Frachtgeschäft

§§ 425–452
[hier nicht wiedergegeben]

Siebenter Abschnitt
Beförderung von Gütern und Personen auf den Eisenbahnen

§§ 453–473
[hier nicht wiedergegeben]

J. Anhang: Konkordanztabelle UGB^{2024} und HGB^{2024}

Erläuterung: „§ 1 Synopse → § 1“ heißt, dass § 1 UGB^{2024} in der Synopse bei § 1 HGB^{2024} wiedergegeben wird.

Erstes Buch
Allgemeine Bestimmungen
Erster Abschnitt
Begriffe und Anwendungsbereich

§ 1
Synopse → § 1

§ 2
Synopse → § 6

§ 3
Synopse → § 5

§ 4
Synopse → §§ 2, 3

§ 5 Anwendungsbereich der weiteren Bücher
[1]Der Anwendungsbereich des Zweiten Buches ergibt sich für offene Gesellschaften aus § 105, für Kommanditgesellschaften aus § 161 und für stille Gesellschaften aus § 179. [2]Der Anwendungsbereich des Dritten Buches ergibt sich aus § 189, der des Vierten Buches aus § 343, für dessen Achten Abschnitt aber aus § 455, und der des Fünften Buches aus den §§ 1 bis 3.

§ 6
Synopse → § 7

Zweiter Abschnitt
Firmenbuch

§ 7
Synopse → § 8

§ 8
Synopse → nach § 7

§ 9
Synopse → § 9

§ 10
Synopse → § 10

§ 11
Synopse → § 12

§ 12
Synopse → § 13d

§ 13
Synopse → § 13h

§ 14
Synopse → §§ 37a, 125

https://doi.org/10.1515/9783111535395-010

§ 15
Synopse → § 15

§ 16
Synopse → § 16

Dritter Abschnitt
Firma

§ 17
Synopse → § 17

§ 18
Synopse → § 18

§ 19
Synopse → § 19

§ 20
Synopse → nach § 19

§ 21
Synopse → § 21

§ 22
Synopse → § 22

§ 23
Synopse → § 23

§ 24
Synopse → § 24

§ 25 *(weggefallen)*

§ 26 *(weggefallen)*

§ 27 *(weggefallen)*

§ 28
Synopse → § 29

§ 29
Synopse → § 30

§ 30
Synopse → § 31

§ 31
Synopse → § 32

§ 32 *(weggefallen)*

§ 33
Synopse → § 33

§ 34
Synopse → § 34

§ 35
Synopse → § 35

§ 36
Synopse → nach § 35

§ 37
Synopse → § 37

Vierter Abschnitt
Unternehmensübergang

§ 38
Synopse → § 25

§ 39
Synopse → § 26

§ 40
Synopse → § 27

§§ 40–47 *(weggefallen)*

Fünfter Abschnitt
Prokura und Handlungsvollmacht

§ 48
Synopse → § 48

§ 49
Synopse → § 49

§ 50
Synopse → § 50

§ 51
Synopse → § 51

§ 52
Synopse → § 52

§ 53
Synopse → § 53

§ 54
Synopse → § 54

§ 55
Synopse → § 54

§ 56
Synopse → § 56

§ 57
Synopse → § 57

§ 58
Synopse → § 58

§§ 59–92 *(Keine Geltung in Österreich[1])*
§§ 93–104 *(weggefallen)*

Zweites Buch
Offene Gesellschaft, Kommanditgesellschaft und stille Gesellschaft
Erster Abschnitt
Offene Gesellschaft

---

§ 105
Synopse → § 105

---

§ 106
Synopse → § 106

---

§ 107
Synopse → § 106

Zweiter Titel
Rechtsverhältnis der Gesellschafter unter einander

---

§ 108
Synopse → § 108

---

§ 109 Beteiligungsverhältnisse und Beiträge der Gesellschafter, Nachschüsse
(1) [1]Soweit die Gesellschafter nichts anderes vereinbart haben, bestimmt sich ihre Beteiligung an der Gesellschaft nach dem Verhältnis des Wertes der vereinbarten Einlagen (Kapitalanteil). [2]Im Zweifel sind die Gesellschafter zu gleichen Teilen beteiligt.
(2) [1]Soweit nichts anderes vereinbart ist, sind die Gesellschafter im gleichen Ausmaß zur Mitwirkung an der Förderung des Gesellschaftszwecks verpflichtet. [2]Der Beitrag eines Gesellschafters kann sich auch auf die Leistung von Diensten beschränken (Arbeitsgesellschafter).
(3) Die Gesellschafter sind nicht verpflichtet, Nachschüsse zur vertraglich zugesagten Einlage zu leisten.
(4) [1]Auch ohne Vereinbarung im Gesellschaftsvertrag können die Gesellschafter mit Stimmenmehrheit die Leistung von Nachschüssen im Verhältnis ihrer Kapitalanteile beschließen, wenn die Fortführung der Gesellschaft sonst nicht möglich wäre. [2]Ein Gesellschafter, der dem Beschluss nicht zugestimmt hat und den Nachschuss nicht leistet, kann innerhalb angemessener Frist aus der Gesellschaft austreten oder aufgrund einer Klage der übrigen Gesellschafter vom Gericht ausgeschlossen werden. [3]Auf das Austrittsrecht kann im Vorhinein nicht verzichtet werden. [4]Für die Auseinandersetzung mit dem ausgetretenen oder ausgeschlossenen Gesellschafter und für die Ermittlung seiner Beteiligung an schwebenden Geschäften ist der Zeitpunkt der Beschlussfassung über die Nachschusspflicht maßgeblich.

---

§ 110
Synopse → § 119

---

§ 111
Synopse → § 119

---

§ 112
Synopse → § 117

---

1 Vgl. hierzu Art. 1 Abs. 1 Nr. 1 der vierten Verordnung zur Einführung handelsrechtlicher Vorschriften im Lande Österreich v. 24.12.1938, RGBl. I. S. 1999, m.W.v. 27.9.1938: „Im Lande Österreich treten in Kraft: Nr. 1 das Handelsgesetzbuch, soweit es nicht schon im Lande Österreich gilt, jedoch mit Ausnahme des Sechsten und Siebenten Abschnitts des Ersten Buchs."

§ 113
Synopse → § 118

§ 114
Synopse → § 116

§ 115
Synopse → § 116

§ 116
Synopse → § 116

§ 117
Synopse → § 116

§ 118 Kontrollrecht der Gesellschafter
(1) Ein Gesellschafter kann sich, auch wenn er von der Geschäftsführung ausgeschlossen ist, von den Angelegenheiten der Gesellschaft persönlich unterrichten, die Bücher und Schriften der Gesellschaft einsehen und sich aus ihnen einen Jahresabschluss oder, wenn nach den Vorschriften des Dritten Buches keine Pflicht zur Rechnungslegung besteht, eine sonstige Abrechnung anfertigen oder die Vorlage eines solchen Abschlusses oder einer solchen Abrechnung fordern.
(2) Eine Vereinbarung, durch die dieses Recht ausgeschlossen oder beschränkt wird, ist unwirksam.

§ 119
Synopse → § 109

§ 120
Synopse → § 120

§ 121
Synopse → § 120

§ 122
Synopse → § 122

Dritter Titel
Rechtsverhältnis der Gesellschaft zu Dritten

§ 123
Synopse → § 123

§ 124
Synopse → nach § 105

§ 125
Synopse → § 124

§ 126
Synopse → § 124

§ 127
Synopse → § 124

§ 128
Synopse → § 126

§ 129
Synopse → § 128

§ 130
Synopse → § 127

Vierter Titel
Auflösung der Gesellschaft und Ausscheiden von Gesellschaftern

§ 131
Synopse → § 139

§ 132
Synopse → § 132

§ 133
Synopse → § 139

§ 134 Gesellschaft auf Lebenszeit, Befristung
Eine Gesellschaft, die für die Lebenszeit eines Gesellschafters eingegangen ist oder nach dem Ablaufe der für ihre Dauer bestimmten Zeit stillschweigend fortgesetzt wird, steht im Sinne der Vorschriften der §§ 132, 133 einer für unbestimmte Zeit eingegangenen Gesellschaft gleich.

§ 135 *(weggefallen)*
Synopse → § 133

§ 136 *(weggefallen)*

§ 137
Synopse → §§ 135, 136

§ 138 Beteiligung des Ausscheidenden an schwebenden Geschäften
(1) [1]Der ausgeschiedene Gesellschafter nimmt am Gewinn und am Verlust teil, der sich aus den zur Zeit seines Ausscheidens schwebenden Geschäften ergibt. [2]Die Gesellschaft ist berechtigt, diese Geschäfte so zu beenden, wie es ihr am vorteilhaftesten erscheint.
(2) Der ausgeschiedene Gesellschafter kann am Schluss jedes Geschäftsjahrs Rechenschaft über die inzwischen beendeten Geschäfte, Auszahlung des ihm gebührenden Betrages und Auskunft über den Stand der noch schwebenden Geschäfte verlangen.

§ 139
Synopse → § 131

§ 140
Synopse → § 134

§ 141
Synopse → nach § 134

§ 142
Synopse → nach § 134

§ 143
Synopse → § 141

§ 144
Synopse → § 142

Fünfter Titel
Liquidation der Gesellschaft

§ 145
Synopse → § 143

§ 146
Synopse → § 144

§ 147
Synopse → § 145

§ 148
Synopse → § 147

§ 149
Synopse → § 148

§ 150
Synopse → § 146

§ 151
Synopse → nach § 146

§ 152
Synopse → § 148

§ 153
Synopse → § 148

§ 154
Synopse → § 148

§ 155
Synopse → § 148

§ 156
Synopse → nach § 148

§ 157
Synopse → §§ 150, 152

§ 158
Synopse → nach § 150

Sechster Titel
Zeitliche Begrenzung der Haftung

§ 159
Synopse → § 151

§ 160
Synopse → § 137

Zweiter Abschnitt
Kommanditgesellschaft

§ 161
Synopse → § 161

§ 162
Synopse → § 162

§ 163
Synopse → § 163

§ 164
Synopse → § 164

---

§ 165
Synopse → § 165

---

§ 166
Synopse → § 166

---

§ 167
Synopse → § 167

---

§ 168
Synopse → § 169

---

§ 169 Keine Teilnahme am Ausgleich unter den Gesellschaftern
Soweit der Kommanditist die bedungene Einlage geleistet hat, sind § 137 Abs. 4 und § 155 Abs. 4 auf ihn nicht anzuwenden.

---

§ 170
Synopse → § 170

---

§ 171
Synopse → § 171

---

§ 172
Synopse → § 172

---

§ 173
Synopse → § 173

---

§ 174
Synopse → § 174

---

§ 175
Synopse → § 175

---

§ 176
Synopse → § 176

---

§ 177
Synopse → § 177

---

§ 178 Ausscheiden des einzigen Komplementärs
[1]Würde der einzige Komplementär aufgrund einer Bestimmung des Gesellschaftsvertrags oder durch die Ausübung eines ihm im Gesellschaftsvertrag eingeräumten Kündigungsrechts aus der Gesellschaft ausscheiden, so tritt diese Rechtsfolge nur ein, wenn die verbleibenden Kommanditisten vereinbaren, dass sie die Gesellschaft fortsetzen und wenigstens einer von ihnen die Stellung eines Komplementärs übernimmt, oder wenn der einzige verbleibende Kommanditist erklärt, das Gesellschaftsvermögen im Weg der Gesamtrechtsnachfolge (§ 142) zu übernehmen. [2]Ansonsten ist die Gesellschaft stattdessen aufgelöst und wird unter Beteiligung des Komplementärs abgewickelt.

Dritter Abschnitt
Stille Gesellschaft

---

§ 179
Synopse → § 230

---

§ 180 Einlage des stillen Gesellschafters
Zur Erhöhung der vereinbarten oder zur Ergänzung der durch Verlust verminderten Einlage ist der stille Gesellschafter nicht verpflichtet.

---

§ 181
Synopse → § 231

---

§ 182
Synopse → § 232

---

§ 183
Synopse → § 233

---

§ 184
Synopse → § 234

---

§ 185
Synopse → § 234

---

§ 186
Synopse → § 235

---

§ 187
Synopse → § 236

---

§ 188
Synopse → nach § 236

Drittes Buch
Rechnungslegung

---

§§ 189–285
[hier nicht wiedergegeben]

---

§§ 286–342 *(weggefallen)*

Viertes Buch
Unternehmensbezogene Geschäfte
Erster Abschnitt
Allgemeine Vorschriften

---

§ 343
Synopse → § 343

---

§ 344
Synopse → § 344

---

§ 345
Synopse → § 345

---

§ 346
Synopse → § 346

---

§ 347
Synopse → § 347

---

§ 348 Haftung als Gesamtschuldner
Verpflichten sich mehrere Unternehmer gemeinschaftlich zu einer teilbaren Leistung, so haften sie im Zweifel als Gesamtschuldner.

---

§ 349 Schadenersatz
Unter Unternehmern umfasst der zu ersetzende Schaden auch den entgangenen Gewinn.

§ 350
Synopse → § 350

§ 351
Synopse → § 351 *(weggefallen)*

§ 352
Synopse → § 352

§ 353
Synopse → § 353

§ 354
Synopse → § 354

§ 355
Synopse → § 355

§ 356
Synopse → § 356

§ 357
Synopse → § 357

§ 358 *(weggefallen)*
Synopse → § 358

§ 359 *(weggefallen)*
Synopse → § 359

§ 360 *(weggefallen)*
Synopse → § 360

§ 361 *(weggefallen)*
Synopse → § 361

§ 362 *(weggefallen)*
Synopse → § 362

§ 363
Synopse → § 363

§ 364
Synopse → § 364

§ 365
Synopse → § 365

§ 366 *(weggefallen)*
Synopse → § 366

§ 367
Synopse → § 366

§ 368
Synopse → § 368

§ 369
Synopse → § 369

§ 370
Synopse → § 370

§ 371
Synopse → § 371

§ 372
Synopse → § 372

Zweiter Abschnitt
Warenkauf

§ 373
Synopse → § 373

§ 374
Synopse → § 374

§ 375
Synopse → § 375

§ 376
Synopse → § 376

§ 377
Synopse → § 377

§ 378
Synopse → § 378

§ 379
Synopse → § 379

§ 380
Synopse → § 380

§ 381
Synopse → § 381

§ 382
Synopse → § 382 *(weggefallen)*

Dritter Abschnitt
Kommissionsgeschäft

§ 383
Synopse → § 383

§ 384
Synopse → § 384

§ 385
Synopse → § 385

§ 386
Synopse → § 386

§ 387
Synopse → § 387

§ 388
Synopse → § 388

§ 389
Synopse → § 389

§ 390
Synopse → § 390

§ 391
Synopse → § 391

§ 392
Synopse → § 392

§ 393
Synopse → § 393

§ 394
Synopse → § 394

§ 395
Synopse → § 395

§ 396
Synopse → § 396

§ 397
Synopse → § 397

§ 398
Synopse → § 398

§ 399
Synopse → § 399

§ 400
Synopse → § 400

§ 401
Synopse → § 401

§ 402
Synopse → § 402

§ 403
Synopse → § 403

§ 404
Synopse → § 404

§ 405
Synopse → § 405

§ 406 *(weggefallen)*
Synopse → § 406

Vierter Abschnitt
Speditionsgeschäft

§§ 407–414
[hier nicht wiedergegeben]

§ 415 *(weggefallen)*

Fünfter Abschnitt
Lagergeschäft

§§ 416–425
[hier nicht wiedergegeben]

Sechster Abschnitt
Frachtgeschäft

§§ 425–451
[hier nicht wiedergegeben]

§§ 452, 453 *(weggefallen)*

Siebenter Abschnitt
Investitionsersatz

§ 454
[hier nicht wiedergegeben]

Achter Abschnitt
Zahlungsverzug

§§ 455–460
[hier nicht wiedergegeben]